Herfried Münkler (Hg.)

Politikwissenschaft

Ein Grundkurs

rowohlts enzyklopädie
im Rowohlt Taschenbuch Verlag

rowohlts enzyklopädie
Herausgegeben von Burghard König

Originalausgabe
Veröffentlicht im Rowohlt Taschenbuch Verlag GmbH,
Reinbek bei Hamburg, 2003
Copyright © 2003 by Rowohlt Taschenbuch Verlag GmbH,
Reinbek bei Hamburg
Umschlaggestaltung any.way, Walter Hellmann
Satz Aldus PostScript Pagemaker bei
Pinkuin Satz und Datentechnik, Berlin
Druck und Bindung Clausen & Bosse, Leck
Printed in Germany
ISBN 3 499 55648 0

Die Schreibweise entspricht den Regeln
der neuen Rechtschreibung.

Inhalt

Vorwort

Es ist fast zwanzig Jahre her, dass ich – damals in Zusammenarbeit mit meinem akademischen Lehrer Iring Fetscher – einen einführenden Grundkurs Politikwissenschaft konzipiert und herausgegeben habe. Der 1985 erstmals erschienene, 1990 noch einmal aufgelegte Band ist, wie man im Rückblick sagen kann, zu einer Bestandsaufnahme der Politikwissenschaft in der alten Bundesrepublik geworden: Das Fach hatte sich etabliert, die einzelnen Politikfelder waren mehr oder minder gut bestellt, die Herausforderungen, denen sich die Politikwissenschaft gegenübersah, waren eher überschaubar, dramatische Veränderungen, so der damals vorherrschende Eindruck, zeichneten sich nicht ab. So war es nicht verwunderlich, dass sich in der Politikwissenschaft eine starke Tendenz zur Verbindung mit der Verwaltungswissenschaft entwickelte, die ihren Niederschlag im Vordringen von *policy studies* fand. Diese beobachteten die Effekte bestimmter Politikstrategien und suchten durch systematische, methodisch angeleitete Vergleiche herauszubekommen, welche Verfahren unter welchen Bedingungen die besten Wirkungen zeitigten. Die Politikwissenschaft befand sich auf dem Weg der Szientifizierung bzw. war auf ihm bereits recht weit vorangeschritten. Freilich: Gänzlich ungebrochen waren der Zukunftsoptimismus und das Vertrauen in die Lösbarkeit der Probleme mit den Mitteln der Wissenschaft wiederum auch nicht: Die Probleme der Ökologie, die Verwerfungen zwischen Erster und Dritter Welt, die Grenzen wohlfahrtsstaatlicher Entwicklung waren bereits sichtbar geworden, und das Fach hatte sich ihnen zuzuwenden begonnen.

Seitdem haben dramatische Veränderungen stattgefunden, und insofern war an eine Neubearbeitung des alten Bandes nicht zu denken. Die politische Welt ist seitdem eine andere geworden, und die Politikwissenschaft hat sich ebenfalls grundlegend verändert. Die Herausforderungen, denen sich das Fach heute zu stellen hat, haben zunehmend weniger mit der Bearbeitung der deutschen Geschichte in der ersten Hälfte des 20. Jahrhunderts zu tun, und das Vertrauen in die Steuerungsfähigkeit des politischen Systems ist deutlich zurückgegangen. Auch wenn die Welt nach 1989/90 aus dem Schatten der nuklearen Bedrohung herausgetreten ist, ist die Zukunft heute doch in mancher Hinsicht bedrohlicher, auf jeden Fall aber unüberschaubarer als damals. Globalisierung, Krise des Wohlfahrtsstaats, neue Kriege sind bloß Stichworte, die anzeigen, dass es für die Politikwissenschaft deutlich riskanter geworden ist, Analysen mit prognostischem Gehalt vorzulegen. Dem Interesse am Fach hat dies jedoch keinen Abbruch getan, im Gegenteil. Der Zustrom der Studenten ist nach wie vor groß, die universitären Lehrveranstaltungen sind überfüllt, die persönliche Betreuung lässt infolgedessen oft zu wünschen übrig. So versteht sich dieser Grundkurs Politikwissenschaft als ein Versuch, die Themenfelder möglichst umfassend abzuschreiten, sie im Überblick darzustellen, an einzelnen Punkten exemplarische Vertiefungen vorzunehmen und dabei in die Methoden einzuführen, die im Fach zur Anwendung kommen. Renommierte Fachvertreter haben es übernommen, die inzwischen weit verzweigten Arbeitsbereiche und Themenfelder darzustellen. Dass sie dazu innerhalb einer knapp bemessenen Zeitspanne bereit gewesen sind, zeugt von einer gut ausgebildeten *corporate identity* der Politikwissenschaft.

Mein Dank gilt meiner Sekretärin Karina Hoffmann, die in bewährter Manier die anfallenden Schreibarbeiten übernommen hat, meiner wissenschaftlichen Mitarbeiterin Skadi Krause, die bei der Planung des Bandes und der Koordination der Arbeiten mitgewirkt hat, vor allem aber Winfried Schröder, Anna Loll und Steffi Franke, die ihre Stellen als wissenschaftliche Hilfskräfte am Lehrstuhl zu mehr als den üblichen Bibliotheks- und Kopierarbeiten genutzt haben und zu unersetzlichen Begleitern des Redaktionsprozesses geworden sind. Die Entstehung des Bandes zeigt, dass es Universitäten gibt, die noch im Geiste Humboldts funktionieren.

November 2002   *Herfried Münkler*

1 Geschichte, Gegenstand und Methoden der Politikwissenschaft

Herfried Münkler

1.1 Geschichte und Selbstverständnis der Politikwissenschaft in Deutschland

1 Einleitung

Die Politikwissenschaft bzw. Politologie gilt in Deutschland als junge Wissenschaft. Denn als Fach wird sie an den deutschen Universitäten erst seit der Gründung der Bundesrepublik, in den neuen Bundesländern sogar erst nach dem Vollzug der deutschen Einheit gelehrt. Auch die Benennung des Fachs als «Politikwissenschaft» ist jüngeren Datums.[1] Als allgemein anerkannte Bezeichnung für die neu geschaffe-

---

1 Erst 1954 setzt sich Gert von Eynern (1902–1987) für den Vorschlag seines Kollegen Eugen Fischer-Baling (1881–1964) ein, «Politologie» als Namen für die neu entstehende wissenschaftliche Disziplin zu etablieren. Komplementär dazu sollten ihre Fachvertreter «Politologen» bzw. die Studienabgänger «Diplom-Politologen» heißen. Mit dieser Anlehnung an die Bezeichnung der Soziologen verwarf von Eynern auch

nen Lehrstühle vermag sich der anfangs umstrittene Begriff erst in den 1950er Jahren durchzusetzen, wobei sich die Fachvertreter keineswegs nur von innerdisziplinärer Zustimmung, sondern auch von dem Bedürfnis nach Abgrenzung gegenüber ihren Kollegen aus anderen Wissensgebieten leiten lassen.

Aber auch wenn die Politikwissenschaft als selbständige universitäre Fachdisziplin neu ist, reichen ihre inhaltlichen Traditionslinien bis ins Mittelalter zurück. Erste wichtige Ansätze lassen sich darüber hinaus sogar schon in der Antike finden. So reicht die theoretische Auseinandersetzung mit dem Begriff des Politischen und der Politik bis zur Zeit der griechischen Stadtstaaten zurück, deren Name (griech. *polis*) den etymologischen Ursprung des Politikbegriffs bildet (vgl. Meier/Weinacht/Vollrath 1989; Nippel 1989; Sellin 1978; Meier 1980). Eine systematische Erörterung der Begriffe Staat und Politik findet sich freilich erst bei Aristoteles (384 v. Chr.–322 v. Chr.), der den Menschen als «zoon physei politikon» begreift, als ein von Natur aus auf das Leben in der Gemeinschaft angelegtes und sich in ihr vervollkommnendes Lebewesen. Mit diesem Axiom hat Aristoteles die theoretische Auseinandersetzung mit der Politik zur «wichtigsten und grundlegendsten Wissenschaft» erhoben (vgl. Nikomachische Ethik, 1094a28; Politik, 1282b15).

2 Die Lehre von der Politik im Mittelalter

An den Universitäten, wie sie seit dem Ende des 11. Jahrhunderts in Europa entstehen, sind die Werke des Aristoteles fest im allgemeinen Lehrkanon verankert.[2] Ausgehend von der aristotelischen Grund-

---

Gerhart Niemeyers (1907–1997) Vorschlag der «Politikologie». Mit dem Begriff der «Politikwissenschaft» konnte sich von Eynern ebenfalls nicht anfreunden. Er selbst hat ihn als ein schwerfälliges «Wortungetüm von 19 Buchstaben mit nur sechs Vokalen» bezeichnet (vgl. von Eynern 1954; Bleek 2001).

2 Dabei bilden sich unterschiedliche Interpretationslinien heraus. Zu den bedeutendsten Interpreten des aristotelischen Werks zählen unangefochten Albertus Magnus (ca. 1200–1280) und Thomas von Aquin (1225–1274), die in Köln bzw. Paris innerhalb des Dominikanerordens lehren. Letztlich kommt ihnen das Verdienst zu, die aristotelische Lehre durch ihre Verknüpfung mit dem christlichen Denken im Funda-

these, der zufolge der Mensch ein soziales Wesen ist, entwickelt Thomas von Aquin im 13. Jahrhundert eine Staatslehre, nach der der Mensch nur in der Gemeinschaft mit anderen seine eigenen Lebensbedürfnisse ausreichend befriedigen und seine Fähigkeiten vervollkommnen kann. Da jedoch ein staatliches Gemeinwesen nach ihm nur auf ein Ziel hin geordnet sein kann, müssen seine Glieder einer leitenden Gewalt unterworfen sein. Dieser Regierungsgewalt obliegt es, die Untertanen zu einer harmonischen Einheit zu formen. Sein wirkliches Glück erlangt der Mensch jedoch nur in der reinen Schau Gottes. Gott ist insofern höchstes Ziel seines Denkens und Handelns, als der Mensch durch den Sündenfall das Gnadengeschenk der natürlichen Übereinkunft mit dem göttlichen Willen verloren hat und allein durch die göttliche Gnade seine Liebe wieder ganz auf Gott richten kann. Dies gilt in besonderem Maß für den Fürsten, der seiner eigentlichen Aufgabe, das gemeine Wohl des Volks zu befördern, nur insofern wirklich gerecht zu werden vermag, als er sich in seinem Tun allein von der übergroßen Sehnsucht nach dem Lohn ewiger Glückseligkeit und Ruhe in Gott leiten lässt (Stürner 1987). Damit verknüpft Thomas in anschaulicher Weise die aristotelische Bestimmung des Menschen als eines *zoon physei politikon* mit den christlichen Staats- und Herrschaftsvorstellungen des Mittelalters, wie sie vor allem durch Augustinus (354–430) ausgearbeitet wurden.[3]

Nur so kann man verstehen, weshalb sich seit dem Ende des 14. Jahrhunderts das Fach «Politik» als eigenständige universitäre Disziplin etablieren kann, auch wenn sie zu dieser Zeit noch kein

---

ment der abendländischen Philosophie und Universität verankert zu haben (vgl. Meuthen 1988; Rüegg 1993; Miethke 1999; Bleek 2001).

3 Nicht unerwähnt dürfen in diesem Zusammenhang schließlich die großen Übersetzungsarbeiten des Mittelalters bleiben, die für die Kanonisierung des aristotelischen Werks und den weiteren Verlauf der wissenschaftlichen Beschäftigung mit der Politik von keineswegs geringer Bedeutung sind. Berücksichtigung verdient dabei zunächst die Leistung des Brabanter Dominikaners Wilhelm von Moerbeke (1215–1282), der Aristoteles' *Politik* 1260 erstmals aus dem Griechischen ins Lateinische überträgt (Stürner 1987). Einen wesentlich breiteren Zugang zum Werk des Aristoteles eröffnet jedoch die Übersetzung der *Politik* durch Thomas von Aquin, der nicht nur diese Schrift, sondern das gesamte zu dieser Zeit zugängliche Werk des Aristoteles ins Lateinische übersetzt und damit maßgeblichen Anteil an deren weiterer Verbreitung hat.

eigenes Berufsstudium darstellt, sondern als Teil der Magisterausbildung fungiert.[4] Nichtsdestotrotz ist jedoch auch schon der älteren Lehre von der Politik eine praktische Ausrichtung zu Eigen, insofern sie nämlich den Anfangspunkt der «Politik(er)beratung» markiert. Anspruch und Ziel ist eine Theorie gerechter Herrschaftsausübung, die den weltlichen Fürsten als Anweisung zur guten Amtsführung gereichen soll. Von maßgeblicher Bedeutung ist hier vor allem die so genannte «Fürstenspiegel-Literatur», die sich aus Ratschlägen für die beste Regierungsweise, Grundsätzen politischen Verhaltens und Überlegungen zur Erziehung des herrschaftlichen Nachwuchses zusammensetzt.[5] Ihren entscheidenden Durchbruch erlebt die als literarische Gattung bereits seit der Antike existierende Fürstenspiegel-Literatur mit Thomas von Aquins Schrift *Über das Königreich, dem König von Zypern gewidmet (De regno ad regem Cypri)*. Die einzigartige Blüte, welche die Fürstenspiegel-Literatur in der Folgezeit, insbesondere während der Renaissance, erlebt (Mühleisen/Stammen/Philipp 1996), erklärt sich nicht zuletzt aus dem Umstand, dass sie für die Autoren[6] die nahezu einzige Möglichkeit bietet, sich als Untertanen direkt an die Herrscher bzw. an die von diesen eingesetzten Amtsinhaber zu wenden. Die damit einhergehende Auffassung des ursprünglichen Bedeutungsgehalts des aristotelischen Politik-

---

4 Vorlesungen über «Politik» werden seit 1389 an der Universität Wien, seit 1390 in Prag und Heidelberg, ab 1410 in Leipzig und seit 1449 in Erfurt für die künftigen Magister regelmäßig gehalten (vgl. Maier 1985, S. 248). Die Politik-Vorlesungen sind dabei dem Gebiet der praktischen Philosophie bzw. Moralphilosophie zugeordnet, die sich zu dieser Zeit in die Bereiche Ethik, Ökonomik und Politik gliedert. Aufgabe der Ethik ist es, die Grundlagen des sittlichen Handelns zu vermitteln. Bei der Ökonomik handelt es sich indes um die Lehre vom «ganzen Haus». Die Politik gilt wiederum als Wissenschaft von der gerechten Gestaltung des gesamten Gemeinwesens und bildet insofern den krönenden Abschluss der moralphilosophischen Disziplinen (Bleek 2001, S. 43).

5 Inhaltlich lassen sich die Fürstenspiegel grob in zwei Kategorien unterteilen. Zum einen werden theoretische Modelle zur gerechten Herrschaft vorgelegt, zum anderen wird am Beispiel historischer Persönlichkeiten ein Idealbild des gerechten Herrschers konzipiert (vgl. Mühleisen/Stammen/Philipp 1996).

6 Für die frühe Neuzeit gelten als maßgebende deutsche Autoren der Fürstenspiegel Reinhard Lorich (unbek.–1556), Wolfgang Seidel (unbek.–1633), Jacob Omphalius (unbek.–1570), Konrad Heresbach (1496–1576), Martin Moller (1463–1477), Franciscus Husmanus, Georg Engelhard von Löhneyß (unbek.–1624) und Wilhelm Adolf von Feist (vgl. Mühleisen/Stammen/Philipp 1996).

begriffs bedeutet jedoch keineswegs eine Abkehr von diesem Theoretiker.[7]

3 Politische Theorie und die Auffächerung der Staatswissenschaften in der frühen Neuzeit

Seit dem Ende des 15. Jahrhunderts kristallisiert sich, beeinflusst durch die Auswirkungen der konfessionellen Spaltung, der zunehmenden weltanschaulichen Säkularisierung sowie der Einflüsse von Humanismus und Individualismus, ein ganz neuer Aufgabenbereich für die politische Theorie heraus (vgl. Philipp 1999; Bleek 2001).

Zum einen werden in den politischen Schriften zunehmend die großen Themen Macht und Herrschaft, Staat und Souveränität sowie Heil und Herrschaft problematisiert. Dabei geht es in erster Linie um Fragen der Herrschaftsordnung, naturrechtlich hergeleitete vorstaatliche bzw. bürgerliche Rechte, das Zusammenspiel von geistlicher und weltlicher Ordnung sowie um Fragen des Widerstandsrechts.[8] Zum

---

7 Auch Luthers Abneigung gegenüber Aristoteles, die sich vor allem aus dessen Metaphorisierung der menschlichen Stellung in der politischen Welt als die einer tierischen Getriebenheit und Naturverhaftetheit speist, stellt keine ausreichende Basis für die Reformation dar, die lange Tradition der aristotelischen Politiklehre zu unterbrechen. Tatsächlich verhilft sie ihr sogar zu noch größerer Wirksamkeit. Vor allem Philipp Melanchthon (1497–1560), der ab 1527 die *Nikomachische Ethik* übersetzt und kommentiert, empfiehlt seinen Lesern Aristoteles als vorbildlichen Staatslehrer (vgl. Münkler 2000). Wie bei Aristoteles avanciert die Sprachlichkeit in seinem Werk zu einer der auszeichnenden Eigenschaften des Menschen, weshalb er die Bildung in paradoxer Weise als einen Prozess der Vermenschlichung des Menschen beschreibt. Melanchthon ist davon überzeugt, dass die Bildung auch einen entscheidenden Beitrag zur guten Führung der Staatsgeschäfte leisten kann, wobei er seiner Funktion eines kursächsischen Staatsbediensteten gemäß allerdings weniger auf die politische Partizipation der Bürger als auf die Leistungsfähigkeit einer vermittelst humanistischer Bildung geschaffenen politisch-kulturellen Elite setzt (Münkler 2000).

8 Zu den wichtigsten Autoren zählen für die deutsche Tradition Johannes Althusius (1557–1638), Bartholomäus Keckermann (1571–1608), Henning Arnisaeus (1575–1636), Adam Contzen (1575–1635), Christoph Besold (1577–1638), Johannes Limnaeus (1592–1663), Hermann Conring (1606–1681), Veit Ludwig von Seckendorff (1626–1692), Samuel Pufendorf (1632–1694), Christian Thomasius (1655–1728) und Christian Wolff (1679–1754); im europäischen Rahmen sind vor allem der Franzose Jean Bodin (1530–1596) und die Niederländer Justus Lipsius (1547–1606) und Hugo Grotius (1583–1645) zu nennen (vgl. Stolleis 1977; Denzer 1985; Bleek 2001).

anderen bleibt die «Politikberatung» mit dem Anspruch, die Geheimnisse (lat. *arcana*) der Regierungskunst zu lehren, fester Bestandteil der politikbezogenen Literatur. Doch im Gegensatz zu den Autoren der Fürstenspiegel geht es den neuen Ratgebern nicht vorrangig um die Tugend des Herrschers. Als Kriterien für den Erfolg gelten dabei in erster Linie die Stabilität der Herrschaft und die Prosperität des Staates. Als prominentester Vertreter dieser zweiten Ausrichtung gilt unbestritten Niccolò Machiavelli (1469–1527), der 1513 seinen Text *Il Principe (Der Fürst)* veröffentlicht. Freilich setzt er mit seinem Streben nach einem «politischen Realismus» und einer Betrachtung der Dinge, «wie sie sind», und nicht, «wie sie sein sollen» (Principe, XV), ganz andere Maßstäbe als seine literarischen Vorgänger. Indem Machiavelli das «faktische gegen das gesollte Verhalten der Menschen» stellt und die «Orientierung am tatsächlichen Handeln zur Norm der Politik» macht, emanzipiert er die politische Theorie entschiedener als seine Vorgänger von theologischen und moralphilosophischen Einflüssen (Münkler 1982, 1985).[9] Machiavellis durchschlagender Erfolg in der politischen Literatur des 16. und 17. Jahrhunderts lässt sich zum einen dadurch erklären, dass er von vielen als ein reiner Techniker der Macht gelesen wird (Münkler 1982). Denn ebenjene machttechnischen Fragen stehen bei den Beratern der Fürsten, die das Ziel einer Zentralisierung der Gewalt zu Beginn der Staatenbildung verfolgen und sich dabei allein am Kriterium der Staatsräson orientieren, zu dieser Zeit hoch im Kurs (Münkler 1985). Zum anderen wird der Republikaner Machiavelli entdeckt, der Propagandist der *virtù ordinata*, des republikanischen Ethos, das in gleicher Weise Institutionen wie Bürger erfassen soll (Münkler 1985).[10] In Machiavellis Tradition

---

9 Viel mehr in der mittelalterlichen Tradition verhaftet bleibt dagegen die 1515 erschienene *Institutio Principis Christiani (Die Erziehung des christlichen Fürsten)* des Erasmus von Rotterdam (1466–1536), in der er darauf hinweist, dass überall dort, «wo das Fürstentum erblich» ist, «die Hoffnung auf einen guten Herrscher vor allem von der richtigen Erziehung» abhängt, «die umso sorgfältiger durchgeführt werden muss, damit das, was durch das Fehlen des Wahlrechts eingebüßt wurde, durch umsichtige Erziehung ausgeglichen wird» (vgl. Mühleisen/Stammen/Philipp 1996, S. 10).

10 In Deutschland stehen die Werke von Hermann Conring und Johannes Althusius in der Tradition Machiavellis, auch wenn ihre politische Aussage eine andere ist. Hermann Conring versucht die aristotelischen Überlegungen mit denen Machiavellis zu versöhnen, indem er sich auf Machiavellis Theorie der Staatsräson bezieht (Münkler

stehen aber schließlich auch jene zahlreichen Werke, die sich mit der Reichsverfassung unter dem Blickwinkel der neuen Souveränitätslehre beschäftigen. Der Versuch, die rigide Theorie der Souveränitäts- und Staatsformenlehre mit der Realität und verfassungsgeschichtlichen Entwicklung der Reichsverfassung zu vereinen, lenkt die Aufmerksamkeit auf Themen des Kriminal- und Strafrechtswesens, der Zensur, der Kirchen- und Religionspolitik, der Verwaltung und Sicherung des Finanzwesens sowie des Steuerrechts. Diese neuen Themen sprengen nicht nur das überlieferte universitäre Ausbildungssystem der politischen Theorie, sondern verleihen ihren Verfechtern darüber hinaus den Status unentbehrlicher Fürstenratgeber und machen sie zu erfolgreichen Aspiranten für das gehobene Beamtentum in den entstehenden Territorialstaaten.[11] In den Mittelpunkt der neu entstehenden universitären Fächer Finanzwirtschaft, Hauswirtschaft und «Policeywissenschaft» rücken nun, die Lehre von der «guten Ordnung» zunehmend verdrängend, die verschiedenen Methoden der Mehrung des allgemeinen Wohlstands, wobei sich das Interesse vor allem auf das Steuer- und Finanzwesen sowie die Staatseinnahmen und die Möglichkeit zu ihrer Steigerung richtet. Dementsprechend breit gefächert sind die so genannten «kameralistischen

1987), deren Legitimität aber von der Beachtung des Gemeinwohls abhängig macht (Münkler/Bluhm 2001). Auch Althusius, dessen Hauptwerk *Politica methodice digesta atque exempli sacris et profanis illustrata (Die Politik. Eine methodische Darstellung mit heiligen und weltlichen Beispielen illustriert)* (1603) in der maßgeblichen Ausgabe 1614 erscheint, gewichtet den Gedanken des Gemeinwohls neu. So definiert er Politik als die Kunst, «die die Menschen zur Errichtung, Pflege und Bewahrung ihres Gemeinschaftslebens zusammenführt» und den Menschen das zum gemeinsamen Leben Notwendige und Nützliche gewährt (Politica, I, 2). Garant eines solchen Zusammenlebens ist der Staat, der durch die Souveränität, die Befehlsgewalt, die höchste Rechtsprechung und die Gesetzgebung bestimmt wird. Die Souveränität liegt für Althusius, im Gegensatz zu Machiavelli, ausschließlich beim Volk, auch wenn einzelne Souveränitätsrechte delegiert werden können und sie selbst Gott und dem Naturrecht unterworfen ist (Denzer 1985).

11 Universitätsorganisatorisch wird diese neue Entwicklung durch die Etablierung einer Fächerkombination der Staatswissenschaften aufgefangen. Insofern ist die Entfaltung der politischen Wissenschaft untrennbar verbunden mit der Entstehung der modernen Verwaltung und des Beamtentums. Nicht mehr die großen Staatstheorien und -techniken sind nunmehr von zentralem Stellenwert, sondern die vor allem auf die Verwaltungspraxis ausgerichteten kameralistischen Wissenschaften (Maier 1966; von Unruh 1983; Stolleis 1988, Kap. 8, 9).

Lehrbücher».[12] Der Begriff der «Staatswissenschaften» bzw. «Staatswissenschaft» etabliert sich für die Vielzahl der Kameral- oder Policeywissenschaften Mitte des 18. Jahrhunderts (vgl. Rassem/Wölky 1999; Bleek 1999). Die Verwendung dieses Disziplinbegriffs kann als eine Folge der Durchsetzung des modernen Staatsbegriffs gedeutet werden (vgl. Münkler/Vollrath 1998).

4 Politische Wissenschaften im 19. Jahrhundert

Das Ende des 18. Jahrhunderts wird durch eine tief greifende Krise der deutschen Universitäten markiert, die sich in einem massiven Verschwinden derselben ausprägt (vgl. Müller 1990).[13] Gleichzeitig erfahren die Universitäten als Institutionen zu dieser Zeit jedoch eine deut-

---

12 Als der wichtigste Vertreter dieses Fachs gilt in Deutschland Johann Heinrich Gottlob von Justi (1720–1771). Seinem Verständnis von Policey und Policeywissenschaft als Lehre von der «innerlichen Verfassung des Gemeinwesens», durch die «das allgemeine Vermögen des Staates erhalten und vermehret und die gemeinschaftliche Glückseeligkeit immer mehr befördert wird» (von Justi 1756, § 8, S. 9), folgen viele seiner Zeitgenossen, u. a. Georg Heinrich Zincke (1692–1769) und Joseph von Sonnenfels (1733–1817), aber auch noch Robert von Mohl (1799–1875) und Lorenz von Stein (1815–1890) (Bleek 2001). Auch die Statistik kann auf ein Teilgebiet der Kameralistik zurückgeführt werden. Die «Staatenkunde», so ihr ursprünglicher Name, umfasst die Lehre von den geographischen und inneren Besonderheiten eines Staates (vgl. Rassem/Stagl 1980, 1994; Weber 1992). Im 18. Jahrhundert nimmt in Deutschland vor allem die Universität Göttingen, an der das Fach u. a. von Gottfried Achenwall (1719–1772), August Ludwig Schlözer (1735–1809) und Georg Sartorius (1765–1828) gelehrt wird, für die Etablierung dieser Disziplin einen herausragenden Platz ein (Bleek 2001). Erst später entwickelt sich die Statistik zu einer selbständigen Disziplin, die, auf wahrscheinlichkeitstheoretischen Grundlagen aufbauend, wissenschaftliche Hypothesen überprüft.

13 Der partikulare Status des deutschen Reichs, verbunden mit der Absicht der jeweiligen Landesherren, über entsprechend «eigene» Einrichtungen zu verfügen, führt zahlenmäßig zu einer quantitativen «Blüte» deutscher Hochschulen: So existieren in Deutschland während des 18. Jahrhunderts nicht weniger als 45 Universitäten. Vor allem aus finanziellen Gründen werden um die Jahrhundertwende gut die Hälfte von ihnen geschlossen bzw. auf den Status von Gymnasien und Lyzeen zurückgestuft. Besonders betroffen sind die damalig bedeutenden Universitäten Köln (1798) und Erfurt (1817). Des Weiteren sind aber auch Straßburg (1792), Stuttgart (1794), Bonn (1797), Mainz und Trier (1798), Ingolstadt (1800), Bamberg, Dillingen und Fulda (1803–1806), Helmstedt, Rinteln, Paderborn und Altdorf (1809), Innsbruck und Salzburg (1810), Frankfurt/Oder (1811), Wittenberg und Herborn (1817) sowie Duisburg und Münster (1818) zu nennen (vgl. Müller 1990, S. 66).

liche politische Aufwertung. Vor allem in Preußen, wo man nach dem Ende der französischen Besatzung versucht, durch eine entschlossene Neugestaltung der Verwaltungsstrukturen die Grundlage für den politischen und ökonomischen Wiederaufstieg des Landes zu schaffen, zeichnet sich eine entsprechende Entwicklung ab. Der Reform des Universitäts- und Bildungssystems kommt dabei das Primat zu. Denn nur so glaubt man, eine Bildungselite hervorbringen zu können, die die für die neuen Anforderungen notwendige adäquate Besetzung der zentralen Positionen in Staat und Gesellschaft darstellt (vgl. Weischedel 1960).

Als prominentester Vertreter in Preußen kann in diesem Zusammenhang Wilhelm von Humboldt (1767–1835) genannt werden, der als kurzzeitiger Leiter der Sektion für Kultus und öffentlichen Unterricht im preußischen Innenministerium das Fundament für die Neuausrichtung des Universitätssystems schafft. Sein Ideal einer generalisierten Allgemeinbildung, das sich gegen einseitige Praxisausrichtung und Spezialisierung wendet, wie sie bislang nicht zuletzt für die Disziplin der «Staatswissenschaft» kennzeichnend gewesen ist, wird von ihm in der Programmschrift *Über die innere und äußere Organisation der höheren wissenschaftlichen Anstalten in Berlin* (1810, Werke Bd. 4) ausformuliert. In Opposition zu den lediglich auf die Vermittlung von Fachwissen zugeschnittenen «Brotstudien» postuliert er einen Begriff der Wissenschaften, der die «Einheit von Forschung und Lehre» in der «zweckfreien Suche nach wissenschaftlicher Wahrheit» zum Gegenstand hat. «Der Begriff der höheren wissenschaftlichen Anstalten», schreibt Humboldt, «in dem alles, was unmittelbar für die moralische Cultur der Nation geschieht, zusammenkommt, beruht darauf, dass dieselben bestimmt sind, die Wissenschaft im tiefsten und weitesten Sinne des Wortes zu bearbeiten, und als einen nicht absichtlich, aber von selbst zweckmäßig vorbereiteten Stoff der geistigen und sittlichen Bildung zu seiner Bedeutung hinzugeben. Ihr Wesen besteht darin, innerlich die objective Wissenschaft mit der subjectiven Bildung, äusserlich den vollendeten Schulunterricht mit dem beginnenden Studium unter eigener Leitung zu verknüpfen, oder vielmehr den Uebergang von dem einen zum anderen zu bewirken» (Werke Bd. 4, S. 255).

Dieser Ansatz eröffnet auch für die Lehre von der Politik und die Wissenschaften vom Staat neue Perspektiven. Gerade die Kameralausbildung, deren Orientierung einer im Geiste absolutistisch und vor allem utilitaristisch geprägten «Policey» – mit ihrer starren Reglementierung von Wirtschaft und Gesellschaft – folgt, gerät in den kritischen Fokus der preußischen Reformer Karl Reichsfreiherr vom und zum Stein (1757–1831), Karl August Fürst von Hardenberg (1750–1822), Gerhard von Scharnhorst (1756–1813) und Humboldt. Abstand nehmend von der bis dato üblichen Vermittlung von Verwaltungstechniken, versuchen sie eine allgemeine Lehre von Staat, Gesellschaft und Wirtschaft voranzubringen (vgl. von Humboldt 1809, Werke Bd. 4; Bermbach 1986; Bleek 2001). Diese Forderungen ergeben sich jedoch nicht nur aus ihrem neuhumanistischen Bildungsideal, sondern vor allem aus der politischen Situation: Ein mit Gesetzgebungskompetenz ausgestattetes Parlament ist dem preußischen Staat zu dieser Zeit noch fremd, sodass den gehobenen Verwaltungsbeamten in dieser Phase der Neuorientierung und Neuausrichtung faktisch eine legislative Rolle zuwächst. Auf dieser Grundlage wird von ihnen für alle Beamten im höheren Staatsdienst der Begriff des «Staatsmannes», also eines Beamten, der nicht nur sein Fachgebiet beherrscht, sondern darüber hinaus auch Einsichten in das Wesen des Staates besitzt, geprägt. Politik erlangt so am Anfang des 19. Jahrhunderts einen festen Platz im Lehrkanon der deutschen Universitäten, wobei der bis dahin aristotelisch geprägte Gedanke der «guten Ordnung des Gemeinwesens» von seiner zentralen Position verdrängt wird. Die «Verfassung» der zu reformierenden Staaten, worunter die Reformer die rechtlichen Grundlagen sowie das sittliche und moralische Gesamtgefüge des Staates verstehen, nimmt stattdessen seinen Platz ein.

Institutionell wird die Lehre von der Politik im 19. Jahrhundert von drei Fächern getragen: der Philosophie, den Rechts- und Staatswissenschaften sowie der Geschichtswissenschaft. Entscheidender Einfluss im Bereich der Philosophie kann Georg Wilhelm Friedrich Hegel (1770–1831) zugeschrieben werden, dessen Überlegungen zu den Begriffen von Individuum, Gesellschaft und Staat das Denken für die folgenden Jahrzehnte prägen.[14] Seinen Überzeugungen zufolge ver-

---

14 Aber auch anderen Philosophen kommt auf diesem Feld Bedeutung zu. Zu nennen sind hier Friedrich Schleiermacher (1768–1834), Hermann Friedrich Wilhelm Hinrichs (1794–1861) oder Arnold Ruge (1802–1880) (vgl. Bleek 2001, S. 104–105).

schafft das Staatsbewusstsein der politischen Beamten diesen eine herausragende Stellung innerhalb der sittlich verfassten Gesellschaft: «In dem Mittelstande, zu dem die Staatsbeamten gehören, ist das Bewußtsein des Staates und die hervorstechendste Bildung. Deswegen macht er auch die Grundsäule desselben in Beziehung auf Rechtlichkeit und Intelligenz [...] Daß dieser Mittelstand gebildet werde, ist ein Hauptinteresse des Staates, aber dies kann nur in einer Organisation [...] geschehen, nämlich durch die Berechtigung besonderer Kreise, die relativ unabhängig sind, und durch eine Beamtenwelt, deren Willkür sich an solchen Berechtigten bricht» (Grundlinien der Philosophie des Rechts, § 297, Zusatz).

Unter den Rechts- und Staatswissenschaftlern ist vor allem Karl von Rotteck (1775–1840) hervorzuheben, der sich in seinen Vorlesungen, veröffentlicht unter dem Titel *Lehrbuch des Vernunftrechts und der Staatswissenschaften* (1829–1835), für den Ausbau einer konstitutionellen Monarchie und eine liberale Gesetzgebung einsetzt. Gleichzeitig macht er die «Volksvertretung» in Form der Landstände zur einzigen Legitimationsquelle des politischen Systems. Denn die Landstände sind für ihn das «gesamte zur Staatsgesellschaft vereinte Volk, d. h. die Gesamtheit der vollbürtigen Staatsangehörigen, vorstellender, und zwar in Natur und Wahrheit, also nicht bloß vermöge positiver Festsetzung oder Rechtsdichtung, vorstellender Ausschuß, berufen zur Vertretung dieses Volkes gegenüber der Regierung» (Lehrbuch Bd. 2, S. 236). Von den Historikern, die das politische Denken in Deutschland nachhaltig beeinflussen, verdient vor allem Friedrich Christoph Dahlmann (1785–1860) Erwähnung.[15] Sein theoretisches Hauptwerk *Die Politik auf den Grund und das Maß der gegebenen Zustände zurückgeführt* erscheint 1835. In ihm erklärt Dahlmann die konstitutionelle Monarchie als die dem erreichten historischen Entwicklungsstand gemäße Verfassungsform, insofern in ihr altgermanische Volksfreiheit, die Adels- und Königsherrschaft des

---

15 Des Weiteren sind Heinrich Luden (1780–1847), Friedrich von Raumer (1781–1873), Friedrich Schmitthenner (1796–1850), Friedrich Bülau (1805–1859), Georg Gottfried Gervinus (1805–1871), Max von Gagern (1810–1889), Max Duncker (1811–1871) und Wilhelm von Doenniges (1814–1872) zu nennen (vgl. Bermbach 1986; Bleek 2001).

Mittelalters und der moderne Staatsbegriff vereint werden. Sie ist gekennzeichnet durch eine Konzentration exekutiver und legislativer Kompetenzen beim Monarchen und ein Zwei-Kammern-System, das den politischen Entscheidungsprozess intensiver, Veränderungen langsamer, Verschlechterungen unwahrscheinlich und Selbstkorrektur beim König ermöglichen soll. Die erste Kammer, deren Sitze auf Lebenszeit vergeben werden und erblich sind, konzipiert Dahlmann als Vertretung des Adels, die zweite Kammer, das Unterhaus, dessen Sitze durch Wahl vergeben werden, als Vertretung der Gemeinderepräsentanten. Daneben kommt auch in Dahlmanns Konzeption den leitenden Staatsbeamten bzw. Ministern eine herausgehobene Stellung zu, insofern sie das Recht auf Gegenzeichnung aller königlichen Akte haben und sie über das Mittel einer Anklage vor einem Staatsgerichtshof verfügen.

Diesen gemäßigten bis liberalen politischen Theoretikern steht die nicht minder große Gruppe jener konservativen Staatslehrer gegenüber, die die radikalen Umbrüche der gesellschaftlichen Ordnung ebenso wie das philosophische Erbe der Aufklärung verurteilen. Gegenüber den rationalistischen und individualistischen Tendenzen, die sie bei ihren Kontrahenten vermuten, betonen sie die sittlichen Kräfte von Tradition, Geschichte und Religion. Gegen das Ideal des planbaren Fortschritts führen sie die Lehre vom organischen Wachstum ins Feld. Der politische Romantiker Adam Müller (1779–1829) kann als einer ihrer Hauptvertreter gelten. Zu seinen wichtigsten Schriften zählen in diesem Zusammenhang die *Berliner Abendblätter* sowie *Die Elemente der Staatskunst* (1809). Bedeutenden Einfluss erlangt auf konservativer Seite aber auch Friedrich Julius Stahl (1802–1861), der in seiner Schrift *Das monarchische Princip* (1845) die Bewahrung der Vorrechte des Monarchen mit den liberalen Forderungen nach Rechtsstaatlichkeit und Einführung eines Repräsentativsystems verknüpft. Der Verfassung, die nach Stahl ebenso wenig über tradierte Prinzipien hinausgehen soll, wie sie vom Monarchen geändert werden darf, kommt dabei insofern eine besondere Bedeutung zu, als sie ihm zur Gewährleistung der Rechtssicherheit, aber auch der Unabhängigkeit der Richter dient (vgl. Puhle 1986; Bleek 2001).

Gemeinsam ist diesen reformorientierten Denkern ein aktives politisches Interesse und die erklärte Absicht, ihre Einsichten über

Politik sowohl an den Universitäten zu lehren, als sie auch in der politischen Wirklichkeit umzusetzen. Reaktionäre Restaurationstendenzen und revolutionäre Umwälzungsambitionen werden dabei von ihnen gleichermaßen abgelehnt. Politische Wissenschaft erfährt durch diese Verbindung mit einem verstärkten politischen Engagement eine neue Dimension öffentlicher Bewusstwerdung, die jedoch gleichzeitig die eher restaurativ eingestellten staatlichen Behörden auf den Plan ruft.[16] Beobachtung und Kontrolle der Universitäten seitens hoheitlicher Instanzen verstärken sich.[17] Als Beleg für die tendenziell ablehnende Haltung gegenüber diesen neuen Vorstellungen von Staat und Politik seitens der staatlichen Behörden kann die Verfügung des preußischen Kultusministeriums vom 11. September 1824 herangezogen werden. Hier wurde vermerkt, «dass die politischen und revolutionären Umtriebe und Verirrungen unserer Zeit zu einem bedeutenden Theile aus verkehrten Lehren des allgemeinen Staatsrechts», sprich: den reformerischen Überlegungen zur Politischen Wissenschaft bzw. zur Lehre der Politik, entstanden seien, in welchen ein «idealer, sogenannter Vernunftstaat» postuliert werde, der jede realiter zu beobachtende Abweichung als ungerechten Willkürakt erscheinen lassen muss. Philosophie ist in diesem Sinn ein eher riskanter Boden für politische Studien und muss daher in den Verantwortungsbereich der Juristischen Fakultät mit ihren «geprüften, gereiften, und nach Gesinnungen, wie in Gründlichkeit der Wissenschaft zuverlässigen Männern» (Koch 1839/40, Bd. 2, S. 187) eingegliedert werden. Dass die öffentlich agierenden Politiklehrer immer wieder mit restriktiven staatlichen Maßnahmen zu rechnen haben, zeigt in besonders drastischer Weise der Fall der so genannten «Göttinger Sieben»: Als König Ernst August von Hannover (1771–1851) am 1. November 1837 durch ein Patent die Aufhebung der erst vier Jahre zuvor erlassenen Verfas-

---

16 Betroffen von restriktiven Maßnahmen sind u. a. so bekannte Persönlichkeiten wie der Bonner Historiker und Dichter Ernst Moritz Arndt (1769–1860), der Jenaer Philosoph Jakob Friedrich Fries (1773–1843) und der Berliner Theologe Wilhelm Lebrecht de Wette (1780–1849) (vgl. Hubmann 1997).

17 Bereits 1817 verbietet der Staatskanzler Hardenberg (1750–1822) Schleiermachers Vorlesungen über «Philosophische Staatslehre», da sie «hauptsächlich eine politische Tendenz» besitze und dazu diene, «ohne einen reellen Nutzen zu gewähren, die Gemüter zu bewegen und zu entzweien» (Lenz 1910, S. 39).

sung, die Auflösung der Ständeversammlung sowie die Entbindung aller Staatsdiener von ihrem auf das Staatsgrundgesetz geleisteten Eid verfügt, opponieren sieben Göttinger Professoren öffentlich gegen diesen Akt der Fürstenwillkür. Die *Protestation*, mit der Friedrich Christoph Dahlmann, Wilhelm Eduard Albrecht (1800–1876), Jacob Grimm (1771–1851), Wilhelm Grimm (1786–1859), Georg Gottfried Gervinus, Heinrich Ewald (1803–1875) und Wilhelm Weber (1804–1891) auf den Verfassungsbruch des Königs reagieren, ist nicht nur insofern bemerkenswert, als sich mit ihnen zum ersten Mal die Mitglieder einer korporativ verfassten Einrichtung nicht als Repräsentanten ihres Standes, sondern als bewusst und freiwillig zusammentretende Gruppe von Bürgern politisch zu Wort melden; sie zeugt auch von dem starken Selbstbewusstsein der Professoren. So heißt es in dem Text: «Wenn […] die unterthänigst Unterzeichneten sich nach ernster Erwägung der Wichtigkeit des Falls nicht anders überzeugen können, als dass das Staatsgrundgesetz seiner Einrichtung und seinem Inhalte nach gültig sei, so können sie auch, ohne ihr Gewissen zu verletzen, es nicht stillschweigend geschehen lassen, dass dasselbe ohne weitere Untersuchungen und Vertheidigung von Seiten der Berechtigten, allein auf dem Wege der Macht zu Grunde gehe. Ihre unabweisliche Pflicht vielmehr bleibt, wie sie hiermit thun, offen zu erklären, dass sie sich durch ihren auf das Staatsgrundgesetz geleisteten Eid fortwährend verpflichtet halten müssen, und daher weder an der Wahl der Deputirten zu einer auf andern Grundlagen als denen des Staatsgrundgesetzes berufenen allgemeinen Ständeversammlung Theil nehmen, noch die Wahl annehmen, noch endlich eine Ständeversammlung, die im Widerspruch mit den Bestimmungen des Staatsgrundgesetzes zusammentritt, als rechtmäßig bestehend anerkennen dürfen» (von Thadden 1987, S. 18–19). Die Antwort des Fürsten lässt freilich nicht lange auf sich warten und fällt in ihrer Kompromisslosigkeit mehr als deutlich aus: Die unbotmäßigen Professoren werden ihres Amtes enthoben und teilweise des Landes verwiesen.

Eine weitere Möglichkeit direkten politischen Engagements ergibt sich für einen Großteil der liberalen Positionen zuneigenden Professoren aus dem Bereich der politischen Wissenschaft durch ihre Wahl in die unter dem Namen «Paulskirchenparlament» berühmt gewordene verfassungsgebende Nationalversammlung im Frühjahr 1848 (vgl.

Botzenhart 1977; Mommsen 1998; Ribhegge 1998).[18] Gleichzeitig muss jedoch konstatiert werden, dass das Scheitern der parlamentarischen Bestrebungen, das mit der Ablehnung der an den preußischen König Friedrich Wilhelm IV. (1795–1861) herangetragenen Kaiserkrone seinen Ausdruck findet, zu einem schnellen Austritt der meisten der etwa 50 hier vertretenen Professoren führt. Das bedeutet jedoch nicht, dass sie ihr politisches Engagement aufgeben. Die ehemaligen Abgeordneten Friedrich Christoph Dahlmann, Robert von Mohl, Georg Wilhelm Raumer (1800–1856) und Georg Waitz (1813–1886) sowie einige weitere treffen sich im Juni 1849 in Gotha, um über die Realisierung einer auf Preußen gestützten nationalstaatlichen Union zu beraten.[19] Und auch nach dem endgültigen Scheitern der Einigungsbemühungen bleiben zahlreiche politische Professoren in den Parlamenten der Einzelstaaten aktiv.[20] Der andere Weg, den viele Politikprofessoren nach dem Austritt aus der Paulskirchenversammlung gehen, führt sie zur theoretischen Aufarbeitung der von ihnen gemachten politischen Erfahrungen. Die Vorlesungen von Friedrich Christoph Dahlmann, Robert von Mohl, Friedrich Julius Stahl und Lorenz Jacob von Stein (1815–1890) können hier beispielhaft für die Verarbeitung des Verhältnisses von Macht und Vernunft und die damit verbundene Frage nach den praktischen Einflussmöglichkeiten politischer Theorie genannt werden (Botzenhart 1977, S. 776 ff.). Heinrich von Treitschke (1834–1896) dürfte der bekannteste preußi-

---

18 Mehrere Professoren arbeiten an der Ausarbeitung der Geschäftsordnung mit. Hier macht sich insbesondere Robert von Mohl einen Namen, dessen einflussreiche Überlegungen zum Parlamentarismus große Resonanz finden. Der Verfassungsausschuss als wichtigster Ausschuss der deutschen Nationalversammlung bietet den Akademikern der Politischen Wissenschaft das Hauptbetätigungsfeld. Johann Gustav Droysen (1808–1884) nimmt als Schriftführer dieses Ausschusses eine wichtige Vermittlerrolle ein (vgl. Droysen 1849, 1924). Die führende Persönlichkeit des Verfassungsausschusses ist indes Friedrich Christoph Dahlmann, der bei der Ausarbeitung der Reichsverfassung in fast allen Abschnitten federführend ist (Bleek 2001, S. 133).

19 Dem Erfurter Unionsparlament vom März 1850 gehören u. a. Friedrich Christoph Dahlmann, Max von Gagern und Heinrich von Sybel (1817–1895) sowie Friedrich Julius Stahl an (Bleek 2001, S. 142).

20 So sitzen in der badischen Ersten Kammer unter der Herrschaft des liberalen Großherzogs Friedrich (1826–1907) als Vertreter der Heidelberger Universität Robert von Mohl und sein Nachfolger Johann Caspar Bluntschli (1808–1881), im preußischen Abgeordnetenhaus die politischen Historiker Max Duncker und Heinrich von Sybel (Botzenhart 1977).

sche Professor in der zweiten Hälfte des 19. Jahrhunderts sein, der sich in seinen Arbeiten einer Analyse der Machtverhältnisse widmet und mit seiner unvollendeten fünfbändigen *Deutschen Geschichte im 19. Jahrhundert* das historische Standardwerk zu den Ereignissen in diesem Jahrhundert vorlegt.[21] König, Aristokratie, Heer und Bürokratie bilden für Treitschke das Fundament eines konstitutionell monarchisch verfassten Staates, der für ihn nur in dieser Form Geschlossenheit und Stärke erreichen kann. «Hierin liegt die sittliche Überlegenheit der wohlgeordneten Monarchie gegenüber Republiken, weil in Monarchien die Staatsgewalt auf eigenem Rechte beruht und unparteiisch sein kann» (Treitschke 1918, S. 156). Die Parlamente als Foren eines politischen Verständigungsprozesses lehnt Treitschke ab. Die Konsequenzen seines Denkens für die universitäre Tradition des Fachs Politik sind erheblich. Seine Definition der Politik als «Staatskunst großer Männer» weist der universitären Lehre von der Politik eine untergeordnete Position zu. Selbst die Aufgabe einer kritischen Analyse der politischen Gegebenheiten und Prozesse wird von ihm weitestgehend negiert. Damit gibt die Lehre von der Politik jedoch jeden wissenschaftlichen Anspruch auf. Stattdessen rückt «die begnadete Kunst, einen Staat zu führen» – also gerade das, was die politische Theorie nicht leisten kann – ins Zentrum der Aufmerksamkeit.

5 Politikwissenschaft in der Weimarer Republik

Der Erste Weltkrieg, die Revolution von 1918 und die Wirren der frühen Weimarer Republik entziehen der deutschen Staatslehre des 19. Jahrhunderts die rechtlichen und politischen Grundlagen. Gleichzeitig zwingt die politische Welt von Weimar der Wissenschaft die Auseinandersetzung mit der Politik in radikal veränderter Gestalt auf.

---

21 Treitschke, der zuerst innerhalb der Nationalliberalen Fraktion, später dann, nach deren Entfremdung von Reichskanzler Bismarck (1815–1898), als unabhängiger Abgeordneter Mitglied des Deutschen Reichstags ist (1871 bis 1884), fällt in seinen Reden nicht nur als Gegner des Marxismus und der «Kathedersozialisten» auf, sondern wendet sich auch vehement gegen den wachsenden Einfluss des Judentums. Der mit dem Althistoriker Theodor Mommsen (1807–1903) entfachte heftige Antisemitismusstreit gibt davon ein Zeugnis ab (vgl. Bleek 2001).

Einen Pol der nicht zuletzt durch ihre Extreme gekennzeichneten Weimarer Staatsrechtsdebatte markiert die rechtspositivistische Position Hans Kelsens (1881–1973), der die Rechtsnorm unabhängig von ihrem Ursprung und Inhalt zur Grundlage des Staates erhebt. Die oberste Norm der Rechtsordnung ist dabei die Verfassung. Verfassung, Gesetze, Gesetzgeber und Gerichte bilden für Kelsen ein sich selbst regulierendes System von Handlungsanweisungen (Kelsen 1934). Damit entpolitisiert er den Staat, denn sobald ein Gesetz bestätigt wird, geht das Handeln und Entscheiden ausschließlich an Richter und Beamte über. Den Gegenpol zur Lehre Kelsens bilden die Schriften Carl Schmitts (1888–1985). Schmitt spricht der Politik den Vorrang vor dem Recht zu. Jede Rechtsnorm ist hohl, wenn keine politische Macht hinter ihr steht. Schmitt zufolge bedient sich die Politik des Rechts lediglich als technischer Form, um einer Bürokratie ihren Willen mitzuteilen. Das Wesen der Politik ist jedoch die Macht, nötigenfalls die bestehende Rechtsordnung außer Kraft setzen zu können. Staat, Rechtsordnung und Bürokratie konstituieren sich erst durch die Politik und bleiben in ihrer Gestalt von dieser abhängig (Schmitt 1932).

Bei dem Versuch, das Fach «Politik» als Wissenschaft neu zu etablieren, greift man zunächst auf Reformvorschläge aus den ersten beiden Jahrzehnten des 20. Jahrhunderts zurück (Llanque 2000).[22] Friedrich Naumann (1860–1919) favorisiert aus seiner sozial-liberalen politischen Position heraus eine akademische Ausbildung liberaler Eliten. In diesem Zusammenhang setzt er sich schon 1918 für die Gründung einer «freie[n] deutsche[n] Hochschule für Politik» ein (vgl. Heuss 1931). Zwei Jahre später erfolgt am 24. Oktober 1920 in Berlin die Gründung der Deutschen Hochschule für Politik, deren ausgewiesenes Ziel darin besteht, zur «Schule der Demokratie» zu werden (Jäckh 1931, S. 220). Direktor des neuen Instituts wird Ernst Jäckh (1875–1959), der Theodor Heuss (1884–1963) zum Studienleiter beruft. Die Hochschule wird zunächst von den Industriellen Robert Bosch (1861–1942) und Carl Friedrich von Siemens (1872–1941) getragen, bis durch die Wirt-

---

22 Der von Max Weber (1864–1920) berühmt gewordene Vortrag *Politik als Beruf* (1958) stellt ein wichtiges Zeugnis damaliger Reformgedanken dar.

schaftskrise in den Jahren 1922/23 in verstärktem Maß staatliche Institutionen, aber auch amerikanische Stiftungen Zuschüsse leisten. Bei der Ausrichtung der Schule bekennt man sich freimütig zum Vorbild der Pariser École Libre des Sciences Politiques.

Die Aufgaben der neu gegründeten Hochschule für Politik sind vielgestaltig. Sowohl akademische als auch nichtakademische Ausbildungsgänge werden in ihr angeboten. Damit entspricht sie ganz der Konzeption Ernst Jäckhs, der eine Verbindung von Hochschule, Fachschule und Volkshochschule zu erreichen sucht (vgl. Jäckh 1923, S. 37, 1931). Einer möglichst breiten Bevölkerungsschicht sollen politische Fachkenntnisse angeboten werden,[23] sodass nicht nur von der gewöhnlichen Zugangsbedingung der Hochschulreife abgesehen wird, sondern darüber hinaus in der Form einer Abendschule Aufbaukurse zur Erreichung der Hochschulreife über einen quasi zweiten Bildungsweg angeboten werden. Damit unterscheidet sich die Hochschule wesentlich vom Modell der etablierten universitären Studiengänge.

Stark frequentiert wird die Hochschule auch von mittleren Verbandsfunktionären. Ihren Charakter als politische Fachschule belegt das Angebot an Fortbildungsseminaren für Attachés des Auswärtigen Amts, Gewerkschaftsfunktionäre und Sozialarbeiter. Darüber hinaus avanciert die Deutsche Hochschule für Politik zu einer Aus- und Fortbildungseinrichtung für Lehrer (vgl. Lehnert 1991; Bleek 2001, S. 204 f.).

Die eigentlich akademische Ausbildung beginnt erst 1927, wobei Lehre und Lehrende stetig wechseln bzw. raschen Veränderungen unterworfen sind. Philosophie (vor allem politische Denkströmungen und Ideengeschichte), Geschichte (hauptsächlich Geschichte des 19. Jahrhunderts) und Recht bilden das Zentrum der Ausbildung. Die «Rechtsgrundlagen der Politik» werden neben anderen prominent von Bill Drews (1870–1938) gelehrt. Staats- und Verwaltungs-, Arbeitssowie Völkerrecht stehen dabei im Vordergrund. Im Bereich der Geschichte muss in erster Linie Friedrich Meinecke (1862–1954) genannt werden. Aber nicht nur diese klassischen Lehrgebiete spielen für die

---

23 Zu den Gesamtzahlen der Hörerschaft und ihrer Zusammensetzung vgl. Lehnert (1991).

Ausbildung an der Deutschen Hochschule für Politik eine Rolle. Natürlich werden auch gemäß ihrem Namen eine große Anzahl politikwissenschaftlicher Angebote offeriert. Die Dominanz außenpolitischer Themenstellungen[24] kann jedoch nicht darüber hinwegtäuschen, dass auch im Bereich der Innenpolitik ein breites Lehrangebot existiert. Theodor Heuss und Sigmund Neumann (1904–1962) widmen sich sowohl Verwaltungs- und Verfassungsfragen als auch dem Studium des Parteiwesens. Im außenpolitischen Bereich nehmen zunächst die Auseinandersetzungen über die Kriegsschuldfrage und den Versailler Vertrag eine herausgehobene Stellung ein.

Mit der Zeit kristallisieren sich jedoch stärker regionale Schwerpunkte heraus. Besondere Aufmerksamkeit wird dabei den osteuropäischen Staaten und der Sowjetunion sowie dem Nahen und Fernen Osten zuteil.[25] Auch wenn die meisten Arbeiten an der Hochschule in vielerlei Hinsicht von dem staatsrechtlichen und historischen Herangehen der Politikanalyse des 19. Jahrhunderts geprägt sind, entstehen während dieser Zeit doch auch Studien, die für die Politikwissenschaft des 20. Jahrhunderts wegweisend werden. Zu ihnen gehören Ernst Fraenkels (1898–1975) Schrift zur dialektischen Demokratie (1929), Otto Kirchheimers (1905–1965) Essay zu Problemen der Demokratie und der Weimarer Verfassung (1930) sowie Sigmund Neumanns Studie der Weimarer Parteien (1932). Die zu gleicher Zeit in den USA sich entfaltende empirische Politikwissenschaft wird indes nicht rezipiert. Mehr als eine beschreibende und kommentierende Darstellung der politischen Phänomene der Weimarer Republik vermag der Lehrkör-

---

24 Ähnliche Entwicklungen sind an den nach dem Ersten Weltkrieg den Studienbetrieb aufnehmenden Universitäten Frankfurt a. M. und Hamburg zu beobachten, wo im Rahmen der Wirtschafts- und sozialwissenschaftlichen Fakultäten Lehrstühle für Auswärtige Politik und Auslandsstudien eingerichtet werden. Die Bezeichnung des Frankfurter Lehrstuhls lautet «Auslandskunde, Auslandspolitik und Kolonialwissenschaft». Sein erster Inhaber ist Otto Koebner (1869–1934), ein hoher Beamter im früheren Reichs-Marine-Amt. Neben dem breiteren Ansatz an der Deutschen Hochschule für Politik in Berlin ist es also vor allem der Bereich Internationale Politik, über den sich die (Wieder-)Einführung der Politikwissenschaft an den deutschen Universitäten vollzieht.

25 Die Auslandsdeutschen werden vor allem am Ende der Weimarer Zeit durch den völkisch ausgerichteten Max Hildebert Boehm (1891–1968) im Rahmen einer «Deutschtumswissenschaft» zum Inhalt des Lehr- und Forschungsbetriebs (vgl. Boehm 1931).

per der Hochschule nicht zu leisten, der vor allem durch ausgebildete Juristen bestimmt wird.[26]

Die Machtergreifung der Nationalsozialisten unter Adolf Hitler 1933 beendet die Arbeit der Deutschen Hochschule für Politik. Während ca. die Hälfte der hauptamtlichen Mitarbeiter ins Exil geht, unter ihnen Arnold Brecht, Hajo Holborn, Sigmund Neumann, Hans Simons (1893–1872) und Hans Speier (1905–1990)[27] (Eisfeld 1991), wird die Hochschule durch einen Kommissar des Reichspropagandaministeriums in eine nationalsozialistische Schulungsanstalt umgestaltet, bis schließlich die Eingliederung in die Deutsche Auslandswissenschaftliche Fakultät der Berliner Universität erfolgt.

6 Politisches Denken während des Nationalsozialismus

Die Frage, ob es in der NS-Zeit überhaupt so etwas wie eine politische Wissenschaft gegeben habe, ist immer wieder kontrovers diskutiert worden. Von denjenigen, die die Frage positiv beantworten, wurde u. a. auf die Fortführung der Arbeit in den auslandswissenschaftlichen In-

---

26 Aber auch das breit gefächerte politische Spektrum der Hochschullehrer darf dabei nicht unterschätzt werden. Die Vorstandsmitglieder und Reichsminister Rudolf Hilferding (1877–1941) und Gustav Radbruch (1878–1949) gehören wie Fritz Naphtali (1888–1961), der Gewerkschafts- und Wirtschaftspolitik unterrichtet, der SPD an. Mitglieder der linksliberalen Deutschen Demokratischen Partei sind Ernst Jäckh, Hugo Preuß (1860–1925), Gertrud Bäumer (1873–1968) und Theodor Heuss. Hajo Holborn (1902–1969), Eckart Kehr (1902–1933), Sigmund Neumann, Otto Suhr (1894–1957) sowie Arnold Brecht (1884–1977) und Hermann Heller (1891–1933) können vor allem als kritische Analysten der Weimarer Demokratiedefizite verstanden werden. Dem rechtskonservativen Flügel gehören Adolf Grabowsky (1880–1969), Richard Kjellén und Otto Hoetzsch (1876–1946) an. 1927 wird zudem das von dem rechtskatholischen und deutsch-nationalen Historiker Martin Spahn (1875–1945) geleitete Politische Kolleg in die Hochschule integriert, zu dessen prominentesten Mitgliedern der Rechtsintellektuelle Arthur Moeller van den Bruck (1876–1924) gehört. Die Finanzierung des Kollegs wird durch die deutsch-nationalen Industriellen Hugo Stinnes (1870–1924) und Paul Reusch (1868–1956) sowie Alfred Hugenberg (1865–1951) übernommen. Hoetzsch und Spahn bleiben über die Auflösung der Arbeitsgemeinschaft von Hochschule und Politischem Kolleg 1930 hinaus an der Hochschule, wobei sie in ihren Überlegungen Max Hildebert Boehm, Friedrich Berber (1898–1984) und Arnold Bergstraesser (1896–1964) nahe stehen (vgl. Eisfeld 1991; Söllner 1996; Bleek 2001).

27 Theodor Heuss u. a. verlassen zwar nicht das Land, ziehen sich jedoch in die «innere Emigration» zurück.

stituten verwiesen; vonseiten der Kritiker wurde demgegenüber die starke Finalisierung des Wissenschaftsbetriebs hervorgehoben, die auf eine bloße Hilfestellung bei der Realisierung politischer Vorgaben hinausläuft (siehe dazu Haiger 1991). Generell lässt sich sagen, dass es unter der nationalsozialistischen Herrschaft zu einer generellen Politisierung der Wissenschaften kommt. Nicht nur sollen sich alle Fächer, einschließlich der Naturwissenschaften, als «politische Wissenschaften» verstehen, vielmehr sollen sie sich auch durch eine normative Orientierung an der «werdenden Volksgemeinschaft» ausrichten (Eisfeld 1991). Die Forderung nach einem «politischen Semester», die von Hans Freyer (1887–1969) 1933 erhoben wird, entspricht voll und ganz der neuen, nationalsozialistischen Ideologie. Eine auf das nationalsozialistische Denken ausgerichtete politische Schulung soll den universitären Bereich in toto erfassen und nicht nur auf die originär politischen Wissenschaften begrenzt bleiben. Auch das bündischen Traditionen entspringende neu verkündete «Ethos der Arbeit» wird zum Bestandteil nationalsozialistischer Erziehung, die die akademische Ausbildung fakultätsübergreifend bestimmt.[28]

Mit der sich konkretisierenden Vorbereitung des Krieges ab den Jahren 1936/37 und der in diesem Zusammenhang anvisierten Großraumpolitik werden neue Anforderungen an die akademischen Disziplinen herangetragen. Bevölkerungs-, polizei- und wehrsoziologische Schriften entstehen (vgl. Klingemann 1996); Propaganda, Wehrpolitik und Rassenkunde etablieren sich als neue Themen universitären Denkens.

Der sich als «politischer Geisteswissenschaftler» verstehende neue Dekan der Berliner Universität Franz Alfred Six (1909–1975) engagiert sich an vorderster Stelle für eine an den Kriegserfordernissen orientierte thematische Veränderung der akademischen Ausbildung (vgl. Hachmeister 1998). Eine zukünftige Siedlungspolitik für den zu erobernden Raum im Osten zählt ebenso dazu wie Fragen der «Lageberichterstattung» und «Gegnerforschung».

---

28 Dieses politische Wissenschaftsideal wird von Ernst Krieck (1882–1947) noch radikalisiert, der die herkömmliche Gliederung in Fakultäten mit Hilfe einer «völkisch-politischen Zentralidee» überwinden möchte (vgl. Walkenhaus 1999).

Immer mehr Teilgebiete der etablierten Forschungsarbeit, selbst so «neutrale» wie die empirische Bevölkerungssoziologie oder Raumforschung, werden in den Dienst der imperialen Pläne des «Großdeutschen Reiches» gestellt (Eisfeld 1991). Aber auch die Mitarbeiter der Fakultät stehen für Six im «politischen Einsatz». Unter diesem «Einsatz» versteht er die Mitwirkung bei der Verwaltung und «Pazifisierung» der besetzten Gebiete, die Leitung von deutschen Auslandsinstituten, die Lieferung von Datenmaterial für die Informationsdienste, die Anfertigung von Propagandamaterial, Gutachten und Übersetzungen für amtliche Stellen sowie Schulungen und Sprachkurse für ausgewählte Kader (Haiger 1991).

Während der nationalsozialistischen Diktatur kommt es zu einer massenhaften Zwangsemigration deutscher Wissenschaftler, wobei neben der Judenverfolgung auch das politische Engagement einer ganzen Reihe von Akademikern in der Weimarer Zeit ausschlaggebend ist.[29] Auch viele Vertreter der jüngeren Generation des wissenschaftlichen Nachwuchses entschließen sich zur Auswanderung oder werden zu einer solchen gezwungen. Der unumgehbare Neustart im Ausland bedeutet für viele auch einen Neuanfang der akademischen Ausbildung. Arnold J. Heidenheimer, Amitai Etzioni (Werner Falk), Reinhard Bendix (1916–1991) und Henry (Heinz) Kissinger fangen durch ihren Wechsel nach Amerika beispielsweise an, sich mit Political Science zu beschäftigen, Ernst Fraenkel greift 1938 bis 1941 ein amerikanisches Jurisprudenzstudium an der School of Law der University of Chicago auf, und Franz L. Neumann fertigt in London eine zweite Dissertation an (Bleek 2001).

Die Rockefeller und Carnegie Foundations ermöglichen über ihre Stipendien den oft mittellosen Exilanten ein Wiederaufgreifen ihrer akademischen Tätigkeit.[30] Schon 1933 beginnt der Aufbau einer «Uni-

---

29 Aus dem Umfeld der Sozialdemokratie: Karl Loewenstein (1891–1973), Ernst Fraenkel, Fritz Morstein Marx (1900–1969), Franz L. Neumann (1900–1954), Otto Kirchheimer, Richard Löwenthal (1908–1991), Ossip K. Flechtheim (1909–1998), Hermann Heller, John (Hans) H. Herz und Sigmund Neumann (vgl. Söllner 1996). Von konservativer Seite: Leo Strauss (1899–1973), Eric(h) Voegelin (1901–1985) und Ferdinand A. Hermens (1906–1998) (Bleek 2001).

30 Ein Großteil der Emigranten findet allerdings in kleineren Colleges und Universitäten eine neue Anstellung. So lehrt Ossip K. Flechtheim am Bates College

versity in Exile», der späteren Graduate Faculty der New School (1934), durch Alvin Johnson in New York. In ihr finden viele ehemalige Dozenten der Deutschen Hochschule für Politik eine Anstellung (vgl. Rutkoff/Scott 1986). Aber auch die University of Chicago[31] und das New Yorker Institute of Social Research an der Columbia University[32] werden zu neuen akademischen Heimstätten der Vertriebenen. Einzelnen Wissenschaftlern wie Hannah Arendt (1906–1975), Carl Joachim Friedrich (1901–1984), Herbert Marcuse, Leo Strauss und Eric Voegelin gelingt es im Exil, ein eigenes Konzept von politischer Theorie zu entwickeln (vgl. Kielmannsegg/Mewes/Glaser-Schmidt 1995). Die schärfsten Differenzen zu den in Amerika etablierten Theorieansätzen werden dabei von den konservativ ausgerichteten politischen Denkern Strauss und Voegelin markiert. Ihr von den Griechen übernommener Ansatz einer normativ-teleologischen Politikwissenschaft stellt eine kritische Abgrenzung zu den in Amerika hauptsächlich verfolgten behavioristischen und szientistischen Konzepten dar (vgl. Voegelin 1952; Strauss 1959; Bluhm 2002).

7 Politikwissenschaft als Demokratiewissenschaft: Neugründung nach dem Krieg

Der Begriff der «Demokratiewissenschaft» kennzeichnet die Phase der Neugründung der politischen Wissenschaft in Deutschland zwischen 1945 und 1959 (vgl. Bleek 2001). Der Name Demokratiewissenschaft kann gemeinhin als Übernahme des von den westlichen Alliierten favorisierten Verständnisses eines Erziehungsauftrags begriffen wer-

---

und Colby College, Ferdinand A. Hermens an der Catholic University of America in Washington und der Notre Dame University in Indiana, Karl Loewenstein am Amherst College in Massachusetts und Eric Voegelin an der University of Alabama sowie der Louisiana State University (vgl. Bleek 2001).

31 Hier sind vor allem Hans Rothfels (1891–1976), der Philosoph Helmut Kuhn (1899–1993), Hans Morgenthau (1904–1980), Arnold Bergstraesser und Leo Strauss zu nennen.

32 Hier arbeiten in erster Linie die führenden Köpfe des früheren Frankfurter Instituts für Sozialforschung, beispielsweise Max Horkheimer (1895–1973), Karl August Wittfogel (1896–1988), Herbert Marcuse (1898–1979) und Theodor W. Adorno (1903–1969), aber auch Paul Lazarsfeld (1901–1976) und Franz L. Neumann.

den, mit dessen Hilfe demokratische Werte und Strukturen über die Etablierung einer entsprechenden akademischen Ausbildung verankert werden sollen.[33] Ihre Protagonisten sind deshalb vor allem jene akademischen Eliten, die als nicht durch das nationalsozialistische Regime korrumpiert gelten und als Vertreter freiheitlich-demokratischer Überzeugungen eingestuft werden. Zum Teil rekrutieren sie sich aus den Emigranten, die sich für den zielstrebigen Aufbau der Politikwissenschaft in Deutschland einsetzen.[34] Die anderen gehören mehr oder weniger zur Gruppe der «inneren Emigranten», die den Nationalsozialismus auf unterschiedliche Weise überlebt haben: im aktiven Kampf oder im Versuch, sich durch unpolitische Aktivitäten «über Wasser zu halten».[35]

Der Umstand, dass in den westlichen Besatzungszonen – ab 1949 in der Bundesrepublik Deutschland – der Politikwissenschaft ein so zentraler Stellenwert bei der Entwicklung einer demokratischen Kultur beigemessen wird, während es in der sowjetisch besetzten Zone – ab 1949 die DDR – zu keiner vergleichbaren Entwicklung kommt, ist nicht zuletzt eine Folge konträrer Erklärungen für den Aufstieg und Sieg des Nationalsozialismus in Deutschland. Während im sowjetisch dominierten Teil Deutschlands eine sozio-ökonomische Faschismustheorie dominiert, der zufolge der Aufstieg des Nationalsozialismus Bestandteil eines sich international verschärfenden Klassenkampfs ist, bei dem die Kapitalisten im Bündnis mit den Großgrundbesitzern Macht und Einfluss nur noch durch den Rückgriff auf offen repressive Methoden und bei aggressiver Durchsetzung imperialistischer Ziele aufrechterhalten können (vgl. Saage 1981, 1985), wird in den

---

33 In diesem Zusammenhang muss vor allem das Engagement der amerikanischen Besatzer erwähnt werden, die über amerikanische Stiftungen maßgeblich zur Finanzierung des akademischen Neuaufbaus beitragen.

34 Zu dieser Gruppe gehören Arnold Bergstraesser, Heinrich Brüning (1885–1970), Ossip K. Flechtheim, Ernst Fraenkel, Arcadius L. R. Gurland, Ferdinand A. Hermens (1906–1998), Ernst Wilhelm Meyer (1890–1969), Eric Voegelin, Adolf Grabowsky, Wolfgang Abendroth (1906–1985), Gerhard Leibholz (1901–1982), Richard Löwenthal und Mehnert (Mohr 1988).

35 Zu dieser Gruppe zählen Otto Suhr, Adolf Grimme, Erwin Stein, Alfred Weber, Hermann Brill, Wolfgang Abendroth, Otto Heinrich von der Gablentz, Gert von Eynern, Dolf Sternberger, Eugen Kogon (1903–1987), Carlo Schmid (1896–1979), Theodor Eschenburg (1904–1999) und Otto Stammer (Mohr 1988).

politikwissenschaftlichen Analysen der Amerikaner vorzugsweise die politische Kultur in Deutschland, insbesondere die obrigkeitliche Prägung der politischen, gesellschaftlichen und nicht zuletzt auch wissenschaftlichen Eliten für den politischen Aufstieg Hitlers verantwortlich gemacht (vgl. Reichel 1985). Besteht für die Sowjets darum der antifaschistische Kampf wesentlich in der Enteignung der Kapitalisten und Großgrundbesitzer, so geht es den Amerikanern um die Erziehung einer neuen demokratisch eingestellten Elite, und dabei soll der Politikwissenschaft eine zentrale Funktion zukommen. An den Universitäten in der Sowjetischen Besatzungszone kann sich die Politikwissenschaft nach 1945 deshalb nicht etablieren. Mit der ersten Hochschulreform der DDR zu Beginn der 1950er Jahre wird eine obligatorische und fakultätsübergreifende marxistisch-leninistische Grundausbildung eingeführt, die das seit Ende der 1940er Jahre existierende Studium Generale mit gesellschaftspolitischen Inhalten ablöst. Gleichwohl gibt es immer wieder Bemühungen, durch politikwissenschaftliche Forschung und Lehre an den Universitäten die Politikwissenschaft institutionell zu etablieren. Versuche, wie sie vom Institut für Gesellschaftswissenschaften an der Akademie der Wissenschaften in Berlin und der Leipziger Sektion für Wissenschaftlichen Kommunismus in den 1980er Jahren unternommen werden, bleiben jedoch gegenüber der für diesen Bereich zuständigen Abteilung Wissenschaften im ZK-Sekretariat der SED chancenlos (vgl. Koop 1996).

Den Startschuss für die «Einführung der politischen Wissenschaften an den deutschen Universitäten und Hochschulen» in der gerade gegründeten Bundesrepublik gibt eine gleichnamige Konferenz, die durch eine Initiative des hessischen Staatsministeriums und mit finanzieller Unterstützung der amerikanischen Militärbehörden 1949 tagt. Teilnehmer sind überwiegend Universitätsmitglieder und Behördenvertreter aus dem Kultusbereich, der Vorsitzende der «American Political Science Association» (APSA), aber auch Abgesandte der US-Militäradministration. Dieses Projekt stößt jedoch bei den etablierten Fachvertretern der deutschen Universitäten auf erheblichen Widerstand. Insbesondere die Juristen lehnen das Fach rundweg ab, das sie der Linksneigung verdächtigen und dem sie den Gegenstand absprechen, der doch bereits von den Staats- und Staatsrechtslehrern getragen wird. Auch die Historiker sehen sich als bessere Politikwissenschaftler und warnen davor, dass die Analyse der Gegenwart zu leicht von den Tagesmeinungen abhängig gemacht wird. Erst eine weitere Konferenz im Juli 1950 bringt die Bemühungen um die Einführung der politischen Wissenschaft in Deutschland entscheidend voran. Bei einer ansonsten der vorangehenden Konferenz entsprechenden Teilnehmerzusammensetzung wird hier besonders auf einen größeren Anteil an Akademikern aus der Philosophie und Geschichtswissenschaft wie auch der Soziologie und Jurisprudenz geachtet, die Teile ihrer Zuständigkeiten an das neue Fach abgeben sollen (vgl. Mohr 1988). Infolgedessen hat die Politikwissenschaft im ersten Jahrzehnt ihres Bestehens den Charakter einer Integrationswissenschaft, deren Aufgabe die Erziehung zur Demokratie ist. Nichtsdestotrotz geht die institutionelle Implementierung an den deutschen Hochschulen nur langsam voran. Auch wenn Hessen als Vorreiter an seinen Universitäten Frankfurt, Darmstadt und Marburg schon 1948 je eine Professur für «Wissenschaftliche Politik» einführt, verfügen doch erst zu Beginn der 1960er Jahre alle deutschen Universitäten über ein entsprechendes Lehr- und Forschungsgebiet.[36]

Die schon auf der 1949er Konferenz vertretene «American Political Science Association» führt in Deutschland innerhalb der politikwissenschaftlichen Disziplin – nicht zuletzt vor dem nicht unbedeutenden finanziellen Hintergrund, den eine Mitgliedschaft in der «International Political Science Association» (IPSA), die im September 1949 auf Anregung der UNESCO in Paris gegründet wird, darstellt – zu der Einsicht, die Gründung eines entsprechenden politikwissenschaftlichen Fachverbands nach Vorlage der APSA voranzutreiben. So wird zu Anfang des Jahres 1951 die «Vereinigung für die Wissenschaft von der Politik» – später «Deutsche Vereinigung für Politische Wissen-

---

36 Die wichtigsten Lehrstuhlinhaber in dieser Gründungszeit sind Alfred Weber, Heidelberg; Heinrich Brüning, Köln; Ernst Wilhelm Meyer, Frankfurt a. M.; Carlo Schmid, Frankfurt a. M.; Arnold Bergstraesser, Tübingen und Freiburg; Siegfried Landshut (1897–1968), Hamburg; Ossip K. Flechtheim, Berlin; Ernst Fraenkel, Berlin; Carl Joachim Friedrich (1901–1984), Heidelberg; Eric Voegelin, München; Gerhard Leibholz, Göttingen; Michael Freund (1902–1972), Kiel; Eugen Kogon, Darmstadt; Theodor Eschenburg, Tübingen; Wolfgang Abendroth, Marburg; Ferdinand A. Hermens, Köln (Rupp/Noetzel 1991; Bleek 1999),

schaft» (DVPW) – aus der Taufe gehoben.[37] Erklärte Zielstellung des Fachverbands ist die Förderung «der Forschung und Lehre der Wissenschaft von der Politik» und eine Intensivierung des wissenschaftlichen «Erfahrungs- und Meinungsaustauschs mit dem Ausland» (Bloch 1954, S. 190). 1983 kommt es zur Abspaltung einer Gruppe von Politikwissenschaftlern, die sich zur «Deutschen Gesellschaft für Politikwissenschaft» (DGfP) zusammenschließen. Nach zunächst heftigen Auseinandersetzungen zwischen beiden Verbänden, von denen die DGfP der deutlich kleinere bleibt, hat sich inzwischen ein gelegentlich sogar kooperatives Nebeneinander entwickelt.

Zur Anerkennung und Durchsetzung des Fachs in der Bundesrepublik trägt auch nicht unerheblich die Herausgabe der *Zeitschrift für Politik* (ZfP) bei, die 1954 eine Wiederauflage erfährt.[38] Herausgeberquerelen und Verlagsprobleme verhindern jedoch zunächst einen reibungslosen Betrieb. Mit der Gründung der *Politischen Vierteljahresschrift* (PVS) 1960 als der Fachzeitschrift der Deutschen Vereinigung für Politische Wissenschaft kann sich eine weitere Fachzeitschrift etablieren.[39] Die *Zeitschrift für Politik* ist seitdem vor allem an die Hochschule für Politische Wissenschaften in München angebunden und gilt gemeinhin der «Deutschen Gesellschaft für Politikwissenschaft» nahe stehend.

Die Verankerung und damit einhergehende Anerkennung der Politikwissenschaft in Deutschland als eigenständiger wissenschaftlicher Disziplin ermöglicht die verstärkte Wiederaufnahme innerdisziplinärer Kontroversen. Methoden und Ziele der «jungen Wissenschaft» geraten vor allem in den Fokus der akademischen Auseinandersetzungen. Dabei stehen sich ein empirisch-deskriptiver und ein mehr normativ ausgerichteter Flügel gegenüber. Dem erstgenannten gehören zunächst Arcadius L. R. Gurland und Otto Stammer

---

37 40 Mitglieder zählt die Gründungsversammlung. Den Vorsitz übernimmt Alexander Rüstow (1885–1963), das Amt des Ehrenvorsitzenden wird Alfred Weber verliehen. Weitere Vorständler sind Ernst Wilhelm Meyer, Wolfgang Abendroth, Otto Suhr und Adolf Grabowsky.

38 Die ersten Herausgeber sind Otto Suhr, Adolf Grabowsky und Alexander Rüstow.

39 Gert von Eynern, Otto Heinrich von der Gablentz, Karl Dietrich Bracher, Gerhard Leibholz und Dolf Sternberger bilden den Kreis der ersten Herausgeber.

an. Stammer definiert Politik als ein «soziales Handeln», «das sich auf Machterwerb und Machtgebrauch richtet, um im öffentlichen Bereich bestimmte Interessen und Ziele von Einzelnen und Gesellschaftsgruppen in bestimmten geschichtlich-gesellschaftlichen Situationen, in der Regel gegen den Willen und die Zielsetzungen anderer Personen und Gruppen, im Kampfe oder mit Hilfe von Vereinbarungen durchzusetzen» (Stammer 1956, S. 562). Dieses Handeln ist in gleicher Weise gesellschaftsbeeinflussend und gesellschaftsverändernd. Letztendlich ist Politik für Stammer «jede menschliche Kunst und Technik, unter gegebenen Bedingungen anderen Menschen gegenüber Ziele durchzusetzen und Änderungen zu erreichen» (Stammer 1967, S. 374). Stammer erweitert den Machtbegriff damit so weit, dass er nicht allein auf politische, sondern in starkem Maß auch auf allgemeine gesellschaftliche Phänomene anwendbar ist. Politische Dimensionen nimmt der Begriff für ihn erst dann an, wenn man ihn zur Untersuchung aller Prozesse der politischen Willensbildung und des politischen Entscheidungsverhaltens einsetzt. Wer politische Macht unter diesem Aspekt analysieren will, muss von den strukturellen Wechselwirkungen von politischer Ordnung und gesellschaftlicher Struktur, von politischen und gesellschaftlichen Prozessen ausgehen.

Ernst Fraenkel, Eric Voegelin und Dolf Sternberger sind neben anderen dem zweiten der genannten Flügel zuzurechnen. Sie vertreten ein normatives Grundverständnis von «Politik als gerechter Gestaltung des Gemeinwohls» (Fraenkel 1963). Da eine legitimierte Machtausübung ohne eine normative Grundlage nicht auskommt, umschreibt Sternberger Politik auch als «gesitteten Machtgebrauch». Von politischer Macht ist nur dann sinnvoll zu sprechen, wenn sie gerecht, d. h. nicht Selbstzweck ist, sondern zur vernünftigen Gestaltung der politischen Ordnung eingesetzt wird: «eine geordnete Verteilung der Macht (wovon die ‹Trennung der Gewalten› nur einen Sonderfall darstellt), ein System von Spielregeln (wovon die rechtlich fixierten Verfassungsnormen nur einen Sonderfall darstellen) und eine Vorkehrung für die Möglichkeit des gewaltlosen Wechsels der Führung (wozu demokratische Wahlen das heute vorherrschende Mittel bilden). Das schiere Machtstreben eines einzigen politischen Körpers […] muss in der Welt der Kollektive ganz ebenso als pathologische Erscheinung angesehen werden wie in derjenigen der Individuen, wo man es als ‹asoziales Verhalten› zu kennzeichnen pflegt. Es findet nicht allein an Gegenständen, sondern auch an geltender oder werdender Sitte seine Grenze, und die Sitte gehört nicht weniger zum Gegenstand der Politik als die Macht» (Sternberger 1956, S. 407).[40]

8 Entwicklung der Politikwissenschaft in der Bundesrepublik Deutschland während der 1960er, 1970er und 1980er Jahre

Die Etablierung der Politikwissenschaft als neuer Disziplin im deutschen Universitätssystem führt nicht nur zu einer Belebung der im vorigen Abschnitt erwähnten innerdisziplinären Kontroversen, sondern ermöglicht nun auch Spezialisierungstendenzen, die schließlich einer thematischen Ausdifferenzierung der Disziplin Vorschub leisten. «Politisches System der Bundesrepublik», «Internationale Beziehungen», «Politische Theorie und Ideengeschichte» sowie die «Politische Komparatistik» (heute vor allem: «Vergleichende Analyse politischer Systeme») stellen eine Auswahl der wichtigsten Teilgebiete dar, die in fast jedem politikwissenschaftlichen Institut zu finden sind (Waschkuhn 2002; Mohr 1995).[41]

Jedoch nicht nur Spezialisierungs- und Differenzierungstendenzen kennzeichnen die Entwicklung der Politikwissenschaft in Deutschland, sondern auch eine regional strukturierte Schulbildung, der unter disziplingeschichtlichen Gesichtspunkten erhebliche Bedeutung zukommt. Die dabei vertretenen Theorien und Modellbildungen weisen zum Teil deutliche Unterschiede auf. Eric Voegelin kann in München als der Begründer einer in erster Linie normativ geprägten Schule gelten. Köln wird unter Ferdinand Hermens zu einem Zentrum für Verfassungs- und Wahlrechtsthemen, das im weiteren Verlauf in der empirisch-analytischen Mannheimer Schule Rudolf Wildenmanns aufgeht. Dolf Sternberger beschäftigt sich in Heidelberg vor allem mit Fragen der Ideengeschichte und des Parlamentarismus. Die Vorstel-

---

40 Vgl. in diesem Zusammenhang Buchstein/Göhler (2000) und Pannier (1996).
41 Die einzelnen Kapitel dieses Bandes können als nahezu vollständiger Überblick über die Spezialgebiete der Politikwissenschaft in Deutschland gelten.

lung der Politikwissenschaft als einer vordringlich «praktischen Wissenschaft» wird in Freiburg von Arnold Bergstraesser propagiert (vgl. Schmitt 1999; Lietzmann 1999; Herz/Weinberger 1999). Eine rein deskriptive Beschränkung der Politikwissenschaft kann für Bergstraesser nicht der ausschließliche Primat der Politikwissenschaft sein. Vielmehr muss die freiheitlich-demokratische Ordnung der Bundesrepublik Deutschland auch unter Einbeziehung der akademischen Disziplin politisch gegen innere wie äußere Gefahren gestärkt und geschützt werden. Die politische Situation, so Bergstraesser, verlangt, «daß wir im freiheitlichen Rechtsstaat der Bundesrepublik die Arbeit auf uns nehmen, dem Staatsbürger die freie Urteilsbildung durch die Vermittlung der dazu unentbehrlichen Kenntnisse zu ermöglichen» (Bergstraesser 1959, S. 11).

Für Marburg ist weniger eine konkrete theoretische und methodische Ausrichtung charakteristisch als vielmehr die Fokussierung auf bestimmte Themenbereiche. Die politische Willensbildung innerhalb politischer Organisationen wie Parteien und Verbänden, aber auch der Aufbau und die Funktionsweise der Herrschaftsstrukturen des Nationalsozialismus oder innerhalb der Weimarer Arbeiterbewegung unter Einbeziehung des Widerstandes gegen den NS bilden hier die Hauptgegenstände politikwissenschaftlicher Betätigung. Die radikaldemokratische und sozialistische Grundausrichtung der Marburger ist das Fundament für ihr Engagement, die Demokratisierung von Wirtschaft und Gesellschaft voranzubringen, wobei vor allem die im Kapitalismus verankerten antidemokratischen Gefahrenpotenziale zurückgedrängt werden sollen (vgl. Hüttig/Raphael 1999).

Die «Frankfurter Schule» hat vor allem durch ihre Kritik an traditionellen wie szientistischen Konzeptionen in der Soziologie und durch ihre methodische Reflexion auf die Totalität der gesellschaftlichen Beziehungen erheblichen Einfluss auf die Entwicklung der Sozialwissenschaften in Deutschland. Nach seiner Rückkehr aus dem amerikanischen Exil steht das Institut für Sozialforschung zunächst ausschließlich für den Anschluss der geisteswissenschaftlichen deutschen Soziologie an den amerikanischen Standard der empirischen Sozialforschung. Hier sind auch die soziologischen Publikationen Horkheimers und Adornos in den ersten fünf Jahren nach der Remigration angesiedelt. Adorno publiziert 1952 und 1954 zwei Standard artikel zur empirischen Sozialforschung. In ihnen findet sich der spezifische Frankfurter Ansatz lediglich als Anmerkung über die allgemeine Vermitteltheit von Daten, die durch die Theorie kontrolliert werden müssen. In den 1960er Jahren beginnt der Prozess der Absetzung von der empirischen Sozialforschung, die Adorno nunmehr für unvereinbar mit der theoretischen Arbeit hält. Seine Begründung dafür lautet, dass eine soziologische Theorie nicht aus empirischen Forschungsergebnissen ableitbar sein kann, weil alle sozialen Tatsachen selbst gesellschaftlich vermittelt sind. Die Theorie muss daher diesen Zusammenhang zuallererst durch die Erkenntnis des antagonistischen Charakters von Gesellschaft aufdecken. Methodologisch wird die Frankfurter Schule mit ihrem interdisziplinären und integrativen Erklärungsansatz, in dem politische Ökonomie, Psychoanalyse und Kultur- bzw. Ideologiekritik eine Rolle spielen, für viele Politikwissenschaftler prägend. Den inhaltlich stärksten Einfluss aus dem Umfeld der «Frankfurter» hat zeitweilig aber der in Berkeley/Kalifornien lehrende Herbert Marcuse, dessen avancierte Verbindung der Theorien von Marx und Freud sowie der daraus abgeleiteten Emanzipationsperspektiven für entwickelte (spätkapitalistische) Gesellschaften die 68er-Bewegung politisch stark inspiriert. Marcuses Einfluss wird Anfang der 1980er Jahre durch den von Jürgen Habermas abgelöst, dessen gesellschaftstheoretische Adaption sprachtheoretischer Überlegungen in der *Theorie des kommunikativen Handelns* in Teilen der Politikwissenschaft zu einer paradigmatischen Wende von der Ökonomie zur Soziologie bzw. Philosophie als Grundlage sozialwissenschaftlicher Theoriebildung führt (vgl. insgesamt Münkler 1990).

Der für die Entwicklung des Fachs in den 1960er Jahren förderliche Ausbau der deutschen Universitäten ist in den 1970er Jahren gleichzeitig Ursache für eine Reihe von zutage tretenden Problemen, die sich vor allem im zuspitzenden Kampf zwischen den politisch-methodischen Lagern, der sich aus den zunächst örtlich organisierten Schulen der 1950er und frühen 1960er Jahre herauskristallisierte, ausdrücken. Eine Lösung, die aus dieser Situation schließlich herausführt, wird über die Veränderung der Positionierung der Politikwissenschaft innerhalb der akademischen Gliederungen erreicht. Vor allem die Vorrangstellung der Geisteswissenschaften, denen sich die Politikwissenschaft nicht nur in methodischer Hinsicht stark verbunden fühlt, gerät zunehmend in den Fokus der Kritik. Die universitäre Strukturreform an den Universitäten der 1970er Jahre bindet die Politikwissenschaft nun in erster Linie an die Sozialwissenschaftlichen Fachbereiche bzw. Fakultäten an, denen die Soziologie und Sozialpsychologie, aber auch die Kommunikationswissenschaften sowie die Ethnologie angegliedert werden. Hinzu kommt eine breite Diskussion über die theoretische Profilierung und das methodische Instrumentarium der Disziplin. Das neue Verständnis der Politikwissenschaft als einer modernen Sozialwissenschaft und der szientistische Einfluss des amerikanischen Behaviorismus führen zu einer verstärkten Besinnung auf die Methoden der empirischen Sozialforschung. Vor allem vergleichende und quantitative Verfahren wie fragebogengeleitete Interviews, Dokumentenanalyse und das kontrollierte Experiment treten in den Vordergrund. Den Pionierbereich stellen in erster Linie die Wahlforschung und die Analyse politischer Einstellungen dar.

9 Das Selbstverständnis der Politikwissenschaft zu Beginn des 21. Jahrhunderts

Während der 1950er und frühen 1960er Jahre verstand sich die Politikwissenschaft als eine Integrationswissenschaft, also nicht als eine eigenständige universitäre Disziplin mit eigenen Methoden und eigenem Gegenstandsbereich, sondern sie integrierte Teile anderer Disziplinen im Hinblick auf ein zentrales Erfordernis der neuen politischen Ordnung: die Festigung der Demokratie. Sie sollte deren Grundwerte vermitteln, deren Funktionsweise beobachten und kritisch kommentieren und schließlich auch wegweisende Perspektiven vermitteln. Dieses Selbstverständnis war den spezifischen Bedingungen Nachkriegsdeutschlands geschuldet und konnte in dieser Form nicht auf Dauer gestellt werden. Die Ende der 1960er Jahre einsetzende Spezialisierung des Fachs war somit ein in der Logik der Forschung liegender, zwangsläufiger Vorgang. Freilich waren die damit verbundenen Erwartungen einer Verwissenschaftlichung der Politik, bei der der Politikwissenschaft eine führende Rolle zukommen sollte, weit überzogen und mussten notwendig enttäuscht werden. Die im mer noch zu hörende Formel von der «Beratungsresistenz der Politik» gegenüber der Wissenschaft ist ein Nachklang dieser Erwartungen.

Die gestiegenen Erwartungen der Politik an eine kompetente Politikberatung sind freilich geblieben, und sie müssen im Interesse des Fachs, vor allem aber im Hinblick auf die Berufschancen seiner Absolventen «bedient» werden. Die Brücke zwischen praktischer Politik und Politikwissenschaft ist jedoch schmal und fragil und wird dies auch in Zukunft bleiben, zumal die einzelnen Fachvertreter recht unterschiedliche Vorstellungen von ihren Konstruktionsprinzipien haben. Grundsätzlich freilich gilt: Wissenschaft, die zu nahe an die Politik heranrückt, gerät in die Gefahr, ihren Wissenschaftscharakter zu verlieren; Wissenschaft, insbesondere Politikwissenschaft, die sich zu weit von ihrem Gegenstandsbereich distanziert und ihn womöglich nur noch mit Verachtung ins Auge fasst, wird kaum vermeiden können, ihrer Einfluss- und Orientierungschancen verlustig zu gehen. Die richtige Position zu finden ist schwierig, und es gehört zu den Wesensmerkmalen einer praktischen Wissenschaft, dass die Festlegung einer Idealposition nicht möglich ist. Die Auseinandersetzungen über eine zu große Nähe oder Ferne der Politikwissenschaft zur Politik werden darum auch zukünftig das Fach prägen, und darin wird immer wieder aufs Neue um ein angemessenes Selbstverständnis gerungen werden. Man sollte darin aber keine Schwäche, sondern eine Stärke des Fachs sehen.

In diesen Debatten wird und muss es darum gehen, die Spannung zwischen der normativen und der empirischen Orientierung der Politikwissenschaft von Fall zu Fall neu zu justieren. Auch dies sollte nicht als ein Manko, sondern als Wesensmerkmal des Fachs begriffen werden. So lässt sich die Renaissance der Gerechtigkeitstheorien während der letzten Jahrzehnte[42] etwa dazu nutzen, die in ihnen entwickelten Vorstellungen auf einzelne Politikfelder anzuwenden und dabei zu untersuchen, ob und inwieweit die normativen Gerechtigkeitskonzeptionen mit den empirisch fassbaren intuitiven Gerechtigkeitsvorstellungen der Menschen zusammenstimmen bzw. worin Unterschiede

---

42 Zu nennen ist insbesondere Rawls (1979) sowie Walzer (1992). Einen Überblick bietet Kersting (2000).

liegen und worauf diese zurückzuführen sind.[43] Steuerpolitik, Familienpolitik, Zuwanderungspolitik und anderes stellen Untersuchungsfelder dar, auf denen normative Orientierungen, und zwar gleichermaßen philosophische Konstruktionen wie empirisch beobachtbare Einstellungen, zu den faktischen Regulierungsmöglichkeiten und Steuerungspotenzialen sozio-politischer Systeme in Beziehung gesetzt werden können. Die Beobachtung kontraintentionaler Effekte ist der wohl wichtigste Beitrag, den die Sozialwissenschaft hierbei leisten kann. Vor allem hat sie das Zusammenspiel der auf den politischen Entscheidungsprozess einwirkenden Imperative zu beobachten und gegebenenfalls auch eigene Steuerungsvorschläge zu machen: beginnend bei den normativen Vorgaben von Gerechtigkeitstheorien über ökonomische Funktionsanforderungen, ökologische Wirkungen, soziale Folgen usw. bis zur Akzeptanz dessen durch eine politisch responsible Bevölkerung. Am Beispiel der Ökosteuer ließe sich dies im Detail entwickeln.

Die Komplexität der angesprochenen Probleme zeigt jedoch zugleich, dass die Politikwissenschaft diesen Anforderungen nur in wenigen Fällen aus eigener Kraft und auf sich allein gestellt zu genügen vermag. Fast durchweg lassen sich diese Probleme nur interdisziplinär bzw., präziser, multidisziplinär bearbeiten, wobei der Politikwissenschaft die Kompetenz eines Organisators der Multidisziplinarität zukommen könnte. Um diese Position hat die Politikwissenschaft in Deutschland traditionell mit der Rechtswissenschft konkurriert, und dabei hat sie bislang in der Regel die schlechteren Chancen gehabt. Man kann jedoch davon ausgehen, dass sich dies mit der Rückführung staatlicher Regelungsansprüche und dem Erfordernis, in Aushandlungsprozesse mit mehreren gleichberechtigten Akteuren einzutreten, ändern wird: Mit schwindender Dominanz des Staates dürfte auch die privilegierte Position der Juristen erodieren und den spezifischen Kompetenzen der Politikwissenschaft eine größere Bedeutung zuwachsen, wie dies in den USA seit längerem geschieht. Auf jeden Fall wird die wachsende Komplexität politischer Entscheidungs- und Im-

---

43 Einer der Gründe dessen könnte sein, dass Menschen sehr viel genauere Vorstellungen von Ungerechtigkeit als von Gerechtigkeit haben; vgl. hierzu Moore (1982) sowie Shklar (1992),

plementierungsprozesse sowie der allmähliche Rückzug des Staates aus der Position eines Regelgebers, Prozessverwalters, Ergebnisgaranten und abschließenden Kontrolleurs und die damit verbundene Umstellung des Politikprozesses auf ein Zusammenwirken von Staat, marktorientierten Unternehmen sowie zivilgesellschaftlichen Akteuren zu einer Entjuridifizierung der Politik und damit zu einem wachsenden Einfluss der Politikwissenschaft führen.

Entscheidend für die zukünftige Positionierung der Politikwissenschaft in Gesellschaft wie Wissenschaftssystem wird freilich sein, ob sich die Mehrzahl der akademischen Fachvertreter stärker in die Rolle einer kritischen Kommentierung der Politik zurückziehen oder in den Prozess der Problembearbeitung einbinden lassen wird. Die drei Merkmale, die Max Weber in seinem berühmten Vortrag «Politik als Beruf» mit Blick auf den Politiker geltend gemacht hat, nämlich Augenmaß, Verantwortungsbewusstsein und Leidenschaft, haben auch für den Politikwissenschaftler Relevanz, und je stärker man sich innerhalb des Fachs dessen bewusst ist, desto stärker und nachhaltiger wird der Einfluss auf Politik und Gesellschaft sein. Dabei lassen sich in grober Zusammenfassung drei Bereiche skizzieren, in denen die Politikwissenschaft in den nächsten Jahren und Jahrzehnten in besonderer Weise gefordert sein dürfte:[44]

- Die parlamentarische Demokratie, wie sie sich in Europa und Nordamerika im Verlauf des 19. Jahrhunderts herausgebildet hat, unterliegt Veränderungen, die schon bald dazu führen werden, dass das klassische Modell der parlamentarischen Demokratie obsolet sein und neue Formen politischer Partizipation und Entscheidungsfindung an Bedeutung gewinnen werden. Das beginnt bei so genannten Nichtregierungsorganisationen, etwa «Greenpeace», «Ärzte ohne Grenzen», «attac» u. a., die zunehmend Einfluss auf die Politik gewinnen, ohne dem klassischen Kontrollmechanismus von Wahl und Abwahl zu unterliegen, und reicht bis zu der wachsenden Einflussnahme der Medien auf die Politikagenda.[45] Die Konjunktur, die der Begriff Zivilgesellschaft seit geraumer Zeit hat, ist

---

44 Zu einem Überblick vgl. Leggewie/Münch (2001).
45 Vgl. hierzu die Beiträge von Schmidt und Dörner in diesem Band sowie Meyer (2001).

ein weiterer Indikator dieser Veränderungen, in deren Verlauf die Parteien klassischen Zuschnitts an Einfluss verlieren und vielgestaltige Formen bürgerschaftlichen Engagements an Bedeutung gewinnen dürften (vgl. Enquete-Kommission «Zukunft des Bürgerschaftlichen Engagements» 2002). Diese Entwicklung beobachtend und beratend zu begleiten wird für das Selbstverständnis der Politikwissenschaft von zentraler Bedeutung sein.

- Die Steuerungs- und Interventionsmöglichkeiten der Politik verändern sich: Wo in der Vergangenheit der Staat bzw. die staatliche Bürokratie der Hauptakteur gewesen ist, hat sich eine Fülle von Akteuren entwickelt, die in unterschiedlicher Weise auf den politischen Entscheidungs- und Implementierungsprozess Einfluss nehmen. Die bislang vom Staat wahrgenommenen Aufgaben verteilen sich auf so genannte *profit organisations*, die auf einem Markt unter Konkurrenzbedingungen Leistungen anbieten und dabei bestrebt sind, wirtschaftliche Gewinne zu erzielen, sowie auf *nonprofit organisations*, etwa Sozialverbände, die unter dem Begriff des «Dritten Sektors» zusammengefasst werden (vgl. Heinze/Olk 2001). Die partielle Entstaatlichung des Sozialsystems wird im Hinblick auf ihre funktionalen Effekte sehr genau zu beobachten sein, und hierbei kommt der Politikwissenschaft eine herausgehobene Aufgabe zu.
- Schließlich verändern sich seit mehr als einem Jahrzehnt die internationalen Konstellationen, wobei auch hier zunehmend nichtstaatliche Akteure an Bedeutung und Einfluss gewinnen und im Rahmen internationaler Konferenzen inzwischen bereits als Verhandlungspartner auftreten. Dabei legitimieren sie sich dadurch, dass sie im Unterschied zu den Staaten nicht die partikularen Interessen der jeweiligen Bevölkerungen vertreten, sondern sich in bestimmten Bereichen (Artenschutz, Schutz von Menschenrechten, Klimaschutz) die Zukunft der gesamten Menschheit zur Aufgabe gemacht haben. Die Folge dessen ist eine partielle Moralisierung der Politik, die bereits jetzt weitreichende Folgen zeitigt. Sie wird ergänzt durch die Rückkehr einer moralisch imprägnierten Begrifflichkeit in die internationale Politik, zu der schließlich auch die Vorstellung des gerechten Krieges, der humanitären Intervention usw. gehört. Nicht zuletzt ist damit eine folgenreiche Veränderung der Kriegführung in den beiden letzten Jahrzehnten verbunden, in de

ren Verlauf zunehmend asymmetrische Kriege an die Stelle der klassischen zwischenstaatlichen Kriege getreten sind (vgl. Creveld 1998; Kaldor 1999; Münkler 2002). Diese Entwicklungen begrifflich zu erfassen, sie empirisch gehaltvoll zu beschreiben, ihre beobachtbaren Folgen zu vermessen und weiter reichende Prognosen abzugeben, wird zu den zentralen zukünftigen Herausforderungen der Politikwissenschaft gehören.

Literatur

Althusius, Johannes: Politica. Methodice digesta atque exemplis sacris et profanis illustrata, Aalen 1981.

Aristoteles: Die Nikomachische Ethik, neu übersetzt, eingeleitet und mit erklärenden Anmerkungen versehen von Olof Gigon, Zürich/Stuttgart [2]1967.

Aristoteles: Politik, übersetzt und erläutert von Eckart Schütrumpf, Darmstadt 1991.

Berg-Schlosser, Dirk/Stammen, Theo: Einführung in die Politikwissenschaft, München [6]1995.

Bergstraesser, Arnold: «Die Anforderungen der Weltlage an die wissenschaftliche Politik in der Bundesrepublik», in: Schriftenreihe Forschung und Wissenschaft 1, 1959, S. 11–18.

Bermbach, Udo: «Deutscher Frühliberalismus», in: Iring Fetscher/Herfried Münkler (Hg.): Pipers Handbuch der politischen Ideen, Bd. 4, München 1986, S. 350–368.

Bleek, Wilhelm: «Die Politik-Professoren in der Paulskirche», in: Jürgen Kocka/Hans-Jürgen Puhle/Klaus Tenfelde (Hg.): Von der Arbeiterbewegung zum modernen Sozialstaat. Festschrift für Gerhard A. Ritter, München 1994, S. 276–299.

Bleek, Wilhelm: «Die Tübinger Schule der gesamten Staatswissenschaft», in: ders./Hans J. Lietzmann (Hg.): Schulen in der deutschen Politikwissenschaft, Opladen 1999, S. 105–129.

Bleek, Wilhelm: Geschichte der Politikwissenschaft in Deutschland, München 2001.

Bloch, Hans-Joachim: «Die (deutsche) Vereinigung für die Wissenschaft von der Politik», in: Zeitschrift für Politik (N. F. I), 1954, S. 190–191.

Bluhm, Harald: Die Ordnung der Ordnung. Das politische Philosophieren von Leo Strauss, Berlin 2002.

Boehm, Max Hildebert: «Erziehung zur Deutschtumspolitik», in: Ernst Jäckh (Hg.): Politik als Wissenschaft. Zehn Jahre Deutsche Hochschule für Politik, Berlin 1931, S. 78–93.

Boldt, Hans: Deutsche Staatslehre im Vormärz, Düsseldorf 1975.

Botzenhart, Manfred: Deutscher Parlamentarismus in der Revolutionszeit 1848–1850, Düsseldorf 1977.

Buchstein, Hubertus/Göhler, Gerhard (Hg.): Vom Sozialismus zum Pluralismus. Beiträge zu Werk und Leben Ernst Fraenkels, Baden-Baden 2000.

Bußmann, Walter: Treitschke. Sein Welt- und Geschichtsbild, Göttingen 1952.

Creveld, Martin van: Die Zukunft des Krieges, München 1998.

Denzer, Horst: «Spätaristotelismus, Naturrecht und Reichsreform. Politische Ideen in Deutschland 1600–1750», in: Iring Fetscher/Herfried Münkler (Hg.): Pipers Handbuch der politischen Ideen, Bd. 3, München 1985, S. 233–273.

Droysen, Johann Gustav (Hg.): Die Verhandlungen des Verfassungsausschusses der deutschen Nationalversammlung. Theil 1, Leipzig 1849.

Droysen: Johann Gustav: Aktenstücke und Aufzeichnungen zur Geschichte der Frankfurter Nationalversammlung aus dem Nachlaß von Johann Gustav Droysen, hg. von Rudolf Hübner, Berlin/Leipzig 1924.

Eisfeld, Rainer: Ausgebürgert und doch angebräunt. Deutsche Politikwissenschaft 1920–1945, Baden-Baden 1991.

Enquete-Kommission «Zukunft des Bürgerschaftlichen Engagements». Deutscher Bundestag (Hg.): Bürgerschaftliches Engagement und Zivilgesellschaft, Opladen 2002.

Eynern, Gert von: «Politologie», in: Zeitschrift für Politik (N. F. I), 1954, S.83–85.

Fraenkel, Ernst: «Die Wissenschaft von der Politik und die Gesellschaft», in: Gesellschaft–Staat–Erziehung 1963, S. 273–285.

Freyer, Hans: Das politische Semester. Ein Vorschlag zur Universitätsreform, Jena 1933.

Grabowsky, Adolf: «Staatserkenntnis durch räumliches Denken», in: Ernst Jäckh (Hg.): Politik als Wissenschaft. Zehn Jahre Deutsche Hochschule für Politik, Berlin 1931, S. 34–54.

Hachmeister, Lutz: Der Gegnerforscher. Die Karriere des SS-Führers Franz Alfred Six, München 1998.

Haiger, Ernst: «Politikwissenschaft und Auslandswissenschaft im ‹Dritten Reich›», in: Gerhard Göhler/Bodo Zeuner (Hg.): Kontinuitäten und Brüche in der deutschen Politikwissenschaft, Baden-Baden 1991, S. 94–136.

Hegel, Georg Wilhelm Friedrich: Grundlinien der Philosophie des Rechts oder Naturrecht und Staatswissenschaft im Grundrisse, Frankfurt a. M. 1986 (zuerst 1821).

Heinze, Rolf G./Olk, Thomas (Hg.): Bürgerengagement in Deutschland. Bestandsaufnahmen und Perspektiven, Opladen 2001.

Herz, Dietmar/Weinberger, Veronika: «Die Münchner Schule der Politikwissenschaft», in: Wilhelm Bleek/Hans J. Lietzmann (Hg.): Schulen in der deutschen Politikwissenschaft, Opladen 1999, S. 269–291.

Heuss, Theodor: «Friedrich Naumann als politischer Pädagoge», in: Ernst Jäckh (Hg.): Politik als Wissenschaft. Zehn Jahre Deutsche Hochschule für Politik, Berlin 1931, S. 121–133.

Hubmann, Gerald: Ethische Überzeugung und politisches Handeln. Jakob Friedrich Fries und die deutsche Tradition der Gesinnungsethik, Heidelberg 1997.

Hübner, Rudolf: «Johann Gustav Droysens Vorlesungen über Politik», in: Zeitschrift für Politik 10, 1917, S. 325–376.

Humboldt, Wilhelm von: «Gutachten über die Organisation der Ober-Examinations-Kommission» (1809), in: ders.: Werke in fünf Bänden, hg. von Andreas Flitner/Klaus Giel, Bd. 4: Schriften zur Politik und zum Bildungswesen, Stuttgart [4]1993, S. 77–89.

Humboldt, Wilhelm von: «Über die innere und äußere Organisation der höheren wissenschaftlichen Anstalten in Berlin» (1810), in: ders.: Werke in fünf Bänden, hg. von Andreas Flitner/Klaus Giel, Bd. 4: Schriften zur Politik und zum Bildungswesen, Stuttgart [4]1993, S. 255–266.

Hüttig, Christoph/Raphael, Lutz: «Die ‹Marburger Schule(n)› im Umfeld der westdeutschen Politikwissenschaft 1951–1975», in: Wilhelm Bleek/Hans J. Lietzmann
(Hg.): Schulen in der deutschen Politikwissenschaft, Opladen 1999, S. 293–318.

Jäckh, Ernst (Hg.): Politik als Wissenschaft. Zehn Jahre Deutsche Hochschule für
Politik, Berlin 1931.

Jäckh, Ernst: «Zwei Jahre Deutsche Hochschule für Politik», in: Ernst Troeltsch (Hg.):
Naturrecht und Humanität in der Weltpolitik. Vortrag bei der 2. Jahresfeier der
Deutschen Hochschule für Politik, Berlin 1923, S. 25–43.

Justi, Johann Heinrich Gottlob von: Grundsätze der Policeywissenschaft in einem
vernünftigen, auf den Endzweck der Policey gegründeten, Zusammenhange und
zum Gebrauch academischer Vorlesungen abgefasset, Göttingen 1756.

Justi, Johann Heinrich Gottlob von: Staatswirthschaft oder systematische Abhandlung aller Oeconomischen und Cameralwissenschaften, die zur Regierung eines
Landes erforderlich werden, Leipzig 1755.

Kaldor, Mary: Neue und alte Kriege. Organisierte Gewalt im Zeitalter der Globalisierung, Frankfurt a. M. 1999.

Kelsen, Hans: Reine Rechtslehre. Einleitung in die rechtswissenschaftliche Problematik, Aalen 1994 (Erstaufl. 1934).

Kersting, Wolfgang: Theorien der sozialen Gerechtigkeit, Stuttgart/Weimar 2000.

Kielmannsegg, Peter Graf/Mewes, Horst/Glaser-Schmidt, Elisabeth (Hg.): Hannah
Arendt und Leo Strauss: German Emigres and American Political Thought after
World War II, Washington, D. C. 1995.

Kirchheimer, Otto: «Weimar – und was dann?», in: Jungsozialistische Schriftenreihe, Berlin 1930.

Klingemann, Carsten: Soziologie im Dritten Reich, Baden-Baden 1996.

Koch, Johann Friedrich Wilhelm: Die Preußischen Universitäten. Eine Sammlung
der Verordnungen, welche die Verfassung und Verwaltung dieser Anstalt betreffen, Bd. 2/I, Berlin/Posen/Bromberg 1839/40.

Koop, Dieter: «In der Deutschen Demokratischen Republik: Gesellschaftswissen-
schaft als politische Wissenschaft», in: Hans J. Lietzmann/Wilhelm Bleek (Hg.):
Politikwissenschaft. Geschichte und Entwicklung in Deutschland und Europa,
München/Wien 1996, S. 99–131.

Leggewie, Claus/Münch, Richard (Hg.): Politik im 21. Jahrhundert, Frankfurt a. M.
2001.

Lehnert, Detlef: «‹Schule der Demokratie› oder ‹politische Fachhochschule›»?, in:
Gerhard Göhler/Bodo Zeuner (Hg.): Kontinuitäten und Brüche in der deutschen
Politikwissenschaft, Baden-Baden 1991, S. 65–93.

Lenz, Max: Geschichte der königlichen Friedrich-Wilhelms-Universität zu Berlin,
Bd. 2/I, Halle a. d. Saale 1910.

Lietzmann, Hans J.: «Integration und Verfassung. Oder: Gibt es eine Heidelberger
Schule der Politikwissenschaft?», in: Wilhelm Bleek/Hans J. Lietzmann (Hg.):
Schulen in der deutschen Politikwissenschaft, Opladen 1999, S. 245–267.

Llanque, Marcus: Demokratisches Denken im Krieg. Die deutsche Debatte im Ersten
Weltkrieg, Berlin 2000.

Machiavelli, Niccolò: Der Fürst, Frankfurt a. M. 1990.

Maier, Hans: Die ältere deutsche Staats- und Verwaltungslehre (Polizeiwissenschaft).
Ein Beitrag zur Geschichte der politischen Wissenschaft in Deutschland, Neu-
wied/Berlin 1966.

Maier, Hans: «Die Lehre der Politik an den älteren deutschen Universitäten», in: ders.: Politische Wissenschaft in Deutschland. Lehre und Wirkung, München ²1985, S. 31–67.

Meier, Christian: Die Entstehung des Politischen bei den Griechen, Frankfurt a. M. 1980.

Meier, Christian/Weinacht, Paul Ludwig/Vollrath, Ernst: «Politik», in: Joachim Ritter/Karlfried Gründer (Hg.): Historisches Wörterbuch der Philosophie, Bd. 7, Basel 1989, Sp. 1038–1072.

Meuthen, Erich: Die alte Universität, Köln/Wien 1988.

Meyer, Thomas: Mediokratie. Die Kolonisierung der Politik durch das Mediensystem, Frankfurt a. M. 2001.

Miethke, Jürgen: «Die Kanonistik als Leitwissenschaft für die politische Theorie der scholastischen Universität», in: Wilhelm Bleek/Hans J. Lietzmann (Hg.): Schulen in der deutschen Politikwissenschaft, Opladen 1999, S. 33–59.

Mohr, Arno (Hg.): Grundzüge der Politikwissenschaft, München/Wien 1995.

Mohr, Arno: Politikwissenschaft als Alternative. Stationen einer wissenschaftlichen Disziplin auf dem Weg zu ihrer Selbständigkeit in der Bundesrepublik Deutschland 1945–1965, Bochum 1988.

Mommsen, Wolfgang J.: 1848. Die ungewollte Revolution, Frankfurt a. M. 1998.

Mommsen, Wolfgang J.: Max Weber und die deutsche Politik 1890–1920, Tübingen ²1974.

Moore, Barrington: Ungerechtigkeit. Die sozialen Ursachen von Unterordnung und Widerstand, Frankfurt a. M. 1982.

Mühleisen, Hans-Otto/Stammen, Theo/Philipp, Michael (Hg.): Fürstenspiegel der Frühen Neuzeit, Frankfurt a. M. 1996.

Müller, Rainer A.: Geschichte der Universität. Von der mittelalterlichen Universitas zur deutschen Hochschule, München 1990.

Münkler, Herfried: Im Namen des Staates. Die Begründung der Staatsraison in der Frühen Neuzeit, Frankfurt a. M. 1987.

Münkler, Herfried: Machiavelli. Die Begründung des politischen Denkens der Neuzeit aus der Krise der Republik Florenz, Frankfurt a. M. 1982.

Münkler, Herfried: «Die kritische Theorie der Frankfurter Schule», in: Karl Graf Ballestrem/Henning Ottmann (Hg.): Politische Philosophie des 20. Jahrhunderts, München 1990, S. 179–210.

Münkler, Herfried: «Staatsraison und politische Klugheitslehre», in: Iring Fetscher/Herfried Münkler (Hg.): Pipers Handbuch der politischen Ideen, Bd. 3, München 1985, 23–72.

Münkler, Herfried: «Zwischen Humanismus und Reformation: Philipp Melanchthons und Martin Luthers Bild des Menschen und der politischen Ordnung», in: Roland Kley/Silvano Möckli (Hg.): Geisteswissenschaftliche Dimensionen der Politik, Bern/Stuttgart/Wien 2000, S. 183–206.

Münkler, Herfried: Die neuen Kriege, Reinbek 2002.

Münkler, Herfried/Bluhm, Harald (Hg.): Gemeinwohl und Gemeinsinn, Bd. 1: Historische Semantiken politischer Leitbegriffe, Berlin 2001.

Münkler, Herfried/Vollrath, Ernst: «Staat», in: Joachim Ritter/Karlfried Gründer (Hg.): Historisches Wörterbuch der Philosophie, Bd. 10, Basel 1998, Sp. 2–50.

Naumann, Friedrich: «Vier Reden an junge Freunde» (1918), in: ders.: Werke, Bd. 5, Köln, Opladen 1964, S. 709–735.

Neumann, Sigmund: Die deutschen Parteien. Wesen und Wandel nach dem Kriege, Berlin 1932 (Neuauflage unter dem Titel: Neumann, Sigmund: Die Parteien der Weimarer Republik, Stuttgart 1965).

Nippel, Wilfried: «Polis», in: Joachim Ritter/Karlfried Gründer (Hg.): Historisches Wörterbuch der Philosophie, Bd. 7, Basel 1989, Sp. 1032–1034.

Pannier, Jörg: Das Vexierbild des Politischen. Dolf Sternberger als politischer Aristoteliker, Berlin 1996.

Philipp, Michael: «Die frühneuzeitliche Politikwissenschaft im 16. und 17. Jahrhundert», in: Wilhelm Bleek/Hans J. Lietzmann (Hg.): Schulen in der deutschen Politikwissenschaft, Opladen 1999, S. 52–90.

Puhle, Hans-Jürgen: «Konservatismus», in: Iring Fetscher/Herfried Münkler (Hg.): Pipers Handbuch der politischen Ideen, Bd. 4, München 1986, S. 255–276.

Rassem, Mohammed H./Stagl, Justin (Hg.): Geschichte der Staatsbeschreibung. Ausgewählte Quellentexte 1456–1813, Berlin 1994.

Rassem, Mohammed H./Stagl, Justin (Hg.): Statistik und Staatenbeschreibung in der Neuzeit, Paderborn 1980.

Rassem, Mohammed H./Wölky, Guido: «Zur Göttinger Schule der Staatswissenschaften bis zu den Freiheitskriegen», in: Wilhelm Bleek/Hans J. Lietzmann (Hg.): Schulen in der deutschen Politikwissenschaft, Opladen 1999, S. 79–104.

Rawls, John: Eine Theorie der Gerechtigkeit, Frankfurt a. M. 1979.

Reichel, Peter: Politische Kultur in Deutschland, in: Iring Fetscher/Herfried Münkler (Hg.): Politikwissenschaft. Begriffe–Analysen–Theorien. Ein Grundkurs, Reinbek 1985, S. 111–154.

Ribhegge, Wilhelm: Das Parlament der Nation. Die Frankfurter Nationalversammlung 1848/49, Düsseldorf 1998.

Rotteck, Karl von: Lehrbuch des Vernunftrechts und der Staatswissenschaften, 4 Bde., Stuttgart 1829–1835.

Rüegg, Walter (Hg.): Geschichte der Universität in Europa, Bd. 1: Mittelalter, München 1993.

Rupp, Hans Karl/Noetzel, Thomas: Macht, Freiheit, Demokratie. Anfänge der westdeutschen Politikwissenschaft. Biographische Annäherungen, Marburg 1991.

Rutkoff, Peter M./Scott, William B.: New School: A History of the New School for Social Research, New York u. a. 1986.

Saage, Richard: «Der italienische und der deutsche Faschismus», in: Iring Fetscher/Herfried Münkler (Hg.): Politikwissenschaft. Begriffe–Analysen–Theorien. Ein Grundkurs, Reinbek 1985, S. 463–493.

Saage, Richard: Faschismustheorien. Eine Einführung, München [3]1981.

Schmitt, Carl: Der Begriff des Politischen, Berlin 1932.

Schmitt, Horst: «‹Die Freiburger Schule› 1954–1970. Politikwissenschaft in ‹Sorge um den deutschen Staat›», in: Wilhelm Bleek/Hans J. Lietzmann (Hg.): Schulen in der deutschen Politikwissenschaft, Opladen 1999, S. 213–243.

Sellin, Volker: «Politik», in: Otto Brunner/Werner Conze/Reinhart Koselleck (Hg.): Geschichtliche Grundbegriffe. Historisches Lexikon zur politisch-sozialen Sprache in Deutschland, Bd. 4, Stuttgart 1978, S. 789–874.

Shklar, Judith: Über Ungerechtigkeit. Erkundungen zu einem moralischen Gefühl, Berlin 1992.

Six, Franz Alfred: Europa. Tradition und Zukunft, Hamburg 1944.

Söllner, Alfons: Deutsche Politikwissenschaftler in der Emigration, Opladen 1996.

Stammer, Otto: «Herrschaftsordnung und Gesellschaftsstruktur. Erkenntnisobjekt und Aufgaben der politischen Soziologie», in: Schneider, Heinrich (Hg.): Aufgabe und Selbstverständnis der politischen Wissenschaft, Darmstadt 1967, S. 301–378.

Stammer, Otto: «Politische Soziologie und Demokratieforschung», in: Kölner Zeitschrift für Soziologie und Sozialpsychologie 1956, S. 380–395.

Sternberger, Dolf: «Bemerkungen über den Gegenstand der Politik», in: Kölner Zeitschrift für Soziologie und Sozialpsychologie 1956, Heft 3, S. 396–409.

Stolleis, Michael: Geschichte des Öffentlichen Rechts in Deutschland, Bd. 1: Reichspublizistik und Policeywissenschaft 1600-1800, München 1988.

Stolleis, Michael (Hg.): Staatsdenker im 17. und 18. Jahrhundert. Reichspublizistik, Politik, Naturrecht, Frankfurt a. M. 1977.

Strauss, Leo: What is Political Philosophy? And Other Studies, New York 1959.

Struve, Tilman: «Die Bedeutung der aristotelischen ‹Politik› für die natürliche Begründung der staatlichen Gemeinschaft», in: Jürgen Miethke (Hg.): Das Publikum politischer Theorie im 14. Jahrhundert, München 1992, S. 153–171.

Stürner, Wolfgang: Peccatum und Potestas. Der Sündenfall und die Entstehung der herrscherlichen Gewalt im mittelalterlichen Staatsdenken, Sigmaringen 1987.

Thadden, Rudolf von: Die Göttinger Sieben, ihre Universität und der Verfassungskonflikt von 1837, Hannover 1987.

Treitschke, Heinrich von: Deutsche Geschichte im neunzehnten Jahrhundert. 4. Teil, Leipzig 1889.

Treitschke, Heinrich von: Politik. Vorlesungen gehalten an der Universität zu Berlin, hg. von Max Cornicelius, Bd. 1, Leipzig ⁴1918.

Unruh, Georg Christoph von: «Polizei, Polizeiwissenschaft und Kameralistik», in: Kurt G. A. Jeserich/Hans Pohl/Georg Christoph von Unruh (Hg.): Deutsche Verwaltungsgeschichte, Bd. 1: Vom Spätmittelalter bis zum Ende des Reiches, Stuttgart 1983, S. 388–427.

Voegelin, Eric: The New Science of Politics. An Introduction, Chicago 1952.

Walkenhaus, Ralf: «Gab es eine ‹Kieler Schule›? Die Kieler Grenzlanduniversität und das Konzept der ‹politischen Wissenschaften› im Dritten Reich», in: Wilhelm Bleek/Hans J. Lietzmann (Hg.): Schulen in der deutschen Politikwissenschaft, Opladen 1999, S. 159–182.

Walzer, Michael: Sphären der Gerechtigkeit. Ein Plädoyer für Pluralität und Gleichheit, Frankfurt a. M./New York 1992.

Waschkuhn, Arno: Grundlegung der Politikwissenschaft. Zur Theorie und Praxis einer kritisch-reflexiven Orientierungswissenschaft, München/Wien 2002.

Weber, Max: Gesammelte Politische Schriften, hg. von Johannes Winckelmann, Tübingen ²1958.

Weber, Wolfgang: Prudentia gubernatoria. Studien zur Herrschaftslehre in der deutschen politischen Wissenschaft des 17. Jahrhunderts, Tübingen 1992.

Weischedel, Wilhelm (Hg.): Idee und Wirklichkeit einer Universität. Dokumente zur Geschichte der Friedrich-Wilhelms-Universität zu Berlin, Berlin 1960.

Winters, Peter Jochen: «Johannes Althusius», in: Michael Stolleis (Hg.): Staatsdenker im 17. und 18. Jahrhundert. Reichspublizistik, Politik, Naturrecht, Frankfurt a. M. 1977, S. 29–51.

Dirk Berg-Schlosser

1.2 Gegenstand und Anwendungsgebiete der Politikwissenschaft

1 Wissenschaftstheoretische Grundlagen

Für die systematische Grundlegung der «Wissenschaften vom Menschen» und der Sozialwissenschaften insgesamt ist es erforderlich, zunächst eine generelle Unterscheidung der wesentlichen Dimensionen menschlichen Seins und damit auch der Wissenschaften, die sich mit diesem befassen, vorzunehmen. Eine wichtige Unterscheidung, die sich als Gegensatz von «Leib» und «Seele» bis in die Antike zurückverfolgen lässt, ist die zwischen der *Objekt-* und *Subjekt-Dimension* menschlicher und sozialer Realität. Die erste bezeichnet den vergegenständlichten, sozusagen «greifbaren» Bereich, die zweite das subjektive Bewusstsein und die Verhaltensweisen. So ist die Unterscheidung in der Medizin zwischen der Anatomie, also der Lehre vom Körperbau, und der Psychologie als der Lehre vom Bewusstsein wohl unmittelbar einleuchtend. Auch die Wechselwirkungen zwischen diesen beiden Dimensionen, wenn sie auch im Einzelnen etwa in Bezug auf die unterschiedlichen psychosomatischen Wirkungszusammenhänge noch unzureichend erforscht sind, liegen auf der Hand. Etwas problematischer ist es mit der dritten, der *normativen* Dimension, die sich mit dem Bereich der Bewertung menschlichen Handelns, also auch eines «guten» oder «bösen» Handelns in einem ethischen Sinn, befasst. In die Medizin, um bei unserem Beispiel zu bleiben, hat diese Problematik seit dem Eid des Hippokrates ihren Eingang gefunden. Auch in der Philosophie ist diese «Dreidimensionalität» menschlichen Seins, wie sie z. B. von Kant in seiner «Architektonik der reinen Vernunft» herausgearbeitet wurde (Kritik der reinen Vernunft, S. 748ff.), heute wohl unumstritten.

Eine graphische Darstellung dieser Dimensionen zeigt Abbildung 1, wobei die gestrichelte Kreislinie die «ganzheitliche» Position andeuten soll, wie sie beispielsweise von Hegel vertreten wird.

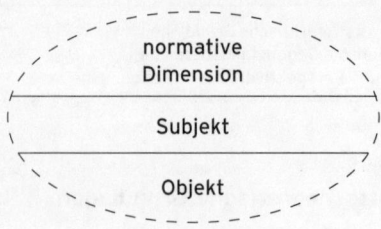

Abbildung 1: Dimensionen menschlichen Seins

Die Krux der Sache beginnt eigentlich erst mit den Problemen der Möglichkeit bzw. Unmöglichkeit der nicht nur analytischen, sondern auch realen Trennung zwischen diesen Dimensionen, der Untersuchung der Wechselwirkungen zwischen ihnen und vor allem der Begründung der jeweiligen Wertbasis im normativen Bereich. Es kommt daher nicht von ungefähr, dass sich die unterschiedlichen Schwerpunkte und Akzentsetzungen der längere Zeit dominierenden «Trias» metatheoretischer Positionen in unserem Fach in diesem Gefüge wiederfinden (vgl. gängige Lehrbücher und Einführungen wie Narr 1969; von Beyme 1992; Berg-Schlosser/Stammen 1995).

«Normativ-ontologische» (z. B. Voegelin 1959), aber auch sprachanalytische (vgl. Lorenzen 1978) oder kommunikationstheoretische Ansätze (Habermas 1981) argumentieren von einer wertenden Begründung im normativen Bereich aus. «Historisch-» oder «dialektisch-materialistische» Positionen (z. B. Moore 1966) sehen in den «objektiven» Lebensgrundlagen, den ökonomischen Produktionsweisen sowie ihren sozialstrukturellen und politischen Konsequenzen den determinierenden Faktor. «Behavioralistische» oder sozialpsychologische Ansätze beziehen sich in erster Linie auf die «Subjekt»-Dimension (vgl. z. B. Falter 1982). Die mögliche Unterscheidung zwischen «Objekt-» und «Subjekt»-Dimension einerseits und einer «ganzheitlich» normativ oder materialistisch begründeten Position andererseits markiert auch die Trennlinie zwischen einer «empirisch-analytischen» bzw. «kritisch-rationalen» Ausrichtung des Fachs im Popper'schen

Sinn gegenüber unterschiedlichen normativen oder «kritischen» Ansätzen.

Der «normativ-ontologische» Ansatz geht dabei, wie die Bezeichnung bereits nahe legt, von der normativen Dimension aus. Grundlage hierfür bilden religiöse oder politisch-philosophisch begründete letztendliche Normen und Werte, die als Kriterien einer «guten» politischen Ordnung für die Gestaltung der politischen Institutionen in der *Objekt*-Dimension und als ethische Maßstäbe für die Einstellungen und das Verhalten der jeweiligen Akteure im *Subjekt*-Bereich herangezogen werden. Klassisches Beispiel hierfür ist das «Höhlengleichnis» Platos, bei dem aus der Kenntnis der wahren, der transzendentalen Realität in seinem Sinn Maßstäbe für gute politische Ordnungen und das entsprechende Verhalten der Menschen und ihre «Seele» entwickelt werden. In der neueren Politikwissenschaft sind z. B. die Arbeiten eines Leo Strauss (1956) oder Eric Voegelin einem solchen Ansatz verpflichtet. Ein letztendlicher Konsens über die so begründeten Werte besteht allerdings nicht und lässt sich angesichts der Vielfalt von religiösen und politisch-philosophischen Traditionen weltweit über gewisse mögliche minimale Universalia hinaus auf absehbare Zeit wohl kaum erreichen (vgl. Berg-Schlosser 1997b; Walzer 1994).

Von einer gänzlich anderen Warte gehen kritisch-dialektische bzw. historisch-materialistische Ansätze in erster Linie in der Nachfolge von Karl Marx aus. Für sie bestimmen die konkreten materiellen Produktionsverhältnisse, die *Objekt*-Dimension, und die aus ihnen resultierenden Sozialstrukturen und ihre Dynamik im Zeitablauf die politische Realität und die subjektiven Verhaltensweisen sowie normativen Wertungen der Akteure. Das gesellschaftliche (objektive) Sein bestimmt so das Bewusstsein, die materielle Basis den politischen und wertmäßigen «Überbau» (MEW 13, S. 9). Marx und viele seiner Nachfolger verknüpften diese Art der Begründung mit einer evolutionären Geschichtstheorie, die die Vollendung der ökonomischen, sozialen und politischen Entwicklung der Menschheit über verschiedene Stufen und jeweilige Umbrüche hinweg in der weltweiten «klassenlosen» und herrschaftsfreien Gesellschaft sieht. Die Staaten können dann «absterben», Politik erübrigt sich. Auch diese Art der Begründung ist zumindest strittig, das «Ende der Geschichte» in einem solchen Sinn jedenfalls längst nicht in Sicht.

Der dritte Ansatz, in einer engeren Variante, geht von der *Subjekt*-Dimension aus. Die subjektiven Denk- und Verhaltensweisen der Menschen bilden die Grundlage der sozialen und politischen Realität. Diese lassen sich in der extremen Form des *Behaviorismus*, etwa eines J. B. Watson (vgl. Falter 1982, S. 132–134), auch in Aspekten der objektiven Realität, z. B. der Pulsfrequenz, der Schweißabsonderung, der Gehirnströme usw., erfassen. In der Variante des *Behavioralismus*, die in der US-amerikanischen Politikwissenschaft in den 1950er Jahren dominant wurde, sind diese subjektiven Aspekte und Empfindungen über die objektivierbaren Instrumente der repräsentativen Umfrageforschung, so in der Wahlforschung, empirisch bestimmbar (vgl. Eulau 1963). Hiervon werden dann auch objektive Strukturen wie Parteiensysteme oder politische Systeme insgesamt als abhängig angesehen. Objektive bzw. intersubjektiv überprüfbare Aussagen über letztendlich begründete normative Aussagen lassen sich von diesem Ansatz her nicht machen, weswegen er häufig auch als *positivistisch* im Sinne einer so verstandenen *Wertfreiheit* der Sozialwissenschaften bezeichnet wurde (vgl. Adorno 1969).

In einer erweiterten Variante dieses empirisch-analytischen Ansatzes werden sowohl Objekt- als auch Subjekt-Dimension als jeweils mit entsprechenden erfahrungswissenschaftlichen Methoden erfassbar angesehen, ohne von vornherein eine konkrete Wirkungsrichtung zwischen diesen Dimensionen zu postulieren. Normative Aussagen werden aber nach wie vor von der Mehrzahl der Vertreter dieser Forschungsrichtung als erfahrungswissenschaftlich nicht begründbar und als *kritisch-rational* im Sinne Karl Poppers (1993) nicht nachvollziehbar betrachtet. Sie bleiben also, wie Jürgen Habermas (1969) es formuliert hat, «positivistisch halbiert».

Diese unterschiedlichen metatheoretischen Positionen sind daher in ihren letztendlichen Begründungen kontrovers. Auch die Möglichkeit der nicht nur analytischen, sondern auch realen Trennung zwischen den genannten Dimensionen und die Bestimmung ihrer jeweiligen Wechselwirkungen bleibt umstritten. So stellt z. B. ein *normativ* orientierter Autor wie Hegel (und seine Nachfolger unterschiedlicher Prägung bis auf den heutigen Tag) in seiner *ganzheitlichen* Betrachtungsweise die auch von Kant vorgenommene Trennung vor allem zwischen den normativen und den übrigen Bereichen in Abrede (vgl.

Hegel 1970). Auch religiös argumentierende Betrachtungsweisen gehen meist, wie auch im Buddhismus oder Konfuzianismus, von einem holistischen Ansatz aus. Dies gilt, von einer anderen Warte aus, auch für die marxistische Position etwa eines Georg Lukács (1967). In den letzten Jahrzehnten ist in der Politikwissenschaft aber eine gewisse Verständigung zwischen Vertretern unterschiedlicher Ansätze zumindest über wesentliche empirische Aspekte der Objekt- und Subjekt-Dimensionen der politischen Realität und die Methoden ihrer konkreten Erfassung erfolgt, ohne allerdings die letztlich metatheoretisch verankerten Grundpositionen dabei aufzugeben. Hier bleibt es bei einem «agree to disagree» (vgl. Klingemann/Falter 1998).

Über diese unterschiedlichen Ansätze und ihre wissenschaftstheoretische Verortung hinaus sind einige weitere Besonderheiten der Sozialwissenschaften und damit auch der Politikwissenschaft hervorzuheben. Eines dieser Charakteristika bezieht sich auf die «Plastizität», d. h. auf die sich im Zeitablauf verändernde und verformbare Art ihrer Materie. Dieser Begriff knüpft an einige Metaphern Karl Poppers (1993) an, die auch von Almond und Genco (1977) auf die spezifische Situation der Politikwissenschaft übertragen wurden. Im Hinblick auf den Determiniertheitsgrad wissenschaftlicher Theorien spricht Popper von einem Kontinuum, an dessen einem Ende vollkommen determinierte Systeme, «Uhren» in seinem Bild, wie das Sonnensystem, an dessen anderem Ende indeterminierte, in ihren Regelmäßigkeiten nicht näher erfassbare Gebilde, «Wolken», zu finden sind. Die Sozialwissenschaften sind hierbei in einem Mittelbereich zwischen absoluter Determiniertheit und völliger Unbestimmtheit angesiedelt, den er etwas vage als formbare «plastische Materie» bezeichnet.

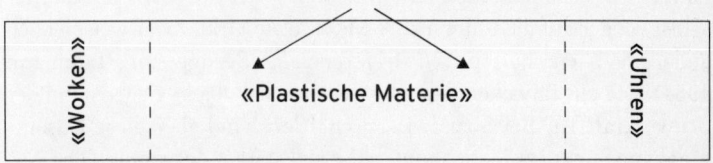

Bereich der Sozialwissenschaften

«Wolken» «Plastische Materie» «Uhren»

Abbildung 2: Determiniertheitsgrad sozialwissenschaftlicher Theorien

Wichtiger jedoch als diese Metaphern sind die wissenschaftstheoretischen und auch wissenschaftspraktischen Konsequenzen, die hieraus zu ziehen sind. Wie Almond und Genco (1977) feststellen, bedeutet dies auch eine Abkehr von allzu «szientistischen» Theorien und Forschungspraktiken, wie sie auch in die Sozialwissenschaften Eingang gefunden haben und gelegentlich den Spott der «Materialhuberei» und «Fliegenbeinzählerei» zu ertragen hatten. Einen ähnlichen Wissenschaftsbegriff hatte bereits Aristoteles vertreten: «Das Politische gehört in ein Mittelreich zwischen dem Notwendigen, dem eine streng allgemeine Wissenschaft zugeordnet ist, und dem der Wissenschaft unzugänglichen Reich des Zufalls» (Nikomachische Ethik, zitiert nach Kuhn 1967, S. 528).

Ein wesentliches Element dieser Unbestimmtheit ist die in den Sozialwissenschaften immer wieder notwendige Eingrenzung nach Raum und Zeit. Ohne genau den jeweiligen geographischen und historischen Kontext anzugeben, verliert sich die sozialwissenschaftliche Theoriebildung entweder in einem von jeder Realität losgelösten Modellplatonismus oder verharrt auf der Stufe trivialer Platitüden. Eine *mittelfristig* und auch sinnvoll räumlich eingegrenzte, in der Politikwissenschaft meist *länderspezifische* oder *regionale* Betrachtungsweise erscheint demgegenüber als wesentlich fruchtbarer.

Eine weitere *differentia specifica* der Sozialwissenschaften muss dabei beachtet werden. Im Gegensatz zum Naturwissenschaftler ist der Sozialwissenschaftler immer auch mehr oder minder aktiver Bestandteil der zu untersuchenden Materie. Das eröffnet ihm einerseits die Chance, nicht nur durch Beobachtung von außen, sondern auch durch Introspektion und *Verstehen* sich seinem Gegenstand nähern zu können. Andererseits setzt es ihn dem Vorwurf des Subjektivismus aus, da auf diese Weise gewonnene Aussagen durch andere nicht oder nur in unzureichendem Maß überprüft werden können. Hiermit hängt auch das Phänomen zusammen, dass der Sozialwissenschaftler selbst wieder auf die untersuchte Materie einwirkt. Zwar weisen auch andere Wissenschaften *selbstreferenzielle* Bezüge auf (Luhmann 1984), wie ein Physiker, der selbst wieder als Objekt Gegenstand der Schwerkraft ist. Bei Sozialwissenschaftlern sind aber diese Zusammenhänge unausweichlich und meist viel stärker ausgeprägt. Die Anziehungskraft des Körpers eines Astronomen auf die von ihm betrachteten Objekte im Weltall ist dagegen vergleichsweise vernachlässigbar. Dies bewirkt auch die Möglichkeit von *self-defeating* bzw. *self-fulfilling prophecies*. Hier handelt es sich um die nicht selten zu beobachtende Tatsache, dass bestimmte von Sozialwissenschaftlern prognostizierte Erscheinungen gerade erst aufgrund einer solchen Prognose durch das nunmehr veränderte Verhalten der Betroffenen eintreten oder eigentlich zu erwartende Tatbestände nunmehr gar nicht zustande kommen. Die bekanntesten Beispiele für solche *self-fulfilling prophecies* sind Prognosen über zu erwartende Veränderungen von Aktien- oder Währungskursen, wenn diese mit einiger Autorität vorgetragen werden und dann tatsächlich ein entsprechendes Kaufverhalten auslösen. *Self-defeating prophecies* können nicht zuletzt auch Wahlprognosen sein, wenn diese aufgrund eines bereits als sicher angenommenen Wahlsiegs einer bestimmten Partei zu einer wesentlich geringeren tatsächlichen Wahlbeteiligung ihrer Anhänger führen.

Angesichts dieser Multidimensionalität und Plastizität des Gegenstandes der Politikwissenschaft und den Schwierigkeiten seiner näheren Erfassung ergeben sich auch Konsequenzen für den zugrunde liegenden Wissenschaftsbegriff. Die metatheoretischen Grundlagen bleiben hierbei, wie ausgeführt, umstritten und wohl auch letztlich nicht in einem allgemeingültigen Sinn entscheidbar. Innerhalb der einzelnen Dimensionen sind aber sehr wohl allgemeiner anerkannte und praktizierte Kriterien des wissenschaftlichen Diskurses und der intersubjektiven Verständigung hierüber entwickelt worden. Dies gilt sowohl für die normative Dimension, z. B. für allgemeine Kriterien der Wissenschaftslogik und kritischen Sprachanalyse, als auch für die *kritisch-rationalen* Grundlagen einer empirischen Vorgehensweise in den *Objekt*- und *Subjekt*-Dimensionen.

Ziel ist dabei die Ermittlung von allgemeinen Regelmäßigkeiten und Kausalbeziehungen, die zur theoretischen Erklärung von Sachverhalten über die unmittelbaren einzelnen Betrachtungen hinaus beitragen. Für die «plastische Materie» der Sozialwissenschaften unterliegen solche Aussagen allerdings immer, wie bereits erwähnt, konkreten Beschränkungen in Raum und Zeit. Poppers «falsifikatorischer Killerinstinkt» in Bezug auf die Formulierung möglichst universaler und absoluter Erkenntnisse ist dabei nicht immer angebracht, sondern gerade in ihrer sorgfältigen und expliziten Relativierung kann die Stärke einer sozialwissenschaftlichen Erklärung liegen (vgl. Beyme 1992). Auch ist angesichts der Multidimensionalität und Komplexität der sozialwissenschaftlichen Materie durchaus die Möglichkeit einer *multiplen Kausalität,* wobei mehrere Ursachen oder unterschiedliche Kombinationen von Faktoren zum selben Ergebnis führen können, einzuräumen (vgl. Berg-Schlosser 1997a).

Dennoch sind auch in der Politikwissenschaft über relativ lange Zeiträume hinweg reichende Einflussfaktoren und konkrete Beziehungsmuster feststellbar. Ein wichtiges Beispiel für den *Objekt*-Bereich der politischen Realität ist nach wie vor Stein Rokkans «konzeptionelle Landkarte Europas», die die Ausprägungen der Parteiensysteme in Westeuropa im 20. Jahrhundert und ihre Kontinuität über lange Zeiträume hinweg auf wesentliche soziale Spaltungslinien und Konfliktstrukturen, die zu Beginn der Neuzeit im 16. und 17. Jahrhundert entstanden sind, zurückführt. Ein Beispiel für die *Subjekt*-Dimension sind langfristig ausgeprägte Einstellungsmuster und konkretes Wahlverhalten in bestimmten Submilieus, die sich über lange Zeiträume hinweg behaupten (vgl. Rohe 1992). So kann das nach wie vor stark konservativ ausgeprägte Wahlverhalten in kleinen katholischen Enklaven in Hessen im Gegensatz zu ihren protestantisch geprägten, aber sozio-ökonomisch weitgehend identischen Nachbardörfern auf die territoriale Zuordnung und hiervon abhängige Konfessionszugehörigkeit nach dem Westfälischen Frieden von 1648 zurückgeführt werden.

Schließlich gilt es noch den hier zugrunde gelegten *Politikbegriff* für ein Verständnis des Fachs zu erläutern. Der jeweils von unterschiedlichen Autoren verwendete Politikbegriff ist, und das erschwert die Sache, ebenfalls von ihren meta-theoretischen Grundpositionen, aber auch von Veränderungen im Zeitablauf abhängig. So verwenden Marxisten in der Regel einen anderen Politikbegriff als empirisch-analytisch orientierte Politikwissenschaftler (vgl. Berg-Schlosser/Stammen 1995, S. 22 ff.). Es geht hierbei sowohl um die angenommenen Wirkungszusammenhänge als auch um die sinnvolle Eingrenzung des Gegenstandes. Wenn Politik allein als durch andere Faktoren, z. B. sozio-ökonomische, determiniert betrachtet wird, erübrigt sich weitgehend eine separate Analyse, die über rein deskriptive Sachverhalte hinausgeht. Und wenn jeder soziale Bereich, die Familienbeziehungen und das Freizeitverhalten genauso wie die Kommunalpolitik oder die internationalen Beziehungen als politisch oder zumindest politisierbar angesehen werden, dann verschwindet jede Möglichkeit einer spezifischen Eingrenzung.

Hier wird von *Politik* als einem zumindest relativ autonomen und eigenständigen Gegenstandsbereich ausgegangen, der zum Teil mit spezifischen Methoden zu untersuchen ist und eigenständige Erklärungsansätze und Theoriebildungen ermöglicht. Die Besonderheit dieses Gegenstands besteht im Bezug auf die jeweilige gesamtgesellschaftliche, jedes Mitglied einer Gesellschaft direkt oder indirekt betreffende und in gewissem Maß verbindliche und akzeptierte öffentliche Entscheidungsfindung. Als «legitime autoritative Zuweisung von (materiellen und immateriellen) Werten» hat David Easton (1965) diesen Bereich definiert. Zur Durchsetzung solcher Entscheidungen besitzen die ausführenden Organe das «Monopol legitimer physischer Gewaltsamkeit», wie Max Weber es genannt hat (1985, S. 821). Die Regelung des Straßenverkehrs fällt also ebenso unter diese Definition wie Entscheidungen über Steuern und Subventionen, internationale Beziehungen usw.

Die Wirksamkeit einer Politik in diesem Sinn hängt aber entscheidend von ihrer *Legitimität* und Akzeptanz ab bzw., wenn diese eingeschränkt oder nicht vorhanden ist, von ihrer Durchsetzungsfähigkeit mit Hilfe von repressiven Maßnahmen. Dort, wo jede übergreifende politische Autorität verschwindet, wie in Deutschland im Dreißigjährigen Krieg oder weitgehend in Staaten wie Somalia, Afghanistan oder Kambodscha in den 1990er Jahren, geht es nur noch um unmittelbare Gewalt unterschiedlicher Personen und Gruppen gegeneinander, den Hobbes'schen «Krieg aller gegen alle», aber nicht mehr um Politik im angeführten Sinn.

Der konkrete Gegenstandsbereich und die Reichweite politischer Entscheidungen sind aber, wie die Materie der Politikwissenschaft insgesamt, Veränderungen im Zeitablauf unterworfen. So existierte in der Antike noch eine klare Trennung von *polis* als öffentlichem Bereich und *oikos* als privatem Haushalt. Spätestens zu Beginn der Neuzeit mit Herausbildung der modernen Nationalstaaten haben diese jedoch viele ehemals als *privat* angesehene und den Familienbereich und individuellen Haushalt betreffende Funktionen übernommen. Öffentliche Steuern und Abgaben, aber auch Subventionen und Dienstleistungen und amtliche Regelungen greifen heute vielfältig in fast alle Lebensbereiche ein. Hierzu gehören ferner die fiskal- und geldpolitischen Einflussnahmen öffentlicher Entscheidungsträger. Der heute geläufige Begriff der *politischen Ökonomie*, mit allerdings etwas unterschiedlichen Verwendungen, wäre für Aristoteles noch ein Widerspruch in sich gewesen.

Die für den Politikbegriff konstitutive Unterscheidung von *öffentlich* und *privat* sowie die konkrete Eingrenzung des Gegenstandsbereichs ist aber auch politisch-kulturellen Bedingungen und Wandlungen unterworfen. So ist die Frage der jeweiligen Kleidungsordnung in den heutigen westlichen Ländern, von der Ausnahme der Erregung öffentlichen Ärgernisses einmal abgesehen, weitgehend die Privatsache jedes Einzelnen. Die Bekleidung von Frauen in islamischen Staaten, wie derzeit im Iran, ist dagegen eine öffentliche und damit politische Angelegenheit. Auch in dieser Hinsicht kann also die Reichweite des Politikbegriffs variieren.

2 Dimensionen: die Gegenstandsbereiche

Über diese allgemeinen wissenschaftstheoretischen Grundlagen und Begriffsbestimmungen hinaus müssen weitere Unterscheidungen nach konkreten Teilbereichen des Fachs vorgenommen werden. Auch diese variieren hinsichtlich ihrer Ausdifferenziertheit und der jeweils verwendeten Bezeichnungen. Als allgemeine Ausgangsbasis zur Abdeckung des Terrains hat sich das von Easton (1965) entwickelte Systemmodell als hilfreich erwiesen. Als Rahmen für die Zuordnung bestimmter politischer Phänomene – und um nichts weiter soll es in diesem Zusammenhang gehen – liefert das Modell die analytische Basis für die Darstellung sehr unterschiedlicher politischer Systeme. Es ermöglicht, jeweils konkrete politische Erscheinungsformen ihren wesentlichen Funktionen nach zu bestimmen und ihre Wirkungen und Bedingtheiten im Gesamtzusammenhang aufzuzeigen. Als *politisch* anzusehende Vorgänge in noch weitgehend auf steinzeitlicher Stufe befindlichen Pygmäenstämmen in Afrika oder bei den Papua Neu-Guineas lassen sich mit Hilfe dieses Modells analytisch ebenso angemessen einordnen und beschreiben wie das politische Geschehen in einer mittelalterlichen Monarchie, einer parlamentarischen Demokratie oder einem autoritären Staat der Gegenwart.

Um diesem Zweck, einen nahezu universell gültigen Bezugsrahmen zu liefern, dienen zu können, muss das Systemmodell, so wie es hier verstanden und gebraucht werden soll, notwendigerweise abstrakt und frei von konkreten Inhalten sein. So beinhaltet zwar der *System*gedanke die Vorstellung der Abgrenzbarkeit einer bestimmten Gruppe von Phänomenen nach außen, über die Art und Dauerhaftigkeit dieser Grenzen ist damit aber noch nichts ausgesagt. Diese sind

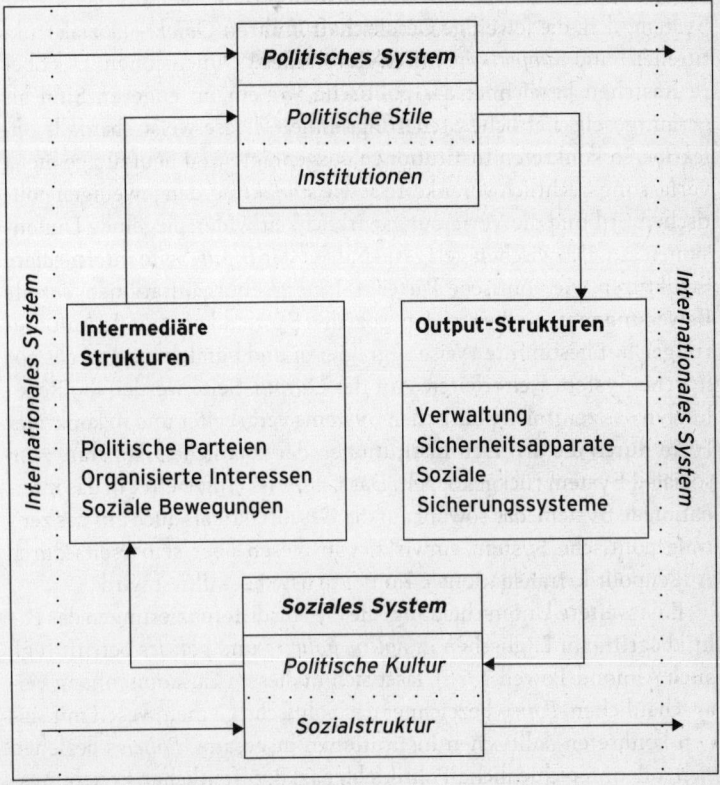

Abbildung 3: Vereinfachtes Systemmodell

erst im konkreten Fall jeweils empirisch zu bestimmen. Das Gleiche gilt für die Art und den Grad der *Autonomie* des betrachteten politischen Systems, insbesondere gegenüber dem jeweils zugehörigen *sozialen System* und dessen ökonomischer Basis. Die Inhalte der hier bestehenden, zum Teil weitreichenden Wechselwirkungen müssen ebenfalls immer im konkreten Fall bestimmt werden. Welche Faktoren hierbei als die jeweils wichtigsten angesehen werden (z. B. *strukturelle* oder *kulturelle*) und welches die jeweils unabhängigen bzw. abhängigen Variablen sind, kann und soll hierbei nicht von vornherein festgelegt werden.

In vereinfachter Form lässt sich das Systemmodell wie in Abbildung 3 darstellen. Das untere Kästchen bezieht sich auf das soziale System, d. h. die jeweilige Gesellschaft in ihren *Objekt-* (sozialstrukturellen) und *Subjekt-* (politisch-kulturellen) Dimensionen. Das obere Kästchen bezeichnet das politische System im engeren Sinn als gesamtgesellschaftliche Steuerungseinheit. Diese weist ebenfalls *objektive*, in konkreten Institutionen ausgeprägte und heutzutage meist verfassungsrechtlich verankerte sowie *subjektive*, den jeweiligen politischen Stil und die Verfassungswirklichkeit widerspiegelnde Dimensionen auf. Dazwischen gelagert sind auf der *Input*-Seite intermediäre Strukturen wie politische Parteien, Interessenorganisationen, soziale Bewegungen u. Ä., die aus dem sozialen System kommende Anforderungen auf bestimmte Weise aggregieren und bündeln und an das politische System weiterleiten. Auf der *Output*-Seite werden die Regelungen des zentralen politischen Systems verarbeitet und in konkreter Form durch die diversen Institutionen der staatlichen Apparate zum sozialen System rückgekoppelt. Das Ganze ist eingebettet in das internationale System, das sowohl auf die Gesellschaft als auch auf das zentrale politische System einwirkt, von diesen aber seinerseits durch Außenpolitik, transnationale Kontakte usw. beeinflusst wird.

Eine weitere Unterscheidung, die die Ausdifferenzierungen des Politikbegriffs im Englischen in *polity, policies* und *politics* betrifft (vgl. auch Almond/Powell 1978), lässt sich in diesem Zusammenhang veranschaulichen. *Polity* bezeichnet das politische Gemeinwesen mit seinen konkreten politischen Institutionen insgesamt. *Policies* beziehen sich auf unterschiedliche Politikfelder (z. B. öffentliches Erziehungswesen, Sozialpolitik, Außenpolitik usw.) im Output-Bereich des politischen Systems und die jeweils konkret verfolgten *Politiken*. *Politics* in diesem Sinn sind alle *Prozesse*, die im Gesamtsystem ablaufen, um z. B. konkrete politische Entscheidungen zu beeinflussen. Diese unterschiedlichen Aspekte lassen sich auch in einem *policy*-Zyklus in einen systematischen Zusammenhang bringen (vgl. z. B. Héritier 1993).

Einige weitere wichtige Begriffe und Unterscheidungen lassen sich ebenfalls mit Hilfe dieses Modells verdeutlichen. Ein Aspekt betrifft die Unterscheidung unterschiedlicher Ebenen der Analyse. Die *Mikro*-Ebene bezieht sich auf einzelne Personen und Akteure im unteren Kästchen, wie sie z. B. in der Umfrageforschung zur Ermittlung bestimmter Aspekte der politischen Kultur oder des Wahlverhaltens herangezogen werden. Die *Meso*-Ebene umfasst die vermittelnden Strukturen im intermediären Bereich und die *Makro*-Ebene Aspekte des zentralen politischen Systems und der Institutionen im oberen Kästchen. Die unterschiedlichen Ebenen und ihr Zusammenwirken lassen sich auch in einem allgemeinen sozialwissenschaftlichen Erklärungsmodell veranschaulichen.

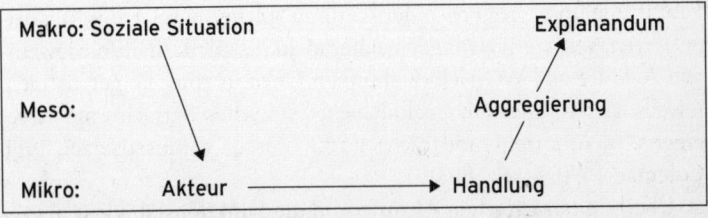

Abbildung 4: Ebenen der Analyse nach Coleman (1990) und Esser (1993)

Ausgangspunkt ist der konkrete (historisch, regional, kulturell usw. geprägte) soziale Kontext auf der Makro-Ebene (im linken oberen Bereich), der auch die jeweiligen «objektiven» Ausgangsbedingungen und die Reichweite möglicher Optionen (*opportunity set*; vgl. Elster 1989) umfasst. Diese werden auf der Mikro-Ebene der einzelnen Personen und Akteure «subjektiv» wahrgenommen (unten links) und in konkrete Handlungen (oder den Verzicht auf solche) übersetzt (unten rechts). Diese einzelnen Handlungen können dann in unterschiedlichen Formen (z. B. in Interessengruppen, Verbänden usw.) auf der

Meso-Ebene (Mitte rechts) gebündelt und aggregiert werden, um dann letztlich auf der Makro-Ebene (oben rechts) als zu erklärender Tatbestand (z. B. konkrete Entscheidungen im politischen System) wirksam zu werden. Die Trennung dieser Ebenen und der Nachvollzug ihrer Wirkungszusammenhänge ist sinnvoll, um mögliche logische Kurzschlüsse oder nicht deutlich gemachte (und häufig nicht gerechtfertigte) Annahmen zu vermeiden. So schließt z. B. eine orthodox-marxistische Betrachtungsweise von «objektiven» Konfliktlagen der Sozialstruktur auf der Makro-Ebene (oben links) direkt auf die zu erwartenden politischen (z. B. revolutionären) Konsequenzen (oben rechts), ohne die jeweiligen Bewusstseinslagen auf der Mikro-Ebene, mögliche Aggregationsprobleme auf der Meso-Ebene usw. angemessen zu berücksichtigen. Ähnliches gilt für die Annahme einer allein an materiellen Bedürfnissen orientierten Nutzenmaximierung von Individuen auf der Mikro-Ebene, wie in der klassischen und neo-klassischen Nationalökonomie oder auch der «Rational-Choice»-Theorie, ohne den jeweiligen Kontext auf der Makro-Ebene (oben links) oder die (häufig schwerwiegenden) Aggregationsprobleme auf der Meso-Ebene (Mitte rechts) entsprechend in den Blick zu nehmen. Häufige Fehlurteile und -prognosen der Autoren solcher jeweils einseitig orientierten Ansätze verwundern daher nicht. Es gilt deshalb, die jeweiligen Abläufe und Wechselbeziehungen (auch in einer längerfristigen, jeweils wieder «rückzukoppelnden» systemischen Betrachtungsweise) eigens zu ermitteln und nicht kurzschlüssig vorauszusetzen (vgl. Coleman 1990; Esser 1993).

Über die tatsächlichen Abläufe und die Funktionsfähigkeit des jeweiligen Systems und weiterreichende systemtheoretische Erwägungen und Kritiken soll damit an dieser Stelle, wie bereits betont, nichts gesagt werden. Als klassifikatorischer Rahmen lassen sich mit dem allgemeinen Systemmodell jedoch die wichtigsten Teilbereiche des Fachs veranschaulichen und in ihren Beziehungen zueinander verorten. Als grobe Gliederung werden dabei vier Teilbereiche, die häufig auch den Widmungen der jeweiligen Professuren entsprechen, unterschieden: «Innenpolitik» (des jeweiligen Landes), die alle Institutionen und Abläufe im Innern betrifft, «Außenpolitik und Internationale Beziehungen», die den jeweiligen externen Systemkontext behandeln, «Vergleichende Politikwissenschaft» (bzw. Vergleichende Systeme

oder Regierungslehre), die unterschiedliche Systeme auf ihre Gemeinsamkeiten und Regelmäßigkeiten, aber auch Kontraste und unterschiedliche Verläufe hin untersucht, und schließlich als übergreifende
Befassung mit dem Gegenstand «Politische Theorie» (häufig einschließlich der politischen Ideengeschichte), die sowohl allgemeine sozialwissenschaftliche Erklärungsmuster als auch die Auseinandersetzung mit der normativen Dimension des Politischen (im Sinne der
«politischen Philosophie») umfasst. Die konkreten Bezeichnungen variieren hierbei etwas, diese «Grobstruktur» der Teilgebiete des Fachs
(wie sie sich im Übrigen auch in der Unterscheidung der Subdisziplinen in diesem Band widerspiegelt) ist aber heute weitgehend konsen-
sual.

Mit Hilfe des Systemmodells können noch weitere, differenziertere
Einteilungen vorgenommen werden, die nicht selten ebenfalls als eigenständige Gebiete und entsprechende Professuren ausgewiesen werden. So lassen sich dem unteren Kästchen im Systemmodell die Bereiche «Politische Ökonomie», die in einem weitergehenden Verständnis
auch als eigenständiges Subsystem aufgefasst werden kann und hier
in erster Linie in ihren Auswirkungen auf die *Objekt*-Dimension des
sozialen Systems zu sehen ist, und die *Politische Soziologie* in einem
weiter gefassten Sinn, der die objektiven und subjektiven sozialen
Grundlagen der Politik insgesamt einbezieht, zuordnen. In einem engeren Sinn befasst sich die Politische Soziologie vorwiegend mit den
intermediären Strukturen des politischen Systems, also der Parteien-,
Interessen-, Wahlforschung usw. Das zentrale politische System und
seine unterschiedlichen Institutionen, aber auch konkretes Regie-
rungshandeln sind Gegenstand der *Regierungslehre* im engeren Sinn.
Mit den Output-Strukturen und einzelnen Politikfeldern beschäftigt
sich die *Verwaltungslehre* und *policy-Analyse*. Im Rahmen dieses
Modells sind weitere Querschnittsaspekte, z. B. im Hinblick auf Fragen
der politischen Bildung in verschiedenen Bereichen, und Ausdifferenzierungen enger gefasster Teilbereiche denkbar. Ein Querschnittsbe-
reich, der potenziell alle Aspekte des Gesamtsystems betrifft, bezieht
sich u. a. auf die Frage nach *Politik und Geschlechterverhältnis*. Auch
die *historische* Tiefendimension und Entwicklungen im Zeitverlauf
sind dabei jeweils zu berücksichtigen. In einem übergreifenden Sinn
werden auch die jeweiligen sozial- und geisteswissenschaftlichen *Me-*

thoden und ihre *epistemologischen* Grundlagen, soweit sie politikwissenschaftlich relevant sind, oft eigens benannt.

Für die Zwecke dieses Kapitels halte ich mich aus pragmatischen Gründen weitgehend an die «Empfehlungen der Studienreformkommission Politikwissenschaft» der ständigen Konferenz der Kultusminister der Länder in der Bundesrepublik Deutschland, die mittlerweile den meisten Studien- und Prüfungsordnungen des Fachs zugrunde gelegt werden. Dort sind die Bereiche *Politische Theorie und politische Philosophie, Methoden,* das *politische System der Bundesrepublik Deutschland, Analyse und Vergleich politischer Systeme, Internationale Beziehungen und Außenpolitik* und *Politik und Wirtschaft* als zentrale Problemfelder und Kernbereiche des Fachs aufgelistet (Kultusministerkonferenz und Hochschulrektorenkonferenz 1985, S. 41/42). Diese lassen sich, wie angedeutet, in dem allgemeinen Systemrahmen verorten.

In der wissenschaftlichen Praxis haben sich weitere Ausdifferenzierungen und von jeweiligen «Spezialisten» betriebene Arbeitsbereiche herausgebildet. So umfasst die «Deutsche Vereinigung für Politische Wissenschaft» (DVPW) heute neun übergreifende «Sektionen», 24 speziellere «Arbeitskreise» und zurzeit sieben thematische «Ad-hoc-Gruppen» (vgl. DVPW-Mitgliederverzeichnis 2000/2001). Die «American Political Science Association» (APSA) als weltweit nach wie vor mitgliederstärkste Organisation unterteilt ihre Jahreskongresse in zuletzt 46 unterschiedliche Sektionen (vgl. APSA, Annual Meeting Programm 2001). Die «International Political Science Association» (IPSA) als weltweiter Dachverband weist zurzeit 49 eigenständige «Research Committees» als spezialisierte kontinuierliche Arbeitszusammenhänge auf (IPSA 2002). Nicht alle diese oft «wildwüchsig» entstandenen Unterscheidungen und Arbeitsgruppen entsprechen einer stringenten Systematik des Fachs. Gewisse Überschneidungen und Überlappungen, aber auch manche Lücken sind nicht selten. Die gelegentliche Rückbesinnung auf übergreifende Zusammenhänge und Fragestellungen kann dabei auch vor einer zu starken Arbeitsteilung und Spezialisierung (wie in manchen Bereichen der Naturwissenschaften) und drohendem «Fachidiotentum» schützen.

3 Probleme und Perspektiven: die Anwendungsgebiete

Diese mittlerweile stark ausdifferenzierten Gegenstandsbereiche des Fachs finden ihren Niederschlag in unterschiedlichen Anwendungsgebieten. Das Verhältnis von politikwissenschaftlicher Erkenntnis und jeweiligem Praxisbezug variiert dabei aber erheblich. Dies hängt nicht zuletzt mit den multidimensionalen und «plastischen» Eigenschaften der Materie und der jeweiligen «selbstreferenziellen» Einbezogenheit der Wissenschaftler und Praktiker zusammen.

Wie im vorhergehenden Abschnitt ausgeführt, ist die Entstehung der Politikwissenschaft als eigenständige universitäre Disziplin erst jüngeren Datums. In Europa trugen die auch heute noch bedeutsamen «École Libre des Sciences Politiques» in Paris (gegründet 1871) und die «London School of Economics and Political Science» (gegründet 1885) zuerst diese Bezeichnung. Diese waren allerdings eher als additives Konglomerat unterschiedlicher Fächer (Staats- und Verwaltungsrecht, Geschichte, Philosophie, Ökonomie) angelegt und stark auf die Bedürfnisse des öffentlichen Dienstes ausgerichtet. So stellt das Pariser Institut auch heute noch die wichtigste Schnittstelle für die Vorbereitung zur Aufnahme in die «École Nationale d'Administration» (ENA), die zentrale Kaderschmiede für Frankreichs Politik und Verwaltung, dar (vgl. Berg-Schlosser 1998). Auch die 1919 in Berlin gegründete (nicht-universitäre) «Hochschule für Politik» wies ein breiter angelegtes Fächerspektrum für Zwecke der politischen Praxis auf.

Die heutige Politikwissenschaft als eigenständiges Fach entstand in ihren wesentlichen Ausprägungen in Europa erst nach dem Ende des Zweiten Weltkriegs, anderswo, von Nordamerika abgesehen, noch erheblich später und zum Teil sehr lückenhaft. Dies hängt auch mit ihrem Charakter als «Demokratiewissenschaft» in einem doppelten Sinn zusammen, indem sie einerseits demokratische Abläufe und Verfahren als einen zentralen Gegenstandsbereich bearbeitet, es andererseits eines gewissen freiheitlichen und rechtsstaatlichen «Humus» bedarf, um sich eigenständig und kritisch, auch gegenüber bedeutenden Machtstrukturen, entfalten zu können (vgl. u. a. Berg-Schlosser 2002).

In Deutschland war die Neugründung nach dem Krieg stark durch das «re-education»-Programm der (westlichen) Alliierten geprägt.

Entsprechend lag das vorrangige Anwendungsgebiet im Bereich der «Demokratieerziehung» und der «Politischen Bildung» im Allgemeinen. Die ersten Lehrstühle für Politikwissenschaft (mit noch variierenden Bezeichnungen) sollten einerseits zum «Studium Generale» an den Universitäten beitragen, um die neuen Eliten auch im demokratischen Sinn und durch ein aufgeklärtes Politikverständnis zu beeinflussen, andererseits im Bereich der Lehrerausbildung für die ebenfalls neu geschaffenen Unterrichtsfächer «Sozialkunde», «Gemeinschaftskunde» o. Ä. an den Sekundarschulen die Grundlagen legen.

Bis heute ist die *Politische Bildung* eines der zentralen Aufgabengebiete (und damit auch ein mögliches Berufsfeld) für Politikwissenschaftler mit einem entsprechenden universitären Abschluss (für das Lehramt oder in eigenständigen Magister- oder Diplomstudiengängen) geblieben. Das Spektrum reicht dabei weit über den schulischen Bereich im engeren Sinn hinaus und umfasst auch die Akademien der Kirchen, der Gewerkschaften und der zentralen Verbände, die Stiftungen der Parteien und Institutionen zum Teil privater Träger, die Bundes- und Landeszentralen, Volkshochschulen usw. mit regelmäßigen, breit gesteckten Programmen und Aktivitäten für jedermann. Wenn auch die teilweise etwas idealistischen oder naiven Vorstellungen der ursprünglichen Protagonisten nicht in jeder Hinsicht verwirklicht wurden, so kann der Politischen Bildung in Deutschland, auch im Hinblick auf die allgemeine Entwicklung einer überwiegend demokratischen Politischen Kultur, im Großen und Ganzen ein erheblicher Erfolg bescheinigt werden. Dieser Erfolg macht sie jedoch nicht überflüssig, sondern, im Gegenteil, bekräftigt die Notwendigkeit einer kritisch-reflektierten Vermittlung wichtiger Tatbestände, aber auch eines demokratisch geprägten Orientierungswissens in einer immer komplexeren und stärker interagierenden Welt. Dies gilt ebenso für internationale Aktivitäten von Stiftungen, zahlreichen Nichtregierungsorganisationen usw. im Rahmen der jüngeren «Demokratisierungswelle» in Osteuropa, Lateinamerika und anderswo (vgl. z. B. Burnell 2000).

Mehrere der «Gründungsväter» («-mütter» gab es zunächst keine) des Fachs verstanden ihre Aufgabe aber nicht nur in einem «akademischen» Sinn, sondern sahen sich, in sehr unterschiedlicher Ausrichtung, als wichtige Meinungsführer *(opinion leaders)* im öffentlichen

Leben und der allgemeineren Publizistik. Namen wie Wolfgang Abendroth, Arnold Bergstraesser, Theodor Eschenburg, Eugen Kogon oder Dolf Sternberger, später auch Wilhelm Hennis, Kurt Sontheimer u. a. belegen dies. Neben wichtigen Denkanstößen und Impulsen, die in die öffentlichen Debatten hineinwirkten, wurde aber nicht immer deutlich, wo die jeweilige Fachkompetenz als Politikwissenschaftler lag und wo die persönlichen politischen Präferenzen überwogen. Eine solche Feststellung sollte nicht als Plädoyer für die «Wertfreiheit» des einzelnen Politikwissenschaftlers missverstanden werden. Jeder politisch denkende und handelnde Mensch hat unvermeidlich seine eigenen Prägungen und Wertungen. Für Außenstehende sind aber solche persönlichen Wertungen häufig nur wenig transparent (und werden oft auch nicht ausreichend transparent gemacht). Politische Beeinflussung statt fachlich fundierter kritischer Wissensvermittlung und Aufklärung stand daher nicht selten im Vordergrund. Dies gilt auch in jüngerer Zeit für zahlreiche Teilnehmer an populären politischen «Talkshows», wo persönliche Mitteilungsfreudigkeit (und nicht selten Eitelkeit) und jeweilige spezifische Sachkompetenz häufig in einem inversen Verhältnis stehen.

Über diese persönlichen publizistischen Aktivitäten von Fachvertretern hinaus ist der Medienbereich generell zu einem der wichtigsten Arbeitsfelder für Absolventen des Fachs geworden. Dies belegen einige der neueren Verbleibsstudien (vgl. Bundesanstalt für Arbeit 1996). Hierfür vermittelt das Politikstudium grundlegende Sach- und Methodenkenntnisse. Über den eigentlichen Politikbereich hinaus werden Recherchefähigkeiten, unterschiedliche Präsentations- und Kommunikationsformen und andere «soft skills», die vielfältig anwendbar sind, erlernt. Hierzu tragen mittlerweile häufig obligatorische Praktika, Auslandsaufenthalte, Tutorentätigkeit u. Ä. bei.

Weitere wichtige Anwendungsgebiete und Berufsfelder liegen im Bereich von Parteien- und Verbandsaktivitäten, von Nichtregierungsorganisationen, z. B. auf dem Gebiet der «Entwicklungszusammenarbeit» und in internationalen Organisationen. Auch hier sind es spezifische Fachkenntnisse und Erfahrungen sowie sprachliche, kommunikative Zusatzqualifikationen, die neuere, nicht von fest gefügten Berufslaufbahnen geprägte Tätigkeitsfelder eröffnen. Der Bereich der öffentlichen Verwaltung im engeren Sinn auf Landes- und Bundesebene ist Absolventen der Politikwissenschaft in Deutschland, im Gegensatz zu vielen anderen Staaten, jedoch bislang weitgehend verschlossen geblieben, da beamtenrechtliche Vorschriften, z. B. für die Referendarausbildung, nach wie vor stark auf Juristen zugeschnitten sind.

Ein im engeren Sinn professionalisiertes Arbeitsfeld ist die konkrete Politikberatung. In der Regel ausdifferenziert nach unterschiedlichen *policy*-Bereichen, z. B. Umwelt-, Sozial-, Arbeitsmarktpolitik etc., können Politikwissenschaftler dort nicht nur ihre Kenntnisse der jeweiligen Materie, sondern auch der auf sie einwirkenden Faktoren im komplexen Gefüge der öffentlichen Entscheidungsfindung durch Interessengruppen und Verbände unterschiedlichster Art einbringen. Gegenüber abstrakten juristischen oder ökonomisch-«rationalen» Lösungsvorschlägen ist hiermit häufig ein erheblicher Realitätsgewinn verbunden, da so die möglichen Reaktionen der jeweils Betroffenen, politische Kräfteverhältnisse usw. besser berücksichtigt werden können. Durch den systematischen internationalen Vergleich in diesen Feldern können wichtige «best practices» und gewisse internationale Standards und «benchmarks» ermittelt werden, die teilweise übertragbar sind und Effizienz sowie Effektivität steigern helfen. Eine solche Beratung ist aber letztlich meist nicht «wertfrei», sondern erfolgt häufig zugunsten persönlich präferierter Parteien und Gruppen.

Im noch engeren Sinn professionalisiert sind freiberufliche oder an außeruniversitären Instituten tätige Wahlen- und Parteienspezialisten, die als «spin-doctors» nach amerikanischem Vorbild die Wahlkampf- und Medienstrategien der Parteien beeinflussen und planen. Diese stützen sich vorwiegend auf das Instrumentarium der jeweils aktuellen Umfrageforschung sowie auf eigene längerfristige Erfahrungen. Wie im Bereich des Marketing und der «public relations» generell ist aber auch hier ein Erfolg nicht immer garantiert. Hier stößt das Fach durchaus an immanente Grenzen von Expertise und Machbarkeit.

Dies verweist wieder auf die eingangs angesprochene Multidimensionalität und Plastizität der Materie und alle hiermit verbundenen, insbesondere prognostischen, Grenzen und Unwägbarkeiten. Trotz und zum Teil gerade wegen dieser Besonderheiten bleibt aber die Politikwissenschaft eine vielfältige, für viele Bereiche und nicht zuletzt je den Bürger relevante und spannende Disziplin. Bei allen akuten Unzulänglichkeiten wird sie im arbeitsteiligen Gefüge der Sozialwissenschaften in Europa und weltweit ihre Bedeutung behaupten, ja eher noch verstärken.

Literatur

Adorno, Theodor W.: «Einleitung», in: Der Positivismusstreit in der deutschen Soziologie, hg. von Theodor W. Adorno et al., Darmstadt/Neuwied 1969, S. 7–79.

Almond, Gabriel A./Genco, Stephen: «Clouds, Clocks, and the Study of Politics», in: World Politics 29/4, 1977, S. 489–522.

Almond, Gabriel A./Powell, G. Bingham: Comparative Politics. System, Process and Policy, Boston 1978.

APSA: Programme, Annual Meeting, San Francisco 2001.

Berg-Schlosser, Dirk: «Makro-qualitative vergleichende Methoden», in: Vergleichende Politikwissenschaft. Ein einführendes Studienhandbuch, hg. von Dirk Berg-Schlosser/Ferdinand Müller-Rommel, Opladen 1997a, S. 67–87.

Berg-Schlosser, Dirk: «Menschenrechte und Demokratie – universelle Kategorien oder eurozentrische Betrachtungsweise?», in: Ethnozentrismus. Möglichkeiten und Grenzen des interkulturellen Dialogs, hg. von Manfred Brocker/Heino Heinrich Nau, Darmstadt 1997b, S. 289–306.

Berg-Schlosser, Dirk: «Vergleichende europäische Politikwissenschaft – Ansätze einer Bestandsaufnahme», in: Politische Vierteljahresschrift 39/4, 1998, S. 829–840.

Berg-Schlosser, Dirk: «Politikwissenschaft international», in: Lexikon der Politikwissenschaft. Theorien, Methoden, Begriffe, hg. von Dieter Nohlen/Rainer-Olaf Schultze, 2 Bde., München 2002, S. 681–686.

Berg-Schlosser, Dirk/Quenter, Sven (Hg.): Literaturführer Politikwissenschaft. Eine kritische Einführung in die Standardwerke und «Klassiker» der Gegenwart, Stuttgart/Berlin/Köln 1999.

Berg-Schlosser, Dirk/Stammen, Theo: Einführung in die Politikwissenschaft, München ⁶1995.

Beyme, Klaus von: Die politischen Theorien der Gegenwart, Opladen 1992.

Bundesanstalt für Arbeit (Hg.): Blätter zur Berufskunde. Politologe/Politologin, Bielefeld ⁸1996.

Burnell, Peter (Hg.): Democracy Assistance – International Cooperation for Democratization, London 2000.

Coleman, James S.: Foundations of Social Theory, Cambridge, Mass. 1990.

DVPW: Mitgliederverzeichnis 2001, Münster/Hamburg/London 2001.

Easton, David: The Political System. An Enquiry into the State of Political Science, New York 1953.

Easton, David: A Systems Analysis of Political Life, New York 1965.

Easton, David/Gunnell, John G./Graziano, Luigi (Hg.): The Development of Political Science, London 1991.

Elster, Jon: Nuts and Bolts for the Social Sciences, Cambridge 1989.

Esser, Hartmut: Soziologie. Allgemeine Grundlagen, Frankfurt a. M./New York 1993.

Eulau, Heinz: The Behavioral Persuasion in Politics, New York 1963.

Falter, Jürgen W.: Der «Positivismusstreit» in der amerikanischen Politikwissenschaft: Entstehung, Ablauf und Resultate der sogenannten Behavioralismus-Kontroverse in den Vereinigten Staaten 1945 – 1975, Opladen 1982.

Goodin, Robert E./Klingemann, Hans-Dieter (Hg.): A New Handbook of Political Science, Oxford 1996.

Habermas, Jürgen: «Gegen einen positivistisch halbierten Rationalimus», in: Der Positivismusstreit in der deutschen Soziologie, hg. von Theodor W. Adorno et al., Darmstadt/Neuwied 1969, S. 235–266.

Habermas, Jürgen: Theorie des kommunikativen Handelns, 2 Bde., Frankfurt a. M. 1981.

Hegel, Georg W. F.: Grundlinien der Philosophie des Rechts, Werke, Bd. 7, Frankfurt a. M. 1970.

Héritier, Adrienne (Hg.): Policy-Analyse. Kritik und Neuorientierung, Politische Vierteljahresschrift, Sonderheft 24, Opladen 1993.

IPSA: Programme, World Congress 2000, Quebec City 2000.

Kant, Immanuel: Kritik der reinen Vernunft, Hamburg 1956.

King, Gary/Keohane, Robert O./Verba, Sidney: Designing Social Inquiry. Scientific Inference in Qualitative Research, Princeton, N. J. 1994.

Klingemann, Hans-Dieter/Falter, Jürgen W.: «Die deutsche Politikwissenschaft im Urteil der Fachvertreter. Erste Ergebnisse einer Umfrage von 1996/97», in: Demokratie – eine Kultur des Westens?, hg. von Michael Th. Greven, Opladen 1998, S. 305–341.

Kuhn, Helmut: «Aristoteles und die neue Methode der politischen Wissenschaft», in: Methoden der Politologie, hg. von R. Schmidt, Darmstadt 1967.

Kultusministerkonferenz: Empfehlungen der Studienreformkommission Politikwissenschaft/Soziologie. Bd. 1: Politikwissenschaft. Entwurf, Bonn 1985.

Lorenzen, Paul: Theorie der technischen und politischen Vernunft, Stuttgart 1978.

Luhmann, Niklas: Soziale Systeme, Frankfurt a. M. 1984.

Lukács, Georg: Geschichte und Klassenbewußtsein, Darmstadt/Neuwied 1967.

Marx, Karl/Engels, Friedrich: Werke, Bd. 13, Berlin 1962.

Narr, Wolf-Dieter: Theoriebegriffe und Systemtheorie, Stuttgart 1969.

Popper, Karl R.: Objektive Erkenntnis. Ein evolutionärer Entwurf, darin Kapitel «Über Wolken und Uhren. Zum Problem der Rationalität und der Freiheit des Menschen», Hamburg 1993 (zuerst 1972), S. 214–267.

Rohe, Karl: Wahlen und Wählertraditionen in Deutschland. Kulturelle Grundlagen deutscher Parteien und Parteiensysteme im 19. und 20. Jahrhundert, Frankfurt a. M. 1992.

Strauss, Leo: Naturrecht und Geschichte, Stuttgart 1956.

Voegelin, Eric: Die neue Wissenschaft von der Politik, München 1959.

Walzer, Michael: «Moralischer Minimalismus», in: Deutsche Zeitschrift für Philosophie 42/1, 1994, S. 3–13.

Weber, Max: Wirtschaft und Gesellschaft – Grundriß der verstehenden Soziologie, Tübingen [5]1985.

Franz Urban Pappi

1.3 Theorien, Methoden und Forschungsansätze

1 Einleitung

Zu politischen Fragen kann sich jeder äußern. Das ist ein Grundprinzip der Demokratie. Was unterscheidet Äußerungen von Politikern, Journalisten oder von jedermann, der nicht Politikwissenschaft studiert hat, von der Fachdiskussion der Politikwissenschaftler über ebendiese Politik? Es sind die Theorien und Methoden, die Politikwissenschaftler verwenden, um Aufschluss über politische Sachverhalte zu gewinnen. Diese werden im Folgenden mit dem Ziel dargestellt, Gemeinsamkeiten verschiedener Theorien und Forschungsansätze herauszuarbeiten – bei allen Unterschieden, die bestehen. Dabei konzentriert sich die Darstellung auf die empirische Theorie und Forschung, normative Theorien bleiben, wie in Abschnitt 2 begründet, unberücksichtigt.

2 Theoriebegriffe

Politische Theorie ist neben Bereichen wie vergleichende Regierungslehre oder internationale Beziehungen fester Bestandteil eines politikwissenschaftlichen Studiums. Sie wird oft in der Kombination «Politische Theorie und Ideengeschichte» angeboten, und damit ist klargestellt, dass hier die Klassiker der politischen Philosophie – von Aristoteles über die Autoren der Frühaufklärung wie Hobbes oder Locke bis zu modernen Demokratietheoretikern – behandelt werden. Dabei geht es um die Begründung normativer Ordnungen für politische Gemeinschaften, um deren Legitimität oder um Kriterien einer gerechten Verteilung von gesellschaftlichen Ressourcen. Zu letzterer Frage hat John Rawls (1979) mit seiner Theorie der Gerechtigkeit einen modernen Klassiker beigesteuert. Diese Theorien enthalten normative und positive Aussagen, d. h. Aussagen über Soll- und Ist-Zustände. Die Ideengeschichte (auf Englisch *History of Political Thought*) kann wertfrei als Studienobjekt angeboten werden, die Auseinandersetzung mit diesen Texten lässt sich aber auch führen mit dem Ziel, normative Kriterien für eine politische Ordnung zu gewinnen.

Für die normative Demokratietheorie im Speziellen steht der an politischen Entscheidungen teilnehmende Bürger im Mittelpunkt des Interesses (Pateman 1970). Hier wird über den staatlichen Bereich hinaus die Forderung nach Partizipation oft auf weitere gesellschaftliche Bereiche ausgedehnt. Die Vertreter einer partizipatorischen Demokratie kritisieren pluralistische Konzeptionen von Demokratie als Kampfplatz der Partikularinteressen. Als Folge einer «Deliberation» politischer Interessen erwarten sie, dass verallgemeinerungsfähige Interessen die Oberhand gewinnen (vgl. speziell zur *deliberative democracy* Fishkin 1991; allgemein dazu Habermas 1994, insbesondere Kapitel VII).

Von der politischen Theorie in diesem Sinn mit normativem Anspruch sind politikwissenschaftliche Theorien für einzelne Bereiche zu unterscheiden. Hier liegt ein anderer Theoriebegriff vor: Theorie als abstrahierende Beschreibung und Erklärung politischer Zusammenhänge, als positive im Gegensatz zu normativer oder präskriptiver Theorie. Darüber, wie diese Beschreibung und Erklärung erfolgen soll, gibt es in den Sozialwissenschaften unterschiedliche Schwerpunkte, Einigkeit besteht aber in dem Ziel, ein empirisch abgesichertes Verstehen von politischen Phänomenen zu erreichen.

Die übliche Aufgabe von Theorien ist die Erklärung von Sachverhalten, die Antwort auf eine Warum-Frage. Im einfachsten Fall ist das Explanandum, das zu Erklärende, als Basissatz formulierbar. Erklärt wird es mit einer gesetzmäßigen Aussage und einer Randbedingung. Ein einfaches, in der wissenschaftstheoretischen Literatur anzutreffendes Beispiel ist der Basissatz: «Dieser Draht leitet Strom». Auf die Frage nach dem Warum lautet die Antwort: «Alle Kupferdrähte leiten Strom» (Gesetz) und «Dieser Draht ist aus Kupfer» (Randbedingung). Dieses so genannte Hempel-Oppenheim-Schema einer analytisch no mologischen Erklärung (vgl. Balzer 1997, S. 321) ist als regulative Idee von den Naturwissenschaften auf die Sozialwissenschaften übertragbar, wie dies vom kritischen Rationalismus vertreten wird (vgl. Popper 1957; Albert 1972; Esser et al. 1977). Bei entsprechender Abschwächung der Forderung nach universellen Gesetzen und unter Berücksichtigung der interpretativen Dimension (Esser 1999a, S. 4), wonach soziales Handeln nicht nur ursächlich erklärbar, sondern auch deutend verstehbar ist (vgl. Max Weber 1976, S. 1), eignet sich dieses Theorieverständnis auch für die Sozialwissenschaften. Kritisch wird von der neueren strukturalistischen Wissenschaftstheorie allerdings eingewendet, dass Wissenschaft keine Erklärung von Einzelbefunden sucht und dass die Forderung stringenter Ableitung aus gesetzmäßigen Aussagen nur bei präzise formulierten Theorien erfüllt werden kann (Balzer 1997, S. 322).

Wir folgen der strukturalistischen Theorieauffassung, wonach eine erfahrungswissenschaftliche Theorie «eine Zusammenfassung von Modellen, intendierten Systemen, Daten und Approximationsapparat» ist (Balzer 1997, S. 58 f.). Mit Modellen sind hier die Axiome, Gesetze, Hypothesen, aber auch die Annahmen einer Theorie gemeint. Daten sind Aussagen über Beobachtbares, die wiederum von einer Messtheorie abhängig sind. Bei brauchbaren Theorien passen Daten und Gesetze zusammen, und die Bedingungen dafür werden in einem eigenen Approximationsapparat festgelegt. Neu gegenüber dem älteren isolierten Erklärungsbegriff sind die «intendierten Systeme der Theorie» im Sinn der realen Phänomene, «auf die die wissenschaftliche Gemeinschaft ihre Aufmerksamkeit richtet, die sie interessant findet und im Rahmen einer Theorie wissenschaftlich erforschen möchte» (Balzer 1997, S. 51). So kann man als intendierte Systeme der Politikwissenschaft z. B. das Problem der Präferenzaggregation zu einer kollektiven Entscheidung ansehen oder die Mechanismen der autoritativen Wertallokationen nach Easton (1965) genauso wie die Gründe der Legitimitätsgeltung einer politischen Ordnung (vgl. die Herrschaftssoziologie Max Webers 1976, S. 122–176).

Das Verständnis positiver politischer Theorie als abstrahierende Beschreibung und Erklärung politischer Zusammenhänge entspricht nicht der herkömmlichen Theorieauffassung, wonach nur die gesetzesartigen Aussagen als Theorie bezeichnet werden, die, neben den

Randbedingungen, Grundlage jeder Erklärung sind. Mit der struktu-ralistischen Auffassung von empirischen Theorien, nach der gerade auch die intendierten Systeme, neben den Daten und dem Approxi-mationsapparat, zur Theorie gerechnet werden, stellt sich die Frage, welche Aspekte der, naiv als real angenommenen, Welt interessieren. Zur Beantwortung dieser Frage braucht man Begriffe. Diese Begriffe können nicht nur durch Nominaldefinition eingeführt werden, durch die ein längerer sprachlicher Ausdruck durch einen kürzeren ersetzt wird, sondern sie enthalten auch Bedeutungsfestlegungen, auf die man sich in einer Wissenschaft geeinigt hat. Wenn menschliche Handlun-gen beschrieben und erklärt werden sollen, wird bereits die Beschrei-bung zum Problem, wenn man sich nicht auf die Erfassung des äußeren Tuns beschränkt, sondern die Intentionen und Sinnkonstruk-tionen der Handelnden einbezieht. Letzteres hat sich in den Sozialwis-senschaften allgemein durchgesetzt, der klassische Behaviorismus der Psychologie spielt in der Soziologie eine untergeordnete Nebenrolle (vgl. Esser 1999b, S. 182–183) und hat die Politikwissenschaft nie erreicht. Dagegen stellt die Einbeziehung der Ziele und Sinnkonstruk-tionen der Handelnden in die abstrahierende Beschreibung und Erklä-rung Verbindungen zu den Geisteswissenschaften mit ihrer herme-neutischen Methode her. Dabei geht es typischerweise «um die begriffliche Erfassung» oder die Einordnung von Situationen, sodass eine in diesem Sinn komplexe Situation verstanden und «in einen schon vorher vorhandenen Wissenskorpus» eingeordnet werden kann (Balzer 1997, S. 295).

Diese abstrahierende Beschreibung reicht heute in den Sozialwis-senschaften von der an der positiven Theorie im engeren Sinn orien-tierten analytischen Ereignisrekonstruktion (*analytical narratives*, vgl. Bates et al. 1998) über die Idealtypen Max Webers (1922) bis zur so genannten «dichten Beschreibung» der Kulturanthropologie (vgl. Geertz 1987). Gemeinsam ist diesen Ansätzen der Rückgriff auf das interpretative Paradigma, d. h. der Zugang zum Verständnis komple-xer Phänomene über die Perspektive der subjektiven Sinngebungen der beteiligten Akteure. Das abstrahierende Element besteht in der Beschreibung mit Hilfe wissenschaftlicher Begriffe, die über das All-tagsverständnis hinausgehen. Sachverhalte sollen «auf den Begriff ge-bracht werden», dabei unterscheiden sich die verschiedenen Ansätze danach, wie stark sie abstrahieren, d. h. sich vom Verständnis der Akteure abheben.

Die Idealtypen Max Webers (1864–1921) stellen eine Verbindung zwischen dem nomologischen Theorieverständnis und den interpretativen, stärker auf Beschreibung ausgerichteten Ansätzen her. Idealtypen dienen dazu, soziale oder kulturelle Wirklichkeit in ihrer Eigenart zu erkennen, und diese Eigenart ist nicht «eine hinter der Flucht der Erscheinungen stehende ‹eigentliche› Wirklichkeit», sondern sie wird, von einer bestimmten Fragestellung des Forschers ausgehend, gewonnen

«durch einseitige Steigerung eines oder einiger Gesichtspunkte und durch Zusammenschluss einer Fülle von diffus und konkret, hier mehr und dort weniger, stellenweise gar nicht, vorhandenen Einzelerscheinungen, die sich jenen einseitig herausgehobenen Gesichtspunkten fügen, zu einem einheitlichen Gedankenbild» (Weber 1922, S. 191).

Ausgangspunkt der einseitigen Steigerung gewisser Grundtendenzen sind die Sinnorientierungen der Handelnden. Konsequent zu Ende gedacht führen sie zu einem rein idealen «Grenzbegriff, an welchem die Wirklichkeit zur Verdeutlichung bestimmter bedeutsamer Bestandteile ihres empirischen Gehalts gemessen, mit dem sie verglichen wird» (Weber 1922, S. 194).

Als von Weber so genannte genetische Definitionen können Idealtypen als Modellskizzen verstanden werden.

Eine moderne Form ist die analytische Ereignisrekonstruktion, die als dichte Beschreibung eines bestimmen Ereignisses beginnt, dann aber zu einer Erklärung im Rahmen einer einzelnen Fallstudie vorstößt. Bei der Besprechung der Forschungsansätze wird auf diesen Ansatz zurückzukommen sein.

3 Allgemeines Erklärungsschema und politikwissenschaftliche Modellvarianten

Ein Modell ist ein vereinfachtes, von konkreten Details abstrahierendes Abbild eines bestimmten Aspekts der Wirklichkeit. Insofern fällt der Idealtyp Webers unter den Modellbegriff. Darüber hinaus gehend ist der Wissenschaftler an den Zusammenhängen zwischen verschiedenen Sachverhalten interessiert, denn er möchte Aussagen über die Beziehungen zwischen bestimmte empirische Denotate bezeichnenden Begriffen machen. Soweit theoretische Modelle solche Aussagen enthalten, stellen sie den nomologischen Teil einer Theorie dar.

Ein abstrahierendes Abbild eines Aspekts der Wirklichkeit ist nicht ohne Annahmen möglich. Formale Modelle enthalten alle zur Erklärung notwendigen Annahmen, aus denen die Erklärung logisch abgeleitet wird. Die korrekte logische Ableitung verlangt die Ersetzung der Alltagssprache durch eine formale Sprache, sei es die der Logik oder die der Mathematik. Nicht formale, verbal formulierte Modelle bestehen dagegen aus einzelnen Hypothesen über den interessierenden Aspekt der Welt, die nicht streng aus bestimmten Annahmen abgeleitet sind (vgl. Morton 1999, S. 33–47). Welche Modellvariante ein Politikwissenschaftler verwendet, hängt mehr mit seiner Ausbildung als mit seiner Untersuchungsfrage und seinem Erkenntnisobjekt zusammen. Es besteht kein grundsätzlicher Gegensatz zwischen formalen und nur verbal formulierten Modellen. Soweit beide demselben allgemeinen Erklärungsschema folgen, sind sie ineinander überführbar.

Ein solches allgemeines Erklärungsschema, unter das sich eine Vielzahl von sozialwissenschaftlichen Modellen subsumieren lassen, geht vom Postulat des methodologischen Individualismus aus. Soziale Ergebnisse auf der Systemebene resultieren aus menschlichen Handlungen, und eine Erklärung ohne Mikrofundierung, also ohne Berücksichtigung des Verhaltens bzw. der Handlungen von Menschen, ist unvollständig. Das ändert nichts an der Tatsache, dass die Sozialwissenschaften generell an Zusammenhängen auf der Makroebene sozialer, politischer oder wirtschaftlicher Systeme interessiert sind. Die Mikrofundierung einer Theorie bedeutet aber, dass der Zusammenhang auf der Makroebene nur auf dem «Umweg» über die handelnden Individuen erklärt werden kann. Coleman (1990, S. 8) hat dieses Erklärungsschema am Beispiel des Weber'schen Modells der Entstehung des Kapitalismus aus dem Geist der protestantischen Ethik erläutert. Eine systematische Weiterführung dieses allgemeinen sozialwissenschaftlichen Makro-Mikro-Makro-Modells der Erklärung findet sich bei Esser (1999a). Esser spricht vom Grundmodell jeder soziologischen Erklärung, was wir ohne weiteres auf die anderen Sozialwissenschaften unter Einschluss der Politikwissenschaft erweitern können.

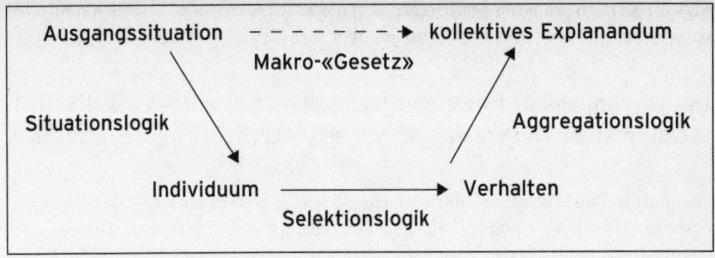

Schaubild 1: Ein Makro-Mikro-Makro-Modell sozialwissenschaftlicher Erklärungen (nach Esser 1999a, S. 98, mit Änderungen)

Wie in den Sozialwissenschaften allgemein, so interessiert sich auch der Politikwissenschaftler in erster Linie für Zusammenhänge auf der Makroebene. Nehmen wir als Beispiel das Gesetz von Duverger (1959, S. 232), dass relative Mehrheitswahl in Einerwahlkreisen zu einem Zweiparteiensystem führt. Das Wahlsystem ist Teil der Ausgangssituation, und das Zweiparteiensystem ist das kollektive Explanandum, das wir erklären wollen. Das Gesetz stellt zunächst nur eine empirische Verallgemeinerung auf der Makroebene dar. Dieses Makro-«Gesetz» ist noch keine Erklärung, dazu bedarf es der Angabe eines Mechanismus auf der Mikroebene, wie dieser Zusammenhang zustande kommt.

Duverger selbst hat dafür bereits eine Erklärungsskizze geliefert: den mechanischen und den psychologischen Effekt der relativen Mehrheitswahl in Einerwahlkreisen (1959, S. 238). Der mechanische Effekt entspricht unserer Aggregationslogik. Im Wahlkreis bekommt nur die Partei einen Sitz, die die relative Mehrheit hat; Stimmen für andere Kandidaten, die in der Summe die absolute Mehrheit stellen können, fallen unter den Tisch. «The winner takes it all» ist die entsprechende Aggregationslogik. Der psychologische Effekt entspricht dagegen der Situationslogik. Das Wahlsystem gehört zur Ausgangssituation, von Esser als soziale Situation bezeichnet. Da in der Politikwissenschaft institutionelle Faktoren wie das Wahlsystem einen bedeutsamen Teil dieser Ausgangssituation ausmachen, wird hier der neutralere Terminus Ausgangssituation gewählt; sie geht der Präferenzbildung des Individuums voraus und wird mit so genannten Brückenhypothesen mit der Ebene der Individuen verbunden.

«Die Brückenhypothesen beschreiben [...] die Konstruktionen [...] der Akteure: die subjektiven Modelle und Vorstellungen über ihre Situation» (Esser 1999a, S. 94).

Der psychologische Effekt entspricht dieser Situationslogik. Die Brückenhypothese Duvergers setzt auf einen Lernvorgang beim Wähler:

«Kommt es beim Verfahren der einfachen Mehrheitswahl zu einem Dreiparteiensystem, so werden die Wähler bald begriffen haben, daß ihre Stimmen verloren sind, wenn sie sie weiter für die dritte Partei abgeben, und sie werden dazu neigen, sie auf den weniger unangenehmen Rivalen zu übertragen, um einen Erfolg des unangenehmen Gegners zu verhindern» (Duverger 1959, S. 240).

Die Ausgangssituation des Wahlrechts führt also bei den Wählern zu der Erwartung, dass die dritte Partei keine Chance hat, das Wahlkreismandat zu gewinnen, sodass eine Stimme für sie eine verlorene Stimme ist (*Wasted-vote*-Hypothese). Diese Erklärung Duvergers hat bis heute Bestand gehabt, es war nur eine Modifikation notwendig. Das Gesetz gilt nur auf der Wahlkreisebene, und es bedarf noch der Berücksichtigung weiterer Faktoren, um zu erklären, wie lokale Zweiparteiensysteme zu einem nationalen Zweiparteiensystem führen (vgl. Cox 1997).

Der nomologische Kern des Erklärungsschemas ist die Mikrotheorie. Bei Esser steht statt Individuum «Akteur» und statt Verhalten «Handlung». Die Mikrofundierung wird also in Handlungstheorien gesucht, in Theorien, die vom zielorientierten, intentionalen Handeln der Menschen ausgehen. In Schaubild 1 spreche ich allgemeiner von Individuum und Verhalten, um auch individuelle Erklärungen verhaltenswissenschaftlicher Ansätze zuzulassen, ohne Handlungstheorien auszuschließen. Handeln ist eine Teilklasse des Verhaltens (vgl. Esser 1999b, S. 177–181).

Die wichtigsten Modellvarianten der heutigen Politikwissenschaft innerhalb des für beide gültigen allgemeinen sozialwissenschaftlichen Erklärungsschemas sind der Rational-Choice-Ansatz und der verhaltenswissenschaftliche Ansatz. Ersterer wendet die Entscheidungs- und Spieltheorie auf politische Sachverhalte an, letzterer lässt sich auch als sozialpsychologischer Ansatz bezeichnen, weil die Mikrofundierung über die Beziehung zwischen Einstellungen und Verhalten vorgenommen wird

3.1 Der Rational-Choice-Ansatz und das Problem der Präferenzaggregation

Rational Choice, also rationale Wahl, setzt, bei Entscheidungen unter Sicherheit, mindestens voraus, dass Akteure Ziele haben, die sie in einer gegebenen Situation zweckmäßig erreichen wollen, und dass sie dafür die möglichen Entscheidungsausgänge in eine schwache Präferenzordnung bringen können. Nehmen wir eine Abstimmungssituation mit drei Entscheidungsausgängen an: Sieg des Gesetzesvorschlags a, Sieg des Abänderungsantrags b und Aufrechterhaltung des Status quo c, d. h. dann Niederlage von a und b. Danach haben die Abgeordneten rationale Präferenzen, wenn sie erstens in der Lage sind, für alle Paare von Vorschlägen ein Präferenzurteil abzugeben (Bedingung der Vollständigkeit) und wenn ihre Präferenzordnung zweitens transitiv ist, sodass z. B. ein Akteur, der a b vorzieht $(a > b)$ und b c $(b > c)$, auch a c vorzieht $(a > c)$.

Von einer schwachen Ordnung spricht man, wenn ein Akteur zwei oder mehr Entscheidungsausgänge gleich einstuft, also z. B. a, b und c vorzieht, aber zwischen b und c indifferent ist. Empirisch kann man sich vorstellen, dass man die schwache Ordnung direkt abfragt mit dem Präferenzurteil: «Ist b mindestens so gut wie c? Ja oder nein?» Dann würde unser Akteur mit ja antworten, aber er würde dann genauso ja sagen auf die Frage: «Ist c mindestens so gut wie b?» Dies ist die dritte Bedingung, die der Reflexivität. Insgesamt müssen schwache Ordnungen die Bedingungen der Vollständigkeit, der Transitivität und der Reflexivität erfüllen. Die bedeutsamste Bedingung ist dabei die der Transitivität. Ob sie erfüllt ist, lässt sich leicht durch eine paarweise Abfrage der Präferenzen feststellen.

Haben Akteure in diesem Sinn rationale Präferenzen, benötigen wir noch eine Mikrotheorie, wie sie diese in Handlungen, also z. B. in ein bestimmtes Abstimmungsverhalten umsetzen. Nach dem Prinzip: Maximiere deinen Nutzen, lautet die einfache Regel: Wähle aufrichtig, d. h. entscheide dich für die Alternative, die in deiner Präferenzordnung jeweils am höchsten rangiert *(sincere voting)*. Rationale Präferenzen und aufrichtiges Wählen auf der Mikroebene vorausgesetzt, kann jetzt das Problem der Präferenzaggregation angegangen werden zur Erklärung des kollektiven Ergebnisses einer Abstimmung oder einer Wahl. Zur Mikrofundierung benötigt man hier zunächst nur ordinale Präferenzfunktionen und aufrichtiges Wählen als Mikrotheorie. Weitergehende Mikrotheorien wie die Werterwartungstheorie (vgl. Esser 1999b, S. 247–293) oder die subjektive Erwartungsnutzentheorie (vgl. als deutsche Einführung Eisenführ/Weber 1994, S. 202–212, S. 325–351) werden zunächst nicht benötigt.

Präferenzaggregation auf der Basis des Rational-Choice-Ansatzes ist das Thema eines wissenschaftlichen Bereichs, der sowohl von Politikwissenschaftlern als auch von Ökonomen unter der Bezeichnung «social choice» bearbeitet wird. Die hierfür entwickelten Modelle prüfen oft nur die logische Konsistenz bestimmter Annahmen, ohne dass eine unmittelbare empirische Anwendung intendiert ist. Das berühmteste Beispiel für diese Art der reinen Theorie ist das Unmöglichkeitstheorem von Arrow (1963; vgl. die kurze deutsche Zusammenfassung bei Eisenführ/Weber 1994, S. 313–315). Die Bedingungen, die Arrow an Regeln für die Präferenzaggregation stellt, sind eng auf normative Demokratietheorien bezogen, sodass auch seine Ergebnisse für die normative Demokratietheorie relevant sind. So lautet seine Diktator-Bedingung, dass eine Abstimmungsregel nicht darauf hinauslaufen darf, dass die Präferenz einer bestimmten Person, eines Diktators, das kollektive Ergebnis bestimmt. Eine weitere demokratietheoretisch bedeutsame Regel besagt, dass eine Präferenz zwischen zwei Alternativen, die alle Abstimmenden gemeinsam haben, auch in der kollektiven Präferenzordnung enthalten sein muss (Pareto-Bedingung). Für die Individuen werden rationale Präferenzen vorausgesetzt, ohne dass für die individuellen Präferenzordnungen weitere Einschränkungen zugelassen werden (Bedingung des uneingeschränkten Definitionsbereichs). Die kollektive Entscheidung zwischen zwei Alternativen soll schließlich nur von den individuellen Präferenzen bezüglich dieser zwei Alternativen abhängen (Unabhängigkeit von irrelevanten Alternativen). Gibt es nun mehr als zwei Alternativen, die zur Abstimmung stehen, existiert keine Aggregationsregel, die die vier Bedingungen gleichzeitig erfüllt. So der Beweis von Arrow. Es kann also keine ideale Abstimmungsregel geben, die in allen Situationen das im Sinne der Bedingungen beste Ergebnis liefert.

Formale Modelle dieser Art ohne direkten Anwendungsbezug haben jedoch auch die empirische Modellbildung in vielfacher Weise angeregt. Dieser Anwendungsbezug wird in der Politikwissenschaft durch Angabe der Institutionen hergestellt, die für Wahlen und Abstimmungen gelten: In welcher Reihenfolge wird abgestimmt, welche Mehrheitsregel gilt, wer darf Vorschläge und Abänderungsanträge formulieren? Im Sinne unseres allgemeinen Erklärungsschemas heißt dies, dass die Ausgangssituation näher bestimmt wird, sodass die Akteure Erwartungen bilden können, vor allem bezüglich des Verhaltens der anderen Abstimmungsberechtigten.

Aufrichtiges Wählen ist sinnvoll, wenn man nicht weiß und auch nicht vermuten kann, wie sich die anderen Abstimmenden verhalten werden. Im Unterschied zu privaten Entscheidungen unter Sicherheit tritt bei kollektiven Entscheidungen immer das Problem auf, dass das Entscheidungsergebnis von vielen abhängt und nicht nur von meiner eigenen Entscheidung. Die Entscheidungssituation ist also durch Unsicherheit über das Verhalten der anderen Abstimmenden gekennzeichnet. Kennt man deren Präferenzen nicht, kann man sinnvollerweise nur aufrichtig wählen. Kennt man sie aber und nimmt an, dass die anderen sich auch rational in dem Sinn verhalten, dass sie am Endergebnis der kollektiven Entscheidung interessiert sind und nicht an Abstimmungssiegen auf dem Weg dorthin, sind mit formalen Modellen Aussagen über das Abstimmungsverhalten in konkreten Abstimmungen möglich. Der Anwendungsbezug, der für jede positive Theorie notwendig ist, ist dann gegeben.

	Akteur A	Akteur B	Akteur C	Ordinaler Nutzen
Erstpräferenz	a	b	c	2
Zweitpräferenz	c	c	b	1
Drittpräferenz	b	a	a	0

Tabelle 1: Angenommene Präferenzen der Akteure A, B, C über die Abstimmungsalternativen a, b, c

Für das folgende Beispiel nehmen wir drei Abstimmende A, B und C an und die drei oben definierten Entscheidungsalternativen a, b und c. In Tabelle 1 sind die angenommenen starken Präferenzen (keine Rangplatzbindung) der Akteure angegeben.

Wir nehmen zunächst aufrichtiges Wählen an, weil die Akteure die Präferenzen ihrer Kollegen nicht kennen. Wir nehmen weiterhin in diesem Beispiel einen externen Agenda-Setter D an, der die Abstimmungsreihenfolge bestimmt und der selbst daran interessiert sei, dass b gewinnt. Er habe selbst kein Stimmrecht, kennt als Einziger aber die Präferenzen der drei Abstimmenden. Um sein präferiertes Endergebnis zu erreichen, lässt er zunächst über c mit ja oder nein abstimmen. c wird so unterliegen, weil A und B aufrichtig mit nein stimmen in der Hoffnung, bei der nächsten Abstimmung über ihren Antrag zu gewinnen. Im zweiten Wahlgang lässt D über b abstimmen, das nun gewinnt, weil C sich genauso für b ausspricht wie B.

Nun haben wir oben aber angenommen, c sei der Status quo, und es wäre natürlich höchst ungewöhnlich, über den Status quo zuerst abzustimmen. Nach der im amerikanischen Kongress üblichen Resolution-Amendment-Procedure muss zunächst durch Abstimmung festgestellt werden, ob der ursprüngliche Antrag oder der Abänderungsantrag eine Mehrheit hat. In unserem Fall würde bei dieser Abstimmung a gegen b b gewinnen; b muss dann noch gegen den Status quo abgestimmt werden. In diesem Fall gewinnt c mit den Stimmen von A und C. Das Abstimmungsergebnis hängt also im vorliegenden Fall weniger von den Präferenzen der Akteure als vielmehr von der Abstimmungsreihenfolge ab. Dies ist besonders gravierend, weil c im vorliegenden Fall sogar der so genannte Condorcet-Gewinner ist. Würde jeweils paarweise abgestimmt, also a gegen b, a gegen c und b gegen c, würde c nicht besiegt werden, weil es sowohl gegen a als auch gegen b gewinnt. Dieses Ergebnis würden wir auch voraussagen, wenn wir annehmen könnten, dass den Akteuren die Präferenzen ihrer Kollegen bekannt sind.

Sind die Präferenzen nämlich bekannt, spielt die Abstimmungsreihenfolge in diesem Fall keine Rolle mehr, weil die Akteure eine Strategie für den ganzen Abstimmungsvorgang bilden können. So würde A im ersten Wahlgang nach Schaubild 2 nicht aufrichtig wählen, sondern dem Vorschlag c zustimmen, weil er voraussieht, dass er im zweiten Wahlgang gewärtigen muss, dass b, also die für ihn schlechteste Alternative, gewinnt. Im zweiten Wahlgang würde nämlich B natürlich für b stimmen, aber auch C, weil dessen eigene Erstpräferenz c ja schon im ersten Wahlgang besiegt wurde. Das strategische Abstimmungsverhalten von A im ersten Wahlgang garantiert demnach den Sieg des Condorcet-Gewinners c.

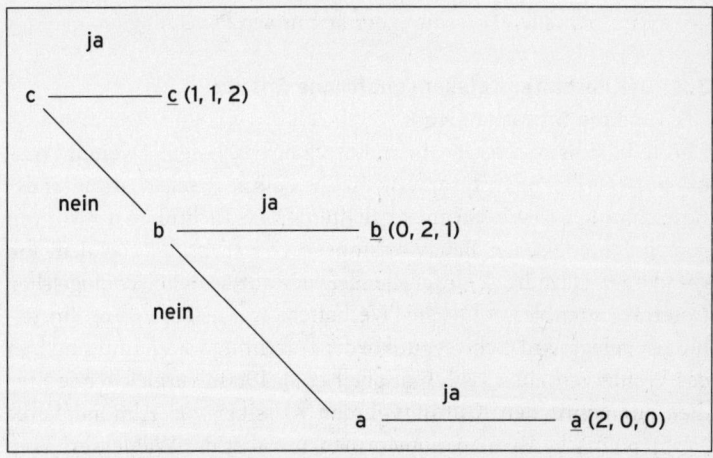

Schaubild 2: Sequenzielle Abstimmung für Beispiel von Tabelle 1 mit Nutzenvektor von A, B, C für mögliche Ergebnisse

Die Erwartungsbildung ist natürlich in großen Elektoraten wie einer Parlamentswahl schwieriger als in kleinen Ausschüssen, wo die der Abstimmung vorausgehende Aussprache Hinweise auf die Präferenzen der Beteiligten gibt. Manche Autoren behandeln die Frage, ob sich der Einzelne an solchen Wahlen überhaupt beteiligen soll oder nicht, als Entscheidung unter Risiko, wobei das Risiko die Wahrscheinlichkeit meint, dass die eigene Stimme den Ausschlag für das Endergebnis gibt (vgl. Riker/Ordeshook 1968). Der Erwartungsnutzen der eigenen Wahlbeteiligung wird äußerst gering sein, wenn man diese Wahrscheinlichkeit einigermaßen realistisch einschätzt. Darüber kann auch ein sehr hoher Nutzen vom Sieg einer bestimmten Partei oder Koalition nicht hinwegtäuschen. Man spricht hier vom Nichtwähler-Paradoxon, weil der Prognose einer äußerst geringen Wahlbeteiligung die Tatsache relativ hoher Wahlbeteiligungen in der Praxis gegenübersteht. Die Forschung wurde durch dieses Paradoxon angeregt, eine Vielzahl von Erklärungsalternativen zu entwickeln, z. B. die Einführung eines nichtinstrumentellen Nutzens von der Wahlbeteiligung, wie dies bereits Riker und Ordeshook vorgeschlagen haben. Die Modifikationen in der subjektiven Erwartungsnutzentheorie gehen in Richtung Abschwächung der Annahmen und machen Anleihen aus der experimentellen Forschung der kognitiven Psychologie.

3.2 Der verhaltenswissenschaftliche Ansatz und die Situationslogik

Der verhaltenswissenschaftliche Ansatz hat nach dem Zweiten Weltkrieg zuerst Einzug in die amerikanische Politikwissenschaft unter der Bezeichnung Behavioralismus gehalten. Diese Richtung ist nicht mit dem psychologischen Behaviorismus zu verwechseln, von dem ihn gerade der Nachdruck unterscheidet, der auf sozialpsychologischen Determinanten des politischen Verhaltens wie insbesondere Einstellungen gelegt wird. Schwerpunkte der Forschung waren und sind hier das Wählerverhalten (vgl. Campbell et al. 1960), vergleichende Studien zur politischen Kultur (vgl. den Klassiker von Almond/Verba 1965), politische Partizipationsformen, die über das Wählerverhalten hinausgehen (vgl. Barnes/Kaase 1979), und Untersuchungen des Wertewandels samt seiner Folgen für das Parteiensystem (vgl. Inglehart 1989). Untersuchungen der politischen Parteien und des Abstimmungsverhaltens von Abgeordneten, z. B. in Abhängigkeit von der öffentlichen Meinung in ihrem Wahlkreis, berücksichtigen auch institutionelle Gegebenheiten, die ansonsten in diesem Ansatz nicht gerade im Mittelpunkt des Interesses stehen.

Im Unterschied zur älteren Institutionenanalyse hat der verhaltenswissenschaftliche Ansatz entscheidend zur Durchsetzung des methodologischen Individualismus und zur Entwicklung empirischer Theorien auf einer statistisch abgesicherten Datenbasis beigetragen. Das gleichzeitig vertretene Postulat der Wertfreiheit hat dem Ansatz, vor allem in der deutschen Politikwissenschaft, den Vorwurf des Positivismus eingetragen. Damit mag es zusammenhängen, dass dieser Ansatz in der deutschen Politikwissenschaft nie zum Mainstream wurde wie in den USA, sondern eher mit der politischen Soziologie identifiziert wird.

Die Verbindung des Ansatzes mit Soziologie und Sozialpsychologie ist auch in den USA stets sehr eng gewesen. So wurden Begriffe wie soziale Rolle oder Bezugsgruppe in die Politikwissenschaft übernommen. Zentral war aber immer der Einstellungsbegriff. Einstellungen sind positive oder negative Bewertungen eines Einstellungsobjekts, z. B. einer politischen Partei, mit kognitiven, affektiven und konativen (verhaltensbezogenen) Elementen. Die Mikrotheorie geht von einem kausalen Einfluss der Einstellung zu einem Objekt auf das Verhalten aus, das mit diesem Einstellungsobjekt in Beziehung steht. Ein klassisches politikwissenschaftliches Beispiel für diese Vorgehensweise ist das sozialpsychologische Modell der Wahlentscheidung (auch Michigan-Modell genannt), bei dem das Wählerverhalten unmittelbar auf Einstellungen zu den Wahlalternativen zurückgeführt wird. Dies sind bei den amerikanischen Präsidentschaftswahlen die Präsidentschaftskandidaten, die die Kandidaten aufstellenden Parteien und aktuelle politische Sachfragen. Kandidaten- und Sachfragen-Orientierung sind in dem angenommenen «Kausalitätstrichter» die dem Wahlakt unmittelbar vorausgehenden Einstellungen, während die als dauerhafter angenommene Parteiidentifikation (positive Einstellung zu einer Partei im Sinne der Identifikation mit einer Bezugsgruppe) sowohl die kurzfristigen politischen Einstellungen als auch das Wählerverhalten direkt beeinflusst (vgl. Campbell et al. 1960).

In diesem Bereich der Wählerforschung trat ein Problem nicht auf, das ansonsten die Sozialpsychologie sehr beschäftigt hat: die teilweise recht niedrigen Korrelationen zwischen Einstellung und entsprechendem Verhalten. Hierzu wurden ausgefeiltere Mikrotheorien entwickelt wie die Theorie des geplanten Verhaltens von Ajzen oder die Theorie des überlegten Handelns *(reasoned action)* von Fishbein und Ajzen (vgl. die Übersicht über die Beziehung zwischen Einstellungen und Verhalten bei Eagly/Chaiken 1993, S. 155–201).

Die politische Einstellungsforschung beschäftigte mehr das Problem der Einstellungsmessung in normalen Bevölkerungsumfragen. Hier besteht die Gefahr der schnellen, oberflächlichen Antwort durch die Befragten. Für Politik interessieren sich nicht alle Wahlberechtigten in gleichem Maß, sodass Befragte in Umfragen manchmal nur Meinungsäußerungen abgeben, die nicht unbedingt auf dauerhaftere Einstellungen schließen lassen. Dies ist ein Problem bei der empirischen Erfassung der öffentlichen Meinung im Sinne der Politikpräferenzen der wahlberechtigten Bevölkerung (vgl. Zaller 1992), das noch verstärkt wird, wenn mit Einstellungsfragen Wertorientierungen erfasst werden sollen. Hier erscheint eine Begriffsbestimmung plausibler, die Wertorientierungen nicht als direkt beobachtbar ansieht, sondern als heuristische Konstrukte des Forschers, der damit bestimmte Einstellungsmuster von Personen beschreibt. Ziel dieser Beschreibung ist die Identifizierung von abstrakten Prinzipien, denen das Handeln in einer Gesellschaft oder Einzelnen ihrer Teilgruppen folgen soll. Sie kommen zum Ausdruck in einem bestimmten Muster von Einstellungen, das sich im Sinn gegenseitiger Abhängigkeit bzw. einer Prioritätensetzung verstehen lässt (van Deth/Scarbrough 1995).

Als Werte in diesem Sinn lassen sich die materialistische und postmaterialistische Wertorientierung nach Inglehart (1989) verstehen. So kommt eine postmaterialistische Orientierung darin zum Ausdruck, dass man politischen Beteiligungszielen (mehr Einfluss der Bürger auf die Entscheidungen der Regierung, Schutz des Rechts auf freie Meinungsäußerung) eine höhere Priorität einräumt als Zielen der wirtschaftlichen und politischen Stabilität. In seiner Theorie des Wertewandels postuliert Inglehart eine allmähliche Zunahme postmaterialistischer Wertorientierungen. Erklärt wird diese Zunahme mit der Mangel- und Sozialisationshypothese (ebd., S. 89). Nach ersterer misst man Dingen den größten Wert zu, die relativ knapp sind, und nach letzterer erfolgt die Reaktion auf Knappheitssituationen nicht unmittelbar, sondern bestimmt in erster Linie die Wertprioritäten der Jugendlichen in der Phase ihrer politischen Primärsozialisation. Hauptindikator der Knappheit gesellschaftlicher Ressourcen ist die Wirtschaftslage. Mit dem Wirtschaftswachstum seit dem Zweiten Weltkrieg und der Zunahme des gesellschaftlichen Wohlstands sind Generationen herangewachsen, für die wegen gesicherter Lebensumstände wirtschaftliche und politische Stabilität nicht mehr oberste Ziele sind, sondern eben die Beteiligungswerte der Postmaterialisten.

Diese Theorie kann als typisches Beispiel für eine ganze Modellklasse angesehen werden, die Einstellungen aus der Situationslogik der sozialen Bedingungen während der Phase der Primärsozialisation erklärt. Darunter fällt auch die Theorie der Parteiidentifikation, die den Erwerb einer dauerhaften positiven Einstellung zu einer Partei auf die Parteiidentifikation der Eltern zurückführt. Durch regelmäßige Teilnahme an Wahlen werde diese Einstellung verstärkt, selbst wenn

man im konkreten Wahlverhalten manchmal von seiner Parteiidentifikation abweicht. Das Modell der Primärsozialisation wird hier ergänzt durch ein Modell lebenslangen Lernens, mit dem Converse
(1970) erklärte, warum sich in den USA und Großbritannien in der
Nachkriegszeit eine Zunahme der Stärke der Parteiidentifikation mit
dem Lebensalter nachweisen lässt, nicht dagegen in Deutschland oder
Italien, wo demokratische Wahlen als «Lerngelegenheit» dem Faschismus zum Opfer gefallen waren.

Der verhaltenswissenschaftliche Ansatz in der Politikwissenschaft
leistet also etwas, was der Rational-Choice-Ansatz nicht leistet: die
Rückführung der Einstellungen und damit indirekt der Ziele auf Sozialisationsbedingungen und weiterhin auf Charakteristiken der sozialen Lage. Der Rational-Choice-Ansatz setzt dagegen einen Erklä-
rungsschwerpunkt auf die Logik der Aggregation, und wenn die
Ausgangssituation unseres allgemeinen Erklärungsschemas (Schaubild 1) in den Blick kommt, dann in erster Linie auf die institutionellen
Bedingungen, die für die Präferenzbildung gelten.

4 Forschungsansätze und Forschungsmethoden

King, Keohane und Verba (1994) charakterisieren die wissenschaftliche Forschung in den Sozialwissenschaften mit vier Eigenschaften.
Erstens ist es das Ziel dieser Forschung, «beschreibende und erklärende Schlussfolgerungen zu gewinnen auf der Basis empirischer Information über die Welt» (ebd., S. 7).

Gerade auch die qualitative Forschung gibt sich nicht mit der Darstellung von Fakten zufrieden, sondern betreibt «descriptive inference
– using observations from the world to learn about other unobserved
facts» (ebd., S. 8). Die Forschungsverfahren müssen zweitens explizit,
kodifiziert und öffentlich sein, was die intersubjektive Nachprüfbarkeit ermöglicht. Die Schlussfolgerungen bleiben dabei drittens immer
unsicher. Schließlich beruhe wissenschaftliche Forschung viertens auf
«a set of rules of inference on which its validity depends» (ebd., S. 9).
King et al. stellen in ihrem Buch diese Regeln für den Approximationsapparat der Sozialwissenschaften zusammen, der die Bedingungen der Passung zwischen Daten und Modellen formuliert (vgl. dazu

Balzer 1997, S. 189). Wenn man ein allgemeines Erklärungsschema für die Sozialwissenschaften unter Einschluss der positiven politischen Theorie vertritt, kann man die genannten vier Eigenschaften sozialwissenschaftlicher Forschung als gemeinsame Grundlage all ihrer verschiedenen Forschungsansätze und -methoden ansehen.

Drei Forschungsansätze sollen hier vorgestellt werden, die Fallstudienmethode, die statistische und die experimentelle Methode. Während letztere ohne quantitative Daten nicht auskommen, ist die Fallstudie der Königsweg der qualitativen Politikforschung.

4.1 Die Fallstudien-Methode

Die Untersuchung eines einzelnen Regierungssystems, eines Entscheidungsvorgangs, einer Partei zu einem bestimmten Zeitpunkt usw. dient der Beschreibung dieses Einzelfalls mit einer bestimmten Fragestellung, wobei man diesen Fall unter seinen natürlichen Umweltbedingungen studiert und ihn als zusammenhängendes Ganzes begreift. Je nach Fragestellung kann über die Beschreibung hinaus ein Erklärungsbeitrag beabsichtigt sein. Dabei muss entweder ein expliziter theoretischer Bezug hergestellt werden, oder man geht von der Einzelfallstudie zur vergleichenden Fallstudie über.

Der Theoriebezug ist am engsten bei einer analytischen Ereignisrekonstruktion, mit der man die Mechanismen identifizieren will, die zu einem bestimmten Ereignis geführt haben. Als Ereignisgeschichte bedient sich das Verfahren historischer Methoden, es ist aber gleichzeitig analytisch, weil die Rekonstruktionsbausteine einem bewährten Modell entnommen werden. Wenn möglich, greift man bei einer analytischen Ereigniskonstruktion auf spieltheoretische Modelle zurück, identifiziert die Akteure und versucht, sich aus Dokumenten Klarheit über ihre Motive und ihren Informationsstand in der fraglichen Situation zu verschaffen. Ziel ist aber nicht die Bestätigung der Theorie, sondern das Verständnis des fraglichen Ereignisses.

«Should we possess a valid representation of the story, then the equilibrium of the model should imply the outcome we describe – and seek to explain. Our use of rational choice and game theory transforms the narratives into analytical narratives. Our approach therefore occupies a complex middle ground between ideographic and nomothetic reasoning» (Bates et al. 1998, S. 12).

Je weniger Fälle zur Verfügung stehen, desto anspruchsvoller werden die Anforderungen an die Theorie, wenn man sich nicht mit einer Beschreibung möglichst nahe am Verständnis der Akteure selbst begnügen will. Ein Schritt über die Einzelfallstudie hinaus und somit eine Rücknahme der strengen Modellorientierung bei der analytischen Ereignisrekonstruktion ist die vergleichende Fallstudie. Sie eignet sich für die vergleichende Regierungslehre, wenn nur eine begrenzte Anzahl vergleichbarer, z. B. demokratischer nationaler Regierungssysteme zur Verfügung stehen (*small-N-analysis*, vgl. Lijphart 1971). Man erhofft sich Aussagen über den Einfluss einer Ursache X auf die abhängige Variable Y machen zu können, indem man Fälle auswählt, die in Bezug auf Drittvariablen so ähnlich wie möglich sind, sich aber in der Ausprägung von X unterscheiden (*most similar systems design*). Der Einfluss der Drittvariablen wird damit konstant gehalten, weil sie sich in den zu vergleichenden Systemen in gleicher Weise auf Y auswirken, sodass sie keine Differenz in Y zwischen den Systemen bewirken können.

Ein Fehler, den man bei der Fallauswahl vermeiden sollte, ist die Auswahl der Fälle nach der Ähnlichkeit der abhängigen Variablen. Will man z. B. untersuchen, unter welchen Bedingungen Revolutionen erfolgreich sind, braucht man auch Fälle, in denen sie nicht erfolgreich waren. Nur dann kann man die Wirkung der Variablen untersuchen, die den Erfolg wahrscheinlich verursacht haben.

4.2 Die statistische Analyse nichtexperimenteller Daten

Die zwei größten Datenlieferanten der politikwissenschaftlichen Forschung sind Umfragen und Inhaltsanalysen. Sie sind von besonders großem Wert, wenn sie mit vergleichbarem Fragenprogramm bzw. Verschlüsselungsschema für gleich abgegrenzte Bevölkerungen bzw. Dokumentarten regelmäßig wiederholt werden. Als Beispiele seien zum einen nationale Wahlstudien erwähnt, z. B. in den USA zu allen Präsidentschaftswahlen seit 1948 oder in der Bundesrepublik Deutschland zu allen Bundestagswahlen (vgl. Klein et al. 2000). Eine wichtige quantitative Dokumentenanalyse sind die mit einem einheitlichen Verschlüsselungsschema vercodeten Wahlprogramme der Parteien in vielen Ländern seit 1945 bzw. seit dem Zeitpunkt, ab dem es demokratische Wahlen gab (Budge et al. 2001). All diese Daten lassen sich mit den üblichen statistischen Verfahren auswerten, sei es, dass man die Vielzahl der Variablen für eine knappe Beschreibung zusammenfassen möchte (z. B. durch Faktorenanalyse oder multidimensionale Skalierung), sei es, dass man den Einfluss bestimmter unabhängiger Variablen auf eine abhängige Variable bestimmen möchte (beispielsweise durch normale Regression). Komplexere Zusammenhänge werden mit Strukturgleichungsmodellen abgebildet und getestet, deren einfachste Form die so genannte Pfadanalyse ist.

So kann man das sozialpsychologische Grundmodell der Wahlentscheidung (Michigan-Modell, vgl. Campbell et al. 1960) gut als Pfadmodell operationalisieren (vgl. Schaubild 3). Auf die Wahlentscheidung wirken unmittelbar die Parteiidentifikation (Pfeil c) und die Kandidaten- und die Sachfragenorientierung (Pfeile d und e); Letztere hängen ihrerseits aber wieder teilweise von der Parteiidentifikation ab (Pfeile a und b), die somit einen direkten (c) und zwei indirekte Effekte (a · d) und (b · e) ausübt. Die von außen kommenden Pfeile x und y besagen, dass es sich nicht um ein geschlossenes System handelt, das nur von der Parteiidentifikation abhängt, sondern dass die kurzfristigen Variablen Kandidaten- und Sachfragenorientierung auch von der Parteiidentifikation nicht determinierte Bestandteile enthalten, die in der Regel nicht unerheblich sind und zum Teil mit der Einschätzung der Wirtschaftslage zusammenhängen. Der Residualpfeil z erinnert

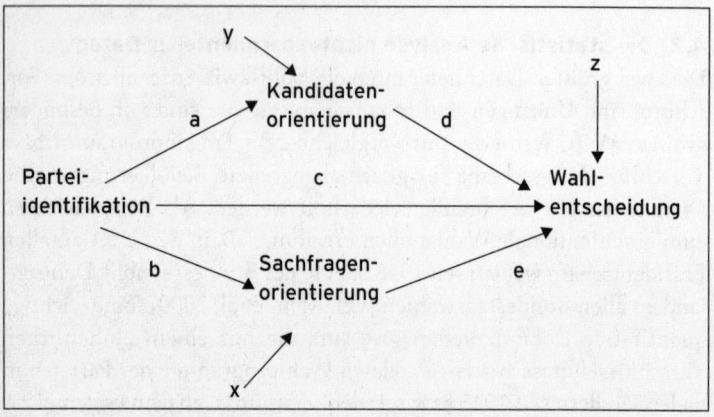

Schaubild 3: Das sozialpsychologische Modell der Wahlentscheidung als Pfadmodell

schließlich daran, dass wir die abhängige Variable Wahlentscheidung nicht hundertprozentig erklären, sondern dass in der Regel ein erklecklicher unerklärter Rest bleibt.

Strukturgleichungsmodelle kommen der Logik des verhaltenswissenschaftlichen Ansatzes entgegen: Einstellungen determinieren kausal das Verhalten und sind ihrerseits kausal von Bedingungen der Sozialisation und des sozialen Lernens beeinflusst. Das sich verhaltende Individuum wird von seinen Einstellungen zu einem bestimmten Verhalten quasi «geschoben». Die theoretische Vorstellung ist beim Rational-Choice-Ansatz insofern anders, als hier Eigenschaften der Wahlalternativen zusätzlich ins Spiel kommen. Man entscheidet sich z.B. nicht nur für eine bestimmte Partei, weil man eine bestimmte Sachfragenorientierung hat, sondern man nimmt auch die Parteiposition bei dieser Sachfrage wahr – dies ist eine Eigenschaft der Partei, deren Ausprägung sich mit den Ausprägungen der anderen Parteien bei dieser Sachfrage vergleichen lässt – und erhöht dann die Wahrscheinlichkeit, für eine Partei zu stimmen, deren Position der eigenen Einstellung in dieser Sachfrage am nächsten ist. Man wird also von seiner Wahlalternative «angezogen». Diskrete Entscheidungsmodelle eignen sich zur statistischen Modellierung derartiger Entscheidungssituationen (vgl. zur Anwendung auf das Wählerverhalten Thurner 1998).

4.3 Experimentelle Methoden

Beim Experiment kontrolliert der Forscher eine oder mehrere unabhängige Variablen, die nach dem Modell einen bestimmenden Einfluss auf die abhängige Variable haben sollen. Im einfachsten Fall vergleicht er diesen Einfluss in einer Experimentalgruppe, die dem entsprechenden «treatment» unterworfen wird, mit einer Kontrollgruppe ohne diesen Einfluss. Die Zuteilung der Personen zur Experimental- und Kontrollgruppe erfolgt so, dass Drittvariablen entweder bewusst kontrolliert werden oder statistisch dadurch, dass die Zuweisung zu den Gruppen nach dem Zufallsprinzip vorgenommen wird.

Nun kann man sich schwer vorstellen, dass Forscher politische Eigenschaften auf der Makroebene experimentell manipulieren. Die experimentelle Forschung hat aber in den letzten Jahren in den Sozialwissenschaften generell an Bedeutung gewonnen, weil natürlich die

Mikrotheorien auf diese Weise überprüft werden können. So wurden die Axiome der Entscheidungstheorie oder bestimmte spieltheoretische Modelle vielfachen experimentellen Tests unterzogen. Es sind dadurch neue Wissenschaftszweige entstanden wie die *behavioral game theory* oder *behavioral economics*. Man will Abweichungen von den Standardmodellen der rationalen Wahl feststellen und deren Auswirkungen auf wirtschaftliche oder politische Sachverhalte auf der Makroebene.

5 Zusammenfassung

Eine erfahrungswissenschaftliche Theorie umfasst Modelle, Daten, einen Approximationsapparat für die Passung zwischen Modellen und Daten und Aussagen über intendierte Systeme. Im Unterschied zur normativen politischen Theorie galt unser Interesse der positiven Theorie, d. h. der abstrahierenden Beschreibung und Erklärung politischer Zusammenhänge.

These dieses Beitrags ist es, dass die neueren politikwissenschaftlichen Modelle einer Makro-Mikro-Makro-Logik folgen, dass also eine Erklärung von Zusammenhängen auf der Systemebene der Mikrofundierung bedarf. Dies gilt für alle Theorien, die dem Postulat des methodologischen Individualismus folgen. Für die Sozialwissenschaften heißt das: Verstehen und Erklären sozialer einschließlich politischer Tatbestände aus der Perspektive der sich verhaltenden bzw. handelnden Individuen.

Bei all dieser Gemeinsamkeit positiver Theorien der Politikwissenschaft bleiben Modellvarianten, die sich auf die verwendete Mikrotheorie beziehen. Zwei Mikrotheorien wurden dargestellt, der Rational-Choice-Ansatz und der verhaltenswissenschaftliche Ansatz. Ersterer hat seine Stärken bei der Logik der Aggregation, der Herstellung eines Entscheidungsergebnisses für das politische System insgesamt und nicht nur für die einzelnen Entscheider je für sich. Letzterer interessiert sich für das Zustandekommen von Einstellungen aus der Logik der Situation heraus, und hier liegt seine Stärke.

Die Modelle, vereinfachte Abbilder bestimmter Aspekte der Wirklichkeit, müssen sich in einer Erfahrungswissenschaft empirisch bewähren. Dazu dient die empirische Forschung, die sich verschiedener Forschungsansätze und -methoden bedienen kann. Drei Methoden wurden knapp vorgestellt, die Fallstudienmethode, die statistische Analyse nichtexperimenteller Daten und das Experiment. Man kann sie als Untersuchungsformen bezeichnen, die sich nicht gegenseitig ausschließen, sondern auch kombiniert eingesetzt werden können.

Für die politikwissenschaftliche empirische Forschung gelten allgemeine, einheitliche Anforderungen, so die These von King et al. (1994), die hier übernommen wird. Das heißt mit anderen Worten, dass quantitative und qualitative Forschungsmethoden derselben grundlegenden Forschungslogik folgen, um zu gültigen, abstrahierenden Beschreibungen und Erklärungen politischer Zusammenhänge zu kommen.

Literatur

Albert, Hans: «Theorien in den Sozialwissenschaften», in: Albert, Hans (Hg.): Theorie und Realität, Tübingen ²1972, S. 3–25.

Almond, Gabriel A./Verba, Sidney: The Civic Culture, Princeton, N. J. 1965.

Arrow, Kenneth J.: Social Choice and Individual Values, New York 1951.

Balzer, Wolfgang: Die Wissenschaft und ihre Methoden: Grundsätze der Wissenschaftstheorie. Ein Lehrbuch, Freiburg 1997.

Barnes, S. H./Kaase, Max: Political Action: Mass Participation in Five Western Democracies, London/Beverly Hills 1997.

Bates, Robert/Greif, Avner/Levi, Margaret/Rosenthal, Jean-Laurent/Weingast, Barry: Analytic Narratives, Princeton, N. J. 1998.

Budge, Ian/Klingemann, Hans-Dieter/Volkens, Andrea/Bara, Judith/Tanenbaum, Eric: Mapping Policy Preferences. Estimates for Parties, Electors, and Governments 1945–1998, Oxford 2001.

Campbell, Angus/Converse, Philip E./Miller, Warren E./Stokes, Donald E.: The American Voter, New York 1960.

Coleman, James S.: Foundations of Social Theory, Cambridge, Mass./London 1990.

Converse, Philip E.: «Of Time and Partisan Stability», in: Comparative Political Studies 2, 1970, S. 139–171.

Cox, Gary W.: Making Votes Count. Strategic Coordination in the World's Electoral Systems, Cambridge 1997.

Deth, Jan W. van/Scarbrough, Elinor: «The Concept of Values», in: dies. (Hg.): The Impact of Values, Oxford 1995, S. 21–47.

Duverger, Maurice: Die politischen Parteien, Tübingen 1959.

Eagly, Alice H./Chaiken, Shelly: The Psychology of Attitudes, Fort Worth 1993.

Easton, David: A Systems Analysis of Political Life, New York 1965.

Eisenführ, Franz/Weber, Martin: Rationales Entscheiden, Heidelberg [2]1994.

Esser, Hartmut: Soziologie. Allgemeine Grundlagen, Frankfurt a. M. 1999a.

Esser, Hartmut: Soziologie. Spezielle Grundlagen, Bd. 1: Situationslogik und Handeln, Frankfurt a. M. 1999b.

Esser, Hartmut/Klenovits, Klaus/Zehnpfennig, Hans: Wissenschaftstheorie 1: Grundlagen und Analytische Wissenschaftstheorie, Stuttgart 1977.

Fishkin, James S.: Democracy and Deliberation: New Directions for Democratic Reform, New Haven, Co. 1991.

Geertz, Clifford: Dichte Beschreibung, Frankfurt a. M. 1987.

Habermas, Jürgen: Faktizität und Geltung. Beiträge zur Diskurstheorie des Rechts und des demokratischen Rechtsstaats, Frankfurt a. M. 1992.

Inglehart, Ronald: Kultureller Umbruch. Wertwandel in der westlichen Welt, Frankfurt a. M. 1989.

King, Gary/Keohane, Robert O./Verba, Sidney: Designing Social Inquiry, Princeton, N. J. 1994.

Klein, Markus/Jagodzinski, Wolfgang/Mochmann, Ekkehard/Ohr, Dieter: 50 Jahre empirische Wahlforschung in Deutschland. Entwicklung, Befunde, Perspektiven, Daten, Wiesbaden 2000.

Lijphart, Arend: «Comparative Politics and Comparative Method», in: American Political Science Review 65/3, 1971, S. 682–693.

Morton, Rebecca B.: Method and Models. A Guide to the Empirical Analysis of Formal Models in Political Science, Cambridge 1999.

Pateman, Carole: Participation and Democratic Theory, Cambridge 1970.

Popper, Karl Raimund: Das Elend des Historizismus, Tübingen 1987.

Rawls, John: Eine Theorie der Gerechtigkeit, Frankfurt a. M. 1979.

Riker, William H./Ordeshook, Peter C.: «A Theory of the Calculus of Voting», in: American Political Science Review 62, 1968, S. 25–42.

Thurner, Paul W.: Wählen als rationale Entscheidung. Die Modellierung von Politikreaktionen im Mehrparteiensystem, München 1998.

Weber, Max: Gesammelte Aufsätze zur Wissenschaftslehre, Tübingen 1922.

Weber, Max: Wirtschaft und Gesellschaft: Grundriß der verstehenden Soziologie, Tübingen [5]1976.

Zaller, John R.: The Nature and Origins of Mass Opinion, Cambridge 1992.

2 Die Subdisziplinen der Politikwissenschaft

Herfried Münkler

2.1 Politische Ideengeschichte

> 1 Die Stellung der Politischen Ideengeschichte im Fach Politikwissen-
>   schaft
> 2 Methoden und Schulen der Politischen Ideengeschichte
> 3 Thomas Hobbes – ein exemplarischer Fall

1 Die Stellung der Politischen Ideengeschichte im Fach Politikwissenschaft

Die Politische Ideengeschichte ist das Archiv der Politikwissenschaft, aber ebenso auch ihr Laboratorium. Ist das Archiv der Ort eines nach systematischen oder chronologischen Aspekten geordneten Aufbewahrens der Ideen und Theorien, so ist das Laboratorium der Ort des Ausprobierens und Experimentierens, an dem bekannte und bewährte Substanzen (hier: klassische politische Ideen und Theorien) mit neuen Ingredienzen angereichert oder in einer bislang noch nicht getesteten Weise miteinander vermischt und verbunden werden. So sollen Lösungen und Heilmittel für neu aufgetretene oder auch nur neu erkannte Probleme gefunden werden. Wo politische Ideengeschichte gepflegt und intensiv betrieben wird, da sind Archiv und Laboratorium durch zahlreiche Gänge und viele Türen miteinander verbunden. Insofern ist es nicht falsch, wenn man in der Politischen Ideengeschichte das eigentliche Zentrum der Politikwissenschaft sieht, dem die Aufgabe zufällt, die im Forschungsprozess auseinander strebenden Teilbereiche des Fachs, von den Internationalen Beziehungen bis zu den Policy-Analysen, von der Politischen Soziologie bis zur Politische-Kultur-Forschung, immer wieder aufs Neue zusammenzuführen und disziplinär zu integrieren. Damit die politische Ideengeschichte diese Integrationsaufgabe übernehmen und bewältigen kann, muss sie freilich in den politikwissenschaftlichen Instituten nicht nur angemessen eingebunden sein, sondern auch in einer entsprechenden Form betrieben werden. Um im obigen Bild zu bleiben, heißt das: Sie darf sich nicht auf die Pflege des Archivs beschränken, zumal dieses oft nur noch von den Archivaren besucht und benutzt wird, sondern sie hat sich immer wieder ins Laboratorium zu begeben, wo sie die Bestände des alten Wissens den Anforderungen neuer Fragen und Probleme aussetzt. Die Bewährung im Laboratorium wird so zur Rechtfertigung für die weitere Pflege und Ausgestaltung des Archivs.

Dass dies gelingt, ist freilich alles andere als selbstverständlich und mehr als bloß eine Frage des guten Willens. Die politische Ideengeschichte ist nämlich, zumindest in Deutschland, ein von unterschiedlichen Disziplinen bearbeiteter Wissensbereich, und vor der Einrichtung politikwissenschaftlicher Lehrstühle an deutschen Universitäten, die auf die Konferenzen von Waldleiningen und Königstein im Herbst 1949 und Sommer 1950 zurückgeht, in deren Beschlüssen der Politikwissenschaft neben der vergleichenden Regierungslehre die politische Ideengeschichte als wissenschaftlicher Kernbereich zugewiesen wurde,[1] wurde sie bereits von der Geschichtswissenschaft, der Philosophie sowie der Rechtswissenschaft, insbesondere der Rechtsphilosophie bearbeitet. Mit unterschiedlichen thematischen wie methodischen Schwerpunktsetzungen ist die politische Ideengeschichte bis heute auch ein Arbeitsgebiet dieser Disziplinen geblieben, und die Politikwissenschaft hat sich ihnen gegenüber in kollegialer Konkurrenz zu behaupten. Etwas vereinfacht wird man sagen können, dass dabei die Domäne der *Geschichtswissenschaft* der Blick auf die historischen Entstehungsbedingungen einer Theorie oder eines Ideenensembles ist, während die *Philosophie* die innere Kohärenz und Stringenz von Argumentationszusammenhängen untersucht, wie sie in den Werken der großen politischen Theoretiker entwickelt worden sind, und von der

---

1 Vgl. hierzu den Beitrag Münkler/Krause (in diesem Band); zu den Konferenzen von Waldleiningen und Königstein vgl. Hessisches Ministerium für Erziehung und Volksbildung (1949).

Rechtswissenschaft wiederum wird vornehmlich die Frage nach dem in einer Theorie erreichten Niveau der Systematisierung und Formalisierung von Problemkonstellationen gestellt. Die *Politikwissenschaft* hat diese spezifischen disziplinären Herangehensweisen zusammenzuführen und sie auf die Herausforderungen und Problemkonstellationen der jeweiligen Gegenwart zu beziehen.

Solange der Politikwissenschaft im (westlichen) Nachkriegsdeutschland die Aufgabe zufiel, als «Demokratiewissenschaft» zu fungieren und einen Beitrag dafür zu leisten, dass die an den Universitäten ausgebildeten neuen Eliten von demokratischem Geist beseelt waren, fiel ihr die Positionierung neben den anderen Disziplinen und deren spezifischen Herangehensweisen relativ leicht. Das änderte sich gegen Ende der 1960er Jahre, als mit der erkennbaren Stabilität der westdeutschen Demokratie die dem Fach ursprünglich zugewiesene Aufgabe demokratischer Elitenerziehung relativ an Gewicht verlor, gleichzeitig innerhalb der Politikwissenschaft ein am amerikanischen Vorbild orientierter Prozess sozialwissenschaftlicher Szientifizierung einsetzte und schließlich mit dem Vordringen marxistischer Paradigmata auch die Bedeutung von Ideen als ursächlicher Faktor für den Gang der politischen Geschichte nicht mehr so hoch eingeschätzt wurde wie in den beiden vorangegangenen Jahrzehnten. Der Politikwissenschaft und innerhalb ihrer vor allem der politischen Ideengeschichte war bei der Neugründung des Fachs in Westdeutschland nämlich zugute gekommen, dass vor allem die Amerikaner das Scheitern der Weimarer Republik und den Aufstieg des Nationalsozialismus auf die Vorherrschaft falscher politischer Ideen zurückführten – im Unterschied zu den Sowjets, für die Fragen der Eigentumsordnung und der daraus erwachsenden Verteilung der gesellschaftlichen und politischen Macht beim Aufstieg des Nationalsozialismus die entscheidende Rolle gespielt haben. Während die im östlichen Deutschland betriebene Politik der Zerschlagung des Faschismus neben der Verhaftung und Aburteilung nationalsozialistischer Amtsträger und Funktionäre vor allem in der Enteignung von Großindustriellen und Großgrundbesitzern bestand, war sie im Westen nach einer ersten Welle der Entnazifizierung, die nach zwei, drei Jahren allmählich verebbte, vor allem an einer Politik demokratischer Umerziehung der Deutschen orientiert. Grundlage dieses Konzepts der *reeducation* war die Vorstellung, im Wesentlichen sei die obrigkeitsstaatliche Prägung der Deutschen, ein weitverbreitetes antidemokratisches Denken sowie rassistische und elitäre Vorstellungen für den Aufstieg des Nationalsozialismus und das Bündnis von Teilen der deutschen Eliten mit Hitler verantwortlich. Es kam also darauf an, die Deutschen zur Demokratie zu erziehen und sie mit demokratischem Geist zu erfüllen. Hierbei wurde der Politikwissenschaft und in ihr insbesondere der politischen Ideengeschichte eine zentrale Funktion zugewiesen.[2]

Nicht politische Ideen, sondern sozioökonomische Strukturen, so ein seit Ende der 1960er Jahre verstärkt zu hörender Einwand gegen die vorherrschenden Erklärungen für den Aufstieg der NSDAP wie gegen die disziplinäre Ausrichtung der Politikwissenschaft, seien für den Verlauf der deutschen Geschichte in der ersten Hälfte des 20. Jahrhunderts ausschlaggebend gewesen. In dem Maß, wie sich diese Sichtweise durchsetzte, befand sich die politische Ideengeschichte auf dem Rückzug. Hatte sie zuvor eine unverhältnismäßig starke und einflussreiche Stellung innerhalb des Fachs eingenommen, so wurde sie nun zeitweilig in eine überaus randständige Position zurückgedrängt, aus der sie sich erst im Verlauf der 1980er und 1990er Jahre wieder herauszuarbeiten vermochte, freilich ohne jede Aussicht, die ursprüngliche Stellung je wieder einnehmen zu können. Der erhebliche Bedeutungsverlust, den die politische Ideengeschichte am Ende der 1960er Jahre erlitten hatte, resultierte freilich auch daraus, dass es ihr in den vorangegangenen Jahren nicht gelungen war, das Verhältnis zwischen politischen Strukturen und Institutionen auf der einen sowie politischen Ideen und Theorien auf der anderen Seite genauer zu bestimmen oder zumindest doch Vorstellungen darüber zu entwickeln, welchen Einfluss politische Ideen auf politisches Handeln haben und wie dieser Einfluss festgestellt, wenn nicht sogar gemessen werden kann. Kon-

---

2 Bei aller Kritik an dieser Phase ideengeschichtlicher Forschung, wie sie vor allem in den 1970er Jahren verbreitet war, sollte nicht übersehen werden, dass in ihr bedeutende Arbeiten entstanden sind, die die zunächst schwierige und randständige Position der Politikwissenschaft gefestigt und bei der Neuorientierung der politischen Kultur in Deutschland eine herausgehobene Rolle gespielt haben; zu nennen sind hier vor allem Sontheimer (1962); Nolte (1963); Lübbe (1963). Komplementär zu den Analysen nationalistischer und antidemokratischer Ideologien ist als Studie zum Sowjetmarxismus Fetscher (1956) zu nennen.

frontiert mit dem Einwand, nicht politische Ideen, sondern sozioökonomische Strukturen hätten im Wesentlichen den Aufstieg des Nationalsozialismus begünstigt, zogen sich jene Vertreter der politischen Ideengeschichte, die von Ausbildung und Argumentationsduktus her eher Historiker waren, von der Ideen- auf die Realgeschichte zurück, während sich die stärker philosophisch Arbeitenden von den politischen Ideologien abwandten und sich wieder auf konsistente Philosophien konzentrierten. Es begann die Zeit der Arbeiten zu Thomas Hobbes (1588–1679), Immanuel Kant (1724–1804), Georg Wilhelm Friedrich Hegel (1770–1831) und anderen. Die Frage nach der Wirksamkeit politischer Ideen blieb weithin unbearbeitet liegen, und was zurückblieb, war eine methodisch bloßgestellte Ideengeschichte, die nur noch in ihrer Schwundstufe als Ideologiekritik zu reüssieren vermochte. Erst die Cambridge School um John Pocock und Quentin Skinner hat dann seit den späten 1970er Jahren die Frage nach der Wirkmächtigkeit politischer Ideen wieder aufgegriffen und sie unter Bezug auf die Sprachphilosophie Ludwig Wittgensteins (1889–1951) und im Anschluss an den *linguistic turn* in Philosophie und Geisteswissenschaften einer Klärung zuzuführen versucht (vgl. Ball/Farr/Hanson 1989; Rosa 1994). Auch die Arbeiten Michel Foucaults (1926–1984; 1971, 1973, 1999) stellen in theoretischer wie methodologischer Hinsicht einen gewichtigen Beitrag zur Neubestimmung des Verhältnisses der Ideen zu Strukturen und Prozessen dar. Beide, die Cambridge School wie Foucault, haben der politischen Ideengeschichtsschreibung in Deutschland wichtige Anstöße zur methodologischen Neukonturierung gegeben, die für die Neupositionierung der Ideengeschichte in der Politikwissenschaft unerlässlich gewesen sind. Die seit den 1990er Jahren auch im Bereich der politischen Ideengeschichte vermehrt angewandte Diskursanalyse ist, wo sie methodologisch reflektiert vorgenommen wird, vor allem durch die Cambridge School oder die Arbeiten Foucaults inspiriert.[3]

---

3 In einem umfassend angelegten Projekt der Berlin-Brandenburgischen Akademie der Wissenschaften wurde die Konstitution und praktische Relevanz des Gemeinwohlbegriffs in Form politischer und gesellschaftlicher Diskurse analysiert; vgl. Münkler/Bluhm (2001); paradigmatisch im Anschluss an die Methoden der Cambridge School darin der Beitrag von Ottow; paradigmatisch im Anschluss an Foucault hingegen darin Bohlender.

In einer umfassend angelegten Form ist politische Ideengeschichte nur als ein interdisziplinäres Unternehmen zu betreiben, bei dem mehrere Fächer zusammenwirken und ihren je spezifischen Beitrag liefern: Geschichtswissenschaft und Philosophie in besonderer Weise, daneben aber auch Rechtswissenschaft, Theologie, Wirtschaftswissenschaft, ohne deren dogmengeschichtliche Beiträge eine politische Ideengeschichte, die von der Antike bis zur Gegenwart reicht und nicht auf einige Geistesheroen beschränkt ist, im buchstäblichen Sinn undenkbar ist.[4] Dementsprechend ist auch *Pipers Handbuch der politischen Ideen* (1985–1993), die mit fünf Bänden umfassendste und ausführlichste deutschsprachige Darstellung der politischen Ideengeschichte, nur als ein disziplinübergreifendes Vorhaben zu realisieren gewesen.[5] – Was aber ist unter diesen Umständen der spezifische Beitrag der Politikwissenschaft zum interdisziplinären Projekt der politischen Ideengeschichte? Er kann sich jedenfalls nicht darauf beschränken, die von Politikwissenschaftlern vorgelegten Theorien so zu untersuchen, wie die Philosophie philosophische Beiträge, die Theologie theologische Beiträge, die Wirtschaftswissenschaft ökonomische Beiträge analysiert, denn dann käme der Politikwissenschaft nur ein überaus bescheidener Platz im Gesamtprojekt zu. Die Politikwissenschaft hat vielmehr die Aufgabe, die spezifischen Beiträge der einzelnen Disziplinen zusammenzuführen und zu integrieren sowie dabei der politischen Ideengeschichte ein Profil zu verleihen, das über die bloße Sammlung und Zusammenstellung von Einzelbeiträgen deutlich hinausgeht. Die Politikwissenschaft kann dies, indem sie politische Ideen und Theorien als Antworten auf die spezifischen Herausforderungen ihrer Zeit begreift – seien dies nun innere Konflikte und krisenhafte Entwicklungen oder Fragen nach einer evolutiven Realisierung von Werten und Normen – und dabei zugleich im Auge behält, dass diese Antworten fast immer

---

4 Als Beispiele seien genannt: für die Theologie Greschat (1993); für die Wirtschaftswissenschaft Pribram (1998); für die Rechtswissenschaft Stolleis (1988–1999); Hofmann (2000); Böckenförde (2002). Zu nennen ist hier weiterhin das die Geschichte imperialer Ideen und geopolitischer Konzeptionen behandelnde Werk des Historikers Gollwitzer (1972).

5 Im Unterschied hierzu hat Henning Ottmann (2001 ff.) jetzt den Versuch unternommen, eine Darstellung des politischen Denkens «aus einem Guss» vorzulegen. Von den projektierten vier Bänden sind bislang zwei erschienen.

mit anderen Antworten konkurrieren, gegen die sie sich durch argumentative Stringenz, durch die Adressierung der Überlegungen an bestimmte soziale Gruppen, durch die rhetorische Vereinfachung von Problemen, durch einfache und schlagende Antworten und Ähnliches mehr zu behaupten und durchzusetzen suchen.

Indem die politische Ideengeschichte die Frage nach der *Entstehung* politischer Ideen mit der nach ihrer *Durchsetzung* gegenüber konkurrierenden Vorstellungen und schließlich der nach ihrem *Wirksamwerden* im politischen Prozess, also nach ihrer Rezeption, zusammenführt, ist sie für das Fach Politikwissenschaft nicht nur Archiv und Laboratorium, sondern zugleich das wohl wichtigste Propädeutikum für die Analyse und Evaluation der jeweils aktuellen Debatten und Konflikte. Sie ist ein Ort der Einübung in die Analytik politischer Konstellationen und des Formulierens von Lösungsstrategien, an dem in der entlastenden Distanz des historischen Abstands beobachtet werden kann, wie frühere soziopolitische Konstellationen in Begriffen gefasst, auf diese Weise konturiert und schließlich zu spezifischen Herausforderungen zugespitzt worden sind, für die sich dann anschließend Antworten und Lösungen formulieren ließen. Dabei sind Ideen entstanden und Theorien ausformuliert worden, die nicht bloß nach wie vor historisch interessant sind, sondern womöglich, zumindest in Teilen, auch für die gegenwärtigen Konstellationen hilfreiche und weiterführende Antworten bereithalten. Der Mehrwert, den die politische Ideengeschichte über die Protokollierung des intellektuellen Handgemenges einer Epoche hinaus zu bieten hat, besteht in der Bereitstellung von Antworten, die nicht mit den Konstellationen der Zeit, in der sie formuliert wurden, obsolet geworden sind, sondern epochenübergreifende Relevanz besitzen und insofern auch heute noch Orientierung zu bieten vermögen. Es sind dies die Antworten auf Fragen wie diese: Was ist eine gute Ordnung für das Zusammenleben der Menschen? Was sind die Aufgaben eines Gemeinwesens? Wie sind öffentlicher und privater Bereich voneinander abzugrenzen? Was ist Gerechtigkeit, was Gemeinwohl, was ein gutes Leben, und wie können sie verwirklicht oder zumindest ermöglicht werden? – Mit Blick auf diese Fragen und die jeweiligen Antworten stellt sich sogleich das Problem der Kanonbildung, das zu lösen eine der dringlichsten Herausforderungen für eine effektive Positionierung der politischen Ideengeschichte im Rahmen des Studiums der Politikwissenschaften darstellt. Welche Texte der politischen Ideengeschichte erfüllen die Kriterien einer epochenübergreifenden Relevanz, und kann über die Auswahl und Zusammenstellung dieser Texte innerhalb des Fachs Konsens hergestellt werden? – Das Archiv, von dem oben die Rede war, hat sämtliche Ideen und Theorien, die irgendwann aufgetaucht und wieder verschwunden sind, zu sammeln und aufzubewahren; für den Kanon des politikwissenschaftlichen Studiums sind dagegen nur einige, als wichtig oder in besonderer Weise aufschlussreich angesehene auszuwählen. Kanonbildung ist entscheidend für die didaktische Positionierung einer Disziplin im Spektrum der universitären Fächer. Sie ist zugleich aber auch der Grundriss und Wegweiser des Archivs, über den dieses erschlossen und nutzbar wird. Es ist ein Manko der politischen Ideengeschichte, dass ihr eine verbindliche Kanonbildung bis heute nicht gelungen ist.

Unbeschadet der ausstehenden Lösung des Kanonproblems, das mit veränderten gesellschaftlichen und politischen Konstellationen immer wieder aufs Neue zu thematisieren ist,[6] sollte, wer Politikwissenschaft studiert, sich während des Grundstudiums einen soliden Überblick über die Geschichte des politischen Denkens verschaffen. Dies ist am ehesten im Rahmen einer dogmengeschichtlichen Vorlesung zu erhalten, in der die Geschichte der politischen Ideen von der Antike bis zur Gegenwart abgehandelt wird. Er sollte sich des Weiteren etwas eingehender mit der Theorie zumindest *eines* der so genannten großen Denker der politischen Ideengeschichte, sei es nun Platon (427–348 v. Chr) oder Aristoteles (384–322 v. Chr), Niccolò Machiavelli (1469–1527), Thomas Hobbes oder John Locke (1632–1704), Montesquieu (1689–1755), Jean-Jacques Rousseau (1712–1778) oder Alexis de Tocqueville (1805–1859), Kant, Hegel oder Karl Marx (1818–1883), im Rahmen einer ihm gewidmeten Übung oder eines Proseminars vertraut machen. Hier geht es dann um mehr als bloß

---

6 Der Zusammenbruch der Sowjetunion, das anschließende Jahrzehnt der Globalisierung und die neuen Machtkonstellationen haben den Kanon der politischen Ideengeschichte zweifellos verändert. Gerade darin zeigt sich die Bedeutung von Archiv und Laboratorium: Das Archiv hält mehr bereit, als aktueller Bedarf besteht, und im Laboratorium können neue Kombinationen archivierter Ideen getestet werden.

die Kenntnis der Theorie selbst, sondern nun ist auch deren Beziehung zu den zeitgenössischen Herausforderungen und konkurrierenden Antworten in den Blick zu nehmen. Während der Hauptstudienphase sollte dann mindestens ein Seminar besucht werden, in dem politische Ideen und Theorien auf aktuelle Fragen der politischen Ordnung bzw. politischen Handelns angewandt werden, also, um Beispiele zu geben, Gerechtigkeitstheorien auf Fragen der Steuerpolitik, Theorien der humanitären Intervention auf Fälle nicht bloß militärischen Intervenierens in Bürgerkriege oder Krisengebiete, Konzeptionen des Gemeinwohls auf Fragen des Ausgleichs zwischen den Generationen usw. Hierbei können auch die Verbindungen zwischen der politischen Ideengeschichte und dem Praktischwerden politischer Ideen in Form politischer und sozialer Bewegungen, also Konservatismus, Liberalismus oder Sozialismus, aber ebenso Nationalismus, Imperialismus oder Fundamentalismus, in den Blick genommen werden. Es ist freilich nicht zwingend, dass die Türen und Gänge, die Archiv und Laboratorium miteinander verbinden, zwischen Grund- und Hauptstudium liegen, sondern sie können durchaus quer zum Studienverlauf angeordnet werden.

2 Methoden und Schulen der Politischen Ideengeschichte

In der Einleitung zu seinem Buch «Die Idee der Staatsräson in der neueren Geschichte» hat Friedrich Meinecke (1862–1954), der für einige Jahrzehnte so etwas wie der Doyen der politischen Ideengeschichte gewesen ist und an dessen Arbeiten sich diese in kritischer Absetzung wie affirmativem Anschluss bis heute orientiert, einer dogmengeschichtlichen Darstellung politischer Ideen im Sinn einer mit der allgemeinen Geschichte lose verbundenen Aufeinanderfolge von Lehrmeinungen eine entschiedene Absage erteilt:

«Diese blasse und verflachende Art genügt uns heute nicht mehr. Ideengeschichte muß vielmehr als ein wesentliches, unentbehrliches Stück der allgemeinen Geschichte behandelt werden. Sie stellt dar, was der denkende Mensch aus dem, was er geschichtlich erlebte, gemacht hat, wie er es geistig bewältigt, welche ideellen Konsequenzen er daraus gezogen hat, gewissermaßen also die Spiegelung der Essenz des Geschehens in Geistern, die auf das Essentielle des Lebens gerichtet sind. Deshalb

sind es aber auch keine bloßen Schattenbilder und grauen Theorien, sondern Lebensblut der Dinge, aufgenommen in das Lebensblut von Menschen, die berufen sind,
das Wesentliche ihrer Zeit auszusprechen» (1976, S. 24).

Es steht außer Frage, dass Meineckes Sicht der Staatsräson, die er im
Spannungsfeld von Gewalt und Sittlichkeit, *kratos* und *ethos*, analysiert hat, zutiefst durch die Erfahrung des Ersten Weltkriegs geprägt
ist und dass ohne den Kontrast zwischen der Kriegsbegeisterung vom
August 1914 und der Niedergeschlagenheit, ja Verzweiflung im Spät-
herbst 1918 sein Blick auf die Staatsräson und die mit ihr verbundenen Fragen ein anderer gewesen wäre. Auf die daraus zwangsläufig
resultierende Zeitgebundenheit vieler Aussagen in Meineckes Buch
ist zu Recht hingewiesen worden (vgl. Stolleis/Meinecke 1981), aber
es wäre kurzschlüssig, daraus zu folgern, dass damit auch Meineckes
methodische Herangehensweise überholt oder gar widerlegt wäre,
wie dies gelegentlich behauptet wird. Meineckes Herangehensweise
an das Problem der Staatsräson ist vielmehr ein Beispiel für das, was
hier als die Verbindung zwischen Archiv und Laboratorium bezeichnet worden ist, wobei man zugestehen mag, dass seine Suche im Archiv wesentlich durch die Probleme und Fragen des Laboratoriums
bestimmt worden ist. Ausdrücklich wendet sich Meinecke dabei gegen eine Form des Schreibens politischer Ideengeschichte, die sich auf
eine bloße Bestandserfassung des Archivs ohne dezidierten Bezug auf
die Herausforderungen der jeweiligen Zeit und deren spezifisches
Problembewusstsein beschränkt («blasse und verflachende Art»). Der
aus der jeweiligen Gegenwart des Ideenhistorikers erwachsende Pro-
blemdruck kann dabei so stark und übermächtig werden, dass die unter seinem Eindruck angestellten Überlegungen sich schon bald als
den konkreten Umständen geschuldet erweisen und mit der Veränderung der äußeren Konstellationen «veralten» – was nicht ausschließt,
dass sie zu einem späteren Zeitpunkt wieder aktuell werden können.
So ist Machiavellis Verzweiflung über die politische Situation der Republik Florenz und ganz Italiens zu Beginn des 16. Jahrhunderts und
die daraus gezogene Konsequenz, eine Lösung dafür sei nur noch in
einer entschlossenen, vor keiner Option zurückschreckenden Machtpolitik zu suchen – einer Machtpolitik freilich, die in höchster Verantwortung für das Gemeinwesen zu betreiben ist und bei der ein ver-
antwortlicher Politiker sich durch die Idee des Diensts für das

Gemeinwesen regelrecht konsumieren lassen muss (Machiavellis Formel dafür lautet: Ich liebe das Vaterland mehr als meine Seele) –, immer wieder neu rezipiert und mit Blick auch auf gänzlich andere Politikkonstellationen fruchtbar gemacht worden: durch Johann Gottlieb Fichte (1762–1814) unter dem Eindruck der preußischen Niederlage gegen Napoleon (1769–1821), durch Meinecke mit Blick auf Verlauf und Folgen des Ersten Weltkriegs, vor allem aber durch Max Weber (1864–1920) in seinem berühmten Vortrag *Politik als Beruf* unter dem Eindruck der revolutionären Wirren in Deutschland im Winter 1918/19 und der Räterepublik in München. Die politische Verzweiflung Machiavellis, die Abwehr der Resignation und die Zufluchtnahme in trotziger Machtpolitik, die zumindest einen Strang der Machiavelli-Rezeption darstellt, ist ein Beispiel für die Pendelbewegung zwischen alter und neuer Aktualität, der viele politische Theorien unterliegen.[7]

Allgemein freilich wird man sagen können: Je stärker eine politische Theorie oder ideengeschichtliche Studie durch die Probleme und Herausforderungen ihrer Zeit geprägt ist, desto geringer ist ihre Halbwertzeit; je weniger sie sich durch aktuelle Probleme anleiten lässt und je stärker sie den Blick des Archivars annimmt, desto weniger ist sie dagegen in der Lage, in die Debatten ihrer Zeit einzugreifen. Aber dies ist ein Problem jeder Geschichtsschreibung, und es gibt keine prinzipiellen Argumente, warum man sich für das eine oder das andere entscheiden sollte; vielmehr handelt es sich hierbei um eine pragmatische Entscheidung, bei der die äußeren Umstände eine gewisse Rolle spielen: Ruhige Zeiten werden eine Präferenz für archivarische Ideengeschichtsschreibung nahe legen, bewegte Zeiten werden die Entscheidung für starke eigene Fragestellungen begünstigen. Die während der letzten Jahrzehnte in der deutschen Politikwissenschaft gepflegte Ideengeschichte war eine der gelassenen Bestandsaufnahme, oftmals von einer Warte aus, die selbst nicht den Konflikten und Irritationen der Politik zu unterliegen schien. Das hat sie in ihren Urteilen ausgewo-

---

7 Die Geschichte dieses Strangs der Reaktualisierung Machiavellis ist noch nicht geschrieben. Was vorliegt, ist eine Darstellung der immer wieder neuen Aktualität Machiavellis für die Herausforderungen, die sich mit der Gründung und Stabilisierung einer Republik verbinden; vgl. Pocock (1975).

gen und fair gemacht, in ihrer Darstellung aber oft dröge und lang-
weilig werden lassen.

Gegen Meineckes methodische Herangehensweise ist des Weiteren
eingewandt worden, sie sei durch eine zu starke, letztlich beliebige Selektivität der aus der Geschichte des politischen Denkens herangezogenen Autoren und ihrer Werke gekennzeichnet. Dass Meinecke das
Archiv der politischen Ideengeschichte überaus selektiv benutzt hat,
steht außer Frage. Er selbst ist sich dessen bewusst gewesen und hat
dies auch offen eingestanden, als er davon sprach, Ideengeschichte sei
als eine Art Gipfelgespräch zu betreiben, als ein Dialog der großen
Geister, bei dem die niederen Bergkuppen oder gar die Täler und Senken außer Betracht bleiben könnten.[8] Das war im Prinzip nichts anderes als eine Explikation der Prinzipien, die Meinecke der selektiven
Durchforschung des Archivs zugrunde legte. In ähnlicher Weise hat
dies im Übrigen auch Carl Joachim Friedrich (1901–1984; 1961) getan,
als er das Problem der Staatsräson in der Ordnung des Verfassungsstaats analysierte.[9]

Dagegen hat sich eine breit angelegte Darstellung des Staatsräson-
denkens im 17. Jahrhundert mit einer Fülle wenig bekannter und inzwischen völlig in Vergessenheit geratener Autoren zu beschäftigen,
was oft zu einer ermüdenden Redundanz der Darstellung führt. Um
dies zu vermeiden, müssen alternative Selektionskriterien gesucht
werden, die etwa in der Thematisierung bestimmter Probleme liegen
wie der Rechtsdurchbrechungsbefugnis eines Herrschers, der Funktion von Überwachung und Spionage, der Dispensierung moralischer
Normen usw. Hier wird die Bedeutung der Staatsräson als seman-
tischer Strategie bei der Durchsetzung des institutionellen Flächenstaats im Europa der Frühen Neuzeit analysiert, und es werden jene
Techniken nachgezeichnet, mit deren Hilfe eine Gruppe von Politi-

---

8 «Die Untersuchung politischer Gedanken darf niemals losgelöst werden von den
großen Persönlichkeiten, den schöpferischen Denkern; dort an der hochgelegenen
Quelle und nicht in der breiten Ebene der sogenannten öffentlichen Meinung, der kleinen politischen Tagesliteratur muß man sie zunächst zu fassen suchen» (Meinecke
1969, S. 24f.).

9 Die politischen Theoretiker, die von Friedrich herangezogen werden, sind zum
erheblichen Teil mit denen identisch, auf die sich auch Meinecke gestützt hat.

kern zum Erfüllungs- und Beraterstab des neuen Souveräns aufgestiegen ist (vgl. z. B. Münkler 1987, 1998; Viroli 1992; Stolleis 1980). Es sind nicht grundsätzliche Probleme und Fragen, wie Meineckes Gegensatz von *kratos* und *ethos*, die hierbei verhandelt werden, sondern untersucht wird, wie eine zum Begriff, wenn nicht zum Schlagwort gewordene Idee dazu dient, ein grundlegend neues Ordnungsmodell gegen seine Gegner und Kritiker durchzusetzen. Eine solche Form politischer Ideengeschichtsschreibung ist sehr viel stärker *historisch* angelegt als die des Historikers Meinecke, der, was man ihm ebenfalls immer wieder vorgeworfen hat, einen unter bestimmten geschichtlichen Umständen aufgekommenen Begriff enthistorisiert hat, um an ihm grundlegende Probleme politischen Handelns zu erörtern und sich schließlich noch mit dem deutschen politischen Denken seit Hegel und Fichte sowie der deutschen Politik nach der Reichsgründung kritisch auseinander zu setzen. Dagegen sind die Analysen der Staatsräson als einer semantischen Strategie, einer Pragmatik des Manövrierens mit Begriffen und Bedeutungen, mit denen eine neue Form politischer Ordnung durchgesetzt und ein neuer Typ von Erfüllungsstab installiert wurde, auf eine bestimmte historische Konstellation beschränkt: die Durchsetzung des institutionellen Flächenstaats gegen den Personenverbandsstaat, mit der sich einer der in Europa folgenreichsten Wechsel der politischen Ordnung vollzogen hat. Für die Politikwissenschaft ist die Beschäftigung mit dieser Epoche, der Zeit vom 15. bis zum 17. Jahrhundert, nach wie vor von großer Bedeutung, sind in ihr doch die Herrschaftsinstrumentarien geschaffen und reflektiert worden, die bis heute den politischen Betrieb bestimmen. Dass eine Reihe von Beobachtern inzwischen das Ende des Staates voraussagen (Reinhard 1999, S. 509ff.; van Creveld 1999, S. 373ff.; Breuer 1998, S. 289ff.), verleiht diesen Analysen unmittelbare Aktualität: Es könnte sein, dass die politischen Konstellationen von der Errichtung des institutionellen Flächenstaats einen Blick in die Zukunft der politischen Ordnung erlauben, in der nicht mehr auf territorialer Grundlage integrierte politische Gebilde, sondern Netzwerke und Beziehungsgeflechte die politische Ordnung bilden (vgl. Sassen 2000). Die Auseinandersetzung mit den politischen Ideen des späten Mittelalters könnte dann mit einem Mal neue Relevanz erlangen. Das Archiv der politischen Ideengeschichte müsste dann eingehend konsultiert und der Kanon der im Studium zu behandelnden Autoren neu gefasst werden.[10]

Meineckes Konzept der *politischen Idee*, das er kritisch gegen eine bloß sammelnde, antiquarische Geschichte der politischen Theorien abgesetzt hat, hat immer wieder im Zentrum der Kritik gestanden. Meinecke selbst hat gegen eine chronologisch angelegte Darstellung der Staatsräsontheorien, insbesondere der einschlägigen Stellungnahmen der politisch Handelnden, eingewandt, auf diese Weise werde man «die Idee der Staatsräson […] mehr in ihren geschichtlichen Auswirkungen als in ihrer bewussten Erfassung als Idee» in den Blick bekommen. «Die Geschichte der *Idee* der Staatsräson schreiben, heißt dagegen gerade die gedankliche Durchdringung und Erfassung der Staatsräson im Wandel der Zeiten zu untersuchen» (1976, S. 24). Dass dies am besten in Auseinandersetzung mit den so genannten großen Denkern erfolgte, hat Meinecke so begründet:

«Die Ideen, die das geschichtliche Leben leiten, stammen freilich gewiß nicht allein aus der geistigen Werkstatt der großen Denker, sondern haben einen breiteren und tieferen Ursprung. Aber sie verdichten sich in dieser Werkstatt, sie nehmen vielfach erst in ihr die Form an, die auf den Fortgang der Dinge und das Handeln der Menschen einwirkt» (ebd., S. 24 f.).

Die *politische Idee* ist Meinecke zufolge eine Verdichtung der Wahrnehmungen von Problemen und der Vorschläge zu ihrer Bearbeitung, die durch die spezifische Art der Verdichtung durch große Denker politisch wirksam wird, indem sie orientierend wie warnend auf die politischen Akteure Einfluss nimmt. Insofern enthält Meineckes Konzeption der politischen Ideengeschichte bereits Ansätze einer Rezeptionsgeschichte.

Meineckes Vorstellung von der Verdichtung politischer Vorstellungen zu politischen Ideen ist von der Wissenssoziologie in differenzierter Form weiterentwickelt und ausgearbeitet worden, wobei auf die ausschließliche Beschäftigung mit so genannten großen Denkern verzichtet werden konnte. Beispielhaft hierfür ist das Konservatismusbuch Karl Mannheims (1893–1947; 1984), in dem dieser die Entste-

---

10 Als Wegweiser bei der Durchsicht des Archivs könnten dann dienen: Seibt/Eberhard (1987) sowie Blickle (1996).

hung konservativer Vorstellungswelten in Deutschland im Übergang vom 18. zum 19. Jahrhundert untersucht und dabei notgedrungen auf die Beschäftigung mit großen Denkern verzichtet hat (vgl. auch Mannheim 1927, 1929). Stärker als Meinecke hat Mannheim die soziale Situierung der Ideenproduzenten ins Auge gefasst und dabei soziale Lagen und politische Konflikte als formative Rahmungen für Entstehung, Rezeption und Durchsetzung politischer Ideen in die Überlegungen einbezogen. Dadurch ist es ihm gelungen, politische Ideengeschichte nicht so sehr als ein unausgesetztes Ringen großer Geister um ewige Wahrheiten zu konzipieren, sondern sehr viel stärker als einen Kampf sowohl der Interessen als auch der Wertbindungen, der nicht nur mit physischer Gewalt, sondern auch mit Ideenentwürfen ausgetragen wird – eine Vorstellung, die sich in ähnlicher Form bei dem derselben Generation angehörigen Antonio Gramsci (1891–1937; 1980, insbesondere S. 222ff., 268ff.) findet, der die Revolutionierung entwickelter Gesellschaften wesentlich als einen Kampf um die intellektuelle Hegemonie begriffen hat. Dabei sind Mannheim und Gramsci freilich in die Gefahr geraten, dass sich ihnen unter der Hand die politische Ideengeschichte in eine Geschichte der politischen Ideologien verwandelt hat – mit der Folge, dass die Frage nach der Wahrheit von Erkenntnissen und Ideen von der nach den ihnen zugrunde liegenden Interessen und deren Durchsetzungsmacht weitgehend verschlungen worden ist. Dieses Problem bestimmt bis heute die theoretisch-methodische Herangehensweise von Ideologieanalysen und Ideologiekritik (vgl. Lenk 1961; Eagleton 1993).

Die schärfste Wendung gegen diese wissenssoziologische Auflösung der Ideengeschichte in die Ideologiekritik findet sich in jenen politischen Theorien und Philosophien, die, hinter Meineckes Vorstellung vom beständigem Kampf zweier oder mehrerer Prinzipien zurückgehend, einen Philosophen oder eine Gruppe von politischen Denkern herausgestellt haben, denen sie attestieren, das Wesen der (guten) politischen Ordnung ein für alle Mal erkannt zu haben. Die Aufgabe der politischen Ideengeschichte besteht in ihrer Sicht darin, diese Einsichten mit hermeneutisch-interpretativen Methoden herauszuarbeiten, um ihre politische Geltung zu erneuern und zu befestigen bzw. den bisherigen Gang interpretativen Arbeitens an diesen Grundeinsichten rekonstruktiv nachzuzeichnen. Sie sind also bestrebt, politische Ideengeschichte in politische Philosophie zu überführen, oder pointiert, sie begreifen die politische *Philosophie* als den Sachwalter des Wissens, während politische *Ideengeschichte,* so sie sich nicht der Frage nach der letztgültigen Wahrheit stellt, nur eine Sammlung des bloßen Meinens ist. Vor allem Platon, Aristoteles und Thomas von Aquin (1225–1274), aber auch Thomas Hobbes, Immanuel Kant oder Georg Wilhelm Friedrich Hegel stehen im Zentrum dieser an unveränderlich feststehenden Wahrheiten orientierten politischen Philosophien; sie alle sind durch das Bestreben gekennzeichnet, die Geschichte des politischen Denkens von einem herausgehobenen Denker her zu strukturieren, dem sie eine besondere Stellung in der Geschichte des politischen Denkens zuweisen; dementsprechend pflegen sie auch einen mehr oder weniger selektiven Umgang mit den in Frage kommenden Ideen und Theorien. Vor allem Leo Strauss (1899–1973; Strauss/Cropsey 1973), aber auch Eric Voegelin (1901–1984; 2001 ff.) sind als Repräsentanten eines solchen Typus politischer Theorie zu nennen, und durch eine erfolgreiche Schulbildung haben sie zeitweilig einen erheblichen Einfluss auf die politische Theorie und Ideengeschichte in der Politikwissenschaft ausgeübt.[11] Auch Dolf Sternberger (1907–1989) hat mit seinem Werk *Drei Wurzeln der Politik* in diesem Sinn gewirkt: Was für Strauss Platon, ist für Sternberger (1978) Aristoteles. Überhaupt Aristoteles: Er hat in der zweiten Hälfte des 20. Jahrhunderts sowohl für konservative, häufig katholische Positionen, aber auch für republikanische und zuletzt sogar sozialdemokratische Sichtweisen Pate gestanden.[12] Wie an kaum einem anderen politischen Theoretiker lässt sich gerade an Aristoteles die inspirierende Qualität politischer Theorie und Ideengeschichte exemplifizieren.[13]

---

11 Zu Strauss' politischer Theorie liegt inzwischen als Gesamtdarstellung Bluhm (2002) vor.

12 Für eine eher konservative Aristoteles-Lektüre ist Sternberger (1978) zu nennen, der Aristoteles sowohl gegen machtpolitische als auch gegen emanzipatorische Auffassungen in Stellung gebracht hat. Als Vertreter einer jüngeren katholischen Aristoteles-Lektüre ist Alasdair MacIntyre (1987) zu nennen. Für eine republikanische Aristoteles-Rezeption steht insbesondere Hannah Arendt (1981); als eine sozialdemokratische Ausdeutung des Aristoteles kann Nussbaum (1999) bezeichnet werden.

13 Eine klare und übersichtliche Darstellung von Aristoteles' politischem Denken bietet Bien (1979).

Mannheims starker Rekurs auf die jeweilige soziale Positionierung der Theoretiker ist nicht zuletzt in Reaktion auf die Marx'sche Ideologiekritik bzw. Ideologietheorie erfolgt,[14] die in der deutschen intellektuellen Kultur der 1920er Jahre des vergangenen Jahrhunderts eine bedeutende Rolle gespielt hat (vgl. Anderson 1978, insbesondere S. 44ff.). «Die herrschenden Gedanken», schreiben Karl Marx und Friedrich Engels (1820–1895) in einer viel zitierten Passage der *Deutschen Ideologie*,

«sind weiter Nichts als der ideelle Ausdruck der herrschenden materiellen Verhältnisse, die als Gedanken gefaßten materiellen Verhältnisse; also die Verhältnisse, die eben die eine Klasse zur herrschenden machen, also die Gedanken ihrer Herrschaft» (Werke, Bd. 3, S. 46).

Marx und Engels haben die politischen Ideen und Theorien in dieses Abhängigkeitsverhältnis von den herrschenden Verhältnissen ausdrücklich eingeschlossen; das zeigen ihre knappen Bemerkungen zur Theorie der Gewaltenteilung:

«In einer Zeit zum Beispiel und in einem Lande, wo königliche Macht, Aristokratie und Bourgeoisie sich um die Herrschaft streiten, wo also die Herrschaft geteilt ist, zeigt sich als herrschender Gedanke die Doktrin von der Teilung der Gewalten, die nun als ein ‹ewiges Gesetz› ausgesprochen wird.»

Und auf die Perspektive einer revolutionären Veränderung bezogen, halten sie fest: «Die Existenz revolutionärer Gedanken in einer bestimmten Epoche setzt bereits die Existenz einer revolutionären Klasse voraus» (ebd., S. 46f.). Insofern in dieser Perspektive politische Ideen nur intellektuelle Notifikationen des Standes der Verhältnisse sind, kommt der politischen Ideengeschichte auch keine weitere Relevanz zu als die, die Entwicklung der Machtverhältnisse auf der Ebene ihrer theoretischen Widerspiegelung nachzuvollziehen (vgl. Münkler 1999). Es kommt somit nicht von ungefähr, dass die Marx'sche Theorie, von wenigen Ausnahmen abgesehen (vgl. Macpherson 1967), nur wenige Arbeiten zur politischen Ideengeschichte stimuliert und sich

---

14 Zum Einfluss der Marx'schen Theorie auf die Entstehung der Wissenssoziologie Lenk (1986, insbesondere S. 86ff.).

eher auf Beiträge zur Ideologiekritik beschränkt hat. Die marxistisch inspirierten Arbeiten zur politischen Ideengeschichte haben sich zuletzt eher als Arbeiten zur Kritik bestimmter sozioökonomischer Verhältnisse denn als große ideengeschichtliche Studien erwiesen. Von der Kritik der bürgerlichen Philosophie, wie sie in der DDR gepflegt worden ist, ist so gut wie nichts geblieben, was einer gesonderten Erwähnung wert wäre. Was hingegen Bestand hat und nach wie vor eine lohnenswerte Lektüre darstellt, sind durch die Frage nach den sozioökonomischen Rahmenbedingungen inspirierte Interpretationen politischer Ideen und Theorien, in denen die Kontextualisierung eines Werks in die politischen, sozialen und wirtschaftlichen Verhältnisse seiner Zeit zur Leitidee des methodischen Herangehens geworden ist (z. B. Fetscher 1975; Euchner 1969; Saage 1994; Münkler 1982). Das von der Cambridge School eingeforderte Kontextualisierte einer politischen Theorie hat hier stattgefunden, nur dass es sich nicht auf andere Texte, sondern auf soziale Kontexte bezog (vgl. Pocock 1975; Skinner 1978).

Eine dezidierte Gegenposition zu Marx' Herleitung politischer Ideen aus den jeweiligen politischen und insbesondere sozioökonomischen Verhältnissen, unter denen sich eine Theorie entwickelt hat, findet sich bei Carl Schmitt und seiner Schule. Schmitts Anspruch, der Marx'schen ökonomischen Ableitung politischer Ideen eine scharf konturierte Begriffssoziologie entgegenzustellen, hat ihn an die Stelle der Ökonomie die Theologie stellen lassen, die er als die eigentliche Inspiration des politischen Denkens herausgestellt hat:

«Alle prägnanten Begriffe der modernen Staatslehre sind säkularisierte theologische Begriffe. Nicht nur ihrer historischen Entwicklung nach, weil sie aus der Theologie auf die Staatslehre übertragen wurden, indem zum Beispiel der allmächtige Gott zum omnipotenten Gesetzgeber wurde, sondern auch in ihrer systematischen Struktur, deren Erkenntnis notwendig ist für eine soziologische Betrachtung dieser Begriffe. Der Ausnahmezustand hat für die Jurisprudenz eine analoge Bedeutung wie das Wunder für die Theologie» (Schmitt 1985, S. 49).[15]

---

15 Schmitts Überlegungen sind in religionstheoretischer Hinsicht weitergeführt in den drei von Jacob Taubes herausgegebenen Bänden Religionstheorie und Politische Theologie (1983–1987), von denen der erste dezidiert Schmitts Überlegungen zur politischen Theologie gewidmet ist. Einen überaus kritischen Blick auf den Zusammen-

Dementsprechend führt Schmitt dann Theismus und absolute Monarchie, Deismus und konstitutionelle Monarchie sowie schließlich Atheismus und liberale Demokratie einander parallel. Inspiriert worden ist Schmitt hierzu durch den spanischen Antiliberalen und Reaktionär Donoso Cortes (1809–1853), mit dem er sich in seinem Werk immer wieder beschäftigt hat. Wie sehr Schmitt dies als Gegenentwurf zur marxistischen Herleitung intellektueller Entwicklung aus sozioökonomischen Konstellationen begreift, wird in seiner polemischen Entgegensetzung deutlich:

«Wenn Engels das kalvinistische Dogma von der Prädestination als eine Spiegelung der Sinnlosigkeit und Unberechenbarkeit des kapitalistischen Konkurrenzkampfes ansieht, so kann man ebenso gut die moderne Relativitätstheorie und ihren Erfolg auf die Valutaverhältnisse des heutigen Weltmarkts reduzieren und hätte dann ihren ökonomischen Unterbau gefunden» (ebd., S. 57).

Langfristig hat Carl Schmitt freilich viel weiter reichende Ziele verfolgt, als bloß dem Marxismus die theoretisch-methodische Qualität seiner ideengeschichtlichen Interpretationsweise zu bestreiten. Schmitt glaubt nämlich beobachten zu können, dass die Klarheit und Eindeutigkeit, die die politischen Begriffe durch ihren Charakter als Säkularisate der Theologie zeitweilig besitzen, in einem Prozess der Neutralisierung und Entpolitisierung allmählich verloren gehen und mit der Erosion der Theologie selbst auch die Quelle für Klarheit und Eindeutigkeit versiegt. Die orientierende Kraft der politisch-rechtlichen Begrifflichkeit hängt nämlich an ihrer Einbettung in den Horizont einer vorherrschenden Metaphysik; nur dadurch vermag die Begrifflichkeit Ordnung zu stiften und klare Unterscheidungen zwischen Freund und Feind herzustellen. Aber mit der Zeit schwindet die begriffliche Kraft zu Assoziation und Dissoziation, die ordnungsstiftende Kraft der Begriffe erodiert infolge Neutralisierung und Entpolitisierung. Diesem Problem ist vor allem Reinhart Koselleck nachgegangen, und das große, wesentlich durch ihn inspirierte Lexikon

---

hang zwischen politischer Theologie und politischer Parteinahme bei Schmitt wirft Faber (2001). Eine entschlossene Umkehrung von Schmitts Theorem, wonach politische Begriffe säkularisierte theologische Begriffe seien, findet sich bei Assmann (2000, S. 15–31).

Geschichtliche Grundbegriffe (1972–1997) kann als materiale Einlösung von Schmitts Projekt einer Begriffssoziologie in Gestalt einer Begriffsgeschichte angesehen werden.[16] Was bei Schmitt die Aufmerksamkeit für den polemischen Gebrauch der Begriffe war, wird bei Koselleck zur Analytik der Gegenbegrifflichkeiten, in der ihre Rolle als Beschleuniger von Wandel und Erzeuger von Brüchen am markantesten hervortritt. Neben der Cambridge School sowie Foucault und seiner Schule hat sich in Deutschland die wesentlich durch Koselleck und Joachim Ritter angeleitete Begriffsgeschichte (1971–2003) der eingangs als Desiderat der politischen Ideengeschichte aufgeworfenen Frage nach dem Einfluss von Ideen auf den Gang der Geschichte gestellt. Was für Meinecke und seine Anhänger die *Idee* als verdichtete Form eingreifenden Denkens war, wurde bei Koselleck und Ritter der *Begriff*. Mit ihm und durch ihn interveniert Denken in Politik.

Eine andere Form intervenierenden Denkens hatte sich mit der Kritischen Theorie der Frankfurter Schule entwickelt, wobei sich die Stoßrichtung der Denkintervention als eine in Richtung menschlicher Emanzipation und gesellschaftlicher Befreiung verstand. Zwar hat die Politische Ideengeschichte, sieht man von einigen kleineren Arbeiten Max Horkheimers (1895–1973; 1936, 1938) und Jürgen Habermas' (1971) ab, im Rahmen der Kritischen Theorie nie eine größere Rolle gespielt, und die Sphäre der Politik hat neben der der Gesellschaft für die wichtigeren Vertreter der Kritischen Theorie stets eine geringere Bedeutung innegehabt (vgl. Jay 1976; Wiggershaus 1986); doch hat sie infolge ihrer großen Ausstrahlung und der herausragenden Position ihrer intellektuellen Repräsentanten (vgl. Albrecht et al. 1999) – zunächst Horkheimer, später vor allem Adorno, zeitweilig Marcuse, schließlich Habermas – auch auf die Frage- und Problemstellung der Politischen Ideengeschichte einen erheblichen Einfluss ausgeübt – und sei es nur in der Form, dass die einzelnen Kapitel der Ideengeschichte nach ihrem jeweiligen Beitrag zur menschheitlichen Befreiungsgeschichte befragt wurden. Das freilich lief den Intentionen Horkheimers, des Begründers der Kritischen Theorie, eindeutig entgegen, denn

---

16 Kosellecks methodisch-theoretische Herangehensweise findet sich zusammengestellt in Koselleck (1979, 2000).

er hat stets von den so genannten dunklen Denkern der bürgerlichen Gesellschaft mehr Aufschluss über diese erwartet als von den Parteigängern des Fortschritts und der Emanzipation. Demgegenüber hat Herbert Marcuse (1898–1979; 1967, 1970), darin dem ursprünglichen Projekt des Frankfurter Instituts lebenslang verpflichtet, durch die Kombination der Theorie von Marx und Freud den Schlüssel zur Überwindung der kapitalistischen Gesellschaftsordnung zu besitzen geglaubt.

3 Thomas Hobbes – ein exemplarischer Fall

Wie kaum ein anderer Autor hat Thomas Hobbes in den letzten Jahrzehnten die Aufmerksamkeit der politischen Ideengeschichtsschreibung sowie der politischen und soziologischen Theorie erregt. Das dürfte viele Gründe haben, und wahrscheinlich war es das Zusammentreffen normativer wie deskriptiver Herausforderungen der Politikwissenschaft in der Behandlung der Hobbes'schen Theorie, die Hobbes zu einem der meistbeachteten ideengeschichtlichen Autoren der letzten Jahrzehnte hat werden lassen.[17] Da ist zunächst die vor allem von den USA ausgehende Renaissance der Gesellschaftsvertragstheorien, durch die entweder, wie bei John Rawls (1975), eine gegenüber den faktischen gesellschaftlichen Verhältnissen kritische Dimension von Gerechtigkeitsvorstellungen in die Sozialphilosophie bzw. Politiktheorie eingeführt werden sollte,[18] oder durch die, wie bei Robert Nozick (1974) und James Buchanan (1984), die Ansprüche des Staates gegenüber dem Einzelnen begrenzt bzw. staatliche Eingriffe in bestehende Eigentumsverhältnisse, also Steuern, zur Finanzierung von

---

17 Eine breit angelegte Bibliographie zur Hobbesforschung bis Mitte der 1980er Jahre findet sich bei Willms (1987, S. 286–309); dort auch Hinweise zu weiteren Bibliographien zu Thomas Hobbes.

18 Rawls hat den ursprünglichen Ansatz später (1998) modifiziert und weiterentwickelt. Aus einer nicht-kontraktualistischen Perspektive wird das Gerechtigkeitsproblem thematisiert bei Walzer (1992). Von der entgegengesetzten Seite her, von der der Ungerechtigkeit, werden diese Probleme thematisiert bei Shklar (1992). Zur Thematisierung von Fragen der Gerechtigkeit in der Geschichte des politischen Denkens vgl. Münkler/Llanque (1999).

Transferleistungen, also zur Erhaltung und Ausgestaltung des Wohlfahrtsstaats, unter einen erhöhten Legitimationszwang gestellt werden
sollten (vgl. Kern/Müller 1986). Die damit einsetzende Debatte darüber, ob und inwieweit die Ordnung moderner Gesellschaften nach
kontraktualistischen Prinzipien gedacht oder beurteilt werden könne,
ließ auch das Interesse an Hobbes als dem Begründer der neuzeitlichen
Vertragstheorie wieder anwachsen. Dabei waren für diesen Strang
weniger die konkreten Ergebnisse des Vertragsschlusses bedeutsam,
sondern eher die metatheoretischen Konstruktionsprinzipien des Vertrags und die damit verbundenen Annahmen über den vertraglosen
Zustand unter den Menschen. Gleichzeitig wuchs mit der seit den
1980er Jahren schwindenden Regulierungsfähigkeit der Staaten, dem
immer häufiger sichtbar werdenden Staatszerfall in weiten Teilen der
Dritten Welt sowie der Zunahme innergesellschaftlicher Kriege auch
das Interesse an den konkreten Ergebnissen des Gesellschaftsvertrags
bei Hobbes, also der Installierung des Leviathan, der dadurch definiert
ist, dass seine Macht größer ist als die all seiner innergesellschaftlichen
Widersacher. Die Schwächung des Staates im Gefolge der Globalisierung hat diese Seite des Interesses an Hobbes noch verstärkt.

Die neue Beschäftigung mit Thomas Hobbes konnte, zumal in
Deutschland, auf eine lange Strecke früherer Hobbesdeutungen und
entsprechender Nutzungen seiner Theorie zurückblicken: In Auseinandersetzung mit den jeweiligen Herausforderungen waren die Theoretiker im Archiv der Ideengeschichte bereits zu früheren Zeiten immer wieder auf Hobbes gestoßen und hatten seine Überlegungen für
die Entwicklung von Lösungen und Antworten in ihrer eigenen Zeit
zu nutzen versucht. Vor allem die Weimarer Republik und die ersten
Jahre der nationalsozialistischen Herrschaft sind in Deutschland eine
Phase gesteigerter Auseinandersetzung mit Thomas Hobbes gewesen.
Zu nennen ist hier zunächst Carl Schmitts Schrift *Der Leviathan in
der Staatslehre des Thomas Hobbes,* in der Schmitt Hobbes vorhält,
die mythischen Land- und Seeungeheuer Behemoth und Leviathan als
Symbole für staatliche Ordnung und Bürgerkrieg miteinander verwechselt zu haben. Außerdem habe Hobbes zu wenig die Folgen der
von ihm vorgenommenen Freigabe des innerlichen Glaubens *(fides)*
gegenüber dem äußerlichen Bekenntnis *(confessio)* bedacht, das politisch normiert ist. Schmitts 1938 erschienenes Werk über Thomas

Hobbes liest sich über weite Strecken als eine Kritik am autoritären Staat aus der Perspektive des totalen Staates: Wo nur die *confessio* festgelegt und die *fides* in die Verfügung des Individuums gestellt ist, wird dies zum Freiraum für individuelle Politikvorstellungen, die den mächtigen Leviathan von innen her gefährden. Der totale Staat, so die aus Schmitts Hobbeskritik (1982) nahe liegende Konsequenz, muss sich zum Herrn auch über die persönlichen Meinungen und privaten Gedanken seiner Bürger machen. Im Gegensatz hierzu hat Franz Leopold Neumann (1900–1954), der, wiewohl politisch links stehend, in der Schlussphase der Weimarer Republik zeitweilig in Schmitts intellektuellem Einfluss gestanden hat, bevor er über England in die USA emigrierte, seine fulminante Analyse des nationalsozialistischen Herrschaftssystems *Behemoth* betitelt. In der bewussten Anziehung des Hobbes'schen Symbols für den Bürgerkrieg hat Neumann seine Polykratie-These versinnbildlicht, wonach in der nationalsozialistischen Herrschaftsordnung mehrere Machtblöcke permanent miteinander konkurrieren, einander entgegengesetzte Entscheidungen treffen und infolgedessen «der Führer» permanent willkürliche Entscheidungen treffen kann. Unter Rückgriff auf Hobbes hat Neumann (1977) das Herrschaftssystem des Nationalsozialismus darum als institutionalisierten Bürgerkrieg bezeichnet. Die Debatte über die Frage, was der Nationalsozialismus seinem innersten Wesen nach sei, totaler Staat oder Bürgerkrieg in Permanenz, ist hier also im Rahmen der von Hobbes entwickelten Symbolstruktur ausgetragen worden.[19]

Offenbar eignet sich Hobbes' Theorie sehr gut dazu, grundsätzliche Probleme und Fragen der je eigenen Gegenwart in Auseinandersetzung mit der politischen Ideengeschichte anzugehen. So haben in der Formierungsphase der bundesdeutschen Politikwissenschaft Wilhelm Hennis und Iring Fetscher in Form von Hobbesinterpretationen die Aufgaben und Herausforderungen der Politikwissenschaft in unterschiedlicher Weise bestimmt. Für Wilhelm Hennis (1977) ist Hobbes die Schlüsselfigur des szientistischen Irrwegs der Politik, denn vor al-

---

19 Zu Herkunft und Geschichte der von Hobbes genutzten Symbole Leviathan und Behemoth vgl. Ebach (1984). Hobbes' damit verbundenes ikonographisches Programm, insbesondere der berühmte Kupferstich als Frontispiz der Ausgabe des «Leviathan», ist ausführlich analysiert bei Bredekamp (1999).

lem habe er in seiner Kritik des Aristotelismus die Politik als praktische Wissenschaft diskreditiert und stattdessen ein szientistisches Wissenschaftsideal durchgesetzt. In dessen Gefolge sei als Gegenstand politikwissenschaftlicher Reflexion schließlich nur noch der Kampf um die Macht übrig geblieben. So habe Hobbes an die Stelle der erwägenden und abwägenden praktischen Vernunft die konstruierende Rationalität als konstitutives Verfahren der Politikwissenschaft gesetzt. An die Stelle der *praxis*, wie sie bei Aristoteles im Mittelpunkt der Politik steht, habe Hobbes die *poiesis* gesetzt, und an die Stelle der Orientierung am rechten Handeln sei das Ideal des Machens und Herstellens getreten, wie Hobbes es in seiner resolutiv-kompositiven Methode expliziert habe. Worauf Hennis damit abhob, war Hobbes' Vorstellung, auch die praktische Wissenschaft der Politik habe sich am Wissenschaftsideal von Mathematik und Geometrie zu orientieren, und darum seien zusammengesetzte Körper, wie Staat und Gesellschaft, zunächst in ihre kleinsten Bestandteile, also Menschen oder besser noch die sie bewegenden Antriebe, zu zerlegen, um sie anschließend in Kenntnis des dabei Herausgefundenen wieder zusammenzusetzen. In systematischer Abfolge lauten die Schritte der Hobbes'schen Theorie also: *de corpore* (vom Körper) – *de homine* (vom Menschen) – *de cive* (vom Bürger).[20] Was durch diese methodische Herangehensweise des Thomas Hobbes verloren ging, waren die *teloi* der Politik, die Staatszwecke, die von Hobbes auf die simple Vorgabe reduziert wurden, der Staat habe das Überleben der Bürger zu sichern. Hennis nutzt die Kritik der Hobbes'schen Theorie, um seine Vorstellung von einer richtig verstandenen Politikwissenschaft zu entwickeln, und deren methodisches wie inhaltliches Ideal ist eher bei Aristoteles als bei Thomas Hobbes zu finden (Münkler 2001, S. 56ff.).

Demgegenüber hat Iring Fetscher (1976) in zahlreichen Veröffentlichungen Hobbes nicht als Zerstörer der klassischen Politik, sondern als einen Theoretiker dargestellt, der als erster die veränderte Funktion des Staates infolge veränderter sozioökonomischer Strukturen begriffen habe. Der Wert eines Menschen ist sein Preis, und dieser

---

20 Genauso sind auch die drei Bücher des Hobbes'schen Hauptwerks von der Niederschrift des Leviathan benannt.

Preis wird durch den Käufer der Arbeitskraft festgelegt – diese auch von Karl Marx gern zitierte Hobbes'sche Feststellung ist demzufolge nicht die Destruktion einer wertorientierten Realität, sondern die präzise Beschreibung dessen, was in einer kompetitiven Marktgesellschaft der Fall ist. Gerade dadurch aber, so Fetschers These, habe Hobbes die Überwindung dessen ermöglicht, was er als von Natur aus feststehend beschrieben hat. Hobbes markiert in dieser Lesart nämlich den Beginn einer sukzessiven Entfaltung von Rechtsansprüchen gegen den Staat: Handelt es sich in seiner Vertragskonstruktion nur um die Sicherheit des Lebens, die der Souverän den Bürgern zu gewährleisten hat, so tritt bei John Locke zum Leben schon das Eigentum hinzu, bei Jean-Jacques Rousseau ist es die Freiheit und bei John Stuart Mill (1806–1873) schließlich die Fürsorglichkeit für unverschuldet in Not Geratene. Was bei Hennis unter Rückgriff auf die praktische Vernunft als Gemeinwohlorientierung der Politik erneuert werden soll, wird von Fetscher als ideengeschichtlich angeleitete Evolutionstheorie der Staatsaufgaben eingeführt. Die Aufgabenbestimmung der Politikwissenschaft ist dementsprechend an einer evolutiven Emanzipationstheorie orientiert, und als deren ideengeschichtliche Gewährsleute treten die politischen Theoretiker der Neuzeit an die Stelle von Aristoteles.

Die skizzierten politiktheoretischen Konstellationen können sich ändern, das Vertrauen in den Fortschritt, in die Evolution der Staatsziele kann schwinden, aber ebenso kann auch die Zuversicht erodieren, dass das Gemeinwohl mit politischen Mitteln angestrebt und erreicht werden kann. Man könnte vermuten, eine ideengeschichtlich ausgerichtete Politikwissenschaft sei in hohem Maß auf bestimmte Positionen festgelegt, für die sie dann ihre jeweiligen Gewährsleute in Position bringt. Ein tieferer Blick zeigt freilich das genaue Gegenteil: Je stärker die Politikwissenschaft ideengeschichtlich belehrt ist, desto offener ist sie für Veränderungen, und desto flexibler vermag sie diese zu erfassen. Um im eingangs entwickelten Bild zu bleiben: Je umfänglicher das Archiv bestückt ist, je besser die Findebücher geführt werden bzw. bekannt sind und je kürzer die Wege zwischen Laboratorium und Archiv sind, desto schneller können altbewährte, zwischenzeitlich aber überholte und veraltete Erklärungsmodelle beiseite gelegt und durch neue ersetzt werden. Sie werden zurückgebracht ins Archiv, um für spätere «Neuentdeckungen» bereit zu liegen. So ist die politische Ideengeschichte, wo sie recht verstanden und umsichtig betrieben wird, das eigentliche Innovationszentrum des Fachs Politikwissenschaft.

Literatur

Albrecht, Clemens et al.: Die intellektuelle Gründung der Bundesrepublik. Eine Wirkungsgeschichte der Frankfurter Schule, Frankfurt a. M./New York 1999.

Anderson, Perry: Über den westlichen Marxismus, Frankfurt a. M. 1978.

Arendt, Hannah: Vita activa oder Vom tätigen Leben, München/Zürich 1981.

Assmann, Jan: Herrschaft und Heil. Politische Theologie in Altägypten, Israel und Europa, München 2000.

Ball, Terence/Farr, James/Hanson, Russell L. (Hg.): Political Innovation and Conceptual Change, Cambridge u. a. 1989.

Bien, Günther: Die Grundlegung der politischen Philosophie bei Aristoteles, München/Freiburg ²1979.

Blickle, Peter (Hg.): Theorien kommunaler Ordnung in Europa, München 1996.

Bluhm, Harald: Die Ordnung der Ordnung. Das politische Philosophieren von Leo Strauss, Berlin 2002.

Böckenförde, Ernst-Wolfgang: Geschichte der Rechts- und Staatsphilosophie. Antike und Mittelalter, Tübingen 2002.

Bohlender, Matthias: «Metamorphosen des Gemeinwohls. Von der Herrschaft *guter policey* zur Regierung durch *Freiheit* und *Sicherheit*»; in: Herfried Münkler/Harald Bluhm (Hg.): Gemeinwohl und Gemeinsinn. Historische Semantiken politischer Leitbegriffe, Berlin 2001, S. 247–274.

Bredekamp, Horst: Thomas Hobbes' visuelle Strategien. Der Leviathan: Das Urbild des modernen Staates, Berlin 1999.

Breuer, Stefan: Der Staat. Entstehung, Typen, Organisationsstadien, Reinbek bei Hamburg 1998.

Brunner, Otto/Conze, Werner/Koselleck, Reinhart (Hg.): Geschichtliche Grundbegriffe. Historisches Lexikon zur politisch-sozialen Sprache in Deutschland, 8 Bde., Stuttgart 1972–1997.

Buchanan, James M.: Die Grenzen der Freiheit. Zwischen Anarchie und Leviathan, Tübingen 1984.

Creveld, Martin van: Aufstieg und Untergang des Staates, München 1999.

Eagleton, Terry: Ideologie. Eine Einführung, Stuttgart 1993.

Ebach, Jürgen: Leviathan und Behemoth. Eine biblische Erinnerung wider die Kolonisierung der Lebenswelt durch das Prinzip der Zweckrationalität, Paderborn u. a. 1984.

Euchner, Walter: Naturrecht und Politik bei John Locke, Frankfurt a. M. 1969.

Faber, Richard: Lateinischer Faschismus. Über Carl Schmitt, den Römer und Katholiken, Berlin/Wien 2001.

Fetscher, Iring: Herrschaft und Emanzipation. Zur Philosophie des Bürgertums, München 1976.

Fetscher, Iring: Rousseaus politische Philosophie. Zur Geschichte des demokratischen Freiheitsbegriffs, Frankfurt a. M. ³1975.

Fetscher, Iring: Von Marx zur Sowjetideologie, Frankfurt a. M. u. a. 1956.

Fetscher, Iring/Münkler, Herfried (Hg.): Pipers Handbuch der politischen Ideen, München 1985–1993.

Foucault, Michel: Archäologie des Wissens, Frankfurt a. M. 1973.

Foucault, Michel: Die Ordnung der Dinge. Eine Archäologie der Humanwissenschaften, Frankfurt a. M. 1971.

Foucault, Michel: In Verteidigung der Gesellschaft. Vorlesungen am College de France (1975–76), Frankfurt a. M. 1999.

Friedrich, Carl Joachim: Die Staatsräson im Verfassungsstaat, Freiburg/München 1961.

Gollwitzer, Heinz: Geschichte des weltpolitischen Denkens, 2 Bde., Göttingen 1972 und 1982.

Gramsci, Antonio: Zur Politik, Geschichte und Kultur, Frankfurt a. M. 1980.

Greschat, Martin (Hg.): Gestalten der Kirchengeschichte, 12 Bde., Stuttgart 1993.

Habermas, Jürgen: «Die klassische Lehre von der Politik in ihrem Verhältnis zur Sozialphilosophie», in: ders.: Theorie und Praxis. Sozialphilosopische Studien, Frankfurt a. M. ⁴1971, S. 48–88.

Habermas, Jürgen: «Hegels Kritik der Französischen Revolution», in: ders.: Theorie und Praxis. Sozialphilosophische Studien, Frankfurt a. M. ⁴1971, S. 128–147.

Hennis, Wilhelm: «Politik und praktische Philosophie» (1963), in: ders.: Politik und praktische Philosophie. Schriften zur politischen Theorie, Stuttgart 1977, S. 1–130.

Hessisches Ministerium für Erziehung und Volksbildung (Hg.): Die politischen Wissenschaften an den deutschen Universitäten und Hochschulen, 1949.

Hofmann, Hasso: Einführung in die Rechts- und Staatsphilosophie, Darmstadt 2000.

Horkheimer, Max: «Egoismus und Freiheitsbewegung. Zur Anthropologie des bürgerlichen Zeitalters» (1936), in: ders.: Kritische Theorie. Eine Dokumentation», hg. von Alfred Schmidt, Bd. II, Frankfurt a. M. 1968, S. 1–81.

Horkheimer, Max: «Montaigne und die Funktion der Skepsis» (1938), in: ders.: Kritische Theorie. Eine Dokumentation, hg. von Alfred Schmidt, Bd. II, Frankfurt a. M. 1968, S. 201–259.

Jay, Martin: Dialektische Phantasie. Die Geschichte der Frankfurter Schule und des Instituts für Sozialforschung 1923–1950, Frankfurt a. M. 1976.

Kern, Lucian/Müller, Hans-Peter (Hg.): Gerechtigkeit, Diskurs oder Markt? Die neuen Ansätze in der Vertragstheorie, Opladen 1986.

Koselleck, Reinhart: Vergangene Zukunft. Zur Semantik geschichtlicher Zeiten, Frankfurt a. M. 1979.

Koselleck, Reinhart: Zeitschichten. Studien zur Historik, Frankfurt a. M. 2000.

Lenk, Kurt (Hg.): Ideologie. Ideologiekritik und Wissenssoziologie, Darmstadt/Neuwied 1961.

Lenk, Kurt: Marx in der Wissenssoziologie. Studien zur Rezeption der Marxschen Ideologiekritik, Lüneburg ²1986.

Lübbe, Hermann: Politische Philosophie in Deutschland. Studien zu ihrer Geschichte, Basel 1963.

MacIntyre, Alasdair: Der Verlust der Tugend. Zur moralischen Krise der Gegenwart, Frankfurt a. M. 1987.

Macpherson, Crawford B.: Die politische Theorie des Besitzindividualismus. Von Hobbes bis Locke, Frankfurt a. M. 1967.

Mannheim, Karl: «Das konservative Denken», in: Archiv für Sozialwissenschaft und Sozialpolitik, Bd. 57, 1927.

Mannheim, Karl: Ideologie und Utopie, Frankfurt a. M. [7]1985 (zuerst 1929).

Mannheim, Karl: Konservatismus. Ein Beitrag zur Soziologie des Wissens, Frankfurt a. M. 1984.

Marcuse, Herbert: Der eindimensionale Mensch, Neuwied/Berlin 1967.

Marcuse, Herbert: Triebstruktur und Gesellschaft, Frankfurt a. M. 1970.

Marx, Karl/Engels, Friedrich: «Die deutsche Ideologie», in: Marx-Engels-Werke, Bd. 3, Berlin 1958.

Meinecke, Friedrich: Die Idee der Staatsräson in der neueren Geschichte, hg. und eingeleitet von Walther Hofer, München/Wien [4]1976.

Meinecke, Friedrich: Weltbürgertum und Nationalstaat, hg. und eingeleitet von Hans Herzfeld, München [2]1969.

Münkler, Herfried: «Politische Theorie und praktische Politik. Zur Bestimmung ihres Verhältnisses in ideengeschichtlicher Perspektive», in: Michael Th. Greven/Rainer Schmalz-Bruns (Hg.), Politische Theorie – heute. Ansätze und Perspektiven, Baden-Baden 1999, S. 17–40.

Münkler, Herfried: Im Namen des Staates, Frankfurt a. M. 1987.

Münkler, Herfried: Machiavelli. Die Begründung des politischen Denkens der Neuzeit aus der Krise der Republik Florenz, Frankfurt a. M. 1982.

Münkler, Herfried: «Staatsräson», in: Joachim Ritter (Hg.): Historisches Wörterbuch der Philosophie, Bd. 10, Basel/Stuttgart 1998, S. 66–71.

Münkler, Herfried: Thomas Hobbes, Frankfurt a. M./New York 2001.

Münkler, Herfried/Bluhm, Harald (Hg.): Gemeinwohl und Gemeinsinn. Historische Semantiken politischer Leitbegriffe, Berlin 2001.

Münkler, Herfried/Llanque, Marcus (Hg.): Konzeptionen der Gerechtigkeit. Kulturvergleich – Ideengeschichte – Moderne Debatte, Baden-Baden 1999.

Neumann, Franz: Behemoth. Struktur und Praxis des Nationalsozialismus 1933–1944, hg. von Gert Schäfer, Frankfurt a. M. 1977 (zuerst 1944).

Nolte, Ernst: Der Faschismus in seiner Epoche. Action française, italienischer Faschismus, Nationalsozialismus, München 1963.

Nozick, Robert: Anarchy, State, and Utopia, Oxford 1974.

Nussbaum, Martha C.: Gerechtigkeit oder Das gute Leben, hg. von Herlinde Pauer-Studer, Frankfurt a. M. 1999.

Ottmann, Henning: Geschichte des politischen Denkens, Stuttgart 2001 ff.

Ottow, Raimund: «Politische Gemeinwohldiskurse in Großbritannien: Von den ‹Rosenkriegen› zum Bürgerkrieg», in: Herfried Münkler/Harald Bluhm (Hg.): Gemeinwohl und Gemeinsinn. Historische Semantiken politischer Leitbegriffe, Berlin 2001, S. 169–189.

Pannier, Jörg: Das Vexierbild des Politischen. Dolf Sternberger als politischer Aristoteliker, Berlin 1996.

Pocock, John G. A.: The Machiavellian Moment. Florentine Political Thought and the Atlantic Republican Tradition, Princeton 1975.

Pribram, Karl: Geschichte des ökonomischen Denkens, 2 Bde., Frankfurt a. M. 1998.

Rawls, John: Eine Theorie der Gerechtigkeit, Frankfurt a. M. 1975.

Rawls, John: Politischer Liberalismus, Frankfurt a. M. 1998.

Reinhard, Wolfgang: Geschichte der Staatsgewalt. Eine vergleichende Verfassungsgeschichte Europas von den Anfängen bis zur Gegenwart, München 1999.

Ritter, Joachim (Hg.): Historisches Wörterbuch der Philosophie, 12 Bde., Basel/Stuttgart 1971–2003.

Rosa, Hartmut: «Ideengeschichte und Gesellschaftstheorie. Der Beitrag der ‹Cambridge School› zur Metatheorie», in: PVS 35/2, 1994, S. 197–223.

Saage, Richard: Eigentum, Staat und Gesellschaft bei Immanuel Kant, Baden-Baden ²1994.

Sassen, Saskia: Machtbeben. Wohin führt die Globalisierung?, Stuttgart/München 2000.

Schmitt, Carl: Der Leviathan in der Staatslehre des Thomas Hobbes. Sinn und Fehlschlag eines politischen Symbols, hg. von Günter Maschke, Köln-Lövenich 1982 (zuerst 1938).

Schmitt, Carl: Politische Theologie. Vier Kapitel zur Lehre von der Souveränität, Berlin ⁴1985.

Seibt, Ferdinand/Eberhard, Winfried (Hg.): Europa 1500. Integrationsprozesse im Widerstreit. Staaten, Regionen, Personenverbände, Christenheit, Stuttgart 1987.

Shklar, Judith N.: Über Ungerechtigkeit. Erkundungen zu einem moralischen Gefühl, Berlin 1992.

Skinner, Quentin: The Foundations of Modern Political Thought, 2 Bde., Cambridge 1978.

Sontheimer, Kurt: Antidemokratisches Denken in der Weimarer Republik. Die politischen Ideen des deutschen Nationalismus zwischen 1918 und 1933, München 1962.

Sternberger, Dolf: Drei Wurzeln der Politik, Frankfurt a. M. 1978 (= Schriften Bd. II).

Stolleis, Michael: Geschichte des öffentlichen Rechts in Deutschland, 3 Bde., München 1988–1999.

Stolleis, Michael: Arcana imperii und Ratio status, Göttingen 1980.

Stolleis, Michael/Meinecke, Friedrich: «‹Die Idee der Staatsräson› und die neuere Forschung», in: Michael Erbe (Hg.): Friedrich Meinecke heute. Bericht über ein Gedenk-Colloquium zu seinem 25. Todestag, Berlin 1981.

Strauss, Leo/Cropsey, Joseph (Hg.): History of Political Philosophy, Chicago/London ²1973.

Taubes, Jacob (Hg.): Der Fürst dieser Welt. Carl Schmitt und die Folgen, München/Paderborn 1983.

Taubes, Jacob (Hg.): Religionstheorie und Politische Theologie, 3 Bde., München/Paderborn 1983–1987.

Viroli, Maurizio: From politics to reason of state, Cambridge 1992.

Voegelin, Eric: Ordnung und Geschichte, hg. von Peter Opitz und Dietmar Herz, München 2001.

Walzer, Michael: Sphären der Gerechtigkeit. Ein Plädoyer für Pluralität und Gleichheit, Frankfurt a. M. 1992.

Wiggershaus, Rolf: Die Frankfurter Schule. Geschichte, theoretische Entwicklung, politische Bedeutung, München 1986.

Willms, Bernard: Thomas Hobbes. Das Reich des Leviathan, München 1987.

2.2 Normative/ökonomische politische Theorie

Die Vermittlung normativer Fragen nach der guten, gerechten und legitimen Gesellschaftsordnung mit den empirischen Forschungsinteressen einer sich sozialwissenschaftlich verstehenden Politikwissenschaft war und ist ein spannungsgeladenes Unterfangen. Dabei entzündet sich die Skepsis jener, die ihr fachliches und methodisches Selbstverständnis an der amerikanischen *political science* entwickelt haben, vor allem an zwei Verdachtsmomenten: dem Verdacht, dass man mit Fragen normativer Art den Bereich wissenschaftlich aufzuklärender Fragen verlasse und sich auf mehr oder weniger luftige, spekulative, jedenfalls empirisch nicht einzulösende Überlegungen einlasse; und dem Verdacht, dass schon die Hoffnung, auf normative Fragen überhaupt verbindliche Antworten finden zu können, auf metaphysische Denkvoraussetzungen verweist, die dem Unternehmen einen «prämodernen» Charakter verleihen (vgl. von Beyme 2000, S. 51). Diese Einstellung hat Niklas Luhmann auf eine repräsentative und einprägsame Formel gebracht, wonach die «Ethik [fordern mag], das Sittengesetz um seiner selbst willen zu beachten. Für Soziologen wird solche Extravaganz aber eher ein Krisensymptom sein als eine wissenschaftliche Erleuchtung» (1984, S. 319).

Was Luhmann hier allerdings übersieht, ist zum einen, dass normative politische Theorie eben in der Regel keine gesellschaftlich voraussetzungs- und folgenlose Spekulation darstellt. Vielmehr können wir davon ausgehen, dass sie ein gesellschaftliches Bedürfnis aufgreift und deshalb «[...] entsteht und existiert, wenn in der politischen Wirklichkeit ein Bedürfnis nach politischer Theorie entsteht und existiert» (Kersting 2000a, S. 21). Aber normative politische Theorie ist noch in einem anderen Sinn weniger wirklichkeitsfremd als oft unterstellt: Sie ist auch Ausdruck von gesellschaftlichen Verhältnissen und institutionellen Strukturen, die selber schon auf eine in der Aufklärung formulierte und im Projekt der Moderne fortgeschriebene «normative Grammatik» (Kersting 2000a, S. 43) zurückgehen, in der die normativen Prinzipien von Freiheit, Gleichheit, Solidarität, Selbstbestimmung und Selbstverwirklichung aufgehoben sind. Man kann darüber hinaus davon ausgehen, dass die normative politische Theorie in den letzten Jahren auch deshalb neuen disziplinären Kredit verdient und gewonnen hat, weil Veränderungen der politischen Wirklichkeit im Zeichen von Globalisierung sowie die Reaktion auf sich wechselseitig aufschaukelnde ökonomische, ökologische, soziale und kulturelle Krisenerfahrungen nach konstruktiven Antworten verlangen, die man eben nicht nur in empirischer Einstellung finden kann. Und in Ergänzung zu dieser konstruktivistischen Perspektive kann man schließlich bemerken, dass die politikwissenschaftliche Forschung insbesondere auf der Ebene der internationalen Beziehungen (vgl. den Beitrag von Klaus Dieter Wolf in diesem Band) zunehmend auf normative Erwartungen stößt, über die Akteure ihre Handlungs- und Koordinationsprobleme zu lösen versuchen. Das bedeutet aber auch, dass die Forschung zur Aufklärung dieser Phänomene auf die zumindest heuristische Anleitung durch normative Theorien angewiesen ist.

Vor diesem Hintergrund soll im Folgenden der Versuch unternommen werden, die Diskussionslandschaft der normativen politischen Theorie unter Bezug auf das politische Projekt der Moderne etwas genauer zu vermessen. Dieser Titel steht dabei einerseits für die theoretische Herausforderung, ohne die Rückversicherung fest gefügter theologischer Weltbilder und qualitativer Naturordnungen so etwas wie eine verpflichtende Normativität nur aus sich selber – und d. h.: im Modus von Reflexion – zu erzeugen (vgl. Kersting 2000a, S. 40). Andererseits soll damit in substanzieller Hinsicht kenntlich gemacht werden, dass es (immer noch) um die Einlösung des Versprechens der Aufklärung einer simultanen Realisierung der fundamentalen Prinzipien von Freiheit, Gleichheit und Solidarität auch angesichts der sozialen, ethischen und räumlichen (globalen) Herausforderungen der Demokratie geht (vgl. Kersting 2000, S. 43ff.).

1 Grundlagen: Quellen der Normativität

Normativität ist unbezweifelbar ein zentrales Phänomen des sozialen und politischen Lebens. Das kann man sich schnell klar machen, wenn man überlegt, in welch vielfältiger Weise normative Erwartungen soziale und gesellschaftliche Beziehungen durchdringen, strukturieren und regulieren. Sie gehen als Informationsquellen eigener Art in unsere Handlungsüberlegungen ein, oder sie strukturieren unser Verhältnis zur eigenen inneren Natur wie zur sozialen oder politischen Welt. Damit sind die Weltbezüge und die Bewertungen politischen Handelns und politischer Institutionen immer auch normativ imprägniert. Es ist ganz allgemein unübersehbar, dass wir etwa nicht nur Überzeugungen haben und uns im eigenen Handeln von Werten leiten lassen, sondern dass wir auf der Basis der Überzeugung handeln, dass andere bestimmte Überzeugungen haben und bestimmte Werte ihrem Handeln zugrunde legen sollten; dass wir nicht nur Wünsche haben, sondern dass wir wünschen und erwarten, dass andere diese (wo nicht unbedingt alle, so doch einige von ihnen) respektieren; und dass wir uns zutrauen, die Wünsche oder Taten anderer zu bewerten, sie als gut oder schlecht, vernünftig oder unvernünftig, richtig oder falsch einzustufen und daran die Ansprüche anderer an uns ebenso zu bemessen wie unsere Forderungen an sie; und schließlich setzen wir solche Überzeugungen und Werte auch zu dem Zweck ein, uns davon zu überzeugen, dass die Welt (unserer sozialen und politischen Praxis) anders, besser und perfekter sein könnte, als sie ist (vgl. Korsgaard 1996, S. XI, 1). Zugleich aber haben wir Schwierigkeiten, uns die Wirkung normativer Erwartungen zu erklären und den Inhalt dieser Erwartungen so zu begründen, dass wir annehmen können, dass alle anderen (und nicht nur wir) uns von diesen Gründen überzeugen, bestimmen oder verpflichten lassen.

Kurz, ein adäquater theoretischer Umgang mit dem Phänomen der Normativität verlangt von uns zweierlei: dass wir erstens einen überzeugenden Grund für das «Sollen» angeben können, der ein entsprechendes Handeln sowohl erklären als auch rechtfertigen kann, und zwar so, dass zweitens ein interner Zusammenhang zwischen Erläuterung und Rechtfertigung sichtbar wird (vgl. Korsgaard 1996, S. 12f.). Diese anspruchsvolle Aufgabenstellung hat die normative Theorie der

Politik im Verbund mit der praktischen Philosophie von Anfang an bestimmt, so, wenn die teleologische Metaphysik von Platon (427–348 v. Chr.) und Aristoteles (384–322 v. Chr.) die Welt der Erscheinungen in Gestalt von Ideen normativ durchdrungen sah und das Problem der Erklärung und der Rechtfertigung in einem Zugriff zu lösen versprach, nämlich in der Annahme einer normativen «Selbstzweckhaftigkeit» der Welt. Diese spekulativ-metaphysische Lösung indessen steht der politischen Philosophie der Moderne, die sich im Umfeld eines verwissenschaftlichten Naturverständnisses zu bewegen und zu bewähren hat, zweifellos nicht mehr zur Verfügung, sodass die Antwort auf die Frage nach den Quellen der Normativität woanders gesucht werden muss. Die normative Theorie der Politik muss ihre Quellen innerweltlich und innergesellschaftlich, d. h. im reflektierten und begründeten Selbstbezug einer säkularen Praxis der (demokratischen) Selbstgesetzgebung verorten.

1.1 Begriff der Norm

Verstehen wir folglich unter einer Norm eine allgemeine und verbindliche Verhaltenserwartung, muss sie zunächst durch drei Merkmale gekennzeichnet sein. Erstens: Ihr normativer (oder Soll-)Geltungsanspruch soll verbürgen, dass wir berechtigt sind, die entsprechende Verhaltenserwartung auch kontrafaktisch, d. h. selbst dann durchzuhalten, wenn das tatsächlich beobachtbare Verhalten ihr nicht entspricht oder gar zuwiderläuft. Zweitens: Sie zielt auf eine allgemeine, nicht subjektspezifische Geltung und stützt sich ebendeshalb auf subjektneutrale Geltungsgründe (diese Geltungsgründe werden im Unterschied etwa zu Naturgesetzen ausschließlich im Rahmen einer sozialen Praxis des Argumentierens beglaubigt und sind insofern rechtfertigungsimmanent). Drittens: Die Geltungsgründe beruhen auf Werten und Wertüberzeugungen, die sich für die Überführung in eine Norm in besonderer Weise qualifizieren müssen – und zwar durch *Verallgemeinerbarkeit* unter Bedingungen von Reziprozität (wobei Reziprozität bedeutet, dass keine von einer Norm betroffene Person oder Partei zur Rechtfertigung einer Norm Rechte oder Privilegien für sich in Anspruch nehmen darf, die sie anderen vorenthält) und *Allgemeinheit* (wobei Allgemeinheit verlangt, dass alle Betroffenen das gleiche Recht haben, Rechtfertigungen vorzubringen oder einzuklagen). Zusammenfassend können wir eine Norm in funktionaler Hinsicht als eine Form der kontrafaktischen Stabilisierung von Verhaltenserwartungen oder Erwartungs-Erwartungen (Luhmann) verstehen, deren Berechtigung in geltungstheoretischer Hinsicht durch die vernünftige Akzeptabilität der spezifischen Norm verbürgt wird, die sich auch dadurch auszeichnet, dass sie personenunspezifisch adressiert wird (vgl. auch Ott 2001, S. 42f.).

1.2 Theoretische Unterscheidungen

Die Einlösung des sozialen oder politischen Sinns von Normen ist im Kern von der Verpflichtungskraft abhängig, die einzig in ihrer Richtigkeit begründet sein soll – ein Anspruch, der seiner Struktur nach leicht als eine soziale Konstruktion, eine bloße Erfindung oder Konvention durchschaubar ist, sodass man sich fragen kann, wie es möglich ist, dass wir uns davon in effektiver Weise binden lassen und dass wir ihr eine solche Autorität zumessen. Ein Teil der Antwort (vgl. Korsgaard 1996, S. 8 f.) liegt sicher in dem Hinweis darauf, dass Normen in der Weise «existieren», in der Verhaltensstandards einzig bestehen können: in der Gestalt der Überzeugung von Menschen bezüglich der Geltung solcher Standards und ihrer Bereitschaft, ihr Verhalten an ihnen auszurichten. Während dieser Teil der Antwort relativ unstrittig zu sein scheint, beginnen die Kontroversen im Hinblick auf die Beantwortung der Folgefrage, wovon denn diese Überzeugungen ihrerseits abhängen. Eine für normative Theorien jedenfalls nahe liegende Antwort besteht in dem Verweis auf Normativität als Quelle von (ethischen) Überzeugungen. Folglich wäre dann aufzuzeigen, worin die überzeugungsgenerierende oder -stabilisierende Kraft von normativen Ansprüchen liegt. Um das Terrain zu markieren, auf dem normative Theorien auf der Suche nach den Quellen von Normativität selber fündig zu werden hoffen, sind einige Unterscheidungen nötig, die auf Anforderungen reagieren, die entstehen, wenn normative Theorien auch eine Antwort auf die Frage geben wollen, warum man überhaupt moralisch sein, warum man sich Ansprüchen aussetzen soll, deren Eigentümlichkeit gerade darin besteht, dass sie unseren unmittelbaren Wünschen, Neigungen, Interessen oder Leidenschaften entgegenstehen oder zumindest entgegenstehen können (vgl. Korsgaard 1996, S. 16f.).

Auf diese Herausforderung reagieren solche Theorien zunächst mit der Unterscheidung zweier Perspektiven, in denen man sich die normative Frage stellen kann: die Beobachterperspektive einer dritten Person, die externe Gründe zur Erklärung des moralbezogenen Verhaltens anderer zu geben versucht, und die Teilnehmerperspektive, in der wir uns selber fragen, was uns denn zufrieden stellen würde, wenn wir die normative Frage an uns richten. Erst in dieser (teilnehmend-)verstehenden im Unterschied zu einer bloß erklärenden Einstellung können wir hoffen, die reflexive[1] Struktur normativer Verpflichtung aufzuklären. Diese erste Unterscheidung zieht denn auch sofort eine zweite nach sich, die darauf zurückzuführen ist, dass eine Bedingung der erfolgreichen Erläuterung der motivbildenden Kraft normativer Einsichten in der Erfüllung des Öffentlichkeits- oder Transparenztests besteht: Diese Erklärung muss strategiefest in dem Sinn sein, dass wir auch im Licht eines vollständigen Wissens um die Natur moralischer Motive uns diesen nicht entziehen können – mit anderen Worten, die motivationale Wirkung gerechtfertigter Normen muss unmittelbar und auf interne Weise mit den rechtfertigenden Gründen verbunden und nicht auf andere, externe Einflussfaktoren zurückführbar sein. Schließlich sollte die Antwort auf die oben gestellte Frage so angelegt sein, dass sie die tief liegenden, konstitutiven Ebenen unseres Selbstverständnisses, unserer Identität berührt. Dies verweist auf den Umstand, dass nicht nur unsere moralischen Erfahrungen, sondern auch unsere darauf reagierenden normativen Praxen mit unserer sozialen Natur verbunden sind. Demzufolge können wir annehmen, dass hier die letztlich entscheidende Quelle auch der Normativität moralischer oder rechtlicher Normen liegt, und zwar eingebettet in einer gesellschaftlich-dialogischen und nicht monologischen Grundstruktur.

---

1 Die reflexive Struktur unserer normativen Ansprüche ergibt sich dadurch, dass wir uns in ein distanziertes, reflektiertes Verhältnis zu ihnen setzen: Nicht unmittelbare Forderungen als solche, sondern in begründenden und bewertenden Stellungnahmen angeeignete Ansprüche fungieren als Normen.

1.3 Alternative Ansätze

Vor diesem Hintergrund können nicht nur grob vier Quellen von Normativität ausgemacht werden, auf die sich die normative politische Theorie der Moderne immer wieder bezogen hat, sondern es stehen auch Kriterien zur Verfügung, anhand deren diese Vorschläge zu beurteilen sind. Der *erste* Vorschlag, der sich aus einem voluntaristischen Verständnis von Normativität[2] ergibt, stammt von Thomas Hobbes (1588–1679). Er läuft im Kern darauf hinaus, die Verpflichtungskraft von Normen am Beispiel des Rechts von der sanktionsbewehrten Autorität und der faktischen Durchsetzungsmacht eines Gesetzgebers (des Leviathan) abhängig zu machen. Dieser Vorschlag, gewonnen im Gegenlicht der skeptischen Fiktion eines Volks von selbstsüchtigen, rational motivierten, amoralischen Individuen, weist erkennbare Defizite auf, die dann den Anlass zu einer schrittweisen Revision der Hobbes'schen Annahmen gebildet haben: Die voluntaristische Position verdankt sich nicht nur einer Beobachterperspektive auf Fragen des normgeleiteten Handelns. Sie verbindet diese Einstellung zugleich mit einer externalistischen[3] Sicht des Verhältnisses von Normen und Handlungsmotiv auf eine Weise, dass die Frage nach der Rolle von Normativität selber weitgehend verstellt wird. Dieser Impuls wird *zweitens* in dem realistischen Antwortversuch so aufgenommen, dass Normen die Qualität objektiver Tatsachen zugesprochen wird. Damit wird die Quelle der Verpflichtungskraft zwar einerseits in den Gehalt des normativen Anspruchs zurückverlegt. Andererseits wird die bindende Normwirkung von der Wahrheit dieser Ansprüche in dem Sinn abhängig gemacht, dass ihnen normative Tatsachen korrespondieren, die man in deskriptiver Einstellung erfassen kann. Aber auch dieser Rückgriff auf rechtfertigungstranszendente[4], objektive (Natur-)Tatsachen (vgl. dazu auch Habermas 1999) scheint einige der

---

2 Voluntaristische Ansätze nehmen subjektive und gleichsam unhinterfragbare Willensäußerungen zum Ausgangspunkt jeglicher Bestimmung von Normativität.

3 Externe Handlungsmotive sind solche, die nicht in der Norm selbst begründet sind, sondern auf andere Quellen wie das Eigeninteresse zurückgeführt werden.

4 Rechtfertigungstranszendent ist ein Geltungsanspruch dann, wenn er sich nicht der zustimmenden Stellungnahme der Mitglieder der Argumentationsgemeinschaft verdankt, sondern wenn er unmittelbar auf «unbezweifelbare» Tatsachen zurückgeführt wird

oben angeführten Bedingungen einer erfolgreichen normativen Theorie zu verletzen: Zum einen unterläuft er schon deshalb die Herausarbeitung eines adäquaten Verständnisses von Normativität, weil er in dem Bemühen, die Autorität der Moral auf natürliche Kräfte zurückzuführen, die in den Begriff von Normativität konstitutiv eingeschriebene Autonomiebedingung einer «Kausalität aus Freiheit» (Immanuel Kant, 1724–1804) verletzt. Autonom sind wir jedoch nur in unserer Qualität als selbstgesetzgebend, als zugleich Autor und Adressat moralischer Normen, wonach wir diesen Normen immer auch aus Einsicht folgen können müssen. Zum anderen ist schwer zu sehen, wie vermeintliche normative Tatsachen für uns einen normativen Status unabhängig davon gewinnen sollen, dass wir den darin liegenden Anspruch für uns anerkennen – d. h. im Minimum, dass auch ein rechtfertigungstranszendenter moralischer Realismus seine Bedeutung nur rechtfertigungsimmanent, im Rahmen einer Praxis des Argumentierens, entfalten kann. Damit aber wird die reflexive Struktur einer moralischen Praxis unterlaufen, die, so die oben schon geäußerte Vermutung, den letzten Bezugspunkt der Explikation von Normativität bildet. Das ist der Grund, weshalb *drittens* im Rahmen eines im weiten Sinn utilitaristischen Antwortversuchs, für den ideengeschichtlich etwa David Hume (1711–1776) oder John Stuart Mill (1806–1873) stehen, diese reflexive Struktur der Normativität moralischer Ansprüche in den Mittelpunkt gerückt wird: Normativität ergibt sich hier aus dem Zusammenspiel von in der menschlichen Natur verankerten moralischen Ansprüchen und der reflektierenden Aneignung dieser Ansprüche im Licht der Frage danach, ob Moralität auch gut für uns ist. Das aber hat zwei missliche Konsequenzen. Zum einen ist auch in dieser Variante die Normativität moralischer Ansprüche letztlich nur entliehen, und zwar von Nutzenerwägungen, die einen moralischen Gehalt haben können oder nicht, die aber selber keinem moralischen Test auf ihre Reziprozität und Allgemeinheit mehr ausgesetzt und insofern externer Natur sind. Zum anderen bleibt dann unklar, wie sich ein Handelnder in der Perspektive der ersten Person allererst davon überzeugen soll, dass er wie ein Utilitarist handeln soll (Korsgaard 1996, S. 85 f.). Schließlich bleibt *viertens* die zuerst von Kant in die Diskussion eingeführte Lösung des Problems, die darin besteht, die Normativität in selbstreflexiver Weise in der Form des moralischen

Urteils zu identifizieren. Das heißt, Normativität wird an der Form entbunden, in der moralische Ansprüche uns entgegentreten oder in der wir sie gegenüber anderen zur Geltung bringen: in Gestalt eines allgemeinen Gesetzes, in dem sich der Anspruch auf autonome Selbstbestimmung eines jeden Einzelnen mit dem gleichen Anspruch aller anderen verbindet.

Wir haben bisher darauf verzichtet, diese Hintergrundüberlegungen mit unmittelbar politiktheoretischen Anwendungen zu verknüpfen – das soll Gegenstand der nächsten Schritte sein. Der Grund, weshalb wir sie gleichsam vor die Klammer der Diskussion von im engeren Sinn normativen Theorien der Politik gezogen haben, liegt zum einen darin, dass sie helfen sollen, den Anspruch zu verstehen, der sich mit normativer Theorie verbindet und der insofern maßgeblich für das Selbstverständnis und damit für die Architektur der normativen politischen Theorien ist. Zum anderen soll ein zentraler Punkt bezüglich der Aufgabenstellung normativer politischer Theorie hervorgehoben werden: Die institutionelle Ordnung einer im normativen Sinn wohl geordneten Gesellschaft sollte so beschrieben werden, dass die Quellen, aus denen sich die im Prozess der gesellschaftlichen Selbstorganisation in Anspruch genommene Normativität speisen soll, erschlossen und gegen Missbrauch wenn möglich stabilisiert werden können.

2 Dimensionen: Rationalitätskonzeptionen normativer und ökonomischer politischer Theorie

Für normative politische Theorien ist die Explikation der inneren Rationalität und Funktionslogik des Politischen (oder besser: des politischen Handelns) zentral, weil mit der Identifizierung der dem politischen Handeln zugrunde gelegten dominanten Rationalität bereits eine äußerst folgenreiche Weichenstellung vorgenommen wird: Sie bezeichnet auf metatheoretischer Ebene den Sitz der dem Politischen innewohnenden Normativität, und sie entscheidet auf methodologischer Ebene über die Art des verstehenden und analytischen Zugriffs auf den Gegenstandsbereich. Dabei ist es für das Selbstverständnis moderner politischer Theorie wesentlich, dass ein interner Zusammenhang zwischen beiden Ebenen hergestellt werden kann. Denn nur vor dem Hintergrund einer Vermittlung zwischen geltungstheoretischer und begrifflich-konzeptioneller Ebene kann die Realitätsangemessenheit einer normativen Hegung des Politischen plausibel behauptet werden. Dieses Problem lässt sich am Beispiel etwa der Vertragstheorie von Thomas Hobbes gut illustrieren. Hobbes musste es im Kern darauf ankommen, den den Individuen im Naturzustand als dringend geboten angesonnenen Übergang in den Rechtszustand der bürgerlichen Gesellschaft (des Staates) auf jene instrumentelle und zweckrationale Rationalität zurückzuführen, anhand deren er das Handeln der Individuen im Naturzustand charakterisierte: Die Subjekte des Gesellschaftsvertrags (der in diesem Fall bekanntermaßen umstandslos als Herrschaftsvertrag ausgelegt wurde) sollten im reflexiven Zugriff auf die Bedingungen, unter denen sich die Ziele des auf die Sicherung und Mehrung des je individuellen Wohls berechneten Handelns auf Dauer und für alle gleichermaßen sichern ließen, allein im Medium des interessegeleiteten Handelns die Normativität entbinden. Diese Normativität sollte die Subjekte in den Zustand einer rechtlich regulierten Form der Kooperation zum wechselseitigen Vorteil hineinzwingen. Dass dieses Unternehmen aus systematischen Gründen (die uns weiter unten noch beschäftigen werden) scheitern musste, hat etwa Hume in seiner Kritik des Kontraktualismus klarsichtig herausgearbeitet: Der Vertragsschluss kann nur unter vertragsmoralischen Bedingungen der Gleichheit, der Symmetrie und der Reziprozität der vertragschließenden Parteien (die der instrumentellen Rationalität fremd bleiben mussten) zustande kommen und allen Beteiligten vernünftigerweise angesonnen werden. Diese Kritik illustriert, ebenso wie das Beispiel von Hobbes, nur noch einmal den theoriestrategischen Punkt, auf den es hier allein ankommt: Die disziplinierende Normativität, der sich die institutionelle Hegung der gesellschaftlichen Konflikte verdanken soll, muss in der Rationalität verankert bleiben, die dem Handeln der Individuen zugrunde liegt – kontrovers ist in gewisser Weise bis heute (und nicht nur zwischen Hobbes und Hume), wie diese Rationalität zu charakterisieren ist.

Selbstverständlich kann ein Grundkurs nicht der Ort sein, an dem man diesen andauernden Paradigmenstreit auch nur einigermaßen vollständig abbildet oder gar löst; dennoch gehen wir davon aus, dass man sich in dem Versuch der Erläuterung der noch heute leitenden Rationalitätsannahmen normativer politischer Theorie auf im Wesentlichen zwei Formen konzentrieren kann. Im Anschluss an Immanuel Kant und Georg Wilhelm Friedrich Hegel (1770–1831) kann man sich auf eine Rationalität sprachlicher Verständigung beziehen (Habermas 1981). Diese Rationalität wird an den grammatischen Regeln jener Sprachspiele expliziert, auf die wir uns immer dann schon eingelassen haben müssen, wenn wir uns überhaupt in der sozialen Welt über die (moralischen wie rechtlichen) Normen verständigen wollen, die unser Zusammenleben regulieren. Und im Anschluss an Hobbes tritt eine Form instrumentell-strategischer Rationalität in den Vordergrund, die auf der Annahme einer eigeninteressierten Motivation menschlichen Handelns ruht und auf die Wahl der für die Erreichung je eigener Zwecke am besten geeigneten Mittel sinnt.

2.1 Das Rationalitätsmodell sprachlicher Verständigung

Wenn wir im Folgenden das Rationalitätsmodell sprachlicher Verständigung exemplarisch an John Rawls' Versuch, die allgemeinen Grundregeln einer gerechten Gesellschaft zu ermitteln, erläutern, muss zwei Missverständnissen vorgebeugt werden. Zum einen soll nicht behauptet werden, Rawls hätte seinen «Politischen Liberalismus» in irgendeinem markanten Sinn in eine soziologisch ansetzende Handlungstheorie eingebunden, d.h., empirisch beobachtbare Interaktionsmuster gesellschaftlicher Wirklichkeit in Rechnung gestellt. Zugleich soll nicht behauptet werden, dass Rawls sich überhaupt damit abgibt, seine Rationalitätsannahmen in gesellschaftsanalytischer Einstellung im Sinne ihrer Realitätsangemessenheit auszuweisen. Vielmehr setzt Rawls anders und theoriearchitektonisch später an: Er glaubt, im Blick auf den modernen Verfassungsstaat westlicher Prägung ohne weiteres voraussetzen zu dürfen, dass Personen unter geeigneten Bedingungen in dem von ihm postulierten Sinn verständigungsrational handeln (müssen).

So unternimmt Rawls unter dem Titel «Gerechtigkeit als Fairness» den Versuch, die institutionelle Grundstruktur einer gerechten Gesellschaft auszuzeichnen und ihr Grundsätze der Verteilungsgerechtigkeit aufzugeben, deren Realisierung im Rahmen dieser Grundordnung vernünftigerweise erwartet werden darf. Den Ausgangspunkt dieses

Unternehmens bilden dabei drei schon für sich genommen anspruchs-volle Ideen: die Idee von der Gesellschaft als eines Systems fairer Ko-operation, die Idee von Bürgern als freien und gleichen Personen und die Idee einer wohl geordneten Gesellschaft, einer Gesellschaft also, die grundlegende Sicherheiten und Schutzrechte ihrer Mitglieder ver-bürgt (Rawls 2001, S. 5f.). Greift man zu illustrativen Zwecken einmal die Idee von Gesellschaft als System fairer Kooperation heraus, so er-fährt man, dass Rawls darunter vor allem verstehen möchte, dass dies mehr meint als bloße soziale Koordination – die entscheidende Quali-fizierung liegt vielmehr darin, dass zum einen die Regeln der Koope-ration öffentlich anerkannt sein sollen in dem Sinn, dass alle Betrof-fenen sie als geeignet ansehen, ihr Verhalten zu regulieren. Zum anderen sollen diese Regeln einem Reziprozitätsprinzip unterliegen, das verlangt, dass regelkonformes Verhalten gemäß öffentlich aner-kannter Standards belohnt wird und dass das Recht auf Vorteilsstre-ben wechselseitig-allgemein anerkannt ist (Rawls 2001, S. 6). Interes-sant ist vor allem der Schritt, der ins Zentrum des Unternehmens führt und mit dem Rawls klar machen möchte, dass und wie es zu einer Einigung über ein Verfahren kommen kann, dem die Spezifi-zierung dieser grundlegenden Ideen obliegt. Dieses Verfahren wird dahin gehend qualifiziert, dass die spezifische Auslegung der Grund-ideen auf eine allgemeine Zustimmung unter den kooperativ verbun-denen freien und gleichen Bürgern zurückgeführt werden können soll, die im Lichte dessen entscheiden, was sie als in ihrem wechselseitigen Vorteil liegend ansehen (Rawls 2001, S. 14f.).

Diese Beweislast bürdet Rawls gedankenexperimentell einen Urzu-stand auf, in dem Repräsentanten der Betroffenen hinter einem «Schleier des Nicht-Wissens» ihre Entscheidungen treffen sollen. Da-bei ist es von entscheidender Bedeutung, dass diese Situationscharak-teristik (als Darstellungsmittel) so auszulegen ist, dass sie koopera-tionsmoralische Einstellungen der Beteiligten prämiert. Gleichwohl können die Kontextbedingungen der Ursprungswahl ihre moralisie-rende Funktion nur erfüllen, wenn sie sich dabei auf entgegenkom-mende Einstellungen respektive Kompetenzen der Akteure schon stützen können. Deshalb rekurriert Rawls mit der Idee des Staatsbür-gers von vornherein auf Personen, die sowohl über eine vernünftige als auch über eine rationale Kompetenz verfügen: Vernünftig sind sie in dem Sinn, dass sie in der Lage und willens sind, sich in ihren Vorschlägen von Prinzipien der fairen Kooperation unter Freien und Gleichen leiten zu lassen; und rational sind sie in dem Sinn, dass sie über eine jeweils individuelle Konzeption eines «guten Lebens» verfügen (Rawls 2001, S. 6f., 21–24). An diese motivationalen Dispositionen (oder motivbildenden Einstellungen) knüpft die Beschreibung des Rahmens an, in dem die Ursprungswahl stattfinden soll. Diesem kommt vor allem die Funktion zu, den absoluten Vorrang des *Vernünftigen* vor dem *Rationalen* (Rawls 2001, S. 82) sicherzustellen, womit vor allem gemeint ist, dass keine asymmetrischen Verhandlungspositionen entstehen dürfen, in denen sich einige mit Mitteln etwa der Gewalt, des Zwangs oder der Täuschung gegenüber allen anderen durchsetzen können (Rawls 2001, S. 15): Das soll eben durch den «Schleier des Nicht-Wissens» verhindert werden, der die Repräsentanten in der Ursprungswahl von Informationen bezüglich des sozialen Status der von ihnen Repräsentierten abschneidet (Rawls 2001, S. 15). Die moralisierende Wirkung dieses Arrangements wird vor allem darauf zurückgeführt, dass es eine Filterfunktion bezüglich der Art der Gründe annimmt, die bei der Spezifizierung von Gerechtigkeitsprinzipien einschlägig sind: Zulässig sind nur solche Gründe, die durch Allgemeinheit und Reziprozität gekennzeichnet sind (Rawls 2001, S. 80). Diese grundbegriffliche Architektur der Rawls'schen Theorie politischer Gerechtigkeit lässt deutlich erkennen, dass sie grundlegend von einer Rationalität sprachlicher Verständigung zehrt, in deren Rahmen den normativen Prädikaten der Situationscharakteristik und den Ermöglichungs- und Verwirklichungsbedingungen, d. h. den normativen Präsuppositionen von Kooperation, eine *grammatische* Bedeutung zukommt. Damit handelt es sich letztlich um eine Grammatik von diskursiven Sprachspielen, der eine eigenständige Form von (zwingender) Normativität innewohnt.

2.2 Ökonomische Theorien der Politik: der Rational-Choice-Ansatz

Genau dieser Zug scheint dem ökonomischen Paradigma, das auf einem Typus instrumenteller, an den individuellen Folgen und nicht an den kollektiven Voraussetzungen von Handlungen orientierter Rationalität ruht, schon deshalb zu fehlen, weil hier Rationalität und Mora lität nicht von vornherein amalgamiert sind, sondern in ein äußerliches Verhältnis zueinander treten: Die Einnahme einer moralischen Perspektive steht dabei von Beginn an unter dem Vorbehalt ihrer rationalen Vorzugswürdigkeit im Lichte eines individuellen Interesses, das sich mit der moralischen Perspektive nur in kontingenter Weise verbinden kann. Damit wird aber letztlich nicht nur dem moralischen Verhalten seine zwingende Verbindlichkeit genommen, sondern es wird neben der Begründungslücke zwischen dem Justifikandum der Sollgeltung von Kooperationsnormen und dem zur Justifikation aufgebotenen Rationalitätstypus auch eine Motivationslücke aufgerissen. Diese Lücke entsteht, weil «eine sich ausdrücklich durch rationale Vorzugswürdigkeit empfehlende Moralität [...] die ihr abverlangten, die Rationalität von ihren Kurzschlüssigkeitsdefekten heilenden Disziplinierungsleistungen nicht erbringen [kann]» (vgl. Kersting 2000a, S. 96–100, hier S. 99). Dies ist ein Problem insbesondere dann, wenn, wie in der Institutionenökonomie oder in Theorien der rationalen Verfassungswahl (s. dazu weiter unten), ein ausdrücklich normativer Gebrauch des ökonomischen Ansatzes vorliegt. Deshalb liegt es nahe, die besondere Leistungsfähigkeit dieses Ansatzes weniger auf der normativen als auf einer *methodologischen* Ebene zu suchen – bevor wir diese Überlegung ein Stück weiter erläutern, soll aber der rationalitätstheoretische Ausgangspunkt etwas näher bestimmt werden.

Auch dort, wo sich ökonomische Ansätze in normativer Absicht mit Fragen institutioneller oder konstitutioneller Prinzipien und Regeln auseinander setzen, werden diese am Kriterium der distributiven Vorteilhaftigkeit bemessen: Der einzige Grund für ein rational kalkulierendes und sein Interesse klug verwaltendes Individuum, sich auf (herrschaftliche und möglicherweise zwangsbewehrte) Bindungen einzulassen und Freiheitseinschränkungen hinzunehmen, ist, dass ihm das zum Vorteil gereicht und dass dadurch seine Lebenssituation wenigstens insgesamt verbessert wird. Den Ausgangspunkt bilden individuelle Präferenzen (vgl. zum Folgenden auch Ott 2001, S. 38–42), von außen nicht zu durchdringende mentale Zustände, die das Bevorzugen eines Ereignisses, eines Gegenstandes oder Guts gegenüber einem anderen ausdrücken, sodass man ein Interesse daran hat, diese Präferenz zu realisieren und damit einen privaten Nutzen zu stiften. In dieser Fassung ist der Präferenzbegriff für ökonomische Theorien der Politik maßgeblich. Damit ist verbunden, dass man sich grundsätzlich einer jeglichen Qualifizierung dieser Präferenzen versagt. Wichtig ist neben der konsequenzialistischen Orientierung in der Realisierung von Präferenzen nur, dass von einem rationalen Akteur zusätzlich eine konsistente Ordnung seiner unterschiedlichen Präferenzen erwartet wird. Solcherart kann die rational zu bewältigende Aufgabe darauf konzentriert werden, optimale Strategien der Realisierung von Präferenzen unter Bedingungen von Ressourcenknappheit, von Unsicherheit (über die Präferenzen anderer) und von begrenztem Wissen über die Folgen des eigenen Handelns – in gleichwohl interdependenten Handlungssituationen – zu definieren (vgl. auch Zintl 2001, S. 35). Diese Orientierungen werden in der Kunstfigur des *homo oeconomicus* abgebildet, der als bester Interpret seiner Präferenzen und Werte Ausdruck einer vollständigen Subjektivierung von Werten ist und die ökonomische Theorie jeglicher Begründungsanstrengung für die subjektiv vertretenen Präferenzen und Werte enthebt. Damit geht ein Maximierungskonzept des moralisch Richtigen einher, das allerdings die Antwort auf die Frage schuldig bleiben muss, weshalb die Befriedigung von unqualifizierten Präferenzen an sich selbst etwas Gutes darstellt, das es zu respektieren gilt und das unsere Anerkennung verdient (Ott 2001, S. 42).

Vor diesem Hintergrund und eingedenk der (in der Regel auch eingestandenen) Grenzen der Leistungsfähigkeit ökonomischer Theorien der Politik insbesondere mit Blick auf normative Fragen liegen deren Stärken sicher auf der methodologischen Ebene (vgl. zum Folgenden Zintl 2001). Um das zu erläutern, konzentrieren wir uns auf die methodologischen Überzeugungen, die unter dem Titel des Rational-Choice-Ansatzes zusammengefasst werden, der sich am besten nicht als eine spezifische Theorie, sondern als Instrument der Theoriebildung verstehen lässt. Das Spezifikum des Rational-Choice-Ansatzes ist dann darin zu sehen, wie er den verstehenden Zugang zu seinem Gegenstandsbereich, dem sozialen und politischen Handeln, organisiert. Charakteristisch sind in dieser Hinsicht zwei miteinander verbundene Grundentscheidungen: zum einen die Einstellung des «methodologischen Individualismus» (vgl. Coleman 1995), zum anderen die Überzeugung, dass der Zugang zur Erklärung von individuellem oder Gruppenverhalten am besten über die Analyse der externen

Merkmale der Situation, in der gehandelt wird, eröffnet werden kann. Der methodologische Individualismus kann durch die Überzeugung gekennzeichnet werden, dass soziale Tatsachen nur über Individuen und ihr Handeln vermittelt existieren und dass sie eine kausale Rolle in sozialen Prozessen nur dann spielen können, wenn sie mental von Individuen repräsentiert werden (Zintl 2001, S. 37). Das methodologische Gegenstück dazu bildet ferner die Annahme, dass der Zugang zur Erklärung von Handeln und Verhalten von sichtbaren Merkmalen der Handlungssituation und nicht von den eher unsichtbaren Einstellungen und mentalen Dispositionen von Akteuren ausgehen sollte. Diese Unterstellung setzt allerdings voraus, dass es allgemeine Argumente gibt, mit denen man die Lücke zwischen mentalen Zuständen und äußeren Umständen zu schließen vermag. Dieser Konstellation verdankt sich die methodologische Kunstfigur des *homo oeconomicus*, die es erlaubt, diese Lücke genau unter der Voraussetzung zu schließen, dass man ihm sowohl uniforme Handlungsmotive (materialistische, egoistische Orientierungen) als auch uniforme Wahrnehmungs- und Bewertungskriterien (Nutzenmaximierung) und schließlich eine uniforme Verhaltensorientierung unterstellt (strikter Konsequenzialismus oder auch Opportunismus).

Nun ist offensichtlich (und auch oft moniert), dass es sich dabei um eine Kunstfigur handelt; und die Frage ist, was die Gründe sein könnten, eine derart unrealistische Vorstellung zu Zwecken der Theoriebildung überhaupt einzusetzen. Die Antwort kann nur darin bestehen, dass man den *homo oeconomicus* als eine *fruchtbare Fiktion* einsetzt (Zintl 2001, S. 39); und alles Weitere hängt dann davon ab, ob man etwas Allgemeines über Situationen sagen kann, in denen diese Fiktion sich als fruchtbar erweisen sollte – also grob gesprochen immer dann, wenn aufgrund der handlungsbestimmenden Kraft von Situationsmerkmalen aktor-spezifische Motive oder Wahrnehmungen und Deutungen irrelevant werden; oder dann, wenn es nicht um die Generierung von Hypothesen zur Erklärung individuellen Verhaltens, sondern darum geht, die Logik institutioneller Arrangements sichtbar zu machen und auf Inkonsistenzen hin zu überprüfen (vgl. Zintl 2001, S. 40).

Fasst man diese hier nur stichwortartig skizzierten Überlegungen zusammen, so sind drei Punkte herauszustellen. Zum einen verdanken sich die normativen politischen Theorien und die ökonomischen Theorien der Politik einem grundsätzlich unterschiedenen Verständnis von Rationalität. Dabei wurzeln beide in der politischen Philosophie der Moderne, die in ihrem Begründungsprogramm jene Quellen der Normativität freizulegen versuchte, der sich die Einrichtung und Stabilisierung des Rechts- wie des demokratischen und sozialen Rechts- und Verfassungsstaats verdankt. Im Unterschied zu ihren ideengeschichtlichen Vorläufern (etwa Hobbes) hat die ökonomische Theorie den damit verbundenen weitreichenden Anspruch heute aber eher aufgegeben – und sich im Wesentlichen auf einer methodologischen Ebene der politikwissenschaftlichen Forschung eingerichtet, von der aus sie mit den Mitteln ihres Rationalitätsverständnisses nicht mehr zu der im engeren Sinn normativen Aufgabenstellung aufschließen kann. Schließlich aber sind ökonomische Theorien mindestens in einem heuristischen Sinn normativ nicht bedeutungs- oder belanglos, weil sie eingesetzt werden können, um Inkonsistenzen von Institutionen auf die Spur zu kommen, welche das sie tragende normative Versprechen möglicherweise nicht einzulösen vermögen.

3 Probleme: die institutionelle Vermittlung von Normativität

Die Fragen nach den Quellen, Rechtfertigungs- und Begründungsmöglichkeiten von Normativität einerseits und nach den kriterialen Bedeutungsgehalten von Normativität andererseits werden in politiktheoretischer Perspektive auch als Frage nach den Normen institutioneller Grundstrukturen formuliert. Maßgeblich geht es dabei um die normative Auszeichnung der institutionellen Grundstruktur gesellschaftlicher Kooperation, insbesondere um normative Modelle von Politik und Recht, von Demokratie und Verfassung, also um die normative Verfasstheit von Politik. Allerdings liegt der Fokus nicht nur auf der Erläuterung von Formen institutioneller Generierung sozialer Verbindlichkeit im engeren Sinn. Darüber hinaus sollen zugleich die Bedingungen und Möglichkeiten benannt werden, wie deren Permanenz und Stabilität zu gewährleisten sind.

3.1 Normative Begründung und normativer Gehalt des Verfassungsbegriffs

Mit der konzeptionellen Erläuterung konstitutioneller Verfasstheit gesellschaftlicher Selbstorganisation oder, anders gesprochen, mit der Ausformulierung verfassungstheoretischer Entwürfe werden die oben beschriebenen Strategien der Freilegung einer «normativen Grammatik» mit Blick auf die Grundstrukturen moderner Gesellschaften in entsprechende Beschreibungen gesellschaftlicher und politischer Institutionenordnungen in Form des Rechts verdichtet. Damit werden die bekannten (vgl. Abschnitt 1.2) konzeptionellen Differenzierungen zwar perspektivisch verschoben, aber doch gewissermaßen wiederholt. Es geht also auch in den Theorien des Konstitutionalismus um eine entweder stärker voluntaristische oder stärker epistemisch verstandene Auslegung der «Legitimationsgrundlage konstitutioneller Verfasstheit demokratischer Praxis» (vgl. Gerstenberg 1997, S. 7ff.). Insofern Verfassung im gegenwärtigen Theoriespektrum als «demokratische» Verfassung konzipiert wird (vgl. Elkin/Soltan 1993; Elster/Slagstad 1988), könnte man auch sagen, dass es um eine stärker positivistische oder stärker rationalistische Erläuterung von Normativität geht. In der Sprache der Verfassungstheorie können diese Differenzierungen als Unterscheidung zwischen einem Seins- und einem Sollensbegriff von Verfassung ausgedrückt werden. Verfassung erscheint dann entweder in ihrer Positivität als faktisches Abbild gesellschaftlicher Wirklichkeit oder steht dieser als regulatives Prinzip idealtypisch und damit kontrafaktisch gegenüber. Obwohl der Bezug auf Verfassung, d. h. der Bezug auf die rechtliche Verfasstheit politischer Ordnung, *prima facie* nahe legt, Normativität sei unmittelbar durch diesen Bezug erklärt, macht die genannte Differenzierung deutlich, dass unterschiedliche Arten von Normativität zum Tragen kommen. Mit unterschiedlichen Erläuterungen und Rechtfertigungen von Normativität variieren letztlich auch deren konkrete Bedeutungsgehalte und Wirkmöglichkeiten (vgl. Forst 1993). Das Spektrum kann unter verändertem Fokus auch, um nochmals die Sprache der Verfassungstheorie zu bemühen, als Spannungsfeld zwischen *the rule of men* und *the rule of law* umrissen werden. Die «Herrschaft von Menschen» bezieht sich dabei auf die bindende und herrschaftskonstituierende Wirkung personal verstandener Willensäußerung zur konkreten politischen Einheit, wohingegen die «Herrschaft von Gesetzen» das Motiv entpersonalisierter formaler Normbindung in der Prägung allgemeiner und genereller Regeln aufnimmt.[5]

Spätestens diese Weichenstellung verdeutlicht die Auswirkungen paradigmatischer Erläuterungen nicht nur auf den Bereich der Bindungs- und Geltungswirkung von Recht und Verfassung. Auswirkungen ergeben sich auch auf die strukturierenden und regulierenden Funktionen von Verfassungen sowie auf die materiale Ausgestaltung des Systems der Rechte. Es ist insbesondere das spezifische *System der Rechte*, in dem sich in verfassungstheoretischer Perspektive die eingangs erwähnten Formen der Balancierung von Freiheit, Gleichheit und Solidarität zur Geltung bringen.

So betonen beispielsweise *liberale* Ansätze den Schutz und die Gewährleistung privater Autonomiesphären durch die Sicherung negativer individueller Freiheitsrechte und die rechtlich festgeschriebene Ausgrenzung dieser Bereiche als neutral, d. h. dem politischen Willensbildungs- und Entscheidungsprozess entzogen (vgl. Rawls 1989). Vielfach werden dann mit Verfassungsordnungen Strategien benannt, marktähnliche Mechanismen erstens zur institutionellen Strukturierung sozialer Interessenaggregation und zweitens zur Etablierung gesellschaftlich-politischer Handlungssysteme bereitzustellen (vgl. Waldron 1987). *Ökonomische* Ansätze, die gleichfalls an der Gewährleistung privater Autonomie orientiert sind (vgl. Posner 1999), betonen die Funktion verfassungsrechtlicher Vorgaben für die Bewälti-

---

5 Diese Dichotomisierung zwischen «Politik» und «Recht» und die daran ansetzenden Vermittlungsversuche werden sicherlich von dem grundlegenden Problembewusstsein getragen, dass moderne Gesellschaften von sozialer, gesellschaftlicher und kultureller Heterogenität und Fragmentierung mit der Folge gegenläufiger Normorientierungen gekennzeichnet sind. Der Knackpunkt ist dann, wie (und die Beantwortung dieser Wie-Frage drückt sich dann in den jeweiligen Verfassungskonzeptionen aus) mit dieser Pluralität umgegangen wird, d. h., wie also eine Balancierung von Einheit und Diversität (denn die Herstellung sozialer Verbindlichkeit impliziert immer auch Einheit und Kohäsion) erreicht wird. Klassischerweise erfolgt die Ausbalancierung von Einheit und Diversität in Verfassungen durch die Abwägung zwischen majoritären und antimajoritären Regeln und Normen oder allgemeiner zwischen der Geltung einheitlicher Ergebnisse des demokratischen Prozesses und der Allokation fundamentaler, unhintergehbarer Rechte für den Einzelnen oder für bestimmte Gruppen.

gung sozialer Koordinations- und/oder Kooperationsprobleme. Die institutionelle Absicherung erfolgt dabei in Form von Erwartungssicherung (bzw. der Stabilisierung wechselseitiger Verhaltenserwartungen) zur Vermeidung von Strukturen, die typischerweise von Gefangenendilemmata[6] gekennzeichnet sind (vgl. Elster/Hylland 1986). Die kollektive Handlungsorientierung, die mit verfassungsrechtlichen Bestimmungen bezweckt wird, zielt folglich in erster Linie auf eine Senkung von Transaktionskosten sozialer, gesellschaftlicher und politischer Interaktion (vgl. Buchanan 1979). *Kommunitaristische* Verfassungsentwürfe hingegen betonen in der Regel weniger den individuellen Grundrechtsschutz als die sozialintegrativen (und häufig symbolischen) Funktionen von Verfassungen durch eine handlungsbezogene Konkretisierung kollektiver Ziele und Werte, die das Substrat historisch verankerter ethischer Gemeinschaften bilden (vgl. Walzer 1981; Sandel 1984). *Republikanische* Politikverständnisse halten an der Rückbindung rechtlicher Institutionalisierung an Formen und Praxen konkreter ethischer Vergemeinschaftung fest. Sie entkleiden diese jedoch ihrer faktisch-substanziellen Verdinglichung oder Verfestigung, insofern im Recht verstärkt formale Aspekte zum Ausdruck kommen, die der Ermöglichung (wenn auch ethisch geprägter) demokratischer Praxis dienen. Die Verfassung erhält dabei eine Zuspitzung auf die Gewährleistung öffentlicher Autonomie in Form politischer Partizipationsrechte, die eine reflexive Selbstverständigungs- und Selbstbestimmungspraxis ermöglichen soll (vgl. Sunstein 1993). Auch *deliberative* Politikansätze qualifizieren das Recht als Ermöglichungsbedingung des politischen Prozesses. Dabei findet sich der Aspekt der (gleichen) Freiheitssicherung in doppelter Perspektive in der Verfassung, nämlich als Gewährleistung privater *und* öffentlicher

---

6 Das Gefangenendilemma bezeichnet in der Spieltheorie ein Zwei-Personen-Spiel zur Analyse von sozialen Kooperationsproblemen. Damit soll gezeigt werden, dass im Sinn der ökonomischen Theorie rationale Akteure mögliche Kooperationsgewinne nicht ausschöpfen können, weil sie in interdependenten Entscheidungssituationen bei gleichzeitiger Unsicherheit über die von anderen verfolgten Handlungsstrategien auf jeden Fall eine nicht-kooperative Strategie wählen werden, um die eigenen möglichen Verluste zu minimieren. Das heißt, sie wählen aus rationalen Gründen eine nicht-kooperative Strategie, deren Ergebnis schlechter ausfällt als im Falle der Wahl einer kooperativen Strategie, für die es aber keine rationale Begründung gibt.

Autonomie, insofern der (staats-)bürgerlichen Autonomie der Rechtsetzenden die private Autonomie der Rechtbefolgenden zur Seite steht. Die Leitidee liegt hier in der Annahme, dass sich private und öffentliche Autonomie wechselseitig bedingen und dass die rechtliche Institutionalisierung bürgerschaftlicher Selbstbestimmung (wegen ihrer Rechtsförmigkeit) die individuelle Freiheitssicherung des einzelnen Rechtssubjekts bereits impliziert (vgl. Habermas 1992; Gerstenberg 1997; Michelman 1988). Das bedeutet auch, dass private Rechte einerseits die sozialen und gesellschaftlichen Voraussetzungen politischer Partizipation sichern, dass andererseits die Ausübung positiver Freiheit zugleich eine Bedingung der möglichen Ausübung negativer Freiheit darstellt.

3.2 Normative Gültigkeit, faktische Kontingenz und das Paradox der Selbstkonstituierung

Die institutionelle Vermittlung von Normativität durch das Recht und insbesondere durch eine konstitutionell-rechtliche Bindung sieht sich allerdings mit einem grundlegenden Ausgangsparadoxon konfrontiert. Verdeutlichen wir uns in einem ersten Zugriff, dass das Recht «der Moderne» als positives Recht zum Ausdruck kommt. Die Positivität des Rechts impliziert ihrerseits dessen prinzipielle Änderbarkeit und bringt somit eben auch seine Partikularität und die Kontingenz seines Geltungszusammenhangs zum Vorschein. Diese Kontingenz der Genese nötigt in jenem Moment, in dem die Geltung des Rechts nicht vollständig in der Faktizität historisch kontingenter Willensartikulation aufgeht, zur Explikation des Zusammenhangs zwischen Faktizität und Geltung, d. h. zu einer Explikation der «Rationalität» des Rechts, sei es in Form einer Verdunkelung oder eines Unsichtbarmachens der Kontingenz der Genese oder in Form rationalisierender Stilisierung von Unverfügbarkeit, um die Autorität und den Geltungsanspruch der Norm als Norm überhaupt aufrechterhalten zu können.

Betrachten wir in einem weiteren Zugriff die Genese von Recht als Konstitutionalisierung im Sinne einer «Selbst-Konstitutionalisierung» des demokratischen Subjekts, stoßen wir auf eine weitere Schwierigkeit, die häufig als «paradoxes Unmöglichkeitstheorem» (oder als Münchhausendilemma) umschrieben wird. Denn hier stellt sich das Problem, dass das rechtsetzende Subjekt sich immer schon als gesetzt voraussetzt, insofern Handlungsfähigkeit schon gewährleistet sein muss. Analog formuliert: Auch Recht setzt sich immer schon selbst voraus, denn der Bezug auf die Idee von Recht und Rechten muss immer schon vorhanden sein, weil die dem Konstitutionsakt vorausliegenden Rechte unabdingbar für die Möglichkeit der Konstitutionalisierung sind (sprich: Recht kann nicht das sich selbst setzende Subjekt setzen). Die Möglichkeiten des theoretischen Umgangs mit diesem Ausgangsparadoxon des «formlos Formenden» liegen nun darin, auf *vor*konstitutionelle Ressourcen zurückzugreifen oder deren Notwendigkeit zu postulieren, beispielsweise in Form ethischer Ressourcen.

Kommunitaristische Ansätze betonen z. B. die Notwendigkeit eines vorrechtlichen Substrats, aus dem sich die Möglichkeit normativ gehaltvoller und effektiver Selbstbestimmung und Selbstbindung speist (vgl. MacIntyre 1988; Böckenförde 1991). Im Gegensatz dazu stehen Entparadoxierungsversuche, die die Möglichkeit einer Endogenisierung der vorrechtlichen Quellen rechtlicher Konstituierung darlegen. Entgegen der Auffassung, dass der historisch-konkret instituierende Akteur nicht als regelgebunden gedacht werden kann, wird dieser als immer schon moralisch-rechtlich durchdrungenes Subjekt im Sinne einer notwendigen Voraussetzung rekonstruiert. Mit diesem reflexiven Bezug wird allerdings nicht nur die Bedeutung der Selbstkonstituierung erläutert, darüber hinaus können über die Benennung der Ermöglichungsbedingungen demokratischer Praxis die Gehalte der Selbstbindung eruiert werden. In diesem Aspekt beispielsweise gleichen sich *liberale* und *diskurstheoretische* Ansätze; die Beschreibung daraus folgender Modi der Selbstbindung und institutionellen Übersetzungen divergiert indessen dahin gehend, dass liberale Lösungen die vorausgesetzten Bedingungen dem politischen Prozess entziehen, verfahrensmäßig die Möglichkeit von Machtmissbräuchen zu neutralisieren und zu verhindern sowie durch institutionelle Zwänge rationalisierende Filter einzubauen suchen (vgl. Ackerman 1991; Dahl 1989; Dworkin 1978). Geht es damit in erster Linie um die Vorgabe neutralisierender Mechanismen nicht-vernunftgemäßer Praxen, sind *diskurstheoretische* und *republikanische* Lösungen bemüht, die prozeduralen Ermöglichungsbedingungen zur Internalisierung der Rolle moralischer Subjektivität bereitzustellen. Der Fokus liegt nicht auf extern an den Rechtsgenerierungsprozess herangetragenen Ausgrenzungs- und Disziplinierungsmechanismen, sondern auf den intern generierten Verständigungsprozessen. Diese Verständigungsprozesse sind durch einen selbstreflexiven Charakter gekennzeichnet, der die prozessuale Anerkennung zugrunde liegender Ermöglichungsbedingungen (vgl. Arato/Rosenfeld 1998; Hamlin/Pettit 1989) gewährleistet. Rechtliche Selbstbindung, so kann an dieser Stelle abschließend festgehalten werden, wird in konzeptioneller Perspektive als Selbstbeschränkung eingeführt, die überhaupt erst der Ermöglichung demokratischer Selbstkonstituierung und der Nachhaltigkeit demokratischer Selbstbestimmung dient. Die Begrenzung von Willkürfreiheit im strikten Sinn hat also letztlich die Ermöglichung einer interpersonal generierten Willensfreiheit zum Ziel, die das Attribut «selbstbestimmt» rechtfertigend zu begründen in der Lage ist.

3.3 Normative Modelle von Demokratie
Ähnlich den Konsequenzen für die Konzipierung der Sphären des Privaten und des Öffentlichen haben die unterschiedlichen normativen Bezugspunkte und Rationalitätskriterien Auswirkungen auf die formale und materiale Beschreibung des Verhältnisses von Staat und Gesellschaft, die sich insbesondere in der Rigidität, der hierarchischen Über- und Unterordnung oder der Verflechtung des Dualismus ausdrückt. Verdeutlichen kann man sich diese Konfliktlinie dadurch, dass, wie wir auch gesehen haben, Recht und Politik der Herstellung sozialer Verbindlichkeit dienen bzw. Medien und Formen der Generierung sozialer Verbindlichkeit darstellen. Aus einer normativen Perspektive stellt sich die Notwendigkeit einer konzeptionellen Erläuterung der Bindungswirkung von Politik und Recht, denn schließlich entfaltet sich an diesem Topos der Begriff der Herrschaft, oder besser: der öffentlichen Herrschaftsgewalt, insofern die Generierung sozialer Verbindlichkeit mit Blick auf Politik über eine Sanktionsgewalt gestützt und mit Blick auf das Recht mit einem Zwangscharakter versehen wird. In normativer Perspektive werden der Legitimationsanspruch und Legitimationsbedarf von Herrschaft und deren Sicherung über die qualifizierende Differenzierung zwischen Selbst- und Fremdherrschaft beschrieben. Das heißt, die normative Erläuterung zwangsbewährter Bindungswirkung erfolgt auch hier (in institutioneller Be-

trachtungsweise) über die Vermeidung und Bewältigung von Fremdbestimmung und die Ausformulierung der Ermöglichungsbedingungen von Selbstbestimmung. Werden entsprechend prozedurale, organisationale und institutionelle Mechanismen der Selbstbestimmung bewertet, geht es vielfach um die Darlegung der Bedeutung und Funktion «staatlich geronnener» öffentlicher Herrschaftsgewalt für die gesellschaftliche Handlungsfähigkeit der Bürger.

In der *liberalen* Traditionslinie werden Staat und Gesellschaft als relativ klar voneinander getrennte Sphären gekennzeichnet (vgl. zur Erläuterung Barry 1973; Nagel 1987; Waldron 1987). Der Staat erscheint in erster Linie als «Hüter» eines als neutral gewahrten spontanen gesellschaftlichen Verkehrs von selbstinteressierten Bürgern; er erscheint mithin als «Hüter» einer privatistisch konzipierten Wirtschaftsgesellschaft. Dementsprechend sollen staatliche Rechtsgewährleistungen primär die Ermöglichung und Durchsetzung von Vertragsfreiheiten sichern. Zugleich wird die Ausübung staatlicher politischer Herrschaft mit Hilfe demokratischer Willensbildung legitimiert, wobei es um die Sicherung der Fairness, und das bedeutet: der Unparteilichkeit und Neutralität der Verfahren der Interessenvermittlung geht. Die Fairness der Ergebnisse wird dabei in der Perspektive der Gewährleistung negativer individueller Grundrechte und liberaler rechtsstaatlicher Verfahrensgarantien (insbesondere formaler Rechtsgleichheit) begründet. Normativ diszipliniert wird der Interessenausgleich üblicherweise einerseits über rechtsstaatliche Kanalisierungen, die der gleichen Zugangsmöglichkeit und gleichen Berücksichtigung gesellschaftlicher Präferenzen im Wettbewerb der Interessen dienen. Eine normative Disziplinierung erfolgt andererseits insbesondere über die rechtliche Bindung und Beschränkung staatlicher Herrschaft – typischerweise über die Gesetzesbindung, der staatliche Institutionen unterliegen, und über ein gegebenenfalls horizontal und vertikal ausgerichtetes System der Gewaltenteilung *(checks and balances)*. Gesellschaftliche Interessen oder Gemeinwohlorientierungen werden hier nur in einem schwachen Sinn eingeführt, in enger konzeptioneller Anbindung an die Unhintergehbarkeit individueller Interessen. Die «Ordnung der Freiheit» dient letztlich dem Status quo einer sich hauptsächlich in der Privatrechtssubjektivität entfaltenden gesellschaftlichen Kooperation.

An diese normativ-konzeptionellen Bestände und Rationalitätsannahmen knüpfen, wie erwähnt, *ökonomische* und insbesondere die an dieser Stelle interessierenden Constitutional-Choice-Theorien an. Dabei geht es erstens um Fragen der institutionellen Anwendung und Erfolgssicherung der normativen Anforderungen und zweitens um die Auflösung organisationaler und prozeduraler Dilemmata, die sich aus den jeweiligen Anwendungsbedingungen und -umständen ergeben (vgl. Hayek 1976; Nozick 1980; Brennan/Buchanan 1985). Das Raster, vor dessen Hintergrund beispielsweise verfassungsrechtliche Regulierungen betrachtet werden, liefern Konzeptionen von Verfahrensgerechtigkeit, in denen das Individuum als rationaler Akteur und seine den jeweiligen Verfahren exogen eingespeisten Interessen gesichert bleiben. Eine Möglichkeit stellt die Konzeption von Verfahren dar, in denen lotterieähnliche oder marktähnliche Mechanismen zum Tragen kommen; eine andere Möglichkeit liegt darin, Verfahren als Garant bestimmter Ergebnisse, die über verfahrensunabhängige Gütekriterien umrissen werden, zu konzipieren, wie es allgemein in der Beschreibung «kooperativer Kooperationsvorteile» zum Ausdruck gebracht wird (vgl. Arrow 1973; Riker/Ordeshook 1973).

Zweierlei ist hier noch anzumerken, um das analytische Programm zu umreißen. Wie in Abschnitt 2 dargelegt, werden die im Rahmen von Public-Choice-Ansätzen und insbesondere in spieltheoretischen Varianten erarbeiteten Analysen gesellschaftlicher Koordinations- und Kooperationsmechanismen von einem spezifischen Problemverständnis getragen: Die Ausgangssituation ist erstens von strategischer Interdependenz und zweitens von gefangenendilemmatischen Konstellationen gekennzeichnet (vgl. Elster/Hylland 1986). Die Bemühungen richten sich dann vielfach auf eine Darlegung der Möglichkeit «stabiler» Optima auf der Basis von Kosten-Nutzen-Kalkulationen – und darunter fällt im vorliegenden Kontext auch die Darlegung von Normbefolgungsbedingungen. Public-Choice-Theorien sind vor allem darum bemüht, Probleme der Ungewissheit und Antizipierbarkeit (z. B. nichtintendierte Nebenfolgen, Revisionsnotwendigkeiten) sowie Phänomene der Präferenzverzerrung (z. B. adaptive Präferenzen, d. h. Präferenzen, die sich nur aufgrund «negativer» Ausgangslagen bilden) verfahrenstechnisch und institutionell aufzufangen.

Doch wenden wir uns dem anderen Ende des paradigmatischen

Spektrums zu und befragen auch die *republikanische* Tradition nach ihrem konzeptionellen Umgang mit dem Staat-Gesellschafts-Dualismus. In republikanischen Politikkonzeptionen kommt sicherlich ein sozialintegratives Vorverständnis zum Tragen, das eine andere Form von Staatsskepsis, wie sie zum Teil auch in liberalen Ansätzen artikuliert wird, zur Folge hat. Gesellschaft wird als politische Gesellschaft insofern konzipiert, als die politische Selbstorganisation der Gesellschaft betont wird und diese zugleich als sich selbst verwaltende Gemeinschaft erscheint (vgl. Hamlin/Pettit 1989; Sunstein 1993; Michelman 1988; Benhabib 1992). Demgemäß erfolgt die demokratische Willensbildung in Form einer ethischen Selbstverständigung, worin immer auch ein (wenn auch schwächer oder stärker gefasstes) «Konzept einer staatlich institutionalisierten sittlichen Gemeinschaft» zum Ausdruck kommt. Entsprechend kommt es zu einem Bedeutungswandel von Recht und Verfassung – betont werden gegenüber negativen Abwehrrechten positive Freiheitsrechte, in deren Inanspruchnahme sich die politische Praxis gleichberechtigt partizipierender (gemeinwohlorientierter) Bürger realisiert. Die politische Meinungs- und Willensbildung ist dann das eigentliche Medium, über das sich die Gesellschaft als ein politisch verfasstes Ganzes konstituiert. Recht wird somit weder auf die Bereitstellung marktähnlicher Mechanismen der Interessenrepräsentation und -aggregation noch auf die Bestimmung ausgegrenzter privater Autonomiesphären festgelegt, sondern dient der Ermöglichung einer gemeinwohlorientierten egalitär-partizipatorischen Politik. In diesem Sinn hat Recht immer auch die Funktionen, einerseits den politischen Prozess selbst vor gesellschaftlichen Vermachtungsprozessen zu schützen, andererseits die Identifizierung legitimer privater *und* öffentlicher Zwecke zu ermöglichen. Dabei ändert sich schließlich auch der Status von individuellen Interessen und Präferenzen, die nun nicht mehr als vorpolitisch gegeben, sondern als politisch erzeugt gedacht werden: Indem sie als Produkt des politischen Prozesses erscheinen und zum Gegenstand der politischen Willensbildung werden, liegt die Pointe des Republikanismus in einer gemeinwohlorientierten Transzendierung und Transformation von partikularen Interessen und Präferenzen.

Bevor wir in einem letzten Schritt zu diskurstheoretischen Ansätzen übergehen, die sowohl Grundintentionen des Liberalismus als auch des Republikanismus aufnehmen, sollen noch einige kurze Anmerkungen zum *kommunitaristischen* Politikverständnis gemacht werden. Zwar besteht ein enger Zusammenhang zwischen Kommunitarismus und Republikanismus. Im Kommunitarismus tritt allerdings ein Zug deutlicher hervor (vgl. MacIntyre 1988; Haus 2002): die Bindung der Geltung normativer Ansprüche an die Existenz einer konkreten, historisch situierten politischen Gemeinschaft. Was demgegenüber erhalten bleibt, ist die Zurückweisung eines individualistischen und voluntaristischen Begriffs normativer Geltung und die Orientierung am kollektiven Nutzen einer konkreten politischen Gemeinschaft. Rechte sind dabei «wohlerworbene» oder «billige» Ansprüche, die sich die Mitglieder einer Gemeinschaft (nicht notwendigerweise im strikten Sinn reziprok und wechselseitig) auf der Basis sozial-kultureller Einbettung *in der Folge* einer gemeinsamen Praxis zuerkennen. Wird dem Recht überhaupt eine signifikante Funktion zugewiesen, dann in Form der Ermöglichung eben der gemeinschaftlichen Einbettung über die Gewährleistung objektiver Rechte und Rechtsinstitute. Nimmt das Recht hier gleichsam einen phänomenologischen Charakter an, bei dem die formalen und verallgemeinerbaren Qualitäten desselben vernachlässigt werden, so nimmt der Staat einen quasi prä-konstitutionellen Charakter an, in dem sich Staatlichkeit als Ausdrucksform einer zur politischen Herrschaft geronnenen Gemeinschaftlichkeit darstellt.

Der schon angesprochene *diskurstheoretische* Vermittlungsversuch, der beiderseits liberale und republikanische Motive aufgreift, kann am besten über eine Verschränkungsthese dargelegt werden. Deren Witz besteht darin, dass ein enger Verweisungszusammenhang zwischen privater und öffentlicher Autonomie, von Recht und Politik und den daran geknüpften notwendigen Rechtsgewährleistungen angenommen wird. Dieser Verweisungszusammenhang wird in zweifacher Hinsicht thematisch: erstens im Sinne einer wechselseitigen Erläuterung der Bedeutung von privater und öffentlicher Freiheit, weil die gleichberechtigte Inanspruchnahme positiver Freiheitsrechte die wechselseitige Anerkennung der privaten Autonomie immer schon voraussetzt; und zweitens als eine wechselseitige Bedingtheit – wiederum von Recht und Politik, da Recht sowohl Resultat als auch Vorbedingung von Politik ist, in dem Politik zwar Recht setzt, dies aber immer schon auf der Grundlage von Recht und im Medium des Rechts erfolgt. Eine wechselseitige Bedingtheit besteht zugleich mit Blick auf private und öffentliche Autonomie; hier wird die Grundannahme erläutert, dass sich insbesondere die negativen Freiheitsrechte und die positiven Teilhaberechte wechselseitig voraussetzen (vgl. Habermas 1992). Damit ist schließlich eine Verklammerung normativer und sozialer Geltung impliziert, die sich in einer Auflösung der Diskrepanz zwischen *voluntas* und *veritas* im Modus demokratischer Selbstgesetzgebung zum Ausdruck bringt. Eine wichtige Folge dieser konzeptionellen Weichenstellung liegt darin, dass die festen Grenzziehungen zwischen dem Öffentlichen und Privaten, Staatlichen und Gesellschaftlichen überwunden und selbst zum Gegenstand der öffentlichen Willensbildung werden.

Diese Verschränkungsthese, in anderen Worten die These von der Gleichursprünglichkeit insbesondere von öffentlicher und privater Autonomie, bildet neben den kommunikationstheoretischen Erläuterungen intersubjektiver Praxis einen der konzeptionellen Grundbausteine zu einem Entwurf von Politik als normativer verständigungsorientierter Kommunikation. Die private Autonomie wird im politischen Selbstverständigungsprozess erhalten. Idealtypisch formuliert bedeutet dies: Die persönliche Handlungsfähigkeit des Privatrechtssubjekts aktualisiert sich in der bürgergesellschaftlichen Praxis in einem inklusiven und selbstreflexiven Prozess. Obwohl diskurstheoretische Ansätze die Staatsskepsis des Republikanismus im Ansatz teilen, kommt staatlichen Institutionen als Form der Gewährleistung «normativ anspruchsvoller Kommunikationsformen einer demokratischen Meinungs- und Willensbildung» (Habermas 1992, S. 361) noch eine große Bedeutung zu. Institutionen werden somit als Ausdruck einer selbstreflexiven politischen Praxis der Selbstbestimmung verstanden, sodass Verfahren, Institutionen und Rechte insgesamt eine dreifache Funktion haben: die Bereitstellung der Ermöglichungsbedingungen gleicher und freier Partizipation, die Bereitstellung von Verwirklichungsbedingungen normativ gehaltvoller Verständigungsprozesse und die Rationalisierung dieser Prozesse im Sinne einer Ermöglichung diskursiver Selbstreflexivität durch die Bereitstellung von Verfahren rechtfertigender Begründung *und* begründender Rechtfertigung.

4 Probleme und Perspektiven normativer politischer Theorie

Die Darlegung der verschiedenen normativen Modelle von Verfassung und Demokratie hat gezeigt, dass die innere Rationalität und Normativität des Politischen unter den Bedingungen der Moderne nur in Gestalt einer internen Verschränkung der Ideen des Rechts, der Verfassung, der sozialen Gerechtigkeit und der Demokratie entfaltet werden kann. Es ist genau diese konzeptionelle Konstellation eines magischen Vierecks der normativen politischen Theorie, die von den schon eingangs erwähnten Entwicklungen im Zusammenhang einer ungleichen Denationalisierung vor allem von Wirtschaft und Politik herausgefordert wird. Um die theoretischen Reaktionen auf diese Entwicklungen abschließend wenigstens perspektivisch einfangen zu können, gehen wir im Folgenden davon aus, dass die Voraussetzungen des institutionellen Arrangements des demokratischen Verfassungs- und Sozialstaats in diesem Prozess sowohl in räumlicher und sachlicher als auch in sozialer Hinsicht prekär werden. Es ist zu erwarten, dass die theoretischen Diskussionen auf absehbare Zeit von der Herausforderung geprägt sein werden, normativ gehaltvolle Modelle der Politik in der «postnationalen Konstellation» (Habermas 1998) zu entwickeln: Das berührt Fragen der kosmopolitischen oder transnationalen Gerechtigkeit (4.1) ebenso wie Fragen der nationalen Verteilungsgerechtigkeit (4.2) oder Probleme der kulturellen Gerechtigkeit im Hinblick auf Ansprüche von Gruppen, wie sie mit Bezug auf eine Politik der Identität geltend gemacht werden (4.3).

4.1 Transnationale Gerechtigkeit

Das in demokratie-normativer Hinsicht fundamentale Problem im Zusammenhang einer räumlichen Entgrenzung von Politik ergibt sich aus einer potenziellen Aushöhlung des Prinzips der Volkssouveränität und ist deshalb im Horizont der Frage nach dem normativen Gehalt und der Qualität der Idee einer Weltrepublik zu diskutieren (vgl. neuerdings Lutz-Bachmann/Bohman 2002). Wir beschränken uns dabei wiederum auf eine knappe Stilisierung der wichtigsten Argumente. Ruft man sich in funktionaler Perspektive nur die Koordinations- und Kooperationsprobleme in Erinnerung, mit denen internationale Politik (gleich welchen institutionell-konstitutionellen Rahmens) konfrontiert ist, dann wird schnell deutlich, dass man erweiterte institutionelle Kapazitäten vorsehen muss. Diese müssen im Modus der kollektiven Selbsteinwirkung in der Lage sein, auf folgende Probleme zu reagieren: die Begrenzung und Eindämmung der Anwendung organisierter Gewalt, die Kontrolle der negativen Externalitäten dezentraler Handlungen, die Bereitstellung globaler öffentlicher Güter oder die Vermeidung globaler öffentlicher Schäden (prominente Beispiele für diesen Problemtypus bilden u. a. Umweltprobleme) und die Bearbeitung von gerechtigkeitsrelevanten Folgeproblemen der vor allem wirtschaftlichen Globalisierung. Diese Probleme lassen unilaterale Lösungen, ganz unabhängig von der Frage, wie man ansonsten die Ressourcenlage des Nationalstaats, sein Interventionspotenzial oder seine legitimitätsverbürgenden Strukturen einschätzt, aus prinzipiellen Gründen nicht zu. Man wird gar nicht umhinkommen, die sich entwickelnden Formen des internationalen Regierens so zu beschreiben, dass sie mindestens minimalen Standards legitimer Politik, also den Prinzipien der Verantwortung, der Partizipation von Betroffenen und der (öffentlichen) Rechtfertigung, genügen.

Vor diesem Hintergrund ist in der Perspektive einer transnationalen politischen Gerechtigkeit die Frage der Macht neu zu stellen, und zwar in dem Sinn, dass nicht allein auf eine im Ergebnis gerechte Verteilung von Gütern geachtet wird, sondern dass es um «die Gerechtigkeit einer umfassenden Grundstruktur von Verhältnissen politischer und ökonomischer Macht, d. h. [von] Verhältnissen politischer Herrschaft, der Produktion und der Distribution von Gütern» (Forst 2002, S. 223) geht. In dieser Einstellung drängen sich zunächst zwei Aufgaben der normativen politischen Theorie in den Vordergrund: Erstens geht es um die Funktionsbestimmung und Rechtfertigung eines unverzichtbaren Maßes an Weltstaatlichkeit (vgl. dazu etwa Höffe 2001a und b, 1999; Lutz-Bachmann/Bohman 2002; Chwaszcza/Kersting 1998); zweitens muss es auch darum gehen, die Grundlagen und institutionellen Implikationen eines geeigneten Modells der Demokratie genauer zu bestimmen. Dazu jeweils nur einige Stichworte.

Trotz der faktischen Denationalisierung der Politik in vielen Politikbereichen (vgl. dazu Zürn 1998) und trotz der vielfältigen Funktionen und Aufgaben, die einem Weltstaat etwa als Weltjustiz, zum

Zweck des Weltbürgerschutzes oder als globaler Sozial- und Umweltstaat begründet angetragen werden könnten (vgl. Höffe 2001a, S. 102–108), werden Bedenken gegen eine solche Konstruktion geltend gemacht, von denen sich schon Kant in seiner Friedensschrift hatte leiten lassen: Ein solcher Weltstaat würde notwendig die politische Entfremdung des Bürgers sowohl in sozialer (wachsende Bürgerferne der politischen Eliten) als auch in sachlicher (steigende Ohnmachtserfahrungen) wie in zeitlicher (eine wachsende Diskrepanz zwischen der politischen Aufmerksamkeitsspanne und dem Zeithorizont politischer Entscheidungen und Problemlösungen) Hinsicht forcieren. Deshalb müsste man mit einer zunehmenden Exekutivlastigkeit der Politik und insofern mit einem massiven Bürokratisierungsschub rechnen, und schließlich würden die Problemlagen ein Maß an Komplexität gewinnen, das zu traumatisierenden Erfahrungen von Unregierbarkeit führen müsste (vgl. Höffe 2001a, S. 97 f.). Trotz dieser Einwände erscheint es aus normativen Gründen zwingend, der zunehmenden politischen Entfremdung des Bürgers entgegenzutreten, die ja nicht erst als Resultat der Verstaatlichung globaler Politik auftritt, sondern aus der schleichenden Entkonstitutionalisierung und Entinstitutionalisierung von Politik resultiert. Die Frage ist dann, wie man sich die rechtliche Durchdringung von Politik und die konstitutionelle Domestizierung von politischer Macht auch unter den neuen Bedingungen und Maßstäblichkeiten des Politischen vorstellen kann.

Diese Frage wird sich aber kaum ohne Bezug auf ein Modell von Demokratie beantworten lassen, dem es obliegt, die Bedingungen und Möglichkeiten effektiver bürgerschaftlicher Partizipation im Rahmen einer Mehrebenenpolitik zu beschreiben. Aber auch hier sind zum Teil gravierende Probleme zu bewältigen, die nicht nur organisatorische Fragen betreffen, sondern tief auf das Verständnis der Legitimationsgrundlagen demokratischer Politik durchgreifen. So verlangt das Kriterium demokratischer Legitimität zum einen, dass politische Entscheidungen die Bedürfnisse, Interessen, Meinungen und Präferenzen aller Einzelnen möglichst weitgehend wiedergeben – insofern enthält es das Prinzip privater Autonomie. Zum anderen wird von den Einzelnen umgekehrt erwartet, dass sie sich als Teil einer politischen Gemeinschaft verstehen und entsprechend die Bedürfnisse, Interessen, Meinungen und Präferenzen aller anderen in ihrer Urteils- und Präferenzbildung berücksichtigen – insofern enthält es ein reflexives Prinzip diskursiver Rechtfertigung. Diese auf den ersten Blick relativ klar geschnittene Legitimationsformel führt allerdings jenseits der Grenzen des Nationalstaats mindestens zu zwei Komplikationen. Sie resultieren daraus, dass die «Anderen» in der Regel anonyme Andere sind und dass die reflexiven Urteile Konturenschärfe nur unter Bezug auf eine vorgängig definierte Grundgesamtheit der relevanten Anderen gewinnen.

Zur Behebung dieser Komplikationen stehen im Prinzip zwei Möglichkeiten zur Verfügung. Nach der «nationalstaatlichen» Lesart soll das Anonymitätsproblem durch einen konstitutiven Gemeinschaftsbezug wo nicht überwunden, so doch begrenzt werden. Und nach der «transnationalen» Lesart könnte es dadurch bewältigt werden, dass man den Angelpunkt demokratischer Legitimität ein Stück weit in Richtung auf den epistemischen Pol und damit auf die Idee des öffentlichen Vernunftgebrauchs verschiebt. Dann kann man anonyme Andere als in ihrem Handeln durch gute Gründe bestimmte Personen repräsentieren, die ihre Meinungs- und Willensbildung nicht mehr primär gemeinschaftlich, sondern kommunikativ und diskursiv vermitteln – diese Lesart hat jedenfalls den Vorzug, dass sie sich besser auf die postnationale Konstellation anwenden lässt (vgl. etwa Habermas 1998; Zürn 1998; Dryzek 2000; Gerstenberg/Sabel 2002; Held 1995).

4.2 Nationale Verteilungsgerechtigkeit

Eine andere Art von Herausforderung tritt in den Blick, wenn wir von einer von der Globalisierung ausgehenden Provokation der Idee der sozialen Demokratie ausgehen, die einen internen Zusammenhang von Demokratie und Wohlfahrtsstaat herstellt. Danach bilden die wechselseitige Sicherung privater und öffentlicher Autonomie und die reziproke Garantie sozialer Rechte, die die effektive Inanspruchnahme politischer Beteiligungsrechte absichern sollen, einen Kreisprozess (vgl. dazu Habermas 1992, S. 155–165). Dieser kann aber nur in Gang gehalten werden, wenn wir nicht nur mit der Moralität politischer Akteure, also der wechselseitig-allgemeinen Anerkennung der gleichen Freiheit aller, rechnen dürfen. Wir müssen vielmehr auch davon ausgehen können, dass die zur sozialen Absicherung effektiver politischer Gleichheit notwendigen sozio-ökonomischen Umverteilungen in dem Interesse eines jeden am Wohlergehen aller anderen solidarisch verankert sind. Das Problem besteht nun darin, dass dann die oben schon angesprochene Verminderung der Chancen effektiver politischer Partizipation auch die für die soziale Demokratie erforderlichen solidarischen Einstellungen untergraben könnte. Dann nämlich würde eine Abwärtsspirale in Gang gesetzt werden, an deren Ende der Weltbürger allein mit der Rechtsausstattung und den Orientierungen des (neo-)liberalen Marktbürgers zurückbliebe (Offe 1998, S. 111).

Diese Krisendiagnose folgt einer Logik, die sich im Sinne einer Kettenreaktion folgendermaßen rekonstruieren lässt. Erstens erleidet der Nationalstaat als Adressat wohlfahrtsstaatlicher Solidaritätspflichten, ausgelöst durch die Einbettung staatlicher Politik in Märkte (statt von Märkten in staatliche Politik), einen Verlust an Kontrolle über jene Ressourcen, die er zur Einlösung dieser Pflichten einsetzen könnte. Daraus resultiert aber zweitens eine Abnahme der Verpflichtungsfähigkeit gegenüber seinen Bürgern, denen die rationalen Motive zur Folgebereitschaft aufgrund der Aushöhlung ihrer staatsbürgerlichen Statusrechte zunehmend abhanden kommen (Streeck 1998, S. 21) – ein rationales Motivationsdefizit, das seinerseits nur durch eine erhöhte Inanspruchnahme moralischer Orientierungen kompensiert werden könnte. Diese Strapazierung eher knapper Ressourcen könnte dann aber, drittens, durch eine Reaktion quittiert werden, die auf eine Art moralische Selbstunterforderung, d. h. eine «entsolidarisierende Schrumpfung der operativen Horizonte von Vertrauen und Verpflichtung» (Offe 1998, S. 133), hinausläuft. Damit werden schließlich die moralischen Grundlagen der Demokratie systematisch so verknappt, dass jener Mechanismus stillgestellt wird, der die Verknüpfung politischer Teilnahme- und sozialer Teilhaberechte garantieren soll.

An diesem Punkt sind die normative politische Theorie und politische Philosophie erneut gefordert, weil in dieser Konstellation die normativen Grundlagen des Sozial- und Wohlfahrtsstaats in der Absicht einer eingehenden Prüfung unterzogen werden, die (möglicherweise) unvermeidlichen Verluste im Bereich individueller Teilhaberechte (subjektiver Wohlfahrtsrechte) durch einen angebotsseitigen Egalitarismus einer «enhanced equality in economic endowment (capacities)» (Cohen/Rogers 1998, S. 186 189) zu kompensieren. Diese Strategie kann freilich nur dann überzeugen, wenn es in auch normativ befriedigender Weise gelingt, die funktionalen Erfordernisse einer verstärkten ökonomischen Denationalisierung mit den Forderungen von Gleichheit und Gerechtigkeit neu zu vermitteln (vgl. Kersting 2000b; Krebs 2000) und dabei auch Alternativen zum überkommenen Sozialstaatsmodell zu entfalten (vgl. Nullmeier 2000). In diesem Zusammenhang geht es im Kern um die Frage nach dem Verhältnis von Gerechtigkeit und Gleichheit und mithin darum, warum Gerechtigkeit überhaupt relational, als die Gleichheit des einen mit dem anderen, zu fassen sein soll (Krebs 2000, S. 7): Taugt Gleichheit überhaupt als Grundlage von Gerechtigkeit; sitzt der Egalitarismus nicht einer Verwechslung von Allgemeinheit und Gleichheit auf; ist eine strikte Gleichheitsorientierung nicht sogar vielleicht inhuman, weil sie nicht zu unterscheiden erlaubt zwischen der gebotenen Egalisierung unverdienter Lebensumstände einerseits und nicht zu egalisierenden Folgen freier Entscheidungen andererseits; ist der Egalitarismus vielleicht ein unterkomplexer Ausdruck unserer Gerechtigkeitsüberzeugungen, die ja auch für Prinzipien des Verdienstes, der Qualifikation oder der Verantwortung Platz haben (vgl. Krebs 2000, S. 8f.)? Diese großen praktischen Herausforderungen jedenfalls können nur dann überhaupt bewältigt werden, wenn es der normativen politischen Theorie im Verbund mit der praktischen Philosophie gelingt, das Bewusstsein dafür wach zu halten, dass wir uns nicht einfach vermeintlichen ökonomischen Zwängen ergeben dürfen und dass gegebenenfalls erforderliche Anpassungsleistungen auf normativ einsichtige Weise zu erfolgen haben.

4.3 Kulturelle Gleichheit

Die Frage, ob verallgemeinernde Gleichheitsvorstellungen einem normativ anspruchsvollen und den komplexen gesellschaftlichen Strukturen genügenden Gerechtigkeitsbegriff überhaupt noch angemessen sind, stellt sich noch aus einer anderen Perspektive. Sie ergibt sich, wenn wir uns im Blick auf eine zunehmende gesellschaftliche Pluralisierung von Lebensformen auch den Ansprüchen jener stellen müssen, die ihre besondere Identität in kultureller, politischer und ethischer Hinsicht zu bewahren suchen. Erneut besteht die normative Herausforderung dann darin, diese Ansprüche mit den Bedingungen einer demokratischen Praxis der kollektiven Selbstbestimmung in Einklang zu bringen.

Wir haben zu Beginn schon angedeutet, dass die institutionellen Arrangements demokratischer Verfassungs- und Sozialstaatlichkeit auch in sozialer Hinsicht prekär werden können. Dies ist nun insbesondere auch dann der Fall, wenn sich gesellschaftliche Gruppen aufgrund ihrer wahrgenommenen Partikularität (hinsichtlich ihrer ethischen Lebensform, religiösen, sprachlichen und kulturellen Zugehörigkeit, jedoch auch hinsichtlich ihrer sozialen Statusgruppe oder geschlechtsspezifischen Zugehörigkeit) Phänomenen struktureller Nicht-Anerkennung, Diskriminierung oder sozialen, gesellschaftlichen und politischen Ausgrenzungen gegenübersehen. Systematische Lösungsstrategien setzen dabei im günstigen Fall entweder an der Gewährleistung partikularer Autonomiespielräume an (z. B. in Form einer Gewährung von Sondergruppenrechten); oder sie zielen auf eine rechts- und sozialstaatlich vermittelte Herstellung von Gleichheit im Sinne von Nicht-Diskriminierung und gleicher Anerkennung; oder sie beinhalten zusätzlich Maßnahmen positiver Diskriminierung zur Kompensation struktureller Ungleichheiten und zur Sicherung von materialer Ergebnisgleichheit im Gegensatz zu rein formaler (Zugangs-)Gleichheit (vgl. Young 1990). Kritischer wird die Lage indessen, wenn diese Forderungen einer «ausbrechenden Logik» aufsitzen, d. h., wenn sie zu einer Infragestellung jener als allgemein gültig postulierten Rationalitätskriterien führen, auf denen die institutionelle Grundstruktur des liberalen und demokratischen Rechtsstaats ruht (vgl. Rorty 1989).

Hier hat insbesondere die feministische und die postmoderne Kritik Diskussionen angeregt, in deren Verlauf die klassischen Gerechtigkeitsperspektiven und deren konzeptionelle Grundbegrifflichkeit als solche hinterfragt wurden (vgl. Benhabib 1992; Rorty 1984). Die radikale Skepsis bezieht sich vorwiegend auf die «rationale» Akzeptabilität vereinheitlichender Konzepte und formaler Verfahren bzw. auf die Angemessenheit von normativen Bezugspunkten, die sich beispielsweise in der «Generalität» des Rechts, in der «Einheit» des demokratischen Subjekts, im «Ganzen» der Verfassung oder in der «Souveränität» des Staates zum Ausdruck bringen. Dazu gesellt sich ein Misstrauen gegenüber den diese «Einheitsfiktionen» strukturierenden dichotomen Entgegensetzungen, wie wir sie oben erläutert haben. An dieser Stelle können die Grundmotive der feministischen und postmodernen Kritik und die resultierende Programmatik nur angerissen werden, indem wir im Folgenden den theoretischen Umgang mit dem Dualismus von öffentlich und privat sowie den Begriff der Subjektivität exemplarisch skizzieren.

«The Personal is the Political»: Dieses Motiv verdeutlicht, dass es der feministischen Kritik nicht nur darum geht, über formale Rechtsgewährleistungen Gleichheit herzustellen, gleiche Zugangsmöglichkeiten zu eröffnen und Bewegungsräume, die Frauen vormals verschlossen waren, zu öffnen. Es geht vielmehr um den Nachweis, dass ein wesentlicher Grundpfeiler des institutionellen Arrangements moderner demokratischer Systeme, nämlich die Trennung zwischen dem Öffentlichen und Privaten, bereits den Keim für Phänomene nachhaltiger Diskriminierung und Ausgrenzung enthält. Dieser Dualismus von «öffentlich» und «privat» wird dabei in zweierlei Hinsicht als Chimäre ausgewiesen. Zum einen wird dargelegt, dass das Private selbst politische Beziehungen zum Ausdruck bringt (da die Einzelnen auch hier in Herrschafts- und Dominanzstrukturen eingebunden sind); zum anderen wird darauf aufmerksam gemacht, dass die Reproduktion des Öffentlichen von der Sphäre des Privaten zehrt bzw. konstitutiv auf sie angewiesen ist (vgl. Okin 1989; Pateman 1988). Vor dem Hintergrund der Annahme, dass das Öffentliche und das Private in «dialektischer Verschränkung» zueinander stehen, kann dann gefordert werden, dass beide Sphären für Fragen politischer Gerechtigkeit relevant sein sollten (vgl. Nussbaum 1999; Benhabib 1992; Young 1990).

Eine weitere grundbegriffliche Kritik (oder besser: Skepsis), die in feministischen Ansätzen vielfach artikuliert wird, findet sich unter verändertem Fokus auch in postmodernen bzw. poststrukturalistischen und dekonstruktivistischen Ansätzen wieder. Ausgehend von der Kritik an der Dichotomisierung von privat versus öffentlich und insbesondere der Offenlegung diskriminierender Dominanzstrukturen und Rollenfestschreibungen kann in grundlegenderer Hinsicht hinterfragt werden, ob vor diesem Hintergrund dem Öffentlichen überhaupt jene reklamierten rationalitätsstiftenden Merkmale der «Allgemeinheit» und «Neutralität» zukommen können oder ob nicht vielmehr in Allgemeinheitspostulaten immer schon einseitige Interpretationen eingehen und diskriminierende Schieflagen zum Ausdruck gebracht werden (vgl. Connolly 1987; Fraser 1989; Butler 1991). Dieser Kritik liegt die Intuition zugrunde, dass schon den öffentlichen Kommunikations- und Handlungspraxen und den ihnen entsprechenden institutionellen Arrangements Herrschafts- und Dominanzstrukturen eingeschrieben sind, die zu einer systematischen Vernachlässigung, Ausgrenzung oder Exklusion des «Anderen» führen (vgl. Connolly 1987; Rosenfeld 1998). Befassen sich feministische Ansätze vorwiegend mit der Ausweisung des vermeintlich Universalen als männlich partikular, so sind postmoderne Kritiken darum bemüht, die Dekonstruktion von postulierten Universalismen und verallgemeinernden Konzepten auf breiterer Basis zu umreißen. Dabei wird die eine Seite der Medaille, die Identifizierung verzerrender Herrschaftsstrukturen, durch die andere Seite so komplementiert, dass die Fragmentierung und Dezentrierung jeglicher Identität und Subjektposition ausgewiesen wird. Weder Neutralität noch Subjektivität kann folglich gerechtfertigt werden, denn jede «Behauptung» von Neutralität und Subjektivität generiert mit dem Ausschluss ihres Anderen Ungerechtigkeit.

Diese Kritik greift also über die Provokation des Selbstverständnisses des demokratischen Rechts-, Verfassungs- und Sozialstaats weit hinaus und berührt die begrifflichen und konzeptionellen Grundlagen der normativen Theorien, auf denen er ruht, im Kern. Deshalb scheint es unvermeidlich, dass die oben (Abschnitt 3) charakterisierten klassischen Ansätze die Impulse zur kritischen Selbsthinterfragung aufgreifen, um ihrerseits die konzeptionelle Schärfe und Plausibilität ihrer normativen Entwürfe und ihrer institutionellen Vermittlung zu erhöhen. Dabei ist es sicherlich ein Verdienst insbesondere feministischer und postmoderner Kritiker/-innen, dass einerseits Innovationen mit Blick auf die Kriterien normativer Begründung und Rechtfertigung provoziert werden, dass sich andererseits eine Blickfelderweiterung bezüglich der Verwirklichungs- und Anwendungs*bedingungen* sowie der Verwirklichungs- und Anwendungs*kontexte* von Gerechtigkeitsforderungen einstellt, die tief in das theoretische Selbstverständnis hineinwirkt und damit die Sensibilität theoretischer Selbstreflexivität erhöht

Literatur

Ackerman, Bruce: We The People, Cambridge, Mass. 1991.

Arato, Andrew/Rosenfeld, Michel (Hg.): Habermas on Law and Democracy. Critical Exchanges, Berkeley/Los Angeles/London 1998.

Arrow, Kenneth: «Some Ordinal-utilitarian Notes on Rawls' Theory of Justice», in: Journal of Philosophy 70, 1973, S. 245ff.

Barber, Benjamin: Strong Democracy, Berkeley 1984.

Barry, Brian: The Liberal Theory of Justice, London 1973.

Benhabib, Seyla: Situating the Self: Gender, Community, and Postmodernism in Contemporary Ethics, New York 1992.

Beyme, Klaus von: Die politischen Theorien der Gegenwart. Eine Einführung, Wiesbaden ⁸2000.

Böckenförde, Ernst W.: Recht, Freiheit, Staat, Frankfurt a. M. 1991.

Böckenförde, Ernst W.: Staat, Verfassung, Demokratie, Frankfurt a. M. 1991a.

Brennan, Geoffrey/Buchanan, James M.: The Reason of Rules. Constitutional Political Economy, Cambridge u. a. 1985.

Bubner, Rüdiger: Polis und Staat. Grundlinien der Politischen Philosophie, Frankfurt a. M. 2002.

Buchanan, James M.: The Limits of Liberty, Chicago/London 1979.

Butler, Judith: Das Unbehagen der Geschlechter, Frankfurt a. M. 1991.

Carter, April/Stokes, Geoffrey (Hg.): Democratic Theory Today, Cambridge 2002.

Chwaszcza, Christine/Kersting, Wolfgang (Hg.): Politische Philosophie der Internationalen Beziehungen, Frankfurt a. M. 1998.

Cohen, Joshua/Rogers, Joel: «Can Egalitarianism Survive Internationalization?», in: Internationale Wirtschaft, nationale Demokratie. Herausforderungen für die Demokratietheorie, hg. von Wolfgang Streeck, Frankfurt a. M./New York 1998, S. 175–193.

Coleman, James S.: Grundlagen der Sozialtheorie, 3 Bde., München 1995.

Connolly, W. E.: Politics and Ambiguity, Madison 1987.

Dahl, Robert A.: Democracy and its Critiques, New Haven 1989.

Dryzek, John S.: Deliberative Democracy and Beyond. Liberals, Critics, Contestations, Oxford 2000.

Dworkin, Ronald: Taking Rights Seriously, London 1978.

Elkin, Stephen L./Soltan, Karol Edward (Hg.): A New Constitutionalism. Designing Political Institutions for a Good Society, Chicago/London 1993.

Elster, Jon/Hylland, Aanund: Foundations of Social Choice Theory, Cambridge 1986.

Elster, Jon/Slagstad, Rune (Hg.): Constitutionalism and Democracy, Cambridge 1988.

Forst, Rainer: Kontexte der Gerechtigkeit, Frankfurt a. M. 1993.

Forst, Rainer: «Zu einer kritischen Theorie transnationaler Gerechtigkeit», in: Gerechtigkeit und Politik. Philosophische Perspektiven, hg. von Reinold Schmücker/Ulrich Steinvorth, Berlin 2002, S. 215–232.

Fraser, Nancy: Unruly Practices: Power, Discourse, and Gender in Contemporary Social Theory, Minneapolis 1989.

Friedman, Jeffrey (Hg.): The Rational Choice Controversy. Economic Models of Politics Reconsidered, New Haven/London 1995.

Gerstenberg, Oliver: Bürgerrechte und deliberative Demokratie. Elemente einer pluralistischen Verfassungstheorie, Frankfurt a. M. 1997.

Gerstenberg, Oliver/Sabel, Charles F.: «Directly-Deliberative Polyarchy. An Institutional Ideal for Europe?», in: Good Governance and Administration in Europe's Integrated Market, hg. von Christian Joerges/Renaud Dehousse, Oxford 2002, i. E.

Goodin, Robert E./Pettit, Philip (Hg.): A Companion to Contemporary Political Philosophy, Oxford 1993.

Green, Donald P./Shapiro, Ian (Hg.): Pathologies of Rational Choice Theory. A Critique of Applications in Political Science, New Haven/London 1994.

Habermas, Jürgen: «Die postnationale Konstellation und die Zukunft der Demokratie», in: ders.: Die postnationale Konstellation. Politische Essays, Frankfurt a. M. 1998, S. 91–169.

Habermas, Jürgen: Faktizität und Geltung. Beiträge zur Diskurstheorie des Rechts und des demokratischen Rechtsstaats, Frankfurt a. M. 1992.

Habermas, Jürgen: Legitimationsprobleme im Spätkapitalismus, Frankfurt a. M. 1973.

Habermas, Jürgen: Theorie des kommunikativen Handelns, Bd. 1, Frankfurt a. M. 1981.

Habermas, Jürgen: Wahrheit und Rechtfertigung, Frankfurt a. M. 1999.

Hamlin, Alan/Pettit, Philip (Hg.): The Good Polity, Oxford 1989.

Haus, Michael: Kommunitarismus. Eine Einführung, Wiesbaden 2002, i. E.

Hayek, Friederich: The Constitution of Liberty, London 1976.

Held, David: Models of Democracy, Oxford 1995.

Höffe, Otfried: Gerechtigkeit, München 2001a.

Höffe, Otfried: «Königliche Völker». Zu Kants kosmopolitischer Rechts- und Friedenstheorie, Frankfurt a. M. 2001b.

Honneth, Axel: Kampf um Anerkennung. Zur moralischen Grammatik sozialer Konflikte, Frankfurt a. M. 1992.

Ingram, David (Hg.): The Political, Oxford 2002.

Kersting, Wolfgang: Politik und Recht. Abhandlungen zur politischen Philosophie der Gegenwart und zur neuzeitlichen Rechtsphilosophie, Weilerswist 2000a.

Kersting, Wolfgang (Hg.): Politische Philosophie des Sozialstaats, Weilerswist 2000b.

Korsgaard, Christine M.: The Sources of Normativity, Cambridge 1996.

Krebs, Angelika: «Einleitung: Die neue Egalitarismuskritik im Überblick», in: Gleichheit oder Gerechtigkeit. Texte der neuen Egalitarismuskritik, hg. von Angelika Krebs, Frankfurt a. M. 2000, S. 7–37.

Luhmann, Niklas: Soziale Systeme, Frankfurt a. M. 1984.

Lutz-Bachmann, Matthias/Bohman, James (Hg.): Weltstaat oder Staatenwelt? Für und wider die Idee einer Weltrepublik, Frankfurt a. M. 2002.

MacIntyre, Alasdair: Whose Justice? Which Rationality?, Notre Dame, Ind. 1988.

Michelman, Frank: «Law's Republic», in: The Yale Law Journal 97, 1988, S. 1493ff.

Nagel, Thomas: «Moral Conflict and Political Legitimacy», in: Philosophy and Public Affairs 16, 1987, S. 215ff.

Nozick, R.: Anarchy, State and Utopia, Oxford 1980.

Nullmeier, Frank: Politische Theorie des Sozialstaats, Frankfurt a. M./New York 2000.

Nussbaum, Martha C.: Sex and Social Justice, New York 1999.

Offe, Claus: «Demokratie und Wohlfahrtsstaat: Eine europäische Regimeform unter dem Stress der europäischen Integration», in: Internationale Wirtschaft, nationale Demokratie. Herausforderungen der Demokratietheorie, hg. von Wolfgang Streeck, Frankfurt a. M./New York 1998, S. 99–136.

Okin, Susan Moller: Justice, Gender, and the Family, New York 1989.

Ott, Konrad: Moralbegründungen zur Einführung, Hamburg 2001.

Pateman, Carole: The Sexual Contract, Stanford 1988.

Posner, Richard A.: The Problematics of Moral and Legal Theory, Cambridge 1999.

Rawls, John: Eine Theorie der Gerechtigkeit, Frankfurt a. M. 1975.

Rawls, John: Justice as Fairness. A Restatement, Cambridge, Mass./London 2001.

Rawls, John: «The Domain of the Political and Overlapping consensus», in: New York University law Review, 64, 1989, S. 233 ff.

Reese-Schäfer, Walter: Politische Theorie heute, München/Wien 2000.

Riker, William H.: Liberalism Against Populism, Prospect Heights, Ill. 1982.

Riker, William H./Ordeshook, Peter C.: An Introduction to Positive Political Theory, Englewood Cliffs 1973.

Rorty, Richard: Contingency, Irony, and Solidarity, Cambridge 1989.

Rorty, Richard: «Habermas and Lyotard on Post-Modernity», in: Praxis International 4, 1984, S. 32ff.

Rosenfeld, Michel: Just Interpretations. Law between Ethics and Politics, Berkeley/Los Angeles/London 1989.

Sandel, Michael: «The Unencumbered Self», in: Political Theory 9, 1984, S. 81ff.

Simon, Robert L. (Hg.): Social and Political Philosophy, Oxford 2002.

Sterba, James P. (Hg.): Social and Political Philosophy. Contemporary Perspectives, London/New York 2001.

Streeck, Wolfgang: «Einleitung: Internationale Wirtschaft, nationale Demokratie?», in: Internationale Wirtschaft, nationale Demokratie. Herausforderungen der Demokratietheorie, hg. von Wolfgang Streeck, Frankfurt a. M./New York 1998, S. 11–58.

Sunstein, Cass R.: The Partial Constitution, Harvard 1993.

Waldron, Jeremy: «Theoretical Foundations of Liberalism», in: Philosophical Quarterly 37, 1987, S. 127 ff.

Walzer, Michael: «Philosophy and Democracy», in: Political Theory 9, 1981, S. 379ff.

Weber-Schäfer, Peter: «Normative Theorien», in: Pipers Wörterbuch zur Politik, Bd. 1, hg. von Dieter Nohlen/Rainer-Olaf Schultze, München 1985, S. 611–612.

Young, Iris Marion: Justice and the Politics of Difference, Princeton 1990.

Young, Iris Marion: «Political Theory: An Overview», in: A New Handbook of Political Science, hg. von Robert E. Goodin/Hans-Dieter Klingemann, Oxford 1998.

Zintl, Reinhard: «Rational Choice as a Tool in Political Science», in: Associations 5/1, 2001, S. 35–50.

Zürn, Michael: Regieren jenseits des Nationalstaates, Frankfurt a. M. 1998.

Manfred G. Schmidt
2.3.1 Vergleichende Analyse politischer Systeme

1 Begriffsklärung: Was heißt «Vergleichende Analyse politischer
  Systeme»?
2 Ältere Wurzeln der vergleichenden Analyse politischer Systeme
3 Vergleichende Analyse politischer Systeme am Ende des 20. und
  zu Beginn des 21. Jahrhunderts
4 Perspektiven: gegenwärtige Tendenzen und zukünftige Entwicklungen

1 Begriffsklärung:
Was heißt «Vergleichende Analyse politischer Systeme»?

«Vergleichende Analyse politischer Systeme» ist ein Fachausdruck der
Politikwissenschaft.

Die vergleichende Analyse politischer Systeme erkundet, beschreibt, erklärt und bewertet Gemeinsamkeiten und Unterschiede von
politischen Systemen, und zwar anhand von Staatsverfassung *und* Verfassungswirklichkeit. Im Unterschied zur älteren vergleichenden Regierungslehre (siehe Abschnitt 3.1) erörtert die neuere vergleichende
Analyse nicht nur das Regieren und seine Institutionen, sondern alle
drei Dimensionen des Politischen: die politischen Institutionen (Form),
politische Vorgänge und Abläufe (Prozess) sowie das politische Leistungsprofil (Inhalt). Hinzu kommt die Berücksichtigung des sozioökonomischen und sozialkulturellen Umfeldes der Politik. Beobachtet werden Institutionen, Prozess und Inhalt der Politik in der vergleichenden
Analyse politischer Systeme meist anhand von Informationen über
Makrostrukturen, sozusagen aus der Perspektive von oben, weniger
aus dem Blickwinkel der Mikroebene. Zudem basiert der Vergleich auf
der Beobachtung einer kleineren oder größeren Zahl ausgewählter
Fälle. Die Spannweite reicht von einem auf zwei Fälle beschränkten
Paarvergleich über kleine Stichproben bis zu größeren Samples mit
ähnlichen Fällen (z. B. ein Vergleich aller Demokratien) oder – hinsichtlich der Basisstrukturen – höchst unterschiedlichen Fällen (z. B. der De-
mokratie-Diktatur-Vergleich). Die vergleichende Analyse politischer
Systeme ist eines der Hauptfelder der Politikwissenschaft – neben der

Politischen Theorie, den Internationalen Beziehungen, der Untersuchung einzelner Staaten und der Lehre von den Methoden.

Die vergleichende Analyse politischer Systeme bedient sich verschiedenartiger qualitativer und quantifizierender Methoden und Theorien der modernen Politikwissenschaft und angrenzender Gebiete. Zu diesen zählen die ältere Institutionenkunde, ferner der historische Institutionalismus und der Rational-Choice-Institutionalismus, der Behaviorismus, Systemtheorien, Ökonomische Theorien der Politik, Spieltheorien, Modernisierungstheorien, die Theorie der Mehrebenensysteme (wie im Fall der Beziehungsgeflechte zwischen der Europäischen Union und der nationalen und subnationalen Ebene ihrer Mitgliedstaaten) und die Lehre vom Politikerbe. Allerdings reichen die Wurzeln des Vergleichs ideengeschichtlich viel weiter zurück – bis zur Lehre von den «richtigen» und den «despotischen» Staatsverfassungen im antiken Griechenland.

Beide Wurzeln – die jungen wie die alten – sollen im Folgenden an Beispielen und auszugsweise erörtert werden, und zwar anhand der Grundlagen, wichtiger Dimensionen und aktueller Problem- und Arbeitsfelder der Komparatistik. Aus Gründen der Arbeitsteilung kommt im Folgenden nur der Vergleich von politischen Systemen insgesamt zur Sprache. Der Vergleich einzelner Institutionen und Prozesse – beispielsweise der Parteien und der Verbände – ist Gegenstand anderer Beiträge dieses Buchs.

Im Unterschied zu Standardeinführungen wird hier das Erbe besonders gewürdigt, das der vergleichenden Analyse politischer Systeme von älteren Theorien zuteil geworden ist. Deshalb werden die Grundlagen des Vergleichs jeweils anhand von älteren und neueren Schlüsselbeiträgen zu besonders wichtigen Problemen politischer Systeme erörtert. Zudem beleuchtet dieser Beitrag den Kern der politischen Analyse politischer Systeme konzentrierter als die meisten Einführungen zum Thema: Dieser Kern besteht aus der genauen Beschreibung und Erklärung der Gemeinsamkeiten und Unterschiede verschiedener Staatsverfassungen sowie der Suche nach der besten Staatsform. Auf diese Weise wird die Zweigliedrigkeit der vergleichenden Analyse politischer Systeme genauer herausgearbeitet als gemeinhin üblich: Sie hat ein empirisch-analytisches *und* ein normativ-analytisches Standbein.

Was die älteren Theoretiker und Praktiker des Vergleichs politischer Systeme angeht, so wird ein Bogen von Aristoteles über Hobbes und die *Federalist Papers* bis zu Tocqueville geschlagen. Diese sind Repräsentanten des älteren Erbes des Vergleichs, das in nicht wenigen Einführungen vernachlässigt oder gänzlich ausgeblendet wird. Von diesem Erbe handelt der erste Teil dieses Beitrags. In seinem zweiten Teil wird gefragt, was die Erben aus dem überlieferten Gut und anderen Wissensbeständen gefertigt haben. Auch dies geschieht mit Hilfe aussagekräftiger Beispiele, doch ohne Anspruch auf Vollständigkeit. Gegenwärtige Tendenzen und absehbare zukünftige Entwicklungen der vergleichenden Analyse politischer Systeme werden abschließend erörtert.

2 Ältere Wurzeln der vergleichenden Analyse politischer Systeme

Die älteren Wurzeln der modernen vergleichenden Analyse politischer Systeme sind zu mannigfaltig, als dass sie alle hier gewürdigt werden könnten. Stattdessen werden vier Ansätze vorgestellt, die bei ihrer Suche nach der besten Staatsverfassung direkt oder mittelbar besonders wichtige Impulse gaben. Es sind dies die Staatsformenlehren von Aristoteles und Thomas Hobbes sowie die *Federalist Papers* und Tocquevilles Amerikaschrift.

2.1 Auf der Suche nach der guten Staatsverfassung: Aristoteles' Lehre von den richtigen und den despotischen Staatsformen

Einen besonders instruktiven Einstieg in den Vergleich politischer Systeme bietet die Staatsformenlehre des Aristoteles (384–322 v. Chr.), die ihrerseits auf der Untersuchung von Staatsverfassungen bei Platon (427–348 v. Chr.) aufbaut. Der aristotelischen Staatsformenlehre liegt ein anspruchsvolles Forschungsdesign zugrunde: Sie basiert auf der Sammlung und Auswertung von Informationen über eine große Zahl von Verfassungen der stadtstaatenähnlichen Gemeinwesen im antiken Griechenland und auf systematischem empirischem Vergleich dieser Verfassungen. Hinzu kommt die normativ-analytische Durchleuchtung. Der Vergleich soll auch die relativ beste Staatsform unter allen vorfindlichen Staatsverfassungen herausfinden. Und das ist die Staatsverfassung, die dem Staatszweck am nächsten kommt. Der Staatszweck besteht Aristoteles zufolge darin, «dass man gut lebe» (Politik, III/9, 1280b). Gemeint ist ein tugendhaftes Leben, das Gerechtigkeit, Weisheit, Tapferkeit und Besonnenheit auszeichnet und das in eine Institutionenordnung eingebettet ist, die dem Menschen als geselligem, politischem Lebewesen am besten entspricht.

Aristoteles' Vergleich der Staatsformen bündelt im ersten Schritt die Vielfalt der Staatsverfassungen zu sechs Hauptformen und konstruiert diese parallel zu den Freundschafts- und Rechtsformen der Hausgemeinschaft (Politik, III; Nikomachische Ethik, VIII/12). Jede Staatsform wird idealtypisierend vorgestellt, also unter besonderer Hervorhebung der wichtigsten Merkmale zu einem einheitlichen Gedankengebilde. Zwei Schlüsselgrößen steuern den Vergleich der Staatsformen: Die erste ist die Zahl der Regierenden – sie wird mit der Frage erfasst, ob viele oder wenige regieren oder ob nur einer herrscht. Die zweite ist die Praxis des Herrschens – sie wird mit der Frage erkundet, ob die Herrschenden dem gemeinsamen Nutzen dienen oder nur dem «eigenen Vorteil der Regierenden» (Politik, III/6, 1279a). Wird mit Rücksicht auf den gemeinsamen Nutzen geherrscht, handelt es sich um eine «richtige» Herrschaftsordnung. Wo nur zum Vorteil der Herrscher regiert wird, handelt es sich um «Entartungen» oder Verfehlungen «despotischer Art» (Politik, III/6, 1279a).

Die «richtige» Variante der Einerherrschaft ist die Monarchie. In der Hausgemeinschaft entspricht ihr die väterliche Herrschaft. Herrschen wenige, ist die Aristokratie die gute Staatsform, entweder «weil die Besten regieren, oder darum, weil diese Herrschaft das Beste für den Staat und seine Glieder verfolgt» (Politik, III/7, 1279a). In der Hausgemeinschaft entspricht das richtige Verhältnis von Mann und Frau der Aristokratie. Die richtige Staatsform der Herrschaft der Vielen ist die «Politie», «Republik» oder «Timokratie», so die Bezeichnung in der *Nikomachischen Ethik* für eine Herrschaft, in der den Bürgern Rechte und Pflichten nach ihrer Ehre, einschließlich ihres Vermögens zustehen (III/12, 1160). Die Politie hat man, wenn «das Volk den Staat zum gemeinen Besten verwaltet» (Politik, III/7, 1279a). In der Hausgemeinschaft entspricht ihr das gleichberechtigte Verhältnis unter Brüdern.

Und welche Staatsformen sind verfehlt, despotisch? Die verfehlte Form der Einerherrschaft ist die Tyrannis, die despotische Herrschaft zum Nutzen des Alleinherrschers. Die fehlerhafte Variante der Herrschaft der Wenigen verkörpert die Oligarchie, denn sie ist Herrschaft der Wenigen zum «Vorteil der Reichen» (Politik, III/7, 1279b). Und die verfehlte Form der Herrschaft der Vielen ist die Demokratie, die Staatsform, in der die «armen Freien als Majorität im Besitze der Herrschaft sind» und dies zu ihrem Vorteil nutzen (Politik, IV/4, 1290b), nicht für das Allgemeinwohl (Politik, III/7, 1279b). In der Hausgemeinschaft entspricht der Demokratie der Zustand, «wo der Herr fehlt – denn da sind alle gleich –, und wo das Oberhaupt schwach ist und jeder tut, was ihm gefällt» (Nikomachische Ethik, VIII/12, 1161a).

Der Gerechtigkeit halber ist hinzuzufügen, dass Aristoteles, wie zuvor schon Platon, in der Demokratie nicht die schlechteste Ordnung sieht. Dieser Rang gebührt der Tyrannis. Überdies ist die Demokratie immerhin eine Polis, ein Stadtstaat, und deshalb dem überlegen, was außerhalb der Polis existiert. Denn dort ist der Mensch nur ein Tier und «nach dem Kriege begierig» (Politik, I/2, 1253), und dort herrscht nur «bewaffnete Ungerechtigkeit» (Politik, I/2, 1253a). Zudem schreibt die aristotelische Lehre der demokratischen Staatsverfassung sogar manche Vorzüge zu. Zu ihnen gehört die «Weisheit der Vielen» (Politik, III/11). Denn Erfahrung im Ausüben öffentlicher Ämter befähige dazu, Politik sachkundig zu beurteilen. Zudem bringe die Einbindung der vielen Armen in mancher Hinsicht mehr Stabilität. Das zeige der Vergleich mit Staaten, in denen die vielen Armen von den öffentlichen Angelegenheiten ausgeschlossen sind: Dort ist der «Staat voll von Feinden» (Politik, III/11, 1281b).

Hierin äußert sich ein milderes Urteil der aristotelischen Staatsformenlehre über die Demokratie als in ihrer Einstufung als entartete Staatsform. Davon handelt im Besonderen die Zweite Staatsformenlehre des Aristoteles, die im Unterschied zur – soeben skizzierten – idealtypisierenden Ersten Staatsformenlehre auf eine Vielfalt der Demokratien aufmerksam macht. Besonders wichtig ist die Differenz zwischen der «extremen» Demokratie (in der der Demos für die politische Beteiligung besoldet wird und ungezügelt, weithin wankelmütig herrscht) und der gemäßigten Demokratie, in der die politische

Teilhabe gedrosselt ist und die Herrschaft der Gesetze respektiert wird (Politik, IV und VI).

In der aristotelischen Staatsformenlehre korreliert die Bewertung der Demokratie mit dem Grad der Mäßigung der Demokratie. Je mehr die Staatsverfassung einer durch das Gesetz gemäßigten Demokratie nahe kommt und je stärker damit die Volksherrschaft gezügelt und der Spielraum für Demagogie eingeschränkt wird, desto milder fällt das Urteil der aristotelischen Lehre aus. Und je extremer demokratisch die Staatsverfassung, insbesondere je ungezügelter der volksherrschaftliche Charakter und je schwächer die Gesetzesherrschaft ist, desto härter wird die Kritik an der Demokratie und desto vorbehaltloser wird sie den despotischen Staatsformen zugeschlagen.

Welches ist die relativ beste Staatsverfassung? Die Mischverfassung! Die aristotelische Lehre empfiehlt, die am häufigsten vorkommenden Verfassungen zu mischen, und zwar die mildesten Formen. Am häufigsten kommen die Demokratie und die Oligarchie vor. Neigt die Mischverfassung aus beiden mehr zur Demokratie, wird sie «Politie» genannt, genau wie die idealtypische «richtige» Staatsform der Vielen. Neigt die Mischverfassung zur Oligarchie, trägt sie den Namen «Aristokratie» (Politik, IV/8, 1293b), genau wie die «richtige» Herrschaft der Wenigen.

Die aristotelische Staatsformenlehre geht zur Demokratie, vor allem zur radikalen Demokratie, auf gehörige Distanz. Das befremdet Beobachter, die Demokratie mit verfassungsstaatlicher Demokratie des 20. und 21. Jahrhunderts gleichsetzen. Dass der Demos, das Stimmvolk, zu Lebzeiten von Aristoteles nur den kleineren Teil der erwachsenen Bevölkerung umfasst, befremdet sie ebenfalls. Vollbürger sind zu dieser Zeit nur eine Minderheit der Erwachsenen. Frauen zählen nicht als Vollbürger, ebenso wenig die zahllosen Sklaven. Ausgeschlossen sind zudem die ansässigen Fremden, die Metöken, unter ihnen Aristoteles. Vollbürger sind nur die Waffenfähigen mit unbescholtener Geburt. Und das sind Männer, die väterlicher- und mütterlicherseits aus alteingesessenen Familien stammen, allerdings gleichviel, ob arm oder reich. Vermutlich gehörte nur jeder siebte Erwachsene zum Demos, günstigstenfalls jeder vierte.

Doch der Wert der aristotelischen Staatsformenlehre steht und fällt nicht mit der Einstellung zur Demokratie. Auch steht und fällt er nicht mit der relativen Größe der stimmberechtigten Bevölkerung im alten Griechenland. Viel bedeutsamer ist ein Vermächtnis dieser Lehre für die vergleichende Beobachtung politischer Systeme: ein Vermächtnis empirisch-analytischer und normativ-analytischer Beobachtung und komparatistischer Vorgehensweise, ferner ein Vermächtnis von Schlüsselvariablen und Hypothesen zur Typologisierung, zum Vergleich und zur Bewertung politischer Systeme: nämlich Zahl der Herrschenden, Qualität des Herrschens und Vorrang von Stimmen- oder Gesetzesherrschaft.

Somit enthält schon die aristotelische Staatsformenlehre ein konzeptionell, analytisch, methodologisch und theoretisch höchst beachtliches Angebot an vergleichender Beobachtung, das auch für die Komparatistik späterer Generationen von großer Bedeutung ist, und sei es nur als Anreger für sachkundiges Fragen, gezieltes Suchen, zielführendes Beschreiben und Erklären.

2.2 Auf der Suche nach der guten Staatsverfassung: Hobbes' Befürwortung der Monarchie und Zurückweisung der Demokratie

Keineswegs alle vergleichenden Analysen politischer Systeme zielen auf den Staatszweck des «guten Lebens» im aristotelischen Sinn. Manche von ihnen sehen in den Menschen und ihren Gemeinwesen Mängelgebilde, die härtester Führung bedürfen. Kaum ein anderer Theoretiker hat diesen Grundgedanken scharfsinniger und wirkungsmächtiger entfaltet als Thomas Hobbes (1588–1679). In normativ-analytischer Hinsicht erörtert er Stoff, Form und Gestalt des friedensstiftenden, den Bürgerkrieg verhindernden Staates und zieht absolutistische Folgerungen. Zugrunde liegt das Axiom, dass der Mensch rational sei und vor allem nach seiner (und seiner Nächsten) Erhaltung strebe. Hinzu kommt die Überzeugung, dass im Naturzustand dieses Streben im Kampf aller gegen alle ende. Gegen den Krieg aller gegen alle wirke nur ein Mittel: die Vereinbarung eines Vertrags zwischen Bürgern und Herrscher, die dem Regenten die ungeteilte Souveränität zuteile und die Untertanen hierdurch vor Zerfleischung in einem Bürgerkrieg schütze. Welche Staatsform dafür am besten geeignet ist, kann, Hobbes zufolge, nicht streng bewiesen, aber anhand von empirischen Argumenten als «wahrscheinlich» eingestuft werden

(Vom Bürger, S. 73). Und genau hier liegt – was die Komparatistik meist ignoriert hat – das Verbindungsglied zwischen Hobbes' Staatstheorie und der vergleichenden Analyse politischer Systeme. Wie viele vor ihm unterscheidet Hobbes die Staatsformen Monarchie, Aristokratie und Demokratie (Leviathan, S. 145). Monarchisch ist die Staatsform, wenn die Vertretung der Menge aus einer Person besteht. Aristokratisch ist jene Staatsform, in der die Versammlung der Entscheidungsbefugten sich nur auf einen Teil des Volks gründet. Demokratie hat man, wenn alle Mitglieder des Demos in einer Versammlung zusammenkommen.

Im Unterschied zur platonischen und aristotelischen Staatsformenlehre differenziert Hobbes' Regimevergleich nicht zwischen der richtigen Staatsform und ihren despotischen Abweichungen. Diese Differenzierung gilt ihm wenig; sie drücke nur private Maßstäbe für gut oder böse aus – und Zufriedenheit oder Unzufriedenheit mit der einen oder anderen Staatsform. Diese aber sind für Hobbes bloße Widerspiegelungen der «verschiedenen Meinungen der Bürger über die Herrschenden» (Vom Bürger, S. 149), also Sätze ohne theoretisches Gewicht. Gleichwohl basiert auch Hobbes' Vergleich der Staatsformen auf einem normativ-analytischen Fundament, nämlich einer wohlfahrtstheoretischen Begründung. Diese differiert allerdings von der aristotelischen Lehre. Für sie zählt zuvorderst der Schutz der Bürger vor Bürgerkrieg und an zweiter Stelle die Förderung ihres sonstigen Wohls.

Welche Staatsform gewährleistet diese Ziele am ehesten? Hobbes zufolge kommt vor allem die Monarchie in Frage. Ein Grund sei, dass nur in der Monarchie das Privatinteresse mit dem öffentlichen Interesse zusammenfalle. Denn Reichtum, Macht und Ehre eines Monarchen erwüchsen allein aus Reichtum, Macht und Stärke seiner Untertanen. Deren Armut würde notwendig die Armut des Herrschers nach sich ziehen (Leviathan, S. 147). In der Demokratie oder Aristokratie aber trage der öffentliche Wohlstand zum privaten Vermögen eines korrupten oder ehrgeizigen Menschen «weniger bei, als oftmals ein hinterlistiger Rat, eine verräterische Handlung oder ein Bürgerkrieg» (ebd., S. 147).

Zweitens sei der Willensbildungsprozess in der Monarchie grundsätzlich offen, sogar insgesamt höherwertiger als die Deliberation in der Demokratie. Die stecke voller Mängel und laboriere häufig an Lernunfähigkeit – nicht zuletzt, weil die Demokratie den Meinungskampf schüre, somit den Kampf der Doktrinen vorantreibe und vom Krieg der Doktrinen in den Bürgerkrieg führe, so Hobbes im *Behemoth*.

Auch die größere Wankelmütigkeit spreche gegen die Demokratie und für die Monarchie. Die Demokratie erzeuge instabile Abstimmungsergebnisse, «wandernde Mehrheiten» würde man heutzutage sagen. Je größer die Zahl der Mitentscheidenden, desto größer die Schwankungen der Beschlüsse, desto auffälliger die Wankelmütigkeit. Mithin komme in der Demokratie zur natürlichen Unbeständigkeit der menschlichen Natur, gegen die keine Staatsform gefeit sei, noch die Unbeständigkeit der Zahl hinzu (Leviathan, S. 147).

Ein viertes Argument fährt Hobbes für die Monarchie auf: der einheitliche Akteur, die Homogenität des Souveräns und somit ungebrochene Handlungsfähigkeit. Der Herrscher einer Monarchie könne nicht aus Selbstinteresse oder aus Neid mit sich selbst uneins sein – im Gegensatz zu einer demokratischen Versammlung, wo diese Uneinigkeit im Falle einer Versammlung mit einer geraden Zahl von Stimmberechtigten in der Entscheidungsblockade enden könne, oder – noch schlimmer – im Bürgerkrieg, so Hobbes mit Blick auf das England seiner Zeit.

Zudem sprächen die Anfälligkeit für Günstlinge gegen die Demokratie. An dieser Anfälligkeit laboriere auch die Monarchie, doch in geringerem Maß. Günstlingswirtschaft schlage in der Demokratie besonders zu Buche, denn diese Staatsform sei bestechlich – während Monarchien und Aristokratien selbst bestächen. Zudem sei die Demokratie anfällig für Demagogen – wiederum im Unterschied zur Monarchie. Überdies bringe sie charismatische Herrscher hervor, die das Volk vom Gesetzesgehorsam abbrächten und womöglich zur offenen Rebellion anstachelten.

Schlussendlich sei auch die Nachfolgeregelung keine Stärke der Demokratie und nicht notwendigerweise eine Schwäche der Monarchie. Mit der Herrschernachfolge täten sich alle Staatsformen gleichermaßen schwer.

Hobbes' Schlussfolgerung ist eindeutig. Falsch sei die Auffassung, «dass alle Könige zum Geschlecht der Raubtiere gehören», so sein erster Satz in der Schrift *Vom Bürger*. Und falsch sei es, die öffentliche Gewalt aufzuteilen, beispielsweise auf weltliche und kirchliche Herrscher – wodurch Hobbes sich in Opposition zur Kirche bringt. Vielmehr müsse die Herrschaft geeint und die Souveränität ungeteilt bleiben. Nur so sei Schutz vor Bürgerkrieg und Förderung des Wohls der Untertanen möglich – eine bemerkenswerte absolutistische Folgerung aus individualistischen Prämissen und wohlfahrtstheoretischen Überlegungen.

2.3 Auf der Suche nach der besten Staatsverfassung: Systemvergleich im Zeichen der Zügelung von Staatsgewalten durch «checks and balances»

Die wechselseitige Zügelung der Staatsgewalten ist die Grundidee einer dritten Richtung des Vergleichs politischer Systeme. Sie beruht auf der Lehre von der Trennung, Aufteilung oder Zähmung der öffentlichen Gewalten, also der Exekutive, der Legislative und der Judikative. Diese Lehre fußt auf dem Grundsatz, «dass die eine Staatsgewalt die andere aufhält», so Montesquieus (1689–1755) Lehre der Gewaltenaufteilung in *Vom Geist der Gesetze* (XI, 4). Dieser Grundgedanke ist in vielen Varianten weitergeführt worden – unter anderem in den modernen nichtmajoritären Demokratien wie der Konkordanz- und der Konsensusdemokratie (siehe Abschnitt 3.2). Der Gedanke der wechselseitigen Machtkontrolle spielt auch eine überragende Rolle in der Lehre von den «checks and balances» in der amerikanischen Verfassungspolitik. «Checks and balances» sind verfassungspolitische Konstruktionsprinzipien, die durch Einbau institutioneller Hemmnisse, Sicherungen und Gegenkräfte den Aktionsradius der Legislative und der Exekutive begrenzen, hierdurch dem Missbrauch von Macht vorbeugen und für «limited government» sorgen, also für einen streng gezügelten und eng begrenzten Staat. Zu den «checks and balances» gehören die Gewaltenverteilung, die Gliederung des Staatsgebiets in Bund und Gliedstaaten (Föderalismus), die Repräsentativdemokratie anstelle einer Versammlungsdemokratie, Vetopositionen im Willensbildungs- und Entscheidungsprozess, die Errichtung einer Verfassungsgerichtsbarkeit und die Möglichkeit der Klage auf Amtsenthebung des Staatsoberhaupts im Falle eines schwerwiegenden Verstoßes gegen die Verfassung.

Systematisch entwickelt wurde der Grundgedanke einer durch «checks and balances» gebremsten Staatlichkeit in den *Federalist Papers* von Alexander Hamilton (1757–1804), James Madison (1751–1836) und John Jay (1745–1829). Die *Federalist Papers* sind eine Sammlung von verfassungspolitischen Beiträgen, die 1787/1788 veröffentlicht wurden. Ihre Autoren warben für die Annahme der neuen Verfassung der USA und suchten insbesondere den Ratifikationskonvent in New York, von dessen Entscheidung über den Verfassungsentwurf viel abhing, zu beeinflussen. Zugleich enthalten die *Federalist Papers* einen impliziten Vergleich politischer Systeme – und aus diesem Grund dürfen sie zum Erbe gezählt werden, von dem auch der moderne Vergleich politischer Systeme zehrt. Partei ergreifen die *Federalist Papers* für eine Republik mit bundesstaatlicher Gliederung, also für vertikale Machtverteilung zwischen Zentralstaat und Gliedstaaten des Bundes – und somit gegen einen unitarischen zentralisierten Staat einerseits und gegen eine Konföderation mit hochgradiger Autonomie der Einzelstaaten andererseits. Ihre Stimme erheben die Autoren der *Federalist Papers* ferner für die Repräsentativverfassung – und somit gegen Beschränkung auf Direktdemokratie nach Art der Versammlungsdemokratie in den Gemeinden. Denn mit einer Direktdemokratie ließe sich ein großflächiger Staat wie die USA nicht so regieren, dass die Autonomie der Gliedstaaten weitestmöglich gewahrt bleibt und zugleich gemeinschaftsverträgliche Regelungen getroffen werden können.

Aber nichts wäre die Befürwortung der Repräsentativdemokratie und des Föderalismus ohne die Gewaltenaufteilung – wodurch sich die *Federalist Papers* von einer Alternativordnung mit hochgradiger Konzentration der Machtressourcen an der Spitze des Staates absetzen. Ohne die Aufteilung der öffentlichen Gewalten wäre die Freiheitssicherung undenkbar, denn in diesem Fall drohe die Bündelung aller Staatsgewalten in einer Einrichtung oder in einer Person. Um dies zu verhindern, muss – wie bei Montesquieu – die eine Staatsgewalt der anderen Paroli bieten. Wie hat dies zu geschehen angesichts der Anfälligkeit der menschlichen Natur für egoistisches Verhalten? Es geht darum, «dem Mangel an besseren Motiven durch entgegengesetzte und miteinander rivalisierende Interessen abzuhelfen» (Federalist Papers, Nr. 51). Besonders strenge Zügel sind für die Legislative vonnöten, denn von dort drohe die gefährlichste aller Abirrungen der Republik, nämlich eine tyrannische Mehrheit. Um dies zu verhindern, ist die gesetzgebende Gewalt aufzuspalten und in ein System der wechselseitigen Kontrolle zu überführen. Zwei Kammern mit unterschiedlichen Repräsentanten, die auf unterschiedlichem Wege gewählt werden, sind der Mechanismus zur Machtaufteilung der Legislative: Diese gliedert sich in den Senat, den Vertreter der Bundesstaaten, und das Repräsentantenhaus, die Volksvertretung.

Die Machtaufteilung der Legislative auf zwei ähnlich starke Häuser und somit auf einen wechselseitigen Kontrollmechanismus bringe überdies einen handlungsfähigen Präsidenten hervor, der an die Stelle des bis dahin weitgehend machtlosen Staatsoberhaupts treten soll. Auch darin sehen die Federalists eine grundlegende Voraussetzung guten Regierens und Wirtschaftens.

Allerdings erwachse hieraus die Gefahr übergroßer Macht des Präsidenten. Auch das bedürfe der Regelung. Die Lösung lautet auch hier: Einbau von «checks and balances», von Sicherungen und Gegenkräften. Die neu gewonnene Macht der Exekutive solle aufgeteilt werden. Vertikale Gewaltenteilung zwischen Bundesregierung und den Regierungen der Einzelstaaten lautet die eine Losung, horizontale Gewaltenteilung zwischen Exekutive, Legislative und einer unabhängigen Judikative die andere.

Für die Judikative sehen die *Federalist Papers* Unabhängigkeit, weitreichende Schiedsrichterfunktionen und Befugnis zur Gesetzesüberwachung vor. Die Befugnisse schließen die Überprüfung der Gültigkeit von Rechtsvorschriften und im Besonderen im Verfassungsrecht die Befugnis zur Prüfung der Vereinbarkeit der Gesetze mit den Normen der Verfassung ein. Somit legen die Verfassungsgeber den nicht hintergehbaren Maßstab für die Bewertung des Tuns und Lassens der Staatsgewalten in die Verfassung und übertragen den Schutz dieser Verfassung dem Obersten Gericht, dem *Supreme Court*. Dass hierdurch «Regieren mit Richtern» (Stone Sweet 2000) entsteht, ist evident und wird weder durch Wahlmodus noch Amtsdauer aufgewogen. Die Wahl der Richter des *Supreme Court* soll aus dem Wirkkreis potenzieller Demagogen herausgehalten werden: Die Richter werden nicht vom Volk gewählt, sondern vom Präsidenten mit Zustimmung des Senats ernannt und sind unabsetzbar.

Insgesamt ergreifen die *Federalist Papers* Partei für «Gewaltentei-lung durch Gewaltenverschränkung» (Zehnpfennig 1993, S. 36), so wie das schon Montesquieus *Vom Geist der Gesetze* vorgedacht hatte. Montesquieu hatte empfohlen, die eine Staatsgewalt durch die andere in Schach zu halten – «que le pouvoir arrête le pouvoir» (XI, 4). Die Zauberformel der *Federalist Papers* hingegen heißt: «ambition must be made to counteract ambition» (Nr. 51). Der Gewaltenaufteilung und -verschränkung zufolge soll jede der Staatsgewalten einerseits wei-testmöglich unabhängig von den beiden anderen Gewalten sein. An-dererseits kontrollieren sie sich wechselseitig: Mit der Amtsanklage kann die Legislative auf die Exekutive und die Judikative Einfluss aus-üben. Ferner kooperieren der Senat und die Exekutive bei der Ämter-besetzung und beim Vertragsabschluss mit anderen Staaten. Sodann wirkt die Exekutive durch ihr Nominierungsrecht auf die Judikative und durch ihr Vetorecht auf die Legislative ein. Die Judikative schließ-lich kann durch ihr Normenkontrollrecht tief in das Tun und Lassen der gesetzgebenden und der vollziehenden Gewalt eingreifen.

Die *Federalist Papers* geben Kriterien für die Typologisierung und Bewertung politischer Systeme an die Hand. Diese werden umso hö-her bewertet, je mehr Sicherung und Gegenkräfte ihre Staatsorgani-sation enthält und je weniger die Machtressourcen an der Spitze des Staates oder bei einer der Staatsgewalten konzentriert sind. Dieser Sicht zufolge haben vor allem jene Staaten Vorteile vor allen anderen, die mit Föderalismus, Verfassungsgerichtsbarkeit und tief gestaffelten wechselseitigen Kontrollrechten von Legislative, Exekutive und Judi-kative ausgerüstet sind. Und somit ist, dieser Lehre zufolge, die beste aller Staatsverfassungen im Kreis von funktionierenden verfassungs-staatlichen Demokratien zu suchen und am ehesten dort anzutreffen, wo zudem Föderalismus und richterliche Nachprüfbarkeit der Gesetz-gebung wirken.

2.4 Vergleich im Zeichen unaufhaltsamer Gleichheit: Alexis de Tocqueville

Unter den älteren Beiträgen zur vergleichenden Analyse politischer Systeme verdient Tocquevilles (1805–1859) neuer Blick auf die Demo-kratie besondere Aufmerksamkeit. Unter Demokratie verstanden die meisten Theoretiker vor ihm Volksversammlungsherrschaft und verorteten diese nahe bei der Revolution. Tocqueville sieht das anders. Die Erfahrungen der Politik in Frankreich, England und Amerika schärfen seinen Blick für Stärken und Schwächen der verschiedenen Staatsverfassungen. Ihn beeindruckt die ruhige politische und wirtschaftliche Entwicklung der Demokratie in den USA. Sie kontrastiert vorteilhaft mit der unsteten Politik im nachrevolutionären Frankreich. Dort hat die Revolution von 1789 das absolutistische Regime gestürzt, doch daraus ist keine stabile Herrschaftsordnung hervorgegangen. Zudem ist in Frankreich das Potenzial der Demokratie nicht ausgeschöpft worden und die Freiheit nicht recht vorangekommen. Man hat in Frankreich, so Tocqueville, eine Demokratie – doch ohne die Einrichtungen und Gebräuche, die die Laster der Demokratie mindern und ihre natürlichen Vorzüge stärken.

Wie allerdings der Blick ins Ausland lehrt, sind die politischen Verhältnisse anderswo stabiler als in Frankreich. England beispielsweise hat nach der Revolution im 17. Jahrhundert den Übergang zur Moderne und zu einer geordneten politischen Entwicklung ohne häufige Regimewechsel gefunden. Nicht minder interessant sind die Vereinigten Staaten von Amerika. Dort entsteht das Gegenstück zu Frankreichs politischem Regime, dessen Hauptübel Tocqueville im hochgradigen Zentralismus und der politischen Instabilität sieht. In den USA hingegen – Tocqueville schreibt hierüber in den 30er Jahren des 19. Jahrhunderts – geben stabile Demokratie und Dezentralität den Ton an.

Tocqueville wertet Amerikas Entwicklung als Teil eines größeren Ganzen. Mit der amerikanischen Demokratie entfaltet sich ein universalhistorisches Prinzip, das von der aristokratischen Gesellschaftsform wegführt und zur «Gleichheit der gesellschaftlichen Bedingungen» (égalité des conditions) hinstrebt (Über die Demokratie in Amerika, S. 5). Die große demokratische Revolution in Amerika und die in ihr sich äußernde «allmähliche Entwicklung zur Gleichheit» ist sogar «ein Werk der Vorsehung» (ebd., S. 3).

Allerdings kann die Gleichheit bei ihrem Vormarsch in einen schweren Zielkonflikt mit der Freiheit geraten. Mehr Gleichheit heißt unter Umständen weniger Freiheit. Ob es zu «demokratischer Tyrannei» oder zu «demokratischer Freiheit» kommt, ist offen (ebd., S. 54). Auch Amerika ist – Tocqueville zufolge – nicht gegen die demokratische Tyrannei gefeit, insbesondere nicht gegen die «Tyrannei der

Mehrheit» (ebd., S. 289). Das Problem der Demokratie steckt in ihrem Strukturprinzip, im Regieren der numerischen Mehrheit im Namen des Volkes (ebd., S. 197). Zudem gilt diese Mehrheit «unbedingt» (ebd., S. 284). Direktwahl und die kurze Amtszeit der Machtinhaber vergrößern das Problem. Denn beide binden das Interesse der Kandidaten am Machterwerb und das der Regierenden am Machterhalt an die Präferenzen der Mehrheit. Schlimmer noch: Die Mehrheit erhält einen Status wie der König in der Monarchie. Und wie dieser wird sie schier unangreifbar.

Ob aus all dem demokratische Freiheit oder neue Knechtschaft resultiert – diese Frage muss Tocqueville zufolge unter Berücksichtigung landesspezifischer Verhältnisse beantwortet werden. Amerika zeigt, wie die «Allmacht der Mehrheit» (ebd., S. 284) verringert und verlangsamt werden kann. Die institutionellen Sicherungen und Gegenkräfte nach Art der *Federalist Papers* sind hier zu nennen. Hinzu kommt die Dezentralisierung der Verwaltung. Die Gemeinden, Behörden und regionalen Verwaltungen halten die «Flut des Volkswillens» auf und «zerteilen» sie (ebd., S. 303). Gegengewichte liegen sodann im «Rechtsgeist» (ebd., S. 303), der in den Vereinigten Staaten besonders stark verbreitet ist. Der Rechtsgeist dringt von der rechtsprechenden Gewalt in die Legislative und das Volk vor und verlangsamt den Gang der Mehrheit. Der föderalistische Staatsaufbau wirkt ebenfalls der Mehrheitstyrannei entgegen. Und das tun auch die Gesetze, die Lebensgewohnheiten, die Sitten, nicht zuletzt auch die zahllosen Vereine und Verbände, das «Sozialkapital» der amerikanischen Gesellschaft, so würde man heute sagen. Diese sind Erziehungsinstitutionen. Sie führen die Menschen aus ihrer Isolation heraus und schulen sie in der Kunst geselliger Vereinigung. Überdies bändigt die Pressefreiheit die Mehrheitsmacht. Zu den gesellschaftlich-kulturellen Hemmnissen der Mehrheitstyrannei gehört die Religion, allen voran ein demokratisches, republikanisches Christentum, das den Wert der einzelnen Seele schätzt und ihre Pflichten für das Ganze hochhält (ebd., S. 506ff.). Zentral ist ferner die Trennung von Staat und Kirche. Sie erst verschafft der Kirche und der Religion die erforderliche Autonomie und den Spielraum dafür, den Geist der Religion mit dem Geist der Freiheit zu verknüpfen. Und erst so erhält der Montesquieu'sche *Geist der Gesetze* der amerikanischen Demokratie seine rechte, die Gefahr des Mehrheitsdespotismus mindernde sozial-kulturelle Fundierung.

Gegen die Mehrheitstyrannei hat man demnach in Amerika Heilmittel eingesetzt, und zwar mit Erfolg (ebd., S. 321ff.). Demnach kann der drohende Zielkonflikt von Gleichheit und Freiheit, so die Folgerung Tocquevilles, überbrückt, gelindert, ja: umgangen werden. Und deshalb ist die Entscheidung zwischen freiheitlicher und despotischer Demokratie in Amerika zugunsten der Freiheit ausgefallen.

3 Vergleichende Analyse politischer Systeme am Ende des 20. und zu Beginn des 21. Jahrhunderts

Die vergleichende Analyse politischer Systeme hat neben älteren Wurzeln auch jüngere. Vier sind an prominenter Stelle zu nennen: (1) die Vergleichende Regierungslehre, die vor allem Regierungssysteme und das Regieren im demokratischen Verfassungsstaat der Neuzeit beobachtet und später erweitert wird, unter anderem zum (2) Vergleich von Form und Funktionsweise insbesondere von konstitutionellen Demokratien, (3) die Lehre von den autoritären und den totalitären Systemen, den Gegenstücken zum demokratischen Verfassungsstaat, und (4) die vergleichende Analyse politischer Systeme einschließlich ihres sozialökonomischen und -kulturellen Umfeldes und der Staatstätigkeit.

3.1 Vergleichende Regierungslehre

Den Auftakt für die moderne Komparatistik politischer Systeme gab die Vergleichende Regierungslehre. Sie rückte vor allem die Institutionenkunde ins Zentrum. Soweit Politik im Sinne von Staatstätigkeit berücksichtigt wurde, geschah dies anhand der Verfassungspolitik. Mitunter kam die genauere Analyse politischer Vorgänge und Abläufe im Regierungssystem hinzu – *The Governmental Process* hieß charakteristischerweise eines der einschlägigen Werke dieser Richtung (Truman 1951). In diesem Sinn ist auch die Kapitelüberschrift zum dritten Teil von Carl J. Friedrichs *Verfassungsstaat* zu verstehen: Er handelt vom «Arbeiten des Verfassungsstaates» (Friedrich 1953). Besonderes Interesse zeigte die Vergleichende Regierungslehre für den neuzeitlichen «Verfassungsstaat» (ebd.) in Europa und Nordamerika, für seine verschiedenen Ausprägungen, z. B. Präsidentialismus und parlamentarisches Regierungssystem, ferner für die politische Repräsentation durch Wahlen, Parteien und Verbände und nicht zuletzt für den Gegenpol des Verfassungsstaats, den autoritären und den totalitären Staat (vgl. Abschnitt 3.3). Studien über einzelne Länder und vergleichende Analysen mit meist geringer Fallzahl gaben der Vergleichenden Regierungslehre den Ton und Takt vor. Ihre Befunde wurden – häufig unter Rückgriff auf verfassungstheoretische Konzepte wie Gewaltenteilung – für Typologien von Regierungssystemen verwendet, deren normativer Fixpunkt der gewaltenteilige demokratische Verfassungsstaat der nordamerikanischen und westeuropäischen Tradition war.

Ein Beispiel ist Karl Loewensteins (1891–1973) viel beachtete *Verfassungslehre* von 1959. Ihr Verfasser unterteilt die politischen Systeme nach dem Primärkriterium Art und Anzahl der Machtträger in Autokratien und konstitutionelle Demokratien. Auf dieser Grundlage wird weiter differenziert. Die Autokratien unterteilt Loewenstein nach der Reichweite von Macht und Herrschaft in autoritäre und totalitäre Regime. Die Sowjetunion unter Stalin und das Deutschland der Jahre von 1933 bis 1945 sind Paradebeispiele des – buchstäblich alle Bereiche des Lebens erfassenden – Totalitarismus. Als Unterformen der autoritären Regime, die weniger umfassend in die Lebenswelt der Bürger hineinregieren, wertet Loewenstein vor allem die absolute Monarchie, den plebiszitären Cäsarismus, den Neopräsidentialismus und die Militärdiktatur. Die Demokratie gliedert Loewenstein in sechs Haupttypen. Diese ordnet er im Wesentlichen auf einer Achse, die vor allem die Zahl der Herrschenden erfasst (mit Ausnahme der an sechster Stelle erwähnten Staatsform) und teilweise den Unterschied zwischen extremer und gemäßigter Demokratie. Diese Achse reicht von der unmittelbaren Demokratie über die Versammlungsregierung, die parlamentarische Regierung, die Kabinettsregierung beispielsweise nach britischem Vorbild *(cabinet government)* und den Präsidentialismus bis zur Direktorialdemokratie auf Basis einer Kollegialregierung nach Schweizer Art (Loewenstein 1975, S. 69).

Dass die Typologien der Vergleichenden Regierungslehre nicht nur der Beschreibung und der wertenden Rangreihung von Institutionen dienen, sondern auch Prozesshaftes erfassen, beispielsweise die Störanfälligkeit, zeigt unter anderem die Unterscheidung zwischen parlamentarischen und präsidentiellen Regierungssystemen. Das Hauptunterscheidungsmerkmal der parlamentarischen Demokratie im Vergleich zur Präsidialform ist die Abberufbarkeit der Regierungschefs durch die Legislative (Steffani 1981). In der parlamentarischen Demokratie sind Amtsdauer und Amtsführung der Regierung grundsätzlich vom Vertrauen der Parlamentsmehrheit abhängig. In ihr kann die Parlamentsmehrheit die Regierung abberufen.

Im präsidentiellen System hingegen sind Regierung und Parlament voneinander relativ unabhängig, und hier kann das Parlament den Regierungschef nicht abberufen – mit Ausnahme der Amtsenthebungsklage. Überdies erkennt man den Präsidentialismus an der Einköpfigkeit der Exekutive: Die Rolle des Regierungschefs und des Staatsoberhaupts sind in einem Amt vereint, dem des Präsidenten. Das Paradebeispiel der präsidentiellen Demokratie sind die Vereinigten Staaten von Amerika, während Großbritannien und die Bundesrepublik Deutschland parlamentarische Regierungssysteme verkörpern. Frankreich wird mitunter als Mischform eingestuft, als «parlamentarisches Regierungssystem mit Präsidialdominanz» (Steffani 1992) oder als «Semipräsidentialismus» (Duverger).

Präsidentielle Regierungsformen unterscheiden sich von den parlamentarischen meist auch in prozessualer Hinsicht. So kennzeichnet die «Schicksalsgemeinschaft» (Steffani 1992) von Regierung und Opposition die parlamentarische Demokratieform. In ihr stehen sich – im Unterschied zur konstitutionellen Monarchie – nicht Regierung und Parlament gegenüber, sondern die parlamentarische Opposition auf der einen und die Parlamentsmehrheit sowie die von ihr gestützte Regierung auf der anderen Seite. In der parlamentarischen Demokratie spielt der Oppositionsführer naturgemäß eine herausragende Rolle. Die Opposition im House of Commons ist das Paradebeispiel. Im Präsidialsystem hingegen gibt es den Oppositionsführer im britischen Sinn nicht. Doch ist dem politischen Prozess im Präsidentialismus eine nicht minder lebhafte Dynamik eigen, die sich aus dem Zwang speist, von Gesetzgebung zu Gesetzgebung verschiedenartige, meist parteienübergreifende Koalitionen zu schmieden.

Auch die Störanfälligkeit unterscheidet die verschiedenen Regierungsformen. Die «Tendenz zur Diktatur» gefährde vor allem die Präsidialform der Demokratie, die Diskontinuität die «Kabinettsform», die Anarchie die «Parlamentsform» und die Bürokratisierung die «Ratsform» nach Schweizer Art, so urteilte, um nur ein Beispiel zu erwähnen, C. J. Friedrich (1966, S. 30ff.). Friedrichs These, die Hauptgefährdung der Präsidialform liege in ihrer Neigung zur Diktatur, war allerdings zu sehr vom Zusammenbruch der Weimarer Republik und der Erfahrung instabiler lateinamerikanischer Präsidentialsysteme geprägt.

3.2 Demokratieformen im Vergleich

Dennoch können diese und andere Fragestellungen, Konzepte und Thesen der älteren vergleichenden Verfassungslehre auch heute noch gewinnbringend rezipiert werden. Allerdings wird das Instrumentarium der Vergleichenden Regierungslehre mittlerweile von der neueren vergleichenden Analyse politischer Systeme ergänzt. Diese durchleuchtet insbesondere die Differenz zwischen Demokratie und Autokratie genauer (vgl. Abschnitt 3.3) und berücksichtigt – neben systematischerer Erkundung des politischen Prozesses – auch die Staatstätigkeit sowie das ökonomische und soziale Umfeld der Regierungssysteme (vgl. Abschnitt 3.4).

Überdies werden heutzutage die Formen der Demokratie aufwendiger und differenzierter bestimmt als in der älteren Vergleichenden Regierungslehre oder in der Staatsformenlehre von Aristoteles oder Hobbes.

Ein Beispiel ist die Unterscheidung zwischen Mehrheitsdemokratien (wie in Großbritannien oder Schweden) und nichtmajoritären Demokratien (wie in der Schweiz). Letztere tragen Bezeichnungen wie «Konkordanzdemokratie» (Lehmbruch 1992; englisch *consociational democracy*, Steiner 2002), «Konsensusdemokratie» (englisch *consensus democracy*, so Lijphart 1999) oder «Verhandlungsdemokratie». Gemeint sind Demokratien, die im Unterschied zur Mehrheitsdemokratie Konflikte überwiegend nicht durch Mehrheitsentscheid regeln, sondern durch Verhandlung, Kompromiss und im Extremfall Einstimmigkeit.

Man nehme als Beispiel die Konkordanzdemokratie. Sie bezeichnet ein demokratisches Regime in einer sozial tief gespaltenen Gesellschaft, das gekennzeichnet ist durch (a) Machtaufteilung, insbesondere gemeinschaftliche Willensbildungs- und Entscheidungsprozesse in Angelegenheiten allgemeiner Bedeutung, und zwar mit gesicherter Beteiligung der Repräsentanten aller wichtigen Segmente der Gesellschaft (wie Klassen oder Konfessionen), (b) Autonomie jedes einzelnen Segments in allen anderen Belangen, (c) ferner – als supplementäre Merkmale – Proportionalität der politischen Repräsentation, der Ernennung von Beamten und der Allokation von Fonds sowie (d) gesicherte Vetorechte für die politischen Vertretungen der Segmente. In der Konkordanzdemokratie werden somit – im Unterschied zur reinen Mehrheitsdemokratie – Minderheiten an den Entscheidungsprozessen mit gesicherten Teilhaberechten beteiligt, beispielsweise durch Einbindung oppositioneller Parteien in die Regierung einer Allparteienkoalition, und durch Vetorechte gestärkt. Hinzu kommt die Absicherung der Kompromissverfahren durch Proporz- oder Paritätsregeln bei der Besetzung öffentlicher Ämter («Proporzdemokratie»). Häufig schließen Parität und Proporz die Teilhabe an staatlichen Zuwendungen – z. B. Sozialleistungen oder öffentlich finanzierte Arbeitsplätze – und Zugang zu den öffentlich-rechtlichen Medien ein.

Die Konkordanzdemokratie entwickelte sich zunächst vor allem in kleineren, gesellschaftlich zerklüfteten kontinentaleuropäischen Ländern. Besonders die Schweiz und die Niederlande wurden diesem Typ zugeordnet. Österreich und Belgien galten ebenfalls lange als Paradebeispiele konkordanzdemokratischer Praxis. Konkordanzstrukturen findet man ferner in der Europäischen Union. Auch im politischen System der Bundesrepublik kommen konkordanzdemokratieartige Praktiken zum Zuge. Zu denken ist dabei an die verhandlungsdemokratischen Praktiken in der Selbstkoordination der Bundesländer in der Bildungspolitik, an das Beziehungsgeflecht zwischen Bund und Ländern bei zustimmungspflichtigen Gesetzen sowie bei der Planung und Durchführung von Gemeinschaftsaufgaben nach Artikel 91a und 91b des Grundgesetzes. Als voll gültige Konkordanzdemokratie zählt ein politisches System allerdings erst, wenn «wichtige Entscheidungsprozesse auf der Ebene der Zentralregierung formal oder durch informelle Prozeduren außerparlamentarischer Verständigung von der Maxime des gütlichen Einvernehmens beherrscht sind» (Lehmbruch 1992, S. 208). Insoweit ist die Bundesrepublik Deutschland auf einem

Kontinuum, das von der Konkurrenz- zur Konkordanzdemokratie reicht, als Mischform einzustufen, als ein von Elementen der Mehrheits- und Konkordanzdemokratie geprägtes politisches System.

Wie der Mehrheitsdemokratie werden auch der Konkordanzdemokratie eigentümliche Stärken und Schwächen nachgesagt. Zu den Vorteilen der Mehrheitsdemokratie zählt beispielsweise die klare, transparente Aufgabenteilung zwischen Regierung und Opposition, während die Opposition in der Konkordanzdemokratie mitunter zum mehr oder minder sichtbaren Mitregenten wird. Auch werden die Mehrheitsdemokratien meist dafür gelobt, dass sie rascher stabile Regierungen hervorbringen und zudem aufgrund ihrer großen Machtwechselwahrscheinlichkeit offener für größere Kursänderungen sind – und offener für Innovationen. Überlastet werden Mehrheitsdemokratien allerdings vom Minderheitenschutz und von der Aufgabe, tief zerklüftete Gesellschaften zusammenzuhalten. Unter diesen Bedingungen erweist sich das Mehrheitsprinzip eher als Sprengkraft denn als Kohäsionsfaktor. Integration von gespaltenen Gesellschaften hingegen ist ein Vorteil der Konkordanzdemokratie. Ferner kommen in ihr meist nichtnullsummenspielartige Entscheidungssituationen zustande. Für die Beteiligten lohnt sich damit die Kooperation, weil diese für alle Partizipierende höheren Nutzen abwirft als die Kooperationsverweigerung. Ferner ist der Konkordanzdemokratie zugute zu halten, dass die Kosten, die nach gefasster Entscheidung in der Phase des Vollzugs anfallen, in der Regel viel geringer als bei Konfliktregelung durch Majorz oder Hierarchie sind, weil sie mögliche widerständige Interessen in der Regel schon in der Willensbildung eingebunden und entschärft hat.

Allerdings sind auch der Konkordanzdemokratie erhebliche Schwächen eigen. Die hohen Mehrheitsschwellen oder das Einstimmigkeitsprinzip sorgen für sehr hohe Entscheidungskosten, wie Langwierigkeit, Blockadeanfälligkeit und die Neigung, zwecks Konsensbildung den kleinsten gemeinsamen Nenner oder den Weg des geringsten Widerstandes auch in den Fällen zu wählen, wo dies nicht sachdienlich ist.

Mit dem gleichzeitigen Auftreten von Vor- und Nachteilen stehen die Mehrheits- und die Verhandlungsdemokratien nicht allein. Dieses Schicksal teilen sie mit anderen Demokratiepaaren, mit der Repräsentativ- und Direktdemokratie beispielsweise, mit Lijpharts «Mehrheits-» und «Konsensdemokratie», den präsidentiellen und parlamentarischen Regierungsformen, den föderalistischen und einheitsstaatlichen Ländern und den Demokratien mit hoher und mit geringer Vetospielerdichte[1] (vgl. Wachendorfer-Schmidt 2000; Schmidt 2002).

3.3 Staatsformenlehre im Zeichen der Differenz von Demokratie und Autokratie sowie von Totalitarismus und Autoritarismus

Der Unterschied zwischen despotischer und nichtdespotischer Herrschaft beherrschte von Anfang an die Debatte über Wert und Unwert politischer Herrschaftsordnungen. Die Bezeichnungen für diese Ordnungen allerdings wandelten sich (Münkler/Llanque 2000a, 2000b). «Demokratie» beispielsweise hatte lange Zeit die Bedeutung einer misslungenen, einer despotischen Staatsform. Vereinzelt schon im 19. Jahrhundert, in vollem Umfang seit den «Demokratisierungswellen» (Huntington 1991) im 20. Jahrhundert ist das anders. Seither gilt die Demokratie weithin als die beste aller jemals getesteten Staatsformen – und alle anderen Regime zählen als mehr oder minder mängelbehaftet. Mittlerweile aber wird die Trennlinie vor allem zwischen Demokratie und Diktatur gezogen – oder zwischen Demokratie und Autokratie. Deren genauere Messung ist seit einigen Dekaden Gegenstand einer regen Forschung, die vor allem in den USA entwickelt und weitergeführt wurde (Überblick bei Schmidt 2000, S. 389–424). Aus ihr ragen die – seit 1971 jährlich durchgeführten – weltweiten Messungen der politischen Rechte und der Bürgerrechte heraus, für die Freedom House, eine Non-Profit-Organisation mit Sitz in Washington, D. C., verantwortlich zeichnet (z. B. Freedom House 2001). Hinzu kommen die – ebenfalls international vergleichenden, aber bis ins 19. Jahrhundert zurückreichenden – Messungen des institutionellen Demokratie- und Autokratiegrades im *Polity*-Projekt (Jaggers/Gurr 1995), um nur zwei Beispiele zu erwähnen. Der Vorteil dieser Demo-

---

1 «Vetospieler» ist der Fachausdruck für einen Individual- oder Kollektivakteur (z. B. einen Koalitionspartner oder die Mehrheit des Bundesrates), dessen Zustimmung unabdingbar für die Herbeiführung eines Politikwandels (z. B. durch ein Gesetz) ist; vgl. Tsebelis (2002).

kratie- und Autokratiemessungen liegt unter anderem darin, dass sie sowohl die Extremformen beider Regime als auch abgemilderte Formen und Mischverfassungen sehr viel genauer erfassen und ferner darin, dass sie Quer- und Längsschnittdaten über viele Länder und viele Jahre bereitstellen und somit Konstanz und Wandel der Staatsverfassungen genauer widerspiegeln, als es bislang möglich war.

Bei der systematischen Beobachtung der Demokratien und der Autokratien sind im Vergleich zur älteren Regierungslehre große Fortschritte zu verzeichnen. Davon zeugt auch die Lehre von den Autokratien, die vor allem im 20. Jahrhundert durch den Aufstieg und Niedergang von totalitären Systemen, aber auch von der Persistenz vieler autoritärer Regime Nahrung erhielt.

Die klassische Differenz zwischen Demokratie und Diktatur hatte die Vergleichende Regierungslehre im Wesentlichen an viererlei festgemacht. Die Legitimation des Herrschaftssystems ist in der Demokratie autonom und in der Diktatur heteronom, fremdbestimmt. Die Struktur des Gesellschaftssystems ist dort, wo das Volk herrscht, heterogen und in der Diktatur homogen. Die Organisation des Regierungssystems der Demokratie ist idealtypisch gezeichnet pluralistisch, in der Diktatur hingegen monistisch. Und aus diesem Blickwinkel herrscht in der Demokratie immerfort das Recht, während das Recht in der Diktatur unter dem Vorbehalt des Politischen steht (Fraenkel 1970).

Diese idealtypisierende Beobachtung ist lehrreich, aber unvollständig. Scharfe Konturen gewinnt der Beobachter erst durch präzise Bestimmung der Vielgliedrigkeit und der Abstufungen der Demokratien und Autokratien. Autokratie beispielsweise ist die Sammelbezeichnung für unterschiedliche Regime, für totalitäre ebenso wie für autoritäre. Ein totalitäres Regime akzeptiert keine nennenswerte Grenze zwischen dem öffentlichen und dem privaten Bereich und reglementiert die Gesamtheit des gesellschaftlichen (gegebenenfalls auch des wirtschaftlichen) Lebens. Totalpolitisierung ist sein Markenzeichen.

Realgeschichtlich bezog sich die Lehre vom totalitären Staat insbesondere auf den italienischen Faschismus und den deutschen Nationalsozialismus von 1933 bis 1945 und sodann auf Selbstverständnis und Regierungspraxis des Stalinismus in der Sowjetunion. Bahnbrechend war unter anderem die Lehre vom Totalitarismus in den Studien von Carl J. Friedrich und Zbigniew Brzezinski (1956). Ihrer viel zitierten idealtypischen Definition zufolge zeichnen sich totalitäre Herrschaftsordnungen durch sechs Primärphänomene aus: 1. eine Ideologie, die heilsgeschichtliche Züge trägt und tendenziell alle Bereiche des öffentlichen und privaten Lebens umfasst, 2. eine politische Partei, die hierarchisch geordnet, typischerweise auf einen Führer zugeschnitten und der Bürokratie und dem Staat insgesamt übergeordnet ist, 3. systematischer Terror gegen Gegner oder gegen Gruppierungen, die zum Feind erklärt werden, 4. das Nachrichtenmonopol der politischen Führung, 5. ihr Waffenmonopol und 6. die Unterwerfung der Wirtschaft unter die politische Kontrolle von Partei und Staat.

Man hat verschiedentlich die Totalitarismustheorie für ihre relativ einfache, zur Abstraktion neigende und statische Konzeption gescholten und auch dafür kritisiert, große Unterschiede beispielsweise zwischen dem Stalinismus und dem Nationalsozialismus zu verdecken. Aus den konstruktiven Beiträgen zur Debatte ragt Giovanni Sartoris Vorschlag hervor, die Dimensionen des Totalitären als Variablen zu betrachten und die jeweiligen Ausprägungen des Totalitarismus nach folgenden Gesichtspunkten zu erfassen: 1. Ideologie (und zwar anhand des Unterschieds zwischen starker oder totaler Ideologie), 2. Penetration im Sinne des Grades der Politisierung der Zivilgesellschaft, 3. Stärke des Zwangs, der Extraktion und der Mobilisierung, 4. Grad der Unabhängigkeit einzelner Sozialgruppen, 5. Ausmaß der Repression gegnerischer Gruppen, 6. Ausmaß der Willkür und 7. Ausmaß der Zentralität der Staatspartei.

Vom Totalitarismus unterscheiden sich autoritäre Regime durch ein spürbar geringeres Politisierungsniveau. Die Definitionen und Operationalisierungen variieren, doch zählen die folgenden Merkmale gemeinhin zum Kern jedes autoritären Regimes: 1. die Herrschaft selbst ernannter Führungsschichten oder eines selbst ernannten Führers, oder im Falle einer gewählten Führung ihre Nichtabwählbarkeit, 2. ein stark eingeschränkter Pluralismus in der Politik, 3. geringe Chancen authentischer Artikulation und Bündelung von Interessen zu entscheidungsfähigen Alternativen, 4. schwache institutionelle Sicherungen und Gegenkräfte gegen die Exekutive und entsprechend ein weiter Handlungsspielraum der Herrschenden, 5. die Vorherrschaft von nichtauthentischen Partizipationsformen (beispielsweise manipulierte Wahlen mit Wahlpflicht), sofern die politische Beteiligung der Massen überhaupt erwünscht ist, 6. die Verpflichtung der Bürger auf eine meist relativ diffuse Ideologie, häufig Nationalismus oder Patriotismus, und 7. die massive Eingrenzung individueller Freiheitsräume, jedoch bei grundsätzlicher Respektierung politikferner Privatangelegenheiten.

Neben den Gemeinsamkeiten autoritärer Regime sind auch ihre Unterschiede berichtenswert. Juan Linz hat diese Regime zu sieben Haupttypen gruppiert, und zwar vor allem nach dem Grad des Pluralismus, der Partizipation und der Verpflichtung auf eine bestimmte Ideologie. Linz unterscheidet dabei zwischen (a) bürokratisch-militärischem Autoritarismus, (b) organisch-etatistischer Ordnung, (c) postdemokratischem autoritärem Mobilisierungsregime, (d) postkolonialem autoritärem Mobilisierungsregime, (e) rassistischer oder ethnischer «Demokratie», (f) unvollkommenem und prätotalitärem Regime und (g) posttotalitärem Regime.

Dass Unterschiede zwischen autoritären und totalitären Regimen bestehen und die Gruppe der autoritären Länder in eine Vielzahl von Unterformen zerfällt, liegt auf der Hand. Dieser Befund wurde auch in der Analyse der Staatspraxis beispielsweise der sozialistischen Staaten bestätigt (von Beyme 1975). Aber wodurch unterscheiden sich all diese Länder von den Demokratien? Die Standardantwort hierzu lautet: in den meisten Politikfeldern durch geringere «politische Produktivität» (Almond/Powell 1996, S. 144ff.) der Diktaturen und hohe politische Produktivität der Demokratien. So lautete das Hauptergebnis der meisten Ost-West-Vergleichsstudien zwischen den westlichen Demokratien und den sozialistischen Staaten unter Führung der Sowjetunion, so auch die *Materialien zum Bericht zur Lage der Nation im geteilten Deutschland* (1987), die Beiträge zu Hans-Günter Hockerts Vergleich von Bundesrepublik und DDR (1998) und der Deutschland-Vergleich von Peter Graf Kielmansegg (2000). Die Ausnahme davon bestand insbesondere aus konvergenztheoretisch geprägten Analysen, die in der technisch-wissenschaftlichen Natur der Industriegesellschaft, gleichviel ob marktwirtschaftlich oder planwirtschaftlich organisiert, die entscheidende Größe sahen (Pryor 1968).

«Politische Produktivität» meint im Wesentlichen die Gewährleistung von zwei Arten begehrter politischer Güter: Güter, auf die vor allem Demokratien setzen, und Güter, nach denen im Grundsatz alle Regime streben (Roller 2001). Zum Katalog der politischen Produktivität zählen deshalb Indikatoren der wichtigsten Demokratie-spezifischen Güter wie Freiheit, politische Gleichheit, Beteiligung der erwachsenen Bevölkerung insbesondere bei der Wahl und Abwahl der politischen Führung, Responsivität der politischen Führung, Balancierung der Staatsgewalten, politische Unterstützung und Akzeptanz sowie prozedurale Gerechtigkeit. Hinzu kommen Anzeiger Regimeunspezifischer Güter wie Streben nach Sicherheit der Bürger vor individuellem Übergriff, Verteidigungsfähigkeit nach außen, Mehrung wirtschaftlicher Wohlfahrt und Anpassungsfähigkeit.

Allerdings lehren genauere Erkundungen, dass die Standardantwort auf die Frage, worin sich Demokratien von Autokratien unterscheiden, der Korrektur bedarf. Denn nicht alle Demokratien schneiden gleich gut ab. Und nur ein Teil von ihnen verdient hohes Lob. Die relativ beste Staatsverfassung, so lässt sich der Forschungsstand vereinfachend zusammenfassen, ist die etablierte Demokratie mit Rechtsstaat, wirksamem Schutz der Bürgerrechte, hohem Wohlstand und zukunftsfähiger politischer Steuerung. Diese Regime finden sich am ehesten im Kreis der europäischen und nordamerikanischen Industriestaaten sowie verwandten Ländern wie Australien, Neuseeland und Japan (Lijphart 1999; Schmidt 2002). Weitaus schwächere politische Leistungsprofile kennzeichnen hingegen die vielen jüngeren Demokratien und überhaupt die demokratischen Regime, die wenig verwurzelt sind – gemessen an der aktiven oder diffusen Unterstützung seitens des Stimmvolks und an der Existenz demokratiefreier Enklaven, die aus Demokratien «defekte Demokratien» (Merkel 1999) machen.

3.4 Politische Systeme, Politikumfeld und Staatstätigkeit im Vergleich

«Comparative Government» war das Leitmotiv der Vergleichenden Regierungslehre. Vor allem seit den 50er Jahren des 20. Jahrhunderts kam der systematische Vergleich ganzer politischer Systeme hinzu. Zudem erweiterte sich der Beobachtungsblickwinkel: Systematischer als zuvor nahm der Vergleich alle drei Dimensionen des Politischen ins Visier – also Form, Prozess und Inhalt. Überdies wurde das sozioökonomische und -kulturelle Umfeld der Politik ebenfalls berücksichtigt – und vor allem seit den 1970er Jahren auch die Staatstätigkeit. Diese Erweiterung spiegelte den Vormarsch des interkulturellen Vergleichs ebenso wider wie neuere Entwicklungen in der Politikwissenschaft, unter anderem die Rezeption der strukturell-funktionalen Systemtheorie, der Kulturanthropologie, der Kybernetik sowie der Modernisierungstheorien marxistischer und nichtmarxistischer Richtung. Hinzu kam die Weiterentwicklung der institutionalistischen Denkrichtungen, der Forschung zur Staatstätigkeit und der Erforschung von *governance*, also der politischen Leitung und Führung in Staat, Gesellschaft oder Wirtschaft.

Ein Beispiel hierfür sind Gabriel A. Almond et al. (2000), die politische Systeme vor allem anhand von drei Schlüsselvariablen typologisieren: sozioökonomischer Entwicklungsstand, Regime und Staatstätigkeit.

Nach dem Grad der sozialökonomischen Entwicklung werden – erstens – die Industriestaaten von den vorindustriellen sowie den sich industrialisierenden Ländern unterschieden. Zu den Industriestaaten gehören im Wesentlichen die Mitgliedstaaten der Organisation für Ökonomische Entwicklung und Zusammenarbeit (OECD) und – vor dem Zerfall der europäischen sozialistischen Staaten – die sozialistischen Industrieländer. Nach der Beschaffenheit der politischen Inputs des Entscheidungs- und Willensbildungsprozesses wird – zweitens – zwischen Demokratie und autoritärem Regime differenziert. Die Demokratien finden sich überwiegend im Kreis der OECD-Mitgliedsländer wieder. Beispiele für autoritäre Regime sind Spanien in der Ära Franco (1938–1975), Griechenland unter der Militärregierung (1967–1974), Chile in der Periode der Pinochet-Diktatur (1973–1988) und Brasilien während der Herrschaft der Generäle (1964–1985). Ein drittes Klassifikationskriterium gibt die Politik im Sinne von Staatspraxis zur Hand. Mit ihm werden politische Systeme nach dem Ausmaß gruppiert, in dem sie den Einfluss des Staates auf die Wirtschaft begrenzen. Hierauf gründen Almond et al. ihre Unterscheidung zwischen marktorientierten und sozialdemokratischen Regierungen im Kreis der Demokratien und zwischen konservativen und radikalen Fällen unter den autoritären Industriestaaten.

Davon weicht die Unterteilung der vorindustriellen und der sich industrialisierenden Staaten ab. Diese gliedern sich in autoritäre und in demokratische Übergangsregime. Die autoritären Regime wiederum zerfallen in sechs Untertypen: 1. neotraditionale Herrschaft (wie Saudi-Arabien und die Scheichtümer am Persischen Golf), 2. persönliche Herrschaft (hier ist der Herrscher zugleich Besitzer und Ausbeuter, wie Zaire während der Präsidentschaft Mobutus), 3. klerikale Mobilisierungsregime (sie basieren auf religiöser Autorität, sind antisäkular und autoritär, aber nicht traditional und nicht technokratisch, so vor allem die islamischen Staaten der Dritten Welt), 4. technokratisch-repressive Regime (sie favorisieren Wirtschaftswachstum, meistens in Koalition von Militär, zivilen Technokraten und Wirtschaft, und neigen dazu, Partizipationsbegehren zu unterdrücken, z. B. Indonesien und Staaten des Mittleren Ostens wie Irak, Syrien und Ägypten), 5. technokratisch-distributive Regime (diese sind egalitärere Versionen eines sich modernisierenden Landes wie Südkorea vor der Demokratisierung) und 6. technokratisch-mobilisierende Staatsformen, die typisch für vorindustrielle kommunistische Länder (China, Nordkorea) sind und in milderer Form auch für Taiwan.

Haben die modernen vergleichenden Analysen politischer Systeme die Suche nach der besten Staatsverfassung aufgegeben? Fast will es so scheinen – bemüht man sich doch vorrangig um möglichst wertneutrale exakte Beschreibung anhand von Indikatoren wie Stand wirtschaftlicher Entwicklung, Regime und Staatspraxis. Allerdings ist eine normative Richtung allein durch die Auswahl der Messlatten und durch evaluative Kriterien gegeben. Bevorzugte Bewertung erhalten Herrschaftsordnungen, die Staatsgewalten kontrollieren und die Teilhabe- und Schutzrechte der Staatsbürger wertschätzen. Bevorzugt werden sodann säkularisierte Herrschaftsformen – aber ein gottesfürchtiger oder gar theokratisch ausgerichteter Politikwissenschaftler könnte hierin zu viel Säkularisierung sehen. Auch ist die implizite Rangreihung in den meisten Fällen klar. Die moderne vergleichende Analyse politischer Systeme favorisiert überwiegend die Demokratie, wenngleich mit wichtigen Unterschieden: Dem einen ist vor allem der demokratische Verfassungsstaat wichtig, dem anderen die möglichst ungebrochene Volksherrschaft. Ferner stuft die Komparatistik den überdurchschnittlichen Entwicklungsstand der Ökonomie als höherwertig ein als einen niedrigen Stand der Wirtschaftskraft. Hinsichtlich der Staatspraxis wird allerdings die Spannweite größer: Sieht der eine die Geschicke am besten bei der sozialdemokratisierten Politik aufgehoben, so verorten sie andere parteipolitisch bei Mitteparteien, bei liberalen, säkular-konservativen, rechtspopulistischen, grünen oder post-kommunistischen Parteien.

Die Frage nach der Qualität der politischen Systeme zwingt zu möglichst tiefenscharfer Beschreibung und Bewertung der institutionellen, der prozessualen und der inhaltlichen Dimension des Politischen. Vor allem bei der Erforschung der Inhalte, der Staatstätigkeit, hat die vergleichende Forschung besonders große Fortschritte gemacht. Gewiss, Fragen der politischen Gestaltung (engl. *policy*) haben auch schon die aristotelische Staatsformenlehre beeinflusst. Und viel später spielte Policy, so das mittlerweile ins Deutsche übernommene Wort, auch eine Rolle in der Vergleichenden Regierungslehre. Allerdings interessierten dabei vorrangig die klassischen Ordnungsfunktionen des Staates, die Sicherheitspolitik nach innen und außen, Fragen der Diplomatie, Angelegenheiten der Justiz, aber auch der Beitrag des Staates zu Wohlstand, Verwaltung und Gesetzgebung, beispielsweise in Carl J. Friedrichs Werk über den neuzeitlichen Verfassungsstaat (Friedrich 1953, S. 40–130).

Systematisch vergleichende Staatstätigkeitsforschung folgte allerdings erst später. Davon zeugen unter anderem Werke wie Heidenheimer et al. (1990, 3. Aufl. – die 1. Auflage erschien 1975), Alber (1982), Castles (1982), Schmidt (1982), Scharpf (1987), Esping-Andersen (1990), Schmidt (1992, 1998), Kitschelt et al. (1999) sowie Pierson (2001). Die vergleichende Staatstätigkeitsforschung beschreibt und erklärt vor allem die Gemeinsamkeiten und Unterschiede der Staatspraxis in verschiedenen Ländern, besonders in den Demokratien. Diese Forschung deckte nicht nur von Land zu Land unterschiedliche Wege der Entwicklung auf, sondern auch unterschiedliche Problemlösungsfähigkeiten und auseinander strebende Leistungsprofile. Die europäischen Demokratien beispielsweise legen viel mehr Gewicht auf die Sozialpolitik; die meisten englischsprachigen Länder, aber auch Japan favorisieren hingegen die Wirtschaftspolitik. Hinzu kommen Differenzen in der Arbeitsteilung zwischen Staat und Markt. Möglichst viel Markt zählt in den USA viel mehr als in Nord- oder Mitteleuropa. Aber Nordeuropa *und* die meisten englischsprachigen Demokratien kümmerten sich früher und oft erfolgreicher als viele kontinentaleuropäische Staaten um soziale und ökonomische Chancengleichheit von Frauen und Männern. Ökologiebelange hingegen waren wiederum eine Domäne vor allem der europäischen Staaten – unter ihnen spielte Deutschland vor allem seit den 70er Jahren des 20. Jahrhunderts eine aktive Rolle.

Auch über die Gründe dieser Unterschiede und vieler anderer gibt die vergleichende Staatstätigkeitsforschung Aufschluss. Natürlich machen die sozialökonomischen und sozialkulturellen Ausstattungen und Probleme eines Landes einen Unterschied. Aber auch politische Parteien sind wichtige Weichensteller – an der Regierung und mitunter auch aus der Opposition heraus, insbesondere in föderalistischen Demokratien. Zudem können die außerparlamentarischen Machtverteilungen beispielsweise zwischen Arbeitgeber- und Arbeitnehmerverbänden die Staatspraxis beeinflussen. Von Gewicht sind auch politisch-kulturelle Traditionen. Noch stärker wirken die politischen Institutionen: Sie beschränken bestimmte Problemlösungen und ermöglichen andere. Nicht zu vergessen sind die Rückwirkungen inter- und transnationaler Konstellationen auf den Nationalstaat, die Globalisierung beispielsweise und die europäische Integration. Schlussendlich spielt überall das übernommene Politikerbe, also die Folgen früherer Politikentscheidungen, eine zentrale Rolle für politische Entscheidungen oder Nichtentscheidungen in der Gegenwart.

4 Perspektiven: gegenwärtige Tendenzen und zukünftige Entwicklungen

Die vergleichende Analyse politischer Systeme ist ein insgesamt solide entwickelter Zweig der Politikwissenschaft. Dass er alte und neue Wurzeln hat, ist in diesem Beitrag dargelegt worden. Der neueren und neuesten Komparatistik kam der Aufbau und Ausbau des Fachs Politikwissenschaft an den Universitäten und an großen, öffentlich finanzierten Forschungseinrichtungen zugute, während die Ressortforschung der Ministerien und private Forschungsförderungseinrichtungen dieses Gebiet mit einer Ausnahme nahezu vollständig ausklammern. Die Ausnahme war die Förderung des Ost-West-Vergleichs, vor allem des DDR-Bundesrepublik-Vergleichs, von den 1950er Jahren bis zum Fall der sozialistischen Staaten in Mittel- und Osteuropa. Befördert wurde die vergleichende Analyse politischer Systeme auch durch die Gelegenheit zur internationalen Zusammenarbeit, so im Rahmen der *International Political Science Association* und dem *European Consortium of Political Research*.

Große Umwälzungen von Staatsverfassungen haben seit jeher dem Systemvergleich Anstöße und Untersuchungsgegenstände gegeben. Allein nur ein Blick auf das vergangene Jahrhundert verdeutlicht dies: Dies war das Jahrhundert, in dem totalitäre Diktaturen an die Macht gelangten. Zu ihnen zählten Diktaturen, die aus dem Zerfall von Demokratien hervorgegangen waren, so die nationalsozialistische Diktatur. Das 20. Jahrhundert war aber auch – nach 1945 – ein Zeitabschnitt der Entkolonialisierung und daraus hervorgehender Neugründung von Staaten, die allerdings oft die hoch gesteckten Erwartungen enttäuschten und nicht selten in «Fassadendemokratien» oder in krisengeschüttelten Autokratien stecken blieben. Das 20. Jahrhundert erlebte in seinem letzten Viertel aber auch einen bis dahin beispiellosen Siegeszug der Demokratie. Und an seinem Ende sowie zu Beginn des 21. Jahrhunderts standen mehr Demokratien als je zuvor in der Menschheitsgeschichte. Das weckte besonderes Interesse und befruchtet bis auf den heutigen Tag den Vergleich verschiedener Demokratieformen (beispielsweise Lijphart 1999) und die Erkundung der Wege und Irrwege, die vom autoritären Staat zur Demokratie führen, so beispielsweise Huntington (1991), Linz und Steppan (1996) sowie Merkel (1999). Aber auch die Forschung zu den Funktionsvoraussetzungen der Demokratie und den Barrieren gegen Demokratisierung, beispielsweise in islamischen Ländern, wurde von den Demokratisierungswellen seit den 70er Jahren des 20. Jahrhunderts beflügelt (Lipset 1994; Lipset/Seong/Torres 1993) und entwickelt sich beträchtlich weiter. So kann mit sehr hoher Wahrscheinlichkeit davon ausgegangen werden, dass Demokratien besonders günstige Verwurzelungs- und Überlebenschancen haben, wenn die folgenden Voraussetzungen erfüllt sind (und davon, dass diese Chancen in dem Maß sinken, in dem diese Voraussetzungen verfehlt werden):

1. Aufteilung bzw. Neutralisierung staatlicher Exekutivgewalt, vor allem wirksame zivile Kontrolle polizeilicher und militärischer Gewalt;

2. das Vorhandensein einer «MDP-Gesellschaft» (Dahl 1989, S. 251) im Sinne einer modernen, dynamischen, pluralistisch gegliederten Gesellschaft einschließlich einer pluralistischen Politikstruktur, in der die Machtressourcen weit gestreut und die Freiheitsgrade für die Masse der Bevölkerung groß sind;
3. die kulturell tief verankerte Wertschätzung individueller Autonomie und Freiheit, so in einer vom christlichen oder judäo-christlichen Glauben geprägten Religion;
4. ferner hierdurch bestärkte tief verwurzelte liberal-konstitutionelle Traditionen;
5. eine ethnisch relativ homogene Bevölkerung oder – im Falle ethnischer Heterogenität – die friedliche Regelung von Konflikten zwischen verschiedenen Volksgruppen;
6. völkerrechtliche Unabhängigkeit, unstrittige Grenzen und ein der Demokratie förderliches internationales Umfeld;
7. Barrieren gegen Einparteiendominanz, insbesondere ein Parlamentssitzanteil der stärksten Partei von dauerhaft weniger als zwei Drittel aller Abgeordnetensitze;
8. mit einiger Regelmäßigkeit erfolgende Regierungswechsel
9. sowie wirtschaftliche Entwicklung ohne lang währende Stagnation.

Weniger gut erforscht als die Demokratien sind die autokratischen Staaten, die es – trotz Demokratisierungswellen – immer noch in großer Zahl gibt. So haben die Auszählungen von Freedom House allein für das Jahr 2001 49 «nichtfreie» Staaten unter den 192 berücksichtigten Ländern identifiziert, in denen 36,4 Prozent der Weltbevölkerung leben. «Nichtfreie» Staaten sind Länder, in denen sowohl die politischen Teilhaberechte als auch die Bürgerrechte im Sinne des westlichen Verfassungsverständnisses dahinvegetieren. Addiert man die «halbfreien» zu den «nichtfreien» Staaten hinzu, klettert die Anzahl der Länder mit beträchtlicher oder vollständiger Autokratie sogar auf 106. Das ist die Mehrheit der Staaten der Welt und mit 58,6 Prozent auch die Mehrheit der Weltbevölkerung (Karatnycky 2002, S. 99–101). Erweitert man gar den Vergleich demokratischer und nichtdemokratischer Staatsverfassungen von der Gegenwart zur Vergangenheit und zieht man die Geschichte aller überlieferten Staatsformen in Betracht, wird ersichtlich, dass die Demokratie bislang eine Staatsform für eine

Minderheit war und im großen Gang der Weltgeschichte nur eine Nebenrolle spielte, während die Hauptrollen den verschiedenen Autokratien zukamen. Über die Funktionsweise der autokratischen Staaten, die genauen Bedingungen ihres Zusammenhalts und über ihre inneren Spannungen und Zerfallswahrscheinlichkeiten ist allerdings weniger bekannt. Dies wird man zu den Forschungslücken des Vergleichs zählen müssen – ebenso die genauere Analyse der Schwächen und Stärken des Leistungsprofils der verschiedenen Autokratien im Vergleich zu dem der diversen Demokratieformen.

Literatur

Alber, Jens: Vom Armenhaus zum Wohlfahrtsstaat. Analysen zur Entwicklung der Sozialversicherung in Westeuropa, Frankfurt a. M./New York 1982.

Almond, Gabriel A./Powell, Bingham Jr.: Comparative Politics: A Developmental Approach, Boston 1966.

Almond, Gabriel A./Powell, Bingham Jr./Strom, Kare/Dalton, Russell J.: Comparative Politics Today, Glenview, Ill. [7]2000.

Aristoteles: Nikomachische Ethik, Hamburg 1985.

Aristoteles: Politik, Hamburg 1990.

Beyme, Klaus von: Politik und Ökonomie im Sozialismus, München 1975.

Beyme, Klaus von: Der Vergleich in der Politikwissenschaft, München 1988.

Beyme, Klaus von: Die parlamentarische Demokratie – Entstehung und Funktionsweise 1789–1999, Opladen 1999.

Bill, James A./Springborg, Robert: Politics in the Middle East, New York [5]2000.

Castles, Francis G. (Hg.): The Impact of Parties. Politics and Policies in Democratic Capitalist States, London/Beverly Hills 1982.

Castles, Francis G.: Comparative Public Policy. Patterns of Post-war Transformation, Cheltenham 1998.

Dahl, Robert A.: Polyarchy. Participation and Opposition, New Haven/London 1971.

Dahl, Robert A.: Democracy and its Critics, New Haven/London 1989.

Esping-Andersen, Gøsta: The Three Worlds of Welfare Capitalism, Cambridge 1990.

Fraenkel, Ernst: Strukturanalyse der modernen Demokratie, in: ders.: Reformismus und Pluralismus, Hamburg 1973 (zuerst 1970), S. 404–433.

Freedom House: Freedom in the World. The Annual Survey of Political Rights & Civil Liberties 2000–2001, New York 2001.

Friedrich, Carl J.: Der Verfassungsstaat der Neuzeit, Berlin/Göttingen/Heidelberg 1953.

Friedrich, Carl J.: Demokratie als Herrschafts- und Lebensform, Heidelberg 1966.

Friedrich, Carl J./Brzezinski, Zbigniew K.: Totalitarian Dictatorship and Autocracy, Cambridge, Mass. 1956.

Hamilton, Alexander/Madison, James/Jay, John: The Federalist Papers, hg. von Clinton Rossiter, New York 1961 (englisch 1787 1788).

Heidenheimer, Arnold J./Heclo, Hughes/Teich Adams, Carolyn: Comparative Public Policy. The Politics of Social Choice in America, Europe and Japan, New York ³1990.

Hobbes, Thomas: Vom Bürger, in: ders., Vom Menschen – Vom Bürger (Elemente der Philosophie II/III), eingel. und hg. von Günter Gawlick, Hamburg 1959 (engl. 1642/1647), S. 59–338.

Hobbes, Thomas: Leviathan oder Stoff, Form und Gewalt eines kirchlichen und bürgerlichen Staates, hg. von Iring Fetscher, Frankfurt a. M. 1984 (engl. 1651).

Hobbes, Thomas: Behemoth oder Das Lange Parlament, hg. von Herfried Münkler, Frankfurt a. M. 1991 (engl. 1682).

Hockerts, Hans Günther (Hg.): Drei Wege deutscher Sozialstaatlichkeit. NS-Diktatur, Bundesrepublik und DDR im Vergleich, München 1998.

Huntington, Samuel P.: The Third Wave. Democratization in the late Twentieth Century, Norman 1991.

Immerfall, Stefan: Einführung in den europäischen Gesellschaftsvergleich. Ansätze – Problemstellungen – Befunde, Passau 1995.

Ismayr, Wolfgang (Hg.): Die politischen Systeme Osteuropas, Opladen 2002.

Ismayr, Wolfgang (Hg.): Die politischen Systeme Westeuropas, Opladen ²2002.

Jaggers, Keith/Gurr, Ted Robert: «Transitions to Democracy: Tracking the Third Wave with Polity III Indicators of Democracy and Autocracy», in: Journal of Peace Research 32, 1995, S. 469–482.

Jesse, Eckhard: Typologie politischer Systeme der Gegenwart, in: Theo Stammen et al. (Hg.): Grundwissen Politik, Bonn 1997, S. 239–312.

Karatnycky, Adrian: «The 2001 Freedom House Survey. Muslim Countries and the Democracy Gap», in: Journal of Democracy 13/1, 2002, S. 99–112.

Keman, Hans (Hg.): Comparative Democratic Politics, London 2002.

Kielmansegg, Peter Graf: Nach der Katastrophe. Eine Geschichte des geteilten Deutschlands, Berlin 2000.

Kitschelt, Herbert/Lange, Peter/Marks, Gary/Stephens, John D. (Hg.): Continuity and Change in contemporary Capitalism, Cambridge, Mass. 1999.

Lehmbruch, Gerhard: «Konkordanzdemokratie», in: Manfred G. Schmidt (Hg.), Die westlichen Länder (Lexikon der Politik, hg. von Dieter Nohlen, Bd. 3), München 1992, S. 206–211.

Lehmbruch, Gerhard: Proporzdemokratie: Politisches System und politische Kultur in der Schweiz und in Österreich, Tübingen 1967.

Leibfried, Stephan/Pierson, Paul (Hg.): Standort Europa, Frankfurt a. M. 1998.

Lijphart, Arend: Patterns of Democracy. Government Forms and Performance in Thirty-Six Countries, New Haven/London 1999.

Linz, Juan: Totalitäre und autoritäre Regime, Berlin 2000 (engl. 1975).

Linz, Juan/Stepan, Alfred: Problems of Democratic Transition and Consolidation. Southern Europe, South America, and Post-Communist Europe, Baltimore/London 1996.

Lipset, Seymour Martin: «The Social Requisites of Democracy Revisited», in: American Sociological Review 59, 1994, S. 1–22.

Lipset, Seymour Martin/Seong, Kyoung-Ryung/Torres, John Charles: «A comparative analysis of the social requisites of democracy», in: International Social Science Journal 45, 1993, S. 155–175.

Loewenstein, Karl: Verfassungslehre, Tübingen 1959 (engl. 1957).

Materialien zum Bericht zur Lage der Nation im geteilten Deutschland, Bundestags-Drucksache 11/11, Bonn 1987.

Merkel, Wolfgang: Systemtransformation. Eine Einführung in die Theorie und Empirie der Transformationsforschung, Opladen 1999.

Montesquieu, Charles: De l'esprit des lois, 2 Bde., hg. von Victor Goldschmidt, Paris 1979 (zuerst 1748).

Münkler, Herfried/Llanque, Markus: «Demokratie», in: Der neue Pauly. Enzyklopädie der Antike, Bd. 13, Stuttgart/Weimar 2000a, S. 721–738.

Münkler, Herfried/Llanque, Markus: «Diktatur», in: Der neue Pauly. Enzyklopädie der Antike, Bd. 13, Stuttgart/Weimar 2000b, S. 852–862.

Nohlen, Dieter/Nuscheler, Franz (Hg.): Handbuch Dritte Welt, 8 Bde., Bonn 1993–1995.

Pierson, Paul (Hg.): The New Politics of the Welfare State, Oxford 1991.

Pryor, Frederic: Public Expenditures in Communist and Capitalist Nations, London 1968.

Ragin, Charles C.: The Comparative Method, Berkeley/Los Angeles/London 1987.

Roller, Edeltraud: Die Leistungsfähigkeit von Demokratien. Eine Analyse des Einflusses politischer Institutionen auf die Effektivität von Politikern und Politikmustern in westlichen Demokratien 1974–1995, Freie Universität Berlin, Habilitationsschrift, Berlin 2001.

Sartori, Giovanni: «Totalitarianism, Model Mania and Learning from Error», in: Journal of Theoretical Politics 5, 1993, S. 5–22.

Scharpf, Fritz W.: Sozialdemokratische Krisenpolitik. Das «Modell Deutschland» im internationalen Vergleich, Frankfurt a. M./New York 1987.

Schmidt, Manfred G.: Wohlfahrtsstaatliche Politik unter bürgerlichen und sozialdemokratischen Regierungen. Ein internationaler Vergleich, Frankfurt a. M./New York 1982.

Schmidt, Manfred G. (Hg.): Die westlichen Länder (Lexikon der Politik, hg. von Dieter Nohlen, Bd. 3), München 1992.

Schmidt, Manfred G.: Sozialpolitik in Deutschland. Historische Entwicklung und internationaler Vergleich, Opladen [2]1998.

Schmidt, Manfred G.: Demokratietheorien. Eine Einführung, Opladen [3]2000.

Schmidt, Manfred G.: «Political performance and types of democracy: Findings from comparative studies», in: European Journal of Political Research 41, 2002, S. 145–162.

Seidel, Bruno/Jenkner, Siegfried (Hg.): Wege der Totalitarismus-Forschung, Darmstadt [3]1974.

Steffani, Winfried: «Parlamentarisches und präsidentielles Regierungssystem», in: Manfred G. Schmidt (Hg.), Die westlichen Länder (Lexikon der Politik, hg. von Dieter Nohlen, Bd. 3), München 1992, S. 288–295.

Steffani, Winfried: Präsidentielles und parlamentarisches Regierungssystem, Opladen 1981.

Steiner, Jürg/Ertman, Thomas (Hg.): Consociationalism and Corporatism in Western Europe (Acta Politica Special Issue), Amsterdam 2002.

Tocqueville, Alexis de: De la Démocratie en Amérique, 2 Bde., hg. und eingel. von François Furet, Paris 1981 (zuerst 1835/40).

Truman, David B.: The Governmental Process. Political Interests and Public Opinion, New York 1951.

Tsebelis, George: Veto Players: How Political Institutions Work, Princeton 2002.

Wachendorfer-Schmidt, Ute (Hg.): Federalism and Political Performance, London 2000.

Zehnpfennig, Barbara: «Einleitung», in: dies. (Hg.): Alexander Hamilton, James Madison, John Jay: Die Federalist Papers, Darmstadt 1993, S. 1–44.

Wolfgang Merkel

2.3.2 Transformation politischer Systeme

1 Einleitung

Auf das 20. Jahrhundert kann man aus verschiedenen Perspektiven zurückblicken. Zunächst war es durch die beiden ersten globalen Kriege geprägt. Zurückblicken lässt sich darauf auch aus der Perspektive politischer Regime. Denn unter dem Signum der Moderne bildeten sich zum ersten Mal in der Geschichte voll entfaltete totalitäre Herrschaftssysteme aus. Deren Archetypen – die Sowjetunion Lenins und der italienische Faschismus Mussolinis – mündeten schließlich in die monströsen Unterdrückungsregime des deutschen Nationalsozialismus und des sowjetischen Stalinismus. Es sind nicht die einzigen Beispiele totalitärer Herrschaft geblieben. Die VR China, Nordkorea, Albanien und Kambodscha folgten. Das vergangene Jahrhundert war also zweifellos auch das der totalitären Regime.

Nach dem Ende des Zweiten Weltkriegs öffnete sich jedoch mit dem Zusammenbruch und der erfolgreichen Demokratisierung der autokratischen Regime des Nationalsozialismus in Deutschland, des Faschismus in Italien und des Militarismus in Japan eine optimistischere

Perspektive. Diese zweite Demokratisierungswelle kann jedoch nur als Ouvertüre für die dritte, wirklich globale Demokratisierungswelle betrachtet werden. Sie nahm ihren Ausgang in den Jahren 1974 und 1975 mit dem Fall der letzten westeuropäischen Diktaturen in Griechenland, Portugal und Spanien, setzte sich seit Beginn der 1980er Jahre in Lateinamerika fort, erreichte danach Ostasien, um schließlich 1989 in Osteuropa und Zentralasien zu kulminieren. Selbst Afrika blieb von diesem globalen Trend nicht unberührt.

Zahlen belegen diesen säkularen Trend zur Demokratie im 20. Jahrhundert. Im Jahr 1900 hatte allein Neuseeland (seit 1893) mit dem allgemeinen, gleichen und freien Wahlrecht für Männer und Frauen das prozedurale Minimum demokratischer Herrschaft etabliert. 100 Jahre später hatten 114 von 191 Staaten demokratische Wahlen eingeführt. 58,2 Prozent der Weltbevölkerung bestimmten zu Beginn des 21. Jahrhunderts ihre Regierenden in freien Wahlen (Freedom House 2001). Zum ersten Mal in der Geschichte wird die Mehrheit der Staaten und der Weltbevölkerung demokratisch regiert.

Die Demokratie hat sich jedoch nicht evolutionär-linear über das 20. Jahrhundert durchgesetzt, sondern sie kam in Schüben, und es bedurfte zu ihrer Initiierung meist dramatischer, katalytischer Ereignisse. Die erste große Demokratisierungswelle[1] entfaltete sich unmittelbar nach dem Ersten Weltkrieg. Wenig später war zu Beginn der 1920er Jahre in 30 Ländern mit den allgemeinen, gleichen und freien Wahlen das prozedurale Minimum (Dahl 1971) demokratischer Systeme installiert. Es war erneut ein Weltkrieg, der mit seinem Ende 1945 eine weitere, die zweite Demokratisierungswelle auslöste. Die dritte Demokratisierungswelle begann mit militärischen Problemen Portugals in Afrika und Griechenlands auf Zypern Mitte der 1970er Jahre mit dem Fall der Diktaturen in Südeuropa; aber ihr eigentliches

---

1 Huntingtons Einteilung der Demokratisierungswellen folgt allein statistischen Messungen. Er definiert Demokratisierungswellen als «group of transitions from non-democratic to democratic regimes that occur within a specified period of time and that significantly outnumber transitions in the opposite directions during that period of time» (1991, S. 15). Vorschläge, die postkommunistischen Demokratisierungsprozesse in Osteuropa nach 1989 als «vierte Welle» zu bezeichnen, setzten sich nicht durch, auch wenn sie bisweilen inhaltlich gut begründet wurden (Beyme 1994).

Momentum erfuhr sie erst durch den Zusammenbruch der kommunistischen Regime in Osteuropa. Während alle drei Demokratisierungswellen durch dramatische, epochale Ereignisse getrieben wurden, kamen die autokratischen Gegenwellen unauffällig Schritt für Schritt. Insgesamt zählt Huntington (1991, S. 16) fünf Transformationswellen im vergangenen Jahrhundert, nämlich drei Demokratisierungs- und zwei Autokratisierungswellen *(reverse waves)*:

- die erste, lange Demokratisierungswelle: 1828–1922/26,
- die erste autokratische Gegenwelle: 1922/26–1942,
- die zweite, kurze Demokratisierungswelle: 1943–1962,
- die zweite autokratische Gegenwelle: 1958/62–1974,
- die dritte Demokratisierungswelle: 1974–(1995).[2]

Die hohe Zahl der Regimewechsel von autokratischen zu demokratischen bzw. demokratischen zu autokratischen Herrschaftsordnungen (und wieder zurück) machen das 20. Jahrhundert zum Zeitraum der Systemwechsel. Die historisch orientierte Politikwissenschaft (Bracher 1957) hat sich in den 1950er Jahren und dann in moderner und vergleichender Form vor allem in den 1970er Jahren auf die Gründe für das Scheitern von Demokratien konzentriert. Bahnbrechend erwies sich hier die «Breakdown-of-democracy»-Forschung von Juan Linz und seinen Mitarbeitern (Linz/Stepan 1978). Mit der dritten Demokratisierungswelle kam es aber zu einem Paradigmenwechsel in der politikwissenschaftlichen Transformationsforschung. In ihrem Verlauf hat sich eine bis heute anhaltende Beschäftigung mit den Ursachen, Verlaufsformen und Formbildungen von Demokratisierungsprozessen entwickelt (vgl. u. a. O'Donnell/Schmitter/Whitehead 1986; Huntington 1991; Przeworski 1991; Beyme 1994). Während dabei zunächst der Ablösung der autokratischen Regime das Hauptaugenmerk galt, verschob sich mit dem vorläufigen Ende der dritten Welle zunehmend das Erkenntnisinteresse. Verstärkt rückten Mitte der 1990er Jahre die Fragen nach den Bedingungen, Voraussetzungen und Möglichkeiten

---

2 Huntington, dessen Buch «The Third Wave» (1991) erschien, lässt das Ende der dritten Demokratisierungswelle noch offen. Die Stagnation der Zunahme der «elektoralen Demokratien» und des Rückgangs der «liberalen Demokratien» weisen jedoch auf das Ende der dritten Demokratisierungswelle Mitte der 1990er Jahre hin (vgl. Freedom House 1995ff.; Diamond 1996; Merkel et al. 2002).

langfristiger Konsolidierung in den Vordergrund (vgl. u.a. Linz/
Stepan 1996; Gunther/Diamandouros/Puhle 1995). In jüngster Zeit
richtet sich das analytische Augenmerk verstärkt auf hybride Regimeformen, die als «illiberale», «defekte» oder «delegative Demokratien»
aus den Systemwechseln hervorgegangen sind und sich auch langfristig zu stabilisieren beginnen (O'Donnell 1994; Zakaria 1997; Merkel/
Puhle et al. 2003).

Nach mehr als einem Vierteljahrhundert intensiver politikwissenschaftlicher Transformationsforschung ist mittlerweile ein theoretisch
anspruchsvoller und empirisch gehaltvoller Korpus an Literatur zu
den politischen Systemwechseln entstanden. Das Besondere an dem
Forschungsgegenstand, also dem Wechsel von politischen Herrschaftsordnungen, liegt darin, dass er fast alle zentralen Bereiche der
Politikwissenschaft umfasst: die Verfassungsstrukturen *(Polity)*, die
Parteien, Verbände, sozialen Bewegungen und Konfliktaustragungen
(Politics) sowie die Wirtschafts-, Rechts- und Sozialpolitik *(Policies)*.
Das folgende Kapitel soll Aufschluss geben über die wichtigsten Theo-
rien, Konzepte, Methoden, Begriffe, Erkenntnisse, Probleme und Desi-
derate der Systemwechselforschung.

2 Grundlagen: Theorien der Transformation

In der Transformationsforschung lassen sich vier große Theoriestränge erkennen: System-, Struktur-, Kultur- und Akteurstheorien (vgl.
Merkel 1999, S. 77ff.). Diese unterschiedlichen Ansätze suchen die Ursachen, Erfolge und Misserfolge demokratischer Systemwechsel in
unterschiedlichen sozialen Teilsystemen: Die systemorientierten Modernisierungstheoretiker suchen vor allem in Wirtschaft und Gesellschaft, die Strukturalisten im Staat und in den sozialen Klassen, die
«Kulturalisten» in Religion und Kultur und die Akteurstheoretiker in
der genuin politischen Handlungssphäre.

2.1 Systemtheorien
Im Hinblick auf die Transformationstheorien lässt sich die Systemtheorie in drei unterschiedliche Stränge gliedern: die frühe soziologische Systemtheorie in der Tradition von Talcott Parsons, die den Zu-

sammenhang von funktionalen Erfordernissen sozioökonomischer Systeme und der Herausbildung von sozialen und politischen Strukturen betont; die autopoietische Variante von Niklas Luhmann sowie die stärker politikwissenschaftliche Modernisierungstheorie seit Ende der 1950er Jahre. Systemtheoretische Ansätze entwickeln ihre besondere Erklärungskraft dann, wenn die für die Transformation ursächlichen Dysfunktionen des alten (autokratischen) Systems und die sozioökonomischen Möglichkeitsbedingungen des neuen (demokratischen) Systems herauszuarbeiten sind.

2.1.1 Talcott Parsons' Systemtheorie

Die moderne *soziologische Systemtheorie* geht auf Talcott Parsons (1854–1931) zurück, der das Theorem der funktionalen Differenzierung einführte. Damit lässt sich die Entwicklung von traditionalen zu modernen Gesellschaften als Ausdifferenzierung von sozialen Teilsystemen beschreiben: Ausgehend von der industriellen Revolution, differenzierten sich in den westlichen Gesellschaften Ökonomie und politische Herrschaft, politisches System und zivile Gesellschaft; überdies wurden religiöse Begründungen von sozialen Normen abgelöst. Mit diesem Differenzierungsprozess hat sich die Grundstruktur moderner Gesellschaften herausgebildet.

Der Weg in die Moderne ist bei Parsons normativ wie geschichtlich festgelegt und trägt universellen Charakter. Nur wenn Gesellschaften bestimmte «evolutionäre Universalien» ausbilden, könnten sie langfristig das Niveau ihrer Anpassungskapazität an die Umwelt und damit ihre eigene Existenz sichern. Zu den wichtigsten Universalien, die für moderne, funktional differenzierte Gesellschaften bestandsnotwendig sind, zählt Parsons' Bürokratie, Marktorganisation, universalistische Normen im Rechtssystem, demokratisches Assoziationsrecht und allgemeine, freie Wahlen (Parsons 1969, S. 57). Im Zuge ihrer Modernisierung lassen sich komplexe Gesellschaften nicht durch die autoritäre Oktroyierung sozialer Normen integrieren. Langfristig basiert die Integration auf der reflektierten Anerkennung der Werte und ihrer Internalisierung durch die Mitglieder einer Gesellschaft. Sozialer wie politischer Strukturwandel wird von Parsons konsequent als Wandel der normativen Kultur definiert. Damit dieser Wandel sich auf eine höhere, also modernere Gesellschaftsstufe hin entwickeln kann, sind demokratische Strukturen und Verfahren unverzichtbare Universalien.

2.1.2 Die autopoietische Systemtheorie

Niklas Luhmann (1927–1998) radikalisiert das Parsons'sche Theorem der funktionalen Differenzierung. Er hält dessen Vorstellung von der hierarchischen Position des politischen Systems über den anderen gesellschaftlichen Teilsystemen für eine Illusion. Luhmann zufolge bilden die Teilsysteme einen voneinander grundsätzlich verschiedenen basalen Kommunikationscode aus. Dieser wirkt dann wie eine «natürliche Autonomiesicherung» (Luhmann 1984, S. 81), die das jeweilige Teilsystem gegen effizienzmindernde Übergriffe anderer Codes (etwa jenem des politischen Systems) zumindest teilweise abschottet. Werden solche politisch oder religiös motivierten Übergriffe dennoch massiv und repressiv erzwungen, wie etwa in den kommunistischen Systemen, dem Iran der Scharia oder dem Afghanistan der Taliban, dann müssen diese Substitutionsversuche mit «Entdifferenzierung, d. h. mit Verzicht auf die Vorteile der funktionalen Ausdifferenzierung bezahlt werden» (ebd.).

Die Struktur dieser Argumentation lässt sich auf alle Systeme der einstigen kommunistischen Regime beziehen. In ihnen wurden Wirtschaftlichkeit, Wissenschaftlichkeit, Gesetzlichkeit und Fachkompetenz vom allgegenwärtigen politischen Code «sozialistisch/nicht-sozialistisch» dominiert, soweit dies administrativ möglich und repressiv nötig war.

Durch die künstliche und gewaltsame Installierung des kommunistischen Staates als allzuständige Spitze der Gesellschaft wurden deren Teilsysteme zu eng an die Politik angekoppelt. Der spezifische Kommunikationscode der Teilsysteme wurde aufgehoben. Effizienzverluste und Funktionskrisen in den Teilsystemen waren die Folge. Vor allem die dramatischen Effizienzverluste der Wirtschaft destabilisierten das politische System.

Das zentrale Argument der Systemtheorie heißt also: Wird die funktionale Differenzierung der gesellschaftlichen Teilsysteme blockiert und verhindert, führt dies langfristig zu Effizienz- und Legitimationskrisen, welche die Stabilität der Systeme untergraben. Wird die funktionale Differenzierung jedoch von den autokratischen Herr-

schaftseliten zugelassen oder gar gefördert, ergeben sich daraus ebenso systemgefährdende Entwicklungen. Dies hat kein Konzept besser
herausgearbeitet als die Modernisierungstheorie.

2.1.3 Modernisierungstheorie

Auf grundsätzlichen Theoremen von Talcott Parsons aufbauend, hat
Seymour Martin Lipset 1959 den *locus classicus* der modernisierungs-
theoretisch orientierten Demokratieforschung formuliert und *die* fundamentale Erfolgsbedingung der Demokratisierung benannt: «*The
more well-to-do a nation, the greater the chances that it will sustain
democracy*» (Lipset zit. nach der Ausgabe von 1981, S. 31).

Die wichtigste Bedingung erfolgreicher Demokratisierung heißt
also: wirtschaftliche Entwicklung und Überwindung von Not und Armut. Lipset formuliert eine klare Wechselbeziehung zwischen der
sozioökonomischen Entwicklungsstufe und der Demokratiefähigkeit
einer Gesellschaft. Dieser Zusammenhang wurde immer wieder an
dem aggregierten ökonomischen Indikator des Bruttoinlandsprodukts
(BIP) pro Kopf und der Anzahl minimalistisch definierter Demokratien statistisch überprüft und hat sich seit mehr als drei Jahrzehnten
als außerordentlich robust erwiesen (vgl. u.a. Cutright 1963; Dahl
1971; Vanhanen 1984, 1990; Lipset et al. 1993; Moore 1995; Welzel
1996; Przeworski/Limongi 1997; Schmidt 2001, S. 441). Je entwickelter ein Land wirtschaftlich ist, desto geringer ist die Wahrscheinlichkeit, dass dort eine Diktatur existiert oder langfristig Bestand haben
kann. Umgekehrt bedeutet es: Je reicher ein Land ist, desto wahrscheinlicher ist es, dass das politische System demokratisch ist und als
Demokratie Bestand haben wird.[3]

Dahinter stehen folgende, kausal miteinander verknüpfte wirtschaftliche, soziale und politische Entwicklungsprozesse: Gestiegener
gesellschaftlicher Wohlstand vermindert extreme ökonomische Ungleichheit, schwächt Standes-, Klassen- und Statusunterschiede, mä-
ßigt den politischen Extremismus der unteren wie der oberen Schichten und stärkt die Mittelschichten, die nach demokratischer Mitsprache

---

3 Dies ist eine statistisch robuste Korrelation. Ausnahmen bestätigen die Regel –
so etwa die Rentenökonomien der Golfstaaten.

verlangen. Als ein Nebenprodukt erfolgreicher wirtschaftlicher Entwicklung sieht Lipset ganz im Sinne von Tocqueville die Neigung der Bürger wachsen, sich in unabhängigen zivilen Vereinigungen zu engagieren, welche die politische Beteiligung erhöhen, demokratische Werte und politische Fähigkeiten stärken und den Staat oder andere dominierende Kräfte daran hindern, die politischen Ressourcen zu monopolisieren und die bürgerlichen wie politischen Freiheiten einzuschränken.

Wie wahrscheinlich die Einleitung von demokratischen Systemtransformationen ist und unter welchen Umständen eine Demokratie etabliert und erhalten werden kann, muss mit Argumenten jenseits der reinen Modernisierungstheorie erklärt werden. Dabei sollen die wertvollen Erkenntnispotenziale der Modernisierungstheorien erhalten bleiben. Strukturalistische Transformationstheorien liefern dafür einen wichtigen Baustein.

2.2 Strukturtheorien

Die strukturalistische Transformationsforschung (Moore 1969; Rueschemeyer/Stephens/Stephens 1992) betont die sozio- und machtstrukturellen Zwänge, denen politische Transformationsprozesse unterliegen. Der Erfolg oder Misserfolg von Demokratisierungs- und Konsolidierungsprozessen wird als Resultat langfristiger Verschiebungen in den Machtstrukturen einer Gesellschaft angesehen. Dabei können zwei Theoriestränge unterschieden werden: der neomarxistische Strukturalismus und das Theorem der «Machtdispersion».

Entgegen den Annahmen der klassischen soziologischen Modernisierungstheorie von Parsons betont der *neomarxistische Strukturalismus*, dass mehrere Pfade zur Modernisierung einer Gesellschaft führen können (Moore 1969, S. 13 f.). Demokratie erscheint hier nicht als zwangsläufiges, sondern als mögliches Ergebnis von Veränderungen des Verhältnisses zwischen den sozialen Klassen einer Gesellschaft und der Durchsetzung ihrer Interessen. Ob sich die Demokratie etabliert, ist aus der strukturalistischen Perspektive vor allem von folgenden fünf Faktoren abhängig (ebd., S. 495):

1. der Machtverteilung innerhalb der Eliten,
2. der ökonomischen Basis der agrarischen Oberschicht,
3. der Konstellation von Klassenkoalitionen,

4. der Machtverteilung zwischen den sozialen Klassen und
5. der Autonomie des Staates gegenüber den dominanten Klassen.

Als treibende gesellschaftliche Kraft der demokratischen Entwicklung sieht Moore das Wirtschaftsbürgertum. Dessen Stellung als kraftvolle, unabhängige Klasse ist die Voraussetzung für Demokratie. Moore pointiert dies in der These «Ohne Bourgeoisie keine Demokratie» (ebd., S. 481). Demokratiefördernd handelt die Bourgeoisie in der Regel allerdings nur, wenn sie gegenüber der Landaristokratie über ausreichende (wirtschaftliche) Selbständigkeit verfügt und nicht in eine Klassenallianz gegen die aufstrebende Arbeiterschaft sowie die Kleinbauern und Landarbeiter gedrängt wird (ebd., S. 495).

Rueschemeyer/Stephens/Stephens (1992) haben Moores strukturalistische Überlegungen weiterentwickelt und zwei Faktoren für die Chancen zur Etablierung und Konsolidierung einer Demokratie betont: Klassenstrukturen und Koalitionen auf der einen Seite sowie das Machtverhältnis zwischen Staat und Zivilgesellschaft auf der anderen. Rueschemeyer und seine Mitarbeiter sehen in der Klasse der Großgrundbesitzer das größte Hindernis und in der Arbeiterklasse den eigentlichen Motor demokratischer Entwicklung. Kapitalistische Entwicklung fördere die Demokratie, da sie zum Entstehen und Anwachsen von Arbeiterschaft und Mittelschichten führt. Vor allem die Arbeiterschaft wird als ein der Bourgeoisie mindestens ebenbürtiger Akteur für die Demokratisierung politischer Herrschaftsordnungen angesehen.

Je mehr Ressourcen die Staatseliten unabhängig von den wirtschaftlichen Eliten und der Gesellschaft kontrollieren und je mächtiger sie einen ideologisch geeinten und hierarchisch integrierten Staatsapparat repräsentieren, desto stärker sind Autonomie und Eigeninteressen des Staates und desto wahrscheinlicher ist die Herausbildung eines autoritären Regimes. Für die Demokratie ist deshalb eine gewisse Machtbalance zwischen Staat, Wirtschaft und Zivilgesellschaft eine wichtige Voraussetzung.

Das Theorem der Machtdispersion

Die auf Staat und soziale Klassentheorie fixierte Strukturtheorie lässt sich durch den quantitativ orientierten «Machtressourcen-» oder «Machtdispersionsansatz» ergänzen, wie ihn der Finne Tatu Vanhanen

(1989, 1992) entwickelt hat. Vanhanen versucht, die Machtverteilung in der Gesellschaft präziser zu erfassen, als dies mit der groben Klassen- und Staatstheorie geleistet werden kann. Sein Augenmerk liegt auf der Streuung der Machtressourcen in Wirtschaft und Gesellschaft. Vanhanen kommt zu der These: Je breiter die Streuung der Machtressourcen in einer Gesellschaft, desto höher ist deren Demokratisierungsgrad; je höher die Machtkonzentration in einer Gesellschaft, desto höher sind die Hindernisse auf dem Weg zur Demokratie. Die prinzipielle Idee hinter dieser These ist, dass Demokratisierungsprozesse in einer Gesellschaft dann erfolgversprechend sind, wenn die sozialen Machtressourcen so breit gestreut sind, dass keine Gruppe mehr in der Lage ist, ihre Konkurrenten oder andere Gruppen zu unterdrücken und ihre eigene gesellschaftliche wie politische Hegemonie aufrechtzuerhalten (Vanhanen 1992, S. 21).

Um die Streuung der Machtressourcen in einer Gesellschaft empirisch erfassen und für hohe Fallzahlen von Untersuchungsländern vergleichbar machen zu können, hat Vanhanen einen «Machtressourcenindex» *(index of power resources, IPR)* entwickelt. Dieser Index besteht aus drei Komponenten, welche die Dispersion von wirtschaftlichen, kognitiven und beruflichen Ressourcen innerhalb einer Gesellschaft anhand ihres Urbanisierungsgrads, der Verteilung der Wissens- und Bildungsressourcen, der Verteilung des Landbesitzes und anderer ökonomischer Ressourcen messen. Die drei Hauptindizes werden durch sechs Variablen operationalisiert und schließlich durch Multiplikation zusammengefügt. Auch wenn die auf Kommastellen berechneten Indizes eine Präzision suggerieren, die nicht immer den realen Gegebenheiten und statistischen Problemen gerecht wird, besitzen Vanhanens Korrelationsergebnisse gegenüber dem in modernisierungstheoretischen Analysen meist verwendeten Entwicklungsindikator BIP pro Kopf eine differenziertere Aussagekraft. Vanhanen kann zeigen: Je höher die Konzentration der Machtressourcen ist, desto geringer ist die Chance nachhaltiger Demokratisierung. Auch die Umkehrung der These – je breiter gestreut die Machtressourcen, desto höher die Wahrscheinlichkeit einer erfolgreichen Demokratisierung – findet in Vanhanens Studien eine eindrucksvolle empirische Bestätigung.

Trotz dieser Einsichten in die Machtstrukturen von Staat und Gesellschaft wird das strategische Handeln von Eliten ebenso wenig erfasst wie die religiös-kulturelle Einbettung von Klassenbeziehungen, Staatshandeln und Machtverteilung. Beide Aspekte sind aber ebenfalls für die Entwicklung von Demokratisierungsprozessen entscheidend.

2.3 Kulturtheorien

Für die Analyse der Voraussetzungen und Hindernisse erfolgreicher Demokratisierung sind tief verwurzelte religiös-kulturelle Traditionsbestände deshalb von Bedeutung, weil sie sich anders als politische Institutionen *(institutional engineering)* und gesellschaftliche Strukturen *(social engineering)* einer intendierten Veränderung weitgehend entziehen. Wenn es aber hinreichende Gründe gibt, bestimmte religiöse Kulturen als Hindernisse für die Demokratie einzuschätzen, dann ist davon auszugehen, dass sie, wenn überhaupt, nur langfristig abgebaut werden können. Dies wird in der Regel nicht im Sinne einer strategischen Beeinflussung geschehen, sondern ungerichtet evolutionär.

Die ersten Zivilisationstypen des westlichen Protestantismus, des lateinamerikanischen Katholizismus und der «japanischen Kultur» sind nach Huntington (1993), mit graduellen Unterschieden, durchaus kompatibel mit westlichen Demokratieformen. Die slawisch-orthodoxe Kultur, die hinduistische und die «afrikanische Kultur» werden zwar als nicht besonders demokratieförderlich betrachtet, aber auch nicht als prinzipiell demokratiefeindlich. Die konfuzianischen und islamischen Kulturkreise werden dagegen häufig als unvereinbar mit der liberalen Demokratie angesehen.

Konfuzianisch geprägte Gesellschaften sind zwar nicht in gleicher Weise der Demokratie gegenüber aufgeschlossen wie die protestantisch geprägten nordwesteuropäischen und nordamerikanischen Kulturtraditionen. Allerdings ist eine konfuzianische Demokratie sicherlich keine «contradiction in terms», wie Huntington behauptet (vgl. Merkel 1999, S. 97ff.). Dies zeigen die Demokratien und Demokratisierungsfortschritte in den konfuzianisch geprägten Gesellschaften Japans, Südkoreas, Taiwans, Thailands und der Philippinen.

Anders als der Konfuzianismus steht der Islamismus in seiner fundamentalistischen Zuspitzung im Widerspruch zur Demokratie. Denn in dem Maß, wie politische Legitimität aus religiösen Prinzipien begründet, die konkrete Politik nicht demokratisch wandelbaren Präferenzen, sondern überzeitlich geltenden Dogmen verpflichtet und von islamischen Geistlichen kontrolliert wird, gibt es keine Versöhnungsmöglichkeit mit der Demokratie, deren Politik ja gerade der Kontingenz von politischen Entscheidungsergebnissen unterworfen ist. Kein Land der arabisch-islamischen Welt ist gegenwärtig demokratisch. Auf der *Political-Rights-* und *Civil-Liberties*-Skala von *Freedom House* wiesen die arabisch-islamischen Staaten neben den Volksrepubliken Chinas und Nordkoreas die höchsten Negativwerte auf (Freedom House 2000). Der gegenwärtige traditionalistische und fundamentalistische Islam steht im diametralen Widerspruch zu Idee und Praxis der Demokratie.

Zur Wirkung religiös-kultureller Faktoren bleibt festzuhalten, dass diese dann als Hindernisse gegenüber der Demokratisierung einer Gesellschaft wirken, wenn sie den Vorrang vermeintlichen göttlichen Rechts über demokratisch konstituierte rechtsstaatliche Ordnungen reklamieren. Wenn Religionen auf eine höhere Richterrolle gegenüber demokratisch zustande gekommenen Entscheidungen pochen, behindern sie die Demokratisierung von Staat und Gesellschaft. Die Säkularisierung der Gesellschaft sowie die Trennung von Kirche und Staat sind dagegen günstige Voraussetzungen für die Demokratie.

Neben den religiösen Kulturen spielen gesellschaftliche Werte, soziale Traditionen und die historischen Erfahrungen mit Gemeinschaft und Kooperation eine wichtige Rolle. Dahinter steht die Überlegung, dass die formalen politischen Institutionen allein instabil und nicht ausreichend «institutionalisiert» sind, wenn ihnen die angemessene gesellschaftliche Unterfütterung durch eine demokratiefreundliche Zivilkultur fehlt. Während Verfassungen, politische Institutionen, Parteien und Verbände auch in kurzen Fristen konstruiert, gegründet und organisiert werden können, lassen sich demokratiestützende Werte und Verhaltensweisen der Gesellschaft nicht am Reißbrett von Sozialingenieuren entwerfen. Sie müssen vielmehr in langfristigem zivilgesellschaftlichem Engagement gelernt, habitualisiert und als «soziales Kapital» akkumuliert werden (Putnam 1993).

Soziales Kapital hilft, das in vielen jungen Demokratien existierende «Hobbes'sche Equilibrium» (Putnam 1993, S. 181) von Misstrauen und vertikaler sozialer Abhängigkeit ohne den drohenden Rückgriff auf einen autoritären «Leviathan» aufzulösen. Denn «moralische Ressourcen» (Hirschman) wie Vertrauen und gemeinschaftliche Kooperation erschöpfen sich nicht durch ihren Gebrauch, sondern wachsen durch diesen beständig. Je größer das gesellschaftliche Vertrauen ist, desto wahrscheinlicher kommt es zu sozialer Kooperation; diese produziert ihrerseits wachsendes Vertrauen. Es existieren also zwei mögliche, verstärkende Quellen von sozialem Vertrauen: Normen der Reziprozität und Netzwerke des kooperativen, zivilen Engagements. Je mehr *Sozialkapital* in einer Gesellschaft angesammelt wurde, desto eher kann erwartet werden, dass autokratische Systeme nicht überleben und demokratische Ordnungen sich konsolidieren.

2.4 Akteurstheorien

Im Gegensatz zur Modernisierungstheorie, den Kulturtheorien und dem Strukturalismus setzen Akteurstheorien auf der Mikroebene der handelnden Akteure an. Damit durchbrechen sie die bisweilen statische Betrachtung der Voraussetzungen und Hindernisse erfolgreicher Demokratisierung. Der Ausgang von Transformationsprozessen ist aus der handlungstheoretischen Perspektive weniger von objektiven Umständen (Strukturen) oder Machtkonstellationen abhängig als vielmehr von der Dynamik subjektiver Einschätzungen, Strategien und Handlungen der relevanten Akteure. Diese prägen die Entscheidungen, die wechselnden Allianzen, Prozesse und Verlaufsmuster der Transformation (Przeworski 1986, 1991; Karl/Schmitter 1991, S. 270). Akteurshandeln wird dabei primär als Elitenhandeln verstanden: Die Teilnahme der Massen ist nur ein kurzfristiges, vorübergehendes Phänomen zu Beginn der Transformation. Eliten sind die beherrschenden Akteure. Sozioökonomische Strukturen, politische Institutionen, internationale Einflüsse und historische Erfahrungen bilden aus der akteurstheoretischen Sicht lediglich den Handlungskorridor, innerhalb dessen demokratisch und autokratisch gesinnte Eliten ihre politischen Ziele verfolgen (Karl 1990, S. 6 f.).

Innerhalb der Akteurstheorien kann zwischen zwei Hauptströmungen unterschieden werden: der deskriptiv-empirischen Strömung (O'Donnell/Schmitter 1986; Di Palma 1990) und dem deduktiv vorgehenden Rational-Choice-Ansatz (u. a. Przeworski 1986, 1991; Colomer 1995).

In der Argumentation der *deskriptiv-empirischen Akteurstheorien* ist eine erfolgreiche Transformation nur dann möglich, wenn es nach den Kosten-Nutzen-Kalkülen der relevanten Akteure rational ist, sich für eine demokratische Systemalternative zu entscheiden. Konkret wird der Verlauf der ersten Liberalisierungs- und Demokratisierungsphase begünstigt, wenn:

- die alten Regimeeliten sich in *Hardliner* und *Softliner* spalten;
- Letztere gegenüber dem autokratischen «Bunker» die politische Oberhand gewinnen und die *Hardliner* von den Erfolgsaussichten einer Liberalisierungsstrategie überzeugen;
- die von der reformbereiten Regimefraktion eingeleitete begrenzte Öffnung des autoritären Regimes von der Gesellschaft zur Formierung einer Opposition genutzt wird;
- die reformbereiten Kräfte des alten Regimes und die gemäßigte Opposition zu einer Liberalisierung und Koalition zusammenfinden und die Demokratie dadurch zu einer realistischen Systemalternative wird. Die reformbereiten Eliten des autoritären Regimes müssen in der Lage sein, das Veto-Potenzial der autokratischen Regimekräfte zu neutralisieren, und innerhalb der Opposition müssen sich die moderat eingestellten Kräfte durchsetzen. Für die Institutionalisierung der Demokratie ist es in der Regel günstig, wenn sich die demokratische Opposition und die autoritären Regimeeliten auf konstitutionelle und politische Pakte einigen.

Deskriptiv-empirische Akteurstheorien *beschreiben* mehr die Akteurskonstellationen und die politischen Handlungen, als dass sie beide aufeinander bezogen in formalisierten Modellen *analysieren*. Letzterem streng analytischen Raster folgen die am theoretischen Paradigma der rationalen Wahl orientierten Transformationsforscher. Der *Rational-Choice*-Ansatz kritisiert die Beschreibung der Akteure allein nach ihren Interessen und Strategien als nicht ausreichend (Przeworski 1986, S. 52ff.). Die Liberalisierung des autokratischen Systems wird aus der akteurstheoretischen Rational-Choice-Perspektive deshalb als Abfolge wechselnder strategischer Situationen modelliert (Przeworski 1992, S. 106). Jede von diesen ist gekennzeichnet durch die Konfiguration bestimmter politischer Kräfte mit unterschiedlichen Interessen, die unter Bedingungen handeln, die wiederum Resultate vorhergehender Aktionen und exogenen Drucks sind (ebd.). Veränderungen von einer Situation zur nächsten sind aber das

Ergebnis von Akteurshandlungen, an deren Ende Demokratie als kontingentes Ergebnis politischer Konflikte stehen kann (Przeworski 1988, S. 60f., 1992, S. 106). Konkret lassen sich mit diesen Überlegungen auf die Frage nach den günstigen Akteurskonstellationen folgende Antworten geben:

- Eine erfolgreiche Transformation ist aus der akteurstheoretischen Perspektive das Resultat rational handelnder Akteure, die mitunter – demokratiefördernden – Fehlwahrnehmungen ihrer eigenen Machterhaltungs- und Machtzugangschancen unterliegen.

- Häufig, wenn auch nicht immer (Griechenland 1974, Argentinien 1982, Rumänien 1989), wird die Demokratisierung durch eine Liberalisierungsphase eingeleitet. Für diese Phase lautet ein wichtiges Theorem der Rational-Choice-orientierten Transformationsforschung: Zur Liberalisierung des autokratischen Systems und damit zum Auftakt demokratischer Systemwechsel kommt es nur, wenn die moderat eingestellten Kräfte innerhalb des niedergehenden autokratischen Regimes der Fehlkalkulation erliegen, dass Transformation ein von oben kontrollierbares Projekt sei, das vor seinem finalen Ergebnis (Demokratie) ohne erhebliche politische Kosten dann angehalten werden kann, wenn die Interessen (oder gar die Existenz) der alten Regimeeliten substanziell bedroht sind.

- Verfügen sowohl die Herrschaftseliten des alten Regimes als auch die Akteure der demokratischen Opposition jeweils über relevante Machtressourcen, dann setzt eine erfolgreiche Demokratisierung häufig voraus, dass sich die gemäßigten Akteursgruppen des alten Regimes und die moderaten Kräfte der demokratischen Opposition auf konstitutionelle und politische Pakte einigen, welche – spieltheoretisch gesehen – zwar nur die zweitbesten Lösungen darstellen, aber die Ungewissheit der Transformationsentwicklung begrenzen und damit eine riskante Transitionsphase entschärfen.

Der Vorteil akteurstheoretischer Betrachtungen liegt zweifellos in ihrem Potenzial, auch bei häufig wechselnden Akteurskonstellationen die Erfolgsmöglichkeiten und Gefährdungen von Demokratisierungsverläufen in ihren wechselnden Etappen jeweils abstrakt modellieren zu können. Mit spieltheoretischen Modellen können so die rationalen Kalküle, Kooperationen, Koalitionen, aber auch Konflikte der beteiligten Akteure bisweilen einsichtiger erklärt werden, als dies über eine «dichte Beschreibung» (Geertz) der historischen Ereignisse möglich wäre. Insofern besitzen die dem «Rational-Choice-Paradigma» verpflichteten Akteurstheorien nicht nur ein Erklärungs-, sondern auch ein Prognosepotenzial (vgl. Przeworski 1986; Colomer 1991).

Es kann kein Zweifel bestehen, dass die großen Paradigmen sozialwissenschaftlicher Theoriebildung – System und Akteur – die Theorieentwicklung in der Transformationsforschung maßgeblich beeinflusst haben. Für umfassende Transformationsanalysen genügen sie jedoch nicht, sondern müssen durch andere theoretische Konzepte ergänzt werden, damit sie wechselseitig anschließbar sind. System- und Handlungstheorien stehen nicht in paradigmatischer Konkurrenz, wenn sie durch Struktur-, Kultur- und institutionentheoretische Konzepte zu einem synthetischen Ansatz vernetzt werden. In einer solchen synthetischen Verbindung können die Analysepotenziale der jeweiligen Transformationstheorien nicht nur bewahrt werden. In der wechselseitigen Reduzierung der ihnen eigenen Defizite erlauben sie auf einer angemesseneren Theoriestufe einen umfassenderen und schärferen Blick auf die Prozesse demokratischer Systemwechsel (Merkel 1994).

3 Dimensionen: die Phasen eines Systemwechsels

Die Phasen eines Systemwechsels von der Autokratie zur Demokratie haben am klarsten Guillermo O'Donnell und Philippe Schmitter herausgearbeitet. Allerdings haben sie ihr Phasenmodell weitgehend an den Transitionsprozessen in Südeuropa und Lateinamerika orientiert, die häufig von den alten Regimeeliten eingeleitet wurden (O'Donnell/Schmitter 1986, S. 6 ff.). Da dies bei Systemtransformationen keineswegs immer der Fall ist, autoritäre und totalitäre Systeme auch durch Revolutionen von unten oder, wie in Teilen Osteuropas, durch eine plötzliche Implosion ihr Ende fanden, bedarf das Modell von Schmitter und O'Donnell kleiner Modifikationen, um es sowohl auf die Systemwechsel in Südeuropa und Lateinamerika als auch auf Osteuropa und Ostasien anwenden zu können.

Allgemein lässt sich ein Systemwechsel als das Intervall zwischen einem alten und einem neuen politischen System definieren. Es umfasst die Auflösung der alten und den Aufbau einer neuen politischen Herrschaftsstruktur. Grundlegende Strukturen, Funktionen und Integrationsmechanismen werden innerhalb des politischen Systems ersetzt. Der Systemwechsel von der Autokratie zur Demokratie kann in drei Phasen eingeteilt werden: 1. Ende des autokratischen Regimes, 2. Institutionalisierung der Demokratie, 3. Konsolidierung der Demokratie.

Die klare Abtrennung der drei Phasen ist analytisch. In der Realität überlappen sich die Abschnitte häufig. So können noch Teilbereiche des politischen Systems autoritär regiert werden, während andere Bereiche schon durch demokratische Institutionen und Normen reglementiert sind. Noch schwieriger ist die genaue Trennung zwischen der Institutionalisierung und der Konsolidierung der Demokratie. Auch hier kann die Konsolidierung der Beziehungen innerhalb des Regierungssystems, also zwischen Regierung, Parlament, Staatspräsident und Judikative, schon begonnen haben, während andere Bereiche wie das Parteien- und Verbändesystem sich noch in der Institutionalisierungsphase befinden. Allgemein lässt sich jedoch vom Ende der Institutionalisierungsphase sprechen, wenn die im Regimeübergang ad hoc entstandenen politischen Verhaltensmuster in gesetzlich abgesicherte Normen und Institutionen überführt worden sind und wenn der Zugang zur politischen Herrschaft sowie der Ablauf von politischen Entscheidungen nach a priori festgelegten und legitim gesatzten Verfahren abläuft (Merkel 1999, S. 120). Dies ist typischerweise nach der Verabschiedung einer neuen Verfassung oder der gültigen Revision der alten der Fall.

Über die Analyse der drei genannten Phasen hinaus sind in jeder Transformationsanalyse zwei weitere Fragen zu beantworten: Verfügt das jeweilige Transformationsland über eigene Erfahrungen mit Demokratie, welchen Regimecharakter hatte das autokratische Vorgängerregime? Im ersten Fall kann es von erheblicher Bedeutung sein, ob die neue Demokratie auf alte demokratische Eliten zurückgreifen oder an institutionelle Erfahrungen der Demokratie anknüpfen kann. Der Charakter des autokratischen Vorgängerregimes und die Dauer seiner Existenz haben in aller Regel ebenfalls bedeutsamen Einfluss auf Art, Zeitdauer und Erfolgschancen des Demokratisierungsprozesses. So wiegt die Erblast eines totalitären kommunistischen Systems, in dem nahezu alle pluralistischen Ansätze in Politik, Wirtschaft und Gesellschaft vernichtet und verhindert wurden, schwerer als jene eines autoritären Systems, in dem semipluralistische Strukturen geduldet wurden.

3.1 Das Ende des autokratischen Systems

In der Geschichte haben sich die Übergänge von der Autokratie zur Demokratie auf unterschiedliche Weise vollzogen. Dies gilt vor allem für den Beginn der Systemtransformation, also für die Endphase der autoritären oder totalitären Systeme. Dabei ist zu unterscheiden zwischen den Ursachen, die das Ende der autokratischen Systeme bewirken, und dessen Verlaufsformen.

Systematisch kann zwischen systeminternen und systemexternen Faktoren unterschieden werden. Bei den systeminternen Ursachen konzentriert sich die Transformationsforschung vor allem auf drei Ursachenkomplexe: die Legitimitätskrise des alten autokratischen Regimes aufgrund ökonomischer Ineffizienz, die Legitimitätskrise aufgrund von ökonomischer Effizienz sowie politische Schlüsselereignisse.

3.1.1 Legitimitätskrise aufgrund ökonomischer Ineffizienz

Autokratische Systeme sind aufgrund ihres umfangreichen Herrschaftsanspruchs, des Herrschaftsausschlusses breiter Teile der Bevölkerung sowie ihrer repressiven Herrschaftsweise mit einem ständigen, systembedingten Legitimitätsdefizit behaftet. Zum Ausgleich dieses politischen Legitimitätsdefizits erscheint vielen autoritären und totalitären Systemen die wirtschaftliche Modernisierung als ein vergleichsweise risikoarmer Weg, die Bevölkerung materiell für ihre politische Entmündigung zu entschädigen. Scheitert jedoch die wirtschaftliche Modernisierung, geraten diese «Entwicklungsdiktaturen ohne Entwicklung» in eine gefährliche Legitimitätskrise. Dies galt insbesondere für die kommunistischen Systeme Osteuropas in den 1980er Jahren.

3.1.2 Legitimitätskrise aufgrund ökonomischer Effizienz

Nicht nur das Scheitern, sondern auch und vor allem der Erfolg der sozioökonomischen Modernisierung kann zur Krise und zum Ende autoritärer und totalitärer Herrschaft führen. Die theoretisch plausible und empirisch häufig bestätigte modernisierungstheoretische Argumentation lautet folgendermaßen: Gelingt die Modernisierungsstrategie – d. h. die Wirtschaft wächst, das Konsum- und Bildungsniveau steigt, und die sektorale Struktur der Wirtschaft verschiebt sich vom Agrar- zum Industrie- und Dienstleistungssektor –, führt dies zu erheblichen Veränderungen der Sozialstruktur. Gleichzeitig wächst das städtische Industrieproletariat, und gut ausgebildete, selbstbewusste neue Mittelschichten bilden sich heraus. Beide soziale Klassen fordern mehr politische Mitsprache, verbesserte gesellschaftliche Aufstiegschancen und eine gerechtere Verteilung des volkswirtschaftlichen Ertrags. Eine soziale und politische Opposition entsteht. Diese nichtintendierten Effekte der Modernisierung, die zunächst nur die Legitimitätsreserven des autokratischen Systems stärken sollen, können auch dessen Ende beschleunigen. Beispiele dafür sind: Spanien Mitte der 1970er Jahre sowie Taiwan und Südkorea in der zweiten Hälfte der 1980er Jahre.

3.1.3 Legitimitätskrise aufgrund politischer Schlüsselereignisse
Sowohl gescheiterte als auch erfolgreiche sozioökonomische Modernisierungsprozesse entwickeln eine besondere Sprengkraft, wenn sie mit bestimmten politischen Schlüsselereignissen zusammenfallen. Dies können beispielsweise der Tod eines Diktators, Elitenkonflikte innerhalb des Regimes, die Häufung von Skandalen und Korruption, das Bekanntwerden flagranter Menschenrechtsverletzungen oder außenpolitische Krisen sein. All dies kann Protestbewegungen bestärken sowie Regime außenpolitisch isolieren.

3.1.4 Systemexterne Ursachen
Auch externe Ursachen können das Ende eines autokratischen Systems herbeiführen. Die häufigste ist zweifellos die Niederlage in einem militärischen Konflikt. Dies kann der Zusammenbruch des autokratischen Regimes als Folge seiner Niederlage in einem militärischen Konflikt mit demokratischen Staaten sein (1945: Italien, Deutschland, Japan; 1974: Griechenland; 1982: Argentinien) oder die Niederlage autokratischer Besatzerregime, die den Weg für eine (Re-)Demokratisierung frei machen (1945: Norwegen, Niederlande). Auch der Wegfall

einer wichtigen externen Unterstützung kann eine zentrale Ursache und notwendige Bedingung für das Ende eines autokratischen Systems sein. Dies wurde besonders offensichtlich beim Zusammenbruch der kommunistischen Regime Osteuropas, als Gorbatschow sowohl die so genannte Breschnew-Doktrin als auch die Prinzipien des «sozialistischen Internationalismus» in der zweiten Hälfte der 1980er Jahre des 20. Jahrhunderts aufgab. Wenngleich nicht mit dem gleichen Gewicht, so war auch der Wandel der US-Außenpolitik Mitte der 1970er Jahre von Bedeutung für die Demokratisierungsprozesse der «dritten Welle». Nachdem die USA ihre Außenpolitik gegenüber autokratischen Staaten auch an der Unterstützung von Menschenrechten und Demokratie orientierten, verloren insbesondere die lateinamerikanischen Militärdiktaturen eine wichtige externe Unterstützungsbasis (Huntington 1991, S. 45 f.). Sowohl im Lateinamerika der 1980er wie auch im Osteuropa der 1980er und 1990er Jahre verstärkten dann Dominoeffekte die regionalen Demokratisierungsprozesse.

Die Ursachen, die den Zusammenbruch eines autokratischen Herrschaftssystems herbeiführen, prägen in erheblichem Maß die Verlaufsformen der Ablösung des alten Regimes und den Beginn der Demokratisierungsphase. Die wichtigsten sind (Merkel 1999, S. 129):

- lang andauernde, evolutionäre Demokratisierung,
- von alten Regimeeliten gelenkter Systemwechsel,
- von unten erzwungener Systemwechsel,
- ausgehandelter Systemwechsel,
- Regime-Kollaps,
- Zerfall und Neugründung von Staaten.

Die hier genannten sechs Ablösungsarten der autokratischen Regime stellen ebenfalls idealtypische Verallgemeinerungen dar. In der Realität mischen sich häufig die Formen, in denen sich das Ende der autokratischen Regime vollzieht. So können die Formen *Kollaps* oder *Neugründung von Staaten* durchaus mit revolutionären Mobilisierungen *(von unten erzwungener Systemwechsel)* einhergehen. Dies war etwa der Fall in der DDR und der Tschechoslowakei 1989 *(Kollaps, von unten erzwungener Systemwechsel)* oder in Slowenien, Estland, Lettland und Litauen (1990/91), wo die nationale Mobilisierung von Eliten und von Teilen der Bevölkerung die Staatsgründung und damit die Demokratisierung erst ermöglichte

3.2 Die Institutionalisierung der Demokratie

Das Ende des alten autokratischen Regimes geht in die Institutionalisierungsphase der Demokratie über. Der entscheidende Schritt zur Demokratie ist der Übergang der politischen Herrschaft von einer Person oder einer Gruppe von Personen auf ein «Set» institutionalisierter Regeln, die von allen anerkannt werden müssen und für Regierende und Regierte gleichermaßen gelten (Przeworski 1991, S. 14).

Die besondere Problematik der Institutionalisierung der Demokratie besteht darin, dass die politischen Akteure selbst Regeln entwerfen, unter denen sie anschließend spielen. Diese Regeln sollen sich aber insbesondere als Normen etablieren, die als allgemein akzeptierte Verfahren für zukünftige politische Kräfte, Generationen und Konflikte Bestand haben können. Die Spannung zwischen partikularen und allgemeinen Interessen muss für eine erfolgreiche Demokratisierung so aufgelöst werden, dass eine Balance zwischen den mächtigen Teilinteressen und dem Allgemeinwohl gefunden wird.

In den 1990er Jahren hat sich eine intensive Diskussion über die Frage entwickelt, warum bestimmte Regierungssysteme entstehen und wie sie den Konsolidierungsprozess der Demokratie behindern und fördern. Für die Entstehung der unterschiedlichen Formen der Regierungssysteme wurden vier Erklärungsansätze angeboten:

1. *Historisch-konstitutionelle Erklärungen:* Die Art und Gestalt der Verfassung wird als das Ergebnis konkreter historisch-konstitutioneller Erfahrungen im eigenen Land, auf der Grundlage der normativen Überzeugungen der Verfassungsgeber sowie der soziokulturellen Besonderheiten des jeweiligen Landes erklärt (z. B. Loewenstein 1969).

2. *Prozessorientierte Erklärungen:* Es wird ein Zusammenhang des Systemwechselverlaufs mit der konkreten Form des entstehenden Regierungssystems behauptet (Glaeßner 1994, S. 217).

3. *Die akteurstheoretische Perspektive:* Die Verfassung und die Form des Regierungssystems werden als die Resultate rationaler Strategien und Handlungen von eigeninteressierten Akteuren gedeutet (Elster 1988; Przeworski 1991; Offe 1994; Colomer 1995).

4. *Die Import-Erklärung:* Die Verfassung und das Regierungssystem werden vor allem nach dem Muster «erfolgreicher» Vorbilddemokratien geformt (Brunner 1991).

Auch hier gilt, dass sich die vier Erklärungsansätze keineswegs wechselseitig ausschließen. Häufig erweisen sie sich für die konkreten Analysen in unterschiedlichen Kombinationen und Gewichtungen aufschlussreicher, als es jede einzelne von ihnen allein sein kann.

Mit der Verabschiedung der Verfassung endet die Demokratisierungsphase. Damit ist die Demokratie zwar keineswegs gesichert und ihre Regression in autokratische Herrschaftsformen ausgeschlossen. Aber die Zeit der größten Unsicherheit ist nun vorbei. Der folgende Konsolidierungsprozess kann sich jetzt auf die relative Sicherheit eines mehrheitlich akzeptierten und sanktionsbewährten Institutionengefüges stützen. In der Phase der demokratischen Konsolidierung müssen nun die demokratischen Institutionen innere Stabilität gewinnen, um damit an das gesamte sozio-politische System wichtige Konsolidierungsimpulse abzugeben.

3.3 Die Konsolidierung der Demokratie

Die Konsolidierung der Demokratie kann in einzelnen Teilbereichen des politischen Systems schon beginnen, bevor alle wichtigen demokratischen Institutionen durch die Verfassung oder einfache Gesetze etabliert sind. In der Transformationsliteratur werden häufig die ersten freien Wahlen, die so genannten Gründungswahlen *(founding elections)*, genannt (O'Donnell/Schmitter 1986). Sinnvoller erscheint es jedoch, die Verabschiedung der Verfassung oder die demokratische Revision der alten Verfassung als den Beginn der demokratischen Konsolidierung zu benennen. Denn dann sind die wichtigsten politischen Spielregeln gesetzt und die zentralen politischen Institutionen wie Parlament, Regierung, Staatspräsident und Justiz etabliert. Die wichtigsten Akteure des politischen Systems beginnen ihre Strategien, ihr Verhalten und ihre Entscheidungen nunmehr nach den institutionell abgesicherten demokratischen Normen auszurichten. Politik beginnt wieder berechenbarer zu werden.

Der Begriff der demokratischen *Konsolidierung* ist in der Transformationsforschung umstritten. Minimalistische Konzepte (Di Palma 1990, S. 138ff.; Przeworski 1991, S. 26) konkurrieren mit anspruchsvolleren Ansätzen (Pridham 1995; Gunther/Diamandouros/Puhle 1995). Ich habe im Anschluss an Linz und Stepan (1996) ein analytisches Mehrebenenmodell vorgeschlagen (Merkel 1996), das vier Analyseebenen des neuen demokratischen Systems unterscheidet: die konstitutionelle Konsolidierung, die repräsentative Konsolidierung, die Verhaltenskonsolidierung und die Konsolidierung der Zivilgesellschaft.

1. Ebene: die konstitutionelle Konsolidierung. Sie bezieht sich auf die zentralen politischen Verfassungsinstitutionen wie Staatsoberhaupt, Regierung, Parlament, Judikative und das Wahlsystem. Die konstitutionelle Konsolidierung ist in aller Regel von den genannten vier Ebenen am frühesten abgeschlossen und wirkt durch normative und handlungseingrenzende Vorgaben auf die zweite Ebene sowie die nachfolgenden Ebenen 3 und 4 ein.

2. Ebene: die repräsentative Konsolidierung. Sie betrifft die territoriale und funktionale Interessenrepräsentation, also vor allem Parteien und Interessenverbände. Die Konstellationen und Handlungen der Akteure auf Ebene 2 entscheiden einerseits mit darüber, wie sich die Normen und Strukturen auf der ersten Ebene konsolidieren, andererseits, ob die gemeinsame Konfiguration von den Ebenen 1 und 2 das Verhalten der Akteure auf Ebene 3 positiv oder negativ im Hinblick auf die demokratische Konsolidierung beeinflusst.

3. Ebene: Verhaltenskonsolidierung. Auf der dritten Ebene agieren die «informellen», also die potenziellen politischen Akteure wie Militär, Großgrundbesitzer, Finanzkapital, Unternehmer, radikale Bewegungen und Gruppen. Die Konsolidierungserfolge auf den Ebenen 1 und 2 sind von erheblicher Bedeutung dafür, ob die «informellen» politischen Akteure ihre Interessen innerhalb oder außerhalb der demokratischen Normen und Institutionen verfolgen werden. Sind die ersten drei Ebenen konsolidiert, gehen von ihnen entscheidende Impulse auf die Herausbildung einer demokratiestabilisierenden Zivilgesellschaft aus.

4. Ebene: Konsolidierung der Zivilgesellschaft. Die vierte Ebene schließt die Konsolidierung des demokratischen politischen Systems mit der Herausbildung einer Bürgerkultur und Zivilgesellschaft als soziokulturellem Unterbau ab. Sie kann, wie wir aus der politischen Kulturforschung der zweiten Demokratisierungswelle (Italien, BRD, Österreich und Japan nach 1945) wissen, Jahrzehnte dauern und erst durch einen Generationswechsel besiegelt werden (u. a. Almond/Verba 1963, 1980). Von einer konsolidierten demokratischen Zivilgesellschaft gehen immunisierende Wirkungen auf die Ebenen 1 bis 3 aus, wenn deren Stabilität (Ebenen 1 und 2) oder Integration (Ebene 3) durch externe (wirtschaftliche, außenpolitische etc.) Krisen bedroht ist. Deshalb kann erst dann von einer weitgehend krisenresistenten Demokratie gesprochen werden, wenn alle vier Ebenen konsolidiert sind.

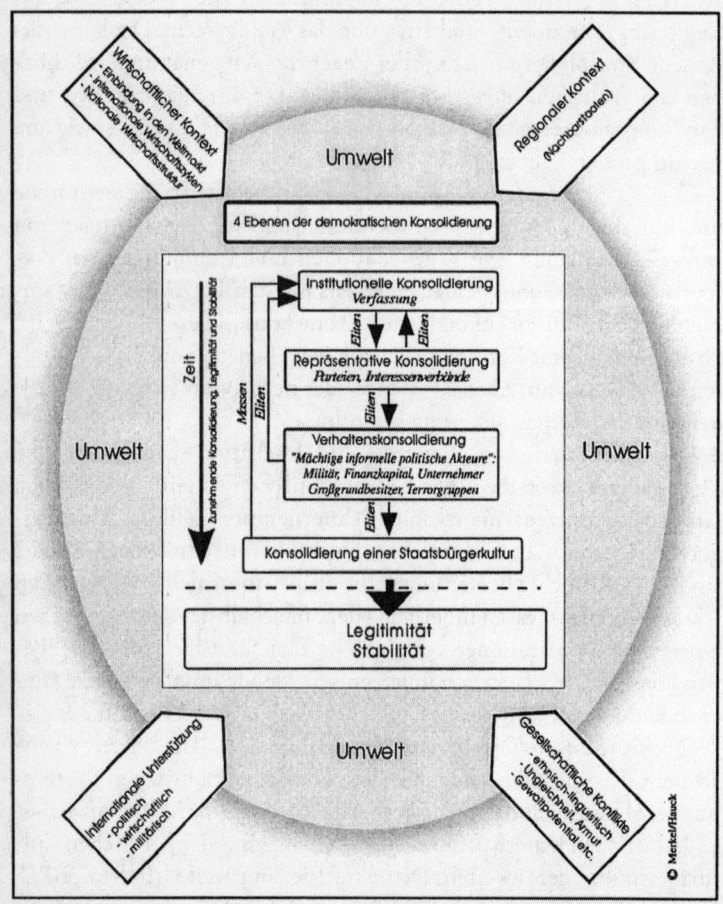

Abbildung: Mehrebenenmodell der demokratischen Konsolidierung

4 Probleme: regionale Systemwechsel

Im Verlauf der «dritten Demokratisierungswelle» (1974–1995) lassen sich regionale Schübe erkennen. Mitte der 1970er Jahre fielen die Diktaturen in Portugal, Griechenland und Spanien. Der Transitionsprozess verlief in allen drei Ländern erfolgreich. Spätestens zehn Jahre später waren die drei jungen Demokratien an der südeuropäischen Peripherie konsolidiert (Gunther/Diamandouros/Puhle 1995; Linz/Stepan 1996, S. 139ff.; Merkel 1999, S. 275ff.).

4.1 Lateinamerika

In Lateinamerika begann die erneute Demokratisierung der Region Ende der 1970er Jahre. Sie hatte in den 1980er Jahren ihren Höhepunkt und klang mit der schrittweisen Demokratisierung einiger Nachzügler (Chile, Mexiko) in den 1990er Jahren aus (O'Donnell/Schmitter/Whitehead 1986; Nohlen 1995; Linz/Stepan 1996). Allerdings genügt auch 20 Jahre nach Beginn der Demokratisierungswelle in der Region – neben der «alten» Demokratie Costa Rica – mit Uruguay nur ein einziges Land den anspruchsvollen Kriterien einer robusten Konsolidierung der Demokratie (Puhle 2001, S. 452). Chile und möglicherweise auch Mexiko könnten die nächsten Kandidaten dafür sein. Der Rest der lateinamerikanischen Staaten ist von einer widerstandsfähigen Konsolidierung seiner jungen Demokratien noch ein erhebliches Stück entfernt. Natürlich gibt es in jedem einzelnen Land Besonderheiten, unterschiedliche Probleme und Ursachen für die ausbleibende Konsolidierung und die Verfestigung von Demokratiedefekten (Merkel/Puhle et al. 2003, Bd. 2). Dennoch zeigt gerade der interregionale Vergleich mit Südeuropa, mit welch ungleich größeren Problemlasten die jungen Demokratien in Lateinamerika konfrontiert sind. Aus modernisierungstheoretischer Sicht sind alle relevanten Indikatoren ungünstiger als in Südeuropa. Trotz erheblicher Unterschiede zwischen Süd- und Zentralamerika und ungeachtet der mitunter enormen Varianzen der lateinamerikanischen Länder untereinander (etwa Kolumbien einerseits, Chile andererseits) stimmt der modernisierungstheoretische Blick auf die Zukunft der Demokratie in Lateinamerika nicht optimistisch. Das Bruttosozialprodukt pro Kopf ist deutlich niedriger als im Schnitt der OECD-Welt oder Südeuropas. Der

Entwicklungsindex der Vereinten Nationen *(Human Development Index, HDI)* ist mit Ausnahme von Costa Rica, Uruguay, Chile und Argentinien sehr niedrig – und eine schwere Hypothek für die demokratische Konsolidierung. Der Bildungsstand – ein besonders aussagekräftiger Indikator für die Demokratiefähigkeit eines Landes – liegt in Brasilien und in den Ländern Mittelamerikas weiter unter den Standards Nordamerikas, West-, Süd- und Osteuropas oder der entwickelteren Länder Ostasiens; die Ungleichheit der Einkommen und die enorme Diskrepanz zwischen Arm und Reich ist, anders als in Süd- und Osteuropa, aber auch im Unterschied zu Ostasien, ein permanenter Sprengsatz an den Fundamenten der jungen Demokratien.

Trotz der aktuellen Wirtschafts- und der latenten Modernisierungsdefizite ist auf dem Subkontinent mittelfristig kaum mit einer breiten Rückkehr der Militärdiktaturen zu rechnen. Das Militär ist zwar in manchen Ländern und politischen Bereichen durchaus noch als Vetoakteur gegen die Demokratie zu betrachten. Es ist aber durch sein Scheitern in der Modernisierungsfrage (Teilausnahme Chile) in den 1960er und 1970er Jahren insgesamt zu stark diskreditiert, um in den nächsten Jahren noch einmal zum Hauptakteur auf der politischen Bühne zu werden. Wahrscheinlicher ist eine Fortschreibung als «defekte Demokratien», in denen ein relativ intaktes demokratisches Wahlregime mit dem Auseinanderdriften von politischen Rechten (Polyarchie) und rechtsstaatlich-konstitutionalistischen Garantien (Rechts- und Verfassungsstaat) einhergeht. Die Verfestigung von delegativen Herrschaftspraktiken und populistischen Regierungsstilen (O'Donnell 1994; Thiery 2001) ist vor allem in jenen Ländern wahrscheinlich, in denen sich die Akkumulation wirtschaftlicher Probleme, gesellschaftlich verankerter Klientelismus und endemische Korruption mit schwachen Zivilgesellschaften und niedrigem Bildungsgrad verschränken. In Lateinamerika muss mit der langfristigen Etablierung defekter Demokratien und hybrider Regimeformen gerechnet werden.

4.2 Ostasien

Untersuchungen zur Entwicklung der Demokratie in Asien zeigen, dass die dritte Demokratisierungswelle auch diesen Kontinent erreicht hat. Zu den «alten» Demokratien der zweiten Demokratisierungswelle Japan (1946), Indien (1947) und Sri Lanka (1948) sind acht Demokratien in den 1980er und insbesondere 1990er Jahren dazugekommen. Unter den größeren Ländern stehen zwölf autokratischen Systemen nunmehr zehn Demokratien gegenüber, welche die institutionellen Minima der Demokratie etabliert haben (vgl. die folgende Tabelle).

	Südasien	Südostasien	Nordostasien
Elektorale Demokratien	Indien (1947) Sri Lanka (1948; 1988) Nepal (1991) Bangladesch (1991)	Philippinen (1986) Thailand (1992) Indonesien (1999)	Japan (1946) Südkorea (1987/88) Taiwan (1992)
Autokratien	Bhutan Malediven Pakistan*	Brunei Burma Kambodscha** Laos Malaysia Singapur Vietnam	China Nordkorea

Elektorale Demokratien und Autokratien in Asien (2001)

(19xx) Jahr der ersten demokratischen Wahl
* Demokratisierung 1988, autoritäre Regression 1999
** Einleitung der Transition 1993, Abbruch 1997
Quelle: Merkel 2002

Benutzt man die anspruchsvollen Konzepte der demokratischen Konsolidierung (vgl. Kap. 2) und der liberalen, rechtsstaatlichen Demokratie, so ist allein Japan als eine konsolidierte rechtsstaatliche Demokratie zu bezeichnen. Taiwan und Südkorea können die nächsten Länder sein, die unter diesem anspruchsvolleren Begriff zu subsumieren sind. Alle anderen Demokratien lassen sich nur unter dem anspruchsloseren Terminus der «elektoralen Demokratien» fassen. Dies gilt auch für die «alte» Demokratie Indien.

In der überwiegenden Zahl sind also die jungen Demokratien

Asiens dadurch charakterisiert, dass sie zwar allgemeine, gleiche und mehr oder weniger freie Wahlen gewährleisten, darüber hinaus aber erhebliche Defekte aufweisen. Die wichtigsten sind der Ausschluss großer Bevölkerungsteile von der effektiven politischen Partizipation, die latente oder aktuelle Einmischung der Militärs in die Entscheidungskompetenzen demokratisch gewählter Regierungen, ein extremer Personalismus im politischen Wettbewerb sowie ein hohes Maß an Korruption und Klientelismus. Der amerikanische Politikwissenschaftler Clark D. Neher hat diese Mischung von liberaldemokratischen und semiautoritären Regimeelementen als «Asian style democracy» bezeichnet (1994, S. 951). Nach Neher sind die asiatischen Demokratien durch fünf Besonderheiten geprägt:

- Die Grundlagen der politischen und sozialen Strukturen der asiatischen Demokratien bilden hierarchisch strukturierte Patron-Klient-Beziehungen, die sich zu politischen und ökonomischen Netzwerken in Form von «informeller Politik» verdichten.

- Die starke Personalisierung der Politik führt dazu, dass politische Führer eine erheblich dominierendere politische Rolle spielen, als es in «westlichen» Demokratien der Fall ist. Dies führt zu dem für Demokratien problematischen Vorrang der Person vor rechtsstaatlichen Institutionen und demokratischen Verfahren.

- Aus der konfuzianischen Tradition vieler asiatischer Gesellschaften resultiert eine geringere Achtung vor individueller Freiheit und politischer Gleichheit sowie eine größere Toleranz gegenüber autoritären Herrschaftspraktiken.

- Elitenzirkel haben zu einer verfestigten Oligopolisierung der politischen Macht in vielen der neuen Demokratien geführt.

- Die Tendenz zu einem «paternalistischen Demokratiemodell» auf Kosten liberaldemokratischer Elemente und rechtsstaatlicher Garantien ist in den jungen asiatischen Demokratien unverkennbar.

Der Demokratisierungsprozess in Asien ist also kritisch zu beurteilen. Er hat überwiegend zum Entstehen hybrider Regime und defekter Demokratien geführt. Diese politischen Ordnungsformen kombinieren das demokratische Minimum hinreichend freier Wahlen mit einem unvollständigen oder beschädigten Rechts- und Verfassungsstaat. In manchen dieser Demokratien ist ein weiteres Abrutschen in autoritäre Regimepraktiken wahrscheinlicher als der Aufstieg zu einer konsolidierten, rechtsstaatlichen Demokratie. Zwei der Demokratisierungsversuche der dritten Welle sind schon gescheitert, in Pakistan und Kambodscha. Auch für die defekten Demokratien in Indonesien und Nepal haben sich die Zukunftsaussichten der Demokratie verschlechtert.

Die Region Ostasien zeigt, wie schon die Regionen Lateinamerikas oder Osteuropas, dass Demokratisierungsprozesse keineswegs zwangsläufig zu konsolidierten rechtsstaatlichen Demokratien führen. Vielmehr etablieren sich nicht selten hybride Regimeformen, die langfristig ein stabilisierendes Äquilibrium gegenüber der hohen Akkumulation von wirtschaftlichen, sozialen und politischen Problemen dieser Länder abgeben.

4.3 Osteuropa

Folgt man den Transformationstheorien und den frühen Prognosen Anfang der 1990er Jahre, müsste sich der Systemwechsel der kommunistischen Staaten hin zur Demokratie besonders komplex und schwierig gestalten. Tatsächlich unterscheidet sich die Transformation der kommunistischen Regime Osteuropas und der zentralasiatischen Nachfolgestaaten der Sowjetunion kategorial von allen Systemwechseln der ersten und zweiten Demokratisierungswelle wie auch von den Transformationen in Südeuropa, Lateinamerika und Ostasien. Der prinzipielle Unterschied zwischen den osteuropäischen und allen anderen Transformationsprozessen liegt im «Dilemma der Gleichzeitigkeit». Mit diesem Begriff ist die Problematik bezeichnet, dass mindestens zwei, wenn nicht drei Transformationsprozesse im kommunistischen Osteuropa gleichzeitig ablaufen (Offe 1994):

- die politische Transformation: Übergang von der Diktatur zur Demokratie;
- die wirtschaftliche Transformation: der Wechsel von der Kommando- zur Marktwirtschaft;
- (in manchen Fällen) die staatliche Transformation: der Zerfall des Nationalitätenimperiums der Sowjetunion und die Gründung neuer Nationalstaaten auf dem Balkan und im Baltikum.

Die einfache Addition der Probleme der Staatsbildung, der Demokratisierung und des Wirtschaftsumbaus gibt keineswegs den vollen Blick auf die komplexe Transformationsproblematik der postkommunistischen Staaten frei. Denn alle drei Sphären folgen zwar einer je eigenen Entwicklungslogik, sind aber hochgradig interdependent. Die Gleichzeitigkeit von evolutionärer Eigenlogik und Interdependenz wirft neue Transformationsprobleme auf, die leicht zu Interferenzen oder gar «wechselseitigen Obstruktionseffekten» (Offe 1991, S. 283) führen können. Darin liegt das Problem der Gleichzeitigkeit.

Im westlichen «Normalfall» sind Transformationsprozesse evolutionär über zwei bis drei Jahrhunderte abgelaufen. Für das Transformationsprojekt der postkommunistischen Staaten in Osteuropa gab es weder historische Vorbilder noch eine wohlwollende, demokratiefördernde Besatzungsmacht wie in Westdeutschland oder Japan.

Allgemein lässt sich feststellen, dass die Staatlichkeit eines Landes besonders dann gefährdet ist, wenn

- interner Dissens über die territoriale Integrität des Staates besteht;
- interner Dissens darüber besteht, wodurch die politische Gemeinschaft eines Staates konstituiert ist;
- interner Dissens darüber besteht, wer dem Demos als gleichberechtigter Bürger zugerechnet wird;
- das Monopol des Staates bestritten wird, als einziger legitimierter Akteur Gewalt anzuwenden und politisch bindende Entscheidungen zu treffen.

Alle vier Herausforderungen an die Staatlichkeit treten typischerweise dann auf, wenn ethnische oder religiöse Konflikte politisch nicht befriedet sind. Ein Staat aber, der in seiner Staatlichkeit und inneren Autonomie beständig herausgefordert ist, kann nur schwerlich demokratisiert und noch schwerer demokratisch konsolidiert werden. Diese Probleme wurden nach 1989 vor allem auf dem Balkan, in den Nachfolgestaaten Jugoslawiens, auf dem Baltikum und in Russland sichtbar.

Aus den osteuropäischen Erfahrungen der 1990er Jahre lässt sich folgern, dass postautokratische, multinationale, multiethnische und multireligiöse Staaten es erheblich schwerer haben, sich als Demokratie zu konsolidieren, als ethnisch und kulturell homogene Gesellschaften. Die besonderen Gefahren für junge, noch nicht konsolidierte multinationale Demokratien ergeben sich aus folgenden Problemen: Nationalistische Eliten können als «politische Unternehmer» über nationalistisch-chauvinistische Mobilisierungsstrategien ihre Machtinteressen verfolgen (Offe 1994, S. 135 f.). Die Strategien serbischer und kroatischer Eliten aus Politik, Militär, Kultur und Wissenschaft im zerfallenden Jugoslawien seit Mitte der 1980er Jahre sind dafür Beispiele. Es ist kein Zufall und keineswegs nur der fortgeschritteneren ökonomischen Modernisierung zuzuschreiben, dass unter den osteuropäischen Transformationsländern mit Ungarn, Tschechien, Slowenien und Polen vier Staaten an der Reformspitze stehen, die ethnisch weitgehend homogene politische Gemeinschaften ausgebildet haben.

Zum Problem der Nations- und Staatsbildung lassen sich aus den osteuropäischen Erfahrungen folgende allgemeine Lehren ziehen:

- Je mehr die Bevölkerung eines Staates aus unterschiedlichen und segmentierten, nationalen, ethnischen, sprachlichen und religiösen Gruppen oder Teilkulturen zusammengesetzt ist, desto schwieriger wird ein gesamtgesellschaftlicher Konsens über die Grundstrukturen des demokratischen Systems zu erreichen sein.
- Dies bedeutet nicht, dass nur ethnisch und religiös homogene Gesellschaften demokratisch verfasst und konsolidiert werden können. Allerdings schließen multinationale und multireligiöse Gesellschaften eine ganze Reihe von institutionellen Lösungen aus.
- Je fragmentierter und segmentierter multinationale Gesellschaften sind, desto mehr Konsenselemente und Vetorechte müssen in die institutionelle Verfassungsarchitektur eines Landes eingebaut werden.

Problematisch für die demokratische Konsolidierung ist aber, dass eine inklusive politische Struktur gerade kompromissverweigernden politischen Eliten vielfältige Optionen gewährt, den Reformprozess eines Landes zu sabotieren. Die gesicherte Staatlichkeit eines Landes muss als eine Voraussetzung für erfolgreiche Demokratisierungsprozesse begriffen werden. Dies haben Juan Linz und Alfred Stepan (1996, S. 28) prägnant auf die Formel gebracht: «Without a state, there can be no citizenship; without citizenship, there can be no democracy.»

Prinzipiell sind die Probleme der Institutionalisierung der Demokratie in Osteuropa nicht von jenen zu unterscheiden, wie sie in den anderen Weltregionen abgelaufen sind. Wenn jedoch Gesellschaften wie die russische länger als 70 Jahre unter einem kommunistisch-diktatorialen Regime gestanden haben, hinterlässt dies tiefe Spuren in der sozialen Textur. Auch wenn politische Verfassungen konstruiert, verabschiedet und etabliert werden können, bedürfen sie eines Minimums an passiver Zustimmung wie aktiver Unterstützung der Bürger. Aber gerade die kommunistischen Gesellschaften sind durch schwache Zivilgesellschaften gekennzeichnet. Temporäre Ausnahmen wie Polen in den 1980er Jahren bestätigen die Regel. Positiv ist jedoch zu bewerten, dass ein relativ hoher Bildungsstand und nach wie vor geringe Ungleichheiten in der Einkommensverteilung sich günstig auf die demokratische Konsolidierung auswirken können.

Viele wirtschaftliche Reformen standen in Osteuropa an: Freigabe der Preise, makroökonomische Stabilisierung, Änderung der Eigentumsordnung, Privatisierung der Betriebe, Herausbildung einer Unternehmerschaft, Herstellung eines Arbeitsmarkts, Bekämpfung der Arbeitslosigkeit, Kompensierung des inländischen Kapitalmangels, Herausbildung einer Anreizstruktur für das notwendige Auslandskapital oder die Modernisierung maroder Kapitalstöcke. Diese Aufzählung deutet an, welche gewaltige Reformlast beim Umbau der postkommunistischen Wirtschaftssysteme angefallen ist. Während im Westen diese Strukturen langsam gewachsen sind und die Probleme Schritt für Schritt behoben wurden, musste in Osteuropa der Kapitalismus als politisches Projekt «von oben» betrieben werden (Offe 1991).

Bei der Transformation von der einstigen Kommandowirtschaft zu einer prosperierenden Marktwirtschaft muss ein ökonomisches Tal durchschritten werden. Wirtschaftliche und soziale Transitionskosten wie der Zusammenbruch obsoleter Produktionsstrukturen, steigende Arbeitslosenraten, Rückgang des Lebensstandards großer Bevölkerungsteile, existenzielle Verunsicherung und die drohende Verarmung vor allem der älteren Generation sind in nahezu allen Transformationsländern des Ostens angefallen. In den meisten Ländern hält dieser Prozess nach wie vor an. Mit Ausnahme von Ungarn, Tschechien, Slowenien, Estland und im gewissen Sinn auch Polen vermochten die politischen und wirtschaftlichen Eliten nicht in ausreichendem Maß die von den Bürgern erwarteten Güter zu liefern. Dort, wo das nicht geschehen ist, konnte sich bisher noch kaum die leistungsbezogene spezifische Unterstützung für die demokratischen Institutionen ausbilden. In manchen Ländern ist der demokratische Anfangskredit aufgezehrt worden. Dies gilt für manche Staaten des

Balkans ebenso wie für Russland, Weißrussland oder die Nachfolgestaaten der Sowjetunion in Zentralasien. Tatsächlich sind in diesen Ländern entweder «defekte Demokratien» (z. B. Russland) oder erneut Diktaturen (z. B. Weißrussland) entstanden.

Mit dem Theorem des Dilemmas der Gleichzeitigkeit lassen sich die besonderen Probleme der postkommunistischen Transformation trefflich beschreiben. Dem stehen jedoch einige Erfolgsfälle wie die schon zitierten Länder in Mittel- und Mittelosteuropa entgegen. Hier hat sich gezeigt, dass inkrementale und mitunter auch inkonsistente Reformstrategien sich als erfolgreicher Pfad zur Demokratie erwiesen haben.

5 Perspektiven: Trends und Desiderate der Transformationsforschung

Die Perspektiven der künftigen Transformationsforschung lassen sich in zwei Dimensionen fassen: der Theorie und Empirie. Wie gezeigt wurde, haben die Transformationsprozesse der dritten Demokratisierungswelle zu einer bedeutsamen Weiterentwicklung des Theoriebestandes in der Systemwechselforschung geführt. Analytisch stand meist die Suche nach den Ursachen erfolgreicher Transformationsprozesse im Vordergrund. Dabei zeigte sich das theoretische, begriffliche und methodische Instrumentarium dann besonders ertragreich, wenn es um die Herausarbeitung der strukturellen Voraussetzungen für erfolgreiche und scheiternde Transformationsprozesse ging. Der Zusammenhang zwischen wirtschaftlichen und sozialen Strukturen, Klassenverhältnissen und staatlicher Machtposition sowie dem Erfolg oder Scheitern von Demokratisierungsprozessen ist überzeugend ausgearbeitet worden und wurde zunehmend auch empirisch fundiert. Weniger systematisch erfasst ist der Zusammenhang zwischen Kultur, Religion, (Multi-)Ethnizität und Demokratie. Gleichwohl liegen hier mit den Arbeiten von Lijphart (1984, 1999), Putnam (1993) und Welzel (2002) erste erfolgversprechende Ansätze vor.

Ein Desiderat der Transformationsforschung besteht nach wie vor in der theoretisch anspruchsvollen und empirisch ertragreichen Erfassung der handlungstheoretischen Dimension von Systemwechseln.

Die Modellierung durch Rational-Choice-Ansätze mag heuristisch fruchtbar sein, für die empirische Forschung erwiesen sie sich bisher als nur von begrenztem Nutzen (Przeworski 1986, 1991; Colomer 1995). Die Forschung stimmt darin überein, dass Demokratisierungsprobleme, zumal im Fall des «Dilemmas der Gleichzeitigkeit», nicht mit einem großen «holistischen Reformdesign» (Wiesenthal 2001) gelöst werden können. Ein solches lässt sich in keinem Transformationsland erkennen. Der Erfolg von Ländern wie Ungarn, Tschechien, Estland oder auch Polen lag vielmehr im «piecemeal engineering» (Popper), im «muddling through» (Lindblom) und in «consciously inconsistent strategies» (Przeworski). Über eine optimale Sequenzierung, Kohärenz und wechselseitige Kompatibilität von wirtschaftlichen, sozialen und politischen Reformen ist noch relativ wenig bekannt, auch wenn Helmut Wiesenthal jüngst erste erfolgversprechende Ansätze vorgelegt hat (2001).

Das Wissen über demokratiefördernde Institutionenbildung im Bereich von Staat und Recht ist weitaus größer. Aber auch hier genügen die durchaus plausiblen Einsichten aus der älteren Regierungslehre, wie sie Juan Linz und Arturo Valenzuela (1994) oder Arend Lijphart (1992) in der so genannten Parlamentarismus-Präsidentialismus-Debatte vorgelegt haben, nicht. Sie müssen durch Erklärungen ergänzt werden, wie sie aus dem Neoinstitutionalismus gewonnen werden können. Institutionen müssen angemessen (*appropriate*, March/Olsen 1989) sein, um die ihnen zugedachten Funktionen zu erfüllen:

- Sie müssen Erwartungssicherheit unter den Akteuren herstellen, Transaktionskosten senken, Problemlösungen ermöglichen.
- Sie müssen die für ihre Funktionserfüllung notwendigen Ressourcen kontrollieren können und die Handlungspräferenzen der relevanten wirtschaftlichen, sozialen und politischen Akteure demokratieverträglich beeinflussen.
- Sie müssen die moralische Infrastruktur unter den Bürgern erzeugen, die für ihre Bestandssicherung notwendig sind.
- Sie müssen Veränderungswünschen trotzen und dennoch flexibel genug sein, um einen weiten Bereich an demokratieverträglichen Wahlentscheidungen zuzulassen.

Ein solcher Prüfkatalog kann angemessener erfassen, ob eine bestimmte Institutionenordnung sich in bestimmten Kontexten als demokratiefördernd erweist, als die abstrakte, kontextunabhängige Diskussion über die Frage, ob parlamentarische, präsidentielle, semipräsidentielle, mehrheits- oder konsensdemokratische Regierungssysteme junge Demokratien erfolgreicher zu konsolidieren vermögen.

In der Demokratieforschung sind in den letzten zwei Jahrzehnten Demokratie-Indizes prominent geworden (Schmidt 2001, S. 389). Wie problematisch diese emprischen Demokratiemessungen von Vanhanen (1984) über Bollen (1993), Polity I–IV bis Freedom House auch immer sein mögen (vgl. dazu Lauth 2001), so erlauben sie doch meist einen ersten vergleichenden Überblick über eine hohe Anzahl von Ländern hinweg. Die leichte Zugänglichkeit der Daten, wie bei Freedom House, sollte allerdings nicht dazu verführen, sie kritiklos wie «harte Daten» zu behandeln. Allerdings eignen sie sich meist sehr gut zur Generierung von Hypothesen, die dann in interregionalen oder intraregionalen Vergleichsanalysen getestet und überprüft werden können. Während intraregionale Transformationsstudien zu Südeuropa (u. a. Gunther et al. 1995), Lateinamerika (u. a. Nohlen 1995), Osteuropa (u. a. Beyme 1994), Ostasien (u. a. Croissant 2002) bisher in großer Zahl erarbeitet wurden, muss in Zukunft intraregionalen Vergleichen mehr Aufmerksamkeit gewidmet werden (Przeworski 1991; Linz/Stepan 1996; Merkel et al. 1994–2000). Gerade solche «most dissimilar systems designs» versprechen Erkenntnisse über die Kontextabhängigkeit bestimmter Demokratisierungspfade, die durch Regionalstudien nicht gewonnen werden können.

Ein weiteres Desiderat für die zukünftige Transformationsforschung besteht in der Untersuchung von Entstehungsbedingungen, Stabilität, Angemessenheit, Reformierbarkeit, Stärken und Schwächen hybrider Regime (Bendel/Croissant/Rüb 2002), seien es «defekte Demokratien» (Merkel/Puhle et al. 2003) oder «weiche Diktaturen». Dafür spricht nicht nur die hohe Anzahl unter den Transformationsstaaten der dritten Demokratisierungswelle, sondern deren jetzt schon erkennbare Fähigkeit, auch in unterschiedlichen Kontexten eine relative Stabilität und Persistenz zu entwickeln. Dies würde nicht nur im Speziellen die Systemwechselforschung fortführen und ergänzen, sondern verspricht auch allgemein neue Erträge in der vergleichenden Analyse politischer Systeme.

Literatur

Almond, Gabriel A./Verba, Sidney: The Civic Culture, Princeton 1963.

Almond, Gabriel A./Verba, Sidney (Hg.): The Civic Culture Revisited, London u. a. 1980.

Bendel, Petra/Croissant, Aurel/Rüb, Friedbert W. (Hg.): Zwischen Demokratie und Diktatur, Opladen 2002.

Beyme, Klaus von: Systemwechsel in Osteuropa, Frankfurt a. M. 1994.

Bollen, Kenneth A.: «Liberal Democracy: Validity and Method Factors in Cross-National Measures», in: American Journal of Political Science 37/4, 1993, S. 1207–1230.

Bracher, Dietrich: Die Auflösung der Weimarer Republik. Eine Studie zum Problem des Machtzerfalls in der Demokratie, Stuttgart 1957.

Brunner, Georg: «Die neue Verfassung der Republik Ungarn: Entstehungsgeschichte und Grundprobleme», in: Jahrbuch für Politik 1, 1991, S. 297–319.

Colomer, Josep M.: «Transitions by Agreement: Modeling the Spanish Way», in: American Political Science Review 85, 1991, S. 1283–1302.

Colomer, Josep M.: Game Theory and the Transition to Democracy: The Spanish Model, Aldershot/Brooksfield 1995.

Croissant, Aurel: Demokratische Entwicklung in den Philippinen, Südkorea und Thailand. Von der Transition zur defekten Demokratie, Wiesbaden 2002.

Cutright, Phillips: «National Political Development. Its Measurement and Social Correlates», in: Nelson W. Polsby/Robert A. Dentler/Pauls A. Smith (Hg.): Politics and Social Life, Boston 1963, S. 569–581.

Dahl, Robert: Polyarchy. Participation and Opposition, New Haven/London 1971.

Diamond, Larry: «Is the Third Wave Over?», in: Journal of Democracy 7/3, 1996, S. 20–37.

Di Palma, Giuseppe: To Craft Democracies. An Essay on Democratic Transitions, Berkeley u. a. 1990.

Elster, Jon: «Consequences of Constitutional Choice: Reflections on Tocqueville», in: Jon Elster/Rune Slagstad (Hg.): Constitutionalism and Democracy, Cambridge 1988, S. 81–101.

Freedom House: Freedom in the World. The Annual Survey of Political Rights and Civil Liberties. 1994–1995, New York 1995.

Freedom House: Freedom in the World, http//:www.freedomhouse.org/ratings, 2000.

Freedom House: Freedom in the World, http//:www.freedomhouse.org/ratings, 2001.

Glaeßner, Gerd-Joachim: Demokratie nach dem Ende des Kommunismus, Opladen 1994.

Gunther, Richard/Diamandouros, Nikiforos P./Puhle, Hans-Jürgen (Hg.): The Politics of Democratic Consolidation: Southern Europe in Comparative Perspective, Baltimore 1995.

Hirschman, Albert O.: Exit, Voice and Loyalty, Cambridge 1970.

Huntington, Samuel P.: The Third Wave. Democratization in the Late Twentieth Century, Oklahoma 1991.

Karl, Terry L.: «Dilemmas of Democratization in Latin America», in: Comparative Politics 23/3, 1990, S. 1–21.

Karl, Terry L./Schmitter, Philippe C.: «Modes of Transition in Latin America, Southern and Eastern Europe», in: International Social Science Journal 128, 1991, S. 269–285.

Lauth, Hans-Joachim: Demokratie und Demokratiemessung. Eine konzeptionelle Grundlegung für den interkulturellen Vergleich, Mainz 2001 (Habilitationsschrift).

Lijphart, Arend: Democracies, New Haven/London 1984.

Lijphart, Arend: «Democratization and Constitutional Choices in Czecho-Slovakia, Hungary and Poland 1989–91», in: Journal of Theoretical Politics 3/4, 1992, S. 207–233.

Lijphart, Arend: Patterns of Democracy. Government Forms and Performance in Thirty-Six Countries, New Haven/London 1999.

Linz, Juan J./Stepan, Alfred (Hg.): The Breakdown of Democratic Regimes, Baltimore 1978.

Linz, Juan J./Stepan, Alfred: Problems of Democratic Transition and Consolidation: Southern Europe, South America and Post-Communist Europe, Baltimore 1996.

Linz, Juan J./Valenzuela, Arturo (Hg.): The Failure of Presidential Democracy, Baltimore 1994.

Lipset, Seymour Martin: «Some Social Requisites of Democracy: Economic Development and Political Legitimacy», in: American Political Science Review 53, 1959, S. 69–105; wiederabgedruckt in: ders.: Political Man, Baltimore 1980, S. 459–476.

Lipset, Seymour Martin: Political Man. The Social Basis of Politics, Baltimore 1981 (erweiterte Ausgabe).

Lipset, Seymour Martin et al.: «A Comparative Analysis of the Social Requisites of Democracy», in: International Journal Science 45/2, 1993, S. 155–176.

Loewenstein, Karl: Verfassungslehre, Tübingen ²1969.

Luhmann, Niklas: Ökologische Kommunikation, Opladen 1984.

March, James G./Olsen, Johan P.: Rediscovering Institutions: The Organisational Basis of Politics, New York 1989.

Merkel, Wolfgang et al.: Systemwechsel, Bde. 1–5, Opladen 1994–2000.

Merkel, Wolfgang: «Struktur oder Akteur, System oder Handlung: Gibt es einen Königsweg in der sozialwissenschaftlichen Transformationsforschung?», in: ders. (Hg.): Systemwechsel 1. Theorien, Ansätze und Konzepte der Transitionsforschung, Opladen ²1994, S. 303–332.

Merkel, Wolfgang: «Defekte Demokratien», in: ders./Andreas Busch (Hg.): Demokratie in Ost und West. Festschrift für Klaus von Beyme, Frankfurt a. M. 1999, S. 361–381.

Merkel, Wolfgang: Systemtransformation. Eine Einführung in die Theorie und Empirie der Transformationsforschung, Opladen 1999.

Merkel, Wolfgang: Demokratie in Asien, Bonn 2002.

Merkel, Wolfgang/Puhle, Hans-Jürgen/Croissant, Aurel/Eicher, Claudia/Thiery, Peter: Defekte Demokratien, 2 Bde., Opladen 2003 (i. E.).

Moore, Barrington: Soziale Ursprünge von Diktatur und Demokratie, Frankfurt a. M. 1969.

Moore, Mick: «Democracy and Development in Cross-National Perspective: A New Look at the Statistics», in: Democratization 2/2, 1995, S. 1–19.

Neher, Clark D.: «Asian Style Democracy», in: Asian Survey 11, 1994, S. 949–961.

Nohlen, Dieter (Hg.): Democracia y neocritica en América Latina, Frankfurt a. M. 1995.

O'Donnell, Guillermo: «Delegative Democracy», in: Journal of Democracy 5/1, 1994, S. 55–70.

O'Donnell, Guillermo/Schmitter, Philippe/Whitehead, Laurence (Hg.): Transition from Authoritarian Rule: Southern Europe, Baltimore 1986.

Offe, Claus: Der Tunnel am Ende des Lichts, Frankfurt a. M. 1994.

Offe, Claus: «Das Dilemma der Gleichzeitigkeit. Demokratisierung und Marktwirtschaft in Osteuropa», in: Merkur 45/4, 1991, S. 279–292.

Parsons, Talcott: «Evolutionäre Universalien der Gesellschaft», in: Wolfgang Zapf (Hg.): Theorien des sozialen Wandels, Köln/Berlin 1969, S. 55–74.

Pridham, Geoffrey: «The International Context of Democratic Consolidation: Southern Europe in Comparative Perspective», in: Richard Gunther/Nikiforos P. Diamandouros/Hans-Jürgen Puhle (Hg.): The Politics of Democratic Consolidation. Southern Europe in Comparative Perspective, Baltimore 1995, S. 166–203.

Przeworski, Adam: Democracy and the Market. Political and Economic Reforms in Eastern Europe and Latin America, Cambridge 1991.

Przeworski, Adam: «Some Problems in the Study of the Transition to Democracy», in: Guillermo O'Donnell/Philippe C. Schmitter/Laurence Whitehead (Hg.): Transition from Authoritarian Rule: Comparative Perspectives, Baltimore 1986, S. 47–63.

Przeworski, Adam: «Democracy as a Contingent Outcome of Conflicts», in: Jon Elster/Rune Slagstad (Hg.): Constitutionalism and Democracy, Cambridge 1988, S. 59–80.

Przeworski, Adam: «The Games of Transition», in: Scott Mainwairing/Guillermo O'Donnell/J. Samuel Valenzuela (Hg.): Issues in Democratic Consolidation: The New South American Democracies in Comparative Perspective, Notre Dame, Ind. 1992, S. 105–152.

Przeworski, Adam et al.: Sustainable Democracy, Cambridge 1995.

Przeworski, Adam/Limongi, Fernando: «Modernization. Theories and Facts», in: World Politics 49, 1997, S. 155–183.

Puhle, Hans-Jürgen: «Uruguay», in: Werner Weidenfeld (Hg.): Den Wandel gestalten – Strategien der Transformation, Gütersloh 2001, S. 452–468.

Putnam, Robert: Making Democracy Work. Civic Tradition in Modern Italy, Princeton 1993.

Rueschemeyer, Dietrich/Huber Stephens, Evelyn/Stephens, John: Capitalist Development & Democracy, Cambridge 1992.

Schmidt, Manfred G.: Demokratietheorien, Opladen ³2001.

Thiery, Peter: «Demokratie und Rechtsstaat in Lateinamerika», in: Michael Becker/Hans-Joachim Lauth/Gert Pickel (Hg.): Rechtsstaat und Demokratie, Wiesbaden 2001, S. 252–274.

Vanhanen, Tatu: The Emergency of Democracy. A Comparative Study of 119 States. 1850–1979, Helsinki 1984.

Vanhanen, Tatu: «The level of democratization related to socioeconomic variables in 147 states. 1980–1985», in: Scandinavian Political Studies 12/2, 1989, S. 95–127.

Vanhanen, Tatu (Hg.): Strategies of Democratization, Washington 1992.

Weidenfeld, Werner (Hg.): Den Wandel gestalten – Strategien der Transformation, 2 Bde., Gütersloh 2001.

Welzel, Christian: «Systemwechsel in der globalen Systemkonkurrenz: Ein evolutionstheoretischer Erklärungsversuch», in: Wolfgang Merkel (Hg.): Systemwechsel 1. Theorien, Ansätze und Konzeptionen, Opladen ²1996, S. 47–79.
Welzel, Christian: Fluchtpunkt Humanentwicklung. Über die Grundlagen der Demokratie und die Ursachen ihrer Ausbreitung, Wiesbaden 2002.
Wiesenthal, Helmut (Hg.): Gelegenheit und Entscheidung, Wiesbaden 2001.
Zakaria, Fareed: «The Rise of Illiberal Democracy», in: Foreign Affairs, 1997, S. 22–43.

Gert-Joachim Glaeßner

2.4.1 Das politische System der Bundesrepublik Deutschland

1 Grundlagen: Analysefelder der politischen Systemanalyse
2 Dimensionen: politisches System und politische Ordnung der Bundesrepublik Deutschland
3 Probleme: Bewahrung des Bewährten oder Reformunfähigkeit?
4 Perspektiven des politischen Systems

1 Grundlagen: Analysefelder der politischen Systemanalyse

Die Grenzen zwischen politischer Systemanalyse und politischer Soziologie sind fließend – in einem gewissen Maß gilt dies auch für die politische Kulturforschung. Nur in einem (überholten) altliberalen Verständnis ließen sich die Sphäre des Politischen, der Normen, Institutionen und Verfahren der staatlichen Ordnung säuberlich von der Gesellschaft und ihren spezifischen Organisations- und Vergemeinschaftungsformen trennen. Moderne Staaten, zumal demokratische politische Ordnungen, sind durch ein enges Beziehungsgefüge und Wechselbeziehungen zwischen staatlichen und gesellschaftlichen Institutionen, Organisationen, gesellschaftlichen Gruppen und Akteuren gekennzeichnet. Der Staat ist nicht mehr nur Schiedsrichter und alleiniger Inhaber legitimer politischer Gewalt, sondern Gestalter des gesellschaftlichen Zusammenlebens. Nicht allein der Wähler, sondern auch gesellschaftliche Gruppen in Form von Verbänden, *Pressure-*

Groups oder «sozialen Bewegungen» bestimmen wesentlich Inhalte und Ziele von Politik. Parteien sind in der modernen «Parteiendemokratie» in besonderer Weise «Zwitterwesen»: In der Gesellschaft entstanden und in ihr je unterschiedlich verankert, sind sie zugleich faktisch oder, wie im Grundgesetz, verfassungsrechtlich anerkannter Bestandteil der Staatsorganisation. In ihrer Eigenschaft als gesellschaftlicher Verband fallen sie, ebenso wie andere für die Entwicklung des politischen Systems bedeutsame Verbandsbildungen, in den «Zuständigkeitsbereich» der politischen Soziologie. Im Zusammenhang mit der politischen Systemanalyse interessieren sie vor allem als Institutionen der politischen Willensbildung im Staatsbereich und das heißt in erster Linie in ihrer parlamentarischen und de facto regierungsbildenden Funktion.

2 Dimensionen: politisches System und politische Ordnung der Bundesrepublik Deutschland

Bevor auf zentrale Aspekte des politischen Systems der Bundesrepublik eingegangen wird, soll ein kurzer historischer Exkurs dazu beitragen, einen Fehler zu vermeiden, der insbesondere der systemtheoretisch inspirierten Politikwissenschaft (aber auch behavioralistischen oder *rational-choice*-Ansätzen) häufig unterläuft, nämlich den entscheidenden Einfluss zu unterschätzen, den historische Voraussetzungen und Entwicklungen auf die Gestaltung und die Entwicklungsbedingungen politischer Systeme haben.

Nationen, Staaten und politische Systeme bewegen sich im Rahmen historisch vorgegebener Ausgangsbedingungen. Mit dem Begriff *path-dependency* wird in der neueren politikwissenschaftlichen Debatte, insbesondere in der Forschung über Systemwechsel, verstärkt auf diesen Aspekt hingewiesen.

Kein Staat, keine politische Ordnung ist in der je konkreten, empirisch beschreibbaren Form zu verstehen, wenn nicht die historischen Ausgangs- und Rahmenbedingungen in die Analyse einbezogen werden: Großbritannien nicht ohne die jahrhundertelange schrittweise Entwicklung hin zu einem parlamentarischen System mit einer spezifischen Stellung der Krone, die USA nicht ohne den *American creed*, den Glauben an individuelle Freiheiten und gleichzeitige tief greifende soziale und rassische Spaltungen und Konflikte, Frankreich nicht ohne die republikanische Idee und Deutschland nicht ohne die Erfahrung staatlicher Zerrissenheit, problematischer Einheit im 19. Jahrhundert, des verlorenen Ersten Weltkriegs, der gescheiterten Republik von Weimar, vor allem des Nationalsozialismus, seiner sich jedem «Verstehen» entziehenden Verbrechen, des von ihm angezettelten und verlorenen Zweiten Weltkriegs und seiner Folgen.

In Ländern mit einer durch Brüche und nationale Katastrophen gekennzeichneten Geschichte wie Deutschland ist eine solche historisch orientierte Analyseebene unverzichtbar für das Verständnis des politischen Systems, aber auch politisch-soziologischer oder politisch-kultureller Fragestellungen.

Jede Analyse der politischen Entwicklung in Deutschland nach dem Zweiten Weltkrieg hat zudem mit einem weiteren Problem zu tun: 1949 entstanden in Deutschland zwei staatliche Gebilde mit völlig unterschiedlichen normativen Grundlagen, politischen und sozialen Zielen, institutionellen Ausprägungen und vor allem individuellen Freiheits- und Gestaltungsräumen für ihre Bürger.

Die Bundesrepublik und die DDR waren politische und gesellschaftliche Antipoden und «Frontstaaten» der beiden feindlichen Blöcke: Eine in vieler Hinsicht gefährdete und sich über längere Zeiträume hinweg entwickelnde und konsolidierende demokratische politische Ordnung in der Bundesrepublik und die Diktatur einer marxistisch-leninistischen Partei, der SED, standen sich feindlich gegenüber.

Die Bundesrepublik wurde als antitotalitäre demokratische Ordnung und «wehrhafte Demokratie» gegründet, die fest in die Gemeinschaft der demokratischen Staaten im Westen Europas eingebunden wurde. Die DDR sollte nach dem Willen ihrer Gründer als Modell und als Eckpfeiler einer künftigen sozialistischen Ordnung in Westdeutschland fungieren.

Beide deutsche Staaten waren in besonderer Weise in die Auseinandersetzung zwischen Ost und West einbezogen. Ihr jeweiliger innerer Zustand war direkt vom Stand der Beziehungen zwischen den Supermächten abhängig. Der Ost-West-Gegensatz blieb die entscheidende

Determinante deutscher, europäischer und internationaler Politik bis 1989/90.

Die Gründung der beiden deutschen Staaten im Jahre 1949 war von außen gesteuert. Die bedingungslose Kapitulation des nationalsozialistischen Deutschland hatte den alliierten Siegermächten die Herrschaft über Deutschland übertragen, die sie 1949 und in den Jahren danach schrittweise an die Deutschen zurückübertrugen, in der DDR eher formal als real. Die entscheidende Ausnahme blieb die letzte Verantwortlichkeit der ehemaligen Alliierten für die Lösung der «deutschen Frage», also der Wiederherstellung der staatlichen Einheit Deutschlands.

Die zweite Gründungssituation in den Jahren 1989/90 war wesentlich innengesteuert, ausgelöst durch die friedliche Revolution in der DDR, und sie stand unter einem wesentlich günstigeren Stern als 1949. Durch den politischen Umbruch in der DDR und anderen sozialistischen Ländern wurde das Ende des sowjetischen Imperiums und der Sowjetunion selbst eingeläutet. Die Aufteilung der Welt in zwei Blöcke fand ein Ende, die deutsche und europäische Spaltung konnte überwunden werden.

Alle diese Entwicklungen und die mit ihnen verbundenen und in ihrer Konsequenz zu treffenden Entscheidungen waren nicht ohne Konflikte zustande gekommen und häufig heftig umstritten. Für eine Gesamteinschätzung der politischen Ordnung in Deutschland ist entscheidend, dass die normativen, institutionellen und politischen Grundlagen der (alten) Bundesrepublik weitgehend unangetastet geblieben sind und mit ihrer Übertragung auf Ostdeutschland demokratische Politik in Gesamtdeutschland geprägt haben.

Damit könnte es sein Bewenden haben, wäre da nicht das Problem, dass jede Gesamtbewertung der Funktionsweise, Leistungsfähigkeit, Stabilität eines politischen Systems auch andere Aspekte wie politisch-soziologische Faktoren und Entwicklungstendenzen der politischen Kultur in die Analyse einbeziehen muss. Da diese Aspekte in anderen Kapiteln dieses Bandes behandelt werden, konzentriere ich mich im Folgenden auf die ordnungspolitischen Grundlagen des politischen Systems in Deutschland, seine institutionelle Ausformung und die Verbindungen zwischen politischem Institutionensystem und Bürgergesellschaft.

2.1 Die demokratische Ordnung des Grundgesetzes

Verfassungen und das geltende Recht geben einer Gesellschaft den Rahmen, innerhalb dessen an die Stelle des Kampfs aller gegen alle ein Wettbewerb tritt, dessen Regeln und Verfahren Verlässlichkeit garantieren, Sicherheit versprechen und Teilhaberechte verbürgen.

Dem Grundgesetz der Bundesrepublik Deutschland, ursprünglich als vorläufiges Verfassungsdokument für eine Übergangszeit konzipiert, liegt die Idee zugrunde, dass ein demokratisches Gemeinwesen nur bestehen kann, wenn es sich auf gemeinsame Grundnormen verständigt und Institutionen einrichtet, die die Macht des Staates begrenzen und rechtlich binden. Diese Idee des modernen Konstitutionalismus (Greenberg et al. 1993; Lane 1996) lässt sowohl verschiedene konkrete Formen der Ausgestaltung dieser Grundnormen – in Form von Grundrechten – als auch unterschiedliche institutionelle Arrangements zu.

Als Staatsform hat der Grundgesetzgeber sich für ein parlamentarisch-repräsentatives System entschieden, das mit auf dem Prinzip der Gewaltenteilung beruht. Die einfache Unterscheidung der drei klassischen Gewalten wird freilich der Wirklichkeit moderner Demokratien nicht gerecht. Hier handelt es sich um eine horizontale Teilung der Gewalten, die häufig durch andere, vertikale Elemente ergänzt wird. In modernen Verfassungsstaaten lässt sich eine solche Zuordnung nicht aufrechterhalten. Zwar ist das Prinzip der Gewaltenteilung eine der essenziellen Grundlagen einer demokratischen Ordnung, niemand würde z.B. das Prinzip der Unabhängigkeit der Justiz und der juristischen Überprüfbarkeit staatlichen Handelns ernsthaft in Frage stellen, aber schon beim Verhältnis von Parlament und Regierung verkomplizieren sich die Dinge. Neben die Gewaltenteilung tritt eine «Gewaltenverschränkung». So hat das Grundgesetz starke Elemente gegenseitiger Kontrolle und Einflussnahme im demokratischen Institutionensystem eingebaut, die einen Zwang zur Kooperation der Verfassungsorgane konstituieren, ohne jedoch die Grenzen zwischen ihnen zu verwischen.

Die konkrete Ausprägung des Zusammenspiels der verschiedenen Verfassungsorgane hängt entscheidend vom Typus des Regierungssystems ab. Während in demokratischen präsidentiellen Systemen die Trennung von Regierung, Parlament und Justiz stark ausgeprägt ist und eine gegenseitige Kontrolle und Aufsicht die Autonomie der *three branches of government* einschränkt, sind parlamentarische Systeme durch eine enge Verquickung von Legislative und Exekutive gekennzeichnet, die auch das Wirken der Judikative nicht unbeeinflusst lässt. Hier sind, wie in der Bundesrepublik, Parlamentsmehrheit und Regierung so eng miteinander verknüpft, dass von einer Teilung der Gewalten im klassischen Sinn nur bedingt die Rede sein kann.

Eine zweite, wichtige Grundsatzentscheidung betrifft das Verhältnis zwischen Staat und Bürger. Das Grundgesetz stattet die Bürger der Bundesrepublik mit grundrechtlich garantierten Mitwirkungsrechten aus und räumt den organisierten gesellschaftlichen Interessen einen Platz im politischen Gemeinwesen ein, setzt aber dem unmittelbaren Zugriff der Bürger auf politische Entscheidungsprozesse enge Grenzen. Das Übergewicht des repräsentativen Prinzips zuungunsten unmittelbarer politischer Willensbildung spiegelt die Abneigung des Verfassungsgebers von 1948/49, des Parlamentarischen Rates, gegenüber allen Überlegungen wider, plebiszitäre Elemente in das Grundgesetz einzubauen. Einzige Ausnahme ist der Artikel 29 GG, der zwingend einen Volksentscheid bei der Neugliederung der Bundesländer vorschreibt.

Dieses Misstrauen galt dem gleichsam «ungeordneten», leicht manipulierbaren Volkswillen. Demokratie als politisches Prinzip fragt aber nicht nur nach der inhaltlichen Umsetzung des politischen Willens der Bürger, sondern auch nach den Verfahren, die angewendet werden, um dem Willen der Bürger Rechnung zu tragen. Hier weist das Grundgesetz – in bewusster Abkehr von tradierten Vorstellungen – dem organisierten und institutionalisierten Volkswillen erhebliche Kompetenzen zu – durch die grundrechtlich verankerte Vereinigungs- und Koalitionsfreiheit des Art. 9 GG und das so genannte «Parteienprivileg» in Art. 21 GG.

Das Spannungsverhältnis zwischen der prinzipiell unbegrenzten Souveränität des Volkes, mit Mehrheit zu entscheiden und der konstitutionellen und rechtlichen Begrenzung dieser Macht, um Demokratie institutionell überhaupt erst zu ermöglichen, ist strukturell nicht aufzuheben. Alle Vorkehrungen sind fragil und – zumal in gesellschaftlichen Krisen – gefährdet.

Der Parlamentarische Rat hat im Grundgesetz eine Reihe von Entscheidungen getroffen, die die spezifische Staatsform der Bundesrepublik dauerhaft festschreiben, also auch gegenüber Veränderungen von Mehrheiten immunisieren. Dazu zählt die Entscheidung für ein parlamentarisches System anstatt eines präsidentiellen oder semipräsidentiellen Systems wie in der Weimarer Republik, der Einbau von Sicherungen gegen «negative Mehrheiten» in Art. 67 GG (konstruktives Misstrauensvotum), die Betonung des Prinzips der Repräsentation anstelle der Partizipation der Bürger, die partielle Revision dieses Prinzips durch die verfassungsrechtliche Verankerung der Parteien und schließlich die (von den Alliierten geforderte) Festlegung auf ein föderales System statt eines unitarischen Einheitsstaates.

Die programmatische Dimension des Grundgesetzes kommt vor allem in bestimmten Leitprinzipien zum Ausdruck, die in den Artikeln 20 und 28 formuliert worden sind: Art. 20 Abs. 1 GG bezeichnet die Bundesrepublik als «demokratischen und sozialen Bundesstaat», während Art. 28 Abs. 1 GG davon spricht, dass die verfassungsmäßige Ordnung in den Ländern den «Grundsätzen des republikanischen, demokratischen und sozialen Rechtsstaates im Sinne des Grundgesetzes» entsprechen müsse. Art. 20 Abs. 2 GG verankert die Gewaltenteilung, der dritte Absatz das Rechtsstaatsprinzip.

In Art. 24 GG wurde bereits 1949 die Übertragung von Hoheitsrechten auf zwischenstaatliche Einrichtungen zugelassen. Hinzu kam nach der deutschen Einheit der neue Art. 23 GG, der die Übertragung von Hoheitsrechten auf die Europäische Union ausdrücklich zulässt. Die Mitwirkung der Bundesrepublik bei der Entwicklung der EU ist allerdings an einen bestimmten normativen Rahmen gebunden; die Union muss den «demokratischen, rechtsstaatlichen, sozialen und föderativen Grundsätzen und dem Grundsatz der Subsidiarität verpflichtet [sein] und einen diesem Grundgesetz im wesentlichen vergleichbaren Grundrechtsschutz» Gewähr leisten (Art. 23, Abs. 1 GG). Damit werden sechs konstitutive Leitprinzipien des Grundgesetzes formuliert:

- das republikanische Prinzip,
- das Bundesstaatsprinzip,
- das Rechtsstaatsprinzip,
- das Demokratieprinzip,
- das Sozialstaatsprinzip,
- das Prinzip des partiellen Souveränitätsverzichts.

In der Literatur finden sich leicht unterschiedliche Systematisierungen, die in erster Linie mit der Interpretation des Begriffs «sozialer Rechtsstaat» in Art. 28 Abs. 1 GG zu tun haben. Der wichtige Aspekt des verfassungsrechtlich legitimierten Souveränitätsverzichts wird in der Regel nicht einbezogen.

2.1.1 Die Bundesrepublik Deutschland als Republik

Das Grundgesetz erwähnt das Republikprinzip eher indirekt in Art. 28 Abs. 1 GG, wo von den «Grundsätzen des *republikanischen,* demokratischen und sozialen Rechtsstaates» die Rede ist, und es setzt in Art. 20 Abs. 1 GG implizit die republikanische Staatsform für den Bund voraus. Die Kennzeichnung der Bundesrepublik als eine republikanische politische Ordnung schließt andere demokratische Staatsformen wie eine demokratische Monarchie britischen oder skandinavischen Musters aus.

2.1.2 Gewaltenteilung und das Prinzip des Bundesstaates

Die Entscheidung für die Republik als Staatsform lässt verschiedene Möglichkeiten der Staatsorganisation offen. Sie kann sich als unitarischer Einheitsstaat oder als föderales Gebilde konstituieren. Deutschland hat keine unitarische Tradition. Über die bundesstaatliche Natur der Bundesrepublik konnte angesichts dieser historischen Prägungen, der eindeutigen Vorgaben der Alliierten, die einen Zentralstaat nicht akzeptiert hätten, und der bereits erfolgten Restituierung der Länder kein Zweifel bestehen. Ein bis heute nachwirkendes Element der Entstehungsgeschichte der Bundesrepublik ist die Tatsache, dass die Länder vor der Gründung der Bundesrepublik existierten und diese entscheidend mit beeinflussten. Die bundesstaatliche Ordnung und die Eigenständigkeit der Länder wurden zu einem zentralen Gestaltungsprinzip der politischen Ordnung der Bundesrepublik (Laufer/Münche 1998).

Neben dem subsidiären Aspekt der Gesetzgebung in einem bundesstaatlichen System kommt für die Bundesrepublik als weiteres Merkmal der dezentrale Aufbau hinzu. Er ergänzt die horizontale Gewaltenteilung und Gewaltenverflechtung durch eine vertikale Gliederung der Gewalten. Horizontale Gewaltenteilung berührt das Verhältnis der obersten Staatsorgane zueinander (Exekutive, Legislative, Judikative), also die klassische Dimension einer Separierung von Gewalten. Vertikale Gewaltenteilung berührt das Verhältnis Bürger – Staat sowie des Zentralstaats zu den Gliedstaaten, bzw. von Regierung zur kommunalen Ebene in unitarischen Staaten.

Gesetzgebende, vollziehende und rechtsprechende Gewalt sind sowohl auf der Bundes- als auch auf der Länderebene institutionell verankert. Damit ist zugleich eine vertikal wirkende Gewaltenverschränkung verbunden, wie sie in der Ausführung von Bundesgesetzen durch die Verwaltungen der Länder (Art. 84 GG), in der Rahmengesetzgebung des Bundes, die Ausführungsgesetze der Länder erforderlich macht, und in der Aufgliederung der Rechtsprechungsfunktionen (Bundesverfassungsgericht, Bundesgerichte, Gerichte der Länder; Art. 92 GG) zum Ausdruck kommt. Das bedeutet, dass der Bund (Gesamtstaat) und die Länder (Gliedstaaten) jeweils für bestimmte Materien zuständig sind und hier sowohl gesetzgebende als auch vollziehende und rechtsprechende Gewalt innehaben.

Für das politische System der Bundesrepublik ist schließlich noch anzumerken, dass die Gemeinden und Gemeindeverbände keine eigenständigen staatlichen Subjekte sind, obwohl ihnen Art. 28 Abs. 2 GG das Recht zuweist, «alle Angelegenheiten der örtlichen Gemeinschaft im Rahmen der Gesetze in eigener Verantwortung zu regeln», d. h. ihnen das Recht der Selbstverwaltung überträgt.

2.1.3 Das Rechtsstaatsprinzip

Der Rechtsstaatsbegriff ist umstritten. Er bezeichnete rechtlich gebundene Herrschaft, die allein als legitim erachtet wird.

Das Rechtsstaatsprinzip hat nach übereinstimmender Auffassung in der Bundesrepublik bestimmte Merkmale: die zentrale Stellung der Grundrechte, der Vorrang der Verfassung, das Prinzip der Gewaltentrennung, die Bindung aller staatlichen Gewalten an die Verfassung (Art. 20, Abs. 3), die Bindung von Verwaltung und Rechtsprechung an Recht und Gesetz, der Grundsatz der Rechtssicherheit, Vertrauensschutz in den Bestand der Rechtsnormen und Beschränkung der Rückwirkung von Gesetzen, die Möglichkeit richterlicher Kontrolle und die Unabhängigkeit der Justiz.

Das Prinzip der Gewaltenteilung trennt Legislative, Exekutive und Judikative. Das klassische Prinzip der Gewaltenteilung ist im Grundgesetz zu einem System der Funktionszuordnung verschiedener staatlicher Institutionen weiterentwickelt worden, welches die Voraussetzungen für staatliches Handeln bereitstellt.

Staatliche Macht muss berechenbar sein. Rechtssicherheit und Rechtsschutz sind dafür eine unabdingbare Voraussetzung. Vertrauensschutz bedeutet, dass jeder sich darauf verlassen kann, dass einmal gesetztes Recht gilt (Rückwirkungsverbot) und nur auf dem verfassungsmäßig vorgeschriebenen Weg verändert werden kann.

2.1.4 Das Demokratieprinzip

Auf den ersten Blick scheint die Bestimmung dessen, was das Grundgesetz unter demokratisch versteht, eindeutig und keiner weiteren Diskussion wert.

«Alle Staatsgewalt geht vom Volke aus. Sie wird vom Volke in Wahlen und Abstimmungen und durch besondere Organe der Gesetzgebung, der vollziehenden Gewalt und der Rechtsprechung ausgeübt.» (Art. 20 Abs. 2 GG)

Die Formulierung, dass die Staatsgewalt vom Volk ausgehe, bedeutet nicht, dass sie von ihm ausgeübt wird. Dies geschieht nach Art. 20 Abs. 2 GG durch

- Wahlen und Abstimmungen. In Wahlen werden Abgeordnete oder andere Vertreter (z. B. Stadtverordnete) gewählt, die als Repräsentanten der Wähler fungieren;
- besondere Organe der Gesetzgebung, nämlich Parlamente;
- die vollziehende Gewalt, also die Verwaltungen der verschiedenen Gebietskörperschaften und Körperschaften des öffentlichen Rechts;
- die Rechtsprechung.

Die direkte Ausübung der Staatsgewalt sieht das Grundgesetz nur im Fall des Art. 29 GG (Neugliederung des Bundesgebiets) vor, während die Länderverfassungen je unterschiedliche, in der Regel deutlich weiter gefasste Bestimmungen enthalten.

Der Organisationsteil des Grundgesetzes stellt alle Requisiten zur Verfügung, die nach allgemeiner Ansicht ein demokratisches System konstituieren.

Es gibt bestimmte Mindeststandards, die eine demokratische Ordnung erfüllen und zusichern muss: gleiche Wahlchancen für alle Bürger, die Möglichkeit effektiver Partizipation, eine öffentliche Diskussion, die ein Verständnis der politischen Vorgänge ermöglicht, die

Möglichkeit, die Agenda der Politik zu kontrollieren, und «Inklusion», d. h. Einbeziehung der Bürger in den Prozess der Politik. Dazu müssen in Anlehnung an Robert A. Dahl funktionierende institutionelle Sicherungen zur Verfügung stehen. Dazu zählen das allgemeine Wahlrecht, freie und faire Wahlen, das Recht der Bürger, ihre Vertreter zu bestimmen und selbst für ein öffentliches Amt zu kandidieren, die Freiheit der Meinungsäußerung, umfassende, nicht von der Regierung kontrollierte Informationsmöglichkeiten und schließlich die Vereinigungsfreiheit (Dahl 1989, S. 221).

Das Demokratieverständnis des Grundgesetzes geht über die Formulierung solcher Mindeststandards und institutioneller Sicherungen hinaus. Es begreift die Demokratie als eine Staatsform, aber auch als politisches Prinzip, das auch in nichtstaatlichen Bereichen seine Berechtigung hat. Prominentestes Beispiel sind die Parteien, denen durch das Grundgesetz explizit eine Mitwirkung an der politischen Willensbildung aufgetragen ist und von denen, quasi im Gegenzug, verlangt wird, ihre innere Ordnung nach demokratischen Grundsätzen zu gestalten (Art. 21 Abs. 1 GG).

Die Grundprinzipien der politischen Ordnung der Bundesrepublik Deutschland hat der Verfassungsgeber in Art. 79 Abs. 3 GG mit einer «Ewigkeitsgarantie» versehen – eine verfassungspolitisch einmalige und historisch-politisch bedeutsame Entscheidung.

«Eine Änderung dieses Grundgesetzes, durch welche die Gliederung des Bundes in Länder, die grundlegende Mitwirkung der Länder bei der Gesetzgebung oder die in den Artikeln 1 und 20 niedergelegten Grundsätze berührt werden, ist unzulässig.» (Art. 79 Abs. 3 GG)

Dies bedeutet, dass die dort formulierten Prinzipien in ihrer Substanz geschützt werden und nicht zur Disposition des Gesetzgebers, auch nicht in Form von Verfassungsänderungen, stehen. Geschützt sind das Gebot der Menschenwürde in Art. 1 Abs. 1 GG und das Bekenntnis zu den allgemeinen Menschenrechten in Art. 1 Abs. 2 GG als oberstes Leitprinzip staatlicher Gewalt, die Menschenrechte und die Grundrechte als unmittelbar geltendes Recht (Art. 1 Abs. 3 GG) sowie die Strukturprinzipien der politischen Ordnung:

- die Bindung der Gesetzgebung, der vollziehenden Gewalt und Rechtsprechung an die Grundrechte, Art. 1 Abs. 3 GG;

- das Demokratieprinzip, Art. 20 Abs. 1 GG;
- das Leitbild des «demokratischen und sozialen Bundesstaates», Art. 20 Abs. 1 GG;
- das Bundesstaatsprinzip und die föderale Ordnung: Art. 20 Abs. 1 GG und Art. 28 GG (Bundesgarantie für die Länderverfassungen), Art. 30 GG (Kompetenzverteilung zwischen Bund und Ländern), Art. 31 GG (Vorrang des Bundesrechts) und Art. 50 bis 53 GG (Rechte des Bundesrats):

Unterhalb dieser Schwelle freilich hat sich im Laufe der Jahrzehnte einiges geändert. Die aus der Erfahrung von Weimar gespeiste ordnungspolitische Rigidität des Art. 79 Abs. 3 GG ist durch Gesetzgebung – man denke an die Aushöhlung des Brief-, Post- und Fernmeldegeheimnisses durch die Ergänzung des Art. 10 GG im Rahmen der Notstandsgesetzgebung oder die Veränderung des Asylrechts in Art. 16 und 16 a GG – und durch die anschließende Rechtsprechung des Bundesverfassungsgerichtes aufgelockert worden. Aus der Bestimmung, dass die genannten Grundsätze nicht «berührt» werden dürfen, ist in der Judikatur des Gerichts ein Verbot geworden, diese Grundsätze «prinzipiell» preiszugeben.

2.1.5 Das Sozialstaatsprinzip

Das Sozialstaatsprinzip in Art. 20 Abs. 1 GG gehört zu den tragenden Verfassungsprinzipien. Es ist auch in Landesverfassungen verankert. Es enthält die verfassungsmäßige Verpflichtung zu sozialer Aktivität, deren Ziele soziale Gerechtigkeit im Sinne des Ausgleichs ungleicher sozialer Chancen und die Freiheit des Einzelnen sind. Über Umfang, Bedeutung und Inhalt gab und gibt es keine allgemeine Übereinkunft, obwohl eine umfangreiche Rechtsprechung, insbesondere des Bundesverfassungsgerichts, die anfänglich leere Formel materiell angereichert hat.

Heute besteht in der Staatsrechtslehre und politischen Wissenschaft weitgehend Einvernehmen darüber, dass das Sozialstaatsprinzip verbindlich ein Staatsziel festlegt. Die Sozialstaatsklausel stellt eine Berechtigung und Verpflichtung zu sozial gestaltender, leistender und gewährender Tätigkeit des Staates dar. Diese Verpflichtung zielt auf die Herstellung sozialer Gerechtigkeit, bedeutet aber nicht notwendigerweise das Bekenntnis zu einem ausufernden Wohlfahrtsstaat.

2.1.6 Souveränitätsverzicht und europäische Integration

Aus der Erfahrung zweier Weltkriege hatte das Grundgesetz die Möglichkeit vorgesehen, Hoheitsrechte auf zwischenstaatliche Einrichtungen zu übertragen und einem System gegenseitiger kollektiver Sicherheit beizutreten (Art. 24 GG). Mit dieser Verfassungsbestimmung sollte unmissverständlich deutlich gemacht werden, dass das demokratische Deutschland seinen Platz in der Gemeinschaft demokratischer Staaten suchte und politische oder gar militärische Alleingänge der Vergangenheit angehören sollten. Der Art. 24 GG ermöglichte die Übertragung von Souveränitätsrechten an europäische Institutionen und an die NATO.

Diese Kompetenzübertragungen, die Art. 24 Abs. 1 GG jeweils durch einfaches Gesetz (Ratifizierungsgesetz) ermöglicht, ist nicht ohne Probleme, die sich vor allem im Zusammenhang mit dem immer weiter fortschreitenden europäischen Einigungsprozess zeigten. Da entsprechende Verpflichtungserklärungen nicht der Zustimmung des Bundesrats bedürfen, wurde die Befürchtung geäußert, dass die europäische Einigung langfristig zu einer Aushöhlung der bundesstaatlichen Ordnung führen könne.

Die Weiterentwicklung der Europäischen Gemeinschaften nach Verträgen von Maastricht und Amsterdam («Vertrag zur Gründung der Europäischen Gemeinschaft (EG)» und «Vertrag über die Europäische Union (EU)») erforderte explizite Ermächtigungen, da sich die Kompetenzen der Gemeinschaft mit dem EG-Vertrag und der Erweiterung der Gemeinschaftsaufgaben auf die Wirtschafts- und Währungsunion und weitere Materien wie Sozialpolitik, Umweltschutz, berufliche Bildung, Kultur, Gesundheitswesen oder Verbraucherschutz ausgedehnt haben.

Schließlich haben auch die auf Regierungszusammenarbeit beruhende zweite Säule, die Gemeinsame Außen- und Sicherheitspolitik (GASP), und vor allem die dritte Säule des EU-Vertrags, die gemeinsame Justiz- und Innenpolitik, weit reichende Folgen für die Bürger Europas. Mit den Bestimmungen des Art. 24 GG waren diese Veränderungen nach Meinung der meisten Verfassungsrechtler und des Bundesverfassungsgerichts nicht mehr zu legitimieren. Mit dem neuen Art. 23 GG, dem «Europaartikel», wurde die verfassungsrechtliche Grundlage für die Weiterentwicklung des europäischen Einigungsprozesses, die mit der Europäischen Währungsunion eine neue qualitative Stufe erreicht hat, ermöglicht.

Der Verfassungsgesetzgeber hat, mögliche Einwände des Bundesverfassungsgerichts antizipierend, erhebliche Mühe darauf verwandt, diesen Artikel «integrationsoffen» zu formulieren, ohne die Schranken des Art. 79 Abs. 3 GG zu verletzen. Dies betrifft vor allem die Bedingung, dass zukünftige Souveränitätsübertragungen die Grundsätze des Art. 20 Abs. 1 und 2 GG nicht beschädigen dürfen, ergänzt durch die Aufnahme des Subsidiaritätsprinzips als Gestaltungsgrundlage einer künftigen europäischen Ordnung, wie sie im Maastrichter Vertragswerk anvisiert worden ist.

2.2 Das politische Institutionensystem

Das Grundgesetz beschreibt die Bundesrepublik als demokratischen und sozialen Rechts- und Bundesstaat, der auf den Ideen der allgemeinen Menschenrechte gründet und der seinen Ort in einer größeren europäischen Staatengemeinschaft hat. Diese grundlegenden normativen Aussagen bilden den Rahmen für die konkreten Regelungen der Staatsorganisation der alten Bundesrepublik und des vereinten Deutschlands.

2.2.1 Die Rolle des Parlaments im Grundgesetz

Bei der Gründung der Bundesrepublik Deutschland hat sich der Verfassungsgeber für ein parlamentarisches System entschieden. Die bundesdeutsche Variante des Parlamentarismus beruht auf einer historisch verständlichen Auseinandersetzung mit der Weimarer Reichsverfassung, die trotz ihrer institutionellen Schwächen wie dem Notverordnungsrecht und der Stellung des Reichspräsidenten eine moderne Verfassung einer parlamentarischen Republik war. Das Grundgesetz beseitigte die Ambivalenzen der Verfassung von Weimar und räumt dem Parlament eine herausragende, durch präsidiale Machtkompetenzen nicht eingeschränkte Kompetenz ein.

Im bewussten Gegensatz zum britischen Verständnis von *parliamentary sovereignty* ist dem Parlament in der Bundesrepublik kein allumfassender Vorrang gegenüber anderen Verfassungsorganen übertragen worden. Vielmehr ist eine Verschränkung der Zuständigkeiten der einzelnen Verfassungsorgane gewählt worden. Dieser häufig kritisierte Zustand – auch wegen wechselseitiger Blockademöglichkeiten – ist nicht auf eine Unachtsamkeit des Verfassungsgebers zurückzuführen, sondern gewollt. Ihn zu beseitigen würde dessen Intentionen deutlich zuwiderlaufen, ging es ihm doch um den Zwang zur Zusammenarbeit und Kompromissbildung.

Dem Bundestag und den Länderparlamenten kommt hier eine Schlüsselstellung zu. Sie sind, trotz der starken Stellung von Regierung und Ministerialverwaltung, die bedeutsamsten Arenen der öffentlichen Auseinandersetzung um die Zukunft des Landes.

Die wichtigsten Aufgaben des Bundestags – und Ähnliches gilt für die Länderparlamente –, die ihm nach den Bestimmungen des Grundgesetzes zugewiesen sind, umfassen die Gesetzgebung (Art. 70 ff. GG) einschließlich der Haushaltsbewilligung (Art. 110 GG) und die Kontrolle der Bundesregierung und der Verwaltung, die zu einem guten Teil durch die Gesetzgebung erfolgt. Dies sind die klassischen Funktionen eines Parlaments. Entsprechend den Grundsätzen einer parlamentarischen Demokratie kommt dem Bundestag ferner die Aufgabe zu, den Regierungschef zu wählen (Art. 63 GG) und gegebenenfalls durch ein konstruktives Misstrauensvotum zu stürzen (Art. 67 GG). Ferner sind ihm Mitwirkungsrechte bei der Wahl anderer Mandatsträger wie dem Bundespräsidenten, Richtern am Bundesverfassungsgericht oder des Generalbundesanwalts übertragen. Vergleichbare Kompetenzen haben die Landtage für die Länder.

2.2.2 Die Gesetzgebungsfunktion des Bundestages im föderalen System der Bundesrepublik

Institutionell ist der Bundestag das wichtigste Organ der Gesetzgebung. Er ist der institutionelle Fokus des Gesetzgebungsprozesses, aber er ist nicht alleiniger «Gesetzgeber» im empirischen Sinn. Am Prozess der Gesetzgebung sind mehrere Institutionen beteiligt: die Länder über den Bundesrat, die Ministerialbürokratie, Partei- und Koalitionsgremien, Lobbyisten und Verbände, Sachverständige und die Öffentlichkeit. Formelle Institutionen und informelle Beziehungen beeinflussen die Gesetzgebung und den Gesetzgeber (darüber hinaus vgl. Beyme 1997, S. 54).

Am Gesetzgebungsprozess (Ismayr 2000, S. 215 ff.) sind also sowohl die in Art. 20 Abs. 2 GG genannten Gewalten – «besondere Organe der Gesetzgebung, der vollziehenden Gewalt und der Rechtsprechung» – beteiligt, denen die Ausübung des Staatsgewalt übertragen worden ist, als auch die Parteien. Sie sind «Zwitterwesen», die sowohl Organe der Staatswillensbildung als auch gesellschaftliche Organisationen darstellen. Eine wichtige Rolle spielen auch die im Grundgesetz stiefmütterlich behandelten Verbände und vor allem die zwischen diesen und anderen Akteuren sich entwickelnden *policy*-Netzwerke.

In föderalen Systemen wie der Bundesrepublik haben sowohl die Parlamente des Zentralstaates (Bundestag) als auch die Parlamente der Gliedstaaten oder Länder (Landtage) eigene Gesetzgebungskompetenzen. Hinzu kommt die Mitwirkung der Länder bei der Bundesgesetzgebung durch den Bundesrat.

Die Entscheidung zugunsten des Bundesstaatsprinzips bedeutet, dass bei der Ausübung von Staatsgewalt zwischen dem Gesamtstaat, nämlich dem Bund, und den Ländern als Gliedstaaten differenziert wird.

In der politischen Praxis der Bundesrepublik überwiegen – trotz der grundgesetzlichen Zuständigkeitsvermutung zugunsten der Länder – eindeutig die Gesetzgebungskompetenzen des Bundes.

2.2.3 *Parlament, Regierung und öffentliche Verwaltung*

Neben der Gesetzgebung ist die Bestellung einer demokratisch legitimierten Regierung und deren Abhängigkeit vom Vertrauen des Parlaments eine Grundbedingung demokratischer Herrschaft. Noch in der Weimarer Reichsverfassung waren mit den weit reichenden Rechten des Staatspräsidenten bei der Bestellung des Regierungschefs Elemente pseudo-monarchistischer Regierung erhalten geblieben, die wesentlich dazu beitrugen, die erste deutsche Demokratie zu zerstören. Vor diesem geschichtlichen Hintergrund kam für den Grundgesetzgeber nur eine klare Entscheidungskompetenz des Bundestags bei der Bestellung des Bundeskanzlers «auf Vorschlag des Bundespräsidenten» (Art. 63 Abs. 1 GG) in Frage. Nur im außergewöhnlichen Fall des Scheiterns der Vertrauensfrage im Bundestag in Art. 68 GG sind dem Präsidenten eingeschränkte Einflussmöglichkeiten zugestanden worden, aber auch hier ist er auf einen Vorschlag des Bundeskanzlers angewiesen, der im Parlament in einer Vertrauensfrage unterlegen war.

Bundestag (Art. 63 GG) und Landtage wählen den jeweiligen Regierungschef. Die Regierungsmehrheit übt entscheidenden Einfluss auf die Besetzung der Ministerposten aus. Angesichts des wachsenden Einflusses von Parteigremien und vorherigen Absprachen (Koalitionsverträge) kommt es häufig zu Rollenkonflikten zwischen der Parteiorganisation und den Mitgliedern der Parteien und den Parlamentsfraktionen, aber auch zur faktischen Aushöhlung der verfassungsrechtlich normierten Richtlinienkompetenz des Regierungschefs. Durch das Herausstellen von «Kanzlerkandidaten» und «Spitzenkandidaten» und «Regierungsmannschaften» in Wahlkämpfen ist das Recht des Parlaments, den Regierungschef zu wählen, de facto bereits im Vorfeld ausgehebelt.

Die Regierung (Regierungschef und Minister) wird in der Regel aus dem Parlament rekrutiert. Es besteht keine Inkompatibilität zwischen Regierung und Parlament. Die Besetzung von Regierungsposten mit Nichtparlamentariern ist die Ausnahme und erweist sich häufig als nicht tragfähig.

Der Premierminister, Kanzler oder Ministerpräsident hat in modernen parlamentarischen Systemen meist eine hervorgehobene Stellung bei der Auswahl der Minister und bei politischen Entscheidungen. Die Idee des *prime ministerial government* hat sich im Grundgesetz im Art. 65 niedergeschlagen.

«Der Bundeskanzler bestimmt die Richtlinien der Politik und trägt dafür die Verantwortung. Innerhalb dieser Richtlinien leitet jeder Bundesminister seinen Geschäftsbereich selbständig und unter eigener Verantwortung. Über Meinungsverschiedenheiten zwischen den Bundesministern entscheidet die Bundesregierung.» (Art. 65 GG)

Neben der Wahl ist auch die Abwahl eines Regierungschefs oder einer Regierung eine der wichtigen Kompetenzen eines demokratischen Parlaments. Die Vorstellung eines turnusmäßigen Wechsels der Regierung als Kennzeichen demokratischer Ordnungen ist im Idealfall an den Wähler gebunden – er soll durch seine Wahlentscheidung dafür sorgen, dass demokratische Regierung Machtausübung auf Zeit ist. Dies schließt andere Formen, insbesondere Koalitionswechsel nach oder während einer Legislaturperiode nicht aus.

2.2.4 Verantwortlichkeit der Regierung gegenüber dem Parlament und Kontrolle der Regierung durch das Parlament

Die Kontrolle der politischen Richtung des Regierungshandelns ist neben dem Budgetrecht die älteste und bedeutendste Funktion des Parlaments. Die klassische Vorstellung, dass das Parlament als Ganzes die Regierung zu kontrollieren habe, entspricht nicht den Bedingungen der modernen Parteiendemokratie. Es sind nicht mehr die Fürsten und der vormoderne autoritäre Staat, gegen die das Parlament seine Souveränität erkämpfen und behaupten muss. In modernen Parteiendemokratien sind Regierung und Regierungsmehrheit, sei es eine einzelne Partei, die mit absoluter Mehrheit regiert, oder eine Koalition mehrerer Parteien als «Erfolgsgemeinschaft» aufeinander angewiesen.

Dies führt dazu, dass die Regierungsfraktion(en) diese Kontrollfunktion allenfalls intern wahrnehmen, während die Opposition die Regierung möglichst öffentlichkeitswirksam zu kritisieren sucht.

Als wichtigstes Kontrollinstrumentarium verfügen der Bundestag und die Länderparlamente über das Budgetrecht in Form der Haushaltsberatung und der Haushaltskontrolle. Der Bundestag (bzw. die Länderparlamente) und jeder seiner Ausschüsse können die Anwesenheit eines Mitglieds der Regierung verlangen (Art. 43 Abs. 1 GG). Die Parlamente können Untersuchungsausschüsse einsetzen, meist mit mäßigem Ergebnis. Der Verteidigungsausschuss kann sich nach Art. 45 a Abs. 2 auf Antrag eines Viertels seiner Mitglieder als Untersuchungsausschuss konstituieren. Das Petitionsrecht des Art. 17 GG hat 1975 zur grundgesetzlichen Verankerung eines Petitionsausschusses geführt. Als Ultima Ratio bleibt der Art. 67 GG, das konstruktive Misstrauensvotum gegen den Bundeskanzler.

Der Bundestag übt primär eine politische Kontrolle aus; das Verfahren wird im parlamentarischen Geschäftsordnungsrecht geregelt (Geschäftsordnung des Deutschen Bundestages). Es ist das Parlament, das sich die Regeln gibt, nach denen zu verfahren ist. Es handelt sich also um parlamentarische und – von Untersuchungsausschüssen abgesehen – nicht um justizförmige Verfahren.

Die wöchentlichen Tagungen der Partei- und Fraktionsvorstände, der Arbeitskreise und Arbeitsgruppen der Fraktionen und vor allem die Zusammenkünfte der im Grundgesetz und der Geschäftsordnung des Bundestags nicht vorgesehenen informellen Zirkel, insbesondere von Koalitionsausschüssen, sollen sowohl eine interne Kontrolle als auch eine Abstimmung des Handelns von Regierung und der sie tragenden Fraktionen sichern. Diese Feinabstimmung erfolgt weitgehend unter Ausschluss und Vermeidung allzu großer Öffentlichkeit.

Das Medium öffentlicher Kritik ist das Plenum des Parlaments. Die Parlamentsdebatten sind auf Außenwirkung gerichtet. Die Medien tragen das sorgsam gepflegte Bild eines Grundsatzstreits von Regierungsmehrheit und Opposition in die Öffentlichkeit. Wirkliche Richtungsentscheidungen sind aber eher selten. Im politischen Alltag überwiegen Auseinandersetzungen über praktische Fragen, die in den nichtöffentlichen Ausschusssitzungen behandelt und geklärt werden, wobei oft ein Kompromiss erreicht wird.

2.2.5 *Regierung und öffentliche Verwaltung*

Der Bereich der öffentlichen Verwaltung umfasst nach Max Weber im weitesten Sinn die Rechtsschöpfung, Rechtsfindung und «Regierung», d. h. das Umsetzen von Entscheidungen. Es ist der Staat, der bei Weber das «Monopol legitimen physischen Zwangs für die Durchführung der Ordnungen in Anspruch nimmt». Dazu benötigt er Personal (Beamte), finanzielle Mittel und Machtmittel. «Der staatliche Herrschaftsbetrieb als Verwaltung» funktioniert als rational organisierter «Betrieb» (Weber 1972, S. 825).

Diese Sicht der Verwaltung hat sich seit Max Weber erheblich verändert. Eingebürgert hat sich eine auf Georg Jellinek zurückgehende Begriffsbestimmung, die unter Verwaltung alle Staatstätigkeit kennzeichnet, die weder Gesetzgebung noch Rechtsprechung ist.

Die Exekutive kann, zumindest im deutschen Rechtskreis, ohne ausgiebige Gesetzgebung bzw. gesetzliche Ermächtigung gar nicht tätig werden, ist also existenziell von der Legislative abhängig. Andererseits geht die übergroße Mehrzahl der Gesetzesinitiativen nicht vom Parlament, sondern von der Verwaltung aus, ist also eigentlich Regierungs- und erst in zweiter Linie Gesetzgebungshandeln des Parlaments. Im Gesetzgebungsprozess tritt neben das Prinzip der Gewaltenteilung eine enge Zusammenarbeit zwischen Legislative und Exekutive, in der die Ministerialverwaltung eine dominante Rolle spielt.

Die überwiegende Mehrheit der Gesetze werden von der Verwaltung erarbeitet, die Legislative hat hier faktisch nur noch eine bestätigende Funktion. Dies betrifft nicht nur die Anpassungsgesetzgebung, sondern auch und gerade die gesetzgeberischen Weichenstellungen für mittel- und langfristige Vorhaben von weit reichender Bedeutung, sei es eine Steuerreform, die Gesundheits- oder die Rentenreform. Hier hat die Ministerialverwaltung einen Informations- und Kompetenzvorsprung, den das Parlament trotz wissenschaftlicher Unterstützung durch einen eigenen Mitarbeiterstab nicht aufholen kann.

Auch im Bereich der Umsetzung von gesetzlichen Regelungen in die Praxis spielt die Verwaltung eine entscheidende Rolle. Verwaltung ist hier zum einen hoheitliches Handeln. Die Aufrechterhaltung der öffentlichen Sicherheit und Ordnung ist Aufgabe jeder staatlichen Verwaltung. Dazu stehen ihr Gebote, Verbote, Erlaubnisse und besondere Institutionen und Gewaltmittel zur Verfügung. In einem Rechtsstaat bedürfen sie einer gesetzlichen Grundlage und Legitimation. Die Ausübung hoheitlicher Funktionen bleibt in der Bundesrepublik nach Art. 33 Abs. 4 GG einer bestimmten Berufsgruppe, den Beamten, vorbehalten.

Zum anderen ist in modernen Wohlfahrtsdemokratien ein weites Spektrum an staatlichen Leistungen für die Gesellschaft hinzugekommen: Die hoheitlich-ordnende Funktion der öffentlichen Verwaltung wurde durch eine Leistungsfunktion ergänzt. Staatliche Institutionen wurden «Leistungsträger», die für die Bereitstellung öffentlicher Güter und für die Daseinsvorsorge zuständig sind. Staatliche Schulen und Universitäten, Staatstheater, staatliche oder kommunale Krankenhäuser, Einrichtungen der sozialen Fürsorge, öffentliche Dienstleistungsunternehmen wie Post oder Bahn stellen lebenswichtige Güter oder Dienstleistungen zur Verfügung. Trotz weitgehender Privatisierung in den letzten Jahrzehnten verbleiben eine Vielzahl von öffentlichen Leistungsaufgaben, die von Verwaltungen zu bearbeiten sind.

Als dritte Dimension kann eine Steuerungsfunktion öffentlicher Verwaltung angeführt werden. Staatliche Verwaltung übernimmt die Aufgabe, auf die wirtschaftliche und soziale Entwicklung gezielt Einfluss zu gewinnen. Hierzu sind vor allem in den frühen 1970er Jahren eine Reihe von verfassungsmäßigen Voraussetzungen geschaffen worden. Dazu zählen u. a. das Institut des Länderfinanzausgleichs (Art. 107 GG), mit dem Disparitäten in der wirtschaftlichen und sozialen Entwicklung in den Bundesländern vermieden werden sollen, Finanzhilfen des Bundes für die Länder und Kommunen bei besonders wichtigen Investitionsvorhaben (Art. 104 Abs. 4 GG) oder Absprachen bei der Haushaltswirtschaft von Bund und Ländern (Art. 109 GG).

Prominentestes Beispiel für steuernde Staatseingriffe ist das inzwischen stumpf gewordene Instrument der mittelfristigen Finanzplanung, mit dessen Hilfe eine von konjunkturellen Schwankungen weitgehend unabhängige oder gar gegensteuernde öffentliche Haushaltswirtschaft und Planungsverlässlichkeit für private und öffentliche Unternehmen erreicht werden sollten.

Als Spezifikum öffentlicher Verwaltung in der Bundesrepublik kommt hinzu, dass der Bund nur in einem sehr eingeschränkten Sinn über eine eigene Verwaltung verfügt. Öffentliche Verwaltung in Deutschland ist im überwiegenden Umfang Landesverwaltung im Auftrag des Bundes und kommunale Verwaltung.

Sie findet auf drei Ebenen statt, der Bundes-, Landes- und kommunalen Ebene. Diese drei Gebietskörperschaften (Bund, Länder, Gemeinden und Gemeindeverbände) arbeiten in vielfältiger Weise zusammen. Ihr Verhältnis ist kein ausschließlich hierarchisches, sondern ein funktional gegliedertes.

Der Hauptpersonalaufwand der öffentlichen Verwaltung liegt in den Ländern, insbesondere im Bereich von Bildung und Wissenschaft sowie bei der Polizei. Dies bedeutet, dass die meisten Landesbeamten nicht mit «Verwalten» im engeren Sinn, sondern mit staatlichen Ordnungs- und Dienstleistungsaufgaben beschäftigt sind.

Die dritte Verwaltungsebene, die Gemeinden und Gemeindeverbände, ist vor allem als Leistungsverwaltung tätig. Dazu zählen der Betrieb von kulturellen Einrichtungen und der große Bereich sozialer Einrichtungen, des öffentlichen Personennahverkehrs, der regionalen Wirtschaftsförderung oder anderer lokaler Dienstleistungen. Allein die Sozial- und Gesundheitsverwaltung beschäftigt etwa ein Drittel der kommunalen Bediensteten.

Neben den drei Gebietskörperschaften bilden die Körperschaften des öffentlichen Rechts einen bedeutenden Teil öffentlicher Verwaltung. Dazu zählen die Einrichtungen der Sozialversicherung, wie die Bundesversicherungsanstalt für Angestellte und die Landesversicherungsanstalten, die Bundesanstalt für Arbeit und die Arbeitsverwaltung, Berufsgenossenschaften, kommunale Zweckverbände, Schulverbände, Hochschulen u. a. m. Diese Institutionen erfüllen staatliche Aufgaben im Auftrag, stellen also eine spezifische Form von «Auftragsverwaltung» dar.

2.2.6 Das Bundesverfassungsgericht: «Mitregent» oder «Gegenregierung»?

Moderne Verfassungsstaaten unterscheiden sich von absolutistischen Regimen und modernen Diktaturen dadurch, dass in ihnen die Politik der Gesellschaft zwar das Recht vorgibt, sie ihrerseits aber an das Recht gebunden ist. Dabei handelt es sich um Verfahrensregeln, die eingehalten werden müssen, soll eine politische Entscheidung als legitim gelten. Zugleich werden mit den Grundrechten bestimmte Normen aufgerichtet, die den inhaltlichen Handlungsrahmen der Politik normieren und begrenzen. Um diese Verfassungsgrundsätze zu verändern, bedarf es höherer Anforderungen, nämlich der Zweidrittelmehrheit in den gesetzgebenden Körperschaften, als bei inhaltlichen Entscheidungen, die in der Regel auf dem Wege des Gesetzesrechts getroffen werden können.

Rechtsgrundlage der Tätigkeit des Bundesverfassungsgerichts sind die Art. 92 und 94 GG und das «Gesetz über das Bundesverfassungsgericht» von 1951 i. d. F. vom 23. September 1990 (BVerfGG).

In Bezug auf die politische Rolle des Bundesverfassungsgerichts sind vor allem die Entscheidungen bei Organstreitigkeiten zwischen obersten Bundesorganen oder mit eigenen Rechten ausgestatteten anderen Beteiligten über ihre Rechte und Pflichten von Bedeutung, die über den klassischen Rahmen der verfassungsgerichtlichen Kompetenzen hinausgehen.

Politisch sensibel sind Organstreitigkeiten zwischen Verfassungsorganen, z. B. dem Bundestag und dem Bundesrat, und häufig auch Normenkontrollklagen, in denen geprüft wird, ob und inwieweit ein Gesetz mit der Verfassung vereinbar ist. Solche Entscheidungen drängen das Verfassungsgericht leicht in eine politische Rolle. Zwar muss das Gericht das Grundgesetz zur Grundlage seiner Auslegung machen, da aber viele Bestimmungen der Verfassung eher die Form von Generalklauseln haben, besteht oft ein weiter Interpretationsspielraum.

Schließlich ist das Institut der Verfassungsbeschwerde zu erwähnen, das Ende der 1960er Jahre im Zuge der Notstandsgesetzgebung auch in der Verfassung verankert worden ist. Die Verfassungsbeschwerde steht «jedermann» offen, ermöglicht also einen direkten Zugang des Einzelnen (nicht nur der deutschen Staatsbürger) zum Bundesverfassungsgericht. Dies ist die übergroße Anzahl der anhängigen Verfahren. Gegenstände der Verfassungsbeschwerde sind Verletzungen der Grundrechte des Einzelnen, des Demokratieprinzips des Grundgesetzes, der staatsbürgerlichen Gleichstellung, der Wahlrechtsgrundsätze und des freien Mandats, des Anspruchs auf einen gesetzlichen Richter und rechtliches Gehör und der Garantie von Rechten bei Freiheitsentzug.

Unter politikwissenschaftlichen Aspekten ist vor allem die Frage von Bedeutung, welche konstitutionelle und tatsächliche Rolle das Bundesverfassungsgericht bei der Formulierung von Politik spielt. Ist es «Mitregent» in einem ausbalancierten System von Kompetenzzuweisungen und gegenseitigen Kontrollmöglichkeiten und insofern Teil des politischen Entscheidungsprozesses, oder tendiert es dazu, seine Kompetenzen so weit auszudehnen, dass von einer Art Neben- oder gar Gegenregierung gesprochen werden kann?

Die politische Verfassung der Bundesrepublik kennt mehrere Institutionen, die als «Mitregenten» zu bezeichnen sind. Die beiden wichtigsten sind das Bundesverfassungsgericht und, vor der europäischen Währungsunion, die Deutsche Bundesbank. Beide Institutionen sind «Nachzügler» im politischen Institutionensystem der Bundesrepublik, die erst in den 1950er Jahren gegründet wurden.

Aufgabe der Verfassungsgerichtsbarkeit ist es, politische Entscheidungen am Maßstab der Verfassung zu überprüfen. Da sie über keine eigenen Machtmittel verfügt, löst sie das Problem nur so lange und insoweit, als die Politik bereit ist, ihrem Urteil zu folgen. Andererseits wird die Politik sich nur so lange dem Spruch des Verfassungsgerichts unterwerfen, als dieses sich in seinen Entscheidungen eine gewisse Selbstbeschränkung *(judicial self-restraint)* auferlegt und der Versuchung widersteht, unter dem Deckmantel der Verfassungsauslegung selbst Politik zu betreiben.

Da dem Bundesverfassungsgericht die dem Supreme Court in den USA gegebene Möglichkeit, Gegenstände zurückzuweisen, weil sie zu sehr politisch aufgeladen sind *(political questions-*Doktrin) nicht zur Verfügung steht, muss es im Rahmen eines präzise formulierten Zuständigkeitskatalogs agieren und gerät so häufig – ohne eigenes Zutun – in politische Auseinandersetzungen hinein. Konflikte zwischen dem Verfassungsgericht und der Politik sind daher unvermeidlich, und sie treten unter wechselnden Konstellationen immer wieder auf. In solchen Situationen haben Begriffe wie «Gegenregierung», «Ersatzgesetzgeber» oder «Übergesetzgeber» Konjunktur, sind aber nur dann angebracht, wenn das Gericht, wie in einigen Fällen geschehen, der Versuchung erliegt, die sich ihm bietende Gelegenheit zu nutzen, um eigene politische Überzeugungen zu äußern und per Urteil durchzusetzen.

2.2.7 Die «Kanzlerdemokratie» als spezifische Ausprägung des deutschen Regierungssystems

Angesichts der im Vergleich mit anderen westlichen Demokratien bemerkenswerten Festigkeit und Dauerhaftigkeit von Regierungskonstellationen und Amtszeiten des Regierungschefs in der Bundesrepublik stellt sich die Frage nach den Ursachen für diese Entwicklung, die sich so signifikant sowohl von den Erfahrungen der Weimarer Republik als auch von anderen Nachkriegsdemokratien unterscheidet.

Sie liegen in erster Linie in der konstitutionellen und institutionellen Ausgestaltung des Regierungssystems der Bundesrepublik, die den politischen Akteuren berechenbare Rahmenbedingungen und klare Grenzen politischen Handelns eröffnet.

Diese institutionellen Rahmenbedingungen wurden durch eine Reihe von Vorkehrungen der Verfassung geschaffen und verfestigten sich in der politischen Praxis. Die konkrete Ausgestaltung des verfassungsrechtlichen Rahmens von Regierungstätigkeit war zum einen das Werk von Personen, vor allem der jeweiligen Bundeskanzler mit ihrer herausgehobenen, von der Verfassung gewährten Richtlinienkompetenz und ihrer starken Stellung im Parlament, zum anderen der Parteien und Koalitionen. Die beiden wichtigsten institutionellen Vorkehrungen sind die in Art. 65 GG verankerte politische «Richtlinienkompetenz» des Kanzlers und das «konstruktive Misstrauensvotum» des Art. 67 GG. Das Recht des Kanzlers, die Richtlinien der Politik zu bestimmen und bei Konflikten zwischen Ministern, die ihren Geschäftsbereich selbständig und eigenverantwortlich leiten, zu vermitteln, weist ihm eine Schlüsselrolle zu.

Angesichts der langen Amtszeit der meisten Bundeskanzler und ihrer Autorität im Kabinett hat sich das Verhältnis von Richtlinienkompetenz und Eigenverantwortlichkeit der Minister verschoben. Starke Bundeskanzler neigen dazu, ihre Richtlinienkompetenz weit zu definieren und in die einzelnen Ministerien hineinzuregieren. Dies führt zu einer Verschiebung der Kompetenzen von den Ministern und dem Kabinett zum Kanzler und seinen Mitarbeitern im Kanzleramt. In der politischen Praxis bedeutet dies eine Aufwertung des Bundeskanzleramts als Steuerungszentrale der Regierungspolitik.

Angesichts dieses Befundes hat das Modell der «Kanzlerdemokratie» einigen Erklärungswert (Niclauß 1988). Der Begriff wird zur Kennzeichnung eines Regierungstyps verwendet, der, in der Regierungszeit Konrad Adenauers (1876–1967) entstanden, in unterschiedlicher Ausprägung durch die jeweiligen parteipolitischen Konstellationen und persönlichen Ambitionen und Regierungsstile der Bundeskanzler eine institutionelle Konstante des politischen Systems der Bundesrepublik geworden ist.

Allerdings ist die institutionelle und politische Reichweite der exekutiven Möglichkeiten des Kanzlers in der Praxis häufig geringer, als es das Modell der «Kanzlerdemokratie» vermuten lässt. Über Stärken und Schwächen des Kanzlers und der Regierung entscheiden neben dem institutionellen Zuschnitt des Amts und personellen Komponenten auch andere Faktoren, die in Rechnung zu stellen sind, wenn man nach den Ursachen von Stabilität und Dauer im Regierungssystem der Bundesrepublik fragt. Hier sind vor allem eine Reihe von Beschränkungen zu nennen.

Jeder Kanzler benötigt Koalitionspartner, die, wenn es die Mehrheitsverhältnisse zulassen, damit drohen können, die Koalition zu verlassen. Von einer Ausnahme abgesehen, hat keine Partei über eine absolute Mehrheit im Bundestag verfügt.

Die komplizierten Gesetzgebungsverfahren und die Struktur der öffentlichen Verwaltung machen eine permanente Zusammenarbeit und Abstimmung der Bundesregierung mit den Ländern erforderlich und schränken die Handlungsoptionen der Regierung ein. Kanzler und Regierungsmehrheit haben mit dem Bundesrat zu rechnen, der häufig eine andere politische Konstellation aufweist, da in den Ländern verschiedenartige Koalitionen regieren. Aber auch dann, wenn die Regierungsparteien auch dort eine Mehrheit besitzen, sind die Entscheidungen der Länderregierungen meist mehr von Länderinteressen als von Parteiräson bestimmt. Gleiches gilt für die Opposition und ihre Versuche, den Bundesrat in ein Instrument zur Bekämpfung der Regierungspolitik umzuformen.

Alle Handlungen der Regierung unterliegen parlamentarischer und verfassungsrechtlicher Kontrolle.

Schließlich verfügte die Bundesrepublik über eine mächtige Zentralbank, die Deutsche Bundesbank, die kraft Gesetz weitgehend unabhängig vom Willen und Einfluss der Regierung mit ihrer Geldpolitik die wirtschaftspolitischen Rahmenbedingungen setzte und damit entscheidenden Einfluss auf die Wirtschafts- und Finanzpolitik nahm. Nach Einführung der Europäischen Währungsunion sind die meisten Kompetenzen der Notenbank zwar auf die Europäische Zentralbank verlagert worden, das hat die Handlungsmöglichkeiten der nationalen Regierungen aber keineswegs erweitert.

Nicht nur in diesem entscheidenden Politikbereich zeigt sich, dass die Handlungsspielräume aller Regierungen der Mitgliedstaaten der Europäischen Union immer enger werden, je mehr europäisches Recht, genauer, sekundäres Gemeinschaftsrecht sowie die Entscheidungen der Europäischen Kommission und des Europäischen Rats an Bedeutung gewinnen.

2.3 Staat und Bürgergesellschaft

Kennzeichen demokratischer politischer Systeme ist es, dass die Bürger, von ihnen gegründete und aufrechterhaltene Vereinigungen und Verbände, in neuerer Zeit auch andere Organisationsformen wie Bürgerinitiativen oder «Nichtregierungsorganisationen» (NGOs), einen entscheidenden Einfluss auf die Politik haben. In unserem Zusammenhang interessieren diese Akteure in ihrer Eigenschaft als Organisationen, die in den Bereich der staatlichen Willensbildung hineinwirken und/oder integraler Bestandteil dieser Willensbildung sind.

2.3.1 Parteien als Organe der «Staatswillensbildung»
Die wichtigste Rolle in diesem Zusammenhang spielen ohne Zweifel die politischen Parteien.

Politische Parteien sind in modernen Demokratien allgegenwärtig.

Es ist daher umso bemerkenswerter, dass sich die Politikwissenschaft nicht auf eine allgemein akzeptierte Definition einigen konnte. Parteienforscher in Deutschland finden noch am ehesten eine gemeinsame Basis, wenn sie die aus dem Art. 21 des Grundgesetzes abgeleitete Legaldefinition des Parteiengesetzes von 1967 (i. d. F. vom 8. Oktober 1990 – BGBl I: 2141) als Arbeitsgrundlage akzeptieren. Paragraph 2 Abs. 1 des Parteiengesetzes definiert politische Parteien als «Vereinigungen von Bürgern, die dauernd oder für längere Zeit für den Bereich des Bundes oder eines Landes auf die politische Willensbildung Einfluss nehmen und an der Vertretung des Volkes im Deutschen Bundestag oder einem Landtag mitwirken wollen, wenn sie nach dem Gesamtbild der tatsächlichen Verhältnisse, insbesondere nach Umfang und Festigkeit ihrer Organisation, nach der Zahl ihrer Mitglieder und nach ihrem Hervortreten in der Öffentlichkeit eine ausreichende Gewähr für die Ernsthaftigkeit dieser Zielsetzung bieten.»

Otto Stammer hat in einer inzwischen «klassischen» Definition moderne Parteien als Verbände zur Durchsetzung bestimmter Ziele im politischen Raum definiert, die sowohl im Bereich der Gesellschaft als auch des Staates agieren, also beiden zuzuordnen sind.

Diese Parteiendefinition verweist auf vier miteinander in Beziehung stehende Elemente:

1. Parteien sind *Verbände* neben anderen Verbänden, aber mit einer besonderen Aufgabenstellung, nämlich gesellschaftliche Interessen im staatlichen Bereich zu vertreten. Hier konkurrieren sie mit organisierten Interessenverbänden, sind ihnen aber durch ihren besonderen, über das Parlament vermittelten Zugang zur Gesetzgebung und Verwaltung überlegen, weil sie Teil der Staatsorganisation sind.

2. Parteien verfügen über politische und ideologisch motivierte *Zielvorstellungen*, die sie unter Berufung auf von ihr repräsentierte Gruppen der Bevölkerung vertreten. Die Entwicklung der letzten Jahrzehnte hat allerdings eine abnehmende ideologische Bindekraft der Parteien mit sich gebracht, die zu neuen Erscheinungen wie schwindende Parteibindung von sozialen Gruppen und häufigerem Wechsel in den Partei- und Wahlpräferenzen der Bürger geführt hat.

3. Parteien entfalten ihre Wirksamkeit im Rahmen eines *Parteiensystems*, dessen Struktur und mögliche Veränderungen ihre politi-

schen Möglichkeiten wesentlich beeinflussen. Grad und Umfang ihrer Beteiligung an der politischen Willensbildung werden nicht nur durch die Größe der Partei und die Anzahl ihrer Vertreter in den Parlamenten, sondern entscheidend auch von ihrer strategischen Stellung im Parteiensystem bestimmt. Ist das Parteiensystem auf wenige Parteien konzentriert und hochgradig polarisiert, sodass es in der Regel zu «Blockbildungen» kommt, und sind durch das Wahlsystem zugleich absolute Mehrheiten faktisch ausgeschlossen, dann kann eine kleine Partei – wie die FDP in der Bundesrepublik – eine weit über ihre zahlenmäßige Bedeutung hinausgehende Schlüsselrolle wahrnehmen.

4. Parteien nehmen – mit unterschiedlichen Chancen – an der *politischen Willensbildung* teil. Der Kampf um Wählerstimmen ist eine Auseinandersetzung um Anteile auf dem «Wählermarkt», bei der es um die Mobilisierung der Wählerschaft für die eigenen Ziele geht. Veränderungen im Parteiensystem, z. B. das Entstehen neuer Parteien, denen es gelingt, in die Parlamente einzuziehen, haben weit reichende Folgen für Politik und Programmatik der existierenden «etablierten» Parteien. Gleiches gilt für Bündnis- und Koalitionsmöglichkeiten.

§ 1 Abs. 1 des Parteiengesetzes definiert die Stellung und die Aufgaben der Parteien als verfassungsrechtlich notwendigen Bestandteil der freiheitlichen demokratischen Grundordnung. Die detaillierte Auflistung der Bereiche, in denen die Parteien tätig werden und Aufgaben übernehmen, geht deutlich über die eher zurückhaltende Formulierung des Grundgesetzes von der «Mitwirkung» der Parteien an der politischen Willensbildung hinaus und weitet ihren Gestaltungsraum auf «alle Gebiete des öffentlichen Lebens» aus (§ 1 Abs. 2 PartG).

Die Bestimmungen des Parteiengesetzes offenbaren ein Parteienverständnis, das den Strukturwandel der Massendemokratien reflektiert und Parteien als multifunktionale intermediäre Institutionen zwischen Staat und Bürger begreift. Es unterscheidet sich damit deutlich von elitären Konzepten der Honoratiorenpartei, populistischen Massenbewegungsparteien und von Kaderparteien.

Nur Parteien im Sinne des Parteiengesetzes genießen das «Parteienprivileg» des Art. 21 GG. Dieses Privileg wurde ihnen im Grundgesetz zugewiesen, weil auch hier eine (in diesem Fall notwendige und positive) Konsequenz aus dem Scheitern der Weimarer Republik gezogen werden sollte, die Parteien als Fremdkörper in der politischen Willensbildung wahrnahm.

Nach den Erfahrungen der Weimarer Republik, ihres Niedergangs und des Nationalsozialismus nimmt es nicht wunder, dass im Nachkriegsdeutschland eine verbreitete Skepsis und Apathie gegenüber politischen Parteien zu beobachten war. Dass nur wenige Jahre später von einer gelungenen Etablierung einer «Parteiendemokratie» gesprochen werden konnte, hat eine Reihe systematischer und situationsbedingter Ursachen.

Gleichwohl wird immer wieder aktuelle, aber auch grundsätzliche Kritik an den Parteien und am «Parteienstaat» geäußert. Die Kritik speist sich aus Beobachtungen, die jeder aufmerksame Zeitgenosse machen kann: Zuweilen mag es erscheinen, als ob sich die Parteien nicht nur den Staat, sondern auch die Gesellschaft untertan gemacht hätten. Parteien rekrutieren die politische Elite. Parteien stellen das Führungspersonal in den öffentlichen Verwaltungen. Parteien üben einen entscheidenden Einfluss auf die Besetzung von Führungspositionen in Institutionen aus, die Regierung und Parlament kontrollieren sollen, seien es Richterposten an obersten Bundes- und Landesgerichten, Aufsichtsräte großer öffentlicher Unternehmen oder Funktionen in den Aufsichtsgremien der öffentlich-rechtlichen Rundfunk- und Fernsehanstalten bzw. in Einrichtungen der politischen Bildung – um nur einige wenige Bereiche zu nennen.

Diese anscheinende Omnipotenz der Parteien fordert immer wieder eine im Effekt vergebliche Kritik am Parteiensystem und der Rolle der Parteien in der politischen Ordnung der Bundesrepublik heraus, die sich seit den 1980er Jahren erkennbar verstärkt hat. Die allseits konstatierte «Parteienverdrossenheit» wird dabei als ein bedenkliches Zeichen für den Zustand der Demokratie gewertet.

Die Kritik an den Parteien hat zwei Stoßrichtungen.

1. Parteien wirken längst nicht mehr nur, wie es Art. 21 GG vorsieht, an der politischen Willensbildung *mit*, sie sind vielmehr zu Monopolisten der Politik geworden und nehmen für sich – ungerechtfertigt – in Anspruch, für das Ganze und nicht nur für einen Teil der Gesellschaft zu sprechen.

2. Der andere Vorwurf lautet, dass sich die Parteien von der Gesellschaft abgekoppelt hätten, ein von der gesellschaftlichen Wirklichkeit isoliertes Leben führten (Hennis 1983).

In allen modernen Demokratien spielen Parteien eine herausragende Rolle. Längst ist die traditionelle Trennung von Staat und Gesellschaft, wie sie dem klassischen liberalen Demokratieverständnis entsprach, überwunden. Parteien sind nicht mehr auf die Gesellschaft beschränkt, sondern sie waren, bereits bevor sie als solche anerkannt worden sind, de facto Teil der Staatsorganisation. Je enger sie mit dieser verflochten sind, desto größer wird die Gefahr, dass sie ihre gesellschaftlichen Aufgaben der politischen Meinungs- und Willensbildung ihrer anderen Funktion, Teil der Herrschaftsstruktur zu sein, unterordnen.

2.3.2 Konflikte und organisierte Interessen

Außer den staatlichen Institutionen und den Wahlbürgern haben die Institutionen des «intermediären Sektors» einen wichtigen Anteil an der politischen Willensbildung. Neben den Parteien sind dies vor allem die Verbände oder organisierten Interessen.

Verbände sind Organisationen, die in modernen, ausdifferenzierten Gesellschaften spezifische Anliegen gesellschaftlicher Gruppen gegenüber anderen Gruppen mit abweichenden oder entgegengesetzten Interessen zur Geltung bringen und/oder die Interessen ihrer Mitglieder gegenüber der Politik (Parlament, Regierung, Parteien) und der Öffentlichkeit vertreten.

Anders als politische Parteien streben sie keine unmittelbare Übernahme der oder Beteiligung an der Macht an. Macht üben sie indirekt aus, durch ihre Organisations- und Mobilisierungsfähigkeit, ihre finanziellen Möglichkeiten oder ihre Vertreter in den Parteien und Parlamenten. Sie unterscheiden sich aber auch von «Vereinen», die keine direkte Einflussnahme auf die Politik suchen, es sei denn, die eigenen Handlungsmöglichkeiten werden durch politische Entscheidungen massiv eingeschränkt oder in Frage gestellt.

Das Grundgesetz akzeptiert Interessen als Element moderner Demokratien. Es ist allerdings skeptisch gegenüber dem permanenten und direkten Einfluss von unorganisierten oder ungegliederten, diffusen Interessen und hält die politischen Entscheidungsstrukturen weitgehend von ihnen frei. Diese Abstinenz spiegelt sich auch in der vom

Bundesverfassungsgericht entwickelten problematischen Unterscheidung von «Staatswillensbildung» und «Volkswillensbildung» wider, wonach «öffentliche Meinung und Willensbildung des Volkes» nicht mit der «Äußerung der Meinung oder des Willens eines Staatsorgans in amtlicher Form» identifiziert werden könne (BVerfGE 8, 104; ferner BVerfGE 20, 56; 44, 125).

Umso auffallender sind die beiden Ausnahmen: Art. 9 Abs. 3 GG entzieht mit der besonderen Hervorhebung von Vereinigungen «zur Wahrung und Förderung der Arbeits- und Wirtschaftsbedingungen» und der grundrechtlichen Festschreibung des Instituts der Tarifautonomie gerade einen der seit der Industrialisierung politisch-ideologisch am heftigsten umstrittenen Bereiche weitgehend dem staatlichen Einfluss und öffnet ihn dezidiert dem Verbandseinfluss. Die zweite Ausnahme ist die Stellung der Parteien, denen eine spezifische Mittlerfunktion, gleichsam als Filter zwischen Meinungen und Stimmungen des Alltags und den Notwendigkeiten eines auf das Gemeinwohl orientierten Handelns, zugewiesen wird.

Das Verhältnis Verbände – Parteien – Staat hat sich in den letzten Jahrzehnten erkennbar verändert. Für die Frage nach den Funktionsbedingungen demokratischer Politik in modernen, hochdifferenzierten Gesellschaften sind vor allem zwei Aspekte von Bedeutung: das Wechselverhältnis von (organisierter) Interessenvertretung und Gemeinwohl und die Möglichkeiten rationaler politischer Entscheidungen in einem durch verschiedene Machtgruppen und Interessen gestalteten politischen Raum.

2.3.3 Politische Partizipation

Ein demokratisches politisches System ist auf die Mitwirkung seiner Bürger angewiesen. In der klassischen Konzeption repräsentativer Demokratie beschränkte sich die direkte Mitwirkung auf den Wahlakt – politische Entscheidungen trafen und den politischen Alltag bestimmten mehr oder weniger frei gewählte Abgeordnete, die als Vertreter des Volks, so wie es noch immer in modernen Verfassungen heißt (z. B. Art. 38 GG), nur ihrem Gewissen verantwortlich waren, in zunehmendem Maß aber als Vertreter der Parteien wirkten, mit deren Hilfe sie zu ihrem Mandat gekommen waren.

Auffallend ist, dass die Väter und wenigen Mütter des Grundgesetzes eine äußerst skeptische Haltung gegenüber einer direkten Einflussnahme der Bürger auf die Politik jenseits von Wahlen an den Tag legten. Das Grundgesetz normiert den institutionellen Rahmen für politische Beteiligung in drei Bereichen: der Stellung der Bürger bei der Bildung des Staatswillens in Art. 20 Abs. 2 GG, in der Hervorhebung der politischen Parteien in Art. 21 Abs. 1 GG und in der Vereinigungs- und Koalitionsfreiheit des Art. 9 GG.

Die rechtlichen und politischen Voraussetzungen für die Beteiligung der Bürger an der Politik aber wurden als Bestandteil der Grundrechte in Art. 4 GG (Glaubens-, Gewissens- und Bekenntnisfreiheit und Prinzip der freien Religionsausübung), in Art. 5 GG (Meinungs-, Informations- und Pressefreiheit), in Art. 8 GG (Versammlungsfreiheit) und in Art. 17 GG (Petitionsrecht) verankert und damit wirksam gegen Eingriffe gesichert.

In den letzten 30 Jahren hat sich diese Einstellung grundlegend verändert. Mehr Partizipation im Allgemeinen und eine Ausweitung direkter Einflussmöglichkeiten auf politische Entscheidungen, selbst auf die Gesetzgebung werden gefordert. Die Vorstellungen davon, was politische Partizipation heiße und welche Formen der Partizipation wünschenswert sind, haben sich verändert.

Unter politischer Partizipation werden im Allgemeinen alle Tätigkeiten verstanden, «die Bürger freiwillig mit dem Ziel unternehmen, Entscheidungen auf verschiedenen Ebenen des politischen Systems zu beeinflussen» (Pipers Wörterbuch der Politik, Bd. 1, 1985, S. 682). Mit dem Aufkommen der «neuen sozialen Bewegungen» in den 1970er Jahren haben sich neue, nicht oder nur lose institutionalisierte und Formen der Partizipation herausgebildet, die inzwischen aber allgemein akzeptiert werden.

Politische Beteiligung kann vielfältige Formen annehmen, die sich gegenseitig ergänzen können, die im Zeitverlauf unterschiedliche Grade der Zustimmung finden und die in ihrer Wirkung, sowohl was den Adressaten als auch was die Inhalte angeht, erhebliche Unterschiede aufweisen. Folgende Formen politischer Beteiligung können unterschieden werden: 1. Teilnahme an Wahlen und Abstimmungen, 2. Mitgliedschaft und Mitarbeit in Parteien, 3. Mitgliedschaft und Mitarbeit in Verbänden, 4. Bürgerbeteiligung (vorwiegend auf kommunaler Ebene) und Bürgerinitiativen, 5. die Grundung von und Teilnahme an

Volksinitiativen und Volksbegehren und Volksentscheiden und 6. politischer Protest.

Neue, als unkonventionell empfundene Formen der politischen Beteiligung ersetzen nicht die konventionellen Möglichkeiten, sondern ergänzen sie. Beide zielen aber in eine andere Richtung. Während konventionelle Formen der politischen Beteiligung sozusagen das partizipative «Unterfutter» der repräsentativen Demokratie darstellen, tendieren viele Formen unkonventioneller Beteiligung auf eine Ergänzung, manche auch auf eine Ersetzung des Repräsentativsystems.

Ein vergleichender Blick auf moderne demokratische Systeme zeigt, dass die Vorbehalte gegen eine partizipative Öffnung der Ordnung des Grundgesetzes zumindest zu relativieren sind. Obwohl die Frage berechtigt ist, ob und inwieweit die Prinzipien von Repräsentation und Partizipation miteinander vereinbar sind, ist eine dichotomische Gegenüberstellung von repräsentativer und plebiszitärer Demokratie für eine empirische Analyse problematisch. Vielmehr ist zu fragen, welche konkreten Wirkungen und Ergebnisse von einer Einführung partizipatorischer Elemente in das Grundgesetz zu erwarten wären und welche Vorbilder es in anderen modernen Demokratien gibt, auf die man zurückgreifen könnte oder die man vermeiden sollte.

3 Probleme:
Bewahrung des Bewährten oder Reformunfähigkeit?

Einleitend wurde auf den unterschiedlichen Bedeutungsgehalt der Begriffe politische Ordnung und politisches System hingewiesen. Nimmt man diese Unterscheidung wieder auf, dann lassen sich Probleme des politischen Gemeinwesens in der Bundesrepublik Deutschland unter zwei Blickwinkeln beschreiben: der Frage, ob und inwieweit die *normativen* Grundlagen, institutionellen Arrangements und eingespielten Verfahren mit den Entwicklungen in der Gesellschaft und der internationalen Umwelt Schritt gehalten haben oder möglicherweise einer Revision und Reform bedürfen, oder aber, ob sie unter *funktionalen* Aspekten noch in der Lage sind, veränderte Problemkonstellationen zu erfassen, zu verarbeiten und Lösungen herbeizuführen. In der politischen Wirklichkeit freilich verschränken sich beide Perspektiven.

In der Bundesrepublik ist, bei aller grundsätzlichen Akzeptanz der Stellung und Funktion der Verfassungsorgane und des Gefüges der politischen Institutionen, immer wieder Kritik zu vernehmen. Im Mittelpunkt stehen dabei vor allem Regierung und Legislative, gelegentlich auch das Bundesverfassungsgericht. Kritik wird am Verfahren der Gesetzgebung, der Zusammenarbeit des Bundes mit den Ländern, der Verwaltung und Rechtsprechung geübt und hat in der Geschichte der Bundesrepublik zu einer Reihe von Verfassungsänderungen und -anpassungen geführt. Die Forderung nach einer Totalrevision des Grundgesetzes hat jedoch nur wenige Fürsprecher gefunden.

Einer solchen Forderung nach grundlegender Überarbeitung oder Neuformulierung einer Verfassung können vor allem zwei Motive zugrunde liegen: Aufgrund politischer Entwicklungen von grundsätzlicher Tragweite, wie sie z. B. im Jahr 1990 mit der Wiederherstellung der staatlichen Einheit Deutschlands eintraten, bedarf es einer grundlegenden Verfassungsreform oder gar der Ausarbeitung einer neuen Verfassung. Ihr liegt ein normativ begründeter Auftrag an die Bürger und die politischen Institutionen zugrunde, einen neuen oder erneuerten Grundkonsens darüber herzustellen, wie ihre politische und gesellschaftliche Ordnung in Zukunft zu gestalten sei.

Beweggrund für eine solche Reform kann aber auch die Einsicht sein, dass sich bestimmte Regelungen der Verfassung als problematisch erwiesen haben oder im Laufe der Zeit an veränderte Bedingungen angepasst werden sollten. Ein solcher, eher funktionaler Blick auf die Verfassung führt in aller Regel zu schrittweisen Anpassungen und Veränderungen, wie sie in der Geschichte der Bundesrepublik fast 50 Mal vorgenommen worden sind. Er kann aber auch zu der Erkenntnis führen, dass eine Generalrevision sinnvoll und notwendig ist.

Diesen anspruchsvollsten Versuch, Ziele und Inhalte einer grundlegenden Reform des politischen Institutionensystems zu bestimmen, hat eine vom 6. Deutschen Bundestag 1971 eingesetzte Enquête-Kommission «Verfassungsreform» unternommen, die ihren Bericht im Jahre 1976 vorlegte. In ähnlicher Ausführlichkeit ist über eine Revision des Grundgesetzes später, zwischen 1991 und 1993, in der Gemeinsamen Verfassungskommission des Bundestages und des Bundesrats beraten worden (Bericht der gemeinsamen Verfassungskommission 1993; Quint 1997).

Obwohl der Auftrag der Kommission beschränkt war, präsentierte sie sehr weit reichende Vorschläge, von denen aber nur einige wenige verwirklicht worden sind. Der Grund dafür ist vor allem im Fehlen eines neuen Verfassungskonsenses zu suchen, das eine systematische Revision des Grundgesetzes verhinderte. Die gleiche Diagnose ist für das Ausbleiben einer grundlegenden Verfassungsrevision im Zuge der deutschen Einheit zu treffen. Auch hier blieb die von vielen politischen Gruppierungen und Sachverständigen geforderte Generalrevision des Grundgesetzes oder die Erarbeitung einer neuen gesamtdeutschen Verfassung aus.

Angesichts der Bedeutung der Wiederherstellung der Einheit Deutschlands verwundert diese Zurückhaltung. Sie kann – neben politisch-pragmatischen Ursachen – nur auf eine bemerkenswerte Übereinstimmung darüber zurückgeführt werden, dass sich das Grundgesetz in den 40 Jahren seiner Existenz bewährt hatte, und dass ihm zugetraut wurde, auch als Verfassung für das vereinte Deutschland seinen Dienst zu tun. Im Zuge der Herstellung der deutschen Einheit erschien das politische und institutionelle Gefüge der alten Bundesrepublik über jeden Zweifel erhaben. Was lag also näher, seine Grundstrukturen ohne Modifikationen auf Ostdeutschland zu übertragen und alle Forderungen nach einer neuen Gründungsdiskussion abzuwehren? Das politische Institutionensystem und die etablierten politischen Verfahren der alten Bundesrepublik waren sakrosankt.

Die Anpassungen des Grundgesetzes an die neue Situation waren, verglichen mit den weltbewegenden Veränderungen in Deutschland nach 1989, marginal. Die Entscheidung des Gesetzgebers nach der deutschen Einheit, das Grundgesetz auch da nicht anzutasten, wo eine moderate Reform längst überfällig war, hat sich als langfristig problematisch erwiesen.

Bemerkenswert ist der Umstand, dass nur wenige Zeit nach dieser bewussten Entscheidung gegen eine Verfassungsreform scharfe Kritik, insbesondere an zwei «Säulen» des politischen Institutionensystems der Bundesrepublik, am kooperativen Föderalismus und seinen auf Konsens beruhenden Entscheidungsstrukturen sowie an der Rolle des Bundesverfassungsgerichts geübt worden ist.

Auch hier lohnt ein vergleichender Blick auf andere Demokratien. Ohne Zweifel führt das komplizierte Institutionengefüge der Bundesrepublik, insbesondere die immer wieder beklagten Hemmnisse des föderalen Systems (Jeffery 2001; Scharpf 1994), häufig dazu, dass Entscheidungen nicht schnell getroffen werden können, im Verhandlungsprozess verwässert und abgeschwächt werden und dadurch in ihrer Wirksamkeit Einbußen erleiden. Auf der anderen Seite zeigt ein Vergleich mit Staaten, die aufgrund ihrer zentralistischen Struktur schnell(er) entscheiden können, dass zwar die Steuerungsfähigkeit des politischen Systems der Bundesrepublik geringer ist, geringer ist aber auch die Gefahr von Fehlsteuerungen, die bei sich immer schneller verändernden wirtschaftlichen und gesellschaftlichen Rahmenbedingungen und politischen Paradigmen und Lösungskonzepten erheblich ist – ein Vergleich der Privatisierungsstrategien für öffentliche Unternehmungen und vormals staatlich organisierte Leistungen und Infrastrukturmaßnahmen liefert dafür eindrucksvolle Befunde.

Die Frage nach einer Reform wichtiger Elemente des Verfassungsgefüges bleibt auf der Tagesordnung. Die Liste der realen oder vermeintlichen Mängel des politischen Systems der Bundesrepublik unter dem Aspekt seiner Entscheidungs- und Steuerungsfähigkeit ist lang und wird immer länger. Dazu zählen u. a. komplizierte Verfahren und immer wiederkehrende Blockaden, die dem föderalen Prinzip bzw. der parteipolitischen Überformung dieses Prinzips im Bundesrat zuzuschreiben sind, dazu gehören Klagen über den Einfluss vielfältiger Vetomächte, die klare Entscheidungen verhindern, die Kritik an der Macht der Verbände und organisierten Interessen, die in vielen Bereichen, man denke nur an die Reform der sozialen Sicherungssysteme, die Weiterführung der Steuerreform oder die allgemein als notwendig erachtete Anpassung des Beschäftigungssystems an veränderte wirtschaftliche Bedingungen und internationale Kooperation und Konkurrenz, um nur einige zu nennen.

Nicht weniger lang ist die Liste der Beschwerden, wenn es um die weitere Ausgestaltung einer modernen Bürgergesellschaft, oder *civil society*, also um die Erneuerung und Anpassung der politischen Ordnung an veränderte Wünsche und Vorstellungen aus der Gesellschaft geht. Zu nennen sind hier die immer wiederkehrende Klage über die Allgegenwart der politischen Parteien und deren erfolgreiche Mediatisierung der Gesellschaft, die mangelnde Transparenz politischer Entscheidungen und vor allem die von vielen Beobachtern als unzulänglich empfundenen Möglichkeiten der Bürger, direkt in den politischen Prozess eingreifen zu können, sei es auf dem Wege der Konsultation, der Mitentscheidung oder gar der verschiedenen Möglichkeiten der Volksgesetzgebung. Im Mittelpunkt stehen hier wirkliche oder vermeintliche demokratische Defizite einer in ihrem Wesen repräsentativen Demokratie.

4 Perspektiven des politischen Systems

Politikwissenschaftliche Einzelstudien und die öffentliche Debatte beklagen in vielfältiger Weise defizitäre Entwicklungen des politischen Systems in Deutschland und fordern Reformen in nahezu allen Bereichen und Gestaltungsfeldern der Politik. Der Blick auf die Probleme, mit denen das politische System konfrontiert ist, und der Mängel und Dysfunktionen, die in vielen Bereichen zu konstatieren sind, sollte jedoch nicht den Blick dafür verstellen, dass die Bundesrepublik nach mehr als vier Jahrzehnten ihrer Existenz und nach den schweren Belastungen, welche die Zweistaatlichkeit und nach 1990 der Prozess der Vereinigung zweier völlig unterschiedlicher politischer und sozialen Ordnungen mit sich gebracht hat, eine konsolidierte Demokratie ist, die ihre Belastungsfähigkeit auch in Krisen und Umbruchsituationen unter Beweis gestellt hat. Diese positiven historischen Erfahrungen werden von Nutzen sein, wenn es um die Bewältigung sehr viel weiter reichender Herausforderungen und tiefer gehender Veränderungen des politischen Systems in der Zukunft gehen wird.

Sie werden erstens aus der Tatsache erwachsen, dass sich die modernen liberalen Gesellschaften in einem Prozess der Umgestaltung befinden, der in seiner Reichweite nur mit der Herausbildung der modernen Industriegesellschaft zu vergleichen ist. Die Globalisierung der Wirtschaft, die Informationsrevolution und durch sie hervorgerufene tief greifende mentale und kulturelle Veränderungen, die beschleunigte Ablösung industriegesellschaftlich geprägter Sozialstrukturen und sozialer Milieus, demographische Entwicklungen und Wanderungsbewegungen, welche die Grundfesten der tradierten kulturellen Muster ebenso wie die der sozialen Sicherungssysteme erodieren lassen, die Bedrohung der demokratischen Ordnungen durch international agierende, zum Teil staatlich organisierte oder doch zumindest geduldete organisierte Kriminalität, dramatische Veränderungen im internationalen System und nicht zuletzt der international agierende und vernetzte Terrorismus, all dies hat das Koordinatensystem der Politik fundamental verändert.

Der Staat ist von daher nicht nur genötigt, seine protektive Rolle neu zu definieren, sondern er muss auch eine Antwort darauf finden, welche Strategien eingeschlagen werden können, um eine Dissoziation der sozialen Ordnung und des politischen Gemeinwesens zu verhindern. Diese Gewährleistungspflicht des Staates umfasst nicht nur den unmittelbar politischen Bereich, also die Formulierung von Staatszielen und die konkrete Staatstätigkeit, sondern erstreckt sich auch auf die wirtschaftliche, die soziale und die Wertesphäre.

Eine zweite fundamentale Herausforderung geht von der nach wie vor nicht klar erkennbaren Neugestaltung der internationalen Staatengemeinschaft nach dem Ende der Blockkonfrontation aus. Insbesondere die aus dieser Zeit überkommenen Sicherheitsstrukturen stehen in Frage. Welche Rolle die Bundesrepublik Deutschland in einer zukünftigen europäischen und internationalen «Sicherheitsarchitektur» spielen will und kann, ist nach wie vor nicht geklärt.

Und schließlich stehen das politische System und die politische Ordnung, so wie wir sie kennen, selbst in Frage, weil der weitere europäische Einigungsprozess sukzessive die Nationalstaaten alter Prägung verändert und möglicherweise in einer nicht allzu fernen Zukunft zu Gliedstaaten eines europäischen Staatenverbundes «degradiert» werden, die einen Großteil ihrer bisherigen Kompetenzen abgegeben haben.

Die Frage nach den genuinen Aufgaben der staatlichen Ordnung und der Struktur und Funktionsweise des politischen Systems stellt sich angesichts der Europäisierung der Politik auf völlig neue Weise. Ob ein neues, nach wie vor nationalstaatlich geprägtes Regierungssystem entsteht oder ob es angesichts der Dynamik und des bereits erreichten Standes der Integration realistisch ist anzunehmen, dass der Nationalstaat die umfassende Verantwortung an europäische Institutionen abgeben wird, ist noch nicht endgültig entschieden (Sturm/Pehle 2001)

Unbezweifelbar ist, dass nationale Politik und Gesetzgebung bereits heute immer mehr durch Regelungen und Rechtsakte der Gemeinschaft determiniert werden, nationalstaatliche Politik in den vergemeinschafteten Politikbereichen also erkennbar an Bedeutung verloren hat.

Selbst da, wo es um das grundsätzliche Verhältnis der Bürger zum Staat geht, ist dieser nicht mehr alleiniger Adressat von Forderungen und Beschwerden. Die große Errungenschaft des modernen demokratischen Verfassungsstaates war die Garantie von Grundrechten und Rechtsstaatlichkeit. Auch in diesem Kernbereich nehmen europäische Institutionen, insbesondere auch der Europäische Gerichtshof, Schutzfunktionen wahr, die zuvor ausschließlich nationalen Institutionen oblagen.

Ohne die, unter anderem vom Bundesverfassungsgericht, mit Recht betonten Demokratiedefizite der Europäischen Gemeinschaft gering zu schätzen, bleibt doch festzuhalten, dass es gerade die Integration Europas war und ist, welche die wirtschaftlichen, sozialen, politischen und kulturellen Voraussetzungen sichert, unter denen sich nach dem Zweiten Weltkrieg die nationalstaatlich organisierten demokratischen Verfassungsstaaten entwickeln konnten. Es ist der europäische Integrationsprozess, der einen sicheren und verlässlichen Rahmen für die Verwirklichung der in nationalen Verfassungsdokumenten und europäischen Rechtsakten normierten Menschen- und Bürgerrechte schafft.

Gerade weil der Nationalstaat nicht mehr in der Lage ist, Demokratie und Rechtsstaatlichkeit allein zu sichern, steht, neben allen praktischen und funktionalen Erwägungen, das normative Ziel, welches das Grundgesetz in seiner Präambel bereits 1949 gewiesen hat, ein (damals noch utopisch erscheinendes) vereintes demokratisches Europa zu schaffen, ganz oben auf der politischen Agenda.

Literatur

Almond, Gabriel A./Powell, G. Bingham (Hg.): Comparative Politics Today. A World View, London [7]2000.

Berg-Schlosser, Dirk/Müller-Rommel, Ferdinand (Hg.): Vergleichende Politikwissenschaft. Ein einführendes Studienhandbuch, Opladen [3]1997.

Bericht der Gemeinsamen Verfassungskommission (1993), Bonn: Deutscher Bundestag (Zur Sache 5/93).

Beyme, Klaus v.: Das politische System der Bundesrepublik Deutschland. Eine Einführung, Opladen [9]1999.

Beyme, Klaus v.: Der Gesetzgeber. Der Bundestag als Entscheidungszentrum, Opladen 1997.

Bogdanor, Vernon (Hg.): The Blackwell Encyclopaedia of Political Institutions, Oxford 1987.

Dahl, Robert A.: Democracy and its Critics, New Haven/London 1989.

Easton, David: The Political System, Chicago [3]1981.

Ellwein, Thomas/Holtmann, Everhard (Hg.): 50 Jahre Bundesrepublik Deutschland. Rahmenbedingungen – Entwicklungen – Perspektiven, Opladen 1999.

Gabriel, Oscar W./Holtmann, Everhard (Hg.): Handbuch des Politischen Systems der Bundesrepublik Deutschland, München/Wien 1997.

Glaeßner, Gert-Joachim: Demokratie nach dem Ende des Kommunismus. Regimewechsel, Transition und Demokratisierung im Postkommunismus, Opladen 1994.

Glaeßner, Gert-Joachim: Demokratie und Politik in Deutschland, Opladen 1999.

Greenberg, Douglas et al. (Hg.): Constitutionalism and Democracy. Transitions in the Contemporary World, New York/Oxford 1993.

Hennis, Wilhelm: «Überdehnt und abgekoppelt. An den Grenzen des Parteistaates», in: Krockow, Christian Graf von (Hg.): Brauchen wir ein neues Parteiensystem?, Frankfurt a. M. 1983, S. 28–46.

Hesse, Joachim Jens/Ellwein, Thomas: Das Regierungssystem der Bundesrepublik Deutschland, 2 Bde., Opladen [8]1997.

Ismayr, Wolfgang (Hg.): Die politischen Systeme Westeuropas, Opladen 1999.

Ismayr, Wolfgang: Der Deutsche Bundestag im politischen System der Bundesrepublik Deutschland, Opladen 2000.

Jeffery, Charlie: «Verfassungspolitik im Vergleich: Britische Devolution und deutscher Föderalismus», in: Gert-Joachim Glaeßner, Werner Reutter und Charlie Jeffery (Hg.): Verfassungspolitik und Verfassungswandel. Deutschland und Großbritannien im Vergleich, Opladen 2001, S. 125–142.

Lane, Jan-Erik: Constitutions and Political Theory, Manchester 1996.

Laufer, Heinz/Münch, Thomas: Das föderative System der Bundesrepublik Deutschland, Opladen 1998.

Lijphart, Arend: Patterns of Democracy. Government Forms and Performance in Thirty-Six Countries, New Haven/Yale 1999.

Loewenstein, Karl: Verfassungslehre, Tübingen 1959.

Luhmann, Niklas: Die Politik der Gesellschaft, Frankfurt a. M. 2000.

Merkel, Wolfgang: Systemtransformation. Eine Einführung in die Theorie und Empirie der Transformationsforschung, Opladen 1999.

Niclauß, Karlheinz: Kanzlerdemokratie. Bonner Regierungspraxis von Konrad Adenauer bis Helmut Kohl, Stuttgart 1988.

Quint, Peter E.: The Imperfect Union. Constitutional Structures of German Unification, Princeton, N. J. 1997.

Rudzio, Wolfgang: Das politische System der Bundesrepublik Deutschland. Eine Einführung, Opladen [5]2000.

Sartori, Giovanni: Demokratietheorie, Darmstadt 1992.

Scharpf, Fritz: Optionen des Föderalismus in Deutschland und Europa, Frankfurt a. M. 1994.

Schindler, Peter: Datenhandbuch zur Geschichte des deutschen Bundestages 1949 bis 1982, Baden-Baden 1999.

Schmidt, Manfred G.: Demokratietheorien. Eine Einführung, Opladen 1995.

Schmidt, Manfred G.: Wörterbuch zur Politik, Stuttgart 1995a.

Smith, Gordon/Paterson, William E./Padgett, Stephen (Hg.): Developments in German Politics 2, London 1996.

Sontheimer, Kurt/Bleek, Wilhelm: Grundzüge des politischen Systems der Bundesrepublik Deutschland, München 2002.

Sturm, Roland/Pehle, Heinrich: Das neue deutsche Regierungssystem. Die Europäisierung von Institutionen, Entscheidungsprozessen und Politikfeldern in der Bundesrepublik Deutschland, Opladen 2001.

Weber, Max: Wirtschaft und Gesellschaft. Grundriß der verstehenden Soziologie, Tübingen ⁵1972.

Weidenfeld, Werner/Zimmermann, Hartmut (Hg.): Deutschland Handbuch. Eine doppelte Bilanz 1949–1989, München 1989.

Frank Nullmeier unter Mitarbeit von Achim Wiesner

2.4.2 Policy-Forschung und Verwaltungswissenschaft

---

1 Grundlagen: Begriff und Geschichte der Teildisziplin
2 Dimensionen: Beschreibung, Erklärung, Evaluation und Präskription
3 Probleme der Governance: Vermarktlichung und Internationalisierung
4 Perspektiven der Teildisziplin: Mehrebenenforschung und Interdisziplinarität

---

1 Grundlagen: Begriff und Geschichte der Teildisziplin

Policy-Forschung heißt die Untersuchung der *Inhalte* politischer Regelungstätigkeit in den Einzelbereichen der Politik, den «Politikfeldern» oder *Policies*. Policy-Forschung als eigenständiges Gebiet der Politikwissenschaft beruht auf der in der englischen Sprache möglichen Differenzierung zwischen drei Politikbegriffen: *polity, politics, policy*. In der Politikwissenschaft haben sich diese drei Begriffe als Bezeichnungen für grundlegende *Dimensionen* von Politik durchgesetzt. Jede Dimension rückt eine bestimmte Sicht auf das Politische in den Vordergrund. Erst alle drei Dimensionen zusammen ergeben jedoch ein Gesamtbild «der Politik». Mit *Polity* wird der politisch-institutionelle Aspekt der Politik betont: ihre Strukturen, Regelsysteme und institutionelle Ordnung. Die *Politics*-Dimension erfasst den prozessualen und Bewegungs-Aspekt der Politik: Willensbildungs- und Entscheidungsprozesse, Konflikte, die Genese von Übereinstimmung (Konsens) und Kompromissen.

Die *Policy*-Dimension rückt demgegenüber die inhaltlich-materiellen Aspekte der Politik in den Vordergrund. *Policies* bezeichnen die Gesamtheit der Bestrebungen, gesellschaftliche Probleme auf bestimmten Gebieten und Feldern mit politischen Mitteln zu bearbeiten. Zentrale Fragen zur Diskussion der Policy-Dimension von Politik lauten: Wie ist gute Politik, verstanden als effektive und effiziente Lösung gesellschaftlicher Probleme, möglich? In welchem Maß realisiert eine Politikmaßnahme die selbst gesetzten Ziele und wirkt problemmindernd oder problemlösend? Policy-Forschung (auch: Politikfeldanalyse) ist interessiert an den Inhalten der Politik und an der Entwicklung sachlich-rationaler, «bestmöglicher» Lösungen von Problemen. Da Policy-Forschung den Entscheidungsprozess untersuchen muss, der zur Dominanz bestimmter Regelungen in einem Politikfeld führt, kommt es oft zu einer Zusammenführung von Politics- und Policy-Dimension in der Policy-Forschung. In allen drei Dimensionen sind Fragen des politischen Wandels, des Institutionen-, System- und Verfassungswandels *(Polity)*, der Veränderung politischer Machtverteilung *(Politics)* und der Entwicklung politischer Lösungskonzepte und Steuerungskonzepte *(Policy)* zu diskutieren.

Politikfelder (oder *Policies*) können zu Zwecken einer wissenschaftlichen Untersuchung seitens der Forschenden umrissen und definiert werden. *Bezeichnungen* für Politikfelder und Abgrenzungen gegen andere Policies finden sich aber auch in der politischen Debatte oder in Gesetzestexten. Was ein Politikfeld ist, wie es abzugrenzen ist und was als seine zentrale Thematik anzusehen ist, bestimmen hier die politischen Akteure. Die Policy-Forschung kann diese im politischen Raum entwickelte Abgrenzung übernehmen und ihre Forschung in Einklang bringen mit der jeweiligen politischen Festlegung von Politikfeldern. Meist werden Politikfelder nach ihrem Gegenstandsbereich (z. B. Wirtschaftspolitik, Gesellschaftspolitik, Kulturpolitik), ihren Adressaten (z. B. Jugendpolitik, Mittelstandspolitik), nach der betreffenden politischen Ebene (Kommunalpolitik, Landespolitik, Europapolitik etc.) oder nach der betroffenen Institution (z. B. Verwaltungspolitik) bezeichnet. Unter Policies können große Felder (z. B. Sozialpolitik) verstanden werden, die viele Gegenstandsbereiche umfassen und als Oberbegriff für eine Vielzahl weiterer Politikfelder fungieren (z. B. Rentenpolitik, Gesundheitspolitik, Armutspolitik). Klare Abgrenzungen sind meist nicht vorhanden, auch Doppel- und Mehrfachbezeichnungen treten auf. Zum Teil jedoch besitzen die offiziellen Benennungen einen administrativ genau bestimmten Sinn: Haushaltspolitik z. B. bezeichnet die kurzfristige Steuerung der Staatsfinanzen im Rahmen von ein- oder zweijährigen Haushaltsplänen, während Finanzpolitik die mittel- und langfristige Entwicklung und Steuerung der Staatsfinanzen umfasst. Die Anzahl und Benennung der Politikfelder folgt keiner logisch stringenten Gesamtschau aller Tätigkeitsfelder von Staat und Politik, sondern beruht auf dem historischen Wachstum der Staatstätigkeiten und Regelungsfelder. Dadurch stimmen die Politikfeldbezeichnungen zwischen einzelnen Nationalstaaten nicht immer überein. Schon an der Benennung sind unterschiedliche politische Entwicklungspfade zwischen Nationen zu erkennen.

Häufig kommt es zu politischen Auseinandersetzungen über die Bezeichnung von Policies, über Abgrenzungen, Überschneidungen und Zuordnungen. Meist drücken sich darin unterschiedliche Politikkonzepte aus, es findet ein Kampf um Deutungs- und Regelungshoheit bereits bei der Benennung von Politikfeldern statt. Vereinzelt verbinden sich Politikfeldbezeichnungen auch mit einem bestimmten *Image*. So ist Bevölkerungspolitik durch die eugenischen Maßnahmen während des Nationalsozialismus ein weiterhin negativ konnotierter Begriff. Mit Reformprojekten verbundene Bezeichnungen wie Gesellschaftspolitik oder Gleichstellungspolitik können wegen der Umstrittenheit der Reformen öffentlich einen teils guten, teils recht schlechten Klang erhalten. Die Bewertung von Policies und ihre öffentliche Relevanz unterliegen zudem politischen Konjunkturen.

Das Auftreten *neuer Policies* ist ein bedeutendes Indiz politischen

Wandels: Mit der Entstehung moderner Staatlichkeit ausgehend vom frühneuzeitlichen Territorialstaat bis hin zum monarchisch verfassten Rechtsstaat des 19. Jahrhunderts wurden mit der Ausbildung der vier «klassischen» Ministerien zentrale Politikfelder unterschieden: Außenpolitik, Innenpolitik, Justizpolitik, Finanzpolitik. Mit der Demokratisierung und Parlamentarisierung der politischen Systeme und vor allem der Ausbildung des Sozialstaats sind aber eine Fülle von Politikfeldern neu entstanden, die dem Staat schon nach dem Ersten Weltkrieg den Charakter eines Leistungs- und Interventionsstaats verschafften. Mit Konjunktur-, Umwelt-, Technologie-, Atom-, Entwicklungs- und Forschungspolitik, Gen- und Biopolitik sind neue Politikfelder entstanden, die die heutige enorme Spannweite der Staatstätigkeit bzw. der politisch bearbeiteten Felder markieren. Politikfelder können auch verschwinden, z. B. die Deutschlandpolitik, die mit der Wiedervereinigung 1989/90 hinfällig wurde.

Seit Mitte der 1970er Jahre steht diese Expansion der Staatstätigkeit in der Diskussion: «Deregulierung», «Liberalisierung» und «Privatisierung» heißen die Stichworte einer seitdem vielfach vorangetriebenen Politik der Rückführung des staatlichen Einflusses. Die Policy-Forschung steht heute im Spannungsfeld verschiedener Forderungen nach Abbau öffentlicher Aufgaben bzw. nach Vermarktlichung bisher vorrangig staatlich gesteuerter Felder, nach gemäßigter Modernisierung oder Bewahrung des jeweiligen Bestandes öffentlicher Aufgaben und der Forderung nach verstärkter politischer Einflussnahme auf in ihren Folgen problematische Marktprozesse. Zwar weist die Policy-Forschung aufgrund ihres bisherigen Untersuchungsansatzes eine Nähe zu staatlich wahrgenommenen Aufgaben aus, weshalb in der Forschung äquivalent zum Policy-Begriff auch die Bezeichnung «Staatstätigkeit» verwendet wird (Schmidt 1988). Die Policy-Forschung ist dadurch jedoch keiner der politisch vorgetragenen Optionen im Streit um «Mehr Markt oder mehr Staat» zuzuordnen. Es waren wesentlich Beiträge aus der Policy-Forschung, die in den 1980er Jahren die starre Gegenüberstellung von Markt versus Staat überwunden haben. Jenseits von Markt und Staat, aber auch im Zwischenfeld zwischen ihnen hat die Policy-Forschung viele andere Formen von Steuerung ausfindig gemacht und in ihren Wirkungsweisen beschrieben.

Historisch jedoch ist die Policy-Forschung mit dem Aufschwung und der Expansion der Staatstätigkeit und interventionistisch-reformerischer Politik verbunden. Die Politikfeldanalyse entwickelte sich in der Bundesrepublik Deutschland in der Mitte der 1970er Jahre. Eine traditionell institutionell orientierte Politikwissenschaft war angesichts der seit 1969 unter dem Bundeskanzler Willy Brandt in der sozialliberalen Koalition betriebenen Reformpolitik wegen ihrer fehlenden Beschäftigung mit den Politikinhalten nicht mehr zeitgemäß. Die seit den 1950er Jahren dominierende Alternative einer der Pluralismustheorie verpflichteten Politikwissenschaft, die die Interessen- und Verbandseinflüsse zu ermessen suchte, galt dagegen als zu unkritisch, da die grundlegenden Machtungleichgewichte zwischen Kapital und Arbeit nicht beachtet wurden. Die Kritik an der Pluralismustheorie führte zur Ausbildung verschiedener Varianten kritischer und marxistischer Politik- und Staatstheorie, die sich jedoch auf die Frage der Abhängigkeit des Staates von einer kapitalistischen Ökonomie und die dadurch bedingten prinzipiellen Grenzen jeder politischen Reform beschränkten. Wollte man aber die Restriktionen ermessen, die auch ohne antikapitalistische Reform bereits wirksam waren, oder die Hindernisse verstehen, die die Reformvorhaben in den 1970er Jahren oftmals scheitern ließen, musste man die einzelnen Politikfelder durchleuchten. Die Frage danach, ob ein neues (Reform-)Gesetz bei seiner Umsetzung durch Verwaltung, Gerichte und die betroffenen Bürger nicht blockiert, behindert oder gar in seinen Absichten verkehrt worden sei, führte zur *Implementationsforschung*. Die Frage, ob ein Reformprogramm überhaupt als «Erfolg» zu bewerten sei, ob es seine selbst gesetzten Ziele erreicht habe, ließ die *Evaluationsforschung* entstehen. Zusätzlich begünstigten Expansion, Professionalisierung und Konsolidierung der Politikwissenschaft in Deutschland den Durchbruch der Policy-Forschung zu einem zentralen Forschungsbereich in den 1980er Jahren.

Auch die Anfänge der Policy-Forschung in der US-amerikanischen Politikwissenschaft Anfang der 1950er Jahre waren eng mit politischen Reformbewegungen und der begleitenden philosophischen Strömung des «Pragmatismus» verbunden. Harold D. Lasswells (1902–1978) *The Policy Orientation* (1951) gilt als Gründungsurkunde der Policy-Forschung. Interdisziplinarität, Problemorientierung und eine explizit normative Orientierung, gleichermaßen bezogen auf

Beförderung der Demokratie wie auf die Steigerung der Rationalität von Problemlösungen, bildeten den Grundgedanken dieser frühen Policy-Forschung. Später hat die amerikanische Policy-Forschung (zentrale Texte in Theodoulou/Cahn 1995) zwei verschiedene Wege eingeschlagen: Zum einen entwickelte sich eine florierende Auftragsforschung und Politikberatungs«industrie», die für Verwaltungen, Unternehmen, Verbände und Parteien Gutachten zur Entwicklung einzelner Policies lieferte, bei stärkerer Orientierung an den Verfahren der Ökonomie Empfehlungen für die Durchführung einzelner Projekte und Programme gab und neue Lösungsmöglichkeiten in einzelnen Policy-Feldern erarbeitete. Zum anderen entstand eine von Vergleichs- und Erklärungsinteressen geprägte politikwissenschaftliche Analyseform. Die zunehmende Verfeinerung des Beschreibungsinstrumentariums, der Vergleichsmethodik und der Aufbereitung von Daten zur Policy-Entwicklung bestimmten den Weg der *international vergleichenden Policy-Forschung (Comparative Public Policy)*, die von Fallstudien zu einzelnen nationalen Politiken bereichert wurde. Diese Forschungsrichtung will vorrangig die Frage klären, ob und warum trotz vieler ähnlicher Grundbedingungen – marktwirtschaftlich verfasste Wirtschaft, hoher technisch-industrieller Standard, demokratisches politisches System – Unterschiede zwischen den westlichen Demokratien existieren und welche Politikausrichtung einzelne nationale politische Systeme im internationalen Vergleich als «erfolgreicher» erscheinen lässt (Castles 1998; Hofferbert/Cingranelli 1998). Wichtige Arbeiten zur Policy-Forschung erfolgten in enger Bindung an Überlegungen zu einer sozialwissenschaftlichen *Steuerungstheorie*. Diese erkundet die Grenzen der politischen Steuerbarkeit gesellschaftlicher Entwicklungen und die Möglichkeiten zur Erhöhung staatlicher bzw. politischer Steuerungsfähigkeit.

Die *Verwaltungswissenschaft* hat sich in der Bundesrepublik nie als eigene Disziplin durchsetzen können (Hesse 1982; Schuppert 2000). Sie ist bis heute eine interdisziplinär ausgerichtete Integrationswissenschaft aus Politikwissenschaft, Soziologie, Rechtswissenschaft, Betriebswirtschaftslehre, Organisationswissenschaft und anderen Fächern. Sie wird deshalb häufig auch nur im Plural «Verwaltungswissenschaften» genannt und bildet innerhalb der Politikwissenschaft eine stark interdisziplinär ausgerichtete Teildisziplin (Bogumil 2002).

In den angelsächsischen Ländern haben sich Verwaltungswissenschaft und Policy-Forschung unter dem Titel *Public Policy and (Public) Administration* zu einer praxisorientierten Subdisziplin der Politikwissenschaft zusammengefunden (Nelson 1998). Eine derartige Entwicklung zeichnet sich in der Bundesrepublik erst in wenigen Ansätzen ab. Verwaltungswissenschaft und Policy-Forschung besitzen in Polizey-Wissenschaft und Kameralistik des 18. Jahrhunderts zwar eine gemeinsame Vorgeschichte. Während sich die Verwaltungswissenschaft jedoch im Rahmen der Staatswissenschaften als Verwaltungslehre unter stark juristischer Orientierung fortbilden konnte, erlahmte der Impuls zur Policy-Orientierung, weil sich die Vorstellung des nicht-intervenierenden, wirtschaftsliberalen Staates in der ersten Hälfte des 19. Jahrhunderts zumindest konzeptionell durchsetzte. Erst mit Max Webers (1864–1920) Bürokratietheorie zu Beginn des 20. Jahrhunderts wurde eine sozialwissenschaftlich inspirierte Verwaltungsanalyse begründet (Weber 1976). Die politikwissenschaftliche Verwaltungsforschung ist – sieht man von den Werken einzelner Autoren der Gründungsgeneration der bundesdeutschen Politikwissenschaft wie Theodor Eschenburg (1904–1999) und Thomas Ellwein ab – ein Kind der frühen 1970er Jahre, setzt mithin um einige Jahre früher ein als die Policy-Forschung. Sie war von Beginn an stark mit der Steuerungsthematik verknüpft. Aus verwaltungswissenschaftlicher Sicht interessierte vor allem, ob und wie durch Veränderung der Verwaltungsstrukturen und der Politikinstrumente die Steuerungsfähigkeit des politisch-administrativen Systems gegenüber der Gesellschaft erhöht werden könnte. Der in den 1960er Jahren herrschenden Euphorie, durch systematische Planung mittel- bis langfristig agieren und gesellschaftliche Problembereiche umfassend steuern zu können, folgte bald die große Enttäuschung. Die verwaltungswissenschaftliche Erforschung der Reformwiderstände stieß insbesondere auf die Folgewirkungen der bundesstaatlichen, föderalen Verfassung Deutschlands. Die Bundesgesetze werden in der Regel von den Ländern ausgeführt, wodurch diese über den Bundesrat die Möglichkeit der wirkungsvollen Mitarbeit an der Bundesgesetzgebung erhalten (Zustimmungsgesetze). Die länderzentrierte Verwaltungsstruktur der Bundesrepublik hat eine *Politikverflechtung* von Bund und Ländern erzeugt, die jene Hürden, Blockaden oder positiv gewertet: Mäßigungen erzeugt, die für den bundesrepublikanischen Politikmodus typisch sind (Lehmbruch 1998). Die politikwissenschaftliche Verwaltungsforschung stand seit ihrer Etablierung ebenso wie die Policy-Forschung unter dem Eindruck, dass Reformbestrebungen kaum mehr durch Gesetzgebung und Verwaltungsakte, qua hierarchischer Steuerung und notfalls auch gegen den Willen organisierter Akteure in der Gesellschaft durchgesetzt werden könnten. «Modernisierung» von Staat und Verwaltung musste daher heißen, neue Formen der Kooperation zwischen Politik, Verwaltung und den verschiedensten Sektoren der Gesellschaft zu schaffen, in denen «weichere», «kooperativere», «partizipationsoffenere» Formen der staatlichen Steuerung zum Zuge kommen konnten (Benz 1994).

Beide Teildisziplinen sind bei der Suche nach neuen Konzepten für eine nicht-hierarchische politische Steuerung untergründig von Leitbildern, *Idealtypen* bestimmt: Für die Policy-Forschung ist das der Typus der sachlichen Problemlösung im Rahmen eines Effizienz und Demokratie versöhnenden politischen Entscheidungsprozesses. Policy-Forschung hat ihr normatives Zentrum in der Suche nach Wegen zur Erhöhung der rationalen Problemlösungsfähigkeit von Politik. In der Verwaltungswissenschaft wirkt ein «negatives Ideal», der von Max Weber skizzierte Typus der hierarchischen, an der Rechtmäßigkeit aller Abläufe interessierten Bürokratie – negatives Ideal, weil die heutige Forschung vor allem Prozesse der Abkehr von der Hierarchie und dem starren Modell der aktenverwaltenden, per Verbot und Genehmigung arbeitenden Bürokratie interessieren. Ein neues umfassendes Verwaltungsbild ist aber bis heute nicht entwickelt worden. Zudem werden bereits die negativen Folgen einer nicht-hierarchischen Steuerung sichtbar, sodass nach einer Mischung aus traditionellen und neuen Formen der Verwaltung gesucht wird.

2 Dimensionen:
Beschreibung, Erklärung, Evaluation und Präskription

Die Policy-Forschung stellt sich vier Aufgaben. Erstens: Wie lassen sich Entwicklungen in einzelnen Politikfeldern darstellen, analysieren und miteinander vergleichen? Diese Frage zielt auf Ist-Analyse und Beschreibung, man kann von *deskriptiven* Aufgaben der Policy-Forschung sprechen. Zweitens: Wie lassen sie sich erklären? Untersuchungen, die auf Erklärung zielen, haben *explanatorischen* Charakter. Drittens: Wie lassen sich Policy-Entwicklungen bewerten? Zunächst ist die Klärung von Bewertungskriterien und Wertsetzungen zu leisten, dies führt zu *normativen* Fragestellungen. Die beurteilende Analyse einer Policy ist Aufgabe einer *evaluativ* verfahrenden Policy-Untersuchung. Viertens: Wie soll eine Policy zukünftig gestaltet werden? Werden die Bewertungen in Empfehlungen und eigene Lösungsvorschläge umgesetzt, übernimmt die Policy-Forschung *präskriptive* Aufgaben.

2.1 Policy-Beschreibungen
Die politikwissenschaftliche Beschäftigung mit Politikfeldern erfordert die genaue Kenntnis des jeweiligen Politikfeldes, der bisherigen (insbesondere gesetzlichen) Regelungen und Problembearbeitungskonzepte, der Lösungsvorschläge dort wirkender Akteure, der für den Entscheidungsprozess wichtigen Institutionen und Verfahren, der Ergebnisse der bisherigen Politik und der Bewertung der Politikergebnisse durch die politische Öffentlichkeit. Recht weit reichende Vertrautheit mit den zentralen Themen und bisherigen Politikverläufen ist Voraussetzung für eine jede Policy-Forschung. Ihre Basis ist daher eine gründliche *Recherche* zum Policy-Feld. In erster Linie nutzt die Policy-Forschung – neben der Aufarbeitung bisher vorgenommener Untersuchungen – Primärdaten, die bei den politischen Akteuren selbst anfallen: schriftliche Dokumente aller Art, aber auch statistische Daten – etwa zur Entwicklung der Arbeitslosigkeit, zu den Staatsausgaben und den Kosten bestimmter politischer Programme. Daneben werden meist Interviews mit Experten aus dem betreffenden Politikfeld geführt. Nur selten (z. B. bei der Evaluation von Policies und der Erhebung der Policy-Wirkungen) werden eigene Umfragen durchge-

führt. Die Aufbereitung der Presseberichterstattung als Analyse der öffentlich-medialen Behandlung des Politikfelds wie als (nicht unproblematische) Datenquelle gehören zum Standardvorgehen. Eine Beschränkung auf Internetrecherchen ist nicht hinreichend, zum Teil fatal, da die historische Dimension im Internet systematisch unterbelichtet ist. Konventionelle Bibliotheksrecherche (auch in Zeitschriftendatenbanken) und Auswertung von Handbüchern, Lexika und politikwissenschaftlichen Standardwerken zur Policy-Forschung oder zu einzelnen Policies ist unbedingt erforderlich.

Jedoch muss die Recherche von politikwissenschaftlichen Fragestellungen und analytischen Begrifflichkeiten angeleitet sein, damit die Fülle der Materialien und Informationen zu einer Policy-Analyse gebündelt werden kann. Seit Anfang der 1980er Jahre sind einige begriffliche Differenzierungen, *Typologien* und *Analyseschemata* weitgehend als verbindlich für Policy-Analysen akzeptiert worden (Windhoff-Héritier 1987; Schubert 1991; Héritier 1993; Dunn 1994; Parsons 1995). Sie dienen der Beschreibung einer Politikfeldentwicklung und ihrer vergleichenden Einordnung, ermöglichen aber noch keine Erklärungen. Die Entwicklung von Beschreibungsschemata für die Policy-Forschung ist entscheidend vom *Input-Output-Schema* der Systemtheorie von David Easton (1965) geprägt: Dieses begreift die verfassungsmäßigen Kerninstitutionen der Politik als ein System, das mit seiner Umwelt in einem Austausch steht. Forderungen einzelner Bürgergruppen und Verbände, Probleme, die in der Politik zu bearbeiten sind, bilden den *Input* des politischen Systems. Dieses erzeugt aus den Inputs in einem komplizierten Prozess *(Throughput)* Entscheidungen (z. B. Gesetze), die als *Output* der Gesellschaft zur Verfügung gestellt werden und die die Veränderung bzw. Bewahrung gesellschaftlicher Zustände *(Outcome)* bewirken. In einem Feedback-Prozess entfalten sich als Reaktion auf Output und Outcome neue Forderungen und Probleme, die als Input wiederum vom politischen System bearbeitet werden. Aus dieser Begrifflichkeit entwickelte sich die Konzeption des *Policy-Zyklus*. Zwar gibt es eine Mehrzahl von Modellen zur Beschreibung des typischen Ablaufs von Policy-Prozessen, doch stimmen sie in der zyklischen Grundstruktur und der Inanspruchnahme des Input-Output-Schemas weitgehend überein. Hier sei ein Modell des Politikzyklus mit sechs Phasen vorgestellt. 1. Problemdefinition,

2. Thematisierung oder Agenda-Setting, 3. Politikformulierung und Politikentscheidung, 4. Implementation, 5. Evaluation und 6. Politiktermination oder Politikneuformulierung.

1. Problemdefinition: Damit ein Politikprozess in Gang kommt, muss ein Geschehen in der Gesellschaft als «Problem» und darüber hinaus als ein politisch zu bearbeitendes Problem definiert werden. Probleme sind nicht einfach gegeben. Solange ein Geschehen als «natürlich», «unabänderbar», «nicht beachtenswert» bestimmt ist, bleibt es als «unproblematisch» außerhalb der Reichweite der Politik. Eine Politikinitiation erfolgt über drei Schritte: Es müssen sich erstens gesellschaftliche Akteure, Gruppen oder Organisationen finden, die ein Geschehen als «Problem» ansehen. Das Geschehen muss zweitens eine Deutung, eine Rahmung, erhalten, inwiefern es ein nicht hinzunehmendes Element des täglichen Lebens darstellt. Das Problem muss zudem drittens als politisch zu bearbeitendes Problem definiert werden. Solange ein Problem als ein rein wissenschaftliches, technisches, religiöses etc. bestimmt wird, ist Politik noch nicht angesprochen.

2. Thematisierung oder Agenda-Setting: In Agenda-Setting-Modellen (Cobb/Ross/Ross 1976) wird zu beschreiben versucht, wie Probleme und die mit ihnen verbundenen Deutungen und Forderungen nach Veränderung zu einem allgemeinen politischen Thema werden, wie sie auf die politische Tagesordnung *(Agenda)* kommen. Zu unterscheiden sind zwei Agenden. Zum einen die *Public Agenda*, die veröffentlichte Meinung, wie sie sich in den Massenmedien niederschlägt. Zum Teil wird auch zwischen der Agenda der Medien und der des Publikums, der Wähler, unterschieden. Denn nicht immer stimmen die Themen, die in den Medien breiten Raum erhalten, mit den Themen überein, die die Bürger interessieren. Etwas anderes ist die *Formal Agenda*, die Themenliste des Parlaments und der Regierung. Auf dieser Agenda befinden sich nur solche Themen, die die Parlamentarier und die Regierung in der nächsten Zeit behandeln wollen. Ein politisches Anliegen muss nicht nur in der Öffentlichkeit diskutiert, sondern auch auf der Formal Agenda des politischen Systems platziert werden. Um dorthin zu gelangen, müssen bestimmte Stufen bewältigt werden, die als Initiationsphase, Spezifikations-, Expansions- und Eintrittsphase bezeichnet werden. Die Agenda-Setting-Forschung unterscheidet modellhaft verschiedene Wege, auf denen ein Thematisierungsversuch erfolgreich verlaufen kann: Das *Outside Initiative Model* geht von der Initiierung der Politik außerhalb des politischen Kernbereichs aus. Das *Inside Initiative Model* dagegen sieht die Initiative bei der herrschenden politischen Elite, bei den Spitzen von Regierung, Verwaltung und Parlament. In einem dritten Modell, dem *Mediokratie-Modell*, liegen Initiative und Thematisierungsmacht bei den Medien selbst. Hier sind es die Medien, die dafür sorgen, dass von Regierung wie Bürgern bestimmte Themen als politisch relevant behandelt werden. In neueren Forschungen zum Agenda-Setting-Prozess ist darauf hingewiesen worden, dass einzelne Themen *(Issues)* selten eine bestimmbare Medienkarriere *(Issue Attention Cycle)* durchlaufen. Statt zu einer klaren Karriere kommt es zu einer episodischen Prozessstruktur mit häufigem Auf und Ab der Thematisierungsintensität. Außerdem spielen für die politische Entwicklung zunehmend weniger einzelne Themen als vielmehr das politische Klima eine Rolle – man spricht daher auch von *climate setting*.

3. Politikformulierung und Politikentscheidung: In der dritten Phase werden alternative Konzepte zur Bearbeitung des nunmehr öffentlich thematisierten Problems von Interessenverbänden, Parteien, Vereinen und sozialen Bewegungen entwickelt und schließlich in Parlament, Ministerien und Regierung zur Entscheidungsreife geführt. Zentrale Untersuchungsgegenstände sind zum einen der Entscheidungsprozess, in dessen Verlauf die verschiedenen Lösungskonzepte erörtert, machtgestützt verworfen oder durchgesetzt werden, zum anderen die ihn prägenden kollektiven Akteure (Verbände, Parteien, aber auch organisierte soziale Bewegungen), die sich im institutionellen Umfeld der Verfassungsinstitutionen insbesondere von Bundestag, Bundesrat und Bundesregierung bewegen. Die Vorherrschaft von bestimmten Akteuren, Akteurskonstellationen oder Institutionen in diesem Entscheidungsprozess hat die Politikwissenschaft zu einer Reihe von Charakterisierungen motiviert: Dominieren Institutionen der Kooperation von Gewerkschaften und Arbeitgeberverbänden im Zusammenspiel mit staatlichen Instanzen ein Politikfeld, spricht man von einer *korporatistisch* geprägten Policy. Kommt es dagegen zu keiner dauerhaften Zusammenarbeit zwischen den wichtigen Interessenverbänden innerhalb einer Policy, sondern zu Konkurrenz und wechselnden Einflusschancen, hat man es mit einem *pluralistisch* geprägten Politikfeld zu tun. Verlegen sich Parlamentarier und Regierung auf intensive Verhandlungen mit Verbänden, Unternehmen, sozialen Bewegungen etc., um eine nach allen Seiten abgesicherte, möglichst konsensuelle Entscheidung zu treffen, ist dieses Politikfeld *verhandlungsdemokratisch* geprägt. Verlegt man die Entscheidung gar in Kommissionen, Beiräte und Expertengremien, erhält ein Politikfeld *expertokratischen* Charakter. Dominiert dagegen die Ministerialverwaltung das Parlament, kann von einer *verwaltungsstaatlich* geprägten Policy gesprochen werden. Das Gegenstück bilden *parlamentarisch* oder *parteiendemokratisch* gestaltete Politikfelder, auf denen die Auseinandersetzung zwischen den Parteien im Parlament ausschlaggebend für den Politikverlauf ist.

4. *Implementation:* Mit der endgültigen Entscheidung, typischerweise der Verabschiedung eines Gesetzes, beginnt die Implementationsphase: die Phase der Umsetzung und des Vollzugs einer neuen Regelung. Für die Implementationsforschung ist die Frage zentral, ob es angesichts von Gegenwehr oder Blockaden einzelner Akteure überhaupt zur Umsetzung einer Regelung kommt, ob Mängel und Einseitigkeiten den Vollzug prägen und ob die Absichten der Entscheidungsträger zur Geltung kommen (Mayntz 1980). Da der Vollzug in der Regel Aufgabe der Verwaltung ist, überlagern sich in der Implementationsforschung Verwaltungswissenschaft und Policy-Analyse. Implementationsprobleme können stärker aufseiten der umsetzenden Verwaltung oder aufseiten der Politikadressaten, also der betroffenen Bürger, Organisationen, Verbände oder Unternehmen liegen. Sie können aber auch ihre Ursache bereits im Gesetz haben, wenn dort widersprüchliche Anforderungen formuliert sind oder ein in sich widersprüchliches Steuerungsinstrumentarium vorgesehen ist.

5. *Evaluation:* Sobald sich die Politik den Ergebnissen ihrer Entscheidungen zuwendet, Output und Outcome einer Regelung debattiert, beginnt die Evaluationsphase, die sich zeitlich mit der Implementationsphase stark überschneiden kann. Da die Evaluationsforschung sich oft als eigenständige Teildisziplin versteht, untersucht sie nicht – wie man erwarten könnte – die politischen Debatten zu Politikergebnissen, ihren zeitlichen Verlauf, die auftretenden Konflikte und die ausschlaggebenden Machtkonstellationen (Stockmann 2000). Sie versteht sich eher als Wissenschaft zur Erforschung von Politikwirkun-

gen. Als praktisch gerichtete Forschung sucht sie den Zielerreichungs-grad politischer Regelungen mittels eigener Auswertungen und ver-feinertem Messinstrumentarium zu bestimmen. Ihr Ziel liegt in der Systematisierung der Erfolgskontrolle von Politik.

6. *Politiktermination oder Politikneuformulierung:* Die sechste Phase schließt den Policy-Zyklus: Die Ergebnisse des einen Zyklus lö-sen einen neuen Policy-Zyklus aus. Im amerikanischen Modell des *Program* geschieht das durch Beendigung *(Termination)* eines politi-schen Programms und Auflösung der entsprechenden Behörden. Im kontinentalen Modell kontinuierlicher Fachverwaltungen kommt es zur Überarbeitung der politischen Steuerungskonzepte in diesem Feld *(Reform)*.

Der Policy-Zyklus stellt nicht mehr dar als ein Beschreibungsmo-dell, eine Heuristik zur Sortierung der Einzelgeschehnisse in einem Politikfeld. Die Vorzüge dieses Modells liegen sicherlich in der analy-tischen Differenzierung, in der Prozessbetrachtung, aber auch in der Orientierung an einem Problem, dessen «Lebenslauf» verfolgt wird, außerdem in der Überwindung des Vorrangs von Institutionen in po-litikwissenschaftlichen Untersuchungen und schließlich in der Beach-tung des Verhältnisses zwischen Problem und Lösungsmöglichkeiten einerseits, Macht- und Interessenkonstellationen andererseits. Aller-dings erlaubt das Modell keine kausalen Aussagen und ist damit kon-frontiert, dass sich im realen Politikgeschehen mehrere Phasen zeit-lich überlappen und die Politikfelder (und entsprechend die Zyklen) intensiv miteinander verflochten sind. Betrachtet man ein Politikfeld über *lange Zeiträume*, wird dessen Entwicklung selten als Folge von einzelnen Policy-Zyklen dargestellt. Vielmehr versucht man, zeitliche Abschnitte zu bestimmen, die eine bestimmte inhaltliche Politikaus-richtung zur Geltung brachten, und unterscheidet zwischen *Phasen* der Politikentwicklung, die nicht zu verwechseln sind mit den einzel-nen Phasen eines Policy-Zyklus.

Um Politikinhalte zwischen den diversen Policies miteinander in Beziehung setzen zu können und generalisierende Beschreibungen zu liefern, hat die Policy-Forschung zusätzlich zum Zyklusmodell ab-strakte Kategorien von *Steuerungsprinzipien und Policy-Programmen* gebildet. Eine der gebräuchlichsten Unterscheidungen in der Policy-Forschung ist die von fünf Steuerungsprinzipien: 1. Klassische Steuerungsprinzipien sind *Gebote und Verbote*. Sie stellen die Grundform der Steuerung qua Recht dar. Neben den Gesetzen selbst sind genehmigende und sanktionierende Verwaltungen bzw. ein Justizapparat erforderlich, um dieser Steuerungsform zur Wirksamkeit zu verhelfen. 2. Durch *negative oder positive Anreize* will Politik Bürger, Organisationen oder Unternehmen dazu bewegen, ein bestimmtes Verhalten anzunehmen. Meist bedarf es dazu des Einsatzes der Ressource Geld. 3. Durch öffentliche *Angebote* (von Straßen bis zu Volkshochschulen) stellt die Politik Nutzungsmöglichkeiten zur Verfügung, ohne auf das Verhalten der Bürger direkt oder indirekt einzuwirken, erweitert aber die Handlungsoptionen der Bürger oder hilft durch kostenfreie Bereitstellung von Gütern oder Dienstleistungen insbesondere einkommensschwachen Gruppen. 4. *Überzeugung und Information* stehen im Vordergrund von staatlicher Steuerung qua Beratung und Aufklärung. Hier sollen durch Kommunikation im Beratungsgespräch oder durch öffentliche (Werbe-)Kampagnen Denken und Verhalten der Bürger beeinflusst werden. 5. Das Steuerungsprinzip *Wirkung durch Vorbilder* spielt eine wichtige Rolle bei Modellprojekten und staatlich unterstützten Experimenten.

Die Policy-Forschung hat die spezifischen Vor- und Nachteile dieser verschiedenen Steuerungsprinzipien an einer Fülle von Beispielen herausgearbeitet: Steuerungsvorhaben, die mit Ge- und Verboten arbeiten, erfordern einen hohen Kontrollaufwand, der heute meist nicht mehr zu finanzieren ist oder in einer freiheitseinschränkenden Dichte staatlicher Überwachung münden würde. Steuerungsvorhaben, die mit positiven Anreizen arbeiten, führen oft zu «Mitnahmeeffekten»: Das gewünschte Verhalten wäre auch ohne den staatlichen Anreiz erfolgt, oder solche Akteure nehmen die staatliche Prämie in Anspruch, auf deren Verhalten der Gesetzgeber gar nicht einwirken wollte. Bereitstellung von Gütern und Dienstleistungen als kostenfrei nutzbare «öffentliche Güter» führt zur Verschwendung öffentlicher Ressourcen durch Fehl- oder Übernutzung dieser Angebote. Die Wirksamkeit von Überzeugung, Information und Vorbildern hängt von den bereits existierenden Überzeugungen der Politikadressaten, ihrem Vorwissen und der Bereitschaft ab, die Kosten der Informationsbeschaffung auf sich zu nehmen.

Den Politikoutput kann man auch nach der jeweils verwendeten

Ressource unterscheiden. Man spricht hier von vier verschiedenen *Programmtypen*: *Geld* ist die eingesetzte Ressource in Einkommens- und Finanzhilfeprogrammen, wie sie z. B. für die Sozialpolitik und die Wirtschaftsförderung verwendet werden. *Sachgüter* stehen dagegen im Vordergrund, wenn öffentliche Infrastrukturprogramme (z. B. Straßenbau) aufgelegt werden. Neben Sachgütern kann der Staat *Dienstleistungen* anbieten (z. B. Beratung). Der klassische Programmtyp staatlichen Handelns ist allerdings die *Normierung*, der Versuch, durch gesetzliche Regelung einschließlich der Androhung von Sanktionen das Verhalten der Bürger zu regeln. Die heute verabschiedeten umfangreichen Gesetzeswerke sind oft Kombinationen mehrerer Programmtypen. Die Policy-Forschung untersucht, welche Verbindung von Policy-Programmtypen und Steuerungsprinzipien zu einer Politik führt, die die vom Gesetzgeber gewünschte Steuerungswirkung herbeizuführen vermag.

Die Policy-Forschung hat zudem die Frage beschäftigt, ob nicht Steuerungsprinzipien und Programmtypen auch die Art der Entscheidungsprozesse in einem Policyfeld festlegen. Theodore Lowi (1972) unterscheidet zur Abstützung dieser These mehrere *Policy-Typen*, wobei die Differenzierung zwischen *distributiven* (neue Ressourcen verteilenden, damit allen Politikadressaten Vorteile verschaffenden) und *redistributiven* (umverteilenden, einige begünstigenden, andere benachteiligenden) Policies zentrale Bedeutung erhielt. Distributive Policies stellen – in der Sprache der Spieltheorie – ein Nicht-Nullsummenspiel oder eine Win-Win-Situation dar: Alle gewinnen, keiner verliert. Redistributive Policies verteilen bei Konstanz der zu verteilenden Ressourcen (Nullsummenspiel). Ob eine Policy distributiven oder redistributiven Charakter hat, ist jedoch davon abhängig, wie die politischen Akteure und Beteiligten ihren Nutzen und ihre Kosten subjektiv einschätzen. So ist es immer möglich, dass Akteure sich als benachteiligt empfinden und dadurch Politiken zu redistributiven werden lassen. Auch deshalb erscheint die These, dass Policies die Ebene von Politics determinieren, als nicht zwingend. Redistributive Politik ist generell deutlich konfliktreicher als distributive. Zwei weitere Policy-Typen sind von Interesse: zum einen der Typus der *konstitutiven* oder *prozeduralen* Politik, der die politische Veränderung von Organisationsstrukturen und Entscheidungsprozessen (beim Staat oder bei gesellschaftlichen Organisationen) bezeichnet. Zum anderen die *regulative* Politik, die auf die Kontrolle und Regulierung von Aktivitäten der Politikadressaten, z. B. Unternehmen auf Märkten, gerichtet ist. Verbraucherschutz und Sicherung von Produktqualität auf Märkten sind typische regulative Politiken. Mit der Liberalisierung von Politik seit den 1980er Jahren gewinnen regulative Politiken gegenüber redistributiven an Bedeutung.

Eine weitere Unterscheidung ist zur Einschätzung der *Qualität der Politikentscheidung* wichtig: Sind verschiedene politisch-administrative Instanzen an der Bewältigung eines Problems beteiligt, z. B. Kommunen, Länder und Bund, oder sind komplexe Probleme zu bearbeiten, die mehr als ein Politikfeld berühren, so bedarf es besonderer Koordinationsanstrengungen. Als *negative Koordination* bezeichnet man eine «Politik des kleinsten gemeinsamen Nenners», der kleinen Schritte, der kompromisshaften Lösungen und der Einigung auf Punkte, die alle Beteiligten einmütig mittragen können. Dagegen kommt es zur *positiven Integration*, wenn eine umfassende Problemlösung gefunden wird, die alle zentralen Problemaspekte berücksichtigt und dabei durchaus mit relativen Nachteilen für Einzelne der Beteiligten verbunden sein kann – zugunsten einer allgemein besten Lösung.

2.2 Policy-Erklärungen

Man kann drei Typen der sozialwissenschaftlichen Erklärung unterscheiden. Vertraut ist die *kausale* Erklärung eines Sachverhalts durch Faktoren, die als Ursachen aufgefasst werden. Daneben existiert der *funktionale* Typus als Erklärung einer Politik durch die Wirkungen, die sie ausübt im Sinne der Erfüllung von notwendigen Funktionen für das gesellschaftliche Gesamtsystem. Dieser Erklärungstypus wird heute meist als problematisch bewertet, weil er Ereignisse durch ihre Wirkungen erklärt, ohne angeben zu können, wie diese Wirkungen selbst zu Ursachen werden konnten. In Konkurrenz zur kausalen Erklärung steht der Typus *intentionaler* Erklärung, der Politiken auf Ziele, Präferenzen, Interessen und andere Motive von Akteuren sowie deren Wissen, Meinungen und Sichtweisen zurückführt. Ein Policy-Wandel gilt dann als erklärt, wenn gezeigt werden kann, welche Motive und welche Deutungsschemata politikbeeinflussender Akteure den Wandel herbeigeführt haben.

Der mit einem *Kausalmodell* arbeitende Politikwissenschaftler Manfred G. Schmidt (2001) unterscheidet sechs Ansätze der Policy-Forschung, die jeweils unterschiedliche *Faktoren* in den Mittelpunkt der Erklärung von Politikentwicklungen rücken. Seine Darstellung von Faktorentheorien wird bestimmt von der Grundfrage, ob Politik, im Sinne von Polity und Politics, auf eine Policy Einfluss nimmt oder ob es ökonomische Größen sind, die die Politikentwicklung bestimmen. Die Policy-Forschung nimmt diese vormals von marxistischen Überlegungen angestoßene Frage nach dem Verhältnis von Politik und Ökonomie auf. Gegen *ökonomistische* Ansätze, die Politik weitgehend durch nicht-politische Faktoren zu erklären suchen, stehen *politizistische* Ansätze, die Politik allein durch Politik erklären und die Bedeutung der ökonomischen und sonstigen nicht-politischen Faktoren eher verneinen. Vom Primat sozioökonomischer Bestimmungsfaktoren hat sich die Policy-Forschung in ihren wichtigsten Arbeiten heute zu einem komplexen politischen Institutionalismus entwickelt, jedoch wird die Bedeutung einzelner Faktoren und Faktorenbündel je nach Politikfeld und untersuchtem Land unterschiedlich eingeschätzt.

1. *Sozioökonomische Erklärungsansätze* behaupten, dass ökonomische und soziale Faktoren das politische Geschehen prägen: Industrialisierungsgrad, ökonomisches Wachstum und Wohlstandsniveau bzw. das erreichte Niveau der Modernisierung aller gesellschaftlichen Bereiche. Politik verfügt danach kaum über einen eigenen Handlungsspielraum, sie steht unter dem Druck der ökonomischen Verhältnisse und muss auf die äußeren Anforderungen reagieren. In langfristiger Betrachtung kommt diesen Erklärungsansätzen größere Bedeutung zu, da sich die Politiken im globalen Maßstab durchaus im Einklang mit dem ökonomischen Entwicklungsgrad einer Gesellschaft verändern. Beim Vergleich von Gesellschaften relativ ähnlichen Entwicklungsgrades zeigt sich aber, dass Politik über eigene Spielräume verfügt und es nicht nur eine einzige Reaktionsrichtung auf ökonomische Rahmenbedingungen und Entwicklungen gibt.

2. Der *Machtressourcenansatz* behauptet, dass Interessen sozialer Gruppen samt ihrer jeweiligen Machtpotenziale das Geschehen in einem Politikfeld bestimmen. Dieser Ansatz bietet eine um politische Elemente erweiterte Klassentheorie: Nicht die Ökonomie, aber die durch sie geprägten Sozial- und Klassenstrukturen, und diese wieder-

um vermittelt durch ihre politischen Stärkerelationen, bestimmen die Entwicklung der Politiken, wie insbesondere am Beispiel der Sozialpolitik zu zeigen versucht wurde.

3. Der *Parteiendifferenzansatz* rückt die politische Dimension stärker ins Zentrum der Erklärung. Wie eine Politik ausfällt, hängt danach von der parteipolitischen Zusammensetzung der Regierung ab. Die für Marktwirtschaften typische ökonomische Konfliktlinie zwischen Kapital und Arbeit bleibt allerdings in der Unterscheidung zwischen Linksregierungen, Mitte-Regierungen und liberal-konservativen Rechtsregierungen erhalten. Die Parteiendifferenzthese kann – sucht man nur nach Korrelationen zwischen Regierungszusammensetzung und Politikergebnis – nicht generell bestätigt werden. Werden ergänzende Faktoren einbezogen, wie der ideologische und organisatorische Einigungsgrad innerhalb der politischen Lager und die Höhe des Abstands zwischen ihnen (bei Wahlen), dann bestätigt sich, dass die parteipolitische Zusammensetzung der Regierung von hoher Erklärungskraft ist.

4. Der den Traditionen der Politikwissenschaft besonders nahe stehende, der *politisch-institutionalistische Ansatz*, erklärt politische Entwicklungen durch die spezifischen politischen Institutionen einer Nation oder einer Policy. Politik-Output und Policy-Wandel sind Folge von Konstanz und Variation der institutionellen Kernstruktur eines politischen Systems. Eine besonders beachtete Variante des politischen Institutionalismus ist das *Vetospieler-Theorem* von George Tsebelis (1995). Es geht modellhaft von der Gestaltung des politischen Geschehens durch einen einzigen Akteur, etwa das Parlament, aus und fragt in der Realanalyse politischer System bzw. Politikfelder nach der Anzahl der Akteure, die die Entscheidungsfähigkeit eines Monopolentscheiders grundlegend blockieren können. Im bundesdeutschen System existieren durch die starke Stellung des Bundesverfassungsgerichts, die gesetzgeberische Mitentscheidungsposition des Bundesrats, in minderem Grad auch durch zahlreiche Expertengremien und die Stellung korporatischer Arrangements zwischen Staat, Unternehmerschaft und Gewerkschaften sowie durch die Autonomie der Zentralbank zahlreiche Vetospieler. Wegen dieser im internationalen Vergleich sehr hohen Anzahl von Vetospielern gilt die bundesrepublikanische Politik als wenig wandlungsfähig, eher reformresistent und Status-quo-fixiert. Sie

ist aber auch weniger von kurzzeitigen Politikausschlägen nach rechts oder links betroffen und nimmt einen «mittleren Weg».

5. Der Erklärungsansatz des *politischen Erbes* führt die Entwicklung einer Policy auf die vergangene Politik zurück. Politik bestimmt sich selbst durch die lang anhaltende Wirkung, die eine einmal eingeschlagene Politikvariante ausübt. Der Status quo prägt die Handlungsmöglichkeiten derart, dass immer nur kleine Schritte der Veränderung möglich sind, so lautet die von Charles Lindblom eingeführte These des *Inkrementalismus* als Theorie der langsamen Politikveränderung. Starke Kontinuitäten werden auch als *Pfadabhängigkeit* der Politikentwicklung bezeichnet.

6. Eine Rückkehr zu einer stärker ökonomischen Erklärung der Policy-Entwicklung findet mit der *Internationalen Hypothese* statt. Danach üben die Internationalisierung der Finanz- und Kapitalmärkte, aber auch weitere Globalisierungsphänome wie die zunehmende Zahl internationaler Regelungen, Organisationen und Regime, die Marktöffnungspolitik der Welthandelsorganisation WTO, aber auch der EU entscheidenden Einfluss auf Handlungsmöglichkeiten nationaler Politiken aus. So ist z. B. Steuerpolitik nicht mehr national zu gestalten, weil Kapital und Unternehmen in die Länder abwandern, die ihnen niedrigere Steuersätze bieten. Daraus erwächst zwischen den Nationalstaaten eine Steuerkonkurrenz mit der Tendenz zur immer weiteren Absenkung der Unternehmens- und Kapitalbesteuerung – mit gravierenden Folgen für viele andere Politikfelder.

In Manfred G. Schmidts Unterscheidung zwischen sechs Untersuchungsansätzen oder Theoriefamilien rückt jeder Erklärungsansatz einen Faktor oder ein Faktorenbündel in den Vordergrund. Charakteristisch ist diese kausale Denkweise für die international vergleichende und die quantitativ arbeitende Policy-Forschung. *Comparative Public Policy* beruht darauf, Vermutungen (Hypothesen) über Ursache-Wirkungsbeziehungen mittels statistischer Verfahren zu prüfen (Keohane/King/Verba 1994; Marsh/Stoker 2002). Untersucht wird dabei, welche politischen Phänomene – definiert als unabhängige Variablen – ein anderes Phänomen – definiert als die abhängige Variable – in der Vergangenheit verursacht haben und in der Zukunft wohl verursachen werden, es also «erklären» können. Solche Zusammenhänge werden nicht als deterministische, sondern mehr oder weniger wahrscheinliche angegeben, z. B. dass Parteien bestimmter Richtungen an der Regierung «eher» zu höheren Sozialausgaben in einem Staat führen. Entschieden werden muss beim Vergleich immer, wie viele Länder (Fallzahl) und welche Länder (Fallauswahl) in welcher Hinsicht (Variablen) verglichen werden sollen. Das Grundproblem lautet, dass es nur eine recht begrenzte Anzahl an Ländern auf der Welt gibt, die aber in potenziell unendlich vielen Hinsichten verglichen werden können: wenig Fälle, viele Variablen. Generell steigt die Aussagekraft einer statistischen Analyse, wenn man eine möglichst große Zahl von Fällen untersucht. Tatsächlich konzentriert sich die quantitativ-vergleichende Policy-Forschung zumeist auf die OECD-Länder – die Verfügbarkeit der Daten und bestehende Forschungskooperationen zwischen diesen Ländern sind wichtige Gründe hierfür. Die Analysen umfassen sowohl Querschnitte (alle Fälle zu einem Zeitpunkt) wie auch Längsschnitte (ein Fall zu verschiedenen Zeitpunkten). Allgemein jedoch gilt: Je geringer die Zahl der untersuchten Fälle wird, desto wichtiger wird die Auswahl der einzelnen Fälle. Zwei Kriterien gibt es hierfür: *most similar* und *most different* – möglichst ähnliche oder möglichst verschiedene Fälle. Auch hier wieder sprechen statistische Überlegungen für die Auswahl möglichst unterschiedlicher Fälle, wohingegen die OECD-Orientierung einem Most-Similar-Design gehorcht. Diese Anlage ist sinnvoll, wenn die Forschungsfrage auf die unterschiedlichen politischen Reaktionen auf ähnliche Problemlagen abzielt. Zur Durchführung derartiger Untersuchungen ist die Kenntnis statistischer Verfahren, insbesondere der *multiplen Regressionsanalyse* erforderlich. Die zunehmende Standardisierung von Datensätzen im OECD-Bereich erleichtert derartige Forschungsansätze. Außerdem konstruiert die Policy-Forschung selbst eine Reihe von Indikatoren (beispielsweise einen Korporatismus-Index, der den Grad der institutionellen Verknüpfung von Verbänden und Staat misst), sodass es möglich wird, bisher nur als Hypothesen oder Tendenzaussagen vorgebrachte Behauptungen überprüfbar zu machen. In der Folge werden einige zuvor nur nominal, als Qualitäten definierte Variablen historisch-institutionalistischer Untersuchungen anspruchsvollen statistischen Berechnungen zugänglich.

Mit diesem kausal-empiristischen Denkansatz konkurrieren in der Theorieentwicklung der Politikwissenschaft (Benz/Seibel 1997) Sichtweisen, die Policy-Entwicklungen *intentional* erklären wollen. Unter den intentionalen Erklärungen gibt es zwei grundlegend unterschiedliche Vorgehensweisen:

- zum einen *Rational-Choice-Ansätze*, die sich am ökonomischen Handlungsmodell zweckrationalen, nutzenmaximierenden Handelns als Forschungsannahme orientieren;
- zum anderen *interpretative Ansätze*, die das Handeln von individuellen wie kollektiven Akteuren nicht nur durch Interessen- und Nutzenorientierung bestimmt sehen, sondern auf die Rolle von Normen, Werten, Ideen, kulturellen Überzeugungen und Wissensbeständen verweisen, sodass sich ein komplexes Bild der Motivierung ergibt. Interpretative Ansätze setzen voraus, dass Interessen nicht wie im Rational-Choice-Ansatz einfach als gegeben angesehen werden, sondern selbst kulturell produziert, «konstruiert» und immer wieder neu interpretiert werden müssen: Man kann die Interessen z. B. von Gewerkschaften nicht aus der sozialen Position ablesen, man muss auch Deutungsmuster, Situationseinschätzungen, Werte und Wissen untersuchen, da sich hier kultur-, zeit- und ortsbedingt Unterschiede und Veränderungen ergeben können.

Beide Spielarten intentionaler Erklärung (wie auch kausale Erklärungsansätze – siehe oben Ansatz 4) können auch als institutionelle Erklärungen oder als *Institutionalismus* auftreten. Die Begriffsbildung und Differenzierung zwischen verschiedenen Arten des Institutionalismus ist höchst uneinheitlich und umstritten (Hall/Taylor 1996), doch können zum Rational-Choice-Erklärungsansatz der ökonomische oder Neoinstitutionalismus gerechnet werden, zu den interpretativen Ansätzen dagegen der soziologische und der historische Institutionalismus (March/Olsen 1989).

1. Der Rational-Choice-Ansatz wird in der bundesdeutschen Policy-Forschung vor allem vom Kölner Max-Planck-Institut für Gesellschaftsforschung unter der Bezeichnung «*akteurszentrierter Institutionalismus*» vertreten (Mayntz/Scharpf 1995). Einer seiner Direktoren, Fritz W. Scharpf, hat diesen Ansatz unter Einbeziehung der Spieltheorie, einer mathematischen Teildisziplin, die bereits in den Wirtschaftswissenschaften umfangreiche Anwendung gefunden hat, zum momentan fortgeschrittensten Ansatz der Policy-Forschung

weiterentwickelt (Scharpf 2000). Zwischen den beiden analytischen Endpunkten der Policy-Analyse – Problemen und politischen Entscheidungen sowie deren Folgen – siedelt der akteurszentrierte Institutionalismus drei Kategorien an: *Akteure* mit ihren dominant zweckrationalen Handlungsorientierungen sowie den jeweils verfügbaren Handlungsressourcen, *Akteurskonstellationen* und *Interaktionsformen*. Als Institutionalismus bezeichnet sich dieser Ansatz, weil institutionelle Kontexte auf alle drei Größen einwirken, so auf die Akteure, weil sie deren Handlungsressourcen, z. B. politische Rechte und Entscheidungskompetenzen, bestimmen. Das Zentrum des Ansatzes liegt aber in der abstrahierenden analytischen Erfassung von Akteurskonstellationen mit den Mitteln der Spieltheorie. Da politische Entscheidungen nicht von einem einzigen Akteur allein getroffen werden können, ist ausschlaggebend, ob es zu Konflikten oder zur Übereinstimmung zwischen mehreren Akteuren in einer bestimmten Entscheidungsfrage kommt. Der akteurszentrierte Institutionalismus modelliert die empirisch erhobenen Konstellationen zwischen den Akteuren, ihren Ressourcen und Zielen mittels «Spielen», wobei reine Konfliktspiele (Nullsummenspiele) und reine Koordinationsspiele (bei Einigung können alle Akteure ihre Ziele maximieren) jedoch die seltener auftretenden Konstellationen darstellen. Bedeutsamer für die Policy-Forschung sind *Mixed-Motive-Games*, in denen die Ziele der Akteure nur teilweise zueinander in Konflikt stehen. Mittels solcher Spielmodelle kann das in einem Politikfeld herrschende Konfliktniveau abstrakt modelliert werden. Die Dynamik des Konfliktaustrags wird von Scharpf mittels vier verschiedener Interaktionsformen zu typisieren gesucht: Dem «einseitigen Handeln» stellt er das «Verhandeln», die «Mehrheitsentscheidung» und die «hierarchische Steuerung» gegenüber. Jeder politische Prozess kann damit als Konfliktaustrag eines besonderen Typs (z. B. Verhandlungsprozess) bei einer bestimmten Akteurskonstellation (z. B. «Versicherungsspiel») interpretiert werden. Zugleich ist auf dieser Theoriebasis ein Verfehlen oder Gelingen rationaler Problemlösung darstellbar.

2. Die *interpretative Policy-Analyse* hat sich in den späten 1980er und frühen 1990er Jahren herausgebildet. Seitdem werden in der internationalen Politikwissenschaft verstärkt *Ideen* und *Wissen* als Bestimmungsgröße der Politikentwicklung diskutiert. Ideen wurden als

eigenständige Größe aufgefasst, die nicht im Einklang mit ökonomischen und sozialen Interessen steht und eigene Wirkungskraft entfalten konnte. Damit betrachtete man «Ideen» als einen weiteren Faktor, der die Entwicklung in einem Politikfeld beeinflussen konnte, und fragte nach dem relativen Einfluss von Ideen im Vergleich zu Interessen. Über diese kausale Sicht gehen Ansätze hinaus, die das politische Geschehen als Ergebnis intentionalen Handelns zu erklären suchen, das durch kulturelle Deutungsmuster, normative Ideen, grundlegende Überzeugungen und Wissen (nicht allein im Sinne wissenschaftlichen Wissens) geprägt ist. Eine Vorreiterrolle für die interpretative Policy-Forschung spielt der *Advocacy-Coalitions-Approach* von Paul A. Sabatier (Sabatier/Jenkins-Smith 1993; Sabatier 1999). Sabatier schlägt ein Modell vor, das den Einfluss von politischen Akteuren an der Übereinstimmung der eigenen Überzeugungen *(belief systems)* mit den in staatlichen Programmen und Gesetzen enthaltenen «impliziten Theorien» normativer und kausaler Art ermessen will. Die zweite Weichenstellung liegt darin, die Vielzahl von Akteuren in einem Politikfeld quer zur Unterscheidung zwischen öffentlichen bzw. staatlichen Institutionen einerseits, privaten Organisationen und Akteuren des politischen Vermittlungssektors (Verbänden, Parteien, Bewegungen) andererseits gemäß ihrer gemeinsamen Grundüberzeugungen in *Advocacy-Coalitions* zusammenzufassen. Personen aus verschiedenen Organisationen und Institutionen bilden gemeinsam eine «Überzeugungskoalition», von denen es in den meisten Politikfeldern zwei bis vier gibt. Jenseits der Advocacy-Coalitions stehen einzelne «Neutrale» ohne großen Einfluss sowie *Policy Broker* oder Policy-Vermittler, die durch ihr Interesse an sachlicher Rationalität definiert sind und nach einem Kompromiss zwischen den Advocacy-Coalitions suchen. Sie und öffentliche Foren, wo sich Vertreter der zerstrittenen Koalitionen in einer Art Freiraum treffen können, sind wichtige Faktoren für *Lernprozesse* der politischen Akteure, durch die Politikwandel zustande kommt.

Interpretative Ansätze schließen an die Überlegungen Sabatiers zur Zentralstellung von *belief systems* an, wollen aber die Art der Policy-Forschung grundsätzlicher ändern. Sie gehen davon aus, dass die Welt, so wie wir in ihr handeln und über sie nachdenken, sich sozialen Konstruktionen dieser Welt verdankt und dass wissenschaftliche Arbeit sich mithin auf (wissenschaftliche) Interpretation dieser (alltäglichen) Konstruktionsleistungen zu konzentrieren hat (Nullmeier/Rüb 1993). Die Aufgabe der Policy-Analyse ist damit weniger die Erklärung politischer Ergebnisse als das Verstehen kontextabhängiger politischer Bedeutungen und ihres Zustandekommens – was den Versuch nicht ausschließt, Regelmäßigkeiten oder Muster der Deutungen politischer Akteure herauszuarbeiten. Gegenstand der interpretativen Policy-Forschung sind vorrangig die kognitiven Strukturen: Ideen, Wissen, Deutungsmuster und Interpretationsrahmen *(frames)* sowie öffentliche Debatten bzw. Diskurse. Detailliert werden die politikrelevanten Argumente, Begriffe, Metaphern, Schlagwörter, Ereignis- und Geschichtsdarstellungen (Narrationen, Mythen) identifiziert und die ein Politikfeld organisierenden und in den zentralen Policy-Institutionen oft tief verankerten Ordnungsprinzipien als *Policy-Prinzipien* herausgearbeitet. Besondere Beachtung erfahren jene Akteure, die neue Interpretationsweisen und neues Wissen erzeugen sowie netzwerkartige Verbindungen von Akteuren, die über ähnliche Sichtweisen verfügen wie *epistemic communities* oder «Diskurskoalitionen». Politischer Wandel wird nicht auf Verschiebungen im Interessen- und Ressourcenbestand zurückgeführt, sondern auf Veränderungen in den Situationsdeutungen, Weltsichten und Normbeständen. Politikwandel erscheint entweder (1) als Ergebnis besonderer situationsbedingter Passförmigkeiten zwischen Akteurs-, Problem- und Wissenskonstellationen *(Policy Windows)* oder (2) als machtgestütztes Auftreten neuer Diskurse oder (3) als Lernprozess. Jedoch ist in dieser Forschungstradition noch ungeklärt, welche Mechanismen Lernprozesse auslösen. Wenn Lernen nicht als bloße Anpassung an eine veränderte Situation aufgefasst werden soll, müssen bessere Argumente, Überzeugungsprozesse oder neue Erkenntnisse ausschlaggebend sein. Eine derartige Deutung von Politik als Lernprozess mag jedoch eine zu rationalistische Sicht der Politik nahe legen und Interessen- und Machtkonstellationen unterschätzen (Kaase/Schmid 1999; Bandelow 1999).

Interpretative Ansätze der Policy-Forschung unterscheiden sich insbesondere in *methodischer* Hinsicht von den bisher behandelten Konzepten (Yanow 2000). Konzentriert auf Deutungen, bearbeiten sie in einer Studie zumeist nur einen Fall. Dabei verzichten sie auf die Formulierung zu überprüfender Hypothesen: Im Unterschied zu anderen Ansätzen sind sie nicht Variablen-basiert. Als Material der Analyse dienen nicht-aggregierte Daten. Diese Daten können sich auf Interaktionen politischer Akteure beziehen und in Interviews oder mittels ethnographischer Feldarbeit gewonnen werden, Daten können aber auch vorliegende «Texte» in einem weiten Sinn sein: vom Policy-Dokument über den öffentlichen Mediendiskurs bis zu materialen Artefakten einer Policy. Für die Interpretation solcher Daten existieren eine Reihe von systematischen Vorgehensweisen, wie etwa inhaltsanalytische, verschiedene diskursanalytische, (objektiv-)hermeneutische oder theoretisch informierte Kategorienbildungen im Sinne der *Grounded Theory*. Die zunehmende Verfügbarkeit digitaler Dokumente macht softwaregestützte Analysen auch größerer Mengen politischer Texte zukünftig forschungspraktisch leichter realisierbar.

2.3 Evaluative und präskriptive Policy-Analyse

Die Policy-Forschung beschreibt und erklärt nicht nur die Entwicklung in einzelnen Policy-Feldern, sie bewertet sie auch anhand explizierter Kriterien und entwickelt Vorschläge zu einer rationaleren Politik. Mittels des Input-Output-Schemas lassen sich die beiden Grundformen politikwissenschaftlicher Bewertung von Policies unterscheiden: Das politisch-administrative System in einem engeren Sinn reagiert auf politische Forderungen, die seitens der Bürger, sozialer Bewegungen, Interessenverbände, Medien als Input in das politische Geschehen eingeführt werden. Das Ausmaß der Reaktionsbereitschaft, der Responsivität, auf Forderungen, Wünsche und Lösungsvorschläge kann zum Bewertungskriterium genommen werden *(inputorientierte Bewertung)*. Heute dominiert in der Forschung meist eine *outputorientierte Bewertung* von Politiken. Dabei wird der Erfolg einer Politikentwicklung an der Veränderung von Output- oder Outcome-Größen gemessen, wobei oft von bestimmten Kriterien als unproblematischen, gesellschaftlich allgemein getragenen Wertmaßstäben ausgegangen wird (z. B.: weniger Arbeitslosigkeit ist besser als viel Arbeitslosigkeit). Eine entsprechende Unterscheidung zweier Argumentationsstränge lässt sich in der Demokratietheorie finden (Scharpf 1999). Die klassische Demokratietheorie betont den Charakter von Demokratie als Herrschaft durch das Volk. Wird demokratische Politik derart als kollektive politische *Selbst*bestimmung verstanden, kommt es für die Legitimität der getroffenen Entscheidungen darauf an, dass sie vom Willen und Wissen der Bürger getragen sind. Partizipation, Bürgerbeteiligung und Teilhabe der Einzelnen am politischen Geschehen und das Bemühen um Konsensbildung in der Bürgerschaft sind daher Merkmale einer *inputorientierten demokratischen Legitimation*. Ein zweiter Strang der Demokratietheorie versteht dagegen Demokratie als Herrschaft für das Volk. Politisches Geschehen muss entsprechend durch Leistungen und Ergebnisse, die den Bürgern Probleme zu lösen helfen, gerechtfertigt werden. Verlangt ist eine *outputorientierte Legitimation*. Der sachliche Erfolg, die Dienlichkeit einer Politik für die Interessen der Bürger bei Verhinderung von Machtmissbrauch entscheidet über die Anerkennungswürdigkeit. Akzeptabel ist diese Vorstellung outputorientierter Legitimation aber nur dann, wenn im Wesentlichen gemeinsame Interessen in der Bevölkerung existieren. Bei gegeneinander gerichteten Interessenlagen werden die Outputs und Outcomes höchst unterschiedlich bewertet, gemeinsame Maßstäbe kommen nicht zustande. Was die einen als sachlichen Erfolg werten, erscheint den anderen als sachlich falsch. Inputorientierte Policy-Analyse konzentriert sich auf den Grad der Einbeziehung (Inklusion) der Bürgerschaft in die Bearbeitung einer Policy. Outputorientierte Policy-Analysen dagegen betonen die Effizienz und Effektivität von Politiken und vergleichen unterschiedliche Politiken oder Nationalstaaten danach, ob und in welchem Maß es ihnen gelingt, bestimmte Probleme wie Arbeitslosigkeit oder Inflation zu bewältigen (Hall/Soskice 2001). Diese Analysen werden heute auch als *Performanzanalysen* bezeichnet. Für die Bundesrepublik Deutschland folgt aus diesen Studien meist die Diagnose eines Mangels an Reformfähigkeit und Reformierbarkeit, der auf institutionellen Barrieren oder dem verfestigten Konsens der Interessengruppen beruhe. Derartige Ergebnisse und Ergebnisinterpretationen gewinnen im politischen Raum erhebliche Brisanz und entfalten eine präskriptive Wirkung.

Angesichts derartiger politischer Bedeutung ist die *reflexive* politikwissenschaftliche Analyse der Wirkungen von Policy-Forschung unausweichlich. Die Policy-Forschung hat sich seit ihren Anfängen als politische Intervention verstanden. Entsprechend ist in der Policy-Forschung immer wieder erörtert worden, wie die Empfehlungen von Policy-Analysen in den politischen Prozess eingehen, welche Folgen daraus resultieren und ob es sich um eine legitime und erfolgversprechende Form der Politikintervention handelt. Lange Zeit folgte eine praxisnahe Policy-Analyse dem Muster, ein Gutachten politischen Instanzen (in der Regel: Verwaltung, Regierung, Parteien) vorzulegen und von der Übernahme der darin enthaltenen Empfehlungen oder Bewertungen auszugehen. Dieses wird heute als *technokratischer* oder *expertokratischer Politikansatz der Policy-Analyse* verstanden, da die Forschungsergebnisse als autorisierte Expertenaussagen direkt an die Entscheidungsträger weitergereicht wurden. Vor allem Giandomenico Majone (1989) und Frank Fischer (Fischer/Forester 1993) haben darauf hingewiesen, dass damit Wertungen und Urteile der öffentlichen Debatte entzogen werden und die Wirkungsweise der Forschung recht begrenzt bleibt, sobald die Entscheidungsträger kein Interesse zeigen, den Ergebnissen zu folgen. Policy-Forschung sei daher besser beraten, wenn sie auf ihre kommunikativen, rhetorischen, diskursiven, argumentativen Qualitäten achte und sich als Einsatz in einer demokratischen, diskutierenden politischen Öffentlichkeit betrachte (Saretzki 2002).

2.4 Verwaltungswissenschaft

Auch die Verwaltungswissenschaft weist praktisch-politische Beziehungen zu ihrem Gegenstand, der öffentlichen Verwaltung, auf. So ist sie zum einen auf die Bewertung und Verbesserung der Verwaltung ausgerichtet (*evaluative Verwaltungswissenschaft* und *wissenschaftliche Beratung*), zum anderen auf die Beschreibung und Erklärung von Tendenzen der Verwaltungsentwicklung (*deskriptive* und *explanatorische Verwaltungswissenschaft*). Die bundesdeutsche Verwaltungswissenschaft ist an den zahlreichen Ansätzen zur Verwaltungsreform beteiligt gewesen. Doch blieb es meist bei einzelnen Verwaltungsvereinfachungen und kleineren Umstrukturierungen. Die Verwaltungswissenschaft selbst hatte bis in die 1990er Jahre kein umfassendes Leitbild einer modernisierten Verwaltung in Überwindung oder Variation des tradierten (Weber'schen) Bürokratiemodells entwickeln können. Erst mit dem Import der betriebswirtschaftlich inspirierten Konzepte des *New Public Management* und der bundesrepublikanischen Adaption als «Neues Steuerungsmodell» (Naschold/Bogumil

1998; Pollitt/Bouckaert 2000) veränderte sich auch das Leitbild der Verwaltung: Rechtmäßigkeit als Prinzip der alten juristenzentrierten Verwaltungskonzeption – schon seit langem ergänzt und korrigiert durch den Maßstab der Wirtschaftlichkeit – wird zu einer beachtungspflichtigen Rahmenbedingung relativiert, während *Ergebnisorientierung* als Erreichen politisch gesetzter Ziele zur zentralen Norm wird. Angesichts der auch heute noch unbefriedigenden Umsetzung von Ansätzen der Verwaltungsmodernisierung sind die langsamen Veränderungen innerhalb der Verwaltung bedeutsamer als die Versuche planvoller Verwaltungsreform (Bandemer et al. 2001; Jann 1999; Wollmann 2000): In den 1960er und 1970er Jahren wuchs die Verwaltung in der Bundesrepublik Deutschland enorm. Der Anstieg der im öffentlichen Dienst Beschäftigten vollzog sich vor allem in den Bereichen Bildung, soziale Dienste und Gesundheit und war Ausdruck des Übergangs zu einer *sozialstaatlichen Leistungsverwaltung*. Eine Folge dieser Expansion ist die innere Differenzierung der Verwaltung. In den einzelnen Ämtern haben sich eigene Verwaltungskulturen ausgebildet mit eigenen professionellen Standards, zum Teil deutlich abgesetzt von den juristisch geprägten traditionellen Verwaltungseinheiten. Das vormalige Juristenmonopol ist gebrochen, die Verwaltung setzt sich heute aus Fachleuten diverser Disziplinen zusammen. Das führt zu der gewünschten hohen Spezialisierung, aber auch zu einem Auseinanderdriften der einzelnen Verwaltungsteile. Teilweise gehen mit dieser Fragmentierung und inneren Pluralisierung auch besonders enge Beziehungen einzelner Verwaltungen zu Akteuren außerhalb der Verwaltung einher, z.B. zu wichtigen Interessenverbänden («Ressortkumpanei»). Trotz oder gerade wegen der zunehmenden Verrechtlichung immer weiterer Bereiche des gesellschaftlichen Lebens und eines entsprechenden Wachstums der rechtlichen Regelungen hat sich die Verwaltung von einer hoheitlich anordnenden, Verwaltungsakte vollziehenden zu einer vielfach *kooperativen, verhandelnden Verwaltung* gewandelt: Auch dort, wo die Verwaltung geltendes Recht einfach vollziehen könnte, verhandelt sie heute mit den Adressaten der Verwaltungstätigkeit, wenn auch «im Schatten» der Möglichkeit, das Recht in strikter Form zur Anwendung zu bringen (Benz 1994). Im Unterschied zum Hierarchiemodell findet die politische Programmierung des Verwaltungshandelns auch nicht mehr allein durch parlamentarisch verabschiedetes Gesetz statt. Administrative Verfahren reagieren direkt auf die Anforderungen und Meinungslagen bei Bürgern und Unternehmen, sind partizipationsoffener geworden und besitzen eine größere Flexibilität, als es die bloße Gesetzesbefolgung nahe legen würde. Diese erhöhte *Responsivität* der öffentlichen Verwaltung geht einher mit dem Abbau des Bildes einer nach außen hin gegenüber den Bürgern abgeschotteten Beamtenschaft, was jedoch wenig am schlechten Image öffentlicher Verwaltungen geändert hat. Diese Entwicklungen erzeugen eine immer größere Verselbständigung der Verwaltung gegenüber der Politik. Die sich ausbreitenden nicht-hierarchischen Praktiken der Verhandlung, Netzwerkbildung, Partizipation und Kooperation begünstigen autonomes Handeln einzelner Verwaltungseinheiten, eine Tendenz, die durchaus im Gegensatz steht zum Anspruch des Neuen Steuerungsmodells, die Verwaltung auf die Zielvorgaben und Erfolgsmaßstäbe der Politik auszurichten. Die aktuellen Fragen von Verwaltungswissenschaft und Policy-Forschung lauten daher: Welche Verbindungen stärker horizontaler Steuerungsformen sind geeignet, den offensichtlich nicht mehr wirksamen Mechanismus einer hierarchisch-bürokratischen Steuerung zu ersetzen, und welche negativen Folgewirkungen kann der Umbau von Staat und Verwaltung haben?

Derartige Themen werden in den Sozialwissenschaften zurzeit unter dem Titel *Governance* verhandelt.

3 Probleme der Governance: Vermarktlichung und Internationalisierung

Die durch neoliberale Reformen in vielen OECD-Ländern ausgelöste Zunahme marktlich oder marktnah verfasster Politikfelder sowie die Sensibilisierung der Policy-Forschung für nicht-staatliche Regelungsformen oder Mischformen staatlicher und gesellschaftlicher Regelung haben einen neuen Begriff ins Zentrum der Policy-Forschung treten lassen: *Governance*. Aufgrund der Ähnlichkeit zu *Government* liegt die Vermutung nahe, dass Governance die Instrumente und Verfahren der staatlichen Regulierung beschreibt. Der Begriff bezieht sich jedoch nicht nur auf die Rolle des Staates bei der Steuerung gesellschaftlicher

Problemfelder. In der Forschung wird das Augenmerk verstärkt auf Ordnungsmuster jenseits der staatlichen Instrumente und Verfahren gelenkt (vgl. Mayntz 1997). In der umfangreichen Literatur – angestoßen durch die Beiträge von Williamson (1975) und Streeck/Schmitter (1985) – werden einige grundlegende Governance-Formen unterschieden: Hierarchie, Wettbewerb/Markt, Gemeinschaft, Assoziation und Netzwerk sind die am häufigsten genannten Governance-Typen (Pierre/Peters 2000):

1. *Markt und Wettbewerb:* Meist werden Markt und ökonomischer Wettbewerb gleichgesetzt. Wettbewerb heißt das Streben von mindestens zwei Akteuren nach demselben Ziel. Markt ist jedoch eine besondere Form des Wettbewerbs. Als System sich wiederholender geldbasierter Tauschakte setzt Markt Wettbewerb sowohl aufseiten der Nachfrager als auch aufseiten der Anbieter eines Guts voraus. Ohne einen solchen zweiseitigen Wettbewerb entsteht kein Markt. Wettbewerb kann es mithin auch ohne Markt geben. Denkbar und existent sind auch marktähnliche Strukturen in weiterhin staatlich verfassten und finanzierten Politikfeldern, so genannte Quasi-Märkte. Das tradierte Verständnis von Markt zielt dagegen auf den Wettbewerb von Produktionsorganisationen auf Absatzmärkten, auf Arbeitsmärkten bzw. anderen Faktormärkten (z. B. Kapitalmärkte). Die ökonomische Marktformenlehre hatte bereits früh die Vielfalt der Ausprägungen dieser Märkte zwischen Monopol und vollkommenem marktlichen Wettbewerb aufgezeigt. Die neoinstitutionalistische Ökonomie hat noch weiter die inneren Strukturen von Märkten aufgeklärt. Markt ist bei weitem nicht gleich Markt, Märkte können höchst unterschiedlich ausgestaltet sein. Die politikwissenschaftliche Analyse von Marktprozessen in marktgeprägten Politikfeldern hat vor allem das Ineinander von Marktstrukturen und politischer Wettbewerbsregulation aufgezeigt.

2. Mit der Governance-Form *Hierarchie* werden allgemein der Staat, aber auch Organisationen, insbesondere Unternehmen, verbunden. Abstrakt gefasst meint Hierarchie die nach festen Verfahrensregeln erfolgende Steuerung qua Anweisung in einer auf ein Zentrum, eine Spitze, ausgerichteten Struktur von Positionen, wobei Befehl, Zwang, negative und positive Sanktionen zur Befolgung und Durchsetzung der an der Spitze getroffenen Entscheidungen und Anweisun-

gen eingesetzt werden. Der Governance-Typus «Hierarchie» kann in Anlehnung an Max Webers Darstellung als bürokratischer Governance-Typus verstanden werden.

3. Der Terminus *Assoziation* wird uneinheitlich verwendet. Verstanden als freie Vereinigung bedeutet er eine von freiwilliger Mitgliedschaft getragene Organisation, die «von unten nach oben» und damit demokratisch strukturiert ist, was die Indienstnahme des Governance-Typus Hierarchie nicht ausschließt. Assoziation ist dann als demokratische Variante der Hierarchie zu verstehen: Die «Spitze» wird von «unten», von den Mitgliedern als Entscheidungsträgern programmiert. Mit dem Governance-Typus Assoziation wird aber auch der Rückzug staatlicher Steuerung zugunsten der Übernahme durch Verbände bezeichnet. Anstelle der Markt- oder Staatssteuerung wird ein Regelungskomplex *verbandlich selbstreguliert*.

4. *Gemeinschaften* tritt man nicht freiwillig bei, man ist aber auch nicht Zwangsmitglied. Formale Mitgliedsrollen wie bei Organisationen sind untypisch für Gemeinschaften, die Zugehörigkeit zu einer Gemeinschaft wird vielmehr aufgrund bestimmter Merkmale zugeschrieben. Zwischen den Gemeinschaftsmitgliedern herrscht aufgrund wechselseitiger Gefühle und Vorstellungen von Zusammengehörigkeit und Verbundenheit ein erhöhtes Maß an Vertrauen, Solidarität und Einigkeit über (u. a. moralische) Regeln und Prinzipien. Die soziale Koordination und Steuerung erfolgt in Gemeinschaften über derartige Normen und Konventionen.

5. *Netzwerk* ist der jüngste und aktuellste Begriff in der Governance-Typologie. Seit den 1980er Jahren gilt ihm besondere Aufmerksamkeit fast in allen Disziplinen der Sozialwissenschaft (Kenis/ Schneider 1996). Auf der Suche nach Regelungsformen jenseits von Markt und Staat stieß man auf nicht-hierarchische Formen der Kooperation ohne Bildung einer Vereinigung oder einer anderen Form der Organisation, aber auch ohne Ausbildung einer normativ tief verbundenen Gemeinschaft. In der Forschung über die Entstehung und Verbreitung von technischen Innovationen und über regionale Wachstumsprozesse ist die Bedeutung von Netzwerken zwischen einzelnen Unternehmen bzw. zwischen Unternehmen, staatlichen Einrichtungen wie Hochschulen und staatlichen Akteuren, Regierungen, Verwaltungen hervorgehoben worden. Netzwerke sind nicht-hierar-

chische Kooperations- und Steuerungsformen, deren innerer Zusammenhang nicht so eng ist wie bei Gemeinschaften, die aber in der Lage sind, Konkurrenzen und Auseinandersetzungen zugunsten von vertrauensgetragener Zusammenarbeit ohne Hierarchie zu überwinden. Die gerade für die Policy-Forschung einschlägige *Netzwerkanalyse* darf nicht mit dem Governance-Typus «Netzwerk» verwechselt werden. Für die Netzwerkanalyse (Jansen 1999), einer auf mathematischer Basis beruhenden Methode zur Analyse der Relationen zwischen Personen oder kollektiven Akteuren, sind Netzwerke bloße analytische Konstrukte. Auch strikt hierarchische Strukturen können mittels Netzwerkanalyse z. B. daraufhin näher untersucht werden, welcher Akteur eine zentrale Stellung bzw. eine herausgehobene Machtposition erworben hat und wer nur eine Randposition besetzt, wie dicht das Kommunikationsnetz zwischen den Akteuren innerhalb eines Politikfeldes ist und ob sich zwei oder mehr Untergruppen, Fraktionen oder Koalitionen in diesem Politikfeld herausgebildet haben.

Das Denken in Kategorien von Governance ist jüngst auch in der Verwaltungswissenschaft aufgegriffen worden: *New Public Governance* wird dabei als Fortschreibung des *New Public Management*-Ansatzes verstanden. Während sich der Prozess der Verwaltungsmodernisierung in der Mehrzahl der OECD-Staaten bislang auf die Binnenmodernisierung des öffentlichen Sektors konzentrierte und die Optimierung der Aufbau- und Ablauforganisation zum Ziel hatte, geht es nun um eine Gesamtreform des politisch-administrativen Systems und um eine neue Verantwortungs- und Aufgabenteilung zwischen Staat, Zivilgesellschaft und Markt. In Deutschland wird mit dem Governance-Konzept die Hoffnung verbunden, die strukturellen Mängel des Neuen Steuerungsmodells – sein Demokratiedefizit und das Verfehlen der postulierten Output-Orientierung – durch neuartige Mischungen von Governance-Formen zu überwinden.

Dabei kommt allerdings dem Governance-Typus Markt besondere Bedeutung zu: Die 1980er und 1990er Jahre des vorigen Jahrhunderts waren bestimmt von der Auflösung öffentlicher Monopole, der Privatisierung öffentlicher Unternehmen, der Liberalisierung von Märkten sowie einer Politik der Verwaltungsmodernisierung, die die staatlichen Aktivitäten auf einen Kernbereich zurückführen sollte. Viele Politikbereiche, die bisher staatlich strukturiert waren, wurden – unterstützt durch die deregulierende, auf einen gemeinsamen Binnenmarkt zielende Politik der Europäischen Union – in marktbestimmte Felder umgewandelt. Man kann daher von einer *Vermarktlichung der Politik* sprechen. Das gilt insbesondere für die netzbasierten Infrastrukturpolitiken in den Bereichen Strom, Gas, Telekom, Eisenbahn und Post. Aus dem Leistungsstaat wurde in diesen Bereichen ein *Regulationsstaat*: Der Staat gibt bestimmte Aufgaben an private Unternehmen und Wettbewerbsmärkte ab, überlässt diese Märkte aber nicht sich selbst und einer allein ordnungspolitisch ausgerichteten Wettbewerbspolitik, sondern greift in diese Märkte regulierend ein (Grande/Eberlein 2000). Auch bei der Reform öffentlicher Verwaltungen geht es um die Verringerung der «Leistungstiefe» staatlicher Aufgabenbearbeitung, den Rückzug öffentlicher Verwaltung aus der Leistungsbereitstellung und um die Beschränkung auf die Gewährleistungsfunktion. Der *Gewährleistungsstaat* sichert gesetzgeberisch, dass den Bürgern bestimmte Dienste zukommen, überlässt die Bereitstellung der Dienstleistungen aber Privaten.

Eine weitere Folge dieser Vermarktlichung ist es, dass die Staaten miteinander um Unternehmen und Kapital konkurrieren und damit Wettbewerber in einem Marktprozess sind. Nationale politische Systeme treten als Wettbewerber auf, die nationalen Gesetzgebungen sind Einsatz in einem nicht-monetären, aber geld- und wohlstandswerten Wettbewerb um Investoren und Unternehmen. Was die Nationalstaaten anbieten, sind infrastrukturelle, steuer- und arbeitsmarktpolitische, kultur-, bildungs- und sozialpolitische Rahmenbedingungen für die ansiedlungswilligen Unternehmen. In den Wirtschaftswissenschaften wird diese Entwicklung als institutioneller Wettbewerb, Systemwettbewerb oder Regulierungswettbewerb bezeichnet, als Wettbewerb immobiler (da an eine Gebietskörperschaft gebundener) politisch-institutioneller Arrangements um mobile Faktoren. Staaten bzw. deren Regierungen treten im Modell des institutionellen Wettbewerbs als «Unternehmer» auf, die mit ihren Gesetzen, Regulationen, Institutionen und Einzelregelungen ein Angebot unterbreiten, auf das die Nachfrager – mobile Arbeitskräfte, Unternehmen und Investoren, Bürger – mit Abwanderung oder Zuwanderung reagieren. Politische Gestaltungen von der Verfassung über Gesetze bis hin zu Verordnungen und Verwaltungsakten in einzelnen Policy-Feldern werden zu *Wettbewerbshandlungen*. Die Folgefrage lautet, ob bei einer derartigen Internationalisierung der Politik unabhängige nationale Regulation überhaupt noch möglich ist. Wettbewerbsfördernde Politiken, Deregulierung sowie marktschaffende positive Integration sind unproblematisch, Umverteilungen werden erheblich erschwert. Allerdings zeigt die Forschung zur europäischen Integration, dass eine Abwärtstendenz für politische Regulierungsstandards nicht zwingend ist. Es sind auch Fälle aufgetreten, bei denen EU-weit höhere Standards erreicht wurden als in den meisten beteiligten Nationalstaaten.

4 Perspektiven der Teildisziplin: Mehrebenenforschung und Interdisziplinarität

1. Mehrebenenpolicy-Forschung: Während die Policy-Forschung bis in die 1990er Jahre hinein Politikfelder vorrangig auf der Ebene des Nationalstaats (und zwischen Nationen vergleichend) untersucht hat, erweist sich dieses Vorgehen heute als unangemessen. Die fortschreitende Integration der Europäischen Union seit dem Maastricht-Vertrag und die Vielzahl internationaler Vereinbarungen und Verpflichtungen zwingen zur Abkehr von einer auf die nationalstaatliche Ebene beschränkten Politikfeldanalyse. Zudem haben sich in der Teildisziplin Internationale Beziehungen und auf dem Forschungsgebiet Europäische Union viele Untersuchungen einer Sichtweise angeschlossen, die nur als Policy-Forschung angesehen werden kann (Zürn et al. 2000). Versuche, den Europäisierungsgrad (Schmidt 1999) einzelner Politikfelder zu bestimmen, können ergänzt werden um Bemühungen, den Internationalisierungsgrad, aber auch den Lokalisierungsgrad von Politiken zu bestimmen. Mit der Recherche beginnend, wird die Policy-Analyse auf einen Politikprozess gerichtet sein müssen, der sich auf mehreren Ebenen vollzieht. Policy-Analyse ist heute nur als Mehrebenenpolicy-Forschung durchführbar bei Überwindung der traditionellen Grenzen zwischen der Vergleichenden Regierungslehre, der Erforschung des politischen Systems der Bundesrepublik Deutschland und der Teildisziplin der Internationalen Beziehungen.

2. *Policy-Forschung und Marktanalyse:* Internationalisierung, Erosion des Nationalstaats und Vermarktlichung vieler Politikfelder haben innerwissenschaftlich zur Folge, dass sich Grenzen zwischen verschiedenen Disziplinen aufzulösen beginnen, insbesondere zwischen Ökonomie und Politikwissenschaft. Die Branchen- und Marktanalysen der Ökonomie können politische Regulationsinstitutionen nicht vernachlässigen, und die Politikwissenschaft beschäftigt sich zunehmend mit der Entwicklung von Märkten, die es politisch zu regulieren gilt. Mit dem Übergang zum marktregulierenden Staat müssen Policy-Forschung und Marktanalyse integriert werden. Das verlangt auch ein stärkeres Augenmerk auf die Rolle von Unternehmen als zugleich ökonomischen und politischen Akteuren. Zwar sind Unternehmen als Akteure in den einzelnen Policy-Studien durchaus berücksichtigt, nur fehlt es an einer systematischen und vergleichenden Betrachtung dieses Akteurstyps.

3. *Politische Rolle von Policy-Forschung und Verwaltungswissenschaft:* Der internationale Wettbewerb der Nationalstaaten um die besten Politikmodelle hat Auswirkungen auf die Politikwissenschaft. Vergleichende Untersuchungen mit Outputorientierung erhalten politische Bedeutung, weil sie Ranglisten der Nationalstaaten zu produzieren vermögen, «Vorbilder» anhand ausgewählter Indikatoren auszuzeichnen helfen und Nachzügler benennen. International vergleichende Forschung wird zu einem Messinstrument im internationalen Wettbewerb und zu einem Managementinstrumentarium zur Überprüfung der jeweiligen nationalen Politiken. Die entsprechenden Termini lauten: *Benchmarking, Best Practice* und *Ranking.* Internationalisierung und Europäisierung nationaler Politiken werfen erneut die Frage auf, welches Selbstverständnis die Policy-Forschung prägt. Will man Policy-Forschung und Verwaltungswissenschaft auch im Sinn der Input-orientierten Tradition als demokratiezentrierte, auf argumentative Beeinflussung der Öffentlichkeit angelegte Forschungsrichtung entwickeln, ist man heute verpflichtet, über Formen internationaler, nationalstaatsübergreifender Demokratisierung nachzudenken – und zwar auch auf der Ebene einzelner Politikfelder.

Literatur

Bandelow, Nils C.: Lernende Politik. Advocacy-Koalitionen und politischer Wandel am Beispiel der Gentechnologiepolitik, Berlin 1999.

Bandemer, Stephan von/Blanke, Bernhard/Nullmeier, Frank/Wewer, Göttrik (Hg.): Handbuch zur Verwaltungsreform, 2. erweiterte und durchgesehene Aufl. unter Mitarbeit von Stefan Plaß, Opladen 2001.

Benz, Arthur: Kooperative Verwaltung. Funktionen, Voraussetzungen und Folgen, Baden-Baden 1994.

Benz, Arthur/Seibel, Wolfgang (Hg.): Theorieentwicklung in der Politikwissenschaft – eine Zwischenbilanz, Baden-Baden 1997.

Bogumil, Jörg: Zum Verhältnis von Politik- und Verwaltungswissenschaft in Deutschland, Arbeitspapiere aus der Fern-Universität Hagen, Polis 54, Hagen 2002.

Castles, Francis F.: Comparative Public Policy. Patterns of Post-war Transformation, Cheltenham/Northampton 1998.

Cobb, Roger/Ross, Jennie-Keith/Ross, Marc-Howard: «Agenda Building as a Comparative Political Process», in: American Political Science Review 70, 1976, S. 126–138.

Dunn, William N.: Public Policy Analysis. An Introduction, Second Edition, Englewood Cliffs 1994.

Easton, David: A Systems Analysis of Political Life, New York 1965.

Fischer, Frank/Forester, John (Hg.): The Argumentative Turn in Policy Analysis and Planning, Durham/London 1993.

Grande, Edgar/Eberlein, Burkard: «Der Aufstieg des Regulierungsstaates im Infrastrukturbereich. Zur Transformation der Politischen Ökonomie der Bundesrepublik Deutschland», in: Roland Czada/Hellmut Wollmann (Hg.): Von der Bonner zur Berliner Republik. 10 Jahre Deutsche Einheit, Leviathan-Sonderheft 19, Wiesbaden 2000, S. 631–650.

Hall, Peter/Soskice, David (Hg.): Varieties of Capitalism. The Institutional Foundation of Comparative Advantage, Oxford 2001.

Hall, Peter A./Taylor, Rosemary C. R.: «Political Science and the Three New Institutionalisms», in: Political Studies 44, 1996, S. 936–957.

Héritier, Adrienne (Hg.): Policy-Analyse, PVS-Sonderheft 24, Opladen 1993.

Hesse, Joachim Jens (Hg.): Politikwissenschaft und Verwaltungswissenschaft, PVS-Sonderheft 13, Opladen 1982.

Hofferbert, Richard I./Cingranelli, David Louis: «Public Policy and Administration: Comparative Policy Analysis», in: Robert Goodin/Hans-Dieter Klingemann (Hg.): A New Handbook of Political Science, Oxford 1998, S. 593–609.

Jann, Werner: «Zur Entwicklung der öffentlichen Verwaltung», in: Thomas Ellwein/Everhard Holtmann (Hg.): 50 Jahre Bundesrepublik Deutschland. Rahmenbedingungen – Entwicklungen – Perspektiven, PVS-Sonderheft 30, Opladen/Wiesbaden 1999, S. 520–543.

Jansen, Dorothea: Einführung in die Netzwerkanalyse. Grundlagen, Methoden, Anwendungen, Opladen 1999.

Kaase, Max/Schmid, Günther (Hg.): Eine lernende Demokratie. 50 Jahre Bundesrepublik Deutschland, WZB-Jahrbuch 1999, Berlin 1999.

Kenis, Patrick/Schneider, Volker (Hg.): Organisation und Netzwerk. Institutionelle Steuerung in Wirtschaft und Politik, Frankfurt a. M./New York 1996.

Keohane, Robert O./King, Gary/Verba, Sidney: Designing Social Inquiry: Scientific Inference in Qualitative Research, Princeton/New York 1994.

Lasswell, Harold D.: «The Policy Orientation», in: Daniel Lerner/Harold D. Lasswell (Hg.): The Policy Sciences, Stanford 1951, S. 3–15.

Lehmbruch, Gerhard: Parteienwettbewerb im Bundesstaat. Regelsysteme und Spannungslagen im Institutionengefüge der Bundesrepublik Deutschland, 2., erw. Aufl., Opladen/Wiesbaden 1998.

Lowi, Theodore J.: «Four Systems of Policy, Politics, and Choice», in: Public Administration Review 32, 1972, S. 298–310.

Majone, Giandomenico: Evidence, Argument and Persuasion in the Policy Process, New Haven 1989.

March, James G./Olsen, Johan P.: Rediscovering Institutions: The Organizational Basis of Politics, New York 1989.

Marsh, David/Stoker, Gerry: Theory and Methods in Political Science, Basingstoke 2002.

Mayntz, Renate (Hg.): Implementation politischer Programme, Opladen 1980.

Mayntz, Renate: «Politische Steuerung: Aufstieg, Niedergang und Transformation einer Theorie», in: dies.: Soziale Dynamik und politische Steuerung. Theoretische und methodologische Überlegungen, Frankfurt a. M./New York 1997, S. 263–292.

Mayntz, Renate/Scharpf, Fritz W. (Hg.): Gesellschaftliche Selbstregelung und politische Steuerung, Frankfurt a. M./New York 1995.

Naschold, Frieder/Bogumil, Jörg: Modernisierung des Staates. New Public Management und Verwaltungsreform, Opladen 1998.

Nelson, Barbara J.: «Public Policy and Administration: An Overview», in: Robert E. Goodin/Hans-Dieter Klingemann (Hg.): A New Handbook of Political Science, Oxford 1998, S. 551–592.

Nullmeier, Frank/Rüb, Friedbert W.: Die Transformation der Sozialpolitik. Vom Sozialstaat zum Sicherungsstaat, Frankfurt a. M./New York 1993.

Parsons, Wayne: Public Policy. An Introduction to the Theory and Practice of Policy Analysis, Aldershot/Brookfield 1995.

Pierre, Jon/Peters, B. Guy: Governance, Politics and the State, Basingstoke 2000.

Pollitt, Christopher/Bouckaert, Geert: Public Management Reform. A Comparative Analysis, Oxford 2000.

Sabatier, Paul A. (Hg.): Theories of the Policy Process, Boulder 1999.

Sabatier, Paul A./Jenkins-Smith, Hank C. (Hg.): Policy Change and Learning: An Advocacy Approach, Boulder 1993.

Saretzki, Thomas: «Aufklärung, Beteiligung und Kritik: Die ‹argumentative Wende› in der Policy-Analyse», in: Klaus Schubert/Nils C. Bandelow (Hg.): Lehrbuch der Politikfeldanalyse, München/Wien 2002, S. 393–418.

Scharpf, Fritz W.: Interaktionsformen. Akteurzentrierter Institutionalismus in der Politikforschung, Opladen 2000.

Scharpf, Fritz W.: Regieren in Europa. Effektiv und demokratisch?, Frankfurt a. M./New York 1999.

Schmidt, Manfred G. (Hg.): Staatstätigkeit. International und historisch vergleichende Analysen, Opladen 1988

Schmidt, Manfred G. (Hg.): Wohlfahrtsstaatliche Politik. Institutionen, politischer Prozess und Leistungsprofil, Opladen 2001.

Schmidt, Manfred G.: «Die Europäisierung öffentlicher Aufgaben», in: Thomas Ellwein/Everhard Holtmann (Hg.): 50 Jahre Bundesrepublik Deutschland. Rahmenbedingungen – Entwicklungen – Perspektiven, PVS-Sonderheft 30, Opladen/Wiesbaden 1999, S. 385–394.

Schubert, Klaus: Politikfeldanalyse. Eine Einführung, Opladen 1991.

Schuppert, Gunnar Folke: Verwaltungswissenschaft. Verwaltung, Verwaltungsrecht, Verwaltungslehre, Baden-Baden 2000.

Stockmann, Reinhard (Hg.): Evaluationsforschung. Grundlagen und ausgewählte Forschungsfelder, Opladen 2000.

Streeck, Wolfgang/Schmitter, Philippe C.: «Community, Market, State – and Associations?», in: European Sociological Review 1, 1985, S. 119–138.

Theodoulou, Stella Z./Cahn, Matthew A. (Hg.): Public Policy. The Essential Readings, Englewood Cliffs 1995.

Tsebelis, George: «Decision Making in Political Systems: Vetoplayers in Presidentialism, Parlamentarism, Multi-Cameralism and Multi-Partyism», in: British Journal of Political Science 25, 1995, S. 289–325.

Weber, Max: Wirtschaft und Gesellschaft. Grundriß der verstehenden Soziologie, Tübingen [5]1976.

Williamson, Oliver E.: Markets and Hierarchies. Analysis and Antitrust Implications, New York 1975.

Windhoff-Héritier, Adrienne: Policy-Analyse. Eine Einführung, Frankfurt a. M. 1987.

Wollmann, Hellmut: «Staat und Verwaltung in den 90er Jahren. Kontinuität oder Veränderungswelle?», in: Roland Czada/Hellmut Wollmann (Hg.): Von der Bonner zur Berliner Republik, 10 Jahre Deutsche Einheit, Leviathan-Sonderheft 19, Wiesbaden 2000, S. 694–731.

Yanow, Dvora: Conducting Interpretive Policy Analysis, Thousand Oaks/London 2000.

Zürn, Michael/Walter, Gregor/Dreher, Sabine/Beisheim, Marianne: «Postnationale Politik? Über den politischen Umgang mit den Denationalisierungs-Herausforderungen Internet, Klimawandel und Migration», in: Zeitschrift für Internationale Beziehungen 7, 2000, S. 297–329.

Christian Hacke
2.5.1 Außen- und Sicherheitspolitik

1 Einleitung

Das breite Panorama und die historische Tiefe der Internationalen Politik spiegeln sich im Spannungsfeld von Ideen und Interessen, von Gleichgewicht und Hegemonie, im Aufstieg und Fall von kleinen und großen Mächten. Internationale Beziehungen verlangen zum besseren Verständnis eine systematische Analyse jenseits der tagespolitischen Stellungnahmen. Dabei sind nicht nur Logik und Intellekt, sondern vor allem Erfahrung und Verstehen gefragt. Kritische Stellungnahme, moralisches Engagement und geschichtliches Verständnis ergänzen sich dabei auf sinnvolle Weise.

Die Disziplin der Internationalen Beziehungen als akademisches Fach versteht sich in ihrer idealistischen Variante als Kind des 20. Jahrhunderts, doch die Geburtsurkunde der Internationalen Beziehungen stammt, realistisch gesehen, aus der Antike (vgl. Johnson 1993).

2 Geschichte der Internationalen Beziehungen

2.1 Das Erbe der Antike

Der historische Vergleich der Epochen und Konstellationen ist wichtig für die Erklärung aktueller Phänomene, Strukturen und Prozesse der Internationalen Beziehungen. So kann z. B. ein besseres Verständnis der Bipolarität zwischen den USA und der Sowjetunion durch das Studium des Konflikts zwischen Athen und Sparta gewonnen werden (vgl. Lebow/Strauss 1991). Welche Gleichgewichtsphänomene sich unter den Bedingungen von Multipolarität ergeben, lässt sich am europäischen Kräftekonzert des 19. Jahrhunderts oder am Gleichgewichtssystem der griechischen Stadtstaaten analysieren. Wettrüsten, Kriegsverhütung oder militärische Abschreckung sind zeitlose Erscheinungen, doch die historischen Konstellationen verändern sich; Unipolarität, Bipolarität und Multipolarität sind wiederkehrende Formen, die auch im modernen Staatensystem zwischen Gleichgewicht und Hegemoniebestrebungen oszillieren.

Die Vielfalt der gesellschaftlichen und politischen Kräfte in der Antike hat als Erster der griechische Historiker Herodot (484–425 v. Chr.) beschrieben. Er löste die mythische Geschichtsschreibung ab und konzentrierte sich auf Beobachtung. Herodot erkannte bereits übergreifende realistische Gesetzmäßigkeiten im geschichtlichen Prozess:

«Städte, die früher groß waren, sind größtenteils klein geworden; und die zu meiner Zeit mächtig waren, sind früher unbedeutend gewesen. Ich weiß, menschliche Größe hat keineswegs Bestand; so will ich denn in gleicher Weise die Schicksale beider behandeln» (Historien, Bd. 1, S. 5).

Herodot erinnert uns an das ewige Gesetz von Aufstieg und Vergehen von Kulturen und Imperien.

Zentrum und Peripherie in der Weltpolitik sind ebenfalls Begriffe, die schon Herodot einführt; wo «harte» und «weiche» Kulturen aufeinander treffen, prallen sie nicht unbedingt im Sinne von Huntington (1996) aufeinander, sondern befruchten sich auch gegenseitig. Herodots Überlegungen zu den Kulturen erscheinen weltoffener und abgewogener als die Huntingtons.[1] Wenn die Disziplin den Perzeptionsansatz von Jervis (1976) als innovativ preist, darf daran erinnert werden, dass schon Herodot auf seine Weise uns den Blick für Mentalitäten und Perzeptionen der antiken Völker öffnete und für Verständnis und Toleranz für das Fremde warb.[2] Großen Männern schenkte Herodot natürlich Aufmerksamkeit im Sinne von «Männer machen Geschichte», denn in der antiken Welt lag die Entscheidung über Krieg

---

1 Kritisch zu Huntington: Müller (1998).
2 Auch in diesem Zusammenhang lohnt die Lektüre von Camus' *Der Fremde* (1961).

und Frieden und über das Schicksal der Menschen in den Händen weniger Mächtiger (vgl. Luce 1998, S. 25ff.).

Herodots Nachfolger Thukydides (460–396 v. Chr.) schrieb weniger Geschichte, sondern vielmehr Zeitgeschichte mit neuen Methoden (Geschichte des Peloponnesischen Krieges). Thukydides betrieb Ursachenforschung, suchte Wirkungen und Schlussfolgerungen, um aus Erfahrung und Beobachtung wissenschaftliche Regeln über Krieg und Frieden und Internationale Beziehungen abzuleiten (vgl. Kagan 1969–1987). Bis heute orientiert sich die Wissenschaft an Thukydides, z. B. bei der Kriegsschuldfrage mit Blick auf die Unterscheidung zwischen Anlass und Ursache.

Im Melier-Dialog erkennen wir auch heute die prekäre Wechselwirkung zwischen Recht, Macht und Moral, und dass eine Demokratie wie Athen in tyrannischen Imperialismus umschlagen kann (vgl. Walzer 1982, S. 25ff.).

Die Genauigkeit seiner Beobachtung, die sorgfältige Auswertung des Materials, die Strenge seines Denkens und sein sachlicher Stil imponieren heute noch. Der wissenschaftliche Anspruch auf Objektivität wird von Thukydides zugleich lebensklug relativiert.

Seine Auffassung vom Wesen der Internationalen Politik ist unsentimental: Menschen handeln eher zum eigenen Vorteil als aus altruistischen Motiven oder moralischen Grundsätzen. Konsequenterweise kreist Thukydides' Kerngedanke um das Problem politischer Führung.

Weil keiner so scharfsichtig die griechische Staatenwelt zur Zeit ihrer Hochblüte analysiert und den politischen Antriebskräften der Menschen nachgespürt hat, hat David Hume (1711–1776) zu Recht erklärt: «Mit der ersten Seite von Thukydides' Werk beginnt wirklich die Geschichtsschreibung»[3]. Deshalb wird noch heute von allen antiken Historikern Thukydides des wissenschaftlichen Ritterschlags für würdig befunden.

Ihm folgt als dritter herausragender Analytiker aus der Zeit der Antike Polybios (200–118 v. Chr.). Im berühmten 6. Buch seines Hauptwerks geht er vor allem den Fragen von Aufstieg und Fall gro-

---

3 Zitiert nach Luce (1998, S. 112ff.).

ßer Imperien nach. Nachhaltige Wirkung hat bis heute sein Zyklus von ineinander übergehenden Verfassungsformen.

Modern gesehen, sucht Polybios nach Gesetzmäßigkeiten für politische Dynamik. Doch er konnte seine strengen methodischen Maßstäbe im eigenen Werk nicht verwirklichen (vgl. Walbank 1972; Schmitt 1973).

Schnürt Polybios sich ein zu enges theoretisches Korsett, wenn er behauptet, Rom könne den Kreislauf von Aufstieg und Fall durch eine gemischte Verfassung aufhalten, so kommt er zu bemerkenswerten Beobachtungen, sobald er die Zwangsjacke der Theorie abwirft: So fordert er universalhistorische Kenntnis und ist damit den meisten der heutigen Vertreter der Disziplin weit voraus.

Bei Thukydides wie bei Polybios wirken die eigenen Lebenserfahrungen als Feldherr oder als Politiker auf die Geschichtsschreibung (vgl. Fetscher/Münkler 1988, S. 326–342, 471–513). Weder Zeugenbefragung noch Bücherstudium können dieses Moment aufwiegen. Deshalb unterscheidet sich der Schreibtischhistoriker vom realistischen Historiker wie der Kulissenmaler vom Architekten der Geschichte. Der außenpolitische Realist im Sinne von Thukydides und Polybios weiß um die Widersprüchlichkeiten der Internationalen Politik. Es ist deshalb kein Zufall, dass Jahrhunderte später zwei weitere bedeutende Realisten, Machiavelli (1469–1527) und Giovanni Battista Vico (1688–1744), von Polybios und Thukydides stark beeindruckt waren.[4]

In der römischen Antike wurde Cicero (um 106–43 v. Chr.) zum herausragenden Staatsphilosophen. Cicero war kein zentraler Analytiker der Internationalen Beziehungen, aber er verkörperte das Spannungsfeld von Kontemplation und politischer Aktion. Monologe Engstirnigkeit wurde überwunden, indem die Kraft der Gegenargumente dialogisch bedacht wurde. Lebenserfahrung und Gesamtpersönlichkeit kommen zum Tragen.

Realisten wie Cicero mussten ihren finalen Wirkungsschwerpunkt oft fern der politischen Realität finden, gestalteten also die Geschichte nicht so, wie sie es sich selbst gewünscht haben. Aber aus dieser Frus-

---

4 Zu Machiavelli siehe in diesem Zusammenhang Berlin (1982); zu Vico siehe ders. (1992, S. 72–96) und Croce (1924, 1927).

tration heraus entstanden bei Cicero und später bei Machiavelli zeitlos gültige Beobachtungen über Politik (vgl. Vogt 1926; Münkler 1987).

Die alte Geschichte der Internationalen Beziehungen verweist auf die Begründer des außenpolitischen Realismus, die im Spannungsfeld von politischer Verantwortung und politischer Kontemplation oft unter persönlichen Opfern ihre unvergleichlichen Werke schufen. Ihr Ziel war praktische Wissenschaft, wenn sie den Fragen nach Krieg und Frieden, Gleichgewicht oder Hegemonie, dem Leben der Völker und Kulturen sowie den machtpolitischen Triebkräften nachspürten.

2.2 Das Zeitalter der Entdeckungen und die Bedeutung des Kapitalismus

Im historischen Rückblick auf die Geschichte der Internationalen Beziehungen mag folgende, zweite Zäsur sinnvoll erscheinen: Die antike Welt war ja in Wirklichkeit regional beschränkt. Griechenland und Rom repräsentierten die mediterrane und europäische Welt, so wie die Welt der Inkas auf Lateinamerika oder die Welt der Chinesen auf Asien beschränkt blieb. Die Vorstellungen von «Welt» waren mithin regional. Erst das Zeitalter der Entdeckungen eröffnete die globale Perspektive zu Internationalen Beziehungen, die sich im Zuge von Expansion, Kolonialismus, Imperialismus und Kapitalismus, durch Versklavung und Sklavenhandel, durch Eroberungskriege und neue maritime Strategien zum Schutz von Handelsinteressen, zu voller globaler Reichweite entwickelten (vgl. Rein 1931; Reinhard 1983–1990).

Eine dritte Zäsur in der Geschichte der Internationalen Beziehungen lässt sich im Zuge der Erfindungen und des technologischen Fortschritts festmachen. Jetzt werden auch Ideen und Interessen zunehmend planetarisch verstanden: Die menschlichen Vorstellungen beziehen sich auf die ganze Welt: Weltreich, Weltherrschaft, Weltreligion und Weltgeschichte reflektierten Weltbilder, also zeittypische Vorstellungen der Welt im deskriptiven Sinn.

2.3 Westfälischer Friede und Beginn der Moderne

Der Westfälische Frieden von Münster und Osnabrück von 1648, am Ende des Dreißigjährigen Krieges, markiert als vierte Zäsur den Beginn der Moderne und der Staatenwelt, denn er begründete den Nicht-Einmischungs-Grundsatz als Fundament der staatlichen Souveränität und zentrales Prinzip in den Internationalen Beziehungen. Seitdem stehen die Internationalen Beziehungen im Zeichen des Staates als zentralem Akteur. Das 16. und 17. Jahrhundert schafften die Voraussetzungen für Weltpolitik; so kann man den Siebenjährigen Krieg als ersten Weltkonflikt der Neuzeit interpretieren (Bemis 1957).

Bis heute suchen Nationalstaaten regionale, aber auch globale Positionen gemäß ihren Interessen. Sie formen sich zeitweilig zu Blöcken und Allianzen und seit dem 19. Jahrhundert zu Internationalen Organisationen, zunehmend ergänzt durch nichtstaatliche Organisationen. Wenngleich die Bedeutung von regionalen und globalen Institutionen seit dem 20. Jahrhundert zunimmt und einige Autoren (z. B. Strange 1996) die zentrale Rolle des Staates im Zuge der Globalisierung in Frage stellen, bleiben die Weltmächte der Schlüssel für Weltpolitik. Weltpolitik, Weltstrategie, Weltwirtschaft, Weltkulturen besitzen jeweils keine Selbständigkeit; es gibt also kein unabhängig existierendes internationales System. Es definiert sich durch den widersprüchlichen Grundcharakter der Beziehungen untereinander im Geflecht von Interessen und Ideen. Weltpolitik umschreibt also seit dem Westfälischen Frieden kein stabiles System, sondern betont den Wirkungszusammenhang der Staaten mit Blick auf spezifische Konstellationen, Strukturen und Prozesse und bleibt ein Gewirr von diplomatischen, militärischen und anderen Aktionen, zum Teil staatlich geplant, zum Teil gesellschaftlichen Ursprungs, im Spannungsfeld von Krieg und Frieden sowie von Innen- und Außenpolitik.

Das Völkerrecht gehört ebenfalls zum westfälischen Staatensystem, wie von Hugo Grotius (1583–1645) mit seinen Schriften *Über die Freiheit der Meere* (1609) und *Vom Recht des Krieges und des Friedens* (1625) begründet. Grotius sucht den anarchischen Charakter der Internationalen Beziehungen durch vertragliche Regelungen zu mindern und den Krieg durch Verrechtlichung zu bändigen (vgl. Grewe 1984).

Von 1648 bis zum Berliner Kongress 1878 entwickelte sich das klassische Völkerrecht als

«Summe der Normen, die die Verhaltensweisen festlegen, die zu einem geordneten Zusammenleben der Menschen dieser Erde notwendig und nicht im innerstaatlichen Recht der einzelnen souveränen Staaten geregelt sind» (Seidl-Hohenveldern 1997, S. 1).

In der Epoche von 1815 bis 1919 strebte das Völkerrecht, mit der Idee vom Machtgleichgewicht verbunden, eine völkerrechtliche Ordnung im Zeichen des christlich-europäischen Gemeinschaftsbewusstseins, im Zeichen der Monarchie an. Die Gleichsetzung von Völkerrechtsgemeinschaft, Zivilisationsidee und Gleichgewicht war vor allem Anliegen der englischen Völkerrechtslehre, die dann das Kriegs- und Neutralitätsrecht fortentwickelte.

Im 20. Jahrhundert entwickelte sich das moderne Völkerrecht vor allem mit Wirkung auf internationale Organisationen (Grewe 1984, S. 441ff.).

Das Streben nach Hegemonie und Weltherrschaft einerseits sowie die Idee des Machtgleichgewichts andererseits bilden bis heute die zentralen Pole in den Internationalen Beziehungen (Dehio 1948), wobei Anspruch und Wirklichkeit zwischen Rechtstheorie und Staatenpraxis auseinander klaffen.

2.4 Internationale Beziehungen zu Beginn des 20. Jahrhunderts

Die Zeit vom Wiener Kongress bis zum Ausbruch des Ersten Weltkriegs wurde als Hundertjähriger Frieden verstanden (Polany 1944). Nur wenige Idealisten warnten vor Wettrüsten, Imperialismus und nackter Machtpolitik. Dank idealistischen Engagements kam es zu den Haager Friedenskonferenzen (vgl. Dülffer 1981). In den USA wurden 1910 die «Carnegie Endowment for International Peace» und die «World Peace Foundation» gegründet, um zukünftige Kriege zu verhindern. Nach den Schrecken des Ersten Weltkriegs forderten die USA unter Führung von Woodrow Wilson eine liberal-idealistische Erneuerung der Internationalen Beziehungen, vor allem die Abkehr von traditioneller Machtpolitik. Neue Institutionen zur Erforschung der Internationalen Politik sollten diesen Prozess beschleunigen. E.-O. Czempiel erklärt deshalb den 30. Mai 1919 zum Geburtstag der Wissenschaft der Internationalen Beziehungen im Zeichen idealistischer Hoffnungen nach dem Ersten Weltkrieg, als Amerikaner und Europäer auf der Pariser Friedenskonferenz die Gründung von Forschungsinstituten für Internationale Politik verabredeten (Czempiel 1969).

1920 wurden das britische «Royal Institute of International Affairs» sowie der amerikanische «Council on Foreign Relations» gegründet. Sie sollten mit politikwissenschaftlichen Methoden bei der Realisierung des Weltfriedens mithelfen.

Doch nicht nur das realistische, sondern auch das idealistische Denken in den Internationalen Beziehungen besitzt Traditionen: John Lockes (1632–1704) *Zweite Abhandlung über die Regierung* (1689) gilt als liberales Gegenstück zu Thomas Hobbes' (1588–1679) *Leviathan* wie auch Jeremy Benthams (1748–1832) *Grundsätze für Völkerrechte und Frieden* (1786/89). Als liberal-idealistischer Gründungsvater wird vor allem Immanuel Kant (1724–1804) angesehen mit seinem klassischen Text *Zum Ewigen Frieden* (1795), der aus «realistischer» Sicht kritisiert wurde von Friedrich von Gentz' (1764–1832) Plädoyer für ein Machtgleichgewichtssystem *Über den Ewigen Frieden* (1800)[5].

Die wissenschaftliche Etablierung der Internationalen Beziehungen als akademisches Fach erfolgte auch in Deutschland nach dem Ersten Weltkrieg. 1920 wurde die Deutsche Hochschule für Politik (DHfP) in Berlin gegründet. Ihr dritter Direktor, Arnold Wolfers (1892–1968), wurde mit den beiden jüdischen Flüchtlingen Hans-Joachim Morgenthau (1904–1980) und John Herz zum Mitbegründer des außenpolitischen Realismus in den USA (Wolfers 1962). Der Bankrott des politischen Idealismus führte zur Entstehung der realistischen «Schule» des 20. Jahrhunderts.

Die Diktaturen in der Sowjetunion und in Deutschland forderten Internationale Politik und Völkerrecht durch die Ideologien vom «Kommunismus» und «Nationalsozialismus/Faschismus» heraus. Ihre globalen Machtansprüche widersprachen den Bemühungen um ein Machtgleichgewicht. Gerade der Zweite Weltkrieg als Rückkehr der Hegemonialpolitik in ihrer aggressivsten Form wurde zum verstärkenden Antrieb für Politik und Forschung im Sinne des außenpolitischen Realismus (vgl. Hollis/Smith 1990, S. 24).

In Deutschland prägte seit den 1950er Jahren an der neuen DHfP, als «Otto-Suhr-Institut der Freien Universität Berlin» wiedergegründet, Richard Löwenthal (1908–1991) die Wissenschaft von der Inter-

---

5 Zur Bedeutung Kants für die liberal-idealistische Schule hat paradigmatische Bedeutung: Höffe (1999, S. 129ff.); dazu kritisch Layne (1994, S. 5–49).

nationalen Politik. An der Universität Freiburg waren es Arnold Bergstraesser (1896–1964), in München Gottfried-Karl Kindermann und in Köln/Bonn Hans-Peter Schwarz, die die Disziplin im Zeichen von außenpolitischem Realismus prägten. In der Tradition des außenpolitischen Realismus wirken auch Werner Link, Universität Köln, und Klaus Hildebrand, Universität Bonn. An der Schnittstelle von Politikwissenschaft und Geschichte wird die Wissenschaft von der Außenpolitik im realistischen Sinn auch durch die Historiker Michael Stürmer und Gregor Schöllgen inspiriert, die sich folgenden Vertretern des außenpolitischen Realismus im 20. Jahrhundert verpflichtet fühlen: Edward Hallett Carr (1892–1982), Reinhold Niebuhr (1892–1971), Georg Schwarzenberger (1908–1991), George Kennan und nicht zuletzt Henry Kissinger.

3 Theorien der Internationalen Beziehungen

Martin Wight fragt grundsätzlich nach dem Sinn von Theorien über Internationale Beziehungen (Wight 1966, S. 17 ff.). Für ihn erweisen sich Internationale Beziehungen als grundsätzlich theorieresistent, weil sie sich vielmehr durch Erfahrung erschließen und das spekulative Moment die Internationalen Beziehungen einer präzisen wissenschaftlichen Theorie entzieht.

Die Wissenschaft von der Internationalen Politik sollte also deutlicher unterscheiden zwischen den subjektiven Anschauungen und den objektiven Kräften und Beziehungen, die rückschauend die Handlungen sinnvoll erklären. Daraus ergeben sich drei zentrale Aufgaben für die Theoriebildung:

a) die Suche nach Regelmäßigkeiten und Verallgemeinerungen, also nach Klassifizierung und Kategorisierung,

b) die vergleichende Analyse, um das Typische herauszukristallisieren,

c) die Berücksichtigung des subjektiven menschlichen Faktors.

Auf diesem Hintergrund kann folgende Kategorisierung der Internationalen Beziehungen versucht werden:

1. Die Nationalstaaten bilden die Grundelemente von Internationaler Politik.

2. Mit weiteren Akteuren zusammen entsteht daraus die Struktur der Weltpolitik (in einer bestimmten Epoche oder Konstellation) mit Blick auf Machtverteilung, Rangordnung und Grundstruktur im Spannungsfeld von Kooperation und Konflikt.

3. Die Antriebskräfte prägen die Dynamik, die Prozesse im Spannungsfeld von Kontinuität und Wandel. Auch hier darf der Analytiker die Gegebenheiten nicht nach Wunschvorstellungen, sondern muss sie unvoreingenommen betrachten. Er kann Faktoren für gut oder schlecht halten, darf Relevantes aber nicht ignorieren.

4. Nach dem Wegfall der ideologischen Konfrontationsmuster im globalen Maßstab und unter Berücksichtigung der neuen globalen Fragen sollten neben dem außenpolitischen Realismus weitere theoretische Ansätze herangezogen werden. Der Neoliberalismus[6] ist als wichtigste Weiterentwicklung des Idealismus entstanden, der sinnvoll durch Regimetheorien und Theorien der internationalen Organisationen ergänzt werden kann (vgl. Doyle 1997).

Der diffamierte geopolitische Ansatz sollte vorurteilslos berücksichtigt werden. Es war verständlich, dass aufgrund der Ideologisierung geopolitischer Überlegungen in der ersten Hälfte des 20. Jahrhunderts in Deutschland nach dem Zweiten Weltkrieg auf diesen Ansatz verzichtet wurde, doch heute ist eine Revision überfällig. Geopolitik, richtig verstanden, kann zum sinnvollen analytischen Handwerk der Wissenschaft von der Internationalen Politik werden (vgl. Brill 1994; Wolkersdorfer 2001; Fröhlich 1998; Lacoste 2001).

---

6 Zu den unterschiedlichen Bezeichnungen der dem (Neo-)Realismus gegenüberstehenden Theorien führt Hartmann aus: «Der Begriff des Neoliberalismus wird in der angelsächsischen Literatur häufig gebraucht. Bei deutschen Autoren trifft man ihn seltener an. Hier herrscht die Neigung vor, die theoretischen Positionen in der angelsächsischen Debatte zu variieren. Die neoliberalen Vertreter der IB setzen im Unterschied zum Machtkonkurrenzmodell des Neorealismus auf Internationale Zusammenarbeit. Die Zusammenarbeit gewinnt in Institutionen, d.h. in internationalen Regimen und internationalen Organisationen, eine dauerhafte Struktur. Die deutsche Debatte in den IB zieht für Theorien, die sich mit diesem Problembereich befassen, die Bezeichnung des Institutionalismus vor.» Hartmann (2001, S. 49). Für den sog. Konstruktivismus stehen dagegen Entstehung und Wirkung von Normen in der Internationalen Politik im Mittelpunkt des Interesses, s. z. B. Kratochwil (1989) und Katzenstein (1996).

5. Außenpolitische Entscheidungsprozesse, die Analyse der Institutionen im politischen System, die mit Außenpolitik befasst sind, das Verhältnis von Regierung und Opposition, die einzelnen außenpolitischen Interessengruppen und andere Faktoren verweisen auf die Relevanz der innenpolitischen Dimension.[7]

6. Schließlich stellt sich die Frage nach der außenpolitischen Kultur eines Landes. Urteilskraft, Erfahrung und Anschauungen der außenpolitischen Eliten, die Frage nach Tradition, außenpolitischem Selbstbehauptungswillen, Bewusstsein für die Rollen in der Internationalen Politik prägen die außenpolitische Kultur eines Landes. Auch hier hat die Disziplin in den letzten drei Jahrzehnten zu wenig Neues entwickelt (Besson 1970; Schwarz 1975).

Die Theorie der Internationalen Beziehungen muss stärker die Mittel und Methoden berücksichtigen: Welche Prozesse, Techniken oder Institutionen werden für bestimmte Zielsetzungen eingesetzt? Wo wird nationalstaatlich gehandelt, und wo ist es sinnvoll oder notwendig, gemeinschaftlich mit anderen Staaten zu handeln? Die Suche nach dem richtigen Verhältnis zwischen nationalstaatlicher und gemeinschaftsorientierter Politik, das Streben nach den besten Methoden zur Problemlösung bleibt Aufgabe der Theorieüberlegungen (vgl. Hacke 1997, S. 509). Diplomatie und Diplomatiegeschichte gehören zum zentralen Handwerkszeug der Internationalen Politik, werden aber akademisch sträflich vernachlässigt. Auch die Formen neuer gemeinschaftlicher Diplomatie kommen zu kurz.

Die Tendenz, Weltprobleme mit Hilfe von logisch stringenten Theorien allein lösen zu wollen, führt zu Scheinlogik und Realitätsverlust. Auch eine perfektionistische Ethik als moralischer Gradmesser der Theorie führt an der Realität vorbei. Andererseits zwingen Versäumnisse und Lücken des außenpolitischen Realismus sowie dessen Status-quo-Orientierung und pessimistische Grundhaltung zur Ausbalancierung durch den Neoliberalismus:

1. Im Zuge der Entspannungspolitik wurde seit den 1970er Jahren das klassische realistische Sicherheitsdilemma relativiert, weil

---

7 Die Analyse von außenpolitischen Entscheidungsprozessen macht nur sehr wenig Fortschritte. Deshalb immer noch relevant Haftendorn (1978, 1990).

durch Elemente der Kooperation ideologische Gegensätze gemindert werden konnten. Seit der Zeitenwende 1989/90 hat der Umfang an nichtmilitärischen Sicherheitsproblemen zugenommen, auch hierauf muss der außenpolitische Realismus verstärkt antworten.

2. Im Zuge der Ölkrise 1973/74 wurde deutlich, dass der außenpolitische Realismus wirtschaftspolitische Probleme in der Weltpolitik zu sehr vernachlässigte bzw. mit seinem primär konfrontativen Grundmuster der Internationalen Politik verkannte.[8]

3. Die Stärke des außenpolitischen Realismus lag in der schonungslosen Analyse des Ost-West-Konflikts. Doch seit der Zeitenwende 1989/90 und angesichts der wachsenden Kluft zwischen Arm und Reich (auch im Zuge von Globalisierung) erfordert diese neue Nord-Süd-Dimension auch kooperative integrationspolitische Methoden und Ansätze (Landes 1999).

4. Inzwischen bestimmt nicht nur der Nationalstaat mit seinem Anspruch auf Souveränität und Nichteinmischung als alleiniger Akteur die Weltpolitik, sondern Gemeinschaftsinstitutionen, ökonomische und gesellschaftliche Akteure treten hinzu und erfordern theoretische Verfeinerung zur Erklärung der Internationalen Beziehungen. So konnte der außenpolitische Realismus nur teilweise theoretische Erklärungen zum europäischen Integrationsprozess liefern.

5. Die klassische Trennung von Innen- und Außenpolitik, vor allem der Primat der Außenpolitik, hat an Bedeutung verloren, transnationale Erklärungsmodelle bleiben wichtig.[9]

---

8 Die Energiekrise Mitte der 1970er Jahre war Auslöser für die Entwicklung zum Neorealismus und strukturellen Realismus. Vgl. hierzu Waltz (1979); Krasner (1976, S. 317–347); Gilpin (1987, 1981). Diese drei bilden das Triumvirat des so genannten ökonomischen Realismus als Antwort auf die entsprechenden Versäumnisse des klassischen außenpolitischen Realismus von Hans Morgenthau; vgl. hierzu auch Meier-Walser (1994).

9 Nach wie vor relevant Kaiser (1969, S. 80–109). Mit Blick auf die theoretischen Grundlagen der Disziplin hat Kaisers transnationales Modell die prinzipielle Trennung von Innen- und Außenpolitik reduziert, den Blick für neue Wechselwirkungen geschärft und vor allem die wachsende Bedeutung von internationalen Organisationen, nicht-staatlichen Akteuren und internationalen Regimen ausgeleuchtet.

6. Die ökonomische Verflechtung der westlichen Industriegesellschaften bedingt neue Formen verflochtener Interessen jenseits des nationalstaatlichen Interesses.

7. Nicht allein das realistische Freund-Feind-Schema als grundlegendes Konfrontationsmuster im Weltsystem gilt es zu berücksichtigen, sondern die Zusammenarbeit von Staaten und Akteuren erfordert auch die Einbeziehung von kooperativen kulturellen und zivilisatorischen Kategorien (Jachtenfuchs/Kohler-Koch 1996; Kreile 1992). Vor allem mit Blick auf neue globale Fragen und regionale Integrationsprozesse werden neue integrationspolitische Ansätze zwingend.

8. Krieg als Mittel der Politik ist seit der Zeitenwende und dann im Zuge des 11. September 2001 komplexer geworden. Auch nichtstaatliche Akteure nehmen daran teil. Kriege und Bürgerkriege haben seit den 1970er Jahren zugenommen und haben seit der Zeitenwende 1989/90 eine weitere Aufwertung erfahren (vgl. Münkler 1992, 2002; Gantzel/Schwinghammer 1995; Gantzel 1997, S. 257–266). Doch erfordern diese neuen Unübersichtlichkeiten zwischen Krieg und Frieden nach wie vor außenpolitischen Realismus.[10]

9. Macht und Interesse bleiben zur Analyse der Internationalen Beziehungen relevant, doch haben sich die Quellen und Formen von Macht verändert bzw. erweitert.[11] Als zentraler Akteur in der Weltpolitik gilt nicht mehr allein der militärische Machtstaat, sondern auch der ökonomische Handelsstaat (Rosecrance 1987; Staack 2000).

Hieraus ergibt sich, dass kein theoretischer Ansatz exklusiv die Internationalen Beziehungen erklären kann, sondern dass die Methoden je nach Frage- und Aufgabenstellung variieren. Theorieentwürfe reflektieren auch den Kampf um Paradigmenhegemonie im Wissenschaftsbetrieb. Die einen suchen die Totalität einer beherrschenden Makrotheorie, andere suchen alternative Großtheorien, und wiederum andere betonen die Notwendigkeit der Synthese verschiedener größerer und kleinerer Methoden und Ansätze. Welches Maß an Realismus

---

10 Vgl. Bundesakademie für Sicherheitspolitik (2001).
11 In historischer Dimension vgl. Mann (1991–1998)

oder Idealismus, an historischer Analyse, an Regimetheorie oder struktureller Analyse notwendig ist, entscheidet sich jedoch erst mit Blick auf die politische politikwissenschaftliche Konstellation. Die Situation, die Konstellation sucht sich ihre Theorie, nicht umgekehrt.

In der Theoriediskussion wiederholt sich seit der Antike vieles, was schon im Laufe der Jahrhunderte überzeugend dargelegt wurde. So stellte Alexis de Tocqueville (1805–1859) fest, dass die bedeutsamsten Ideen der Menschheit auf eine relativ kleine Anzahl von Systemen zurückzuführen sind, die vergleichend beurteilt werden können (Tocqueville 1852).

Abschließend bleibt festzustellen, dass kein Theorieansatz für sich allein gestellt der Komplexität der Realität gerecht wird. Die verschiedenen Theorien gleichen vielmehr im Sinne von Karl Popper (1976, S. 31) Netzen, die wir auswerfen, um die Welt einzufangen, sie zu verstehen und zu erklären.

4 Die Struktur des Internationalen Systems

4.1 Vom außenpolitischen Primat zur transnationalen Interdependenz?

Mit und in Außenpolitik nimmt die im souveränen Nationalstaat organisierte Gesellschaft ihre Interessen gegenüber ihrem internationalen Umfeld wahr (Seidelmann 2000, S. 1f.). Diese Interessen stehen im Spannungsfeld von Internationaler Politik und den innenpolitischen Wirkungsfaktoren auf die Internationale Politik. Außenpolitik bezieht sich somit auf Handlungsstränge, Prozesse und Strukturen. Sie steht dabei in Wechselwirkung von gesellschaftlichen, nationalen, regionalen und internationalen Faktoren und unterscheidet sich bis heute in ihrer spezifischen Form nach Organisation und Reichweite von der Innenpolitik. Geschichtsschreibung und Politikwissenschaft haben sich wiederholt mit der Frage auseinander gesetzt, in welchem Verhältnis äußere und innere Politik eines Staates zueinander stehen. Dabei bestand nie Zweifel über ihre enge wechselseitige Beziehung.

In der Lehre der Internationalen Beziehungen war die Ranke-Tradition vom außenpolitischen Primat für lange Zeit prägend und in der Tradition des Historismus auch nach dem Zweiten Weltkrieg vor allem mit dem Wirken von Friedrich Meinecke (1862–1954), Ludwig Dehio (1888–1963), Gerhard Ritter (1888–1967) und Andreas Hillgruber verbunden. Außenpolitischer Realismus und der Primat der Außenpolitik gehören zusammen. Macht, Interesse, Gleichgewicht und die Idee der Staatsräson sind für beide zentral. Der Primat der Außenpolitik kann also verstanden werden als Forderung nach kraftvoller und machtvoller Außenpolitik, aber auch als methodisches Prinzip.

In den 60er Jahren des 20. Jahrhunderts geriet diese Auffassung unter Druck, jetzt wurde die Analyse der innenpolitischen Bedingungsfaktoren von Außenpolitik gefordert. Ist Außenpolitik Außenpolitik?, wurde provokant gefragt (Krippendorf 1963). Außenpolitik wurde zunehmend auf gesellschaftliche Verhältnisse zurückgeführt. Dabei wurde auf die bahnbrechenden Arbeiten von George v. Hallgarten (1905–1975; Hallgarten 1951) und Eckart Kehr (1902–1933; Kehr 1970) zurückgegriffen.

Karl Kaiser entwickelte[12] sein Konzept der transnationalen Politik, das angesichts der Dynamik von Globalisierung weiter an Bedeutung gewonnen hat:

«Im Gegensatz zur älteren Staatstheorie, die die Internationalen Beziehungen quasi als Tangenten begriff, die die politischen Systeme nur an der Spitze der gesellschaftlichen Pyramide in der Autorität des Landesherrn berühren, muß sich also unser heutiges Interesse auf die Interaktionsprozesse richten, die die nationalstaatlichen Grenzen überschreiten.» (Kaiser 1969, S. 82).

Die Kritiker des außenpolitischen Primats haben die Diskussion maßgeblich befruchtet, doch trotz allen Gedankenreichtums der Verfechter des innenpolitischen Primats wird heute deutlich: Es geht nicht um ein Entweder-oder, also ob seinerzeit Friedrich Meinecke oder Eckart Kehr Recht hatten, sondern um ein Sowohl-als-auch. Interdependenz in der internationalen Politik und theoretisches Zusammenwirken unterschiedlicher Auffassungen sind für die Analyse der Internationalen Beziehungen heute notwendig, um das Beste aus den beiden konkurrierenden Vorstellungen zu entdecken. Doch nachdem sich der Pulver-

---

12 Auch unter Berücksichtigung früherer Überlegungen, beispielsweise von Arnold Hermann Ludwig Heeren (1760–1842)

dampf nach dem Kampf der beiden Schulen verzogen hat, wird klar: Der Vorrang der äußeren Staatsaktionen bleibt zentral. Allerdings dürfen die materiellen und innenpolitischen Grundlagen von Außenpolitik, insbesondere unter wirtschaftspolitischen Gesichtspunkten, auf keinen Fall vernachlässigt werden. Doch die These, Außenpolitik ließe sich von innenpolitischen und gesellschaftlichen Eigengesetzlichkeiten ableiten, ist nicht haltbar, denn die obersten Bewegungsgesetze für außenpolitisches Handeln liegen im Feld der Internationalen Beziehungen.

Der Frage nach den außenpolitischen Handlungsmaximen des Staates im Geiste von Friedrich Meineckes Staatsräson sind in der Bundesrepublik vor allem Waldemar Besson, Hans-Peter Schwarz und Werner Link nachgegangen. Nicht nur das Gesetz des eigenen Handelns, auch die Handlungsweise der Nachbarn und Rivalen, also die Erkundung der Staatsräson der anderen konkurrierenden Staaten, vor allem der Großmächte, ist für die Bestimmung der Staatsräson des eigenen Staates notwendig.

Die Frage nach der Staatsräson bezieht sich also nicht nur 1. auf den Primat der Außenpolitik mit Blick auf das eigene Land, sondern auch 2. auf die Staatsräson in anderen Staaten, 3. auf die internationale Struktur, die alle Staaten einordnet, 4. auf die innere Struktur des eigenen und 5. auf die innere Struktur der anderen Staaten.

Dieses umfassende Erkenntnisinteresse ist viel weiter gefasst als der außenpolitische Primat. Auch der Begründer des strukturellen Realismus, Kenneth N. Waltz, reflektiert die anhaltende Bedeutung von Meineckes Idee der Staatsräson:

«Jeder Staat gelangt zu seinen Politiken und entscheidet über Aktionen gemäß seines internen Prozesses, aber seine Entscheidungen werden durch die bloße Existenz anderer Staaten und durch die Interaktionen mit ihnen gestaltet [...]» (Waltz 1975, S. 10).

Hierbei wird deutlich, dass der Primat der Außenpolitik nicht durch einen Primat der Innenpolitik ersetzt wird, sondern dass «der expandierenden Realität der Innenpolitik mit ihrem Bestimmungs- und Mitbestimmungsanspruch Rechnung getragen wird, ohne sie zu verabsolutieren» (Bracher 1963, S. 131).

Die innere Struktur des Staates ist ein wichtiges Element für die außenpolitische Staatsräson, allerdings nur in Relation zur internationalen Struktur.

4.2 Die Nationalstaaten im Spannungsfeld von Konfrontation und Integration

Der Zerfall der Imperien zu Beginn des 20. Jahrhunderts eröffnete ein neues Zeitalter des Nationalstaats (vgl. Osterhammel 2000). So entwickelte sich im Widerstreit mit den Imperien der moderne Nationalstaat, der sich in den 1930er Jahren – zum Teil stark ideologisiert – erneut hegemonial gerierte. Das 20. Jahrhundert stand im Zeichen des wertebezogenen Dreikampfs zwischen Demokratien, Nationalsozialismus/Faschismus und Sowjetkommunismus. Erst nach dem Zusammenbruch des Nationalsozialismus 1945 und dem des Sowjetimperiums 1989/90 wurde der Weg frei für die Idee des von Ideologien befreiten Nationalstaats.

Die Geschichte der Staatenwelt zeigt auch nach dem Zweiten Weltkrieg, dass Menschen und Staaten zwar universale Werte im Auge behalten, aber vor allem ihre Eigeninteressen hartnäckig verfolgen. Zur Analyse bedarf es also nach wie vor der Kategorie des nationalen Interesses, weil sie Forderungen, Vorstellungen, Ideen und Machtambitionen bündelt, die von den führenden Außenpolitikern artikuliert werden und wiederum bestimmte politische Parteien und gesellschaftliche sowie wirtschaftliche Gruppierungen repräsentieren (vgl. Fraenkel 1971; Hacke 1996).

Zur Klärung der Außenpolitik eines Landes ist der Begriff des nationalen Interesses nützlich, weil er auf umfassende Weise eine Wunschperspektive umschreibt und gleichzeitig eine Vergleichsmöglichkeit für diese Wünsche mit der tatsächlichen Politik ermöglicht. So wird der Begriff zu einem allgemein gebräuchlichen Kriterium für die Bewertung der Außenpolitik, weil er vor allem langfristig die Interessen eines Landes darlegt und damit den Vergleich zu den anderen Staaten oder die Analysen zwischenstaatlicher Beziehungen Punkt für Punkt ermöglicht, gleichgültig, ob diese Beziehungen neutraler, freundschaftlicher oder feindlicher Natur sind.

Das nationale Interesse ist das Produkt von Spannung und Konflikt zwischen öffentlicher Meinung, Parlament und Regierung. Die

Durchsetzung dieser Interessen liegt primär bei der Regierung, aber Parlament und öffentliche Meinung sind an der Formulierung inhaltlich beteiligt.

Die Vertreter der großen Mächte nehmen in den Internationalen Beziehungen eine Schlüsselstellung ein. In diesem Sinn müsste nach wie vor die Diplomatiegeschichte, vor allem der großen Mächte, die Disziplin der Internationalen Beziehungen beschäftigen (vgl. Hacke 1995), denn Struktur und Dynamik der Internationalen Beziehungen resultieren aus der Verteilung der Macht zwischen den Staaten (Waltz 1979). Weil das internationale Staatensystem keine übergeordnete Autorität kennt, bleibt das Nationalinteresse vor allem der großen Mächte das zentrale Bewegungsgesetz. Die Selbsthilfe des Staates zum Schutz vor Aggression durch Schaffung von Sicherheit bleibt entscheidend. Trotz des anarchischen Grundcharakters der Internationalen Beziehungen gibt es Muster und Regelhaftigkeiten. So entfalten Machtbalancen stabilisierende Wirkung (vgl. Hartmann 2001, S. 37). Dabei oszilliert die Staatenwelt zwischen unipolaren oder imperialen, bipolaren oder zersplitterten Systemen. Alle Staaten handeln unter diesem machtpolitischen Zwang zur Anpassung: Kleinere Staaten müssen sich taktisch an die internationalen Entwicklungen anpassen (etwa durch Bündnisse oder Neutralität), während die großen Mächte die Anpassung der Politik der kleineren Staaten an die eigenen Interessen zu erreichen suchen, durch Druck, durch Anreize oder Garantien im weiteren Sinn. Während in einer bipolaren Konstellation die (militärischen) Drohpotenziale direkt und undiplomatisch gegenübergestellt werden, und Diplomatie ideologisiert, d. h. vom Kern des Interesses entfernt wird, wird in multipolaren Konstellationen sowohl diplomatisch als auch sicherheitspolitisch oft «über die Bande» gespielt, es dominiert also eine diskrete Konkurrenzdiplomatie (Wolfers 1966, S. 360).

Nach der Zeitenwende 1989/90 dynamisieren Neorealisten und Strukturrealisten die Diskussion über Theorie und Praxis der Internationalen Beziehungen weiter (Waltz 2000; Kaplan 2000): Entstehen nicht neue Regionalsysteme und Regionalmächte in den unterschiedlichen strukturellen Aggregatzuständen der Internationalen Beziehungen? Zeigen China und Japan hegemoniale Ambitionen in Asien? Fehlt in Afrika eine Ordnungsmacht wie auch in Lateinamerika?

Bleibt in Europa die informelle deutsch-französische Achse für die Integrationsprozesse in der EU wegweisend (vgl. Buzan/Jones/Little 1993)? Neorealisten sehen internationale Institutionen als wichtig an, doch die Staaten dominieren weiter als Akteure, auch unter Anpassungsdruck an Globalisierung. Internationale Organisationen hingegen funktionieren nur dann, wenn die Mitgliedstaaten die Zielsetzungen der Gemeinschaftsinstitutionen stützen (vgl. Donnelly 2000). Auch dort bleiben nationale Interessen relevant und führen zu Konflikten, deren Entstehung, Verlauf und Beilegung auch von Neo-Realisten innovativ analysiert werden.[13] Kooperation als analytischer Gegenstand wurde lange durch Realismus nur unzureichend erklärt. Doch die neorealistische Perspektive beleuchtet heute die positiven Aspekte von Kooperation, verweist allerdings auch auf neue Konfliktmomente, weil nicht alle Akteure immer im gleichen Maß von Kooperation profitieren. Es entsteht also die Problematik relativer Gewinne, im Gegensatz zu absoluten (Grieco 1993, S. 53 ff.).

Die Bedeutung des Nationalstaats hat mithin zu Beginn des 21. Jahrhunderts mehrere Dimensionen entwickelt: Die Globalisierung erfordert weltweite transnationale Formen der Kooperation. Regionalisierung bindet die Außen- und Sicherheitspolitik in neuen Gemeinschaftsinstitutionen, wobei innenpolitische Probleme, nicht nur bei Verbrechensbekämpfung, Gesundheitspolitik oder Asylpolitik zum Tragen kommen.

Dieser Grundcharakter «internationalisierter Souveränität» erhält im Zuge des europäischen Einigungsprozesses eine besondere Ausformung. So wurde die europäische Integration zur konstruktiven Antwort der europäischen Nationalstaaten zunächst auf die Herausforderungen der Ost-West-Konfrontation, dann, ab 1989/90, auf die Herausforderung der Globalisierung, und damit verbunden auf die anwachsende zentrale Machtpositionierung der USA (vgl. Link 2002, S. 311ff.). Weil sich die Internationalen Beziehungen heute teils unipolar, teils multipolar entwickeln, ist die Regionalstrategie der Europäischen Union auch Balancepolitik gegenüber den USA.

---

13 Siehe: Grieco (1993, S. 2 f.). Die Konfliktforschung hat sich zu einem zentralem Bereiche der Internationalen Politik entwickelt; vgl. Senghaas (1971, 1988).

Für Link dokumentiert die EU

«die Absage der westeuropäischen Nationalstaaten an die alte antagonistische Gleichgewichtspolitik und Steigerung einer kooperativen Gleichgewichtspolitik zur innovativen integrativen Gleichgewichtspolitik [...] um so zu einem Gleichgewichtsfaktor in der Welt zu werden; integrative Machtbalancepolitik in der EU und kooperative Machtbalancepolitik mittels der EU im globalen System» (ebd.).

Folglich bildet sich das gemeinsame europäische Interesse einerseits als Kompromiss der nationalstaatlichen Interessen und andererseits in Auseinandersetzung mit der internationalen Umwelt, wobei der europäische Nationalstaat nur teilintegriert ist, also bei der «normalen» internationalen Zusammenarbeit weiter als eigenständiger Akteur auftritt. Werner Link betont den Charakter der europäischen Staatengemeinschaft ebenso wie den anarchischen Grundcharakter der internationalen Staatenwelt.

Heute macht die wirtschaftliche Stärke die EU zum «global player», der durch den Euro noch größere Bedeutung erhalten könnte, falls dieser sich neben dem US-Dollar zur zweiten Handels-, Weltreserve- und Anlagewährung entwickeln sollte. Auch das weltumspannende Netz von Abkommen, Handelsverträgen und Partnerschaften mit Drittstaaten und Regionen macht die EU zum internationalen Akteur, bei dem heute mehr als 160 Staaten diplomatisch vertreten sind. Umgekehrt ist die EU in 128 Drittstaaten und internationalen Organisationen vertreten.[14]

Doch verweisen die 1990er Jahre auch auf eine frustrierende außen- und sicherheitspolitische Handlungsunfähigkeit der EU. Trotz schrittweiser Entwicklung der Gemeinsamen Außen- und Sicherheitspolitik der EU (GASP) bleibt die zweite intergouvernementale EU-Säule rudimentär, denn jeder Mitgliedstaat behält die Zuständigkeit für seine eigene Außenpolitik.[15] Zudem nehmen auch in anderen Politikbereichen nationale Vorbehalte zu.

---

14 Zur Gemeinsamen Außen- und Sicherheitspolitik der EU (GASP) vgl. Schubert/Brandeck-Müller-Bocquet (2000).
15 Kritisch zur GASP: Saddhof (2000).

4.3 Die Entwicklung von Globalisierung

Globalisierung kann als historisches Phänomen angesehen werden, das in früheren Zeiten mit Begriffen wie Welteroberung, Weltmarkt, Weltsystem, Kolonialismus oder Imperialismus verbunden wurde (Landes 1983), wobei die Reisen von Kolumbus und Vasco da Gama am Ende des 15. Jahrhunderts als Ausgangspunkt angenommen werden. Der Kapitalismus wurde zum technisch-ökonomischen Beschleuniger.

Vor 150 Jahren umschrieben Karl Marx und Friedrich Engels Globalisierung als weltweite Ausdehnung des kapitalistischen Systems im Zuge des industriellen Zeitalters:

«Das Bedürfnis nach einem stets ausgedehnteren Absatz für ihre Produkte jagt die Bourgeoisie über die ganze Erdkugel. [...] Die uralten nationalen Technologien sind vernichtet worden und werden noch täglich vernichtet. [...] An die Stelle der alten lokalen und nationalen Selbstgenügsamkeit und Abgeschlossenheit tritt ein allseitiger Verkehr, eine allseitige Abhängigkeit der Nationen voneinander [...] in der materiellen so auch in der geistigen Produktion» (Werke, Bd. 4, S. 461 ff.).

Otto Hintze (1861–1940) hat diese jahrhundertelange Entwicklung als eine große weltgeschichtliche Individualerscheinung charakterisiert,

«als das größte zivilisatorische Werk, das der Menschengeist geschaffen hat. Es ist keine anarchische Wirtschaft, wie der Vulgärmarxismus meint, [...] es ist ein Kosmos, der ohne bewußten Plan, lediglich durch das Zusammenwirken der Einzelwirtschaften zustande gekommen ist und es fertiggebracht hat, Hunderte von Millionen zu ernähren, zu kleiden, zu behausen, zu schmücken und zu amüsieren. Und das Hauptmittel zur Schaffung des kunstvollen Systems ist die Rationalisierung aller Elemente des wirtschaftlichen Prozesses materiell, was Sombart die allgemeine ‹Vergeistung seelischer Inhalte› nennt» (Hintze 1964, S. 411).

Aber nicht internationale Märkte, sondern nationale Politiken bleiben nach wie vor hauptverantwortlich für internationale wirtschaftliche Entwicklungen. Es sind nicht Wirtschaftsinteressen, nicht Marktkräfte, sondern Regierungen, die in letzter Konsequenz wirtschaftspolitisch entscheiden. Die internationale Wirtschaftsordnung bedarf auch im Zeitalter der Globalisierung eines Rahmens von Institutionen und Regeln von Führungsmächten (wie Großbritannien bis zum Ersten Weltkrieg). In der Zwischenkriegszeit fehlte eine ordnungspolitische Führungsmacht, die Folgen waren ökonomisch und politisch schwerwiegend. Im Kalten Krieg dagegen ordneten und beschleunigten die USA die wirtschaftspolitische Modernisierung innerhalb der westlich-kapitalistischen Welt nach dem Motto: «The hidden hand of the market will never work without a hidden fist» (Friedman 1999, S. 289). Dies gilt auch für das 21. Jahrhundert. Heute wird Ordnung im Zuge von Globalisierung schwieriger, denn in vielen Weltregionen wird sie als Bedrohung empfunden. Während die OECD-Welt der hochindustrialisierten Staaten vom Globalisierungstrend profitiert, sehen sich viele Länder und Regionen der so genannten Dritten Welt als Opfer von Globalisierung.

Im Zuge von Globalisierung entsteht ein Anpassungs- und Effizienzdruck auf viele Regionalkulturen und Gesellschaften.[16] Dabei hat der marktwirtschaftliche Westen einschließlich der kapitalistischen Staaten in Asien nach wie vor einen gewissen wirtschaftlichen Vorsprung auf dem Weltmarkt (vgl. Rode 2000). Doch aus Sicht der Dritten Welt wird Globalisierung als Triumph westlicher Machtentfaltung abgelehnt. In den muslimisch-arabischen und afrikanischen Staaten überwiegen Skepsis und Angst vor kultureller Überfremdung. Hier liegen auch zukünftig Wurzeln für Terrorismus (vgl. Ulfkotte 2001).

Alle Nationalstaaten sind im Zuge von Globalisierung mit Paradoxien konfrontiert: Auf der einen Seite scheint Globalisierung nationale Souveränität zu untergraben, auf der anderen Seite können die komplexen Probleme und Herausforderungen unserer Zeit gemeinschaftlich effektiver bewältigt werden. Alle Nationalstaaten sind mit diesem Globalisierungsdilemma konfrontiert: einerseits internationale Wettbewerbsfähigkeit zu verbessern, andererseits soziale Verantwortung zu praktizieren. Alle Nationalstaaten müssen erkennen, dass die globalisierte Marktwirtschaft nur mittels verstärkter politischer Steuerung auf allen Handlungsebenen bewahrt werden kann (vgl.

---

16 Schon Walther Rathenau war höchst sensibilisiert gegenüber den sich abzeichnenden Globalisierungsprozessen zu Beginn des 21. Jahrhunderts, vgl. Rathenau (1918, S. 324): «Ist es wirklich das Ziel 10 000jährigen Aufwands, aus aller Farbigkeit und Eigenart menschlicher Stämme eine graue morastische Mischung zu brauen? Schon sehen wir unter dem Preßdruck der Mechanisierung (ego: sprich Globalisierung) alle bunten Sonderheiten niederschmelzen, Trachten, Geräte und Bauten, Verkehrsmittel und Formen, Speisen und Unterhaltungen, Organisationen und Gewerbe, selbst Kunstformen gleichen sich aus und werden universell»; vgl. auch Roloff (2001).

Menzel 1998); dann birgt das Phänomen der Globalisierung neue Chancen für den Nationalstaat.

Wer trägt nun das «Kreuz von Globalisierung versus Fragmentierung» (Menzel 2001, S. 236) und in welche Richtung?

Die Idealisten tragen es in Hoffnung auf «global governance». Humanitäre Intervention, ganz universalistischen Prinzipien wie den Menschenrechten verpflichtet, wird zur Zauberformel. Dabei werden der nationale Souveränitätsgedanke und das klassische Interventionsverbot aufgehoben: «Global governance» und «humanitäre Intervention» sind zu postmodernen Facetten der post-westfälischen Konstellation zu Beginn des 21. Jahrhunderts geworden, mit all ihren Unwägbarkeiten (ebd., S. 237).

Die realistische Antwort auf Globalisierung lautet: Weltordnung durch hegemoniale Stabilität – die Vision einer unipolaren Welt unter der Führung der USA als Champion von Globalisierung (vgl. Hacke 2001, S. 541 ff.), die nach dem Kalten Krieg einen neuen Hegemoniezyklus in Bewegung setzen.

Ökonomische Interdependenz und Globalisierung allein bieten keine Sicherheit vor Krieg. Europas große Mächte kooperierten vor dem Ersten Weltkrieg wirtschaftlich, trotzdem führten sie zwei Weltkriege. Nicht wirtschaftliche Interdependenz, sondern politische Selbstbehauptung und militärische Verteidigungsfähigkeit bilden auch heute die prekäre Basis für Frieden unter den Bedingungen von Globalisierung.

Vor diesem Hintergrund erscheint heute Globalisierung als

1. ökonomischer Internationalisierungsprozess mit Auswirkung auf die Handlungsfähigkeit des Nationalstaats,
2. grenzüberschreitende Interaktion gesellschaftlicher, transnationaler und nationaler Akteure mit der Tendenz zunehmender Verregelung durch internationale Regime und Organisationen,
3. unbeabsichtigtes Ergebnis von technologischen Neuerungen,
4. kultureller Prozess mit Blick auf Werte und Normen,
5. funktionales und territoriales Phänomen im Spannungsfeld von Nation und Integration,
6. Auslöser für governance-Strukturen,
7. Wettbewerb von konkurrierenden Kapitalismus-Modellen (vgl. O'Meara/Mehlinger/Krain 2000),

Funktionale Globalisierung betont die Ökonomisierungsthese: Weil in einer globalisierten Wirtschaft staatliche Steuerung schwieriger wird, muss sich der Nationalstaat an Globalisierung anpassen. Dieser Ökonomisierungsthese, die den Bedeutungsverlust des Nationalstaats betont, steht die Politisierungsthese gegenüber: Globalisierung eröffnet dem Staat neue Steuerungsmöglichkeiten, wobei für Menschenrechts- und Umweltpolitik neue synergetische Effekte entstehen, auch oberhalb und unterhalb des Nationalstaats. Werden oberhalb durch internationale Regime sowie internationale und supranationale Organisationen neue Steuerungsmöglichkeiten deutlich, so werden im Rahmen der Europäischen Union auch auf lokaler Ebene neue Regulierungsmöglichkeiten erkennbar.

In diesem Sinn wird Regionalisierung als ergänzende und zugleich gegensätzliche Entwicklung zur Globalisierung verstanden, mit der sich Regionen Identität und Unabhängigkeit sichern wollen. Die EU, aber auch die OAS, die Arabische Liga, die OSZE u. a. Organisationen können unter diesem Aspekt als institutionelle Instrumente zur Regionalisierung verstanden werden.

Heute, im Zeitalter von Globalisierung und internationaler Terrorismusbekämpfung, beobachten wir eine Vitalisierung des Nationalstaatsgedankens, eine ambivalente Entwicklung des europäischen Integrationsgedankens und einen Trend zur politischen Regionalisierung nicht nur in Europa. Globalisierung erscheint als verändertes Verhältnis zwischen Politik und Ökonomie, zwischen Nationalstaat und Weltwirtschaft und als Transformation vom nationalen Sicherheitsstaat zum international ausgerichteten Handelsstaat (vgl. Rosecrance 1987) – wobei dieser wiederum unter dem Eindruck des 11. September nicht ohne Berücksichtigung neuer sicherheitspolitischer Kriterien überlebensfähig ist (vgl. Campbell 2001, S. 287 ff.).

In Mittel- und Osteuropa entwickelte der Integrationsgedanke nach dem Zusammenbruch des Sowjetimperiums nur oberflächliche Schubkraft, vielmehr ist die Idee des Nationalstaats aus der Tiefe des mittel- und osteuropäischen Raums kommend mit atemberaubender Geschwindigkeit und neuer Dynamik zurückgekehrt. Dieser so genannte «Selbstbehauptungsnationalismus» (vgl. Lübbe 1994, S. 44) der neuen Demokratien in Mittel- und Osteuropa sucht zwar Anschluss bzw. die Mitgliedschaft in den westeuropäischen bzw. atlantischen Institutionen wie NATO und Europäische Union, doch anders als in der ursprünglich westeuropäisch anvisierten Idee europäischer Integration suchen diese Staaten nicht Auflösung oder Entgrenzung, sondern Stärkung des nationalstaatlichen Prinzips.

Die Reform internationaler Institutionen ist notwendig, damit unterschiedliche nationale und regionale Marktwirtschaftsmodelle Raum zur Entfaltung erhalten. Markt und Staat spielen in den verschiedenen Kapitalismusmodellen unterschiedliche Rollen. Erst faire Spielregeln in den internationalen Wirtschaftsinstitutionen, d. h. unter Berücksichtigung nationaler und regionaler Eigenheiten, ermöglichen Globalisierung mit menschlichem Antlitz.

5 Sicherheit als zentrale Größe der Internationalen Politik

Die Nationalstaaten haben über Jahrhunderte hinweg militärische, diplomatische und ökonomische Instrumente geschaffen, um Territorium und Gesellschaft zu sichern. Die realistische Prämisse *si vis pacem para bellum* («wenn du den Frieden willst, bereite den Krieg vor») hatte unumstrittene Geltung. Krieg und Rüstung, schon für die Entstehung des modernen Staats zentral, wurden zum «Herz der Souveränität» (Laski 1935, S. 29).

Souveränität bedeutete also, sich militärisch organisieren und politisch behaupten zu können. Dieser Primat der Außenpolitik schloss militärische Angriffs- und Abwehrbereitschaft in einer anarchischen Welt potenzieller Feinde mit ein. Der Preis für innerstaatliche Organisation und Frieden war die sprungartige Zunahme von Kriegen seit dem 16. Jahrhundert, die im 20. Jahrhundert ihre vorläufigen Höhepunkte in zwei Weltkriegen fanden, wobei dieses Ringen um Gleichgewicht immer wieder durch Hegemoniebestrebungen unterbrochen wurde (vgl. Triepel 1974). Bei genauer Betrachtung suchten Politiker und Generäle keine Sicherheit im Gleichgewicht, sondern vielmehr im Übergewicht der Macht! Es muss also zwischen Gleichgewicht als wissenschaftlich-deskriptiver und praktisch-politischer Kategorie unterschieden werden, denn mit ihrer Gleichgewichtsrhetorik suchen Politiker und Generäle oft Hegemoniebestrebungen zu verschleiern.

Nukleare Abschreckung wurde seit 1945 zum neuen sicherheitspolitischen Prinzip (Senghaas 1969, S. 215; Brodie 1946, 1959). Nach der Explosion der beiden Atombomben und der entsprechenden Entwicklung auf sowjetischer Seite entstand ein neues Gleichgewicht des Schreckens, das nukleare Patt, das als Kalter Krieg in die Geschichte einging. Aber auch diese Zeitspanne war alles andere als eine friedliche Periode. Die Zahl bewaffneter Konflikte hatte von 1945 bis 1989 so explosionsartig zugenommen, dass von einer dritten Weltkriegsperiode gesprochen werden kann (vgl. Krippendorf 1977, 2000).

Nach dem Zusammenbruch des Sowjetkommunismus entfiel die entscheidende Bedrohung weltpolitischer Sicherheit; die Gefahr eines Dritten Weltkriegs, einer nuklearen Katastrophe wurde erheblich reduziert. Nukleare Abschreckung hat also seit 1989/90 ihre Zentralität verloren, doch neue sicherheitspolitische Herausforderungen sind entstanden (Münkler 1999, 2002):

1. ethnische Konflikte, Kernwaffenproliferation, Destabilisierungsprozesse innerhalb und außerhalb Europas, die zu neuen Unsicherheiten führen,
2. neue strukturelle Veränderungen, die Architekturlösungen mit Blick auf UNO, NATO, OSZE u. a. erfordern, wie z. B.
3. internationaler Terrorismus und die globale Terrorbekämpfung.

Aktuelle Risiken und grundlegende Strukturprobleme sind also miteinander verbunden (vgl. Krause 1996, S. 82). Unterscheidet man zwischen innerer und äußerer Sicherheit – was im Zeitalter des internationalen Terrorismus immer schwieriger wird – und versteht man unter Letzterem den Schutz eines Staates vor äußerer Gewalt, Druck, Drohung oder Erpressung, dann kann man vier Dimensionen von Sicherheit unterscheiden (vgl. Dettke 2000):

1. Nationale Sicherheit als Fähigkeit einer Nation, ihre Werte vor äußerer Bedrohung zu schützen – diese traditionelle Funktion als Fähigkeit eines Staates, einen Angriff oder politische Erpressung erfolgreich abzuwehren, bleibt zentral, aber aktuell von nachgeordneter Bedeutung. Im Übrigen ist es im Nuklearzeitalter selbst den großen Atommächten nicht mehr möglich, allein für nationale Sicherheit zu sorgen. Jedes Land ist verwundbar, ja zerstörbar; es gibt keine absolute Sicherheit mehr: «Who strikes first, dies second» bleibt auch nukleare Abschreckungsmaxime im 21. Jahrhundert. Seit der Zeitenwende 1989/90 und angesichts der wachsenden Be-

drohung durch den internationalen Terrorismus ist nationale Sicherheit komplexer geworden. Weil traditionelle Landesverteidigung fast unmöglich geworden ist, schließen sich Staaten nach wie vor zu Verteidigungsbündnissen gegen einen potenziellen Gegner zusammen, z. B. in der NATO.

2. Kollektive Sicherheit bezieht sich auf mögliche gemeinsame Aktionen gegen potenzielle Gegner, innerhalb oder außerhalb dieses Systems. Historische Vorbilder sind der Völkerbund, die UNO oder die OSZE.

3. Nach nationaler und kollektiver Sicherheit umfasst internationale Sicherheit alle zwischenstaatlichen Ansätze zur Gewährleistung der äußeren Sicherheit der Mitglieder des internationalen Systems. Internationale Sicherheit umfasst also Militärbündnisse wie internationale Organisationen, die Sicherheit durch Machtabbau, Machtkontrolle, Machtgleichgewicht und durch Zusammenarbeit zu erreichen suchen. Dieser Begriff hebt vor allem auf die globale Reichweite von Sicherheitsfragen ab und betont die Bedeutung der UNO als ordnungsschaffender Organisation.

Die UNO, 1945 von 51 Staaten gegründet, ist die einzige internationale Organisation, die den Weltfrieden und die humanen Lebensbedingungen für alle Völker zu sichern sucht (vgl. Unser 1997; Wolfrum 1991). Ihre globale Verantwortung bleibt unbestritten, aber auch nach Ende des Kalten Kriegs steht sie vor großen Schwierigkeiten, denn ihr globaler Geltungsanspruch kollidiert oft mit den nationalen Eigeninteressen der Mitglieder. Das auf Konsens bzw. Kompromiss angelegte System der UNO gestaltet sich vor diesem Hintergrund besonders schwierig. Blieb der UNO im Kalten Krieg nur eine Nebenrolle, so eröffneten sich nach 1990 neue Aufgabenfelder der internationalen und regionalen Friedenssicherung.

Die 1990er Jahre zeigten allerdings, dass die Vereinten Nationen überfordert wurden. Nach anfänglichen Erfolgen in Namibia 1989/1990 oder Kambodscha 1992 führten die Rückschläge in Somalia, Ruanda und im ehemaligen Jugoslawien zu einem fortschreitenden Verlust des Vertrauens in die Vereinten Nationen. Die Obstruktionspolitik der USA brachte die UNO sogar an den Rand der Handlungsunfähigkeit. Seit dem 11. September 2001 haben die USA ihre Einstellung zur UNO konstruktiv verändert, sodass die Reformvorhaben von UNO-

Generalsekretär Kofi Annan bessere Aussichten haben, die UNO auf die neuen Herausforderungen von Globalisierung und Terrorismusbekämpfung einzustellen.[17]

4. Kooperative Sicherheit entsteht aus der Einsicht, dass gemeinsam die Ursachen der Bedrohungen auch militärisch bekämpft werden müssen. Kooperative Sicherheitspolitik setzt also Fähigkeit und Bereitschaft zum gemeinsamen Einsatz von Streitkräften voraus. Seit der Beteiligung der Bundeswehr an Aktionen im ehemaligen Jugoslawien hat der Begriff der Kooperativen Sicherheit in Deutschland an Bedeutung gewonnen, und seit Mitte der 1990er Jahren ist die Einstellung in der Bundesrepublik zu Einsätzen der Bundeswehr aufgeschlossener geworden.

Nach dem Zusammenbruch der Sowjetunion und des Warschauer Pakts sind für die NATO-Mitglieder neue Bedrohungsszenarien entstanden. Doch nach wie vor gilt im Bündnis die Solidarität der Bündnismitglieder, die Kollektivität der Verteidigung und integrierte Militärstrukturen sowie das Zusammenwirken von nuklearen und konventionellen Streitkräften. Die defensive Militärstrategie wird vermutlich mit Blick auf Anti-Terror-Strategien modifiziert, denn die USA drängen auf eine offensive Terrorismusbekämpfung. Terroristen und die sie unterstützenden Staaten geraten zunehmend ins Visier einer Antiterrorstrategie, die die Kriegshandlungen auszudehnen sucht (vgl. Dibb 2002, S. 131ff.). Eine antiterroristische Roll-back-Strategie, wie von der Regierung Bush befürwortet, stößt jedoch bei den europäischen NATO-Partnern auf Skepsis (vgl. Howard 2002, S. 8ff.). Heute versteht sich die NATO zunehmend als politisches Bündnis. Dialog und Kooperation mit den anderen Staaten Europas wie mit den Vereinten Nationen und der OSZE sollen eine neue Sicherheitsstruktur in Europa hervorbringen.

Nach dem 11. September 2001 wurde die NATO erstmals auch mit dem Phänomen des Terrorismus konfrontiert. Sie reagierte prompt

---

17 Dabei konzentrieren sich Annans Reformanstrengungen auf: 1. Reform des Sicherheitsrats; 2. die Schaffung neuer Organe und Einbeziehung neuer Akteure; 3. auf die Reform der Friedenssicherung und Friedenserzwingung wie die Friedensmission im Kosovo und 4. auf eine umfassende Verwaltungs- und Finanzreform; vgl. Varwick (2000).

und erklärte 52 Jahre nach Gründung erstmals nach Artikel 5 des NATO-Vertrags den Bündnisfall. Doch in Afghanistan und bei weiteren Aktionen trat die NATO bislang als Organisation nicht in Erscheinung. Schon vor dem 11. September hatten sich zwischen den USA und den europäischen NATO-Mitgliedern Konflikte angestaut, von der Raketenabwehr über die NATO-Erweiterung bis hin zum Kosovo-Luftkrieg. Während die Europäer den Amerikanern vorwerfen, auch angesichts der terroristischen Bedrohung vorwiegend allein zu handeln, werfen die USA den Europäern unzureichende militärische Anstrengungen, fehlenden gemeinsamen politischen Willen und Anti-amerikanismus-Tendenzen vor. Auch mit Blick auf die zukünftige Kriegsführung gegen den internationalen Terrorismus vertiefen sich die Unterschiede: Während die USA ihren Druck auf Staaten wie den Irak erhöhen, warnen die Europäer vor Angriffen (vgl. Hacke 2001, S. 16ff.).

Die Sicherheitspolitik innerhalb Europas verlief nach der Zeitenwende von 1989/90 im Spannungsfeld von kollektiver Verteidigung und kollektiver Sicherheit: Im Maastrichter Vertrag von 1992 wurden die Voraussetzungen für eine gemeinsame Außen- und Sicherheitspolitik (GASP) geschaffen, wozu auch die schrittweise Festlegung einer gemeinsamen Verteidigungspolitik als eigenständige Säule der EU gehört. Im Zuge einer geplanten Wiederbelebung der Westeuropäischen Union (WEU) einigten sich 1992 die WEU-Mitglieder auf folgende (so genannte «Petersberger») Aufgaben: humanitäre Hilfe, friedenserhaltende Einsätze und Kampfeinsätze zur Bewältigung von Krisen und Frieden schaffende Maßnahmen. 1997 wurde im Amsterdamer Vertrag die GASP weiter ausgebaut durch die Funktion des hohen Vertreters für die gemeinsame Außen- und Sicherheitspolitik. Der erste Amtsinhaber, Javier Solana, versucht seitdem, der EU in außenpolitischen Fragen Stimme und Gesicht zu verleihen.

Doch eine neue Qualität von Außen- und Sicherheitspolitik kann nur dann entstehen, wenn die Einzelstaaten außen- und sicherheitspolitische Souveränität abtreten. Die Balkankriege und die europäischen Reaktionen haben allerdings gezeigt, dass die unterschiedlichen nationalen Interessen der Europäer nur schwer auf einen Nenner zu bringen sind und deshalb Europa als Ganzes außen- und sicherheits-

politisch weitgehend handlungsunfähig bleibt.[18] Der NATO-Luftkrieg
im Frühjahr 1999 im Kosovo hatte den Staaten der EU außerdem vor
Augen geführt, dass sie aus eigener Kraft nicht in der Lage sind, in
Europa einen Krieg militärisch siegreich zu beenden. Wieder waren es
die USA, die den Ausschlag gaben.

Auch nach dem 11. September 2001 war von einer gemeinsamen
Außen- und Sicherheitspolitik der Europäer nur wenig zu spüren. Europa übt sich primär in Rhetorik und Organisationsmodellen. So hat
sich eine Institutionenvielfalt entwickelt, welche die Gewährleistung
der europäischen Sicherheit allein aus europäischer Kraft fraglich erscheinen lässt.

Auch die Entwicklung der KSZE/OSZE stimmt wenig hoffnungs-
voll, denn nach der Auflösung der Sowjetunion, Jugoslawiens und der
Tschechoslowakei ist die OSZE auf 55 Staaten angewachsen und zu
heterogen, um als schlagkräftiges Instrument europäische Sicherheit
zu garantieren.[19] Die OSZE bemüht sich seit den 1990er Jahren um
Förderung von Menschenrechten, Demokratie und Abrüstung. Ihr
Aufgabenspektrum umfasst heute: Überwachung von Wahlen, von
Minderheitenrechten, von Abkommen zwischen Konfliktparteien und
von Waffenembargen. Doch im Fall von Krisen und Kriegen bleibt sie
ohne Kraft. Den Krieg um das Kosovo konnte sie nicht verhindern,
sondern verließ vielmehr dieses Gebiet, wenige Tage bevor die Kampf-
handlungen der NATO gegen Serbien und Montenegro im März 1999
begannen.

Die Grundtendenz, Konflikte mit kriegerischen Mitteln auszutra-
gen, hat sich seit der Zeitenwende verschärft (vgl. Gantzel 1992). Technologische Dynamik, Rüstung und Krieg bleiben also zentrale Phänomene im 21. Jahrhundert. Vor allem wird der noch lang anhaltende
Folgeprozess des Zusammenbruchs der UdSSR Kriege begünstigen.
Doch lauern weltweit ethnische, religiöse, ideologische oder machtpolitische Konflikte. Folglich hat sich das Kriegsbild seit 1989 und
verstärkt seit dem 11. September 2001 verändert bzw. erweitert (vgl.
Bredow 1994; Münkler 2002).

---

18 Zur Geschichte der Europäischen Außen- und Sicherheitspolitik vgl. die Artikel in Weidenfeld/Wessels 1980 ff. und Zielonka (1998).
19 Zur KSZE vgl. Auswärtiges Amt (1993) und Tudyka (1997).

6 Der Terrorismus als neuer Wirkungsfaktor der Internationalen Politik

Der Kampf gegen Terrorismus erfordert neue methodische Zugriffe und in der Politik neue Dimensionen des Mitteleinsatzes sowie die Bereitschaft zum räumlich und zeitlich nicht begrenzten Krieg. Die Ausschaltung von Bin Laden und Al-Kaida reicht allein nicht aus, denn Ideologien überleben Ideologen und religiöse Fanatiker.

«Der Mangel an Fortschritt, verbunden mit dem Zusammenbruch säkularer Ideologien, hat einen heiligen Zorn hervorgebracht, der in Wirklichkeit alles andere als heilig ist» (Laqueur 2001, S. 166).

Die Ansicht, «der islamistische Terrorist» verstehe die weltweite Ausbreitung westlicher Wertvorstellungen, Leitbilder, Lebens- und Konsumstile als Bedrohung kultureller und religiöser Identitäten, die ergänzt werde durch das Trauma kolonialer und imperialer Unterdrückung, greift allerdings zu kurz.

Schwierig ist allein schon die Definition der Begriffe *Terrorismus* und *Terrorist*, denn was oder wen einzelne Staaten als solche bezeichnen, ist in erster Linie eine politisch motivierte Entscheidung. Wo beginnt Terrorismus, wo endet gewaltsamer Befreiungskampf?

«Wie Terrorismus definiert werden kann, ist umstritten, und das hat sowohl sachliche als auch machtpolitische Gründe. Indem man bestimmte Gewalthandlungen ‹terroristisch› nennt, will man ihnen nämlich in der Regel jegliche politische Legitimität absprechen.» (Münkler 2002, S. 175).

Insofern ist das Zustandekommen einer internationalen Anti-Terrorkoalition in der Tat ein erstaunlicher Erfolg.

Einige Politikwissenschaftler wie Herfried Münkler oder Jochen Hippler haben zu Recht darauf verwiesen, dass Terrorismus als eine, wenn auch brutale, Form der «Kommunikationsstrategie» bezeichnet werden kann (Münkler 2002, S. 177; Hippler 2002, S. 33 ff.). Die Pressefreiheit in der westlichen Welt, eine fortschreitende Globalisierung der Massenmedien bieten somit eine willkommene «Hilfe», um die gewünschte Wirkung, mögliche Botschaften und Angst und Schrecken wirksam und weltweit verbreiten zu können. Auch darin zeigt sich der globale, internationalisierte Charakter des Terrors. Neben asymmetrischer Kriegführung mit unkonventionellen Mitteln («unconventional warfare») dient diese Kommunikationsstrategie, die sich an Opfer, die internationale Staatengemeinschaft und einen «zu interessierenden Dritten» (Münkler) richtet, dazu, Legitimation zu verschaffen. Dazu nehmen die Terroristen Bezug auf Konflikte und Ungerechtigkeiten, um sich als politische Akteure zu profilieren.

Mangelhafte Bildung, Armut und ein kulturelles Unterlegenheitsgefühl bilden den Nährboden für religiösen Fanatismus. Auch der jahrzehntelange arabisch-israelische Konflikt, der durch Israels absoluten Sicherheitsanspruch und brutale Besatzungspolitik verschärft wurde, fördert die Neigung zum Terror (vgl. Sandvig 1997). Zur Bekämpfung des Terrors gehört konsequenterweise die Rückkehr des Westens, insbesondere der USA, zu einer objektiven Maklerrolle im arabisch-israelischen Konflikt. Vor allem Israels Rückgabe der besetzten Gebiete im Sinne der UNO-Resolution 242, die Einhaltung der Verträge seit Oslo und die Verwirklichung eines territorial einheitlichen Palästinenserstaats, der diesen Namen verdient, müssen durchgesetzt werden. Erst wenn Israel seine «strukturelle Gewalt» (Galtung 1975) gegenüber den Palästinensern zurücknimmt, kann eine Atmosphäre der Deeskalation eintreten und könnte Terrorismus schwinden, um dann einer konstruktiven Nahost-Politik Raum zu geben. Es war kein Zufall, dass sich nach Beginn des Osloer Friedensprozesses die Zahl der Terroranschläge gegen Israel verringerte. Darüber hinaus muss der Westen mehr dazu beitragen, dass nicht nur im Nahen Osten Demokratisierungsbemühungen, Wirtschaft und Bildung stärker gefördert werden.

Auf diesem Hintergrund eigener verstärkter ökonomischer und kultureller Anstrengungen des Westens macht die globale Antiterrorkoalition als multinationales Instrument unter der Führung der USA Sinn. Diese im Kern angloamerikanische Allianz, schon im 20. Jahrhundert in zwei Weltkriegen, im Kalten Krieg und im Golf-Krieg bewährt, setzt militärische Zusammenarbeit in Afghanistan fort. Zur Koalition gehören NATO-Partner, Amerikas wichtigste Verbündete in Südostasien – Japan und Australien – und für Washington zentral: auch arabische bzw. muslimische Staaten. Die beiden Mächte Russland und die VR China werden ebenso mitbeteiligt wie Staaten, die militärisches Vorgehen gegen die Terroristen in Afghanistan erleichtern.

Die Antiterrorkoalition ist im Kern Instrument der USA und Ausdruck von Amerikas Unilateralismus trotz aller multilateralen Rhetorik. Als der Irak Kuwait überfiel, war unilaterale Führung einfach und einsichtig, weil nur die USA die entscheidenden militärischen Mittel zur Verfügung stellen konnten und weil der Gegner und die Kriegsziele deutlich waren und letztlich weitgehend verwirklicht werden konnten (vgl. Rühl 2002).

Doch während beim Golfkrieg die Koalition explizit im Auftrag der UNO handelte, kommt der UNO, wie auch der NATO, im Rahmen der gemeinsamen Anti-Terror-Koalition nur symbolische Bedeutung zu. Zwar hat die amerikanische Regierung die Unterstützung der NATO zur Kenntnis genommen, will aber politisch und militärisch unabhängig bleiben. Deshalb wünschen die USA hier kein Mandat des UNO-Sicherheitsrats für Militäraktionen, sondern handeln in Selbstverteidigung. Eine ausdrückliche Ermächtigung seitens der UNO wäre für die USA sogar hinderlich gewesen, denn diese hätte die Grenzen eines Einsatzes genau festgelegt und die Amerikaner politisch an künftige Entscheidungen der UNO gebunden. (Allerdings hat das harte Ringen im UN-Sicherheitsrat um eine neue Irak-Resolution auch wieder den amerikanischen Wunsch nach Legitimation durch die UNO gezeigt.)

Eine Ausdehnung antiterroristischer Maßnahmen auf den Irak, den Sudan, Somalia und auf andere Staaten ist nicht auszuschließen, falls diese Terror unterstützen, den Besitz von Massenvernichtungswaffen anstreben oder, wie im Fall des Irak, auch noch internationale Inspektionen verweigern.

Nicht durch abstrakte Überlegung für eine neue Weltpolitik, sondern im Zuge neuer antiterroristischer Gemeinsamkeiten könnten die transatlantischen Beziehungen, wie auch die Beziehungen der Großmächte untereinander, verbessert werden (vgl. Kissinger 2001, S. 8). Unter diesem Aspekt eröffnet die kritische weltpolitische Lage auch Chancen für eine gemeinsame UNO-Politik. Doch auch mit Blick auf die terroristische Bedrohung bleibt eine gemeinsame europäische Außen- und Sicherheitspolitik bisher in Ansätzen stecken. Gleichzeitig entsteht global gesehen durch Parallelisierung von innen- und außenpolitischer Terrordimension eine neue diffuse Bedrohung, die sich wie ein Schleier über die internationalen Beziehungen gelegt hat. In die sem Dunst wird jedoch paradoxerweise die weltweit angestiegene Bedeutung des Staates erkennbar. Er bietet in Zeiten von terroristischer Unsicherheit Schutz. Selbst die Amerikaner, gegenüber der Zentralregierung in Washington traditionell distanziert eingestellt, vertrauen auf die Sicherheitsvorsorge des Staates. Auch hoffen gerade arme Völker auf eine stabilisierende Rolle des Staates. Stimulierung der Wirtschaft, innere und äußere Sicherheit und sichere internationale Kommunikation sind nicht durch den Markt, sondern erst durch · das Staatensystem realisierbar (vgl. Oberreuter 2001).

Insgesamt gesehen haben seit dem 11. September sicherheitspolitische Interessen Vorrang vor Menschenrechtsüberlegungen erhalten. So suchen diktatorische Regime, Mitglieder der globalen Antiterrorkoalition, im Namen der Terrorismusbekämpfung politische und religiöse Minderheiten zu unterdrücken. Hier werden die Schattenseiten der Antiterrorstrategie sichtbar (vgl. Hacke 2001, S. 21f.).

Auch internationale Wirtschaftshilfe wird zunehmend als Belohnung für Loyalität im Zuge der Terrorismusbekämpfung vergeben. Die internationalen Wirtschafts- und Finanzinstitutionen wie Weltbank und IWF entscheiden neuerdings weniger nach ökonomischen Effizienzkriterien als nach politischen Opportunitätserwägungen.

Mit den Ereignissen des 11. September rückt auch eine bereits zuvor aufgeworfene Frage in den Blickpunkt: Droht weltweit ein «Kampf der Kulturen» (Huntington 1996)? Hat die kulturell-zivilisatorische Hegemonie des Westens, speziell der «American way of life», das Selbstwertgefühl und die Selbstachtung anderer Kulturen, vor allem die des Islam, so tief verletzt und gedemütigt, dass die Ereignisse in ihrer Gewalttätigkeit auch unter dem Aspekt kultureller Selbstverteidigung gesehen werden müssen? Hat also der 11. September die Alternative geprägt: Zwang zur Verwestlichung oder antiwestlicher Zwang zum gewaltsamen Aufbegehren (Höffe 2001)? Noch zeichnet sich keine großräumige Blockbildung entlang religiös oder kulturell definierter Bruchlinien ab, aber das könnte sich ändern, wenn die Kriege sich ausweiten oder andere Krisen (wieder) entstehen, wie zwischen Indien und Pakistan, wo nationale Interessen, durch die Glaubensgegensätze zwischen Hindus und Moslems überlagert, selbst einen lokalen Nuklearkrieg nicht mehr ausschließen.

Die These vom Kampf der Kulturen bezieht sich weniger auf ein «west against the rest», sondern auf Konflikte wie zwischen Hindus und Moslems oder Minderheitenkonflikte in Asien, Afrika und dem Nahen Osten. Der aufklärerische Grundcharakter der westlichen Kultur befördert vielmehr Modernisierung und Globalisierung und damit die Hoffnung, dass alle Kulturen durch Kooperation voneinander lernen und miteinander koexistieren können. Kein Land hat mehr unternommen, um Grenzen und Hindernisse zu beseitigen, um Kommunikations-, Informations- und Bewegungsfreiheit voranzutreiben, als die USA. So gesehen erscheint der Angriff vom 11. September paradox, denn die Fortschritte von Globalisierung sind von den USA initiiert worden. Der Schock des 11. September sitzt deshalb so tief, weil nicht nur die nationale Sicherheit der Vereinigten Staaten, sondern das Vertrauen auf die Ordnungsfunktion der größten Macht der Welt erschüttert wurde.

Wie sehen die Chancen für erfolgreiche Bekämpfung des Terrorismus aus? Terrorismus war immer wirkungsvoll, selten jedoch so erfolgreich wie im Zuge der algerischen Freiheitsbewegung (FLN) im Kampf gegen die französische Besatzungsmacht in den 1950er Jahren. Gerade die Anfänge des algerischen Unabhängigkeitskriegs verweisen auf die Stärken terroristischer Strategien (vgl. Münkler 1992, S. 163). Die weltgeschichtliche Entwicklung des Terrorismus zeigt, dass er in Wellen auftritt, selten besiegt wird, vielmehr allmählich ausläuft. Terror erlischt meistens, bevor er seine Ziele oder seine Phantasmagorien in die Tat umsetzen kann, vor allem wenn die Staatenwelt kraftvoll reagiert. Allerdings kann der Terrorismus eine lange Lebensdauer entfalten, indem er sich auf religiöse und nationale Motive beruft und dazu populäre Feindbilder und Zukunftsvisionen entwickelt. Die asymmetrische Kriegführung von Terrorgruppen hat den Vorteil, keinen dauerhaften militärischen Sieg erringen zu müssen; ihr «Sieg» liegt vielmehr darin, zu jeder Zeit an jedem Ort, auch mit Selbstmordattentätern, zuschlagen zu können. Diesen Gegnern kann nur schwer militärisch begegnet werden. Auch zivile Vorgehensweisen sind daher notwendig.

Weil Terrorismus nicht friedensfähig ist, werden die traditionellen Trennungen von Krieg und Frieden und von Innen- und Außenpolitik aufgehoben. Seit dem 11. September 2001 erhalten die Schlagworte von Interdependenz und von Transnationalität aber auch dunkle Sinndeutung. Sie verlieren ihre aufklärerische Dimension. Dies verleiht den Internationalen Beziehungen nach dem 11. September 2001 einen neuen, beunruhigenden Charakter.

7 Perspektiven der Internationalen Beziehungen

Was hat nun das akademische Fach in Deutschland zur Erklärung und zum Verstehen der Weltpolitik beigetragen? Welche Vergleiche und Maßstäbe bieten sich zur Bewertung an?

Viele Vertreter des Fachs haben seit dem Zweiten Weltkrieg Wichtiges geleistet. Insgesamt gesehen muss man auch aus realistischer Perspektive konstatieren, dass der Neoliberalismus zur zentralen analytischen Kategorie geworden ist, der nicht nur dem Selbstverständnis des Fachs, sondern auch dem politischen und außenpolitischen Standort unseres Landes entspricht. Er ist die logische Konsequenz der Einbettung der Bundesrepublik in die westliche Welt (vgl. Hacke 1997, S. 335ff.). Auch das moralische Engagement dieser Vertreter macht sie glaubwürdig. Doch droht der ursprünglich innovative liberale Gemeinschaftsgedanke heute zu erstarren, wie ein Blick auf die Krisen der Gemeinschaftsinstitutionen von OSZE bis EU verdeutlicht. Kritischer Realismus wäre als Korrektiv angebracht.

Moralisches Engagement, verbunden mit großer Sachkompetenz, hat gerade viele Analytiker der «Dritte Welt»-Problematik angespornt (vgl. Brock 1994, 1996; Tetzlaff/Nord 1996; Tetzlaff 1999). Idealistisches Engagement kann aber auch den Blick für die harten sicherheitspolitischen Realitäten verstellen; auch erscheint der Anspruch mancher Vertreter des liberalen Internationalismus auf theoretische Alleingültigkeit problematisch. Ein gewisser Triumph der Gesinnung über nüchterne Urteilskraft hat der Disziplin nicht immer genutzt. Es gibt keinen automatischen Fortschrittstrend von der nationalstaatlichen Dominanz zur Weltgesellschaft, vom Kalten Krieg zum ewigen Frieden, vom außenpolitischen Primat zur transnationalen Interdependenz (vgl. Seidelmann 1996, S. 445ff.). Keine Theorie darf für sich beanspruchen, die Gesamtheit aller Fragen der Internationalen Beziehungen allein erklären zu können.

Auch der außenpolitische Realismus allein reicht zur Analyse nicht mehr aus. Erst das Wechselspiel zwischen Realismus und Idealismus gibt der Disziplin Feuer. Doch muss mehr zur Analyse bereitgestellt werden als nur das bekannte Wechselspiel zwischen Verantwortungs- und Gesinnungsethik: In diesem Zusammenhang kann man daran erinnern, dass «der Stoff der Geschichte nicht die Ansichten, sondern die Quellen sind», so Olga Orestowna (Solženicyn 1972, S. 681).

Zu den vernachlässigten Aspekten der Internationalen Beziehungen gehören auch universalgeschichtliche Analysen. Das ist bedauerlich, denn bei dieser Problemformulierung geht es um die Fähigkeit, in großen historischen Zusammenhängen zu denken und die Großbausteine der Weltgeschichte, die Kontinente und Zivilisationen im Auge zu behalten (vgl. Osterhammel 2002, S. 343). Gelungene Weltgeschichte ist multiperspektivisch, zwingt zu universalistischer Begrifflichkeit und vermittelt vor allem kosmopolitische Aufmerksamkeit und historische Sensibilität. Leider hat die fortschreitende Spezialisierung in den Wissenschaften auch Konsequenzen für die Internationalen Beziehungen: Die Gesamtzusammenhänge werden vernachlässigt, nur noch Ausschnitte werden wahrgenommen, weil sie immer facettenreicher dargestellt werden müssen. Umso wichtiger wird es, sich um historische Gesamtzusammenhänge zu kümmern (vgl. Hildebrand 1976). Internationale Beziehungen bleiben unverständlich, wenn sie nicht um die historische Dimension von Real- und Idealfaktoren erweitert werden[20], denn «um voranzukommen, müssen wir in die Geschichte zurückkehren» (Krippendorf 1973, S. 69).

In diesen Zusammenhang passt auch die Vernachlässigung der Persönlichkeit in der Internationalen Politik. Wer macht Politik? Diese Frage scheint naiv und selbstverständlich, sie ist es aber nicht:

«So polar sich Individuum und Gesellschaft in der Geschichte für die theoretische Diskussion ausnehmen, so wenig sind sie Gegensätzlichkeit. Vielmehr bilden beide zusammen erst die Gesamtheit des historischen Prozesses: Die Menschheit als lebendiges Substrat der Geschichte setzt sich […] aus Individuen zusammen. […] Das ist eine elementare Tatsache, der sich kein Verfechter einer kollektive Phänomene ganz oder überwiegend in den Vordergrund rückenden Geschichtsauffassung entziehen kann. Damit sollte dem Individuum in der Geschichte auch von vornherein ein gewisser Spielraum eingeräumt werden» (Geiss 1977, S. 10 f.).

---

20 Als erster Ansatz beispielhaft Krell (2000).

Der Zusammenbruch des Sowjetkommunismus 1989/1990 bedeutete auch das Scheitern des Typus des kommunistischen Apparatschiks und bleibt ohne die Bedeutung der Persönlichkeit von Michail Gorbatschow undenkbar. «Die Existenz lebendiger menschlicher Individuen ist die erste Voraussetzung aller Menschengeschichte» (Marx/Engels: Werke, Bd. 3, S. 20).

Mit Jacob Burckhardt gesprochen, schlug 1989 die Stunde der «Extraperson, damit die weltgeschichtliche Bewegung sich periodisch und ruckartig frei mache von bloßen abgestorbenen Lebensformen und von unreflektierendem Geschwätz» (1955, S. 205).

Auch berührt uns Burckhardts Definition von Größe: «Sie richtet sich nicht nach dem gehabten Verdienst um das Volk, auch nicht nach der Fähigkeit, auch nicht nach der historischen Wichtigkeit, sondern am Ende meist nach der Persönlichkeit» (ebd., S. 219).

Wie soll man die Geschichte des 20. Jahrhunderts erklären ohne die außenpolitischen Entscheidungen von Hitler, Stalin, Lenin, Mao, Roosevelt, Churchill, Gandhi oder Gorbatschow? Mit anderen prägten sie «das Gesicht des Jahrhunderts»: eine erstaunliche Anzahl denkwürdiger politischer Gestalten: «Große Ungeheuer, große Retter, große Ruinierer, große Reformer, Staatsgründer und Stabilisierer, doch auch jede Menge große Mediokritäten und großer Esel» (Schwarz 1998, S. 11).

Internationale Politik entsteht nicht aus strukturellen Entwicklungen von Technik, Wirtschaft und Gesellschaft allein, sondern auch aus geschichtsmächtigen Ideen, aus raffinierter Interessenpolitik, durch persönliche Verblendung, aber auch durch politisches Verantwortungsbewusstsein, wobei der Mensch als Subjekt und Objekt, als Täter und Opfer die Antriebsfaktoren, die Erscheinungsformen und Konsequenzen von Internationalen Beziehungen widerspiegelt. Im Sinne von Friedrich Tenbruck könnte man hinzufügen: «Die Vertreter des Fachs sprechen von Staat, Gesellschaft und Internationaler Politik, aber nie vom Menschen» (1984, S. 22). Die eklatanteste Folge dieser Einstellung in der Wissenschaft von der Internationalen Politik ist die Degradierung des Menschen vom handelnden Subjekt zum bloßen Objekt. So erscheint er lediglich als Spielball anonymer struktureller und theoretischer Kräfte.

In diesem Zusammenhang gilt es aber auch an einen Ansatz zu erinnern, der jahrzehntelang, zu Recht, in Deutschland geächtet war: die Geopolitik (vgl. Görtemaker 2000, S. 15 f.). Weil die pseudowissenschaftlichen Lebensraumtheorien deutscher Geopolitiker der Führung des Dritten Reichs dazu gedient hatten, ihre aggressive Außenpolitik zu legitimieren, werden bis heute geopolitische Ansätze in Deutschland gemieden. Doch außerhalb Deutschlands wird weltweit selbstverständlich in geopolitischen Kategorien gedacht und analysiert.[21]

Seit den 80er Jahren ist auch in Deutschland eine Wiederbelebung geopolitischer Ansätze zu beobachten (vgl. Brill 1994), die seit der Zeitenwende von 1989/90 weiter angestiegen ist, denn Internationale Politik lässt sich nicht mehr ideologisch konfrontativ erklären. Heute treten Nationalitäts-, Territorial- und Machtprobleme zutage, die mit Blick auf die Grenz-, Teilungs-, Annexions- und Expansionsfragen auch unter Betonung geopolitischer Kategorien und Problemstellungen untersucht werden sollten (ebd.).

Die revolutionäre Veränderung der politischen Landkarte Deutschlands, Europas und der Welt fordert auch eine wissenschaftliche geopolitische Neuorientierung, denn «die Wasser werden wieder lebendig, die Eisdecke ist geborsten, nun strömen sie wieder, die Kraftlinien und Machtprojektionen» (Salewski, S. 377).

Aus der geopolitischen Frontsituation des Kalten Kriegs rückt Deutschland ins Zentrum des europäischen Kontinents, dessen neue Mittellage auch in geopolitischen Kategorien analysiert werden kann. In der Dialektik von Globalisierung und Regionalisierung der Weltpolitik könnte sich auch geopolitisches Denken neu entfalten.

Bereits in den 1950er Jahren wurde erfolglos angemahnt, «die Geopolitik für die Wissenschaft von der Politik als eine Aufgabe deutscher Forschung» anzusehen (vgl. Bandt 1956, S. 392 f.; Gablintz 1960, S. 171). Seit der Zeitenwende 1990 hat unter dem dynamischen Aspekt von Globalisierung auch die Raumdimension an Bedeutung gewonnen. Beides gehört zusammen, Zeit *und* Raum, wie einer der Väter der Geopolitik, Friedrich Ratzel (1844–1904; Ratzel 1923), feststellte: «Wir lesen im Raum die Zeit». Mit dem Ende der Nachkriegszeit entsteht

---

21 Zum Einfluss des geopolitischen Denkens auf die amerikanische Außenpolitik vgl. Fröhlich (1998, 1998a).

auch eine «Raumrevolution», denn der Raum des Kalten Kriegs ist eingestürzt, und eine veränderte Räumlichkeit entsteht in Deutschland, Europa und der Welt. Für die außenpolitischen Realisten von Herodot und Thukydides bis zu Spykman, Kissinger und Brzezinski sind geopolitische Kategorien unverzichtbar (vgl. Spykman 1942, Smith 1986).

Man kann auch auf Montesquieu (1689–1755) verweisen, der über die Auswirkungen von Erdbeschaffenheit und Klima auf den Geist der Gesetze räsonierte, oder auf Frederick Jackson Turner (1861–1932), der 1894 über «die Bedeutung der Grenze in der amerikanischen Geschichte» nachdachte (Turner 1962, 1935). Auch der Seitenblick auf die Schule der «Annales» wie auf das Werk von Fernand Braudel (1902–1985; Braudel 1998) über die Welt des Mittelmeers im Zeitalter Philipps II. (1527–1598) macht deutlich, dass für die Bedeutung der Geopolitik der Tunnelblick auf 1933 bis 1945 nicht mehr ausreicht. Die nazistische Kontamination der Geopolitik kann überwunden werden. Eine moderne Definition von Geopolitik kann zu einem vertieften Verständnis von Internationalen Beziehungen beitragen: so z. B. bei der Analyse der Globalisierung, aber auch bei der These vom Verschwinden des Raums, die in der Vision des «global village» kulminiert. Geopolitische Betrachtungen verweisen auf die neue Vielfalt planetarischer Politik nach dem Zusammenbruch der ideologischen Systeme (Panajotis 1992).

Was bleibt in der Bilanz der Internationalen Beziehungen, wenn die historische Dimension negiert, außenpolitischer Realismus diskreditiert, der Nationalstaat als zentraler Akteur in den Internationalen Beziehungen über Gebühr vernachlässigt, der Faktor Persönlichkeit fast schweigend übersehen, die Diplomatie ausgeblendet wie auch das Phänomen des Kriegs und grundsätzlich militärische Sicherheitsüberlegungen mit Vorurteil beladen werden?

Institutionen, Regime und Integrationsmodelle bleiben wichtig, aber als Ergänzung, als Bereicherung, ja auch als Korrektiv für außenpolitischen Realismus, wenn er an seine analytischen Grenzen stößt, die jedoch weiter gesteckt sind, als generell angenommen wird (Siedschlag 1997). Warum meidet die deutsche Außenpolitikwissenschaft eigene Wurzeln und Traditionen im Deutschland des 20. Jahrhundert? Der analytische Reichtum eines Otto Hintze bleibt bis heute unerschlossen. Vor allem die Arbeiten von Werner Link stehen in der Tradition dieses großen deutschen Politikwissenschaftlers, der begriffliche Präzision, analytische Schärfe und historische Sensibilität zu kombinieren wusste.

Wer liest heute noch die Studien über Große Mächte von Eberhard von Vietsch (1912–1982) oder Erwin Hölzle (1916–1976) oder die Geschichte Europas von Hans Freyer (1878–1969), wer kennt heute noch Heinrich Triepels (1868–1946) *Hegemonie* (Triepel 1974; vgl. Vietsch 1950, 1942; Hölzle 1961; Freyer 1967)?

Das jahrzehntelange Zusammenspiel zwischen Idealismus und neomarxistischen Positionen in der Disziplin der Internationalen Politik hat für manche Vertreter auch eine faire und objektive Aufarbeitung der Folgewirkungen des Zusammenbruchs des Sowjetkommunismus auf die Internationale Politik erschwert (vgl. Lemberg 1991).

Weil also Internationale Beziehungen nur selten in größeren politischen oder historischen Zusammenhängen analysiert werden, sind große Defizite in der Disziplin unübersehbar. Stattdessen werden die Internationalen Beziehungen derart abstrakt theoretisch reduziert, dass der Erkenntniswert minimalisiert wird, und man flüchtet vor der empirischen Herausforderung in die abstrakten Höhen der Theorie – frei nach dem Motto Heinrich Heines.

Wurde den idealistischen Vertretern der Disziplin seit dem 11. September 2001 deutlich, dass es keinen idealen Weg zur Gesellschaftswelt gibt? Ideologie, Religion und Krieg sind als Faktoren der Internationalen Beziehungen zurückgekehrt und entwickeln zu Beginn des 21. Jahrhunderts eine gefährliche synergetische Wirkung, der mit Macht begegnet werden muss. Schon Tocqueville hatte darauf verwiesen, dass die Kategorie der Macht nicht per se amoralisch sei (1976); vielmehr wird man auf Macht nicht verzichten können (vgl. Hildebrand 1976). Sich dabei auch der Geschichtsmächtigkeit zuzuwenden, gehört zur realistischen Einsicht: «Great God, I often think that the world of international diplomacy is the dirtiest thing alive and that a statesman is a synonym for knave».[22]

---

22 So Lord Curzon, zitiert nach Hildebrand (1976, S. 35)

Doch erst das Zusammenwirken von Real- und Idealfaktoren, von Sein und Sollen, von materiellen und geistigen Faktoren bringt die Realität der Internationalen Beziehungen voll zur Geltung. Wir werden in Zukunft weder in der «global city» noch im souveränen Nationalstaat allein leben. Diese und viele andere Welten vermischen sich, wie auch Moral, Opportunität und Macht in den Internationalen Beziehungen miteinander weiter ringen werden.

Doch das Spezifische der Internationalen Beziehungen bleibt, «dass die Staaten in einem geographischen Raum zusammengeworfen sind, in dem sie sich miteinander arrangieren oder wo sie Kooperation um den Preis des Konflikts und mit dem Risiko des Krieges verweigern» (Hartmann 2001, S. 229).

Die neuen globalen Fragen machen kooperative und transnationale Maßnahmen notwendig, die allein mit dem realistischen Machtbalancekonzept nicht gelöst werden. Die neue Verquickung von innen- und außenpolitischen Faktoren, die neuen ökonomischen Probleme im Weltmaßstab, die Dringlichkeit der Problemlösungen im Nord-Süd-Konflikt, die Herausforderungen der Globalisierung und die Folgen des 11. September stellen so große Aufgaben, dass alle Vertreter der Internationalen Beziehungen gefordert bleiben.

Literatur

Anderson, Matthew S.: The Rise of Modern Diplomacy 1450–1919, London 1993.

Arendt, Hannah: Über die Revolution, München 1986.

Auswärtiges Amt (Hg.): 20 Jahre KSZE 1973–1993. Eine Dokumentation, Bonn 1993.

Bandt, Leo (Hg.): Aufgabe deutscher Forschung. Im Auftrage des Ministerpräsidenten Fritz Steinhoff, Bd. 1: Geisteswissenschaften, Köln/Opladen ²1956.

Bemis, Samuel F.: The Diplomacy of the American Revolution, Bloomington, Ind. 1957.

Bergstraesser, Arnold: Weltpolitik als Wissenschaft, Köln/Opladen 1965.

Berlin, Isaiah: «Die Originalität Machiavellis», in: ders.: Wider das Geläufige. Aufsätze zur Ideengeschichte, Frankfurt a. M. 1982, S. 93–157.

Berlin, Isaiah: Das krumme Holz der Humanität, Frankfurt a. M. 1992.

Besson, Waldemar: Die Außenpolitik der Bundesrepublik Deutschland. Erfahrungen und Maßstäbe, München 1970.

Bracher, Karl Dietrich: «Kritische Betrachtungen über den Primat der Außenpolitik», in: Gerhard A. Ritter/Gilbert Ziebura (Hg.): Faktoren der politischen Entscheidung. Festgabe für Ernst Fraenkel zum 65. Geburtstag, Berlin 1963, S. 115–148.

Braudel, Fernand: Das Mittelmeer und die mediterrane Welt in der Epoche Philipps II., Frankfurt a. M. 1998.

Bredow, Wilfried von: Turbulente Welt-Ordnung. Internationale Politik am Ende des 20. Jahrhunderts, Stuttgart/Berlin/Köln 1994.

Brill, Heinz: Geopolitik heute, Deutschlands Chance?, Berlin 1994.

Brock, Lothar: «Umbrüche im Umbruch der Weltpolitik», in: Gert Krell/Harald Müller (Hg.): Frieden und Konflikt in den Internationalen Beziehungen, Frankfurt a. M. 1994, S. 19–37.

Brock, Lothar: Menschenrechte und Entwicklung. Beiträge zum ökumenischen und internationalen Dialog, Frankfurt a. M. 1996.

Brodie, Bernhard (Hg.): The Absolute Weapon, New York 1946.

Brodie, Bernhard: Strategy in the Missile Age, Princeton, N. J. 1959.

Bundesakademie für Sicherheitspolitik (Hg.): Sicherheitspolitik in neuen Dimensionen: Kompendium zum Erweiterten Sicherheitsbegriff, Hamburg/Berlin/Bonn 2001.

Burckhardt, Jacob: Weltgeschichtliche Betrachtungen, Frankfurt a. M. 1955.

Buzan, Barry/Jones, Charles/Little, Richard: The Logic of Anarchy: Neo-Realism to Structural Realism, New York 1993.

Campbell, Kurt M./Flournoy, Michele A.: To Prevail. An American Strategy for the Campaign against Terrorism, Washington D. C. 2001.

Camus, Albert: Der Fremde, Hamburg 1961.

Carr, Edward H.: The Twenty Years' Crisis 1919–1939, London 1939.

Croce, Benedetto: Die Philosophie Giambattista Vicos, Tübingen 1927.

Croce, Benedetto: Grundlagen der Politik, München 1924.

Czempiel, Ernst-Otto (Hg.): Die Lehre von den internationalen Beziehungen, Darmstadt 1969.

Dehio, Ludwig: Gleichgewicht oder Hegemonie. Betrachtungen über ein Grundproblem der neueren Staatengeschichte, Krefeld 1948.

Dettke, Dieter: «Militärpolitik/Sicherheitspolitik», in: Wichard Woyke (Hg.): Handwörterbuch Internationale Politik, Bonn 2000, S. 285–296.

Dibb, Paul: «The Future of International Coalitions. How Useful? How Manageable?», in: The Washington Quarterly, Spring 2002, S. 131–144.

Donnelly, Jack: Realism and International Relations, Cambridge 2000.

Doyle, Michael: Ways of War and Peace: Realism, Liberalism and Socialism, New York 1997.

Duchhardt, Heinz: Balance of Power und Pentarchie 1700–1785, Paderborn 1997.

Dülffer, Jost: Regeln gegen den Krieg? Die Haager Friedenskonferenz von 1899 und 1907 in der internationalen Politik, Frankfurt a. M. 1981.

Fetscher, Iring/Münkler, Herfried (Hg.): Pipers Handbuch der politischen Ideen, Bd. 1: Frühe Hochkulturen und europäische Antike, München 1988.

Frankel, Joseph: Nationales Interesse, München 1971.

Freyer, Hans: Die politische Insel. Eine Geschichte der Utopien von Platon bis zur Gegenwart, Wien 2000.

Freyer, Hans: Theorie des gegenwärtigen Zeitalters, Stuttgart 1967.

Friedman, Thomas L.: Globalisierung verstehen. Zwischen Marktplatz und Weltmarkt, Berlin 1999.

Fröhlich, Stefan: Amerikanische Geopolitik: Von den Anfängen bis zum Ende des Zweiten Weltkrieges, Landsberg a. L. 1998.

Fröhlich, Stefan: Zwischen selektiver Verteidigung und globaler Eindämmung. Geostrategisches Denken in der amerikanischen Außen- und Sicherheitspolitik während des Kalten Krieges, Baden-Baden 1998.

Fukuyama, Francis: Das Ende der Geschichte, München 1992.

Gablintz, Otto Heinrich von der: «Politische Forschung in Deutschland», in: Otto Stammer (Hg.): Politische Forschung. Beiträge zum 10jährigen Bestehen des Instituts für Politische Wissenschaft, Köln/Opladen 1960.

Galtung, Johan: Strukturelle Gewalt, Reinbek 1975.

Gantzel, Klaus Jürgen et al.: Kriege der Welt. Ein systematisches Register der kriegerischen Konflikte 1985–1992, Bonn 1992.

Gantzel, Klaus Jürgen: «Kriegsursachen – Tendenzen und Perspektiven», in: Ethik und Sozialwissenschaften 8, 1997, S. 257–66.

Gantzel, Klaus Jürgen/Schwinhammer, Thorsten: Die Kriege nach dem Zweiten Weltkrieg 1945–1992. Daten und Tendenzen, Münster 1995.

Geiss, Immanuel: «Die Rolle der Persönlichkeit in der Geschichte», in: Michael Bosch (Hg.): Persönlichkeit und Struktur in der Geschichte, Düsseldorf 1977.

Gilpin, Robert G.: The Political Economy of International Relations, Princeton, N. J. 1987.

Gilpin, Robert G.: War and Change in World Politics, New York 1981.

Görtemaker, Manfred: «Politischer Zeitgeist und Geopolitik – Über die zeitbedingten Voraussetzungen anwendungsorientierter Wissenschaft», in: Peter Krüger/ Julius H. Schoeps (Hg.): Geopolitik. Grenzgänge im Zeitgeist, Bd. 1, Potsdam 2000.

Grewe, Wilhelm: Epochen der Völkerrechtsgeschichte, Baden-Baden 1984.

Grieco, Joseph M.: Cooperation among Nations. Europe, America and Non-Tariff Barriers to Trade, Ithaca/London ²1993.

Gulick, Edward V.: Europe's Classical Balance of Power, New York 1967.

Hacke, Christian: «Die Großen Mächte», in: Karl Kaiser/Hans-Peter Schwarz (Hg.): Die neue Weltpolitik, Bonn 1995, S. 316–336.

Hacke, Christian: «Die weltpolitische Rolle der USA nach dem 11. September 2001», in: Aus Politik und Zeitgeschichte B 51, 2001, S. 16–23.

Hacke, Christian: «Nationales Interesse als Handlungsmaxime für die Außenpolitik Deutschlands», in: Karl Kaiser/Joachim Krause (Hg.): Deutschlands neue Außenpolitik, Bd. 3: Interessen und Strategien, München 1996, S. 3–13.

Hacke, Christian: Die Außenpolitik der Bundesrepublik Deutschland. Weltmacht wider Willen?, Berlin 1997.

Hacke, Christian: Zur Weltmacht verdammt. Die amerikanische Außenpolitik von J. F. Kennedy bis G. W. Bush, München 2002.

Haftendorn, Helga: «Zur Theorie außenpolitischer Entscheidungsprozesse», in: Volker Rittberger (Hg.): Theorien der Internationalen Beziehungen. Bestandaufnahme und Friedensperspektiven, Opladen 1990, S. 401–423.

Haftendorn, Helga: Verwaltete Außenpolitik. Sicherheits- und entspannungspolitische Entscheidungsprozesse in Bonn, Köln 1978.

Hallgarten, George W. F.: Imperialismus vor 1914. Die soziologischen Grundlagen der Außenpolitik europäischer Großmächte vor dem Ersten Weltkrieg, 2 Bde., München 1951.

Hamilton, Keith/Langhorn, Richard: The Practice of Diplomacy, London 1995.

Hartmann, Jürgen: Internationale Beziehungen, Opladen 2001.

Herodot: Historien, 2 Bde., München/Zürich 1983.

Hildebrand, Klaus: «Geschichte oder ‹Gesellschaftsgeschichte›. Die Notwendigkeit einer politischen Geschichtsschreibung von den Internationalen Beziehungen», in: Historische Zeitschrift 223, 1976, S. 328–357.

Hildebrand, Klaus: Das Vergangene Reich: Deutsche Außenpolitik von Bismarck bis Hitler, Berlin 1999.

Hintze, Otto: «Der moderne Kapitalismus als historisches Individuum. Ein kritischer Bericht über Sombarts Werk», in: ders.: Soziologie und Geschichte. Gesammelte Abhandlungen zur Soziologie, Politik und Theorie der Geschichte, Göttingen ³1982, S. 374–426.

Hippler, Jochen: «Die Quellen des Terrorismus. Hinweise zu Ursachen, Rekrutierungsbedingungen und Wirksamkeit politischer Gewalt», in: Friedensgutachten 2002, S. 33–60.

Höffe, Ottfried: Demokratie im Zeitalter der Globalisierung, München 1999.

Höffe, Ottfried: «Der Kampf der Kulturen kann ausfallen», in: FAZ Sonntagszeitung, 10. 10. 2001, S. 11.

Hoffman, Bruce: Terrorismus. Der unerklärte Krieg. Neue Gefahren politischer Gewalt, Frankfurt a. M. 2001.

Hollis, Martin/Smith, Steve: Explaining and Understanding International Relations, Oxford 1990.

Hölzle, Erwin: Geschichte der zweigeteilten Welt. Amerika und Rußland, Reinbek 1961.

Hölzle, Erwin: Idee und Ideologie. Eine Zeitkritik aus universalhistorischer Sicht, Bonn 1969.

Howard, Michael: «What's in a Name?», in: Foreign Affairs 81/1, 2002, S. 8–13.

Huntington, Samuel: Kampf der Kulturen. Die Neugestaltung der Weltpolitik im 21. Jahrhundert, München/Wien 1996.

Jachtenfuchs, Markus/Kohler-Koch, Beate (Hg.): Europäische Integration, Opladen 1996.

Jervis, Robert: Perception and Misperception in International Politics, Princeton, N. J. 1976.

Johnson, Laurie M.: Thukydides, Hobbes and the Interpretation of Realism, De Kalb, Ill. 1993.

Kagan, Donald: The Outbreak of the Peloponnesian War, Ithaca/London 1969.

Kagan, Donald: The Archidamian War, Ithaca/London 1974.

Kagan, Donald: The Peace of Nicias and the Sicilian Expedition, Ithaca/London 1981.

Kagan, Donald: The Fall of the Athenian Empire, Ithaca/London 1987.

Kaiser, Karl: «Transnationale Politik», in: Ernst-Otto Czempiel (Hg.): Die Anachronistische Souveränität: Zum Verhältnis von Innen- und Außenpolitik, Köln 1969, S. 80–109.

Kaplan, Robert D.: The Coming Anarchy, Shattering the Dreams of the Post Cold War, New York 2000.

Katzenstein, Peter: The Culture of National Security: Norms and Identity in World Politics, New York 1996.

Kaufmann, Franz X. (Hg.): Markt, Staat und Solidarität bei Adam Smith, Frankfurt a. M. 1984.

Kehr, Eckart: Der Primat der Innenpolitik, Frankfurt a. M./Berlin/Wien 1970.

Kennan, George: Realities of American Foreign Policy, Princeton, N. J. 1954.

Kindermann, Gottfried-Karl (Hg.): Grundelemente der Weltpolitik. Eine Einführung, München 1977.

Kissinger, Henry: «Über Afghanistan hinaus», in: Die Welt, 9. 11. 2001, S. 8.

Kissinger, Henry: Das Gleichgewicht der Großmächte. Metternich, Castlereagh und die Neuordnung Europas 1812–1822, Zürich 1986.

Krasner, Stephen D.: «State Power and the Structure of International Trade», in: World Politics 28/3, 1976, S. 317–347.

Kratochwil, Friedrich: Rules, Norms, and Decisions: On the Conditions of Practical and Legal Reasoning in International Relations and Domestic Affairs, Cambridge 1989.

Krause, Joachim: «Kooperative Sicherheitspolitik: Strategische Ziele und Interessen», in: Karl Kaiser/Joachim Krause (Hg.): Deutschlands neue Außenpolitik, Bd. 3, Interessen und Strategien, München 1996, S. 77–96.

Kreile, Michael (Hg.): Die Integration Europas (Politische Vierteljahresschrift, Sonderheft 23), Opladen 1992.

Krell, Gerd: Weltbilder und Weltordnung. Einführung in die Theorie der Internationalen Beziehungen, Baden-Baden 2000.

Krippendorf, Ekkehart: Internationale Beziehungen als Wissenschaft, Bd. 2, Frankfurt a. M. 1977.

Krippendorf, Ekkehart: Kritik der Außenpolitik, Frankfurt a. M. 2000.

Krippendorf, Ekkehart: «Ist Außenpolitik Außenpolitik?», in: Politische Vierteljahresschrift 4/3, 1963, S. 243–266.

Krippendorf, Ekkehart: Internationale Beziehungen, Bd. 2, Köln 1973.

Lacoste, Yves: Geopolitik: Zur Ideologiekritik politischer Raumkonzepte, Wien 2001.

Landes, David S.: Der entfesselte Prometheus. Technologischer Wandel und industrielle Entwicklung in Westeuropa von 1750 bis zur Gegenwart, München 1983.

Landes, David S.: Wohlstand und Armut der Nationen, Berlin 1999.

Laqueur, Walter: Die globale Bedrohung. Neue Gefahren des Terrorismus, München 2001.

Laski, Harold: The State in Theory and Practice, London 1935.

Layne, Otfried: «Kant or Cant: The Myth of the Democratic Peace», in: International Security 19/2, 1994, S. 5–49.

Lebow, Richard N./Strauss, Barry S.: Hegemonic Rivalry. From Thukydides to the Nuclear Age, Boulder/San Francisco/Oxford 1991.

Lemberg, Hans (Hg.): Sowjetisches Modell und Nationale Prägung. Kontinuität und Wandel in Ost-Mittel-Europa nach dem Zweiten Weltkrieg, Marburg 1991.

Link, Werner: Der Ost-West-Konflikt: Die Organisation der internationalen Beziehungen im 20. Jahrhundert, Stuttgart 1988.

Link, Werner: Die Neuordnung der Weltpolitik. Grundprobleme globaler Politik an der Schwelle zum 21. Jahrhundert, München 1998.

Link, Werner: «Die Rolle des Nationalstaates im zukünftigen Europa», in: Michael Meimeth/Joachim Schild (Hg.): Die Zukunft von Nationalstaaten in der Europäischen Integration, Opladen 2002.

List, Friedrich: Das Nationale System der Politischen Ökonomie, Jena ^{3}1920 (zuerst 1841).

Lübbe, Herrmann: Abschied vom Superstaat. Vereinigte Staaten von Europa wird es nicht geben, Berlin 1994.

Luce, Torry J.: Die griechischen Historiker, Düsseldorf/Zürich 1998.

Mann, Michael: Geschichte der Macht, 3 Bde., Frankfurt a. M. 1991–1998.

Marx, Karl/Engels, Friedrich: «Die deutsche Ideologie», in: dies.: Werke, Bd. 3, Berlin 1969, S. 9–530.

Marx, Karl/Engels, Friedrich: «Manifest der kommunistischen Partei», in: dies.: Werke, Bd. 4, Berlin 1959, S. 459–493.

Meier-Walser, Reinhard: «Neorealismus ist mehr als Waltz», in: Zeitschrift für internationale Beziehungen 1, 1994, S. 115–162.

Menzel, Ulrich: Globalisierung versus Fragmentierung, Frankfurt a. M. 1998.

Menzel, Ulrich: Zwischen Idealismus und Realismus. Die Lehre von den internationalen Beziehungen, Frankfurt a. M. 2001.

Müller, Harald: Das Zusammenleben der Kulturen. Gegenentwurf zu Huntington, Frankfurt a. M. 1998.

Münkler, Herfried: «Den Krieg wieder denken. Clausewitz, Kosovo und die Kriege des 21. Jahrhunderts», in: Blätter für deutsche und internationale Politik 44, 1999, S. 678–688.

Münkler, Herfried: «Staatsräson und politische Klugheitslehre», in: Iring Fetscher/Herfried Münkler (Hg.): Pipers Handbuch der Politischen Ideengeschichte, Bd. 3, München 1985, S. 23–72.

Münkler, Herfried: Die neuen Kriege, Reinbek 2002.

Münkler, Herfried: Gewalt und Ordnung. Das Bild des Krieges im Politischen Denken, Frankfurt a. M. 1992.

Münkler, Herfried: Im Namen des Staates. Die Begründung der Staatsräson in der frühen Neuzeit, Frankfurt a. M. 1987.

Niebuhr, Reinhold: Christlicher Realismus und politische Probleme, Wien 1957.

Niebuhr, Reinhold: Die Kinder des Lichts und die Kinder der Finsternis, München 1947.

Oberreuter, Heinrich/Piazolo, Michael (Hg.): Global denken: Die Rolle des Staates in der internationalen Politik zwischen Kontinuität und Wandel, München 2001.

O'Meara, Patrick/Mehlinger, Howard D./Krain, Matthew (Hg.): Globalization and the Challenges of a New Century. A Reader, Bloomington 2000.

Osterhammel, Jürgen: «Internationale Geschichte, Globalisierung und die Pluralität der Kulturen», in: Wilfried Loth/Jürgen Osterhammel (Hg.): Internationale Geschichte. Themen – Ergebnisse – Aussichten, München 2000, S. 387–408.

Osterhammel, Jürgen: Geschichtswissenschaft jenseits des Nationalstaates, Göttingen 2002.

Palmer, Robert: The Age of the Democratic Revolution, Princeton 1939.

Panajotis, Kondylis: Planetarische Politik nach dem Kalten Krieg, Stuttgart 1992.

Paret, Peter: Makers of Modern Strategy from Machiavelli to the Nuclear Age, Princeton 1986.

Polany, Karl: The Great Transformation. Politische und ökonomische Ursprünge von Gesellschafts- und Wirtschaftssystemen, Frankfurt a. M. 1978 (zuerst 1944).

Popper, Karl: Logik der Forschung, Tübingen 1976.

Rathenau, Walther: Zur Mechanik des Geistes, Berlin 1918.

Ratzel, Friedrich: Politische Geographie, München u. a. ³1923.

Rein, Adolf: Die europäische Ausbreitung über die Erde, Potsdam 1931.

Reinhard, Wolfgang: Geschichte der europäischen Expansion, 4 Bde., Berlin/Köln/Mainz 1983/1985/1988/1990.

Rode, Reinhard: Internationale Wirtschaftsbeziehungen, Halle 2000.

Roloff, Ralf: Europa, Amerika und Asien zwischen Globalisierung und Regionalisierung. Das interregionale Konzert und die ökonomische Dimension internationaler Politik, Paderborn 2001.

Rosecrance, Richard: Der neue Handelsstaat. Herausforderungen für Politik und Wirtschaft, Frankfurt a. M. 1987.

Ross, Ian Simpson: Adam Smith. Leben und Werk, Frankfurt a. M. 1998.

Rühl, Lothar: «Strategischer Jahresausblick 2001», in: Österreichische Militärzeitschrift 1, 2002.

Saddhof, Christian: GASP. Außenpolitik für ein geeintes Europa. Die zweite Säule der EU auf dem Prüfstand, Hamburg 2000.

Sandvig, Anders: Caught between Error and Terror. The Peace Process in the Middle East, Oslo 1997.

Schmitt, Hatto: Polybios und das Gleichgewicht der Mächte, Genf 1973.

Schöllgen, Gregor: Angst vor der Macht: Die Deutschen und ihre Außenpolitik, Berlin 1993.

Schöllgen, Gregor: Geschichte der Weltpolitik von Hitler bis Gorbatschow 1941–1991, München 1996.

Schubert, Klaus/Brandeck-Müller-Bocquet, Gisela (Hg.): Die Europäische Union als Akteur in der Weltpolitik, Opladen 2000.

Schwarz, Hans-Peter (Hg.): Handbuch der Deutschen Außenpolitik, München 1975.

Schwarz, Hans-Peter: Das Gesicht des Jahrhunderts. Monster, Retter und Mediokritäten, Berlin 1998.

Schwarz, Hans-Peter: Die Zentralmacht Europas. Deutschlands Rückkehr auf die Weltbühne, Berlin 1994.

Schwarzenberger, Georg: Machtpolitik. Eine Studie über die internationale Gesellschaft, Tübingen 1955.

Seabury, Paul (Hg.): Balance of Power, San Francisco 1965.

Seidelmann, Reimund: «Weltsystem, Weltgesellschaft, Weltstaat», in: Franz Neumann (Hg.): Handbuch Politische Theorien und Ideologien, Bd. 2, Opladen 1996.

Seidelmann, Reimund: «Außenpolitik», in: Wichard Woyke (Hg.): Handwörterbuch Internationale Politik, Bonn 2000, S. 1–6.

Seidl-Hohenveldern, Ignaz: Völkerrecht, Köln ⁹1997.

Senghaas, Dieter: Abschreckung und Frieden. Studien zur Kritik organisierter Friedlosigkeit, Frankfurt a. M. 1969.

Senghaas, Dieter: Gewalt – Konflikt – Frieden. Essays zur Friedensforschung, Hamburg 1974.

Senghaas, Dieter: Konfliktformationen im internationalen System, Frankfurt a. M. 1988.

Senghaas, Dieter: Weltwirtschaftsordnung und Entwicklungspolitik. Plädoyer für Dissoziation, Frankfurt a. M. 1987.

Sieburg, Friedrich: Chateaubriand, Stuttgart 1995.

Siedschlag, Alexander: «Neorealismus, Neoliberalismus und postinternationale Politik», in: Carlo Masala/Ralf Roloff (Hg.): Herausforderungen der Realpolitik. Beiträge zur Theoriedebatte in der Internationalen Politik, Opladen 1997.

Smith, Adam: Der Wohlstand der Nationen. Eine Untersuchung seiner Natur und seiner Ursachen, München 1978 (zuerst 1776).

Smith, Michael Joseph: Realist Thought from Weber to Kissinger, Baton Rouge/London 1986.

Solženicyn, Alexander I.: August Vierzehn, Darmstadt 1972.

Spykman, Nicholas: America's Strategy in World Politics. The United States and the Balance of Power, New York 1942.

Staack, Michael: Handelsstaat Deutschland. Deutsche Außenpolitik in einem neuen internationalen System, Paderborn 2000.

Strange, Susan: The Retreat of the State. The Diffusion of Power in the World Economy, Cambridge 1996.

Streminger, Gerhard: Adam Smith, Reinbek 1989.

Stürmer, Michael: Das ruhelose Reich, Deutschland 1866–1918, Berlin 1983.

Stürmer, Michael: Die Grenzen der Macht. Begegnungen mit der deutschen Geschichte, Berlin 1992.

Tenbruck, Friedrich: Die unbewältigten Sozialwissenschaften oder die Abschaffung des Menschen, Graz/Wien/Köln 1984.

Tetzlaff, Rainer: «Das Recht auf Entwicklung – Ein universell gültiges Menschenrecht», in: Gerd Sommer (Hg.): Menschenrechte, Opladen 1999, S. 84–112.

Tetzlaff, Rainer: Weltkulturen unter Globalisierungsdruck: Erfahrungen und Antworten aus den Kontinenten, Bonn 2000.

Tetzlaff, Rainer/Nord, Antonie: Weltbank und Währungsfonds – Gestalter der Bretton-Woods-Ära, Opladen 1996.

Thukydides: Geschichte des Peloponnesischen Krieges, München/Zürich 1993.

Tocqueville, Alexis de: Autorität und Freiheit, Leipzig/Stuttgart 1925.

Tocqueville, Alexis de: Über die Demokratie in Amerika, München 1976.

Triepel, Heinrich: Die Hegemonie. Ein Buch von führenden Staaten, Aalen 1974 (zuerst 1938).

Tudyka, Kurt P.: Das OSZE Handbuch, Opladen 1997.

Turner, Fredrik Jackson: The Frontier in American History, New York 1962.

Turner, Fredrik Jackson: The United States, 1830–1850. The nation and its sections, New York 1935.

Ulfkotte, Udo: Propheten des Terrors. Geheime Netzwerke der Islamisten, München 2001.

Unser, Günther: Die UNO. Aufgaben und Strukturen der Vereinten Nationen, München 1997.

Varwick, Johannes: «Vereinte Nationen», in: Wichard Woyke (Hg.): Handwörterbuch Internationale Politik, Bonn 2000, S. 496–506.

Vietsch, Eberhard von: Das europäische Gleichgewicht. Politische Idee und staatsmännisches Handeln, Leipzig 1942.

Vietsch, Eberhard von: Die Tradition der Großen Mächte, Stuttgart 1950.

Vogt, Joseph: Homo Novus. Ein Typus der römischen Republik, Stuttgart 1926.

Walbank, Frank W.: Polybius, Berkeley, Cal. 1972.

Waltz, Kenneth N.: «Structural Realism after the Cold War», in: International Security 25/1 (2000), S. 5–41.

Waltz, Kenneth N.: «Theory of International Relations», in: Handbook of Political Science, Bd. 8, Reading, Mass. 1975, S. 1–87.

Waltz, Kenneth N.: Theory of International Politics, Reading, Mass. 1979.

Walzer, Michael: Gibt es den gerechten Krieg?, Stuttgart 1982.

Weidenfeld, Werner (Hg.): Europa-Handbuch, Bonn 2002.

Weidenfeld, Werner/Wessels, Wolfgang (Hg.): Jahrbücher der Europäischen Integration, Bonn 1980 ff.

Wight, Martin: Why Is There No International Theory? In: Herbert Butterfield, Martin Wight (Hg.): Diplomatic Investigations: Essays in the Theory of International Politics, London 1966.

Wolfers, Arnold: «Macht und Indifferenz. Über das Verhalten der Staaten», in: Uwe Nerlich (Hg.): Krieg und Frieden in der modernen Staatenwelt, Bd. 2, Gütersloh 1966, S. 359–377.

Wolfers, Arnold: Discord and Collaboration, Essays on international Politics, Baltimore 1962.

Wolfrum, Rüdiger (Hg.): Handbuch Vereinte Nationen, München ²1991.

Wolkersdorfer, Günter: Politische Geographie und Geopolitik zwischen Moderne und Postmoderne, Heidelberg 2001.

Wright, Quincy: «Betrachtungsweisen einer Disziplin der Internationalen Beziehungen», in: Uwe Nerlich (Hg.): Krieg und Frieden im industriellen Zeitalter, Bd. 1, Gütersloh 1966, S. 348–380.

Zielonka, Jan (Hg.): Paradoxes of European Foreign Policy, Den Haag/London/Boston 1998.

Dirk Messner

2.5.2 Entwicklungsforschung

1 Grundlagen:
Forschungsfelder, -fragen und -richtungen

Der ehemalige Weltbankpräsident Robert McNamara wies in seiner berühmten «Nairobi-Rede» von 1973 nachdrücklich auf die wachsende absolute Armut in den Entwicklungsländern hin:

«Ein Drittel bis zur Hälfte der zwei Milliarden Menschen in den Entwicklungsländern hungern oder leiden an Unterernährung.
20 bis 25 Prozent der Kinder sterben vor dem fünften Geburtstag. Und Millionen jener Kinder, die nicht sterben, sind zu einem armseligen Dasein verdammt, weil als Folge von Unterernährung ihre Gehirne geschädigt, ihre Körper verkrüppelt und ihre Lebenskraft erschöpft wurden.

Die durchschnittliche Lebenserwartung beträgt 20 Jahre weniger als in den wohlhabenden Ländern [...].

800 Millionen Menschen sind Analphabeten, und die Mehrzahl ihrer Kinder werden trotz des wachsenden Ausbaus des Erziehungswesens in den kommenden Jahren Analphabeten bleiben.

Die absolute Armut ist durch derart katastrophale Lebensumstände gekennzeichnet, dass die Entfaltung der Gene, mit denen die Menschen bei der Geburt ausgestattet sind, unmöglich gemacht und die menschliche Würde beleidigt wird. Und doch sind diese Bedingungen so weit verbreitet, dass sie das Los von etwa 40 Prozent der Menschen in den Entwicklungsländern bestimmen.»

McNamara warnte vor Instabilitäten im Internationalen System, infolge der sozialen Ungleichgewichte in der Welt, die bis heute aktuell sind, denn die skizzierten Ausmaße von Armut und Unterentwicklung sind bis Anfang des 21. Jahrhunderts nicht abgebaut worden. 1,2 Milliarden Menschen, also ein Fünftel der Weltbevölkerung, leben im Jahr 2002 in absoluter Armut.

Die Entwicklungsforschung beschäftigt sich mit den skizzierten ökonomischen, sozialen und politischen Ungleichgewichten in Weltwirtschaft und -gesellschaft. Sie untersucht die Formen, Dynamiken und Ursachen von Entwicklung und Unterentwicklung in den Entwicklungsländern sowie in den Nord-Süd-Beziehungen, die aus den Entwicklungsdisparitäten resultierenden Nord-Süd-Konflikte, die Organisationen und Politiken der internationalen Entwicklungszusammenarbeit sowie zunehmend auch die Frage, wie sich die globalen Ungleichgewichte und das Nord-Süd-Verhältnis auf die sich verschärfenden Weltprobleme (z. B. Klimaentwicklung, Zerstörung der Biodiversität, globale Bevölkerungsentwicklung, Instabilität der Weltwirtschaft, transnationaler Terrorismus) und deren Bearbeitung auswirken.

1.1 Von der Kolonialfrage zum Nord-Süd-Problem zu Nord-Süd-Konflikten zu Weltproblemen

Armut ist kein neues Phänomen. Historisch neu ist vielmehr, dass es im Verlauf des 20. Jahrhunderts in den Industrieländern gelang, die Armut breitenwirksam zurückzudrängen. Noch im 19. Jahrhundert trieben Armut und Pauperisierung im sich industrialisierenden Europa Millionen Menschen zur Auswanderung. Damals berichteten Kolonialbeamte, Missionare, Entdeckungsreisende uber die Armut in

«Übersee», aber sie galt nicht als besorgniserregendes Problem, sondern als Ausdruck einer zurückgebliebenen, «barbarischen» Zivilisationsstufe.

Die Kolonialdoktrinen des 19. Jahrhunderts beanspruchten, bei vielen Unterschieden zwischen den Herrschaftspraktiken der Kolonialmächte im Detail, ein treuhänderisches Doppelmandat: erstens die kolonialwirtschaftliche Inwertsetzung der Rohstoffe und zweitens die Zivilisierung «primitiver» Gesellschaften (von Albertini 1966; Sieberg 1985; Nuscheler 1997).

Der Zweite Weltkrieg erschütterte die Kolonialreiche und stärkte antikoloniale Bewegungen, die sowohl vom Antiimperialismus der Sowjetunion als auch vom Antikolonialismus der USA ermuntert wurden.

Dieser Übergang von den Kolonialdoktrinen zu universellen Menschenrechten reflektiert das Bewusstsein von «Entwicklungsproblemen», das durch den Systemkonflikt zwischen Ost und West verstärkt wurde.

Seit Mitte der 1960er Jahre verschärften sich die Nord-Süd-Beziehungen. Der Krieg in Vietnam, der auch in den Industrieländern große Protestbewegungen mobilisierte, der Zusammenbruch des portugiesischen Kolonialreichs in Afrika, die Bildung und anfängliche Handlungsfähigkeit des OPEC-Kartells, Pläne für weitere Rohstoff-Kartelle, das selbstbewusstere Auftreten von Sprechern der Entwicklungsländer in UN-Gremien und internationalen Konferenzen nährten im Süden eine kämpferische Aufbruchstimmung und im Norden Bedrohungsängste. Antikoloniale Befreiungskriege und sozialrevolutionäre Bewegungen schienen, verstärkt durch den globalen Systemkonflikt, einen offenen Nord-Süd-Konflikt heraufzubeschwören (Senghaas 1972). Die Protagonisten einer Eskalation des Nord-Süd-Konflikts übersahen die enormen Interessendivergenzen in den Entwicklungsländern, ignorierten die Rolle der eigenen Herrschaftseliten, die schon aus Selbsterhaltungsinteressen keine Bannerträger der Weltrevolution sein konnten, und unterschätzten die Attraktivität des westlichen Entwicklungsmodells für breite Teile auch der Bevölkerung in den Entwicklungsländern sowie die Anpassungsfähigkeit der westlichen Industrieländer an sich wandelnde internationale Rahmenbedingungen.

Das Ende der Nord-Süd-Auseinandersetzungen um eine Neue Weltwirtschaftsordnung und die Schwäche der Entwicklungsländer in der internationalen Politik seit Anfang der 1980er Jahre bedeuten jedoch keineswegs ein Ende des Nord-Süd-Konflikts, denn die wachsende Ungleichverteilung von Entwicklungs- und Lebenschancen sowie die Verschuldungskrisen im Süden blieben eine Quelle für politische Instabilitäten im internationalen System.

Nach dem Zusammenbruch der sozialistischen Welt veränderte sich in den 1990er Jahren auch das Nord-Süd-Verhältnis nachhaltig. Globale Probleme gewannen in den Diskussionen über die Nord-Süd-Beziehungen an Bedeutung und übersetzten sich in diametral entgegengesetzte Interpretationsmuster. Während auf der einen Seite «neue Bedrohungen» aus dem Süden, ein «neues Feindbild Dritte Welt» (Ferdowsi 1995; Matthies 1995; Rufin 1996) oder gar ein «Zusammenstoß der Kulturen» (Huntington 1996) beschworen wurden, entstanden auf der anderen Seite Visionen von einer zusammenwachsenden Welt und von kooperativen *Global Governance*-Ansätzen, weil nur so die Weltprobleme des 21. Jahrhunderts lösbar seien (Commission on Global Governance 1995; Hauchler/Messner/Nuscheler 1998; Kaul et al. 1999). In der Diskussion über Weltprobleme und globale Interdependenzen, angeschoben nicht zuletzt durch die Weltkonferenzen der 1990er Jahre (Messner/Nuscheler 1996), geht es vor allem um

- die weltweite Armut und ihre Folgewirkungen,
- die globale Bevölkerungsentwicklung und die daran geknüpfte ökologische Belastung der Erde sowie die prekäre Ernährungssituation,
- die weltweiten Umweltzerstörungen, den Klimawandel und die Zerstörung der Biodiversität,
- Migrationsbewegungen von Elends-, Bürgerkriegs- und Umweltflüchtlingen aus den Armutsregionen des Südens und seit Anfang der 1990er Jahre auch des Ostens,
- den internationalen Drogen- und Waffenhandel, der mit grenzüberschreitender Kriminalität einhergeht und über die Geldwäsche auf den unterregulierten globalen Finanzmärkten auch in die legale Weltwirtschaft hineinragt,
- AIDS und andere Krankheiten, die sich in manchen Weltregionen rasch ausbreiten,

- neue Formen des transnationalen Terrorismus und der Proliferation von Massenvernichtungswaffen.

Globale Interdependenzen und Weltprobleme vernetzten die Länder und Regionen der Welt zu einer globalen Schicksalsgemeinschaft, die jedoch weiterhin durch enorme soziale und machtpolitische Asymmetrien charakterisiert bleibt.

1.2 Dritte Welt – Vier Welten – Eine Welt

Wo es eine «Dritte Welt» gibt, muss es auch eine «Erste» und eine «Zweite Welt» geben. Nach dem Zweiten Weltkrieg fiel die Einteilung zunächst leicht. Die reichen kapitalistischen Industrieländer bildeten die Erste Welt, abgegrenzt von der Zweiten Welt der sozialistischen Staaten sowie von den Ländern, die von den Vereinten Nationen als «weniger entwickelt» (LDCs, *Less Developed Countries*) eingestuft wurden, der «Dritten Welt».

Die UN-Vollversammlung sonderte 1971 aus der Gruppe der 135 LDCs die 42 «am wenigsten entwickelten Länder» (LLDCs, *Least Developed Countries*) aus. Die LLDCs, oft als «Vierte Welt» bezeichnet, verfügten über ein BSP/pro Kopf von unter 355 US-$, einen Anteil der industriellen Produktion am Bruttoinlandsprodukt von unter zehn Prozent und eine Alphabetisierungsquote von weniger als 20 Prozent. Die Kriterien für den LLDC-Status wurden im Laufe der Zeit verändert, die Gruppe der LLDCs blieb jedoch relativ stabil. Ende der 1990er Jahre handelt es sich um 47 Länder (32 im subsaharischen Afrika, 14 in Asien, eines, Haiti, in Lateinamerika). Ende der 1990er Jahre leben in den LLDCs etwa 500 Millionen Menschen, aber nur 20 Prozent der «absolut Armen». Allein in Indien, das aufgrund der Größe seiner Ökonomie und seiner Bevölkerungszahl nicht zu den LLDCs zählt, leben mehr Menschen in absoluter Armut als in der gesamten «Vierten Welt». Ein Platz auf der LLDC-Liste ist für die Entwicklungsländer zuweilen vorteilhaft, weil die bi- und multilateralen Agenturen der Entwicklungszusammenarbeit den ärmsten Ländern bevorzugt nichtzurückzahlbare Zuschüsse gewähren.

Seit den 1980er Jahren ist der Aufstieg einer wachsenden Gruppe von Schwellenländern zu beobachten, die durch dynamische Industrialisierungsprozesse, hohe Wachstumsraten des Bruttosozialprodukts, rasch steigende Arbeitsproduktivität und (in ihrer Mehrzahl) erfolgreiche Exportstrategien charakterisiert sind. Zu den «Newly Industrializing Countries» werden neben den «ostasiatischen Tigern» (Südkorea, Taiwan, Hongkong, Singapur) oft Brasilien, Indonesien, Thailand, Malaysia oder auch die Türkei gezählt (Bergmann 1983).

Mit dem Zusammenbruch der sozialistischen Länder seit Ende der 1980er Jahre verschwand zugleich die «Zweite Welt». Angesichts dieser Entwicklungen, der wachsenden sozioökonomischen Differenzierungen in den Entwicklungsländern sowie der Debatten über zunehmende Weltprobleme im Kontext der Weltkonferenzen der 1990er Jahre wurde der Begriff der «Dritten Welt» immer inhaltsleerer. Das Konzept der «Einen Welt» verdrängte auch in der politischen Alltagssprache die Dreiteilung der Welt.

1.3 Merkmale der Unterentwicklung

Welche Merkmale machen ein Land zu einem Entwicklungsland? In den alltäglichen Diskussionen wird Unterentwicklung in der Regel mit Armut, also der ungenügenden Versorgung größerer Teile der Bevölkerung mit lebensnotwendigen Gütern und Dienstleistungen gleichgesetzt. Diese unzureichende Befriedigung menschlicher Grundbedürfnisse kann in einzelne, zugleich eng miteinander verbundene Teilaspekte zerlegt werden:

- Die ausreichende Versorgung mit Nahrungsmitteln und Trinkwasser ist Voraussetzung für das Leben, die Gesundheit sowie für die körperliche und geistige Leistungsfähigkeit der Menschen.
- Unterentwicklung bedeutet einen schlechten Gesundheitszustand, hohe Kindersterblichkeit und eine niedrige Lebenserwartung. Die Lebenserwartung lag nach Angaben der Human Development Reports Ende der 1990er Jahre im Durchschnitt aller Entwicklungsländer bei 61,5 Jahren, in den LLDCs aber nur bei 51 Jahren – und damit 23 Jahre niedriger als in den Industrieländern (74,3 Jahre). Ein Drittel der Kinder, die in LLDCs geboren werden, stirbt vor dem fünften Geburtstag, weil unterernährte Kinder kaum körpereigene Abwehrkräfte gegen Krankheiten aufbauen können. Arme Menschen haben darüber hinaus häufig keinen Zugang zu Gesundheitsdiensten und Medikamenten. Nur ein Fünftel der Menschen in den ärmsten Ländern kann sich eine ärztliche Versorgung leisten.

Krankheiten und Seuchen sind häufig Folgewirkungen des Konsums von unsauberem Trink- und Waschwasser.

- Unterentwicklung bedeutet geringe Bildungschancen, also einen niedrigen Bildungsstand und einen Mangel an Humankapital. Auch «Hilfe zur Selbsthilfe» kann nur funktionieren, wenn Menschen einen Mindeststand an Bildung besitzen. Die Alphabetisierungsraten haben sich in allen Weltregionen zwischen 1970 und 2002 verbessert: in Afrika südlich der Sahara von gut 20 Prozent auf 65 Prozent; in Südasien von 30 Prozent auf 55 Prozent, in Lateinamerika von 63 Prozent auf 80 Prozent. Dennoch verlassen in den LLDCs von 100 eingeschulten Kindern zwei Drittel die Schule vorzeitig. In der Wissensökonomie des 21. Jahrhunderts ist dieser Tatbestand besonders gravierend.

- Unterentwicklung bedeutet schlechte Wohnverhältnisse in Holz- und Blechhütten in unkontrolliert wachsenden städtischen Slums, millionenfaches Leben und Sterben auf den Straßen, Gewalt und alltäglicher Überlebenskampf, auch und vor allem von Kindern.

- Weltbank und UNDP (Weltentwicklungsprogramm der Vereinten Nationen) verweisen seit den 1990er Jahren zunehmend auf die «Feminisierung der Armut». Frauen und Mädchen sind weltweit bei fast allen sozio-ökonomischen Indikatoren schlechter gestellt als Männer. Frauen erarbeiten etwa die Hälfte der globalen Nahrungsmittel (im subsaharischen Afrika gar 80 Prozent) und verrichten – neben Haus- und Erziehungsarbeit – viele landwirtschaftliche und handwerkliche Tätigkeiten. Ihr Anteil an den Armen dieser Welt wird auf 70 Prozent geschätzt. Nur knapp die Hälfte der in Armut lebenden Frauen ist alphabetisiert, weil sie beim Zugang zu Bildung massiv benachteiligt werden. Schlecht ausgebildete Frauen können ihre Kinder nicht angemessen erziehen, sodass sich ihre Armut perpetuiert. Viele Frauen müssen Menschenrechtsverletzungen (wie in Teilen Afrikas die Klitorisbeschneidung) aushalten und werden vor den Gerichten ihrer Länder oft diskriminiert und ihrer Rechte beraubt. «Feminisierung der Armut» übersetzt sich auch in millionenfache Prostitution, häufig bereits im Kindesalter.

- Unterentwicklung bedeutet geringe wirtschaftliche Leistungsfähigkeit der nationalen Ökonomie, niedrige Arbeitsproduktivität, geringer Industrialisierungsgrad, kaum entwickelte technologische

Kompetenz. Die ökonomische Kraft eines Landes hängt von seinem Bildungssystem, dem Gesundheitszustand der Bevölkerung, stabilen politischen und institutionellen Rahmenbedingungen, der Infrastruktur und Investitionen in dynamische Wettbewerbsvorteile (z. B. in Technologie, technische Qualifizierungen, Universitäten) ab. Afrika gilt als der Sorgenkontinent der Weltwirtschaft. Der Anteil aller afrikanischen Länder am Weltexport ist zwischen 1970 und dem Jahr 2000 von vier Prozent auf zwei Prozent gesunken. Subsahara-Afrika trägt nur noch mit etwa ein Prozent zum Weltsozialprodukt bei.

1.4 Einkommensarmut verdammt nicht zu absoluter Verelendung

Oft wird das Pro-Kopf-Einkommen als zentraler Indikator für Armut verwendet. Dieses Maß ist mit vielen guten Gründen zu Recht kritisiert worden: Es misst nur Marktwerte und ignoriert die Leistungen der Subsistenzwirtschaften, die gerade in den ärmsten Ländern von großer Bedeutung sind; es versteckt die ungleiche Verteilung von Einkommen in einer Gesellschaft; es ignoriert immaterielle Güter, die für ein menschenwürdiges Leben wichtig sind wie z. B. politische und soziale Menschenrechte oder Partizipationsmöglichkeiten.

Insbesondere Amartya Sen (2002) hat darauf aufmerksam gemacht, dass die Lebensqualität und Lebenserwartung in Ländern mit niedrigen Pro-Kopf-Einkommen extrem unterschiedlich ausfallen können (vgl. Schaubild 1; aus Sen, S. 63). In dem Schaubild sind das Pro-Kopf-Einkommen und die Lebenserwartung bei Geburt in sechs Ländern und einem größeren Bundesstaat innerhalb Indiens (Kerala) mit 30 Millionen Einwohnern festgehalten. Trotz sehr niedrigen Pro-Kopf-Einkommens erfreuen sich die Bewohner Keralas, Sri Lankas und Chinas einer deutlich höheren Lebenserwartung als die viel reichere Bevölkerung Brasiliens, Südafrikas, Namibias und Gabuns. Da eine deutlich höhere Lebenserwartung mit einer Reihe sozialer Chancen zusammenhängt (z. B. breitenwirksame Gesundheitsvorsorge, Bildungseinrichtungen, Seuchenbekämpfung), verweisen die Ergebnisse von Sen darauf, dass auch arme Länder in der Lage sind, die Lebenschancen ihrer Bevölkerung signifikant zu verbessern. Entwicklungsländer müssen also nicht erst darauf warten, bis sie nach einem langen

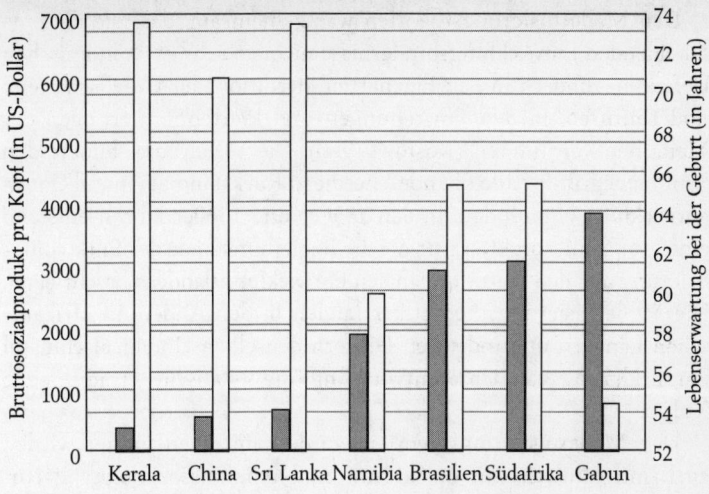

Abbildung 1: Bruttosozialprodukt pro Kopf (in US-Dollar) und Lebenserwartung bei Geburt

Quellen: Daten der Länder 1994, Weltbank, *World Development Report 1996*; Daten für Kerala, Lebenserwartung 1989–1993, Sample Registration System zitiert in Government of India (1997), Department of Education, *Woman in India: A Statistical Profile*; Inländische Produktionsleistung pro Kopf 1992–1993; Government of India (1997), Ministry of Finance, *Economic Survey 1996–1997*.

Prozess von Wirtschaftswachstum endlich an den Aufbau von Gesundheits- und Schulwesen gehen können. Ärmste Länder verfügen über entwicklungspolitische Gestaltungsmöglichkeiten.

1.5 Entwicklungstheoretische Kontroversen

Solange es um die Beschreibung von Phänomen der Unterentwicklung geht, entstehen in der Entwicklungsforschung allenfalls Meinungsverschiedenheiten über die jeweilige Auswahl und Gewichtung von Indikatoren. Kontroverser wird es, wenn die Ursachen von Unterentwicklung sowie Kausalketten zur Erklärung gelungener Entwicklungsprozesse bestimmt werden. Die 1970er und 1980er Jahre waren geprägt durch entwicklungstheoretische Kontroversen zwischen zwei Großtheorien – den Modernisierungs- sowie den Dependenztheorien (Hein 1998; Hurtienne 1984).

Den Modernisierungstheorien war gemeinsam, dass sie die entscheidenden Entwicklungshindernisse nicht so sehr in ökonomischen Defiziten, sondern in den Eigenarten «traditioneller Gesellschaften» und Kulturen, in den Einstellungen und Werteorientierungen der Menschen vermuteten (Rostow 1960). Die «Tradition» bildete den Sammelbegriff für alle Phänomene, die in Rückständigkeit und Unterentwicklung einmünden. In den 1950er und 1960er Jahren entstand eine große Fülle an Literatur, die die Begleitumstände der Entkolonialisierung und den Status quo in den Entwicklungsländern beschrieben. Die Modernisierungstheoretiker fanden in den Anden, in afrikanischen Ländern und indischen Dörfern denselben Universalschlüssel zur Erklärung von Unterentwicklung: die «statische» traditionelle Kultur.

Den Modernisierungstheorien wurde zum einen immer wieder, auch mit Hinweis auf die kultur- und religionssoziologische Forschung, der Vorwurf gemacht, einen eurozentrischen, klischeebesetzten Kulturbegriff zu verwenden und der «rückständigen Tradition» ein idealisiertes Bild der westlich-marktwirtschaftlichen Länder entgegenzusetzen. Zum anderen wurde kritisiert, dass Modernisierung auf die schlichte Formel der Verwestlichung gebracht wurde. So unterschiedslos «Unterentwicklung» in einer Vielzahl von Ländern aus der «traditionellen Kultur» erklärt wurde, so undifferenziert wurden «der unterentwickelten Welt» die westlichen Industrieländer als idealisierte Leitbilder nachholender Entwicklung empfohlen. Kapitalhilfen von außen sollten den historischen Nachzüglern helfen, den geschichtsteleologisch vorgezeichneten Weg zur westlichen Moderne zu finden.

Die zunächst in Lateinamerika entwickelten Dependenztheorien (Cardoso/Faleto 1974), die in den 1970er Jahren vor allem von Dieter Senghaas (1972; 1974) in die deutsche Diskussion eingeführt wurden, entstanden als Gegenentwurf zu den Modernisierungstheorien. Jenseits aller Kontroversen zwischen den Dependenztheoretikern bestand weitgehende Übereinstimmung in den folgenden Punkten:

• Nicht endogene Faktoren (wie Kapitalmangel, «Traditionen», Bevölkerungswachstum), sondern exogene, von außen aufgezwungene Faktoren (wie der Kolonialismus, die Einbindung in die Weltwirtschaft, Direktinvestitionen multinationaler Unternehmen) seien die zentralen Ursachen der Unterentwicklung.

- Der «ungleiche Tausch» in den Nord-Süd-Wirtschaftsbeziehungen habe das klassische Theorem der komparativen Kostenvorteile im Welthandel (David Ricardo, 1772–1823) außer Kraft gesetzt. Entwicklungsländer würden in der internationalen Arbeitsteilung systematisch benachteiligt und auf Dauer zu Rohstoffexporteuren degradiert.
- Die Einbindung der Entwicklungsländer in die Weltökonomie führe zu «struktureller Abhängigkeit» von den «Metropolen» und einer strukturellen Verkrüppelung («strukturelle Heterogenität») interner sozioökonomischer Strukturen. Im Ergebnis wurde breitenwirksame nachholende Entwicklung für nahezu unmöglich gehalten. Entwicklungsländer würden dauerhaft zur «Peripherie» im Weltsystem.

Dieter Senghaas (1974, S. 18) fasste das dependenztheoretische Credo wie folgt zusammen: «Unterentwicklung ist (vielmehr) ein sich historisch entwickelnder integraler Bestandteil des von kapitalistischen Metropolen dominierten internationalen Wirtschaftssystems und damit der internationalen Gesellschaft. Die Entwicklung dieser Metropolen, der Zentren, und die Geschichte der Unterentwicklung der Dritten Welt sind miteinander über das internationale System vermittelte, komplementäre Vorgänge.»

Die Dependenztheorien avancierten in den 1970er Jahren zur *mainstream*-Perspektive in der Entwicklungsforschung. Doch mit dem lang anhaltenden Boom in den ostasiatischen Schwellenländern und deren Aufstieg in der Weltwirtschaft gerieten sie im Verlauf der 1980er Jahre in große Erklärungsschwierigkeiten, denn Länder wie Südkorea, Taiwan, Hongkong und Singapur hatten aus dependenztheoretischer Perspektive eigentlich alles falsch gemacht: Sie hatten sich seit Mitte der 1960er Jahre stärker in den Weltmarkt integriert als alle anderen Entwicklungsländer, multinationale Unternehmen in ihre nationalen Entwicklungskonzepte eingebunden und international Kredite aufgenommen, um ihre ehrgeizigen Investitionsprojekte finanzieren zu können. Ulrich Menzel, neben Dieter Senghaas in den 1970er und 1980er Jahren einer der wichtigen Dependenztheoretiker in Deutschland, konstatierte vor dem Hintergrund der Schwellenländerdebatte 1992 das «Scheitern der großen Theorien» (Menzel 1992). Was ist von den «großen Kontroversen» der 1960er bis 1980er

Jahre geblieben? Sicher ist es heute nicht mehr seriös, Unterentwicklung allein als hausgemachte Misere oder gar Mentalitätsproblem der «Unterentwickelten» darzustellen. Auch die dependenztheoretische Gleichung «Unterentwicklung = Abhängigkeit» sowie die Vorstellung, Weltmarktintegration führe automatisch zur «Entwicklung der Unterentwicklung» (Frank), hat sich als reduktionistisch erwiesen. Eine tragfähige Entwicklungstheorie muss endogene und exogene Faktoren integrieren und sozio-ökonomische sowie kulturelle Prozesse berücksichtigen. Entwicklung und Unterentwicklung sind komplexe Prozesse, die nicht mit einfachen Formeln erfasst werden können. Monokausale Theorien, die Entwicklungsprobleme auf einzelne Ursachen zurückführen (wie Weltmarkt, Kolonialismus), verschleiern mehr, als sie erklären können. Universalistische Theorien, die Erklärungskraft sowohl für die Subsahara als auch für China oder lateinamerikanische Länder beanspruchen, können an der Komplexität von Entwicklungsprozessen nur scheitern. Es gibt keine allumfassende Theorie der Entwicklung, sondern nur zeitlich begrenzte, raum- und kulturspezifische Theorien mittlerer Reichweite.

Die 1990er Jahre wurden in der Entwicklungsforschung zur Dekade der «Theorien mittlerer Reichweite», die in vielen Feldern der Entwicklungsforschung erhebliche Erkenntnisgewinne erzielten (Mürle 1997; Thiel 1998). Sektoral, regional oder auf wissenschaftliche Teildisziplinen (wie die Entwicklungsökonomie oder Demokratietheorien) fokussierte Arbeiten bestimmen die neuen Suchrichtungen. Die unüberschaubare Zahl von Studien zu den ostasiatischen Schwellenländern führte zu wichtigen Einsichten zum Zusammenspiel von Staat und Markt unter Bedingungen der Weltmarktintegration sowie zu Determinanten internationaler Wettbewerbsfähigkeit und von Innovationsprozessen. Empirisch fundierte Studien zu ländlicher Entwicklung und dem informellen Sektor trugen zu einem verbesserten Verständnis afrikanischer Entwicklungsprozesse bei. Untersuchungen zur Bedeutung von Zivilgesellschaft, Partizipation und «Empowerment» von Akteuren in Modernisierungsprozessen brachen die sterilen und dichotomistischen Debatten über «mehr oder weniger» «Staat oder Markt» auf. Die umweltorientierte «Nachhaltigkeitsdiskussion» erschütterte die Wachstumsorientierung der klassischen Modernisierungs- und Dependenztheorien.

Die Entwicklungsforschung ist auch in den 1990er Jahren durch kontroverse Debatten charakterisiert, z. B. zwischen eher wirtschaftsliberalen und stärker strukturalistisch argumentierenden Entwicklungsökonomen. Zudem spricht vieles dafür, dass auf den Schub von Theorien mittlerer Reichweite Versuche folgen werden, Teilaspekte der Entwicklungsforschung der 1990er Jahre zu (re-)integrieren (z. B. Wachstumstheorien mit Nachhaltigkeitskonzepten). Dass in diesem iterativen Prozess neue Universaltheorien entstehen könnten, ist angesichts des komplexen Zuschnitts der Entwicklungsforschung allerdings unwahrscheinlich.

1.6 Schrumpfende Entwicklungsetats

Die Verflüchtigung des Interessenkalküls, das die Entwicklungspolitik zu einem Instrument des Ost-West-Konflikts gemacht hatte, aber auch die wachsende Kritik an ihrer mageren Erfolgsbilanz sowie Haushaltsprobleme in vielen OECD-Ländern trugen dazu bei, dass die öf-

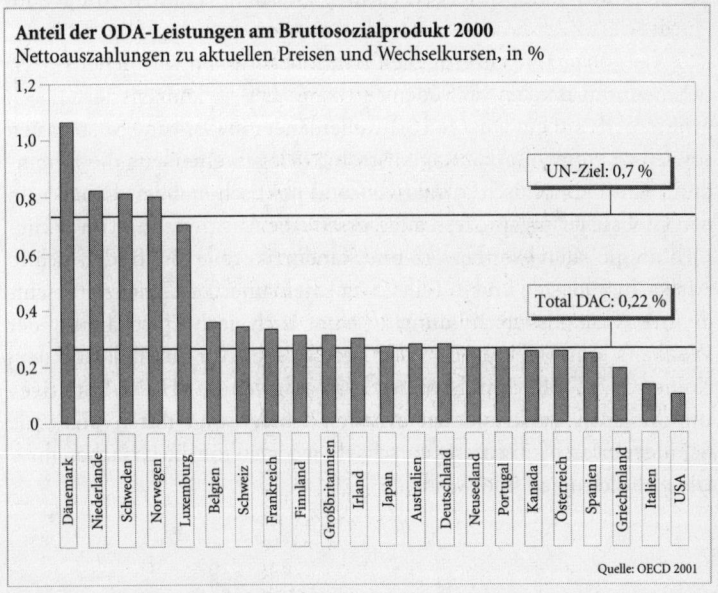

Abbildung 2: Anteil der ODA-Leistungen am Bruttosozialprodukt 2000.

fentlichen Leistungen der im DAC *Development Assistance Committee* organisierten OECD-Länder für ODA in den 1990er Jahren nicht nur relativ zum Bruttosozialprodukt (BSP), sondern auch absolut auf etwa 50 Mrd. US-$ sanken. Ausnahmen bildeten weiterhin die nordischen Staaten Dänemark, Norwegen und Schweden sowie die Niederlande, die sogar das UN-Ziel von 0,7 Prozent des BSP überschritten. Am stärksten senkte die Clinton-Administration ihre ODA-Leistungen, obwohl gleichzeitig ihre Haushaltsüberschüsse anwuchsen. Ihr ODA-Anteil am BSP fiel in den Jahren 1999/2000 auf 0,1 Prozent, sodass der Leistungsdurchschnitt aller DAC-Länder auf 0,22 Prozent gedrückt wurde [vgl. Schaubild S. 385].

In Deutschland kündigte die rot-grüne Koalitionsregierung in ihrem Koalitionsvertrag zwar die schrittweise Annäherung an das 0,7-Prozent-Ziel an, senkte aber in ihrer mittelfristigen Finanzplanung den Anteil des Entwicklungshaushalts am Bundeshaushalt von 1,7 Prozent im Jahr 1998 auf 1,3 Prozent im Jahr 2003, sodass auch sein BSP-Anteil von 0,26 Prozent auf 0,21 Prozent sinken wird. Darin kommt auch eine Untergewichtung globaler Verantwortung zum Ausdruck.

Zwar stiegen gleichzeitig die Privatinvestitionen westlicher Unternehmen und Banken im Süden stark an, aber sie konzentrierten sich größtenteils auf ein Dutzend Schwellenländer in Ost- und Südostasien sowie in Lateinamerika. Kapitalströme belegen einerseits die Einbindung von ökonomisch attraktiven und politisch stabilen Ländern in den Globalisierungsprozess, andererseits die Ausgrenzung von Verlierern im globalen Wettbewerb um Standortvorteile: Sie finden sich in Afrika, in Südasien und in Teilen von Lateinamerika. Gleichzeitig wurde ihre Auslandsverschuldung zu einer auch nach Einschätzung der Weltbank «untragbaren Bürde». Diese wurde zwar durch die auf dem Kölner G-7-Gipfel vom Sommer 1999 eingeleitete «HIPC-Initiative» für die hoch verschuldeten ärmsten Länder und durch bilaterale Schuldenerlasse kurzfristig entschärft, jedoch ohne die Ursachen ihrer Überschuldung zu überwinden.

1.7 Entwicklungspolitische Enttäuschungen oder neuer Pragmatismus?

Die internationale Entwicklungspolitik steckt in einer tiefen Sinn- und Rechtfertigungskrise, obwohl sich die Weltprobleme, zu deren Entschärfung oder gar Lösung sie beitragen soll, verschärft haben.

Seitdem sich das Bedrohungsszenario des Kalten Krieges verflüchtigt hat, verlor die Entwicklungspolitik zudem für Außen- und Sicherheitspolitiker ihre geostrategische Rationalität und der in der Blockfreienbewegung organisierte Süden eine politische Trumpfkarte im Pokerspiel um internationale Subsidien. Für Westeuropa wurde die «Tiersmondisierung» des GUS-Raums und des Balkans, vor allem aufgrund des befürchteten Migrationsdrucks, zu einer näher liegenden Herausforderung als Krisen in Afrika oder Asien. Der Versuch von Entwicklungspolitikern, statt eines moralisch begründeten Altruismus stärker Eigeninteressen zu betonen und die Entwicklungspolitik als «präventive Sicherheitspolitik» gegen nicht-militärische Gefährdungen aus der Peripherie der Weltpolitik aufzuwerten und in ein Konzept der «erweiterten Sicherheit» einzubinden, schlug sich nicht in der Mittelzuweisung nieder. Es gab zwar eine «Friedensdividende», aber die Einsparungen in den Rüstungetats wurden nicht in die schrumpfenden Entwicklungsetats umgeleitet, wie Willy Brandt (1913–1992) und Richard von Weizsäcker zu Beginn der 1990er Jahre gefordert hatten.

Die gelegentliche Pauschalkritik an der Entwicklungspolitik, die größere publizistische Resonanz findet als differenzierende Leistungsbilanzen, ignoriert einige Tatbestände und Zusammenhänge:

Erstens liegt ein grundlegendes Problem der Debatte über Erfolge und Misserfolge der Entwicklungspolitik schon in der gehörigen Überschätzung ihrer Möglichkeiten, vor allem dann, wenn sie auf den engeren Bereich der Entwicklungshilfe, die *Official Development Assistance, ODA,* verkürzt wird. Die weltweit bereitgestellte ODA, die nur wenig höher als der Agrarhaushalt der EU ist, soll eine Vielzahl schwerwiegender Weltprobleme lösen oder Krisen verhindern: das Armutsproblem, Ernährungs- und Umweltkrisen, das Migrationsproblem, das Wachstum der Weltbevölkerung, die Herstellung und Sicherung von Demokratie und Menschenrechten sowie die Vermehrung und Brutalisierung von friedensgefährdenden Macht- und Verteilungskonflikten.

Zweitens ignoriert die Pauschalkritik selbst unbestreitbare Erfolge, wie die auch in den ärmsten Ländern zunehmende Lebenserwartung, sinkende Kindersterblichkeit und rückläufige Analphabetenquoten.

Drittens beruhen die allzu hohen Erwartungen und Anforderungen an die Entwicklungspolitik auch auf dem grundsätzlichen Irrtum, dass Entwicklung durch externe Inputs von Geld, Expertise und Personal herbeigeführt werden könne. Entwicklung, verstanden als das «Entfalten der eigenen Potenziale», muss von innen kommen und kann von außen allenfalls unterstützt werden. Alle Problemlösungen, die vorwiegend auf Nord-Süd-Transfers setzen, sind nicht zukunftsfähig, verwischen Verantwortlichkeiten und nehmen den Zielländern, was sie selbst als *ownership* beanspruchen: nämlich Eigenverantwortlichkeit. Längst gehört es zum entwicklungspolitischen Credo, dass ohne wirtschaftliche, gesellschaftliche und politische Strukturveränderungen und ohne Verhaltensänderungen der Eliten, also ohne *Good Governance*, externe Hilfe nicht nur wirkungslos bleiben muss, sondern auch kontraproduktive Wirkungen haben kann.

Viertens aktualisierte die neue Formel von der Entwicklungspolitik als «globaler Strukturpolitik» nur die alte Erkenntnis, dass die ODA nur teilweise die Benachteiligungen ausgleichen kann, die vielen Entwicklungsländern aus der weltwirtschaftlichen Arbeitsteilung erwachsen. So haben IWF, Weltbank und UNCTAD immer wieder nachgewiesen, dass sie der Handelsprotektionismus der OECD-Länder, vor allem im Agrarbereich, mehr Devisen kostet, als ihnen alle ODA zurückbringt.

Nach Prognosen von OECD und WTO werden fast alle Ländergruppen von der Liberalisierung des Welthandels profitieren – mit Ausnahme der Rohstoffländer des subsaharischen Afrika, die in der Regel nur Rohstoffe auf niedriger Verarbeitungsstufe exportieren können. Im Fall der ärmsten Entwicklungsländer, die zu den Verlierern der Globalisierung gehören, muss ODA zunächst dazu beitragen, die Exportchancen und internationale Wettbewerbsfähigkeit zu verbessern, z. B. durch die Verarbeitung von Rohstoffen zu wettbewerbsfähigen Halb- und Fertigprodukten mit einer höheren Wertschöpfung. Hier bekommt Entwicklungspolitik ihren eigentlichen Sinn von «Hilfe zur Selbsthilfe».

2 Dimensionen:
Teilgebiete der Entwicklungsforschung

2.1 Armut und Reichtum

Weltweit leben 1,2 Milliarden Menschen, also ein Fünftel der Weltbevölkerung, in absoluter Armut. Als absolut arm gelten Menschen, denen pro Tag weniger als ein Dollar (in lokaler Kaufkraft) zur Verfügung steht. Seit Anfang der 1990er Jahre sinkt sowohl die Zahl der Armen als auch ihr Anteil an der Weltbevölkerung langsam. Doch hinter dieser Entwicklung verbergen sich große regionale Disparitäten. Zwischen 1987 und 1998 ist die Zahl der in absoluter Armut lebenden Menschen in China um gut 80 Millionen gesunken, in ganz Ostasien um etwa 140 Millionen Menschen. Im gleichen Zeitraum stieg die Zahl der absolut Armen in Subsahara-Afrika um 73 Millionen, in Südasien um 48 Millionen, in den ehemaligen sozialistischen Ländern um 23 Millionen und in Lateinamerika um 15 Millionen.

Die Einkommensunterschiede zwischen Industrie- und Entwicklungsländern bleiben groß. Das Bruttosozialprodukt pro Kopf liegt Anfang des 21. Jahrhunderts in den OECD-Ländern bei etwa 21 000 US-$. Die Transformationsländer erreichen gerade zehn Prozent dieser Summe, die Entwicklungsländer sechs Prozent und die ärmsten Entwicklungsländer gar nur ein Prozent dieses Werts. Etwas weniger drastisch fallen die Einkommensvergleiche aus, wenn die reale Kaufkraft in den Ländern berücksichtigt wird (das BSP nach Kaufkraftparitäten berücksichtigt die oft verzerrenden Wechselkurse zwischen den Landeswährungen sowie die relativen Preise in den verschiedenen Ländern). Gemessen in Kaufkraftparitäten erreichen die Transformationsländer etwa 30 Prozent des Einkommens der Industrieländer, die Entwicklungsländer 16 Prozent und die ärmsten Länder fünf Prozent.

Investitionen in soziale Grunddienste sowie die Stärkung von Demokratie und *good governance* (guter Regierungsführung: z. B. durch Aufbau effektiver und effizienter Verwaltungen, Professionalisierung der Beschäftigten im öffentlichen Sektor, Dezentralisierung, Eindämmung von Korruption) sind zentrale Bausteine einer Strategie zur Reduzierung der Armut.

Ermutigend ist, dass sich in den vergangenen drei Dekaden weltweit soziale Fortschritte abzeichnen – auch in den ärmsten Ländern

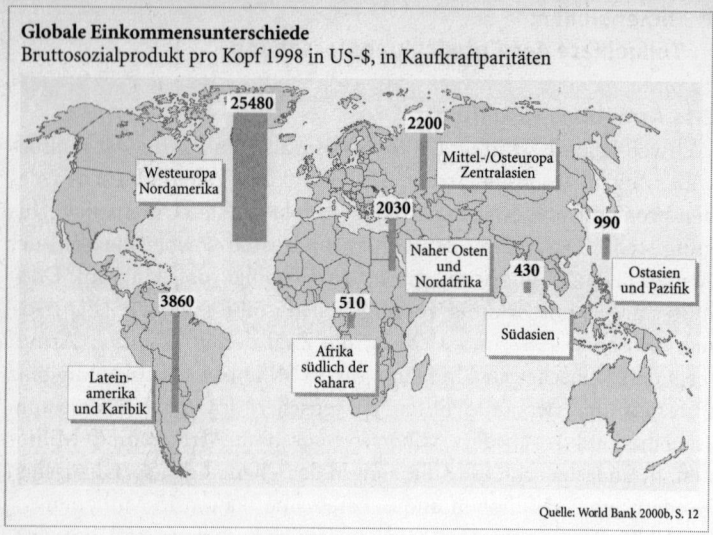

Globale Einkommensunterschiede
Bruttosozialprodukt pro Kopf 1998 in US-$, in Kaufkraftparitäten

25480

Westeuropa
Nordamerika

2200

Mittel-/Osteuropa
Zentralasien

2030

Naher Osten
und
Nordafrika

990

430

Ostasien
und Pazifik

3860

510

Südasien

Latein-
amerika
und Karibik

Afrika
südlich der
Sahara

Quelle: World Bank 2000b, S. 12

Abbildung 3: Globale Einkommensunterschiede

und den benachteiligtsten Bevölkerungsgruppen. In allen Weltregionen und Bevölkerungsschichten ist die Lebenserwartung gestiegen,
die Kindersterblichkeitsraten sind gesunken, die Ernährungs- und Ge-
sundheitssituation hat sich verbessert, die Einschulungsquoten erhöhten sich, und die Zahl der Analphabeten sank. Der von UNDP erhobene *Human Development Index* (in den die Lebenserwartung, der
Bildungsgrad und das Pro-Kopf-Einkommen in Kaufkraftparitäten
eingehen) hat sich seit Mitte der 1970er Jahre in nahezu allen Ländern
verbessert; in den Entwicklungsländern mit mittlerem Einkommen
zwischen 1975 und 1995 um etwa 28 Prozent, in den ärmsten Ländern
um ca. 20 Prozent. Funktionstüchtige Schulen und Gesundheitssysteme und damit gesündere und höher qualifizierte Eltern verbessern die
strukturellen Bedingungen der Armutsbekämpfung.

Soziale Rückschläge gab es in Ländern, in denen sich die Lebenschancen der Bevölkerungen durch anhaltende Bürgerkriege verringert
haben (z. B. Afghanistan, Sudan, Somalia), und in Ländern, insbesondere Subsahara-Afrikas (z. B. Botswana, Simbabwe), in denen sich
AIDS stark ausbreitete.

Der Index für menschliche Entwicklung (Human Development Index, HDI) von UNDP hat sich in den vergangenen 25 Jahren in den meisten Ländern der Welt verbessert. Beispiele:

Länder mit		1975	1998	Veränderung
hohem HDI- Niveau	Irland	0,805	0,907	+0,102
	Australien	0,841	0,929	+0,088
	Dänemark	0,859	0,911	+0,052
mittlerem HDI- Niveau	Tunesien	0,511	0,703	+0,192
	China	0,518	0,706	+0,188
	Simbabwe	0,519	0,555	+0,036
niedrigem HDI- Niveau	Indonesien	0,456	0,670	+0,214
	Nepal	0,291	0,474	+0,183
	Mali	0,248	0,380	+0,132

Anmerkungen: UNDP hat 101 Länder für den langfristigen Vergleich erfassen können. In fast allen Ländern hat sich der Index verbessert. Zu den wenigen erfassten Ausnahmen zählen einige osteuropäische Länder (z. B. Russland oder Bulgarien) und als einziges afrikanisches Land Sambia. Insbesondere für afrikanische Länder liegen jedoch vielfach keine Daten für 1975 vor. Es ist davon auszugehen, dass auch in einigen anderen afrikanischen Ländern negative Trends in der menschlichen Entwicklung zu konstatieren sind. Diese Ausnahmen ändern jedoch nichts am Gesamttrend: für 21 Länder mit einem niedrigen HDI-Niveau liegen Daten vor. In diesen Ländern verbesserte sich der Index zwischen 1975 und 1998 durchschnittlich um 28 %. Im Fall der Länder mit einem mittleren HDI-Niveau liegen für fast 50 Länder Daten vor. Veränderungsrate hier: durchschnittlich plus 20 %.
Quelle: UNDP 2000, S. 150 und 180f., eigene Berechnungen

Abbildung 4: Menschliche Entwicklung macht Fortschritte

2.2 Globale Trends und Interdependenzen

Die Entwicklungsforschung beschäftigt sich neben den Fragen nach Ursachen für Entwicklungsblockaden bzw. für erfolgreiche Prozesse aufholender Entwicklung in «Ländern des Südens (und des Ostens)» zunehmend mit globalen Interdependenzen und deren Wirkungen auf Entwicklungs- und Industrieländer sowie deren Verhältnis zueinander. Schon der Brandt-Bericht von 1980 hatte die «gemeinsamen Überlebensinteressen» armer wie reicher Länder betont (Brandt 1980; Nuscheler 2002). Der Bericht der Brundtland-Kommission zu globalen Umweltproblemen (1990), die Weltkonferenz für «Umwelt und Entwicklung» in Rio 1992 (Bundesumweltministerium 1992) und der Bericht der Global-Governance-Kommission von 1995 (Commission on Global Governance 1995) argumentierten in die gleiche Richtung.

2.2.1 Bevölkerungsentwicklung

Im 20. Jahrhundert hat sich die Weltbevölkerung nahezu vervierfacht; sie ist damit schneller gewachsen als je zuvor in der Menschheitsgeschichte. Allein in der zweiten Hälfte des 20. Jahrhunderts stieg die Weltbevölkerungszahl von 2,5 Milliarden (1950) auf sechs Milliarden (2000). Dabei nahm auch die Geschwindigkeit des Wachstums zu: Für das Wachstum von zwei auf drei Milliarden Menschen brauchte es 35 Jahre, von drei auf vier Milliarden 14 Jahre, die fünfte Milliarde war nach weiteren 13 und die sechste nach weiteren zwölf Jahren erreicht. Heute leben 6,1 Milliarden Menschen. Zurzeit kommen jährlich ungefähr 78 Millionen Menschen hinzu; das entspricht einer Wachstumsrate von 1,3 Prozent pro Jahr. Indien wird voraussichtlich mit einem Wachstum auf 1,5 Milliarden Menschen China vor dem Jahr 2050 als bevölkerungsreichstes Land der Erde ablösen.

Das Bevölkerungswachstum beruht auf einer Reihe von direkten und indirekten Faktoren.

Größter *direkter* Faktor ist heute die pyramidenförmige Altersstruktur. Etwa die Hälfte der heutigen Weltbevölkerung ist jünger als 25 Jahre – die bisher größte Kinder- und Jugendgeneration. Diese Generation wächst in den nächsten Jahrzehnten ins Elternalter, weshalb die Weltbevölkerung selbst im Fall einer durchschnittlichen Kinderzahl von nur zwei je Elternpaar jahrzehntelang weiter wachsen würde.

Der zweitgrößte *direkte* Faktor dürfte die hohe Zahl ungewollter Geburten sein. Etwa ein Viertel des Bevölkerungswachstums wird auf diesen Faktor zurückgeführt. Die Zahl ungewollter Geburten wäre noch deutlich höher, wenn nicht die Mehrzahl ungewollter Schwangerschaften durch Abtreibung – schätzungsweise über 50 Millionen pro Jahr – beendet würde. Ungewollte Schwangerschaften und Geburten sind auch jenseits bevölkerungspolitischer Überlegungen ein zentrales Menschheitsproblem. Sie sind einer der Hauptfaktoren der hohen Müttersterblichkeit in Entwicklungsländern.

Zu den indirekten Einflussfaktoren gehören Armut – insbesondere mangelnde Bildung und Gesundheitsversorgung –, Kultur und Religion sowie die Diskriminierung von Mädchen und Frauen. In allen Entwicklungsländern haben ärmere und weniger gebildete Menschen in der Regel schlechteren Zugang zu Familienplanungsdienstleistungen und mehr Kinder. Darum gilt als erwiesen, dass sich Verbesserung von Bildung und eigenständigen Einkommensmöglichkeiten für Frauen fertilitätsmindernd auswirken. In diesem Sinn hat die Kairoer Weltbevölkerungskonferenz von 1994 einen sinnvollen Maßnahmenkatalog verabschiedet, um die globale Bevölkerungsentwicklung auf ein verträgliches Niveau zu bringen. Die Staatengemeinschaft einigte sich auf Maßnahmen zur Armutsbekämpfung, Investitionen in die Ausbildung von Mädchen, Verbesserung der Basisgesundheitsdienste, Aufbau von Beratungszentren der Familienplanung sowie höhere Aufwendungen für bevölkerungspolitische Maßnahmen, allerdings ohne diese guten Vorsätze in die Praxis umzusetzen.

2.2.2 Verstädterung

Mit dem 21. Jahrhundert treten wir ein in das «Jahrtausend der Städte» (Kofi Annan). Der Ort des Geschehens ist überwiegend «der Süden». Dass die Stadtbevölkerung prozentual erheblich schneller als die Weltbevölkerung wächst, ist unstrittig, auch wenn sich keine einheitliche Definition des Begriffs «Stadt» durchgesetzt hat. Nach UN-Angaben hat sich in den vergangenen 50 Jahren die Zahl der Menschen, die in Städten leben, von 740 Millionen auf 2,9 Milliarden mehr als verdreifacht, der Urbanisierungsgrad – also der Anteil der Städter an der wachsenden Weltbevölkerung – ist damit von 30 auf 47 Prozent hochgeschnellt. Im Jahr 2007 wird UN-Schätzungen zufolge die Mehrzahl der Erdbewohner in einer Stadt leben, zwei Drittel von ihnen in Entwicklungsländern. Im Jahre 2050 werden, so schätzen die UN, über sechs Milliarden Menschen in Städten leben – das sind ebenso viele, wie heute insgesamt den Globus bevölkern.

Diese enorme Dynamik hat keine historischen Vorbilder. Das bereits schwierig zu bewältigende Wachstum der Industriestädte des 19. Jahrhunderts verlief geradezu gemächlich verglichen mit dem heutigen Städtewachstum in Entwicklungsländern. Mexiko-City wuchs in nur 30 Jahren von einer auf acht Millionen Menschen, London brauchte dafür 130 Jahre.

Verstädterung birgt erhebliche Potenziale für wirtschaftlichen und sozialen Fortschritt, die Dynamik des Städtewachstums vergrößert aber auch die heute bereits bestehenden Schwierigkeiten enorm. Verdichtung der Besiedlung in städtische Formen kann u. a. den Landverbrauch drosseln, die Versorgung mit sozialen und medizinischen Dienstleistungen erleichtern, entwicklungshemmende – insbesondere Frauen diskriminierende – Traditionen brechen und die wirtschaftliche und soziale Entwicklung ankurbeln. Tatsächlich sind einige Schlüsselindikatoren für Entwicklung in Städten durchschnittlich besser, so gibt es geringere Bildungsunterschiede zwischen Mann und Frau und eine Versorgung mit Gesundheitsdienstleistungen, allerdings mit großen Unterschieden zwischen den sozialen Schichten. In vielen asiatischen Ländern hat sich laut UN-Bevölkerungsfonds UNFPA die Annahme bestätigt, das städtische Wachstum werde die übrige Entwicklung ankurbeln. Inwieweit sich dies verallgemeinern lässt, ist aber fraglich, und die Beteiligung der wachsenden Zahl armer Stadtbewohner an solchen positiven Entwicklungen ist umso schwerer, je schneller die Städte wachsen. Insbesondere in den ärmsten Ländern sind es überwiegend Arme, die in die Stadt wandern und sie bevölkern; entsprechend wachsen die urbanen Elendsviertel in Entwicklungsländern überproportional.

2.2.3 Migration

Der Begriff der Migration umfasst alle grenzüberschreitenden Wanderungen: die freiwillige Auswanderung, die durch Aufenthalts- und Arbeitserlaubnis legalisiert ist; die illegale Arbeitsmigration und die durch Kriege, politische Verfolgung und Umweltkatastrophen erzwungene Flucht. Ende der 1990er Jahre wiesen die internationalen Statistiken weltweit 125 bis 130 Millionen Menschen als grenzüberschreitende Migranten verschiedenen Typs aus, wobei die Grauzone der «irregulären Migration» viele Abweichungen nach oben und unten zulässt. Von ihnen waren rund zwei Drittel «Arbeitsmigranten», aber nur 25 bis 30 Millionen durch Arbeitsverträge legalisiert. Die Mehrzahl der grenzüberschreitenden Migranten muss also der Gruppe der «irregulären Migranten» zugeordnet werden.

Die größten Migrationsströme bewegen sich nicht von Süden nach Norden, sondern innerhalb des Südens und der GUS-Region, die im Verlauf der 1990er Jahre aufgrund der nach Westen versperrten Wege zu einem Stauraum für Migranten aus ganz Asien wurde. Viele Regionen des Südens wie die Golf-Region, die ostasiatischen «Tigerstaaten» oder der Mercosur in Südamerika wurden aufgrund regionaler Entwicklungsdisparitäten zu Migrationsräumen. Millionen von Afrikanern wandern seit Jahrzehnten aus dem Sahel-Raum in die westafrikanischen Küstenstaaten und aus dem südlichen Afrika in die Republik Afrika. Es wird geschätzt, dass von den weltweit etwa 130 Millionen Migranten etwa ein Drittel innerhalb Afrikas unterwegs sind. Nur ein Bruchteil von ihnen wagt den risikoreichen Weg nach Europa, der meistens nach der Abschiebung auf dem Heimatflughafen endet.

Migrationsforscher sagen für die kommenden Jahrzehnte vier Haupttendenzen der Migration voraus:

- eine weitere Zunahme der Migration aufgrund der Verschärfung sozialer Disparitäten, von Bürgerkriegen und Umweltschäden;
- eine weitere Globalisierung der Migration im Sinne der Einbeziehung von immer mehr Ländern in das internationale Migrationsgeschehen;
- eine weitere Differenzierung von Migrationsformen;
- eine zunehmende Feminisierung der Migration.

2.2.4 Umwelt

Seit dem Zweiten Weltkrieg greift die Menschheit in einer nie da gewesenen Art und Weise in den globalen Naturhaushalt ein. Im Unterschied zu den begrenzten Umweltfolgen traditionaler Gesellschaften bewirkt der Mensch in der Moderne Veränderungen seiner natürlichen Umwelt, die nicht mehr nur in seiner unmittelbaren Umgebung, sondern mit einer sehr viel größeren räumlichen und zeitlichen Reichweite spürbar sind und zudem tief und grundlegend in den globalen Naturhaushalt eingreifen. Emissionen von Schadstoffen wie Schwefeldioxid (SO_2) oder Kohlendioxid (CO_2) aus der Verbrennung fossiler Brennstoffe (Kohle, Erdöl und Erdgas) erzeugen nicht nur Luftverschmutzung in der Nachbarschaft des Schornsteins oder Auspuffs, sondern rufen auch schwere Schäden in Ökosystemen, Böden oder Gewässern in einigen hundert bis tausend Kilometern Entfernung hervor. Zudem beeinflussen sie das globale Klima. In ähnlicher Weise hinterlassen die Waldrodungen in weiten Teilen der Tropen, aber auch den gemäßigten Regionen Sibiriens, Kanadas oder Skandinaviens ihre Spuren. Der Verlust biologischer Vielfalt, weiträumige Bodendegradation oder die Veränderungen des lokalen, regionalen oder gar globalen Klimas sind nur einige der Folgen. Andererseits wird zunehmend deutlich, dass die natürlichen Bereiche (Sphären) des Planeten Erde wie der globale Wasserkreislauf (Hydrosphäre), Atmosphäre, Vegetation oder auch der Boden (Pedosphäre) in einer abgestimmten Weise zusammenwirken und ein System bilden, das sich durch dieses Zusammenwirken selbst stabilisiert. So ist mittlerweile bekannt, dass sich die Klimaentwicklung seit der letzten Eiszeit nur durch die Wechselwirkungen zwischen Atmosphäre, Ozeanen und Vegetation erklären lässt.

Die voranschreitende *Bodendegradation* beeinträchtigt insbesondere die Landwirtschaft und damit die Welternährung. In Nordamerika sind etwa 20 bis 30 Prozent der für Landwirtschaft geeigneten Flächen durch schwere Schäden gekennzeichnet. Bedrohlicher sieht es in vielen Entwicklungsländern aus. Besonders hohe Erosionsraten weisen z. B. in Afrika der Maghreb, das ostafrikanische Hochland, das östliche Madagaskar und Teile Südafrikas auf. In Zentralamerika ist die Bodenproduktivität des Ackerlandes in den vergangenen vier Dekaden um etwa 35 Prozent gesunken.

Mehr als 70 Prozent der Erdoberfläche sind mit *Wasser* bedeckt, jedoch nur 2,5 Prozent hiervon sind Süßwasser. Da Süßwasser zudem überwiegend in den Polkappen gefroren ist (70 Prozent) oder als Bodenfeuchtigkeit und in tiefen Grundwasserschichten gebunden ist, ist nur 0,007 Prozent allen Wassers für Menschen nutzbar. Von den 9000 km^3 Süßwasserreserven, die weltweit direkt und zuverlässig für die Menschheit nutzbar sind, wird derzeit rund ein Drittel jährlich genutzt. Da die Wasserreserven jedoch höchst unterschiedlich verteilt sind, ist in vielen Ländern Wasser von Natur aus knapp. Asien und Afrika sind hiervon am stärksten betroffen.

Die massivste und folgenreichste Beeinflussung des Erdsystems durch den Menschen spielt sich nicht unter seinen Füßen, sondern über seinem Kopf ab: die Veränderung der Zusammensetzung der Atmosphäre seit der industriellen Revolution, die den *Klimawandel* bewirkt. Insbesondere die Verbrennung fossiler Brennstoffe wie Kohle, Öl und Gas erzeugt das Treibhausgas Kohlendioxid (CO_2), das zwar das eingestrahlte Sonnenlicht durchlässt, die Rückstrahlung der Erde aber abschirmt und so zu einer Erwärmung führt. Der Trend zu höheren Emissionen ist ungebrochen. Zwar sind in Deutschland die Emissionen zwischen 1990 und 1998 um ca. 13 Prozent gesunken, doch stiegen sie in den USA um ca. zwölf Prozent und in Japan um ca. zehn Prozent (bis 1999).

2.2.5 Umweltflucht

Treffen ökologische Zerstörungen und/oder Ressourcenknappheit mit zunehmendem Bevölkerungswachstum und einer gefährdeten Ernährung für Teile der Gesellschaft zusammen, dann steigt das Risiko der Umweltflucht. Wenn es zu Verteilungskonflikten zwischen Migranten und einheimischer Bevölkerung kommt, kann eine Spirale von Umweltzerstörung und Gewalt in Gang gesetzt werden. Laut Angaben der «Weltwasserkommission für das 21. Jahrhundert» gab es 1999 zum ersten Mal mehr Umweltflüchtlinge als Binnenflüchtlinge. Etwa 21 Millionen dieser internen Kriegsflüchtlinge standen 25 Millionen Umweltflüchtlingen gegenüber. Für das Jahr 2010 wird eine Verdoppelung dieser Zahl erwartet. Regional gesehen konzentrieren sich die Umweltflüchtlinge vor allem auf Subsahara-Afrika, Südasien und Zentralamerika.

Weil es immer mehr trockene und unfruchtbare Böden geben wird und immer mehr Menschen von der Wüstenbildung betroffen sein werden und weil auch andere ökologische Schädigungen (Wassermangel und -verschmutzung) und Naturkatastrophen zunehmen werden, ist ein weiterer Anstieg der Zahl der Umweltflüchtlinge zu erwarten. Damit wird auch das Destabilisierungs- bzw. Desintegrationspotenzial für solche Staaten wachsen, deren Steuerungs- und Bewältigungsfähigkeit ohnehin begrenzt ist. Während aus regionaler Perspektive in der fragilen Region Südasien (Bangladesch, Indien, Pakistan) weitere Umweltflucht vor allem infolge der Zunahme natürlicher Katastrophen droht (Stürme, Ansteigen des Meeresspiegels), wird aller Voraussicht nach in weiten Teilen Afrikas ein komplexes Gemisch aus Degradation, Dürren und Epidemien für weitere Umweltflüchtlinge sorgen.

2.3 Institutionen der multilateralen Entwicklungszusammenarbeit

Etwa ein Drittel der weltweiten Investitionen in die Entwicklungskooperation wird von internationalen Organisationen verwaltet, aber größtenteils von den OECD-Ländern aufgebracht. Zu den wichtigen multilateralen Geberorganisationen gehören vor allem die Weltbankgruppe, die regionalen Entwicklungsbanken, verschiedene UN-Organisationen und UN-Programme sowie die EU, deren Entwicklungspolitik jedoch häufig als eine Art «kollektiver Bilateralismus» charakterisiert wird.

Die einflussreichste Organisation im Netzwerk der multilateralen Zusammenarbeit ist die Weltbank, die inzwischen fünf Organisationen umfasst (Tetzlaff 1996):

- die «Internationale Bank für Wiederaufbau und Entwicklung» (IBRD);
- die «Internationale Entwicklungsorganisation» (IDA), die zu besonders günstigen Bedingungen Darlehen vergibt und als das so genannte «weiche Fenster» der Weltbank gilt;
- die «Internationale Finanz-Corporation» (IFC), die den Auftrag hat, den Privatsektor zu fördern;
- die «Multilaterale Investitionsgarantie-Agentur» (MIGA), die Direktinvestitionen in Entwicklungsländern gegen nicht-kommerzielle Risiken (z. B. Vertragsbruch, Enteignung) absichert;
- die «Globale Umweltfazilität» (GEF), die in Zusammenarbeit mit UNDP (dem Entwicklungsprogramm der Vereinten Nationen) und UNEP (der Umweltorganisation der Vereinten Nationen) Umweltschutzmaßnahmen im «globalen Interesse» (z. B. Schutz des Regenwaldes und der Artenvielfalt, Entwicklung alternativer Energieträger) finanziell unterstützt.

Das Stimmrecht im Exekutivdirektorium der Weltbank ist nach den Kapitalanteilen der Mitgliedsländer gewichtet. Hier geben also die OECD-Staaten den Ton an. Ihre Politik hat sie in den vergangenen Dekaden immer wieder verändert: In den 1960er und 1970er Jahren galten Grundbedürfnisstrategien und der Aufbau von Entwicklungsstaaten als Orientierung; in den 1980er und 1990er Jahren propagierte die Weltbank auf der Grundlage des «Washingtoner Konsensus» und in enger Zusammenarbeit mit dem Internationalen Währungsfonds

(IWF) wirtschaftsliberale Strukturanpassungskonzepte; seit Ende der 1990er Jahre steht die Armutsbekämpfung (*Poverty Reduction Strategies*, PRS) erneut im Zentrum der Weltbankprogrammatik.

In den UN-Organisationen und -Programmen der Entwicklungszusammenarbeit gilt das UN-Gleichheitsprinzip. Hier besitzt jedes Land eine Stimme. Als Folge der Entkolonialisierung wuchs die Zahl der Mitglieder der Vereinten Nationen von 51 bei Gründung auf 144 im Jahr 1975. Diese neue Staatenmehrheit führte dazu, dass seit den 1960er Jahren unter dem Dach der Vereinten Nationen über 50 Sonderorganisationen, Unterorganisationen, Programme, Fonds und Ausschüsse entstanden, die sich mit einzelnen Entwicklungsproblemen beschäftigten. Das UN-Entwicklungsprogramm UNDP verfügt über eine weltweite Präsenz vor Ort und ist ein wichtiger *global player* in der internationalen technischen Zusammenarbeit, auch wenn die Organisation nur selten in der Lage ist, ihre schwierige Aufgabe der Koordination der anderen UN-Sonderorganisationen in den Entwicklungsländern zufrieden stellend zu erledigen. Die Weltgesundheitsorganisation WHO spielt bei der Seuchenbekämpfung und im Rahmen der internationalen Anstrengungen zur Bekämpfung von AIDS eine wichtige Rolle. Dem Weltflüchtlingsprogramm UNHCR wird in der Regel eine gute Arbeit bescheinigt, ebenso der ILO, die bei der Entwicklung internationaler Arbeitsnormen eine zentrale Rolle einnimmt.

3 Probleme: Entwicklungsstrategien im Wandel

Die Entwicklungskooperation der 1980er und 1990er Jahre wurde stark durch den neoliberalen Washingtoner Konsensus und die darauf basierenden Strukturanpassungsprogramme von Weltbank und IWF geprägt. Die Integration der Entwicklungsländer in den Weltmarkt, Inflationsbekämpfung, Deregulierung und Liberalisierung, der Abbau von Staatsfunktionen und -bürokratien sowie die Stärkung von Privatwirtschaft und Marktkräften standen ganz oben auf der Agenda der Washingtoner Entwicklungsagenturen. Heute ist einerseits unstrittig, dass die wirtschaftsliberalen Strukturanpassungsprogramme die komplexen Entwicklungsprobleme in vielen Ländern nicht lösen konnten, sie in einigen Fällen gar verschärften. Andererseits hat sich im Vergleich zum Entwicklungsdiskurs der 1960er und 1970er Jahre weltweit eine Umorientierung von staatszentrierten zu stärker marktwirtschaftlichen Entwicklungsstrategien durchgesetzt. Statt Abkopplung vom Weltmarkt geht es nun in nahezu allen Entwicklungsländern um die Suche nach tragfähigen Formen der Integration in die Weltwirtschaft.

3.1 Grenzen des Washingtoner Konsensus

Stabilisierungs-, Außenöffnungs- und Liberalisierungsmaßnahmen können Beiträge zur Überwindung ökonomischer Stagnation leisten. Sie sind notwendige, aber keine hinreichenden Bedingungen für tragfähige Entwicklungsprozesse (Esser et al. 1996): Erfolgreiche Stabilisierungspolitiken (z. B. Sanierung der Staatshaushalte, Abbau interner Verschuldung, stabilitätsorientierte Geldpolitik) sind wesentliche Bedingungen für die Reduzierung der hohen Inflation.

Die Außenöffnung zielt auf die Stärkung der Exportfähigkeit und die Erschließung neuer Märkte und Wachstumspotenziale ab. Dies ist insbesondere für kleine und mittlere Länder mit begrenzten Binnenmärkten wichtig, um Wachstumsblockaden zu überwinden.

Die Außenöffnung erhöht den Wettbewerbsdruck auf Unternehmen und kann dazu beitragen, die in vielen Ländern dominanten oligarchischen Unternehmensstrukturen aufzubrechen. Damit wird ein produktivitätsgetriebenes Wachstum, das Spielräume für Reallohnerhöhungen eröffnet, überhaupt erst möglich.

Die Orientierung am Referenzrahmen Weltmarkt kann organisatorisch-technologische Lernprozesse in Unternehmen und Organisationen, die während der Binnenorientierung langsam ausfielen, beschleunigen.

Privatisierung und Deregulierung können zum Abbau hypertropher staatlicher Bürokratien beitragen, die Marktkräfte stärken und die Bedingungen für den Aufbau leistungsfähiger staatlicher Institutionen und tragfähiger Steuerungskonzepte verbessern.

Liberalisierung und Außenöffnung können dazu beitragen, entwicklungsblockierende klientelistische Strukturen aufzubrechen.

Zugleich induzieren einseitig auf die Freisetzung der Marktkräfte orientierte neoliberale Rosskuren und makroökonomische Strukturreformen allerdings vielfältige kontraproduktive Effekte, und sie werden den Anforderungen, denen die Entwicklungsländer in der Weltwirtschaft ausgesetzt sind, nicht gerecht:

Neoliberale Wirtschaftspolitik trägt nicht zur Entwicklung systemischer Wettbewerbsfähigkeit bei: In vielen Entwicklungs-, aber auch Transformationsländern wurden die Liberalisierungs- und Außenöffnungspolitiken zu rasch, zu radikal und ohne Flankierung durch aktive Sektor- und Standortpolitiken umgesetzt. Wird auf aktive Bildungs-, Technologie- und Innovationspolitiken sowie massive Investitionen in die öffentliche Infrastruktur verzichtet, verharren Entwicklungsökonomien auf dem Niveau von Rohstoffexporteuren (Rodrik 1999; Messner 1997).

Die Strukturanpassungsprogramme vertrauten auf Armutsbekämpfung durch hohes Wachstum (trickle down) *und vernachlässigten die sozialen Dimensionen von Entwicklung:* Selbst in Ländern mit signifikanten Wachstumserfolgen konnte die Armut nicht wirksam reduziert werden, da auf aktive Sozialpolitiken, Umverteilungsstrategien sowie armutsmindernde Bildungs-, Gesundheits-, Steuer- und Wirtschaftspolitiken weitgehend verzichtet wurde. Armut und Verelendung untergraben die politische Stabilität, unterminieren Rechtssysteme und Demokratie, befördern gewalttätige Konflikte und können (wie in einigen Ländern Afrikas) in Staaten- und Gesellschaftszerfall münden.

Die Strukturanpassungsprogramme waren blind für umweltpolitische Herausforderungen: In den Entwicklungsländern sind vier Hauptursachen der ökologischen Krise festzustellen, die durch die wirtschaftsliberalen Politiken eher noch verstärkt wurden. Erstens sind die meisten Entwicklungsländer aufgrund ökonomischer Unterentwicklung auf die (Über-)Ausbeutung natürlicher Rohstoffe oder veraltete ressourcen- und energieintensive Produktionsanlagen angewiesen. Zweitens verschärfen Armut und ungerechte Verteilungsstrukturen Umweltprobleme (z. B. Abbrennen von Wäldern durch Kleinbauern zur Gewinnung von Ackerland). Drittens gingen neoliberale Reformen oft mit einer «Untersteuerung» im umweltpolitischen Bereich einher. Viertens stehen insbesondere Schwellenländer, ähnlich wie Industrieländer, vor dem grundlegenden Problem, Wachstum, soziale Entwicklung und Umweltanforderungen aufeinander abstimmen zu müssen.

Der Washingtoner Konsensus basierte auf dem Konzept des Minimalstaats und vernachlässigte die institutionellen Voraussetzungen für tragfähige Entwicklung: Die Strukturanpassungsprogramme wurden zunächst auf die quantitative Reduzierung der Staatsapparate ausgerichtet. In den meisten Entwicklungsländern geht es um tief greifende Verwaltungsreformen, den Aufbau leistungsfähiger Rechtssysteme, eine Neudefinition der Rolle des Staates unter den Bedingungen von Globalisierung sowie die Herausbildung neuer Formen der Arbeitsteilung zwischen Staat, Wirtschaft sowie Organisationen der Zivilgesellschaft (Stieglitz 2002).

3.2 Shaping the 21st Century –
Halbierung der globalen Armut

Im Mai 1996 verabschiedeten die westlichen Geber im DAC ein ambitioniertes Dokument unter dem Titel *Shaping the 21st Century* (OECD/DAC 1996). Darin werden die zentralen Ergebnisse der Weltkonferenzen der 1990er Jahre zu einer überschaubaren Zahl sozial- und umweltpolitischer Kernziele verdichtet und mit einem Zeitplan für die Zielerreichung verknüpft [vgl. Schaubild S. 403].

Erstaunlich ist an diesem Dokument, dass sich die Geber selbst unter Handlungsdruck setzen, indem sie einen Zeitplan festlegen, der vorsieht, die anvisierten Ziele bis 2015 zu erreichen; es für Regierungen im Norden und Süden, internationale Organisationen und NGOs rasch zu einem neuen Referenzrahmen für die Entwicklungspolitik wurde.

Nachdem der Washingtoner Konsensus auf makroökonomische Reformen und die Stärkung des Wachstums auf der Grundlage wirtschaftsliberaler Reformen ausgerichtet war, rückt nun erneut die Armutsbekämpfung – ähnlich wie schon im Rahmen der Grundbedürfnisstrategie der 1970er Jahre – ins Zentrum der Entwicklungspolitik. In dem DAC-Dokument mangelt es freilich an substanziellen strategischen Vorschlägen und Instrumenten zur Erreichung der hoch gesteckten Ziele, aber es gelang ihm, den entwicklungspolitischen Diskurs und Suchprozesse umzulenken.

Die Initiative stellt zweifellos einen Schritt in die richtige Richtung dar, auch wenn eine noch umfassendere Entschuldung notwendig gewesen wäre. Ob die geforderten wirtschafts- und sozialpolitischen Reformen tatsächlich zur Armutsorientierung beitragen und die Ursachen für neue Verschuldungskrisen beseitigt werden, hängt sowohl von dem Volumen der Entschuldung (also dem *good will* der Geberländer) als auch der Ernsthaftigkeit interner Reformen in den Entwicklungsländern ab.

Handlungsfeld	Ziel
Ökonomischer Wohlstand	Halbierung des Bevölkerungsanteils in absoluter Armut
Soziale Entwicklung	Grundbildung für alle Geschlechter-Gleichheit in Primar- und Sekundarstufe Reduzierung der Säuglings- und Kleinkindersterblichkeit um $2/3$ gegenüber 1990 Reduzierung der Müttersterblichkeit um $3/4$ gegenüber 1990 Reproduktive Gesundheitsversorgung für alle
Ökologische Nachhaltigkeit	Nationaler Umweltplan Umkehr der aktuellen Trends der Umweltzerstörung auf nationaler und globaler Ebene
Quellen: EOCD/DAC 1996, S. 9–11; DCD/DAC 1998, S. 9–10	

Abbildung 5: Zielkatalog von S 21

3.3 Neuorientierungen der Weltbank

Die Weltbank leitete ab 1995 unter der Präsidentschaft von James Wolfensohn weit reichende Reformen ein und reagierte damit auf die bescheidenen Erfolge der Strukturanpassungsprogramme sowie auf massive Kritik aus den Entwicklungsländern, von Dritte-Welt-NGOs und Teilen der Wissenschaft.

3.3.1 Die Wiederentdeckung des Staates

Der Weltentwicklungsbericht von 1997 markiert eine Abkehr vom neoliberalen Konzept des Washingtoner Konsensus. Markt und Staat werden nun nicht mehr als Gegensätze begriffen. Der Weltentwicklungsbericht beschreibt vielmehr eine Vielzahl von Feldern, in denen Markt, Staat und zivilgesellschaftliche Organisationen einander ergänzen können.

Die Weltbank benannte Ausgangspunkte zur Reform staatlicher Institutionen, die nationale Spielräume für unterschiedliche Formen des Zusammenspiels von Staat, Markt und Gesellschaft zulassen (Stieglitz 2002).

3.3.2 Das Primat der Armutsbekämpfung

Die 1999 in Verbindung mit der HIPC-Initiative von der Weltbank präsentierte Poverty Reduction Strategy (PRS) korrigierte die auf makroökonomische Reformen konzentrierte Konditionalität der Strukturanpassungsprogramme nachhaltig. Zukünftig soll die Reduzierung der Armut vorrangiges Ziel von Wirtschafts- und Sozialpolitik sein. Schuldenerlasse und der Zugang zu neuen konzessionären Finanzmitteln der Bretton-Woods-Organisationen werden an die Erarbeitung von Poverty Reduction Strategy Papers durch die Regierungen gebunden (PRSP), die alle drei Jahre weiterzuentwickeln sind. Partizipation wird zu einem Kernelement der neuen Strategie. Die PRSP sollen in Zusammenarbeit mit allen gesellschaftlich relevanten Gruppen und Institutionen erstellt werden. Während die Strukturanpassungsprogramme in Washington formuliert wurden, wird nun die Eigenverantwortung der Länder und eine selbstbestimmte Entwicklungspolitik propagiert (McGee/Norton 2000).

3.3.3 Paradigmenwechsel oder wirkungslose Rhetorik?

Ob die skizzierten Trends einen Paradigmenwechsel einleiten, ist durchaus umstritten. Zu denken gibt z. B., dass der Expertenpool der Weltbank vor allem aus wirtschaftsliberalen Makroökonomen besteht und es einige Zeit dauern dürfte, um die notwendige sozialpolitische Kompetenz aufzubauen und die angekündigte neue Kultur der Partizipation einzuüben. Ein Blick auf die Poverty Reduction Strategy-Homepage der Weltbank verstärkt diese Zweifel. Unter der Überschrift *Private Sector* finden sich nicht etwa Hinweise auf die Förderung von Klein- und Mittelindustrien (KMI), Berufsbildung oder wirtschaftspolitische Ansätze zur Stärkung breitenwirksamen Wachstums, sondern altbekannte Stichworte aus dem Satzbaukasten der Weltbank: Energie, Transport, Wasser, Bergbau (worldbank.org/poverty/strategies/sourctoc.htm).

Gegen einen weitgehenden Umbau der Entwicklungsorganisation in eine «anti-poverty machine for the 21st century» (Edwards 1999, S. 182) spricht zudem, dass die Weltbank als Bank organisiert ist, die rückzahlbare Kredite vergibt und auf ihr exzellentes Rating («AAA»), also sichere Rückzahlungen, angewiesen bleibt, um sich günstig auf den internationalen Finanzmärkten refinanzieren zu können. Massive bi- und multilaterale Hilfe zur direkten Armutsbekämpfung ist nur in Form von Zuschüssen tragfähig, da sonst neue Verschuldungsspiralen in den Nehmerländern in Gang gesetzt werden.

3.4 Deutsche Entwicklungspolitik als «globale Strukturpolitik»

Die deutsche Entwicklungspolitik versteht sich seit 1998 als «globale Strukturpolitik», die Beiträge zur Gestaltung der Globalisierung und zur Lösung von Weltproblemen leisten soll (Wieczorek-Zeul 1999). Mit dieser Orientierung stellt sich die Entwicklungspolitik einer Herkulesaufgabe und begibt sich auf neues Terrain, jenseits der klassischen Entwicklungskooperation, basierend auf der Durchführung von Projekten in Entwicklungsländern zur Stärkung von deren Entwicklungspotenzialen. Die tradierte Logik der Nord-Süd-Kooperation als eines weitgehend von anderen Politikfeldern entkoppelten Bereichs verändert sich, denn wirkungsvolle globale Strukturpolitik kann das BMZ im Alleingang nicht erfolgreich betreiben (Messner 1999). Derzeit werden drei unterschiedliche (durchaus kombinierbare) Varianten globaler Strukturpolitik in der Entwicklungspolitik diskutiert, die alle eine enge Kooperation des Bundesministeriums für Wirtschaftliche Zusammenarbeit und Entwicklung (BMZ) mit anderen Ministerien erforderlich machen:

Globale Strukturpolitik als Mehrebenenpolitik: Die Leitidee ist hier, dass entwicklungspolitische Strategien oft nur dann wirkungsvoll sein können, wenn sie zugleich auf unterschiedlichen Handlungsebenen (lokal bis global) ansetzen. Es liegt auf der Hand, dass das BMZ zur Beeinflussung internationaler Prozesse und Strukturen erstens entsprechende Kompetenzen innerhalb des Ministeriums entwickeln und zweitens seine Zusammenarbeit mit den Fachressorts systematisch ausbauen muss, die zur Herausbildung globaler Ordnungssysteme maßgeblich beitragen. Interministerielle Kooperation und gemeinsame Problemlösung ist der Schlüssel zum Erfolg globaler Strukturpolitik.

Globale Strukturpolitik, verstanden als Mitgestaltung der Verhältnisse in Entwicklungsländern, um deren Fähigkeit, Globalisierungsfolgen zu verarbeiten und Globalisierung selbst mitgestalten zu können, zu stärken: Hinter diesem Ansatz stehen drei miteinander verzahnte Überlegungen: erstens die eher altruistische Idee der Stärkung der Handlungsmöglichkeiten von Entwicklungsländern unter den Bedingungen von Globalisierung; zweitens die Erfahrung, dass nationale Entwicklungskrisen und -pathologien (z. B. im südlichen Afrika) oft grenzüberschreitende destabilisierende Wirkungen anschieben und nationale Entscheidungen von Entwicklungsländern auch globale Probleme verschärfen können (z. B. die klimaschädlichen Energiepolitiken Indiens oder Chinas); drittens die Gewissheit, dass die Wirksamkeit deutscher Initiativen zur Lösung globaler Probleme auch davon abhängt, ob es gelingt, Entwicklungsländer in gemeinsame Allianzen auf internationaler Ebene einzubinden – wozu bilaterale Kooperationsprojekte zur Stärkung der Global-Governance-Kompetenz von Partnerregierungen durchaus beitragen können. In der Logik des skizzierten zweiten und dritten Arguments, das dieser Strategie zugrunde liegt, müsste dieser Ansatz – neben der Kooperation mit leistungsschwachen Entwicklungsländern – vor allem auch auf die Zusammenarbeit mit Ländern ausgerichtet werden, die (durch ihre nationalen Entwicklungswege und/oder als Partner für deutsche Globalpolitik) wirkungsvolle Beiträge zur Lösung globaler Probleme leisten könnten.

Globale Strukturpolitik, die vor allem Beiträge zur Lösung zentraler Weltprobleme leistet (global public goods): Aus dieser Perspektive sollte sich die Entwicklungspolitik auf die Bearbeitung zentraler globaler Probleme konzentrieren, welche die Entwicklungschancen von Entwicklungsländern massiv beeinflussen (z. B. Verschuldungsproblem, Instabilität internationaler Finanzmärkte, Agrarprotektionismus) und/oder auf globale Herausforderungen ausgerichtet werden, die nur durch Kooperation zwischen Industrie- und Entwicklungsländern gelöst werden können (z. B. Klimakrise, Biodiversitätsproblem, Stabilität der WTO). Auch dieser Ansatz globaler Strukturpolitik kann nur Wirkung zeigen, wenn er auf Verbundlösungen zwischen den Ministerien basiert.

4 Perspektiven:
Zusammenhänge zwischen Globalisierung, Armut und sozialer Polarisierung

4.1 Führt Weltmarktintegration zu sozialen Verwerfungen?

In der aktuellen Globalisierungsdiskussion sind drei Argumentationsmuster zum Zusammenhang von Globalisierung und Armut weit verbreitet, die einer ernsthaften Prüfung nicht standhalten.

Erstens wird häufig vermutet, niedrige Löhne seien die wesentliche Triebkraft des Welthandels und zentral für die Standortentscheidungen multinationaler Unternehmen. Die Niedriglohn-Argumentation vernachlässigt die nationalen Unterschiede in der Arbeitsproduktivität. Es sind die Länder mit hoher Arbeitsproduktivität und hohen Löhnen (die OECD-Länder) oder Ökonomien mit rasch steigender Arbeitsproduktivität und zumeist ebenso schnell steigenden Löhnen (wie in den 1970er bis 1990er Jahren die ostasiatischen Schwellenländer), die die Dynamik des Welthandels und der Direktinvestitionen antreiben.

Zweitens ist oft von den schlechten Arbeitsbedingungen in den Fabriken der multinationalen Unternehmen zu lesen. Dies mag im Einzelfall durchaus zutreffen, wie Berichte über Kinderarbeit bei Nike und anderen Unternehmen immer wieder zeigen. Doch die empirischen Untersuchungen der ILO (International Labour Organization) belegen eher den Trend, dass in den Entwicklungsländern Arbeitsbedingungen und Löhne in ausländischen Unternehmen zumeist besser ausfallen als in den einheimischen Betrieben.

Drittens ist die Wahrnehmung weit verbreitet, dass eine exportorientierte Industrialisierung, also die Integration nationaler Ökonomien in die Weltwirtschaft, stets auf Kosten der Bevölkerung gehe und soziale Verwerfungen nach sich ziehe. Beobachtet werden kann jedoch, dass sich seit den 1960er Jahren die Löhne, die Bildungs- und Gesundheitssysteme sowie die Sozialindikatoren (z. B. Kindersterblichkeit, Ernährungssituation, Lebenserwartung) vor allem in den Ländern enorm verbesserten, die sich aktiv um eine Eingliederung in den Weltmarkt bemüht haben. Die Eingliederung in die globale Ökonomie, also die Teilhabe am Globalisierungsprozess, ist für viele Länder schwierig. Sie setzt stabile politische Institutionen, kontinuierliche und breitenwirksame Investitionen in Grundbildung und Weiterqualifizierung sowie den sukzessiven Aufbau nationaler technologischer Kompetenz und sozialer Sicherungssysteme voraus. Die große Herausforderung für die armen Nationen besteht also nicht etwa darin, sich von der Globalisierung abzukoppeln, sondern vielmehr darin, nationale Strukturen zu schaffen, um von den Vorteilen der Globalisierung profitieren zu können. Zugleich müssen die globalen Rahmenbedingungen verbessert werden, um die Handlungsspielräume von Entwicklungsländern in der Weltwirtschaft zu verbessern: Entschuldung, Stärkung der Entwicklungsländer in WTO, IWF und Weltbank, offene Märkte der Industrieländer für Exporte aus Entwicklungsökonomie (insbesondere für Agrargüter), Schaffung stabiler weltwirtschaftlicher Rahmenbedingungen (z. B. auf den Finanzmärkten) und eine deutliche Anhebung der Investitionen der OECD-Länder in die internationale Entwicklungszusammenarbeit sind hier wichtige Stichworte.

4.2 Globale soziale Ungleichheit nimmt rasch zu

Studien zur Entwicklung der globalen Einkommensentwicklung sind Mangelware. Die aktuellsten Daten reichen nur bis 1993. Erstaunlich ist, dass die Frage der sozialen Polarisierung in der Weltgesellschaft für die Weltbank und den IWF kein wichtiges Thema darstellt. Im «Weltentwicklungsbericht 2000» der Weltbank findet sich sogar die Aussage, dass zunehmende Ungleichheit «nicht negativ beurteilt werden sollte», entscheidend sei es, die Zahl der Armen zu senken, nicht die Ungleichheit zu bekämpfen. Doch die Entwicklung der Ungleichheit in der Weltgesellschaft sollte ein wichtiges Thema der Weltpolitik sein, denn die Konfliktforschung hat gezeigt, dass im nationalstaatlichen Kontext große Ungleichheiten in der Einkommensverteilung oft mit politischen Instabilitäten und Dauerkonflikten einhergehen.

Die neuesten Studien (Milanovic 1999) ergeben folgendes Bild: Das Welteinkommen verteilt sich auf zwei Pole. Ein großer Teil der Weltbevölkerung lebt in Gesellschaften mit einem BSP pro Kopf (in Kaufkraftparitäten) von bis zu 1500 US-$. Hierzu gehören der größte Teil Afrikas, Indien, Indonesien und die ländlichen Regionen Chinas. Am anderen Ende des Kontinuums befinden sich die OECD-Länder mit einem BSP pro Kopf (in Kaufkraftparitäten) von etwa 12 000 US-$. Sehr wenige Länder (wie Russland, Mexiko und das städtische China) liegen im Mittelfeld (etwa 5000 US-$ pro Kopf). Die Zahl der Menschen, die in Ländern mit einem BSP pro Kopf zwischen 5000 und 12 000 US-$ leben, ist beinahe vernachlässigenswert. In der Weltgesellschaft hat sich nur eine sehr dünne «globale Mittelschicht» herausgebildet.

Eine aufwendige neue Studie hat den globalen Gini-Index auf der Grundlage von Haushaltseinkommen (also nicht nur von durchschnittlichen BSP-Daten) errechnet. Die Haushaltseinkommen von 85 Prozent der Weltbevölkerung sind in diese Untersuchung eingegangen. Der Gini-Index ist der international übliche Indikator zur Messung der Ungleichverteilung von Einkommen; je stärker er vom Gleichgewichtsverteilungswert null gegen hundert tendiert, desto größer die Kluft zwischen Arm und Reich. Zwei Ergebnisse sind wichtig: Erstens lag der globale Gini-Index 1988 bei 62,5 und fiel damit deutlich schlechter aus als jeder nationale Gini-Index oder die vorliegenden Gini-Indizes für die Weltregionen (Gini-Index 1995 für die OECD-Länder 34, für Subsahara-Afrika 45, Lateinamerika 48). Zweitens stellte sich heraus, dass der globale Gini-Index von 1988 bis 1993 auf 66 anstieg. Die globale Einkommensverteilung hat sich also in nur fünf Jahren um signifikante sechs Prozent verschlechtert.

Zwischen 1988 und 1993 ist der Anteil der unteren zehn Prozent der globalen Einkommenspyramide am weltweiten Einkommen um über 25 Prozent gesunken; der Anteil der oberen 10 Prozent am Welteinkommen stieg gleichzeitig um acht Prozent. Die soziale Polarisierung in der Weltwirtschaft verschärft sich also zunehmend.

Die Wirkungen der sich verschlechternden globalen Einkommensverteilung sind vergleichbar mit denen der globalen Erwärmung infolge der Klimaveränderungen. Sie sind diffus, kumulativ, langfristiger Natur und können sich über globale Interdependenzketten und Bumerangeffekte (z. B. zunehmende Ungleichheit – soziale Frustrationen – Konflikte – Migration) grenzüberschreitend verstärken. Die weltweite mediale Vermittlung (via Fernsehen, Internet) westlichen und für viele Länder unerreichbaren Wohlstands kann zudem in Entwicklungsländern Aggressionen und Migrationsbereitschaft wecken.

Literatur

Albertini, Rudolf von: Dekolonialisierung, Köln 1966.

Bergmann, Christel: Schwellenländer. Kriterien und Konzepte, Köln 1983.

Bundesministerium für Wirtschaftliche Zusammenarbeit und Entwicklung: Aktionsprogramm 2015. Armutsbekämpfung – eine globale Aufgabe, Bonn 2001.

Bundesumweltministerium: Umweltpolitik. Konferenz der Vereinten Nationen für Umwelt und Entwicklung in Rio de Janeiro. Dokumente, Bonn 1992.

Cardoso, Enrique/Faletto, Enzo: Peripherer Kapitalismus. Analysen über Abhängigkeit und Unterentwicklung, Frankfurt a. M. 1974.

Castaneda, Jorge: «Mexico's Circle of Misery», in: Foreign Affairs 75/5, 1996, S. 92–105.

Commission on Global Governance: Our Global Neighbourhood, Oxford 1995.

Brandt, Willy: Das Überleben sichern. Gemeinsame Interessen der Industrie- und Entwicklungsländer. Bericht der Nord-Süd-Kommission, Köln 1980.

Edwards, Michael: Future Positive. International Cooperation in the 21st Century, London 1999.

Esser, Klaus/Hillebrand, Wolfgang/Messner, Dirk/Meyer-Stamer, Jörg: Systemic Competitiveness, London 1996.

Ferdowsi, Mir A.: «Globale Bedrohungspotentiale – eine kritische Bestandsaufnahme», in: ders. (Hg.): Die Welt der 1990er Jahre, Bonn 1995, S. 23–43.

Frank, Andre Gunder: Kapitalismus und Unterentwicklung in Lateinamerika, Frankfurt a. M. 1975.

Hauchler, Ingomar/Messner, Dirk/Nuscheler, Franz (Hg.): Globale Trends. Fakten, Analysen, Prognosen, Frankfurt a. M. 1998 (erscheint in völliger Neubearbeitung alle zwei Jahre).

Hein, Wolfgang: Unterentwicklung und Krise der Peripherie, Opladen 1998.

Huntington, Samuel P.: The Clash of Civilizations and the Remaking of World Order, New York 1996.

Hurtienne, Thomas: Theoriegeschichtliche Grundlagen des sozialökonomischen Entwicklungsdenkens, Bd. 1 und 2, Saarbrücken 1984.

International Labour Organization: Labour and Social Issues Relating to Export Processing Zones, Genf 1998.

Kaul, Inge et al.: Global Public Goods, Oxford 1999.

Matthies, Volker: «Neues Feindbild Dritte Welt. Verschärft sich der Nord-Süd-Konflikt?», in: Aus Politik und Zeitgeschichte 25/26, 1991, S. 3–11.

Mármora, Leopoldo/Messner, Dirk: Jenseits von Etatismus und Neoliberalismus. Zur aktuellen Steuerungsdiskussion am Beispiel Argentiniens und Südkoreas, Iberoamerika Institut, Hamburg 1992.

McGee, Rosemary/Norton, Andy: Participation in Poverty Reduction Strategies, IDS Working Paper 109, Brighton 2000.

Menzel, Ulrich: Das Ende der Dritten Welt und das Scheitern der großen Theorien, Frankfurt a. M. 1992.

Menzel, Ulrich: «Nachholende Modernisierung in Ostasien aus entwicklungstheoretischer Perspektive», in: Dieter Nohlen/Franz Nuscheler (Hg.): Handbuch Dritte Welt, Bd. 8, Bonn 1993.

Messner, Dirk: The Network Society. Economic Development and International Competitiveness as Problems of Social Governance, London 1997.

Messner, Dirk: «Globalisierung, Global Governance und Entwicklungspolitik», in: Internationale Politik und Gesellschaft 1, Bonn 1999, S. 5–18.

Messner, Dirk/Nuscheler, Franz: Weltkonferenzen und Weltberichte, Bonn 1996.

Milanovic, Banko: The True World Income Distribution, Policy Research Working Paper 2244, Development Research Group, World Bank, Washington 1999.

Mürle, Holger: Entwicklungstheorien nach dem Scheitern der «großen Theorien», INEF-Report Nr. 22, Institut für Entwicklung und Frieden, Duisburg 1997.

Nuscheler, Franz: «Das Nord-Süd-Problem», in: Bundeszentrale für politische Bildung (Hg.): Grundwissen Politik, Bonn 1997, S. 435–514.

Nuscheler, Franz (Hg.): Entwicklung und Frieden im 21. Jahrhundert. Zur Wirkungsgeschichte des Brandt-Berichts, Bonn 2000.

OECD/DAC: Shaping the 21st Century. Contribution of Development Cooperation, Paris 1996.

Rodrik, Dani: The New Global Economy and Developing Countries. Making Openness Work, Washington 1999.

Rostow, Walt Whitman: Die Stadien wirtschaftlicher Entwicklung, Göttingen 1960.

Rufin, Jean Christophe: Die neuen Barbaren. Der Nord-Süd-Konflikt nach dem Ende des Kalten Krieges, München 1996.

Secretary of State for International Development: Eliminating World Poverty. Making Globalization Work for Poor, London 2000.

Sen, Amartya: Ökonomie für den Menschen, München 2002.

Senghaas, Dieter (Hg.): Imperialismus und strukturelle Gewalt, Frankfurt a. M. 1972.

Senghaas, Dieter (Hg.): Peripherer Kapitalismus, Frankfurt a. M. 1974.

Siegberg, Herward: Colonial Development, Wiesbaden 1985.

Stieglitz, Joseph: Die Schatten der Globalisierung, Berlin 2002.

Tetzlaff, Rainer: Weltbank und Weltwährungsfonds. Gestalter der Bretton Woods-Ära, Opladen 1996.

Thiel, Reinhold E. (Hg.): Neue Ansätze der Entwicklungstheorie, Bonn 1998.

Weltbank: Weltentwicklungsbericht 1997. Der Staat in einer sich ändernden Welt, Washington 1997.

Wieczorek-Zeul, Heidemarie: «Aufgaben und Ziele Globaler Strukturpolitik im 21. Jahrhundert», in: Joachim Betz/Stefan Brüne (Hg.): Jahrbuch Dritte Welt 2000, München 1999, S. 20–38.

Worldbank: The East Asian Miracle. Economic Growth and Public Policy, New York 1993.

Klaus Dieter Wolf

2.5.3 Internationale Organisationen und grenzüberschreitendes Regieren

1 Einleitung:
auf dem Weg zum grenzüberschreitenden Regieren – Gegenstand und Forschungsfragen im Wandel

In diesem Beitrag geht es um den Stand und um neuere Entwicklungstendenzen der politikwissenschaftlichen Beschäftigung mit der grenzüberschreitenden Organisation von Politik. Damit wird ein Teilgebiet der Subdisziplin Internationale Beziehungen (IB) behandelt, in dem es seit den 1990er Jahren und gerade in der deutschen Debatte zu einer umfassenden Wiederannäherung an die für die Politikwissenschaft ebenso zentrale wie klassische Thematik des Regierens gekommen ist. Die von den übergreifenden Problemstellungen des «Regierens jenseits des Staates» ausgelösten Integrationstendenzen im Fach erscheinen als eine notwendige Reaktion auf Grenzverschiebungen beim Gegenstand selbst: Zum einen kann die Regierungslehre das Regieren sinnvollerweise nicht mehr als etwas betrachten, das sich allein innerhalb von Staaten vollzieht. Um sich aber im Raum jenseits des Staates zurechtzufinden, bedarf sie der Unterstützung durch die IB. Zum anderen reicht auch deren Kernkompetenz allein nicht aus, um die neu hinzukommenden steuerungs- und demokratietheoretischen Herausforderungen an das grenzüberschreitende Regieren analytisch zu bewältigen. Wo die einen am Regieren scheitern, werden die anderen durch dessen zunehmend grenzüberschreitende Natur vor noch ungelöste Probleme gestellt. Dies gilt im Übrigen auch für die Politische Theorie, deren Maßstäbe für die Beurteilung der demokratischen

Legitimität des Regierens sich im Wesentlichen auf den Staat beziehen.

Die IB hat bei der Betrachtung internationaler Institutionen auf die gestiegenen Anforderungen an das grenzüberschreitende Regieren mit einer mehrstufigen Perspektivenerweiterung reagiert. Sie hat dabei einen Entwicklungsprozess durchlaufen, der sich in drei Phasen unterteilen lässt und in dessen Verlauf die zunehmende Komplexität des Untersuchungsgegenstandes nicht nur zu neuen Forschungsfragen, sondern auch zu theoretischen und konzeptionellen Anleihen bei den benachbarten Subdisziplinen führte. In der ersten Phase stellte die Friedensproblematik die größte Herausforderung dar. Die Frage nach den Entstehungsbedingungen internationaler Institutionen war eingebettet in ein kooperationstheoretisch ausgerichtetes Interesse an den *Ermöglichungsbedingungen* friedlicher Konfliktregelung. Die Institutionalisierung zwischenstaatlicher Kooperation wurde als eine Chance angesehen, das als gewaltträchtig eingestufte und durch den anarchischen Zustand des internationalen Systems hervorgerufene Sicherheitsdilemma zu überwinden. In den beiden folgenden Phasen schoben sich die Effektivität politischer Steuerung bzw. die Legitimität des grenzüberschreitenden Regierens als dominierende Problemstellungen in den Vordergrund.

Die politische Steuerungsperspektive richtete ihre Aufmerksamkeit vor allem auf die *Wirkungen* internationaler Institutionen. Mit der Ausweitung gesellschaftlicher Anforderungen und Erwartungen an den Staat waren diesem neue Aufgaben zugewachsen, bei denen es um die Verbesserung der einzelstaatlichen Problembearbeitungsfähigkeit angesichts grenzüberschreitender Problemlagen ging. In dieser zweiten Phase wurden neben den klassischen internationalen Organisationen vor allem internationale Regime, ein in den 1970er Jahren «entdeckter» Typ internationaler Institutionen, auf ihre möglichen Beiträge zu einer effektiveren Bearbeitung grenzüberschreitender Probleme untersucht.

Im Zuge der immer weiter zunehmenden Auslagerung von politischen Entscheidungsprozessen aus den dafür eigentlich vorgesehenen *inner*staatlichen Institutionen in den Raum jenseits des Staates traten in der gegenwärtig noch andauernden dritten Phase der Erforschung internationaler Institutionen neben das steuerungstheoretische Interesse an problemfeldbezogenen Regimewirkungen wie Effektivität oder Effizienz bald grundlegendere Fragen, insbesondere die nach den Auswirkungen des grenzüberschreitenden Regierens auf das Verhältnis zwischen Staat und Gesellschaft. Je mehr und je bedeutsamere politische Steuerungsprozesse sich von den innerstaatlich vorhandenen Mechanismen zur demokratischen Legitimation politischer Entscheidungen loszulösen begannen – und dieser Prozess beschränkte sich keineswegs auf den Bereich der Europäischen Union (EU) –, desto lauter wurde die Frage nach der *demokratischen Legitimität* der sich im Raum jenseits des Staates herausbildenden politischen Ordnung. Diese Frage stellte sich nun für alle Ebenen der denationalisierten modernen Mehrebenenpolitik gleichermaßen und wurde vor allem in der deutschen Politikwissenschaft mit der Suche nach normativen Kriterien und politischen Modellen verknüpft, die den Besonderheiten des Raums jenseits des Staates Rechnung tragen. Dabei war zu berücksichtigen, dass dieser Raum bestimmte Voraussetzungen nicht aufweist, die im Nationalstaat vorhanden sind und auf die sich die herkömmlichen – auf den Staat gemünzten – Konzepte des demokratischen Regierens verlassen. Mit der Übertragung wichtiger Kernfragen der Politikwissenschaft auf diesen Untersuchungsbereich ist der von den IB lange Zeit als «internationale Kooperation» geführte Untersuchungsgegenstand, der zunächst weder von der Regierungslehre noch von der Politischen Theorie als ihre Angelegenheit angesehen wurde, somit als «grenzüberschreitendes Regieren» neu konzeptualisiert worden und in das Zentrum des Fachs gerückt.

2 Von der Entstehung zwischenstaatlicher Organisationen zu *Global Governance*: Komplexitätszuwachs als Vervielfältigung von Steuerungs*formen*

Mit der Zunahme von grenzüberschreitenden Herausforderungen und der Ausdifferenzierung unterschiedlicher Formen der politischen Steuerung sowie der daran beteiligten Akteure und Interaktionsebenen geht eine markante Erhöhung des Organisationsgrades des internationalen Systems einher. Dieses hat sich aus dem ursprünglichen Naturzustand eines anarchischen Selbsthilfesystems nicht etwa in die

Richtung eines weltstaatlichen Leviathans entwickelt, sondern in einem Prozess der Vergesellschaftung der zwischenstaatlichen Beziehungen zunächst vor allem durch internationale Organisationen und Regime (zu diesen Begriffen siehe weiter unten in Abschnitt 2.1) sowie völkerrechtliche Normen die Gestalt einer sich selbst regulierenden Staatenwelt angenommen.

Aus dem vor-westfälischen internationalen System, in dem selbst so rudimentäre Normen wie die gegenseitige Anerkennung der souveränen Gleichheit der Staaten fehlten und sich Sicherheit allein aus der Herstellung von stabilen Machtverteilungsstrukturen ergeben konnte, war durch zunächst noch rein anlassbezogene zwischenstaatliche Verträge und Konferenzen eine Staaten*gesellschaft* hervorgegangen, die sich auf der Basis gegenseitiger Anerkennung bald auf einen dauerhafteren institutionellen Rahmen zur Organisation vor allem der zwischenstaatlichen Sicherheitsbeziehungen stützen konnte. Nachdem der nach dem Ersten Weltkrieg gegründete Völkerbund seiner Aufgabe als tragender Pfeiler dieser Staatengesellschaft nicht gerecht geworden war, traten nach dem Zweiten Weltkrieg die Vereinten Nationen sowie zahlreiche internationale Regime (zur Entwicklung siehe Rittberger/ Zangl 1994, S. 34–42) an dessen Stelle. Weiterentwicklungen des die inzwischen entstandene «International Society» (Bull 1977) kennzeichnenden intergouvernementalen Steuerungsmodells *(International Governance)* haben sich seither in zwei sehr unterschiedlichen Richtungen vollzogen: (a) zum einen durch das Aufkommen supranationaler Formen der politischen Steuerung im Rahmen des europäischen Integrationsprozesses seit den 1950er Jahren, die zwar bisher keine Nachahmung in anderen Regionen gefunden haben, die sich aber durchaus auch in bestimmten sektoralen Institutionengründungen wiederfinden lassen (zuletzt in Gestalt des Internationalen Strafgerichtshofs); (b) zum anderen durch die immer stärkere Beteiligung transnational organisierter privater Akteure an der grenzüberschreitenden politischen Steuerung. Damit wurde zugleich der Übergang von der Staatengesellschaft zur Weltgesellschaft und von International Governance zu Global Governance vollzogen. Heute ist ein Zustand erreicht, in dem sowohl staatliche als auch private Akteure ihre Steuerungsaktivitäten zu einem großen Umfang in den Raum jenseits des Staates verlagert haben. Im Zuge dieses grenzüberschreitenden Organisationsprozesses sind die klassischen Ordnungselemente der internationalen Anarchie, nämlich stabile Gleichgewichtszustände oder hegemoniale Machtverteilungen, durch ein – wenn auch ungleichmäßig – dichtes Geflecht inter-, supra- und transnationaler Institutionen abgelöst worden.

Unter *Institutionen* werden im Folgenden alle zielgerichteten Formen der Organisation kollektiven Verhaltens mit einer gewissen Lebensdauer verstanden, die gegenseitige Verhaltenserwartungen durch die Einschränkung von Verhaltensoptionen stabilisieren sollen. In diesem Sinn sind sowohl internationale und transnationale Organisationen, internationale Regime als auch völkerrechtliche Normen als Institutionen zu betrachten. Institutionen können als internationale Organisationen eine eigene Akteursqualität aufweisen, es kann sich bei ihnen aber auch um einfache Verhandlungs- oder komplexere Entscheidungssysteme handeln, in denen Akteure interagieren, um kollektiv verbindliche Entscheidungen zu erzeugen. Je unabhängiger von den Mitgliedern dabei Entscheidungen getroffen werden können, desto näher kommen sie der Akteursqualität internationaler Organisationen. Schließlich können internationale Institutionen auch als reine Normensysteme und damit als Instrumente zur Regulierung des Akteursverhaltens betrachtet werden.

2.1 Institutionelle Entwicklung

Die Institutionalisierung der grenzüberschreitenden Beziehungen umfasst somit so unterschiedliche Dinge wie vertragliche Vereinbarungen zwischen Staaten (die United Nations Treaty Series erfasst ca. 26 000 internationale Verträge),[1] Zusammenschlüsse von staatlichen bzw. privaten Akteuren in formalen internationalen bzw. transnationalen Organisationen mit eigener Akteursqualität (über 30 000), aber auch die Herausbildung von internationalen Regimen (allein im Umweltbereich reichen die Angaben von 200 bis 300)[2] und, gerade in

---

1 Die Gesamtzahl grenzüberschreitender Verträge hat sich nach Angaben des World-Treaty-Index-Research-Programms in der Zeit zwischen 1946 und 1997 von 2000 auf 55 000 erhöht (siehe dazu Stiftung Entwicklung und Frieden 2001, S. 378).

2 Angaben über die Gesamtzahl der heute existierenden internationalen Regime zu machen, ist deshalb schwierig, weil sich Regelungsbereiche sowohl eng als auch weit

jüngster Zeit, von öffentlich-privaten Politiknetzwerken (man spricht von 60 bis 70), durch die grenzüberschreitende politische Steuerungsfunktionen wahrgenommen werden.

Im Yearbook of International Organizations[3] finden sich Einträge zu insgesamt 30 748 Organisationen, von denen 25 504 als internationale Nichtregierungsorganisationen und 5244 als internationale Regierungsorganisationen erfasst werden.[4] Addiert man zu diesen grenzüberschreitenden zwischenstaatlichen und zivilgesellschaftlichen Zusammenschlüssen noch die etwa 39 000 transnationalen Unternehmen (Transnational Corporations, TNCs, häufig auch als Business International Nongovernmental Organizations, BINGOs, bezeichnet) hinzu, so dokumentieren diese Zahlen einen beeindruckenden Grad grenzüberschreitender Organisation nicht nur in der Staaten-, sondern auch in der Gesellschafts- und der Wirtschaftswelt, die sowohl zu einer zwischenstaatlichen als auch zum Teil zu einer staatenüberwölbenden und staatenunterlaufenden Verlagerung politischer Steuerungsaufgaben geführt hat (vgl. Meyers 1999, S. 11).

Internationale Organisationen

Internationale Organisationen können entweder aufgrund völkerrechtlicher Verträge zwischen zwei oder mehreren Staaten (Internationale Regierungsorganisationen, IROs, gebräuchlicher ist aber IGOs) oder aus privatrechtlich verfassten gesellschaftlichen Zusammenschlüssen (Internationale Nichtregierungsorganisationen, INGOs) zustande kommen. Internationale Regierungsorganisationen beschreibt Rittberger (1994, S. 27) als «soziale Institutionen, die gegenüber ihrer Umwelt als Akteure auftreten können. Sie sind intern durch auf zwischenstaatlich vereinbarte Normen und Regeln basierende Verhandlungsmuster charakterisiert, welche in wiederkehrenden Situatio-

---

abstecken lassen. So kann es ebenso zweckmäßig sein, von *einem* einzigen Meeresnutzungsregime zu sprechen, wie es Gründe dafür geben mag, zwischen einem Schifffahrtsregime, einem Meeresbergbauregime und einem oder sogar mehreren (z. B. regionalen) Fischereiregimen zu unterscheiden.

3 Siehe Union of International Associations (2001) sowie die unter www.uia.org/uiastats veröffentlichten Statistiken dieser Vereinigung.

4 Darunter befinden sich allerdings nur 6076 bzw. 251 «konventionelle» Nichtregierungs- bzw. Regierungsorganisationen.

nen für Staaten und ihre (Regierungs-)Vertreter Verhaltensrollen festlegen und zu einer Angleichung wechselseitiger Verhaltenserwartungen führen». Die Aufgaben und Tätigkeitsfelder internationaler Regierungsorganisationen umfassen inzwischen praktisch alle Bereiche der
zwischenstaatlichen und zwischengesellschaftlichen Beziehungen. An
keinem Beispiel wird das deutlicher als an dem der Vereinten Nationen.
Das System der Vereinten Nationen setzt sich zusammen aus der
Hauptorganisation, zu der das Sekretariat, die Generalversammlung,
der Sicherheitsrat, der Wirtschafts- und Sozialrat (ECOSOC), der Internationale Gerichtshof und der Treuhandrat zählen und der alle 189
(Stand: Jahresbeginn 2002) Mitgliedstaaten angehören; darüber hinaus
aus 18 funktionalen Sonderorganisationen, wie der Weltbankgruppe
oder dem Internationalen Währungsfonds (IWF), die jeweils für spezifische Aufgabengebiete zuständig sind; schließlich aus zahlreichen weiteren, der Generalversammlung zugeordneten Spezialorganen wie dem
Kinderhilfswerk UNICEF oder dem Umweltprogramm der Vereinten
Nationen (UNEP).

Nimmt man noch die fünf Regionalkommissionen hinzu, so lassen
sich am Beispiel des Systems der Vereinten Nationen fast alle Kriterien illustrieren, anhand deren sich internationale Organisationen in
ihrem Aufbau (intergouvernemental oder supranational), ihrer Zusammensetzung (universal oder partikular, Mitgliedschaft öffentlicher
oder privater Akteure) und in ihrem Geltungsbereich (räumlich oder
sektoral) voneinander unterscheiden lassen. Die Generalversammlung
der Vereinten Nationen ist das Paradebeispiel einer in ihren Zuständigkeiten umfassenden (im Unterschied zu den zahlreichen Spezial-
und Sonderorganisationen, die jeweils sektorale Zuständigkeiten haben) und in ihrer Mitgliedschaft universalen (im Unterschied zu einer
partikularen wie der Europäischen Union) intergouvernementalen
Organisation (im Unterschied zu dem ebenfalls von der EU verkörper-
ten Typ einer supranationalen Organisation).[5] Eine besondere Rolle
innerhalb der Gruppe der Sonderorganisationen im System der Vereinten Nationen nimmt die Internationale Arbeitsorganisation mit ihrer tripartistischen Zusammensetzung ein. Die ILO wurde bereits

---

5 Zu dieser Typologisierung siehe Rittberger/Zangl (1994, S. 30–31).

1919 unter der Schirmherrschaft des Völkerbundes gegründet und hat seither insbesondere bei der Entwicklung internationaler Arbeitsnormen eine wichtige Rolle gespielt. Aufgrund ihrer Zusammensetzung, die Vertreter der nationalen Regierungen, Arbeitnehmer- und Arbeitgeberorganisationen umfasst, weist mit der ILO ausgerechnet eine der ältesten internationalen Organisationen über den Normalfall einer rein intergouvernementalen politischen Steuerung hinaus. Wurde sie deswegen lange als ein «Sonderfall» abgetan, so hat sie gerade in der letzten Zeit als ein mögliches Muster für die institutionelle Beteiligung gesellschaftlicher Akteure auch in anderen Politikbereichen wieder an Aktualität gewonnen.

Eine noch komplexere Institution zur Gestaltung von Politik jenseits des Staates stellt die *Europäische Union* dar. Sie lässt sich zum einen als eine partikulare Organisation dadurch von den Vereinten Nationen unterscheiden, dass ihre Mitgliedschaft auf Staaten einer bestimmten Region begrenzt ist. Zum anderen weist sie als eine supranationale Organisation nicht nur die von den Vereinten Nationen bekannten Elemente der horizontalen zwischenstaatlichen Selbstregulierung auf, wie etwa im Bereich der relativ gering vergemeinschafteten Gemeinsamen Außen- und Sicherheitspolitik. Vielmehr unterscheidet sie sich in ihrem Kernbereich, der die Zollunion, den Binnenmarkt, die Gemeinsame Agrarpolitik, Strukturpolitik und die Wirtschafts- und Währungsunion umfasst, von fast allen anderen internationalen Organisationen als ein politisches Mehrebenensystem mit einer hierarchisch übergeordneten Entscheidungsebene, die über relativ autonome Organe verfügt.[6] Vor diesem Hintergrund muss es nicht verwundern, dass es innerhalb der Europaforschung sowohl auf die Frage nach der Konzeptualisierung als auch auf die nach der disziplinären Zuständigkeit für die EU unterschiedliche Antworten gab und gibt (siehe dazu Neyer/Wolf 1996; Wolf 2000, S. 117–120). Aus der Sicht der Regierungslehre wird die EU als ein «Staat im Werden» oder

---

6 Aufgrund dieser Besonderheit hatte die EU-Forschung, ganz auf die Einzigartigkeit («ein Gebilde *sui generis*») ihres Gegenstandes fixiert, auch vorübergehend den Anschluss an die allgemeine, nach generalisierenden Aussagen strebende Politikwissenschaft verloren. Wenn man internationale Organisationen lediglich in ihrer spezifischen Einzigartigkeit betrachtet, scheiden sie als theoriefähiger Gegenstand aus.

als eine «Non-State Polity» (Abromeit 1998) analysiert, aus der Perspektive der IB dagegen traditionell als eine supranationale Organisation, teils auch als eine «regime-ähnliche internationale Institution» (Gehring 1994, S. 219) oder gleich als ein intergouvernementales Regime zur Politikkoordination (Moravcsik 1993). In der Tat lässt sich die EU wie jedes andere internationale Regime (siehe dazu weiter unten) beschreiben: Sie ist aus zwischenstaatlichen Vereinbarungen hervorgegangen, die dem Ziel dienten, die Teilnehmer auf die Einhaltung bestimmter Verhaltensregeln in einem bestimmten Politikbereich (der wirtschaftlichen Integration) zu verpflichten. Allerdings ist diese Beschreibung nur um den Preis der Annahme zu haben, dass der Entscheidungsapparat der EU selbst keine eigenen Ziele verfolgt, sondern allein über die Einhaltung der mitgliedstaatlichen Verpflichtungen wacht. Je mehr Eigenleben man diesem Apparat aber zubilligt, desto weiter entfernt man sich von einer zwischenstaatlichen Konzeption der EU und desto mehr nähert man sich bereits der eines politischen Entscheidungssystems.

Diese unterschiedlichen Versuche, den Gegenstand zu erschließen, ergänzen sich insoweit, als sie unterschiedliche Prüfkriterien an die Hand geben, mit deren Hilfe eine differenzierte Erfassung möglich wird. So ließen sich anhand des Modells «Staat im Werden» (Bundesstaat) die folgenden Kriterien formulieren: Dominiert ein hierarchischer Politikstil? Herrscht das territoriale Organisationsprinzip vor? Gibt es eine Verfassung? Gibt es ein auf europäischer Ebene angesiedeltes Letztentscheidungsrecht? Gibt es eine unmittelbare Bürgerbeteiligung? Gibt es eine unmittelbare Geltung europäischen Rechts? Demgegenüber wäre die EU als ein internationales Verhandlungssystem (oder Staatenbund) in dem Maß zu kennzeichnen, in dem die folgenden Merkmale vorherrschen: ein horizontaler Politikstil, eine sektorale Organisation, Vertragsschluss, Staatengleichheit, Schutz staatlicher Souveränität, Repräsentation durch die staatlichen Exekutiven, Ratifikationserfordernis.

Vieles spricht indes dafür, nicht innerhalb des herkömmlichen Koordinatensystems mit den beiden Polen Bundesstaat und Staatenbund zu verharren, sondern die EU stattdessen unbelastet von jeglichen intergouvernementalistischen Prämissen oder integrationstheoretischen Finalitätsvorstellungen als ein von staatlichen Regierungen errichtetes

Mehrebenensystem zur Herstellung kollektiv verbindlicher Entscheidungen zu betrachten (siehe Jachtenfuchs 1997). Dessen besondere Komplexität ergibt sich eben genau daraus, dass sich nebeneinander nicht nur regionale und funktionale Zuständigkeiten, hierarchische und horizontale Steuerungsformen, sondern auch intergouvernementale (im Rat), parlamentarische (im Europäischen Parlament) und assoziative (im Wirtschafts- und Sozialausschuss) Repräsentationsformen finden lassen. Diese verwirrende Vielfalt von Erscheinungsformen erschwert die Beantwortung von Fragen wie «Regieren in Europa. Effektiv und demokratisch?» (Scharpf 1999) erheblich. Der Umstand, dass wir auf europäischer Ebene aus dem staatlichen Kontext vertraute Organe wie ein Parlament oder einen Gerichtshof finden können, bedeutet noch keineswegs, dass sich etwa der Befund eines europäischen Demokratiedefizits und Wege zu dessen Überwindung einfach aus der Übertragung von aus dem staatlichen Kontext gewonnenen Konzepten wie dem der parlamentarischen Demokratie begründen lassen (siehe dazu auch Abschnitt 3.3).

Internationale Nichtregierungsorganisationen (INGOs)
Im Unterschied zu all diesen unterschiedlichen Ausprägungsformen intergouvernementaler Organisationen handelt es sich bei den internationalen Nichtregierungsorganisationen um grenzüberscheitend organisierte und operierende Akteure aus dem Bereich der Zivilgesellschaft. Entgegen der weitgefassten Definition des Wirtschafts- und Sozialrates der Vereinten Nationen (ECOSOC-Resolution 1296, XLIV, von 1968) hat es sich in der wissenschaftlichen Diskussion als zweckmäßig erwiesen, INGOs als solche zivilgesellschaftlichen Organisationen zu definieren, die (a) unabhängig von der Regierung bzw. dem Staat agieren, die (b) keine staatlichen Ämter anstreben, die (c) nicht gewinnorientiert handeln, sondern sich von normativen Überzeugungen leiten lassen, die (d) ausschließlich im öffentlichen Interesse liegende Ziele verfolgen, deren Handeln (e) das Ziel der politischen Einflussnahme verfolgt und die (f) ihre Ressourcen auf der Basis von Freiwilligkeit erhalten.

Gleichwohl gibt es nicht so etwas wie eine verbindliche oder auch nur innerhalb der INGO-Forschergemeinde konsensfähige Definition. Wie heterogen dieses Feld ungeachtet aller definitorischen Eingrenzungsversuche bleibt, belegt die Vielzahl der begrifflichen Umschreibungen dieses schillernden Gegenstandes, mit denen jeweils unterschiedliche Facetten hervorgehoben werden. Sie reicht von «voluntary associations» über «non-profit associations», «transnational social movement organizations» oder «transnational advocacy networks» (siehe etwa Boli/Thomas 1999; Keck/Sikkink 1998; Risse 2002). Allen INGOs gemeinsam ist allerdings, dass sich ihre Mitwirkungsansprüche an allgemein verbindlichen politischen Entscheidungen nicht auf ein ihnen formal übertragenes Mandat, sondern lediglich auf eine Art Selbstermächtigung stützen können und dass sie zur Durchsetzung ihrer Ziele Wege jenseits der konventionellen politischen Entscheidungsverfahren beschreiten. Deshalb müssen sie dafür auch spezifische Legitimationsgründe geltend machen können, etwa eine besondere fachliche oder moralische Autorität.

Internationale Regime

Unter internationalen Regimen werden soziale Institutionen verstanden, die von Akteuren in der Absicht geschaffen worden sind, für ihre grenzüberschreitenden Interaktionen in einem bestimmten Politikbereich dauerhaft regelgeleitete Handlungsmuster zu etablieren. Sie setzen sich aus expliziten Prinzipien, Normen, Regeln und Entscheidungsverfahren zusammen und sind im Vergleich zu internationalen Organisationen «Institutionen auf einem Grad geringerer Materialität» (Müller 1993, S. 29). Während Organisationen einen Institutionentyp darstellen, der selbst handeln kann, sind internationale Regime Regelsysteme, die keine Akteursqualität haben, von denen aber durchaus Wirkungen auf das Akteursverhalten erwartet werden. Auch wenn die Regimebestandteile zumeist vertraglich fixiert sind, macht ein internationales Übereinkommen allein noch kein Regime aus. Um von einem internationalen Regime sprechen zu können, muss eine regelgeleitete Praxis hinzukommen. Das Verhalten der Regimemitglieder muss über einen gewissen Zeitraum hinweg ein bestimmtes Maß an Regelkonformität und Berufung auf die Normen und Regeln des Regimes aufweisen (siehe dazu die Definition bei Rittberger/Mayer 1993, S. 8–11). Als Vereinbarungen zur Etablierung von Verhaltensregeln in einem bestimmten Sachbereich der grenzüberschreitenden Beziehungen sind internationale Regime in der wissenschaftlichen Detrachtung der 1980er und 1990er Jahre zum Normalfall funktionaler zwischenstaatlicher Selbstregulierung (im Sinne von International Governance) deklariert worden. Sie regeln das Staatenverhalten in so unterschiedlichen Bereichen wie dem Welthandel, der Meeresnutzung oder der Rüstungskontrolle.

In der lange Zeit maßgeblichen Definition von internationalen Regimen als «sets of implicit or explicit principles, norms, rules, and decision-making procedures around which actors' expectations converge in a given issue area of international relations» (Krasner 1983, S. 2), besonders deutlich aber in der Zuspitzung durch Keohane (1989, S. 4), der internationale Regime als «institutions with explicit rules, agreed upon *by governments* (Hervorhebung KDW), that pertain to particular issues in international relations» umschrieb, bildete sich eine bis vor wenigen Jahren vorherrschende Fixierung der Regimeforschung auf zwischen*staatliche* Regelsysteme ab. Für die Beantwortung der durch die Vervielfältigung grenzüberschreitender politischer Steuerungsformen und das zunehmende Interesse an der Rolle nichtstaatlicher Akteure im Rahmen von Global Governance (siehe dazu weiter unten Abschnitt 2.2) neu aufgeworfenen Fragen, wie etwa die nach der Bedeutung gesellschaftlicher Akteure für den Erfolg von internationalen Regimen oder nach den Implikationen der Einbindung gesellschaftlicher Akteure für die demokratische Legitimität des grenzüberschreitenden Regierens, finden sich daher selbst in der Regimeliteratur der 1990er Jahre nur wenige Anknüpfungspunkte (so etwa bei Haufler 1993; Zürn 1993; Cutler/Haufler/Porter 1999).

Globale Politiknetzwerke
Die vor diesem Hintergrund in der zweiten Hälfte der 1990er Jahre erfolgte Hinwendung zur Analyse grenzüberschreitender öffentlich-privater Politiknetzwerke *(Global Public Policy Networks)* kann als eine Reaktion auf die Grenzen betrachtet werden, auf die die staatszentrierte Regimeanalyse angesichts einer mit dem Regimekonzept nicht mehr differenzierend erfassbaren Vielfalt von Steuerungsformen gestoßen war. Das aus der Policy-Forschung importierte Netzwerkkonzept bot sich als ein offenerer analytischer Rahmen an, um «relativ dauerhafte, nicht formal organisierte, nicht hierarchische, durch wechselseitige Abhängigkeiten und gemeinsame Verhaltens-

erwartungen bzw. Verhaltensorientierungen stabilisierte Kommuni-
kationsbeziehungen» (Benz 1997, S. 104) zwischen unterschiedlichsten Akteuren in einem sektoralen Politikprozess zu erfassen und deren Bedeutung für das Zustandekommen von Entscheidungen, deren
Implementation und Effektivität zu gewichten. Die gegenwärtig auf 60
bis 70 geschätzten globalen Politiknetzwerke, unter denen immer wieder beispielhaft die für die einvernehmliche Festlegung von Richtlinien für den Bau von Staudämmen gegründete World Commission
on Dams genannt wird,[7] sind dem Institutionentyp des Verhandlungs-
oder Entscheidungssystems zuzurechnen. In ihnen können durch das
Zusammenspiel zwischen Akteuren aus dem öffentlichen Sektor, der
Privatwirtschaft und der Zivilgesellschaft regimeartige Regelsysteme
(«transnationale» oder «gesellschaftliche» Regime) unterhalb der
Schwelle rechtsverbindlicher Standards hervorgebracht werden. Während die regimeanalytische Herangehensweise internationale Regime
als *Regel*systeme konzeptualisiert, eignet sich somit die Netzwerkanalyse vor allem dafür, diese auch in ihrer Eigenschaft als *Interaktions*-
systeme zu betrachten.

In den öffentlich-privaten Politiknetzwerken manifestiert sich ein
für das Selbstverständnis der Vereinten Nationen seit dem Ende der
1990er Jahre maßgeblicher Paradigmenwechsel bei der grenzüberschreitenden politischen Steuerung. Diesem liegt die von Generalsekretär Kofi Annan formulierte Auffassung zugrunde, «that peace and
prosperity cannot be achieved without partnerships involving Governments, international organizations, the business community and civil
society.»[8] Wie für das weiter unten noch vorzustellende Global-Go-
vernance-Konzept gilt auch für die öffentlich-privaten Politiknetzwerke, dass zwischen einem normativ aufgeladenen und einem wertungs-
abstinenten Verständnis häufig nicht deutlich genug unterschieden
wird. Die in ihnen erfolgende gesellschaftliche Einflussnahme auf die
grenzüberschreitende politische Steuerung kann sowohl einer Feuda-
lisierung als auch einer Demokratisierung Vorschub leisten. Grenz-

---

7 Für eine ausführlichere Betrachtung siehe dazu www.dams.org.
8 Press Release SG/SM/6448 vom 31.12.1998 (www.un.org/partners/civil
society/home.htm).

überschreitende öffentlich-private Netzwerke können zwar, aber sie müssen keineswegs von mehr Transparenz, Inklusivität und gleichberechtigten Mitwirkungschancen gekennzeichnet sein.

Die Entwicklung internationaler Normen

Das im Zuge der Herausbildung internationaler Organisationen entstandene Institutionengefüge wird durch Normen mit einem grenzüberschreitenden Geltungsanspruch zusammengehalten. Dies wird nirgendwo deutlicher als am Beispiel der internationalen Regime, die sich immer auch über von den Regimemitgliedern geteilte Prinzipien und Normen definieren. Die Entwicklung internationaler Normen kann aber auch als ein eigenständiger Strang der Institutionalisierung der zwischenstaatlichen Beziehungen betrachtet werden (siehe etwa Delbrück 1998). Zuerst hat sich mit dem *Koexistenz*recht ein Normensystem herausgebildet, das den Frieden zwischen den Staaten durch Unterlassungsgebote sichern sollte und dessen Kern heute der in Artikel 2 Absatz 1 der Charta der Vereinten Nationen formulierte Grundsatz der souveränen Gleichheit darstellt. Mit dem internationalen *Kooperations*recht kamen dann positive Verhaltensvorschriften zur Inpflichtnahme des staatlichen Handelns für die internationale Gemeinwohlentwicklung hinzu. Sie verfolgen das Ziel, bestimmte Solidarpflichten in den zwischenstaatlichen Beziehungen zu verankern, etwa um die Wohlstandskluft zwischen den Staaten zu verringern (z. B. in der Charta der wirtschaftlichen Rechte und Pflichten der Staaten von 1974) oder um eine nachhaltige Entwicklung zu ermöglichen (z. B. das aus den Weltklimaverhandlungen hervorgegangene Kyoto-Protokoll). Mit den internationalen Normen zum Individualschutz wurde schließlich nicht nur der rein staatenweltliche Raum verlassen, sondern zugleich auch eine Relativierung des durch das Koexistenzrecht geschützten staatlichen Souveränitätsanspruchs vollzogen.

Internationale Normen können unterschiedliche Härtegrade aufweisen: Sie können als zwischenstaatlich vereinbarte Absichtserklärungen auftreten, als zwischen staatlichen und privaten Akteuren ausgehandelte Leitsätze, als freiwillige Selbstverpflichtungserklärungen von weltweit operierenden Unternehmen *(Business Codes of Conduct)* oder als internationale Übereinkommen, die durch die Übernahme in die nationale Gesetzgebung eine einklagbare Rechtsverbindlichkeit erlangen. Dementsprechend breit ist auch das Spektrum von Instrumenten, mit denen ihre Einhaltung sichergestellt werden soll. Diese können von der Berichtspflicht über das öffentliche Anprangern bis hin zu Beschwerdeverfahren reichen. Zu den weitgehendsten Annäherungen an staatliche Formen der Normdurchsetzung ist es zweifellos im Zuge des europäischen Integrationsprozesses gekommen. So drückt sich der supranationale Charakter des Europäischen Gerichtshofs (EuGH) z. B. in der Direktwirkung des Gemeinschaftsrechts und dessen Vorrang gegenüber dem nationalen Recht aus. Auch die Kernarbeits- und Sozialnormen der Internationalen Arbeitsorganisation (ILO) sind auf eine verbindliche und rechtlich einklagbare Umsetzung in der nationalen Gesetzgebung ausgerichtet. Dieser Schritt beruht jedoch ebenso auf der freiwilligen Unterwerfungserklärung eines Staates wie im Bereich des internationalen Menschenrechtsschutzes die Entscheidung, ob er sich neben seiner Zustimmung zu der Allgemeinen Erklärung der Menschenrechte von 1948, die keine förmliche Rechtsverbindlichkeit aufweist, auch den beiden 1976 in Kraft getretenen Internationalen Pakten über Bürgerliche und Politische bzw. über Wirtschaftliche, Soziale und Kulturelle Rechte anschließt. Selbst dieser Schritt würde die Konventionsziele noch nicht in unmittelbar anwendbares innerstaatliches Recht verwandeln. Die härteste Form der Überwachung besteht in der Zulassung von Individualbeschwerden. So ist im Rahmen der Europäischen Konvention zum Schutz der Menschenrechte und Grundfreiheiten von 1950 vorgesehen, dass eine Grundrechtsverletzung auf dem Wege der Individualbeschwerde bis zur Einleitung eines Verfahrens beim Europäischen Gerichtshof für Menschenrechte und dort zu einer rechtsgültigen Entscheidung führen kann. Am anderen Ende des Spektrums steht der rein appellative Charakter etwa der Abschlusserklärungen von Weltkonferenzen (siehe Messner/Nuscheler 1996; Fues/Hamm 2001) oder des vom Generalsekretär der Vereinten Nationen propagierten Globalpakts.[9]

---

9 Der Globalpakt *(Global Compact)* stellt mit seinen neun Prinzipien für eine sozial verantwortliche und umweltverträgliche Ausrichtung der Unternehmensaktivitäten ein unverbindliches Angebot an die Wirtschaft dar, freiwillige Selbstverpflichtungen einzugehen (siehe dazu Schörlemer 2003).

Generell ist anzumerken, dass die *internationale* Verrechtlichung[10] von Normen dadurch, dass sie sich als ein Element der funktionalen Selbstregulierung im Schatten der internationalen Anarchie vollzieht, zu einer anderen Rechtsqualität führt als das innerstaatliche Recht, das im Schatten des staatlichen Gewaltmonopols wirken kann.

2.2 Die besonderen Merkmale und Voraussetzungen des grenzüberschreitenden Regierens

Die Institutionalisierung der grenzüberschreitenden Beziehungen zwischen staatlichen und zunehmend auch privaten Akteuren stellt eine Reaktion auf Herausforderungen dar, die zunächst der einzelstaatlichen Steuerungskompetenz, bald aber auch der zwischenstaatlichen Kooperation ihre Grenzen aufgezeigt haben. Was in einer sich im Lauf der Zeit verstetigenden losen diplomatischen Koordination, in Vertragsschlüssen und Allianzbildungen zur Friedenserhaltung seine Anfänge nahm, ist heute zu einem vielgestaltigen «komplexen Weltregieren» herangewachsen. Im Folgenden wird dieser Komplexitätszuwachs gegenüber der zwischenstaatlichen International Governance als *Global* Governance beschrieben. Daran anschließend werden mit der Horizontalität und Sektoralität zwei kontextspezifische Besonderheiten des grenzüberschreitenden Regierens näher betrachtet.

Global Governance
In den 1990er Jahren ist «Global Governance» immer mehr zu einem Sammelbegriff geworden, um den herum sich die Beschäftigung mit internationalen Organisationen zu einer umfassenden Debatte über Probleme des Regierens jenseits des Staates ausweitete. Der Begriff wurde durch die Arbeit der von den Vereinten Nationen ins Leben gerufenen *Commission on Global Governance* (1995) nachhaltig in der internationalen Diskussion verankert. In ihm bündelt sich keine geringere Frage als die nach der Regierbarkeit der Welt. Die damit aufgerufene politische Agenda ist denkbar umfangreich. In ihrem Mittelpunkt stehen die Suche nach Formen der grenzüberschreitenden

---

10 Zu der neueren politikwissenschaftlichen Diskussion über die internationale Verrechtlichung siehe List/Zangl (2003).

politischen Steuerung, die eine effektivere Problemlösung versprechen als die rein zwischenstaatliche *International* Governance, sowie
die Frage nach der demokratischen Legitimität des grenzüberschreitenden Regierens. Als politisches Ordnungsmodell umfasst Global
Governance sektorale, dialogische, kooperative Formen der horizontalen Selbstregulierung ebenso wie die eher traditionelle Steuerungsform der Verrechtlichung. Unterschiedliche Akteure (öffentliche,
öffentlich-private, rein private) sind auf mehreren Ebenen (lokal, regional, national, global) darin eingebunden.

Global Governance entspricht als konzeptionelle Antwort auf das
Staatenversagen bei der grenzüberschreitenden politischen Steuerung
dem Konzept der «politischen Modernisierung» als Antwort auf das
Staatsversagen bei der innerstaatlichen politischen Steuerung.[11] In
beiden Konzepten wird der Staat in dem Maß zum verhandelnden
oder «kooperativen Staat» (siehe Benz 1997), wie er erkennen muss,
dass sich immer weniger Staatsaufgaben auf dem Verordnungswege
erfüllen lassen. So wie sich innerhalb der modernen Staaten neben
dem nach wie vor erforderlichen Einsatz hoheitlicher Zwangsgewalt
Formen der kooperativen Entscheidungsfindung unter Einschluss
wichtiger gesellschaftlicher Stakeholders etabliert haben, hat auch das
grenzüberschreitende Regieren einen politischen Modernisierungsprozess durchlaufen. Dabei sind zwei Phasen zu unterscheiden: In der
ersten wurde mit der Organisation der zwischenstaatlichen Beziehungen *(International Governance)* auf die Grenzen der einzelstaatlichen
Steuerungsfähigkeit reagiert. Das Ergebnis waren intergouvernementale Institutionen (vor allem internationale Regime), mit denen das
Ziel verfolgt wurde, die Reichweite eines demokratisch legitimierten
öffentlichen Steuerungsanspruchs den grenzüberschreitenden Problemlagen anzupassen. In der zweiten Phase, der sich gegenwärtig
vollziehenden Weiterentwicklung von International zu Global Governance, wurde auf noch immer fortbestehende Problemlösungsdefizite
sowie auf neu hinzugekommene Legitimitätsprobleme mit der Herausbildung neuer Steuerungsformen reagiert. Ein gutes Beispiel dafür

---

11 Zu dieser Steuerungsdebatte siehe etwa Jänicke (1993), Mayntz (1993) oder
Scharpf (1991).

bietet das Politikfeld der grenzüberschreitenden Regelung der Arbeits-
und Sozialbeziehungen, in dem sich sowohl traditionelle als auch
alternative Regelungsansätze finden lassen: der Intergouvernemen-
talismus der WTO ebenso wie der ILO-Tripartismus, die zivilgesellschaftliche Selbsthilfe etwa bei der Erteilung von Gütesiegeln für
Waren, bei deren Produktion entsprechende arbeitsrechtliche Mindeststandards eingehalten werden, oder die freiwilligen Selbstverpflichtungen von Unternehmen etwa im Rahmen des Globalpakts.

Die Bedeutung der unterschiedlichen Kontexte des Regierens innerhalb und jenseits des Staates

Die oben in Anspruch genommene Analogie findet ihre Grenzen darin, dass politische Steuerung innerhalb und jenseits des Staates in sehr
unterschiedlichen Kontexten stattfindet: Im einen Fall kann mit Regierung regiert werden, während im anderen Fall die Möglichkeit
fehlt, auf das klassische staatliche Instrumentarium zur Entscheidungsfindung (z. B. Mehrheitsbeschlüsse durch dazu aufgrund von
Wahlen autorisierte Repräsentanten) und zur Entscheidungsdurchset-
zung (z. B. das staatliche Gewaltmonopol) zurückzugreifen. Auch
wenn sich dieser Unterschied durch die «Enthierarchisierung der Beziehungen zwischen Staat und Gesellschaft» (Scharpf 1991, S. 622) innerhalb der modernen Staaten einerseits und durch die Einführung
von Elementen der Staatlichkeit jenseits des Staates andererseits (etwa
durch internationale Gerichtshöfe) relativiert hat, so haben die unterschiedlichen Kontextbedingungen nach wie vor erhebliche Implikationen für die Steuerungsformen und Legitimitätsanforderungen des
grenzüberschreitenden Regierens.

Aus der Abwesenheit einer allzuständigen übergeordneten (Welt-)
Regierung resultieren zwei markante Wesensmerkmale des grenz-
überschreitenden Regierens: Als funktionale Selbstregulierung ist es
durch einen *horizontalen* Politikstil gekennzeichnet und folgt dem
Prinzip der *sektoralen* Differenzierung. Diese Besonderheiten haben
Konsequenzen für die Herstellung von Verbindlichkeit und Legitimi-
tät für die in den Raum jenseits des Staates verlagerten politischen
Entscheidungsabläufe. Da sich die Staaten selbst regieren, verbleibt die
Kompetenz-Kompetenz in ihrer Hand. Die typische Arena horizontaler politischer Steuerung ist das internationale Verhandlungssystem.

Entscheidungen kommen im Regelfall nicht durch Unterwerfung (z. B. unter Mehrheitsbeschlüsse), sondern auf der Grundlage der Freiwilligkeit der Zustimmung zu einem aus Verhandlungs- oder Überzeugungsprozessen hervorgegangenen Kompromiss bzw. Konsens zustande. Es liegt auf der Hand, dass auch bei der Sicherung der Regelbefolgung statt auf die Androhung von Zwangsmaßnahmen stärker auf das Eigeninteresse der Regelungsunterworfenen oder auf die normative Bindungskraft der getroffenen Vereinbarungen gesetzt werden muss. Was die Anforderungen an die demokratische Legitimität horizontaler politischer Steuerung angeht, so müssen die Maßstäbe dafür in einem verhandlungsdemokratischen Modell von Demokratie gesucht werden. Daraus ergeben sich spezifische Kriterien für Inklusion und Repräsentation, die sich von denen der parlamentarischen Mehrheitsdemokratie grundlegend unterscheiden. Für die Anerkennung von Partizipationsansprüchen ist damit auch das Kriterium, sich auf ein aus Wahlen hervorgegangenes Mandat stützen zu können, weniger bedeutsam als das der möglichst vollständigen Beteiligung aller relevanten Betroffeneninteressen und Inhaber von Problemlösungsressourcen, um einen möglichst breiten Konsens und eine möglichst hohe Qualität von Politikergebnissen zu erzielen und um nicht gegen das Gebot der Kongruenz zwischen den an einer Entscheidung zu Beteiligenden und den Entscheidungsunterworfenen zu verstoßen.

Die Erfüllbarkeit dieser Anforderungen wird durch die – neben dem horizontalen Politikstil des Verhandelns und Argumentierens – zweite Besonderheit des grenzüberschreitenden Regierens erheblich erschwert: Dessen Normalfall stellt die sektorale, also sachbereichsspezifische Regulierung, etwa im Rahmen eines internationalen Regimes, dar. Damit ist das schwer zu lösende Problem der funktionalen Repräsentation aufgeworfen, also einer möglichst vollständigen Beteiligung sektoraler Referenzgruppen, zu dessen Lösung nicht einfach auf territoriale (z. B. auf Wahlkreise gestützte) Formen der Repräsentation zurückgegriffen werden kann (dazu ausführlicher Wolf 2001).

Bindungswirkungen können im Rahmen des grenzüberschreitenden Regierens getroffene Vereinbarungen dennoch auf sehr unterschiedlichen Wegen entfalten, die alle von der Voraussetzung der mehr oder weniger freiwilligen Bereitschaft zur *Selbst*bindung ausgehen. Internationale Regime stellen auch in diesem Fall ein gutes Anschauungsobjekt dar. Wie sich im Zuge der Erforschung von Regimewirkungen (siehe dazu Abschnitt 3.2) gezeigt hat, mag ihre Bedeutung als wirksame Schranken für das Staatenverhalten in einem jeweiligen Regelungsbereich durchaus aus der Furcht vor den Sanktionsmechanismen hervorgehen, die Teil eines Übereinkommens sein können (etwa im Bereich der Nichtweiterverbreitung von Nuklearwaffen). Die Bereitschaft zur Regelbefolgung kann sich aber auch aus den erhöhten Nutzenerwartungen mehr oder weniger «von selbst» ergeben, die die Regimeteilnehmer mit der wechselseitigen Regeleinhaltung verbinden (etwa durch den Abbau von Handelshemmnissen). Die Übernahme von Normen kann schließlich auch auf der, selbst Nutzenkalküle überstrahlenden, prozeduralen Legitimität (z. B. durch umfassende Partizipationsmöglichkeiten) oder auf dem unanfechtbaren moralischen Geltungsanspruch der einer Vereinbarung zugrunde liegenden Normen (etwa im Bereich des internationalen Menschenrechtsschutzes) beruhen. Der Erfolg des zuletzt genannten Wirkungsmechanismus hängt allerdings wesentlich davon ab, wie wichtig einem Akteur seine Reputation ist, sowie von einer funktionierenden Öffentlichkeit, die Regelverstöße an den Pranger stellt und damit Reputationsverluste herbeiführen kann. Internationale Regime setzen schon in ihrem Aufbau auf den Verstärkungseffekt, der sich aus der Kombination dieser Elemente ergibt, indem sie sowohl auf einem Interessenausgleich beruhen, Sanktionsinstrumente (in ihren Regeln und Verfahren) vorsehen als auch, durch die Auflistung der gemeinsam geteilten normativen Überzeugungen (Prinzipien und Normen), an das Gewissen der Regimeteilnehmer appellieren. Der Vielfalt der unter dem Dach von Global Governance zusammengefassten Formen grenzüberschreitender politischer Steuerung entsprechend variieren auch das Gewichtungsverhältnis und die Verfügbarkeit der genannten Quellen zur Entfaltung von Bindungswirkungen.

3 Ausgewählte Forschungsfragen und -ergebnisse

3.1 Die Entstehung internationaler Organisationen und Regime: «Warum kooperieren Staaten?»

Der kooperationstheoretischen Perspektive, die für die erste Phase der Betrachtung internationaler Institutionen kennzeichnend war, ging und geht es primär um die Erklärung des Zustandekommens internationaler Institutionen. Das Interesse an diesem Gegenstand erwuchs aus der Friedensproblematik: Wie kann die Gewaltanwendung in den zwischenstaatlichen Beziehungen wirkungsvoll eingehegt werden? Dabei lag die Annahme zugrunde, dass in der zur Selbsthilfe zwingenden internationalen (Un-)Ordnung eine dauerhafte Kriegsursache liegt. Ein Ausweg wurde – unter Rückgriff auf das grotianische und das kantianische Erbe – darin gesehen, das Verhalten der Staaten an gemeinsam vereinbarte Spielregeln zu binden und durch die Institutionalisierung sektoraler grenzüberschreitender Kooperation den gewaltsamen Konfliktaustrag aus ihrem Verhaltensrepertoire zu verbannen. Das dabei zu lösende Rätsel lautete: Warum sollten Regierungen bereit sein, ihre Handlungsautonomie zugunsten regelgeleiteter Kooperation in internationalen Organisationen und Regimen einzuschränken? Die dazu vorgeschlagenen Antworten unterscheiden sich schon allein darin beträchtlich, welche eigenständige Bedeutung die großtheoretischen Denkschulen, denen sie entstammen, internationalen Organisationen überhaupt beimessen (siehe Rittberger/Zangl 1994, S. 75–85).

Aus der Sicht der *Realistischen Schule* spielte die Beschäftigung mit internationalen Organisationen seit jeher eine eher geringe Rolle, weil sie diese immer als Instrumente staatlicher Machtpolitik betrachtet hat. Zu bestimmten Phasen können sie – als Bündnisse – der Sicherung oder Verbesserung von Machtpositionen dienen oder – als bündnisübergreifende kollektive Sicherheitssysteme – zur Entdramatisierung des Sicherheitsdilemmas nützlich sein. Sie können dabei aber immer nur die Machtverhältnisse im internationalen System abbilden. Was als regelkonformes Verhalten erscheint, wird letztlich auf Macht und Interessen zurückgeführt. Internationale Normen stellen damit auch keine ernsthaften Einschränkungen des Staatenverhaltens dar. Erst mit der Theorie der hegemonialen Stabilität gelangte der

Realismus zu einem Erklärungsansatz, in dem internationale Machtverteilungsstrukturen auf eine differenziertere Weise mit der Entstehung und der Funktionsfähigkeit internationaler Institutionen in Verbindung gebracht wurden. Das Zustandekommen solcher Institutionen wird darin dann für wahrscheinlich gehalten, wenn eine Hegemonialmacht stark genug und auch bereit ist, ihre Gründungs- und Unterhaltskosten zu tragen. Als Mittel zur institutionellen Absicherung einer hegemonial gestifteten Weltordnung ließen sich realistisch etwa die Konstruktion des Weltsicherheitsrats oder internationale Regime wie das GATT deuten. Als machtpolitischen Zwecken dienende Instrumente würde der Realismus Allianzen wie die NATO und selbst die westeuropäische Integration interpretieren. Die Theorie der hegemonialen Stabilität war auch der erste wesentliche Beitrag des Realismus zu der in den 1980er Jahren aufblühenden Regimeanalyse. Sie wurde bald zum zentralen Ort für die Erforschung der Entstehungsbedingungen internationaler Institutionen. Dabei trat zunehmend das Interesse an der Klärung eines für die Realisten irritierenden Befundes in den Vordergrund: die unabweisbare empirische Beobachtung nämlich, dass internationale Regime auch dann fortbestanden, wenn sich die Ausgangsbedingungen ihrer Entstehung veränderten (z. B. durch Hegemonieverfall).

Sehr viel früher hatte sich die *liberale* (oder *pluralistische*) Denkschule bereits dem Prozess der europäischen Integration zugewandt. Im Rahmen der aus dieser Schule stammenden Integrationstheorien wurde der machttheoretischen Erklärung der Realisten eine funktionalistische entgegengesetzt (siehe etwa Haas 1964), die sich auf bereits unabhängig von der regionalen Integration in Europa entstandene Vorüberlegungen stützen konnte.[12] Betrachtet man funktionale, d. h. aufgabenspezifische internationale Institutionen als unverzichtbare Voraussetzungen für eine erfolgreiche grenzüberschreitende Problemlösung, dann liegt die Erwartung, dass Akteure in ihrem ureige-

---

12 Siehe richtungsweisend Mitrany (1966, zuerst 1943), der dabei gerade nicht auf die aus seiner Sicht durch sachfremde staatliche Interessenpolitik dominierte zwischenstaatliche Diplomatie setzte, sondern vielmehr auf die in dieser Hinsicht «entpolitisierte» sektorale Zusammenarbeit zwischen Experten in einem jeweiligen Sachbereich.

nen Interesse ihr Verhalten koordinieren und auch bereit sind, gegebenenfalls Handlungseinschränkungen hinzunehmen, schon sehr viel näher als in der realistischen Sichtweise. Gemäß der Formel «form follows function» wurde die Entstehung internationaler Organisationen darauf zurückgeführt, dass grenzüberschreitende Verflechtungsprobleme notwendigerweise kollektive Problembearbeitungsmechanismen auf der internationalen Ebene nach sich ziehen, um die politische Steuerungsfähigkeit in den unterschiedlichen Politikfeldern – und keinesfalls primär im Sicherheitsbereich – auf einem neuen Niveau wiederherzustellen. Bei der Betrachtung der Europäischen Union rückte damit deren nach innen gerichtete Funktion als Problemlösungs-, Nutzen- und Effizienzgemeinschaft in den Vordergrund.

In der Tradition dieser funktionalistischen Betrachtungsweise, aber mit einer stärkeren Betonung der Funktionserwartungen seitens der Akteure, die die Vorteile internationaler Institutionen nutzen möchten, steht auch der Beitrag des (neo-)liberalen Institutionalismus (Keohane 1984, 1989). Der zentrale empirische Bezugspunkt ist dabei die für die Realisten unerklärliche Dauerhaftigkeit hegemonial gestifteter internationaler Regime in Zeiten des Hegemonieverfalls. In der Kontroverse mit der nächsten Generation aus dem realistischen Lager (z. B. Grieco 1990) bestand zwar Einigkeit darüber, dass sich Akteure interessengeleitet verhalten – daraus resultiert auch die Vorliebe beider Ansätze, sich spieltheoretischer Modelle zu bedienen –, es herrschte jedoch ein grundsätzlicher Dissens darüber, ob der rational handelnde, einheitliche Akteur «Staat» auf die Realisierung absoluter (wie etwa Wohlfahrt) oder relativer Kooperationsgewinne (wie etwa Machtzuwachs) ausgerichtet sei. Entsprechend unterschieden sich auch die Prognosen für die Entstehung von internationalen Regimen.

Diese «rationalistische Phase» der Regimeanalyse brachte neben ihren Erkenntnisgewinnen durch die funktionalistische Erklärung des Fortbestandes internationaler Regime allerdings auch zwei Hypotheken mit sich, die erst im weiteren Verlauf der Debatte wieder abgetragen werden konnten: zum einen die Ausblendung der gesellschaftlichen Dimension durch die Verständigung auf das Konzept des Staates als eines einheitlichen Akteurs; zum anderen die noch weiter gehende Reduzierung dieses Akteurskonzepts auf den Nutzen maximierenden *homo oeconomicus*. Eine zumindest die erste dieser beiden Reduktionen, nämlich den Staatszentrismus, zurücknehmende und dabei zugleich die Grundannahme des Realismus vom staatlichen Selbstbehauptungsinteresse auf das Verhältnis zwischen Staat und Gesellschaft ausweitende Erklärung der Verlagerung politischer Entscheidungsprozesse in internationale Institutionen wurde mit dem Theorem der «Neuen Staatsräson» versucht (Wolf 2000). In ihm wird die Zunahme zwischenstaatlicher Selbstbindungen in intergouvernementalen Institutionen mit dem Interesse der Regierungen erklärt, über einen dem Einfluss nichtgouvernementaler Akteure möglichst weitgehend entzogenen Entscheidungsraum verfügen zu können. Zur systematischen Erfassung der Wechselbeziehungen zwischen inner- und zwischenstaatlichen Interessenkonstellationen erwies sich dabei wie auch in einer Vielzahl anderer Studien das Modell der Zwei-Ebenen-Analyse als fruchtbar (siehe etwa Zangl 1999).

Auf diesem Weg hatte zumindest die Frage nach der Rolle gesellschaftlicher Akteure wieder Eingang in die Forschung über internationale Organisationen und Regime gefunden. Zur Überwindung des zweiten – rationalistischen – Reduktionismus trug wesentlich der als «kognitivistisch» bezeichnete Strang der Regimeanalyse bei. Er ist eng mit dem von Peter M. Haas (1992) eingeführten Konzept der «Epistemic Communities» verbunden, mit dem auf die Bedeutung des von Wissenschaftlernetzwerken bereitgestellten Wissens für das Zustandekommen internationaler Regime verwiesen wird. Kognitive oder *wissensbasierte* Erklärungsansätze haben sich im Zuge dieser «konstruktivistischen Wende» in der IB neben den *machtbasierten* und den *rationalistisch-interessenbasierten* etablieren können.[13] Ihr innovativer Beitrag besteht darin, dass sie Akteursinteressen nicht als vorgegeben und unveränderlich voraussetzen, sondern auf Lernprozesse und Prozesse der Identitätsbildung zurückführen, die ihrerseits in einem Verhältnis wechselseitiger Konstituierung mit den normativen und institutionellen Strukturen stehen, von denen ein Akteur umgeben ist. Mit der Annahme, dass sich Akteure nicht nur interessen-, sondern auch normorientiert verhalten können, erweitert sich

---

13 Zu dieser Unterscheidung siehe auch die Übersicht über den Forschungsstand bei Hasenclever et al. (1997).

das Spektrum der Kooperationsmöglichkeiten gegenüber den Annahmen des Rationalismus deutlich. Die Rationalismus-Konstruktivismus-Kontroverse überlagerte bald den Streit zwischen den drei IB-Denkschulen.

Bei allen ansonsten zum Realismus bestehenden Unterschieden teilt der *Globalismus* die realistische Grundannahme vom rein instrumentellen Charakter internationaler Organisationen. Nur werden diese hier entweder – intentionalistisch – als Instrumente zur Festigung der Abhängigkeitsbeziehungen auf dem Weltmarkt oder – funktionalistisch – aus der Expansionsdynamik einer auf die Durchkapitalisierung des Weltmarkts ausgerichteten Ökonomie heraus erklärt. Dem Verständnis der EU kann diese Perspektive neue Akzente hinzufügen: Sie lässt sich sowohl als eine Reaktion auf die amerikanische Vorherrschaft im Rahmen der kapitalistischen Weltmarktkonkurrenz als auch als eine zum Schutz der eigenen Wohlstandsinsel errichtete «Festung Europa» verstehen.

3.2 Was können internationale Institutionen bewirken?

Das Interesse an einer friedlicheren Konfliktbearbeitung durch die grenzüberschreitende Organisation der Staatenbeziehungen, das die wissenschaftliche Beschäftigung mit den Entstehungsbedingungen internationaler Institutionen angestoßen hatte, trat mit der Zunahme grenzüberschreitender Regelungsprobleme in nahezu allen Politikbereichen in den Hintergrund, für deren erfolgreiche Bewältigung der Maßstab der Friedlichkeit des Konfliktaustrags nicht mehr ausreichte, sondern deren Erfolg an der *Effektivität von Problemlösungen* zu messen war.

Für die Regimeanalyse, die sich seit Beginn der 1990er Jahre mit dieser neuen Fragestellung auseinander setzte, stellte sich dabei ein gravierendes methodisches Problem: Sind Regimewirkungen wirklich *Regime*wirkungen? Geht die Regelbefolgung tatsächlich auf die Wirkungsmächtigkeit der vereinbarten Regeln zurück, oder liegen ihr vielmehr Macht und Interesse zugrunde? Ist die erfolgreiche oder erfolglose Problembearbeitung dem Regime bzw. dessen Versagen zuzuschreiben oder ganz anderen Ursachen? Gefragt waren und sind Forschungsdesigns, mit deren Hilfe entsprechende Nachweise geführt werden können. Angebote dafür reichen von vergleichenden Fallstudien (Rittberger 1990) bis zur systematischen Erhebung von Experteneinschätzungen (Breitmeier et al. 1996).

Während die drei klassischen Denkschulen der IB zumindest in der rationalistisch geprägten Anfangsphase der kooperationstheoretischen Erforschung internationaler Institutionen noch einigermaßen zuverlässige Orientierungshilfen bei der Verortung rivalisierender Erklärungen boten, verlor sich ihr strukturierender Einfluss im Verlauf der steuerungstheoretisch angeleiteten Wirkungsforschung nun immer mehr. Zwar lassen sich wesentliche Wirkungsmechanismen zur Begründung der Effektivität internationaler Regime, wie Macht und Zwang, Interessen und Nutzenerwartungen oder institutionelle Eigendynamiken noch unmittelbar aus dem Realismus und dem (neo-) liberalen Institutionalismus ableiten, mit ihrer Kritik an dem vorherrschenden rationalistischen Akteursverständnis war es aber vor allem die konstruktivistische Herausforderung, die der Wirkungsforschung ihren Stempel aufdrücken sollte.

Die These, dass internationale Institutionen besser geeignet seien, grenzüberschreitende Probleme zu lösen, als die Nationalstaaten, war bereits aus der funktionalistischen Europaforschung der 1960er Jahre bekannt (siehe Haas 1964). Gleichwohl ist es erst im Zuge der Regimeanalyse zu einem zusammenhängenden Forschungsprogramm gekommen, das sich aus einer steuerungstheoretischen Perspektive systematisch mit der Problemlösungsfähigkeit des Regierens jenseits des Staates auseinander setzte. Mit der Zuwendung zu den spezifischen Wirkungen internationaler Regime wurde eine Frage aufgegriffen, deren stillschweigende Bejahung ungeachtet aller sonstigen Differenzen die Geschäftsgrundlage der Kontroverse zwischen den Denkschulen während der kooperationstheoretischen Phase gewesen war: «Do Regimes Matter?» In ihrer steuerungstheoretischen Neuformulierung lautete sie nunmehr: Wie kann sich staatliches Handeln erfolgreich auf grenzüberschreitende Problemlagen einstellen (Grande/Jachtenfuchs 2000)? In den Vordergrund traten nun Kategorien wie Regime-Output (im Sinne des Ausstoßes von Regeln), Regime-Outcomes (im Sinne von Verhaltensänderungen) und Regime-Impacts (im Sinne von Auswirkungen auf die Problemlösung, aber darüber hinaus auch auf andere Politikbereiche oder auf politische Ordnungsstrukturen im Allgemeinen). Die Regimewirkungsforschung griff diese Kategorien vor allem zur Analyse der internationalen Umwelt-kooperation auf,[14] eines bereits zuvor intensiv erforschten Politik-feldes (siehe z. B. Breitmeier 1996). Auch die Bedeutung transnatio-naler Akteure für den Erfolg internationaler Regime wurde vor allem im Umweltbereich untersucht. Neben dem schon weiter oben be-schriebenen Einwirken auf das Zustandekommen internationaler Re-gelwerke können private Politiknetzwerke etwa bei der Überwachung der Einhaltung zwischenstaatlicher Vereinbarungen *(Monitoring)* we-sentlich zur Wirksamkeit des grenzüberschreitenden Regierens bei-tragen. Schließlich kann der Einbezug von INGOs, die als glaubwür-dige Anwälte des Gemeinwohls auftreten, auch die Folgebereitschaft erhöhen.

Neben der Frage nach dem Beitrag des grenzüberschreitenden Re-gierens zu einer effektiveren Problemlösung haben in den vergange-nen Jahren eine ganze Reihe weiterer, sowohl intendierter als auch nicht intendierter Wirkungen internationaler Institutionen das Inter-esse der Forschung auf sich gezogen. Mit durchaus intendierten Wir-kungen beschäftigt sich ein von der Rationalismus-Konstruktivis-mus-Debatte inspirierter Forschungszweig, der in internationalen Institutionen Sozialisationsagenturen sieht, die durch die Verbrei-tung von Normen auf den Wandel der Identitäten (konstitutive Wir-kung), der Präferenzen und des Verhaltens (regulierende Wirkung) der sich ihnen anschließenden Staaten einwirken. So wird z. B. der Prozess der Erweiterung der westlichen Staatengemeinschaft darauf-hin untersucht, ob sich in den im Zuge der Osterweiterung in den Beitrittskandidaten erzielten Demokratisierungseffekten tatsächlich ein Identitätswandel ausdrückt, oder ob es sich dabei lediglich um op-portunistische Lippenbekenntnisse handelt, denen materielle Interes-sen zugrunde liegen (siehe Schimmelfennig 2001). Die Sozialisa-tionsforschung stellt das Paradebeispiel einer sozialkonstruktivistisch angeleiteten Institutionenanalyse dar, die auf einer Unterscheidung strategischer, rhetorischer, verständigungsorientierter und normen-regulierter Handlungskonzepte aufbaut.

---

14 Siehe dazu den Überblick bei Jakobeit (1998) sowie stellvertretend Haas/Keo-hane/Levy (1993), Young (1999) und Miles et al. (2002).

3.3 Wie legitim ist das Regieren jenseits des Staates?

Das für die Regimeanalyse zunächst allein maßgebliche Erfolgskriterium der IB, nämlich die friedliche Konfliktbearbeitung, wurde im Zuge der im vorangegangenen Abschnitt betrachteten ersten Perspektivenerweiterung durch aus der Policy-Forschung übernommene Effektivitätskriterien für die Messung von Regimewirkungen ergänzt. Bald schälte sich allerdings eine nicht erwartete politikfeldübergreifende Folgeerscheinung der Institutionalisierung zwischenstaatlicher Entscheidungsmechanismen heraus, für deren analytische Erfassung Kategorien benötigt wurden, die allein die Demokratietheorie – und damit eine erneute Perspektivenerweiterung – bereitstellen konnte: Gemeint ist das Problem der Entdemokratisierung des Regierens im Zuge seiner Internationalisierung. Für die Beantwortung der damit aufgeworfenen normativen Fragestellungen spielte die Schuleneinteilung der IB überhaupt keine Rolle mehr: Während der Realismus diese Frage ganz ausblendete, wurde die Legitimitätsproblematik, wenn überhaupt thematisiert, auf die Effektivität des Regierens reduziert.

Das Demokratiedefizit der Politik in internationalen Institutionen kann als das unbeabsichtigte Ergebnis einer «ungleichzeitigen Denationalisierung» (Zürn 1998) betrachtet werden, in deren Verlauf die staatlichen Regierungen bei dem Bemühen, ihre Problemlösungsfähigkeit gegenüber grenzüberschreitenden Problemen durch die Verlagerung von Entscheidungsprozessen in die intergouvernementale Arena wiederzuerlangen, der gesellschaftlichen Kontrolle enteilt sind. Es könnte jedoch, wie bereits in Abschnitt 3.1 angedeutet, auch so gedeutet werden, dass sich die staatlichen Regierungen durch gegenseitige Selbstbindungen gezielt neue Handlungsspielräume auf Kosten der von den nationalen Parlamenten ausgeübten Volkssouveränität verschaffen wollen (Wolf 2000). Wie dem auch sei: Nirgendwo drückt sich die Ambivalenz internationaler Institutionen deutlicher aus als hier. Den Demokratisierungseffekten, die sie als Sozialisationsagenturen gegenüber Dritten offensichtlich entfalten können und die sich am Fall der Erweiterung der westlichen Staatengemeinschaft gerade im Blick auf die EU zweifelsfrei nachweisen lassen, stehen Entdemokratisierungseffekte nach innen gegenüber, für die ebenfalls die EU ein besonders anschauliches Beispiel ist.

Allerdings bedarf die generelle Behauptung eines Demokratiedefizits des grenzüberschreitenden Regierens überzeugender Kriterien. Diese müssen – wie im Übrigen auch die Lösungsangebote – insbesondere mit den weiter oben zusammengefassten Besonderheiten des Kontextes kompatibel sein. So gilt für die EU, dass wesentliche gesellschaftliche Voraussetzungen für das Funktionieren einer repräsentativen parlamentarischen Demokratie auf europäischer Ebene nach wie vor fehlen. Dazu gehören eine belastbare europäische kollektive Identität, aber auch ein europäisches Parteiensystem oder eine europäische Öffentlichkeit. Daraus kann man, wie Scharpf (1999), den Schluss ziehen, dass das europäische Demokratiedefizit nur dadurch zu korrigieren ist, dass auf der europäischen Ebene nur ein Mindestmaß an Ausführungsaufgaben innerhalb eines klar umrissenen Mandats angesiedelt wird. Darüber hinausgehende Befugnisse würden dann in den mitgliedstaatlichen Rahmen zurückverlagert werden, und die EU hätte sich ansonsten vor allem über ihren Output zu legitimieren. Andere Autoren setzen demgegenüber offensiv auf alternative, postparlamentarische Formen der Legitimation auch auf europäischer Ebene. Zu unterscheiden sind dabei eine direktdemokratische Variante mit der Einführung eines Systems von Vetorechten für sektorale und regionale Demoi (Abromeit 1998), eine verhandlungsdemokratische Variante, die auf eine Verkopplung unterschiedlicher Arenen setzt (Benz 1998), und die Variante der deliberativen Demokratietheorie, die sich auf das Konzept des deliberativen Supranationalismus (Schmalz-Bruns 1999) stützt. Allen genannten demokratietheoretischen Konzepten ist gemeinsam, dass es sich bei ihnen um kreative Reaktionen auf das Demokratiedefizit der EU handelt, die sich mit den spezifischen Kontextbedingungen des europäischen Regierens und dessen besonderen Legitimitätsanforderungen auseinander setzen.

Aus der in dem Entdemokratisierungsvorwurf kulminierenden Kritik an der Praxis der rein intergouvernementalen politischen Steuerung jenseits des Staates hat sich ein zunehmendes Interesse an privaten internationalen Regimen und öffentlich-privaten Politiknetzwerken herausgebildet, weil dort bereits Formen der Beteiligung nichtstaatlicher Akteure praktiziert werden. Die erkenntnisleitende Frage lautet, inwieweit sich die Legitimität des grenzüberschreitenden Regierens dadurch erhöht oder vermindert (Wolf 2002b; Cutler/Haufler/Porter 1999). Im günstigsten Fall könnte sich die Einbeziehung nichtstaatlicher Akteure sowohl als eine Chance zur Effektivitätssteigerung als auch als ein Weg zur Verbesserung der demokratischen Legitimität erweisen.[15]

4 Effektives und demokratisches Regieren jenseits des Staates: das Thema des neuen Mainstreams?

Mit der Ausweitung des Interesses auf die Legitimitätsanforderungen des grenzüberschreitenden Regierens in einem sowohl Input- als auch Output-Legitimität umfassenden Sinn ist die ursprünglich in der alleinigen Zuständigkeit der IB unter dem Thema «internationale Organisationen» abgehandelte Beschäftigung mit der Institutionalisierung der zwischenstaatlichen Beziehungen endgültig in die Mitte der Politikwissenschaft zurückgekehrt. Wie eingangs bereits festgestellt wurde, hat kein anderer Gegenstand in den vergangenen Jahren so sehr zur Integration der Subdisziplinen der deutschen Politikwissenschaft beigetragen wie das Regieren jenseits des Staates. Mit der Entgrenzung des Regierens ist es vor allem hierzulande zur Übertragung von Fragestellungen und Analyseinstrumenten sowohl der Regierungslehre und der Policy-Forschung (Formen politischer Steuerung, Netzwerkkonzept) als auch der Politischen Theorie (übergreifende politische Ordnungsfragen nach dem «guten Regieren», Demokratisierungskonzepte) auf den Bereich jenseits des Staates gekommen. Mit dem Konzept des Regierens in Mehrebenensystemen *(Multi-Level Governance)* ist dabei auch ein integrierender Rahmen mit fließenden Übergängen formuliert worden, der die Interdependenz von Entscheidungsebenen thematisiert und der sowohl für die Analyse föderalistischer Regierungssysteme als auch für die der EU offen ist.

Unter dem für die nächste Zeit für die politikwissenschaftliche Betrachtung internationaler Institutionen maßgeblichen Global-Governance-Paradigma werden sowohl steuerungstheoretische als auch politische Ordnungsprobleme weiter an Bedeutung gewinnen. Dabei

---

15 Zu unterschiedlichen Antworten auf die Frage nach der Kompatibilität dieser beiden Ziele siehe etwa Kohler-Koch (1998) und Scharpf (1999).

dürften vor allem zwei Fragekomplexe in den Mittelpunkt rücken: Steuerungstheoretisch muss es darum gehen, mehr darüber in Erfahrung zu bringen, unter welchen Umständen es zu welchen Formen grenzüberschreitender politischer Steuerung kommt. Diese Frage geht insoweit über die im Rahmen der Regimeanalyse gestellte Frage nach den Bedingungen der Herausbildung bestimmter *Regime*typen hinaus, als sich das Spektrum von Steuerungsformen inzwischen erheblich erweitert hat. Es erstreckt sich bereits heute von den herkömmlichen intergouvernementalen Institutionen über öffentlich-private Politiknetzwerke bis hin zu Formen der privaten Selbstregulierung innerhalb der Wirtschaft und zwischen wirtschaftlichen und zivilgesellschaftlichen Akteuren, von unverbindlichen freiwilligen Selbstverpflichtungen im Rahmen von Verhaltenskodizes bis hin zu internationalen Verrechtlichungsansätzen. Dieser Formenvielfalt unterschiedlichster Interaktionssysteme ist mit der sparsamen Merkmalsbeschreibung von Regelsystemen, wie sie etwa die klassische Regimeanalyse anzubieten hat («Prinzipien, Normen, Regeln und Verfahren»), nicht mehr angemessen zu begegnen. Ein nächster Schritt muss in einer systematisch vergleichenden Bestandsaufnahme der Leistungsfähigkeit dieser unterschiedlichen Muster politischer Steuerung sowohl im Hinblick auf ihr Problemlösungspotenzial als auch im Hinblick auf ihre legitimatorische Qualität bestehen.

Der wesentliche Unterschied zwischen der zu Ende gehenden Epoche von *International Governance* und der aufziehenden Zukunft von *Global Governance* liegt in der Bedeutung des Staates. Die zukünftige Rolle und die zukünftigen Formen von Staatlichkeit im Rahmen des grenzüberschreitenden Regierens dürften alle Subdisziplinen der Politikwissenschaft noch eine Weile beschäftigen. Eine vordringliche Frage lautet: Wie viel Staatlichkeit benötigt «Governance without Government», wenn dabei bestimmte Mindestanforderungen an ein effektives und demokratisch legitimiertes Regieren erfüllt werden sollen? Eine weitere Frage lautet: Wie viel gesellschaftliche Beteiligung ist möglich, welche Legitimierungs- und Effektivierungspotenziale lassen sich durch weitere Schritte in Richtung auf eine «Privatisierung der Weltpolitik» (Brühl et al. 2001) mobilisieren? Beide Fragen verweisen «beyond intergovernmentalism», d. h. sie überwinden die Regierungszentrik, die in der amerikanischen Schwesterdisziplin der deutschen IB, den International Relations, noch immer den Mainstream bildet. Dass dieser «deutsche Sonderweg» möglich werden konnte, schreibt Nölke (2003) vor allem zwei Faktoren zu: zum einen der Nähe der EU, durch die sich Fragen des effektiven und legitimen Regierens jenseits des Staates sehr viel hautnaher und dringlicher gestellt haben als etwa in den USA; zum anderen der disziplinären Verfassung der deutschen Politikwissenschaft, innerhalb deren die IB trotz gelegentlich immer noch zu vernehmender gegenteiliger Auffassungen sehr viel stärker verankert und aus diesem Grund auch für Fragestellungen und Analysekonzepte der benachbarten Subdisziplinen unseres Fachs offener ist.

Literatur

Abromeit, Heidrun: Democracy in Europe. Legitimising Politics in a Non-State Polity, London 1998.

Benz, Arthur: «Ansatzpunkte für ein europafähiges Demokratiekonzept», in: Beate Kohler-Koch (Hg.): Regieren in entgrenzten Räumen, Politische Vierteljahresschrift, Sonderheft 29, Opladen 1998, S. 345–368.

Benz, Arthur: «Kooperativer Staat? Gesellschaftliche Einflußnahme auf die staatliche Steuerung», in: Ansgar Klein/Rainer Schmalz-Bruns (Hg.): Politische Beteiligung und Bürgerengagement in Deutschland. Möglichkeiten und Grenzen, Bonn 1997, S. 88–113.

Boli, John/Thomas, George M. (Hg.): International Nongovernmental Organizations Since 1875, Stanford 1999.

Breitmeier, Helmut: Wie entstehen globale Umweltregime? Der Konfliktaustrag zum Schutz der Ozonschicht und des globalen Klimas, Opladen 1996.

Breitmeier, Helmut/Levy, Marc A./Young, Oran R./Zürn, Michael: The International Regimes Database as a Tool for the Study of International Cooperation, International Institute for Applied Systems Analysis, Laxenburg 1996.

Brühl, Tanja (Hg.): Die Privatisierung der Weltpolitik, Bonn 2001.

Bull, Hedley: The Anarchical Society. A Study of Order in World Politics, Houndsmills u. a. 1977.

Commission on Global Governance: Nachbarn in Einer Welt, Stiftung Entwicklung und Frieden, Bonn 1995.

Cutler, Claire A./Haufler, Virginia/Porter, Tony: Private Authority and International Affairs, New York 1999.

Delbrück, Jost: «Von der Staatenordnung über die internationale institutionelle Kooperation zur ‹supraterritorial or global governance›: Wandel des zwischenstaatlichen Völkerrechts zur Rechtsordnung des Menschen und der Völker?», in: Ulrich Bartosch/Jochen Wagner (Hg.): Weltinnenpolitik, München 1998, S. 55–66.

Fues, Thomas/Hamm, Brigitte I. (Hg.): Die Weltkonferenzen der 90er Jahre: Baustellen für Global Governance, Bonn 2001.

Gareis, Sven/Varwick, Johannes: Die Vereinten Nationen. Aufgaben, Instrumente und Reformen, Opladen 2002.

Gehring, Thomas: «Der Beitrag von Institutionen zur Förderung der internationalen Zusammenarbeit. Lehren aus der institutionellen Struktur der Europäischen Gemeinschaft», in: Zeitschrift für Internationale Beziehungen 1, 1994, S. 211–242.

Grande, Edgar/Jachtenfuchs, Markus (Hg.): Wie problemlösungsfähig ist die EU? Regieren im europäischen Mehrebenensystem, Baden-Baden 2000.

Grande, Edgar/Risse, Thomas (Hg.): Globalisierung und die Handlungsfähigkeit des Nationalstaats, Themenheft der Zeitschrift für Internationale Beziehungen, Baden-Baden 2000.

Grieco, Joseph M.: Cooperation Among Nations: Europe, America, and Non-Tarriff Barriers to Trade, Ithaca 1990.

Haas, Ernst B.: Beyond the Nation-State: Functionalism and International Organization, Stanford 1964.

Haas, Peter M.: Introduction: «Epistemic Communities and International Policy Coordination», in: International Organization 46, 1992, S. 1–35.

Haas, Peter M./Keohane, Robert O./Levy, Marc A. (Hg.): Institutions for the Earth. Sources of Effective International Environmental Protection, Cambridge 1993.

Hasenclever, Andreas/Mayer, Peter/Rittberger, Volker: Theories of International Regimes, Cambridge 1997.

Haufler, Virginia: «Cross the Boundary between Public and Private: International Regimes and Non-State Actors», in: Volker Rittberger/Peter Mayer (Hg.): Regime Theory and International Relations, Oxford 1995, S. 94–111.

Held, David: Democracy and the Global Order. From the Modern State to Cosmopolitan Governance, Cambridge 1995.

Jachtenfuchs, Markus: «Die Europäische Union – ein Gebilde sui generis?», in: Klaus Dieter Wolf (Hg.): Projekt Europa im Übergang? Probleme, Modelle und Strategien des Regierens in der Europäischen Union, Baden-Baden 1997, S. 15–35.

Jachtenfuchs, Markus/Knodt, Michèle (Hg.): Regieren in internationalen Institutionen, Opladen 2002.

Jachtenfuchs, Markus/Kohler-Koch, Beate (Hg.): Europäische Integration, Opladen ²2002.

Jakobeit, Cord: «Wirksamkeit in der internationalen Umweltpolitik», in: Zeitschrift für Internationale Beziehungen 5, 1998, S. 345–366.

Jänicke, Martin: «Vom Staatsversagen zur politischen Modernisierung», in: Carl Böhret/Göttrik Wewer (Hg.): Regieren im 21. Jahrhundert – zwischen Globalisierung und Regionalisierung, Opladen 1993, S. 63–78.

Keck, Margaret/Sikkink, Kathryn: Activists Beyond Borders. Transnational Advocacy Networks in International Politics, Ithaca 1998.

Keohane, Robert O.: International Institutions and State Power, Boulder u. a. 1989.

Keohane, Robert O.: After Hegemony: Cooperation and Discord in the World Political Economy, Princeton 1984.

Kohler-Koch, Beate: «Einleitung. Effizienz und Demokratie», in: dies. (Hg.): Regieren in entgrenzten Räumen, Politische Vierteljahresschrift, Sonderheft 29, Opladen 1998, S. 11–25.

Krasner, Stephen D. (Hg.): International Regimes, Ithaca 1983.

Levy, Marc A./Young, Oran R./Zürn, Michael: «The Study of International Regimes», in: European Journal of International Relations 1, 1995, S. 267–330.

Mayntz, Renate: «Policy-Netzwerke und die Logik von Verhandlungssystemen», in: Adrienne Héritier (Hg.): Policy-Analyse. Kritik und Neuorientierung, Politische Vierteljahresschrift, Sonderheft 24, Opladen 1993, S. 39–57.

Messner, Dirk/Nuscheler, Franz (Hg.): Weltkonferenzen und Weltberichte, Bonn 1996.

Meyers, Reinhard: «Internationale Organisationen und *global governance* – eine Antwort auf die internationalen Herausforderungen am Ausgang des Jahrhunderts?», in: Wichard Woyke (Hg.): Internationale Organisationen in der Reform, Schwalbach i. Ts. 1999, S. 8–28.

Miles, Edward L./Underdal, Arild/Andresen, Steinar/Wettestad, Joergen/Skaerseth, Jon Birger/Carlin, Elaine M. (Hg.): Environmental Regime Effectiveness: Confronting Theory with Evidence, Cambridge 2002.

Mitrany, David: A Working Peace System, Chicago 1966 (zuerst 1943).

Moravcsik, Andrew: «Preferences and Power in the European Community: A Liberal Intergovernmentalist Approach», in: Journal of Common Market Studies 31, 1993, S. 473–524.

Müller, Harald: Die Chance der Kooperation. Regime in den internationalen Beziehungen, Darmstadt 1993.

Neyer, Jürgen/Wolf, Dieter: «Zusammenfügen, was zusammengehört! Zur Notwendigkeit eines Brückenschlages zwischen alten und neuen Fragestellungen der Integrationsforschung», in: Zeitschrift für Internationale Beziehungen 3, 1996, S. 399–423.

Nölke, Andreas: «Intra- und interdisziplinäre Vernetzung: Die Überwindung der Regierungszentrik?», in: Gunther Hellmann/Klaus Dieter Wolf/Michael Zürn (Hg.): Forschungsstand und Perspektiven der Internationalen Beziehungen in Deutschland, Baden-Baden, i. E. (2003).

Oberthür, Sebastian: Umweltschutz durch internationale Regime. Interessen, Verhandlungsprozesse, Wirkungen, Opladen 1997.

Reinicke, Wolfgang H.: Global Public Policy: Governing without Government?, Washington D. C. 1998.

Risse, Thomas: «Transnational Actors and World Politics», in: Walter Carlsnaes/Thomas Risse/Beth A. Simmons (Hg.): Handbook of International Relations, London 2002, S. 255–274.

Rittberger, Volker (Hg.): Global Governance and the United Nations System, Tokio u. a. 2001.

Rittberger, Volker/Mayer, Peter (Hg.): Regime Theory and International Relations, Oxford 1993.

Rittberger, Volker/Zangl, Bernhard: Internationale Organisationen – Politik und Geschichte. Europäische und weltweite Zusammenschlüsse, Opladen 1995.

Rosenau, James N./Czempiel, Ernst-Otto (Hg.): Governance without Government: Order and Change in World Politics, Cambridge 1992.

Scharpf, Fritz W.: Regieren in Europa. Effektiv und demokratisch?, Frankfurt a. M./New York 1999.

Scharpf, Fritz: «Die Handlungsfähigkeit des Staates am Ende des zwanzigsten Jahrhundert», in: Politische Vierteljahresschrift 32, 1991, S. 621–634.

Schimmelfennig, Frank: «The Community Trap: Liberal Norms, Rhetorical Action, and the Eastern Enlargement of the European Union», in: International Organization 55, 2001, S. 47–80.

Schimmelfennig, Frank: «Rhetorisches Handeln in der internationalen Politik», in: Zeitschrift für Internationale Beziehungen 4, 1997, S. 219–254.

Schlotter, Peter: Die KSZE im Ost-West-Konflikt. Wirkung einer internationalen Institution, Frankfurt a. M./New York 1999.

Schmalz-Bruns, Rainer: «Deliberativer Supranationalismus. Demokratisches Regieren jenseits des Nationalstaates», in: Zeitschrift für internationale Beziehungen 6, 1999, S. 185–244.

Schorlemer, Sabine von: «Der ‹Global Compact› der Vereinten Nationen – ein Faust'scher Pakt mit der Wirtschaftswelt?», in: dies. (Hg.): Praxis-Handbuch UNO. Die Vereinten Nationen im Lichte globaler Herausforderungen, Berlin u. a. 2003, S. 507–552.

Simmons, Beth A./Martin, Lisa L.: «International Organizations and Institutions», in: Walter Carlsnaes/Thomas Risse/Beth A. Simmons (Hg.): Handbook of International Relations, London 2002, S. 192–211.

Stiftung Entwicklung und Frieden (Hg.): Globale Trends, Frankfurt a. M. 2002.

Union of International Associations (Hg.): Yearbook of International Organizations 2001/2002, 38. Ausgabe, 5 Bde., München 2001 (www.uia.org/uiastats/ytb199.htm und www.uia.org/uistats/stybv296.htm).

Wolf, Klaus Dieter: «Contextualizing Normative Standards for Legitimate Governance Beyond the State», in: Jürgen R. Grote/Bernard Gpikpi (Hg.): Participatory Governance. Political and Societal Implications, Opladen 2002a, S. 35–50.

Wolf, Klaus Dieter: «Zivilgesellschaftliche Selbstregulierung: ein Ausweg aus dem Dilemma des internationalen Regierens?», in: Markus Jachtenfuchs/Michèle Knodt (Hg.): Regieren in internationalen Institutionen, Opladen 2002b, S. 183–214.

Wolf, Klaus Dieter: Globalisierung, Global Governance und Demokratie. Gutachten für die Enquête-Kommission «Globalisierung der Weltwirtschaft» des Deutschen Bundestags, September 2001 (www.bundestag.de/gremien/welt/gutachten/vg10.pdf).

Wolf, Klaus Dieter: Die Neue Staatsräson. Zwischenstaatliche Kooperation als Demokratieproblem in der Weltgesellschaft, Baden-Baden 2000.

Young, Oran R. (Hg.): Effectiveness of International Environmental Regimes: Causal Connections and Behavioral Mechanisms, Cambridge 1999.

Zangl, Bernhard: Interessen auf zwei Ebenen. Internationale Regime in der Agrarhandels-, Währungs- und Walfangpolitik, Baden-Baden 1999.

Zürn, Michael: Regieren jenseits des Nationalstaates, Frankfurt a. M. 1998.

Zürn, Michael: «Bringing the Second Image (Back) In – About the Domestic Sources of Regime Formation», in: Volker Rittberger (Hg.): Regime Theory and International Relations, Oxford 1993, S. 282–314.

Zürn, Michael: Interessen und Institutionen, Opladen 1992.

Klaus Armingeon
2.6.1 Parteien, Verbände und soziale Bewegungen

> 1 Grundlagen: Parteien- und Verbändesysteme
> 2 Dimensionen: Überblick über die einzelnen Teilgebiete
> 3 Probleme: aktuelle Forschungsfragen
> 4 Perspektiven: gegenwärtige Tendenzen und zukünftige Entwicklungen

1 Grundlagen: Parteien- und Verbändesysteme

Dieser Beitrag informiert über Parteien, Verbände und neue soziale Bewegungen in modernen Demokratien. Dieses Thema der politischen Soziologie wird in vergleichender und politikwissenschaftlicher Perspektive behandelt. Der internationale und zeitliche Vergleich bedeutet den Verlust an Tiefenschärfe und Detailreichtum der Beschreibung, der jedoch durch spezifische Gewinne kompensiert wird: Die vergleichende Sichtweise erlaubt die Identifikation von Gemeinsamkeiten und von Unterschieden. Sie ermöglicht darüber hinaus, das Ausmaß der Unterschiede und Abweichungen von Durchschnittstypen zu bewerten. In der politikwissenschaftlichen Perspektive wird die Interaktion der Organisationen und Bewegungen mit dem politischen System betont. Unter dem politischen System werden alle Akteure, Institutionen und Prozesse verstanden, die politische Funktionen erfüllen, also zur Herstellung und Durchsetzung verbindlicher Entscheidungen über die Verteilung von materiellen und immateriellen Werten beitragen.

Die Beschränkung auf moderne Demokratien ergibt sich aus der zentralen Bedeutung von freiem Parteienwettbewerb und Koalitionsrecht für die Demokratie. Ich konzentriere mich in diesem Beitrag auf die etablierten Demokratien der OECD-Ländergruppe (vgl. die Länder in Tabelle 1) – wenn von Europa die Rede ist, ist damit Westeuropa gemeint –, da die Forschung über Parteien und Verbände in Ostmitteleuropa noch nicht weit entwickelt ist. Dies hängt auch damit zusammen, dass sich dort die Parteien- und Verbändesysteme nach dem Zusammenbruch des alten Regimes erst entwickeln und institutionalisieren mussten.

1.1 Definitionen: Parteien, Verbände, soziale Bewegungen

Politische Parteien sind organisierte Zusammenschlüsse gleichgesinnter Staatsbürger zur Förderung gemeinsamer politischer Anliegen in Willensbildungs- und Entscheidungsprozessen über öffentliche Angelegenheiten (vgl. zu den Definitionen insbesondere Schmidt 1995). Parteien streben Sitze in legislativen und exekutiven Körperschaften an. Ein Verband ist ein Zusammenschluss von natürlichen oder juristischen Personen mit dem Ziel der Förderung der gemeinsamen Interessen. Eine notwendige Bedingung jedes Verbandes ist eine Organisation mit (haupt-, neben- oder ehrenamtlichem) Verwaltungspersonal. Überwiegt die Bedeutung der Interessenvertretung nach außen (gegenüber dem Staat, den anderen Verbänden oder einzelnen Personen), wird von einem Interessenverband gesprochen. Beispiele sind die Industriegewerkschaft Metall oder die Konsumentenschutzvereinigungen. Auch öffentlich-rechtliche Verbände wie der Deutsche Landkreistag oder der Deutsche Städtetag vertreten Interessen nach außen, wenn sie das Selbstverwaltungsrecht der Gemeinden und Landkreise bewahren und stärken möchten und dazu in vielen Politikfeldern aktiv werden. Karitative Verbände wie der Deutsche Caritasverband oder das Deutsche Rote Kreuz kümmern sich wohltätig um ihre Klientel, aber sie vertreten auch deren Interessen gegenüber Staat und weiteren Organisationen. Andere Verbände verfolgen hingegen karitative, gesellige, sportliche oder kulturelle Ziele, wobei der Vertretung von Interessen gegenüber Außenstehenden kein großes Gewicht zukommt. Für solche Organisationen wird häufig der Begriff des «Vereins» benutzt. Beispiele sind Turnvereine, Selbsthilfegruppen oder die Deutsche Vereinigung für Politische Wissenschaft. Freilich ist die Grenzziehung zwischen Verein und Interessengruppe im Einzelfall problematisch. So organisiert ein Interessenverband wie die IG Metall Jugendfreizeiten, und der schweizerische Bauernverband bietet fachliche Weiterbildungsmaßnahmen an; sie wirken damit stark nach innen. Andererseits beanspruchen Turnvereine staatliche Ressourcen, wenn sie gegen geringe Gebühr kommunale Turnhallen für ihre Übungen benutzen, die Deutsche Vereinigung für Politische Wissenschaft wird bei Kultusministern vorstellig, um neue Lehrstühle oder Ausbildungsprogramme zu fordern, und Gesangsvereine bemühen sich erfolgreich um staatliche Unterstützung ihrer Tätigkeiten. Aus diesen Gründen ist es sinnvoll, solche Vereine nicht aus der Verbandsforschung von vornherein auszuschließen, sondern sie dann zu berücksichtigen, wenn sie trotz ihres Vereinscharakters als Interessenvertreter auftreten.

Soziale Bewegungen drängen auf die Bewahrung, Veränderung oder Erneuerung von Staat, Gesellschaft und Wirtschaft durch Formen kollektiven Protests außerhalb der institutionalisierten Kanäle der politischen Willensbildung und Einflussnahme (McAdam/Snow 1997, S. xviii). Der Bewegungsforscher Sidney Tarnow definiert soziale Bewegungen als kollektive Herausforderungen durch Menschen mit gemeinsamen Anliegen und solidarischer Verbundenheit in fortgesetzter Interaktion mit Eliten, Gegnern und staatlichen Stellen (1994, S. 3f.). Sie mobilisieren Mitglieder oder Anhänger und strukturieren den Protest. Im Gegensatz zu politischen Parteien ist ihr vorrangiges Ziel nicht der Erwerb von Sitzen in Parlament und Regierung. Im Vergleich zu Verbänden sind der Aufbau und die Unterhaltung einer Organisation nicht von vordringlicher Bedeutung, was allerdings nicht ausschließt, dass auch soziale Bewegungen über ein Mindestmaß an Organisation verfügen müssen. Im Laufe ihrer Entwicklung können soziale Bewegungen Parteien und Verbände ausbilden. Und in der Tat sind die meisten europäischen Parteien und viele Interessenverbände aus sozialen Bewegungen entstanden. Ein wichtiges historisches Beispiel ist die Arbeiterbewegung, in deren Gefolge die Gewerkschaften und die Arbeiterparteien gegründet wurden. Zu den neuen sozialen Bewegungen rechnet man die Friedens-, Frauen- und Umweltbewegungen sowie jene Gruppen, die gegen die Benachteiligung der Länder der Dritten Welt oder für Minderheitsrechte (z. B. der Homosexuellen) kämpfen.

1.2 Parteien, Verbände und neue soziale Bewegungen als Bestandteil des intermediären Systems

Die politikwissenschaftliche Bedeutung der Parteien, Verbände und sozialen Bewegungen liegt in ihrer vermittelnden Funktion zwischen Bürgern und Staat: Sie sind intermediäre Instanzen (siehe Abbildung 1). Damit die Interessen von Millionen von Individuen für den Staat erkennbar sind, müssen diese artikuliert und in überschaubare Gruppen gebündelt werden. Diese Funktion der Interessenartikulation wird

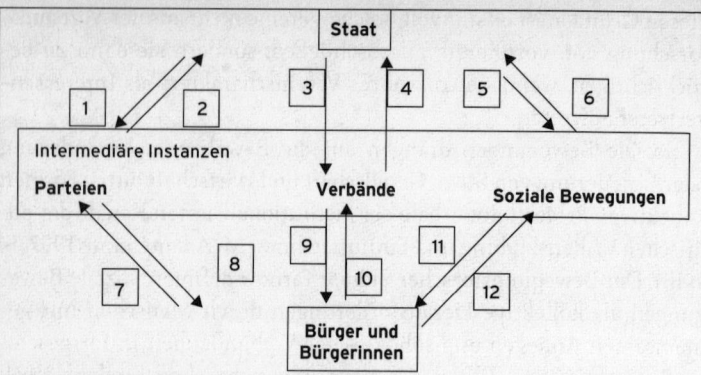

Typen möglicher Leistungen und Beiträge von

1. **Staat an Parteien:** Politiken, Sitze/Mandate, Subventionen, Ämter in der öffentlichen Verwaltung, Diäten/Alimentierung von Berufspolitikern
2. **Parteien an den Staat:** Repräsentation von gesellschaftlichen Interessen, Rekrutierung der politischen Elite, Bündelung von Interessen, Bildung der Regierung, Beschickung des Parlaments, Kontrolle der Regierung, Formulierung von Politiken
3. **Staat an Verbände:** Politiken, Organisationssicherungen (z.B. steuerliche Absetzbarkeit von Mitgliedsbeiträgen), Subventionen
4. **Verbände an den Staat:** Interessenvertretung/Druck, Bereitstellung von Sachkunde/Informationen, Koordination von Verbandspolitiken mit den staatlichen Politiken, Übernahme staatlicher Aufgaben (z.B. Regelungen des Agrarmarkts), Formulierung von Politiken
5. **Staat an soziale Bewegungen:** Politiken, Inklusion/Exklusion/Repression
6. **Soziale Bewegungen an den Staat:** Protest, Druck
7. **Bürger an Parteien:** Beteiligung an Wahlen, Stimmen, Mitglieder/Anhänger, Mitgliedsbeiträge, Spenden, Zeit für Parteitätigkeiten, Personal für politische Funktionen, Bekundungen von Ansichten/Einstellungen/Wünschen
8. **Parteien an Bürger:** Interessenartikulation und -aggregation, Organisation politischer Konfliktlinien, Bildung kollektiver Identität/Orientierung, Mobilisierung bei Wahlen, politische Sozialisation, Kommunikation staatlicher Entscheidungen, Werbung und Information über Ziele der Parteien, Information über politische Fragen
9. **Verbände an Bürger:** Interessenartikulation, Organisation politischer Konfliktlinien, Mobilisierung für Verbandsziele (z.B. Streiks), Bildung kollektiver Identität/Orientierung, politische Sozialisation, Dienstleistungen (z.B. Weiterbildung, Hilfeleistung beim Umgang mit staatlicher Bürokratie), Versicherungen (z.B. Streik, Rechtsschutz), Beistand (z.B. bei Konflikten am Arbeitsplatz), Information/Unterhaltung/Geselligkeit
10. **Bürger an Verbände:** Mitglieder, Funktionäre, Mitgliedsbeiträge, Spenden, Zeit für Verbandstätigkeiten, Bekundungen von Ansichten/Einstellungen/Wünschen
11. **Soziale Bewegungen an Bürger:** Artikulation und Koordination des Protests, Organisation politischer Konfliktlinien, Mobilisierung, Bildung kollektiver Identität/Orientierung, politische Sozialisation
12. **Bürger an soziale Bewegungen:** Anhänger/Aktivisten/Mitglieder, Funktionäre, Beiträge/fallweise Unterstützungen, Zeit für Tätigkeiten der Bewegung, Bekundungen von Ansichten/Einstellungen/Wünschen

Abbildung 1: Die intermediären Instanzen

vor allem von Interessenverbänden, aber auch von politischen Parteien wahrgenommen. Wie sollten beispielsweise staatliche Stellen wissen, welches die gemeinsamen Interessen der Arbeitnehmer, Arbeitgeber, Ärzte, Bauern oder der chemischen Industrie sind, wenn es nicht Verbände geben würde, die von sich mit einiger Plausibilität beanspruchen können, diese Interessen zu artikulieren und zu vertreten? Erst Verbände machen gesellschaftliche Interessen strukturiert sichtbar und bereiten sie so auf, dass sie in den politischen Prozess einfließen und ein wichtiges Datum sein können. Diese «Bündel» von Interessen beziehen sich häufig auf sektorale (z. B. die der Chemieindustrie) oder funktionale Interessen (z. B. jene der Arbeitnehmer). Die Aufgabe von politischen Parteien besteht auch darin, solche gebündelten Interessen weiter zusammenzufassen und ihnen einen programmatischen Ausdruck zu geben. Diese Aggregationsfunktion der politischen Parteien trägt in unverzichtbarer Weise zur weiteren Strukturierung der Bürgerinteressen bei. (Neue) Soziale Bewegungen artikulieren den Protest jener, deren Interessen und Anliegen nicht ausreichend von den etablierten politischen Parteien und Verbänden wahrgenommen wurden.

Mit dieser Funktion der Interessenvermittlung sind weitere Aufgaben und Interaktionen dieser intermediären Instanzen verbunden. Zum einen bestehen innerhalb des intermediären Systems Beziehungen zwischen den einzelnen kollektiven Akteuren. Darüber hinaus sind intermediäres System und Bürger in verschiedener Hinsicht miteinander verknüpft. Schließlich gibt es zwischen intermediären Instanzen und Staat vielfältige Wechselbeziehungen. Die wichtigsten Leistungen und Beiträge im Rahmen dieser Wechselbeziehungen sind in der Legende zu den entsprechenden Pfeilen der Abbildung 1 aufgelistet.

1.3 Parteien- und Verbändesysteme

Chancen und Herausforderungen politischer Parteien sind auch eine Funktion der Stärke und der Ausrichtung der anderen Parteien. So stellt sich die strategische Ausgangslage für eine sozialdemokratische Partei unterschiedlich dar, wenn sie starke Konkurrenten hat, die links von ihr stehen. Und ihre Chancen, Ziele durchzusetzen, variieren beträchtlich in Abhängigkeit von der Größe, Struktur und Geschlossenheit der Mitte-Links-Parteien. So ähneln sich beispielsweise die Wähleranteile sozialdemokratischer Parteien in den 1990er Jahre in Dänemark, Deutschland, Großbritannien, Neuseeland, Norwegen, Portugal und Spanien: Ungefähr 35 Prozent der Stimmen entfielen auf diese Parteien. Allerdings unterscheiden sich die Gegenspieler markant: In Großbritannien, Neuseeland und Spanien erzielen konservative Parteien ähnliche Stimmenanteile, und in Deutschland ist der wichtigste Gegenspieler die Christdemokratie, die im Zentrum des europäischen Parteiensystems anzusiedeln ist. Hingegen wird die Rolle des wichtigsten Gegners in Dänemark von den Liberalen übernommen. Um das Handeln von Parteien zu verstehen, ist es folglich hilfreich, wenn Informationen über das Beziehungsgefüge der in einem politischen Gemeinwesen agierenden Parteien vorliegen. Dazu gehören Angaben über die Stimmenverhältnisse bei Wahlen, die Zahl der Parteien und deren ideologische Positionen. Dieses Gefüge, also die Gesamtheit der Parteien und ihre Interaktionen, wird Parteiensystem genannt. Die Forschung hat vielfältige Typologien von Parteiensystemen entwickelt. Eine Möglichkeit der Unterscheidung von Parteiensystemen ist die Anzahl der politischen Parteien.

Will man die Zahl der Parteien international vergleichen, um Parteiensysteme typologisch zu erfassen, so stellt sich die Frage, welche Parteien mit welchen Gewichtungen gezählt werden sollen. Da es um den Vergleich nationaler Parteiensysteme geht, ist es zunächst sinnvoll, nur jene Parteien zu berücksichtigen, die sich um Sitze im nationalen Parlament bewerben. Organisationen, die dies nicht tun, werden mithin nicht gezählt. Darüber hinaus ist zu klären, wie die unterschiedlichen Wählerstimmenanteile gewichtet werden sollen. In der sozialwissenschaftlichen Forschung hat sich hierfür ein Verfahren bewährt, das auf einem von 0 bis 1 reichenden Index beruht. Ein Indexwert von nahe «1» bedeutet, dass das Parteiensystem aus sehr vielen, sehr kleinen Parteien besteht. Hingegen besagt ein Wert von «0», dass es nur eine Partei gibt, die 100 Prozent aller Stimmen auf sich zieht. Wenn es zwei Parteien gibt, die jeweils 50 Prozent der Stimmen erhalten, errechnet sich ein Wert von 0.5. Dieser Fragmentierungsindex (FI) berechnet sich nach der Formel:

$$FI = 1 - \sum_{i=1}^{m} t_i^2$$

wobei t_i der Stimmenanteil für die Partei i und m die Zahl der Parteien ist. Wahrscheinlichkeitstheoretisch lässt sich der Wert als die Wahrscheinlichkeit interpretieren, dass zwei zufällig ausgewählte Wähler für unterschiedliche Parteien gestimmt haben (Rae 1968). Laakso und Taagepera (1979) haben vorgeschlagen, diesen Index umzuformen. Dies macht ihn leichter als einen Indikator der Anzahl der effektiven Parteien (N) interpretierbar. Er berechnet sich als: $N = 1/(1–FI)$. Ein Land mit zwei gleich großen Parteien hätte den N-Wert von 2; ein Land, das eine Partei mit 50 Prozent, eine mit 30 Prozent und eine mit 20 Prozent der Stimmen hätte, würde den FI-Wert von 0.62 und damit den N-Wert von 2,63 erzielen.

Land	1960–69	1970–79	1980–89	1990–99	1960–99
Australien	2.90	2.90	3.20	3.20	2.90
Österreich	2.40	2.30	3.40	3.50	2.70
Belgien	4.10	6.50	9.50	9.60	7.20
Kanada	3.00	3.00	3.70	3.70	3.20
Dänemark	4.00	5.50	4.80	4.80	5.00
Finnland	5.50	6.00	5.90	5.90	5.80
Frankreich	5.00	5.20	6.00	6.10	5.20
Deutschland	3.30	2.90	3.80	3.80	3.30
Griechenland		3.30	2.80	2.80	2.90
Island	3.60	3.80	4.50	4.40	4.10
Irland	3.00	2.80	3.90	3.90	3.20
Italien	4.00	3.80	6.70	6.80	4.80
Japan	2.70	3.70	4.30	4.30	3.50
Luxemburg	3.40	3.90	4.70	4.70	4.00
Niederlande	5.10	6.00	4.90	4.90	5.00
Neuseeland	2.50	2.60	3.50	3.50	2.80
Norwegen	3.70	4.30	4.90	4.90	4.20
Portugal		3.70	3.00	3.00	3.30
Spanien		4.30	3.70	3.60	3.70
Schweden	3.30	3.50	4.10	4.20	3.60
Schweiz	5.20	5.90	7.10	7.00	6.10
UK	2.40	2.80	3.10	3.10	2.80
USA	2.10	2.10	2.50	2.10	2.00
Mittelwert	**3.60**	**4.00**	**4.50**	**4.50**	**4.00**

Quelle: Armingeon, Klaus/Beyeler, Michelle/Menegale, Sarah: Comparative Political Data Set, 1960-1999, Bern 2002;
http://www.ipw.unibe.ch/armingeon/cpds-korrigiert.zip

Tabelle 1: Zahl der effektiven Parteien

Tabelle 1 enthält die Ergebnisse der Berechnungen für die Zahl der effektiven Parteien (N-Index). Die Werte werden für jedes Land für die letzten vier Dekaden des 20. Jahrhunderts und als Mittelwert der Dekadenwerte ausgewiesen. Im Falle von Spanien und Portugal können diese Kennziffern aufgrund der Demokratisierung dieser Länder in den 1970er Jahren erst ab dem Zeitpunkt freier Wahlen berechnet werden. In Deutschland gab es nach dieser Statistik in den 1960er und 1970er Jahren 3.3 effektive Parteien. Die Zahl stieg für die 1980er und 1990er Jahre auf fast vier Parteien. Dies ist deutlich weniger als der Durchschnitt der OECD-Länder. Selbst in den 1990er Jahren war das deutsche Parteiensystem unterdurchschnittlich fragmentiert. Es ist in den 1990er Jahren aufgrund dieser Daten als schwach fragmentiertes System zu klassifizieren. In diese Gruppe gehören in diesem Zeitraum auch Österreich, Kanada, Irland und Spanien. Die Parteiensysteme in Belgien und der Schweiz sind am stärksten, jene im Vereinigten Königreich, den USA und Griechenland am schwächsten fragmentiert.

Wichtig ist ein zweiter Befund, der sich auf diese Tabelle stützt und der einer verbreiteten Vorstellung widerspricht. Ihr zufolge vollzog sich eine dramatische Veränderung der westlichen Parteiensysteme in der zweiten Hälfte des 20. Jahrhunderts. Zumindest in Bezug auf die Zahl der Parteien ist diese Vermutung offensichtlich empirisch nicht gedeckt. Beim Blick auf die Tabelle fällt eine weitere Dauerhaftigkeit auf: Die Rangreihe der Länder ändert sich ebenfalls nur geringfügig. Länder, die in den 1960er Jahren viele Parteien hatten, gehören auch an der Jahrhundertwende zu den Nationen mit vielen Parteien. Es gibt nur eine nennenswerte Ausnahme: Belgien hatte noch in den 1950er Jahren ein Drei-Parteien-System. In der folgenden Dekade betrug die Zahl der Parteien vier und dieser Wert schnellte dann auf neun bis zehn Parteien hinauf. Die Ursache dieser enormen Veränderung ist in der Regionalisierung des belgischen politischen Systems zu suchen, die zur Bildung von autonomen Regionalparteien – beispielsweise der Sozialdemokraten oder der Christdemokraten – geführt hat. Insgesamt sind jedoch die nationalen Parteiensysteme träge im Wandel. Weder die enorme Modernisierung westlicher Gesellschaften nach dem Zweiten Weltkrieg noch ein dramatischer politischer Umbruch wie der Beitritt der DDR zur Bundesrepublik Deutschland ziehen zwangsläufig grundlegende Transformationen des durch die Zahl der Parteien charakterisierten Parteiensystems nach sich.

Freilich ist an dieser Stelle darauf aufmerksam zu machen, dass die Ergebnisse des zeitlichen und internationalen Vergleichs anders aussehen würden, ginge man beispielsweise von der Entwicklung der ideologischen Polarisierung in den vergangenen 50 Jahren aus. Vermutet wird häufig, im Zeitalter des «Endes der Ideologien» würden sich die programmatischen Unterschiede zwischen den Parteien abschleifen. In der Tat zeigen sich nicht mehr die scharfen programmatischen Differenzen, die für die westlichen Parteiensysteme der Zeit vor dem Zweiten Weltkrieg typisch waren. Einige Autoren argumentieren, die fortschreitende programmatische Konvergenz westlicher Parteien in den letzten vier Dekaden gehe bis zur programmatischen Angleichung (Thomas 1980). Dies ist freilich eine Minderheitenmeinung. Die Mehrheit der Parteienforscher sieht nach wie vor deutliche Differenzen der Parteiprogramme. Sie können sich dabei auf vergleichende Experteneinschätzungen von Parteien stützen, wie jene, die von Huber und Inglehart (1995) im Jahr 1993 erhoben wurden und auf der auch die folgende Tabelle beruht. Experten in den einzelnen Ländern wurden gebeten, die Parteien ihres Landes auf einer Links-Rechts-Skala von 1 bis 10 zu verorten. In Tabelle 1 finden sich die Werte für die wichtigste Linkspartei und die stärkste Mitte-, Mitte-Rechts- oder Rechtspartei. Die Spalte «Differenz» informiert über den Abstand der jeweiligen zwei Parteien auf der Skala. Es wird deutlich, dass sich die wichtigsten Parteien der westlichen Demokratien immer noch in ihren großen Zielen deutlich voneinander unterscheiden. In einigen Ländern sind die Parteiensysteme von größeren programmatischen Differenzen geprägt (Japan, Schweden, Großbritannien, Italien, Neuseeland, Norwegen, Schweiz, Spanien), eine Reihe anderer Länder weist sehr schwache programmatische Differenzen auf (Belgien, Irland, Portugal). Der Fall Österreichs zeigt allerdings auch, dass diese Messungen «Blindstellen» haben: Die rechtspopulistische Freiheitliche Partei Österreichs überflügelte erst bei der Wahl von 1999 die christdemokratische Österreichische Volkspartei und wurde damit zur stärksten Rechtspartei. Eine Expertenbefragung nach 1999 hätte somit für Österreich sicherlich ein sehr unterschiedliches Resultat erbracht. In Bezug auf die ideologisch-programmatische Polarisierung ergeben sich für das deutsche Parteiensystem durchschnittliche Werte.

Land	Differenz	links	rechts	Name der Parteien
Australien	2.38	4.75	7.13	Australian Labour Party/Liberal Party
Belgien	1.76	4.10	5.86	Sozialistische Partei/Christliche Partei/ Volkspartei/Christlich-soziale Partei
Dänemark	2.34	5.22	7.56	Sozialdemokratie/Konservative Volks- partei
Deutschland	2.59	3.83	6.42	Sozialdemokratie/Christlich-Demokrati- sche Union
Finnland	3.00	4.38	7.38	Sozialdemokratie/Nationale Koalition
Großbrit.	3.28	4.43	7.71	Labour/Conservative Party
Irland	1.70	4.10	5.80	Labour/Fianna Fail
Italien	3.83	2.50	6.33	Demokratische Linke/Christdemokratie
Japan	4.46	3.79	8.43	Sozialistische Partei/Liberaldemokrati- sche Partei
Kanada	2.20	5.10	7.30	Liberal/Progressive Conservative Party
Neuseeland	3.80	3.50	7.30	Labour Party/National Party
Niederlande	2.10	4.20	6.30	Partei der Arbeit/Christdemokraten
Norwegen	3.87	4.13	8.00	Arbeiterpartei/Konservative Partei (Hoyre)
Österreich	1.50	4.75	6.25	Sozialdemokratische Partei/Volkspartei
Portugal	1.50	4.88	6.38	Sozialistische Partei/Sozialdemokrati- sche Partei
Schweden	4.25	4.08	8.33	Sozialdemokratie/Konservative (Moderate Sammlungspartei)
Schweiz	3.40	2.60	6.00	Sozialdemokratie/Freisinn
Spanien	3.50	4.00	7.50	Sozialistische Arbeiterpartei/Volks- partei
USA	2.70	4.15	6.85	Demokraten/Republikaner
Mittelwert	**2.86**	**4.13**	**6.99**	

Links: Mittelwerte der Expertenratings für die politisch-ideologische Positionierung der Linksparteien

Rechts: Mittelwerte der Expertenratings für die politisch-ideologische Positionierung der Mitte-, Mitte-Rechts- oder Rechtspartei

Differenz: Unterschied zwischen den beiden Mittelwerten

Quelle: Berechnet aus: Huber, John/Inglehart, Ronald: «Expert Interpretations of Party Space and Party Locations in 42 Societies», in: Party Politics 1(1), 1995: 73–111.

Tabelle 2: Politisch-ideologische Unterschiede zwischen der wichtigsten Linkspartei und der stärksten Mitte-, Mitte-Rechts- oder Rechtspartei, 1993

Im Vergleich zur Parteiensystemforschung ist die Forschung über Verbändesysteme viel weniger entwickelt. Die bekannteste Typologie, die zwischen pluralistischen und korporatistischen Systemen unterscheidet, bezieht sich primär auf die Beziehungen der Verbände zum Staat (siehe unten) und nicht in erster Linie – in Analogie zu den Typologien des Parteiensystems – auf das Verhältnis der Verbände untereinander. Ebenso wie im Fall der Parteiensysteme hängt die Nützlichkeit einer Definition von der konkreten Fragestellung ab. Die folgende typologische Unterscheidung dient deshalb vornehmlich deskriptiven Zwecken und soll dem Leser helfen, einige besonders deutliche Unterschiede der Verbändesysteme zu erkennen. Will man sich nicht auf einzelne Interessenverbände (z. B. Gewerkschaften, siehe hierzu das hervorragende kommentierte Datenhandbuch von Ebbinghaus und Visser 2000) beschränken, sondern alle Interessenverbände und Vereine berücksichtigen, so kann eine Beschreibung und Unterscheidung von der Mitgliederstruktur ausgehen. Wichtige Elemente der Mitgliederstruktur eines Verbändesystems sind die Mitgliederdichte, die Verteilung der Mitgliedschaften über Verbandstypen und die durchschnittliche Anzahl von Mitgliedschaften von Bürgerinnen und Bürgern in verschiedenen Organisationen. Unter diesem Aspekt wurde eine große, international vergleichende Umfrage ausgewertet, die Informationen zu diesen Aspekten des Verbändesystems enthält. Es handelt sich dabei um die über mehrere Jahre hinweg durchgeführten World Values Surveys. Zur Illustration der Unterschiedlichkeit von Verbändesystemen beschränke ich mich in Tabelle 2 auf die Befragungswelle von 1990, weil in dieser Welle Mitgliedschaftsdaten in besonders vielen Ländern erhoben wurden. Ferner werden die Ergebnisse für beide Teile Deutschlands getrennt berichtet, weil sich deren Verbändesysteme 1990 ebenso wie 1997 so stark wie jene von Nationalstaaten voneinander unterschieden.

In den *World Values Surveys* wurde gefragt, ob man in einem der folgenden Verbandstypen Mitglied sei: kirchliche oder religiöse Organisationen, Sport- oder Freizeitverbände, Kunst-, Musik- oder Bildungsverbände, Gewerkschaften, Umweltschutzorganisationen, Berufsverbände, karitative Organisationen sowie andere Organisationen. Es wurde also nicht die Zahl der Verbandsmitgliedschaften, sondern die Zahl der Mitgliedschaften in verschiedenen Verbandstypen gezählt. Zur Beschreibung der organisatorischen Aspekte des Verbändesystems wurden drei Variablen gebildet: ob ein Befragter Mitglied in irgendeiner Organisation ist («Mitglied»), wie hoch der durchschnittliche Anteil der Mitgliedschaften in Berufsverbänden und Gewerkschaften an den Insgesamt-Mitgliedschaften in Verbandstypen («Gewerkschaftsanteil») ist und wie viele Mitgliedschaften in Verbandstypen ein Verbandsmitglied durchschnittlich aufweist («Zahl der Mitgliedschaften in Verbandstypen»). Die Variable Mitglied informiert über die Mitgliederdichte, also den Grad, zu dem in einem Land oder in einer Region die Bürger verbandlich integriert sind. Die Variable Gewerkschafteranteil zeigt an, wie stark das Verbandssystem durch klassische Interessengruppen geprägt ist. Schließlich informiert die Zahl der Mitgliedschaften über das Ausmaß, in dem Verbandsmitglieder überlappende Mitgliedschaften haben. Diese Information ist wichtig, weil in zwei später zu besprechenden Theorien – der Gruppentheorie der Politik und der Theorie des sozialen Kapitals (Truman 1962, S. 508–510; Putnam 1993, S. 90) – das Argument entwickelt wird, Interessenverbände würden desto eher auf die Durchsetzung verbandsegoistischer Interessen verzichten, je stärker ihre Mitglieder auch in anderen Verbänden mit abweichenden Zielen integriert seien.

Tabelle 3 ist beispielsweise zu entnehmen, dass 1990 in Deutschland-West 63 Prozent der Bevölkerung Mitglied in mindestens einem Verband waren, dass pro Mitglied durchschnittlich 1.7 Mitgliedschaften bestanden und der durchschnittliche Anteil an Gewerkschafts- oder Berufsverbandsmitgliedschaften an allen Mitgliedschaften 22 Prozent betrug. Für den Aspekt der Mitgliederdichte bestätigt sich der frühere Befund, dass in den USA, Deutschland-West, den Niederlanden und den nordischen Ländern eine besonders hohe Bereitschaft der Bevölkerung zur verbandlichen Organisation besteht (Curtis/Grabb/Baer 1992; Deth 1996; Beyme 1993). Hingegen sind in Großbritannien, Frankreich, Italien, Spanien und Japan die Organisationsquoten markant niedriger: Während in Deutschland mindestens zwei Drittel der Bevölkerung Mitglied in einem Verein oder Verband sind, sind es in den genannten Ländern etwa ein Fünftel bis ein Drittel. Die hohe Mitgliederquote der nordischen Länder erklärt sich auch durch die dortige Mitgliederstärke der Gewerkschaften. Man konnte somit vereinfa-

Land	N (Zahl der Fälle)	Mitglieder-dichte	durch-schnitt-liche Mitglied-schaften pro Person	durch-schnitt-licher Anteil der Gewerk-schafts-mitglieder
Belgien	2792	0.51	1.82	0.24
Dänemark	1030	0.78	1.83	0.48
Deutschland-Ost	1336	0.81	1.67	0.53
Deutschland-West	2101	0.63	1.70	0.22
Finnland	588	0.73	1.97	0.38
Frankreich	1002	0.36	1.64	0.17
Großbritannien	1484	0.49	1.80	0.29
Irland	1000	0.45	1.73	0.16
Italien	2018	0.31	1.50	0.21
Japan	1011	0.31	1.48	0.29
Kanada	1730	0.61	2.11	0.21
Niederlande	1017	0.82	2.46	0.15
Österreich	1460	0.47	1.70	0.33
Schweden	1047	0.83	1.99	0.47
Schweiz	1400	0.38	1.50	0.36
Spanien	4147	0.22	1.43	0.18
USA	1839	0.70	2.11	0.14
Mittelwert		**0.55**	**1.79**	**0.28**

Quelle: Armingeon, Klaus: «Verbändesysteme und Föderalismus. Eine vergleichende Analyse», in: Politische Vierteljahresschrift. Sonderheft 32/2001. Föderalismus. Analysen in entwicklungsgeschichtlicher und vergleichender Perspektive, hg. von Arthur Benz/Gerhard Lehmbruch, 42, 2002, S. 213–233.

Tabelle 3: Indikatoren der Verbandsmitgliedschaften (nationale Werte) von 1990

chend drei Typen von Verbändesystemen unterscheiden: schwach entwickelte Systeme (z. B. Italien), Verbändesysteme mit hohen Mitgliederquoten und einem starken Anteil an klassischen Interessengruppen (nordische Länder) und Verbändesysteme mit hoher Mitgliederdichte, aber geringem Anteil an Interessengruppen (Deutschland, USA, Niederlande).

2 Dimensionen:
Überblick über die einzelnen Teilgebiete

In diesem Abschnitt wird ein Überblick über die einzelnen Teilgebiete der Forschung über Parteien, Verbände und (neue) soziale Bewegungen gegeben. Drei Gruppen von Fragen werden beantwortet: (1) Wie lassen sich europäische Parteien in Bezug auf ihre zugrunde liegenden Interessen, Ziele und Normen sinnvoll klassifizieren? (2) Welche Muster der Beziehungen zwischen Interessenverbänden und Staat gibt es? (3) Welche Fragen werden in der Forschung über Parteien, Verbände und soziale Bewegungen immer wieder aufgeworfen, und welche Antworten werden darauf in den Werken sozialwissenschaftlicher Klassiker gegeben?

2.1 Parteienfamilien
Parteien sind Wert- und Normgemeinschaften. Dauerhaft haben sich nur solche Parteien halten können, die über einen Kern von Grundüberzeugungen und politischen Zielen verfügen. Parteien, die sich vor allem an einem charismatischen Führer ausrichteten – ein Beispiel ist die am französischen Präsidenten Charles de Gaulle (1890–1970) orientierte Union pour la Nouvelle République und ihre Nachfolgerorganisationen –, konnten ihre Organisation nur stabilisieren, wenn sie sich ein eigenständiges Programm gaben. Selbst im Zeitalter der Volks- oder professionalisierten Wählerparteien (siehe unten) bedarf es übergreifender und kommunizierbarer Ziele, um die Parteien voneinander abzusetzen. Klaus von Beyme hat eine aus zehn Gruppen bestehende Typologie von europäischen Parteienfamilien vorgeschlagen (Beyme 1984, 2000). In der nachfolgenden Beschreibung dieser Parteienfamilien (Abbildung 2) referiere ich die Arbeit Beymes. Die Typologie von Beyme deckt sich weitgehend mit anderen Klassifizierungen von Parteienfamilien der vergleichenden Forschung (vgl. Gallagher/Laver/Mair 2001; Lane/McKay/Newton 1997; Lane/Ersson 1999).

Liberal als Gruppenbezeichnung kommt von den «liberales», den Konstitutionalisten in Spanien zu Beginn des 19. Jahrhunderts. Einen bleibenden Sinn erhielt die Bezeichnung durch die Haltung der Parteiengruppen zur Französischen Revolution. Die Gegner des alten Re-

1. **Liberalismus**, der gegen das alte Regime gerichtet ist, versus
2. **Konservative**, Anhänger des monarchischen Prinzips, vs. Liberale
3. **Arbeiterparteien** gegen das bürgerliche System (seit ca. 1848); Allgemeiner Deutscher Arbeiterverein/Sozialdemokratische Arbeiterpartei (1863/1869)
4. **Agrarparteien** gegen das industrielle System
5. **Regionale Parteien** gegen das zentralistische System; Bayernpartei (1949–57, 1969)
6. **Christliche Parteien** gegen das laizistische System Zentrum (seit 1871) und später Christlich-Demokratische Union
7. **Kommunistische Parteien** gegen den «Sozialdemokratismus»; Kommunistische Partei Deutschlands
8. **Faschistische Parteien** gegen demokratische Systeme; Nationalsozialistische Deutsche Arbeiterpartei
   Neofaschisten: Deutsche Reichspartei, Sozialistische Reichspartei, Nationaldemokratische Partei Deutschlands
9. **Rechtspopulismus** gegen das bürokratisch-wohlfahrtsstaatliche System; Republikaner, Deutsche Volksunion
10. **Ökologische Bewegung** gegen die Wachstumsgesellschaft; Grüne Partei

Quelle: Beyme, Klaus von: Parteien in westlichen Demokratien. München/Zürich 1984; ders.: Parteien im Wandel. Von den Volksparteien zu den professionalisierten Wählerparteien, Opladen 2000.

Abbildung 2: Ausdifferenzierung politischer Parteien in Westeuropa aufgrund gesellschaftlich-politischer Konflikte

gimes waren die Liberalen. Grundlage liberaler Anschauungen ist die Betonung des Freiheitsprinzips, der Glaube an die Vernunft des Menschen und die Gleichheit vor dem Gesetz. Der Wirtschaftsliberalismus lehnte staatliche Eingriffe in die Ökonomie prinzipiell ab; hingegen sind die liberalen Parteien der Gegenwart in dem Sinn neo-liberal, als sie jene Staatsinterventionen befürworten, die dazu beitragen, dass Wirtschaftsprozesse auf marktkonforme Art und Weise geregelt werden. Zu solchen institutionellen Rahmenbedingungen gehören die Regelungen des Eigentumsrechts und die Wettbewerbspolitik. Die liberale Parteienfamilie lässt zahlreiche Spielarten zu. So hat der schweizerische Freisinn Staatseingriffe und Protektionismus keineswegs verdammt. Zur liberalen Familie gehören aber ebenso die Radikalen, die Massenpartizipation und Demokratie betonen. Beyme nennt drei Bedingungen der Stärke liberaler Parteien: eine frühe nationale Einigung, ein schwacher Konservatismus und eine spät auftretende sozialistische Bewegung.

Konservative Parteien waren die Antwort auf das Entstehen des Liberalismus. Ihr wichtigster historischer Auslöser war die Französische Revolution. Der Konservatismus ist eine Bewegung zur Verteidigung von bedrohten oder bereits verlorenen Positionen. Konservative Parteien beruhen nicht auf einer geschlossenen Theorie. Wichtige Elemente konservativen Denkens sind das Vertrauen in die Tradition und überliefertes Recht, die Bejahung von Ordnung und Schichtung, die Zusammengehörigkeit von Privateigentum und Freiheit sowie ein schwach ausgeprägter Fortschrittsglaube. Konservative Parteien sind besonders stark außerhalb Europas (USA, Neuseeland, Australien, Kanada und Japan). In Europa gibt es in Großbritannien, Frankreich, Spanien, Skandinavien und Finnland größere konservative Parteien. Eine wichtige Erklärung für die Stärke der Konservativen könnte die Schwäche christdemokratischer Parteien sein. Dort, wo keine starke Christdemokratie entstanden ist, gibt es wenige wichtige Konkurrenten bei der Erschließung des konservativen Wählerpotenzials.

Sozialdemokratische Parteien entstanden im Gegensatz zu den Liberalen und Konservativen außerhalb des Parlaments. Sie begannen mit dem Anspruch einer internationalen Bewegung. Im Gegensatz zu den Liberalen und Konservativen entwickelten sie eine Bindung an eine Interessengruppe, nämlich an die Gewerkschaften.

Diese Verknüpfungen wandelten sich spätestens in der Zeit nach dem Zweiten Weltkrieg. Formelle Verbindungen wie wechselseitige Vertretung in den Vorständen, programmatische Bekenntnisse der Zusammengehörigkeit oder Zahlungen der Gewerkschaften an die Parteien wurden weitgehend aufgelöst. Dennoch blieben die meisten traditionellen Gewerkschaften der Sozialdemokratie in informeller Weise verbunden. Dazu gehört besonders die Rekrutierung eines wichtigen Wählersegments aus dem Kreis der Gewerkschaftsmitglieder oder die parteipolitische Zugehörigkeit als vorteilhaft für eine Karriere in den Gewerkschaften. Skepsis gegenüber der Leistungsfähigkeit des Markts und die Ablehnung der Familie als zentrales Element des Wohlfahrtsstaats sowie die Verpflichtung zur gesellschaftlichen Solidarität machen den Kern sozialdemokratischer Programmatik aus. Die konkrete Ausgestaltung dieser Grundüberzeugungen unterlag jedoch beträchtlichen zeitlichen Schwankungen: Nach dem Zweiten Weltkrieg verabschiedeten sich die sozialdemokratischen Parteien Europas auch formell vom revolutionären Ziel der Vergesellschaftung der Produktionsmittel. Der Aufbau eines leistungsfähigen und großzügigen Wohlfahrtsstaats und die politische Steuerung der Ökonomie wurden zu Hauptzielen der Parteien. Die wenig überzeugenden Leistungen der keynesianischen Wirtschaftssteuerung, der Wegfall ihrer wichtigsten Voraussetzung und die Funktionsdefizite und Folgeprobleme des ausgebauten Wohlfahrtsstaats sowie die Veränderung von Struktur und Einstellungen der Wählerschaft zwangen die Sozialdemokratie zur Entwicklung neuer programmatischer Perspektiven. Am bekanntesten sind Versuche, «dritte Wege» zwischen Neo-Liberalismus und etatistischer Sozialdemokratie zu finden. Die Hochburg sozialdemokratischer Parteien in Europa ist Skandinavien. Dort sind die bürgerlichen Parteien zersplittert, und es fehlt nahezu vollständig eine christdemokratische Konkurrenz, die sich in diesen protestantischen Ländern schlecht entwickeln konnte. Aber auch in Spanien, Griechenland, Australien, Österreich und Deutschland erzielten sozialdemokratische Parteien beträchtliche Stimmenanteile bei Wahlen.

Christdemokratische Parteien entstanden mit wenigen Ausnahmen in Europa als katholische Parteien. Sie haben sich spätestens in der Zeit nach dem Zweiten Weltkrieg konfessionell geöffnet. Dennoch ist die Prägung durch die katholische Soziallehre, die damit verbundene ständische Gliederungsvorstellung der Gesellschaft sowie die Betonung der Rolle der Familie auch heute noch deutlich in der Programmatik und Rhetorik der Parteien erkennbar. Christdemokratische Parteien bekennen sich allgemein zu christlichen Grundwerten. Im Gegensatz zu liberalen und konservativen Parteien trug die Christdemokratie zum Ausbau des westeuropäischen Wohlfahrtsstaats und eines großen öffentlichen Sektors wesentlich bei. Damit erfüllte sie in Kontinentaleuropa, wo die Sozialdemokratie schwächer war als in Skandinavien, jene Funktion, die die Sozialdemokraten in Nordeuropa wahrgenommen haben. Stärker noch als die ursprünglich auf die gewerkschaftlich organisierte Arbeiterschaft gestützte Sozialdemokratie ist die europäische Christdemokratie mit dem Problem konfrontiert, dass ihre historische Klientel und Kernwählerschaft – die kirchengebundenen Katholiken – im Modernisierungsprozess dezimiert wird.

Kommunistische Parteien entstanden im Ersten Weltkrieg als Abspaltung von den Sozialdemokraten. Außer in Finnland, Spanien, Portugal, Griechenland, Island, Frankreich und Italien blieben sie nach dem Zweiten Weltkrieg sektenartig. In Finnland gingen ihre Wähleranteile im Laufe der Nachkriegszeit zurück, in den anderen Ländern bewirkte der Zusammenbruch der Staatssozialismen in Mittelosteuropa eine Krise kommunistischer Parteien.

Bauernparteien entstanden im Konflikt zwischen Stadt und Land am Ende des 19. Jahrhunderts als politische Interessenvertretung kleiner und mittlerer Bauern. Nur in der Schweiz und den nordischen Ländern konnten sie sich in der Nachkriegszeit halten. Sie mutierten dort entweder zu liberalen (Skandinavien) oder zu liberal-konservativen Parteien (Schweiz). Günstige Bedingungen für das Entstehen von Bauernparteien waren gering urbanisierte Gesellschaften, ein unabhängiges Bauerntum, das sich gegen die Großgrundbesitzer durchsetzen konnte, und ein schwacher Katholizismus. Gegen katholische Parteien konnten sich die Bauernparteien nicht halten.

Regionale und ethnische Parteien gab es seit langem in einer Reihe von Nationalstaaten (Belgien, Finnland, Irland, Italien, Großbritannien, Spanien). Sie verzeichneten in den vergangenen 15 Jahren einen erheblichen Aufschwung. Die Grenze zu rechtspopulistischen und rechtsextremen Parteien ist zuweilen fließend. Beispiele sind die schweizerische «Lega di Ticinesi» oder die italienischen Parteien «Lega Nord» und «Südtiroler Volkspartei».

Rechtsextremistische Parteien lehnen die Grundregeln des demokratischen Systems ab und überhöhen den Wert der eigenen Nation, indem sie beispielsweise eine ausgeprägte Ausländerfeindlichkeit an den Tag legen (Falter/Jaschke/Winkler 1996; Ignazi 1992). Da sich diese Parteien nur in Ausnahmefällen offen als Feinde der Demokratie zu erkennen geben, ist die Zuordnung zum Rechtsextremismus schwierig. Rechtspopulistische Parteien sind am rechten Rand des Parteienspektrums angesiedelt. Sie appellieren gezielt an Vorurteile, Emotionen und Ängste gegenüber der «politischen Klasse» und Ausländern. Sie können, müssen aber nicht rechtsextremistisch sein. Die Partei, die offen an die Tradition des italienischen Faschismus anknüpfte, die heutige italienische «Alleanca Nationale», hat sich hingegen programmatisch so weit zur Mitte hin entwickelt, dass sie inzwischen von Experten nicht mehr als rechtsextrem eingestuft wird (Lubbers/Gijsberts/ Scheepers 2002). Die rechtspopulistischen Parteien haben in Europa seit Mitte der 1980er Jahre einen beträchtlichen Aufschwung genommen. Eindrückliche Beispiele sind die Erfolge des französischen «Front National» bei der Präsidentschaftswahl im Jahr 2002 oder der Zulauf, den die neu gegründete Liste Pim Fortuyn (Pim Fortuyn, 1948–2002) im Jahr 2002 in den Niederlanden fand. Zu dieser Parteifamilie gehören u. a. die deutschen Republikaner und die Deutsche Volksunion, in Österreich die Freiheitliche Partei Österreichs (die vor 1986, als Jörg Haider die Parteiführung übernahm, als liberal galt) und in Belgien der «Flämische Block» (der gleichzeitig auch als regionale/ethnische Partei klassifiziert werden kann).

Die ökologische und Friedensbewegung hat die jüngste Parteifamilie Europas hervorgebracht: die Grünen Parteien. Im Zentrum der Programmatik Grüner Parteien steht der Schutz der natürlichen Umwelt. Ebenfalls starke Betonung finden die Forderungen nach Frieden und Abrüstung. Die gesellschaftliche Gleichstellung der Frauen, die Verteidigung der Rechte von Minderheiten und soziale Gerechtigkeit sind weitere wichtige Elemente des politischen Zielkatalogs der Grünen. Die Grünen hatten erstmals in den 1980er Jahre Wahlerfolge. Seit 1990 liegen ihre durchschnittlichen Prozentanteile der Stimmen bei Wahlen in folgenden Ländern über vier Prozent: Belgien, Deutschland, Finnland, Frankreich, Island, Luxemburg, Neuseeland, Niederlande, Österreich, Schweden und die Schweiz. Aber nicht überall waren Grüne Parteien erfolgreich: Zu diesen Ländern ohne nennenswerte Wähleranteile Grüner Parteien gehören außereuropäische Länder wie die USA, Kanada, Australien und Japan. In Europa sind sie in Großbritannien, Irland, Italien, Griechenland, Spanien, Portugal, Dänemark und Norwegen nicht oder nur schwach vertreten. In den 1990er Jahren gelang diesen jungen Parteien sogar der Schritt in einzelne nationale Regierungen. In Italien, Frankreich und Deutschland ermöglichten sie so in der zweiten Hälfte der 1990er Jahre die Ablösung der bisherigen Mitte-Rechts-Koalitionen.

2.2 Pluralistische versus korporatistische Beziehungen zwischen Verbänden und Staat

Da sich einzelne Parteien den Parteienfamilien zuordnen lassen, stellt sich die Frage, ob in ähnlicher Weise auch Verbände unterschieden werden können. Schon bei der Definition der Verbände wurde zwischen Interessenverbänden und anderen Vereinigungen differenziert. Interessengruppen zeichnen sich dadurch aus, dass sie Forderungen an andere Gruppen oder an den Staat stellen. Es ist bereits darauf hingewiesen worden, dass diese Unterscheidung problematisch ist, weil auch ein Fußballclub oder ein Ornithologenverband zur Interessengruppe werden, wenn sie vom Staat ein neues Fußballstadion oder den Schutz einer Uferzone fordern, in der seltene Vögel nisten. Aber selbst wenn man sich nur auf die klassischen Interessenverbände – Bauernverbände, Industrie- und Arbeitgebervereinigungen, Gewerkschaften – konzentriert, könnte es vorteilhaft sein, Gruppen zu bilden. Ein derartiger Klassifikationsvorschlag wurde in der Debatte über Korporatismus und Pluralismus entwickelt. Die Gruppenbildung erfolgt dabei nicht entlang dem Kriterium der zugrunde liegenden sozialen Interessen und der politischen Ziele, wie bei den Parteienfamilien, sondern aufgrund der Interaktionsform des Verbandes mit dem Staat.

Die Gruppentheorie der Politik – die häufig mit der Pluralismustheorie in eins gesetzt wird – geht davon aus, dass sich jede gesellschaftliche Gruppe verbandlich organisieren kann und wird, wenn die Verwirklichung ihres gemeinsamen Interesses dies erfordert. Staatliche Politik stellt nichts anderes dar als die Resultante der Einwirkung solcher organisierter Interessen auf Regierung und Parlament. Verbände werden sich in ihren Forderungen mäßigen, wenn ihre Mitglieder überlappende Mitgliedschaften aufweisen (Truman 1962). Der Begriff der überlappenden Mitgliedschaften bezieht sich darauf, dass Menschen häufig Mitglied in mehreren Verbänden sind, die Ziele verfolgen, welche miteinander in Konflikt geraten können. Ein Beispiel wäre ein Fuhrunternehmer, der gleichzeitig Mitglied in einer Umweltschutzgruppe ist.

Gegen die pluralistische Gruppentheorie der Politik wurde eine Reihe von Einwänden erhoben. Der erste Einwand, den Claus Offe prägnant formuliert hat (1972; Offe/Wiesenthal 1980; Wiesenthal 1992), bezieht sich darauf, dass nicht jedes gesellschaftliche Interesse dieselbe Organisationschance und -notwendigkeit besitzt. Unternehmer seien beispielsweise weniger auf Organisation angewiesen, weil sie argumentieren können, ihr unternehmerisches Interesse decke sich mit dem allgemeinen Interesse an Arbeitsplätzen und wirtschaftlichem Wachstum. Zudem bedürften sie keiner langwierigen Entscheidungsprozesse, um ihre gemeinsamen Ziele zu formulieren. Hingegen müssten sich Arbeitnehmer organisieren, wenn sie eine Erhöhung des Tariflohns durchsetzen wollen. Da dies mit dem Ziel der Preisstabilität unvereinbar sein kann, genießen sie nicht den Vorteil der Arbeitgeberverbände, die ihr Interesse als Allgemeininteresse ausgeben können. Die Organisation ist folglich für Arbeitnehmer viel notwendiger als für Unternehmer, die aufgrund ihrer einzelnen wirtschaftlichen Macht ihre Interessen ohne verbandliche Stützung durchsetzen könnten. Zudem müssten Arbeitnehmer in einem schwierigen Diskussionsprozess ihre gemeinsamen Interessen erst definieren. Ein Beispiel sind Debatten darüber, wie die Forderungen nach Arbeitsplatzqualität mit jenen nach Lohnerhöhung gewichtet werden sollen. Dabei kann die Notwendigkeit eines innerverbandlichen Diskurses mit dem Ziel eines disziplinierten und deshalb nach außen schlagkräftigen Verbandes kollidieren. Noch problematischer sei die Situation gesellschaftlicher Gruppen, denen überhaupt die Fähigkeit fehle, sich zu organisieren und einen Konflikt erfolgreich durchzustehen. Studenten haben beispielsweise gute Möglichkeiten, sich in einer Organisation zusammenzuschließen, aber sie vermögen kaum Druck auszuüben. Während die Arbeitnehmer in einem Streik dem Unternehmen Schaden zufügen können, hat ein studentischer Streik keinen übermäßigen Bedrohungscharakter für die Universitätsleitungen. Ganz schlecht sei die Lage von Gruppen, denen es sogar an Organisationsfähigkeit mangelt. Dazu gehören Hausfrauen, psychisch Kranke oder Rentner, für die der Aufbau einer gemeinsamen Organisation aus technischen Gründen (Hausfrauen, Rentner) oder aufgrund mangelnder persönlicher Ressourcen (Kranke) außerordentlich schwierig ist.

Ein zweiter Einwand gegen die pluralistische Gruppentheorie der Politik ist in unserem Zusammenhang wichtiger. Dieser Kritik zufolge beschränkt sich die Interessenpolitik der Verbände nicht auf das Ausüben von Druck auf Regierungen und Parlamenten. Vielmehr werden sie auch für die Ausführung staatlicher Politiken instrumentalisiert, oder ihre verbandlichen Politiken erfüllen Ziele, die zwischen ihnen und dem Staat vereinbart sind. Dieses kooperative Verhältnis zwischen Staat und Verbänden besteht auch für den Bereich der Politikformulierung. Staat und Verbände verhandeln über einen Satz aufeinander bezogener privater und öffentlicher Politiken, wobei der Staat nicht nur, wie in der Gruppentheorie der Politik, passiver Ansatzpunkt von Interessengruppen ist, sondern eine aktive Rolle übernimmt. Dieses Verhältnis zwischen Staat und Verbänden, also die institutionalisierte und freiwillige Kooperation von Verbänden und Staat bei der Formulierung und Ausführung von staatlichen und privaten Politiken, wird Korporatismus genannt.

Philippe Schmitter und Gerhard Lehmbruch haben die These der korporatistischen Interessenvermittlung in den 1970er Jahren in die politikwissenschaftliche Forschung eingebracht (Lehmbruch 1979; Lehmbruch/Schmitter 1982; Schmitter/Lehmbruch 1979; Schmitter 1979; Übersichten bei Armingeon 2002a; Williamson 1989). Sie hatten dabei vor allem die Kooperation zwischen Gewerkschaften, Unternehmerverbänden und Staat in der Einkommenspolitik vor Augen. Zu Anfang der 1970er Jahre hatte sich in den meisten europäischen Staaten ein Typus der Wirtschaftssteuerung entwickelt, der sich durch eine antizyklische Fiskalpolitik auszeichnete. Die Grundüberlegung dieser Politik bestand darin, in Zeiten der Rezession über einen staatlichen Nachfrageimpuls wirtschaftliches Wachstum auszulösen. Eine der zahlreichen Schwierigkeiten solcher Steuerungsversuche bestand in dem inflationären Schub, der dadurch ausgelöst werden konnte. Gewerkschaften mussten deshalb daran gehindert werden, die neu geschaffenen Verteilungsspielräume lohnpolitisch so auszunutzen, dass die Unternehmen die höheren Lohnkosten in die Preise weitergaben. Aber selbst wenn der Staat fiskalpolitisch kaum auf den Wirtschaftsverlauf reagierte, ergab sich häufig das Problem, die Gewerkschaften zu einer Lohnpolitik zu veranlassen, die nicht zu Preissteigerungen führte. Die Lösung wurde meist in Einkommenspolitiken erblickt. Gesetzliche Formen der Lohnregulierung führten jedoch oft zu politischen Konflikten mit den Gewerkschaften, und diese versuchten, die staatlichen Regelungen – beispielsweise auf dem Weg informeller betrieblicher Nachverhandlungen – zu unterlaufen. Vorteilhafter war es deshalb, eine freiwillige Kooperation der Gewerkschaften anzustreben. Diese setzte allerdings eine Reihe von Kooperationsanreizen für die Arbeitnehmerverbände voraus. Es handelte sich dabei um Maßnahmen, die die Organisation stützten (z. B. steuerliche Absetzbarkeit von Mitgliederbeiträgen oder verbesserte betriebliche Vertretungsrechte der Gewerkschaften) oder einen «politischen» Lohn darstellten (z. B. höhere Sozialleistungen oder niedrigere Steuern; Armingeon 1983; Flanagan/Soskice/Ulman 1983).

Solche Einkommenspolitiken, die als Musterbeispiele korporatistischer Kooperation galten, verschwanden jedoch Ende der 1970er oder Anfang der 1980er Jahre. Die Erfolge dieser Politiken waren eher bescheiden, sie hatten zahlreiche unerwünschte Nebeneffekte, die Einigungsbemühungen mit den Gewerkschaften misslangen häufig, und Regierungen wurden zunehmend davon überzeugt, dass sich Preisstabilität und ein hoher Beschäftigungsstand nicht mit keynesianischen Rezepten erreichen lassen. Eine Reihe von Forschern haben deshalb vom Verschwinden der keynesianischen makroökonomischen Steuerung auf ein Verschwinden des Korporatismus geschlossen.

Aus drei Gründen war dieser Schluss voreilig: Formen der korporatistischen Kooperation haben sich auch in anderen Bereichen der Sozialpolitik – beispielsweise der Gesundheitspolitik – herausgebildet. Zum Zweiten ist zwar die keynesianische Nachfragepolitik mit der koordinierten und zentral gesteuerten Lohnpolitik verschwunden. Dafür haben sich andere Formen der sozialpartnerschaftlichen Kooperation etabliert oder sind in den Vordergrund getreten, beispielsweise die Zusammenarbeit in der Berufsbildung. Solche «schlanken» Korporatismen zeichnen sich dadurch aus, dass es keine zentral vereinbarte und hierarchisch durchgesetzte Lohnpolitik gibt. Andererseits versuchen die Akteure auch nicht, wie im pluralistischen Modell der Arbeitsbeziehungen, ihre gruppenegoistischen Ziele so weit umzusetzen, wie ihnen dies ihre Macht gestattet. Vielmehr erfolgt die Koordination der Akteure in einem Netzwerk, wobei eine auf Preisstabilität ausgerichtete Geldpolitik der Zentralbank und eine angebotsorientierte Wirtschaftspolitik der Regierung als konstante Rahmenbedingungen der Verbandspolitik akzeptiert werden (Traxler 1995; Traxler/Blaschke/Kittel 2001; Traxler 2001). Zum Dritten wurde in den 1990er Jahren ein Wiederaufleben zentraler nationaler Koordination von Staat, Gewerkschaften und Arbeitgebern beobachtet. Bei diesen sozialen Pakten ging es zwar wie beim Korporatismus der 1970er Jahre auch um die hierarchische Steuerung der Löhne, allerdings war diese nicht in eine keynesianische Wirtschaftspolitik eingebunden. Der Kooperationsanreiz für Gewerkschaften bestand in der zu erwartenden Drohung der Regierungen, übermäßige Lohnforderungen mit einer restriktiven Geld- und Fiskalpolitik zu bestrafen, die zu erhöhter Arbeitslosigkeit führen kann (Hassel 2002). Im Kern dieser neuen korporatistischen Abkommen steht somit die Verbindung von Lohnpolitik und hohem Beschäftigungsstand. Beispiele solcher neuen korporatistischen Pakte sind das niederländische Wassenaar-Abkommen über «allgemeinverbindliche Empfehlungen zu Fragen der Beschäftigungspolitik» von 1982, das irische «Program for National Recovery» von 1987, der Beschäftigungspakt (Accordo per il Lavoro) in Italien von 1996 oder der finnische Sozialkontrakt von 1998. In vielen Fällen sind Versuche gescheitert, solche Pakte abzuschließen und erfolgreich zu implementieren. Ein prominentes Beispiel ist in diesem Zusammenhang das Bündnis für Arbeit, Ausbildung und Wettbewerbsfähigkeit von 1998 in Deutschland.

2.3 Das Verhältnis von Parteien und Verbänden zur Demokratie

2.3.1 Sind Demokratie und Verbände vereinbar?

Die erste Antwort auf die Frage nach der Vereinbarkeit der Verbände mit der Demokratie oder dem allgemeinen Interesse der Nation ist ein entschiedenes «Nein». Die Antwort gründet auf zwei Überlegungen. Die erste bezieht sich auf Sonderinteressen, die sich auf Kosten des gemeinsamen Interesses einer Nation durchsetzen. Sie wurde prominent von Jean-Jacques Rousseau (1708–1778) vertreten (1986, S. 112f.). Die zweite Antwort wird vom Wirtschaftsliberalismus – beispielsweise Adam Smith (1723–1790) – gegeben, dem zufolge das freie Spiel der Marktkräfte zum wirtschaftlichen Reichtum einer Nation führe. Der Marktmechanismus würde durch Staatseingriffe und Verbände gestört. Politisch wirksam wurden diese Ideen in Bezug auf die Regulierung der Verbände in der Französischen Revolution. Das Mitglied der Verfassunggebenden Versammlung, der Abgeordnete Isaac René Guy Le Chapelier (1754–1794), argumentierte anlässlich der

Einführung des Koalitionsverbots, es gebe keine Verbände und Zünfte mehr, sondern nur noch das Einzelinteresse jedes Individuums und das Allgemeininteresse. Es sei niemandem erlaubt, in Form von Verbänden einen Keil zwischen die Bürger und die gemeinsame Sache der Nation zu treiben (Caire 1971, S. 8). In der Sichtweise der französischen Revolutionäre sind Verbände von Übel, weil sie die Freiheit des Einzelnen gefährden, die wirtschaftliche Effizienz einschränken und Partikularinteressen Vorrang vor Allgemeininteressen und der nationalen Geschlossenheit der Bürger geben. Diese Argumente blieben bis heute wichtige Kritiken an den Verbänden. Zwei weitere wurden hinzugefügt, ohne dass die Forderung übernommen wurde, Verbände zu verbieten oder zu behindern: Verbände unterlaufen die demokratische Ordnung, weil sie die öffentliche Verwaltung usurpieren, indem sie beispielsweise Ministerien als «vorbehaltene Lehen» betrachten und nutzen: Manch ein Spitzenbeamter verstehe sich nicht als Sachwalter des Staats, sondern als Kommissar eines Interessenverbandes. Die Auffassung sei weit verbreitet, bestimmte Ministerien in Bund und Ländern seien vom Staat eingerichtete und unterhaltene Spitzenstellen im Dienste der Interessenorganisationen, schrieb Theodor Eschenburg (1904–1999) (Eschenburg 1963, S. 17, 23) in seiner Studie über die *Herrschaft der Verbände*. Eine zweite, demokratietheoretische Kritik bezieht sich auf die unterschiedlichen Repräsentationschancen von Bürgern in Verbänden. Bürger, die einem Verband angehören, sind im Vorteil gegenüber jenen Bürgern, die keinem Verband angehören oder ihm nicht angehören können, weil sie kein organisationsfähiges gesellschaftliches Interesse haben. Die Stimme der Verbandsmitglieder zähle im demokratischen Prozess gleich zweimal, nämlich über Wahlen und über Interessenvertretung von Verbänden, während die anderen nur in Wahlen ihre Interessen zur Geltung bringen könnten (vgl. Heinze 1981).

Die Frage nach der Vereinbarkeit von Verbänden und Demokratie wurde jedoch auch ganz anders beantwortet. Die Begründung für die Notwendigkeit der Verbände für die Demokratie wurde klassisch von Alexis de Tocqueville (1805–1859) in seiner Studie über die amerikanische Demokratie gegeben. Er bot dafür eine Reihe von Argumenten: 1. Demokratien zeichneten sich gegenüber Aristokratien durch ein großes Maß der sozialen Gleichheit aus. Aufgrund dieser sozialen

Gleichheit seien die Bürger allein unabhängig und schwach. Nur durch Verbände könnten sie gemeinsame Ziele durchsetzen. 2. Regierungen in Demokratien benötigten die Unterstützung der Verbände, weil die Fähigkeit der politisch-hierarchischen Steuerung demokratischer Gesellschaften beschränkt sei. Verbände übernehmen Aufgaben, die in nicht-demokratischen Gesellschaften der Staat wahrnehmen muss. Die Selbstverwaltung durch Verbände ersetze teilweise staatliche Politik. 3. Verbände seien ‹Schulen der Demokratie›, weil die Bürger in Verbänden zusammenkommen und lernen, ihre unmittelbaren Anliegen gemeinsam zu regeln. 4. Verbände seien Widerlager gegen eine starke Regierung, die immer wieder in Gefahr gerate, eine Tyrannei auszuüben. Aus all diesen Überlegungen schloss Tocqueville, in den demokratischen Ländern sei die Lehre von den Vereinigungen die Mutter aller Wissenschaften *(science mère)*, von deren Fortschritt hänge der Fortschritt aller anderen ab (1961, S. 159; 1985).

2.3.2 Zwangslagen der Parteien in Demokratien

Welchen Zwängen unterliegen politische Parteien in Demokratien? Diese Frage hat Max Weber (1864–1920; Weber 1980) folgendermaßen beantwortet: Moderne Parteien müssen unter den Bedingungen der Demokratie – dem Massenwahlrecht und der Notwendigkeit von Massenwerbung und Massenorganisation – straff geleitet werden, damit Wahlsiege errungen werden können. Wahlerfolge sind notwendig, weil Parteien auch Ämterpatronage betreiben müssen. Ämterpatronage bedeutet in diesem Zusammenhang die Vergabe von öffentlichen Stellen an Parteimitglieder und -anhänger. Diese Gegenleistung sei ein wesentliches Motiv für die Tätigkeit innerhalb der Partei. Der Zwang, im demokratischen Wettbewerb um Stimmen zu bestehen, verleite Parteien dazu, sich um plebiszitäre Führerpersönlichkeiten zu scharen, deren Charisma im Zusammenspiel mit einem eingespielten und auf Wahlsiege getrimmten Parteiapparat ein Maximum an Stimmen und damit an zu vergebenden Stellen verspreche. In dieser Sichtweise werden Parteien in Demokratien zu gesinnungslosen Stellenjägerorganisationen, die unter der straffen Leitung eines herausragenden Kandidaten stehen. Als Modell diente Weber der Parteienwettbewerb in den USA. Das dortige *spoils*-System – die Zuwendung aller Bundesämter an die Gefolgschaft des siegreichen Kandidaten – bedeute für die Parteien, dass sie ihre wechselnden Programme je nach der Chance des Stimmenfangs machen. Dazu gebe es keine wünschenswerte Alternative. Würden Parteien keinen plebiszitären Führer finden, so würde sich eine Herrschaft des Klüngels ergeben, in der sich Politiker ohne Charisma, Visionen und politische Ziele nur um den Erhalt ihrer Sitze und Einkünfte kümmern. Gegen die Analyse von Weber – die er entwickelte, als Deutschland auf dem Weg zur Demokratie war – lässt sich einwenden, dass politischer Wettbewerb nicht unbedingt einer Marktlogik folgen muss, bei der Stimmen von politisch wenig informierten, wenig interessierten und in geringem Maß selbständig denkenden Wählern gewonnen werden müssen, indem ein attraktives personelles Angebot gemacht wird. Das ändert jedoch nichts daran, dass sein Modell der plebiszitären Führerdemokratie mit disziplinierten Parteimaschinen und Ämterpatronage erstaunlich gut zu aktuellen Erscheinungen der Parteien passt, die von Beobachtern als Entwicklung zu «professionalisierten Wählerparteien» (Beyme 2000) beschrieben werden.

2.3.3 Demokratie in Parteien und Verbänden

Können Parteien und Verbände demokratisch sein? Auf diese Frage gab Robert Michels (1876–1936) eine skeptische Antwort. Sie beruht auf einer Untersuchung der deutschen Sozialdemokratie im ersten Jahrzehnt des 20. Jahrhunderts. Die zugrunde liegenden Argumente lassen sich aber auch prinzipiell auf jede größere Partei und jeden größeren Verband übertragen. Michels vertrat die Ansicht, jede große Organisation habe einen Hang zur Oligarchie, also zur Herrschaft der Wenigen:

«Wer Organisation sagt, sagt Tendenz zur Oligarchie [...]. Mit zunehmender Organisation ist die Demokratie im Schwinden begriffen [...] Die Macht der Führer wächst im gleichen Maßstabe wie die Organisation» (Michels 1989, S. 25 f.).

Für diese These nennt Michels mehrere Gründe: 1. Die Bildung einer hierarchisch strukturierten Organisation sei bei größeren Gruppen unvermeidlich, weil ein Bedarf an Arbeitsteilung und Spezialisierung bestehe, weil es technisch unmöglich wäre, dass alle Mitglieder der Gruppe gleichermaßen die Gruppenziele und -strategien definieren, und weil die Schlagkraft gegenüber gegnerischen Parteien und Verbänden eine straffe interne Disziplin erfordere. 2. Die Massen, die von der Organisation repräsentiert werden, hätten weder die Fähigkeiten noch das Interesse, ihre Organisationsführer kontinuierlich zu kontrollieren. 3. Zur Führung von Organisationen bedürfe es Ressourcen – Intelligenz, Bildung, Rhetorik, soziale Kompetenz, Verhandlungsgeschick –, die nur bei wenigen Mitgliedern gegeben sind. Nur diese könnten zu Organisationsführern aufsteigen; der Kreis der Konkurrenten um Verbandspositionen sei somit begrenzt.

Diese Herausbildung einer von den Mitgliedermassen isolierten und nicht wirksam kontrollierbaren Führungsebene habe eine Reihe von Konsequenzen: Da soziales Ansehen und Einkommen der Führer von ihrer Position im Verband abhängt, würden sie der Erhaltung der Organisation ein grosses Gewicht beimessen und zögern, politische Strategien zu verfolgen, die den Bestand des Verbandes gefährden könnten. Ferner bestehe die Gefahr, dass sich ihre Ansichten und Ziele an jene ihrer Verhandlungspartner angleichen und von jenen der Mitglieder abweichen. Mit diesen Argumenten lasse sich beispielsweise die «Verbürgerlichung» revolutionärer Bewegungen erklären.

An der These Michels' ist unbestritten, dass grosse Organisationen eine Tendenz zur Bürokratisierung und zum Demokratiedefizit haben. Freilich ist die Formulierung eines «ehernen Gesetzes» der Oligarchie überzogen, wie die weitere Forschung zeigte (vgl. beispielsweise Lipset 1972; Rohrschneider 1994; Armingeon 1988, S. 49–70).

2.3.4 Motive für die Mitgliedschaft in Verbänden und Parteien

Weshalb nehmen Bürger überhaupt die Mühen auf sich, Mitglied eines Verbandes oder einer politischen Partei zu sein? Zunächst sind damit nur Nachteile verbunden: Ein Mitgliedsbeitrag ist zu entrichten, und es wird erwartet, dass man sich an den Aktivitäten der Organisation beteiligt. Im Anschluss an das Axiom der ökonomischen Rationalität hat Mancur Olson (1932–1998, Olson 1965) argumentiert, es gebe bei grossen Gruppen keinen vernünftigen Grund, einer Organisation beizutreten, die kollektive Güter produziere. Ein kollektives Gut ist ein Gut, von dem niemand ausgeschlossen werden kann. Ein Beispiel sind die Vorteile eines Tarifvertrags, die faktisch allen Arbeitnehmern in einer Branche gewährt werden. Aufgrund der Gruppengrösse – viele Tausend von Arbeitnehmern – ist auch das Argument

nicht einleuchtend, man müsse dem Verband beitreten, damit das angestrebte Kollektivgut erstellt werden könne: Auf ein Gewerkschafts-
mitglied mehr oder weniger kann es nicht ankommen. Ganz anders
sieht es bei kleinen Gruppen aus. Hier ist es offensichtlich, dass das
gemeinsame Ziel, von dem alle profitieren, nur erreicht werden kann,
wenn jeder mitmacht und keiner die Option des Trittbrettfahrens
wählt. Deshalb ist es Olson zufolge für kleine Gruppen viel leichter,
sich zu organisieren, als für große Gruppen. Dies bedeutet ungleich
verteilte Organisationschancen, die von der Gruppengröße abhängen.
Damit war ein weiteres gewichtiges Argument gegen die Gruppentheorie der Politik entwickelt, die bekanntlich davon ausging, jedes
gesellschaftliche Interesse lasse sich verbandsförmig organisieren.
Wenn das Argument von Olson akzeptiert wird, stellt sich die Frage,
weshalb es dennoch Organisationen von großen Gruppen wie Gewerkschaften gibt. Die Erklärung sei, so Olson, in negativen und positiven selektiven Anreizen zur Mitgliedschaft zu suchen. Selektiv
bedeutet dabei, dass diese Anreize nur für die Mitglieder gelten. Zu
solchen Anreizen gehören Nachteile, die man erleidet, wenn man
nicht Mitglied ist. Dazu gehört der Arbeitsplatzverlust in einem Unternehmen, das mit den Gewerkschaften vereinbart hat, nur solche
Arbeitnehmer zu beschäftigen, die auch Mitglied des Arbeitnehmer-
verbandes sind oder werden (*closed* und *union shop*). Viel wichtiger
sind in der Praxis jedoch positive Anreize, also Vorteile, die nur der
Mitgliedschaft vorbehalten sind. Dazu gehören günstige Kreditkar-
ten oder bessere Serviceleistungen der Arbeitslosenversicherung im
Fall der Arbeitslosigkeit. In der Tat ließ sich zeigen, dass einzelne positive Anreize für Organisationen außerordentlich wichtig waren.
Andererseits lässt sich damit kaum erklären, weshalb es dennoch Gewerkschaftsmitglieder gibt, da die materiellen Vorteile der Mitgliedschaft nur in Extremfällen deren Kosten aufwiegen.

Die Theorie Olsons ist für die politische Soziologie aus mehreren
Gründen wichtig: Sie ist – ebenso wie die Theorie Downs' – eine Theorie, die mit wenigen Variablen viel zu erklären beansprucht. Ferner
weist sie auf zentrale Probleme der Kooperation von Verbänden und
Staat hin: Wenn Verbände mit dem Staat zusammenarbeiten, um ein
kollektives Gut herzustellen, müssen sie ihr Organisationsproblem –
die Gewinnung von Mitgliedern – lösen, da sie sonst nicht handlungs-

fähig sind. Allerdings wirkt sich das hergestellte Kollektivgut im besten Fall nur neutral auf die Mitgliederentwicklung aus. Deshalb neigen kooperative Verbände dazu, als Gegenleistung für die Zusammenarbeit eine externe Unterstützung der Organisation zu verlangen. Ein dritter wichtiger sozialwissenschaftlicher Beitrag der Theorie ist die Kritik der Annahme, jedes Interesse könne sich gleichermaßen gut organisieren. Aus der Theorie Olsons kann umgekehrt abgeleitet werden, dass zur Wahrung gleicher Organisationschancen politische Systeme den Verbandsaufbau von großen Gruppen (z. B. durch staatliche Subventionierung der Mitgliedsbeiträge; staatlich verordnete Zwangsmitgliedschaft) aktiv unterstützen müssten – solange sich die unerwünschten Nebenfolgen solcher Maßnahmen vermeiden ließen.

2.3.5 Gesellschaftliche Modernisierung und die politische Organisierung sozio-kultureller Konflikte

Welche Bedeutung haben sozio-kulturelle Konflikte für die Struktur von Parteiensystemen? Die Antwort von Otto Kirchheimer (1905–1965; Kirchheimer 1965) lautete, dass diese Konflikte vor dem Zweiten Weltkrieg wichtig waren, danach aber ihre Bedeutung verloren. Die Säkularisierung, der zunehmende Reichtum und die wachsende soziale Sicherheit und das Nachlassen des offenen Klassenkonflikts zwinge die alten Massenparteien auf Klassen- oder Konfessionsbasis auf einen Weg zur Allerweltspartei. Diese Allerweltspartei öffne sich allen Wählerschichten, was mit einem Bedeutungsverlust der früheren Parteiideologie einhergehe (Kirchheimer 1965). Zu einem ganz anderen Schluss kamen Stein Rokkan (1921–1979) und Seymour Martin Lipset (1967) in ihrer Untersuchung der Entwicklung des westeuropäischen Parteiensystems. Sie argumentieren, Westeuropa habe zwei fundamentale Umwandlungen – die nationale und die industrielle Revolution – erlebt, in deren Anschluss vier Konfliktlinien entstanden seien: zwischen Zentrum und Peripherie, zwischen Staat und katholischer Kirche, zwischen Stadt und Land und zwischen Bürgertum und Arbeiterschaft. Diese Konfliktlinien hätten das Parteiensystem nachhaltig geprägt, und selbst in den 1960er Jahren würde es die Entscheidungen widerspiegeln, die bis in die 1920er Jahre getroffen worden seien. Parteien hätten sich zum Vertreter sozio-kultureller Gruppen gemacht, und die Mitglieder dieser Gruppen hätten die so entstandenen Parteien als ihre Repräsentanten wahrgenommen. Ein Beispiel sei die Sozialdemokratie als Partei der Arbeiterschaft oder die Zentrumsparteien als Vertretungen der Katholiken. Stein Rokkan hat diesen Prozess der Übersetzung von gesellschaftlichen Konflikten in Organisationsstrukturen des Parteien- und Verbändesystems folgendermaßen beschrieben (1977): 1. Gesellschaftliche Umwälzungen wie Säkularisierung, Industrialisierung oder Urbanisierung erzeugen Konflikte. Da sie häufig und systematisch entstehen, spricht man von Konfliktlinien *(cleavages)*. 2. Diese Konflikte – beispielsweise zwischen Arbeitern und Unternehmern – kristallisieren sich in Auseinandersetzungen über staatliche Politiken. 3. Da es um wiederholte Konflikte – also Konfliktlinien – geht, wird es für politische Unternehmer interessant, diese zu organisieren, indem Unterstützung für oder gegen ein bestimmtes Set von Politiken mobilisiert wird. 4. Die politischen Unternehmer müssen sich entscheiden, welche Mobilisierungsstrategie sie einschlagen wollen: entweder über bestehende Institutionen oder über neu zu schaffende Organisationen. 5. Ferner müssen sie sich entscheiden, ob sie diese Konfliktlinien in Form von Interessenverbänden oder in Form von politischen Parteien organisieren wollen und 6. ob sie Lösungen auf dem Weg der staatlichen Politik oder der Übereinkommen zwischen Verbänden anstreben.

Die These der Allerweltspartei wurde kritisiert, weil die Entwicklung der Volkspartei unvollständig war: Sowohl die alten Klassenparteien als auch die alten Konfessionsparteien haben sich in ihrer sozialen und konfessionellen Struktur nicht vollständig angeglichen (Schmidt 1989). Gleichwohl ist im langen historischen Vergleich ein Abschleifen der früheren ideologischen Unterschiede nicht abzustreiten: Die Sozialdemokratie hat sich von der revolutionären Rhetorik verabschiedet. Die Zentrumsparteien haben sich gegenüber den Protestanten geöffnet und die Prominenz des christlichen Wertesystems in der Programmatik stark verringert. Die Kritik an Rokkan und Lipset hat darauf hingewiesen, dass die Beschränkung auf vier große Konfliktlinien dem westeuropäischen Parteiensystem nicht gerecht wird (Beyme 2000, S. 70f.). Debattiert wurde auch die These, das Parteiensystem der 1960er Jahre spiegele die Struktur der Konfliktlinien der 1920er Jahre wider (Lipset/Rokkan 1967, S. 50). Das Aufkommen grüner Parteien und die Auflösung der alten sozialen Basis der herkömm-

lichen Parteien ließ spätestens in den 1970er Jahre die Behauptung der
«eingefrorenen Parteiensysteme» als veraltet erscheinen (Franklin et
al. 1992). Freilich konnte man für die Stärkeverhältnisse von linken
und rechten Parteien zeigen, dass diese auch nach 1960 keinem fundamentalen Wandel unterliegen (Bartolini/Mair 1990).

Unabhängig von diesen Kritiken liegt die Bedeutung des Werks von
Kirchheimer in der Verknüpfung von gesellschaftlichen Modernisierungsprozessen der Neuzeit mit den ideologischen und wahlstrategi-
schen Ausrichtungen der Parteien. Die Arbeiten von Rokkan und Lipset sind wichtig, weil sie ein Beispiel darstellen, wie gesellschaftliche
Konflikte in historischen Sequenzen durch die Interaktion von Mobi-
lisierungspotenzialen und Bewegungsunternehmern in politischen
Organisationen transformiert werden.

3 Probleme: aktuelle Forschungsfragen

Die Forschung über Verbände, Parteien und soziale Bewegungen ist
außerordentlich breit und differenziert. Ich kann deshalb im Folgenden nur beispielhaft einzelne aktuelle Forschungsfragen herausgrei-
fen.

Große Aufmerksamkeit zieht die neuere Debatte über soziales Kapital auf sich. Der Begriff des sozialen Kapitals ist umstritten. Robert
Putnam, einer der wichtigsten Autoren in diesem Forschungsfeld, definiert ihn als Verknüpfung zwischen Individuen in der Form sozialer
Netzwerke und damit verbundenen Normen der Wechselseitigkeit
(«Wenn du mir nicht hilfst, helfe ich dir nicht») sowie Vertrauenswürdigkeit. Soziales Kapital sei eine wichtige Bedingung für eine qua-
litativ gute Demokratie, für eine effiziente Wirtschaft und eine funktionierende und wirksame staatliche Verwaltung. Verbände und
Freiwilligenorganisationen seien für den Aufbau und Unterhalt des
sozialen Kapitals von grundlegender Bedeutung. Im Anschluss an die
Ideen von Tocqueville hänge damit die Qualität einer Demokratie von
der verbandlichen Organisation der Gesellschaft ab. Verbände erzeug-
ten soziales Kapital – beispielsweise interpersonales Vertrauen –, das
eine Voraussetzung einer guten Demokratie darstelle. Die gegenwärtigen Probleme der amerikanischen Demokratie seien auch eine Folge

des Verfalls des Verbändewesens in den USA (Putnam 2000; 1993). Allerdings hat die empirische Forschung erhebliche Zweifel an dieser These geäußert. Für die behaupteten Zusammenhänge zwischen demokratischer politischer Partizipation und Verbandsmitgliedschaft lassen sich zwar – zumindest für die Vergangenheit – empirische Belege erbringen. Aber diese Effekte entstehen kaum, weil die Verbandsmitglieder über mehr «soziales Kapital» verfügen als Nichtmitglieder. Die empirischen Analysen deuten allerdings darauf hin, dass Indikatoren des sozialen Kapitals wie interpersonales Vertrauen oder Vertrauen in demokratische Institutionen in jenen Länder stärker ausgebildet sind, in denen auch der verbandliche Organisationsgrad hoch ist (Newton 2001; Newton 1997; Newton 1999; Newton/Norris 2000).

Die These der Kartell- oder professionalisierten Wählerparteien wird gegenwärtig in der Forschung über die Wandlung von Parteiensystemen intensiv diskutiert. Es wird vermutet, im Anschluss an die Phase der Annäherung der Parteien an das Volksparteien-Modell in der Zeit nach dem Zweiten Weltkrieg seien die Parteiensysteme in eine neue Entwicklungsphase eingetreten. Der Beginn dieser Phase sei mit den 1970er Jahren zu datieren. Das gemeinsame Merkmal sei ein Bedeutungsverlust der Mitglieder und Anhänger sowie eine Orientierung an Wählern, die mit professionellen Mitteln der Wahlwerbung gewonnen werden sollen. Diese professionalisierten Wählerparteien benötigten umfangreiche Ressourcen, die die kleiner werdende Zahl der Mitglieder nicht mehr durch Beiträge aufbringen kann. Deshalb seien die Parteien zunehmend von den Subventionen des Staates und der Unterstützung der Interessengruppen abhängig (Beyme 2000). Die Parteien würden in die Rolle eines Maklers kommen, der zwischen Staat und Gesellschaft vermittle. Die Bindung zu sozio-kulturellen Gruppen und einzelnen Interessengruppen löse sich auf; die Parteien wären fast allen Interessen zu Diensten, soweit sich das in Stimmengewinnen auszahle. Um ihr materielles Überleben zu sichern, würden die Parteien gar ein Kartell bilden, dessen Ziel die Organisation der staatlichen Subventionen sei (Katz/Mair 1995). Die empirischen Belege für diese These sind keineswegs eindeutig (vgl. für die Schweiz Ladner/Brändle 2001). Zudem lässt sich nachweisen, dass Parteien weiterhin bei Wahlen eine Verankerung in einzelnen sozio-kulturellen Gruppen haben. Darüber hinaus unterscheiden sich

ihre Programmatiken entsprechend ihrer Zugehörigkeit zu Parteienfamilien (Ware 1996, Kapitel 1). Unstreitig ist, dass aufgrund der gesellschaftlichen Modernisierung Parteien ihre traditionelle Klientel
ergänzen oder austauschen. Ein Beispiel ist die europäische Sozialdemokratie. Da die Industriearbeiterschaft einen immer kleineren Anteil unter den Wählern einnimmt, ist sie gezwungen, sich neue Wählerschichten zu erschließen. Sie fand im Bereich der sozio-kulturellen
Experten (Lehrer, Heilberufe, Sozialarbeiter etc.) eine neue gesellschaftliche Basis, deren Interessen sie auch repräsentiert (Kitschelt
1994; Kriesi 1998). Für die These der professionalisierten Wählerparteien sprechen die wachsende Abhängigkeit der Parteien von der
staatlichen Finanzierung, der zunehmende Einsatz von Mitteln der
professionellen Wählerwerbung und der Bedeutungsverlust des Mitglieds als Vermittlungsglied zwischen Wählerschaft und Parteiorganisation. Allerdings sind diese Entwicklungen nicht nur mit der
Volksparteienthese kombinierbar, sondern auch mit der These, der
zufolge Parteien weiterhin gesellschaftliche Konfliktlinien repräsentieren.

Der organisatorische Wandel von Interessengruppen ist ein For-
schungsthema, das inhaltlich eng mit jenem des Wandels der Partei-
enorganisationen verknüpft ist. Hierbei geht es um das Problem, wie
Interessenverbände mit schwindender Mitgliedschaft und dem Verlust aktiver Mitglieder umgehen. Wolfgang Streeck hat eine bahnbre-
chende Studie zur organisatorischen Reform der deutschen Gewerkschaften vorgelegt. Er zeigte, wie unter diesen Bedingungen die
Arbeitnehmerverbände sich Organisationssicherungen durch Staat
und Verhandlungspartner besorgen müssen und können. Ferner nehmen die Verbände administrative Rationalisierungen vor, die den Prozess der Formalisierung der Mitgliederrolle weiter vorantreiben
(Streeck 1981). Neuere Studien beschäftigten sich mit den organisatorischen Reformen und Reformoptionen der Gewerkschaften in Bezug auf Fusionen bestehender Verbände, die notwendig werden, weil
sich die alten Gewerkschaftsbürokratien bei schwindenden Mitglie-
derzahlen nicht mehr finanzieren lassen.

In der Parteienforschung wird unter der Rubrik der Nationalisierung von Parteiensystemen eine Problematik behandelt, die schon vor
langer Zeit thematisiert wurde (vgl. Siegfried 1913): In welchem Aus-

maß sind Parteien überhaupt nationale Organisationen, und welche Entwicklungen gibt es in Bezug auf diese Nationalisierung von Parteiensystemen? Die Bedeutung der Leitfrage dieser Forschungsrichtung lässt sich damit illustrieren, dass in Bayern wahlsoziologisch die Uhren offensichtlich anders gehen als in den übrigen Bundesländern (Falter 1982). Und angesichts großer regionaler Unterschiede des Wahlverhaltens in einigen europäischen Ländern, beispielsweise in Spanien oder der Schweiz, stellt sich die Frage, ob es dort überhaupt Sinn macht, von nationalen Wahlen zu sprechen (Gruner 1977; Armingeon 1998). Daniele Caramani hat jüngst einen umfangreichen Datensatz zur Nationalisierung von europäischen Parteiensystemen vorgelegt, der in einer Monographie ausgewertet werden wird (2000, 2003).

Die jüngere Forschung über (neue) soziale Bewegungen wird durch das Konzept der politischen Möglichkeitsstrukturen *(Political Opportunity Structures)* geprägt. Hanspeter Kriesi und Ko-Autoren haben eine wichtige vergleichende Studie zu den neuen sozialen Bewegungen in Frankreich, Deutschland, den Niederlanden und der Schweiz vorgelegt. Sie argumentieren, die politischen Möglichkeitsstrukturen bestünden aus vier Elementen: (a) die politischen Konfliktlinien einer Gesellschaft. (b) Die Strukturen der formalen politischen Institutionen. (c) Die vorherrschenden Strategien der politischen Eliten gegenüber den neuen sozialen Bewegungen, die zwischen Repression und Inklusion variierten. Das letzte Element seien schließlich (d) die politischen Koalitionen und Kräfteverteilungen in Parlament und Regierung. In der Untersuchung der neuen sozialen Bewegungen in den vier Ländern wird gezeigt, dass die Unterschiede zwischen diesen nationalen Bewegungen mit den Unterschieden der politischen Möglichkeitsstrukturen erklärt werden können (Kriesi et al. 1995).

Die Forschung über Verbände- und Parteiensysteme in Ostmitteleuropa könnte zu einer «Wachstumsindustrie» der zukünftigen Forschung werden: Welche Parteien und welche Verbände werden sich dauerhaft in diesen Ländern etablieren? Wie lassen sich Gemeinsamkeiten und Unterschiede zu Westeuropa erklären? Die Antworten auf diese Fragen stehen noch teilweise aus. Empirische Studien zeigen, dass auch in Ostmitteleuropa ähnliche Parteien- und Verbändesysteme entstehen wie in Westeuropa (Budge et al. 1997). Die Entwicklungsvoraussetzungen dieser Systeme sind jedoch sehr unterschiedlich. Eine wichtige Stellgröße für die Zeit der Entstehung von Verbänden und Parteien ist die Art des kommunistischen Regimes und der Typus des Übergangs zur Demokratie (Kitschelt et al. 1999; Wiesenthal 1999; Merkel/Sandschneider 1997, 1999).

4 Perspektiven: gegenwärtige Tendenzen und zukünftige Entwicklungen

Vor welchen Herausforderungen stehen soziale Bewegungen, Parteien und Verbände gegenwärtig, und welches sind die damit verbundenen Herausforderungen der Forschung? Auf diese Frage wird sich aufgrund der Breite des Forschungsfelds und der Vielzahl der theoretischen Ansätze und der Methoden keine eindeutige Antwort der wissenschaftlichen Gemeinschaft finden lassen. Allerdings wird nicht viel Widerspruch zur These zu erwarten sein, dass die Internationalisierung und Modernisierung nationaler Gesellschaften und politischer Systeme zu den wichtigsten Themen zählen.

Die Gesellschaften der westlichen Welt wandelten sich in den vergangenen 50 Jahren beträchtlich. Angesichts dieses Wandels ist jener des Parteien- und Verbändesystems gering ausgefallen. Im westeuropäischen Durchschnitt haben die großen Parteien mit Ausnahme der Christdemokratie keine wesentlichen Veränderungen ihrer Stimmenanteile bei nationalen Wahlen zwischen den 1960er und den 1990er Jahren verzeichnet. Nicht der Wandel, sondern eher die Stabilität der Verbände- und Parteiensysteme ist erklärungsbedürftig.

Neu ist allerdings das Aufkommen der neuen sozialen Bewegungen. So soll das Mobilisierungsniveau der niederländischen Umweltbewegung größer als jenes der Parteien oder Gewerkschaften gewesen sein (Kriesi 1999). Im Anschluss an Peter Mair (2002, 2001) könnte vermutet werden, dass die Anpassung der Organisationen an die veränderten gesellschaftlichen Bedingungen aufgrund institutioneller Trägheitskräfte verzögert wurde und die institutionellen Wandlungsprozesse erst seit wenigen Jahren eingesetzt haben. Selbst wenn die großen institutionellen Umwälzungen – also der Untergang traditioneller und der Aufstieg neuer Parteien und Verbände – ausblieben, ist davon auszugehen, dass die bestehenden Organisationen zu weitgehenden Reformen gezwungen sein werden. Von besonderer Bedeutung dürfte hierbei auch ein breiter Einstellungswandel in den europäischen Gesellschaften sein, der sich in einer stärkeren Betonung des Werts individueller Autonomie und gleichberechtigter Partizipation in kollektiven Entscheidungsprozessen niederschlägt. Dieser Wandel zu einer libertären Einstellung ist mit einem höheren Bildungsniveau und einem Strukturwandel der Erwerbsbevölkerung vom sekundären zum tertiären Sektor verbunden (Kitschelt 1994, 1997). Auch wenn Parteien ihre Position in der Links-Rechts-Dimension des Parteiensystems beibehalten, können sie sich entlang der libertär-autoritären Achse des Parteiensystems verschieben. Wenn sie dies tun, riskieren sie, einen Teil der alten Klientel zu verlieren, die diese Veränderung für sich nicht mitmacht. Ein Beispiel sind die ehemals sozialdemokratisch orientierten Arbeiter, die sich nicht mehr von einer Sozialdemokratie repräsentiert sehen, die jetzt auf Selbstverwirklichung und individuelle Freiheit drängt. Es ist zu erwarten, dass diese frühere und nunmehr verlassene Klientel für andere und vornehmlich rechtspopulistische Parteien votiert. Allerdings wäre es im Allgemeinen für die Parteien noch riskanter, diese programmatischen Reformen nicht vorzunehmen, weil wachsende Wählergruppen sich vor allem in der Nähe des libertären Pols befinden.

Die Internationalisierung von Politik und Gesellschaft stellt in zweierlei Hinsicht eine Herausforderung für soziale Bewegungen, Parteien und Verbände dar. Je mehr Entscheidungen oberhalb der Ebene des Nationalstaats gefällt werden – und der Prozess der europäischen Integration und der Herausbildung der Welthandelsorganisation sind hierfür gute Beispiele –, desto mehr müssen die Bewegungen und Organisationen sich auf diese Entscheidungsebenen ausrichten. Dies kann geschehen, indem nationale Organisationen international tätig werden, indem sich nationale Organisationen miteinander für supranationale Aktionen koordinieren oder indem sich supranationale Organisationen bilden. Gegenwärtig spricht vieles dafür, dass die erreichte Internationalisierung von Verbänden und Parteien weit hinter dem erreichten Ausmaß ökonomischer und staatlicher Internationalisierung hinterherhinkt. Der Umfang und die Art und Weise, wie sich die intermediären Instanzen an ein Regierungssystem anpassen, das auf mehreren Ebenen (supranational, national, regional) arbeitet, wird über deren Legitimität und Effizienz entscheiden. Zum Zweiten hat die Internationalisierung Rückwirkungen auf die nationalen politischen Strukturen und damit auf die Rahmenbedingungen des Handelns der intermediären Instanzen. Eine zunehmende internationale Öffnung und außenwirtschaftliche Verletzbarkeit eines Landes kann Auswirkungen auf die innenpolitischen Kräfteverhältnisse und die eingegangenen Koalitionen haben (Rogowski 1989). Diese innenpolitische Verarbeitung internationaler Integration wird eine weitere Herausforderung der nationalen intermediären Instanzen darstellen.

Literatur

Armingeon, Klaus: Neo-korporatistische Einkommenspolitik. Eine vergleichende Untersuchung von Einkommenspolitiken in westeuropäischen Ländern, Frankfurt a. M. 1983.

Armingeon, Klaus: Die Entwicklung der westdeutschen Gewerkschaften 1950–1985, Frankfurt a. M./New York 1988.

Armingeon, Klaus: «Interregionale und internationale Unterschiede der Wahlentscheidung. Das Wahlverhalten in Schweizer Kantonen im westeuropäischen Vergleich», in: Politische Vierteljahresschrift 39/2, 1998, S. 282–300.

Armingeon, Klaus: «Interest Intermediation: The Cases of Consociational Democracy and Corporatism», in: Comparative Democratic Politics. A Guide to Contemporary Theory and Research, hg. von Hans Keman, London 2002a, S. 143–165.

Armingeon, Klaus: «Verbändesysteme und Föderalismus. Eine vergleichende Analyse», in: Föderalismus. Analysen in entwicklungsgeschichtlicher und vergleichender Perspektive, hg. von Arthur Benz/Gerhard Lehmbruch, Wiesbaden 2002b, S. 213–233.

Armingeon, Klaus/Beyeler, Michelle/Menegale, Sarah: Comparative Political Data Set 1960–2000, Bern 2002.

Bartolini, Stefano/Mair, Peter: Identity, Competition, and Electoral Availability. The Stabilisation of European electorates 1885–1985, Cambridge 1990.

Beyme, Klaus von: Parteien in westlichen Demokratien, München/Zürich 1984.

Beyme, Klaus von: Das Politische System der Bundesrepublik nach der Vereinigung, München/Zürich 1993.

Beyme, Klaus von: Parteien im Wandel. Von den Volksparteien zu den professionalisierten Wählerparteien, Opladen 2000.

Braun, Dietmar: Theorien rationalen Handelns in der Politikwissenschaft. Eine kritische Einführung, Opladen 1999.

Budge, Ian/Newton, Kenneth/McKinley, R. D. et al.: The Politics of the New Europe. Atlantic to Urals, London/New York 1997.

Caire, Guy: Les syndicats ouvriers, Paris 1971.

Caramani, Daniele: The Societies of Europe. Elections in Western Europe since 1815, Oxford 2000.

Caramani, Daniele: The Formation of National Electorates and Party Systems in Europe. A Comparative and Historical Study, London/New York 2003.

Curtis, James E./Grabb, Edward G./Baer, Douglas E.: «Voluntary Association Membership in Fifteen Countries», in: American Sociological Review 57/2, 1992, S. 139–159.

Deth, Jan van: «Voluntary Associations and Political Participation», in: Wahlen und politische Einstellungen in westlichen Demokratien, hg. von Oscar W. Gabriel/Jürgen W. Falter, Frankfurt a. M. 1996, S. 389–411.

Downs, Anthony: An Economic Theory of Democracy, New York 1957.

Ebbinghaus, Bernhard: «Dinosaurier der Dienstleistungsgesellschaft? Der Mitgliederschwund deutscher Gewerkschaften im historischen und internationalen Vergleich», in: Max-Planck-Institut für Gesellschaftsforschung. Working Paper 3, 2002 (erweiterte Fassung eines Beitrags in: Gewerkschaften in Politik und Gesellschaft in der Bundesrepublik, hg. von Wolfgang Schroeder/Bernhard Wessels, Opladen 2002).

Ebbinghaus, Bernhard/Visser, Jelle: Trade Unions in Western Europe since 1945 (The Societies of Europe), New York/Basingstoke/Oxford 2000.

Eschenburg, Theodor: Herrschaft der Verbände?, Stuttgart ^{2}1963.

Falter, Jürgen: «Bayerns Uhren gehen wirklich anders. Politische Verhaltens- und Einstellungsunterschiede zwischen Bayern und dem Rest der Bundesrepublik», in: Zeitschrift für Parlamentsfragen 18/4, 1982, S. 77–93.

Falter, Jürgen W./Jaschke, Hans-Gerd/Winkler, Jürgen R. (Hg.): Rechtsextremismus. Ergebnisse und Perspektiven der Forschung (PVS-Sonderheft 27), Opladen 1996.

Flanagan, Robert J./Soskice, David W./Ulman, Lloyd: Unionism, economic stabilization, and incomes policies: European experiences, Washington, D. C. 1983.

Franklin, Mark N./Mackie, Thomas T./Valen, Henry et al.: Electoral Change. Responses to Evolving Social and Attitudinal Structures in Western Countries, Cambridge 1992.

Gallagher, Michael/Laver, Michael/Mair, Peter: Representative Government in Modern Europe. Institutions, Parties, and Governments, New York ^{3}2001.

Gourevitch, Peter: Politics in Hard Times. Comparative Responses to International Economic Crises, Ithaca/London 1986.

Gruner, Erich: Die Parteien in der Schweiz, Bern 1977.

Hassel, Anke: «Die Politik sozialer Pakte», in: Konzertierung, Verhandlungsdemokratie und Reformpolitik im Wohlfahrtsstaat. Das Modell Deutschland im Vergleich, hg. von Sven Jochem/Nico Siegel, Opladen 2002.

Heinze, Rolf G.: Verbändepolitik und «Neokorporatismus». Zur politischen Soziologie organisierter Interessen, Opladen 1981.

Huber, John/Inglehart, Ronald: «Expert Interpretations of Party Space and Party Locations in 42 Societies», in: Party Politics 1/1, 1995, S. 73–111.

Ignazi, Piero: «The silent counter-revolution. Hypotheses on the emergence of extreme right-wing parties in Europe», in: European Journal of Political Research 22, 1992, S. 3–34.

Katz, Richard S./Mair, Peter: «The Changing Models of Party Organization and Party Democracy: The Emergence of the Cartel Party», in: Party Politics 1, 1995, S. 5–28.

Kenworthy, Lane: «Quantitative Indicators of Corporatism: A Survey and Assessment», in: Max-Planck-Institut für Gesellschaftsforschung. Discussion Paper 4, 2000.

Kirchheimer, Otto: «Der Wandel des westeuropäischen Parteisystems», in: Politische Vierteljahresschrift 6, 1965, S. 20–41.

Kitschelt, Herbert: The Transformation of European Social Democracy, Cambridge 1994.

Kitschelt, Herbert: «European Party Systems: Continuity and Change», in: Developments in West European Politics, hg. von Martin Rhodes/Paul Heywood/Vincent Wright, Basingstoke 1997, S. 131–150.

Kitschelt, Herbert/Mansfeldova, Zdenka/Markowski, Radoslaw/Toka, Gabor: Post-Communist Party Systems. Competition, Representation, and Inter-Party Cooperation, Cambridge 1999.

Klein, Ansgar/Koopmans, Ruud/Geiling, Heiko (Hg.): Globalisierung, Partizipation, Protest, Opladen 2001.

Kriesi, Hanspeter: «The Transformation of Cleavage Politics. The 1997 Stein Rokkan Lecture», in: European Journal of Political Research 33, 1998, S. 165–185.

Kriesi, Hanspeter: «Movements of the Left, Movements of the Right: Putting the Mobilization of Two New Types of Social Movements into Political Context», in: Continuity and Change in Contemporary Capitalism, hg. von Herbert Kitschelt/Peter Lange/Gary Marks/John D. Stephens, Cambridge/New York 1999, S. 398–423.

Kriesi, Hanspeter/Koopmans, Ruud/Dyvendak, Jan Willem/Giugni, Marco G.: New Social Movements in Western Europe. A Comparative Analysis, London 1995.

Laakso, Markku/Taagepera, Rein: «Effective number of Parties: A measure with Application to West Europe», in: Comparative Political Studies 12/1, 1979, S. 3–27.

Ladner, Andres/Brändle, Michael: Die Schweizer Parteien im Wandel? Von Mitgliederparteien zu professionalisierten Wählerparteien, Zürich 2001.

Lane, Jan-Erik/Ersson, Svante O.: Politics and Society in Western Europe, London/Thousand Oaks/New Delhi ⁴1999.

Lane, Jan-Erik/McKay, David/Newton, Kenneth: Political Data Handbook. OECD Countries, Oxford ²1997.

Lehmbruch, Gerhard: «Liberal Corporatism and Party Government», in: Trends Toward Corporatist Intermediation, hg. von Philippe C. Schmitter/Gerhard Lehmbruch, Beverly Hills/London 1979, S. 147–183.

Lehmbruch, Gerhard/Schmitter, Philippe C. (Hg.): Patterns of Corporatist Policy Making, London/Beverly Hills 1982.

Lipset, Seymour Martin: «Der politische Prozeß in den Gewerkschaften: Eine theoretische Darstellung», in: Arbeitsökonomik, hg. von Bernhard Külp/Wilfried Schreiber, Köln 1972, S. 141–180.

Lipset, Seymour Martin/Rokkan, Stein: «Cleavage Structures, Party Systems, and Voter Alignments: An Introduction», in: Party Systems and Voter Alignments: Cross National Perspectives, hg. von dies., New York 1967, S. 1–64.

Lubbers, Marcel/Gijsberts, Mérove/Scheepers, Peer: «Extreme Right-Wing Voting in Western Europe», in: European Journal of Political Research 41/3, 2002, S. 345–378.

Mair, Peter: «The freezing hypothesis: An Evaluation», in: Party System and Voter Alignments Revisited, hg. von Lauri Karvonen/Stein Kuhnle, London/New York 2001, S. 27–44.

Mair, Peter: «In the Aggregate: Mass Electoral Behaviour in Western Europe, 1950–

2000», in: Comparative Democratic Politics, hg. von Hans Keman, London/Thousand Oaks/New Delhi 2002, S. 122–142.

Marx, Karl und Friedrich Engels: «Manifest der Kommunistischen Partei (zuerst 1848)», in: Marx Engels Werke, Bd. 4, Berlin 1959, S. 459–493.

McAdam, Dough/McCarthy, John/Zald, Mayer N. (Hg.): Comparative perspectives on social movements. Political opportunities, mobilizing structures, and cultural framings, Cambridge 1996.

McAdam, Dough/Snow, David A. (Hg.): Social Movements. Readings on Their Emergence, Mobilization, and Dynamics, Los Angeles 1997.

Merkel, Wolfgang: «Der ‹Dritte Weg› und der Revisionismusstreit der Sozialdemokratie am Ende des 20. Jahrhunderts», in: Kontingenz und Krise. Institutionenpolitik in kapitalistischen und postsozialistischen Gesellschaften, hg. von Karl Hinrichs/Herbert Kitschelt/Helmuth Wiesenthal, Frankfurt a. M./New York 2000, S. 263–290.

Merkel, Wolfgang/Sandschneider, Eberhard (Hg.): Systemwechsel 3. Parteien im Transformationsprozess, Opladen 1997.

Merkel, Wolfgang/Sandschneider, Eberhard (Hg.): Systemwechsel 4. Die Rolle von Verbänden im Transformationsprozess, Opladen 1999.

Michels, Robert: Zur Soziologie des Parteiwesens in der modernen Demokratie. Untersuchungen über die oligarchischen Tendenzen des Gruppenlebens, Stuttgart 1989 (zuerst 1911).

Newton, Kenneth: «Social Capital and Democracy», in: American Behavioral Scientist 40/5, 1997, S. 575–586.

Newton, Kenneth: «Social and Political Trust in Established Democracies», in: Critical Citizens. Global Support for Democratic Governance, hg. von Norris Pippa, Oxford 1999, S. 169–187.

Newton, Kenneth: «Trust, Social Capital, Civil Society, and Democracy», in: International Political Science Review 22/2, 2001, S. 201–214.

Newton, Kenneth/Norris, Pippa: «Confidence in Public Institutions: Faith, Culture, or Performance?», in: Disaffected Democracies. What's Troubling the Trilateral Countries?, hg. von Susan J. Pharr/Robert D. Putnam, Princeton 2000, S. 52–73.

Offe, Claus: «Politische Herrschaft und Klassenstrukturen. Zur Analyse spätkapitalistischer Gesellschaftssysteme», in: Politikwissenschaft. Eine Einführung in ihre Probleme, hg. von Gisela Kress/Dieter Senghaas, Frankfurt a. M. 1972, S. 135–164.

Offe, Claus/Wiesenthal, Hinrich: «Two logics of collective action: theoretical notes on social class and organizational form», in: Political Power and Social Theory 1, 1980, S. 67–115.

Olson, Mancur: The Logic of Collective Action. Public Goods and the Theory of Groups, Cambridge/London 1965.

Putnam, Robert D.: Making Democracy Work. Civic Traditions in Modern Italy, Princeton, N. J. 1993.

Putnam, Robert D.: Bowling Alone. The collapse and revival of American community, New York/London/Toronto/Sydney/Singapore 2000.

Rae, Douglas: «A note on the fractionalization of some European party systems», in: Comparative Political Studies 1, 1968, S. 413–418.

Raschke, Joachim: Soziale Bewegungen. Ein historisch-systematischer Grundriß, Frankfurt a. M./New York 1985.

Rogowski, Ronald: Commerce and Coalitions. How Trade Affects Domestic Political Alignments, Princeton, N.J. 1989.

Rohrschneider, Robert: «How iron is the iron law of oligarchy? Robert Michels and national party delegates in eleven West European democracies», in: European Journal of Political Research 25, 1994, S. 207–238.

Rokkan, Stein: «Towards a Generalized Concept of Verzuiling: A Preliminary Note», in: Political Studies 25, 1977, S. 563–570.

Roth, Roland: Demokratie von unten. Neue soziale Bewegungen auf dem Weg zur politischen Institution, Köln 1994.

Roth, Roland/Rucht, Dieter (Hg.): Neue soziale Bewegungen in der Bundesrepublik Deutschland, Frankfurt a. M./New York 1987.

Rousseau, Jean-Jacques: Vom Gesellschaftsvertrag oder Grundsätze des Staatsrechts, Stuttgart 1986 (zuerst 1762).

Schmidt, Manfred G.: «‹Allerweltsparteien› und ‹Verfall der Opposition›. Ein Beitrag zu Kirchheimers Analysen westeuropäischer Parteiensysteme», in: Verfassungsstaat, Souveränität, Pluralismus. Otto Kirchheimer zum Gedächtnis, hg. von Wolfgang Luthard/Alfons Söllner, Opladen 1989, S. 173–181.

Schmidt, Manfred G.: Wörterbuch zur Politik, Stuttgart 1995.

Schmitter, Philippe C.: «Still the Century of Corporatism?», in: Trends Towards Corporatist Intermediation, hg. von Philippe C. Schmitter und Gerhard Lehmbruch, Beverly Hills/London 1979, S. 7–52.

Schmitter, Philippe C./Lehmbruch, Gerhard (Hg.): Trends Towards Corporatist Intermediation, Beverly Hills/London 1979.

Siaroff, Alan: «Corporatism in 24 industrial democracies: Meaning and Measurement», in: European Journal of Political Research 36, 1999, S. 175–205.

Siegfried, André: Tableau politique de la France de l'Ouest sous la Troisième République, Paris 1913.

Streeck, Wolfgang: Gewerkschaftliche Organisationsprobleme in der sozialstaatlichen Demokratie, Königstein i. Ts. 1981.

Tálos, Emmerich/Fink, Marcel: «Sozialpartnerschaft in Österreich», in: Konzertierung, Verhandlungsdemokratie und Reformpolitik im Wohlfahrtsstaat. Das Modell Deutschland im Vergleich, hg. von Sven Jochem/Nico Siegel, Opladen 2002.

Tálos, Emmerich/Kittel, Bernhard: Gesetzgebung in Österreich. Netzwerke, Akteure und Interaktionen in politischen Entscheidungsprozessen, Wien 2001.

Tarrow, Sidney: Power in Movements. Social movements, collective action and politics, Cambridge 1994.

Thomas, J. C.: «Policy Convergence Among Political Parties in Developed Nations», in: Western Political Quarterly 23/2, 1980, S. 233–246.

Tocqueville, Alexis de: De la démocratie en Amérique. Tome II, Paris 1961 (dt: Über die Demokratie in Amerika. Ausgewählt und hg. von J. P. Mayer, Stuttgart 1985).

Traxler, Franz: «From Demand-side to Supply-side Corporatism? Austria's Labour Relations and Public Policy», in: Organized Industrial Relations in Europe: What Future?, hg. von Crouch Colin/Franz Traxler, Aldershot 1995, S. 271–286.

Traxler, Franz: «Die Metamorphosen des Korporatismus. Vom klassischen zum schlanken Muster», in: Politische Vierteljahresschrift 42/4, 2001, S. 590–623.

Traxler, Franz/Blaschke, Sabine/Kittel, Bernhard: National Labour Relations in Internationalized Markets, Oxford 2001.

Truman, David B.: The Governmental Process. Political Interests and Public Opinion, New York 1962.

Ware, Alan: Political Parties and Party Systems, Oxford 1996.

Weber, Max: «Politik als Beruf» (zuerst 1919), in: Max Weber. Gesammelte politische Schriften, hg. von Johannes Winckelmann, Tübingen 1980, S. 505–560.

Wiesenthal, Helmuth: «Kapitalinteressen und Verbandsmacht. ‹Two Logics of Collective Action› Revisited», in: Die politische Logik wirtschaftlichen Handelns, hg. von Heidrun Abromeit/Ulrich Jürgens, Berlin 1992, S. 38–61.

Wiesenthal, Helmut: «Interessenverbände in Ostmitteleuropa – Startbedingungen und Entwicklungsprobleme», in: Systemwechsel 4. Die Rolle von Verbänden im Transformationsprozeß, hg. von Wolfgang Merkel/Eberhard Sandschneider, Opladen 1999.

Williamson, Peter I.: Corporatism in Perspective: An Introductory Guide to Corporatist Theory, London 1989.

Wolfgang Seibel
2.6.2 NGOs und «Dritter Sektor»

> 1 Grundlagen: historische Traditionen und Forschungsdiskussion
> 2 Dimensionen: Organisationsformen und Aufgabenfelder
> 3 Probleme: Kontroll- und Steuerungsdefizite
> 4 Perspektiven: Wachstum, Ökonomisierung und Europäische Integration

1 Grundlagen: historische Traditionen und Forschungsdiskussion

1.1 Begriff

Die Redeweise von «Markt» und «Staat» ist für die Bezeichnung der wesentlichen institutionellen Segmente moderner Gesellschaften geläufig und durchaus hinreichend. Es gibt aber Organisationen, die weder erwerbswirtschaftliche Firmen noch öffentliche Behörden sind. Diese können folglich dem Bereich des Markts oder dem Bereich des Staates nicht zweifelsfrei zugerechnet werden, und sie sind tatsächlich der öffentlichen oder auch der wissenschaftlichen Aufmerksamkeit weniger zugänglich. Als Bezeichnung für solche Organisationen hat sich in den vergangenen Jahrzehnten der Begriff «Dritter Sektor» etabliert – nicht zu verwechseln mit dem in der volkswirtschaftlichen Sprache als «tertiärer Sektor» gekennzeichneten Dienstleistungsbereich. Typische Beispiele sind gemeinnützige Vereine, öffentliche Stiftungen, Wohlfahrtsverbände, Genossenschaften oder die in der Finanzwissenschaft als *Parafisci* bezeichneten Sozialversicherungsträger. Im Wesentlichen kennen alle industriestaatlichen Demokratien einen solchen «Dritten Sektor», die organisatorischen Formen und die typischen Aufgabenfelder variieren jedoch deutlich im internationalen Vergleich (vgl. Salamon/Anheier 1998).

Nicht-Regierungsorganisationen (oder *non-governmental-organisations*, NGOs) sind Teil dieses Dritten Sektors, sie verdienen aus politikwissenschaftlicher Sicht aber besonderes Interesse. NGOs erfüllen – mit oder ohne staatliche Legitimation – Aufgaben sowohl der Interessensaggregation als auch der Mitwirkung an bindenden Entscheidungen und damit eigentlich an *Regierungs*funktionen, obwohl sie der verfassungsstaatlichen Regierungsfunktion nicht zugehören. Typische Beispiele sind internationale Umweltschutzorganisationen wie *Greenpeace*, Hilfsorganisationen wie das *Internationale Komitee vom Roten Kreuz* oder humanitäre Organisationen wie *Ärzte ohne Grenzen* oder *Terre des Hommes*. Sowohl auf nationaler als auch – und dies namentlich seit den 1990er Jahren – auf internationaler Ebene spielen NGOs eine mitunter unverzichtbare Rolle, nicht nur bei der Entscheidungsfindung – z. B. bei der Erarbeitung internationaler Umweltschutzabkommen –, sondern auch bei der Umsetzung staatlicher oder zwischenstaatlicher Entscheidungen, etwa bei der Organisation internationaler Hilfseinsätze nach Naturkatastrophen oder bei Maßnahmen der Vereinten Nationen.

1.2 Historische Traditionen

Eine gewisse Ambivalenz macht den spezifisch *politischen* Charakter von NGOs und Drittem Sektor aus. Sie erweitern zum einen das Leistungspotenzial von Markt und Staat im Bereich von Gütern und Dienstleistungen. Sie erweitern aber auch das politische Integrationspotenzial des modernen Verfassungsstaats. Sie bewegen sich jenseits des Verfassungsstaats im positiven wie im negativen Sinn. Sie schaffen einerseits erweiterte Möglichkeiten der Beteiligung an den öffentlichen Angelegenheiten. Als nicht-verfassungsgebundene (para-konstitutionelle) Organisationen schaffen sie andererseits Zonen abgeschwächter Transparenz und Kontrolle. NGOs und Organisationen im Dritten Sektor erbringen Leistungen für das Gemeinwesen, und sie benötigen hierfür Durchsetzungsfähigkeit, also Macht. Die Kontrolle dieser Macht ist jedoch weitaus weniger formalisiert und daher auch weitaus schwächer ausgeprägt als die Kontrolle von Macht innerhalb der Grenzen formaler Verfassungsstaatlichkeit.

NGOs und Dritter Sektor haben eine besondere politische Geschichte. Die organisatorische Differenzierung der öffentlichen Angelegenheiten, die sich in der Existenz von NGOs und Drittem Sektor ausdrückt, ist ein Ergebnis der territorialen Ausdehnung politischer Herrschaftsverbände in der Neuzeit und der im Gegenzug sich entwickelnden Mechanismen der Kontrolle politischer Gewalt. Die spezifischen Organisationsformen – etwa die Vereine, Verbände oder Stiftungen – entwickelten sich dabei wenigstens in Europa zum Teil aus älteren Institutionen, deren Geschichte nicht selten bis ins Mittelalter zurückreicht. Die Zünfte und Gilden des Mittelalters etwa dienten im 18. Jahrhundert als Vorbilder von Assoziationen, Geheimbünden oder Freimaurerlogen, die ihrerseits, typischerweise in Deutschland, die Grundlage einer nachhaltigen Entwicklung des Vereinswesens bildeten. Die Entstehung eines «Dritten Sektors» ist daher in Europa zugleich mit der Entwicklung der bürgerlichen Gesellschaft verbunden, die an die Stelle der ständischen Gesellschaft und ihrer segmentären politischen Ordnung neue Formen der Selbstorganisation setzte, und zwar – wenigstens in Deutschland – zunächst unterhalb der Schwelle einer vollständigen politischen Emanzipation des Bürgertums. Hier lassen sich zwei Entwicklungsstadien unterscheiden, zunächst die Kompromissbildungen von Fürstenstaat und Bürgergesellschaft im 18. und frühen 19. Jahrhundert und dann die politischen Integrationsmuster der frühen Industriegesellschaft.

Organisatorische Kristallisationen einer Kompromissbildung aus Fürstenstaat und Bürgergesellschaft bilden sich im 18. Jahrhundert in Kontinentaleuropa in Form von Geheimbünden und Freimaurerlogen. Ihr Kennzeichen ist die Elitenintegration jenseits der Standesgrenzen. Die Logen organisierten sich gerade deshalb im Verborgenen, weil das ihnen eigene Prinzip der brüderlichen Gleichheit als öffentliches, politisches Prinzip in der ständischen Gesellschaft nicht gelten konnte. Der

Kampf um die öffentliche Durchsetzung dieses Prinzips und der Kampf um das Recht auf *freie Assoziation* erstreckt sich in Kontinentaleuropa vom späten 18. Jahrhundert bis zum Ende des 19., zum Teil bis zu Beginn des 20. Jahrhunderts. Dieser Prozess ist durch widersprüchliche Entwicklungen und nicht zuletzt durch ausgeprägte nationale Besonderheiten gekennzeichnet.

Zunächst beharrte die staatliche Macht auf der gerade erst erreichten Vormachtstellung im Bereich des Öffentlichen. Dies galt bezeichnenderweise sowohl für die Fürstenstaaten als auch für deren radikale Negation, die sich 1789 in Frankreich durchsetzt. «Assoziationen» wurden weder von der politischen Macht des Adels noch von der Jakobinerherrschaft anerkannt. Der Adel sah in den Assoziationen eine Bedrohung seiner politischen Macht, die Jakobiner verboten mit dem *Loi de Chapelier* von 1792 alle intermediären Instanzen zwischen dem *Citoyen* und der Republik, weil sie ihnen als Fortsetzung ständischer Organisationsprinzipien gelten. In Frankreich sollte die Bildung von Vereinen erst im Jahre 1901 vollständig legalisiert werden.

In Deutschland dagegen bewirkte die Verspätung der politischen Modernisierung indirekt eine nachhaltige Entwicklung des Vereins- und Körperschaftswesens. Zwischen den Befreiungskriegen (1813–1815) – in Deutschland stilisiert zu einer Erhebung der Nation ohne Rücksicht auf Standesschranken – und der gescheiterten Revolution von 1848 kommt es zu einem Auf und Ab der Mobilisierung und Unterdrückung des Vereinswesens. In der Restaurationsphase nach dem Wiener Kongress (1815) und insbesondere auf der Grundlage der Karlsbader Beschlüsse (1819) kommt es in allen deutschen Staaten zunächst zu einer rigorosen Unterdrückung des freien Assoziationswesens. In der Folge entwickelte sich jedoch eine stillschweigende Duldung der Vereine, die allerdings deren Wendung ins Unpolitische sowohl zur Voraussetzung als auch zur Folge hatte. Der Schwerpunkt der Vereinsbildung lag in den 1820er Jahren bei den Berufsvereinigungen, Gewerbevereinen und nicht zuletzt den Geselligkeitsvereinen. Hierfür steht die Gründung des Deutschen Handels- und Gewerbevereins 1819, unter der Federführung von Friedrich List, des Vereins deutscher Naturforscher und Ärzte 1822 oder des Börsenvereins des Deutschen Buchhandels 1825. Turnvereine und Gesangvereine rundeten das Bild ab. Hier wurde der ständeübergreifende Charakter des frühen Assoziationswesens zum Teil wieder in Frage gestellt. Die neuen Vereine waren typischerweise vom Bürgertum getragen, sei es als Förderung bürgerlicher Berufe und Gewerbebetriebe, sei es als Förderung der bürgerlichen Kultur und des bürgerlichen Selbstbewusstseins in den Städten. In der zweiten Hälfte des 19. Jahrhunderts fächerte sich das Vereinswesen dann erheblich auf und wurde zugleich zum Spiegelbild der sozialen Differenzierung in der entstehenden Industriegesellschaft.

War somit eine Zuspitzung des Konflikts zwischen Fürstenstaat und Bürgergesellschaft durch die stillschweigend geduldete Ausbreitung eines unpolitischen Vereinswesens selbst in der Periode der Restauration gemildert worden, so erfolgten von staatlicher Seite, ausgehend von Preußen, weitere Initiativen zur organisatorischen Differenzierung in der Peripherie der politischen Macht. Ein entsprechendes Reformmuster hatte sich in Preußen nach der Niederlage gegen das napoleonische Frankreich im Jahre 1806 entwickelt. Was als «preußische Reformen» in die Geschichte einging, war eine «defensive Modernisierung» (Hans-Ulrich Wehler) mit Zugeständnissen an das Bürgertum im wirtschaftlichen und politischen Bereich und dem Verlust adeliger Privilegien im Rechtssystem (den Grundstein hatte das preußische Allgemeine Landrecht von 1794 gelegt), der Einführung der Gewerbefreiheit und die Abschaffung der Leibeigenschaft, des Selbstverwaltungsrechts des besitzenden Bürgertums in den Städten durch die vom Freiherrn vom Stein (1757–1831) entworfene «Städteordnung für die Preußischen Staaten» von 1808 und die Eröffnung der Offizierslaufbahn für Bürgerliche im gleichen Jahr.

Dies waren Integrationsangebote des nach wie vor exklusiv vom Adel beherrschten Staates an das Bürgertum, die in den folgenden Jahren durch die Kooptation bürgerlicher Eliten in die kollegialen Leitungsorgane von Behörden ergänzt wurden. Die «Modernisierung von oben» mit der Ausschaltung ständischer Privilegien nicht nur des Adels, sondern auch der Zünfte, Gilden und Korporationen diente dem nach freier wirtschaftlicher Entfaltung strebenden Bürgertum und dem an der Entfaltung einer robusten wirtschaftlichen Basis von Verwaltung und Militär interessierten Staat gleichermaßen. Typische Organisationsform an der Schnittstelle von Staat und Gesellschaft wurde die Körperschaft des öffentlichen Rechts, die bis heute im Rahmen der mittelbaren Staatsverwaltung zu den tragenden Elementen deutscher

Verwaltungskultur zählt. Durch die Dekorporierung der aus dem Mittelalter überkommenen Zünfte und Gilden und ihrer Überführung in Körperschaften unter staatlicher Aufsicht gewann der Kompromiss zwischen Fürstenstaat und Bürgergesellschaft einen charakteristischen Ausdruck. Hier bildeten sich organisatorische Strukturen zwischen Markt und Staat, die für den Dritten Sektor in Deutschland bis heute prägend sind.

Mitte des 19. Jahrhunderts hatte sich somit die ursprünglich politische Kompromisslogik zwischen herrschenden Adeligen und aufstrebenden bürgerlichen Eliten bereits zu einer stabilen Organisationskultur verfestigt. Die freie Assoziation in Form des Vereins und die organisierte Kooptation des Bürgertums in den staatlichen Herrschafts- und Verwaltungsapparat wenigstens auf der lokalen Ebene mit der Ausbildung entsprechender Rechtsformen wie der Körperschaft waren die wichtigsten Ergebnisse dieser Entwicklung. Das Ausbleiben einer vollständigen politischen Emanzipation des Bürgertums, wie sie nur eine Demokratisierung der politischen Leitungsfunktionen hätte erbringen können, hatte in Deutschland der Entwicklung intermediärer Organisationen zwischen Staat und Gesellschaft nicht etwa geschadet, sondern genutzt.

Erst recht erwies sich nach der gescheiterten Revolution von 1848, dass die Vereine in Deutschland politische Ersatzleistungen für die ausbleibende Demokratisierung der Regierungsgewalt erbrachten. Wiederum nach einer Phase vorübergehender verschärfter Repression nahm das Vereinswesen ab Beginn der 1850er Jahre einen enormen Aufschwung. Hier wurde soziales Kapital in die Selbstorganisation der Gesellschaft investiert, dessen Erträge bis heute nachwirken. Manche Autoren (Blackbourn/Ely 1984; Nipperdey 1983) haben hierin eine wesentliche Relativierung des Demokratisierungsdefizits in Deutschland und damit der These von einem defizitären deutschen «Sonderweg» zur politischen Moderne erblickt. Tatsächlich etablierte sich in der zweiten Hälfte des 19. Jahrhunderts aber eine nachhaltige Schwächung des parlamentarischen Regierungsprinzips durch die Stärkung parakonstitutioneller Machtträger, welche die letztendliche Parlamentarisierung der Regierungsgewalt auf Reichsebene im Jahre 1918 bei weitem überdauerte und bis heute die politische Kultur der deutschen Demokratie prägt.

Diese Tendenz gewann an Dynamik mit den ganz neuen Herausforderungen an die politische Integrationsfähigkeit des Gemeinwesens, wie sie mit der Industrialisierung entstanden. Auch hier war Deutschland ein Nachzügler, erfolgte die Industrialisierung doch mit mehreren Jahrzehnten Abstand gegenüber England, d. h. im Wesentlichen erst im letzten Drittel des 19. Jahrhunderts (erst 1890 sank der Anteil der Landwirtschaft am Bruttosozialprodukt in Deutschland unter 50 Prozent). Der Aufschwung des Vereinswesens seit 1848, beschleunigt noch durch die endgültige Herstellung der Vereinigungsfreiheit in Preußen im Jahre 1862, löste nun wieder die Bildung dezidiert politischer Vereinigungen aus, welche die gesellschaftlichen Spannungslinien der aufkeimenden Industriegesellschaft widerspiegelten. Dem bürgerlichen Nationalverein, einer Frühform des politischen Liberalismus, stand seit 1863 der «Allgemeine Deutsche Arbeiterverein» (ADAV) unter Führung von Ferdinand Lassalle (1825–1864) gegenüber. Der ADAV war in dieser deutschen Frühphase der Industrialisierung eher durch kleinbürgerliche Gewerbetreibende als durch die Industriearbeiterschaft geprägt, bürgerliche Kräfte aber, die sich mit den Idealen der 1848er Revolution identifizierten. Die Abspaltung einer Socialdemokratischen Arbeiterpartei (SDAP), geführt durch August Bebel (1840–1913) und Wilhelm Liebknecht (1826–1900), vereinigte sich 1875 wieder mit dem ADAV zur Socialistischen Arbeiterpartei Deutschlands, der späteren SPD.

Eine weitere Komponente des späteren Dritten Sektors gewann nun an Gewicht, die Bekämpfung oder wenigstens Milderung der unerwünschten Folgen der Industrialisierung in Form von Wohlfahrtspflege. Auch dies war zunächst eine bürgerliche, und vor allem war es eine kirchliche Angelegenheit. Bürgervereine in der Tradition christlicher Mildtätigkeit bekämpften die Pauperisierung der arbeitenden Bevölkerung, nicht ohne dafür von den Vertretern des politischen Sozialismus, allen voran Karl Marx (1818–1883) und Friedrich Engels (1820–1895), bespöttelt zu werden. In der Stadt Elberfeld, die zur relativ früh industrialisierten preußischen Rheinprovinz gehörte, wurde 1853 eine Arbeitsteilung zwischen städtischen, bürgerschaftlichen und kirchlichen Wohlfahrtseinrichtungen zugunsten der armen und hilfsbedürftigen Bevölkerung ins Leben gerufen, die als Elberfelder System in die einschlägige Geschichtsschreibung eingegangen ist. Auch hier kehrte die Kombination von öffentlicher Aufsicht und Koordination und privater Initiative wieder, wie sie sich bereits bei der Dekorporierung der Zünfte und Gilden etwa drei Jahrzehnte zuvor gezeigt hatte. Diese kooperative Beziehung trug im Übrigen namentlich auch in den westlichen, stärker katholischen Provinzen Preußens zur Milderung der Spannungen zwischen der protestantischen Staatsspitze und ihrer administrativen Elite und dem Katholizismus bei. Ähnlich wie im Vereinswesen im Allgemeinen wurde durch die organisierte Wohlfahrtspflege auf der lokalen Ebene politisches Konfliktpotenzial durch die Mobilisierung potenzieller Opponenten für öffentliche Angelegenheiten neutralisiert. Zugleich findet sich hier eine der Wurzeln der für Deutschland charakteristischen freien Wohlfahrtspflege in Kooperation mit Staat und Kommunen und damit einer der tragenden Säulen des Dritten Sektors.

Mit dem Beginn der Gründerzeit (wie die ersten Jahre nach der Reichsgründung 1871 bezeichnet werden), die ab 1873 sogleich in eine mehrjährige Wirtschaftskrise überging, war das organisatorische Repertoire sowohl einer politischen Verschärfung als auch einer Milderung der negativen sozialen Folgen der Industrialisierung bereits dem Grundsatz nach entfaltet. Die aus dem Vereinswesen hervorgegangenen Arbeiterorganisationen und die wenigstens auf der lokalen Ebene langsam Platz greifende Kooperation von Verwaltung und Vereinen stehen für dieses krisenverschärfende und krisenmildernde Potenzial.

Wiederum stellten sich zyklische Bewegungen von Repression und Integration ein, und diese mündeten schließlich in eine bemerkenswerte politische Stabilität des Kaiserreichs, die zu dessen politischem Modernisierungsrückstand – insbesondere zum Fehlen einer parlamentarischen Regierungsform – in deutlichem Kontrast stand. Als 1877 die Socialistische Arbeiterpartei bei den Reichstagswahlen mehr als neun Prozent der Stimmen auf sich vereinigen konnte, wurde die Partei wenig später verboten und die «gemeingefährlichen Bestrebungen der Sozialdemokratie» allgemeiner staatlicher Verfolgung ausgesetzt. 1881 verkündete Kaiser Wilhelm I. (1797–1888) die von Reichskanzler Otto von Bismarck (1815–1898) vorbereitete «Kaiserliche Botschaft» mit dem Projekt eines allgemeinen Sozialversicherungssystems, das in Form einer gesetzlichen Krankenversicherung (1883), einer beruflichen Unfallversicherung (1884) und einer Rentenversicherung (1889) umgesetzt wurde. Auf Reichsebene wiederholte sich hier die Arbeitsteilung zwischen staatlicher Gesetzgebung und Aufsicht sowie einer Selbstverwaltung, in deren Hände das neue Sozialversicherungssystem gelegt wurde. Bismarck selbst machte keinen Hehl daraus, dass sowohl die Versicherungsleistungen als solche als auch deren organisatorische Form in Gestalt der Selbstverwaltung der Sozialdemokratie den Wind aus den Segeln nehmen sollte.

Zweifellos hat diese Politik Früchte getragen. Die positive Integration, als deren Mittel die selbstverwaltete Sozialversicherung gedacht war, wurde ergänzt durch eine «negative Integration» (Groh 1973) der Arbeiterbewegung: Anknüpfend an die seit Jahrzehnten gefestigte Assoziationsform des Vereins stabilisierte sich ein sozialdemokratisches Milieu, das sich selbst genügte und den monarchischen Staat von politischem Druck entlastete. «Revolutionärer Attentismus» (ebd.) und tatsächliche Abstinenz von den Hebeln der staatlichen Macht haben in Deutschland nicht nur den «Burgfrieden» zwischen staatlichen Eliten und Sozialdemokratie bei Kriegsausbruch 1914 begünstigt, sondern auch noch jenes zwischen rätedemokratischem Romantizismus und politischer Überanpassung schwankende Verhältnis der mittlerweile gespaltenen Sozialdemokratie am Ende des Kaiserreichs und in der Frühphase der Weimarer Republik mit ihren ungünstigen Auswirkungen auf die Stabilität der ersten deutschen Demokratie.

Außer der Logik politischer Integration, der die Entstehung eines Dritten Sektors in Deutschland folgte, spielten wirtschaftsideologische Faktoren eine Rolle, bei denen konservative, ja völkische Elemente in bemerkenswerter Weise mit sozialistischen Ideen konvergierten. Dies gilt vor allem für die Genossenschaftsbewegung und die sozialdemokratische Idee einer «Gemeinwirtschaft». Otto von Gierke (1841–1921) sah in den Genossenschaften eine völkisch-staatsfreie germanische Rechtsform, die sich vom rigorosen Kapitalismus englischer Prägung grundlegend unterscheide. Der Genossenschaftsgedanke fand großen Widerhall in der sozialdemokratischen Arbeiterbewegung, auch hier selbstverständlich unter anti-kapitalistischem Vorzeichen. Der Gierke-Schüler Hugo Sinzheimer (1875–1945) leitete daraus einen neben öffentliches Recht und Privatrecht zu stellenden dritten Typus des Rechts ab, nämlich das unabhängig vom Staat von sozialen Verbänden geschaffene Recht. Unschwer erkennt man hier die ideologische Wurzel der Tarifautonomie, also der Regulierung der Arbeitswelt durch die Verbände von Kapital und Arbeit. Eine weitere Folge des Gierke'schen Genossenschaftsdenkens war die Idee einer «Gemeinwirtschaft» als Alternative zu Kapitalismus und Staatssozialismus. Bis hinein in die 1980er Jahre, als mit dem gewerkschaftseigenen Wohnungs- und Baukonzern «Neue Heimat» ein «gemeinwirtschaftliches» Großunternehmen unter skandalösen Umständen Bankrott ging, blieb dieser Gedanke in weiten Teilen der Arbeiterbewegung und der politischen Sozialdemokratie lebendig. Gleichwohl existieren Genossenschaften namentlich in Deutschland nach wie vor als wichtige Teilnehmer am Wirtschaftsgeschehen, insbesondere im Bereich der Landwirtschaft und in dem dem ländlichen Raum entstammenden Bankenwesen (Volksbanken und Raiffeisenkassen). Diese eingetragenen Genossenschaften (e. G.) beruhen jedoch nur noch auf der Fiktion mitgliedschaftlicher Selbstorganisation, faktisch sind sie wettbewerbs- und gewinnorientierte Unternehmen.

Wie das Beispiel der Genossenschaften zeigt, hat die Entwicklung des Dritten Sektors Organisationsformen hervorgebracht, die sich gegenüber ihrer Gründungsidee verselbständigten und zu pragmatisch genutzten Instrumenten privatwirtschaftlicher oder staatlicher Tätigkeit wurden. So finden sich in der Peripherie der staatlichen und der kommunalen Verwaltung «verselbständigte Verwaltungsträger» oder «Quangos» *(quasi-non-governmental-organisations)*. Darunter versteht man in Deutschland entweder die so genannte mittelbare Staatsverwaltung (Anstalten, Körperschaften und Stiftungen des öffentlichen Rechts) oder private Rechtsformen (GmbH, AG, e.V.) für die Erfüllung öffentlicher Aufgaben, in Großbritannien dagegen die Auslagerung von Verwaltungsaufgaben unterhalb der Schwelle einer regelrechten Privatisierung. Während in Deutschland die Nutzung verselbständigter Verwaltungsträger im Wesentlichen neutral diskutiert wurde und in den 1990er Jahren vor allem im kommunalen Bereich unter dem Schlagwort «outsourcing» einen neuen Aufschwung erlebte, war das Quango-Phänomen in Großbritannien seit dem Ende der 1970er Jahre, also unter der Thatcher-Regierung, negativ besetzt. Quangos galten hier als ein intransparentes Geflecht halbstaatlicher Organisationen, für die der Staat gleichwohl in politische und fiskalische Haftung genommen werden konnte.

1.3 Forschungsdiskussion

Dies leitet über zu normativen und analytischen Betrachtungen, welche in Politik und Wissenschaft mit dem Phänomen eines Dritten Sektors verknüpft sind. Hier kann auf die Unterscheidung von rechtsformbezogenen und rechtsformübergreifenden Ansätzen verwiesen werden (Seibel 1994, S. 25–38). Bei der ersten Kategorie geht es im Wesentlichen um juristische Literatur, die einzelnen Rechtsformen im Dritten Sektor gewidmet ist, etwa den Körperschaften des öffentlichen Rechts, den Genossenschaften, den eingetragenen Vereinen oder den Rechtsformen öffentlicher Unternehmen. Anliegen dieser Literatur ist im Wesentlichen die taxonomische Ordnung der betreffenden Rechtsformen für den juristischen Gebrauch. Die Literatur zu rechtsformübergreifenden Problemen des Dritten Sektors ist dagegen multidisziplinär. Sie hat sich in Deutschland im Wesentlichen seit Mitte der 1980er Jahre entwickelt. Hier lassen sich vier Schwerpunkte unterscheiden: die juristische und verwaltungswissenschaftliche Diskussion um den Zusammenhang und die jeweilige Abgrenzung des «öffentlichen Interesses», der «öffentlichen Aufgabe», des «Gemeinwohls», der «Gemeinnützigkeit» und der «Gemeinwirtschaftlichkeit»; die juristische, politikwissenschaftliche und ökonomische Diskussion um die Selbstverwaltung und Selbststeuerung öffentlicher Aufgabenträger; die Arbeiten aus unterschiedlichen Disziplinen zur institutionellen Vermittlung privat- und öffentlich-rechtlicher Handlungsformen; schließlich positive Theorien über die Entstehung und Dauerhaftigkeit des Nonprofit- oder Dritten Sektors. Hier soll nur der zuletzt genannte Forschungsbereich näher betrachtet werden.

Über die Existenzgründe von Organisationen neben oder zwischen Markt und Staat gibt es zahlreiche Hypothesen. Die Erklärungsansätze sind allerdings in vieler Hinsicht bruchstückhaft, sie unterscheiden sich danach, welchem Organisationstyp sie vorrangig gewidmet sind, ferner nach der historischen Zeitspanne, auf welche die Betrachtung bezogen ist, nach disziplinären Denkgewohnheiten und «herrschenden Lehren» und schließlich danach, ob deskriptiv-analytische oder normative Anliegen verfolgt werden. Der überwiegende Teil der einschlägigen Literatur befasst sich mit den Vorteilen des Dritten Sektors gegenüber dem öffentlichen Sektor. Hier handelt es sich also um eine implizite Hypothese des Staatsversagens. Etliche Interpretationen, vor allem in der US-amerikanischen Literatur, konzentrieren sich aber auch auf die Vorteile, die Organisationen im Dritten Sektor *(Nonprofit-Organisation)* gegenüber erwerbsorientierten (For-Profit-)Organisationen aufweisen. Außerdem gibt es bei beiden Erklärungsansätzen angebotsorientierte *(supply-side)* und nachfrageorientierte *(demand-side)* Hypothesen, je nachdem, ob bezüglich der Wahl dieser speziellen Organisationsform die Motivation von Anbietern oder die Motivation von Konsumenten betrachtet wird (vgl. im Einzelnen Seibel 1994, S. 45–53).

Vor allem in den USA haben «Staatsversagens»-Ansätze Einfluss gewonnen, die das Entstehen oder die gezielte Gründung von halb staatlichen/halb privaten Organisationen als Träger öffentlicher Aufgaben auf Leistungs- und Funktionsschwächen des öffentlichen Sektors zurückführen. Dabei dominieren nachfrageorientierte Hypothesen, also Mutmaßungen über mögliche Motive auf Anbieterseite, sich des Dritten Sektors als Produktionsform öffentlicher Güter zu bedienen. Als potenzielle Motive werden verschiedene Möglichkeiten genannt, etwa öffentliche Angelegenheiten in einer kontrollärmeren halböffentlichen Sphäre zu behandeln («Flucht aus dem Budget»); die Möglichkeit, einen institutionellen Rahmen für kulturellen und politischen Pluralismus zu schaffen, Expertenwissen außerhalb der Grenzen öffentlicher Besoldung auf Dauer zu mobilisieren; die Möglichkeit, Regierungszwecke zu verfolgen, die Legitimationsrisiken beinhalten und deshalb besser durch außerstaatliche, aber staatlich kontrollierte Organisationen erledigt werden; die Möglichkeit, öffentliche Aufgaben durch eine bessere organisatorische Anpassung an lokale Gegebenheiten zu erledigen; die Neutralisierung (partei-)politischen Einflusses bei der Erledigung bestimmter öffentlicher Aufgaben; die Vermeidung organisatorischer Unzulänglichkeiten oder Inflexibilitäten der staatlichen Bürokratie; die Umgehung «verstopfter» Verwaltungswege bei neuen Vorhaben von Regierung und Verwaltung; die Ausweitung öffentlicher Aufgabenbereiche ohne Aufblähung des ohnehin umfangreichen Kernbereichs der öffentlichen Verwaltung; die Übernahme privater Organisationen durch den Staat, die wegen ihrer Größe von öffentlicher Bedeutung sind, aber ohne staatliche Bestandsgarantie nicht (mehr) bestehen könnten.

Theorieansätze innerhalb der US-amerikanischen *public choice-*

Tradition interpretieren gemeinnützige Bürgeraktivitäten und Nonprofit-Organisationen als Antwort auf die von Kenneth Arrow beschriebene Unmöglichkeit einer praktischen Identität von individuellem und kollektivem Willen oder Robert Dahls Unterscheidung unterschiedlicher Intensitäten individueller Differenzen. So wird argumentiert, dass Organisationen im Dritten Sektor für die Ausführung solcher Tätigkeiten in Frage kommen, die im staatlich organisierten Willensbildungsprozess keine Mehrheit gefunden haben, aber von starken Minderheitenpräferenzen gefordert werden, oder aber für solche Tätigkeiten, die zwar von einer Mehrheitsentscheidung getragen werden, jedoch starke Präferenzen oder sogar Grundrechte von Minderheiten verletzen würden.

Hier schließen nachfrageorientierte Hypothesen an, also Überlegungen zu Motiven von Konsumenten, Leistungen gerade von Organisationen im Dritten Sektor nachzufragen. In dieser Perspektive bieten Organisationen im Dritten Sektor öffentliche Güter in einer spezifischen, den individuellen Präferenzen von Konsumenten besser angepassten Qualität an als staatliche Anbieter, die nur die Durchschnittspräferenzen – Präferenzen des *median voters* – berücksichtigen könnten. Besonders gute Altersheime oder Krankenhäuser, Kindergärten und Schulen mit einem besonderen Lehrangebot oder private Träger für Kunsteinrichtungen werden als Beispiele genannt. Ferner wird darauf verwiesen, dass Nonprofit-Organisationen einer direkteren Kontrolle durch den Konsumenten ausgesetzt seien als öffentliche Dienstleister, dass sie Bürokratisierungseffekte großer staatlicher Organisationen vermeiden und nicht selten auf eine besondere ideologische Leistungsmotivation – etwa religiöser Altruismus im Fall kirchlicher Organisationen – zurückgreifen können. Nicht wenige dieser Annahmen stellen auf die spezielle Situation im Herkunftsland der heute maßgeblichen Literatur zum Dritten Sektor, den USA, ab und sind daher auf die deutschen Verhältnisse nur bedingt übertragbar.

Ähnliches gilt für Theorien, die die Existenz von Organisationen im Dritten Sektor mit spezifischen Vorteilen von Nonprofit-Organisationen gegenüber For-Profit-Organisationen begründen. Auch hier gibt es angebotsorientierte und nachfrageorientierte Argumente. Als Motiv auf der Anbieterseite für die Gründung von Nonprofit-Organisationen werden insbesondere die steuerlichen Vorteile der Nonprofit-Organisationsform und gegebenenfalls besondere weltanschauliche Motive, etwa bei religiösen Organisationen, angeführt. Vor allem in der US-amerikanischen Literatur werden mögliche Gründe für die Wahl der Nonprofit-Form auf der Nachfrageseite diskutiert. Dazu zählt die Möglichkeit, gegebenenfalls über direkte Einflussnahme, etwa über Mitgliederversammlungen bei freiwilligen Vereinigungen oder Trägervereinen, Einfluss auf die Produkterstellung auszuüben. Der Konsument hat hier also, anders als auf dem privaten Gütermarkt, nicht allein eine Abwanderungsmöglichkeit *(exit option)*, sondern auch die Möglichkeit der mehr oder weniger präzisen Artikulation seiner Bedürfnisse *(voice)*. Insbesondere dann, wenn der Käufer einer Dienstleistung den Anbieter im Interesse des unmittelbaren Dienstleistungsnehmers nicht häufig wechseln kann oder will (etwa bei Altersheimen oder Kindergärten), bieten Nonprofit-Organisationen, so wird argumentiert, in dieser Hinsicht besondere Vorteile. Ein weiterer Gesichtspunkt, der zugunsten von Nonprofit-Organisationen zu Buche schlagen kann, ist die höhere Vertrauenswürdigkeit, die gemeinnützigen Einrichtungen im Vergleich mit staatlichen Bürokratien oder profitorientierten Unternehmen oft zugute gehalten wird. Dies kann die nachteiligen Wirkungen so genannter Informationsasymmetrien ausgleichen, die dann entstehen, wenn der Käufer einer Dienstleistung nicht der Konsument ist (dies ist wiederum bei Kindergärten typischerweise und bei Altersheimen des Öfteren der Fall), also die Qualität der Dienstleistung nicht selbst und unmittelbar kontrollieren kann.

Einen alternativen Erklärungsansatz für die Existenz von Organisationen im Dritten Sektor bietet das Theorem des funktionalen Dilettantismus (Seibel 1994). Hier wird unterstellt, dass der Dritte Sektor eine Nische in der modernen Organisationskultur bildet, in der Organisationen existieren, die verlässlich versagen. Dadurch werden dilettantische Quasi-Lösungen von Problemen, die in modernen Gesellschaften als schwer zu bewältigender Problemüberschuss auftreten und Stabilitätskrisen auslösen können, ermöglicht. Weil die Organisationskultur des Markts und des demokratischen Verfassungsstaats die Handlungen und Erwartungen der Menschen grundsätzlich auf «Problemlösen» programmiert, kann der Dritte Sektor auf diese Weise eine Nische in der modernen Organisationskultur bilden, in welcher die Kontrollwirkungen marktlicher und verfassungsstaatlicher Strukturen verlässlich herabgesetzt und der Umgang mit unlösbaren Problemen erleichtert wird. Organisatorischer Dilettantismus im Dritten Sektor kann daher funktional sein, Scheitern kann Erfolg bedeuten.

Solche mikroanalytischen Annahmen sagen noch nichts aus über die Makrostrukturen eines Dritten Sektors, die offensichtlich selbst in den entwickelten industriestaatlichen Demokratien erheblich voneinander abweichen. Dies gilt sowohl für die relative Größe des Dritten Sektors als auch für die Beziehungen zwischen Drittem Sektor und dem Staat, die auf dem Gebiet öffentlicher Dienstleistungen vielfach als konkurrierende oder kooperierende Akteure auftreten. So unterscheiden Salamon/Anheier (1998) ein etatistisches, ein sozialdemokratisches, ein liberales und ein korporatistisches Modell des Nonprofit-Regimes. Das etatistische Modell ist nach diesen Autoren durch ein starkes Übergewicht des Staates bei der Produktion öffentlicher Güter, durch hierarchische Beziehungen zwischen Staat und Drittem Sektor und relativ geringe wohlfahrtsstaatliche Ausgaben charakterisiert. Als Beispiel wird Japan angeführt. Das sozialdemokratische Modell des Nonprofit-Regimes weist relativ hohe wohlfahrtsstaatliche Ausgaben auf, jedoch ebenfalls eine starke Dominanz des Staates zulasten des Dritten Sektors. Hier gelten Schweden oder Italien als Beispiele. Als liberales Nonprofit-Regime wird eine Konstellation bezeichnet, in der geringe wohlfahrtsstaatliche Gesamtausgaben mit einem relativ großen Dritten Sektor einhergehen. Hierfür werden die USA als typisches Beispiel angeführt. Im korporatistischen Modell schließlich treten hohe wohlfahrtsstaatliche Ausgaben zusammen mit einem großen Nonprofit-Sektor auf und die Beziehungen zwischen Staat und Drittem Sektor sind kooperativ. Deutschland und Frankreich werden hier als Beispiele genannt.

2 Dimensionen: Organisationsformen und Aufgabenfelder

2.1 Organisationsformen, Aufgabenfelder und Finanzierung

Die Dimensionen des Dritten Sektors können nach Organisationsformen und Tätigkeitsbereichen eingeteilt werden. Quantitative Angaben existieren im Wesentlichen nur für die Tätigkeitsbereiche und für Eckdaten der Finanzierung und der Mitgliedschaftsstruktur.

Weitgehend anerkannt ist heute die Klassifizierung des *Johns Hopkins Comparative Nonprofit Sector Project*, einer international vergleichenden Untersuchung des Dritten Sektors, in der auch Deutschland erfasst wurde (Anheier/Seibel 2001; diesem Werk sind die nachfolgenden Zahlenangaben entnommen). Zum Dritten Sektor wurden hier Gebilde gezählt, die organisiert, privat, selbstverwaltet und nicht erwerbswirtschaftlich tätig sind und auf freiwilliger Beteiligung beruhen. Typische Organisationsformen im Dritten Sektor sind nach dieser Einteilung eingetragene und nicht eingetragene Vereine, Stiftungen, Einrichtungen der Freien Wohlfahrtspflege, gemeinnützige Gesellschaften mit beschränkter Haftung, gemeinnützige Genossenschaften, Bürgerinitiativen, Selbsthilfegruppen, kirchliche Einrichtungen.

Die gesellschaftliche und wirtschaftliche Bedeutung des Dritten Sektors ist in Deutschland seit den 1960er Jahren kontinuierlich gestiegen. Ein Indikator ist die Anzahl eingetragener Vereine, die in Westdeutschland von rund 90 000 (1960) auf 290 000 (1990) zugenommen hat. Dabei lässt sich ein rapider Anstieg der Vereinsgründungen insbesondere seit Beginn der 1980er Jahre feststellen. Ein Drittel der 1990 in Westdeutschland eingetragenen Vereine war in den 1980er Jahren gegründet worden. Man kann also allgemein von einer Belebung der Zivilgesellschaft in Westdeutschland in dieser Periode sprechen. Auch die wirtschaftliche Bedeutung des Dritten Sektors hat in den beiden letzten Jahrzehnten des 20. Jahrhunderts in Deutschland kontinuierlich zugenommen. Der Anteil von Arbeitsplätzen im Dritten Sektor stieg in Westdeutschland von 3,74 Prozent im Jahre 1990 auf 4,93 Prozent im Jahre 1995, der Anteil am Bruttosozialprodukt blieb allerdings mit knapp vier Prozent in etwa gleich. Den mit Abstand größten Anteil am Dritten Sektor in Deutschland haben der Gesundheitssektor und der Bereich Soziale Dienstleistungen, die zusammen rund 70 Prozent der Arbeitskräfte des Dritten Sektors stellen (bezogen auf das Jahr 1995). Es folgen die Bereiche Ausbildung und Forschung (11,7 Prozent) sowie Kultur und Freizeit (5,4 Prozent).

Der Dritte Sektor ist ein Ort bürgerschaftlichen Engagements, was sich vor allem in dem erheblichen Umfang ehrenamtlicher Arbeit niederschlägt. Die Anzahl ehrenamtlicher Helfer im Dritten Sektor übersteigt die Anzahl der hauptamtlich Beschäftigten um ein Mehrfaches.

Die letzten verfügbaren Daten für die westdeutsche Bundesrepublik im Jahre 1990 weisen eine Zahl von 5,6 Millionen freiwilligen Helfern gegenüber 1 Million bezahlten Vollzeit-Beschäftigten im Dritten Sektor aus (Anheier/Seibel 2001, S. 84).

Unter den Beschäftigten im Dritten Sektor sind Frauen und Teilzeitbeschäftigte stark überrepräsentiert, andere Gruppen, etwa Ausländer oder Facharbeiter, dagegen stark unterrepräsentiert. Im Jahr 1990 waren in Westdeutschland nicht weniger als 69 Prozent der Beschäftigten im Dritten Sektor Frauen, während der Frauenanteil in der Gesamtwirtschaft lediglich 39 Prozent betrug. 19 Prozent aller Beschäftigungsverhältnisse waren Teilzeit-Beschäftigungsverhältnisse gegenüber lediglich acht Prozent Teilzeit-Beschäftigungsverhältnissen in der Gesamtwirtschaft. Der Ausländeranteil an den Beschäftigten im Nonprofit-Sektor lag dagegen bei lediglich vier Prozent gegenüber acht Prozent in der Gesamtwirtschaft.

Hierin spiegeln sich charakteristische kulturelle Gegebenheiten im Dritten Sektor wider. Wie, jedenfalls in Deutschland, im Dritten Sektor der Gesundheitsbereich und soziale Dienste überrepräsentiert sind, so sind es Frauen in pflegenden und helfenden Berufen. Der kumulative Effekt beider Erscheinungen schlägt sich im hohen Frauenanteil an den Beschäftigten im Dritten Sektor nieder. Allerdings dürften Frauen in den Leitungspositionen von Organisationen im Dritten Sektor wiederum stark unterrepräsentiert sein. Hier ergibt sich also eine hierarchische Schichtung der Beschäftigungsverhältnisse, über deren nähere quantitative Dimensionen jedoch nur wenig bekannt ist. Der geringe Ausländeranteil unter den Beschäftigten im Dritten Sektor dürfte auf den lokalen und milieugebundenen Charakter vieler Organisationen in diesem Bereich zurückzuführen sein. Die lokale Vereinslandschaft, die auch für viele professionell arbeitende Dienstleistungsorganisationen in Nonprofit-Form prägend ist, dient traditionell der sozialen Integration der alteingesessenen Bevölkerung. Auch für Zugezogene deutscher Staatsangehörigkeit ist der Zugang zum lokalen Vereinsmilieu schwierig, umso mehr gilt dies für Ausländer.

Ein wichtiger Indikator für die Bedeutung des Dritten Sektors ist sein Anteil an bestimmten Aufgabenfeldern. Für Deutschland ist typisch, dass der Bereich Kultur und Freizeit durch den *öffentlichen* Sektor dominiert wird. Mehr als 90 Prozent aller Opern- und Orchesterbesuche fanden 1990 in Westdeutschland in staatlichen oder kommunalen Theatern statt. Sehr gering, insbesondere im Vergleich mit den angelsächsischen Ländern, ist in Deutschland auch der Anteil des Dritten Sektors an Schulen und Universitäten. Im Jahre 1990 waren in Westdeutschland überhaupt nur 0,5 Prozent der Hochschulen im privaten Nonprofit-Bereich angesiedelt und immerhin 5,3 Prozent der Schulen. Dagegen waren 1990 in Westdeutschland 42 aller Krankenhauspflegetage dem Nonprofit-Sektor zuzurechnen und 50 Prozent der Pflegetage in Altenpflegeheimen (im Altenpflegebereich ist auch der For-Profit-Sektor mit knapp 25 Prozent (1990, Westdeutschland) relativ stark vertreten). Mehr als ein Drittel der Kindergartenplätze wurden 1990 in Westdeutschland von Nonprofit-Organisationen getragen, der Rest von Städten und Kommunen.

Der Aufschwung des Dritten Sektors in Westdeutschland namentlich in den 1980er Jahren spiegelt sich nicht nur in den Vereinsgründungen, sondern auch in einer starken Zunahme der Beschäftigtenzahlen wider, die umso bemerkenswerter ist, als die gesamtwirtschaftliche Beschäftigung im selben Zeitraum durch anhaltend hohe Arbeitslosigkeit gekennzeichnet war. Besonders aussagekräftig ist der langfristige Vergleich zwischen 1960 und 1990. In diesem Zeitraum nahm die allgemeine Beschäftigung in Westdeutschland um lediglich zwölf Prozent zu (von 25 682 000 auf 28 423 000), die Beschäftigung im Nonprofit-Sektor jedoch um 328 Prozent (von 383 000 Beschäftigten auf 1,256 Millionen Beschäftigte). Hier schlägt allerdings auf indirekte Weise das starke Anwachsen der staatlichen Sozialausgaben in den 1970er Jahren zu Buche. Der starke Ausbau der Infrastruktur im Gesundheitsbereich und bei den sozialen Diensten während dieser Zeit kam auch den Organisationen des Dritten Sektors zugute, die in diesen Feldern besonders stark vertreten sind. So stieg die Zahl der Beschäftigten im Nonprofit-Bereich des Gesundheitswesens zwischen 1960 von 120 000 auf 450 000, die Zahl der Beschäftigten im Nonprofit-Bereich des Feldes soziale Dienstleistungen von 101 000 auf 384 000 (jeweils Vollzeit-Äquivalente).

Stark von nationalen Besonderheiten geprägt ist ferner die Finanzierung von Organisationen im Dritten Sektor. Charakteristisch für den deutschen Nonprofit-Sektor ist der hohe Anteil staatlicher Finanzierung bzw. der Finanzierung durch die Sozialversicherungsträger.

Dieser Anteil öffentlicher oder halböffentlicher Finanzierung liegt wiederum am höchsten bei den Nonprofit-Organisationen im Gesundheitsbereich (dort lag er in Westdeutschland im Jahre 1990 bei 84 Prozent) und im Bereich soziale Dienstleistungen (1990 bei 83 Prozent). Im Bereich Kultur und Freizeit finanzieren sich Organisationen dagegen sehr unterschiedlich, je nachdem ob es sich um kulturelle Einrichtungen oder etwa um Sportvereine handelt. Während bei Kultureinrichtungen der Anteil öffentlicher Finanzierung bei 63 Prozent liegt, beträgt er im Bereich Erholung und Sport lediglich 13 Prozent. Der Rest wird weitgehend durch Gebühren und Beiträge aufgebracht (28 Prozent Finanzierungsanteil im Kulturbereich, 69 Prozent Anteil der Finanzierung im Bereich Erholung und Sport).

Widmet man sich den einzelnen Feldern des Dritten Sektors näher, so zeigt sich eine heterogene Organisationskultur. Zwar bildet in Deutschland überall der eingetragene Verein die dominierende Rechtsform, die Spannweite reicht hier aber vom dörflichen Sportverein bis zu Bund-Länder-Einrichtungen wie der Deutschen Forschungsgemeinschaft mit einem Jahresbudget von mehreren Milliarden Euro. Ferner tritt im Bereich des stationären Gesundheitswesens und in bestimmten Segmenten sozialer Dienste die gemeinnützige Gesellschaft mit beschränkter Haftung häufig auf. Am schwächsten organisiert sind naturgemäß Bürgerinitiativen, die ihren Schwerpunkt auf der lokalen Ebene und in Tätigkeitsfeldern mit zeitlich begrenzter Bedeutung haben. Bemerkenswert hier ist jedoch die Bildung von Dachorganisationen, von denen der «Bund für Umwelt und Naturschutz» (BUND) und der «Bundesverband Bürgerinitiativen Umweltschutz» (BBU) die bedeutendsten sind.

Eine erhebliche Konsolidierungswirkung geht auch von den nationalen Sektionen internationaler Nicht-Regierungsorganisationen aus, von denen Greenpeace die bekannteste ist. Nicht-Regierungsorganisationen sind in geradezu typischer Weise international tätig und/oder international organisiert. Sie haben sich im Bereich des Umweltschutzes, der Entwicklungshilfe und bei internationalen Hilfseinsätzen fest etabliert. Von traditionellen Nicht-Regierungsorganisationen – das Internationale Komitee vom Roten Kreuz ist hier das prominenteste Beispiel – unterscheiden sich die neuen, vor allem in den 1980er und 1990er Jahren aktiv gewordenen NGOs durch ihre größere Unabhängigkeit gegenüber nationalstaatlichen Institutionen und eine gewisse Neigung zur Militanz bis hin zur gezielten Missachtung des staatlichen Gewaltmonopols.

In den 1990er Jahren wurde die Bedeutung des Dritten Sektors und hier insbesondere die so genannten zivilgesellschaftlichen Organisationen im wissenschaftlichen und im gesellschaftspolitischen Bereich verstärkt diskutiert. Zum Teil konkurriert der Begriff der Zivilgesellschaft sogar mit dem des Dritten Sektors, klare Definitionen und Zuordnungen fehlen jedenfalls. Der Begriff der Zivilgesellschaft verweist auf den Grad der Selbstorganisationsfähigkeit, den Gesellschaften unabhängig von den verfassten politischen Institutionen aufweisen. Ein starkes Parteiensystem kann ebenso dazu zählen wie ein ausdifferenzierter und funktionstüchtiger Dritter Sektor. Auf die Bedeutung der Zivilgesellschaft für die Stabilität demokratischer Institutionen hat Putnam (1993, 2000) hingewiesen.

Das besondere Interesse am Zusammenhang von Zivilgesellschaft und Demokratie rührte in den 1990er Jahren nicht zuletzt vom Zusammenbruch der kommunistischen Regime in Mittel- und Osteuropa. Die hier aufgeworfene Frage war, inwieweit politische Systeme, welche die Bildung freier Bürgervereinigungen unterdrückt hatten, die Selbstorganisationsfähigkeit der Gesellschaft überhaupt und damit die Chancen auf demokratische Stabilität in der Zukunft nachhaltig untergraben hatten. Empirische Untersuchungen zu diesem komplexen Sachverhalt sind noch nicht durchgeführt worden. Dass entsprechende Sorgen nicht unbegründet sind, zeigt sich jedoch besonders deutlich am deutschen Beispiel. Während 1991 jeder zweite Westdeutsche Mitglied in mindestens einem Verein war, war es in Ostdeutschland lediglich jeder vierte Einwohner (Allbus-Basis-Umfrage 1991). Dies lässt vermuten, dass der Grad sozialer Integration durch Organisationen im Dritten Sektor auf der lokalen Ebene in Ostdeutschland geringer ausgeprägt ist als in Westdeutschland.

Eine besondere Rolle spielen ferner die Stiftungen, die in Deutschland allerdings eine geringere Bedeutung innerhalb des Dritten Sektors haben als in anderen westlichen Demokratien. «Operative Stiftungen», die in den USA etwa Krankenhäuser oder universitäre Einrichtungen tragen, spielen in Deutschland nur eine sehr geringe Rolle. Wo dies der Fall ist, handelt es sich allerdings oft um traditionsreiche Einrichtungen, deren Geschichte sich oft bis ins Mittelalter zurückverfolgen lässt. «Mildtätige Stiftungen» im Bereich des Gesundheitswesens oder sozialer Dienstleistungen haben in Deutschland typischerweise eine kirchliche Tradition, die allerdings über die Säkularisierungen im Gefolge des Reichsdeputationshauptschlusses von 1803 selten hinausreichte. Durchaus vertreten sind dagegen in Deutschland fördernde Stiftungen, typischerweise im Bereich von Forschung und Lehre (z. B. Volkswagen-Stiftung, Fritz-Thyssen-Stiftung), und nicht zuletzt die so genannten parteinahen Stiftungen (Konrad-Adenauer-Stiftung, Hanns-Seidel-Stiftung, Friedrich-Ebert-Stiftung, Friedrich-Naumann-Stiftung, Heinrich-Böll-Stiftung). Letztere sind Satellitenorganisationen der politischen Parteien, deren Aufgabenschwerpunkte im Bereich der nationalen und internationalen Politikberatung, insbesondere der politischen Entwicklungshilfe und der universitären Ausbildung und Forschung liegen.

Immerhin existierten in Westdeutschland 1990 rund 5400 Stiftungen von allerdings höchst unterschiedlicher Größe und gesellschaftlicher und politischer Bedeutung. Das Stiftungsrecht ist in Deutschland zweigeteilt, neben den nach dem Bürgerlichen Gesetzbuch organisierten privaten Stiftungen stehen die Stiftungen des öffentlichen Rechts. Gemeinsam ist ihnen die Grundlage einer Vermögensmasse, aus deren Erträgen die Verfolgung des Stiftungszwecks gespeist wird. Auch die privatrechtlichen Stiftungen stehen unter staatlicher Aufsicht, diese überwacht die Einhaltung des Stiftungszwecks. Stiftungen bieten daher auch eine staatlich garantierte Möglichkeit der Zweckbindung privaten Vermögens über das Ableben des Stifters hinaus. Von den übrigen Organisationsformen im Dritten Sektor unterscheiden sie sich also gerade durch den Ausschluss der Beteiligung Dritter an den strategischen Entscheidungen über die Tätigkeit der Organisation. Bemerkenswert ist, dass in Deutschland auch bei den Stiftungen der Tätigkeitsschwerpunkt im Bereich sozialer Dienste liegt (bei den fördernden Stiftungen in Deutschland 1995 trifft dies auf 56 Prozent der Stiftungen zu), gefolgt von den Bereichen Ausbildung (39 Prozent) und Forschung (23 Prozent) (jeweils unter Berücksichtigung von Mehrfachnennungen; Anheier/Seibel 2001, S. 132).

2.2 Der Dritte Sektor in Deutschland

Im internationalen Vergleich nimmt der Dritte Sektor in Deutschland nach den Erhebungen des *Johns Hopkins Comparative Nonprofit Sector Project* im Hinblick auf seine wirtschaftliche und gesellschaftliche Bedeutung eine mittlere Stellung ein, im Vergleich mit den wichtigsten westlichen Demokratien ist seine Stellung hierzulande jedoch eher schwach. Der Anteil des Umsatzes von Nonprofit-Organisationen am Bruttosozialprodukt betrug in Deutschland 1995 3,6 Prozent gegenüber vier Prozent in Großbritannien, 4,8 Prozent in Frankreich und 6,4 Prozent in den USA. Lediglich 13 Prozent der Deutschen geben an, häufig oder gelegentlich ehrenamtlich tätig zu sein gegenüber 34 Prozent der Befragten in Großbritannien, 19 Prozent der Franzosen und 37 Prozent der US-Amerikaner. Die Organisationsdichte als solche ist in Deutschland jedoch relativ hoch. Je 100 000 Einwohner existierten in Westdeutschland 1990 456 Nonprofit-Organisationen gegenüber 299 in Großbritannien, 268 in Frankreich und 412 in den USA. Hier spiegelt sich mutmaßlich der hohe Anteil kleiner Vereine ohne hauptamtliches Personal wider, während sich in den relativ hohen Anteilen des Umsatzes von Nonprofit-Organisationen am Bruttosozialprodukt in den westlichen Vergleichsländern ein höherer Anteil größerer und damit stärker professionalisierter Organisationen niederschlagen dürfte. Die Struktur des Dritten Sektors in Deutschland ist also insgesamt durch eine durchschnittliche Beschäftigungsrate, einen geringen Anteil an ehrenamtlichem Engagement und einen hohen Anteil formaler Mitgliedschaft gekennzeichnet.

Der Dritte Sektor in Deutschland ist darüber hinaus, wie bereits angedeutet, relativ staatsnah, jedenfalls gemessen an seinen Einkommensquellen. Während in den USA im Jahre 1995 lediglich 31 Prozent der durchschnittlichen Einkünfte von Nonprofit-Organisationen dem öffentlichen Sektor entstammten, waren es in Westdeutschland 64,3 Prozent (Großbritannien 47 Prozent, Frankreich 58 Prozent). Lediglich 3,4 Prozent der Durchschnittseinnahmen von Nonprofit-Organisationen stammten 1995 in Westdeutschland aus Spenden gegenüber 8,8 Prozent in Großbritannien, 7,5 Prozent in Frankreich und 13 Prozent in den USA. Dementsprechend niedrig rangieren in Deutschland allerdings auch Abgaben und Gebühren als Finanzierungsquelle von Nonprofit-Organisationen. Diese machen im Durchschnitt (1995) le diglich 32 Prozent der Einnahmen aus gegenüber 45 Prozent in Großbritannien, 35 Prozent in Frankreich und 57 Prozent in USA.

Die empirischen Untersuchungen zum Dritten Sektor haben somit für Deutschland zu einigen überraschenden Ergebnissen geführt. Deutschland mag das Land der Vereine sein, die gesellschaftliche Unterstützung des Dritten Sektors beschränkt sich aber im Wesentlichen auf formale Mitgliedschaft. Die Bereitschaft der Bevölkerung zur finanziellen Unterstützung ist im Vergleich zu den wichtigsten westlichen Demokratien schwach ausgeprägt, Gleiches gilt für die Bereitschaft zu ehrenamtlicher Arbeit. Der Dritte Sektor ist in Deutschland insgesamt relativ staatsorientiert und geradezu staatsabhängig, der wichtigste Indikator hierfür ist der hohe Anteil öffentlicher Zuwendungen an den Einnahmequellen von Nonprofit-Organisationen. Damit korrespondieren kooperative Beziehungen zwischen Drittem Sektor und dem Staat, die auf typische Weise in den dominierenden Bereichen des Gesundheitswesens und der Sozialen Dienste zu beobachten sind. Namentlich die so genannten Spitzenverbände der Freien Wohlfahrtspflege (Caritas, Diakonisches Werk, Deutsches Rotes Kreuz, Arbeiterwohlfahrt, Deutscher Paritätischer Wohlfahrtsverband, Zentrale Wohlfahrtsstelle der Juden in Deutschland), von denen die kirchlichen Wohlfahrtsverbände die mit weitem Abstand bedeutendsten Arbeitgeber mit jeweils mehreren hunderttausend Vollzeit-Beschäftigten sind, sind auf gesetzlicher Grundlage fest eingefügt in das System des deutschen Wohlfahrtsstaats. Dem entsprechen personelle Querverflechtungen, die sich nicht zuletzt in der Besetzung der Steuerungs- und Kontrollorgane mittlerer und größerer Nonprofit-Organisationen niederschlagen, wo die Vertreter von Staat und Kommunen und im Übrigen auch die Vertreter der politischen Parteien einen festen Platz haben. Die Unabhängigkeit des Dritten Sektors wird dadurch zweifellos in Frage gestellt, seine Stabilität jedoch gestärkt.

Somit bestätigt sich im internationalen Vergleich die von Salamon/Anheier (1998) vorgenommene Zuweisung des Dritten Sektors in Deutschland zum korporatistischen Modell. Die bedeutenden Organisationen im Dritten Sektor – die großen Wohlfahrtsverbände können hier als Beispiel gelten – sind im Verhältnis zum Staat nicht einfach Lobbyisten ihrer jeweiligen Aufgabenfelder, sondern Partner in der Wahrnehmung öffentlicher Aufgaben. Dieses Beziehungsmuster hat in Deutschland immer wieder eine bemerkenswerte Integrationskraft bewiesen und die politischen Parteien haben hier eine wichtige Vermittlungsfunktion erfüllt. Nur so ist die stabile Integration der so genannten Neuen Sozialen Bewegungen der 1970er Jahre (Umweltschutzbewegung, Frauenbewegung, Friedensbewegung, Selbsthilfebewegung) in den Dritten Sektor zu erklären, die in Westdeutschland zunächst in der Parteineugründung der Grünen und dann in entsprechenden Integrationsanstrengungen der übrigen demokratischen Parteien ihren Anfang nahm. In Anbetracht der Erfahrungen in der Weimarer Republik ist dies ein bemerkenswerter Vorgang. Zu einem «Staat im Staate» konnte sich der Dritte Sektor in der Bundesrepublik Deutschland nicht mehr entwickeln. Bedeutende Organisationen im Dritten Sektor ohne Anschluss an das System der demokratischen Parteien existieren nicht mehr. Dies mag in einigen Fällen auf Kosten der Autonomie der Organisationen und der tatsächlichen Partizipationsmöglichkeiten ihrer Mitglieder gehen. Insgesamt aber ist der Dritte Sektor in Deutschland ein wichtiges stabilisierendes Element des demokratischen Verfassungsstaats.

3 Probleme: Kontroll- und Steuerungsdefizite

Die kooperativen Beziehungen zwischen Staat und Drittem Sektor und die davon ausgehenden stabilisierenden Effekte zugunsten der Demokratie können nicht über Problemzonen hinwegtäuschen, die zum Teil mit allgemeinen Eigenschaften des Dritten Sektors, zum Teil aber auch mit seinen deutschen Besonderheiten verbunden sind. Es handelt sich vornehmlich um Probleme der externen und internen Kontrolle.

Ein traditioneller Kritikpunkt gegenüber Organisationen zwischen Markt und Staat ist die unzureichende Kontrolle ihrer politischen Macht. Da Vereine bereits auf der lokalen Ebene und erst recht Verbände auf der regionalen und der nationalen Ebene erheblichen Einfluss auf politische Entscheidungen nehmen können, ist ihre unzureichende Einbeziehung in rechtsstaatliche Kontrollen und die formelle Verfassungsstaatlichkeit ein Risiko für das demokratische Gebot der Transparenz und Kontrolle. Der Vergleich mit den politischen Parteien macht dies offensichtlich. Auch die Parteien sind nicht-staatliche Organisationen mit öffentlichen Aufgaben. Für sie enthält die Verfassung aber klare Auflagen: Ihre innere Struktur muss demokratischen Grundsätzen entsprechen, über ihr Vermögen und die Herkunft ihrer Mittel müssen sie öffentlich Rechenschaft ablegen (Art. 21 GG). Das Parteiengesetz von 1967 konkretisiert diese Vorschriften. Für Vereine und Verbände aber fehlen solche rechtlichen Bindungen. Eine wirksame Kontrolle ihrer politischen Macht ist daher nicht immer gewährleistet. Der Anlauf zu einem Verbändegesetz, das diesem Umstand in Westdeutschland Rechnung tragen sollte, scheiterte Ende der 1970er Jahre vor allem am Widerstand der Gewerkschaften.

Nicht-Regierungsorganisationen bieten in dieser Hinsicht neue und besondere Probleme. Sie haben sich bei der Planung von Entwicklungshilfemaßnahmen, bei der Erarbeitung von Umweltschutzabkommen auf der internationalen Ebene oder bei der Durchführung internationaler Hilfsmaßnahmen als unerlässliche Partner staatlicher Akteure erwiesen. NGOs haben aber auch erheblichen Einfluss auf die öffentliche Meinungsbildung, und sie beeinflussen politische und administrative Entscheidungen auch substanziell in beträchtlichem Umfang. Im Unterschied zu staatlichen Akteuren unterliegen NGOs aber keiner öffentlichen Rechenschaftspflicht, die Kontrolle ihrer Macht ist daher nicht gewährleistet, Verantwortungsverzerrungen und Fehlentscheidungen sind also nahezu unvermeidlich.

Ein besonders tragisches Beispiel mag dies verdeutlichen. Zum selben Zeitpunkt, als im Juli 1995 die als UN-Schutzzone geltende Stadt Srebrenica von serbischen Truppen besetzt wurde, die kurz darauf zwischen 7000 und 8000 muslimische Bewohner auf Befehl des Generals Mladiç ermordeten, führte Greenpeace eine weltweite Protestkampagne gegen die Atomversuche Frankreichs auf dem zu Polynesien gehörenden Mururoa-Atoll. Die von Greenpeace erfolgreich in Szene gesetzte Medienkampagne absorbierte die öffentliche Aufmerksamkeit für ein Ereignis «am anderen Ende der Welt» und lenkte sie vom Massenmord auf dem Balkan ab, der zu jenem Zeitpunkt nur den Geheimdiensten und politischen Eliten des Westens klar vor Augen stand. Für diese unbeabsichtigte Unterstützung General Mladiç' und der übrigen serbischen Kriegsverbrecher konnte offensichtlich kein Greenpeace-Vertreter zur Rechenschaft gezogen werden. Der Fall belegt auf drastische Weise, in welcher Verantwortung Nicht-Regierungsorganisationen stehen können und dass die Mittel, ihnen die Folgen ihres Tuns oder Unterlassens zuzurechnen, fast vollkommen fehlen.

Ein weiterer Problemkreis bietet sich bei den notorischen internen Steuerungs- und Kontrollschwächen von Organisationen im Dritten Sektor. Diese sind eine indirekte Folge der spezifischen Art von Ressourcenabhängigkeit, in der sich Organisationen befinden, die per definitionem «ohne Profit» arbeiten. Organisationen im Dritten Sektor können ihre finanziellen Mittel nicht über Gewinne am Markt erlangen, und sie werden auch nicht, jedenfalls nicht formell und rechtsverbindlich, über öffentliche Haushalte alimentiert. Sie müssen ihre Finanzmittel im Wesentlichen über die Knüpfung persönlicher Netzwerke mobilisieren, und ebendies spiegelt sich wider in der personellen Zusammensetzung der Steuerungs- und Kontrollgremien im Dritten Sektor.

Der Kreis der ehrenamtlichen Vorstandsmitglieder eines gemeinnützigen Vereins, welcher, soweit es nicht ein bloßer Geselligkeitsverein ist, für die eigene Arbeit auf finanzielle Mittel angewiesen bleibt, wird sich daher typischerweise aus lokalen und regionalen Macht- und Reputationseliten zusammensetzen, von denen sich der Vereinsträger einen besseren Zugang zu öffentlichen Mitteln oder die erleichterte Einwerbung von Spenden verspricht. Hier entstehen zwangläufig informelle Tauschbeziehungen. Bewusst oder unbewusst werden die ehrenamtlichen Vorstandsmitglieder für ihr Mitwirken an der Leitung der betreffenden Organisation eine Gegenleistung erwarten, und diese besteht typischerweise, jedenfalls bei bekannten und gut beleumundeten Vereinen, in einem weiteren Reputationsgewinn durch die bloße Mitgliedschaft im Leitungsgremium und nicht zuletzt im Zugang zu lokalen Elitenetzwerken und damit zu sozialem Kapital, das auch für Angelegenheiten außerhalb des engeren Organisationszwecks von Nutzen sein kann.

Das Problematische an dieser Konstellation ist, dass der Gewinn an Reputation und weiterem sozialem Einfluss bei den ehrenamtlichen Vorstandsmitgliedern einer Organisation im Dritten Sektor ganz unabhängig von der tatsächlichen Effizienz der Organisation anfällt, jedenfalls solange es nicht zu einem ganz offensichtlichen Versagen der

Organisationssteuerung kommt. Es besteht daher kein wirksamer Anreiz für die Mitglieder der Steuerungs- und Kontrollorgane, die Effizienz der Organisation zu überwachen. Denkbar ist sogar eine adverse Anreizlage, bei der die Mitglieder der Steuerungs- und Kontrollorgane an einer Effizienzsteigerung desinteressiert sind. Schließlich ist die Nonprofit-Organisation von ihren wirklichen oder potenziellen Erfolgen bei der Mobilisierung finanzieller Mittel und sonstiger öffentlicher Unterstützung abhängig. Sobald hauptamtliche Geschäftsführungen dazu übergehen, die Effizienz der Organisation über eine Verringerung der Kosten oder eine Erhöhung der Einnahmen zu verbessern, verringert sich auch diese Abhängigkeit und damit die Macht der ehrenamtlichen Mitglieder der Steuerungs- und Kontrollorgane. An diesem Machtverlust können die ehrenamtlichen Mitglieder der Leitungsorgane nicht interessiert sein, und diese Gleichgültigkeit kann in ein unmittelbares Interesse an Ineffizienz derjenigen Organisationen und am Misserfolg desjenigen Managements umschlagen, für deren Effizienz und Erfolg die Mitglieder der Leitungsorgane eigentlich Sorge zu tragen hätten.

4 Perspektiven: Wachstum, Ökonomisierung und Europäische Integration

Die Entwicklung der beiden letzten Jahrzehnte des 20. Jahrhunderts zeigt ein deutliches Wachstum des Dritten Sektors. Dies ist ein internationaler Trend, der keineswegs auf Deutschland beschränkt blieb. Zu einem erheblichen Teil ist dieses Wachstum Ausdruck einer wachsenden Dienstleistungsökonomie im Allgemeinen. Zugleich ist aufgrund demographischer Entwicklungen die Nachfrage nach bestimmten Dienstleistungen gestiegen, die in vielen Ländern, so auch in Deutschland, typischerweise von Nonprofit-Organisationen im Dritten Sektor angeboten werden. Dies gilt für die verstärkte Nachfrage nach Kinderbetreuungseinrichtungen durch den höheren Erwerbsanteil von Frauen ebenso wie für eine stärkere Nachfrage nach Altenpflegeeinrichtungen aufgrund einer erhöhten Lebenserwartung.

Vermutlich haben sich aber auch veränderte politische und ideologische Rahmenbedingungen positiv auf das Wachstum des Dritten

Sektors ausgewirkt. Seit den 1970er Jahren stieß in den meisten OECD-Staaten der Ausbau des klassischen Sozialstaats sowohl auf fiskalische als auch auf ideologische Grenzen. Der Dritte Sektor bot eine Alternative, weil die Verlagerung von Aufgaben vom öffentlichen in den intermediären Bereich den Staat von Ausgaben wie von Legitimationsdruck zu entlasten versprach. In ideologischer Hinsicht spielte dabei eine Rolle, dass sich die Legitimität eines Dritten Sektors wegen der dort anzutreffenden heterogenen Organisationsformen aus unterschiedlichen Quellen speisen kann. Aus konservativer Sicht ist es das Subsidiaritätsprinzip, das den Dritten Sektor attraktiv macht, aus sozialdemokratischer oder sozialistischer Sicht war es – wenigstens bis in die 1980er Jahre hinein – der Gedanke der Gemeinwirtschaft, später dann der Bürgernähe oder, ähnlich wie für Postmaterialisten oder Grüne, die «basisdemokratische» Komponente von Nonprofit-Organisationen, welche den Dritten Sektor in positivem Licht erscheinen ließen. Liberale wiederum können am Dritten Sektor als Alternative zu Großbürokratien und staatlicher Regulierung Gefallen finden. Diese heterogenen ideologischen Motive haben in der Summe also den Dritten Sektor und seinen Aufschwung in den 1980er und 1990er Jahren getragen. Und schließlich profitiert der Dritte Sektor von der im Vergleich zu den 1960er Jahren erheblich gewachsenen Mittelklasse, die den Willen, die Bereitschaft und die materiellen Möglichkeiten zu zivilgesellschaftlichem Engagement jenseits der konventionellen gesellschaftlichen und politischen Institutionen besitzt.

Die 1990er Jahre haben allerdings neben einer international zu beobachtenden neuen Thematisierung der Zivilgesellschaft in nahezu allen institutionellen Segmenten des öffentlichen und des Dritten Sektors auch eine Welle der organisatorischen Ökonomisierung gebracht. Neben dem zivilgesellschaftlichen Paradigma wurde auch im Dritten Sektor das Management-Paradigma zu einem weiteren, wahrscheinlich noch einflussreicheren Referenzrahmen. Damit korrespondiert in einigen Schlüsselländern, so auch in Deutschland, ein merklicher Anstieg des Anteils von Nutzungsentgelten und Gebühren an der Finanzierung von Nonprofit-Organisationen (in Deutschland zwischen 1990 und 1995 von 28 auf 32 Prozent, in Frankreich von 34 auf 35 Prozent, in den USA von 52 auf 57 Prozent; vgl. Anheier/Seibel 2001, S. 182). Ob sich hier eine wirkliche Kommerzialisierung des

Dritten Sektors abzeichnet, kann schwerlich vorhergesagt werden. Was diese Trends eher signalisieren, ist die Notwendigkeit eines Wandels namentlich der Finanzierungsstrukturen dergestalt, dass Nonprofit-Organisationen von der Mobilisierung monetärer Ressourcen über persönliche Netzwerke und/oder öffentliche Zuschüsse unabhängiger und damit letzten Endes robuster werden. Die stärkere Betonung der Managementfunktion ist mit dieser Entwicklung kompatibel und sie repräsentiert daher eher eine Chance für den Dritten Sektor als ein Identitätsrisiko.

Die Nagelprobe für diese Annahme wird die weitere Entwicklung der Europäischen Union sein. Vor allem die großen Nonprofit-Organisationen in Deutschland, die Wohlfahrtsverbände oder die öffentlichen Unternehmen, stehen durch die Vertiefung der Europäischen Integration im Zeichen eines gemeinsamen Binnenmarkts unter erheblichem Anpassungsdruck. Ob die geschützte Nische des Subsidiaritätsprinzips mit der Begünstigung der Spitzenverbände der Freien Wohlfahrtspflege nicht nur gegenüber dem Staat, sondern auch gegenüber privaten Wettbewerbern auf Dauer erhalten werden kann, erscheint fraglich. Andererseits kann das deutsche Beispiel kooperativer Beziehungen zwischen Staat und Kommunen einerseits und Drittem Sektor andererseits auch in anderen Mitgliedsstaaten der Europäischen Union Schule machen. Auch hier wird es also vermutlich zu wechselseitigen Anpassungsprozessen kommen, die den Anpassungsdruck für eine bestimmte nationale Variante wiederum mildern.

Insgesamt sind die Aussichten für den Dritten Sektor unter den Auspizien der Europäischen Integration aber günstig. Zum einen dürfte die Osterweiterung der EU die Notwendigkeit einer zivilgesellschaftlichen Abstützung der demokratischen Institutionen intensiver demonstrieren als je zuvor und damit öffentliche Aufmerksamkeit verstärkt auf den Dritten Sektor lenken. Zum anderen wird die durch die Erweiterung der EU unvermeidlich steigende Heterogenität der Ansprüche an öffentliche und quasi-öffentliche Güter eine institutionelle Diversifikation erfordern, welcher der flexible (und mitunter auch volatile) Dritte Sektor besser gerecht werden kann als der öffentliche Sektor. Eine solche Differenzierung wird durch die Notwendigkeit, alternative Finanzierungsquellen durch neue Geschäftsfelder zu erschließen, wiederum gestützt. Was wir erwarten können, ist daher eine Fortsetzung des absoluten und relativen Wachstums des Dritten Sektors, die mit einer stärkeren Diversifikation seiner Organisationsstrukturen einhergeht. Dieser doppelte Trend kann den Dritten Sektor als ein spezifisches Segment zwischen Markt und Staat nur stärken.

Immer wieder werden einzelne Organisationen im Dritten Sektor staatlichen Behörden oder erwerbswirtschaftlichen Firmen ähnlich werden und damit ihre ursprüngliche Identität verlieren. Die Befürchtung aber, dass der Dritte Sektor sich insgesamt ausdünnt und Opfer entweder einer fortschreitenden Bürokratisierung oder einer fortschreitenden Kommerzialisierung wird, erscheint heute weniger denn je berechtigt.

Literatur

Anheier, Helmut K./Seibel, Wolfgang: The Third Sector: Comparative Studies of Nonprofit Organizations, Berlin/New York 1990.

Anheier, Helmut K./Seibel, Wolfgang: The Nonprofit Sector in Germany. Between State, Economy and Society, Manchester 2001.

Blackbourn, David/Ely, Geoff: The Peculiarities of German History. Bourgeois Society and Politics in Nineteenth-Century Germany, Oxford/New York 1984.

Groh, Dieter: Negative Integration und revolutionärer Attentismus. Die deutsche Sozialdemokratie am Vorabend des Ersten Weltkriegs, Frankfurt a. M./Berlin/Wien 1973.

Hansmann, Henry B.: «The Role of Nonprofit-Enterprise», in: Yale Law Journal 89, 1980, S. 835–901.

James, Estelle: The Nonprofit Sector in International Perspective. Studies in Comparative Culture and Policy, New York/London 1989.

Nipperdey, Thomas: Deutsche Geschichte 1800–1866. Bürgerwelt und starker Staat, München 1983.

Putnam, Robert D.: Making Democracy Work. Civic Traditions in Modern Italy, Princeton 1993.

Putnam, Robert D.: Bowling Alone. The Collapse and Revival of American Community, New York/London 2000.

Rose-Ackerman, Susan K.: The Economics of Nonprofit Institutions: Studies in Structure and Policy, New York 1986.

Salamon, Lester M./Anheier, Helmut K.: «Social Origins of Civil Society: Explaining the Nonprofit Sector Cross-Nationally», in: Voluntas 9/3, 1998, S. 213–248.

Seibel, Wolfgang: Funktionaler Dilettantismus. Erfolgreich scheiternde Organisationen im «Dritten Sektor» zwischen Markt und Staat, Baden-Baden ²1994.

Weisbrod, Burton A.: The Nonprofit Economy, Cambridge, Mass. 1988.

Gerhard Vowe
2.6.3 Politische Kommunikation

1 Grundlegende Ansätze zur Untersuchung politischer Kommunikation: Historischer Abriss der Forschung

1.1 Die Wurzeln: Politische Kommunikation bei den Klassikern der politischen Philosophie

Politische Kommunikation (PK) spielt seit jeher eine zentrale Rolle in der politischen Philosophie – auch ohne, dass dabei diese Bezeichnung explizit verwendet worden wäre (vgl. Münkler/Llanque 1998). Vor allem die folgenden neun Sichtweisen prägen bis in die Gegenwart das Denken über PK.

Der Ursprung ist in der *Antike* zu finden. Bei Platon (427 v. Chr.–347 v. Chr·) vollzieht sich im sokratischen Gespräch die *Suche nach der guten Ordnung* des Gemeinwesens, nach dem Idealstaat, der als Maßstab realer Ordnung fungiert (vgl. Politeia). Bei Aristoteles (384 v. Chr.–322 v. Chr.) steht die *öffentliche Debatte der öffentlichen Angelegenheiten* durch die Bürger im Mittelpunkt. Daraus rührt der Stellenwert der «Rhetorik» – dem Vermögen der Redner, die Zuhörer zu bewegen und zu überzeugen (vgl. Politik, Rhetorik). In einen anderen Zusammenhang wird PK durch Thukydides (um 460 v. Chr.–um 400 v. Chr.) gerückt. Er sieht als den Kern der Politik die *Auseinandersetzung zwischen Mächten*; ein Staat muss seine Freiheit gegen andere bewahren und erweitern. Darin gewinnt PK ihren Platz – als Drohung, Täuschung, Verhandlung (vgl. Geschichte des Peloponnesischen Krieges). Damit haben die Denker der Antike für die verschiedenen Formen der *PK unter Anwesenden* – vom Lehrgespräch über die Versammlung bis zur Verhandlung – eine universelle Grundlage geschaffen.

Das Bindeglied zwischen Antike und *Moderne* bildet Niccolò Machiavelli (1469–1527). Er deckt die faktischen Regeln des politischen *Spiels um Macht* auf. Ein zentraler Teil dessen ist PK in allen ihren Varianten – einschließlich Intrige, Lüge, Betrug und Schmeichelei. Sein Maßstab ist die Nützlichkeit dieser kommunikativen Instrumente für die Sicherung der Herrschaft des Fürsten – Garant für die Stabilität der politischen Ordnung (vgl. Der Fürst). Mit Blick auf die Stabilität wird PK bei Thomas Hobbes (1588–1679) zu einem zentralen Problem. Auf dem Hintergrund der Religionskriege des 17. Jahrhunderts entwirft er den modernen Staat. Der soll Sicherheit und Schutz gewährleisten, und damit er die Auseinandersetzungen zwischen religiösen Gruppen beenden kann, wird ihm auch die Autorität in geistlichen Streitfragen gegenüber Kirchen und Universitäten übertragen. PK wird in dieser Optik zu einer *Quelle von Zwietracht und Aufruhr*, die umso kräftiger sprudelt, je schneller und weiter die Botschaften verbreitet werden können. PK muss folglich uneingeschränkter Kontrolle unterworfen werden. Damit ist die Zensur aus dem Gemeinwohl heraus begründet (vgl. Leviathan). Die Gegenposition dazu markiert John Locke (1632–1704): Er sieht umgekehrt die Rebellion in der Unterdrückung begründet und plädiert für Toleranz, die sich in Grundrechten wie der Religions- und Pressefreiheit ausdrückt. Er will die um des inneren Friedens willen gebildete Staatsgewalt aufteilen und den einzelnen Teilen abgegrenzte Domänen zuweisen, damit keine Spezialinteressen in übergreifende Machtpositionen gelangen können. Die öffentliche Meinung («Gesetz der Reputation») und die Presse werden zu einem *Moment im System* der Checks and Balances, zu einem Gegengewicht zur Herrschaft (vgl. Zwei Abhandlungen über die Regierung). Damit hatte die sich formierende bürgerliche *Öffentlichkeit aus Parlament, Parteien und Presse* ihr theoretisches Fundament gewonnen.

Mit der *Aufklärung* rückt das Subjekt in den Mittelpunkt der Konzepte für PK. PK wird bei Immanuel Kant (1724–1804) zur *Möglichkeit*, selbstbestimmt über öffentliche Angelegenheiten zu räsonieren und somit *von der Vernunft öffentlichen Gebrauch zu machen*. Dies geht einher mit einer verfassungsrechtlichen Garantie von individueller Gedanken- und Kommunikationsfreiheit, der «Freiheit der Feder» (vgl. Zum ewigen Frieden). Bei Jean-Jacques Rousseau (1712–1778) hingegen bekommt PK die *Aufgabe, den Gemeinwillen zu formen.* In diesem Ausdruck der Volkssouveränität sollen die Positionen der Bürger aufgehen, und zwar in einem Prozess der ungefilterten Willensbildung, ohne dass organisierte Sprecher dazwischentreten (vgl. Der Gesellschaftsvertrag). Wieder anders wird die Spannung von Individuum und Gesellschaft bei Adam Smith (1723–1790) begriffen. Er zeigt, wie der Markt für *soziale Beziehungen zwischen den eigennützigen Individuen* sorgt. Vermittelt wird dies durch die Fähigkeiten des Menschen, sich mit den Augen der anderen zu sehen (vgl. Eine Untersuchung über Natur und Ursachen des Volkswohlstandes, Theorie der ethischen Gefühle). In dem Spannungsfeld, das diese drei Denker bilden, erhält das Konzept einer *Öffentlichkeit in der liberal-demokratischen Gesellschaft* seine Kontur.

1.2 Politische Kommunikation bei den Begründern der Politischen Soziologie

Diese Wurzeln prägen nach wie vor die Leitbilder für PK – ob als Suche nach der guten Ordnung, als Kampf um Macht oder als Weg des Individuums aus der Unmündigkeit. Daraus entwickelte sich im 19. Jahrhundert der Beitrag der politischen Soziologie zur Kommunikationsforschung. Mittlerweile hatte sich auch deren Gegenstand verändert. Thematisch wurden für die PK die zentralen Konfliktlinien der modernen Gesellschaft bestimmend: soziale Emanzipation, Ausweitung demokratischer Rechte, nationale Identität. Sie vollzog sich zudem in anderen Formen: in Parlamenten auf Basis von Parteien mit großer Mitgliedschaft und eigenen Presseorganen. Daneben begann sich eine marktorientierte Massenpresse ohne politische Bindung zu bilden.

Drei Sichtweisen markieren das Spektrum. Bei Karl Marx (1818–1883) gerät PK zum *Schauplatz des Klassenkampfs.* Der Hauptwiderspruch zwischen Lohnarbeit und Kapital prägt die PK in unterschiedlicher Weise. Einerseits dient die Öffentlichkeit im Kampf zwischen Fraktionen der Bourgeoisie als Instrument zur Mobilisierung verblendeter Massen (vgl. Der achtzehnte Brumaire). Andererseits wird im publizistischen Kampf gegen die Bourgeoisie und ihre Ideologen das proletarische Klassenbewusstsein entwickelt (vgl. Deutsche Ideologie). Am anderen Ende des Spektrums steht John Stuart Mill (1806–1873).

Er sieht PK aus der Perspektive des Individuums. Die Gewährleistung einer freien PK ist ein entscheidendes Moment, um eine «Tyrannei der Mehrheit» zu verhindern und die *Freiheit des Individuums* zu sichern – die Grundbedingung gesellschaftlichen Fortschritts. Seinen organisatorischen Ausdruck findet dies in einem möglichst plural zusammengesetzten «deliberativen Parlament», in dem die verschiedenen Vorschläge zur Lösung politischer Probleme öffentlich erörtert werden (vgl. Considerations on Representative Government, Über die Freiheit). Eine Synthese dieser entgegengesetzten Ansätze vollzieht der eigentliche Begründer der politischen Soziologie, Max Weber (1864–1920). Er verknüpft die Individual- mit der Strukturebene. Bei ihm wird PK (und deren Erforschung) zum *Verstehen von Sinn*, dem Schlüsselbegriff, um das Spezifische sozialen Handelns zu erfassen. Aus den möglichen Sinnzuweisungen, den Handlungsorientierungen, ergeben sich die unterschiedlichen Typen von Handeln (zweckrationales, wertrationales, affektives und traditionales Handeln). Darauf basieren die sozialen Beziehungen (Kampf, Gemeinschaft, Macht und Herrschaft), die jeweils unterschiedliche Organisationsformen annehmen können wie Anstalt oder Betrieb. Die Beziehungen sind eingebettet in eine Ordnung, die so weit gilt, wie sich die Handelnden an ihr orientieren. Diese systematische Verschränkung von sozialem Handeln, sozialen Beziehungen, Ordnung und Entwicklung hat explizit oder implizit für alle weiteren Modelle von PK als Basis gedient (vgl. Wirtschaft und Gesellschaft).

1.3 Politische Kommunikation in den Paradigmen der Politischen Soziologie

In diesem Spannungsfeld von individuellem Handeln und sozialer Struktur operieren die verschiedenen Ansätze der Politischen Soziologie, von denen auch die wissenschaftliche Diskussion um PK geprägt ist. Für diesen Überblick werden sechs zentrale Paradigmen ausgewählt. Sie ermöglichen jeweils einen anderen Blick auf PK und reflektieren auf ihre eigene Weise den Wandel der PK im 20. Jahrhundert.[1]

---

1 Weitere Paradigmen können aus Platzgründen nicht dargestellt werden, so z. B. PK als Sprachspiel oder PK als Geschlechterkampf.

Politische Kommunikation als ...

Mikro-ebene: Indivi-duum	Indivi-duelles Ver-halten	Symbo-lische Inter-aktion	Verschrän-kung von Medien u. personaler Kommu-nikation	Diskur-sive Ver-ständi-gung	System-stabi-lisierung	Selbst-referen-zieller Prozess	Makro-ebene: Sozial-struk-tur

Abbildung 1: Politische Kommunikation in den Paradigmen der Politischen Soziologie

Den einen Pol markiert George Caspar Homans (1910–1989; 1968): Gesellschaft wird konsequent auf *individuelles Verhalten* mit absehbaren und nicht absehbaren, beabsichtigten und nicht beabsichtigten Folgen zurückgeführt. Im Mittelpunkt steht die Rationalitätsannahme: Wenn ein Akteur zwischen Handlungsmöglichkeiten wählen kann, dann wird er diejenige wählen, deren – nach der Wahrscheinlichkeit ihres Eintreffens gewichteter – Wert subjektiv größer ist als der anderer Möglichkeiten. Jeder Akteur strebt also nach der Maximierung seines Nutzens. Daraus ergeben sich Tauschbeziehungen, die ein Netz aus Kooperations- und Wettbewerbskonstellationen bilden. Mit Belohnung und Bestrafung kann Einfluss auf die Auswahl genommen werden. PK wird demzufolge als Tauschbeziehung rationaler Entscheider gesehen. Die Möglichkeiten der politischen Information werden in dem Maß genutzt, wie der Ertrag aus dieser Nutzung zum Aufwand in einem günstigen Verhältnis steht. Da der Politik gemeinhin eine geringe Bedeutung zugemessen wird, bleibt der Aufwand für die Nutzung politischer Information stark beschränkt – eine «rationale Ignoranz» (Downs 1957).

Nimmt man hingegen den Ausgangspunkt bei George H. Mead (1863–1931; 1998) und Herbert Blumer (1900–1987; 1986), so wird PK zur *symbolischen Interaktion*, die nicht mehr einem der Beteiligten zugerechnet werden kann. Die Interaktion stützt sich auf wechselseitige Erwartungen (und Erwartungen der Erwartungen) und geteilte Bedeutungsmuster, insbesondere auf die standardisierte oder fallweise ausgehandelte Definition der sozialen Situation, in der sich die Akteure befinden. Daraus entwickeln sich soziale Strukturen, die sich in der Übernahme der Perspektive eines «generalisierten Anderen» ausdrücken. Erving Goffman (1922–1982; 1997) hat dies noch einmal akzentuiert. Er legt den Schwerpunkt auf die Präsentation des Selbst, auf die überzeugende Ausfüllung von Rollen und die Kontrolle des Eindrucks, den Personen auf andere machen. Dabei sind die Einordnung der jeweiligen Situation *(framing)* und die Veränderung dieser Ordnungsmuster von besonderer Bedeutung für die Strategiewahl der Akteure und für die Interpretation der Darstellung durch andere Akteure.

Mit seiner integrierten Wahl- und Medienforschung hat Paul F. Lazarsfeld (1901–1976) auf eine eigene Weise Mikro- und Makroebene verbunden. Durch ihn hat die explizite Frage nach dem Stellenwert von Massenmedien Eingang in die politische Soziologie gefunden. In seiner Antwort wird PK zu einer *Verschränkung von massenmedialer und interpersonaler Kommunikation.* Medien verändern nicht die Einstellungen der Bürger, sie können sie dann verstärken, wenn die Botschaften Eingang in die Netze interpersonaler Kommunikation finden. Diese Netze sind geprägt durch die sozialstrukturellen Konfliktlinien (Lazarsfeld/Berelson/Gaudet 1944).

Jürgen Habermas (1981) hat den Politikbegriff explizit auf einen emphatischen Kommunikationsbegriff gestützt, der an den immer schon vorausgesetzten Normen sprachlichen Handelns anknüpft. PK wird zur *diskursiven Verständigung.* Ausgangspunkt ist die Gegenüberstellung unterschiedlicher Arten gesellschaftlicher Integration. Die «Sozialintegration» der Gesellschaft – ihre Identitätsbildung – läuft über sprachliche Verständigung, das kommunikative Handeln. Dafür ist ein Horizont an selbstverständlichen Überzeugungen und intersubjektiv anerkannten Wissenselementen erforderlich: die Lebenswelt. Dem gegenüber steht die «systemische Integration», die funktionale Koordination der Subjekte durch die Steuerungsmedien Geld und Macht. Gegen die «Kolonialisierung der Lebenswelt» durch die Ausdehnung der instrumentellen Vernunft setzt er eine eigenständige Rationalisierung der Lebenswelt in Gestalt von Diskursen (der Verständigung darüber, ob die Verständigung vernünftig ist). Damit ist theoretisch ausgearbeitet, was er historisch an Entstehung und Zerfall der bürgerlichen Öffentlichkeit zu demonstrieren versucht hat: Im öffentlichen Räsonnement der Privatleute über öffentliche Angelegenheiten bildet sich ein Publikum, das durch die öffentliche Meinung eine Kontrollinstanz gegenüber der öffentlichen Gewalt bildet. Diese bürgerliche Öffentlichkeit zerfällt in der sozialstaatlichen Massen-demokratie des 20. Jahrhunderts und mutiert zur manipulativen Öf-fentlichkeit (Habermas 1962).

Noch akzentuierter von der Makroebene her wird PK im system-theoretischen Paradigma gedacht. PK wird funktional als *Stabilisie-rung sozialer Systeme* gesehen. Bei Talcott Parsons (1902–1979; 1969), Robert K. Merton (1995) und Karl W. Deutsch (1912–1992; 1968) steht die Funktion von Kommunikation im Mittelpunkt – als Leistungs-beitrag eines Elements in einem nach außen abgrenzbaren Zusam-menhang von Elementen, einem System. Diese Perspektive ist in vertikaler und horizontaler Hinsicht variabel: So hat ein (Kommuni-kations-)System wiederum eine Funktion in einem größeren Zusam-menhang. Und der Beitrag eines Elements für ein spezifisches (Kommunikations-)System kann zugleich für einen anderen System-zusammenhang dysfunktional ausfallen. Starken Einfluss auf die prä-skriptiven Funktionskataloge für Massenmedien hatte das AGIL-Schema, eine Typologie der Grundprobleme, die jedes soziale System lösen muss, um bestehen bleiben zu können.[2]

Niklas Luhmann (1927–1998; 1984) markiert den anderen Pol auf dem Mikro-Makro-Spektrum. Bei ihm besteht Politik aus nichts an-derem als aus Kommunikation. In seinem Begriffsverständnis wird Kommunikation aber konsequent von Subjekten und Interaktion ge-löst. Das aus sozialwissenschaftlicher Sicht Eigentliche an Kommuni-kation ist nicht das, was sich Menschen mitteilen. Stattdessen wird Kommunikation begriffen als eine Operation, in der sich ein Funk-tionssystem wie Politik reproduziert. Mit Kommunikation schafft ein System selbst die Elemente, aus denen es besteht («Autopoiesis»), und zwar nach einer jeweils eigenen Logik. Diese Operation wird als mehr-fach selektiver Anschluss an vorangegangene Kommunikation ver-standen. Die Selektivität der Kommunikation ermöglicht es dem System, sich von anderen abzugrenzen, die Komplexität der anderen Möglichkeiten zu reduzieren. Kommunikation unterscheidet sich des-halb von Funktionssystem zu Funktionssystem, weil sie über ein

---

2 Die vier Grundprobleme jedes Systems sind: Anpassung *(Adaptation)*, Ziel-verwirklichung *(Goal-attainment)*, Integration, Strukturerhaltung *(Latent pattern maintenance)*.

systemspezifisches «Medium» läuft – in der Wirtschaft über Geld, in der Wissenschaft über Wahrheit, in der Politik über Macht. Diese «Medien» übertragen reduzierte Komplexität und ermöglichen damit systemspezifische Kommunikation. Macht sorgt für politikspezifische Kommunikation und hält damit die Abgrenzung der Politik von ihrer Umwelt aufrecht. Politik kreist um sich selbst, hat kein anderes Ziel, als sich selbst zu reproduzieren, und ist von außen allenfalls irritierbar. Sie kann ihrerseits die Kommunikation in anderen Funktionssystemen (z. B. Wirtschaft oder Wissenschaft) nur irritieren, sie bildet nicht das Zentrum der Gesellschaft.

1.4 Politische Kommunikation im dreifachen Spannungsfeld

Im Gang durch die Geschichte des politischen Denkens sind die zentralen Optionen für die Forschung zur politischen Kommunikation hervorgetreten. Die drei grundlegenden Spannungsbögen sind:[3]

- mikroanalytische Akteursorientierung versus makroanalytische Strukturorientierung;
- verständigungs- bzw. gemeinwohlorientiertes versus strategisches bzw. machtorientiertes Handeln;
- massenmediale versus interpersonale Kommunikation.

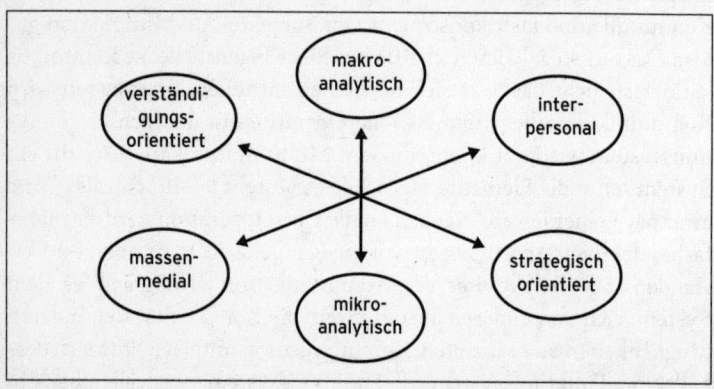

Abbildung 2: Spannungsbögen der Forschung zur politischen Kommunikation

---

3 Ein weiterer Spannungsbogen ist die Berücksichtigung zeitlicher Wandlungsfähigkeit (Orientierung auf universale oder auf variante Momente).

Die referierten Ansätze oszillieren zwischen diesen Polen: So berücksichtigen auch individualistische Ansätze die kollektiven Voraussetzungen und Folgen individuellen Handelns.

Auf dem Hintergrund dieser Spannungsbögen und den damit eingefangenen Forschungstraditionen lässt sich PK definieren als *symbolische Interaktion im Zusammenhang bindender Entscheidungen und in Form unterschiedlicher Grade von Öffentlichkeit mit ihren jeweiligen Medien*.[4] Theorien der PK lassen sich danach unterscheiden, welches Element dieser Definition sie besonders herausstellen und als Grundlage für Erklärungen nehmen:

• die Akteurskonstellation (Wer kommuniziert?);
• die kommunikative Form (Wie wird kommuniziert?);
• der politische Inhalt (Was wird kommuniziert?).

An diesen drei Schlüsselelementen der Definition kann eine Dimensionierung von PK anknüpfen.

2 Dimensionen politischer Kommunikation: Systematik der Forschungsfelder

Die folgende systematische Darstellung der Forschung gliedert sich nach den unterschiedlichen fachlichen Zugängen zum Forschungsfeld. Denn PK liegt im Schnittfeld mehrerer Wissenschaften, die PK jeweils in ihren eigenen Kontext einordnen:

• Aus der Kommunikationswissenschaft nähert man sich der PK über den Kommunikationsbegriff und will die Eigenheiten der ver-

---

4 *Öffentlich* ist eine *Kommunikation*, die in dreifacher Hinsicht offen ist:
• von der prinzipiell niemand ausgeschlossen werden kann («öffentlicher Raum») und bei der deshalb die Möglichkeit einer Beobachtung immer unterstellt wird (sozialer Aspekt);
• in der eine Meinung zu Themen von allgemeinem Interesse entwickelt wird, die dann im Weiteren als allgemein geteilte Meinung («öffentliche Meinung») unterstellt wird (sachlicher Aspekt);
• in der an bisherige Kommunikation selektiv angeschlossen wird und die für anschließende Kommunikation offen gehalten wird (zeitlicher Aspekt).
Ein *Medium* ist eine Kombination aus einer spezifischen technischen Überbrückung von Raum und Zeit («Kanal»), einem spezifischen kommunikativen Code und einer spezifischen Organisationsform.

schiedenen *Akteure* in den einzelnen *Phasen des Kommunikations-*
prozesses berücksichtigt wissen.
- Aus der Medienwissenschaft nähert man sich der PK über den Me-
dienbegriff und will die Eigenheiten der unterschiedlichen *Medien*
öffentlicher Kommunikation berücksichtigt wissen.
- Aus der Politikwissenschaft nähert man sich der PK über den Politikbegriff und will die Eigenheiten der unterschiedlichen *Politik-*
aspekte berücksichtigt wissen.

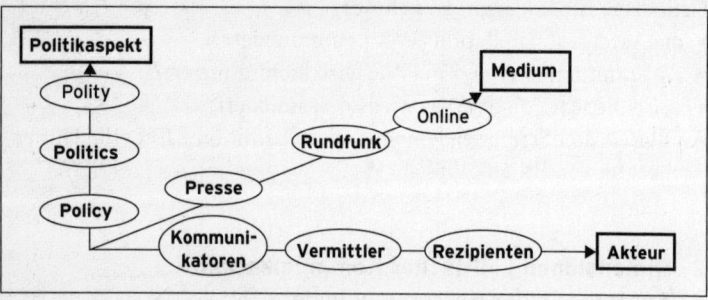

Abbildung 3: Dimensionen – Analytische Zugänge zu politischer Kommunikation

2.1 Die Akteursdimension von politischer Kommunikation

Eine erste Unterscheidung setzt bei den Akteuren der PK mit ihren
jeweiligen Interessen und Kognitionen an und trennt danach, welche
Rollen für die einzelnen Phasen des Kommunikationsprozesses ausgebildet worden sind: Als *Kommunikatoren* fungieren politische
Organisationen, als *Vermittler* Medienorganisationen und als *Rezipi-*
enten die Bürger in ihren politisch relevanten Rollen (Wähler, Steuer-
zahler, Energieverbraucher, Konsument usw.) und sozialen Konstellationen (Familien, Gruppen, Organisationen).

2.1.1 Kommunikationsstrategien der politischen Organisationen
Fokussiert man auf die Kommunikatoren, so geraten die publizistischen Quellen in den Blick, nicht die Medien. Es stehen die Strategien
der politischen Organisationen im Vordergrund, um bei bestimmten
Publika Aufmerksamkeit zu gewinnen. Das Spektrum politischer Organisationen reicht von staatlichen Instanzen über die auch kommu-

nikativ privilegierten Parteien (Mitwirkung an der Meinungsbildung nach Art. 21 GG) und den Verbänden bis zu den organisierten Teilen sozialer Bewegungen. Die Forschung hat sich zunächst primär der Propaganda, dann den Public Relations zugewandt. *Propaganda* ist eine Kommunikationsstrategie, bei der ein Kommunikator seine Zielgruppe direkt und offen mit seinen interessengeleiteten Botschaften zu erreichen versucht. In ihren Anfängen folgte die Propagandaforschung einem einfachen Wirkungsmodell: Alle werden von einer Propagandabotschaft zugleich erreicht, und es wird bei allen die gleiche starke Wirkung erzielt – so die Grundannahme. Komplexer angelegt war der Versuch Carl I. Hovlands (1912–1961), eine «Neue wissenschaftliche Rhetorik» zu schaffen (Hovland/Janis 1959). Vor allem im Laborexperiment variierte er systematisch die Stimuli und ermittelte, ob die Aufnahme konträrer Argumente in die Botschaft, die Anordnung der Argumente und die Verwendung emotionaler Momente den Überzeugungserfolg beeinflussen. Es erwies sich als gleich wichtig, was gesagt wird und wer etwas sagt. Prestige und Glaubwürdigkeit des Kommunikators sind wichtige Faktoren. Der Erfolg von Propaganda hängt aber auch von Faktoren aufseiten der Rezipienten ab. Er variiert vor allem mit der Kritikfähigkeit, dem Selbstbild und der Einschätzung des eigenen Handlungsspielraums. Auf diese Weise wurden nicht nur Optimierungsstrategien für zielgruppengerechte Propagandabotschaften entwickelt, sondern auch die Dispositionen der Rezipienten als entscheidende Größe entdeckt (siehe Abschnitt 2.3.1).

Demgegenüber ist *Public Relations* (PR) eine Kommunikationsstrategie, bei der politische Organisationen versuchen, die öffentliche Meinung dadurch zu beeinflussen, dass ihre Sichtweise von Problemen Eingang in die Medien findet.[5] Der Weg über die Medien ist deshalb für politische Organisationen relevant, da Rezipienten den interessengeleiteten Botschaften grundsätzlich mit Desinteresse oder gar Misstrauen begegnen. Glaubwürdig wird eine Botschaft erst, wenn sie durch die Medien einen Vertrauensbonus bekommt. Damit steht PR

---

5 Andere Instrumente der politischen PR wie Netzwerkbildung, Lobbyismus, bezahlte Werbung, Veranstaltungen usw. kann ich hier aus Platzgründen nicht behandeln.

vor einem *Grundproblem*: Um die Reserve des Publikums zu überwinden, muss PR das partikulare Interesse als Gemeinwohl ausgeben, sich aber zugleich von anderen Interessenten unterscheiden und auch noch an den spezifischen Interessen der einzelnen Adressaten anknüpfen (vgl. Saxer 1998, S. 53). Die Praxis der PR wird nach mehreren *Dimensionen* systematisiert. So wird unterschieden zwischen:

- operativer PR (Beeinflussung der aktuellen Berichterstattung durch Pressemitteilungen und Pressekonferenzen) und strategischer PR (langfristige Imagebildung);
- PR für einzelne Anspruchsgruppen und PR für eine breite Öffentlichkeit;
- kontinuierlicher Grundlagenarbeit und zeitlich begrenzten Kampagnen.

In den Mittelpunkt der Forschung sind vor allem zwei *PR-Strategien* gerückt, um Eingang in den redaktionellen Teil der Berichterstattung oder sogar in Unterhaltungssendungen zu finden und damit die Barrieren der Rezipienten gegen politische Botschaften zu unterlaufen. Zum einen wird die Strategie des Ereignismanagements untersucht (Kepplinger 1992). Dafür wird zwischen verschiedenen Arten von Ereignissen unterschieden: «Genuine Ereignisse» ereignen sich unabhängig von den Medien; über sie wird lediglich retrospektiv berichtet. «Mediatisierte Ereignisse» sind auf eine mediale Verwertung orientiert; zwar ist ein Parteitag oder ein Staatsbesuch auch aus Gründen der Binnenkommunikation erforderlich, sie werden aber in Ablauf und Themenwahl auf die Berichterstattung hin ausgerichtet. «Pseudo-Ereignisse» (Boorstin 1961) hingegen sind allein und durchweg für die Medien inszeniert. Die zweite Strategie, um Medienaufmerksamkeit zu gewinnen, ist Skandalisierung. Positive PR – günstige Selbstdarstellung – wird ergänzt durch negative PR – Vermittlung eines ungünstigen Bildes des Gegners. Um mediale Aufmerksamkeit zu erregen, kommunizieren PR-Strategen besonders publizitätsträchtige Elemente; dafür eignen sich insbesondere Normverstöße des Gegners. Damit kompensieren relativ ressourcenschwache Organisationen wie Greenpeace die Defizite, die sie bei normalem Zugang zu Öffentlichkeit und zu Medien haben – sie überwinden durch Skandalisierung die Aufmerksamkeitsschwelle (Röttger 2002). Kontrovers wird in der Forschung diskutiert, wie die Beziehungen zwischen PR und Journalismus begrifflich gefasst werden können. Ein Angebot ist «Determination» (Baerns 1985) des Journalismus durch die PR. Andere Konzepte wie «Intereffikation» (Bentele/Liebert/Seeling 1997) stellen auf eine Wechselwirkung ab. Empirisch ist der starke Einfluss von Pressemitteilungen und Pressekonferenzen auf Themen und Timing der politischen Berichterstattung im Routinefall nachgewiesen. Aber dieser Einfluss ist von den zeitlichen, sachlichen und sozialen Bedingungen der Medien abhängig; je mehr die PR-Stellen diese Bedingungen erfüllen, desto größerer Erfolg ist ihnen beschieden (vgl. Schulz 1997, S. 132).

Zwischen Vertretern von politischen Organisationen und von Medienorganisationen hat sich ein *Interaktionsgeflecht* herausgebildet, in dem attraktive und exklusive Nachrichten gegen Publizität getauscht werden (Donsbach et al. 1993; Jarren/Donges 2002). Diese Beziehung ist institutionalisiert, d. h., die wechselseitigen Erwartungen sind durch Regeln stabilisiert (Hoffmann-Riem/Schulz 1998). Ein Teil der Regeln ist informell, ein anderer wird durch berufliche Vereinigungen festgelegt (z. B. Satzung der Bundespressekonferenz) und ein dritter rechtlich kodifiziert (z. B. im Persönlichkeitsschutzrecht).

2.1.2 Vermittlungsleistungen der Medien

Aus einer anderen Perspektive wird PK in erster Linie als eine Leistung der in Medien tätigen professionellen Vermittler gesehen. Im Mittelpunkt der Forschung steht die *mediale Konstruktion von Realität*.[6] Der Vergleich mit unabhängigen Indikatoren (z. B. amtlichen Statistiken) zeigt das Maß der Verzerrung gegenüber der realen Welt – eine medienspezifische «Brechung der Wirklichkeit» (Lang/Lang 1968). Drastische Beispiele bietet die Berichterstattung zu Kriminalität und zu technischen Risiken (Schulz 1997, S. 51). Wie lässt sich die-

---

6 Eine andere kontrovers erörterte Frage ist, ob der Marktzutritt privater Anbieter eine «Entpolitisierung» des Fernsehprogramms zur Folge hatte. Im Ergebnis kann man eine beidseitige Konvergenz feststellen (Bruns/Marcinkowski/Schatz 1997; anders Krüger 1992). Die Privaten verstärken im Laufe der Zeit den Anteil politischer Information am Programm und bemühen sich um Seriosität. Die Öffentlich-Rechtlichen verringern den Anteil politischer Information und bemühen sich um Attraktivität. Bei beiden steht die Ausrichtung auf das Publikum im Hintergrund – auf dessen Ansprüche an das Fernsehen im Hinblick auf den Anteil politischer Information.

se Diskrepanz erklären? Es können grob folgende Gruppen von Antworten unterschieden werden.

Die eine Antwort der Forschung zieht die *Einstellungen der Journalisten* als Erklärung heran. Dies steht in der Tradition des «Gatekeeper»-Ansatzes – eine Metapher für die Möglichkeiten von Journalisten, den Nachrichtenfluss durch Auswahl zu regulieren (White 1950). Eine Vermutung ist, dass die Auswahlkriterien von den politischen Überzeugungen der Journalisten geprägt sind, die – nicht nur in Deutschland – politisch links von ihrem Medium und von ihren Rezipienten stehen (vgl. Schulz 1997, S. 58). Entsprechend wird ausgewählt, zitiert und kommentiert. Für die Berichterstattung werden bevorzugt diejenigen Elemente des Sachverhalts und diejenigen Zeugen oder Experten herangezogen, mit denen sich die eigene Position zu dem jeweiligen Problem stützen lässt (Kepplinger 1994). Dass Journalisten ihre politische Einstellung in ihre Berufstätigkeit eingehen lassen, wird durch das Rollenselbstbild gedeckt (Donsbach 1982; Köcher 1985). Journalisten sehen sich in einem hohen Maß mit einem politischen Mandat ausgestattet, statt nur als Vermittler oder Chronist tätig sein zu wollen. Neuere repräsentative Untersuchungen haben Verschiebungen beim Rollenbild in Richtung einer Entpolitisierung festgemacht (Schönbach et al. 1994).

Geprägt werden Überzeugung und Selbstbild durch die *Orientierung an der Profession*, die mehr als in anderen Professionen über Medien vermittelt werden. Journalisten richten sich nach Leitmedien, die Themen und Tenor der Berichterstattung vorgeben – in Deutschland sind dies vor allem *Der Spiegel*, die *Süddeutsche Zeitung* und die *Tagesthemen*, neuerdings auch die politische Talkshow von Sabine Christiansen. Allerdings sind die Möglichkeiten für Journalisten, ihren individuellen Einstellungen zu folgen, dadurch stark eingeschränkt, dass sie in die medialen *Organisationen*, vor allem in funktional und hierarchisch gegliederte Redaktionen eingebunden sind (Rühl 1979).

Eine weitere Antwort geht hinter die individuellen Einstellungen der Journalisten zurück und sucht die Ursache für die mediale Konstruktion von Realität in einer eigenen *Handlungslogik der Medien*, insbesondere in den Grundregeln des Journalismus (Altheide/Snow 1979). Zentraler Teil davon sind die Nachrichtenfaktoren, mit denen erklärt werden soll, welche Ereignisse zu Nachrichten werden (Schulz 1990). Nachrichtenfaktoren sind medienrelevante Merkmale von Ereignissen. Je mehr dieser Merkmale auf ein Ereignis zutreffen und je ausgeprägter dies geschieht, desto größer wird dessen Nachrichtenwert und damit die Chance, dass darüber berichtet wird, und desto intensiver und prominenter fällt die Berichterstattung aus. Merkmale sind z. B. die Relevanz, die Kontroversität oder der Überraschungsgrad. Mit Nachrichtenfaktoren wird die Aufmerksamkeit der Medien gesteuert und die Nachrichtenproduktion gleichgerichtet. Nachrichtenfaktoren sind folglich eher Kriterien der medialen Konstruktion als Merkmale der Ereignisse selbst. Hinzu treten weitere Momente: Insbesondere die Produktions- und Darstellungsbedingungen des Fernsehens prägen die Berichterstattung und sorgen für die Diskrepanz zwischen Welt und Medienwelt. Diese eigene Logik der Medien kann sich umso stärker durchsetzen, je mehr sich die Medienorganisationen aus der Bindung an politische Organisationen lösen und auf die Finanzierungsquelle Markt orientieren.

Eine letzte Antwort schlägt den Bogen zurück zu den Strategien der Kommunikatoren: Die mediale Zurichtung der Realität gehe so weit, dass sich die Akteure außerhalb der Medien auf die Selektionskriterien der Medien einstellen – durch Ereignis- und Themenmanagement. Allein die bloße Anwesenheit von Medienvertretern bei einem Ereignis verändert den Ablauf des Geschehens, da sich die Akteure auf das mediale Publikum und dessen Erwartungen ausrichten (Lang/Lang 1953). In diesem Fall wird die Diskrepanz zwischen Welt und Medienwelt durch das *antizipierende Handeln* der politischen Akteure erklärt.

2.1.3 Rezipientenorientierte Forschung:
Wirkung, Nutzung, Anschlusskommunikation

In einem dritten kommunikationswissenschaftlichen Forschungsstrang wird PK vom Rezipienten aus gedacht – die Nutzung und die Wirkung von politischen Medienangeboten stehen im Vordergrund. Grundfrage ist: Verändern mediale Impulse unsere politischen Vorstellungen? Oder ist es umgekehrt: Verändern unsere politischen Vorstellungen die medialen Impulse – z. B. indem wir uns dem Teil der Botschaften entziehen, der unseren Vorstellungen zuwiderläuft? Die Forschungslage ist in diesem Segment ausgesprochen unübersichtlich, es findet sich eine Vielzahl von Konzepten, Methoden und Befunden. Die wichtigsten Ansätze lassen sich auf drei Dimensionen verorten:

- Welcher *Zeithorizont* liegt der Beobachtung zugrunde? Wie kurz- oder langfristig ist die Perspektive?[7]
- Worauf wird der *Schwerpunkt* bei der Beobachtung gelegt? Welche Aspekte des Rezipienten werden als Variablen modelliert?[8]
- Welchen *Status* rechnet man den Rezipienten zu? Wird er eher als Objekt gesehen (Medienwirkungsansatz) oder eher als Subjekt (Mediennutzungsansatz)?[9]

Die folgende Darstellung der zehn wichtigsten rezipientenorientierten Ansätze ist vor allem nach dieser letzten Dimension geordnet. Sie beginnt mit dezidierten Wirkungsansätzen und geht über Ansätze, in denen die Aktivität des einzelnen Rezipienten betont wird, bis zu Ansätzen, die das soziale Umfeld der Rezipienten in den Vordergrund rücken.

Agenda-Setting ist ein Etikett für einen eher *kurzfristigen kognitiven Effekt* von Medien (McCombs/Shaw 1972): Medien vermitteln nicht, was wir denken, sondern *über* was wir denken. Sie lenken unsere Aufmerksamkeit auf bestimmte Fragen und schirmen andere ab. Sie strukturieren damit die öffentliche Diskussion, ohne im Einzelfalle Positionen zu beeinflussen. Medien bestimmen, welche Priorität den anstehenden Problemen zugemessen wird; sie sorgen durch die Häufigkeit der Berichterstattung und die Platzierung des Themas für eine Rangordnung (zur Weiterentwicklung siehe Rössler 1997).

Der *Kultivierungsansatz* hat hingegen den Anspruch, eher *langfristige kognitive Wirkungen* des Fernsehens nachzuweisen (Gerbner/

---

7 «Kurz- und langfristig» ist eine einfache Skalierung der Variable «Zeithorizont». Einzubeziehen wären noch komplexere Modelle der positiven und negativen Rückkopplung.

8 Besondere Bedeutung haben der kognitive (z. B. Kenntnis des Wahlsystems), der affektive (z. B. Sympathie für einen Kandidaten), der konative (z. B. Wahlteilnahme) und der soziale Aspekt (z. B. Einbindung in Gruppen) gewonnen.

9 Dies drückt sich darin aus, ob die jeweilige Variable als unabhängige Variable (also als Ursache), als abhängige Variable oder als intervenierende Variable modelliert wird. So kann das «politische Interesse» von Bürgern als Folge von politischen Medienangeboten konzipiert werden oder als Ursache der Zuwendung zu politischen Medienangeboten oder als Größe, die einen anderen Zusammenhang beeinflusst.

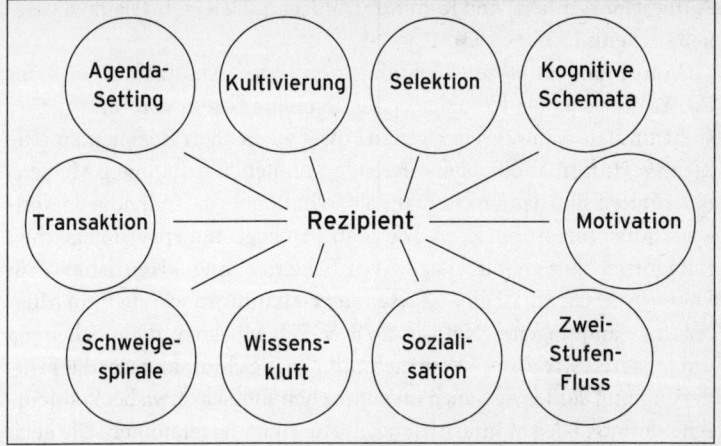

Abbildung 4: Übersicht über rezipientenorientierte Forschungsansätze

Gross/Morgan 1982). Die erzählenden Fernsehgenres (Serien, Werbespots u. a.) weisen eklatante Verzerrungen gegenüber der statistisch feststellbaren Realität auf, z. B. was die Häufigkeit von Verbrechen oder die Präsenz bestimmter Berufsgruppen angeht. Intensive Fernsehzuschauer übernehmen diese Verzerrungen in ihr Weltbild. Darüber hinaus sorgt das «Lernen» vom Fernsehen für eine weite Verbreitung eines homogenen kulturellen Musters und damit auch für eine Angleichung der politischen Vorstellungen in der Bevölkerung *(Mainstreaming)*.

Im Gegensatz dazu gestehen *selektionsorientierte Ansätze* den Rezipienten einen höheren Aktivitätsgrad zu. Ausgangspunkt bei Leon Festinger (1919–1990; Festinger 1957) ist: Unklarheiten in der Einschätzung der politischen Lage oder innere Widersprüche in den Einstellungen zu politischen Kandidaten oder Diskrepanzen zwischen Handeln und (Besser-)Wissen sind für die meisten Menschen unangenehm, da mit Stress verbunden. Gemeinhin streben wir nach Konsonanz und vermeiden Dissonanz. Folglich schützt sich das «widerspenstige Publikum» (Bauer 1964) durch selektive Zuwendung, selektive Wahrnehmung und selektive Erinnerung. In der empirischen Forschung hat sich aber gezeigt, dass dies nur einen Teil des Informationsverhaltens abbildet. Der Grad an Selektivität hängt ab von Botschaftsvariablen (z. B. Relevanz), Persönlichkeitsvariablen (z. B.

Aufgeschlossenheit) und Kommunikatorvariablen (z. B. Glaubwürdigkeit; Schenk 1987, S. 153).

Vom Standpunkt der selektionsorientierten Ansätze aus wird der Rezipient als jemand konzipiert, der in einem Strom von Information steht und auswählt. Weiter gehen Ansätze, die dem Rezipienten eine kreative, Informationen generierende Kompetenz zubilligen. Medienbotschaften sind dann nicht mehr als Irritationen, die individuelle Konstruktionsprozesse auslösen. Die zentralen kognitionspsychologischen Kategorien dafür sind «kognitives Schema» und «Heuristik». Ein *kognitives Schema* ist ein «Muster *von* Handlungen wie auch ein Muster *für* Handlungen» (Neisser 1979, S. 51). Mit kognitiven Schemata organisieren wir unsere Wahrnehmung, das Schlussfolgern, die Erinnerung und das Lernen auch im politischen Bereich, etwa bei Wahlentscheidungen oder in internationalen Auseinandersetzungen. Die auch politisch wichtigsten Schematypen sind Personenschemata («Prototypen»), Ablaufschemata («Skripte») und Raumschemata («Kognitive Landkarten») (Graber 1986; Vowe 1994, S. 442). Für die Verbindung zwischen einzelnen Wahrnehmungen (Signalen) und den Schemata sorgen *Heuristiken* – Daumenregeln wie der Schluss von dem wahrgenommenen Merkmal einer Person auf den Typ (siehe Brosius 1995).

Ein anderer Aspekt des Rezipienten wird im «Nutzen- und Belohnungsansatz» (Blumler/Katz 1974) in den Vordergrund gerückt – seine *Motivation*. Wie jede Mediennutzung kann auch die Zuwendung zu politischen Inhalten aus spezifischen Intentionen heraus erklärt werden. Mehr als von allen anderen Variablen ist die Nutzung politischer Medieninhalte vom politischen Interesse abhängig. Je stärker jemand politisch interessiert ist, desto mehr wendet er sich politischen Inhalten zu (und desto größer ist sein politisches Wissen) – und umgekehrt (Schulz 1997, S. 121; Norris 2000).[10] Mit dem politischen

---

10 Es finden sich aber auch Hinweise auf eine andere Kausalkette. Unter dem Etikett der «Video-Malaise» wird behauptet: Je mehr sich jemand dem Fernsehen zuwende, desto weniger beteilige er sich am politischen Leben. Wachsende Politikverdrossenheit, also sinkende Zufriedenheit mit den Politikern und steigende Entfremdung vom politischen System, wird mit den Veränderungen im Fernsehen erklärt, und zwar mit zwei Tendenzen: mit dem Negativismus und dem Skandalismus der politischen Berichterstattung (Robinson 1975; kritisch Holtz-Bacha 1990; Wolling 1999).

Interesse sind weitere Motive verknüpft: Das Publikum nutzt Angebote politischer Information aus bestimmten generellen Motiven heraus, z. B. dem Kontrollbedürfnis oder der Suche nach sozialer Anerkennung. In diesen zunächst so klaren Zusammenhang von Nutzen und Nutzung sind zahlreiche weitere Faktoren eingefügt worden, z. B. die Gewohnheitsbildung, das Erregungsniveau und die Kosten-Nutzen-Relation (Bonfadelli 1998, S. 218; Jäckel 1996).

Die bislang referierten Modelle nehmen ihren Ausgangspunkt im Rezipienten. Eher sozialpsychologisch orientierte Ansätze sehen die Rezipienten in ihren sozialen Beziehungen. Die *Netze interpersoneller Kommunikation* werden zum Schlüssel für Mediennutzung und Medienwirkung. Besonders wichtig sind dabei die zentralen Knoten in den jeweiligen Netzen – Personen, die sich dadurch auszeichnen, dass sie oft um Rat gefragt werden, oft andere zu überzeugen versuchen, politisch interessierter sind und die Medien stärker nutzen. Über diese «Opinion-Leaders» wirken die Medien auf die jeweiligen «Followers» in den Netzen, d. h. in einem *«Two-Step-Flow»* (Lazarsfeld/Berelson/Gaudet 1944). Die Kommunikationsnetze sind eingebettet in die Sozialstruktur – deren Segmente durch Schicht- oder Milieumerkmale charakterisiert werden können.[11]

An dieser Einbettung in die Sozialstruktur setzt eine Forschungsrichtung an, die eine Vertiefung der sozialen Ungleichheiten infolge der politischen Medienangebote sieht. Das politische Wissen ist sozial ungleich verteilt. In der These von der *Wissenskluft* wird eine *sozial selektive Aneignung* behauptet: Die Chancen durch neue Informationsangebote gleichen diese Unterschiede nicht aus. Im Gegenteil: Da sie bevorzugt von den statushöheren Bevölkerungsgruppen wahrgenommen werden, vergrößern neue Informations- und Kommunikationsmöglichkeiten den kognitiven Abstand zwischen den sozialen Gruppen. Strukturelle Unterschiede im Wissen haben Ungleichheiten in den Möglichkeiten politischer Beteiligung zur Folge – ein zentrales Problem für demokratische Grundprinzipien. Die Forschung

---

11 Auch deshalb, weil sich die kommunikativen Möglichkeiten stark vergrößert haben, ist eine Fragmentierung der PK mit veränderten Formen der Integration festzustellen (vgl. Hasebrink/Krotz 1993; Holtz-Bacha 1997).

hat hier widersprüchliche Befunde erbracht (Bonfadelli 1994; Wirth 1997).

Das dynamische Moment wird durch die Forschung zur *politischen Sozialisation* akzentuiert: Das Fernsehen ist die wichtigste politische Informationsquelle für Kinder und Jugendliche und hat im Verbund mit Familie und Gleichaltrigen großen Einfluss auf die Meinungsbildung. Darüber hinaus sind Medien für die Eingliederung in die politische Kultur eines Landes von Bedeutung (Bandura 1989).

Im Ansatz der *Schweigespirale* werden motivationale und kognitive Aspekte, Nutzung und Wirkung zusammengeführt (Noelle-Neumann 1980). Sein psychologisches Fundament bildet die Annahme einer grundlegenden «Isolationsangst» als Antrieb des Handelns – man vermeidet es so weit wie möglich, in einer Gruppe als Außenseiter dazustehen. Weiterhin wird angenommen, dass es ein «quasi-statistisches Organ» gibt, nämlich die Fähigkeit, die gesellschaftliche Mehrheitsmeinung wahrzunehmen. Es ist frappierend, in welchem Ausmaß die Leute zu wissen meinen, was die «meisten anderen Leute» denken, z. B. ob die Mehrheit für oder gegen die Volkszählung eingestellt ist (Scherer 1995). Sie entnehmen diese *öffentliche Meinung* den Gesprächen in ihren persönlichen Beziehungen und den Medien. Insbesondere politisch wenig Interessierte entnehmen dem Fernsehen Informationen über das Meinungsklima in politischen Fragen. Um sich nicht in eine isolierte Position gegenüber der wahrgenommenen Mehrheit zu bringen, verfallen diejenigen, die sich in der Minderheit fühlen, in Schweigen; die sich in der Mehrheit fühlen, verstärken hingegen ihr Reden. Auf diese Weise setzt eine Dynamik der öffentlichen Meinung ein, die als Spiralprozess beschrieben werden kann – mit Konsequenzen für die Wahlentscheidungen (kritisch dazu Fuchs/Gerhards/Neidhardt 1992).

Als Schlussstein kann der integrative Ansatz der *Dynamischen Transaktion* dienen, da er explizit die Verbindung zu den Kommunikatoren herstellt. Gegenüber den konsequent entweder auf die Nutzung oder auf die Wirkung abstellenden Ansätzen versucht dieser Ansatz eine Synthese von beidem (Früh/Schönbach 1982). Erst die Interdependenz zwischen den Rezipienten mit ihren Kognitionen und den Kommunikatoren mit ihren Botschaften erlaubt ein angemessenes Modell für PK Medienwirkungen sind Resultate des Zusammenwirkens beider Seiten, und sie ergeben sich auch auf beiden Seiten. Denn die Rezipienten verarbeiten vorgegebene Botschaften, die zumeist konsistent und konsonant auftreten. Und die Kommunikatoren antizipieren die Motive und Kognitionen der Rezipienten und nutzen dies für ihre eigenen Interessen. Beide Seiten verändern sich also in der Interaktion. Mit dem Begriff der «Inter-Transaktion» wird das komplexe Wechselspiel zwischen Kommunikator und Rezipient (unter Einschluss von Medium und Botschaft) zu erfassen versucht: Der Kommunikationsprozess wird zugleich als kommunikatorgesteuerte Erzeugung von Effekten beim Rezipienten (bei dessen Erwartungen, Einstellungen und Handlungen) und als rezipientengesteuerte Erzeugung von Effekten beim Kommunikator (bei dessen Erwartungen, Einstellungen und Handlungen) gesehen. Diese Interdependenz setzt sich innerhalb des einzelnen Kommunikationspartners als «Intra-Transaktion» fort, so beim Rezipienten als Wechselspiel zwischen Kommunikatorbotschaft und Rezipienteninterpretation. Hinzu kommt das Wechselspiel von Kognition und Motivation: ohne Vorwissen kein Interesse, ohne Interesse kein Verstehen usw. Dieses komplexe Modell ist mittlerweile in einem aufwendigen Design empirisch getestet und auch für politische Sachverhalte weiterentwickelt worden (Früh 1994).

2.2 Die Mediendimension politischer Kommunikation

So weit der dreistellige Zugang über die Akteure im Kommunikationsprozess. Der zweite Zugang zur PK öffnet sich über die Medien. Lange Zeit hatte man die Medien nicht als eigenständige Faktoren gesehen, sondern als bloße Verbreitungswege («Kanäle») für politische Botschaften. Das «Wie» verschwand hinter dem «Was». Aber auch in der politischen Kommunikation kann das Medium als die eigentliche Botschaft gesehen werden. Marshall McLuhan (1911–1980; McLuhan 1964) machte deutlich, in welchem Maß das Medium die Produktion, die Botschaft und die Rezeption durch seinen spezifischen Code prägt. Wie PK bei diesem medienwissenschaftlichen Zugang gesehen wird, richtet sich danach, welcher Medienbereich als leitend angesehen wird, weil man ihm besondere Bedeutung für die PK zurechnet. Presse, Hörfunk, Fernsehen, Online sind die von der Forschung bevorzugten Medien. Malerei, staatliche Hoheitszeichen, Plakate und Film sind in der

Medienwissenschaft auch unter politischen Aspekten gut untersucht; andere Medien wie z. B. Tonträger oder Computerspiele sind wesentlich weniger oder wie Briefmarken überhaupt nicht untersucht (im Überblick Schanze 2001; Faulstich 1998; Engell et al. 1999). Aus Platzgründen muss hier auf die Darstellung der Presse-, der Rundfunk- und der Online-orientierten Forschung verzichtet werden (siehe dazu die Beiträge in Bentele/Brosius/Jarren 2003).

2.3 Die Politikdimension politischer Kommunikation

Beim dritten Zugang wird eine Unterscheidung nach dem Politikaspekt getroffen. Die entsprechende Forschung orientiert sich an dem politischen Kontext, in den die Kommunikation eingebettet wird, vor allem an den Zielen, die der PK gesteckt, und den Folgen, die ihr zugerechnet werden. Von daher ist für diesen Zugang maßgebend, ob man Politik als Gestaltung, als Auseinandersetzung oder als Ordnung sieht.

2.3.1 Politik als Policy – Politische Kommunikation
als Instrument politischer Problemlösung

Im Kontext von Politik als Gestaltung gesellschaftlicher Verhältnisse wird PK zu einem Instrument der Problemlösung, substitutiv oder komplementär zu rechtlicher und fiskalischer Regulierung. PK ist dann unter dem Aspekt der funktionalen Äquivalenz zum Einsatz anderer Instrumente zu bewerten. Die Forschung hat die Ambivalenz von PK unter diesem Aspekt herausgearbeitet. Grundlegend dafür ist der Terminus der «Symbolischen Politik» (Edelman 1985; Sarcinelli 1987) in seiner Mehrfachbedeutung von Ersatz, Substanz und Vermittlung von Politik. Ursprünglich war der Terminus als kritischer Kommentar von *Ersatzhandlungen* anstelle substanzieller Politik gedacht. Wo bindende Entscheidungen zu einen Problem nicht durchsetzbar sind, wird auf symbolische Akte zurückgegriffen: statt kostspieliger schulischer Förderung eine Plakataktion zur Ausländerintegration. Unbestreitbar gibt es aber Probleme, deren politische Lösung substanziell von gelingender PK abhängt. Das ist dann der Fall, wenn die angemessene Lösung eines Problems auf Handeln von Einzelnen angewiesen ist, dieses aber nicht durch rechtliche Regeln oder durch ökonomische Anreize verändert werden kann, sondern eine *Bewusst-*

seinsveränderung der Bürger voraussetzt, die durch Überzeugung ermöglicht, erleichtert oder beschleunigt wird. Ein Beispiel ist die Prävention von AIDS oder von verhaltensbedingten Krebsarten. Dazwischen stehen Probleme, bei deren substanzieller Lösung auf ökonomische und regulative Instrumente gesetzt wird, dies aber flankiert werden muss durch den Einsatz kommunikativer Instrumente, um die erforderliche Unterstützung bei kollektiven oder individuellen Akteuren zu sichern. Dies ist der Bereich der *Politikvermittlung* (Sarcinelli 1998): Politische Entscheidungen werden kommunikativ so vermittelt, dass eine Unterstützung gewährleistet ist und die Reibungen bei der Umsetzung minimiert werden. Ein Beispiel ist die Einführung des Euro (Norris 2000, S. 222).

Prototyp der PK im Kontext von Politik als Policy ist die *Kampagne.* Die Forschung hierzu (Rice 1989; Röttger 2002) setzt die Tradition der Propagandaforschung (siehe Abschnitt 2.1.1) fort, geht aber von eher moderaten Effekten aus. Langfristig, indirekt und adressatenspezifisch können Wissen, Einstellungen und Handeln beeinflusst werden. Voraussetzung dafür ist, dass der Adressat als Tauschpartner begriffen wird, dem man attraktive Äquivalente für seine Aufmerksamkeit, seinen Einstellungswandel und sein Handeln anbietet. Botschaften sind besonders erfolgreich, wenn sie glaubhaft bei einer Entscheidung für die positive Seite Belohnungen versprechen, z. B. eine Erhöhung des Selbstwertgefühls, und bei einer Entscheidung für die negative Seite mit Bestrafungen drohen können, z. B. mit Einkommensverlusten oder Sicherheitseinbußen.

Die *Unterschiede* der PK *von Politikfeld zu Politikfeld* (z. B. Forschungs- oder Sicherheitspolitik) erweisen sich als bemerkenswert (vgl. Jarren/Sarcinelli/Saxer 1998). Dies liegt an den jeweiligen strukturellen Merkmalen des Politikfeldes, z. B. wie öffentlichkeitsorientiert die jeweilige Politik ist, wie heterogen die Akteure sind und wie stark ein positives Ergebnis auf der Zustimmung und Mitwirkung breiter Teile der Bevölkerung basiert. In zweiter Näherung ist eine Unterscheidung nach einzelnen Themen erforderlich. Die doppelte Unterscheidung nach Feldern und Themen kann vor einer generellen Überschätzung der medialen Kommunikation als Instrument zur Erreichung politischer Ziele bewahren. In vielen Bereichen wird es nicht auf Kampagnen ankommen, sondern auf eine ausgewogene Mischung verschiedener Spielarten von Kommunikation – von publik über persönlich bis zu geheim.

2.3.2 Politik als Politics – Politische Kommunikation als Auseinandersetzung zwischen politischen Akteuren

Im Kontext von Politik als Politics wird PK zu einem Schauplatz der Auseinandersetzung zwischen politischen Akteuren. Drei unterschiedliche Schauplätze mit einer jeweils anderen Akteurskonstellation stehen im Mittelpunkt der Forschung.

Prototyp für PK in der Auseinandersetzung ist der *Wahlkampf*, eine Hochzeit für alle Formen der PK. Der Wahlkampf lenkt auch die Aufmerksamkeit von politisch weniger Interessierten auf Politik, der Bedarf an politischer Information wird geweckt, es steigt die Bereitschaft, sich über politische Themen zu unterhalten, und auf diese Weise kristallisiert sich die Entscheidung heraus, ob man zur Wahl geht und, wenn ja, welche Wahl man trifft. Die Gewinnung des steigenden Anteils von Wechselwählern nimmt an Bedeutung zu im Vergleich zur Mobilisierung des abnehmenden Anteils von Stammwählern. Dies hat zur Entwicklung von Konzepten der Wahlkampfkommunikation geführt, die unter dem Stichwort «Amerikanisierung» kontrovers diskutiert werden. In viel höherem Maß als bisher wird von den Themenpräferenzen und den Beurteilungsdimensionen ausgegangen, die potenzielle Wähler bei ihrer Stimmabgabe berücksichtigen. Kandidat und Programm werden möglichst präzise auf die potenziellen Wählergruppen zugeschnitten: politisches Marketing (Vowe/Wolling 2000).

In der Auseinandersetzung um politische *Entscheidungen* hat sich die PK allein schon deswegen intensiviert, weil Zahl und Unterschiedlichkeit der an den verbindlichen Entscheidungen beteiligten Akteure enorm gestiegen sind. «Politikverflechtung», «Mehr-Ebenen-Systeme», «Verhandlungsnetz» – mit diesen Etiketten hat man den Komplexitätszuwachs zu fassen versucht (vgl. Scharpf 2000). PK spielt je nach Phase des Entscheidungsprozesses eine unterschiedliche Rolle und nimmt unterschiedliche Formen an (vgl. Beyme/Wessler 1998). Insbesondere in der Phase der Thematisierung eines politischen Problems ist *öffentliche* Kommunikation von besonderer Bedeutung, da Akteure darum konkurrieren, ihr Thema oder ihre Themenversion an die Spitze der Tagesordnung platzieren zu können und dafur die öffentliche Meinung zu mobilisieren. Aber auch in den anderen Phasen wie der Programmentwicklung und der Umsetzung kann es geschehen, dass Akteure die Öffentlichkeit suchen, um ihre jeweilige Position zu stärken.

Zum Komplexitätszuwachs trägt noch die Entwicklung bei, die Carl-Friedrich von Weizsäcker (1963) mit dem Begriff der «Weltinnenpolitik» zu fassen versucht hat. Konfliktparteien in den *internationalen Auseinandersetzungen* versuchen, die Weltöffentlichkeit bzw. die Öffentlichkeit in bestimmten Schlüsselnationen zu mobilisieren und für ihre Zwecke zu nutzen. Publizistische Mittel werden mit militärischen, diplomatischen und wirtschaftlichen Mitteln kombiniert (Jäger 1998).

Ob im nationalen oder im globalen Rahmen: Durch PK verschieben sich die Gewichte. So verändern sich durch PK die Möglichkeiten für *Partizipation*, also für die intentionale Beeinflussung politischer Entscheidungen durch die einzelnen Bürger. In den gängigen Typologien von Partizipation bildet die Nutzung politischer Medieninformation den Sockel, auf dem anspruchsvollere Partizipationsaktivitäten aufbauen; auch die stellen zum größten Teil kommunikative Handlungen dar, wie die Teilnahme an Demonstrationen oder an Unterschriftensammlungen (Gabriel/Brettschneider 1998). Von daher bilden Medien eine Voraussetzung für die Einbeziehung der Bürger in das politische System. So ist der demoskopisch feststellbare Anstieg des politischen Interesses in den 1960er Jahren zu einem gewichtigen Teil aus der Verbreitung des Fernsehens zu erklären (Noelle-Neumann 1974). Allerdings ist die Wahrnehmung der gestiegenen Chancen zur Partizipationskommunikation sozial ungleich verteilt. Deutlich wird dies bei der Nutzung der Online-Kommunikation für politische Zwecke. Dabei kommt es nachweislich nicht zur Substitution herkömmlicher politischer Partizipation, sondern das Handlungsrepertoire erweitert sich durch die Online-gestützten Möglichkeiten (Emmer/Vowe 2002) – allerdings in sozial unterschiedlicher Weise (Norris 2001).

Auch auf der Ebene der *Organisationen* verschieben sich durch Medien die Gewichte. Medien bieten Möglichkeiten, die von den politischen Organisationen unterschiedlich genutzt werden. Einige sind auf die medialen Möglichkeiten angewiesen, um überhaupt politischen Einfluss zu gewinnen; für andere hat mediale Kommunikation

eher periphere Bedeutung. Wieder andere haben mediale Kommunikation traditionell in ihrem Instrumentarium, vollziehen aber den gestiegenen Bedeutungswandel nach. Die Herausforderung durch die
«Mediengesellschaft» erweist sich für einige politische Organisationen als Chance, für andere als Risiko. Die Organisationen antworten
unterschiedlich auf diese Herausforderung, z. B. in Form veränderter
Organisationsgliederungen oder neuer Strategien. Darüber hinaus
fragt sich, ob das Bild der Medien als einem Forum der Auseinandersetzung die veränderten politischen Kräfteverhältnisse noch adäquat
wiedergibt. Gleiches gilt für das Bild von den Medien als dem Mittler,
der die Interessen der Bürger bündelt und in Input für Entscheidungen durch das System umwandelt. Diese funktional geprägten Bilder
verdecken das Eigeninteresse der Medienorganisationen, die in den
politischen Auseinandersetzungen an Bedeutung gewonnen haben
und dies weiter vorantreiben, um ihren Spielraum zu erweitern und
mit anderen Akteuren gleichzuziehen – vor allem mit den Parteien.
Medien sind in den unterschiedlichen politischen Arenen nicht nur
Medium, sondern selbst auch Akteur.

2.3.3 Politik als Polity – Politische Kommunikation als Moment
politischer Ordnung

Einen dritten und letzten politikwissenschaftlichen Aspekt bildet die
Sicht von Politik als Polity. PK rückt dann in den Zusammenhang politischer Ordnung, und zwar als deren Voraussetzung und Ergebnis.

PK bildet als *öffentliche* Kommunikation eine zentrale *Vorausset-
zung legitimer politischer Ordnung*, denn in mehrerer Hinsicht ist
Öffentlichkeit eine Bedingung dafür, dass sich eine pluralistische
Struktur der Politik mit konkurrierenden politischen Konzepten er-
geben kann. Dies ruht auf einem konsentierten Sockel prozeduraler
Regeln der Auseinandersetzung. Ohne Öffentlichkeit kann es keine
Offenheit der weiteren Entwicklung geben, da die Lernfähigkeit von
Menschen, Organisationen und Systemen an eine funktionierende öf-
fentliche Kommunikation gebunden ist. Zugleich kann sich nur bei
funktionierender Öffentlichkeit Vertrauen in die weitere politische
Entwicklung bilden. Diese normativen Setzungen sind deswegen ein
Schlüssel zum Verständnis von PK, da sie das politisch-kommunika-
tive Handeln beeinflussen. PK ist deshalb ein tragendes Moment von

politischer Kultur in einem empirischen Sinn des Begriffs (Almond/ Verba 1963); sie beeinflusst die Identifikation mit dem politischen System und die Überzeugung von der Wirksamkeit eigenen politischen Handelns. Von daher kommt der normativen Seite von PK auch Erklärungskraft zu.

Umgekehrt ist PK ein *Ergebnis* politischer Ordnung. Die politische Ordnung bildet den Rahmen für PK – mit generellen und kommunikationsspezifischen Regeln. PK wird durch Kommunikationspolitik geprägt; im Wissen um die politische Bedeutung setzt die Politik insbesondere der öffentlichen Kommunikation politische Regeln (Ronneberger 1978). Ein Teil dessen sind Ordnungsentscheidungen für die PK, die dem Mediensystem eine eher liberale oder eine eher sozialstaatliche oder eine eher autoritäre Orientierung geben (Schramm/ Siebert/Peterson 1956). Die komparative Forschung hat deutlich gemacht, welche Varianz man zwischen den Mediensystemen auch bei gleichartigen politischen und ökonomischen Bedingungen findet (Kleinsteuber 1993; Kaase 1998). Der Forschung ist es aber erst ansatzweise gelungen, die normativen Setzungen wie Vielfalt oder Qualität zu operationalisieren und in systematische Ländervergleiche einzubringen – aus denen sich wiederum Konsequenzen für die Gestaltung des Mediensystems ergeben könnten.

In der deutschen Debatte zur Ordnung der politischen Kommunikation dominiert eine verfassungsrechtliche Auffassung, der zufolge die medienpolitische Ordnung primär die zentrale Funktion von Medien sichern soll, nämlich die freie politische Meinungsbildung in einer pluralistischen Gesellschaft. Die grundgesetzliche Medienfreiheit ist damit Auftrag für aktives staatliches Handeln, etwa um kommunikative Chancengleichheit zu sichern, ohne dabei das Gebot der Staatsferne zu verletzen. Daraus folgen die «öffentliche Aufgabe» der Presse und die besondere Konstruktion des öffentlich-rechtlichen Rundfunks. Über das Bundesverfassungsgericht hat diese Position erhebliche medienpolitische Bedeutung erlangt (Hoffmann-Riem/Schulz 1998). Damit ist eine zweite zentrale Ordnungsentscheidung eng verknüpft: die Entscheidung darüber, wer Entscheidungen über öffentliche Kommunikation treffen darf. Noch hat eine Regelung Bestand, bei der die Bundesländer gegenüber dem Bund und der EU nicht nur im Rundfunkbereich, sondern auch im Presse- und im Onlinebereich

über erhebliche Kompetenzen verfügen. Auf Basis dieser Ordnungsentscheidungen wird durch Regulierung der Rahmen für die öffentliche Kommunikation festgelegt. Es werden mehr oder weniger strikte
Regelungen dafür getroffen, wer was wie öffentlich kommunizieren
darf – mit gravierenden Unterschieden zwischen den Medienberei-
chen. Vergleichsweise intensiv fällt die Regulierung im Rundfunkbereich aus – auf dem Hintergrund der Annahme einer besonders ausgeprägten politischen Wirkung. Die Regulierung konzentriert sich auf
die Anbieterstruktur, auf strukturelle Regelungen, wer als Anbieter
Zutritt zum Rundfunk erhält. Infolgedessen ist die Rundfunkland-
schaft stark politisch geprägt. Dies gilt für die Einrichtung eines dezentralen öffentlich-rechtlichen Rundfunks in Deutschland durch die
West-Alliierten nach dem Zweiten Weltkrieg ebenso wie für die Einführung des «Dualen Rundfunksystems» Mitte der 1980er Jahre, die
der öffentlich-rechtlichen Anbietersäule eine privat-kommerzielle
Säule hinzufügte. Die Rundfunkpolitik hat ein faktisches Duopol aus
Bertelsmann und Kirch-Gruppe im privaten Fernsehen entstehen lassen. Ein Geflecht aus regionalpolitischen, publizistischen und ökonomischen Interessen hat zu dieser Kartellierung mit einer bislang (!)
weitgehend erfolgreichen Abwehr ausländischer Investoren geführt
(Vowe 2002). Die Rundfunkpolitik hat außerdem gesichert, dass sich
der öffentlich-rechtliche Rundfunk gegenüber der privaten Konkurrenz behaupten kann. Die politische Garantie einer angemessenen
Finanzierung über Gebühren ist an einen erheblichen Einfluss insbesondere der Parteien auf organisations-, programm- und personalpo-
litische Entscheidungen der öffentlich-rechtlichen Anbieter gebunden
(Hoffmann-Riem/Schulz 1998, S. 163). Im Vergleich dazu ist der Einfluss der politischen Organisationen auf die privaten Anbieter wesentlich geringer. Die medienpolitischen Regulierungen sind geprägt von
den Interessen der politischen Akteure und der Medienorganisationen; aufgrund der «Strukturschwäche der Publikumsrolle» (Saxer
1998, S. 37) sind die Rezipienten nicht organisiert und haben von daher keinen Akteurstatus in der Medienpolitik.

3 Ausblick: Perspektiven der Forschung

Ohne Zweifel ist der *Stellenwert medialer Kommunikation für die Politik* gestiegen. Dies betrifft alle Facetten bindender Entscheidung: was zur Entscheidung gelangt und welche Möglichkeit gewählt wird; wer in Positionen einrückt, in denen entschieden wird; wie und wann entschieden wird; welche Regeln für den Entscheidungsprozess gelten. Die mediale Handlungslogik hat (auch) in der Politik an Boden gewonnen. Gewinner dieser Entwicklung sind die Medienorganisationen und die Teile von politischen Organisationen, die die Schnittstelle zu den Medienorganisationen bilden. Verlierer sind vor allem die Parteien und von ihnen dominierte staatliche Instanzen. Von daher ist es gerechtfertigt, von einer «Medialisierung» der Politik zu sprechen (vgl. Schulz 2002). Wäre dieser Prozess so weit vorangeschritten, dass «Mediokratie» (Meyer 2001) – in der doppelten Bedeutung von Medienherrschaft und Mittelmäßigkeit – zu einer angemessenen Kennzeichnung des politischen Systems geworden wäre, so wären auch normative Grenzsetzungen erforderlich. Es wäre an der Zeit, darüber nachzudenken, ob die «Vierte Gewalt» im System der «checks and balances» hinreichend eingebunden ist. Dabei werden Grundpfeiler des liberal-demokratischen Systems berührt; eine Auseinandersetzung über die Justierung normativer Gewichte ist keine akademische Debatte, sondern stark belastet durch machtpolitische Kalküle, da in und mit der Auseinandersetzung Domänen angegriffen oder verteidigt werden.

Umso wichtiger ist es, aus *wissenschaftlicher Distanz* heraus dicht zu beschreiben, was im Spannungsfeld von Medien und Politik geschieht; nachvollziehbar zu prüfen, welche Erklärungen sich bewähren und welche nicht; und mit gebotener Vorsicht vorauszusagen, was mit welcher Wahrscheinlichkeit zu erwarten ist. Das setzt eine systematische Verschränkung der disziplinären Perspektiven auf PK voraus – ohne die Eigenart der kommunikations-, der medien- und der politikwissenschaftlichen Perspektive zu negieren. Das beinhaltet neben der Integration der theoretischen Konstrukte die systematische Integration der Methoden – nicht deren Vereinheitlichung. Gerade um die Verschiebungen im Verhältnis von Medien und Politik intersubjektiv gültig erfassen zu können, bedarf es einer Verschränkung von Theorie und Empirie, von quantitativen und qualitativen empirischen Verfahren. Die theoretische und methodische Integration besitzt unmittelbare Anwendungsrelevanz, wie die Veränderungen der Wahlkampfstrategien prototypisch zeigen. Sie hat aber auch aufklärerische Momente. Prototypisch dafür ist die Rationalisierung von Normen für den Kommunikationsprozess, z. B. der journalistischen Sorgfaltspflicht oder der Transparenz von PR. Ob anwendungs- oder grundlagenorientiert: In jedem Fall erweitert sich das Dual von Medien und Politik um die Wissenschaft zu einer Trias – mit den vielfältigen wechselseitigen Bezügen, die dadurch möglich werden. Damit steht die Wissenschaft in der Verantwortung: Zum einen hat sie Medien und Politik vor ihren jeweiligen Allmachts- und Ohnmachtsvorstellungen zu bewahren, indem sie deren komplexes Wechselspiel aufdeckt. Zum anderen hat sie sich selbst reflexiv einzubeziehen, ohne sich ihrerseits als allmächtig oder ohnmächtig zu begreifen.

Literatur

Almond, Gabriel/Verba, Sidney: The Civic Culture, Newbury Park 1963.

Altheide, David L./Snow, Robert P.: Media Logic, Newbury Park 1979.

Aristoteles: Rhetorik, hg. von Franz G. Sieveke, München ⁵1995.

Aristoteles: Die Politik, hg. von Otfried Höffe, Berlin 2001.

Baerns, Barbara: Öffentlichkeitsarbeit oder Journalismus?, Köln 1985.

Bandura, Albert: «Die sozial-kognitive Theorie der Massenkommunikation», in: Jo Groebel/Peter Winterhoff-Spurk (Hg.): Empirische Medienpsychologie, München 1989, S. 7–32.

Bauer, Raymond A.: «The Obstinate Audience: The Influence Process from the Point of View of Social Communication», in: American Psychologist 19, 1964, S. 319–328.

Bentele, Günter/Brosius, Hans-Bernd/Jarren, Otfried (Hg.): Öffentliche Kommunikation. Handbuch Kommunikations- und Medienwissenschaft, Wiesbaden 2003 (i. E.).

Bentele, Günter/Liebert, Tobias/Seeling, Stefan: «Von der Determination zur Intereffikation. Ein integriertes Modell zum Verhältnis von Public Relations und Journalismus», in: Günter Bentele/Michael Haller (Hg.): Aktuelle Entstehung von Öffentlichkeit, Konstanz 1997, S. 225–250.

Beyme, Klaus von/Weßler, Hartmut: «Politische Kommunikation als Entscheidungskommunikation», in: Otfried Jarren/Ulrich Sarcinelli/Ulrich Saxer (Hg.): Politische Kommunikation in der demokratischen Gesellschaft, Opladen/Wiesbaden 1998, S. 312–323.

Blumer, Herbert: Symbolic Interactionism, Berkeley, Ca. 1986 (zuerst 1969).

Blumler, Jay G./Katz, James E.: The Uses of Mass Communications, Beverly Hills 1974.

Bonfadelli, Heinz: Die Wissenskluft-Perspektive, Konstanz 1994.

Bonfadelli, Heinz: «Politische Kommunikation – Kommunikationspsychologische Perspektiven», in: Otfried Jarren/Ulrich Sarcinelli/Ulrich Saxer (Hg.): Politische Kommunikation in der demokratischen Gesellschaft, Opladen/Wiesbaden 1998, S. 211–235.

Boorstin, Daniel: The Image or What Happened to the American Dream, New York 1961.

Brosius, Hans-Bernd: Alltagsrationalität in der Nachrichtenrezeption, Opladen 1995.

Bruns, Thomas/Marcinkowski, Frank/Schatz, Heribert (Hg.): Politische Information im Fernsehen, Opladen 1997.

Deutsch, Karl W.: The Nerves of Government, New York/London 1968.

Donsbach, Wolfgang: Legitimationsprobleme des Journalismus, Freiburg/München 1982.

Donsbach, Wolfgang/Jarren, Otfried/Kepplinger, Hans Mathias et al. (Hg.): Beziehungsspiele – Medien und Politik in der öffentlichen Diskussion, Gütersloh 1993.

Downs, Anthony: An Economic Theory of Democracy, New York 1957.

Edelman, Murray: The Symbolic Uses of Politics, Urbana 1985.

Emmer, Martin/Vowe, Gerhard: «Elektronische Agora? Digitale Spaltung? Der Einfluss des Internet-Zugangs auf politische Aktivitäten der Bürger», in: Achim Baum/Siegfried J. Schmidt (Hg.): Fakten und Fiktionen, Konstanz 2002, S. 419–432.

Engell, Lorenz/Fahle, Oliver/Neitzel, Britta/Pias, Claus/Vogl, Joseph: Kursbuch Medienkultur, Stuttgart 1999.

Faulstich, Werner (Hg.): Grundwissen Medien, München 1998.

Festinger, Leon: A Theory of Cognitive Dissonance, Evanston 1957.

Früh, Werner: Realitätsvermittlung durch Massenmedien, Opladen 1994.

Früh, Werner/Schönbach, Klaus: «Der dynamisch-transaktionale Ansatz», in: Publizistik 27/1, 1982, S. 74–88.

Fuchs, Dieter/Gerhards, Jürgen/Neidhardt, Friedhelm: «Öffentliche Kommunikationsbereitschaft», in: Zeitschrift für Soziologie 21, 1992, S. 284–295.

Gabriel, Oscar W./Brettschneider, Frank: «Politische Partizipation», in: Otfried Jarren/Ulrich Sarcinelli/Ulrich Saxer (Hg.): Politische Kommunikation in der demokratischen Gesellschaft, Opladen/Wiesbaden 1998, S. 285–291.

Gerbner, George/Gross, Larry/Morgan, Michael: «Charting the Mainstream: Television's Contributions to Political Orientations», in: Journal of Communication 32/2, 1982, S. 100–127.

Goffman, Erving: Wir alle spielen Theater. Die Selbstdarstellung im Alltag, München 6 1997 (zuerst 1956).

Graber, Doris A.: Processing the News, New York u. a. 1986.

Habermas, Jürgen: Strukturwandel der Öffentlichkeit, Neuwied/Berlin 1962.

Habermas, Jürgen: Theorie des kommunikativen Handelns, Frankfurt a. M. 1981.

Hasebrink, Uwe/Krotz, Friedrich: «Wie nutzen Zuschauer das Fernsehen?», in: Media Perspektiven 11/12, 1993, S. 515–527.

Hobbes, Thomas: Leviathan, oder Stoff, Form und Gewalt eines kirchlichen und bürgerlichen Staates, hg. von Iring Fetscher, Neuwied/Berlin 1966 (zuerst 1651).

Hoffmann-Riem, Wolfgang/Schulz, Wolfgang: «Politische Kommunikation – Rechtswissenschaftliche Perspektiven», in: Otfried Jarren/Ulrich Sarcinelli/Ulrich Saxer (Hg.): Politische Kommunikation in der demokratischen Gesellschaft, Opladen/Wiesbaden 1998, S. 154–172.

Holtz-Bacha, Christina: «Videomalaise Revisited: Media Exposure and Political Alienation in West Germany», in: European Journal of Communication 5, 1990, S. 73–85.

Holtz-Bacha, Christina: «Das fragmentierte Medien-Publikum», in: Aus Politik und Zeitgeschichte B 42, 1997, S. 13–21.

Homans, George C.: Elementarformen sozialen Verhaltens, Köln 1968.

Hovland, Carl I./Janis, Irving L.: Personality and Persuasibility, New Haven 1959.

Jäckel, Michael: Wahlfreiheit in der Fernsehnutzung, Opladen 1996.

Jäger, Thomas: «Außenpolitische Kommunikation», in: Otfried Jarren/Ulrich Sarcinelli/Ulrich Saxer (Hg.): Politische Kommunikation in der demokratischen Gesellschaft, Opladen/Wiesbaden 1998, S. 516–524.

Jarren, Otfried/Donges, Patrick: Politische Kommunikation in der Mediengesellschaft, Wiesbaden 2002 (i. E.).

Jarren, Otfried/Sarcinelli, Ulrich/Saxer, Ulrich (Hg.): Politische Kommunikation in der demokratischen Gesellschaft, Opladen/Wiesbaden 1998.

Kaase, Max: «Politische Kommunikation – Politikwissenschaftliche Perspektiven», in: Otfried Jarren/Ulrich Sarcinelli/Ulrich Saxer (Hg.): Politische Kommunikation in der demokratischen Gesellschaft, Opladen/Wiesbaden 1998, S. 97–113.

Kant, Immanuel: Zum ewigen Frieden. Ein philosophischer Entwurf, hg. von Fred Dumke, Berlin 1985 (zuerst 1795).

Kepplinger, Hans Mathias: Ereignismanagement: Wirklichkeit und Massenmedien, Zürich 1992.

Kepplinger, Hans Mathias: «Publizistische Konflikte», in: Friedhelm Neidhardt (Hg.): Öffentlichkeit, öffentliche Meinung, soziale Bewegungen, Opladen 1994, S. 214–233.

Kleinsteuber, Hans J.: «Mediensysteme in vergleichender Perspektive», in: Rundfunk und Fernsehen 41/3, 1993, S. 317–338.

Köcher, Renate: Spürhund und Missionar: Eine vergleichende Untersuchung über Berufsethik und Aufgabenverständnis britischer und deutscher Journalisten, Diss. rer. pol., München 1985.

Krüger, Udo Michael: Programmprofile im dualen Fernsehsystem 1985 – 1990, Baden-Baden 1992.

Lang, Gladys E./Lang, Kurt: Politics and Television, Chicago 1968.

Lang, Kurt/Lang, Gladys E.: «The Unique Perspective of Television and its Effects: A Pilot Study», in: American Sociological Review 18, 1953, S. 2–12.

Lazarsfeld, Paul F./Berelson, Bernhard/Gaudet, Hazel: The People's Choice, New York 1944.

Locke, John: Zwei Abhandlungen über die Regierung, hg. von Walter Euchner, Frankfurt a. M. 1983 (zuerst 1689).

Luhmann, Niklas: Soziale Systeme, Frankfurt a. M. 1984.

Machiavelli, Niccolò: Der Fürst, hg. von Horst Günther, Frankfurt a. M. 1997 (zuerst 1532).

Marx, Karl: Der achtzehnte Brumaire des Louis Bonaparte, Berlin 1988 (zuerst 1869).

Marx, Karl/Engels, Friedrich: Deutsche Ideologie, Berlin 1953 (dt. zuerst 1932).

McCombs, Maxwell E./Shaw, Donald L.: «The Agenda-Setting Function of Mass Media», in: Public Opinion Quarterly 35, 1972, S. 176–187.

McLuhan, Marshall: Understanding Media, New York 1964.

Mead, George H.: Geist, Identität und Gesellschaft aus der Sicht des Sozialbehaviorismus, Frankfurt a. M. 1998 (zuerst 1934).

Merton, Robert K.: Soziologische Theorie und soziale Struktur, Berlin 1995 (zuerst 1949).

Meyer, Thomas: Mediokratie. Die Kolonialisierung der Politik durch die Medien, Frankfurt a. M. 2001.

Mill, John Stuart: Considerations on Representative Government, London 1865 (zuerst 1861).

Mill, John Stuart: Über die Freiheit, Stuttgart 1988 (zuerst 1859).

Münkler, Herfried/Llanque, Marcus: «Ideengeschichte (Politische Philosophie)», in: Otfried Jarren/Ulrich Sarcinelli/Ulrich Saxer (Hg.): Politische Kommunikation in der demokratischen Gesellschaft, Opladen/Wiesbaden 1998, S. 65–80.

Neisser, Ulric: Kognition und Wirklichkeit, Stuttgart 1979.

Noelle-Neumann, Elisabeth: «Wahlentscheidung in der Fernsehdemokratie», in: Dieter Just/Lothar Romain (Hg.): Auf der Suche nach dem mündigen Wähler, Bonn 1974, S. 161–205.

Noelle-Neumann, Elisabeth: Die Schweigespirale. Öffentliche Meinung – unsere soziale Haut, München 1980.

Norris, Pippa: A Virtuous Circle: Political Communications in Postindustrial Societies, Cambridge u. a. 2000.

Norris, Pippa: Digital Divide, Cambridge u. a. 2001.

Parsons, Talcott: Politics and Social Structure, New York 1969.

Platon: Phaidon, Politeia, in: Sämtliche Werke, Bd. 3, Reinbek 1967.

Rice, Ronald E. (Hg.): Public Communication Campaigns, London/New Delhi 1989.

Robinson, Michael J.: «American Political Legitimacy in an Era of Electronic Journalism», in: Douglas Cater/Richard Adler (Hg.): Television as a Social Force, New York 1975, S. 97–139.

Ronneberger, Franz: Kommunikationspolitik. Teil I: Institutionen, Prozesse, Ziele, Mainz 1978.

Rössler, Patrick: Agenda-Setting, Opladen 1997.

Röttger, Ulrike (Hg.): PR-Kampagnen, Wiesbaden [2]2002.

Rousseau, Jean-Jacques: Der Gesellschaftsvertrag, Leipzig 1978 (zuerst 1762).

Rühl, Manfred: Die Zeitungsredaktion als organisiertes soziales System, Freiburg [2]1979.

Sarcinelli, Ulrich: Symbolische Politik, Opladen 1987.

Sarcinelli, Ulrich (Hg.): Politikvermittlung und Demokratie in der Mediengesellschaft, Bonn 1998.

Saxer, Ulrich: «System, Systemwandel und politische Kommunikation», in: Otfried Jarren/Ulrich Sarcinelli/Ulrich Saxer (Hg.): Politische Kommunikation in der demokratischen Gesellschaft, Opladen/Wiesbaden 1998, S. 21–64.

Schanze, Helmut (Hg.): Handbuch der Mediengeschichte, Stuttgart 2001.

Scharpf, Fritz W.: Interaktionsformen. Akteurzentrierter Institutionalismus in der Politikforschung, Opladen 2000.

Schenk, Michael: Medienwirkungsforschung, Tübingen 1987.

Scherer, Helmut: Medienrealität und Rezipientenhandeln, Wiesbaden 1995.

Schönbach, Klaus: «Politische Kommunikation – Publizistik- und kommunikations-
wissenschaftliche Perspektiven», in: Otfried Jarren/Ulrich Sarcinelli/Ulrich Saxer (Hg.): Politische Kommunikation in der demokratischen Gesellschaft, Opla-
den/Wiesbaden 1998, S. 114–137.

Schönbach, Klaus/Stürzebecher, Dieter/Schneider, Beate: «Oberlehrer und Missio-
nare? Das Selbstverständnis deutscher Journalisten», in: Friedhelm Neidhardt
(Hg.): Öffentlichkeit, öffentliche Meinung, soziale Bewegungen, Opladen 1994,
S. 139–161.

Schramm, Wilbur/Siebert, Fred S./Peterson, Theodore: Four Theories of the Press,
Urbana 1956.

Schulz, Winfried: Die Konstruktion von Realität in den Nachrichtenmedien, Freiburg ²1990.

Schulz, Winfried: Politische Kommunikation, Opladen 1997.

Schulz, Winfried: «Politische Kommunikation», in: Günter Bentele/Hans-Bernd
Brosius/Otfried Jarren (Hg.): Öffentliche Kommunikation, Wiesbaden 2002
(i. E.).

Smith, Adam: Eine Untersuchung über Natur und Ursachen des Volkswohlstandes,
hg. von Heinrich Waentig, Jena 1923 (zuerst 1776).

Smith, Adam: Theorie der ethischen Gefühle, hg. von Walther Eckstein, Hamburg
1994 (zuerst 1759).

Thukydides: Geschichte des Peloponnesischen Krieges, hg. von Georg Peter Land-
mann, München 1993.

Vowe, Gerhard: «Politische Kognition», in: Politische Vierteljahresschrift 35/3, 1994,
S. 423–447.

Vowe, Gerhard: «Medienpolitik», in: Günter Bentele/Hans-Bernd Brosius/Otfried
Jarren (Hg.): Öffentliche Kommunikation, Wiesbaden 2002 (i. E.).

Vowe, Gerhard/Wolling, Jens: «Amerikanisierung des Wahlkampfs oder Politisches
Marketing?», in: Klaus Kamps (Hg.): Trans-Atlantik – Trans-Portabel?, Wiesbaden 2000, S. 57–92.

Weber, Max: Wirtschaft und Gesellschaft, hg. von Johannes Winckelmann, Tübingen 1980 (zuerst 1922).

Weizsäcker, Carl Friedrich von: Bedingungen des Friedens, Göttingen 1963.

White, David M.: «The ‹Gatekeeper›: A Case Study in the Selection of News», in:
Journalism Quarterly 27/4, 1950, S. 383–390.

Wirth, Werner: Von der Information zum Wissen: die Rolle der Rezeption für die
Entstehung von Wissensunterschieden, Opladen 1997.

Wolling, Jens: Politikverdrossenheit durch Massenmedien?, Opladen/Wiesbaden
1999.

Kai Arzheimer und Jürgen W. Falter
2.6.4 Wahlen und Wahlforschung

> 1 Grundlagen: Wahlen und Wahlforschung
> 2 Dimensionen: Wahlrecht, Wahlsystem und Wahlverhalten
> 3 Probleme und Perspektiven

1 Grundlagen: Wahlen und Wahlforschung

1.1 Bedeutung von Wahlen für die Demokratie

Wahlen gab und gibt es nicht nur in liberalen Demokratien, sondern auch in den «Volksdemokratien» des Ostblocks und in vielen anderen Systemen, die nach heutigem Verständnis nicht als demokratisch angesehen werden. Aus der bloßen Durchführung von Wahlen kann deshalb keineswegs auf die demokratischen Qualitäten des betreffenden Systems geschlossen werden. Vielmehr handelt es sich bei Wahlen zunächst um nichts weiter als eine seit der Antike bekannte Technik (Nohlen 2000, S. 21f.), um die Mitglieder von Repräsentativkörperschaften und die Inhaber höchster Staatsämter durch Mehrheitsbeschluss zu bestimmen. Das aktive Wahlrecht war dabei jedoch lange Zeit auf eine relativ kleine Gruppe von Wahlberechtigten beschränkt, die durch bestimmte soziale Merkmale wie Geschlecht, Besitz oder Abstammung definiert war. Erst im Laufe des 19. und des frühen 20. Jahrhunderts wurde das Wahlrecht auf immer größere Teile der Bevölkerung ausgedehnt.

Über die Frage der Wahlberechtigung hinaus muss das Wahlverfahren nach modernem Verständnis einer Reihe von weiteren normativen Ansprüchen genügen, damit man von demokratischen Wahlen sprechen kann: die aktive Beteiligung an der Wahl muss frei sein, die Wahlbewerber sollen das Spektrum der relevanten Meinungen abdecken, ihnen müssen für ihren Wahlkampf gleiche Chancen eingeräumt werden, die Bürger müssen tatsächlich frei zwischen den Bewerbern entscheiden können und schließlich gleiche Chancen haben, das Wahlergebnis zu beeinflussen (Nohlen 2000, S. 22). In der Bundesrepublik haben diese Wahlrechtsgrundsätze – ergänzt um das Prinzip der direkten Wahl – Verfassungsrang (Artikel 38). Freie, allgemeine, gleiche und geheime Wahlen, an denen sich die überwiegende Mehrheit der Bevölkerung beteiligen kann, gelten deshalb vielen Bürgern geradezu als der Inbegriff der Demokratie (Niedermayer 2001, S. 85ff.) und spielen heute im politischen Prozess aller modernen Demokratien eine zentrale Rolle.

Die Gründe für diese besondere Bedeutung von Wahlen für die Demokratie sind vielfältig. Zum ersten sind periodisch stattfindende Wahlen der zentrale Mechanismus zur Legitimation der Herrschaftsträger: Wenn man davon ausgeht, dass in einer Demokratie das Volk der eigentliche Souverän ist, können Regierung und Parlament nur dann politische Folgebereitschaft einfordern, wenn sie sich umgekehrt regelmäßig dem Votum der Bevölkerung unterwerfen.

Zweitens stellen Wahlen für die große Mehrheit der Bürger die wichtigste und häufig überhaupt die einzige Möglichkeit dar, auf nationaler Ebene den politischen Prozess in ihrem Sinn zu beeinflussen. Sachplebiszite, d. h. direkte Abstimmungen der Bevölkerung über Sachfragen, die als Alternative zur Wahl von Repräsentanten angesehen werden können, sind zwar in vielen Staaten auf kommunaler und regionaler Ebene eingeführt worden. Auf zentralstaatlicher Ebene sind die Möglichkeiten der Volksgesetzgebung aber in fast allen westeuropäischen Systemen sehr stark eingeschränkt.[1] Faktisch werden Plebiszite auf nationaler Ebene vor allem von den Regierenden initiiert, um besonders weitreichende Entscheidung zusätzlich zu legitimieren (Ismayr 1999, S. 35 f.). Direkt-demokratische Verfahren sind deshalb bislang höchstens als eine Ergänzung, nicht aber als eine Konkurrenz zur Partizipation durch Wahlen anzusehen.

Dies gilt auch für die so genannten «unkonventionellen» Partizipationsformen (Unterschriftensammlungen, Boykotts, Mitgliedschaft in Initiativgruppen, Teilnahme an Demonstrationen etc.). Diese haben zwar seit den 60er Jahren des 20. Jahrhunderts in allen demokratischen

---

1 In Artikel 20, Absatz 2 heißt es, dass das Volk die Staatsgewalt in «Wahlen und Abstimmungen und durch besondere Organe der Gesetzgebung, der vollziehenden Gewalt und der Rechtsprechung» ausübt. Mit Ausnahme von Abstimmungen über die Neugliederung des Bundesgebietes, in denen das entsprechende Bundesgesetz durch einen Volksentscheid bestätigt werden muss (Artikel 29, Absatz 2), kennt das Grundgesetz bislang keinerlei plebiszitäre Elemente.

Gesellschaften an Akzeptanz gewonnen (Barnes et al. 1979; Almond/ Powell 1996, S. 78; für die Bundesrepublik Dalton 1996b, S. 279ff.). Gemessen an der Wahlteilnahme sind diese Formen der politischen Partizipation aber ähnlich wie die «konventionelle» Mitarbeit in Parteien und Verbänden mit einem vergleichsweise hohen Aufwand verbunden, während ihre politische Wirksamkeit großen und kaum kalkulierbaren Schwankungen unterliegt. Ihre praktische Bedeutung ist deshalb immer noch weitaus geringer als die der Wahlteilnahme.

Drittens schließlich hat in demokratischen Staaten das Wahlverhalten der Bürger im Zusammenspiel mit den institutionellen Regelungen des Wahlrechts einen entscheidenden Einfluss auf die Bildung und den Fortbestand von Regierungen sowie auf deren Chancen, ihre politischen Ziele im Parlament durchzusetzen. In vielen Fällen gibt das Wahlergebnis allerdings auch in der Demokratie nur den Rahmen für Kooperationsprozesse innerhalb der politischen Eliten vor, wie etwa das Beispiel der Bundesrepublik zeigt, in der bis 1998 Regierungswechsel auf Bundesebene nicht von den Wählern, sondern von der FDP herbeigeführt wurden.

1.2 Grundfragen der Wahlforschung

Am Anfang der Wahlforschung stand die Frage, welche Auswirkungen die Entscheidung für ein bestimmtes Wahlsystem auf das Wahlergebnis und damit auf das politische System insgesamt hat und welches Wahlsystem vor diesem Hintergrund als das beste anzusehen ist. Als Wahlsystem bezeichnet man dabei im Unterschied zum weiter gefassten Begriff des Wahlrechts das technische Verfahren, nach dem Wähler ihre Stimme(n) abgeben und diese in Mandate umgesetzt werden (Nohlen 2000, S. 53). Entsprechende Überlegungen finden sich u. a. bei Alexandre de Tocqueville, bei John Stuart Mill und bei Walter Bagehot. Aus diesen Ansätzen entwickelte sich seit der Mitte des 20. Jahrhunderts die moderne Wahlsystemforschung (Nohlen 2000, S. 54ff.), die systematisch zu klären versucht, welche Bedeutung unterschiedliche Wahlsysteme für den Verlauf des politischen Prozesses und die Entwicklung des Parteiensystems haben.

Im Gegensatz zu früheren Jahrzehnten spielt die Beschäftigung mit Wahlsystemen in der öffentlichen Wahrnehmung der Wahlforschung heute aber nur noch eine untergeordnete Rolle. Dies gilt in ähnlicher

Weise für die wissenschaftliche Binnenperspektive: Von den drei bekanntesten deutschsprachigen Lehrbüchern zur Wahlforschung behandeln Diederich (1965) sowie Bürklin und Klein (1998) dieses Thema überhaupt nicht; Roth (1998) widmet ihm lediglich einen kurzen Abschnitt im Anhang. Alle drei Autoren bzw. Autorengruppen verstehen unter Wahlforschung offensichtlich eine Forschungsrichtung, die im Gegensatz zur Wahlsystemforschung nicht auf der institutionellen Ebene ansetzt, sondern stattdessen das individuelle Verhalten der Wähler untersucht und deshalb im Grunde als «Wählerforschung» oder «Wählerverhaltensforschung» bezeichnet werden müsste.

Diese Wahlforschung im engeren Sinn ist weitgehend unabhängig von der Wahlsystemforschung entstanden. Als ihre Begründer gelten der Franzose André Siegfried (1875–1959), der bereits 1913 die erste wahlgeographische Untersuchung vorlegte, Charles Merriam (1875–1953) und Harold Gosnell (1896–1997; Gosnell 1924), die die erste Nichtwähler-Studie in der Geschichte der Wahlforschung erarbeitet haben, sowie Stuart Rice (geb. 1889, Todesdatum unbekannt), Charles Hickman Titus (geb. 1835, Todesdatum unbekannt) und Ben Arneson (1883–1953), die ebenfalls in den 1920er Jahren mit der Durchführung von quantitativen Wahlstudien begannen (Eldersveld 1951; Diederich 1965, S. 4f.). Seit diesen Pionierstudien beschäftigte sich die Wahlforschung in erster Linie mit drei Grundfragen:

- Welche Bürger beteiligen sich aus welchen Gründen überhaupt an einer Wahl?
- Wie lässt sich ihre Wahlentscheidung im Nachhinein erklären?
- Welche Prognosen sind für den Ausgang zukünftiger Wahlen möglich?

Logisch sind Wählerforschung und Wahlsystemforschung eng miteinander verbunden, weil das Wahlsystem den Rahmen vorgibt, innerhalb dessen sich Wahlverhalten überhaupt vollziehen kann, und weil umgekehrt die politischen Wirkungen eines Wahlsystems vom tatsächlichen Wahlverhalten der Bürger abhängen. Dennoch werden beide meist getrennt voneinander betrieben. Die Gründe für diese Entwicklung sind in den je unterschiedlichen Datengrundlagen und Methoden beider Subdisziplinen zu suchen: Die Wahlsystemforschung muss naturgemäß ländervergleichend arbeiten, da die Variation der Wahlsysteme innerhalb eines Landes in der Regel zu gering ist, um die Wirkung unterschiedlicher Systeme untersuchen zu können. Während aber Informationen über die formalen Regeln der Wahlsysteme in verschiedenen Ländern der Welt relativ leicht zu beschaffen waren, wurde das tatsächliche Verhalten der Wähler nur in aggregierter Form, nämlich als nationales Wahlergebnis zur Kenntnis genommen, da Individualdaten nicht zur Verfügung standen.

Umgekehrt untersuchte die Wählerforschung die individuellen Einstellungen und Verhaltensweisen der Bürger zunächst nur auf lokaler und regionaler, seit den 1950er Jahren dann auch auf nationaler Ebene. Obwohl eine der einflussreichsten Wahlstudien überhaupt, der von Campbell et al. (1960) verfasste *American Voter* (vgl. Abschnitt 2.2.3), dem institutionellen Rahmen des Wahlakts ein ganzes Kapitel widmet, existierten über Jahrzehnte hinweg keine Wahlstudien, die von vornherein auf internationale Vergleichbarkeit hin angelegt waren und es somit ermöglicht hätten, den Einfluss des Wahlsystems auf die Wahlentscheidung zu analysieren. Infolgedessen blieben die Wirkungen des Wahlsystems in der Wählerforschung systematisch ausgeblendet.

Erst in den letzten Jahren hat sich diese Situation zum Besseren gewendet. Unter den stärker analytisch orientierten Wahlforschern hat der wachsende Einfluss des Rational-Choice-Ansatzes, der so weit wie möglich von den persönlichen Eigenschaften des Individuums abstrahiert und politisches Handeln in erster Linie aus den strukturellen Eigenschaften der Situation erklärt (vgl. Abschnitt 2.2.4), dazu geführt, dass dem Wahlsystem als möglichem Faktor der Wahlentscheidung große Aufmerksamkeit geschenkt wird (Cox 1997). Zugleich wurde vom stärker empirisch ausgerichteten Mainstream der Wahlforschung mit der «Comparative Study of Electoral Systems» (CSES)[2] eine internationale Wahlstudie ins Leben gerufen, die schon durch ihren Namen deutlich macht, dass sie in bislang einzigartiger Weise individuelle Daten mit Informationen über das Wahlsystem und andere Eigenschaften der betreffenden politischen Systeme zu kombinieren versucht. Für die Zukunft ist deshalb eine engere Zusammenarbeit zwischen Wählerforschung und Wahlsystemforschung zu erwarten.

---

2 Die Homepage der CSES findet sich unter http://www.umich.edu/~nes/cses/cses.htm

2 Dimensionen:
Wahlrecht, Wahlsystem und Wahlverhalten

2.1 Wahlrecht und Wahlsystem

Selbst für Wahlsystemforscher ist die Vielzahl von institutionellen Regeln, nach denen weltweit gewählt wird, kaum zu überschauen (Blais/Massicotte 1996, S. 50). Während in Einführungstexten häufig nur zwischen Mehrheitswahl, Verhältniswahl und gemischten Systemen unterschieden wird, hat die akademische Forschung zu Recht darauf hingewiesen, dass diese schlichte Einteilung, die sich ausschließlich an der Entscheidungsregel orientiert, zu Widersprüchen führen kann und für eine Analyse der Wirkung von Wahlsystemen unzureichend ist. Wahlsystemforscher haben deshalb viel Mühe darauf verwendet, immer differenziertere Typologien zur Beschreibung von Wahlsystemen zu entwickeln (Nohlen 2000, S. 121ff.).

Aus unserer Sicht bringt diese Tendenz jedoch zwei Gefahren mit sich: Zum einen verwechseln manche Autoren die Entwicklung einer Typologie, also eines Hilfsmittels, das die Wirklichkeit ordnen und damit die Formulierung von Erklärungen erleichtern soll, mit der Erklärung selbst. Zum anderen sind etliche Typologien zu differenziert und deshalb nicht geeignet, die Komplexität der Realität in geeigneter Weise zu reduzieren. Im Folgenden orientieren wir uns deshalb an der «traditionellen», aber didaktisch gelungenen Darstellung von Blais und Massicotte (1996), die mit einer Diskussion der Entscheidungsregel beginnen und andere Aspekte von Wahlsystemen (Wahlkreisgröße, Struktur des Wahlvorschlags, Stimmenverrechnung) im Zusammenhang mit der praktischen Anwendung der Entscheidungsregel diskutieren.

Nach ihrem jeweiligen «Repräsentationsziel» (Nohlen 2000, S. 132) lassen sich grundsätzlich zwei Typen von Entscheidungsregeln unterscheiden: solche, die auf die Bildung politischer Mehrheiten abzielen, und solche, die eine möglichst gerechte, d. h. proportionale Abbildung von Parteipräferenzen anstreben. Die älteste und einfachste Regel, nach der der Sieger einer Wahl ermittelt werden kann, ist dabei die relative Mehrheitswahl (*plurality* oder *first past the post system*): Gewählt ist, wer mehr Stimmen auf sich vereinen kann als jeder andere Bewerber. Die relative Mehrheitswahl wird zumeist in Einer-Wahlkreisen durchgeführt und in dieser Form auch als angelsächsische Form der Mehrheitswahl bezeichnet, weil u. a. die US-amerikanischen Senatoren und Repräsentanten und die Mitglieder des britischen Unterhauses nach diesem System bestimmt werden. Die Anwendung der Mehrheitswahl ist aber nicht auf Einer-Wahlkreise beschränkt: So entsandte beispielsweise bis zur Wahlrechtsreform von 1994 jeder japanische Wahlkreis in Abhängigkeit von der Zahl seiner Wahlberechtigten drei bis fünf Delegierte ins Parlament, wobei jeder Wähler aber nur eine Stimme abgeben konnte *(Single Non Transferable Vote)*. Selbst in Großbritannien hat sich die Wahl in Einer-Wahlkreisen erst 1950 endgültig durchgesetzt (Nohlen 2000, S. 265).

Komplexere institutionelle Regelungen sind erforderlich, wenn das Wahlsystem nicht die relative, sondern die absolute Mehrheit der Stimmen fordert, d. h. mindestens 50 Prozent der Stimmen für den Gewinn des Wahlkreises erforderlich sind *(majority system)*. In derartigen Systemen erreicht häufig keiner der Bewerber eine absolute Stimmenmehrheit. In diesem Fall kann entweder eine Stichwahl zwischen den beiden erstplatzierten Bewerbern oder ein regulärer zweiter Wahlgang, in dem aber nur noch die relative Mehrheit der Stimmen gefordert wird, abgehalten werden. An diesem zweiten Wahlgang dürfen meist nur solche Bewerber teilnehmen, die bereits im ersten Wahlgang kandidiert haben. Zudem wird häufig gefordert, dass die Kandidaten im ersten Wahlgang einen bestimmten Mindestanteil der Stimmen erreicht haben müssen. Darüber hinaus besteht die (zurzeit nur in Australien praktizierte) Möglichkeit, dass die Wähler bereits im ersten Wahlgang Präferenzstimmen vergeben, d. h. die Kandidaten in eine Rangreihenfolge bringen können. Erreicht im ersten Wahlgang kein Kandidat eine absolute Mehrheit, so werden die Zweit-, Dritt- und gegebenenfalls Viert-Präferenzen der Wähler herangezogen und auf diese Weise der endgültige Sieger ermittelt *(alternative vote)*. Die Notwendigkeit für einen zweiten Wahlgang entfällt damit.

Während das System der absoluten Mehrheitswahl – zumeist kombiniert mit der Möglichkeit einer Stichwahl zwischen den beiden erstplatzierten Bewerbern – in zahlreichen Staaten Verwendung findet, in denen das Staatsoberhaupt direkt gewählt wird, spielt es bei Parlamentswahlen nur noch eine untergeordnete Rolle. Die Wahl zur französischen Nationalversammlung dürfte neben dem Wahlsystem des

Kaiserreichs das bekannteste Beispiel für diese Form des Mehrheitswahlrechts sein, weshalb in der älteren Literatur auch vom «romanischen Mehrheitswahlsystem» gesprochen wird.

Im Unterschied zur Mehrheitswahl basiert das System der Verhältniswahl (*proportional representation* oder kurz PR) auf dem Prinzip, dass nicht einzelne Personen, sondern vielmehr Personengruppen, so genannte Listen, zur Wahl stehen und die Mandate entsprechend dem erzielten Stimmenanteil an die Listen vergeben werden.[3] Je höher ein Kandidat auf der Liste platziert ist, desto besser sind dabei seine Chancen, tatsächlich ins Parlament einzuziehen (vgl. auch Punkt 5 unten). Trotz dieses einfachen Grundprinzips kennt das System der Verhältniswahl eine große Zahl von institutionellen Varianten, von denen hier nur die wichtigsten angesprochen werden können.

1. Sperrklauseln: Um eine zu große Zersplitterung des Parteiensystems zu verhindern, berücksichtigen die meisten Verhältniswahlsysteme bei der Mandatsvergabe nur solche Parteien, die auf lokaler, regionaler oder nationaler Ebene einen bestimmten Mindestanteil der Stimmen erreicht haben. In den meisten Ländern liegen diese Sperrklauseln zwischen drei und fünf Prozent.

2. Anzahl und Größe der Wahlkreise: Einige Staaten (Israel, die Niederlande) haben lediglich einen einzigen Wahlkreis eingerichtet, der das ganze Land umfasst. Andere Länder verfügen über mehrere Wahlkreise, die in der Regel mit politischen Einheiten wie Städten, Bezirken oder Provinzen zusammenfallen und je nach Einwohnerzahl unterschiedlich viele Abgeordnete ins Parlament entsenden können. Die Existenz kleiner Wahlkreise, in denen zehn oder weniger Mandate zu vergeben sind, wirkt dabei wie eine «natürliche» Sperrklausel, da kleinere Parteien, die auf nationaler Ebene nur wenige Prozent der Wähler für sich gewinnen können, in solchen Wahlkreisen nur dann ein Mandat erhalten, wenn es sich bei dem betreffenden Kreis um eine regionale Hochburg der Partei handelt.

---

3 Das in Irland praktizierte Verfahren der *Single Transferable Vote* zählt ebenfalls zu den Verhältniswahlsystemen, kommt aber ohne Listen aus. Aus Platzgründen ist es nicht möglich, hier näher auf dieses ungewöhnliche Verfahren einzugehen.

3. Verfahren der Stimmverrechnung: Zur Umrechnung der gewonnenen Stimmen in Mandate existieren zwei Haupttypen von Verfahren. Bei den Divisorverfahren wird die Anzahl der Stimmen, die
jede Partei erhalten hat, durch eine aufsteigende Zahlenreihe (Divisorenreihe) geteilt, sodass sich für jede Partei eine Quotientenreihe
ergibt. Das erste zu vergebende Mandat geht nun an die Liste mit
dem höchsten Quotienten, das zweite Mandat an die Liste mit dem
zweithöchsten Quotienten usw., bis alle Mandate verteilt sind. Das
bekannteste Divisorverfahren ist die Methode d'Hondt, die auf der
Divisorenreihe 1, 2, 3, 4, 5 … beruht.[4]

Bei den Wahlzahlverfahren *(largest-remainders systems)* wird hingegen zunächst die für einen Parlamentssitz benötigte Stimmenzahl
(= Wahlzahl oder *quota*) ermittelt, indem die Gesamtzahl der gültigen Stimmen durch einen einzigen vorab festgelegten Divisor geteilt wird. Bei diesem Divisor handelt es sich im einfachsten Fall um
die Zahl der zu vergebenden Mandate *(Hare quota)*. Die Wahlzahl
entspricht dem in Wählerstimmen ausgedrückten «Preis», den jede
Partei für einen Parlamentssitz aufbringen muss: Teilt man die Anzahl der Stimmen, die für eine Liste abgegeben wurden, durch die
Wahlzahl, so entspricht der ganzzahlige Anteil des Ergebnisses der
Zahl der Mandate, die der betreffenden Liste in einer ersten Verteilungsrunde zugesprochen werden. Eventuell verbleibende Mandate
können dann entweder auf der Ebene des Wahlkreises an die
Liste(n) mit dem größten Divisionsrest *(largest remainder)* vergeben oder auf eine übergeordnete Ebene der Stimmverrechnung
transferiert werden (vgl. Punkt 4). Neben der Hare quota findet vor
allem die Methode Hagenbach-Bischoff (auch *Droop quota* genannt) Verwendung, bei der die gültigen Stimmen durch die Zahl
der Mandate +1 geteilt werden. Aus diesem größeren Divisor resultiert eine kleinere Wahlzahl. Infolgedessen stehen tendenziell weniger Restmandaten für eine zweite Verteilungsrunde zur Verfügung.

4. Ebenen der Stimmverrechnung: Wenn nicht alle Mandate im
Wahlkreis vergeben werden, besteht die Möglichkeit, auf einer

---

4 Die zwei Varianten der Methode Sainte-Laguë basieren auf dem gleichen
Grundprinzip, verwenden aber andere Divisorenreihen.

zweiten oder sogar dritten Ebene einen Ausgleich zwischen den Wahlkreisen herzustellen. Zumeist werden solche Regelungen getroffen, um die Nachteile zu kompensieren, die kleinen Parteien in kleinen Wahlkreisen entstehen, und somit die Proportionalität der Repräsentation zu verbessern. Die Möglichkeiten, zwei oder sogar drei Ebenen der Stimmverrechnung miteinander zu verknüpfen, sind komplex und können unbeabsichtigte Konsequenzen nach sich ziehen (Blais/Massicotte 1996, S. 60 ff.; Nohlen 2000, S. 115ff.).

5. Form der Liste und Stimmgebung: Schließlich lassen sich Wahlsysteme danach unterscheiden, in welcher Form sich die Listen präsentieren und welche Auswahlmöglichkeiten der Wähler hat. Beide Aspekte sind meist eng miteinander verknüpft (Nohlen 2000, S. 97). Bei der starren Liste wird die Reihenfolge der Kandidaten von Parteigremien festgelegt. Der Wähler verfügt über eine einzige Listenstimme, mit der er diesen Vorschlag als Ganzes akzeptieren kann. Bei der lose gebundenen Liste hingegen entscheidet sich der Wähler zwar ebenfalls für den Vorschlag einer Partei, kann aber die Reihenfolge der Kandidaten verändern, indem er eine zusätzliche Kandidatenstimme abgibt oder einzelnen Kandidaten mehrere Stimmen zukommen lässt (Kumulieren). Bei der freien Liste schließlich verfügt der Wähler ebenfalls über mehrere Stimmen, die er nach Belieben auf die Kandidaten verschiedener Listen verteilen kann (Panaschieren). Freie Listen sind im Kommunalwahlrecht der meisten deutschen Bundesländer implementiert.

Gemischte Wahlsysteme kombinieren die Prinzipien von Mehrheits- und Verhältniswahl miteinander. In Anlehnung an Blais und Massicotte (1996, S. 65 ff.) lassen sich mindestens drei grundsätzliche Arrangements unterscheiden: Im einfachsten Fall wird in einigen Teilen des Wahlgebiets, etwa in großen Wahlkreisen, nach dem Verhältnissystem gewählt, während in anderen Teilen eine Variante des Mehrheitswahlrechts gilt. Jeder Wähler hat dabei nur eine Stimme. Zweitens besteht die Möglichkeit, vorab festzulegen, dass im gesamten Wahlgebiet ein bestimmter Anteil der Abgeordneten nach dem Verhältnis-, der Rest aber unabhängig von diesen nach dem Mehrheitswahlsystem bestimmt wird, wobei jeder Wähler eine Stimme für eine Liste und eine weitere Stimme für einen Kandidaten abgeben kann (segmentiertes oder Grabenwahlsystem). Von diesen segmentierten Wahlsystemen sind drittens Systeme abzugrenzen, in denen bei der Verteilung der Listenmandate eine Verrechnung zwischen Listen- und Kandidatenstimmen stattfindet, sodass die Zusammensetzung des Parlaments insgesamt (in etwa) dem Anteil der Parteien an den Listenstimmen entspricht. Verzerrungen im Kräfteverhältnis der Parteien, die sich aus dem Mehrheitswahlsystem ergeben, werden auf diese Weise ausgeglichen. Diesem Typus entspricht das in Deutschland als «personalisierte Verhältniswahl» bekannte Wahlrecht zum Bundestag.

Über die Effekte der unterschiedlichen Wahlsysteme wurde seit den Anfängen der Wahlsystemforschung gemutmaßt und leidenschaftlich diskutiert. Erst durch die empirischen und analytischen Arbeiten der letzten Jahre – exemplarisch wäre hier die bereits oben angesprochene Studie von Cox zu nennen – ist es aber gelungen zu klären, welche Verhaltensanreize von Wahlsystemen ausgehen und wie die politischen Akteure auf diese Anreize reagieren.

Grundsätzlich lassen sich zwei Typen von Wirkungen unterscheiden, die in Anlehnung an Maurice Duverger (1951) als psychologische und mechanische Effekte bezeichnet werden (Blais/Massicotte 1996, S. 67). Mechanische Effekte sind solche Wirkungen eines Wahlsystems, die sich unmittelbar nach der Abstimmung aus den formalen Regeln des Systems ergeben, wenn die Stimmen- in eine Mandatsverteilung umgesetzt wird. Unter diesem Gesichtspunkt untersucht die Wahlsystemforschung u. a., welche Wirkung Wahlsysteme auf die Zahl der Parteien im Parlament, auf die Wahrscheinlichkeit für das Zustandekommen von Ein-Parteien-Kabinetten und auf die Proportionalität der Repräsentation haben.

Als psychologische Effekte werden jene Wirkungen von Wahlsystemen bezeichnet, die sich daraus erklären, dass Wähler und politische Eliten die formalen Regeln und deren mechanische Auswirkungen in ihr Entscheidungskalkül mit einbeziehen. Ein häufig zitiertes Beispiel für einen psychologischen Effekt aufseiten der Wähler ist die in relativen Mehrheitswahlsystemen zu beobachtende Tendenz, nicht für den erst-, sondern für den zweitpräferierten Kandidaten zu stimmen, wenn der eigentlich bevorzugte Bewerber als chancenlos angesehen und der Abstand zwischen dem zweit- und dem drittpräferierten Kandidaten als gering wahrgenommen wird. Durch psychologische Effekte aufseiten der Eliten lassen sich u. a. jene Wahlbündnisse erklären, die in absoluten Mehrheitswahlsystemen häufig zwischen den beiden Wahlgängen geschlossen werden.

2.2 Modelle des Wahlverhaltens

Unter einem Modell versteht man in der Wissenschaftstheorie den (im Idealfall mathematisch formalisierten) Kern einer Theorie, der die Zusammenhänge zwischen den zentralen Variablen beschreibt. Modelle sind dabei keineswegs als maßstabsgetreu verkleinerte Abbilder der sozialen Wirklichkeit zu verstehen. Bei ihnen handelt es sich vielmehr um Abstraktionen, die bestimmte Aspekte der Realität betonen, während sie andere vernachlässigen. Damit ermöglichen es Modelle, sparsame und zutreffende Erklärungen und Prognosen zu formulieren. Ihre Funktion ist also in erster Linie eine instrumentelle.

Für sozialwissenschaftliche Theorien, die erklären sollen, wie bestimmte Phänomene der sozialen Wirklichkeit (Revolutionen, Demonstrationszüge oder eben Wahlergebnisse) zustande kommen, sind naturgemäß Modelle des menschlichen Verhaltens besonders wichtig. Sie beschreiben, wie Menschen auf Umweltfaktoren reagieren und sich zwischen verschiedenen Handlungsoptionen entscheiden. Dabei lassen sich zwei Grundtypen idealtypisch gegenüberstellen: das lange Zeit die Soziologie dominierende Bild vom *homo sociologicus*, der in seinem Handeln durch sein soziales Umfeld determiniert ist, und das in den Wirtschaftswissenschaften verbreitete Konzept des *homo oeconomicus*, der sich stets bewusst für jene Handlungsalternative entscheidet, die seinen Nutzen maximiert (für eine differenziertere Einführung zu diesem Thema vgl. Esser 1996b, S. 231ff.).

Das Modell des *homo sociologicus* liegt den in Abschnitt 2.2.1, 2.2.2 und (mit Einschränkungen) 2.2.3 vorgestellten theoretischen Ansätzen zugrunde. Allerdings muss dieses Menschenmodell aus den entsprechenden Studien rekonstruiert werden, da diese meist in induktiver Weise soziologische und psychologische Variablen benennen, die mit dem Wahlverhalten in Zusammenhang gebracht werden, ohne systematisch ein bestimmtes Menschenbild zu entwickeln. Die Theorien der rationalen Wahl hingegen berufen sich explizit auf das Modell des *homo oeconomicus*, aus dem sie deduktiv Annahmen über das Wahlverhalten ableiten.

Bei näherer Betrachtung zeigt sich allerdings, dass die scheinbar so unterschiedlichen Ansätze durchaus komplementär sind und sich als Aspekte eines übergeordneten Modells betrachten (Esser 1996b, S. 237ff.) lassen. Auf diesen Gesichtspunkt geht Abschnitt 2.2.5 nochmals in knapper Form ein.

2.2.1 Das mikrosoziologische Modell

Das mikrosoziologische Modell wurde Anfang der 1940er Jahre von Paul F. Lazarsfeld (1901–1976) und seinen Mitarbeitern an der Columbia University entwickelt. Die Pionierstudie *The People's Choice* (Lazarsfeld et al. 1968) erschien in ihrer ersten Auflage noch vor Kriegsende. Sie gilt als Meilenstein der modernen Wahlforschung und wurde mehrmals neu aufgelegt, stieß aber wegen einiger methodischer und inhaltlicher Unzulänglichkeiten auch auf Kritik. Diese floss in die Planung der Folgestudie *Voting* (Berelson et al. 1954) ein, die als das zweite Hauptwerk des mikrosoziologischen Ansatzes gilt.

Ausgangspunkt für Lazarsfeld und seine Mitarbeiter war die im Untertitel von *The People's Choice* aufgeworfene Frage, wie sich bei den Wählern im Verlaufe des Wahlkampfs eine konkrete Wahlabsicht herausbildet. Zu diesem Zweck führten Lazarsfeld et al. in Erie County (Ohio) während des Präsidentschaftswahlkampfs 1940 von Mai bis November eine sehr aufwendige Untersuchung durch, bei der eine repräsentative Stichprobe von Wahlberechtigten über die gesamte Dauer der Wahlkampagne hinweg bis zu sieben Mal bezüglich ihrer Wahlabsicht, ihrer Bewertung der Kandidaten und ihrer Einschätzung der wichtigsten politischen Themen befragt wurde. Auf diese Weise ließ sich für jeden einzelnen Befragten feststellen, wie sich seine politischen Einstellungen über die Zeit hinweg entwickelten und welchen Einfluss der Wahlkampf auf diesen Prozess hatte.

Dabei stellten Lazarsfeld et al. rasch fest, dass sozialstrukturelle Variablen, vor allem der sozio-ökonomische Status und die Konfessionszugehörigkeit, in einem engen Zusammenhang mit der Wahlabsicht zugunsten einer der beiden großen amerikanischen Parteien standen. Gemeinsam mit dem Umfeld, in dem ein Wähler lebt (Land vs. Stadt), bildeten sie den so genannten «Index of Political Predisposition» (Lazarsfeld et al. 1968, S. 25ff.), mit dessen Hilfe sich die Wahlabsicht erstaunlich gut vorhersagen ließ. So neigten Arbeiter und Katholiken überproportional den Demokraten zu, während Protestanten und Angehörige der Mittelschichten in erster Linie die Republikaner unterstützten. Das Zusammenwirken beider Variablen verstärkte diesen Effekt nochmals. Ähnliche Zusammenhänge zeigten sich, als das Modell in späteren Jahren auf die Bundesrepublik übertragen wurde. Hier neigten die Arbeiter tendenziell der SPD zu, während die Katholiken häufig für die Unionsparteien stimmten (vgl. Abschnitt 2.4).

Mit leicht resigniertem Unterton kamen die Autoren deshalb zu dem Schluss, dass die politischen Präferenzen ihrer Befragten in hohem Maß sozial determiniert waren: «A person thinks, politically, as he is, socially» (Lazarsfeld et al. 1968, S. 27). Für viele Wähler stand daher schon mehrere Monate vor dem Wahltag fest, für welche Partei sie stimmen würden. Informationen über den Wahlkampf und die Kandidaten wurden von dieser Personengruppe nur sehr selektiv wahrgenommen und dienten ganz im Sinne der kognitionspsychologischen Erkenntnisse Festingers (1997) nicht mehr der Meinungsbildung, sondern vielmehr der Bestätigung einer bereits getroffenen Entscheidung (Lazarsfeld et al. 1968, S. 87). Vom demokratischen Idealbild eines mündigen Bürgers, der sich sorgfältig über die zur Wahl stehenden Parteien bzw. Kandidaten informiert und dann aufgrund sachlicher Überlegungen zu einer abgewogenen Entscheidung kommt, waren Lazarsfelds Respondenten also denkbar weit entfernt.

Warum aber gerade sozialstrukturelle Variablen, die sich auf die Zugehörigkeit zu anonymen Großgruppen beziehen, einen so großen Einfluss auf die Wahlentscheidung haben, konnten Lazarsfeld et al., wie sie selbst eingestehen, allerdings nur schlecht erklären (vgl. dazu Abschnitt 2.2.2). Eher implizit argumentierten sie damit, dass sozialstrukturelle Variablen als Indikator für die Zugehörigkeit zu einem meist homogenen (ebd., S. 137ff.) sozialen Umfeld von Freunden, Familienangehörigen, Nachbarn und Kollegen betrachtet werden können, die ähnliche politische Ansichten vertreten und im Sinne einer Wahlnorm «Druck» bzw. «pressure» (ebd., S. 56) auf das Individuum ausübt.[5] Überlegungen zu den gesamtgesellschaftlichen Prozessen, die

---

5 In diesem Umfeld spielten die so genannten *Opinion Leaders* eine wichtige Rolle, weil diese sich durch die Medien intensiv über das politische Geschehen informierten und dann ihre eigene Sicht der aktuellen Ereignisse an ihre weniger interessierten Mitbürger weitergaben. In diesem Zusammenhang formulierten Lazarsfeld et al. ihre

dazu führen, dass beispielsweise die amerikanischen Katholiken tendenziell den Demokraten zuneigen, finden sich bei Lazarsfeld et al. nur
in Ansätzen. Dieser Konzentration auf die Analyse von sozialen Pri-
märbeziehungen verdankt der mikrosoziologische Ansatz seinen Namen.

Die Betonung des unmittelbaren sozialen Umfelds lenkte den Blick
der Forscher von der Columbia University jedoch auf ein interessan-
tes Phänomen: Wenn das soziale Umfeld eines Wählers nicht homogen ist, er also verschiedenen sozialen Gruppen angehört, in denen
unterschiedliche politische Normen gelten, sieht er sich widersprüchlichen Verhaltenserwartungen, so genannten *cross pressures*, ausgesetzt. Dies wiederum hat zur Folge, dass sich der Wähler im Verlauf
der Kampagne nur schwer für eine bestimmte Partei entscheiden kann
und sich dem für ihn unangenehmen Thema so weit wie möglich entzieht. Nichtwahl und Wechselwahl, zwei Phänomene, die die Wahlforschung seit ihren Anfängen beschäftigen, gehen Lazarsfeld et al. zufolge demnach vor allem auf solche widersprüchlichen Erwartungen
des unmittelbaren sozialen Umfelds zurück.

2.2.2 Das makrosoziologische Modell
Im Unterschied zu den Columbia-Studien setzen makrosoziologisch
ausgerichtete Erklärungsversuche auf der Ebene der gesamtgesellschaftlichen Prozesse an. In Deutschland wurden entsprechende Überlegungen zunächst von M. Rainer Lepsius (1973) entwickelt, der sich
intensiv mit den «sozial-moralischen Milieus» beschäftigt hat, die für
die deutsche Gesellschaft des Kaiserreichs und der Weimarer Republik
charakteristisch waren. Die wichtigsten dieser Milieus waren einerseits das Arbeitermilieu, andererseits das konfessionell geprägte
katholische Milieu. Unter einem Milieu versteht Lepsius dabei ein
weitgehend autarkes Netzwerk sozialer Zusammenhänge, das die Angehörigen des Milieus von der «Wiege bis zur Bahre» begleitet und

---

berühmte These vom «Zwei-Stufen-Fluss» der politischen Kommunikation. Die moderne Medienwirkungsforschung geht im Unterschied zu Lazarsfeld et al. jedoch davon aus, dass wegen der enormen Verbreitung des Fernsehens, aber auch wegen des
allgemein gestiegenen Bildungsniveaus Medieninhalte heute direkt von den Bürgern
aufgenommen werden.

sie an die Werte und Normen des Milieus bindet. In ihrer Gesamtheit bilden diese zwischen Makro- und Mikro-Ebene vermittelnden Zusammenhänge eine weitere Ebene der sozialen Realität, die auch als Meso-Ebene bezeichnet wird.

Häufig zitiert wird in diesem Zusammenhang die idealtypische Arbeiterbiographie, die im sozialistischen Kinderhort begann, über den Lehrlingsbildungsverein und die Arbeiterbibliothek zur Gewerkschaftsmitgliedschaft führte, um schließlich im sozialdemokratischen Feuerbestattungsverein ihr Ende zu finden. Parteien wie die SPD und die Zentrumspartei, die ihr Milieu nach außen repräsentierten und in einer fragmentierten Gesellschaft für die Interessen der Milieumitglieder kämpften, waren ein selbstverständlicher Bestandteil dieses sozialen Netzwerks und wurden deshalb von der Mehrzahl seiner Mitglieder gewählt. Auf diese Weise kamen die oft über Jahrzehnte stabilen Verbindungen zwischen sozialen Großgruppen und bestimmten Parteien zustande, die von der Lazarsfeld-Gruppe erkannt wurden, aber nicht erklärt werden konnten.

Lepsius' Theorie stützt sich auf seine dichte sozialhistorische Beschreibung der deutschen Gesellschaft vor dem Zweiten Weltkrieg, wäre aber prinzipiell auf ähnlich strukturierte Gesellschaften – etwa die österreichische – übertragbar. Außerhalb des deutschen Sprachraums wurde Lepsius aber kaum rezipiert. Auch in der deutschsprachigen Diskussion wurde sein Ansatz bald von einem konkurrierenden makrosoziologischen Modell verdrängt, das von vornherein auf ein größeres Anwendungsgebiet, nämlich (West-)Europa zugeschnitten war und zudem mit abstrakteren Kategorien argumentiert, die leicht auf andere Kontexte zu übertragen sind. Bei diesem Modell handelt es sich um die so genannte Cleavage-Theorie, die in ihrer ursprünglichen Form von Seymour Martin Lipset und Stein Rokkan (1967) in dem umfangreichen Einleitungskapitel des von ihnen herausgegebenen Sammelbands *Party Systems and Voter Alignments* entwickelt wurde.

Ausgangspunkt der Überlegungen von Lipset und Rokkan war die struktur-funktionalistische Theorie von Talcott Parsons (1902–1979; Parsons 1960), die auf einem hohen Abstraktionsniveau das Zustandekommen und die Entwicklung gesellschaftlicher Strukturen zu erklären versucht. In der Rezeption der Cleavage-Theorie geriet diese systemtheoretische Grundlegung jedoch rasch in Vergessenheit. Auch jene Wahlforscher, die sich explizit auf Lipset und Rokkan beziehen, verwenden meist eine stark vereinfachte Variante der Theorie, die ohne den Parsons'schen Kategorienapparat auskommt (vgl. z. B. Dalton 1996a). Da Parsons' Systemtheorie auch aus unserer Sicht wenig zum Verständnis der Cleavage-Theorie beiträgt und für deren praktische Anwendung irrelevant ist, beschränken wir uns hier auf eine Darstellung des vereinfachten Cleavage-Ansatzes.

Unter einem Cleavage verstehen Lipset und Rokkan eine gesellschaftliche Verwerfungslinie, d. h. einen dauerhaften sozialen Konflikt, in dem sich (mindestens) zwei durch soziale Merkmale definierte Großgruppen mit unterschiedlichen Interessen gegenüberstehen. Solche Cleavages gehen letztlich auf Modernisierungsprozesse zurück, die sich in allen europäischen Gesellschaften seit der frühen Neuzeit vollzogen haben. Lipset und Rokkan zufolge lassen sich die zahlreichen sozialen Konflikte Europas systematisch ordnen, indem man sie in vier große Gruppen einteilt:

1. Konflikte zwischen dem Zentrum eines Landes und der unterworfenen Peripherie,
2. Konflikte zwischen Staat und (katholischer) Kirche,
3. Konflikte zwischen städtischen und ländlichen Gebieten,
4. Konflikte zwischen Arbeiter- und Kapitalinteressen.

Die beiden erstgenannten Konflikte beziehen sich in erster Linie auf die kulturelle Sphäre und gehen auf die Entwicklung des modernen Nationalstaats zurück, während der Stadt-Land-Konflikt und der Konflikt zwischen Arbeit und Kapital vor allem ökonomisch motiviert und als Folge der Industriellen Revolution zu betrachten sind (Lipset/Rokkan 1967, S. 13f.).

Beispiele für solche lang anhaltenden sozialen Konflikte lassen sich in Deutschland wie in vielen anderen europäischen Staaten leicht finden. Politisch relevant werden diese Konflikte jedoch erst dann, wenn eine Reihe von Bedingungen erfüllt ist:

1. Der Konflikt muss über einen längeren Zeitraum virulent bleiben und im Leben der von ihm betroffenen Personen eine zentrale Rolle spielen.
2. Die gesellschaftliche Mobilität muss niedrig sein, sodass man der von einem Konflikt betroffenen sozialen Gruppe typischerweise ein Leben lang angehört.

3. Die vom Konflikt betroffenen Personen müssen die Motivation und die Möglichkeit haben, sich zur Wahrung ihrer Interessen zusammenzuschließen.
4. Die Führer dieser Interessenverbände müssen entweder selbst eine Partei gründen oder mit einer bereits existierenden Partei eine Art Koalition eingehen.
5. Diese Partei muss innerhalb des Wahlsystems die Chance haben, die Schwelle der parlamentarischen Repräsentation zu überschreiten.

Sind diese Voraussetzungen erfüllt, kommt es zu einer Art politischen Aufladung der Sozialstruktur. Es entstehen Parteien, die sich als Agenten sozialer Gruppen verstehen und von diesen Gruppen auch als solche wahrgenommen und entsprechend intensiv unterstützt werden. Das Format des Parteiensystems, das von den Cleavages hervorgebracht wird, d. h. die Zahl der Parteien, die Polarisierung zwischen ihnen etc., wird unter diesen Umständen entscheidend davon beeinflusst, wie viele relevante Konflikte es in der betreffenden Gesellschaft gibt und ob die Spannungslinien parallel zueinander verlaufen oder einander überkreuzen.

Solange das System der sozialen Konflikte stabil bleibt, was u. a. dadurch erreicht werden kann, dass die Parteien untereinander einen dauerhaften Kompromiss aushandeln, der für die von ihnen vertretenen Gruppen akzeptabel ist, wird sich auch das Parteiensystem nicht wesentlich verändern. Diese letzte Überlegung brachte Lipset und Rokkan dazu, ihre berühmte These von den «eingefrorenen Parteiensystemen» zu entwickeln: Auch wenn sich in Einzelfällen die Namen der Parteien geändert haben, entsprächen die europäischen Parteiensysteme der 1960er Jahre im Grunde denen der 1920er Jahre (Lipset/Rokkan 1967, S. 50).

Lipset und Rokkans Überlegungen zum Zusammenhang zwischen Sozialstruktur und Parteiensystem sind in sich schlüssig und stellen einen leistungsfähigen analytischen Rahmen für vergleichende Untersuchungen dar, in den sich auch ältere Befunde problemlos einfügen lassen. Ein offensichtlicher Mangel ihrer Theorie besteht aber darin, dass sie der Ebene des Individuums kaum Beachtung schenken. Auf die nur scheinbar triviale Frage, wie es zu erklären ist, dass sich der einzelne Wähler tatsächlich meistens so verhält, wie es die Eliten von ihm erwarten, gehen sie keine Antwort.

Es liegt nahe, die Lücke auf der Individualebene zu schließen, indem man das makrosoziologische Modell von Lipset und Rokkan mit den komplementären mikrosoziologischen Erkenntnissen der Lazarsfeld-Gruppe und Lepsius' Überlegungen zur Meso-Ebene verbindet. Auch ein solcher kombinierter Erklärungsansatz bleibt jedoch letztlich unbefriedigend, weil er politischen Wandel nur schlecht erklären kann. Machtverschiebungen zwischen den Parteien müssten nach einem strikt soziologischen Modell immer auf Veränderungen in der Sozialstruktur zurückgehen. Solche Effekte lassen sich zwar nachweisen, wirken sich jedoch nur langfristig aus. Für den politischen Prozess wichtiger sind hingegen jene relativ kurzfristigen Schwankungen im Kräfteverhältnis der Parteien, die zu Regierungswechseln führen können, aber mit dem Bild eines idealtypischen *homo sociologicus*, der blind die konstant bleibenden Normen seiner Bezugsgruppe befolgt, nicht zu vereinbaren sind. Gemessen an den politischen Realitäten ist das Menschenmodell der soziologischen Ansätze offensichtlich zu restriktiv. Eine Lösung für dieses Problem stellt aus unserer Sicht das sozialpsychologische Modell dar, das zeitlich vor dem makrosoziologischen entstanden ist, aber die Ergebnisse der beiden soziologischen Modelle integrieren und ergänzen kann.

2.2.3 Das sozialpsychologische Modell

Zehn Jahre nach *The People's Choice* veröffentlichten Angus Campbell, Gerald Gurin und Warren E. Miller vom Survey Research Center der University of Michigan ihre erste große Wählerstudie. Von den Arbeiten der Lazarsfeld-Gruppe unterschied sich *The Voter Decides* (Campbell et al. 1954) in zweierlei Hinsicht: Erstens verwendeten Campbell und seine Mitarbeiter eine bundesweite Stichprobe, mit deren Hilfe sie Aussagen machen konnten, die für das gesamte Territorium der Vereinigten Staaten gültig waren, während sich die Forscher von der Columbia University jeweils auf regionale Untersuchungen gestützt hatten. Zweitens erklärten Campbell et al. das Wahlverhalten ihrer Respondenten zunächst ausschließlich durch so genannte psychologische Variablen, nämlich durch die Bewertung der Kandidaten, die Position zu den wichtigsten politischen Streitfragen und durch die so genannte Parteiidentifikation, unter der das Gefühl der Zugehörigkeit zu einer der beiden großen amerikanischen Parteien zu verstehen ist. Alle drei psychologischen Variablen standen dabei zunächst gleichberechtigt nebeneinander. Soziologische Variablen, die für Lazarsfeld et al. von großer Bedeutung gewesen waren, galten in *The Voter Decides* als exogen und blieben deshalb unberücksichtigt.

Für diesen «Psychologismus» wurden Campbell et al. heftig kritisiert. Zu Recht wurde ihnen vorgeworfen, dass ihr Modell den gesellschaftlichen Kontext der Wahlentscheidung fast vollständig ignoriert und Wahlverhalten auf Variablen zurückführt, die zeitlich und inhaltlich so eng mit dem Wahlakt verbunden sind, dass die Erklärung tautologische Züge anzunehmen droht. Campbell und seine Mitarbeiter reagierten auf diese Einwände, indem sie ihr ursprüngliches Konzept zu einem sozialpsychologischen Modell erweiterten, das nach dem Sitz der University of Michigan auch als Ann-Arbor-Modell bezeichnet wird. Mit dem *American Voter* (Campbell et al. 1960) stellten sie dieses neue Modell der wissenschaftlichen Öffentlichkeit vor und demonstrierten anhand von Umfragen zu den Wahlen von 1952 und 1956 seine Leistungsfähigkeit. Die Resonanz war überwältigend: *The American Voter* wurde zu einer der einflussreichsten Monographien in der Geschichte der Wahlforschung, und das Ann-Arbor-Modell dominierte über viele Jahre hinweg die wissenschaftliche Auseinandersetzung mit dem Wahlverhalten in den westlichen Demokratien.

Von den älteren Arbeiten der Michigan-Gruppe unterscheidet sich *The American Voter* in zweierlei Hinsicht: Zum einen gilt die Parteiidentifikation nun als eine längerfristig stabile Variable, die den eher tagespolitisch geprägten Orientierungen an Kandidaten und Sachfragen kausal vorgelagert ist. Zum Zweiten werden die drei psychologischen Variablen nicht mehr als gegeben angesehen, sondern ihrerseits auf weiter in der Vergangenheit liegende Faktoren zurückgeführt. Unter diesen spielen die Erfahrungen der eigenen Bezugsgruppe mit den verschiedenen Parteien und die Verstärkung bzw. Abschwächung entsprechender Wahlnormen durch das unmittelbare soziale Umfeld eine wesentliche Rolle (Campbell et al. 1960, S. 146ff., 295ff.). Somit kann das Ann-Arbor-Modell als Verallgemeinerung der soziologischen Theorien des Wahlverhaltens betrachtet werden, an die es anknüpft. Die Erklärungsleistungen der älteren Modelle beinhalten das Ann-Arbor-Modell gleichsam als Spezialfälle.

Häufig wird allerdings übersehen, dass der im *American Voter* prasentierte Entwurf darüber hinaus noch eine ganze Reihe weiterer möglicher Einflussfaktoren beinhaltet, die in späteren Jahren als Alternativen zum sozialpsychologischen Modell angesehen wurden. Zu nennen sind hier insbesondere der institutionelle Kontext (1960, S. 266ff.), die Wirtschaftslage (1960, S. 381ff.) und die Persönlichkeitsstruktur der Wähler (1960, S. 499ff.).

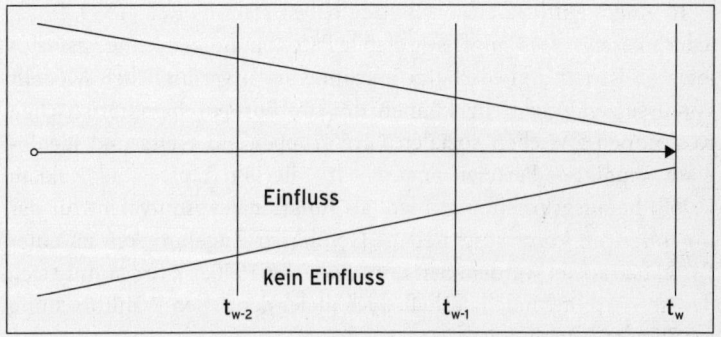

Abbildung 1: Der Kausalitätstrichter im Ann-Arbor-Modell

Im berühmten Bild vom «Kausalitätstrichter» (*funnel of causality*, 1960, S. 24ff.) haben Campbell et al. das Verhältnis all dieser Faktoren zueinander zusammengefasst. Nach der an dieser Stelle entwickelten Vorstellung ist die individuelle Wahlentscheidung als Ergebnis eines komplexen Prozesses aufzufassen, der sich prinzipiell beliebig weit in die Vergangenheit zurückverfolgen ließe. Im Moment der Wahlentscheidung selbst (t_w) sind lediglich die oben genannten psychologischen Variablen von Interesse. Je weiter man sich jedoch in der Vergangenheit zurückbewegt (t_{w-1}; t_{w-2}), desto mehr potenzielle Einflüsse müssen in Betracht gezogen werden, um den jeweils folgenden Zustand zu erklären. Der Kausalitätstrichter weitet sich deshalb in die Vergangenheit aus, bis ein Maß an Komplexität erreicht ist, das für den Forscher in der Praxis nicht mehr zu bewältigen ist.

Trotz seiner offenkundigen Vorzüge wurde allerdings über Jahre hinweg darüber gestritten, ob das Ann-Arbor-Modell außerhalb des US-amerikanischen Kontexts überhaupt anwendbar sei. Als proble-

matisch galt insbesondere das für die Michigan-Forscher zentrale
Konzept der Parteiidentifikation: Zu sehr schien die Idee einer «psychologischen Mitgliedschaft» von den Besonderheiten, die das amerikanische System von den politischen Systemen Europas unterscheiden, geprägt zu sein (Falter 1977). Zu nennen sind hier insbesondere
das (relativ) stabile Zweiparteiensystem, die organisatorische Schwäche der Großparteien und das Fehlen historisch begründeter ideologischer Konflikte.

In einem einflussreichen Beitrag haben Dalton et al. (1984, S. 12)
jedoch gezeigt, dass langfristig stabile Parteibindungen keine «psychologische Parteimitgliedschaft» im Sinne des ursprünglichen Modells
voraussetzen. Vielmehr können die für Europa charakteristischen
Koalitionen zwischen sozialen Großgruppen einerseits und ideologisch geprägten Parteien andererseits, die von Lipset und Rokkan
(1967) herausgearbeitet wurden, als funktionales Äquivalent für das
im *American Voter* beschriebene Gefühl der Zugehörigkeit zu einer
Partei betrachtet werden. Seit etwa Ende der 1970er Jahre konnte sich
das Ann-Arbor-Modell deshalb auch in der deutschen Wahlforschung
als Standard etablieren.

2.2.4 Das Modell der rationalen Wahl
Die Theorie der rationalen Wahl (auch Rational-Choice- oder kurz
RC-Theorie) geht auf Anthony Downs' 1957 erschienene Pionierstudie *An Economic Theory of Democracy* zurück. Aufbauend auf Vor-
arbeiten von Kenneth Arrow, Joseph Schumpeter (1883–1950), Herbert Simon und anderen übertrug Downs das Menschenmodell der
neoklassischen Ökonomie auf die Politik und gab damit den Startschuss für ein neues Forschungsprogramm in der Politikwissenschaft,
das sich bis heute als außerordentlich fruchtbar erwiesen hat.

Von den bisher vorgestellten Ansätzen unterscheidet sich das Konzept von Downs in zweierlei Hinsicht. Zum einen ist Downs' Beitrag
zur Wahlforschung primär analytischer Natur: Downs war zwar mit
der bis Ende der 1950er Jahre erschienenen Literatur zur Wahlforschung vertraut, stellte aber selbst keine empirischen Untersuchungen an, sondern beschränkte sich darauf, aus einigen wenigen axio-
matischen Annahmen deduktiv eine Vielzahl von empirisch prüfbaren
Aussagen abzuleiten. Zum anderen ist bei der von Downs begrunde-

ten Forschungsrichtung der Modellcharakter viel stärker ausgeprägt als bei den bisher vorgestellten Ansätzen der Wahlforschung: Während der soziologische und der sozialpsychologische Ansatz trotz aller Abstraktionen an Erfahrungen aus dem politischen Alltag anknüpfen und intuitiv plausibel erscheinen, wirkt das Menschenbild des Rational Choice auf viele, die erstmals mit ihm konfrontiert werden, allzu künstlich und realitätsfern. Die in den Beiträgen der Rational-Choice-Theoretiker häufig anzutreffende formalisierte Darstellung in Form von Gleichungen und Ungleichungen tut ein Übriges, um diesen Eindruck zu verstärken.

Ausgangspunkt für Downs ist die Annahme, dass sich Politiker und Wähler wie rationale Akteure auf einem Markt verhalten, auf dem politische Macht in Form von Wählerstimmen gegen die Realisierung politischer Ziele getauscht wird. Die «Rationalität» der Akteure ist dabei allerdings in einem sehr formalen Sinn zu verstehen, der mit «Vernünftigkeit» im landläufigen Sinn nichts zu tun hat, sondern sich lediglich auf die Entscheidung zwischen Handlungsalternativen bezieht.

Rationale Akteure zeichnen sich dadurch aus, dass sie über stabile und transitive Präferenzen verfügen, die es ihnen ermöglichen, aus einer Reihe von Handlungsoptionen diejenige auszuwählen, die ihren Nutzen maximiert. Unter einem «Nutzen» sind dabei keineswegs nur ökonomische Vorteile für den Akteur zu verstehen, sondern vielmehr jedes Handlungsergebnis, das im Einklang mit seinen Präferenzen steht. «Stabil» bedeutet dabei nichts weiter, als dass die Präferenzen der Akteure über den betrachteten Zeitraum konstant bleiben; «transitiv» heißt, dass die Präferenzen in sich widerspruchsfrei sind: Ein rationaler Akteur, der die Herrschaft der Partei A der Partei B vorzieht, einer von der Partei B gebildeten Regierung aber wiederum den Vorrang vor einem von der Partei C gebildeten Kabinett gibt, muss sich, vor die Wahl zwischen A und C gestellt, für A entscheiden: wenn A > B und B > C, dann A > C.

Geht man davon aus, dass sich politische Programme als Position auf einer ideologischen Links-Rechts-Achse darstellen lassen, wird sich ein rationaler Wähler für die Partei entscheiden, die seinem Idealpunkt auf dieser Achse am nächsten steht. Umgekehrt werden sich die Parteien bei der Formulierung ihrer Programme an den ideologischen

Positionen der Wähler orientieren, um ihren Stimmenanteil zu maximieren. Da die Präferenzen der Akteure als stabil angesehen werden, sind Verhaltensänderungen nur durch strukturelle Änderungen, etwa durch das Auftreten einer neuen Partei D zu erklären.

Worin der «Nutzen» der Akteure besteht und wie ihre Präferenzen zustande kommen, ist aus Sicht der Rational-Choice-Theorie unerheblich. Da zudem die Präferenzen der Akteure in der Regel aus ihrem Verhalten rekonstruiert werden, ist das Modell der rationalen Wahl in seinem Kern tautologisch: Das Rationalitätspostulat ist keine empirisch zu prüfende Hypothese, sondern ein Axiom.

Gerade in dieser tautologischen Struktur liegt aber die große Stärke des RC-Ansatzes. Sie ermöglicht es, im Grunde jedes psychologische oder soziologische Modell als Mechanismus zur Bildung von Präferenzen zu verstehen und an die Theorie der rationalen Entscheidung anzukoppeln (Behnke 1999). Damit wird es zugleich möglich, von den schwer zu erfassenden und häufig idiosynkratischen Eigenschaften des Individuums so weit wie möglich zu abstrahieren und dafür die strukturellen Eigenschaften der Situation, die eine Entscheidung beeinflussen, umso genauer in den Blick zu nehmen, wie bereits Popper (1995) erkannte. Zudem hoffen die Vertreter des Rational-Choice-Ansatzes, dass eine einheitliche Handlungstheorie einen wichtigen Beitrag zur Integration und Systematisierung des bisher in den Sozialwissenschaften zusammengetragenen Wissens leisten könnte (vgl. Almond 1996, S. 86).

Schon Downs wies allerdings auf einige Komplikationen hin, die sich aus der Übertragung des RC-Ansatzes auf die Wahlforschung ergeben. Das bekannteste dieser Probleme ist das so genannte Wahlparadox: In Massendemokratien mit mehreren Millionen Stimmberechtigten ist unabhängig vom Wahlsystem für jeden einzelnen Wahlberechtigten die Chance, dass gerade er die wahlentscheidende Stimme abgibt, fast unendlich klein. Zwischen dem Wahlsieg der bevorzugten Partei und dem eigenen Verhalten besteht faktisch kein Zusammenhang. Während es somit sehr unwahrscheinlich ist, dass ein Akteur einen (instrumentellen) Nutzen aus seinem Abstimmungsverhalten ziehen kann, entstehen ihm durch die Wahlbeteiligung mit Sicherheit Kosten: Zum einen muss er Zeit und Geld aufwenden, um sich überhaupt ein Urteil über die Parteien und ihre

Absichten bilden zu können (Informationskosten), zum anderen muss er dadurch, dass die Teilnahme an der Wahl sowie die in vielen Ländern notwendige Registrierung als Wähler Zeit in Anspruch nehmen, auf einen anderweitig zu erzielenden materiellen oder immateriellen Nutzen verzichten (Opportunitätskosten).

Der Nettonutzen der Wahlbeteiligung ist somit immer negativ; rationale Wahlberechtigte sollten sich deshalb grundsätzlich nicht an Wahlen beteiligen. Dieses Ergebnis steht aber in offensichtlichem Widerspruch zur tatsächlichen Wahlbeteiligung, die im 20. Jahrhundert bei nationalen Wahlen in demokratischen Staaten meist 70 bis 80 Prozent erreicht (Topf 1995; Franklin 1996). Zur Lösung des Wahlparadoxons wurden zahlreiche Lösungen vorgeschlagen, die aber ihrerseits mit Komplikationen verbunden sind (Behnke 1999).

Zum Wahlparadox kommt es letztendlich, weil die Wähler anders als bei einer Kaufentscheidung nicht sicher sein können, ob sie für die aufgebrachten Kosten tatsächlich den von ihnen gewünschten Gegenwert erhalten. Die Unsicherheit der Wahlberechtigten beschränkt sich jedoch nicht auf die Frage, ob das eigene Abstimmungsverhalten den Wahlausgang überhaupt beeinflussen kann. Auch hinsichtlich des zukünftigen Verhaltens der Parteien besteht Ungewissheit. Selbst wenn diese willens sind, ihre vor der Wahl gegebenen Versprechungen einzulösen, können sie durch Veränderungen der politischen Gesamtsituation, äußere Einflüsse oder die Ansprüche eines Koalitionspartners gezwungen werden, von ihren Programmen abzuweichen.

Wähler in einer Massendemokratie befinden sich somit in einer so genannten Niedrigkostensituation (Mensch 2000), in der das eigene Handeln keine schwerwiegenden Folgen hat, weil es den Lauf der Dinge nicht maßgeblich beeinflusst. In Niedrigkostensituationen führen Rational-Choice-Erklärungen zumeist nicht weiter, weil es gerade für rationale Akteure höchst irrational wäre, unter diesen Umständen mühsam Informationen zu sammeln und Kosten und Nutzen gegeneinander abzuwägen. Stattdessen dominieren moralische und expressive Verhaltensweisen; und Entscheidungen werden auf der Grundlage von Informationen aus dem Alltag, Gruppennormen oder ideologischen Grundüberzeugungen getroffen, die als *information shortcuts* (Popkin 1994) fungieren. Rationale Wähler verhalten sich deshalb bei Wahlen häufig so, wie es die soziologischen und sozialpsychologischen

Modelle voraussagen. Entsprechende Überlegungen finden sich in Ansätzen bereits bei Downs und stehen in einigen neueren Theorien zum rationalen Wahlverhalten im Mittelpunkt des Forschungsinteresses (Brennan/Lomasky 1993).

Politiker hingegen agieren tendenziell in Hochkostensituationen: Die meisten ihrer Entscheidungen sind für sie selbst und für andere mit erheblichen Konsequenzen verbunden. Rational-Choice-Ansätze scheinen deshalb vor allem zur Modellierung der Angebotsseite von Politik geeignet zu sein.

2.2.5 Zusammenfassung

In den vorangegangen Abschnitten wurden die wichtigsten theoretischen Ansätze der empirischen Wahlforschung vorgestellt.[6] Dabei sollte deutlich geworden sein, dass die verschiedenen Modelle nicht in Konkurrenz zueinander stehen, sondern komplementär zueinander sind. Über den engeren Rahmen der Wahlforschung hinaus wurde dieser Gedanke in den letzten Jahren sowohl von Sozialpsychologen als auch von Rational-Choice-Theoretikern vertreten.

Im deutschsprachigen Raum hat sich vor allem Hartmut Esser (1996a; 1996b) darum bemüht, entsprechende Überlegungen zu einem mehrstufigen Modell sozialen Handelns weiterzuentwickeln. Nach diesem noch in der Entwicklung befindlichen Ansatz entscheiden Menschen in einer gegebenen sozialen Situation zunächst darüber, ob sich der Erwerb neuer Informationen und das Aufstellen eines Nutzenkalküls überhaupt lohnen könnte. Im strengen Sinn rationales Handeln ist deshalb die Ausnahme, nicht die Regel. Im Bereich der alltäglichen Niedrigkostensituationen, denen das Wahlverhalten zuzuordnen ist, dominiert vielmehr das «automatische, generellen Frames und Einstellungen blindlings folgende Prozessieren» (Esser 1996a, S. 15). Aus unserer Sicht spricht deshalb vieles dafür, Wahlverhalten auch weiterhin primär mit dem sozial-psychologischen Modell zu analysieren.

---

6 Über die hier getroffene Auswahl hinaus existieren eine Reihe weiterer Konzepte, die sich aber meist einer der großen theoretischen Richtungen zuordnen lassen.

2.3 Methoden der Wahlforschung

Die empirische Wahlforschung stützt sich auf die statistische Auswertung von Informationen über Wähler bzw. Wahlberechtigte. Dabei lassen sich zwei Hauptklassen von Daten unterscheiden: Individual- oder Mikrodaten geben Auskunft über Einzelpersonen. Sie werden zumeist mit Hilfe standardisierter Befragungen, zuweilen aber auch durch Beobachtungen gewonnen. Wird eine Personengruppe zu einem einzigen Zeitpunkt befragt, spricht man von einer Querschnittsuntersuchung. Aussagekräftiger sind die Ergebnisse von Längsschnittuntersuchungen, die sich über einen Zeitraum von mehreren Jahren oder sogar Jahrzehnten erstrecken können. Hier lassen sich Trendstudien (identische Fragen, unterschiedliche Untersuchungspersonen) und Panelstudien (identische Fragen, identische Untersuchungspersonen) unterscheiden. Letztere sind für die Wahlforschung besonders interessant, da sich mit ihnen individuelle Einstellungs- und Verhaltensänderungen nachvollziehen lassen (Schoen 2000).

Ergänzt man Individualdaten um Kontextdaten, die sich auf das soziale Umfeld (Familie, Kollegen, Gemeinde, Bundesland, politisches System etc.) beziehen, in dem ein Individuum sich bewegt, werden ambitioniertere Analysen möglich. Da sich die Wahlforschung fast ausschließlich mit dem individuellen Verhalten innerhalb größerer und kleinerer sozialer Kontexte befasst, entspricht die Kombination von Individual- und Kontextdaten der Struktur ihrer theoretischen Ansätze am besten, wird aber bislang nur selten eingesetzt.

Vor allem in der historischen Wahlforschung stellt sich häufig das Problem, dass keine Individualdaten verfügbar sind, weil keine Befragungen durchgeführt wurden oder der Forscher keinen Zugang zu den entsprechenden Datensätzen hat. In diesen Fällen ist es üblich, auf Aggregatdaten zurückzugreifen, die in Form von Anteils- oder Mittelwerten Informationen über Aggregate, d. h. Gruppen von Personen enthalten. Typische Aggregate, die in der Wahlforschung analysiert werden, sind beispielsweise die Wahlberechtigten eines Stimmbezirks, Wahlkreises oder Bundeslands.

Die Analyse von Aggregatdaten ist allerdings mit spezifischen Problemen verbunden: Erstens stehen in der Regel keine Informationen über Einstellungen zur Verfügung, die in vielen Erklärungsmodellen eine wichtige Rolle spielen, zweitens gehen durch den Prozess der Aggregation unweigerlich Informationen über die Individuen verloren. Beispielsweise könnte man durch eine Befragung für jeden Wahlberechtigten eines Stimmbezirks feststellen, ob er (a) ein Arbeiter ist und (b) die SPD gewählt hat. Mit einer Aggregatdatenanalyse lässt sich hingegen nur ermitteln, dass ein bestimmter Prozentsatz der Wahlberechtigten im Wahlbezirk der Arbeiterschicht angehört und ein vergleichbarer Prozentsatz die SPD gewählt hat. Ob es sich dabei aber um dieselben Personen handelt, lässt sich nach der Aggregation nicht mehr feststellen.

Der direkte Schluss von Zusammenhängen auf der Aggregatebene auf individuelles Verhalten ist deshalb unzulässig (so genannter ökologischer Fehlschluss). Ein von Bürklin und Klein (1998, S. 35 f.) angeführtes Beispiel verdeutlicht die Problematik: Bei den Wahlen zum Berliner Abgeordnetenhaus erzielen die Grünen in jenen Wahlkreisen, in denen der Ausländeranteil besonders hoch ist, in aller Regel sehr gute Ergebnisse. Auf der Aggregatebene besteht also ein Zusammenhang zwischen den Merkmalen «Ausländer» und «Wahl der Grünen». Auf der Individualebene allerdings kann es einen solchen Zusammenhang nicht geben, da Ausländer nicht wahlberechtigt sind.

Je größer die Einheiten sind, zu denen die Untersuchungspersonen zusammengefasst werden, desto höher ist auch der mit der Aggregation verbundene Informationsverlust und desto größer ist die Wahrscheinlichkeit, auf der Aggregatebene Zusammenhänge zu beobachten, die sich stark von den tatsächlichen Zusammenhängen auf der Individualebene unterscheiden. Gelingt es dem Forscher jedoch, für seine Analyse möglichst kleine Aggregate zu finden, die in sich relativ homogen sind und sich zugleich deutlich voneinander unterscheiden, so lassen sich mit Hilfe geeigneter mathematischer Verfahren Bereiche angeben, innerhalb deren sich die individuellen Zusammenhänge bewegen müssen (Falter 1991; King 1997). Wegen der meist sehr guten Qualität und der leichten Zugänglichkeit der aggregierten Daten erfreuen sich Aggregatanalysen in der Wahlforschung deshalb nach wie vor großer Beliebtheit.

2.4 Zentrale Befunde für die Bundesrepublik

Bis in die 1960er Jahre hinein ließen sich in der alten Bundesrepublik sehr stabile Zusammenhänge zwischen der Zugehörigkeit zu sozialen Großgruppen und dem individuellen Wahlverhalten beobachten, die bereits das Wahlverhalten im Kaiserreich und in der Weimarer Republik bestimmten: Arbeiter unterstützten in überdurchschnittlichem Umfang die SPD, Katholiken entschieden sich überproportional häufig für die Unionsparteien (Pappi 1973). Sowohl in der Zentrumspartei (der wichtigsten Vorgängerin der heutigen Unionsparteien) als auch in der SPD gab es aber schon früh Bestrebungen, über das jeweilige Milieu hinaus Wählerstimmen zu gewinnen und auf diese Weise zu «Volksparteien» zu werden. Mit dem demokratischen Neubeginn setzte sich diese Linie in beiden Parteien durch.

Diese Neuorientierung der Parteien vollzog sich innerhalb einer Gesellschaft, deren politische Kultur sich rasch wandelte (Conradt 1980). Durch Bildungsexpansion, Massenwohlstand, gesteigerte Mobilität und Wertewandel verloren die von Lepsius beschriebenen Milieus an Bedeutung für das politische Denken. Infolgedessen lockerten sich die sozialstrukturell vermittelten Bindungen zwischen Bürgern und Parteien. Dieser psychologische Prozess, der zunächst keine Konsequenzen für die Handlungsebene haben muss, wird als *dealignment* bezeichnet (Dalton 1984). Der Aufstieg der Grünen in den 1980er Jahren galt vielen Beobachtern als endgültiger Beleg dafür, dass sich das Parteiensystem der Bundesrepublik infolge eines *dealignments* zu wandeln begann.

Wie Gluchowski und Wilamowitz-Moellendorff (1997) zeigen konnten, gibt es in der Tat empirische Belege für ein *dealignment*. Zum einen sind die sozialen Kerngruppen, auf die sich SPD und Unionsparteien stützen konnten, seit der Nachkriegszeit dramatisch geschrumpft. Zum anderen schwindet selbst innerhalb der sozialen Großgruppen, die als Stammklientel von SPD und Union galten, die Unterstützung für diese Parteien. Dieser letztgenannte Prozess vollzieht sich aber überaus langsam. Am Ende der 1990er Jahre betrachteten sich aber immer noch rund zwei Drittel der Westdeutschen als langfristige Anhänger einer bestimmten Partei (Arzheimer 2002, S. 283ff.). Nach wie vor sind diese Parteibindungen vor allem sozialstrukturell vermittelt.

Ganz anders stellen sich hingegen die Verhältnisse in den neuen Ländern dar. Unter dem offen religionsfeindlichen Regime der SED sank der Anteil der Kirchenmitglieder auf weniger als ein Drittel der Gesamtbevölkerung. Umgekehrt betrug der Anteil der Arbeiter an der Erwerbsbevölkerung in den 1990er Jahren noch über 40 Prozent. Politische Beobachter gingen deshalb davon aus, dass sich die neuen Länder zu einer Hochburg der SPD entwickeln würden.

Tatsächlich wandten sich die ostdeutschen Arbeiter bei den Bundestagswahlen von 1990 und 1994 aber in großem Umfang der CDU zu. Offensichtlich hatte die Diktatur der SED die traditionellen Bindungen der Arbeiterschaft an die linken Parteien zerstört. Bei den Landtagswahlen der 1990er Jahre, vor allem bei der Bundestagswahl von 1998 kehrte sich das Muster jedoch um, und die ostdeutschen Arbeiter wählten mehrheitlich die SPD. Auch dabei handelte es sich allerdings nicht um einen dauerhaften Trend.

Die Ursache für dieses auf den ersten Blick rätselhafte Verhalten liegt auf der Hand: In den neuen Ländern fühlte sich zu Beginn der 1990er Jahre nur knapp die Hälfte der Bürger an eine Partei gebunden. Seitdem ist dieser Anteil gestiegen, liegt aber immer noch deutlich unter dem westlichen Niveau (Arzheimer/Falter 1998). Das Wahlverhalten in Ostdeutschland wird deshalb in erheblichem Umfang von kurzfristigen Faktoren beherrscht und unterliegt daher weitaus größeren Schwankungen als im Westen Deutschlands. In gewisser Weise bilden die Ostdeutschen damit den «moderneren» Teil des gesamtdeutschen Elektorats.

3 Probleme und Perspektiven

Die Wahlforschung gehört zu den theoretisch und methodisch am weitesten fortgeschrittenen Teilgebieten der Politikwissenschaft. Ihre Wahrnehmung in der Öffentlichkeit und innerhalb der Disziplin selbst wird in erheblichem Umfang von den (kurzfristigen) Wahlprognosen bestimmt, die mittlerweile eine beeindruckende Genauigkeit erreicht haben und sich zuweilen nur um Bruchteile von Prozentpunkten vom tatsächlichen Ergebnis unterscheiden. Diese Erfolge sollten jedoch nicht davon ablenken, dass auch die Wahlforschung mit einigen Problemen konfrontiert ist, auf die hier nur in knapper Form hingewiesen werden kann:

1. Unzureichende Datenbasis: Ein großer Teil der Ergebnisse der empirischen Wahlforschung basiert auf Stichproben von zufällig ausgewählten Individuen, die zu einem einzigen Zeitpunkt und in einem einzigen Staat erhoben wurden. Diese Daten sind den zu prüfenden Hypothesen häufig nicht angemessen. Stattdessen würden vielmehr Datensätze benötigt, die zusätzliche Informationen über das unmittelbare soziale Umfeld sowie den größeren sozialen Kontext, in dem eine Person lebt, beinhalten. Außerdem wäre es in vielen Fällen wünschenswert, Wiederholungsbefragungen durchzuführen, um Vermutungen über Entwicklungen auf der Individualebene überprüfen zu können. Gemessen an den Pionierstudien von Lazarsfeld ist das Design vieler moderner Untersuchungen unterkomplex.

2. Mangelnde theoretische Stringenz und Anschlussfähigkeit: In Abschnitt 2.2.5 wurde dargelegt, dass die verschiedenen theoretischen Ansätze der Wahlforschung in vieler Hinsicht komplementär zueinander sind. Diese Komplementarität verführt in Kombination mit den modernen Möglichkeiten der Datenbeschaffung und -analyse allerdings viele Forscher dazu, nach rein statistischen Kriterien Variablen miteinander zu kombinieren, die im Zusammenhang mit verschiedenen theoretischen Ansätzen stehen, ohne im Einzelfall deutlich zu machen, worin eigentlich der Sinn der durchgeführten Analysen bestehen soll. Untersuchungen nach dem Prinzip «statistics all by all» sind von geringem Erkenntniswert und stellen die Anschlussfähigkeit der Wahlforschung an allgemeinere Theorien des politischen Handelns in Frage.

3. Zunehmende Bedeutung kurzfristiger Faktoren: Wie oben bereits erwähnt, scheint in allen demokratischen Systemen die Bedeutung kurzfristiger Faktoren (Kandidaten, Themen, Medieneinflüsse) zuzunehmen. Die Wahlforschung hat auf diese Entwicklung reagiert, indem sie diese Faktoren zusehends stärker berücksichtigt. Damit steht sie aber zugleich einem doppelten Problem gegenüber: Zum einen sind diese kurzfristigen Faktoren oft eher idiosynkratischer Natur und können deshalb nur schwer unter jene allgemeinen Gesetzesaussagen subsumiert werden, nach denen die Wissenschaft

eigentlich sucht. Wissenschaftliche Studien, die ausschließlich mit kurzfristigen Faktoren argumentieren, kommen oft zu sehr spezifischen Aussagen, die kaum auf andere Wahlen übertragbar sind. Langfristig besteht zum anderen die Gefahr, dass einige weiterhin wirksame langfristige Faktoren bei der Planung von zukünftigen Wahlstudien nicht mehr berücksichtigt und deshalb systematisch ausgeblendet werden.

Gelingt es allerdings, diese Probleme in den Griff zu bekommen, dann sind von der Wahlforschung auch weiterhin Ergebnisse zu erwarten, die für die Politikwissenschaft im Ganzen von Interesse sind.

Literatur

Almond, Gabriel A.: Political Science: «The History of the Discipline», in: Robert E. Goodin/Hans-Dieter Klingemann (Hg.): A New Handbook of Political Science, Oxford 1996, S. 50–96.

Almond, Gabriel A./Powell, G. Bingham: «Interest Groups and Interest Articulation», in: dies. (Hg.): Comparative Politics Today. A World View, New York 1996, S. 70–85.

Arzheimer, Kai: Politikverdrossenheit. Bedeutung, Verwendung und empirische Relevanz eines politikwissenschaftlichen Begriffes, Wiesbaden 2002.

Arzheimer, Kai/Falter, Jürgen W.: «Ist der Osten wirklich rot? Das Wahlverhalten bei der Bundestagswahl 2002 in Ost-West-Perspektive», in: Aus Politik und Zeitgeschichte 2002 (im Erscheinen).

Arzheimer, Kai/Falter, Jürgen W.: «‹Annäherung durch Wandel?› Das Ergebnis der Bundestagswahl 1998 in Ost-West-Perspektive», in: Aus Politik und Zeitgeschichte 48/B52, 1998, S. 33–43.

Barnes, Samuel H./Kaase, Max/Allerbeck, Klaus et al. (Hg.): Political Action. Mass Participation in Five Western Democracies, Beverly Hills 1979.

Behnke, Joachim: «Die politische Theorie des Rational Choice: Anthony Downs», in: André Brodocz/Gary S. Schaal (Hg.): Politische Theorien der Gegenwart, Opladen 1999, S. 312–336.

Berelson, Bernard/Lazarsfeld, Paul F./McPhee, William N.: Voting. A Study of Opinion Formation in a Presidential Campaign, Chicago 1954.

Blais, André/Massicotte, Louis: «Electoral Systems», in: Lawrence LeDuc/Richard G. Niemi/Pippa Norris (Hg.): Comparing Democracies. Elections and Voting in Global Perspective, Thousand Oaks/London/New Delhi 1996, S. 49–81.

Brennan, Geoffrey/Lomasky, Loren: Democracy and Decision. The Pure Theory of Electoral Preference, Cambridge/New York 1993.

Bürklin, Wilhelm/Klein, Markus: Wahlen und Wählerverhalten. Eine Einführung, Opladen 1998.

Campbell, Angus/Converse, Philip E./Miller, Warren E. et al.: The American Voter, New York 1960,

Campbell, Angus/Gurin, Gerald/Miller, Warren E.: The Voter Decides, Evanston 1954.

Conradt, David P.: «Changing German Political Culture», in: Gabriel A. Almond/Sidney Verba (Hg.): The Civic Culture Revisited, Boston/Toronto 1980, S. 212–272.

Converse, Philip E.: «The Concept of a Normal Vote», in: Angus Campbell/Philip E. Converse/Warren E. Miller et al. (Hg.): Elections and the Political Order, New York 1967.

Cox, Gary W.: Making votes count. Strategic Coordination in the World's Electoral Systems, Cambridge 1997.

Dalton, Russell J.: «Cognitive Mobilization and Partisan Dealignment in Advanced Industrial Democracies», in: Journal of Politics 46, 1984, S. 264–284.

Dalton, Russell J.: «Political Cleavages, Issues, and Electoral Change», in: Lawrence LeDuc/Richard G. Niemi/Pippa Norris (Hg.): Comparing Democracies. Elections and Voting in Global Perspective, Thousand Oaks/London/New Delhi 1996a, S. 319–342.

Dalton, Russell J.: «Politics in Germany», in: Gabriel A. Almond/G. Bingham Powell (Hg.): Comparative Politics Today. A World View, New York 1996b, S. 265–325.

Dalton, Russell J./Beck, Paul Allen/Flanagan, Scott C.: «Electoral Change in Advanced Industrial Democracies», in: dies. (Hg.): Electoral Change in Advanced Industrial Democracies: Realignment or Dealignment, Princeton 1984, S. 3–22.

Diederich, Nils: Empirische Wahlforschung. Konzeptionen und Methoden im internationalen Vergleich, Köln/Opladen 1965.

Duverger, Maurice: Les Partis Politiques, Paris 1951.

Eldersveld, Samuel J.: «Theory and Method in Voting Behavior Research», in: The Journal of Politics 13/1, 1951, S. 70–87.

Esser, Hartmut: «Die Definition der Situation», in: Kölner Zeitschrift für Soziologie und Sozialpsychologie 48, 1996a, S. 1–34.

Esser, Hartmut: Soziologie. Allgemeine Grundlagen, Frankfurt a. M./New York 1996b.

Falter, Jürgen W.: «Einmal mehr: Läßt sich das Konzept der Parteiidentifikation auf deutsche Verhältnisse übertragen? Theoretische, methodologische und empirische Probleme einer Validierung des Konstrukts ‹Parteiidentifikation› für die Bundesrepublik Deutschland», in: Politische Vierteljahresschrift 18/2/3, 1977 («Wahlsoziologie heute», hg. von Max Kaase), S. 476–500.

Falter, Jürgen W.: Hitlers Wähler, Darmstadt 1991.

Falter, Jürgen W./Rattinger, Hans: «Die Bundestagswahl 1983: ‹Eine Normalwahlanalyse›», in: Hans-Dieter Klingemann/Max Kaase (Hg.): Wahlen und politischer Prozeß. Analysen aus Anlaß der Bundestagswahl 1983, Opladen 1986, S. 289–337.

Festinger, Leon: A Theory of Cognitive Dissonance, Stanford 1997 (zuerst 1957).

Franklin, Mark N.: «Electoral Participation», in: Lawrence LeDuc/Richard G. Niemi/Pippa Norris (Hg.): Comparing Democracies. Elections and Voting in Global Perspective, Thousand Oaks/London/New Delhi 1996, S. 216–235.

Gluchowski, Peter/Wilamowitz-Moellendorff, Ulrich von: «Sozialstrukturelle Grundlagen des Parteienwettbewerbs in der Bundesrepublik Deutschland», in: Oscar W. Gabriel/Oskar Niedermayer/Richard Stöss (Hg.): Parteiendemokratie in Deutschland, Opladen 1997, S. 179–208.

Ismayr, Wolfgang: «Die politischen Systeme Westeuropas im Vergleich», in: ders. (Hg.): Die politischen Systeme Westeuropas, Opladen 1999.

King, Gary: A Solution to the Ecological Inference Problem. Reconstructing Individual Behavior from Aggregate Data, Princeton 1997.

Lazarsfeld, Paul F./Berelson, Bernard/Gaudet, Hazel: The People's Choice. How the Voter Makes up His Mind in a Presidential Campaign, Chicago 1968 (zuerst 1944).

Lepsius, M. Rainer: «Parteiensystem und Sozialstruktur: Zum Problem der Demokratisierung der deutschen Gesellschaft» [1966], in: Gerhard A. Ritter (Hg.): Deutsche Parteien vor 1918, Köln 1973, S. 56–80.

Lipset, Seymour Martin/Rokkan, Stein: «Cleavage Structures, Party Systems, and Voter Alignments: An Introduction», in: dies. (Hg.): Party Systems and Voter Alignments: Cross-National Perspectives, New York/London 1967, S. 1–64.

Mensch, Kirsten: «Niedrigkostensituationen, Hochkostensituationen und andere Situationstypen: Ihre Auswirkungen auf die Möglichkeiten von Rational-Choice-Erklärungen», in: Kölner Zeitschrift für Soziologie und Sozialpsychologie 52/2, 2000, S. 246–263.

Merriam, Charles Edward/Gosnell, Harold Foote: Non-Voting. Causes and Methods of Control, Chicago 1924.

Niedermayer, Oskar: Bürger und Politik. Politische Orientierungen und Verhaltensweisen der Deutschen. Eine Einführung, Wiesbaden 2001.

Nohlen, Dieter: Wahlen und Parteiensystem, Opladen 2000.

Pappi, Franz Urban: «Parteiensystem und Sozialstruktur in der Bundesrepublik», in: Politische Vierteljahresschrift 14, 1973, S. 191–213.

Parsons, Talcott: «Pattern Variables Revisited», in: American Sociological Review 25, 1960, S. 467–483.

Popkin, Samuel L.: The Reasoning Voter. Communication and Persuasion in Presidential Campaigns, Chicago/London 1994.

Popper, Karl R.: «Das Rationalitätsprinzip» [1967], in: David Miller (Hg.): Lesebuch. Ausgewählte Texte zu Erkenntnistheorie, Philosophie der Naturwissenschaften, Metaphysik, Sozialphilosophie, Tübingen 1995, S. 350–359.

Roth, Dieter: Empirische Wahlforschung. Ursprung, Theorien, Instrumente und Methoden, Opladen 1998.

Schoen, Harald: «Den Wechselwählern auf der Spur. Recall- und Paneldaten im Vergleich», in: Jan van Deth/Hans Rattinger/Edeltraud Roller (Hg.): Die Republik auf dem Weg zur Normalität? Wahlverhalten und politische Einstellungen nach acht Jahren Einheit, Opladen 2000, S. 199–226.

Topf, Richard: «Electoral Participation», in: Hans-Dieter Klingemann/Dieter Fuchs (Hg.): Citizens and the State, Oxford 1995, S. 27–51.

Andreas Dörner
2.7 Politische Kulturforschung

---

1 Grundlagen: Begrifflichkeiten und Zugangsweisen
2 Dimensionen: empirisch-analytische und interpretative Ansätze
3 Probleme: Bürgergesellschaft und Medienkultur
4 Perspektiven: Kultur und Kulturforschung im Wandel

---

1 Grundlagen:
Begrifflichkeiten und Zugangsweisen

Der Begriff der «Politischen Kultur» ist ausgesprochen schillernd – anders als man dies gemeinhin bei einem eingeführten Forschungsterminus erwartet. So gibt es zum einen innerhalb der politikwissenschaftlichen Diskussion eine Vielzahl von Definitionsversuchen mit einer Reihe von heterogenen Konzepten und Methoden. Zum anderen ist der Begriff in der öffentlichen Umgangssprache nahezu aller westlichen Gesellschaften gebräuchlich. Der Hinweis auf eine gefährdete oder zu verteidigende Politische Kultur ist aus der modernen politischen Auseinandersetzung nicht mehr wegzudenken. Dieser Begriff ist normativ aufgeladen und am ehesten zu übersetzen mit dem der «guten Sitten» oder der angemessenen politischen Umgangsform. In diesem Sinn dient die Rede von der Politischen Kultur auch als normative Bezugsgröße im politischen Alltagskampf. Dem Gegner kann mit Hinweis auf einen übergeordneten Werthorizont politisches Versagen, Stillosigkeit und Amoralität vorgeworfen werden – ein Mittel, das zur Skandalisierung und damit zum Legitimitätsentzug der jeweils anderen Position nicht nur in Wahlkampfzeiten gern genutzt wird. Nicht selten vermischen sich schließlich Elemente der wissenschaftlichen und der umgangssprachlichen Begrifflichkeit miteinander, sodass die Konturen des Gemeinten völlig verschwimmen. Es gilt daher, was der Soziologe Hans-Georg Soeffner (1988) für den Kulturbegriff insgesamt konstatiert hat: «bedeutungsgeladene Diffusität». Jeder weiß, dass hier Wichtiges benannt wird; aber die Gefahr des Aneinander-Vorbeiredens ist aufgrund einer Vielzahl von möglichen Inhalten besonders groß.

Nun zeigt schon ein kurzer Blick auf die politische Ideengeschichte, dass diejenige Dimension von politischer Wirklichkeit, auf die der Begriff Politische Kultur abzielt, durchaus häufig als relevante Größe beim Verständnis von politischen Problemen und Problemlösungen erkannt worden ist (vgl. Brint 1991). Betrachtet man beispielsweise die «republikanische» Tradition des politischen Denkens, die von Aristoteles (384–322 v. Chr.) über Niccolò Machiavelli (1469–1527) und Jean-Jacques Rousseau (1712–1778) bis zu den heutigen Kommunitaristen in den USA reicht, so wird deutlich, dass hier immer wieder nach den kulturellen Voraussetzungen einer gelungenen politischen Ordnung gefragt wird. Der Bürger, so lautet die zentrale Denkfigur, muss ein bestimmtes Maß an Tugendhaftigkeit, Gemeinsinn und mitunter auch Opferbereitschaft mitbringen, wenn die Ordnung als eine freiheitliche Ordnung stabil auf Dauer gestellt werden soll. Die entsprechenden Normen, Werte und Identitätsmodelle aber sind, so würden wir heute formulieren, eine Frage der Politischen Kultur, die wiederum über Prozesse der Erziehung und Sozialisation in der Bevölkerung verankert werden. Rousseau spricht in seinem *Gesellschaftsvertrag* (1762) sogar von einer «religion civile», einer Bürgerreligion, in der die wichtigsten Grundsätze der politischen Tugend wie in einem religiösen Kult immer wieder neu zelebriert und den Menschen als verbindliches Orientierungssystem vor Augen zu führen sind.

Ein erstes, noch immer anregendes Beispiel empirischer Politischer Kulturforschung hat Alexis de Tocqueville (1805–1859) bereits in der ersten Hälfte des 19. Jahrhunderts gegeben. Er bereiste im Auftrag der französischen Regierung die junge Demokratie der Vereinigten Staaten von Amerika und formulierte später einen faszinierten Bericht von der Vitalität der dortigen Demokratie (vgl. «Über die Demokratie in Amerika»). Der adelige Jurist, der in seiner französischen Heimat einen ebenso rasanten wie brutalen Wechsel der politischen Systeme von der Monarchie zur Demokratie zur Diktatur und wieder zur Monarchie vor Augen hatte (die dann schließlich nach einer weiteren Revolution zur «Bürgermonarchie» des Louis Philippe umgewandelt worden war), fragte sich grundsätzlich, wodurch eigentlich die erstaunliche Stabilität der Demokratie jenseits des Atlantiks zu erklären sei. Seine Antwort lautete: Es sind die «Sitten». Damit sind konkret gemeint die Vorstellungen und Meinungen der Menschen sowie die

«Gesamtheit der Ideen, aus denen die geistigen Gewohnheiten sich bilden» (ebd., S. 332). Über diese kognitive Ebene hinaus zählen aber auch die «Gewohnheiten des Herzens» dazu, d. h. die in einer Gesellschaft üblichen und als normal akzeptierten Weisen des Fühlens und des Miteinander-Umgehens.[1] Erst wenn man diese Ebene kultureller Dispositionen in die Betrachtung einbezieht, kann man Tocqueville zufolge verstehen, warum Demokratie und Bürgergesellschaft in den USA trotz aller systemischen Schwächen und trotz aller Unzulänglichkeiten, die auch hier mit konkreten menschlichen Akteuren verknüpft sind, funktionieren. Entscheidend war in seinen Augen eine langfristige Erfahrung der Menschen mit Strukturen der Selbstorganisation, der Interessenartikulation und des Aushandelns, die sich im Rahmen der englischen Kolonialherrschaft mit einer weitgehenden Autonomie der Gemeinden vor Ort entfalten konnte.

So wurden bestimmte Denk-, Wahrnehmungs- und Handlungsmuster zu einer kulturellen Selbstverständlichkeit, deren Dauerhaftigkeit aber jeweils davon abhing, ob der vorhandene institutionelle Erfahrungsraum auch mit den tradierten Deutungsmustern übereinstimmte. Nur wenn der konkrete Akteur seine Erwartungen in der eigenen Lebenswelt erfüllt sieht, wird die kulturelle Tradition auch auf Dauer gestellt und weitergeführt. Letztlich hat Tocquevilles Studie, die auf der Grundlage von zahlreichen Beobachtungen, Dokumentenanalysen und Gesprächen erstellt wurde, ein Zusammenspiel aus kulturellen Dispositionen und strukturellen Handlungsoptionen herausgearbeitet, das noch immer vieles zum Verständnis der Stabilität oder Fragilität demokratischer Ordnung beiträgt.

Auch die Frage der Tugendhaftigkeit des Bürgers schließlich wird bei Tocqueville erstmals einer empirischen Bearbeitung zugeführt. Die Amerikaner, so stellt der französische Beobachter mit nüchternem Blick fest, sind keineswegs naive Tugendbolde, die alle eigenen Interessen zugunsten des Gemeinwohls zurückstellen. Die «Lehre vom wohlverstandenen Eigennutz», die in der Öffentlichkeit wie in den all-

---

1 Der amerikanische Soziologe Robert N. Bellah hat nicht zufälligerweise an genau dieser Formulierung angeknüpft, als er in den 1980er Jahren die *habits of the heart* untersuchte, um zu erforschen, wie viel Individualismus und wie viel Gemeinsinn die amerikanische Gegenwartsgesellschaft bestimmen (Bellah et al. 1987).

tagsweltlichen Dispositionen der Amerikaner geradezu allgegenwärtig ist, definiert das tugendhafte Handeln nicht als einen Selbstzweck im Sinne etwa der kantischen Ethik. Stattdessen wird Tugend geschätzt, weil sie aus der Sicht der jeweiligen Akteure nützlich erscheint: «In den Vereinigten Staaten sagt man kaum, die Tugend sei schön. Man versichert, daß sie nützlich ist, und man beweist es täglich» (ebd., S. 610). Die Amerikaner verfolgen demnach einen «aufgeklärten Egoismus», der davon überzeugt ist, dass man immer wieder auch einen Teil der eigenen Interessen zurückstellen muss, um den gesamten Rahmen, von dem man ja schließlich auch selber profitiert, zu erhalten. Tocqueville, so wird deutlich, hat – ohne das Instrumentarium und den Anspruch professioneller sozialwissenschaftlicher Forschung – viele Aspekte, vor allem viele Fragestellungen der modernen Politischen Kulturforschung antizipiert.

Als *wissenschaftlicher* Terminus wurde der Begriff der Politischen Kultur erst in den 1950er Jahren von dem amerikanischen Politologen Gabriel A. Almond (1956) in die Debatte eingeführt. Die erste umfangreiche empirische Studie ist dann von Almond und seinem Kollegen Sydney Verba 1963 unter dem Titel *The Civic Culture* veröffentlicht worden. Dieser Gründungsakt einer im empirisch-analytischen Wissenschaftsverständnis beheimateten Politischen Kultur-*Forschung*, die sich vor allem am Ideal der Beobachtbarkeit und der quantitativen Messbarkeit orientiert, initiierte eine große Vielzahl von weiteren Studien. Im Laufe der Jahre wurde das begriffliche wie das methodische Instrumentarium stets verfeinert, die Fragestellungen wurden differenziert, die Typologien und Erklärungsmuster weiterentwickelt. In den 1970er Jahren formierte sich schließlich ein gewisses Unbehagen an dieser Form der Politischen Kulturforschung, in der durch den szientifischen Anspruch auf exakte Messbarkeit doch einige Dimensionen, die im kollektiv verankerten Kulturbegriff enthalten sind, ausgeblendet werden. Es kam zur Herausbildung alternativer, «kulturalistischer» Ansätze. Auf die Eigenheiten dieser beiden Stränge, der *empirisch-analytischen* und der *interpretativen* Politischen Kulturforschung, wird unten noch genauer eingegangen. Zuvor aber ist es wichtig, jenseits der verschiedenen Forschungsansätze den gemeinsamen Nenner zu beschreiben, der das Spezifikum eines Zugangs über Politische Kultur gegenüber anderen Zugangsweisen in der Politikwissenschaft verdeutlicht. Im Anschluss kann dann der systematische Ort von Politischer Kultur als Element politischer Wirklichkeit genauer bestimmt werden.

Politische Kulturforschung, gleich welcher Provenienz, führt die Perspektive der Menschen in die Betrachtung von Politik ein. Genauer formuliert: Politische Realität ist aus dem Blickwinkel der Politischen Kulturforschung immer als eine durch den Menschen gedeutete Realität zu betrachten. Nicht «bloße Fakten» im Sinne der Existenz dieser oder jener Institution, dieses oder jenes Verfahrens sind also hier entscheidend, sondern die Wahrnehmung und Verarbeitung ebendieser «Fakten» durch die Akteure, die innerhalb einer politischen Ordnung handeln. Allerdings muss diese Aussage noch insofern präzisiert werden, als Politische Kultur – hier durchaus parallel zu sehen zum allgemeinen Kulturbegriff – immer auch impliziert, dass es sich nicht um ein individuelles Phänomen handelt, sondern um eine Größe, die man mit anderen teilt. Politische Kultur ist, wie jede andere Form von Kultur auch, ein *intersubjektives* Phänomen.

Das Anliegen der Politischen Kulturforschung lässt sich mit einer Unterscheidung des Philosophen Alfred Schütz (1971, S. 68 ff.) wie folgt erläutern:

1. Politische Kultur besteht aus «Konstruktionen erster Ordnung», aus den Wahrnehmungen und Deutungen, die Menschen entwickeln, um sich in ihrer politischen Alltagswelt zu orientieren und dort sinnhaft zu handeln. Diese Wahrnehmungen und Deutungen sind in hohem Maß tradiert, der einzelne Akteur findet sie als kulturelle Gegebenheit vor und eignet sie sich in je spezifischer Brechung im Verlauf langfristiger Sozialisationsprozesse an.

2. Die Politische Kulturforschung entwickelt «Konstruktionen zweiter Ordnung», d. h. Begriffe, Theorien, Forschungskonzepte, um diese deutende Alltagspraxis der Menschen zu rekonstruieren und als seinerseits wirksamen Faktor politischer Realität zu beschreiben.

Politische Kulturforschung beschäftigt sich also konkret mit Wahrnehmungs- und Deutungsmustern, mit Erwartungshaltungen, Werten und Normen, mit Einstellungen und Vorstellungen, Wissensbeständen und Identitäten, Gefühlen und Normalitätsstandards, die das politische Alltagsleben in einer Gesellschaft oder in einem Teil derselben prägen. Die Grundannahme einer jeden Politischen Kulturforschung lautet, dass ein angemessenes Bild von politischer Realität erst dann erreicht werden kann, wenn Struktur und Kultur, wenn Institutionen und Dispositionen in ihrem Zusammenspiel betrachtet werden.

In Anlehnung an den Sprachgebrauch im angelsächsischen Kulturraum ist schon vor einiger Zeit vorgeschlagen worden, von *drei Dimensionen des Politischen* zu sprechen (vgl. Rohe 1994, S. 61 ff.). In den englischen Wörtern *policy*, *politics* und *polity* kommen demzufolge drei unterschiedliche Grundbedeutungen des deutschen Worts «Politik» zum Ausdruck, die geeignet sind, das komplexe Realitätsgeflecht politischer Wirklichkeiten zu strukturieren. *Policy* bezeichnet die inhaltliche Dimension der Politik: konkrete Ziele, Programme, Aktivitäten und Resultate, die sich nach Teilbereichen wie Wirtschaftspolitik, Umweltpolitik etc. ordnen lassen. In der *Policy*-Dimension geht es um Inhalte, Werte und Interessen und darum, was am Ende für wen dabei herauskommt. Demgegenüber bezeichnet *politics* die Prozessdimension des Politischen. Hier werden Willensbildungs- und Entscheidungsprozesse in den Blick genommen, hier wird danach gefragt, wer in welcher Weise an dem Geschehen partizipiert und nach welchen Verfahren bestimmte Ergebnisse produziert werden. *Policy* und *Politics* sind also zwei Dimensionen, die sich bei jedem politischen Geschehen analytisch unterscheiden lassen, auch wenn sie in der Praxis jeweils untrennbar miteinander verbunden sind.

Der dritte Begriff schließlich, *polity*, weist auf den Rahmen hin, in den *policy* und *politics* jeweils gestellt sind. In der *polity* finden sich die Bedingungen formuliert, unter denen politisches Handeln überhaupt stattfinden kann. Eine solche Bestimmung verweist zunächst einmal auf das, was man im weiteren Sinn als «Verfassung» verstehen kann: die «grundlegenden Organisationsformen und Organisationsnormen eines Staates» (Rohe 1994, S. 65), d. h. nicht nur die schriftlich niedergelegten Verfassungstexte wie etwa das Grundgesetz der Bundesrepublik Deutschland, sondern auch «ungeschriebene Verfassungen» wie in Großbritannien sowie insgesamt all jene normativen Regelungen, die das politische Leben eines Gemeinwesens ordnen.

Neben dieser institutionellen Ebene hat *polity* aber immer auch eine kulturelle Ebene, und ebendort liegt der spezifische Ort der Politischen Kultur. Politische Kultur umschreibt in diesem Sinn den Raum dessen, was «man» in einem Gemeinwesen legitimerweise tun und lassen kann, wie «man» hier üblicherweise denkt und handelt, fühlt und wahrnimmt, was von der Politik erwartet wird und wie die jeweils eigene Rolle als Akteur definiert ist. Politische Kultur definiert den Raum des Sagbaren und dadurch auch den Raum des Machbaren, weshalb verschiedene Kulturen, die durchaus vergleichbare institutionelle Arrangements und ähnliche politische Systemstrukturen aufweisen, in den Problemdefinitionen und Problemlösungen gleichwohl große Unterschiede aufweisen können. So lässt sich erklären, warum etwa westliche Gesellschaften trotz vergleichbarer Systemausstattungen auf ähnliche Problemlagen, z. B. auf Weltwirtschaftskrisen, ganz unterschiedlich reagieren. Wenn man es verkürzt, aber anschaulich benennen will, dann stellt die Politische Kultur so etwas wie die «Software» dar, mit der man im Rahmen einer institutionellen «Hardware» operieren kann. Von der Qualität der Software hängt bekanntlich eine ganze Menge ab. Und dort, wo Hardware und Software nicht zueinander passen, wo wir es beispielsweise mit einer «Demokratie ohne Demokraten» zu tun haben wie in der Weimarer Republik oder in vielen Entwicklungs- und Schwellenländern, da kommt es zu massiven Funktionsproblemen. Das institutionelle System kann noch so klug konstruiert sein, wenn die Dispositionen der Bürger dazu nicht stimmen, wird die Ordnung als solche scheitern.

Wie oben erwähnt wurde, lassen sich grob zugespitzt zwei Stränge der modernen Politischen Kulturforschung unterscheiden: der *empirisch-analytische* und der *interpretative*.[2] Beide gehen von unterschiedlichen Konzepten aus, zielen auf unterschiedliche Dimensionen von Politischer Kultur ab und greifen auf unterschiedliche Methoden zurück. Die dominante Variante stellt das empirisch-analytische Paradigma dar, während die interpretativen Ansätze erst in den letzten

---

2 Daneben gibt es selbstverständlich Mischformen bzw. Argumentationen, die sich sekundär auf Forschungsergebnisse aus beiden Ansätzen beziehen. Zu beachten ist, dass vor allem bei historisch dimensionierten Fragestellungen und bei Forschungen, die sich auf Länder beziehen, für die keine Umfragedaten vorliegen, ein alternativer methodischer Zugriff zwingend erscheint. Häufig werden hier hermeneutische Vorgehensweisen verwendet, die allerdings nicht im sozialwissenschaftlichen Sinn als methodisch kontrolliert gelten können.

15 Jahren verstärkte Aufmerksamkeit und intensivierte Forschungstätigkeit erfahren.

Am Beginn der empirisch-analytischen Kulturforschung steht
ohne Zweifel die *Civic Culture*-Studie von Almond und Verba (1963).[3]
Das Konzept der *political culture*, das die Autoren hier entwickelt und
empirisch umgesetzt haben, versucht eine Schnittstelle zwischen dem
politischen System und dem Handeln der Akteure zu benennen, an
der sich letztlich die Überlebensfähigkeit von Demokratien entscheidet. Vor dem Hintergrund des Zusammenbruchs mehrerer Systeme
im Vorfeld des Zweiten Weltkriegs richtet sich daher das Erkenntnisinteresse der Studie auf die Bedingungen, die gegeben sein müssen,
damit demokratische Ordnungen nicht nur etabliert, sondern auch auf
Dauer gestellt werden können. Diese Fragestellung war nicht zuletzt
auch für die vielen neu entstandenen Demokratien in der «Dritten
Welt» von großer Bedeutung. Ausgehend von einem behavioristischen Wissenschaftsverständnis in Verbindung mit einem von Talcott
Parsons (1902–1979) entlehnten systemtheoretischen Theorierahmen
sollten die kulturellen Voraussetzungen von stabiler Demokratie möglichst «objektiv» in einer quantitativ-empirischen, international vergleichenden Studie gemessen werden. Im Jahr 1959 wurden die Daten
in jeweils 1000 Interviews für die Länder USA, Großbritannien, Italien, Bundesrepublik Deutschland und Mexiko erhoben. Der Studie
liegt folgende Definition von Politischer Kultur zugrunde: «Die politische Kultur einer Nation ist die spezifische Verteilung von Orientie-
rungsmustern gegenüber politischen Objekten unter den Mitgliedern
einer Nation» (Almond/Verba 1963, S. 14). Es geht also darum, diese-
nigen politischen Einstellungen und Orientierungen zu bestimmen,
die eine gute Funktionsfähigkeit demokratischer Systeme verbürgen.

Almond und Verba unterscheiden drei Dimensionen der politischen
Orientierung: die kognitive Dimension der Kenntnisse und Wahrnehmungen, welche eine Person von der politischen Realität besitzt; die
affektive Dimension der Gefühle; und die evaluative Dimension der
Bewertungsmuster, die politischen Objekten entgegengebracht wer-

---

3 Siehe dazu auch die Beiträge in Almond/Verba (1980) sowie den Überblick bei
Berg-Schlosser (1972) und Iwand (1985).

den. Auch hinsichtlich der Orientierungsobjekte nehmen die Autoren eine Differenzierung vor. Die Einstellung der Individuen kann sich auf das System insgesamt, auf den System-Input (z. B. Interessenartikulation und Beteiligung am politischen Prozess), den Output (materielle und immaterielle Leistungen des Systems) sowie schließlich auf die Rolle der politischen Akteure selbst richten. Um die Komplexität der Ergebnisse in einer aussagekräftigen Weise zu reduzieren, haben die Autoren eine Typologie Politischer Kulturen entwickelt. Als die drei reinen Typen der Politischen Kultur unterscheiden sie (1) den parochialen Typ, der durch eine große Indifferenz der Orientierungen insgesamt gekennzeichnet ist – er entspricht am ehesten vormodernen politischen Systemen; (2) die Untertanenkultur, wo zwar ausgeprägte Orientierungen im Hinblick auf das Systemganze und seinen Output, nicht jedoch für den Input und die Selbstkategorisierung der Akteure vorhanden sind; und (3) den partizipativen Typ, in dem alle vier Dimensionen intensive Ausprägungen aufweisen.

Almond und Verba, die bewusst normativ nach der *besten* Form von Politischer Kultur fragen,[4] sehen diese keineswegs in dem rational-aktivistischen Typ der partizipativen Kultur gegeben. Vielmehr muss ihrer Meinung nach eine Ausgewogenheit zwischen Partizipation bzw. Interessenartikulation der Bürger einerseits und einer stabilen, unhinterfragten staatlichen Macht mit entsprechender Bewegungsfreiheit für die politischen Eliten andererseits vorhanden sein, um Demokratien auf Dauer zu stellen. Ein solcher idealer Mischtyp der *Civic Culture*, wie er von den Autoren empirisch in den angelsächsischen Demokratien verortet wird, funktioniert nicht zuletzt durch den Glauben an den «demokratischen Mythos»: ein Glaube an mehr Partizipationsmöglichkeiten für die Bevölkerung, als tatsächlich vorhanden sind. Da dieser Glaube von Bürgern und Eliten geteilt wird,

---

4 Dieser normative *bias* der Civic-Culture-Studie ist häufig zum Gegenstand der Kritik gemacht worden; Peter Reichel (1981) dagegen hat den Begriff der Politischen Kultur vor dem Hintergrund eines angenommenen Partizipationsdefizits in Deutschland bewusst normativ gewendet, um «emanzipatorisch» argumentieren zu können; in der heutigen Diskussion kann es dagegen als weitgehender Konsens angesehen werden, dass Politische Kulturforschung zunächst einmal streng deskriptiv vorgehen muss, um eine seriöse Grundlage für dann mögliche normative Folgerungen zu bieten.

entfaltet er als potenzielle bzw. latente Partizipation tatsächlich demokratische Effekte.

Die *Civic Culture*-Studie hat eine große Anzahl von Nachfolgestudien angeregt, die sowohl im Bereich der theoretischen Konzepte als auch in dem der methodischen Zugänge immer weitere Verfeinerungen brachten. Noch jüngst wurden u. a. von Robert D. Putnam (1993) und Ronald Inglehart (1997) eindrucksvolle Arbeiten vorgelegt, die sich im Grundsatz dem von Almond und Verba begründeten Paradigma zurechnen lassen.[5] Gleichwohl sind auch die Schwächen des auf Einstellungen und Orientierungen ausgerichteten Konzepts und seiner methodischen Umsetzung deutlich geworden. So wird von individuellen Einstellungen und Orientierungen auf die kollektiv geteilte Größe Kultur zurückgeschlossen. Weiterhin werden bei den Umfragen meist Einstellungen zu diesem oder jenem Problem, zu diesem oder jenem Regime erhoben, nicht jedoch die zugrunde liegenden Wahrnehmungsmuster und Maßstäbe, die all jene konkreten Aussagen erst generieren. Die Befragung erhebt zudem (vorformulierte) bewusste Stellungnahmen vonseiten der Befragten, also gleichsam eine Art explizites Regelwissen, nicht jedoch die unbewussten, im Modus der unhinterfragten Selbstverständlichkeit verwendeten Deutungsmuster.

Diese und weitere Probleme haben alternative Zugangsweisen einer *interpretativen Politischen Kulturforschung* hervorgerufen, die vor allem die kulturelle Praxis selbst in Form von Sprache und Bildern, Symbolen und Mythen, Ritualpraktiken und Lebensweisen untersucht. Die kanadischen Politologen David Elkins und Richard Simeon haben vorgeschlagen, statt individueller Einstellungen gegenüber politischen Objekten kollektiv geteilte «assumptions» als konzeptionellen Kern von Politischer Kultur zugrunde zu legen (Elkins/Simeon 1979, S. 127). In Deutschland wurden diese Gedanken in den 1980er Jahren vor allem von der Essener Forschungsgruppe um Karl Rohe aufgegriffen und systematisch weiterentwickelt. Rohe fasst

---

5 Entsprechende neuere Arbeiten zur bundesrepublikanischen Politischen Kultur aus dem empirisch-analytischen Paradigma sind beispielsweise Gabriel (1986) und Fuchs (1989) Als einführenden Überblick vgl. jetzt Niedermayer (2001).

Politische Kultur als «die für eine soziale Gruppe maßgebenden Grundannahmen über die politische Welt und damit verknüpfte operative Ideen [...]. Diese Grundannahmen stellen so etwas wie Maßstäbe dar, an Hand derer Politik wahrgenommen, interpretiert und beurteilt wird» (1994a, S. 1). Derartige Maßstäbe sind auf einer grundsätzlicheren Ebene anzusiedeln als die politischen Orientierungen, wie sie in der Almond/Verba-Tradition erforscht werden.

Es geht also um grundlegende Denk- und Wahrnehmungsmuster sowie die damit verbundenen normativen Dispositionen einer bestimmten Gruppe von Menschen: «Mit bestimmten Grundannahmen über die politische Welt sind nicht zufällig auch eine Reihe mehr instrumentell zu verstehender operativer Ideen verbunden, also ein zu Denk- und Handlungskonventionen geronnenes Wissen darüber, wie Probleme angegangen werden, welche ‹Antworten› sich in der Vergangenheit bewährt haben und welche nicht und wie man öffentlich reden und auftreten muß, wenn man politisch erfolgreich sein will» (Rohe 1994a, S. 2).

Die praktische Dimension von Politischer Kultur kann sich dann auskristallisieren als *Way of Life*, als typisches Muster von Lebensweisen, die freilich gerade im Zeitalter der fortgeschrittenen Moderne von den Individuen stets neu erprobt und ausgehandelt werden. Im Anschluss an Pierre Bourdieu (1930–2002) kann man von einem politischen Habitus sprechen, einer in alltäglichen Sozialisationsprozessen erworbenen Matrix von Denk-, Wahrnehmungs- und Handlungsmustern, die im Zusammenspiel mit den jeweiligen äußeren Gegebenheiten die menschliche Praxis steuern (1982, S. 277ff.).

Politische Kulturen in diesem Sinn sind, vergleichbar dem in den Geschichtswissenschaften entwickelten Begriff der «Mentalitäten», ein Phänomen der «longue durée», großer historischer Zeiträume. Sie basieren auf geschichtlichen Erfahrungen und deren Verarbeitung, weshalb sie nicht nach Belieben von heute auf morgen erfunden, verändert oder abgeschafft werden können.

In der angelsächsischen Welt hat vor allem Stephen Welch (1993) den interpretativen Ansatz der Politischen Kulturforschung ausgearbeitet. Er verweist dabei sowohl auf den anthropologischen Kulturbegriff der «geteilten Bedeutungen» als auch auf die phänomenologische Tradition im Gefolge von Edmund Husserl (1859–1938) und Alfred

Schütz (1899–1959), die auf eine Rekonstruktion der kommunikativen Praktiken der Menschen in ihrer Alltagswelt zielt. Die gleiche Zielrichtung haben die Arbeiten des «Social Constructivism». Hier wird die Themenbildung, Rahmung und Deutung von Ereignissen im politischen Diskurs empirisch untersucht. So zeigt William A. Gamson (1992) anhand einer qualitativen Analyse von Gruppendiskussionen über politische Themen, wie ganz normale Leute über aktuelle politische Probleme sprechen, *als was* diese Probleme gerahmt und welche Lösungsperspektiven gesehen werden. Hier stehen also nicht lediglich standardisierte Fragebatterien zur Beantwortung an. Vielmehr wird die sprachliche Konstruktion politischer Wirklichkeit in der Alltagswelt minuziös rekonstruiert, die Menschen selbst kommen zur Sprache. Gamson macht anhand verschiedener Themenbereiche wie *Affirmative Action*, Atomenergie, israelisch-arabischer Konflikt und Probleme der amerikanischen Industrie deutlich, wie politisches Bewusstsein und somit auch Handlungsbereitschaft im Rahmen von sozialer Bewegung entsteht.

Ein interpretativer Ansatz impliziert methodologische und methodische Konsequenzen. Dem Faktum einer immer schon gedeuteten Realität wird hier insofern Rechnung getragen, als Politische Kultur nicht technisch «gemessen» werden kann. Stattdessen soll kulturelle Praxis methodisch kontrolliert verstanden werden, um die zugrunde liegenden Muster wie eine Art «Grammatik» des Politischen zu rekonstruieren. Entsprechend wird auf hermeneutische Verfahren zurückgegriffen, wie sie in den letzten Jahrzehnten vor allem in Soziologie und Kulturwissenschaften entwickelt wurden (vgl. Hitzler/Honer 1997). Die Daten werden entsprechend auch nicht wie im empirisch-analytischen Ansatz mit Hilfe quantitativer Umfrageinstrumente erhoben. Stattdessen greift man entweder auf «natürliche Daten» zurück, die dem kulturellen Prozess selber entstammen (z. B. Zeitungstexte und Felddokumente aller Art). Oder es werden Erhebungsinstrumente verwendet, die offen genug sind, um dem kulturellen Eigensinn der politischen Alltagspraxis Raum zu geben: nicht- und teilstandardisierte Interviews, Gruppendiskussionen, Beobachtungsverfahren und Ethnographien.

Politische Vorstellungswelten sind in diesem Sinn empirisch rekonstruiert worden anhand von Zeitungstexten, anhand von Literatur und Kunstwerken, Wahlplakaten und Filmen, Festen und Ritualen oder auch anhand von architektonischen Gegebenheiten.[6] Der Vorteil interpretativer Zugriffe definiert zugleich auch deren Nachteil: «Repräsentative» Ergebnisse, flächendeckende Untersuchungen sind auf diesem Weg nicht zu gewinnen. Und die hermeneutischen Verfahren sind nicht im gleichen Maß technisierbar und somit intersubjektiv kontrollierbar wie die Schritte einer quantitativen Untersuchung (was freilich beispielsweise vor dem durchaus nicht seltenen Problem gefälschter Daten auch nicht schützt). Es sollte aber durchaus beachtet werden, dass die zeitaufwendigen, methodisch kontrollierten Auswertungsschritte eines interpretativen Verfahrens keineswegs mehr Willkür enthalten als die oft unkontrollierten Deutungsschritte bei der Operationalisierung und Interpretation quantitativ-standardisierter Untersuchungen (vgl. Giddens 1984, S. 333).

2 Dimensionen: empirisch-analytische und interpretative Ansätze

Politische Kulturforschung ist ungeachtet ihrer vergleichsweise kurzen Tradition heute zu einer Selbstverständlichkeit im Alltagsbetrieb der Politikwissenschaft geworden. Bei der systematischen Beschreibung der Dimensionen Politischer Kulturforschung bietet sich nun wiederum eine Differenzierung nach den beiden oben beschriebenen Ansätzen an.

Der *empirisch-analytische Ansatz* untersucht *Einstellungen* von Individuen gegenüber politischen Objekten und Sachverhalten sowie die Verteilung dieser Einstellungen in der Bevölkerung, um hieraus Rückschlüsse auf Homogenität und Heterogenität in einem Staat, in einem Bundesland oder auch in einer Region zu ziehen. Durch immer

---

6 Vgl. dazu beispielsweise Dörner (1995) und Patzelt (2001); zu diesem Bereich einer interpretativen politischen Kulturforschung sind auch die Arbeiten Herfried Münklers über politische Bilder und Mythen zu zählen (z. B. Münkler 1988). Sighard Neckel (1999) wiederum rekonstruiert mit Hilfe von qualitativ-empirischen Verfahren die «empirische Demokratietheorie» im Alltagswissen von Akteuren, die das politische Leben in einer ostdeutschen Kleinstadt bestimmen.

weiter verbesserte Forschungsmethoden und computergestützte Verarbeitungsmöglichkeiten konnten Forschungsdesigns von ungeahntem Ausmaß realisiert werden. Hatten Almond und Verba in ihrer Pionierarbeit fünf Länder verglichen, so sind es bei Inglehart (1997) nicht weniger als 43 Gesellschaften, die quantitativ hinsichtlich «moderner» oder «postmoderner» Muster Politischer Kultur erfasst werden.

Systematisiert man nun die große Vielzahl der Forschungsprojekte, dann lassen sich im empirisch-analytischen Paradigma drei Dimensionen von Politischer Kultur unterscheiden: die *Systemdimension*, die *Outputdimension* und die *Inputdimension* (vgl. im Folgenden Gabriel 1994). In gewisser Hinsicht lassen sich diese Begriffe wieder den oben angesprochenen drei Dimensionen des Politischen zuordnen: Die Systemdimension entspricht dem *polity*-Begriff, die Outputdimension betrifft die *policy* und die Inputdimension den politischen Prozess, die *politics*.

Die *Systemdimension* knüpft an eine von dem englischen Politologen David Easton eingeführte Differenzierung an, der zufolge die Unterstützung der Bevölkerung für die Politik entweder diffuser oder spezifischer Natur sein kann. Bei der Systemdimension geht es zunächst um diffuse Unterstützung, um die Frage nämlich, ob und in welchem Maß das Regime eines Landes bei der Bevölkerung als legitim betrachtet wird. Mit Regime ist dabei nicht eine konkrete Regierung gemeint, sondern der Systemrahmen, in dem sich konkrete politische Konflikte und Entscheidungen abspielen. Politische Kulturforschung untersucht hier die Einstellungen der Bürger gegenüber der Demokratie, gegenüber Pluralismus und Gewaltenteilung sowie gegenüber grundlegenden Institutionen wie verfassungsmäßig garantierten Grundrechten. Es geht, um einen Begriff Niklas Luhmanns aufzugreifen, um das elementare «Systemvertrauen» der Bevölkerung. Die Systemdimension weist aber eine weitere Komponente auf, die nicht den systemischen Rahmen, sondern die politische Gemeinschaft betrifft, in der sich die jeweils befragten Bürger befinden. Erfragt werden dabei vor allem Identifikationen: mit der eigenen Nation (oder Region oder Stadt), mit ihren Symbolen und mit den anderen Mitgliedern der Gemeinschaft. Nationalstolz zählt ebenso dazu wie Zusammengehörigkeitsgefühl.

In der *Output Dimension* werden Einstellungen der Bevölkerung zu den Leistungen bzw. zur «Performance» bestimmter politischer Institutionen, etwa der Regierung, der Administration, der Justiz oder des Parlaments gemessen. Entscheidend ist hier, was in den Augen der Bürger «hinten rauskommt», d. h. an konkreten Resultaten produziert wird. Nicht Systemvertrauen, sondern Regierungsvertrauen, Effektivität und *Policy*-Zufriedenheit sind in dieser Dimension thematisch. Diese Fragestellung lässt sich nicht nur auf die traditionell etablierten Institutionen des politischen Systems beziehen, sondern auch auf andere Größen wie die Medien oder die Neuen Sozialen Bewegungen.

Damit sind wir bei der *Input-Dimension* angelangt. Hier geht es um den politischen Prozess und somit um Partizipation, Interessenartikulation und Einflussnahme. Diese Dimension erweist sich in Bezug auf die Stabilität von Demokratien als besonders relevant, da eine Demokratie ohne Demokraten kaum überlebensfähig erscheint. Gemessen wird dabei, wie die Bevölkerung die Funktionsweise bestimmter Verfahren und Institutionen einschätzt («politische Effektivität») und wie die eigene Rolle im politischen Prozess gesehen wird. Ist Politik eine Sache für «die da oben», was einem Selbstbild als «Untertan» entspricht, oder begreifen sich die Bürger als aktive Komponenten in einem ergebnisoffenen Prozess, haben sie also «politische Kompetenz» entwickelt? Hinzu kommt schließlich in vielen Untersuchungen das Moment der Parteiidentifikation, die auch eine Selbstverortung der Akteure im politischen Geflecht bedeutet. Hier verbindet sich die Politische Kulturforschung eng mit der Wahlsoziologie, die Wahlentscheidungen der Bürger aus bestimmten Einstellungen heraus zu erklären und zu prognostizieren versucht.

In *Deutschland* stellt die Systemdimension eine problematische Größe dar, was insofern kaum zu verwundern vermag, als dieses Land im 20. Jahrhundert gleich mehrere radikale Systemwechsel erfahren hat. Das Systemvertrauen hat sich daher erwartungsgemäß erst vergleichsweise spät, in den 1970er und 1980er Jahren stabilisiert und Werte erreicht, die denen anderer westlicher Demokratien nahe kommen (Baker et al. 1981; Conradt 1991). Schon Almond und Verba haben auf der Suche nach der *Civic Culture* in Deutschland festgestellt, dass dagegen die Output-Dimension hierzulande besonders ausgeprägt ist. Auch dies hat historische Wurzeln, lassen sich doch schon im deutschen Kaiserreich nach 1871 Dominanzen einer Outputorientie-

rung feststellen, die sich nicht zuletzt in der nahezu ungebrochen fort-
geführten wohlfahrtsstaatlichen Tradition bis in die Gegenwart hinein
gehalten haben. Freilich darf Outputorientierung nicht mit «Untertanenkultur» gleichgesetzt werden. Entscheidend ist immer, wie stark
daneben die Partizipationskomponente in der Politischen Kultur vorhanden ist. So war beispielsweise schon in der deutschen Sozialdemokratie zur Jahrhundertwende eine sehr technische Effizienz- und Outputorientierung vorhanden, die jedoch gleichzeitig mit partizipativen
Ansprüchen einherging. Erst in den 1970er und 1980er Jahren, gefördert vor allem durch einen tief greifenden Wertewandel in der Gesellschaft, bildeten sich individuell-partizipationsorientierte Einstellungen in stärkerem Maß heraus.

Die erste und grundlegende Dimension der *interpretativen Kulturforschung* stellen die in einer Gesellschaft vorherrschenden *Politikbegriffe* dar. Politikbegriffe enthalten gleichsam eine komprimierte Ver-
sion dessen, was als Alltagstheorie des Politischen das Wahrnehmen,
Denken und Handeln der Menschen in einer bestimmten Kultur steu-
ert. Politikbegriffe enthalten Grundannahmen darüber, was den politischen Prozess ausmacht, welche Akteure diesen Prozess bestimmen,
welche Motive und Zielsetzungen legitimerweise vorhanden sind und
worin letztlich der Sinn der menschlichen Existenz als politische Existenz besteht. Politikbegriffe machen damit auch Aussagen über kulturspezifische Identitätsmodelle der Bürger, ob sie sich beispielsweise
primär begreifen als Individuen oder Gemeinschaftswesen, als freie
oder eingebundene, aktive oder passive, beeinflussende oder beein-
flusste Menschen.

So konnten in empirischen Untersuchungen zur politischen Sprache gravierende Unterschiede in den basalen Politikbegriffen der deutschen und britischen Kultur im 20. Jahrhundert herausgearbeitet werden (Dörner/Rohe 1991). Ungeachtet mancher Angleichungsprozesse
zwischen den beiden Politischen Kulturen zeigte sich, dass eine traditionelle Einfärbung des deutschen Politikbegriffs, die sich immer mit
der Staatsvorstellung und der «Wohlfahrt»-Semantik verbunden hatte, durchaus überlebt hat. Politik erscheint nach wie vor als die Produktion, Distribution und Allokation von (materiellen und immateriellen) öffentlichen Gütern, und dem Staat bzw. später dem politischen
System wird grundsätzlich eine aktive, kreativ gestaltende Rolle in der

Gesellschaft zugeschrieben. Diese Grundvorstellung des Politischen unterscheidet sich nicht nur von der traditionellen, sondern auch von der heutigen Politischen Kultur in Großbritannien, die das Politische immer primär als einen Handlungs- und Interaktionszusammenhang konstruiert hat. Noch immer ist das deutsche Politikverständnis stärker von Aspekten der Kohärenz und Zielgerichtetheit gekennzeichnet, während die Politische Kultur in Großbritannien niemals ernsthaft interventionistische Züge angenommen hat.

An dieser Stelle lässt sich eine weitere wichtige Differenz zwischen den politisch-kulturellen Dispositionen in Deutschland und Großbritannien aufzeigen. Vergleicht man die Begriffe «government» und «Staat» in ihrer spezifischen Bedeutung, so wird deutlich, dass das deutsche Wort in viel höherem Maß abstrakt-ideologisch und programmatisch aufgeladen ist als das englische. Dieser Befund erscheint dann plausibel, wenn man ihn vor dem Hintergrund einer *typologischen* Unterscheidung, nämlich der zwischen Zivil- und Staatskulturen oder genauer: zwischen «handlungsleitenden» und «organisationslegitimierenden» Politischen Kulturen (Rohe 1987, S. 45) interpretiert. Gemeint ist der Unterschied zwischen Kulturen, die sich primär konzentrieren auf die Regulierung des Verhaltens von individuellen und kollektiven Akteuren durch Konventionen und Verfahren, gegenüber solchen Kulturen, deren Funktionskern in der Programmierung und Legitimierung von politischen Systemen bzw. Organisationen liegt. Letztere sind sehr viel stärker auf explizite ideologische Rechtfertigungen angewiesen als handlungsleitende Kulturen, die ihr kulturelles Design durch stetige politische und kommunikative Praxis ständig erhalten und erneuern. Ein Integrationsmodus, der auf Ritualen und Interaktionsrahmen aufgebaut ist, kann auf die Kodifizierung von kulturellem Sinn in ausformulierten Ideologien weitgehend verzichten. An dieser Stelle wird sichtbar, dass Untersuchungen über die basalen Politikbegriffe wertvolle Befunde zur Formulierung von Typologien Politischer Kulturen zutage fördern können.

Eine zweite wichtige Dimension stellt die *Ausdrucksseite* Politischer Kulturen dar. Jeder Kultur kommt neben der Inhaltsseite auch eine zeichenhafte Ausdrucksseite zu. Insofern sind Politische Kulturen als «semiotische Institutionen» aufzufassen. Jede politische Vorstellungswelt materialisiert sich sinnlich fassbar in Form von Zeichenwelten. Die Sinnlichkeit des kulturell Geteilten ist den Menschen auch stets fühlbar – nicht nur dort, wo Lebensweisen sich in Form von Körperhaltungen, Zu- und Abgewandtheiten, Gesten und Gerüchen zeigen; nicht nur in ästhetisch durchgeformten Bereichen wie Kunst und Architektur, sondern auch in der alltäglichen Sprache, auf deren heimatlichen Klang man in der Fremde oft sehr emotional reagiert. Vor allem zum Verständnis des langfristigen Charakters von Kultur ist der Aspekt der ausgeprägten Form von höchster Relevanz. Nur über Formung ist Kultur auf Dauer zu stellen, ist kulturelle Einbindung zu sichern: «Forms are the food of faith», heißt es bei Arnold Gehlen (1975, S. 24). Damit kulturelle Form lebendig bleibt und nicht ins Folkloristische und Museale absinkt, ist freilich auch eine stetige kommunikative Praxis erforderlich, welche die Konstruktionen von kulturell geteiltem Sinn stets erneuert. Hier ist nicht zuletzt die Funktion von gesellschaftlichen Ritualen zu verorten.

Die Präsenz von Symbolen, Mythen und Ritualen im öffentlichen Raum versichert die Mitglieder einer politischen Gemeinschaft der Festigkeit der politischen Ordnung und gibt ihnen ein stabiles Gefühl der Zugehörigkeit. Wo dies nicht der Fall ist, wo wie in der Weimarer Republik die symbolischen Manifestationen des demokratischen Denkens sogar demontiert und verächtlich gemacht werden, da kann sich eine entsprechende Politische Kultur nicht als unhinterfragte Selbstverständlichkeit herausbilden. Der interpretative Ansatz der Politischen Kulturforschung widmet den *symbolischen Formen*, in denen sich Kultur manifestiert: der Sprache, den Symbolen und Mythen, den Ritualen und der Architektur, daher großes Augenmerk. Eine Analyse beispielsweise des von dem britischen Architekten Norman Foster umgestalteten Reichstagsgebäudes als baulicher Rahmen des Deutschen Bundestags vermag wichtige Einblicke in die sich verändernde und von zahlreichen Brüchen gekennzeichnete Politische Kultur der neuen «Berliner Republik» zu geben.

Eine dritte wichtige Dimension ist schließlich mit der Gegenüberstellung von *Deutungs- und Soziokultur* gegeben (Rohe 1987). Soziokultur bezeichnet den Bereich unhinterfragter Selbstverständlichkeiten der politischen Alltagswelt, Dispositionen in der Bevölkerung, die so etwas wie den Modus von politisch-kultureller Normalität markieren. Deutungskultur ist demgegenüber die Metaebene der Politischen

Kultur: institutionalisierte Reflexion, ausgeführt in der Regel von gesellschaftlichen Eliten, die soziokulturelle Muster thematisiert – sei es in problematisierender, bekräftigender oder innovativer Weise. Deutungskulturen produzieren also Sinnangebote und Symbolkonstruktionen für die Soziokultur. Sie sind dabei tief in kulturelle Traditionen eingebunden. Wenn ein Deutungsangebot erfolgreich ist, dann wird es im Laufe langer Zeiträume selbst zum Bestandteil der Soziokultur. Wenn es jedoch an den Dispositionen, Erwartungen und Bedürfnissen der Menschen vorbeigeht, wird es schnell vergessen werden. Analysen deutungskultureller Diskurse bieten somit wichtige Einblicke in die Ursachen politisch-kulturellen Wandels – bekommt dieser doch von den Akteuren der Deutungskultur oft die entscheidenden Impulse vermittelt (vgl. etwa Vorländer 1997).

3 Probleme:
Bürgergesellschaft und Medienkultur

Die Politische Kulturforschung reagiert mit ihren aktuellen Schwerpunktsetzungen auf die Entwicklung gesellschaftlicher und politischer Problemlagen, die einen besonderen Bedarf nach verlässlichen Daten und erklärenden Einsichten aus der Perspektive der Bürger anzeigen. In Deutschland hat sich die Forschung beispielsweise nach 1989 mit vielen Studien auf den Prozess der Vereinigung und auf die Frage konzentriert, inwieweit die beiden Gesellschaften, die hier zu einem neuen politischen Gemeinwesen zusammengefügt worden sind, auf der politisch-kulturellen Ebene so große Unterschiede aufweisen, dass eine stabile Integration ernsthaft gefährdet scheint. Der Hintergrund sehr unterschiedlicher Entwicklungen und politischer Sozialisationsbedingungen in beiden deutschen Teilstaaten nach 1945 legt derartige Vermutungen nahe, und die empirische Forschung konnte tatsächlich erhebliche Differenzen nachweisen, die auch weit über zehn Jahre nach der institutionellen Vereinigung keineswegs verblasst sind (vgl. Gabriel 1997; Falter et al. 2000). Weitere Schwerpunkte liegen in der vergleichenden Analyse der Politischen Kultur von EU-Staaten, in der Frage nach den politisch-kulturellen Grundlagen von Bürgergesellschaft und freiwilligem Engagement und schließlich im Zusammenhang von Politischer Kultur, Öffentlichkeit und Massenmedien. Im Folgenden sollen zwei dieser Schwerpunkte etwas genauer betrachtet werden, um am Beispiel gegenwärtig brisanter Fragestellungen die Vorgehensweise politisch-kultureller Analysen anschaulich vor Augen zu führen.

1. *Die politisch-kulturellen Grundlagen der Bürgergesellschaft.* Bürgergesellschaft *(Civil Society)* ist für das politische Denken im Grunde schon seit der Antike thematisch, wurde vom politischen Liberalismus bei John Locke (1632–1704) und später bei Alexis de Tocqueville wieder aufgegriffen und beschäftigt aktuell etwa in der Debatte um den amerikanischen Kommunitarismus nicht nur die wissenschaftliche Diskussion, sondern auch die breitere Öffentlichkeit. Die Frage, die man in nahezu allen westlichen Gesellschaften stellt, lautet: Wie kann man angesichts knapper öffentlicher Kassen, zunehmender Politik- und Partizipationsmüdigkeit und zahlreicher Desintegrationsphänomene in der sozialen Welt freiwilliges Bürgerengagement und die demokratische Selbststeuerung der Gesellschaft sicherstellen? In diesem Zusammenhang ist seit gut zehn Jahren immer häufiger vom «sozialen Kapital» die Rede, das als sozialer Kitt und als gemeinschaftliche Ressource der Garant für einen stabilen Zusammenhalt moderner Großgesellschaften sein kann. Der Politologe Robert D. Putnam von der Harvard University hat in mehreren empirischen Untersuchungen diese Logik des sozialen Kapitals untersucht. Putnam hat im Anschluss an den Soziologen James S. Coleman ein Konzept des «sozialen Kapitals» entwickelt und operationalisiert. Es soll dem sozialen Zusammenhang und der politischen Partizipationsbereitschaft auf die Spur kommen über eine Messung von Ressourcen wie Netzwerke, Normen und Vertrauen, die es einer Gruppe ermöglichen, gemeinsame Ziele effektiver zu erreichen. Ein guter Indikator für soziales Kapital, so Putnam, ist die Mitgliedschaft in Vereinigungen aller Art, von der politischen Partei bis hin zum Kegelclub.

Zunächst führte Putnam (1993) eine umfangreiche Studie über die Funktionsweise und Effektivität demokratischer Selbstverwaltungsinstitutionen in den italienischen Regionen durch. Die Ausgangshypothese der Untersuchung war die, dass Gemeinschaften, die über ein hohes Maß an sozialem Kapital verfügen, auch besser funktionierende Regierungsinstitutionen aufweisen. Nicht die möglichst gelungene Konstruktion institutioneller Arrangements ist also allein verantwortlich für den Erfolg, sondern es muss auch eine entsprechend passende «kulturelle Software» bei den Bürgern vorhanden sein, damit die Ziele der Institution erreicht werden können. Das soziale Kapital der Gemeinschaft, das sich auf der Ebene des einzelnen Akteurs als «civic virtue», als Bürgertugend niederschlägt, ist demnach die notwendige Voraussetzung für den Erfolg und die dauerhafte Stabilität eines demokratischen Systems.

Putnam argumentiert nun, dass ein in diesem Sinn «tugendhafter» Bürger Anteil nimmt an den öffentlichen Angelegenheiten, sich aktiv beteiligt an freiwilligen Assoziationen, dabei lernt, Vertrauen gegenüber seinen Mitbürgern zu entwickeln und auch Toleranz bei divergierenden Meinungen und Interessen zeigt. Diese Dispositionen der Akteure drücken sich in dichten Netzwerken bürgerlicher Aktivitäten aus und stellen in der Makroperspektive das soziale Kapital der Gesellschaft dar. Dieses Kapital wiederum erhöht die Effektivität der Institutionen, weil es kooperatives Handeln begünstigt.

In Italien hatte die Einführung neuer Institutionen quasi-experimentelle Verhältnisse für eine solche Untersuchung geschaffen. Putnam stellt ein erhebliches Nord-Süd-Gefälle fest: Während die demokratischen Institutionen im Norden sehr gut funktionieren, weist der Süden ein entgegengesetztes Bild auf. Der entscheidende Unterschied liegt in der Bürgertugend der Norditaliener, in ihrer Bereitschaft zum bürgerlichen Engagement, die mit einem grundsätzlichen Vertrauen in die demokratischen Institutionen einhergeht. Dieses Engagement zeigt sich auch in Clubs und Kulturorganisationen, während der Süden noch stärker auf hierarchisch strukturierte Organisationen wie Kirche und Mafia orientiert ist. Putnam versucht schließlich nachzuweisen, dass das soziale Kapital der engagementbereiten Bürger historisch langfristig gewachsen ist, da im Norden schon im Mittelalter kommunale Republiken mit horizontalen Netzwerken und Partizipationsmöglichkeiten entstanden, während im Süden hierarchische Königreiche mit vertikalen Netzen dominierten.

Putnam unterscheidet insgesamt drei Komponenten von sozialem Kapital: Vertrauen; die Norm der generalisierten Reziprozität; und Netzwerke bürgerlichen Engagements (1993, S. 170ff.). Diese Komponenten sowie deren primäre soziale Wirkung, die Erleichterung von

Kooperation, stehen in einer deutlichen Interdependenz zueinander. Die Annahme beispielsweise, dass mein Gegenüber vertrauenswürdig ist, stärkt auch die Reziprozitätsnorm, und diese wiederum macht die kooperative Partizipation in sozialen Netzwerken wahrscheinlicher. Die Partizipationserfahrungen können dann ihrerseits die Grunddisposition des Vertrauens verstärken. Diese gegenseitigen Verstärkungsmechanismen führen dazu, dass sich in Bezug auf soziales Kapital zwei gegensätzliche Entwicklungen beobachten lassen: auf der einen Seite der *virtuos circle*, der zu einem stetigen Ansteigen und zur Akkumulation von Sozialkapital führt, weil sich die Komponenten gegenseitig fördern. Auf der anderen Seite wird jedoch ein Defizit bei einer Komponente entsprechende Schwächungen der anderen Komponenten bewirken, sodass sich ein *vicious circle* mit immer weiter sinkenden Ressourcen an sozialem Kapital entfalten kann. Diese Entwicklung wird noch dadurch verstärkt, dass regelmäßige Inanspruchnahme des Kapitals den Grundstock nicht dezimiert, sondern fördert und mangelnde Inanspruchnahme langfristig den Verfall des Kapitals begünstigt (ebd., S. 170).

Wie wird nun konkret die Leistungsfähigkeit einer Regierung durch soziales Kapital gefördert? Putnam zeigt dafür zwei Wege auf: Zum einen entfalten Bürger, die untereinander in dichten Netzwerken gesellschaftlichen Engagements organisiert sind, besser Druck auf die verantwortlichen politischen Akteure, damit die ihre Bemühungen zur Steigerung der Performance intensivieren. Zum anderen bildet das Sozialkapital – vor allem dann, wenn es sowohl bei den agierenden politischen Eliten als auch bei den Bürgern vorhanden ist – eine hervorragend nutzbare Infrastruktur, um kooperatives Handeln und damit eine effektive Politik zu verwirklichen.

Ungeachtet einiger Kritikpunkte an bestimmten Interpretationen und auch an kleineren methodischen Ungereimtheiten zeigt Putnams Studie das Potenzial einer quantitativ vorgehenden Politischen Kulturforschung auf. Später hat der Autor vergleichbare Studien zu den USA durchgeführt und dort unter dem Schlagwort des «Bowling Alone»-Syndroms einen weitreichenden Niedergang des sozialen Kapitals konstatiert (Putnam 2000).[7] Allerdings zeigen neuere Untersuchungen, dass man auch im Bereich der standardisierten Politischen Kulturforschung keinesfalls immer zu eindeutigen und unumstrittenen Befunden gelangt. So weisen Gabriel et al. (2002) in einer sekundäranalytischen Studie auf der Grundlage der Daten des von Ronald Inglehart organisierten *World Value Surveys* nach, dass das Sozialkapital – gemessen hier über das Engagement in Freiwilligenorganisationen, interpersonales Vertrauen sowie gemeinschaftsbezogene Werte und Normen – keineswegs generell sinkt. Selbst für die USA, Putnams Untersuchungsgegenstand, wird die Verfallsdiagnose weitgehend bestritten. Und hatte Putnam noch den Fernsehkonsum als Hauptübeltäter für den Schwund an sozialen Bindekräften herausgestellt, kommen die Autoren in ihrer Analyse zum diametral entgegengesetzten Befund, dass nämlich Vielseher mitunter sogar sozial aktiver sind als Fernsehverächter (Gabriel et al. 2002, S. 110).

Vor allem hat man in kritischer Auseinandersetzung mit Putnams Ansatz herausgearbeitet, dass Sozialkapital neben der Integrations- immer auch eine Ungleichheitsdimension besitzt. Die ungleiche Verteilung von Bildung, Ansehen und «guten Beziehungen» in der sozialen Welt bewirkt unterschiedliche Partizipationschancen in der Bürgergesellschaft. Damit kommen auch die verschiedenen Interessen diverser Bevölkerungsgruppen hier in unterschiedlichem Maß zur Geltung. Asymmetrien, die man in Bezug auf das etablierte politische System schon immer konstatiert hat, sind daher auch in zivilgesellschaftlichen Kontexten zu beobachten, und diese Ungleichheiten verstärken sich in dem Maß, in dem die Teilnahme am politischen Prozess in diesem Bereich immer voraussetzungsvoller wird – gebunden etwa an gute Bildung (vgl. dazu Brömme/Straßer 2001).

2. *Politische Kultur und Medienkultur*. Moderne Gesellschaften sind in immer größerem Maß zu Mediengesellschaften geworden. Neueren Studien zufolge machen in Deutschland die gesamten Nutzungszeiten der audiovisuellen Massenmedien inklusive Hörfunk, Video und Tonträgern eine durchschnittliche Gesamtdauer von 364 Minuten täglich aus. Es ist somit ein Quantum von über sechs Stunden massenmedialer Kommunikation beobachtbar, während man mit personaler Kommunikation «von Mensch zu Mensch» im Durchschnitt gerade einmal eineinhalb Stunden verbringt. In den USA lie-

---

7 Vgl. auch die international vergleichenden Studien in Putnam (2001).

gen die Zahlen, vor allem beim Fernsehkonsum, noch höher. Massenmedien durchdringen allgegenwärtig den modernen Alltag, und diese Entwicklung ist es, die den Begriff der «Mediengesellschaft» rechtfertigt.

In dem Zeichen- und Wahrnehmungsraum, der durch die Medien umschrieben wird, werden Selbstverständlichkeiten und Normalitäten definiert. Das hat stets zugleich zwei mögliche Konsequenzen, die auch empirisch beobachtbar sind. Zum einen fungiert der Mediendiskurs als Befestigung des kulturellen Status quo. Mediensysteme sind heute in der Regel marktförmig organisiert, und die Anbieter müssen darauf achten, dass sie die Erwartungen des Publikums möglichst genau bedienen. Erwartungen, Normalitätsvorstellungen, Werte und Sinnkonstrukte werden somit stabilisiert und auf Dauer gestellt. Dies ist insofern sehr wichtig, als die «Partitur» politisch-kultureller Vorstellungs- und Deutungsmuster einer ständigen «Aufführung» bedarf, wenn sie nicht verblassen oder zur bloßen Folklore absinken soll. Die Medien führen uns – beinahe rituell – die geltenden Selbstverständlichkeiten in immer wieder neuer Form vor und halten sie somit im kulturellen Gedächtnis lebendig. Medien dienen der Persistenzsicherung politischer Kulturen (Dörner 2000). Auf der anderen Seite bewirkt die Verstärkerfunktion, dass bestimmte Veränderungstendenzen unterstützt werden – wenn sie von einflussreichen Akteuren aufgegriffen werden oder aufgrund ihres Aufmerksamkeitswerts besonders mediengängig sind. Daher können Medien immer auch Verstärker von Wandlungsprozessen sein, indem sie etwas «Neues» – eine neue Wertpräferenz, einen neuen Way of Life – immer wieder in den öffentlichen Wahrnehmungsraum bringen, dadurch «normalisieren» und bei anderen Teilen der Bevölkerung akzeptabel machen.

Die wichtigste Funktion der Massenmedien liegt darin, Politische Kultur sichtbar zu machen. Vorstellungswelten, Werte, Normalitäten und Identitäten nehmen hier weithin wahrnehmbar sinnliche Gestalt an. Diese Visibilisierung des Kulturellen ist die Grundvoraussetzung für die Präsenz der Kernbereiche einer Politischen Kultur im Wahrnehmungsraum der Bürger. Das geschieht zum einen im Alltagsgeschäft der Medien, indem sie uns anhand konkreter Ereignisse und konkreter Personen anschaulich vorführen, wie die politische Welt funktioniert, wer in ihr handelt, wo die Probleme liegen und wie die

Lösungsstrategien aussehen. Zum anderen sind es die großen Medienereignisse, die uns bestimmte Tendenzen und Konfliktlinien, die sonst eher in der kommunikativen Latenz verbleiben, plötzlich grell sichtbar vor Augen führen (Fiske 1996).

Die Verstärkerfunktion der Medien für Persistenz und für Wandel von Kultur macht deutlich, dass der Mediendiskurs gleichzeitig auf der *soziokulturellen* wie auf der *deutungskulturellen* Ebene von politischer Kultur anzusiedeln ist. Einerseits werden Wahrnehmungs- und Deutungsroutinen und somit auch politisch-kulturelle Traditionen verstärkt. Damit sind die Medien ein Bestandteil der Soziokultur, sie stabilisieren Selbstverständlichkeiten, die wiederum in der Anschlusskommunikation durch die Mediennutzer problemlos in ihren Horizont integriert werden können. Auf der anderen Seite ist nicht zu übersehen, dass Akteure mit Hilfe der verstärkenden Medien bewusst Einfluss auf die jeweilige politische Kultur nehmen können. Gerade fest in der Alltagswelt der Nutzer verankerte Medien wie Hörfunk und Fernsehen können im Prozess der Verschiebung politisch-kultureller Normen und der Etablierung neuer Bildwelten eine entscheidende Rolle spielen. Noch immer haben die Massenmedien bei den Nutzern einen hohen Glaubwürdigkeitskredit vorzuweisen, und prominente Akteure erzielen im Forum der Medienöffentlichkeit mit ihren Äußerungen nachhaltige Wirkungen (Peters 1996).

Deutungskulturelle Aktivitäten sind jedoch keineswegs auf den Informationssektor der Medienkultur beschränkt. In zunehmendem Maß wird der Unterhaltungssektor zum Forum politischer Kommunikation (Street 1997). Wenn man den Blick auf den fiktionalen Bereich von Kinofilmen und Fernsehserien lenkt, dann wird deutlich, dass auch hier deutungskulturelle Versuche einer bewussten Gestaltung des öffentlichen Wahrnehmungsraums allenthalben beobachtbar sind. Filmemacher wie Oliver Stone oder Spike Lee beispielsweise verfolgen in der amerikanischen Medienkultur sehr genau umrissene Projekte der visuellen Stellung- und Einflussnahme in der politischen Öffentlichkeit. Stone propagiert in seinen Filmen eine links-republikanische Position, Lee versucht, das kritische politische Bewusstsein der Schwarzen zu stärken. Produzenten wie Norman Lear haben mit ihren TV-Serien, beispielsweise mit *All in the Family* als einer der erfolgreichsten Serien der US-Fernsehgeschichte, linksliberale Perspektiven auf den Bildschirmen der Nation verankert. Und auch in Deutschland macht etwa Hans W. Geissendörfer kein Hehl daraus, dass ihm die *Lindenstraße* als politisches Sprachrohr, ja als Instrument einer zeitgemäßen politischen Bildung dient.

Die Fernsehserie präsentiert modellhafte Identitäten, die für den Einzelnen mit Handlungsmustern des politischen Engagements, der mutigen Einmischung in öffentliche Problemsituationen sowie dem Eintreten für sozial Schwache verknüpft sind. Das Fernsehen wird hier, ganz im Sinne von Friedrich Schillers Theater-Poetik, zur «moralischen Anstalt», die Bürgertugenden vorführt, ohne die kein demokratisches Gemeinwesen auf Dauer bestehen kann. Die *Lindenstraßen*-Bewohner als Gruppe wiederum zeichnen sich aus durch einen stabilen Solidarzusammenhang, der mitunter an die Visionen kommunitaristischer Theoretiker gemahnt. Man hält, wenn es darauf ankommt, zusammen und hilft sich gegenseitig vor allem da, wo Bedrohungen von außerhalb auf die Gemeinschaft einstürzen. Die *Lindenstraße* hat sich innerhalb der deutschen Fernsehlandschaft schließlich eine gewisse Prominenz auch dadurch geschaffen, dass hier unkonventionelle, alternative Lebensformen sowie gesellschaftliche «Problemgruppen» ganz im Sinne der Political Correctness anerkannt und normalisiert werden. Schwule und Lesben, Behinderte und die zahlreichen Ausländer, «Ossis», Penner und alternative Aussteiger werden in der Bildwelt der *Lindenstraße* als Sympathieträger eingeführt und demonstrativ in die Straßengemeinschaft integriert. Der gesamte Kanon der politischen Korrektheit findet Anwendung.

Fernsehwelten zählen heutzutage auch zum primären Ort zivilreligiöser Überzeugungssysteme. Dies wird sichtbar, wenn man sich anschaut, wie in der bundesdeutschen Serienöffentlichkeit mit Alt- und Neonazis umgegangen wird. Sie fungieren hier als das schlechthin «Andere» der Kultur. Toleranz und Anerkennung finden an diesem Bereich der Gesellschaft ein klares Ende – zumal da, wo die Rechtsradikalen mit Gewalt ihre Ziele verfolgen. Die Häufigkeit, mit der dieses Motiv in der Unterhaltungskultur wiederkehrt, und der heilige Ernst, mit dem die guten Akteure jeweils die Schurken jagen, deuten darauf hin, dass hier das Böse tatsächlich als eine religiöse Größe fungiert. Die Fernsehformate präsentieren sich damit als ein Forum zur Inszenierung und rituellen Befestigung nachkriegsdeutscher Zivilreligion.

Sie definieren nicht nur politisch-korrekte Wertdispositionen als Bereich des unbestrittenen Konsenses, sondern auch das jenseits dieser Grenze liegende Andere als das identitätsstiftende Böse.

Ohne das Böse kann es auch das Gute nicht geben. Um sich also mit dem Glanz der Moralität schmücken zu können, muss es den Kontrast zum schlechthin Unmoralischen geben. Im deutschen Fall kommt noch hinzu, dass das Böse ja nicht etwas Fremdes ist, sondern in der eigenen Vergangenheit lokalisiert wird. Wer so das Böse als Teil der eigenen Geschichte vorweisen kann, der darf mit Fug und Recht einen moralischen Sonderstatus beanspruchen. Aus dem Stigma des Nationalsozialismus wird ein Charisma zivilreligiöser Auserwähltheit im ewigen Kampf zwischen Gut und Böse geformt. Zivilreligion definiert die zentralen Überzeugungen, Werte und Sinnperspektiven, die der profanen politischen Wirklichkeit eine Letztbegründung verschaffen und die Gegebenheiten somit quasi-sakral überhöhen.[8] Hier wird nicht argumentiert, sondern erzählt; es wird nicht diskursiv begründet, sondern veranschaulicht; und es wird nicht im Abstrakten verblieben, sondern der Sinn wird sinnlich erfahrbar gemacht. In der deutschen Fernsehöffentlichkeit bilden nazistisches Gedankengut, Antisemitismus und Rassismus als Positionen des Anderen ein integratives Gegenbild, das für profane Annäherungen weitgehend tabu bleibt. Medienkultur gewinnt über diese zivilreligiöse Dimension eine besondere integrative bzw. vergemeinschaftende Potenz. Solche Integrationspotenziale aber sind im Zeitalter von Differenzierung, Individualisierung und Pluralisierung des Sozialen von großer Relevanz.

Diese kurzen Beispiele sollen verdeutlichen, dass eine Analyse von Mediendiskursen als Analyse politischer Vorstellungswelten, Deutungsmuster, Identitäten und Sinnkonstrukte wichtige Einblicke in den Prozess der Politischen Kultur verschaffen kann (vgl. etwa Merelman 1991; Dörner 2001).

---

8 Siehe dazu schon den «klassischen» Beitrag von Robert N. Bellah (1967).

4 Perspektiven:
Kultur und Kulturforschung im Wandel

Die Politische Kulturforschung hat sich mittlerweile im Kanon der politikwissenschaftlichen Arbeitsgebiete gut etabliert. Sowohl im Bereich der Innenpolitik als auch in der Vergleichenden Politikwissenschaft, in zunehmendem Maß auch bei der Beschäftigung mit den Internationalen Beziehungen wird die Perspektive der Politischen Kultur selbstverständlich berücksichtigt. Dennoch muss sich die Politische Kulturforschung in ihrer empirisch-analytischen wie in ihrer interpretativen Variante einer Reihe von Herausforderungen stellen, die teilweise aus Entwicklungen im Gegenstandsbereich selbst resultieren, teilweise neueren Perspektiven innerhalb des wissenschaftlichen Diskurses zu verdanken sind.

Kultur, dies lässt sich in eigentlich allen theoretischen Bestimmungen als Grundannahme finden, ist eine intersubjektiv geteilte und über lange historische Zeiträume tradierte Größe. Was bedeutet dies nun aber in einer Zeit, in der sozialwissenschaftliche Zeitdiagnosen – empirisch gestützt – konstatieren, dass moderne Gesellschaften tief greifende Prozesse der *Individualisierung* und *Enttraditionalisierung* durchlaufen? Ist Kultur im überkommenen Sinn hier überhaupt noch vorfindbar, oder ist alles fließend, reflexiv verfügbar und kontingent geworden? Gibt es nur noch das Paradoxon der Individualkultur, die einzelne Akteure je nach ihren Situationen und Bedürfnissen für sich komponieren und basteln? Solche radikalen Diagnosen scheinen bei genauerem Hinsehen nur auf kleine Randbereiche der Gesellschaft zuzutreffen. Es stellt sich aber dennoch in verschärftem Maß die Frage, wie bei einer allgemeinen Erosion verlässlicher Traditionsbestände und unhinterfragter Selbstverständlichkeiten Kultur heute hergestellt wird. Wer produziert die «zweite Haut», die uns Orientierungssicherheit in der Alltagswelt verleiht? Der Blick der Politischen Kulturforschung muss hier sehr viel stärker Kultur als Prozess und Kultur als Produkt in den Blick nehmen, sie muss erfassen, wo heute die großen Bedeutungs- und Sinnstiftungsagenturen zu verorten sind und nach welcher Funktionslogik sie agieren. Sie muss danach fragen, wo mit welchen Mitteln und mit welchen Effekten bestimmte Traditionen auf Dauer gestellt, andere außer Kraft gesetzt und schließlich auch neu zusammengesetzte, «hybride» Kulturen geschaffen werden. Dabei kommt vor allem den allgegenwärtigen Massenmedien eine prominente Rolle zu.

Die *innerwissenschaftlichen Herausforderungen* betreffen konzeptuelle und methodische Aspekte. Während im empirisch-analytischen Spektrum der Politischen Kulturforschung das Hauptaugenmerk der Verfeinerung eines in den Grundlagen unhinterfragten Instrumentariums gilt – womit freilich auch die oben beschriebenen Grenzen dieses Paradigmas bestehen bleiben –, sind im Bereich des interpretativen Ansatzes vor allem drei Herausforderungen zu konstatieren, die einer Weiterentwicklung der Politischen Kulturforschung wichtige Impulse verleihen können.

Damit ist erstens gemeint der Ansatz der *Diskursanalyse*, wie sie vor allem in Anlehnung an den französischen Philosophen Michel Foucault (1926–1984) betrieben wird. Sie lenkt den Blick auf den Zusammenhang von Kultur und *Macht*. Die symbolische Ordnung einer Gesellschaft bzw. eines Teils derselben übt durch die Steuerung von Wahrnehmungen, Denkweisen und «Normalitäts»-Empfindungen Machteffekte auf die Menschen aus. Kultur wird hier in der Tat zum «ehernen Gehäuse» (Max Weber, 1846–1920), wobei Foucault immer wieder auf die Rolle der Institutionen (Schule, Betrieb, Gefängnis, Psychiatrie etc.) hingewiesen hat, die nicht nur Kultur vermitteln, sondern die Bevölkerung im Sinne einer reibungslosen Funktionsweise in der Ordnung disziplinieren.[9] Gerade diese Schnittstellen zwischen Institutionensystem und Kultur sollten für die Politische Kulturforschung von großem Interesse sein.

Zweitens haben die zunächst in Großbritannien entwickelten *Cultural Studies* einige wichtige Perspektiven geliefert, die für die Politische Kulturforschung fruchtbar gemacht werden können. In diesem Ansatz, der insbesondere in den 1980er und 1990er Jahren in den Kulturwissenschaften weltweit einen Boom erfuhr, ist der Blick von den hochkulturellen Sphären der Gesellschaft auf die «Niederungen» der Populärkultur und damit auf einen Bereich gerichtet worden, in dem ein Großteil der Bevölkerung sein Alltagsleben verbringt (vgl. Hepp/

---

9 Vgl. etwa Foucaults Studie zur «Humanisierung» des Strafvollzugs (1977).

Winter 1999). Vor allem ist hier der *Kampfcharakter* von Kultur betont worden. Kultur ist nicht eine homogene Einheit, sondern ein Konfliktfeld, auf dem konkurrierende Angebote um Vorherrschaft ringen. Diese Sichtweise ist besonders in einer Zeit der Globalisierung und weltweiter Migrationsschübe relevant, weil der Konflikt von Kulturen, das Aufeinanderprallen unterschiedlicher Identitätspolitiken im Kampf um kulturelle Anerkennung hier immer wichtiger werden.

Drittens schließlich wurden vor allem in den letzten zwei Jahrzehnten in der Soziologie die Methoden der *Ethnographie*, d. h. der lebens- und prozessnahen Erforschung kultureller Räume, immer weiter entwickelt und methodologisch abgesichert. Hier geht es darum, mit verschiedenen Erhebungsinstrumenten (etwa teilnehmende Beobachtung und nichtstandardisierte Interviews) sowie interpretativen Auswertungsverfahren ein möglichst präzises Bild von bestimmten Lebenswelten zu entwickeln. Thematisiert werden hier beispielsweise «Szenen», in denen sich politische Denk- und Wahrnehmungsmuster, aber auch spezifische Handlungsfähigkeiten entwickeln: von Jugendszenen über «Antifa» bis hin zu den Globalisierungsgegnern.[10] Der Vorteil solcher Zugänge liegt darin, dass die in der sozialen Welt vorfindbaren Zusammenhänge und Vernetzungen erfasst und nicht durch methodenbedingte Abstraktionen zugedeckt werden. Und das explorative Potenzial des interpretativen Ansatzes, die Fähigkeit, offen zu sein für den Eigensinn der Alltagswelt, kommt hierbei besonders gut zur Geltung.

Die entscheidende Herausforderung der Politischen Kulturforschung jedoch liegt darin, den *konstitutiven Stellenwert* der kulturellen Dimension für die politische Realität herauszuarbeiten und empirisch dingfest zu machen. Nur dann, wenn institutionell-organisatorische «Hardware» *und* kulturelle «Software» beachtet werden, kann die politikwissenschaftliche Analyse der Komplexität ihres Gegenstandsbereichs gerecht werden.

---

10 Zu diesem Forschungsansatz vgl. jetzt Hitzler et al. (2001).

Literatur

Almond, Gabriel A.: «Comparative Political Systems», in: The Journal of Politics 18, 1956, S. 391–409.

Almond, Gabriel A./Verba, Sidney: The Civic Culture. Political Attitudes and Democracy in Five Nations, Princeton 1963.

Almond, Gabriel A./Verba, Sidney (Hg.): The Civic Culture Revisited. An Analytic Study, Boston 1980.

Baker, Kendall L. et al.: Germany Transformed: Political Culture and the New Politics, Cambridge, Mass. 1981.

Bellah, Robert N.: «Zivilreligion in Amerika», in: Heinz Kleger/Alois Müller (Hg.): Religion des Bürgers. Zivilreligion in Amerika und Europa, München 1986, S. 19–41.

Bellah, Robert N. et al.: Gewohnheiten des Herzens. Individualismus und Gemeinsinn in der amerikanischen Gesellschaft, Köln 1987.

Berg-Schlosser, Dirk: Politische Kultur. Eine neue Dimension politikwissenschaftlicher Analyse, München 1972.

Berg-Schlosser, Dirk/Schissler, Jakob (Hg.): Politische Kultur in Deutschland. Bilanz und Perspektiven der Forschung (= Politische Vierteljahresschrift, Sonderheft 18), Opladen 1987.

Bourdieu, Pierre: Die feinen Unterschiede. Kritik der gesellschaftlichen Urteilskraft, Frankfurt a. M. 1982.

Brint, Michael: A Genealogy of Political Culture, Boulder et al. 1991.

Brömme, Norbert/Straßer, Hermann: «Gespaltene Bürgergesellschaft? Die ungleichen Folgen des Strukturwandels von Engagement und Partizipation», in: Aus Politik und Zeitgeschichte B25–26, 2001, S. 6–14.

Conradt, David P.: «From Outputorientation to Regime Support: Changing German Political Culture», in: Ursula Hoffmann-Lange (Hg.): Social and Political Structures in West Germany. From Authoritarianism to post-industrial Democracy, Boulder, Co. 1991, S. 127–142.

Dörner, Andreas: Politischer Mythos und symbolische Politik. Sinnstiftung durch symbolische Formen am Beispiel des Hermannsmythos in Deutschland, Opladen 1995.

Dörner, Andreas: Politische Kultur und Medienunterhaltung. Zur Inszenierung politischer Identitäten in der amerikanischen Film- und Fernsehwelt, Konstanz 2000.

Dörner, Andreas: Politainment. Politik in der medialen Erlebnisgesellschaft, Frankfurt a. M. 2001.

Dörner, Andreas: «Parlament, politische Kultur und symbolische Form. Zur Semantik des Deutschen Bundestages im Berliner Reichstag», in: Heinrich Oberreuter et al. (Hg.): Der Deutsche Bundestag im Wandel, Wiesbaden 2001a, S. 241–257.

Dörner, Andreas/Rohe, Karl: «Politische Sprache und politische Kultur. Diachronkulturvergleichende Sprachanalysen am Beispiel von Großbritannien und Deutschland», in: Manfred Opp de Hipt/Erich Latniak (Hg.): Sprache statt Politik. Politikwissenschaftliche Semantik- und Rhetorikforschung, Opladen 1991, S. 38–64.

Elkins, David J./Simeon, Richard E. B.: «A Cause in Search of Its Effect, or What Does Political Culture Explain», in: Comparative Politics 11, 1979, S. 127–145.

Falter, Jürgen et al. (Hg.): Wirklich *ein* Volk? Die politischen Orientierungen von Ost- und Westdeutschen im Vergleich, Opladen 2000.

Fiske, John: Media Matters. Race and Gender in U.S. Politics, Minneapolis/London ²1996.

Foucault, Michel: Überwachen und Strafen. Die Geburt des Gefängnisses, Frankfurt a. M. 1977.

Fuchs, Dieter: Die Unterstützung des politischen Systems der Bundesrepublik Deutschland, Opladen 1989.

Gabriel, Oscar W.: Politische Kultur, Postmaterialismus und Materialismus in der Bundesrepublik Deutschland, Opladen 1986.

Gabriel, Oscar W.: «Politische Kultur aus der Sicht der empirischen Sozialforschung», in: Oskar Niedermayer/Klaus von Beyme (Hg.): Politische Kultur in Ost- und Westdeutschland, Opladen 1994, S. 22–42.

Gabriel, Oscar W. (Hg.): Politische Orientierungen und Verhaltensweisen im vereinigten Deutschland, Opladen 1997.

Gabriel, Oscar W. et al.: Sozialkapital und Demokratie. Zivilgesellschaftliche Ressourcen im Vergleich, Wien 2002.

Gamson, William A.: Talking Politics, Cambridge et al. 1992.

Gehlen, Arnold: Urmensch und Spätkultur. Philosophische Ergebnisse und Aussagen, Frankfurt a. M. ³1975.

Giddens, Anthony: The Constitution of Society. Outline of the Theory of Structuration, Cambridge 1984.

Heinze, Rolf G./Olk, Thomas (Hg.): Bürgerengagement in Deutschland. Bestandsaufnahmen und Perspektiven, Opladen 2001.

Hepp, Andreas/Winter, Rainer (Hg.): Kultur – Medien – Macht. Cultural Studies und Medienanalyse, Wiesbaden ²1999.

Hitzler, Ronald/Honer, Anne (Hg.): Sozialwissenschaftliche Hermeneutik, Opladen 1997.

Hitzler, Ronald et al.: Leben in Szenen. Formen jugendlicher Vergemeinschaftung heute, Opladen 2001.

Inglehart, Ronald: The Silent Revolution. Changing Values and Political Styles among Western Publics, Princeton 1977.

Inglehart, Ronald: Modernization and Postmodernization. Cultural, Economic and Political Change in 43 Societies, Princeton 1997.

Iwand, Wolf Michael: Paradigma Politische Kultur. Konzepte, Methoden, Ergebnisse der Political-Culture-Forschung in der Bundesrepublik. Opladen 1985.

Merelman, Richard M.: Partial Visions. Culture and Politics in Britain, Canada, and the United States, Madison 1991.

Münkler, Herfried: «Siegfrieden», in: Herfried Münkler und Wolfgang Storch: Siegfrieden. Politik mit einem deutschen Mythos, Berlin 1988, S. 49–142.

Neckel, Sighard: Waldleben. Eine ostdeutsche Stadt im Wandel seit 1989, Frankfurt a. M./New York 1999.

Niedermayer, Oskar: Bürger und Politik. Politische Orientierungen und Verhaltensweisen der Deutschen. Eine Einführung, Wiesbaden 2001.

Patzelt, Werner J. (Hg.): Parlamente und ihre Symbolik. Programm und Beispiele institutioneller Analyse, Wiesbaden 2001.

Peters, Birgit: Prominenz. Eine soziologische Analyse ihrer Entstehung und Wirkung, Opladen 1996.

Putnam, Robert D.: Making Democracy Work. Civic Traditions in Modern Italy, Princeton 1993.

Putnam, Robert D.: Bowling Alone. The Collapse and Revival of American Community, New York et al. 2000.

Putnam, Robert D. (Hg.): Gesellschaft und Gemeinsinn. Sozialkapital im internationalen Vergleich, Gütersloh 2001.

Reichel, Peter: Politische Kultur der Bundesrepublik, Opladen 1981.

Rohe, Karl: «Politische Kultur und der kulturelle Aspekt von politischer Wirklichkeit – konzeptionelle und typologische Überlegungen zu Gegenstand und Fragestellung der Politischen Kultur-Forschung», in: Dirk Berg-Schlosser/Jakob Schissler (Hg.): Politische Kultur in Deutschland. Bilanz und Perspektiven der Forschung (= Politische Vierteljahresschrift, Sonderheft 18), Opladen 1987, S. 39–48.

Rohe, Karl: Politik. Begriffe und Wirklichkeiten, Stuttgart et al. ²1994.

Rohe, Karl: «Politische Kultur: Zum Verständnis eines theoretischen Konzepts», in: Oskar Niedermayer/Klaus von Beyme (Hg.): Politische Kultur in Ost- und Westdeutschland, Berlin 1994a, S. 1–21.

Rousseau, Jean-Jacques (1762): Vom Gesellschaftsvertrag oder Grundsätze des Staatsrechts, in Zusammenarbeit mit Eva Pietzker neu übersetzt und hg. von Hans Brockard, Stuttgart 1977.

Schütz, Alfred: Gesammelte Aufsätze, Bd. 1: Das Problem der sozialen Wirklichkeit, Amsterdam 1971.

Soeffner, Hans-Georg: «Kulturmythos und kulturelle Realität(en)», in: ders. (Hg.): Kultur und Alltag (= Soziale Welt, Sonderheft 6), Göttingen 1988, S. 3–20.

Street, John: Politics and Popular Culture, Philadelphia 1997.

Tocqueville, Alexis de (1835/40): Über die Demokratie in Amerika, Beide Teile in einem Band, hg. von Jacob P. Mayer in Gemeinschaft mit Theodor Eschenburg und Hans Zbinden, München 1976.

Vorländer, Hans: Hegemonialer Liberalismus. Politisches Denken und politische Kultur in den USA 1776–1920, Frankfurt a. M./New York 1997.

Welch, Stephen: The Concept of Political Culture, Houndmills et al. 1993.

3 Praxis der Politikwissenschaft

Karsten Malowitz

3.1 Politikwissenschaftler – mehr als ein Beruf

1 Grundlagen: fachliche Qualifikationen, nicht-fachliche Qualifikationen und allgemeine soziale Kompetenzen
2 Dimensionen: mögliche Berufsfelder und ihre Anforderungen
3 Probleme: Hinweise und Strategien zur Vorbereitung auf den Berufseinstieg
4 Perspektiven: zur Beschäftigungssituation von Politikwissenschaftlern auf dem Arbeitsmarkt

1 Grundlagen: fachliche Qualifikationen, nicht-fachliche Qualifikationen und allgemeine soziale Kompetenzen

Das Studium der Politikwissenschaft ist, unabhängig vom angestrebten Abschluss, nicht mit einer Ausbildung zu verwechseln, die zur Ausübung eines bestimmten Berufs qualifiziert – schon gar nicht zu dem des Politikers. Es zeichnet sich vor allem dadurch aus, dass es neben umfassenden fachlichen Qualifikationen zum Erwerb so genannter Schlüsselqualifikationen, auch *soft skills* genannt, beiträgt (Wollmann 1993; Enders 1995). Hierunter versteht man nicht-fachliche Qualifikationen und grundlegende soziale Kompetenzen, die in den unterschiedlichsten Tätigkeitsbereichen von Vorteil sein können (Behrend et al. 1988, S. 76). Zusammengenommen ergibt sich damit folgendes, vom Fach Politikwissenschaft vermitteltes Qualifikationsprofil:

Fachliche Qualifikationen

Von größter Bedeutung für Inhalt und Verlauf des Studiums wie auch für die daraus resultierenden beruflichen Perspektiven sind selbstverständlich zunächst die besonderen fachlichen Qualifikationen, welche die akademische Disziplin der Politikwissenschaft ihren Absolventen vermittelt. Zu diesen fachlichen Qualifikationen gehören:

- Kenntnisse über den institutionellen Aufbau und die Funktionslogik der wichtigsten historischen und zeitgenössischen politischen Systeme, einschließlich ihrer rechtlichen, wirtschaftlichen und sozialen Ordnung sowie ihrer sozio-moralischen Grundlagen;
- Kenntnisse über Organisation und Verlauf politischer Willensbildungs- und Entscheidungsprozesse und die mit ihrer geschichtlichen Entwicklung verbundenen ideologischen und ideengeschichtlichen Hintergründe;
- Kenntnisse über Gegenstand und Inhalt der wichtigsten einzelnen Politikbereiche;
- Kenntnisse über die politischen, rechtlichen und wirtschaftlichen Strukturmerkmale des internationalen politischen Systems;
- Kenntnisse über zentrale Begriffe und Argumentationsmuster der wirkmächtigsten politischen Theorien und Ideologien;
- Kenntnisse über zentrale Begriffe und Aussagen der einflussreichsten zeitgenössischen theoretischen Modelle und empirischen Forschungsansätze;
- Befähigung zum Umgang mit den maßgeblichen hermeneutischen, qualitativen und statistischen Methoden und Techniken des wissenschaftlichen Arbeitens;
- Befähigung zur Erhebung, Analyse und Auswertung politikwissenschaftlich relevanter Daten und Informationen unter Ausnutzung der verfügbaren Quellen und Hilfsmittel;
- Befähigung sowohl zur analytischen als auch synthetischen Betrachtung komplexer politischer Sachverhalte und zum systematischen Umgang mit Fragen und Problemen der politischen Theorie und Praxis.

Nicht-fachliche Qualifikationen

Neben diesen fachbezogenen Qualifikationen vermittelt das Studium der Politikwissenschaft jedoch auch eine Reihe weiterer, nicht-fach-

spezifischer Fertigkeiten, die zwar aus der besonderen Ausbildungsstruktur des Fachs resultieren, in ihrer Verwendung jedoch keineswegs
allein auf politikwissenschaftliche Zusammenhänge beschränkt sind.
Hier sind besonders hervorzuheben:

- geistige Offenheit und Flexibilität im Umgang mit verschiedenen
  Themen und Fragestellungen;
- Gewandtheit des sprachlichen Ausdrucks in Rede und Schrift sowie
  die Befähigung, Thesen und Argumente begrifflich präzise und
  nachvollziehbar zu formulieren;
- Selbstreflexivität sowie die Befähigung zur Artikulation und zum
  Umgang mit konstruktiver Kritik;
- Selbständigkeit und Zielstrebigkeit bei der Erarbeitung und Lösung
  konkreter Fragestellungen;
- Kreativität und die Befähigung zu konzeptionellem Denken.

Allgemeine soziale Kompetenzen
Drittens schließlich kann ein Studium der Politikwissenschaft aufgrund seines spezifischen Anforderungsprofils dazu beitragen, persönliche Eigenschaften und charakterliche Dispositionen zu fördern,
die man als allgemeine soziale Kompetenzen beschreiben kann und
deren Erwerb keineswegs nur in beruflicher Hinsicht empfehlenswert
ist. Im Unterschied zu den zuvor genannten fachlichen und nicht-
fachlichen Qualifikationen handelt es sich bei diesen allgemeinen
sozialen Kompetenzen allerdings um Fähigkeiten, die durch das Studium nur schwer hervorgebracht, sondern eher eingeübt und weiterentwickelt werden können. Soll das Studium erfolgreich und mit per-
sönlichem Gewinn absolviert werden, so ist es vielmehr unerlässlich,
dass einige dieser Fähigkeiten bereits im eigenen Persönlichkeitsprofil
angelegt sind. Zu diesen allgemeinen sozialen Kompetenzen, die zugleich als Voraussetzungen fungieren, gehören:

- Pflichtbewusstsein und Verantwortungsbereitschaft;
- Ehrgeiz, Fleiß und Einsatzfreude;
- Offenheit, Kritikfähigkeit und Kooperationsbereitschaft;
- Gewissenhaftigkeit und Sorgfalt;
- Einfühlungsvermögen und Eigeninitiative.

Der Erwerb und die bewusste Kultivierung dieser Qualifikationen und
Kompetenzen sind für einen erfolgreichen Berufseinstieg unabding-

bar. Sie bilden gewissermaßen das geistige und soziale «Kapital», das einem Politikwissenschaftler nach dem Abschluss seines Studiums auf dem Arbeitsmarkt als Einsatz zur Verfügung steht. Dabei sollte man allerdings zu keinem Zeitpunkt vergessen, dass das eigene Vermögen – im wörtlichen Sinn verstanden als Inbegriff dessen, was man vermag – nicht nur den eigenen «Marktwert» bestimmt, sondern auch entscheidenden Einfluss auf das eigene charakterliche Profil hat.

Nicht anders als bei der Wahl jeder anderen Studienrichtung auch sollte man sich daher vor der endgültigen Entscheidung für das Fach Politikwissenschaft einer ehrlichen Selbstprüfung unterziehen und sich Rechenschaft über die eigenen Lebensziele ablegen. Wer sich den Erwerb der oben aufgeführten Qualifikationen nicht zutraut oder sich für dieselben nicht begeistern kann, wem es an den genannten sozialen Kompetenzen fehlt oder wer sich mit diesen nicht identifizieren kann, dem sei schon an dieser Stelle geraten, sein Interesse für das Fach reiflich zu überdenken.

2 Dimensionen: mögliche Berufsfelder und ihre Anforderungen

Wie bereits erwähnt, qualifiziert das Studium der Politikwissenschaft für keinen bestimmten Beruf. Dies bedeutet insofern einen Nachteil, als sich dem erfolgreichen Absolventen kein im vorhinein gebahnter Weg in die berufliche Praxis eröffnet. Dieser Nachteil kann allerdings auch als ein Vorteil angesehen werden, steht einem studierten Politikwissenschaftler nach Abschluss seiner Hochschullaufbahn statt eines einzigen doch eine Vielzahl von möglichen Berufsfeldern offen, auf denen er seine erlernten Kenntnisse und Fähigkeiten zur Geltung bringen kann. Die Haupttätigkeitsfelder, in denen sich Politikwissenschaftler bislang erfolgreich bewährt haben, sind dabei vornehmlich im Dienstleistungsbereich angesiedelt. Den Angaben der Bundesanstalt für Arbeit zufolge handelt es sich dabei im Einzelnen um die folgenden sieben Bereiche (BfA 1998, S. 8ff.):

- politische Bildung;
- Medien und Informationsdienstleistung;
- Parteien und politische Institutionen,

- Organisationen und Verbände;
- öffentlicher Dienst und Verwaltung;
- Wirtschaft;
- Wissenschaft und Forschung.

Man braucht kein Arbeitsmarktexperte zu sein, um feststellen zu können, dass diese genannten Bereiche äußerst heterogene Anforderungen an die in ihnen Beschäftigten stellen und unterschiedliche Qualifikationen erfordern bzw. honorieren. Die im Hinblick auf das jeweilige Anforderungsprofil wichtigsten Merkmale der einzelnen Bereiche sollen daher kurz skizziert werden.

Politische Bildung

Die Tätigkeiten, die dieser Bereich umfasst, reichen von der Arbeit als Lehrer an allgemein bildenden Schulen und Berufsschulen über die Referententätigkeit an Volkshochschulen oder Einrichtungen der Jugend- und Erwachsenenbildung bis hin zur Ausübung geschäftsführender oder verwaltender Tätigkeiten bei Akademien, Stiftungen oder anderen Bildungswerken. Eine Tätigkeit im Schuldienst steht dabei nur den Absolventen eines Lehramtsstudiums offen. Nicht zwingend erforderlich, aber durchaus zu empfehlen ist die Entscheidung für ein Lehramtsstudium der Politikwissenschaft, wenn eine Lehr- oder Referententätigkeit im Bereich der Jugend- und Erwachsenenbildung angestrebt wird, da auch in diesen Arbeitszusammenhängen didaktische und pädagogische Fähigkeiten nachgefragt werden, die nach wie vor am besten im Rahmen einer Lehrerausbildung erworben werden können.

Neben der Lehrtätigkeit sind die im Feld der politischen Bildung angesiedelten Berufe vorrangig durch vielfältige organisatorische und konzeptionelle Arbeiten gekennzeichnet. Dazu zählen die Entwicklung, Vorbereitung und Durchführung von Seminaren und Veranstaltungen ebenso wie beratende, vermittelnde und leitende Aufgaben in den Bereichen Finanzierung und Personalmanagement. Während zur Ausübung der Lehrtätigkeit neben didaktischem Geschick vor allem gute fachliche Kenntnisse notwendig sind, können für die Übernahme verwaltender oder geschäftsführender Aufgaben grundlegende betriebswirtschaftliche Kenntnisse durchaus von Vorteil sein. Zu den unentbehrlichen persönlichen Eigenschaften, die jeder, der sich für eine

Tätigkeit im Bereich der politischen Bildung interessiert, mitbringen sollte, zählen kommunikative Kompetenz, Teamfähigkeit, Verantwortungsbewusstsein, Organisationstalent, persönliche Ausstrahlung, Leistungsbereitschaft, Übersicht und Zuverlässigkeit. Darüber hinaus sollte man über eine gewisse mentale und emotionale Stabilität verfügen, um den zum Teil beträchtlichen psychischen Belastungen, welche insbesondere für die keineswegs immer konfliktfreie pädagogische Arbeit kennzeichnend sind, gewachsen zu sein.[1]

Medien und Informationsdienstleistung

In diesen Bereich fallen zunächst alle Arten journalistischer, redaktioneller oder lektorierender Tätigkeiten bei Presse, Funk und Fernsehen sowie den Verlagen. Sodann gehören in diese Kategorie zahlreiche Berufe, die im Bereich der Öffentlichkeitsarbeit großer Unternehmen und Verbände angesiedelt sind. Neben diesen etablierten Berufsgruppen hat in den letzten Jahren schließlich auch die Zahl solcher Tätigkeiten zugenommen, die mit der Recherche, Dokumentation und Aufbereitung politischer und anderer Informationen für professionelle Informationsdienstleister befasst sind. Um einen Beruf im Medienbereich ergreifen zu können, bedarf es keines bestimmten Studienabschlusses. Ein Master-, Magister- oder Diplomabschluss ist als Qualifikation ebenso geeignet wie ein Staatsexamen. Entscheidend für einen erfolgreichen Einstieg in dieses Berufsfeld sind vielmehr frühzeitige praktische Erfahrungen, die am besten im Rahmen eines Praktikums, eines Volontariats oder auf Basis einer freien Mitarbeit erworben werden. Was das fachliche Wissen anbelangt, so sollte dieses möglichst breit gestreut sein und neben politischen Themen und Inhalten möglichst auch Kenntnisse auf einem oder mehreren anderen gesellschaftlich relevanten Gebieten, etwa Wirtschaft und Kultur, umfassen.

Vor diesem Hintergrund bietet es sich durchaus an, sein politikwissenschaftliches Studium im Rahmen eines Magisterstudiengangs mit

---

1 Nähere Informationen zur Arbeit im politischen Bildungsbereich sind bei der zuständigen Bundeszentrale für politische Bildung bzw. bei den jeweiligen Landeszentralen erhältlich. Die Adressen sowie zahlreiche weitere Hinweise zum vielfältigen Bildungsangebot können über das Internet-Portal der Arbeitsgemeinschaft Politische Bildung Online unter http://www.politische_bildung.de abgerufen werden.

ein oder zwei weiteren Fachrichtungen zu kombinieren. Bevorzugte Fächer sind dabei vor allem Geschichte, Volkswirtschaft und Literaturwissenschaft. Für eine Tätigkeit im Rahmen eines Fachbuchverlags oder einer Fachzeitschrift stellt aber auch die Kombination von Politikwissenschaft mit einem naturwissenschaftlichen oder technischen Fach eine durchaus attraktive Option dar. Von mindestens ebenso großer Bedeutung wie die besondere fachliche Qualifikation sind jedoch die nicht-fachlichen Kompetenzen, über die ein Bewerber verfügen sollte. Zu den persönlichen Eigenschaften und Fähigkeiten, die im Medienbetrieb gefordert sind, zählen u. a. Flexibilität, sprachliche Gewandtheit, Neugier, Lernbereitschaft, Kontaktfreudigkeit, Teamfähigkeit, investigative Kompetenz und Gewissenhaftigkeit. Unentbehrlich sind zudem ein hohes Maß nicht nur an psychischer, sondern auch an physischer Belastbarkeit sowie die Fähigkeit, unter erhöhtem Stress und Zeitdruck zu arbeiten.

Parteien und politische Institutionen
Wer sich für eine Tätigkeit in den Institutionen des politischen Systems interessiert, muss zunächst eine grundsätzliche Entscheidung treffen. Er muss sich überlegen, ob er Politik selbst aktiv gestalten oder den politischen Prozess beratend oder verwaltend begleiten will. Selbstverständlich ist ein Übergang vom einen in den anderen Bereich nicht ausgeschlossen. Doch stellen beide Arbeitsbereiche unterschiedliche Anforderungen an Qualifikation und Persönlichkeitsprofil der Bewerber (vgl. Landfried 1994).

Wer damit liebäugelt, die Politik selbst zu seinem Beruf zu machen, ist hierfür keineswegs auf ein Studium der Politikwissenschaft angewiesen. Die politischen Ämter stehen allen Bürgern unabhängig von ihrem jeweiligen Bildungshintergrund offen. Breite politikwissenschaftliche Kenntnisse können dabei allerdings durchaus von Vorteil sein. Von weitaus größerer Bedeutung als die individuelle berufliche Ausbildung ist jedoch das persönliche Engagement in einer der für das politische System der Bundesrepublik maßgeblichen Parteien. Eine politische Karriere ohne Parteibuch ist heutzutage praktisch undenkbar. Die Bereitschaft zur engagierten Mitarbeit in den entsprechenden Gremien der Parteien oder ihrer jeweiligen Jugendorganisationen ist daher eine ebenso unverzichtbare Voraussetzung für einen erfolgreichen Start auf dem Weg in die Politik wie die Fähigkeit, Kontakte zu knüpfen und zu pflegen. Überzeugungskraft, kommunikative Kompetenz, Integrationsvermögen, Durchsetzungsfähigkeit, Zielstrebigkeit, Loyalität und Kompromissbereitschaft sowie Kritikfähigkeit gehören dabei zu den unabdingbaren sozialen Kompetenzen, über die jeder Berufspolitiker verfügen sollte. Eine robuste Gesundheit, Stressresistenz sowie ein gesundes Selbstbewusstsein und Konfliktfähigkeit sollte man ebenfalls mitbringen, um dem hohen, nicht selten auch persönlichen Druck, den die Ausübung eines politischen Amts mit sich bringt, gewachsen zu sein.

Anders gelagert sind hingegen die Bedingungen, welche für die vielfältigen beratenden und verwaltenden Tätigkeiten im Bereich der Politik kennzeichnend sind. Einzelne Abgeordnete und Fraktionen, aber auch der Bundestag, die Länderparlamente und die Parteien beschäftigen eine Reihe wissenschaftlicher Mitarbeiter und Referenten, die ihnen in den verschiedensten Aufgabenbereichen und Sachgebieten beratend, journalistisch oder organisatorisch zuarbeiten und ihnen bei der Bewältigung der umfangreichen Informations- und Kommunikationsarbeit durch Recherche- und Dokumentationsdienstleistungen assistieren. Unerlässliche Voraussetzung, um in diesem Tätigkeitsbereich erfolgreich bestehen zu können, ist ein umfangreiches politisches Wissen, möglichst gepaart mit eingehenden Spezialkenntnissen auf einem oder mehreren ausgesuchten Politikfeldern.

Zu den weiteren Schlüsselqualifikationen, über die man verfügen sollte, zählen Flexibilität, Einsatzbereitschaft, Organisationstalent, Kontaktfreude, Aufgeschlossenheit, Disziplin, Teamfähigkeit, investigatives Geschick und, da es sich bei den in diesem Bereich angesiedelten Berufen in der Regel um Vertrauenspositionen handelt, auch Loyalität. Eine parteipolitische Bindung ist, anders als in der politischen Praxis, nicht zwingend erforderlich. Politische Affinität zur politischen Position des Arbeitgebers oder, wenn es sich um einen Abgeordneten handelt, persönliche Sympathie sollten allerdings vorhanden sein.

Was den auch in diesem Bereich alles andere als leichten beruflichen Einstieg betrifft, so ist auch hier vor allem Eigeninitiative gefragt. Die in Parteien und politischen Institutionen zu besetzenden Stellen werden in der Regel nicht öffentlich ausgeschrieben. Vieles hängt von persönlichen Kontakten und nicht selten auch von «freundlichen Empfehlungen» ab. Wer seine berufliche Zukunft in diesem Bereich sieht, tut gut daran, frühzeitig Lobbying in eigener Sache zu betreiben und sich, beispielsweise durch ein Praktikum, persönlich bekannt zu machen. In diesem Zusammenhang sollte schließlich auch nicht die Bedeutung vergessen werden, die der Examensarbeit als einer Art «intellektueller Visitenkarte» zukommt. Um sich nicht nur durch seine persönliche Erscheinung, sondern auch durch seine fachliche Kompetenz zu empfehlen und den eigenen «Marktwert» zu steigern, kann es durchaus von Vorteil sein, sich bei der Wahl seines Themas nicht allein von individuellen Vorlieben, sondern auch von strategischen Gesichtspunkten leiten zu lassen und seine Wahl so zu treffen, dass sie einen für die angestrebte Tätigkeit in besonderer Weise qualifiziert.

Organisationen und Verbände

Zu den einflussreichsten politischen Akteuren im politischen System der Bundesrepublik zählen neben den Parteien die Interessenverbände der verschiedenen Berufs- und Verbrauchergruppen. Auch viele der so genannten Nichtregierungsorganisationen, die sich vor allem zugunsten bestimmter inhaltlicher Themenfelder oder Betroffenengruppen engagieren, haben in den letzten Jahren an Bedeutung als Mitspieler im politischen Prozess gewonnen. Die Aufgabe, die den Verbänden und Organisationen zukommt, erschöpft sich dabei keineswegs im Lobbyismus. Neben der Interessenvertretung ihrer Mitglieder nehmen sie auch politikberatende und -vermittelnde Funktionen wahr.

Die Beschäftigungsfelder, die Politikwissenschaftlern in diesem Bereich offen stehen, weisen viele Gemeinsamkeiten mit den Tätigkeiten auf, welche die Arbeit bei politischen Institutionen und Parteien charakterisieren. So beschäftigen vor allem die mitgliederstarken Großverbände, wie etwa der Bundesverband der Deutschen Industrie (BDI), die Gewerkschaften oder die Vereinigungen der Bauern und Handwerker, in ihren Reihen ebenfalls eine Reihe wissenschaftlicher Mitarbeiter und Referenten, die für ausgesuchte Themen oder Aufgaben auf dem Gebiet der Öffentlichkeitsarbeit zuständig sind. Neben der Beschaffung und Auswertung relevanter Informationen spielt dabei insbesondere die konzeptionelle Mitarbeit an der inhaltlichen Ausrichtung sowie der Außendarstellung der betreffenden Verbände und Organisationen eine maßgebliche Rolle im Arbeitsalltag.

Analog zur Tätigkeit in Parteien und politischen Institutionen ist auch hier ein solides, um bestimmte Themen herum konzentriertes Fachwissen eine unerlässliche Einstellungsvoraussetzung. Wer seine berufliche Zukunft in diesem Bereich sieht, sollte dies bei der inhaltlichen Ausgestaltung seines Studiums entsprechend berücksichtigen und geeignete Schwerpunkte setzen. Dies gilt auch für die Wahl des Themas der Abschlussarbeit. Wird eine Position in einer international tätigen Organisation angestrebt, sind zudem solide Fremdsprachenkenntnisse, zumindest aber gutes Englisch vonnöten. Zu den erforderlichen persönlichen Qualitäten, die man als Bewerber mitbringen sollte, zählen wiederum Flexibilität, geistige Offenheit, Engagement, Kommunikations- und Kooperationsbereitschaft, Ehrgeiz, Disziplin, Loyalität und Eigenverantwortlichkeit. Schließlich ist es auch in diesem Bereich ratsam, sich schon während seines Studiums, etwa durch Praktika, um persönliche Kontakte und einschlägige Erfahrungen zu bemühen.

Öffentlicher Dienst und Verwaltung

Zu den in der Vergangenheit wichtigsten und auch nach wie vor mit am stärksten nachgefragten Arbeitgebern für Absolventen des Fachs Politikwissenschaft zählen die Verwaltungsinstitutionen des Bundes, der Länder und der Kommunen sowie der ihnen nachgeordneten Behörden. Auch in den Reihen der Hochschulverwaltungen finden sich regelmäßig studierte Politikwissenschaftler. Einen neuen, allerdings international hart umkämpften Arbeitsmarkt für Politikwissenschaftler eröffnen zudem die Institutionen der Europäischen Union oder anderer internationaler bzw. supranationaler politischer Akteure, etwa die Vereinten Nationen und ihre Unterabteilungen.

Die Arbeitsabläufe in diesem Bereich sind inhaltlich durch das Aufgaben- und Funktionsprofil der jeweiligen Institution bestimmt und lassen sich schwerlich auf einen Nenner bringen. Allgemein gilt jedoch, dass die Arbeit im Bereich der Verwaltung stark durch rechtliche Aspekte gekennzeichnet ist und gute juristische Kenntnisse verlangt, die man sich möglichst ebenfalls während des Studiums aneignen sollte. Der Zugang zu den Berufen im Verwaltungssektor ist stark reglementiert und beruht weniger auf persönlichen Kontakten – obwohl auch diese mitunter eine Rolle spielen – als vielmehr auf der Erfüllung formaler Einstellungsvoraussetzungen, mit denen man sich daher frühzeitig vertraut machen sollte. In jedem Fall unverzichtbar ist ein überdurchschnittlich gutes Examen.

Die begehrten Beamtenstellen des Öffentlichen Dienstes sind nach wie vor in erster Linie Juristen vorbehalten. Politikwissenschaftler, die sich für eine Beamtenlaufbahn im höheren Dienst interessieren, sind in der Regel gehalten, gesonderte Aufnahmeprüfungen abzulegen und ein vorbereitendes Referendariat abzuleisten. Internationale bzw. supranationale Institutionen wie die Europäische Union oder die Vereinten Nationen sind überwiegend an beruflich bereits erfahrenen und hoch spezialisierten Mitarbeitern interessiert. Es finden jedoch auch regelmäßig internationale Auswahlverfahren für Nachwuchskräfte statt, für die man sich gesondert bewerben muss. Neben einem umfassenden politikwissenschaftlichen Fachwissen sind hier für eine erfolgreiche Bewerbung vor allem solide Kenntnisse in Englisch und mindestens einer weiteren modernen Fremdsprache erforderlich. Dies gilt auch für die ebenfalls stark nachgefragten Stellen im Auswärtigen Dienst, die ebenfalls die Absolvierung eines Eingangstests sowie eines persönlichen Auswahlgesprächs voraussetzen. Das Aufgabengebiet der Mitarbeiter des Auswärtigen Diensts umfasst dabei neben politischer Berichterstattung sowie Presse- und Öffentlichkeitsarbeit auch konzeptionelle und organisatorische Tätigkeiten auf den Feldern kultur- und wirtschaftspolitischer Zusammenarbeit.

Schlüsselqualifikationen im Bereich des Öffentlichen Diensts und der Verwaltung sind Flexibilität, sprachliche Kompetenz, Teamfähigkeit, Leistungsbereitschaft, Zuverlässigkeit, Stressresistenz, Loyalität, Verantwortungsgefühl sowie die Fähigkeit zum gleichermaßen analytischen wie synthetischen Denken. Für die Arbeit bei internationalen bzw. supranationalen Institutionen ist zudem eine hohe Bereitschaft zur räumlichen Mobilität erforderlich.[2]

---

2 Weiterführende Informationen zu Berufsperspektiven und Bewerbungsmodalitäten sind bei den betreffenden Institutionen und Behörden erhältlich. Über die Bewerbungsmöglichkeiten auf internationaler Ebene informiert das Büro für Führungskräfte in internationalen Organisationen (BFIO) in Bonn.

Wirtschaft

Das Verhältnis von Politikwissenschaftlern und Personalleitern von Wirtschaftsunternehmen war, freundlich umschrieben, lange Zeit durch gegenseitiges Desinteresse gekennzeichnet. Sofern Absolventen des Fachs einer beruflichen Zukunft im Bereich der Wirtschaft überhaupt aufgeschlossen gegenüberstanden, trafen sie dort zumeist auf starke Vorbehalte. Dieser wenig erbauliche Zustand hat seit einigen Jahren eine merkliche Veränderung erfahren. Nicht nur hat die «freie» Wirtschaft angesichts knapper Kassen und schwindender Berufsperspektiven in Wissenschaft und Verwaltung für zahlreiche Absolventen sozial- und geisteswissenschaftlicher Fächer an Attraktivität gewonnen (Frank 1993; Gallio 1995). Auch hat umgekehrt die mit den ökonomischen Umstrukturierungsprozessen der letzten Jahre einhergehende stärkere Vernetzung der Arbeitsabläufe bei einer Reihe von Unternehmen zu einer gestiegenen Nachfrage nach flexiblen und kreativen Generalisten geführt (vgl. Behrend 1988; IDW 1993; Schreiber 1994).

Ausschlaggebend für diesen «Einstellungswandel», der vor allem Geistes- und Sozialwissenschaftlern neue Chancen auf dem Arbeitsmarkt eröffnet hat, sind dabei weniger deren besondere fachliche Qualifikationen als vielmehr deren nicht-fachliche und allgemeine soziale Kompetenzen. Flexibilität und geistige Offenheit, Kreativität, konzeptionelles Geschick und kommunikative Kompetenz sowie die Fähigkeit zur Durchdringung und Aufbereitung komplexer Problemzusammenhänge lassen in zunehmendem Maß auch Politikwissenschaftler als geeignete Mitarbeiter auf der Planungs-, Beratungs-, Informations- und Ausbildungsebene von Unternehmen vor allem aus dem Dienstleistungsbereich erscheinen.

Neben den klassischen Unternehmertugenden Fleiß, Ehrgeiz, Disziplin und Pflichtbewusstsein, die heutzutage auch aufseiten der Mitarbeiter als selbstverständlich vorausgesetzt werden, sind für eine erfolgreiche Karriere in der Wirtschaft allerdings weitere Qualifikationen gefragt. An erster Stelle sind hierbei gute Fremdsprachen- und EDV-Kenntnisse zu nennen. Darüber hinaus wird von Bewerbern zudem wenigstens betriebs- oder volkswirtschaftliches Grundwissen erwartet, sodass man gut beraten ist, entsprechende Fähigkeiten, etwa durch die Wahl geeigneter Nebenfächer, bereits während des Studiums zu erwerben. Je früher man sich über das anvisierte Berufsfeld im Klaren ist, desto eher hat man die Möglichkeit, sich gezielt um weitere Zusatzqualifikationen zu bemühen oder entsprechende Schwerpunkte zu setzen.

In diesem Zusammenhang sei noch auf den großen Stellenwert hingewiesen, der Praktika im Bereich der Wirtschaft zukommt. So können Praktika bei verschiedenen Firmen nicht nur bei der eigenen Orientierung helfen, sondern, da die meisten Unternehmen Bewerber mit beruflicher Erfahrung bevorzugen, sich auch für den Einstieg ins Berufsleben als vorteilhaft erweisen.

Wissenschaft und Forschung

Ungeachtet der nunmehr bereits seit Jahren anhaltenden Finanzmisere und dem damit verbundenen Stellenabbau der öffentlichen Hochschulen strebt ein großer Anteil der Absolventen des Fachs Politikwissenschaft nach wie vor eine berufliche Zukunft im Wissenschafts- und Forschungsbereich an. Wer sich für eine wissenschaftliche Laufbahn interessiert, sollte sich allerdings vergegenwärtigen, dass Universitäten, Fachhochschulen und Pädagogische Hochschulen keineswegs die einzigen Arbeitgeber im Wissenschaftssektor sind. So haben sich mittlerweile auch in Deutschland eine Reihe privater Forschungsinstitute und *think tanks* etabliert, die vor allem auf den Gebieten der Meinungsforschung und der professionellen Politikberatung aktiv sind. Letztgenannte Institutionen können dabei vor allem für solche Bewerber interessant sein, die statt einer Neigung zur akademischen Lehre eher ein ausgeprägtes Interesse an empirischer Sozialforschung oder praxisnaher, kundenorientierter Auftragsforschung haben.

Unerlässliche Voraussetzung für eine erfolgreiche Laufbahn als Wissenschaftler sind in jedem Fall ein hervorragendes Examen und eine überdurchschnittlich gute Promotion. Da dem Alter geeigneter Bewerber auch im Wissenschaftsbereich in zunehmendem Maß ein höheres Gewicht im Auswahlverfahren beigelegt wird, sollte man sich zudem um einen zügigen Abschluss bemühen. Wird nach der Promotion eine Tätigkeit als Professor an einer Universität angestrebt, sind zudem weitere wissenschaftliche Qualifikationsnachweise erforderlich. Diese können entweder durch eine erfolgreich abgelegte Habilitation oder auf dem Weg über eine Juniorprofessur erbracht werden. Dabei wird vorausgesetzt, dass sowohl die Promotion als auch die nachfolgend erbrachten Arbeiten einen wichtigen Beitrag zum wissenschaftlichen Fortschritt des Fachs darstellen. Für die Anstellung als Professor an einer Fachhochschule ist zudem der Nachweis einer mindestens fünfjährigen Berufspraxis erforderlich, wobei man wenigstens drei Jahre in einem Beschäftigungsverhältnis außerhalb der Hochschule verbracht haben muss.

Unabdingbar für eine Hochschulkarriere sind in jedem Fall umfassende und fundierte Kenntisse in den wichtigsten Themenbereichen der Politikwissenschaft sowie ein exzellentes Fachwissen in ausgewählten Spezialgebieten. Um den hohen Anforderungen des akademischen Betriebs entsprechen zu können, sind darüber hinaus analytisches und synthetisches Denkvermögen, begriffliche Prägnanz, geistige Offenheit, Verantwortungsbewusstsein, Einsatzbereitschaft, Disziplin, Begeisterungsfähigkeit, Genauigkeit und kommunikative Kompetenz erforderlich. Des Weiteren sind didaktisches Geschick, Organisationstalent und Konfliktfähigkeit gefragt, um den Herausforderungen, die Lehre und Verwaltungstätigkeit mit sich bringen, erfolgreich begegnen zu können. Wer eine Lehrtätigkeit im Hochschuldienst anstrebt, sollte zudem keineswegs den organisatorischen Aufwand und die nervliche Belastung unterschätzen, den die tägliche Verwaltungsarbeit, die Durchführung von Drittmittelprojekten sowie schließlich die selten reibungslose Mitarbeit in den Gremien der akademischen Selbstverwaltung mit sich bringen.

Für eine Tätigkeit bei privaten Forschungs- oder Politikberatungsinstituten, insbesondere auf dem Gebiet der Meinungsforschung, empfiehlt sich eine frühzeitige Spezialisierung auf Methoden und Techniken der empirischen Sozialforschung und Statistik. Daneben sind vor allem exzellente EDV-Kenntnisse vonnöten, um in diesem Bereich zu bestehen.

Im Gegensatz zu einer Tätigkeit im Hochschulwesen, bei der die wissenschaftliche Aufbereitung und Vermittlung politischer Informationen stark in den Lehrzusammenhang eingebettet ist, steht darüber hinaus bei der Arbeit im privat finanzierten Wissenschaftssektor der kundenorientierte Dienstleistungsaspekt im Vordergrund. Abgesehen von den im akademischen Betrieb unerlässlichen didaktischen Fähigkeiten stellen private Wissenschaftsinstitute jedoch im Wesentlichen ähnliche Anforderungen an das Profil ihrer Mitarbeiter. Auch hier gehören Einsatzfreude, geistige Aufgeschlossenheit und Flexibilität, Pflicht- und Verantwortungsbewusstsein, Kommunikationstalent und Kooperationsbereitschaft sowie psychische Belastbarkeit zu den Schlüsselqualifikationen, über die jeder Bewerber verfügen sollte, wenn er in seinem Beruf nicht nur Erfolg verzeichnen, sondern auch persönliche Erfüllung finden will.

3 Probleme:
Hinweise und Strategien zur Vorbereitung auf den Berufseinstieg

Wie der Überblick über die von Politikwissenschaftlern erschlossenen und genutzten Berufsfelder gezeigt hat, stehen den Absolventen des Fachs nach dem Ende ihres Studiums durchaus vielfältige und interessante berufliche Perspektiven offen. Dieses Ergebnis wird im Wesentlichen auch durch die bislang jüngsten Verbleibsstudien bestätigt (Fiebelkorn et al. 1989; Bellers et al. 1990; Rössle 1995; Butz et al. 1997; Jahr 1998), mittels deren man an verschiedenen deutschen Hochschulen den beruflichen Werdegang von Politikwissenschaftlern nach dem Examen untersucht hat. Resümiert man die Ergebnisse der genannten Erhebungen, so lassen sich ihnen einige allgemeine Hinweise auf die Beschäftigungssituation von Politikwissenschaftlern entnehmen, die zu berücksichtigen sich bei der eigenen Karriereplanung als durchaus sinnvoll erweisen kann.

Zu den wichtigsten beobachteten Merkmalen, die für die Situation von Politikwissenschaftlern am Arbeitsmarkt charakteristisch sind, zählen vor allem die Instabilität der Beschäftigungsverhältnisse und der hohe Konkurrenzdruck mit den Absolventen anderer Disziplinen. Was zunächst die Instabilität der Beschäftigungsverhältnisse betrifft, so haben die bisherigen Verbleibsstudien gezeigt, dass es nur den wenigsten Politikwissenschaftlern gelingt, nach ihrem Studienabschluss eine dauerhafte Anstellung zu finden (Fiebelkorn/Schramm 1989, S. 676). In den seltensten Fällen ist der erste Arbeitsplatz nach dem Studium auch der letzte. Deutlich überwiegen zeitlich befristete Arbeitsverhältnisse im Rahmen von Werkverträgen oder auf Honorarbasis, die zudem oftmals durch fehlende Sozialversicherungspflicht sowie durch geringe Verdienstmöglichkeiten gekennzeichnet sind. Auch wechseln sich Phasen stabiler Beschäftigung immer wieder mit mehr oder weniger langen Zeiträumen prekärer Beschäftigungsverhältnisse oder gar gänzlicher Erwerbslosigkeit ab (Fiebelkorn/Schramm 1989, S. 674).

Eine der Hauptursachen für diesen alles andere als ermutigenden Befund ist in direkter Weise mit dem zweiten oben genannten Merkmal, nämlich dem erhöhten Konkurrenzdruck durch Absolventen benachbarter Disziplinen, verknüpft. Hervorzuheben sind hier vor allem die Geschichts- und Rechtswissenschaften, die Philosophie, die Wirtschafts- und Verwaltungswissenschaften sowie die übrigen Sozialwissenschaften (Wittkämper 1987, S. 118). Die Ursache für diesen «Naturzustand» auf dem akademischen Arbeitsmarkt, in dem sich die Absolventen der genannten Disziplinen in einem Krieg aller gegen alle befinden, liegt in dem unklaren Berufsbild, das den Fächern jeweils zu Eigen ist. So verfügen Historiker, Soziologen, Psychologen, Philosophen oder Wirtschafts- und Verwaltungswissenschaftler zwar über extrem heterogene Spezialqualifikationen, die von der Ausbildungsstruktur der jeweiligen Studiengänge beförderten nicht-fachlichen Qualifikationen und allgemeinen sozialen Kompetenzen weisen jedoch deutliche Überschneidungen auf. So kommt es, dass sich Politikwissenschaftler einer verschärften Konkurrenz gerade in den Tätigkeitsbereichen ausgesetzt sehen, in denen sie mit ihren nicht-fachspezifischen Qualifikationen eigentlich Pluspunkte sammeln sollten, etwa im Medien- oder Wirtschaftsbereich.

Abgesehen von diesen Hinweisen auf die Probleme, die die Situation von Politikwissenschaftlern am Arbeitsmarkt kennzeichnen, lassen sich den Verbleibsstudien jedoch auch einige praktische Empfehlungen entnehmen, wie man als Absolvent den zum Teil erheblichen Herausforderungen, die der Übergang in das Berufsleben mit sich bringt, strategisch erfolgreich begegnen kann. Unter diesen Empfehlungen, auf die im Folgenden näher eingegangen werden soll, sticht vor allem das immer wieder betonte Erfordernis rechtzeitiger Planung und Orientierung heraus. Wer sich auf das Studium der Politikwissenschaft einlässt, sollte dies von Anfang an in dem Bewusstsein tun, dass sich einkommens- und ausbildungsadäquate Beschäftigungsperspektiven nicht von allein ergeben, sondern dass man selbst aktiv werden muss. Um die durchaus vorhandenen Chancen auf dem Arbeitsmarkt für sich gewinnbringend nutzen zu können, sind daher Voraussicht, Eigeninitiative und Zielstrebigkeit bei der Planung und Ausgestaltung des eigenen Studiums sowie der Vorbereitung des Berufseinstiegs unerlässlich. Von besonderer Bedeutung für die Chancen auf dem Arbeitsmarkt sind dabei insbesondere die folgenden sechs Aspekte:

- Ausgestaltung des Studiums;
- Erwerb von Schlüsselqualifikationen;
- Berufliche Praxis;
- Weiterführende Studienangebote und Erwerb von Zusatzqualifikationen;
- Promotion;
- Stellensuche und Bewerbung.

Die einzelnen Aspekte und ihre strategische Bedeutung sollen im Folgenden etwas genauer betrachtet werden.

Ausgestaltung des Studiums

Spätestens im Verlauf des Hauptstudiums besteht für jeden angehenden Politikwissenschaftler die Notwendigkeit, sich auf ein bestimmtes Teilgebiet des Fachs zu spezialisieren. Diese geforderte Spezialisierung kann sich im zukünftigen beruflichen Wettbewerb als durchaus vorteilhaft erweisen. Um diesen möglichen Wettbewerbsvorteil jedoch auch gezielt nutzen zu können, bedarf es klar entwickelter Vorstellungen vom zukünftigen Tätigkeitsfeld und großer Zielstrebigkeit. Je eher man sich daher Klarheit über die eigenen beruflichen Wünsche und Vorstellungen verschafft, desto besser ist man in der Lage, das breite Angebot der Disziplin zum eigenen Vorteil zu nutzen. Lässt sich das gewünschte Schwerpunktthema an der eigenen Hochschule im Rahmen des Studiengangs nicht belegen, sollte man rechtzeitig einen Wechsel an eine andere Hochschule mit einem entsprechenden Studienangebot erwägen. Stehen mehrere Hochschulorte zur Auswahl, sollte man nicht zögern, Professoren, Assistenten oder andere wissenschaftliche Mitarbeiter um Rat zu fragen.[3]

---

3 Detaillierte Informationen zum Studienangebot der deutschen Hochschulen bietet auch der Hochschulkompass der Hochschulrektorenkonferenz (HRK), der im Internet unter http://www.hochschulkompass.hrk.de abgerufen werden kann.

Mit Blick auf die berufliche Zukunft besonders interessant und vorteilhaft ist in diesem Zusammenhang schließlich die Option eines Aufenthalts an einer Hochschule im Ausland. Ein oder mehrere im Ausland verbrachte Semester verbessern nicht nur die eigenen Fremdsprachenkenntnisse enorm, sondern dienen auch der Erweiterung des kulturellen und sozialen Horizonts.[4]

Erwerb von Schlüsselqualifikationen

Auf die Bedeutung, die den Schlüsselqualifikationen im Zuge der Berufswahl zukommt, ist im Zusammenhang mit dem Anforderungsprofil der wichtigsten von Politikwissenschaftlern besetzten Berufsfelder bereits ausführlich hingewiesen worden, sodass sich eine nochmalige Erörterung erübrigt. Stattdessen soll an dieser Stelle kurz auf das Problem der Aneignung von Schlüsselqualifikationen eingegangen werden.

Im Gegensatz zu besonderen fachlichen Qualifikationen lassen sich Schlüsselqualifikationen nicht gezielt erlernen. Denn im Gegensatz zu dem, was man im Allgemeinen unter Wissen versteht, sind Schlüsselqualifikationen einer Person nicht äußerlich, sondern stehen in engem Zusammenhang mit ihren jeweiligen charakterlichen Dispositionen. Ebenso wie persönliche Tugenden, zu denen insbesondere die unter dem Begriff der allgemeinen sozialen Kompetenzen rubrizierten Eigenschaften eine große Nähe aufweisen, bedürfen sie der Einübung in der Praxis. Sprachliche Gewandtheit, Sorgfalt, systematisches Denken und Kooperationsfähigkeit lassen sich nicht theoretisch erlernen, sie müssen kultiviert werden. Die Ausbildungsstruktur des Fachs Politikwissenschaft bietet dafür günstige Voraussetzungen.

Doch um diese Voraussetzungen auch nutzen zu können, bedarf es der «richtigen» Einstellung. Es muss die innere Bereitschaft vorhanden sein, sich die entsprechenden Fähigkeiten nicht nur aneignen zu

---

4 Detaillierte Auskünfte über Angebote und Finanzierungsmöglichkeiten eines Auslandsstudiums sowie über Fristen und Modalitäten der Bewerbung erteilen die Akademischen Auslandsämter der Hochschulen. Weitere Informationen, u. a. zum Studien- und Stipendienangebot der Europäischen Union, sind auf den Internetseiten des Deutschen Akademischen Auslandsdienstes (DAAD) unter http://www.daad.de erhältlich.

wollen, sondern sie sich wirklich zu Eigen zu machen. Erforderlich ist eine «Kultur des Lernens», die sich darin äußert, die unentbehrlichen Tätigkeiten, die im Laufe eines Studiums anfallen – angefangen bei der Vorbereitung eines Referats über die Diskussion im Seminar bis hin zur Konzeption der Abschlussarbeit –, nicht nur als lästige Pflichten, sondern als Chancen zur eigenen Persönlichkeitsbildung zu begreifen und entsprechend zu praktizieren. Ein solchermaßen bewusst gestaltetes Studium eröffnet nicht nur gute Chancen auf einen erfolgreichen Abschluss und beruflichen Erfolg; es bietet auch eine gute Möglichkeit, dem eigenen Charakter eine Form zu geben.

Berufliche Praxis

Als höchst vorteilhaft für einen erfolgreichen Übergang vom Studium in den Beruf erweisen sich praktische Erfahrungen im Berufsleben (Kipke/Nickolmann 1986; Gernand 1988). Wie zahlreiche Analysen und Studien belegen (vgl. Montani Adams 1991), fürchten potenzielle Arbeitgeber bei Bewerbern aus dem Bereich der geistes- und sozialwissenschaftlichen Fächer nichts mehr, als an typische Bewohner des Elfenbeinturms zu geraten, denen das (zugegebenermaßen nicht ganz grundlose) Vorurteil anhängt, ein Übermaß an wissenschaftlicher Qualifikation, aber mangelnde berufliche Eignung zu besitzen. Die beste Möglichkeit, diesen Verdacht zu entkräften, besteht darin, ihm bereits während des Studiums durch einschlägige Praktika oder die Aufnahme geeigneter Nebentätigkeiten entgegenzutreten und auf diese Weise den eigenen Erfahrungs- und Qualifikationshorizont zu erweitern. Zahlreiche Hochschulen haben bereits Stellen zur Vermittlung entsprechender Tätigkeiten eingerichtet, bei denen man sich über vorhandene Praktikumsplätze bei Firmen, Organisationen und öffentlichen Einrichtungen informieren kann.[5]

Neben den praktischen Erfahrungen, die sich im Zuge eines Praktikums oder einer geeigneten Nebentätigkeit erwerben lassen, sollten die Möglichkeiten zur Orientierung und Kontaktaufnahme, die ent-

---

5 Ein breites Angebot an Praktikums- und Jobbörsen ist mittlerweile auch im Internet zu finden. Einen bequemen Zugang zu den wichtigsten Seiten bietet das Portal http://www.studenten.de.

sprechende Tätigkeiten eröffnen, nicht außer Acht gelassen werden. Ein Praktikum oder ein geeigneter Job während des Studiums bieten eine gute Gelegenheit, ein mögliches Tätigkeitsfeld und die mit ihm verbundenen Anforderungen genauer kennen zu lernen. Auf diese Weise lassen sich nicht nur wichtige Einblicke in den beruflichen Alltag gewinnen, sondern auch erste persönliche Kontakte knüpfen, die bei einer zukünftigen Bewerbung durchaus von Nutzen sein können. Wer sich während eines Praktikums oder im Zuge einer Nebentätigkeit bewährt und als zukünftiger Mitarbeiter empfohlen hat, verfügt gegenüber der «Konkurrenz» über einen Wettbewerbsvorteil, den man nicht unterschätzen sollte.

Weiterführende Studienangebote und Erwerb von Zusatzqualifikationen

Wer sich für ein Studium der Politikwissenschaft entscheidet, muss mit Blick auf die zukünftigen beruflichen Perspektiven die Bereitschaft mitbringen, sich parallel zum Studienverlauf um den Erwerb von Zusatzqualifikationen zu bemühen. Zu den wichtigsten Zusatzqualifikationen, die anzueignen man als Politikwissenschaftler nicht versäumen sollte, zählen gute EDV- und Fremdsprachenkenntnisse. Die beste und zugleich günstigste Variante, die entsprechenden Kenntnisse zu erwerben, bieten die umfangreichen Kursangebote der Hochschulen, die in der Regel allen Studierenden offen stehen.

Eine weitere, ebenfalls von den Hochschulen eröffnete Möglichkeit der Zusatzqualifikation bieten die zahlreichen Zusatz-, Ergänzungs- und Aufbaustudiengänge, deren Dauer in der Regel auf zwei bis vier Semester beschränkt ist. Diese thematisch äußerst vielfältig angelegten Studiengänge, deren Angebot von Hochschule zu Hochschule variiert, sollen interessierten Studenten die Gelegenheit zur gezielten Vertiefung oder Verbreiterung ihres Fachwissens geben. Während Zusatz- und Ergänzungsstudiengänge parallel zum eigentlichen Studium belegt werden können, stehen Aufbaustudiengänge nur Absolventen mit einem abgeschlossenen Hochschulstudium offen. Allerdings sollte man bei seinen Überlegungen zur individuellen Karriereplanung nicht die zeitliche Verzögerung des Studienabschlusses außer Acht lassen, die jedes wahrgenommene Weiterbildungsangebot unweigerlich mit sich bringt.

Die Vermittlung fachlicher Zusatzqualifikationen oder die Vertiefung bestimmter thematischer Schwerpunkte offerieren in jüngster Zeit auch eine beständig wachsende Zahl halbstaatlicher oder privater Bildungseinrichtungen. Nicht wenige dieser Einrichtungen haben sich dabei auf politikwissenschaftliche oder verwandte Themen spezialisiert, etwa das politische System der Europäischen Union. Allerdings sind die in der Regel auf einen Zeitraum von zwei bis vier Semester angelegten Kurse zumeist kostenpflichtig, und nicht selten werden gerade von privaten Anbietern für die angebotenen Dienste bemerkenswerte Gebühren verlangt. Sofern man sich den Besuch entsprechender Einrichtungen finanziell überhaupt erlauben kann, sollte man daher nicht nur genau prüfen, ob die in Aussicht gestellten zusätzlichen Qualifikationen die beruflichen Perspektiven tatsächlich erhöhen, sondern sich auch vergewissern, dass die anfallenden Kosten in einem angemessenen Verhältnis zu den gebotenen Leistungen stehen.

Wer als ausgebildeter Politikwissenschaftler eine Laufbahn in der Wirtschaft anstrebt, hat außerdem die Möglichkeit, die Traineeprogramme zu nutzen, mit denen vor allem große und finanzkräftige Firmen und Unternehmen ihre zukünftigen Mitarbeiter schulen. Zwar richtet sich die Mehrzahl der Programme überwiegend an Absolventen wirtschaftswissenschaftlicher Studiengänge, doch stehen einige auch Bewerbern aus anderen Fachrichtungen offen. Grundkenntnisse in den Bereichen Wirtschaft, Recht und Finanzen sind allerdings nahezu unentbehrlich, um in der harten Konkurrenz bestehen zu können. Es empfiehlt sich also, entsprechende Kenntnisse bereits während des Studiums anzueignen.

Promotion

Eine Grundsatzentscheidung, vor die sich insbesondere hochbegabte Studenten mit einem überdurchschnittlichen Examen nach der Beendigung ihres Studiums gestellt sehen, bedeutet die Frage der Promotion. Wer eine Karriere in der Wissenschaft anstrebt, hat diese Frage mit seiner Berufswahl bereits positiv beantwortet: Denn eine wissenschaftliche Laufbahn, ob nun an einer Hochschule oder einer anderen wissenschaftlichen Einrichtung, ist ohne die mit der Promotion verbundene wissenschaftliche Spezialisierung schlechterdings nicht möglich. Allerdings sollte man sich zuvor genau prüfen, ob man den mit der wissenschaftlichen Arbeit verbundenen Anforderungen auch tatsächlich genügt.

Wer seine berufliche Zukunft nicht im Wissenschaftsbetrieb sieht, tut gut daran, die Entscheidung für eine Promotion gründlich zu überdenken. Insbesondere von potenziellen Arbeitgebern aus dem Bereich der Wirtschaft wird die wissenschaftliche Spezialisierung im Allgemeinen eher zurückhaltend bis ablehnend bewertet, da den im Zuge der Promotion erworbenen Fachkenntnissen in der Regel kein für die konkrete Arbeitstätigkeit zusätzlich qualifizierender Stellenwert beigemessen wird. Um seine kognitiven und physischen Energien nicht unnötig zu verschwenden, sollte man sich daher rechtzeitig über das Anforderungsprofil der angestrebten Tätigkeit informieren.

Fällt die Entscheidung zugunsten einer Promotion, so kommt, unabhängig vom zukünftigen Berufswunsch, alles darauf an, das selbstgesteckte Ziel in einem angemessenen Zeitrahmen auch tatsächlich zu erreichen. Als Richtmaß kann dabei eine Dauer von zwei bis drei Jahren gelten. Dazu bedarf es zunächst einer wohl überlegten, den Arbeitsaufwand realistisch einschätzenden Konzeption der Fragestellung. Sinn und Zweck der Promotion ist es, den Nachweis der Befähigung zur eigenständigen und kreativen wissenschaftlichen Arbeit zu erbringen und dabei einen nennenswerten Beitrag zum Fortschritt der Disziplin zu leisten – nicht mehr, aber auch nicht weniger. Projekte, die aufgrund verfehlter Planung oder zu hoch gesteckter Ansprüche auszuufern drohen, sollten rechtzeitig konzeptionell überarbeitet und dem eigenen Leistungsvermögen angepasst werden. Eine Promotion, die zu lange dauert, mag so gut sein, wie sie will, beruflich eröffnet sie keine Perspektiven.

Die Arbeit an einer Promotion erfordert jedoch nicht nur Zeit, sondern auch Geld, sodass man sich rechtzeitig Gedanken über die Finanzierung machen sollte: Denn die enormen physischen und psychischen Belastungen, die eine Promotion mit sich bringt, lassen sich nur schwer mit einer regelmäßigen Erwerbsarbeit verbinden. Qualifizierte Absolventen, die weder über eigenes noch elterliches Vermögen verfügen, sollten daher andere Möglichkeiten in Betracht ziehen.

Eine erste und zugleich besonders gute Möglichkeit, seinen Lebensunterhalt während der Phase der Promotion zu sichern, besteht darin, bei einer der zahlreichen Stiftungen, die sich um die Forderung des wissenschaftlichen Nachwuchses bemühen, um ein Stipendium nachzusuchen. Die Laufzeit der Stipendien ist unterschiedlich, in der Regel jedoch auf zwei bis maximal drei Jahre begrenzt. Während einige Stiftungen ausschließlich an der wissenschaftlichen Qualifikation der Bewerber interessiert sind, gibt es auch eine Reihe politisch, weltanschaulich oder konfessionell gebundener Stiftungen, die die Vergabe eines Stipendiums von anderen Kriterien wie dem glaubhaften Nachweis gesellschaftspolitischen oder sozialen Engagements abhängig machen. Wer sich berechtigte Hoffnungen macht, die fachlichen Anforderungen zu erfüllen, sollte sich daher rechtzeitig mit den weiteren Bewerbungsvoraussetzungen der jeweiligen Stiftungen vertraut machen.[6]

Eine weitere, insbesondere für angehende Nachwuchswissenschaftler interessante Option stellen so genannte Graduiertenkollegs dar, bei denen mehrere Doktoranden ihre Arbeit auf eigens dafür eingerichteten und finanzierten Stellen im Rahmen eines thematisch vorgegebenen Forschungsprogramms anfertigen. An den Lehrstuhl des mit der Leitung des Projekts betrauten Professors angeschlossen, eröffnen Graduiertenkollegs zudem eine hervorragende Möglichkeit, der von vielen Doktoranden beklagten Monotonie der einsamen Arbeit am Schreibtisch zu entfliehen und sich mit Gleichgesinnten wissenschaftlich auszutauschen. Um bei der Auswahl der Bewerber eine Chance auf Berücksichtigung zu haben, sollte man sich allerdings frühzeitig, etwa durch den Besuch von Lehrveranstaltungen, um einen persönlichen Kontakt zu dem verantwortlichen Professor bemühen und diesen auf das vorhandene Interesse hinweisen. Dabei sollte man allerdings in der Lage sein, neben dem Interesse auch die wissenschaftliche Begabung nachweisen zu können, beispielsweise durch gute Leistungen im Seminar oder eine besonders qualifizierte Hausarbeit.

---

6 Weiterführende Hinweise zum Thema «Studienstiftungen» sind auf den Seiten des Deutschen Bildungs-Servers (DBS) versammelt. Sie können abgerufen werden unter http://www.bildungsserver.de/zeigen.html?seite=427. Beim Bundesministerium für Bildung und Forschung können außerdem die beiden laufend aktualisierten Broschüren *Stipendien für den wissenschaftlichen Nachwuchs* und *Die Begabtenförderungswerke in der Bundesrepublik Deutschland* kostenlos angefordert werden. Letztere kann über die Online-Informatiosseiten des Deutschen Bildungs-Servers unter http://www.bildungsserver.de/db/mlesen.html?Id=10452 auch als pdf-Datei heruntergeladen werden.

Eine dritte Möglichkeit zur Finanzierung der Promotion, die sich wiederum vor allem dann empfiehlt, wenn man seine berufliche Zukunft in der Wissenschaft sieht, eröffnet eine Anstellung als wissenschaftlicher Mitarbeiter an einem Lehrstuhl oder an einer außeruniversitären Forschungseinrichtung. Um eine der raren, zeitlich auf drei bis maximal fünf Jahre befristeten Stellen zu erhalten, empfiehlt sich ebenfalls die frühzeitige persönliche Kontaktaufnahme. Die Vorteile, die eine universitäre Tätigkeit als wissenschaftlicher Mitarbeiter mit sich bringt, sind dabei zugleich auch die Nachteile. Sie bestehen vor allem in der Einbindung in den Diskussions- und Forschungszusammenhang des Lehrstuhls sowie in der für gewöhnlich verbindlichen Verpflichtung zur Mitarbeit in der Lehre. Die Möglichkeiten, den eigenen wissenschaftlichen Horizont zu erweitern und erste Erfahrungen in der akademischen Praxis zu sammeln, stellen gleichermaßen Verlockungen wie Zusatzbelastungen dar, die es mitunter schwierig machen, das Projekt der Promotion zielstrebig zu verfolgen. Selbstdisziplin und überdurchschnittliche Leistungsbereitschaft sind dafür unerlässlich.

Stellensuche und Bewerbung

Von den Absolventen, die die Hochschule mit einem Abschluss im Fach Politikwissenschaft verlassen, verfügen nur die wenigsten über eindeutige Vorstellungen von ihrem zukünftigen Arbeitgeber, geschweige denn über ein konkretes Stellenangebot. Die überwiegende Mehrzahl sieht sich mit der Notwendigkeit konfrontiert, auf dem hart umkämpften Akademikerarbeitsmarkt eine geeignete Stelle zu suchen. Einer der möglichen Wege ins Berufsleben führt dabei zum örtlichen Arbeitsamt. Trotz intensivierter Bemühungen vonseiten der Arbeitsämter, die an zahlreichen Hochschulstandorten einen speziell für die Beratung und Vermittlung von Akademikern eingerichteten Fachvermittlungsdienst unterhalten, sind die Aussichten, auf diesem Weg eine einkommens- und ausbildungsadäquate Beschäftigung zu finden, eher bescheiden.

Neben dem Gang zum Arbeitsamt gehört die regelmäßige Lektüre der Stellenanzeigen in den einschlägigen Printmedien, etwa in der ZEIT oder der Frankfurter Allgemeinen Zeitung, zum Pflichtprogramm stellensuchender Akademiker. Das Angebot für Hochschulabsolventen ohne Promotion ist allerdings denkbar dünn, und die Hoffnung, den zukünftigen Beruf auf diesem Weg zu finden, erweist sich in den meisten Fällen als trügerisch. Größere Erfolgsaussichten, insbesondere für nicht-promovierte Absolventen, bieten die Stellenmärkte im Internet, die größtenteils von privaten Anbietern unterhalten werden.[7] Die Angebotslage für Sozialwissenschaftler ist allerdings auch hier nicht rosig, es dominieren in der Regel wirtschafts-, natur- und ingenieurswissenschaftlich zugeschnittene Berufsfelder.

Eine weitere Option für den Einstieg in den Beruf stellen schließlich so genannte Blindbewerbungen dar, mit denen man sich bei Firmen oder Organisationen ohne Vorlage eines konkreten Angebots als Mitarbeiter bewirbt. Diese Form des Marketings in eigener Sache, bei der man versucht, unaufgefordert die Aufmerksamkeit potenzieller Arbeitgeber zu wecken, unterliegt natürlich zu einem guten Teil den Gesetzen des Zufalls. Sofern man allerdings über ein attraktives Kompetenzprofil verfügt, ist es keineswegs ausgeschlossen, dass auch dieser eher unkonventionelle Weg bisweilen zum Erfolg führt.

Hat man eine geeignete Stelle gefunden, die nicht nur den eigenen fachlichen Qualifikationen, sondern auch den individuellen Wünschen und Vorstellungen entspricht, beginnt das Ritual der Bewerbung, auf das im Erfolgsfall ein persönliches Vorstellungs- oder Auswahlgespräch folgt. Welche Strategien zum Ziel führen, welche Fallen man zu vermeiden und welche Tricks man befolgen sollte – um diese und ähnliche Fragen herum ist mittlerweile eine ganz eigene «Wissenschaft» entstanden, die durchaus in der Lage ist, ihre zahlreichen Experten zu ernähren. Auch wenn man nicht unbedingt geneigt ist, dem Phänomen der geradezu schwindelerregenden Zunahme von Ratgeberliteratur zum Thema Bewerbung mit Begeisterung zu begegnen, so sollte man sich durch die mitunter poppige Aufmachung und die bisweilen marktschreierisch anmutende Attitüde («Von der Uni direkt zum Traumjob»!) einzelner Veröffentlichungen nicht davon abhalten lassen, die vorhandenen Angebote zu nutzen. Was für Absolventen der Rechts- oder Wirtschaftswissenschaften selbstverständlich ist, näm-

---

7 Hinweise zu Stellenangeboten im Internet finden sich in einigen der am Ende des Artikels aufgeführten Titel zum Thema Berufseinstieg und Bewerbung.

lich bei Bewerbung und Auswahlgespräch nicht nur auf die fachlichen Qualifikationen und persönlichen Qualitäten zu vertrauen, sondern sich auch um eine möglichst vorteilhafte Präsentation der eigenen Person zu bemühen, gilt insbesondere vielen Absolventen sozialwissenschaftlicher Fächer nach wie vor als unseriös. Wer diesem Vorurteil anhängt, sollte sich schnellstens davon befreien. «Nicht mit den Wölfen zu heulen» mag durchaus ein Zeichen von Charakterstärke sein – eine Entschuldigung für eine langweilige oder schlampige Bewerbung ist es allemal nicht.

4 Perspektiven: zur Beschäftigungssituation von Politikwissenschaftlern auf dem Arbeitsmarkt

Abschließend sei noch kurz auf die zu erwartende Entwicklung der beruflichen Perspektiven von Politikwissenschaftlern auf dem Arbeitsmarkt eingegangen.

Angesichts der wenig vielversprechenden konjunkturellen Perspektiven der Wirtschaft und den damit einhergehenden Sparmaßnahmen der öffentlichen Hand steht nicht zu erwarten, dass sich an der angespannten Lage des Akademikerarbeitsmarkts kurz- oder mittelfristig etwas ändern wird. Im Gegenteil ist es vielmehr wahrscheinlich, dass es im Zuge der angestrebten Sanierung der leeren öffentlichen Kassen insbesondere im Bereich des öffentlichen Dienstes sowie an den staatlichen Hochschulen zu einem weiteren Abbau von Stellen kommen wird. Von den Auswirkungen der Sparmaßnahmen werden neben den Absolventen geisteswissenschaftlicher Fächer vor allem Sozialwissenschaftler besonders betroffen sein. Angesichts eines strukturell gesättigten Arbeitsmarkts ist auch nicht davon auszugehen, dass sich in anderen Bereichen alternative Beschäftigungsmöglichkeiten in einer nennenswerten Größenordnung ergeben. Zwar wird allgemein ein steigender Bedarf an Akademikern prognostiziert, doch werden hiervon vornehmlich die Absolventen anderer Fachrichtungen, insbesondere Wirtschafts- und Naturwissenschaftler sowie Informatiker profitieren. Einfallsreichtum, Eigeninitiative und Stehvermögen werden bei der Jobsuche nach dem Studium also weiterhin gefragt sein. Wer sich auf das Studium der Politikwissenschaft einlässt, sollte bei seiner Entscheidung berücksichtigen, dass ein nicht unerheblicher Anteil von Politikwissenschaftlern nach dem Abschluss des Studiums, zumindest übergangsweise, mitunter aber auch dauerhaft, in zeitlich befristeten und wenig lukrativen Arbeitsverhältnissen beschäftigt ist. Daher sollte man die persönliche Erfüllung im Beruf nicht in erster Linie von der zu erwartenden finanziellen Entlohnung erwarten. Ebenso wie die Arbeit eines Politikers beruht auch die Arbeit eines Politikwissenschaftlers zu einem nicht geringen Teil auf Berufung.

Literatur

Bader, Reinhard et al. (Hg.): Studenten im Schatten des Arbeitsmarktes. Studienwahl, Studium und Berufseinmündung zwischen Wunschtraum und Realitätssinn, Frankfurt a. M./New York 1987.

Begemann, Petra: Keine Angst vor dem Studienende: Berufsorientiert studieren – überzeugend bewerben – souverän einsteigen, Frankfurt a. M./New York 2001.

Behrend, Diederich et al.: Wohin nach dem Studium? Chancen für Geistes- und Sozialwissenschaftler in der Wirtschaft, München 1988.

Bellers, Jürgen et al.: «Münsteraner Politologen auf dem Arbeitsmarkt. Eine empirische Verbleibsstudie über die Absolventenjahrgänge 1972 bis 1988», in: Politische Vierteljahresschrift 4, 1990, S. 661–671.

Bundesanstalt für Arbeit: Blätter zur Berufskunde, Bd. 3: Politologe/Politologin, Bielefeld [8]1998.

Butz, Bert et al.: Flexible Allrounder: Wege in den Beruf für PolitologInnen. Ergebnisse einer Absolventenbefragung am Institut für Politische Wissenschaft der Universität Hamburg, Hamburg 1997.

Dohmstreich, Uli et al.: Handbuch für den Berufseinstieg nach der Uni. Tips, Trends, Analysen, Marburg 1992.

Enders, Jürgen: «Sesam öffne Dich? ‹Schlüsselqualifikationen› in Studium und Beruf», in: Das Hochschulwesen 4, 1995, S. 214–219.

Fiebelkorn, Joachim et al.: Zu allem fähig – zu nichts zu gebrauchen? Berliner PolitologInnen auf dem Arbeitsmarkt: Verbleibsuntersuchung der Absolventenjahrgänge 1979 bis 1986, Berlin 1989.

Fiebelkorn, Joachim/Schramm, Thomas: «Berliner PolitologInnen auf dem Arbeitsmarkt: ‹Verbleibsuntersuchung der Absolventenjahrgänge des Berliner Otto-Suhr-Instituts von 1979 bis 1986›», in: Politische Vierteljahresschrift 4, 1989, S. 674–677.

Frank, Michael: «Funktionsweisen des Akademikerarbeitsmarktes. Dargestellt am Beispiel des Teilarbeitsmarktes für Sozialwissenschaftler», in: Sozialwissenschaften und Berufspraxis 2, 1993, S. 115–122.

Gallio, Claudio (Hg.): Freie Laufbahn. Berufe für Geisteswissenschaftler, Mannheim [2]1996.

Gernand, Detlef: «Berufsfeldpraktika für Sozialwissenschaftler», in: Sozialwissenschaften und Berufspraxis 2, 1988, S. 136–147.

Harmsen, Claus: Falken-Handbuch Bewerbung: Optimale Bewerbungsunterlagen, überzeugende Vorstellungsgespräche, Sonderkapitel: Bewerben im Internet, München 2002.

Institut der deutschen Wirtschaft (Hg.): Studieren, und was dann? Beschäftigungschancen für Akademiker in der Privatwirtschaft. Ergebnisse einer Unternehmensbefragung, Köln 1993.

Jahr, Volker: «Bunte Vielfalt an Tätigkeiten», in: Unimagazin 1, 1998, S. 16–21.

Jüde, Peter: Berufsplanung für Geistes- und Sozialwissenschaftler, Köln 1999.

Kipke, Rüdiger/Nickolmann, Friedhelm: Studenten am Arbeitsplatz. Das Praktikum im sozialwissenschaftlichen Studium, Münster 1986.

Landfried, Christine: «Politik als Beruf heute. Ein Anforderungsprofil an Professionelle», in: Claus Leggewie (Hg.): Wozu Politikwissenschaft. Über das Neue in der Politik, Darmstadt 1994, S. 211–227.

May, Sibylle: Von der Uni direkt zum Traumjob: Erfolgreich bewerben als Hochschulabsolvent, Landsberg a. L. 2001.

Metzger, Roland/Funk, Christopher/Post, Kerstin: Bewerben im Internet: Stellenangebote und Bewerbungen online, München 2001 (überarb. und akt. Neuausgabe).

Minks, Karl-Heinz/Filaretow, Bastian: «Berufliche Integration von jungen Sozialwissenschaftlern. Ergebnisse einer Längsschnittuntersuchung», in: Sozialwissenschaften und Berufspraxis 1, 1994, S. 68–88.

Montani Adams, Marco (Hg.): Geisteswissenschaftler in der Wirtschaft. Starthilfen und Aussichten, Frankfurt a. M./New York ²1992.

Peest, Wiebke/Zacharias, Gregor: Bewerben bei internationalen Organisationen: Für Hochschulabsolventen und Quereinsteiger, Niedernhausen i. T. 1996.

Schreiber, Norbert: «Die Nachfrage nach sozialwissenschaftlichen Qualifikationen am Arbeitsmarkt», in: Sozialwissenschaften und Berufspraxis 4, 1994, S. 309–322.

Schürmann, Klaus/Mullins, Suzanne: Weltweit bewerben auf Englisch. Musterbeispiele, Anschreiben und Lebenslauf, Vorbereitung auf das Vorstellungsgespräch, Frankfurt a. M. 2001.

Stein, Martin: Zur Problematik von Professionalisierungs- und Substitutionsprozessen neuer Berufsgruppen am Beispiel der Absolventen sozialwissenschaftlicher Studiengänge, Bochum 1993.

Wittkämper, Gerhard W.: «Zur tätigkeitsfeldorientierten Professionalisierung der politikwissenschaftlichen Ausbildung», in: Hans-Hermann Hartwich (Hg.): Politikwissenschaft. Lehre und Studium zwischen Professionalisierung und Wissenschaftsimmanenz, Opladen 1987, S. 111–126.

Wollmann, Helmuth P.: «Zauberformel Schlüsselqualifikationen. Modische Arbeitstugenden oder mehr?», in: Grundlagen der Weiterbildung 3, 1993, S. 135–138.

Skadi Krause

3.2 Wissenschaftliches Arbeiten

> 1 Textsorten und ihre jeweiligen Anforderungen
> 2 Zur Methodik wissenschaftlicher Arbeit
> 3 Anlage und Form einer wissenschaftlichen Arbeit
> 4 Praktische Hinweise für den Studienalltag

1 Textsorten und ihre jeweiligen Anforderungen

Die eigene wissenschaftliche Arbeit steht zweifellos im Mittelpunkt des Studiums. Von der ersten Hausarbeit bis zur Promotion gehört das selbständige Verfassen wissenschaftlicher Texte – neben der Lektüre der Fachliteratur und ihrer Diskussion innerhalb und außerhalb von Seminaren – zum wesentlichen Bestandteil der akademischen Ausbildung. Das wissenschaftliche Schreiben stellt dabei jedoch nicht nur eine Herausforderung an die eigene Kreativität und Leistungsbereitschaft dar, es verlangt auch die Einhaltung bestimmter formaler Standards.

In diesem Beitrag werden die elementaren Methoden und Techniken des wissenschaftlichen Arbeitens vorgestellt, deren Kenntnis eine unabdingbare Voraussetzung für ein erfolgreiches Studium ist. Daneben werden auch einige allgemeine praktische Hinweise gegeben, die das wissenschaftliche Arbeiten erleichtern und es ermöglichen, erfolgreich an der akademischen Diskussion teilzunehmen.

Von elementarer Bedeutung für die eigene wissenschaftliche Arbeit ist eine genaue Kenntnis der wichtigsten Textsorten. Die wichtigsten Textsorten, mit denen man es im Verlauf des Studiums bzw. der akademischen Ausbildung zu tun bekommt, sind: das Protokoll, das Thesenpapier, das Referat, die Klausur, der Essay, die Seminar- oder Hausarbeit, die Diplomarbeit (je nach Studium auch Bachelor-, Master- oder Magisterarbeit) und die Dissertation. Jede dieser Textsorten dient unterschiedlichen Zwecken und stellt dementsprechend andere Anforderungen. Ihre Verschiedenheit soll im Folgenden jeweils kurz skizziert werden, wobei einige von ihnen im weiteren Verlauf dieses Beitrags noch eine Vertiefung erfahren.

Das Protokoll

Zweck eines Protokolls ist es, die Teilnehmer eines Seminars von Sitzung zu Sitzung über den Inhalt und den Stand der Seminardiskussion zu informieren. Grundsätzlich lassen sich zwei Arten von Protokollen unterscheiden: Verlaufsprotokolle und Ergebnisprotokolle. In einem *Verlaufsprotokoll* steht der Ablauf der Sitzung bzw. des Seminars im Vordergrund. Die Aufgabe des Protokollanten ist es, die einzelnen Beiträge entsprechend ihrer Reihenfolge sinngemäß festzuhalten. Literaturangaben oder weiterführende Hinweise seitens der Teilnehmer bzw. des Seminarleiters sind dabei ebenso aufzunehmen und (selbstverständlich geprüft und gegebenenfalls vervollständigt) wiederzugeben wie wichtige Definitionen oder Begriffe. In der akademischen Praxis lassen Dozenten allerdings nur noch selten Verlaufsprotokolle anfertigen. Verbreiteter ist das knappere und weniger aufwendige *Ergebnisprotokoll*. Hier werden lediglich die wichtigsten Thesen und Kerngedanken der Diskussion in verdichteter Form zusammengefasst und deren Ergebnisse in knapper Form präsentiert. Die Gliederung der einzelnen Aspekte hat dabei nicht nach der zeitlichen Reihenfolge ihrer Diskussion während des Seminars, sondern nach inhaltlichen Kriterien zu erfolgen. Eigene Kommentare oder Stellungnahmen haben – sofern nicht ausdrücklich als zusätzliche Aufgabe gefordert – grundsätzlich zu unterbleiben. Zur Ausstattung eines formal korrekten Protokolls gehören in den Kopf der schriftlichen Fassung die Angaben über die Universität, den Titel der Veranstaltung, das Thema des Seminars und des Referats, der Namen des Dozenten und des Referenten sowie das Datum der protokollierten Sitzung.

Das Thesenpapier

Ein Thesenpapier dient dazu, eine knappe Zusammenfassung der Ergebnisse und Kerngedanken einer wissenschaftlichen Arbeit oder eines Referats in Form einzelner Thesen zu geben. Die Thesen sollten dabei möglichst präzise formuliert sein und nicht mehr als ein bis zwei Sätze umfassen, die die zentralen Aussagen des Textes bzw. Referats wiedergeben. Zentrale Begriffe und Definitionen oder thesenartig formulierte Kernaussagen eines Textes sollten dabei unbedingt berücksichtigt werden. Anders als beim Protokoll darf, ja soll die eigene Meinung des Verfassers beim Thesenpapier in dessen Formulierung mit eingehen. In der akademischen Praxis fungieren Thesenpapiere in erster Linie als Grundlage für die seminarinterne Diskussion. Für ein im Zusammenhang mit einem Referat erstelltes Thesenpapier empfiehlt es sich, die Gliederung des Referats für den Aufbau des Thesenpapiers zu übernehmen. Da das Thesenpapier im Rahmen eines Seminars vor allem eine kritische Diskussion ermöglichen und keinen umfassenden Überblick zum Thema geben soll, ist es ratsam, auch kontroverse Thesen und offene Fragen festzuhalten. Zur Ausstattung eines formal korrekten Thesenpapiers gehören Angaben über den universitären Ort der Veranstaltung (Name der Universität und des Instituts), die Art und den Titel der Veranstaltung, das Thema des Seminars und des Referats, den Namen des Dozenten und des Referenten sowie die Angabe des Datums. Diese Angaben sind für gewöhnlich im Kopf des Thesenpapiers aufzuführen.

Das Referat

Als Referat bezeichnet man sowohl den mündlichen Vortrag über einen abgegrenzten, in der Regel vom Seminarleiter vorgegebenen Themenbereich im Rahmen eines Seminars als auch den als Grundlage für diesen Vortrag angefertigten Text. Aufgabe des mündlichen Referats ist es, die Seminarteilnehmer möglichst knapp und präzise über die wesentlichen inhaltlichen Aspekte des betreffenden Themas sowie offene oder kontroverse Fragen zu informieren. Zu diesem Zweck kann vom Referenten ein den Vortrag unterstützendes Thesenpapier (siehe oben) an die Seminarteilnehmer ausgegeben werden. Das Referat leitet man in der Regel mit der Vorstellung seines Aufbaus ein. Dies erleichtert es den Zuhörern, dem vorgestellten Gedankengang und dem Verlauf der Argumentation zu folgen.

Grundsätzlich gilt, dass man sich nicht scheuen sollte, bei einem Referat eigene inhaltliche Schwerpunkte zu setzen. Es ist nicht Sinn und Zweck eines Referats, den zu präsentierenden Text nachzuerzählen.

Die Klausur

Eine Klausur ist eine unter Aufsicht zu erbringende schriftliche Prüfungsarbeit, bei der in einem festgelegten Zeitraum eine oder mehrere für gewöhnlich in Form von Fragen formulierte Prüfungsaufgaben eigenständig zu beantworten sind. Klausuren können – je nach Prüfungsordnung oder Dozent – Bestandteil der Zwischen- oder Abschlussprüfung sein wie auch als Nachweis für die Vergabe eines Leistungsscheins im Rahmen einer Vorlesung oder eines Seminars dienen. Ihr Zweck kann – je nach Schwerpunkt und Konzeption – im Nachweis der Befähigung zur eigenständigen inhaltlich analytischen Bearbeitung einer thematisch begrenzten Fragestellung oder in der Überprüfung eines als verbindlich festgelegten Grundlagenwissens bestehen. Umfang und Inhalt der Klausur sind dabei wesentlich vom Studienablauf bestimmt.

Die Seminar- oder Hausarbeit

Die Seminar- oder Hausarbeit ist abgesehen von der Zwischenprüfungsarbeit und der Diplomarbeit die wichtigste Form einer schriftlichen Prüfungsarbeit im Rahmen des Studiums. Sie dient der praktischen Einübung in die wissenschaftliche Arbeitsweise und der Vorbereitung auf den am Ende des Studiums im Rahmen der Abschlussprüfung zu erbringenden Qualifikationsnachweis. Mittels einer Seminar- oder Hausarbeit soll der Student zeigen, dass er in der Lage ist, eine vom Seminarleiter vorgegebene oder von ihm selbst gewählte inhaltliche Fragestellung zu einem eingegrenzten Themenkreis innerhalb eines festen, in der Regel auf die Dauer eines Semesters beschränkten Zeitraums eigenständig und den wissenschaftlichen Standards entsprechend zu bearbeiten. Zu diesem Zweck hat der Student die erforderliche Literatur, möglichst nach vorheriger Abstimmung mit dem Dozenten, selbständig zu ermitteln, zu beschaffen und zu bearbeiten. Alle für die Aufgabe als relevant erachteten Texte sind dabei kritisch auszuwerten und problembezogen, d. h. im Hinblick auf die Fragestellung zu diskutieren. Der formale Aufbau der Arbeit folgt dabei in der Regel einer dreiteiligen Gliederung: In einer Einleitung sind zunächst der thematische Zusammenhang sowie die systematische Bedeutung der gewählten Fragestellung kurz zu skizzieren. Im daran anschließenden Darstellungsteil steht die inhaltliche Diskussion des Themas im Vordergrund, wobei, je nach dem Qualifikationsgrad des Studenten, eher die textbezogene Darstellung (Grundstudium) oder die vergleichende bzw. analysierende Interpretation (Hauptstudium) der zu bearbeitenden Literatur im Vordergrund steht. Eine eigene wertende Stellungnahme bzw. ein die Diskussion zusammenfassendes und beurteilendes Fazit beschließt die Arbeit. Zu einer vollständigen Hausarbeit gehören zudem ein formal korrektes Literaturverzeichnis und ein entsprechender Fußnoten- bzw. Anmerkungsapparat.

Der Essay

Ein Essay ist der Versuch – so die wörtliche Übersetzung aus dem Französischen –, persönlich zu schreiben und persönlich zu reflektieren. Anders als die wissenschaftliche Prosa ermuntert der Essay ein Denken, das Erkenntnisse testet, anstatt sie festzuklopfen. Immer geht es dabei um konkrete Sachfragen und immer auch um den persönlichen Standpunkt. Dennoch sollte der Essay nicht zur bloßen persönlichen Stellungnahme werden. Worauf es ankommt, ist die sachliche Darstellung und Entfaltung des Themas, wobei die eigene kritische Haltung zur tragenden Stimme des Textes werden sollte. Es ist daher nicht ratsam, sich hinter den Primärtexten, vor allem nicht hinter der Sekundärliteratur zu verstecken, wie dies in der Hausarbeit immer möglich ist. Vielmehr sollte die verwendete Literatur kritisch diskutiert und nicht kritiklos übernommen werden. Wenn mit Zitaten gearbeitet wird, auf die man aber möglichst verzichten sollte, dann ist die vollständige Quelle am Schluss der Arbeit anzugeben.

Die Bachelor-, Master-, Diplom- oder Magisterarbeit

Diese Abschlussarbeiten bilden je nach konkreter Studien- und Prüfungsordnung den wesentlichen Bestandteil der am Ende des Studiums abzulegenden Prüfungsleistung. Eine erfolgreich bestandene Abschlussprüfung ist ihrerseits die Voraussetzung zur Promotion bzw. zu erweiterten Studiengängen. In diesem Zusammenhang besteht ihr vordringlicher Zweck darin, in einem hinsichtlich des Zeitraums und des Umfangs befristeten Rahmen den Nachweis der während des Studiums erworbenen fachlichen Qualifikation zur eigenständigen wissenschaftlichen Arbeit zu erbringen. Entsprechend den Vorgaben der jeweils geltenden Prüfungsordnung ist dazu ein selbständig oder in Rücksprache mit dem betreuenden Professor gewähltes Thema zu bearbeiten. Unter methodischer Auswertung der maßgeblichen Literatur und unter Berücksichtigung der Formvorschriften ist die gewählte Fragestellung ausführlich und in vertiefender Form systematisch zu diskutieren und kritisch zu beurteilen. Die dabei von der jeweils geltenden Prüfungsordnung gemachten Vorgaben hinsichtlich des zulässigen Umfangs und der erlaubten Bearbeitungszeit dienen dazu, die Vergleichbarkeit der Prüfungsleistungen zu sichern und allen Studenten ein gewisses Maß an Selbstdisziplin und Arbeitsorganisation abzuverlangen.

Die Dissertation
Die Dissertation ist die schriftliche Qualifikationsarbeit, die im Rahmen der Promotion zu erbringen ist und zur Erlangung des akademischen Grads eines Doktors verfasst wird. Ziel der Dissertation ist es, ein in Rücksprache mit dem betreuenden Hochschullehrer (Doktorvater) gewähltes Thema in einer inhaltlich geschlossenen und im Hinblick auf seine Fragestellung originären Form eigenständig zur Darstellung zu bringen und kritisch zu diskutieren. Eine umfassende Fundierung des methodischen Vorgehens, ein ausführlicher Überblick über den Stand der Forschung, die kompetente Diskussion der relevanten themenspezifischen Literatur sowie die kreative Weiterentwicklung überlieferter Problemstellungen sind die Leistungen, die dabei erwartet werden. Eine zeitliche Befristung besteht nicht, allerdings sollte, wer auf eine akademische Karriere aus ist, einen Zeitraum von zwei bis drei Jahren nicht überschreiten.

2 Zur Methodik wissenschaftlicher Arbeit

Beim wissenschaftlichen Arbeiten ist in der Regel nicht der Mangel an Information, sondern der Informationsüberfluss eine Gefahr. Zu bedenken ist vor allem, dass es nicht nur unendlich viele Bücher, Zeitschriften, Aufsätze und andere Quellen zu bestimmten Themen gibt, auch verliert man schnell den Überblick über die bereits rezipierte Literatur. Deshalb sollte man nicht nur bei der Literatursuche und -auswertung bestimmte Regeln beachten, sondern sich von Anfang an schriftliche Aufzeichnungen über das bereits Angeeignete machen und sie systematisch ordnen und übersichtlich ablegen. Eine systematische Arbeitsweise ist die nicht zu unterschätzende Grundvoraussetzung für den Erfolg wissenschaftlichen Arbeitens.

Literaturtypen

Bei der Literatur unterscheidet man zwischen «Primärliteratur» bzw. den so genannten «Quellen» (z. B. Zeitungsartikeln, Gesetzestexten, Dokumenten, Statistiken), «Sekundärliteratur» (in der Regel Monographien und Aufsätze) und «Tertiärliteratur» (Lexika, Handbücher und andere Nachschlagewerke). Allgemein kann man sagen, dass zur Primärliteratur all die Schriften gezählt werden, die den Gegenstand bzw. das Thema einer wissenschaftlichen Arbeit bilden. Zur Sekundärliteratur hingegen gehören diejenigen, welche sich thematisch auf den Gegenstand einer Arbeit beziehen und die man entweder zur Kenntnis genommen oder in die eigene Argumentation eingebaut hat. Die Sekundärliteratur spielt bei der Erarbeitung wissenschaftlicher Themen eine entscheidende Rolle, gibt sie doch über den allgemeinen Stand und die Breite der Forschung Auskunft. Dennoch kann und sollte sie nicht die Lektüre der Primärtexte ersetzen. Es gibt nichts Langweiligeres als die Wiedergabe einer anderen Meinung, weil man aufgrund mangelnder Kenntnis eines Texts keine eigene ausbilden konnte.

Literaturbeschaffung

In der Regel erfolgt die Literaturrecherche nicht ansatzlos. Meist ist ein bestimmtes Seminar vorzubereiten oder ein Referat bzw. eine Hausarbeit oder eine Abschlussarbeit anzufertigen. Anhand des Themas, der vorgegebenen Auswahlkriterien oder der selbständig entwickelten Fragestellung erfolgt dann die Literatursuche und Materialsammlung. Erste Hinweise kann man dabei der für gewöhnlich in jeder Lehrveranstaltung vorgegebenen Literaturliste entnehmen oder man erfragt sie während der Themenabsprache mit dem Dozenten. Nicht selten ist es allerdings notwendig, über das so ermittelte Material hinaus nach weiterer Literatur zu suchen.

Die wichtigste Voraussetzung, um gezielt und erfolgreich nach geeigneter Literatur zu suchen, besteht in der Formulierung einer präzisen Fragestellung. Erst wenn das zu bearbeitende Thema genau umrissen ist, hat man auch die Möglichkeit, die vorhandene Literatur gezielt zu durchsuchen und inhaltlich auszuwerten. In der Regel empfiehlt es sich, das Thema einer Arbeit gemeinsam mit dem betreuenden Dozenten abzustimmen. Man erfährt auf diese Weise nicht nur, welche Erwartungshaltung aufseiten des Dozenten vorhanden ist, sondern erhält zumeist auch nützliche Hinweise, die einem dabei helfen können, das Themengebiet sinnvoll zu begrenzen.

Ist die Fragestellung geklärt, kann der eigentliche Prozess der Literatursuche beginnen. Für den Einstieg besonders geeignet ist die Lektüre von Lexika, Handbüchern und anderen Nachschlagewerken. Über sie erhält man einen Überblick über die Bandbreite eines Themas und erlangt ein besseres Verständnis wichtiger Schlüsselbegriffe. Zudem findet man auf diese Weise auch erste Literaturhinweise, die eine gezielte Suche nach weiterem Material ermöglichen. Aus diesem Grund sollte man in der Regel auch stets die neuesten Ausgaben konsultieren, denn ein veralteter Lexikonartikel ist nicht nur inhaltlich, sondern auch hinsichtlich der zu erwartenden Literaturhinweise nur bedingt nützlich.

Ebenfalls gut geeignet zur ersten Orientierung ist eine Recherche über die Schlagwort- und Stichwortkataloge von Bibliotheken. In der Regel wird man unter dem betreffenden Suchbegriff eine Reihe einschlägiger Titel finden, deren Literaturverzeichnisse man auf weitere Angaben überprüfen und für die im weiteren Verlauf der Arbeit anstehende Literaturauswertung nutzen kann.

Unverzichtbar für eine systematische Literaturrecherche ist sodann die Suche in aktuellen Heften und Jahrgangsbänden der einschlägigen Fachzeitschriften. Hierbei sind nicht nur die dort gegebenenfalls thematisch relevanten Aufsätze interessant, sondern zumeist lohnt es sich auch, die zum Teil recht umfangreichen Rezensionsteile der maßgeblichen Zeitschriften auf geeignete Neuerscheinungen durchzusehen.

Insbesondere bei anspruchsvolleren und damit auch umfangreicheren Arbeiten, etwa der Examensarbeit, sollte man auch das breite Angebot der in öffentlichen Bibliotheken vorhandenen bibliographischen Hilfsmittel nutzen. Dabei sollte man sich allerdings vom Bibliothekspersonal beraten lassen, das in der Regel am besten weiß, welche Bibliographien und Aufsatzdatenbanken für die Recherche zu einem bestimmten Thema jeweils besonders geeignet sind.

Eine weitere Variante der Literaturrecherche, die insbesondere dann empfehlenswert ist, wenn man bereits über einen Grundstock an geeigneter Literatur verfügt, stellt schließlich das so genannte Schneeballsystem dar. Dieses macht sich den Umstand zunutze, dass die Literatur zu einem bestimmten Thema in einen Forschungszusammenhang eingebettet ist und Autoren sich für gewöhnlich auf frühere Arbeiten zum gleichen Thema beziehen. Hat man daher eine geeignete Publikation gefunden, so sucht man im Literaturverzeichnis nach der Literatur, auf die sich der betreffende Autor seinerseits gestützt hat und auf die er verweist. Jedes der dort angeführten Bücher enthält wieder eine Anzahl weiterer Literaturangaben. Auf diese Weise erschließt sich einem bereits nach kurzer Zeit ein Netz von Querverbindungen und Zitaten, das die Arbeiten miteinander verbindet. Meist stellt man sehr schnell fest, dass sich bestimmte Literaturangaben ständig wiederholen. Die Häufigkeit der Wiederholungen kann dabei als ein guter Indikator für die Relevanz der betreffenden Publikationen gelten. Mittels dieses Verfahrens lässt sich somit verhältnismäßig rasch ein guter Überblick über einschlägige Schlüsselveröffentlichungen zu einem bestimmten Thema gewinnen.

Literatur- und Materialordnung

Für gewöhnlich sieht man sich nach einer gründlichen Recherche schon bald einer kaum noch überschaubaren Masse an Literatur gegenüber. Um den Überblick zu behalten, ist es empfehlenswert, das Material kontinuierlich und systematisch zu ordnen. Hierzu bietet sich eine Katalogisierung mittels Karteikarten oder PC an. Die einfachste Form ist eine alphabetische Auflistung der Literatur nach Autoren, die zugleich als Vorlage für das später zu erstellende Literaturverzeichnis dienen kann. Zur besseren Strukturierung des Arbeitsprozesses kann es, insbesondere bei umfangreicheren Arbeiten, sinnvoll sein, eine solche Kartei bzw. Bibliographie nach differenzierenden Kriterien anzulegen. Als solche Kriterien können etwa die geplanten Abschnitte der Arbeit oder thematische Sachgebiete fungieren. Einträge zu selbständigen Veröffentlichungen sollten dabei unbedingt die folgenden Angaben enthalten: Name und Vorname des Verfassers bzw. Herausgebers, Titel und Untertitel der Arbeit, Erscheinungsort, Verlag und Jahr der Veröffentlichung. Angaben zu Beiträgen aus Zeitschriften sollten entsprechend Angaben enthalten über: Name und Vorname des Verfassers, Name der Zeitschrift, Erscheinungsjahr, Jahrgang und Heftnummer, Seitenzahlen.

Der Nutzen einer Literaturkartei steigt erheblich, wenn man die bibliographischen Angaben mit kommentierenden Anmerkungen zu Inhalt, Ansatz und Thesen der rezipierten Titel ausstattet. Auch Querverweise auf thematisch verwandte Titel oder einschlägige Rezensionen des dokumentierten Werks sowie Angaben zur Fundstelle steigern den Gebrauchswert einer Kartei erheblich. Auch kann es durchaus sinnvoll sein, neben einer Literaturkartei eine nach Schlagworten oder Personennamen geordnete Kartei anzulegen. Auf diese Weise ist man in der Lage, im Bedarfsfall rasch auf geeignete Literatur zu bestimmten Sachthemen oder Autoren zurückzugreifen.[1] Wie umfänglich man von der Methode des Bibliographierens Gebrauch macht, muss jeder für sich entscheiden. In jedem Fall zahlt sich die investierte Arbeit auf lange Sicht aus. Die einmal gewonnenen Informationen gehen so nicht verloren und können im Bedarfsfall, etwa bei einer weiteren Hausarbeit, erneut abgerufen werden.

Literaturauswertung

Ist die recherchierte Literatur gesammelt und bibliographisch dokumentiert, beginnt der wichtige Prozess der Literaturauswertung. Auch hierbei sollte man systematisch und zweckorientiert vorgehen. Bewährt hat sich dabei ein methodisches Vorgehen, das den Lektüreprozess in fünf Phasen unterteilt. In der ersten Phase geht es darum, sich über Inhalt und Aussagen des Texts zu orientieren und diesen auf seine tatsächliche Relevanz für das zu bearbeitende Thema zu überprüfen. Im Verlauf dieser ersten Phase, die man auch als kursorisches Lesen («Überfliegen») bezeichnet, sollte man sich vor allem auf jene Teile des Texts konzentrieren, die einem helfen, einen Überblick zu gewinnen. Dazu zählen eine gegebenenfalls vorhandene inhaltliche Zusammenfassung, das Vorwort, die Einleitung, das Fazit sowie das Literaturverzeichnis. Auch ein gezielter Blick in das Personen- bzw. Sachregister am Ende einer Publikation liefert mitunter nützliche Hinweise. Ist man sich über den zu erwartenden Nutzen einer Publi-

---

1 Eine besondere Erleichterung stellt der Rückgriff auf eine Literaturverwaltungssoftware für den PC dar, die alle diese Funktionen beinhaltet und im Handel erhältlich ist.

kation im Unklaren, sollte man sich nicht scheuen, Rücksprache mit dem Dozenten zu halten.

Anhand der Arbeitsthese, der geplanten Gliederung der Arbeit und des einkalkulierten Zeitbudgets lässt sich sodann zumeist leicht entscheiden, welche Teile der Literatur von Bedeutung für das gewählte Thema sind. Diese Teile gilt es nun in einer zweiten Phase, dem Prozess des selektiven Lesens, systematisch zu bearbeiten. Hierbei geht es darum, mit Blick auf das gewählte Thema möglichst präzise Fragen an die ausgewählten Textstellen zu formulieren und sich Klarheit über Aspekte und Probleme des Gegenstandes der geplanten Arbeit zu verschaffen. Dieses Vorgehen ermöglicht es einem nicht nur, die Menge der gebotenen Informationen nach Relevanzkriterien zu strukturieren und somit besser zu bewältigen, es trägt auch zu einem besseren Verständnis des Gelesenen bei und wirkt sich förderlich auf die Merkfähigkeit aus. Welche Fragen man an den Text stellt und welche Probleme man berücksichtigt, hängt wesentlich von der zugrunde liegenden Aufgabenstellung ab. Allerdings ist es in jedem Fall hilfreich, alle als relevant erachteten Aspekte schriftlich zu formulieren.

Dermaßen vorbereitet, kann man nun daran gehen, die ausgewählten Texte intensiv zu studieren und thematisch zusammenhängende Abschnitte inhaltlich miteinander zu vergleichen. Dieser Prozess der studierenden und vergleichenden Lektüre bildet die dritte und wichtigste Phase der Literaturauswertung. Man sollte sich daher für die methodische Lektüre wissenschaftlicher Literatur ausreichend Zeit nehmen und die Anstrengung, die dies erfordert, nicht unterschätzen. Je umfangreicher die zu verarbeitenden Textmengen sind, desto wichtiger ist es, sich immer wieder anhand der gewählten Fragestellung zur Selbstdisziplin im Umgang mit dem Überschussangebot an Information zu zwingen und sich nicht in interessante, aber unwichtige Details zu verlieren.

Von entscheidender Bedeutung für eine erfolgreiche und effiziente Auswertung der Literatur ist es, alle im Prozess der Lektüre als wichtig erachteten Aussagen und Informationen des jeweiligen Texts schriftlich festzuhalten. Solche als Exzerpte bezeichneten Mitschriften, in denen man die wichtigsten Thesen und Leitgedanken eines Texts sinngemäß oder wörtlich zusammenfasst, können insbesondere bei der Vorbereitung auf Klausuren oder andere Prüfungen gute

Dienste leisten, wenn es darum geht, sich rasch einen Überblick über zentrale Thesen und relevante Informationen zu verschaffen. Entbinden sie einen doch von der Zumutung, ein schon gelesenes Buch neuerlich zu lesen. Was die Gestaltung der Exzerpte betrifft, sollte man diese aus Gründen der Übersichtlichkeit relativ knapp halten. Neben Fachbegriffen sollte man an wörtlichen Zitaten nur solche Formulierungen übernehmen, die man selbst im Zuge der weiteren Arbeit zu zitieren gedenkt.

Ist die studierende und vergleichende Lektüre abgeschlossen, beginnt der Prozess der Rekapitulation, der die vierte Phase der Literaturauswertung darstellt. Ausgehend von den während der Lektüre gewonnenen Informationen und den jeweils erstellten Exzerpten sollte man nun versuchen, die zuvor formulierten Fragen und Probleme schriftlich und möglichst mit eigenen Worten zu beantworten. Dies hilft einem, die mit Blick auf das gewählte Thema relevanten Kernaussagen des Textes begrifflich präzise zu fassen und sich korrekt einzuprägen. Sieht man sich außerstande, bestimmte Fragen zu beantworten, sollte man die Lektüre wiederholen, um sich Klarheit zu verschaffen.

Wer wissenschaftlich arbeitet, ist zu besonderer Sorgfalt angehalten. Die sachliche Richtigkeit der verwendeten Informationen und die Überprüfbarkeit verwendeter Angaben müssen jederzeit, d.h. von Anfang an, gewährleistet sein. In einem fünften und letzten Schritt sollte man sich daher in nochmaliger «Rücksprache» mit dem Text der Vollständigkeit und Richtigkeit der angefertigten Aufzeichnungen vergewissern und diese gegebenenfalls überarbeiten. Dabei sollte man neben der inhaltlichen Vollständigkeit und der begrifflichen Präzision vor allem den korrekten Wortlaut der wörtlich übernommenen Zitate und die Vollständigkeit der dazugehörigen Literaturangaben noch einmal überprüfen.

Schreibtechniken

Ist die Literatur, gesammelt, geordnet und ausgewertet, kann man an die schriftliche Ausformulierung des eigenen Textes gehen. Die eigene wissenschaftliche Arbeit steht zweifellos im Mittelpunkt des Studiums. Von der ersten Hausarbeit bis zur Promotion gehört das selbständige Verfassen wissenschaftlicher Texte – neben der Lektüre der Fachliteratur und ihrer Diskussion innerhalb und außerhalb von Seminaren – zum wesentlichen Bestandteil der akademischen Ausbildung. Doch gestaltet sich der Prozess des Schreibens in den seltensten Fällen von Anfang an problemlos. Das Gefühl der inneren Befriedigung, das geübte Autoren beim Schreiben empfinden, wenn sich zu einem Gedanken oder einer Idee die richtigen Begriffe einstellen, wird den meisten, die sich im Verlauf ihres Studiums an den Schreibtisch bzw. an ihren Computer setzen, zunächst verschlossen bleiben. Weitaus vertrauter wird vielmehr die Angst vor dem leeren Blatt sein, die bekanntlich zu den am häufigsten wiederkehrenden Erfahrungen jedes Studenten gehört. Um sich vom akademischen *horror vacui* zu befreien und Schreibblockaden erfolgreich zu überwinden, haben sich verschiedene Techniken des so genannten kreativen Schreibens bewährt. Sinn und Zweck dieser Techniken ist es, einen verbesserten Zugang zu den eigenen Kenntnissen und Interessen, die einen mit dem Thema verbinden, zu erlangen und auf diese Weise Ansatzpunkte für einen geeigneten Einstieg in den eigentlichen wissenschaftlichen Schreibprozess zu gewinnen.

Die leichteste dieser Techniken ist das so genannte Freewriting. Hierbei geht es darum, in einem knapp bemessenen Zeitraum von etwa fünf Minuten zunächst einmal ohne Unterbrechung «drauflos» zu schreiben. Dabei ist nicht das Produkt, sondern der Prozess des Schreibens entscheidend. Auf diese Weise vermag man nicht nur zu einer ersten Ordnung der eigenen Gedanken zu kommen, man erlangt auch einen Zugang zum Thema und gewinnt Zutrauen zu den eigenen Fähigkeiten.

Einen anderen Einstieg eröffnet das so genannte Clustering. Hierunter versteht man ein freies, aber themenbezogenes Assoziieren. Man beginnt mit einem thematisch geeigneten Schlüsselbegriff, den man auf einem Blatt Papier niederschreibt und um den herum man anschließend weitere, mit diesem Ausgangsbegriff assoziierte Begriffe gruppiert. Anschließend versucht man, die gesammelten Begriffe durch Assoziationsketten mit dem Ausgangsbegriff zu verbinden. Den so entstandenen begrifflichen Verweisungszusammenhang des Clusters sucht man sodann, ausgehend von den einzelnen Begriffen, in einem zusammenhängenden Text sprachlich zu entschlüsseln. Die Clustermethode ist besonders geeignet, sich einen ersten differenzierten

Überblick über die mitunter vielfältige Problemdimension bestimmter Themen- und Fragestellungen zu verschaffen.

Einen ähnlichen Zweck verfolgt die im Allgemeinen unter der Bezeichnung «Brainstorming» bekannte Methode: Man fertigt in einem etwa auf fünf bis zehn Minuten begrenzten Zeitraum eine Liste aller Ideen und Begriffe an, die einem zum gewählten Thema einfallen. Dabei geht man «kritiklos» vor und lässt seinen Gedanken und Assoziationen absolut «freien Lauf». Ist die Liste erstellt, beginnt man, die einzelnen Einträge durchzusehen. Einträge, die auf den zweiten Blick überraschen, markiert man dabei mit einem Ausrufezeichen, Einträge, zwischen denen man einen Zusammenhang feststellt, durch einen verbindenden Pfeil. Überflüssiges wird erst in dieser «kritischen» Phase wieder aussortiert. Entscheidend für den Erfolg der Methode ist das mehrmalige Wiederholen dieser Vorgehensweise. Je öfter man die Liste durchgeht, desto mehr Zusammenhänge wird man feststellen. Ausgehend von den gewonnenen Einsichten und dem erstellten Verweisungszusammenhang kann man mit dem Schreiben nun beginnen.

Abschließend sei noch auf die Methode des so genannten Mindmapping hingewiesen. Ebenso wie beim Clustering beginnt man auch hier damit, einen thematisch geeigneten Schlüsselbegriff auf ein Blatt Papier zu schreiben. Dieser Schlüsselbegriff fungiert sodann als Ausgangspunkt für den weiteren Assoziationsprozess. Von ihm ausgehend beginnt man, weitere, mit diesem verbundene Ideen und Begriffe auf dem Blatt über Verästelungen zu fixieren.

3 Anlage und Form einer wissenschaftlichen Arbeit

Titel und Titelblatt
Der Titel wissenschaftlicher Arbeiten erscheint grundsätzlich auf einem eigenen Titelblatt, welches nicht unter die Seitenzählung des Manuskripts fällt. Dem Titel der Arbeit kommt eine doppelte Funktion zu. Zum einen soll er das Interesse an der Arbeit wecken, zum anderen soll er möglichst prägnant über Gegenstand, Umfang und Anspruch des Texts informieren. Um beiden Anforderungen gleichermaßen gerecht zu werden, empfiehlt es sich, einen griffigen, eingängigen Titel durch einen präzisierenden Untertitel zu ergänzen, der den Un-

tersuchungsgegenstand, d. h. das Thema der Arbeit hinreichend bestimmt.

Der Text des Titelblatts wird zentriert. Für die Gestaltung des Titelblatts gibt es bei Arbeiten mit Prüfungscharakter (Bachelor-, Master-, Magister- oder Diplomarbeiten sowie Dissertationen) zumeist Rahmenregelungen, welche bei den Prüfungsämtern einzusehen sind. Fehlen diese, gelten, genauso wie für alle anderen schriftlichen Arbeiten (Seminararbeiten), folgende Regelungen. Auf das Titelblatt gehören Angaben über:

- Titel und Untertitel der Arbeit;
- die Funktion des Manuskripts (Seminararbeit, Diplomarbeit etc.);
- das Institut/den Fachbereich, an dem die Arbeit eingereicht wird;
- den Titel der Lehrveranstaltung;
- den Leiter der Lehrveranstaltung (Titel, Name);
- den zeitlichen Rahmen der Lehrveranstaltung (Sommer- oder Wintersemester und Jahreszahl);
- den Verfasser der Arbeit (Name, Adresse, Matrikelnummer, Fachsemester);
- den Termin der Abgabe.

Bei Prüfungsarbeiten sind darüber hinaus folgende Angaben erforderlich:

- der Ort der Universität;
- das Jahr der Abgabe;
- Titel und Name des Dekans der Fakultät;
- Titel und Name des 1. Prüfers;
- Titel und Name des 2. Prüfers;
- Datum der mündlichen Prüfung.

Inhaltsverzeichnis, Disposition, Gliederung

Das Inhaltsverzeichnis erfasst sämtliche nachfolgenden Gliederungsteile des Manuskripts. Titel und Untertitel der Arbeit werden nicht erneut aufgeführt. Das Inhaltsverzeichnis hat die Aufgabe, über die Gliederung der Arbeit zu informieren und dem Leser eine erste Orientierung über den Argumentationsgang zu ermöglichen. Die Gliederung sollte in einem angemessenen Verhältnis zum Umfang und Anspruch des Textes stehen und dessen gedankliche Struktur verdeutlichen. Seminararbeiten kommen, soweit sie überhaupt ein In-

haltsverzeichnis benötigen, in der Regel mit wenigen Gliederungspunkten aus. Für gewöhnlich ist es ausreichend, der Einleitung eine
Disposition, d. h. einen genauen Aufriss der vollzogenen Denk- und
Arbeitsschritte folgen zu lassen, in welcher die Struktur des Texts
nicht durch Überschriften, sondern durch knappe Sätze vermittelt
wird *(Als Erstes* oder: *In einem ersten Schritt möchte ich die These ver-
treten/zeigen, dass … Dann werden ich darlegen* oder: *Als Zweites
werde ich darstellen, inwieweit … Es kommt mir dabei vor allem darauf an zu zeigen, dass …* etc.).

Bei längeren Arbeiten ist oftmals eine umfangreichere Gliederung
vonnöten, wobei auch hier eine überschaubare Gliederung einer Fein-
gliederung vorzuziehen ist. Für die schematische Gliederung wissenschaftlicher Arbeiten gibt es keine allgemein verbindlichen Regeln. Da
sich in den verschiedenen Disziplinen und Fachrichtungen jedoch bestimmte Verfahren eingeschliffen haben, empfiehlt sich die Konsultation von gleichwertigen Arbeiten. Allgemein gilt, dass sich neben der
Gliederung nach Buchstaben und Zahlen die Dezimalgliederung, d. h.
die Abschnittsnummerierung nach arabischen Ziffern, immer weiter
durchsetzt. Dabei werden die Hauptabschnitte des Texts von 1 an fortlaufend nummeriert. Jeder Hauptabschnitt kann wiederum in beliebig
viele Unterabschnitte (1.1, 1.2, 1.3) gegliedert werden, die ebenfalls
fortlaufend nummeriert werden. Das Gleiche gilt für alle weiteren Unterabschnitte (1.1.1, 1.1.2, 1.1.3). Diese Art der Abschnittsnummerierung erlaubt eine nahezu unbegrenzte Gliederung. Allerdings sollte
man auch bei diesem Verfahren die Übersichtlichkeit und Lesbarkeit
des Textes nicht aus den Augen verlieren.

Abkürzungs- und Siglenverzeichnis
Grundsätzlich sollte man den Gebrauch nicht allgemein verständlicher
Abkürzungen im Rahmen wissenschaftlicher Arbeiten so weit wie
möglich beschränken. Ist es im Rahmen einer Arbeit dennoch einmal
unvermeidlich, eine Reihe von Abkürzungen zu verwenden, die über
das Sprach- bzw. Fachübliche hinausgehen, so sind diese in einem
alphabetisch geordneten Abkürzungsverzeichnis aufzuschlüsseln.
Eingefügt wird das Abkürzungsverzeichnis für gewöhnlich zwischen
Inhaltsverzeichnis und Einleitung. Grundsätzlich gilt, dass Abkürzungen einheitlich verwendet werden müssen.

Die Verwendung von Titelabkürzungen, auch Siglen genannt, und die Anlage eines entsprechenden Verzeichnisses bietet sich an, wenn bestimmte Quellen immer wieder zitiert werden. Dabei ist zu beachten, dass Siglen innerhalb einer Arbeit immer einheitlich verwendet werden. Wie das Abkürzungsverzeichnis erscheint auch das Siglenverzeichnis zwischen Inhaltsverzeichnis und Einleitung.

Schließlich können auch mehrfach wiederkehrende Namen, Begriffe, Wendungen, Formeln, die in ihrer vollen Form schwerfällig wirken und den Fluss des Texts stören, abgekürzt werden. Weiterführende Hinweise finden sich in den im Literaturverzeichnis genannten Werken.

Einleitung, Durchführung, Fazit
Unentbehrlich für eine korrekt gestaltete wissenschaftliche Arbeit ist eine inhaltliche Untergliederung des eigenen Textes in die Bestandteile Einleitung, Durchführung und Schluss. Bei umfangreicheren Arbeiten sollte jeder einzelne Bestandteil auch als gesonderter Gliederungspunkt aufgeführt werden. Im Rahmen von Haus- oder Seminararbeiten ist dies in der Regel nicht erforderlich.

Die Einleitung dient dazu, über die Wahl des Themas, die verwendeten Methoden sowie über die Zielsetzung der Arbeit Auskunft zu geben. Zudem fällt ihr die Aufgabe zu, den Leser über den Aufbau der Arbeit zu informieren.

Der Durchführungs- oder Hauptteil der Arbeit führt dann in der Regel die in der Einleitung entwickelten Arbeitshypothesen aus. In ihm findet die eigentliche wissenschaftliche Arbeit, d. h. ausführliche Auseinandersetzung mit den Texten und Materialien, die zur Entwicklung der eigenen Fragestellung herangezogen werden, statt.

Im Fazit werden die in den einzelnen Schritten des Durchführungsteils gewonnenen Ergebnisse schließlich pointiert zusammengefasst und mit Blick auf die zugrunde gelegte Fragestellung sowie den Stand der Forschung ausgewertet.

Anhang
Werden bei einer Arbeit in größerem Umfang ergänzende Materialien, etwa Statistiken, Tabellen, Schautafeln oder andere Dokumente, verwendet, die als Belege oder zur Veranschaulichung inhaltlicher

Aussagen dienen, so werden diese in der Regel in einem gesonderten Anhang aufgeführt. Wie der Name schon sagt, wird ein Anhang an den eigentlichen Text «angehängt», d. h., er erscheint zwischen Text und Literaturverzeichnis.

Belege

Belegen kommt im Rahmen wissenschaftlicher Arbeiten eine Schlüsselrolle zu. Sie dienen dazu, die Nachprüfbarkeit verwendeter Quellen und anderer Informationen zu gewährleisten. Belegt werden müssen nicht nur wörtliche Zitate, sondern auch übernommene Thesen, Fragestellungen oder Gedankengänge. Auch Statistiken, Tabellen oder andere, aus zweiter Hand gewonnene Informationen sind entsprechend kenntlich zu machen und zu belegen.

Bei wörtlichen Zitaten ist der übernommene Textabschnitt in doppelte Anführungszeichen zu setzen. Englische und französische Quellen werden in der Regel im Original wiedergegeben. Quellen aus anderen Sprachen, die vom Verfasser übersetzt wurden, sind durch einen entsprechenden Hinweis im Beleg (Übersetzung d. Verf.) als Übersetzungen kenntlich zu machen. Rechtschreibfehler oder etwaige Hervorhebungen durch den Autor der Quelle sind dabei unverändert zu übernehmen. Eigene Ergänzungen oder Hervorhebungen sind an der entsprechenden Stelle durch einen in eckigen Klammern gehaltenen Hinweis [d. Verf.] zu verdeutlichen. Auslassungen aus dem zitierten Text sind durch drei in eckige Klammern gesetzte Punkte [...] zu kennzeichnen. Am Ende des Zitats ist ein Hinweis einzufügen, der auf den genauen Beleg verweist.

Bei sinngemäßen Zitaten oder der Wiedergabe von Informationen aus zweiter Hand entfällt die Notwendigkeit einer Kennzeichnung durch doppelte Anführungszeichen. In diesen Fällen ist an der entsprechenden Stelle im Text lediglich der Hinweis auf den Beleg einzufügen.

In jedem Fall muss der Beleg so gestaltet sein, dass er eine eindeutige Identifizierung der Quelle und der jeweiligen Fundstelle ermöglicht. Für die formale Gestaltung von Belegen bieten sich grundsätzlich zwei verschiedene Möglichkeiten an. Wichtig ist, sich für eine der beiden Varianten zu entscheiden und sie einheitlich zu verwenden.

Langbeleg

Die klassische Form des Belegs ist der so genannte Langbeleg. Bei dieser Form des Quellennachweises wird im unmittelbaren Anschluss an die zu belegende Stelle ein durchlaufend nummeriertes Hinweiszeichen in den Text eingefügt, dass auf einen entsprechend nummerierten Beleg am unteren Ende der Seite (Fußnote) oder am Ende des Texts (Endnote) verweist. Dort wird die Quelle entsprechend den in den Hinweisen zur Gestaltung des Literaturverzeichnisses gemachten Vorgaben vollständig aufgeführt. Wird aus einer Quelle mehrmals zitiert, können die nachfolgenden Belege abgekürzt werden. Es genügen dann in der Regel die nochmalige Nennung des Autors oder Herausgebers sowie des Titels, ergänzt um den Zusatz a. a. O. (am angegebenen Ort) sowie die Angabe der betreffenden Seitenzahl.

Beispiel:

Saubermann zufolge handelt es sich bei der Politik grundsätzlich um ein «schmutziges Geschäft».[2] Mit besonderem Nachdruck warnt er vor allem vor den negativen Folgen, welche die politische Praxis für die «geistig-sittliche Hygiene»[3] der Beteiligten habe.

Kurzbeleg

Gebräuchlicher und wesentlich weniger aufwendig ist jedoch der so genannte Kurzbeleg. Bei diesem in Fachkreisen als *Harvard Citation* bekannten Verfahren erfolgt ein verkürzter Beleg im unmittelbaren Anschluss an die entsprechende Stelle. In runden Klammern werden der Name des Autors, das Jahr der Veröffentlichung (gegebenenfalls ergänzt durch einen alphabetischen Indexbuchstaben) sowie die betreffende Seitenzahl aufgeführt. Anhand dieser Angaben kann dann jede verwendete Quelle im Literaturverzeichnis eindeutig identifiziert werden.

Beispiel:

Saubermann zufolge handelt es sich bei der Politik grundsätzlich um ein «schmutziges Geschäft» (Saubermann 1992, S. 23).

---

2 Saubermann, Fürchtegott (1992): Die Sünden der Macht. Ein Katechismus für unsere Zeit. St. Marien: Einfaltsverlag, S. 23.
3 Saubermann: Sünden der Macht, a.a.O., S. 24.

Anmerkungen

Anmerkungen erscheinen in wissenschaftlichen Arbeiten grundsätzlich in den Fuß- oder Endnoten. Sie enthalten Informationen, die als Verweis bzw. zusätzliche Erläuterung nützlich oder notwendig sind, jedoch den unmittelbaren Textzusammenhang stören würden. Hierzu gehören Verweise auf ergänzende oder konstituierende Quellen, Hinweise auf Teile des eigenen Manuskripts, in denen der Gedanke erläutert oder wieder aufgenommen wird, oder Informationen, die den Kontext des Arguments erläutern.

Literaturverzeichnis, Bibliographie

Das Literaturverzeichnis zählt die gesamten für den Entwurf und die eigentliche Durchführung der wissenschaftlichen Arbeit herangezogenen Quellen auf. Dies gilt sowohl für Quellen, die wörtlich zitiert werden, als auch für solche, die durch eigene Paraphrasen oder Zusammenfassungen wiedergegeben werden oder auf die lediglich verwiesen wird. Als Quellen zählen neben gedruckten Veröffentlichungen in Buch und Aufsatzform und unveröffentlichten Manuskripten auch Vorträge, Rundfunk- und Fernsehsendungen, CDs, Tonbänder oder Internetpublikationen.

Das Literaturverzeichnis steht grundsätzlich am Ende einer wissenschaftlichen Arbeit. Wird der Arbeit ein Namen- oder Sachregister zugefügt, das an das Ende der Arbeit gestellt werden muss und ebenfalls alphabetisch geordnet wird, rückt das Literaturverzeichnis vor das Namen- und Sachregister.

Die Einträge im Literaturverzeichnis werden alphabetisch nach dem Nachnamen ihres Verfassers geordnet. Werden von einem Autor mehrere Werke aufgeführt, so können diese entweder chronologisch, d. h. in der zeitlichen Reihenfolge ihrer Veröffentlichung, oder ebenfalls alphabetisch nach dem Anfangsbuchstaben des jeweiligen Titels geordnet werden. Werke ohne Verfasserangabe oder Werke mit mehr als drei Autoren oder Herausgebern werden ebenfalls nach dem ersten Wort des Titels in das Literaturverzeichnis eingeordnet, wobei bestimmte ebenso wie unbestimmte Artikel vernachlässigt werden.

Bei umfangreicheren Arbeiten, bei der eine Vielzahl von Quellen benutzt wurde, kann es unter Umständen sinnvoll sein, ergänzend eine Untergliederung der verwendeten Literatur nach Art des Schrifttums vorzunehmen und Quellen, Bibliographien, Sekundärliteratur etc. gesondert aufzuführen.

Ein vollständiger Eintrag im Literaturverzeichnis muss, je nach Art der zu belegenden Veröffentlichung, folgende Angaben enthalten:

- Name und Vorname des Verfassers oder Herausgebers (sind mehr als drei Autoren oder Herausgeber beteiligt, reicht die Nennung des ersten Autors bzw. Herausgebers, ergänzt um den Zusatz u. a. oder et al.);
- Titel und Untertitel des Werks;
- Bandangabe (bei mehrbändigen Werken);
- Erscheinungsort und Verlag (bei selbständigen Publikationen; sind mehr als drei Erscheinungsorte genannt, reicht die Nennung des ersten Orts, ergänzt um den Zusatz u. a.; ist der Publikation kein Hinweis auf den Erscheinungsort zu entnehmen, verwendet man den Eintrag o. O.; lässt sich der Ort alternativ ermitteln, wird die Ortsangabe in runde Klammern gesetzt);
- Jahr der Veröffentlichung (sind mehrere Werke eines Autors im selben Jahr erschienen, wird im Rahmen eines chronologisch geordneten Literaturverzeichnisses an die Jahreszahl ein alphabetisches Indexzeichen angefügt; wird aus einem mehrbändigen Werk zitiert, dessen Veröffentlichung sich über einen längeren Zeitraum erstreckt, genügt die Nennung des Erscheinungsjahrs des ersten Bandes, ergänzt um den Zusatz ff.; ist das Jahr der Veröffentlichung in der Publikation nicht genannt, schreibt man o. J.; lässt es sich alternativ ermitteln, wird die Jahresangabe in runde Klammern gesetzt);
- Auflage (bei selbständigen Publikationen; erweiterte, ergänzte oder überarbeitete Auflagen sind durch entsprechende Hinweise – erw., erg. bzw. überarb. – zu kennzeichnen),
- Fundstelle (bei Aufsätzen aus Sammelwerken: Name und Vorname des Verfassers oder Herausgebers, Titel und Untertitel des Sammelwerks, Erscheinungsort und Verlag, Jahr der Veröffentlichung und Auflage, Seitenzahlen; bei Aufsätzen aus Zeitschriften oder anderen Periodika: Titel der Zeitschrift, Jahrgang, Heftnummer, Jahreszahl, Seitenzahlen);
- URL-Adresse, Erstellungsdatum bzw. Datum des letzten Updates sowie Datum des Zugriffs (bei Online-Publikationen).

Was die korrekte formale Ausgestaltung der Einträge betrifft, so sind grundsätzlich mehrere Varianten zulässig. Wichtig ist, sich bei der Anlage des Literaturverzeichnisses für eine Variante zu entscheiden und diese einheitlich zu verwenden. Aus der Vielzahl der denkbaren Möglichkeiten seien zur besseren Orientierung im Folgenden lediglich jeweils zwei besonders gebräuchliche Varianten aufgeführt:

Selbständige Publikationen
Name, Vorname (Jahreszahl): Titel. Untertitel. Erscheinungsort: Verlag, (Auflage).
Name, Vorname: Titel. Untertitel, Erscheinungsort: Verlag, [Auflage]Jahreszahl.

Herausgeberwerke
Name, Vorname (Hg.) (Jahreszahl): Titel. Untertitel. Erscheinungsort: Verlag, (Auflage).
Name, Vorname/Name, Vorname/Name, Vorname (Hg.): Titel. Untertitel, Erscheinungsort: Verlag, [Auflage]Jahreszahl.

Aufsätze aus Zeitschriften
Name, Vorname (Jahreszahl): Titel. Untertitel, in: Titel der Zeitschrift, Jahrgang, Heftnummer, Seitenzahlen.
Name, Vorname: Titel. Untertitel, in: Titel der Zeitschrift, Jahrgang, Jahreszahl, Heftnummer, Seitenzahlen.

Aufsätze aus Sammelwerken
Name, Vorname (Jahreszahl): Titel. Untertitel, in: Vorname Name (Hg.): Titel. Untertitel. Erscheinungsort: Verlag, (Auflage), Seitenzahlen).
Name, Vorname: Titel. Untertitel, in: Name, Vorname (Hg.): Titel. Untertitel, Erscheinungsort: Verlag, [Auflage]Jahreszahl, Seitenzahlen.

Veröffentlichungen aus mehrbändigen Werken
Name, Vorname (Jahreszahl): Titel. Untertitel, Titel der Werkausgabe, Bandangabe. Erscheinungsort: Verlag, (Auflage), Seitenangabe.
Name, Vorname: Titel. Untertitel, Titel der Werkausgabe Bandangabe, Erscheinungsort: Verlag, [Auflage]Jahreszahl, Seitenangabe.

Veröffentlichungen im Internet
Name, Vorname (Erstellungsdatum bzw. Datum des letzten Updates):
Titel. Untertitel. <URL-Adresse> (Zugriffsdatum).

4 Praktische Hinweise für den Studienalltag

Nach diesen allgemeinen Informationen seien abschließend einige
praktische Hinweise gegeben, die sich auf die wichtigsten Formen wissenschaftlicher Arbeiten beziehen, mit denen man es während seines
Studiums zu tun hat. Diese sind in der Regel das Referat, die Klausur
und die Haus- oder Seminararbeit.

Referat
Die Form der wissenschaftlichen Arbeit, mit der man sich während
seines Studiums am häufigsten konfrontiert sieht, ist das Referat. Zur
Vorbereitung eines Referats kann es durchaus sinnvoll sein, eine
schriftliche Ausarbeitung anzufertigen, die dann auch gleich als
Grundlage für eine eventuell vorzubereitende Hausarbeit dienen
kann. Da beim Referat jedoch eindeutig der mündliche Vortrag im
Vordergrund steht, sollte es im Seminar nach Möglichkeit in freier
Rede, gegebenenfalls unterstützt durch einen übersichtlich gestalteten
Stichwortzettel oder ein Thesenpapier, erfolgen. Ein komplett ausfor-
muliertes Referat lediglich zu verlesen, ist nicht nur für alle Beteiligten ermüdend, sondern erschwert auch ein spontanes Eingehen auf die
Reaktionen der Zuhörer. Wer seinen eigenen rhetorischen Fähigkeiten misstraut oder Angst vor einem «Blackout» hat, kann ein ausfor-
muliertes Manuskript mit möglichst übersichtlicher Gestaltung (doppelter Zeilenabstand, große Schrift) zur Sicherheit parat halten.

Mindestens ebenso wichtig wie die Art des Vortrags ist die Aufbereitung des Stoffs. So sollten für den mündlichen Vortrag nur die
wirklich wesentlichen Gedanken und Problemaspekte berücksichtigt
werden, die für ein hinreichendes Verständnis der Argumentation erforderlich sind, um die Aufmerksamkeit der Zuhörer nicht durch ein
Zuviel an Informationen frühzeitig zu erschöpfen. Für den Vortrag
empfiehlt es sich zudem, gleich zu Beginn den «roten Faden» des Referats, d. h. die Struktur der Argumentation vorzustellen. Diese selbst

sollte logisch und transparent aufgebaut sein und thematische wie gedankliche Sprünge ebenso vermeiden wie unklare sprachliche Ausdrücke. Sowohl für den Referenten als auch für die Zuhörer stellt es eine Erleichterung dar, wenn die einzelnen Abschnitte der Argumentation und die Übergänge zwischen denselben im Laufe des Vortrags deutlich hervorgehoben und kenntlich gemacht werden. Explizite Einleitungen zu den einzelnen Abschnitten sowie kurze Zusammenfassungen an deren Ende sind dafür das geeignete Mittel. Je nach der Art des Themas können zu diesem Zweck neben Thesenpapieren auch andere visuelle Hilfsmittel (etwa Schaubilder, Overhead-Folien oder Powerpoint-Präsentationen) unterstützend eingesetzt werden. Zum besseren Verständnis komplexer oder abstrakter Sachverhalte sollte man sich zudem schon im Voraus prägnante Beispiele überlegen, die helfen, das Gemeinte zu veranschaulichen.

Was den Vortrag betrifft, so sollte neben einer klaren und deutlichen Aussprache insbesondere auf Gestik und Betonung geachtet werden. Regelmäßiger Blickkontakt zu den Zuhörern und wohl dosierte unterstreichende Gesten mit Armen und Händen sind wichtig, damit der «Draht» zum Publikum nicht abreißt. Am besten ist es daher, den Vortrag im Stehen zu halten. Auch das freie und deutliche Sprechen fällt dann leichter. Wichtige Gedanken oder Aspekte sollten zudem mit betonter Stimme besonders hervorgehoben werden, das Ende von Sätzen oder Absätzen entsprechend durch kurze Pausen. Eine solcherart strukturierte Form der Rede erleichtert nicht nur das Zuhören, es bietet zugleich ein gutes Mittel gegen den immer wieder zu beobachtenden Fehler, aus Nervosität zu schnell und zu leise zu sprechen.

Die Länge des Referats schließlich sollte grundsätzlich vorher mit dem Dozenten abgestimmt werden. Hat dieser selbst keine klaren Vorstellungen, sollte man sich, je nach dem Umfang des Themas, nach Möglichkeit mit einer Länge von zehn bis 20 Minuten begnügen. Einen Vortrag von mehr als einer halben Stunde sollte man sich und seinen Zuhörern allerdings nicht zumuten. Dabei sollte man die Redezeit stets etwas kürzer planen als die tatsächlich verfügbare Vortragszeit. Auf diese Weise vermeidet man es nicht nur, sein Referat unter Zeitdruck zu halten, man bewahrt sich so auch einen zeitlichen Spielraum, der es einem ermöglicht, auf mögliche Zwischenfragen einzugehen zu können und gegebenenfalls zusätzliche Erläuterungen vortragen zu können.

Mit Blick auf das Zeitmanagement ist es vorteilhaft, den Vortrag von vornherein so zu strukturieren, dass einzelne Abschnitte gegebenenfalls ausgelassen werden können. Zu diesem Zweck sollte man sich vorher gründlich überlegen, welche zentralen Inhalte man auf jeden Fall vermitteln will und welche Informationen als entbehrlich gelten können.

Um allen Anforderungen gerecht zu werden – nicht zuletzt für die eigene Sicherheit –, sei empfohlen, das Referat zu Hause bereits einmal probeweise zu halten, um Gestik, Sprache sowie Geschwindigkeit und Dauer des Vortrags zu überprüfen. Ein Spiegel und eine Uhr oder – noch besser – ein Freund können dabei gute Dienste leisten.

Klausuren

Um Klausuren erfolgreich zu bestehen, sollte man einige grundlegende Regeln beachten. Diese Regeln betreffen zum einen die Vorbereitung, zum anderen das Schreiben der Klausur. Zunächst zur Vorbereitung: Als Allererstes sollte man sich mit dem betreffenden Dozenten genau über den thematischen Rahmen der Klausur verständigen und, soweit dies möglich ist, die Fragestellung vorab konkretisieren. Auch sollte geklärt werden, ob der Gebrauch von Hilfsmitteln, etwa bestimmte Bücher oder Aufzeichnungen, zulässig ist oder nicht. So erspart man sich unliebsame Überraschungen und hat die Möglichkeit, gezielter zu lernen. Was das Lernen anbelangt, so sollte man nicht den Fehler machen, alles wissen und behalten zu wollen. Sehr viel sinnvoller und effizienter ist es, sich auf die für das jeweilige Thema relevanten Grundgedanken und Problemaspekte zu konzentrieren und auf die Auseinandersetzung mit Detailfragen zu verzichten. Das erleichtert nicht nur das Lernen, es bewahrt einen auch davor, sich beim Schreiben der Klausur in der Darstellung unwichtiger Punkte zu verlieren und auf diese Weise wertvolle Zeit zu verschenken. Erfahrungsgemäß ist die auf den ersten Blick meist endlos erscheinende Zeitspanne für die meisten Studenten am Ende doch stets zu kurz – was dazu führt, dass viele ihre Klausuren nicht in der gewünschten Form zu Ende schreiben können und ihr durchaus vorhandenes Wissen nur unvollständig darzustellen vermögen. Eine kluge Selbstbeschränkung bei der Auswahl des Lernstoffs kann hier schon im Voraus Abhilfe leisten. Nicht weniger wichtig als die Frage der richtigen Auswahl des Materials ist die Frage von dessen Aufarbeitung. So empfiehlt es sich, zur Vorbereitung auf eine Klausur die betreffenden, als relevant eingestuften Texte nicht nur zu lesen, sondern intensiv zu exzerpieren und die gesammelten Exzerpte thematisch zu ordnen.

Was das Schreiben der Klausur betrifft, so sind hier vor allem die systematische Gliederung des eigenen Wissens und die richtige Einteilung der Zeit entscheidend. Um die gestellten Aufgaben richtig zu beantworten, ist es zunächst einmal erforderlich, sich der Fragestellung zu versichern, um das Thema sowohl in der richtigen Perspektive angehen als auch um mögliche Unterfragen angemessen berücksichtigen zu können. Hat man sich der Fragestellung vergewissert, ist es ratsam, das eigene Wissen zunächst stichwortartig zu ordnen und den Aufbau der Klausur in einer vorläufigen Gliederung der Argumentation zu skizzieren. Dabei sollte bereits eine grobe Zeitplanung vorgenommen werden, um zu verhindern, dass einige Fragen am Ende der Klausur mangels Zeit unbeantwortet bleiben.

Haus- und Seminararbeiten

Bei der Themenwahl von Hausarbeiten hat man heute meist freie Hand oder zumindest die Möglichkeit, Themenvorschläge bei dem jeweiligen Betreuer der Arbeit zu unterbreiten. Bei der Themenwahl sollte man sich ruhig Zeit nehmen, geht es doch darum, ein Thema und einen Ansatz zu finden, der auch den eigenen Vorstellungen und Interessen entspricht. Dies ist umso wichtiger, je mehr Zeit man für eine Arbeit einplant. Ein Thema, das einen bereits nach wenigen Tagen langweilt, weil man selbst keine Fragen an den Gegenstand der Arbeit hat oder feststellen muss, dass die eigene Fragestellung bereits von einem anderen bearbeitet wurde und man nur noch «abschreiben» kann, ist schlecht gewählt. Auch sollte man Themen vermeiden, die den eigenen Möglichkeiten nicht entsprechen. Hier sind vor allem der geplante Zeitaufwand, die Fülle der Literatur, die Literaturbeschaffung und deren Auswertung zu beachten und realistisch einzuschätzen.

Bei der Lektüre und Auswahl eines geeigneten Themas sollte bereits ein Gliederungskonzept für die Arbeit entstehen, das kontinuierlich überarbeitet und differenziert wird. Im Zweifel sollte man immer

Rücksprache mit dem Dozenten nehmen. Wichtig ist aber auch, sich einen Zeitplan zu erarbeiten und diesen nicht aus den Augen zu verlieren, denn die Arbeit soll ja irgendwann einmal fertig werden. Deshalb sollte man sich genau überlegen, wie viel Zeit jeweils für die einzelnen Arbeitsabschnitte zu veranschlagen ist. Bei dem Zeitplan sollte man auch die notwendigen Ruhepausen bzw. -tage einkalkulieren, ohne die jedes Arbeiten zur Qual wird. Sinnvoll ist es daher, für einen Zeitraum von jeweils einer Woche konkrete Arbeitsschritte festzulegen. Denn am Ende eines Arbeitstags sollte möglichst feststehen, welcher Arbeitsschritt als Nächstes ansteht. Der stete Vergleich zwischen geplanter und tatsächlich verbrauchter Zeit ist notwendig, um ein Zeitgefühl für die eigenen Leistungen zu entwickeln – etwa, wie lange man braucht, um einen Artikel zu exzerpieren, wie viel Seiten man an einem Tag schreiben kann usw. Nur so erwirbt man die Fähigkeit zu einer realistischen Planung.

Der Gliederungsentwurf kann dabei als Leitfaden für die Zuordnung des Stoffs zu den Teilabschnitten der Arbeit dienen. Vorteilhaft ist vor allem eine kommentierte Arbeitsgliederung, die neben den vorgesehenen Gliederungspunkten auch Vermerke zu den wichtigen Literaturstellen enthält, auf die während der Ausformulierung der Arbeit zurückgegriffen werden kann.

Generell empfiehlt es sich jedoch, nur solches Material zu bearbeiten, das man «im Griff» hat, und nur so viel, wie in dem geplanten Zeitraum zu bewältigen ist. Zudem gilt, dass das verwendete Material umso leichter zugänglich sein muss, je weniger Zeit man zur Verfügung hat. Im Rahmen von Seminararbeiten wird daher kaum verlangt, dass man unter großem Zeitaufwand ausgefallene Quellen auswertet.

Ist die Arbeit geschrieben, sollte man sich mit der Abgabe ruhig etwas Zeit lassen und die Möglichkeit nutzen, den geschriebenen Text mit einem gewissen zeitlichen Abstand und größerer geistiger Distanz noch einmal gründlich durchzusehen. Dabei sollte man nicht nur auf formale Aspekte achten, sondern auch den Aufbau der eigenen Argumentation noch einmal einer kritischen Überprüfung unterziehen. Da man eigenen Fehlern gegenüber bekanntlich immer nachsichtiger ist als den Fehlern anderer, empfiehlt es sich, hierzu auf die kritischen Fähigkeiten von Freunden oder Kommilitonen zurückzugreifen. Stringenz der Gedankenführung und die Verständlichkeit des Ausdrucks lassen sich so am besten überprüfen. Zudem erhält man auf diese Weise für gewöhnlich zahlreiche nützliche Hinweise und Verbesserungsvorschläge, die die Qualität der Arbeit nicht selten entscheidend verbessern.

Ist die Arbeit einmal abgegeben, sollte man sie – unabhängig von der Note – als das Ergebnis dessen akzeptieren, was den momentanen Fähigkeiten und den zeitlichen Möglichkeiten entspricht. Es gibt immer Dinge, die man besser hätte machen können, aber auch aus Fehlern kann man lernen. Deshalb sollte man immer auf eine Rücksprache mit dem Dozenten bzw. Betreuer der Arbeit drängen, um zumindest die gleichen Fehler beim nächsten Mal nicht zu wiederholen.

Literatur

Alemann, Ulrich von/Fondran, Erhard: Methodik der Politikwissenschaft. Eine Einführung in Arbeitsweisen und Forschungspraxis, Stuttgart u. a. [6]2002.

Bänsch, Axel: Wissenschaftliches Arbeiten: Seminar- und Diplomarbeiten, München/Wien [7]1999.

Becker, Howard S.: Die Kunst des professionellen Schreibens. Ein Leitfaden für die Geistes- und Sozialwissenschaften, Frankfurt a. M./New York [2]2000.

Buzan, Tony: Kopftraining. Anleitung zum kreativen Denken. Tests und Übungen, München [16]2000.

Buzan, Tony: Speed reading. Schneller lesen, mehr verstehen, besser behalten, Landsberg a. L. [8]2002.

Czwalina, Clemens: Richtlinien für Zitate, Quellenangaben, Anmerkungen, Literaturverzeichnisse u. ä., Hamburg [6]1997.

Eco, Umberto: Wie man eine wissenschaftliche Abschlussarbeit schreibt. Doktor-, Diplom- und Magisterarbeiten in den Geistes- und Sozialwissenschaften, Heidelberg [9]2002.

Franck, Norbert: Fit fürs Studium. Erfolgreich reden, lesen, schreiben, München [4]2001.

Fry, Ron: Last Minute Programm für Prüfungen und Seminararbeiten, Frankfurt a. M./New York 1998.

Göttert, Karl-Heinz: Kleine Schreibschule für Studierende, München [2]2002.

Hoge, Holger: Zur Abfassung schriftlicher Arbeiten, Stuttgart 1994.

Horn, Reinhard/Neubauer, Wolfram: Fachinformation Politikwissenschaft: Literaturhinweise, Informationsbeschaffung und Informationsverarbeitung, München u. a. 1987.

Jacob, Rüdiger: Wissenschaftliches Arbeiten. Eine praxisorientierte Einführung für Studierende der Sozial- und Wirtschaftswissenschaften, Opladen 1997.

Jele, Harald: Wissenschaftliches Arbeiten in Bibliotheken. Eine Einführung für Studierende, München/Wien 1999,

Junne, Gerd: Kritisches Studium der Sozialwissenschaften. Eine Einführung in Arbeitstechniken, Stuttgart ³1993.

Krämer, Walter: Wie schreibe ich eine Seminar-, Examens- und Diplomarbeit. Eine Einleitung zum wissenschaftlichen Arbeiten für Studierende aller Fächer an Universitäten, Fachhochschulen und Berufsakademien, Frankfurt a. M./New York ²1999.

Kruse, Otto (Hg.): Handbuch Studieren. Von der Einschreibung bis zum Examen, Frankfurt a. M./New York 1998.

Kruse, Otto: Keine Angst vor dem leeren Blatt. Ohne Schreibblockaden durchs Studium, Frankfurt a. M. ⁹2002.

Poenicke, Klaus: Wie verfaßt man wissenschaftliche Arbeiten? Ein Leitfaden vom ersten Studiensemester bis zur Promotion, Mannheim ²1988.

Rückriem, Georg/Stary, Joachim/Franck, Norbert: Die Technik wissenschaftlichen Arbeitens, Paderborn u. a. ¹⁰1997.

Schlichte, Klaus: Einführung in die Arbeitstechniken der Politikwissenschaft, Opladen 1999.

Schneider, Wolf: Deutsch für Kenner. Die neue Stilkunde, München ⁶2001.

Sesink, Werner: Einführung in das wissenschaftliche Arbeiten – ohne und mit PC, München/Wien ⁵2000.

Standop, Ewald/Meyer, Matthias L. G.: Die Form der wissenschaftlichen Arbeit. Ein unverzichtbarer Leitfaden für Studium und Beruf, Wiebelsheim ¹⁶2002.

Stary, Joachim/Kretschmer, Horst: Umgang mit wissenschaftlicher Literatur. Eine Arbeitshilfe für das sozial- und geisteswissenschaftliche Studium, Frankfurt a. M. u. a. 2000.

Theisen, Manuel R.: Wissenschaftliches Arbeiten. Technik – Methodik – Form, München ¹¹2002.

Werder, Lutz v.: Das kreative Schreiben von wissenschaftlichen Hausarbeiten und Referaten, Berlin u. a. 2000.

Werder, Lutz v.: Kreatives Schreiben von Diplom- und Doktorarbeiten, Berlin u. a. ³2000.

Werder, Lutz v.: Wissenschaftliche Texte kreativ lesen. Kreative Methoden für das Lesen an Hochschulen und Universitäten, Berlin u. a. 1994.

Zielke, Wolfgang: Handbuch der Lern-, Denk- und Arbeitstechniken. So rationalisieren Sie Ihre geistige Arbeit, Bindlach 1995.

Winfried Schröder

3.3 Index zur Politikwissenschaft

> 1 Politikwissenschaftliche Portale und Linklisten
> 2 Politikwissenschaftliche Forschungsstellen und -institute
> 3 Politikwissenschaftliche Gesellschaften und Vereinigungen
> 4 Archive und Datenbanken
> 5 Politikwissenschaftliche Zeitschriften

1 Politikwissenschaftliche Portale und Linklisten

Portale bzw. Linklisten sind die kompaktesten Informations- und Datenquellen im Netz. Sie bieten Zugang zu einer Fülle thematisch zusammenhängender Informationen und weiterführender Links und können sowohl für eine gezielte als auch für eine breit angelegte Online-Recherche genutzt werden. Die Seiten der hier aufgeführten Portale enthalten Linksammlungen zu weiteren Verzeichnissen, zu politikwissenschaftlichen Instituten in Deutschland, Europa und weiteren Staaten, zu politischen Organisationen und Institutionen weltweit, zu Zeitungen, Zeitschriften, Nachrichtendiensten und anderen Medien, zur politikwissenschaftlichen Forschung sowohl thematisch als auch in Bezug auf Organisationen, zu Suchmaschinen, Nachschlagewerken, Datenbanken und Katalogen, zu politikwissenschaftlichen Autoren, Texten und vielem mehr. Aufgrund des Umfangs und der Vielfalt des zusammengestellten Datenmaterials sind einige Portale besonders gut geeignet, als Startrampen, d. h. als regelmäßige Ausgangspunkte für die systematische Internet-Recherche zu fungieren. Die folgende Auswahl bietet eine Übersicht über eine Reihe von wichtigen Portalen im Bereich der Politikwissenschaft.

Die Düsseldorfer Virtuelle Bibliothek: Politikwissenschaft und Politik
Hier findet man internationale Startrampen und Linksammlungen zu Politikwissenschaft und Politik, eine breite Auswahl an nationalen und internationalen politischen Institutionen und Organisationen sowie Medienverzeichnisse, Nachrichten und Suchmaschinen.
http://www.uni-duesseldorf.de/WWW/ulb/pol.html
Stand: 12. 2. 2002/Verantwortlich: Dr. Hanns-Michael Crass und Jessica Jodejahn/Sprache: deutsch

DVPW-Linkservice
Ein äußerst umfangreiches und sehr gut sortiertes Portal mit Suchmaschinen, Datenbanken, Archiven sowie allgemeinen und Bibliothekskatalogen,

mit nationalen und internationalen Institutionen und Organisationen aus Politik und Politikwissenschaft, Medienverzeichnissen sowie Stiftungen.
http://www.dvpw.de/data/htm/frameset.htm
Stand: 13. 2. 2002/Verantwortlich: Jochen Balzer und Harald Zimmermann/Sprache: deutsch

Europa im Internet

Dieses Portal enthält allgemeine Informationen zur EU, zu Organisationen und Institutionen in der Europäischen Union und ihren Mitgliedsstaaten, darüber hinaus Links zu verschiedenen Politikbereichen, zu Datenbanken, Dokumenten der Gesetzgebung und Rechtsprechung, zu politikwissenschaftlichen Online-Angeboten und virtuellen Bibliotheken.
http://www.iep-berlin.de/
Stand: 4. 2. 2002/Verantwortlich: Dr. Barbara Lippert und Bernd Hüttemann/Sprache: deutsch

Interessante Links zur Politikwissenschaft an der Universität Koblenz

Hier findet man eine Übersicht zu Suchmaschinen, Datenbanken, Archiven sowie allgemeinen und Bibliothekskatalogen, Links zu nationalen und internationalen Institutionen und Organisationen aus Politik und Politikwissenschaft, Medienverzeichnissen, Stiftungen sowie ein Verzeichnis der politikwissenschaftlichen Institute in Deutschland.
http://www.uni-koblenz.de/~instpolitik/links/links.html
Stand: 4. 9. 2001/Verantwortlich: Adelfang/Sprache: deutsch

Internetquellen Politik/Friedensforschung der Staats- und Universitätsbibliothek Hamburg

Ein sehr umfangreiches Verzeichnis von Datenbanken ist auf dieser Seite vorhanden, darüber hinaus Linksammlungen zu Zeitschriften, nationalen und internationalen politischen und politikwissenschaftlichen Institutionen und Organisationen sowie Informationen zum politikwissenschaftlichen Studium.
http://webis.sub.uni-hamburg.de/bib.18/ssg.3_6/internet/www.menue.htm
Stand: 21. 1. 2002/Verantwortlich: WEBIS/Sprache: deutsch

Linkservice des Instituts für Politikwissenschaft der Universität Mainz

Dieses Portal ist äußerst umfangreich und hält Nachrichten sowie weiterführende Links zu Medienverzeichnissen, Suchmaschinen, Datenbanken, nationalen und internationalen politischen Institutionen und Organisa-

tionen bereit und informiert über das politikwissenschaftliche Studium und die politikwissenschaftlichen Institute in Deutschland.
http://www.politik.uni-mainz.de/Service/servicestart.htm
Stand: 22. 2. 2001/Verantwortlich: Martin Hauck/Sprache: deutsch

Links für Politologen
Hier finden sich Linksammlungen zu politikwissenschaftlichen Instituten im In- und Ausland, zu nationalen und internationalen politischen Institutionen und Organisationen sowie eine Liste von Stiftungen.
http://www.ortegalink.com/christiane/politologie.htm
Stand: 25. 1. 2002/Verantwortlich: Christiane Link/Sprache: deutsch

Politiklinks am Institut für Politikwissenschaft Universität Regensburg
Ein sehr umfangreiches und gut sortiertes Portal mit Suchmaschinen, Datenbanken, Archiven sowie allgemeinen und Bibliothekskatalogen, mit nationalen und internationalen Institutionen und Organisationen aus Politik und Politikwissenschaft, Medienverzeichnissen und Stiftungen.
http://www.uni-regensburg.de/Fakultaeten/phil_Fak_III/Politikwissenschaft/Hofmann/links.htm
Stand: 22. 1. 2002/Verantwortlich: Lehrstuhl Prof. Dr. Rupert Hofmann/Sprache: deutsch

Politikwissenschaft.de
Dieses Verzeichnis hält eine Liste aller politikwissenschaftlichen Institute Deutschlands bereit.
http://www.politikwissenschaft.de
Stand: in Überarbeitung/Verantwortlich: Jürgen Christof/Sprache: deutsch

Politikwissenschaft im WWW an der Eberhard Karls Universität Tübingen
Ein sehr umfangreiches und gut sortiertes Portal mit Suchmaschinen, Datenbanken, Archiven sowie allgemeinen und Bibliothekskatalogen, mit nationalen und internationalen Institutionen und Organisationen aus Politik und Politikwissenschaft, Medienverzeichnissen, Gesetzestexten und Dokumenten sowie einer Liste von Stiftungen.
www.uni-tuebingen.de/uni/spi/urlpool.htm
Stand: 7. 3. 2002/Verantwortlich: Jürgen Plieninger/Sprache: deutsch

Politikwissenschaftliche Informationen des Mannheimer Zentrums für Europäische Sozialforschung

Auf dieser Seite finden sich Linksammlungen zu politischen und politikwissenschaftlichen Institutionen und Organisationen weltweit, zu Suchmaschinen, Datenbanken, darüber hinaus Länderinformationen (CIA World Factbook), eine weltweite Liste der Staatsoberhäupter und Regierungsführer seit 1945, Verfassungstexte sowie Datenmaterial zu Wahlsystemen und Wahlergebnissen.

http://www.mzes.uni-mannheim.de/links2_D.html

Verantwortlich: Mannheimer Zentrum für Europäische Sozialforschung/ Sprache: deutsch

Politikwissenschaftliche Links an der Universität Würzburg

Ein Portal mit Suchmaschinen, Datenbanken, Archiven sowie allgemeinen und Bibliothekskatalogen, mit einer äußerst umfangreichen Sammlung von Institutionen und Organisationen aus Politik und Politikwissenschaft weltweit, mit Medienverzeichnissen sowie einer Reihe von Gesetzestexten und Dokumenten.

http://www.uni-wuerzburg.de/polwiss1/poli.htm

Sprache: deutsch

Wichtige Links für Sozialwissenschaftler

Ein Portal mit Suchmaschinen, Datenbanken, Archiven sowie allgemeinen und Bibliothekskatalogen, mit nationalen und internationalen Institutionen und Organisationen aus Politik und Politikwissenschaft, Medienverzeichnissen, darüber hinaus finden sich Informationen zu Theorien und Theoretikern und eine Sammlung politikwissenschaftlicher Nachschlagewerke.

http://www.soz.uni-hannover.de/isoz/useful.htm

Stand: 13. 10. 2001/Verantwortlich: Xenia Rajewsky/Sprache: deutsch

Wissenschaft plus Politik

Auf dieser Seite finden sich themensortierte Linksammlungen zu nationalen und internationalen Institutionen und Organisationen aus Politik und Politikwissenschaft, zu Medienverzeichnissen, Gesetzestexten, Veröffentlichungen und politischen sowie politikwissenschaftlichen Debatten.

http://staff-www.uni-marburg.de/~rillingr/root1.html

Verantwortlich: Rainer Rilling/Sprache: deutsch

2 Politikwissenschaftliche Forschungsstellen und -institute

Der größte und bedeutendste Teil der wissenschaftlichen Forschungsarbeit auf dem Gebiet der Politikwissenschaft wird, im Unterschied zu vielen naturwissenschaftlichen Fächern, nach wie vor an den Universitäten erbracht. Nichtsdestotrotz haben sich mittlerweile eine Reihe von Forschungsstellen und -institutionen etabliert, die zu einer Reihe von Spezialthemen arbeiten. Zwar arbeiten die wenigsten politikwissenschaftlichen Forschungsstellen und -institute wirklich selbständig und unabhängig; der Großteil der existierenden Einrichtungen ist mit den Universitäten sowohl personell als auch institutionell mehr oder weniger stark verflochten. Doch ändert dies nichts an dem Umstand, dass die Forschungsstellen und -institute entscheidend zu einer Bereicherung des wissenschaftlichen Lebens beigetragen haben und nach wie vor beitragen. Für interessierte Studenten, insbesondere für Nachwuchswissenschaftler, können diese Forschungseinrichtungen nicht nur ein geeignetes Forum zur Diskussion eigener Arbeiten sein, aufgrund ihrer Bestände und ihrer oftmals weitreichenden Kontakte können sie auch wertvolle Hilfe bei der eigenen wissenschaftlichen Arbeit leisten. Und schließlich, wenn auch nur in sehr begrenztem Maß, vermögen sie Nachwuchswissenschaftlern während oder nach der Promotion eine in der Regel allerdings befristete berufliche Perspektive zu bieten. Die folgende Zusammenstellung nennt die Kontaktadressen einer Auswahl der wichtigsten politikwissenschaftlichen Forschungsstellen und -institute in Deutschland.

Centrum für angewandte Politikforschung
Geschwister-Scholl-Institut für Politische Wissenschaft
Ludwig-Maximilians-Universität München
Maria-Theresia-Str. 21
81675 München
Tel.: 089 2180-1300
Fax: 089 2180-1329
http://www.cap.uni-muenchen.de/
Gemeinsame Klammer des Centrums ist die Fokussierung auf angewandte Politikforschung. Dabei wird die Erfahrung und das seit über zwei Jahrzehnten entwickelte Instrumentarium aktiver Politikberatung genutzt. Die Forschungsgruppen und Projekte am CAP verbinden international und interdisziplinär angelegte Analyse mit Vorschlägen und Empfehlungen für die politische Praxis. Zugleich übernehmen sie die Vermittlung der Arbeitsergebnisse an Entscheidungsträger und Öffentlichkeit. In den Forschungsgruppen, den fünf Abteilungen des Centrums (Bertelsmann

Forschungsgruppe Politik, Forschungsgruppe Europa, Forschungsgruppe Jugend und Europa, Forschungsgruppe Deutschland, Forschungsgruppe Zukunftsfragen), entstehen Expertisen, Untersuchungen und Strategien für eine breite Palette aktueller Fragestellungen – von Modellen der Toleranzerziehung bis zu Konzepten der Gestaltung der EU-Osterweiterung.

Deutsches Institut für Entwicklungspolitik
Tulpenfeld 4
53113 Bonn
Tel.: 0228 94927-0
Fax: 0228 94927-130
http://www.die-gdi.de/die_homepage.nsf/Pstartd?OpenPage
Das DIE führt auf der Grundlage unabhängiger wissenschaftlicher Forschung Beratungs- und Ausbildungsaufgaben durch. Es erstellt für öffentliche Institutionen in der Bundesrepublik Deutschland und im Ausland Gutachten zu entwicklungspolitischen Themen und berät sie im Hinblick auf aktuelle Fragen der Zusammenarbeit zwischen Industrie- und Entwicklungsländern. Darüber hinaus bildet es Hochschulabsolventen aus der Bundesrepublik Deutschland und anderen EU-Mitgliedsländern für die berufliche Praxis in öffentlichen und privaten Institutionen der deutschen und internationalen Entwicklungspolitik aus.

Deutsches Institut für internationale Politik und Sicherheit der Stiftung Wissenschaft und Politik
Ludwigkirchplatz 3–4
10719 Berlin
Tel.: 030 88007-0
Fax: 030 88007-100
http://www.swp-berlin.org/
Das «Deutsche Institut für Internationale Politik und Sicherheit» der Stiftung Wissenschaft und Politik (SWP) ist eine unabhängige wissenschaftliche Einrichtung, die anhand eigener Forschung und Expertise Bundestag und Bundesregierung in allen Fragen der deutschen Außen- und Sicherheitspolitik berät. Der Fachinformationsbereich der SWP unterstützt die Forschungsarbeit des Instituts und erstellt darüber hinaus Literaturinformationen, Materialsammlungen und Dokumentationen für die politischen Institutionen des Bundes.

Deutsches Übersee-Institut
Neuer Jungfernstieg 21
20354 Hamburg
Tel.: 040 42834-593

Fax: 040 42834-547
http://www.rrz.uni-hamburg.de/duei/d_index.html
Das Deutsche Übersee-Institut fasst die rechtlich selbständigen, regional
ausgerichteten Institute: Institut für Afrika-Kunde, Institut für Asienkun-
de, Institut für Iberoamerika-Kunde, Deutsches Orient-Institut gemeinsam mit dem stiftungseigenen Institut für Allgemeine Überseeforschung
und der ihm zugeordneten Übersee-Dokumentation zu einem Instituts-
verbund zusammen. Das DÜI hat drei Hauptaufgaben: anwendungsorien-
tierte Forschung, Beratung und Dokumentation auf dem Gebiet der politischen, wirtschaftlichen und gesellschaftlichen Entwicklungen in den
Ländern Afrikas, Asiens, Lateinamerikas und des Nahen und Mittleren
Ostens sowie der Nord-Süd- und Süd-Süd-Beziehungen. Der gemeinsame Forschungsplan des DÜI ist eine Synthese von regionalspezifischen,
komparativen und länderübergreifenden Vorhaben. Letztere orientieren
sich auch an den aktuellen außenwirtschaftlichen und außenpolitischen
Interessen der Bundesrepublik Deutschland in ihrem Verhältnis zu den
überseeischen Ländern. Neben Untersuchungen über Struktur- und Entwicklungsprobleme einzelner Länder und Regionen werden eine Reihe gemeinsamer Forschungsprogramme durchgeführt. Im Rahmen seiner Forschungsschwerpunkte führt das Deutsche Übersee-Institut Kolloquien
und Arbeitstagungen durch, die dem internen, aber auch dem nationalen/
internationalen wissenschaftlichen Austausch sowie der interessierten
Öffentlichkeit zur Information dienen. Zu weiteren Aufgaben des Deutschen Übersee-Instituts zählt die Beratung von Politik, Wirtschaft und
Medien auf der Basis kontinuierlicher wissenschaftlicher Arbeit, eine enge
Zusammenarbeit mit den Universitäten, Betreuung von Doktoranden, Di-
plomanden und Studenten sowie die Nachwuchsförderung allgemein.

Deutsch-Französisches Institut
Asperger Str. 34
71634 Ludwigsburg
Tel.: 07141 9303-0
Fax: 07141 9303-50
http://www.dfi.de/
Das Deutsch-Französische Institut ist ein sozialwissenschaftliches Infor-
mations- und Forschungsinstitut über das zeitgenössische Frankreich und
die deutsch-französischen Beziehungen. Die Arbeit des Instituts richtet
sich hauptsächlich an Führungskräfte in Politik, Verwaltung, Wirtschaft
und in den Medien sowie an Wissenschaftler, die mit Frankreichthemen
und deutsch-französischen Fragen befasst sind. Die Forschungsprojekte
des Deutsch-Französischen Instituts befassen sich vor allem mit aktuellen
sozio-ökonomischen, politischen und sozio kulturellen Entwicklungen in

Frankreich. Sie sind meist vergleichend ausgerichtet. Sie analysieren die Herausforderungen, denen sich europäische Gesellschaften heute gegenübersehen: Internationalisierung und Globalisierung der Wirtschaft, Veränderungen der Arbeitswelt, Strukturwandel der Wirtschaft seit dem Ende des Nachkriegsbooms, Wertewandel und sozio-politischer Wandel sowie Frankreich und Deutschland im europäischen Einigungsprozess. Die Forschungsprojekte versuchen, die Rückwirkungen dieser Veränderungen auf nationale Regierungen und deren Anpassungsfähigkeit an sich wandelnde Rahmenbedingungen zu analysieren. Veränderte Formen der Staatsintervention in Frankreich und Deutschland sowie die Verarbeitung des sozio-ökonomischen und sozio-kulturellen Wandels durch die politischen, wirtschaftlichen und sozialen Akteuren werden untersucht. Einen wichtigen Schwerpunkt der Forschungsprojekte bildet darüber hinaus die Untersuchung interner Aspekte und gesellschaftlicher Grundlagen der französischen und deutschen Europapolitik.

Duisburger Institut für Sprach- und Sozialforschung
Siegstr. 15
47051 Duisburg
Tel.: 0203 20249
Fax: 0203 287881
http://www.uni-duisburg.de/DISS/
Das Duisburger Institut für Sprach- und Sozialforschung existiert seit 1987. Durch diskursanalytische und ideologiekritische Untersuchungen soll «Wissenschaft gegen den Strich» betrieben und auf restaurative und undemokratische Tendenzen hingewiesen werden. Machtstrukturen können so sichtbar und kritisierbar werden. Das Ziel der Arbeit ist, durch wissenschaftliche Analysen einen Beitrag zur Demokratisierung zu leisten. Die thematischen Arbeitsschwerpunkte des DISS liegen in den folgenden Bereichen: Rassismus und Einwanderung in der Bundesrepublik, Rechtsextreme Entwicklungen, Völkisch-nationale Tendenzen, Antisemitismus in der Bundesrepublik, Soziale Ausgrenzung, Biopolitik und Bioethik-Debatte, Diskurstheorie und Diskursanalyse.

Europäisches Zentrum für Föderalismus-Forschung
Nauklerstr. 37a
72074 Tübingen,
Tel.: 07071 2977368
Fax: 07071 922876
http://www.uni-tuebingen.de/ezff/
Das EZFF ist eine interdisziplinäre Einrichtung, die sich wissenschaftlich und politikberatend mit Fragen des Föderalismus, des Regionalismus und

der subnationalen Ebenen in Europa beschäftigt. Themenfelder sind dabei: Regionen, Regionalismus und Regionalpolitik, Föderalismus als Organisationsprinzip für Institutionen und Entscheidungsstrukturen sowie für einzelne Politikfelder in den Mitgliedstaaten und dem Europäischen Mehrebenensystem, Effizienz und Demokratie in dezentralen und föderalen Systemen, paradiplomatische Aktivitäten von Regionen in der EU, Dezentralisierungs-, Regionalisierungs- und Föderalisierungsprozesse in den Mitgliedsstaaten der Europäischen Union sowie in Mittel- und Osteuropa.

Forschungsstelle Bürgerbeteiligung und Direkte Demokratie

Philipps-Universität Marburg
Institut für Politikwissenschaft
35032 Marburg
Tel.: 06421 28-24748
Fax: 06421 28-28991
http://www.forschungsstelle-direkte-demokratie.de/
Den inhaltlichen Schwerpunkt bildet die Bereitstellung von Wissenswertem zu den direktdemokratischen Verfahren wie Bürgerbegehren und Bürgerentscheid auf der Kommunalebene, Volksinitiative, Volksbegehren und Volksentscheid auf der Landesebene. Darüber hinaus sollen aktuelle Informationen über Bürgerbegehren in den Bundesländern zur Verfügung gestellt werden. Das umfasst Informationen zur Gesetzgebung zu Bürgerbegehren und Bürgerentscheiden, Diskussionen zur Einführung von Volksentscheiden in Deutschland und anderen Staaten sowie Informationen zu nichtdezisiven Beteiligungsverfahren.

Forschungsstelle für Umweltpolitik

Freie Universität Berlin
Fachbereich Politik- und Sozialwissenschaften
Otto-Suhr-Institut für Politikwissenschaft
Ihnestraße 22
14195 Berlin
Tel.: 030 838-550 98/ -566 87
Fax: 030 838-566 85/ -522 76
http://www.fu-berlin.de/ffu/info/index.htm
Die FFU ist eines des größten europäischen politikwissenschaftlichen Forschungsinstitute im Umweltbereich. Sie arbeitet sowohl im Bereich der Grundlagenforschung als auch anwendungsorientiert. Sie leistet Politikberatung für eine Vielzahl politischer und privater Institutionen im In- und Ausland. Die Forschungsergebnisse werden regelmäßig in der Reihe «FFU Report» veröffentlicht. Arbeitsschwerpunkte sind Umweltpolitik im Industrieländervergleich, Ökologische Modernisierung und Struktur-

wandel, Energie-Umweltpolitik, Bodenschutz- und Abfallpolitik sowie Umweltindikatoren und Umweltinformation.

Forschungsstelle Kriege, Rüstung und Entwicklung

am Institut für Politische Wissenschaft der Universität Hamburg
Allende-Platz 1
20146 Hamburg
Tel.: 040 4123-4695
Fax: 040 4123-3534
http://www.berghof-center.org/deutsch/publications/ngo_directory/inhalt/instp_w.htm
Die Forschungsstelle Kriege, Rüstung und Entwicklung (FKRE) beschäftigt sich mit der Erforschung kriegerischer Konfliktaustragung und ihrer Ursachen. Die FKRE bildet seit ihrer Gründung im Jahre 1986 an der Universität Hamburg den institutionellen Rahmen für verschiedene Forschungsprojekte zur Kriegsursachentheorie, zu Rüstungstransfers und der Militarisierung der Länder des Südens. Die Arbeitsgemeinschaft Kriegsursachenforschung (AKUF) ist Teil der FKRE und dient der ständigen Beobachtung und Analyse des weltweiten Kriegsgeschehens.

Heidelberger Institut für Internationale Konfliktforschung

Marstallstraße 6
69117 Heidelberg
Tel.: 06221 54-3198
Fax: 06221 54-2896
http://www.hiik.de/
Das Heidelberger Institut für Internationale Konfliktforschung (HIIK) am Institut für Politische Wissenschaft der Universität Heidelberg ist ein gemeinnütziger eingetragener Verein. Es widmet sich der Erforschung, Dokumentation und Auswertung innerstaatlicher und internationaler politischer Konflikte. Das HIIK aktualisiert und pflegt fortlaufend die Datenbank KOSIMO. Die Forschungsergebnisse werden in Form des jährlich erscheinenden Konfliktbarometers veröffentlicht.

Hessische Stiftung Friedens- und Konfliktforschung

Leimenrode 29
60322 Frankfurt am Main
Tel.: 069 959104-0
Fax: 069 558481
http://www.hsfk.de/deu/index.htm
Die Arbeit der HSFK ist darauf gerichtet, die Ursachen gewaltsamer internationaler und innerer Konflikte zu erkennen, die Bedingungen des Frie-

dens, verstanden als Prozess abnehmender Gewalt und zunehmender Gerechtigkeit, zu erforschen sowie den Friedensgedanken zu verbreiten. Im Rahmen ihrer Politikberatung werden Forschungsergebnisse praxisorientiert in Handlungsoptionen umgesetzt, die Eingang in die öffentliche Debatte finden. Mit der Verabschiedung des neuen Forschungsprogramms «Antinomien des demokratischen Friedens» konzentriert sich die Arbeit der vier Forschungsgruppen seit 2000 auf eine gemeinsame wissenschaftlich wie politisch aktuelle Fragestellung.

Institut für Arbeitsmarkt- und Berufsforschung

Regensburger Straße 104
90478 Nürnberg
Tel.: 0911 179-0
Fax: 0911 179-3258
http://www.iab.de/start.htm
Das IAB ist als Abteilung V Bestandteil der Hauptstelle der Bundesanstalt für Arbeit (BA). Wissenschaftliche Politikberatung ist Daueraufgabe des IAB. Sie wendet sich einerseits an die Dienste des eigenen Hauses, andererseits an politische Instanzen und Institutionen im Umfeld. Der wissenschaftliche Dialog wird in thematisch abgegrenzten Arbeitsbereichen organisiert, unterstützt, dokumentiert und der Öffentlichkeit zur Verfügung gestellt. Die aus den Ergebnissen der Arbeitsmarkt- und Berufsforschung gewonnenen Erkenntnisse werden von allen Dienststellen der BA bei der Durchführung ihrer Aufgaben genutzt und verwertet. Das IAB berichtet auf mehrfache Weise regelmäßig über seine Forschungstätigkeit: In den Veröffentlichungsreihen des IAB wird laufend über aktuelle Forschungsergebnisse informiert. Forschungsprogramme mit einem Planungszeitraum von fünf Jahren geben einen systematischen Überblick auf Planungen und Vorhaben. Arbeitsberichte enthalten den aktuellen Stand der laufenden Forschungsprojekte und der dazugehörigen Veröffentlichungen.

Institut für Europäische Politik

Jean-Monnet-Haus
Bundesallee 22
10717 Berlin
Tel.: 030 889134-0
Fax: 030 889134-99
http://www.iep-berlin.de/
Seit 1959 ist das Institut für Europäische Politik e. V. (IEP) als gemeinnützige Organisation auf dem Gebiet der europäischen Integration tätig. Es zählt zu den ersten außen- und europapolitischen Forschungseinrichtungen der Bundesrepublik Deutschland und arbeitet an einer Schnittstelle

von Wissenschaft, Politik, Verwaltung und politischer Bildung. Aufgabe des IEP ist es, die Probleme der europäischen Politik und der Integration wissenschaftlich zu untersuchen und die praktische Anwendung der Untersuchungsergebnisse zu fördern. Themenfelder sind dabei europapolitische Interessen und die Rolle der Bundesrepublik Deutschland, Institutionen, Entscheidungsprozesse und Politikbereiche der EU und die Interessen der Mitgliedsstaaten, Mittel- und Osteuropa im Prozess der Heranführung an die EU, Probleme und Strategien der EU-Erweiterung sowie Außenbeziehungen der Europäischen Union und Fragen der Sicherheit.

Mannheimer Zentrum für Europäische Sozialforschung

Universität Mannheim
68131 Mannheim
Tel.: 0621 181-2868
Fax: 0621 181-2866
http://www.mzes.uni-mannheim.de/
Seit seiner Gründung 1989 widmet sich das Zentrum der Erforschung der gesellschaftlichen, sozialen und politischen Verhältnisse in Europa. Schwerpunkte liegen auf der vergleichenden Europaforschung und der Untersuchung des europäischen Integrationsprozesses. Das Interesse gilt den kulturellen, sozialen und wohlfahrtsstaatlichen Grundlagen der Lebensbedingungen der Menschen in den Ländern Europas. Erforscht werden auch die Veränderungen der europäischen politischen Systeme, die europäischen und nationalen politischen Ordnungsstrukturen sowie die politischen Verhaltensweisen der Bürger.

Max-Planck-Institut für Gesellschaftsforschung

Paulstraße 3
50676 Köln
Tel.: 0221 2767-0
Fax: 0221 2767-555
http://www.mpi-fg-koeln.mpg.de/
Die Arbeiten am MPIfG richten sich auf eine empirisch fundierte Theorie der Steuerbarkeit gesellschaftlicher Entwicklung vor dem Hintergrund der Internationalisierung und ökonomischen Globalisierung. In der analytischen Perspektive des akteurszentrierten Institutionalismus werden Mehr-Ebenen- und Mehr-Akteur-Prozesse der Entscheidungsfindung, Verhandlung und Koordination untersucht. Die in den ersten Jahren der Institutsforschung entwickelte Perspektive einer international vergleichenden Institutionenforschung wird heute durch Untersuchungen über internationale Interdependenzen ergänzt. Im Mittelpunkt des neuen Forschungsprogramms stehen die Leistungsfähigkeit internationaler Regime

sowie die Wechselwirkungen zwischen nationalen Institutionen, internationalen Märkten und supranationalen Koordinationsprozessen. Ein großer Teil der heute laufenden Forschungsprojekte befasst sich mit Fragen der europäischen Integration.

Rhein-Ruhr-Institut für Sozialforschung und Politikberatung
Heinrich-Lersch-Straße 15
47057 Duisburg
Tel.: 0203 28099-0
Fax: 0203 28099-22
http://www.uni-duisburg.de/Institute/RISP/
Aufgabe des Rhein-Ruhr-Instituts ist es, die angewandte regionalbezogene sozialwissenschaftliche und sozioökonomische Forschung zu intensivieren und selber zu betreiben, die Kommunikation und Kooperation zwischen dem Wissenschaftsbereich und den öffentlichen Institutionen sowie der privaten Wirtschaft zu verbessern und durch Kooperationsprojekte und aktive Beratung zur Lösung gesellschaftlicher und politischer Probleme im Rhein-Ruhr-Gebiet beizutragen. Ein wesentliches Qualitätsmerkmal des RISP ist die Verbindung von konzeptionell und methodisch qualifizierter Grundlagenforschung mit einer auf praktische Problemlösungen abzielenden angewandten Forschung.

Sozialforschungsstelle Dortmund
Evinger Platz 17
44339 Dortmund
Tel.: 0231 8596-0
Fax: 0231 8596-100
http://www.sfs-dortmund.de/index.html
Die Sozialforschungsstelle (sfs) Dortmund ist eines der großen deutschen Institute zur Arbeitsforschung. Bereits 1946 gegründet, ist die sfs seit 1972 Landesinstitut. Sie ist dem Ministerium für Schule und Weiterbildung, Wissenschaft und Forschung des Landes NRW zugeordnet. Ein interdisziplinäres Team von Arbeits- und Sozialwissenschaftlern, Ökonomen, Pädagogen, Statistikern, Ingenieuren und Informatikern forscht, berät und evaluiert zu aktuellen Fragen in der Arbeitswelt. Einen wichtigen Anteil nehmen dabei Verbund- sowie netzwerkartig organisierte Forschungs- und Beratungsprojekte ein. Neben anwendungsorientierter Grundlagenforschung, beispielsweise zur Arbeitsgestaltung und zum Arbeitsschutz, berät die Sozialforschungsstelle u. a. zu neuen Produktionskonzepten oder im Weiterbildungsbereich, evaluiert die Einführung von Öko-Audits, untersucht die Auswirkungen der Multimedia-Technologie und beschäftigt sich mit frauenspezifischer Arbeitsmarktpolitik, mit Gesundheitspolitik oder der Zukunft der Mitbestimmung.

Wirtschafts- und Sozialwissenschaftliches Institut
in der Hans-Böckler-Stiftung
Hans-Böckler-Str. 39
40476 Düsseldorf
Tel.: 0211 7778-0
Fax: 0211 7778-225
http://www.boeckler.de/wsi/
Das WSI ist das Forschungsinstitut der Hans-Böckler-Stiftung. Als gewerkschaftsnahes Forschungsinstitut hat es die Aufgabe, praxisrelevante Fragestellungen wissenschaftlich zu bearbeiten. Sein Arbeitsfeld erstreckt sich von der Wirtschafts-, Arbeitsmarkt- und Strukturpolitik bis zur Sozial-, Tarif- und Mitbestimmungspolitik. Der Schwerpunkt der WSI-Forschungsarbeit liegt auf der Untersuchung von ökonomischen und sozialen Folgen gesellschaftlicher Entwicklungen und politischer Entscheidungen. Das Institut erarbeitet wirtschafts- und sozialwissenschaftlich fundierte Vorschläge zur Bewältigung gesellschaftlicher Probleme. Die Arbeit des WSI ist nach drei Forschungsschwerpunkten gegliedert: Wirtschaftswandel und Beschäftigung im Globalisierungsprozess, Soziale Polarisierung, kollektive Sicherung und Individualisierung, Arbeitsbeziehungen und Tarifpolitik.

Wissenschaftszentrum Berlin für Sozialforschung Gemeinnützige Gesellschaft mbH
Reichpietschufer 50
10785 Berlin
Tel.: 030 25491-0
Fax: 030 2549-684
http://www.wz-berlin.de/
Unter dem Leitthema «Entwicklungstendenzen, Anpassungsprobleme und Innovationschancen moderner demokratischer Gesellschaften» wird am WZB sozialwissenschaftliche Grundlagenforschung in ausgewählten Problemfeldern durchgeführt. Die Verschränkung von Grundlagenorientierung und Problembezug findet in den Aufgabenstellungen der Forschungsabteilungen, Forschungsgruppen und Forschungsprofessuren ihren spezifischen Ausdruck. Die Forschungseinheiten vertreten theoretisch-konzeptionelle Perspektiven verschiedener sozialwissenschaftlicher Fachdisziplinen und sind in der Regel in Forschungsschwerpunkten zusammengefasst, die fachübergreifende Dimensionen eines gesellschaftlichen Problemfelds bezeichnen. Eingebunden in größere wissenschaftliche Diskussionszusammenhänge und in enger Verbindung zu der wissenschaftlichen Tätigkeit der Hochschulen und anderer Forschungsinstitutionen, tragen die Forschungen sowohl zu praktischen Problembe-

arbeitungen als auch zur weiteren Theorieentwicklung bei. Charakteristisch für die meist empirischen Forschungsarbeiten des WZB, deren Ergebnisse an Wissenschaft und Praxis vermittelt werden, ist neben einem multidisziplinären Zugang ein international vergleichender Ansatz. Dieser betraf zunächst fast ausschließlich westliche industrialisierte (OECD) Staaten, richtet sich in letzter Zeit verstärkt auf die Europäische Union und erstreckt sich mehr und mehr auf mittel- und osteuropäische Länder zur Analyse der dortigen Transformationsprozesse.

Zentrum für Europäische Integrationsforschung
Walter-Flex-Str. 3
53113 Bonn
Tel.: 0228 73-0
http://www.zei.de/
Das ZEI beteiligt sich durch richtungsweisende Forschungsarbeiten, fundierte Politikberatung, engagierte Dialoge zwischen Wissenschaft und Praxis und innovative Konzepte der Graduiertenausbildung und Weiterbildungsmöglichkeiten an der Lösung bisher unbewältigter Probleme der europäischen Einigung und der Gestaltung der Rolle Europas in der Welt. Das ZEI verbindet dabei auf interdisziplinäre Weise europarechtliche, wirtschaftliche und soziale, kulturelle sowie politische Fragestellungen. Das ZEI bietet Wissenschaftlern und Vertretern aus Politik, Wirtschaft, Verbänden und Unternehmen ein internationales Forum für alle Fragen der europäischen Integration. Die Forschungsschwerpunkte des ZEI orientieren sich an aktuellen und langfristigen Fragestellungen, die sich aus dem Einigungs- und Erweiterungsprozess in Europa ergeben. Das Forschungsprogramm wird in abteilungsübergreifenden, interdisziplinären Forschungsgruppen durchgeführt und ist flexibel, bedarfsorientiert und auf umsetzbare Ergebnisse ausgerichtet. Es existieren Forschungsgruppen zu folgenden Themenbereichen: Institutionen und Institutionenentwicklung in Europa, Europäische Mikrostrukturen, Regulierungs- und Wettbewerbspolitik, Europäisches Telekommunikationsrecht, Makroökonomische Politik und Institutionen in Europa, Europäische Arbeitsmärkte und Systeme der sozialen Sicherung, Erweiterung der Europäischen Union, Europas Rolle in der Welt und Europäische Identität und Dialog der Kulturen.

Zentrum für Sozialpolitik
– Barkhof –
Parkallee 39
28209 Bremen
Tel.: 0421 218-4362
Fax: 0421 218-7540

http://www.zes.uni-bremen.de/D_Zes/welcome.php
Das Zentrum für Sozialpolitik bündelt unterschiedliche Fachgebiete – u. a. Ökonomie, Soziologie, Politikwissenschaft, Sozialpädagogik, Sozial- und Arbeitsmedizin – in einem universitären Forschungsinstitut. Zentraler Forschungsgegenstand ist der deutsche Sozialstaat in allen Facetten: Theorie und Verfassung des Wohlfahrtsstaats, Institutionen und Geschichte des Wohlfahrtsstaats, Wirtschaftswissenschaftliche Abteilung, Gesundheitspolitik, Arbeits- und Sozialmedizin und Geschlechterpolitik im Wohlfahrtsstaat.

3 Politikwissenschaftliche Gesellschaften und Vereinigungen

Politikwissenschaftliche Gesellschaften und Vereinigungen dienen vor allem dem wissenschaftlichen Austausch und der Vernetzung von Forschungsvorhaben. Die meisten Gesellschaften existieren in der Rechtsform eines eingetragenen Vereins mit eigener Satzung. In der Regel stehen die Gesellschaften allen Interessierten offen, die sich den in der Satzung festgelegten Zielen verbunden fühlen. Einige Fachgesellschaften machen die Vergabe der Mitgliedschaft allerdings von einem Nachweis der wissenschaftlichen Qualifikation des Antragstellers abhängig. Finanzieren müssen sich die Gesellschaften fast ausschließlich durch Beiträge und Spenden ihrer Mitglieder, wobei für Studenten üblicherweise reduzierte Mitgliedsbeiträge erhoben werden. Die Verwendung der Mittel erfolgt gemäß den in der Satzung festgelegten Zwecken und dient in erster Linie dazu, die von der Gesellschaft initiierten Veranstaltungen und Projekte zu finanzieren. Die Arbeit der meisten politikwissenschaftlichen Zusammenschlüsse geschieht dabei in erster Linie durch die Organisation von Tagungen, Konferenzen und Kongressen oder die Veranstaltung von Vorträgen und Symposien. Viele Gesellschaften geben darüber hinaus auch eigene Zeitschriften heraus, die keineswegs nur von Mitgliedern verfasst und gelesen werden. Für begabte Studenten und Nachwuchswissenschaftler können die Zeitschriften, ebenso wie die Veranstaltungen politikwissenschaftlicher Gesellschaften, mitunter ein geeignetes Forum sein, um eigene Überlegungen einem breiteren Publikum zu präsentieren und sich, wenn vielleicht auch noch keine Lorbeeren, so doch zumindest erste akademische Sporen zu verdienen. Die folgende Auswahl informiert über die Kontaktadressen und die Aktivitäten einer Reihe der wichtigsten politikwissenschaftlichen Gesellschaften in Deutschland, der Europäischen Union und im internationalen Bereich.

The American Political Science Association (APSA)
1527 New Hampshire Ave
NW Washington, DC
20036-1206
USA
Tel.: 001 202 483-2512
Fax: 001 202 483-2657
http://www.apsanet.org/
Die APSA ist die weltweit größte Organisation in der politikwissenschaft-
lichen Forschung und dient dem internationalen Austausch innerhalb der
Politikwissenschaft.

Arbeitsgemeinschaft Sozialwissenschaftlicher Institute (ASI)
Lennéstr. 30
53113 Bonn
Tel.: 0228 2281-174
Fax: 0228 2281-120
http://www.bonn.iz-soz.de/extern/asi/
In der ASI sind gemeinnützige sozialwissenschaftliche Forschungseinrichtungen und Universitätsinstitute der Bundesrepublik Deutschland
zusammengeschlossen. Mitglieder sind selbständige gemeinnützige Forschungsinstitute, Universitätsinstitute und sozialwissenschaftlich arbeitende Bereiche größerer Einrichtungen. Außerdem gibt es persönliche
Mitglieder. Ziel der ASI ist die Förderung und Intensivierung der sozialwissenschaftlichen Forschung, insbesondere in ihrer empirischen Ausrichtung. Sie ist Träger des Informationszentrums Sozialwissenschaften
(IZ) in Bonn, das mit dem Zentralarchiv für empirische Sozialforschung
(ZA) an der Universität zu Köln und dem Zentrum für Umfragen, Methoden und Analysen e. V. (ZUMA), Mannheim, in der Gesellschaft Sozialwissenschaftlicher Infrastruktureinrichtungen e. V. (GESIS) zusammengeschlossen ist. Als wissenschaftliches Diskussionsforum gibt die ASI
die Zeitschrift «Soziale Welt» heraus.

Deutsche Gesellschaft für Auswärtige Politik (DGAP)
Rauchstraße 17–18
10787 Berlin
Tel.: 030 254 231-0
Fax: 030 254 231-16
http://www.dgap.org/
Die Hauptziele der Deutschen Gesellschaft für Auswärtige Politik
(DGAP) sind: die Probleme der internationalen, insbesondere der euro-
päischen, Politik, Sicherheit und Wirtschaft zu erörtern und ihre wissen-

schaftliche Untersuchung zu fördern, die Dokumentation über diese Forschungsfragen zu sammeln und das Verständnis für internationale Fragen durch Vorträge, Studiengruppen und Veröffentlichungen anzuregen und zu vertiefen. Des Weiteren sollen die internationale wissenschaftliche Zusammenarbeit und der Gedanke der Völkerverständigung gefördert werden.

Im Rahmen ihrer Arbeit unterhält die DGAP: das Forschungsinstitut, die Bibliothek/Dokumentationsstelle und die Zeitschrift «Internationale Politik».

Deutsche Gesellschaft für die Vereinten Nationen (DGVN)

Generalsekretariat
Dag-Hammarskjöld-Haus
Poppelsdorfer Allee 55
53115 Bonn
Tel.: 0228 94900-0
Fax: 0228 217492
http://www.dgvn.de/

Die Deutsche Gesellschaft für die Vereinten Nationen e. V. informiert über alle wesentlichen Entwicklungen und Ergebnisse der Arbeit der Vereinten Nationen sowie ihrer Sonderorganisationen und Spezialorgane. Die DGVN vermittelt die Anliegen der Vereinten Nationen gezielt an die Öffentlichkeit. Sie leistet Informations- und Bildungsarbeit durch die Herausgabe der Zeitschrift «Vereinte Nationen» sowie zahlreicher weiterer Publikationen und veranstaltet Konferenzen, Seminare, Diskussionsrunden und Pressegespräche.

Deutsche Gesellschaft zur Erforschung des Politischen Denkens

c/o Dr. Norbert Herold
Philosophisches Seminar der
Westfälischen Wilhelms-Universität Münster
Domplatz 23
48143 Münster
Tel.: 0251 832-4498
Fax: 0251 832-4268
http://wwwphil.uni-muenster.de/dgepd/start.html

Die Gesellschaft dient der interdisziplinären Erforschung und Diskussion von Grundlagen und Problemen des politischen Handelns. Sie gibt das Jahrbuch «Politisches Denken» heraus und organisiert regelmäßig wissenschaftliche Tagungen.

Deutsche Vereinigung für Politische Wissenschaft (DVPW)
c/o Universität Osnabrück
FB 1 – Sozialwissenschaften
49069 Osnabrück
Tel.: 0541 969-6264
Fax: 0541 969-6266
http://www.uni-bamberg.de/~ba6po93/
Die DVPW sieht ihre Aufgabe darin, die Entwicklung der Forschung und
Lehre der Politischen Wissenschaft sowie deren Anwendung in der Praxis
zu fördern. Hierzu veranstaltet sie Symposien, öffentliche Vorträge und
Fachtagungen ihrer Sektionen, Arbeitskreise, Ad-hoc- und Landesgrup-
pen. Eine besondere Bedeutung kommt dem alle drei Jahre stattfindenden
Kongress zu. Im Sinne ihrer satzungsgemäßen Ziele fördert die Vereini-
gung die wissenschaftliche Kommunikation durch die Herausgabe der
Fachzeitschrift «Politische Vierteljahresschrift» und die Veröffentlichung
der Kongress- und Symposienbeiträge. Darüber hinaus wird mittels des
DVPW-Rundbriefs in regelmäßiger Weise über die Arbeitsergebnisse der
Sektionen und Arbeitskreise berichtet. Ein weiterer Aufgabenschwer-
punkt für die Vereinigung ist der Erfahrungs- und Meinungsaustausch
mit ausländischen Kolleginnen und Kollegen. Die DVPW ist Mitglied der
International Political Science Association (IPSA).

European Consortium for Political Research (ECPR)
Central Services
University of Essex
Colchester
CO4 3SQ
UK
Tel.: 0044 1206 872501
Fax: 0044 1206 872500
http://www.essex.ac.uk/ECPR/
Das ECPR ist ein Zusammenschluss europäischer Politikwissenschaftler
zur Förderung des wissenschaftlichen Kontakts und Austauschs. Seine
Aufgaben bestehen in der Bereitstellung von Informationen, Organisa-
tion von Workshops, Runden Tischen, Konferenzen und Summer Schools
sowie der Publizierung von Zeitschriften, Büchern und Artikeln.

**Gesellschaft Sozialwissenschaftlicher Infrastruktureinrichtungen e. V.
(GESIS)**
Geschäftsstelle
Postfach 12 21 55
68072 Mannheim

Tel.: 0621 1246-0
Fax: 0621 1246-100
http://www.social-science-gesis.de/_gesis_tools/Sitemap/index.htm
Zentrale Aufgabe der GESIS ist die Unterstützung der sozialwissenschaftlichen Forschung. Zu den Dienstleistungen der GESIS gehören der Aufbau
und das Angebot von Datenbanken mit Informationen zu sozialwissenschaftlicher Literatur und zu Forschungsaktivitäten sowie die Archivierung
und Bereitstellung von Umfragedaten aus der Sozialforschung. Wichtige
Funktionen sind auch die Beratung in Methodenfragen, die Entwicklung
komplexer Methoden der empirischen Sozialforschung sowie die eigenständige Dauerbeobachtung der gesellschaftlichen Entwicklungen mit Hilfe
dieser Instrumente. Die GESIS gliedert sich in die drei lokalen Zentren: In-
formationszentrum Sozialwissenschaften, Bonn; Zentralarchiv für Empirische Sozialforschung, Universität zu Köln; Zentrum für Umfragen, Methoden und Analysen, Mannheim, und unterhält eine Außenstelle in Berlin.

International Social Science Council (ISSC)
UNESCO
1, rue Miollis,
75732 Paris Cedex
Frankreich
Tel.: 0033 1 568-2558
Fax: 0033 1 4566-7603
http://www.unesco.org/ngo/issc/
Das ISSC ist ein internationaler Zusammenschluss sozialwissenschaftlicher Organisationen und Vereinigungen. Aufgabe des ISSC ist es, weltweit das Verständnis gesellschaftlicher Entwicklungen und Probleme zu
fördern und dafür die internationale, interdisziplinäre Zusammenarbeit
innerhalb der Sozialwissenschaft zu unterstützen.

International Society of Political Psychology (ISPP)
Central Office
Pitzer College
1050 N. Mills Ave.
Claremont
CA 91711
USA
Tel.: 001 909 621-8442
Fax: 001 520 395-2224
http://ispp.org/
Die ISPP ist eine internationale, interdisziplinäre Organisation, deren
Aufgabe in der Untersuchung der Beziehungen zwischen politischen und

psychologischen Prozessen liegt. Die ISPP veranstaltet Konferenzen, fördert den Kontakt zwischen den Vertretern verschiedener wissenschaftlicher Disziplinen und unterstützt die wissenschaftliche Forschung in diesem Feld.

Political Studies Association of the UK (PSA)
Department of Politics
University of Newcastle
Newcastle-upon-Tyne
NE1 7RU
UK
Tel.: 0044 191 222-8021
Fax: 0044 191 222-5069
http://www.psa.ac.uk/
Aufgabe der PSA ist es, die Entwicklung der Politikwissenschaft zu fördern. Zu ihren Tätigkeitsfeldern gehören die politische Bildung, Forschung, die Unterstützung von wissenschaftlichen Netzwerken und die Veranstaltung von Konferenzen.

The Trans European Policy Studies Association (TEPSA)
Rue d'Egmont 11
1000 Brussels
Belgien
Tel.: 0032 2 511 34 70
Fax: 0032 2 511 67 70
http://www.tepsa.be/
Die TEPSA ist eine unabhängige Organisation zur Förderung der Forschung über die europäische Integration und setzt sich aus verschiedenen nationalen Instituten aller Mitgliedsstaaten der Europäischen Union und der zukünftigen Mitgliedsstaaten in Ost- und Südosteuropa zusammen. Ihr Hauptaugenmerk liegt auf der Erforschung europäischer Politikgestaltung sowohl vonseiten der Parteien und innerhalb der politischen Institutionen, als auch in Bezug auf Interessengruppen, Öffentlichkeit und Zivilgesellschaft. Die TEPSA veranstaltet Konferenzen, um den Kontakt zwischen Wissenschaft, Politik, Medien und Bildung auf der europäischen Ebene zu fördern.

4 Archive und Datenbanken

Die hier aufgelisteten Archive dienen vor allem der Sammlung von Daten und Informationen zur politikwissenschaftlichen Forschung. Der empfrisch arbeitende Politikwissenschaftler und Politikwissenschaftsstudent findet hier eine Auswahl deutscher, europäischer und internationaler Datenbanken und Archive, die Informationen und Zahlen zu allen Gebieten der Politik und Politikwissenschaft bereithalten.

Bundesarchiv
http://www.bundesarchiv.de/
Das Bundesarchiv umfasst Unterlagen, die bei zentralen Stellen des Deutschen Bundes (1815–1866), des Deutschen Reichs (1867/71–1945), der Besatzungszonen (1945–1949), der Deutschen Demokratischen Republik (1949–1990) und der Bundesrepublik Deutschland (seit 1949) entstanden sind. Aufgabe des Bundesarchivs ist es, über den dauernden Wert der Unterlagen zu entscheiden, sie zu ordnen und sachgerecht zu erschließen sowie auf Dauer zu sichern. Das Archivgut wird nach Maßgabe des Bundesarchivgesetzes jedermann zur Einsichtnahme und Auswertung zur Verfügung gestellt. Das Bundesarchiv sammelt auch schriftliche Nachlässe von bedeutenden Personen, Unterlagen von Parteien, Verbänden und Vereinen mit überregionaler Bedeutung sowie publizistische Quellen. Das Bundesarchiv nimmt zugleich die Aufgaben des zentralen deutschen Filmarchivs wahr.

Centre d'Études de Populations, de Pauvreté et de Politiques
Socio-Économiques (CEPS)
Rue Emile Mark 44
B.P. 48
4501 Differdange
Luxembourg
Tel.: 00352 585855-1
Fax: 00352 585558
http://www.ceps.lu/index.htm
Das CEPS umfasst Datensammlungen einer Vielzahl von nationalen und internationalen Forschungseinrichtungen verschiedenster Disziplinen.

Council of European Social Science Data Archives (CESSDA)
http://www.nsd.uib.no/cessda/index.html
Das CESSDA unterstützt die Akquisition, Archivierung und Weitergabe quantitativer Daten für die sozialwissenschaftliche Forschung und Lehre in Europa. Es fördert den Austausch von Daten und Technologie sowie die Entwicklung neuer Organisationen, die sich die gleichen Ziele gesetzt haben. Darüber hinaus kooperiert es mit verschiedenen Organisationen. Die CESSDA-Leitseiten erlauben einen einfachen Zugriff auf die Datenbestandskataloge der Mitgliedsorganisationen, wodurch ein direkter Zugriff

auf eine Reihe von Datenbanken in verschiedenen europäischen Ländern besteht.

Deutscher Bundestag Datenbanken

Platz der Republik 1
11011 Berlin
Tel.: 030 227-0
Fax: 030 227-36 878
http://www.bundestag.de/datbk/index.html
Die Homepage ermöglicht den Zugang zu Bundestags-Drucksachen und Bundestags-Plenarprotokollen im Volltext, zum Informationssystem für Parlamentarische Vorgänge, zum Katalog der Bundestagsbibliothek u. a.

Elections around the world

http://www.electionworld.org/index.html
Diese Homepage ermöglicht den Zugriff auf Wahlergebnisse sämtlicher Staaten der Erde.

Europäisches Dokumentationszentrum

der Universität Mannheim
68131 Mannheim
Tel.: 0621 1813215
Fax: 0621 1813212
http://www.uni-mannheim.de/users/ddz/edz/edz_info/edz1.html
Im EDZ in Mannheim werden zu 17 Sachgebieten nichtperiodische und periodische Publikationen der EU in einer Amtssprache (Dt., Engl. oder Franz.) bereitgehalten.

European Public Opinion

http://europa.eu.int/comm/dg10/epo/
European Public Opinion ist ein Online-Informationsdienst der Europäischen Kommission. Auf der Homepage finden sich Verweise zu Quellen (v. a. Eurobarometer und qualitative Analysen), die Informationen zu West- und Osteuropa bieten.

Eurostat

Joseph-Bech-Gebäude
5, rue Alphonse Weicker
2920 Luxembourg
Tel.: 00352 4301 33444
Fax: 00352 4301 35349
http://europa.eu.int/comm/eurostat/

Eurostat hat den Auftrag, der Europäischen Union einen hochwertigen statistischen Informationsdienst zur Verfügung zu stellen, wobei die verschiedensten politischen, wirtschaftlichen und gesellschaftlichen Bereiche europaweit abgedeckt werden. So stehen beispielsweise eine Statistik des Außenhandels und des innergemeinschaftlichen Handels, eine Unternehmensstatistik, eine Sozial- und Regionalstatistik, ein geographisches Informationssystem, Agrar-, Umwelt- und Energiestatistiken sowie eine Verkehrsstatistik zur Verfügung. Neben der Erfassung von Daten gehören deren Analyse und damit im Zusammenhang stehende Forschungstätigkeiten zu einem weiteren Aufgabenbereich von Eurostat.

Infratest-dimap
http://www.infratest-dimap.de/
Das Tätigkeitsfeld umfasst die Meinungsforschung im Allgemeinen, mit besonderer Schwerpunktsetzung auf der Politik- und Wahlforschung. Infratest-dimap stützt sich dabei auf quantitative und qualitative Forschungsmethoden mit unterschiedlichsten Stichprobenverfahren und verschiedenen Erhebungsmethoden.

International Federation of Data Organisation (IFDO)
http://www.ifdo.org/org_archives/arc_bfr.htm
Die Homepage der IFDO bietet Daten aus nationalen Datenarchiven aller Kontinente.

Inter-university Consortium for Political and Social Research (ICPSR)
http://www.icpsr.umich.edu/index.html
University of Michigan
Institute for Social Research
P. O. Box 1248
Ann Arbor
MI 48106-1248
USA
Tel.: 001 734 998-9900
Fax: 001 734 998-9889
Das ICPSR besteht aus einem Zusammenschluss von über 400 Universitäten und Forschungseinrichtungen mit Datensätzen zu einer Vielzahl von gesellschaftlichen Bereichen, wobei der Schwerpunkt auf den USA liegt.

Pressedokumentationszentrum
des InfoCenters der Universität Mannheim
68131 Mannheim
http://www.pedz.uni-mannheim.de/pdz/

Im PDZ lassen sich Informationen zu den verschiedensten Fachgebieten finden. Das Spektrum der Informationsquellen umfasst Zeitungen, Presseinformationen in Papierform und auf CD-ROM, Firmeninformationen und Statistikquellen.

Statistische Ämter
http://www.lds.nrw.de/linkhilf/linkstat.htm#OBEN
Auf dieser Homepage befindet sich ein Zugriffsverzeichnis auf die Statistischen Landesämter der Bundesrepublik Deutschland, die statistischen Ämter der Staaten Europas sowie auf eine große Auswahl statistischer Ämter anderer Staaten und internationaler Organisationen.

Statistisches Bundesamt Wiesbaden
Gustav-Stresemann-Ring 11
65189 Wiesbaden
Tel.: 0611 75-2405
Fax: 0611 75-3330
http://www.destatis.de/
Das Statistische Bundesamt bietet deutschlandweit erhobene Daten aus den verschiedensten gesellschaftlichen Bereichen wie Bevölkerung und Erwerbstätigkeit, Wohnungswesen und Bautätigkeit, Bildung und Kultur, Sozial- und Gesundheitswesen, Preise und Verdienste, Wirtschaftsentwicklung in der gesamten Volkswirtschaft und in den einzelnen Wirtschaftsbereichen, Ein- und Ausfuhr, Umweltschutz und Zustand der Umwelt sowie Öffentliche Haushalte und Justiz.

Zentralarchiv für empirische Sozialforschung
Postfach 41 09 60
50869 Köln
Tel.: 0221 47694-0
Fax: 0221 47694-44
http://www.social-science-gesis.de/ZA/index.htm
Das Zentralarchiv archiviert Primärmaterial (Daten, Fragebögen, Codepläne) und Ergebnisse empirischer Untersuchungen. Das Material wird für wissenschaftliche Sekundäranalysen aufbereitet und der interessierten Öffentlichkeit zugänglich gemacht. Das ZA arbeitet in allen Fachgebieten, in denen Verfahren der empirischen und historischen Sozialforschung verwendet werden.

5 Politikwissenschaftliche Zeitschriften

Die folgende Auswahl politikwissenschaftlicher Zeitschriften bietet einen (in keiner Weise vollständigen) Überblick über das Angebot der wichtigsten Publikationen. Außerdem sind der Auflistung drei Internetadressen vorangestellt, die darüber hinausgehende Zeitschriftenverzeichnisse im Bereich der Politikwissenschaft enthalten.

http://webis.sub.uni-hamburg.de/bib.18/ssg.3_6/internet/www/lit.htm

http://www.uni-kassel.de/~interbez/4222.html

http://www.vanderbilt.edu/~rtucker/polisci/journals/

Africa Research Bulletin
Gegründet: 1964/12 Hefte pro Jahr
Homepage: http://www.africa-research-bulletin.com/
Africa Research Bulletin ist eine Zeitschrift für politische und ökonomische Entwicklung in afrikanischen Staaten. Die Homepage enthält Informationen für Abonnenten. Darüber hinaus können die Inhaltsverzeichnisse der vorangegangenen Monate eingesehen werden.

African Studies
Gegründet: 1942/2 Hefte pro Jahr
Homepage: http://www.tandf.co.uk/journals/carfax/00020184.html
African Studies ist eine Zeitschrift für Politik und Gesellschaft in Afrika. Die Homepage enthält Hinweise für Abonnenten und Autoren. Ab 1998 sind für alle Jahrgänge die Inhaltsverzeichnisse einsehbar.

American Journal of Political Science
Gegründet: 1957/4 Hefte pro Jahr
Homepage: http://ajps.org/
Das American Journal of Political Science ist eine Zeitschrift für verschiedene Fachgebiete der Politikwissenschaft. Die Homepage enthält Informationen für Abonnenten und Autoren. Ab Jahrgang 1995 sind die Inhaltsverzeichnisse der Ausgaben und eine Zusammenfassung zu jedem Artikel einsehbar.

American Political Science Review
Gegründet: 1906/4 Hefte pro Jahr
Homepage: http://www.ssc.msu.edu/~apsr/
Die American Political Science Review ist eine Zeitschrift für verschiedene Fachgebiete der Politikwissenschaft. Die Homepage enthält Informa-

tionen für Abonnenten und Autoren. Ab Jahrgang 1996 sind alle Inhaltsverzeichnisse inklusive Textzusammenfassungen einsehbar.

Asian Perspective
Gegründet: 1977/4 Hefte pro Jahr
Homepage:
http://ifes.kyungnam.ac.kr/ifes-eng/pubs/journals/ap.html
Asian Perspective ist eine Zeitschrift für regionale und internationale Beziehungen Asiens. Die Homepage enthält Hinweise für Autoren. Ab 1997
sind für alle Jahrgänge die Inhaltsverzeichnisse einsehbar. Darüber hinaus liegt zu jedem Artikel eine Zusammenfassung vor.

Asien, Afrika, Lateinamerika
Gegründet: 1973/6 Hefte pro Jahr
Homepage: http://www.tandf.co.uk/journals/titles/03233790.html
Asien, Afrika, Lateinamerika ist eine interdisziplinäre Zeitschrift zur ge-
sellschaftlichen und historischen Entwicklung dieser drei Kontinente. Die
Homepage enthält Hinweise für Abonnenten und Autoren.

Blätter für deutsche und internationale Politik
Gegründet: 1956/12 Hefte pro Jahr
Homepage: http://www.blaetter.de/
Die Blätter für deutsche und internationale Politik sind eine alternative
wissenschaftliche Zeitschrift zu verschiedenen Themen der deutschen
und internationalen Politik. Die Homepage enthält Informationen für
Abonnenten. Ab 1989 liegen alle Aufsätze nach Autorennamen in alpha-
betischer Reihenfolge geordnet vor.

British Journal of Middle Eastern Studies
Gegründet: 1974/2 Hefte pro Jahr
Homepage: http://www.tandf.co.uk/journals/carfax/13530194.html
Das British Journal of Middle Eastern Studies ist eine interdisziplinäre
Zeitschrift zur gesellschaftlichen Entwicklung Mittelasiens. Die Home-
page enthält Hinweise für Abonnenten und Autoren. Ab 1996 sind für alle
Jahrgänge die Inhaltsverzeichnisse einsehbar.

British Journal of Political Science
Gegründet: 1971/4 Hefte pro Jahr
Homepage:
http://us.cambridge.org/ObjectBuilder/ObjectBuilder.iwx?ProcessName=
ProductPage&Merchant_Id=1&Section_ID=55703&pcount=&product_id
=2000007123&page=journals

Das British Journal of Political Science ist eine Zeitschrift für die verschiedensten Themengebiete der Politik- und Sozialwissenschaften. Die Homepage enthält Informationen für Abonnenten und Autoren. Ab Jahrgang 1998 sind die Inhaltsverzeichnisse der Ausgaben einsehbar.

Comparative Political Studies
Homepage: http://www.sagepub.co.uk/frame.html?http://www.sagepub.co.uk/journals/details/j0193.html
Comparative Political Studies ist eine Zeitschrift zur Methodologie, Theorie und Forschung der vergleichenden Politikwissenschaft. Die Homepage enthält Informationen für Abonnenten und Autoren.

Contemporary Security Policy
Gegründet: 1980/3 Hefte pro Jahr
Homepage: http://www.frankcass.com/jnls/csp.htm
Contemporary Security Policy ist eine Zeitschrift zu Konflikt- und sicherheitspolitischen Themen. Die Homepage enthält Informationen für Abonnenten und Autoren. Ab Jahrgang 1995 sind die Inhaltsverzeichnisse der Ausgaben einsehbar. Darüber hinaus ist ab 1998 zu jedem Artikel eine Zusammenfassung verfügbar.

Critique Internationale
Gegründet: 1998/4 Hefte pro Jahr
Homepage: http://www.ceri-sciencespo.com/publica/critique/criti.htm
Critique Internationale ist eine Zeitschrift für internationale Beziehungen. Die Homepage enthält Hinweise für Abonnenten. Es sind alle Inhaltsverzeichnisse einsehbar.

East-European Politics and Societies
Gegründet: 1987/3 Hefte pro Jahr
Homepage: http://www.ucpress.edu/journals/eeps/
East-European Politics and Societies ist eine Zeitschrift zur gesellschaftlichen, politischen und wirtschaftlichen Entwicklung Osteuropas. Die Homepage enthält Informationen für Abonnenten und Autoren. Ab 1995 sind für alle Jahrgänge die Inhaltsverzeichnisse einsehbar.

Economic and Industrial Democracy
Gegründet: 1980/4 Hefte pro Jahr
Homepage: http://www.sagepub.co.uk/frame.html?http://www.sagepub.co.uk/journals/details/j0017.html
Economic and Industrial Democracy ist eine Zeitschrift zu allen Bereichen der Wirtschaftspolitik in demokratischen Staaten. Die Homepage enthält

Informationen für Abonnenten und Autoren. Ab Heft 4/1996 sind für alle Jahrgänge die Inhaltsverzeichnisse einsehbar. Darüber hinaus liegt ab Jahrgang 1999 zu jedem Artikel eine Zusammenfassung vor.

Europe-Asia Studies
Gegründet: 1949/8 Hefte pro Jahr
Homepage: http://www.tandf.co.uk/journals/carfax/09668136.html
Europe-Asia Studies ist eine Zeitschrift zur gesellschaftlichen und politischen Entwicklung Osteuropas und der Nachfolgestaaten der Sowjetunion und ihrer Beziehungen zu ihren jeweiligen Kontinenten. Die Homepage enthält Hinweise für Abonnenten und Autoren. Ab 1996 sind für alle Jahrgänge die Inhaltsverzeichnisse einsehbar.

Foreign Affairs
Gegründet: 1922/6 Hefte pro Jahr
Homepage: http://www.foreignaffairs.org/
Foreign Affairs ist eine Zeitschrift für internationale Politik. Die Homepage enthält Informationen für Abonnenten und Autoren. Die aktuelle Ausgabe liegt in der Form von Artikelzusammenfassungen vor.

German Politics
Gegründet: 1992/3 Hefte pro Jahr
Homepage: http://www.frankcass.com/jnls/gp.htm
German Politics ist eine Zeitschrift für die politische Entwicklung Deutschlands. Die Homepage enthält Informationen für Abonnenten und Autoren. Ab Jahrgang 1994 sind die Inhaltsverzeichnisse der Ausgaben einsehbar. Darüber hinaus ist ab 1998 zu jedem Artikel eine Zusammenfassung verfügbar.

Global Governance
Gegründet: 1994/4 Hefte pro Jahr
Homepage: http://www.rienner.com/gg.htm
Global Governance ist eine Zeitschrift für internationale Politik. Die Homepage enthält Informationen für Abonnenten und einen kurzen Hinweis für Autoren. Die Inhaltsverzeichnisse der letzten vier Hefte sind einsehbar.

Governance
Gegründet: 1988/4 Hefte pro Jahr
Homepage: http://www.blackwellpublishers.co.uk/journals/gove/
Governance ist eine Zeitschrift zur Regierungslehre. Die Homepage enthält Informationen für Abonnenten und Autoren. Ab 1997 sind für alle

Jahrgänge die Inhaltsverzeichnisse einsehbar. Darüber hinaus liegt zu jedem Artikel eine Zusammenfassung vor.

History of European Ideas
Gegründet: 1975/4 Hefte pro Jahr
Homepage: http://www.elsevier.nl/locate/histeuroideas/
History of European Ideas ist eine Zeitschrift zur politischen Ideengeschichte. Die Homepage enthält Hinweise für Abonnenten und Autoren. Ab 1995 sind für alle Jahrgänge die Inhaltsverzeichnisse einsehbar.

History of Political Thought
Gegründet: 1980/4 Hefte pro Jahr
Homepage: http://www.imprint.co.uk/hpt.html
History of Political Thought ist eine Zeitschrift zur politischen Ideengeschichte. Die Homepage enthält Informationen für Abonnenten. Für alle Jahrgänge sind die Inhaltsverzeichnisse der Ausgaben einsehbar. Darüber hinaus liegt ab 2000 zu jedem Artikel eine Zusammenfassung vor.

International Affairs
Gegründet: 1925/4 Hefte pro Jahr
Homepage:
http://www.blackwellpublishers.co.uk/asp/journal.asp?ref=0020–5850
International Affairs ist eine Zeitschrift für internationale Beziehungen. Die Homepage enthält Informationen für Abonnenten und Autoren. Ab 1998 sind für alle Jahrgänge die Inhaltsverzeichnisse einsehbar. Darüber hinaus liegt zu jedem Artikel eine Zusammenfassung vor.

International Journal
Gegründet 1946/4 Hefte pro Jahr
Homepage: http://www.ciia.org/ij.htm
Das International Journal ist eine Zeitschrift für internationale Beziehungen. Die Homepage enthält Informationen für Abonnenten und Autoren. Ab 1995 sind für alle Jahrgänge die Inhaltsverzeichnisse einsehbar.

International Journal of Middle Eastern Studies
Gegründet: 1970/4 Hefte pro Jahr
Homepage: http://www.umich.edu/~iinet/cmenas/ijmes/ijmes.htm
Das International Journal of Middle Eastern Studies ist eine Zeitschrift zur politischen Entwicklung Mittelasiens. Die Homepage enthält Informationen für Abonnenten und Autoren. Für 2001 sind die Inhaltsverzeichnisse der Hefte einsehbar.

International Organization
Gegründet: 1947/4 Hefte pro Jahr
Homepage: http://mitpress.mit.edu/journal-home.tcl?issn=00208183
International Organization ist eine Zeitschrift für internationale Beziehungen. Die Homepage enthält Informationen für Abonnenten und Autoren. Ein Internetabonnement ist möglich. Die Inhaltsverzeichnisse aller Hefte ab 1994 sind einsehbar. Darüber hinaus liegt zu jedem Artikel eine Zusammenfassung vor.

International Political Science Review
Gegründet: 1980/4 Hefte pro Jahr
Homepage: http://www.sagepub.co.uk/frame.html?http%3A//www.sagepub.co.uk/journals/details/j0034.html
Die International Political Science Review ist eine Zeitschrift zu den verschiedensten politikwissenschaftlichen Themenbereichen. Die Homepage enthält Informationen für Abonnenten und Autoren. Ab Jahrgang 1997 sind die Inhaltsverzeichnisse der Ausgaben und eine Zusammenfassung zu jedem Artikel einsehbar.

Journal of Asian Studies
Gegründet: 1941/4 Hefte pro Jahr
Homepage: http://www.aasianst.org/catalog/jas.htm
Das Journal of Asian Studies ist eine Zeitschrift zu verschiedenen sozialwissenschaftlichen Themenfeldern, Asien betreffend. Die Homepage enthält Informationen für Abonnenten und Autoren. Für das Jahr 2001 sind die Inhaltsverzeichnisse der Ausgaben einsehbar.

Journal of Communist Studies & Transition Politics
Gegründet: 1985/3 Hefte pro Jahr
Homepage: http://www.frankcass.com/jnls/cst.htm
Das Journal of Communist Studies & Transition Politics ist eine Zeitschrift zur gesellschaftlichen und politischen Transformation Osteuropas und der Nachfolgestaaten der ehemaligen Sowjetunion. Die Homepage enthält Informationen für Abonnenten und Autoren. Ab Jahrgang 1995 sind die Inhaltsverzeichnisse der Ausgaben einsehbar. Darüber hinaus ist ab 1997 zu jedem Artikel eine Zusammenfassung verfügbar.

Journal of Conflict Studies
2 Hefte pro Jahr
Homepage: http://ultratext.hil.unb.ca/Texts/JCS/index.html
Das Journal of Conflict Studies ist eine Zeitschrift der «low-intensity-war»-Forschung. Die Homepage enthält Informationen für Abonnenten

und Autoren. Ab Jahrgang 1996 sind die Inhaltsverzeichnisse der Ausgaben einsehbar. Darüber hinaus sind für die Jahrgänge 1996 und 1997 alle Artikel als Volltextversion vorhanden.

Journal of Democracy
Gegründet: 1990/4 Hefte pro Jahr.
Homepage: http://muse.jhu.edu/journals/journal_of_democracy/
Das Journal of Democracy ist eine Zeitschrift zur Demokratietheorie und -entwicklung. Die Homepage enthält Informationen für Abonnenten und ein Inhaltsverzeichnis mit kurzen Inhaltsangaben ab 1996.

Journal of Latin American Studies
Gegründet: 1969/4 Hefte pro Jahr
Homepage: http://www.journals.cambridge.org/binbladerunner?30REQE
VENT=&REQAUTH=0&500002REQSUB=&REQSTR1=JournalofLatin
AmericanStudies
Das Journal of Latin American Studies ist eine interdisziplinäre Zeitschrift zu den verschiedensten Themenbereichen, Lateinamerika betreffend. Die Homepage enthält Informationen für Abonnenten und Autoren. Ab Jahrgang 1997 sind die Inhaltsverzeichnisse der Ausgaben einsehbar. Darüber hinaus ist zu jedem Artikel eine Zusammenfassung verfügbar.

Journal of Politics
Gegründet: 1939/4 Hefte pro Jahr
Homepage: http://www.unc.edu/depts/politics/
Das Journal of Politics ist eine Zeitschrift zu den verschiedensten politikwissenschaftlichen Themenbereichen. Die Homepage enthält Informationen für Abonnenten und Autoren. Darüber hinaus sind die Inhaltsverzeichnisse der Hefte des Vorjahrs einsehbar.

Journal of the History of Ideas
Gegründet: 1940/4 Hefte pro Jahr
Homepage: http://muse.jhu.edu/journals/journal_of_the_history_of ideas/
Das Journal of the History of Ideas ist eine Zeitschrift zur politischen Ideengeschichte. Die Homepage enthält Informationen für Autoren. Ab 1996 sind für alle Jahrgänge die Inhaltsverzeichnisse einsehbar.

Journal of Theoretical Politics

Gegründet: 1989/4 Hefte pro Jahr

Homepage: http://www.sagepub.co.uk/frame.html?http%3A/www.sage
pub.co.uk/journals/details/j0175.html

Das Journal of Theoretical Politics ist eine Zeitschrift zur politischen Theorie. Die Homepage enthält Informationen für Abonnenten und Autoren. Ab Jahrgang 1997 sind die Inhaltsverzeichnisse der Ausgaben einsehbar. Darüber hinaus ist ab 1998 zu jedem Artikel eine Zusammenfassung verfügbar.

Leviathan

Homepage: http://www.uni-greifswald.de/~politik/Leviathan/Leviathan.
html

Der Leviathan ist eine Zeitschrift zur politischen Theorie. Die Homepage enthält Informationen für Abonnenten und Autoren. Außerdem sind die Titel aller bisher erschienenen Artikel alphabetisch nach Autorennamen geordnet einsehbar.

Local Government Studies

Gegründet: 1975/4 Hefte pro Jahr

Homepage: http://www.frankcass.com/jnls/lgs.htm

Local Government Studies ist eine Zeitschrift zur Kommunalpolitik. Die Homepage enthält Informationen für Abonnenten und Autoren. Ab Jahrgang 1994 sind die Inhaltsverzeichnisse der Ausgaben einsehbar. Darüber hinaus ist ab 1998 zu jedem Artikel eine Zusammenfassung verfügbar.

Middle Eastern Studies

Gegründet: 1965/4 Hefte pro Jahr

Homepage: http://www.frankcass.com/jnls/mes.htm

Middle Eastern Studies ist eine Zeitschrift zur Geschichte und Politik der Arabisch sprechenden Länder. Die Homepage enthält Informationen für Abonnenten und Autoren. Ab Jahrgang 1996 sind die Inhaltsverzeichnisse der Ausgaben einsehbar. Darüber hinaus ist ab 1999 zu jedem Artikel eine Zusammenfassung verfügbar.

Neue politische Literatur

Gegründet: 1956/3 Hefte pro Jahr

Homepage: http://www.ifs.tu-darmstadt.de/npl/index.htm

Neue politische Literatur ist eine Zeitschrift zur kritischen Auseinandersetzung mit veröffentlichten Publikationen im politikwissenschaftlichen Bereich. Ab 1996 sind die Inhaltsverzeichnisse der Hefte einsehbar.

Osteuropa

Gegründet: 1925/12 Hefte pro Jahr
Homepage: http://www.osteuropa.rwth-aachen.de/frame.html
Osteuropa ist eine Zeitschrift zur gesellschaftlichen und politischen Entwicklung Osteuropas und der Nachfolgestaaten der ehemaligen Sowjetunion. Die Homepage enthält Informationen für Autoren und Abonnenten. Ab dem Jahrgang 1998 sind alle Inhaltsverzeichnisse einsehbar, und es liegen zu den einzelnen Artikeln Zusammenfassungen vor.

Parliament Affairs

Gegründet: 1948/4 Hefte pro Jahr
Homepage: http://www3.oup.co.uk/parlij/
Parliament Affairs ist eine Zeitschrift zur Regierungslehre und dem Parlamentarismus. Die Homepage enthält Informationen für Abonnenten und Autoren. Ab 1996 sind für alle Jahrgänge die Inhaltsverzeichnisse einsehbar. Darüber hinaus liegt zu jedem Artikel eine Zusammenfassung vor.

Party Politics

Gegründet: 1995/4 Hefte pro Jahr
Homepage: http://www.partypolitics.org/
Party Politics ist eine Zeitschrift zu politischen Parteien, Parteisystem und der politischen Organisation. Die Homepage enthält Informationen für Abonnenten. Zwischen 1995 und 1999 sind für alle Jahrgänge die Inhaltsverzeichnisse sowie zu jedem Artikel eine Zusammenfassung einsehbar.

Policy Studies

Gegründet: 1980/4 Hefte pro Jahr
Homepage: http://www.tandf.co.uk/journals/carfax/01442872.html
Policy Studies ist eine Zeitschrift, die sich mit der Themenstellung beschäftigt, inwieweit wissenschaftliche Forschung politische Themengenerierung beeinflusst. Die Homepage enthält Informationen für Abonnenten und Autoren. Ab 1996 sind für alle Jahrgänge die Inhaltsverzeichnisse einsehbar.

Political Science Quarterly

Gegründet: 1886/4 Hefte pro Jahr
Homepage: http://www.psqonline.org/
Political Science Quaterly ist eine Zeitschrift zur Regierungslehre. Die Homepage enthält Informationen für Abonnenten und Autoren. Ab Jahrgang 1976 sind die Inhaltsverzeichnisse der Ausgaben mit kurzen Inhaltsangaben einsehbar. In der aktuellen Ausgabe stehen einige Artikel im Volltextformat zur Verfügung.

Political Studies

Gegründet: 1953

Homepage: http://www.politicalstudies.org/main_jnl.htm

Political Studies ist eine Zeitschrift zu den verschiedenen Bereichen der Politikwissenschaft. Die Homepage enthält Informationen für Autoren und das Inhaltsverzeichnis der aktuellen Ausgabe.

Political Theory

Gegründet: 1973/6 Hefte pro Jahr

Homepage: http://www.cddc.vt.edu/politicaltheory/index.html

Political Theory ist eine Zeitschrift zur politischen Theorie. Ab 1997 sind für alle Jahrgänge die Inhaltsverzeichnisse einsehbar.

Politische Vierteljahresschrift

Gegründet: 1960/4 Hefte pro Jahr

Homepage: http://www.uni-konstanz.de/FuF/Verwiss/Seibel/PVS/

Die Politische Vierteljahresschrift ist eine Zeitschrift zur politischen Theorie. Die Homepage enthält Informationen für Autoren.

Public Administration

Gegründet: 1922/4 Hefte pro Jahr

Homepage: http://www.blackwellpublishers.co.uk/asp/journal.asp?ref=0033-3298

Public Administration ist eine Zeitschrift zur Öffentlichkeit und Verwaltungspolitik. Die Homepage enthält Informationen für Abonnenten und Autoren. Ab 1996 sind für alle Jahrgänge die Inhaltsverzeichnisse einsehbar. Darüber hinaus liegt zu jedem Artikel eine Zusammenfassung vor.

Public Administration Review

Gegründet: 1941/6 Hefte pro Jahr

Homepage: http://www.blackwellpublishers.co.uk/asp/journal.asp?ref=0033-3352

Public Administration ist eine Zeitschrift zur Öffentlichkeit und Verwaltungspolitik. Die Homepage enthält Informationen für Abonnenten und Autoren. Ab 2001 sind für alle Jahrgänge die Inhaltsverzeichnisse einsehbar. Darüber hinaus liegt zu jedem Artikel eine Zusammenfassung vor.

Public Choice

4 Hefte pro Jahr

Homepage: http://kapis.www.wkap.nl/journalhome.htm/0048-5829

Public Choice ist eine Zeitschrift zur ökonomischen Theorie der Politik. Die Homepage enthält Informationen für Abonnenten und Autoren. Ab

1995 sind für alle Jahrgänge die Inhaltsverzeichnisse einsehbar. Darüber hinaus liegt zu jedem Artikel eine Zusammenfassung vor.

Regional and Federal Studies

Gegründet: 1992/3 Hefte pro Jahr

Homepage: http://www.frankcass.com/jnls/rfs.htm

Regional and Federal Studies ist eine Zeitschrift zur Bedeutung regionaler und föderaler Strukturen für politische Systeme und Regime. Die Homepage enthält Informationen für Abonnenten und Autoren. Ab Jahrgang 1996 sind die Inhaltsverzeichnisse der Ausgaben einsehbar. Darüber hinaus ist ab 1999 zu jedem Artikel eine Zusammenfassung verfügbar.

Review of International Studies

Gegründet: 1974/4 Hefte pro Jahr

Homepage: http://us.cambridge.org/ObjectBuilder/ObjectBuilder.iwx?ProcessName=ProductPage&Merchant_Id=1&Section_ID=557&pcount=&product_id=2000260210&page=journals

Die Review of International Studies ist eine Zeitschrift für internationale Beziehungen. Die Homepage enthält Informationen für Abonnenten und Autoren. Ab Jahrgang 1995 sind die Inhaltsverzeichnisse der Ausgaben einsehbar.

Review of Politics

Gegründet: 1939/4 Hefte pro Jahr

Homepage: http://www.nd.edu/~rop/

Die Review of Politics ist eine Zeitschrift zur politischen Philosophie und Ideengeschichte. Die Homepage enthält Informationen für Abonnenten. Für alle Jahrgänge sind die Inhaltsverzeichnisse der Ausgaben einsehbar. Darüber hinaus liegt ab 1995 zu jedem Artikel eine Zusammenfassung vor.

Revue française de science politique

Gegründet: 1951/6 Hefte pro Jahr

Homepage: http://www.sciences-po.fr/edition/revues/revfradescipo.html

Die Revue française de science politique ist eine Zeitschrift für die verschiedenen Bereiche der Politikwissenschaft. Die Homepage enthält Informationen für Abonnenten. Ab Jahrgang 1998 sind die Inhaltsverzeichnisse der Ausgaben einsehbar.

Zeitschrift für Parlamentsfragen

Gegründet: 1970/4 Hefte pro Jahr

Homepage: http://www.westdeutschervlg.de/westdeutschervlg/daten/zeitschriften/parlament.htm

Die Zeitschrift für Parlamentsfragen beschäftigt sich mit dem Parlamentarismus. Die Homepage enthält Informationen für Abonnenten und Autoren.

Zeitschrift für Politik

Gegründet: 1990/4 Hefte pro Jahr

Homepage: http://www.zeitschrift-fuer-politik.mhn.de/

Die Zeitschrift für Politik beschäftigt sich mit den verschiedensten Bereichen der Politikwissenschaft. Die Homepage enthält Informationen für Abonnenten. Für alle Jahrgänge sind die Inhaltsverzeichnisse einsehbar.

Zeitschrift für Politikwissenschaft

Gegründet: 1990/4 Hefte pro Jahr

Homepage: http://www.nomos.de/nomos/zeitschr/zeitschr.htm

Die Zeitschrift für Politikwissenschaft beschäftigt sich mit den verschiedensten Bereichen der Politikwissenschaft. Die Homepage enthält Informationen für Abonnenten. Ab 1996 liegen alle Aufsätze nach Autorennamen in alphabetischer Reihenfolge geordnet vor.

Anhang

Über die Autorinnen und Autoren

Armingeon, Klaus, geb. 1954, Prof. Dr., Universität Bern. *Arbeits-gebiete:* Vergleichende Analyse von Verbänden, Institutionen und Politiken.

Veröffentlichungen: Gewerkschaften in der Schweiz. Herausforderungen und Optionen (2000, mit Geissbühler); Sozialer Wandel und politische Stabilität. Politische Einstellungen von Arbeitnehmern in der Schweiz, in: Revue suisse de science politique 7 (2001); Schweiz: Das Zusammenspiel von langer demokratischer Tradition, direkter Demokratie, Föderalismus und Korporatismus, in: Reutter/Rütters: Verbände und Verbandssysteme in Westeuropa (2001); The Effects of Negotiation Democracy, A comparative analysis in: European Journal of Political Research 41 (2002); Verbändesysteme und Föderalismus. Eine vergleichende Analyse, in: Benz/Lehmbruch: Föderalimus (2002).

Arzheimer, Kai, geb. 1969, Dr., Universität Mainz. *Arbeitsgebiete:* Wahl- und Parteienforschung, Methoden.

Veröffentlichungen: The effect of material incentives on return rate, panel attrition and sample composition of a mail panel survey (mit Klein), in: International Journal of Public Opinion Research 11 (1999); Rechtsextreme Orientierungen und Wahlverhalten (mit Schoen/Falter), in: Schubarth/Stöss: Rechtsextremismus in der Bundesrepublik Deutschland. Eine Bilanz (2001); Politikverdrossenheit. Bedeutung, Verwendung und empirische Relevanz eines politikwissenschaftlichen Begriffes (2002; i. E.).

Berg-Schlosser, Dirk, geb. 1943, Prof. Dr. phil., Philipps-Universität Marburg. *Arbeitsgebiete:* Empirische Demokratieforschung, Politische Kulturforschung, Vergleichende Politikwissenschaft.

Veröffentlichungen: Vergleichende Politikwissenschaft (1997, mit Müller-Rommel); Literaturführer Politikwissenschaft (1999, mit Quenter); Perspektiven der Politikwissenschaft (1999, mit Giegel); Empirische Demokratieforschung (1999); Armut und Demokratie (2000, mit Kersting); Conditions of Democracy in Europe. 1919–39 (2000, mit Mitchell); Perspectives for Democratic Consolidation in Eastern Europe (2001, mit Vetik).

Dörner, Andreas, geb. 1960, PD Dr. phil., Otto-von-Guericke-Universität Magdeburg. *Arbeitsgebiete:* Politische Theorie, Politische Kultur- und Kommunikationsforschung, Vergleichende Politikwissenschaft (Schwerpunkt angelsächsische Länder).

Veröffentlichungen: Literatursoziologie. Literatur, Gesellschaft, Politische Kultur (1994, mit Vogt); Sprache des Parlaments und Semiotik der Demokratie. Studien zur politischen Kommunikation in der Moderne (1995, mit Vogt); Politischer Mythos und symbolische Politik. Sinnstiftung durch symbolische Formen am Beispiel des Hermannsmythos (1995); Politische Kultur und Medienunterhaltung. Zur Inszenierung politischer Identitäten in der amerikanischen Film- und Fernsehwelt (2000); Politainment. Politik in der medialen Erlebnisgesellschaft (2001); Wahl-Kämpfe. Betrachtungen über ein demokratisches Ritual (2002, mit Vogt).

Falter, Jürgen W., geb. 1944, Prof. Dr., Universität Mainz. *Arbeitsgebiete:* Wahlen, Parteien und politische Einstellungen, Politischer Extremismus und Fremdenfeindlichkeit, Transformation der politischen Kultur der Bundesrepublik.

Veröffentlichungen: Hitlers Wähler (1991); Wer wählt rechts? Die Wähler und Anhänger rechtsextremistischer Parteien im vereinigten Deutschland (1994); Behavioralism, in: International Encyclopaedia of the Social and Behavioral Sciences (2001/2002; i. E.).

Glaeßner, Gert-Joachim, geb. 1944, Prof. Dr., Humboldt-Universität Berlin. *Arbeitsgebiete:* Deutsche Innenpolitik, insbesondere politische Konsequenzen der deutschen Einheit, Verfassungsordnungen und Verfassungspolitik im Vergleich, Probleme der «inneren Sicherheit», Demokratisierung im Postkommunismus.

Veröffentlichungen: Kommunismus – Totalitarismus – Demokratie. Studien zu einer säkularen Auseinandersetzung (1995); Systemwechsel und Demokratisierung. Rußland und Mittel-Osteuropa nach dem Zerfall der Sowjetunion (1996, mit Reiman); Demokratie und Politik in Deutschland (1999); Verfassungspolitik und Verfassungsreform in Deutschland und Großbritannien (2000, mit Jeffery/Reutter).

Hacke, Christian, geb. 1943, Prof. Dr. phil., Universität Bonn. *Arbeitsgebiete:* Amerikanische und deutsche Außenpolitik, Geschichte und Theorie der Internationalen Politik.

Veröffentlichungen: Die Außenpolitik der Bundesrepublik Deutschland. Weltmacht wider Willen? (1997); Zur Weltmacht verdammt. Die amerikanische Außenpolitik von J. F. Kennedy bis G. W. Bush (2002).

Hitzel-Cassagnes, Tanja, geb. 1969, Dr. des., Technische Universität Darmstadt. *Arbeitsgebiete:* Entwicklung von Recht und Demokratie in der Europäischen Union, Institutionalisierung von Normativität und sozialer Verbindlichkeit in transnationaler Perspektive.

Veröffentlichungen: Rechtsstaatliche Domestizierung der Außenpolitik, in: Kritische Justiz (2000); Der EuGH. Ein Europäisches Verfassungsgericht?, in: Aus Politik und Zeitgeschichte B 52–53 (2000); Warten auf Godot. Anmerkungen zu einem Konzeptualisierungsversuch von Kommunikationsmodi und Handlungsprinzipien in den Internationalen Beziehungen, in: Zeitschrift für Internationale Beziehungen (2002).

Krause, Skadi, geb. 1970, M. A., Humboldt-Universität Berlin. *Arbeitsgebiete:* Politische Ideengeschichte, Politische Theorie der Französischen Revolution, Demokratietheorie, Terrorismus.

Veröffentlichungen: Michael Walzer zur Einführung (1998, mit Malowitz); Der Begriff der Gerechtigkeit in der Diskursethik von Jürgen Habermas, in: Münkler: Die Idee der Gerechtigkeit (1999); Der aktive Bürger – Eine Gestalt der politischen Theorie im Wandel (mit Münkler), in: Leggewie/Münch: Politik im 21. Jahrhundert (2001); Sozio-moralische Grundlagen der Demokratie (mit Münkler), in: Breit/Schiele: Demokratie-Lernen als Aufgabe der politischen Bildung (2002).

Malowitz, Karsten, geb. 1971, M. A., Humboldt-Universität Berlin. *Arbeitsgebiete:* Staatsrechtslehre des 19. Jahrhunderts, Demokratietheorie, Pluralismustheorie, Terrorismus.

Veröffentlichungen: Michael Walzer zur Einführung (1998, mit Krause); Freiheit in Gemeinschaft. Zur Rezeption und Bedeutung der Gemeinwohlidee in der Genossenschaftstheorie Otto v. Gierkes, in: Münkler/Fischer: Gemeinwohl und Gemeinsinn, Bd. 3 (2002); Die neuere Systemtheorie und das Konzept der sozialen Exklusion, in: Berliner Debatte Initial (2002).

Merkel, Wolfgang, geb. 1952, Prof. Dr., Universität Heidelberg. *Arbeitsgebiete:* Demokratieforschung, Transformationsforschung, Sozialdemokratische Parteien und sozialdemokratische Regierungspolitik, Theorien und Konzepte sozialer Gerechtigkeit, Europäische Integration, politische Systeme Nord-, Süd- und Osteuropas.

Veröffentlichungen: Systemtransformation (1999); Von der Diktatur zur Demokratie (1999, mit Puhle); Defekte Demokratien (2002); Systemwechsel (1994–2000).

Messner, Dirk, geb. 1962, Dr. habil. rer. pol., Gerhard Mercator Universität Duisburg, Freie Universität Berlin. *Arbeitsgebiete:* Entwicklungstheorie und -politik, Globalisierung und Global Governance, Entwicklungsländer in der Weltwirtschaft, sozio-ökonomische Entwicklung Lateinamerikas.

Veröffentlichungen: Systemic Competitiveness. New Governance Patterns for Industrial Development (1996, mit Esser/Hillebrand/Meyer-Stamer); The Network Society. Economic Development and International Competitiveness as Problems of Social Governance (1997); Die Zukunft des Staates in der Weltgesellschaft (1998); Desafíos de la globalización (2000); Global Trends and Global Governance (2002, mit Kennedy/Nuscheler); Gobernanza Global. Una Mirada desde América Latina (2002).

Nullmeier, Frank, geb. 1957, Prof. Dr., Universität Essen. *Arbeitsgebiete:* Sozialstaat und Sozialpolitik, Policy-Forschung, Verwaltungsmodernisierung, Politische Theorie.

Veröffentlichungen: Politische Theorie des Sozialstaats (2000); Handbuch zur Verwaltungsreform (2001, mit Bandemer/Blanke/Wewer/Plaß); Jenseits des Regierungsalltags. Strategiefähigkeit politischer Parteien (2002, mit Saretzki).

Pappi, Franz Urban, geb. 1939, Prof. Dr., Universität Mannheim. *Arbeitsgebiete:* Wahlsysteme und Wählerverhalten, internationale Verhandlungssysteme, Tausch in Politikfeldnetzen.

Veröffentlichungen: The organization of influence on the EC's common agricultural policy (mit Henning), in: European Journal of Political Research (1999); Zur Theorie des Parteienwettbewerbs, in: Klein et al.: 50 Jahre empirische Wahlforschung in Deutschland (2000); Electoral behavior in a two-vote system (mit Thurner), in: European Journal of Political Research (2002).

Schmalz-Bruns, Rainer, geb. 1954, Prof. Dr., Technische Universität Darmstadt. *Arbeitsgebiete:* Transnationale Demokratie, Entwicklung von Recht und Demokratie in der Europäischen Union.

Veröffentlichungen: Theorie der Politik. Niklas Luhmanns politische Soziologie (2002, mit Hellmann); Politisches Vertrauen. Soziale Grundlagen reflexiver Kooperation (2002, mit Zintl); Demokratisierung der Europäischen Union – oder: Europäisierung der Demokratie? Überlegungen zur Zukunft der Demokratie jenseits des Nationalstaates, in: Lutz-Bachmann/Bohman: Weltstaat oder Staatenwelt? Für und wider die Idee einer Weltrepublik (2002); Gemeinwohl und Gemeinsinn im Übergang?, in: Münkler/Bluhm: Gemeinwohl und Gemeinsinn. Zwischen Normativität und Faktizität (2002).

Schmidt, Manfred G., geb. 1948, Prof. Dr., Universität Heidelberg. *Arbeitsgebiete:* Politische Institutionen und Staatstätigkeit in der Bundesrepublik Deutschland, Vergleichende Staatstätigkeits- und Demokratieforschung, Sozialpolitik.

Veröffentlichungen: Sozialpolitik in Deutschland. Ein historischer und internationaler Vergleich (1998); Demokratietheorien (^{3}2000); Wohlfahrtsstaatliche Politik (2001).

Schröder, Winfried, geb. 1974, Humboldt-Universität Berlin. *Arbeitsgebiete:* Politische Kommunikation in der Demokratie.

Veröffentlichungen: Der zukünftige Status des Wissens – ein Beitrag zur Hochschulreformdebatte, in: Berliner Debatte Initial (2001).

Seibel, Wolfgang, geb. 1953, Prof. Dr., Universität Konstanz. *Arbeitsgebiete:* Öffentliche Verwaltung, Dritter Sektor, Verwaltungsgeschichte.

Veröffentlichungen: The Third Sector: Comparative Studies of Nonprofit Organizations (1990, mit Anheier); Funktionaler Dilettantismus. Erfolgreich scheiternde Organisationen im Dritten Sektor zwischen Markt und Staat (1992); Administrative Science as Reform: German Public Administration, in: Public Administration Review 56 (1996); Successful Failure. An Alternative View on Organizational Coping, in: American Behavorial Scientist 39 (1996); The nonprofit sector in Germany. Between State, economy and society (2001, mit Anheier).

Vowe, Gerhard, geb. 1953, Prof. Dr., Technische Universität Ilmenau. *Arbeitsgebiete:* Medienpolitische Regulierung und Veränderung der politischen Kommunikation durch das Internet.

Veröffentlichungen: Das Geräusch der Provinz – Radio in der Region (2001, mit Rössler/Henle); Im Schatten des Leviathan. Das Leitbild des liberalen Staates, in: Knieper/Müller: Kommunikation visuell. Das Bild als Forschungsgegenstand – Grundlagen und Perspektiven (2001); Feldzüge um die öffentliche Meinung: Politische Kommunikation in Kampagnen am Beispiel von Brent Spar und Muroroa, in: Röttger: PR-Kampagnen. Über die Inszenierung von Öffentlichkeit (2002).

Wiesner, Achim, geb. 1969, Dipl.-Pol., Universität Essen. *Arbeitsgebiete:* Ethnographische Politikforschung, Policy-Forschung, Föderalismus.

Veröffentlichungen: Politik als Lernprozess? Wissenszentrierte Ansätze in der Politikanalyse (2002, mit Maier/Nullmeier/Pritzlaff).

Wolf, Klaus Dieter, geb. 1953, Prof. Dr., Technische Universität Darmstadt. *Arbeitsgebiete:* Regieren in Mehrebenensystemen, Weltgesellschaft, Wirkungen internationaler Institutionen.

Veröffentlichungen: Projekt Europa im Übergang (1997); Die Neue Staatsräson. Zwischenstaatliche Kooperation als Demokratieproblem in der Weltgesellschaft (2000); Civilizing World Politics. Society and Community Beyond the State (2000, mit Albert/Brock).

Personenregister

Sachregister